안정효의
오역
사전

안정효의
오역사전

당신을 좋은 번역가로 만드는
깐깐한 번역 길라잡이

안정효 지음

이 책은 실로 꿰매어 제본하는 정통적인 사철 방식으로 만들어졌습니다.
사철 방식으로 제본된 책은 오랫동안 보관해도 손상되지 않습니다.

머리글

무엇인가 실수를 하고 그 잘못을 깨달은 다음에는, 아마도 죄의식이나 부끄러움 때문이겠지만, 정상적인 인간이라면 똑같은 실수를 다시는 되풀이하지 않으려고 노력한다. 그리고 사람들은 자신이 아니라 타인이 저지른 잘못에서도 역시 교훈을 얻어, 스스로 건설적인 공식을 만들어 낸다. 그러한 배움은 발전을 도모하는 길잡이 노릇을 적극적으로 한다.

이 책에서 지적하는 대부분의 내용은 한국인들이 영어를 다룰 때 공통적으로 드러내는 약점인 경우가 많다. 필자는 그런 평범하면서도 치명적인 오류를 지적하고, 가능하다면 그런 잘못을 바로잡는 요령을 제시하려고 노력했다.

대부분의 오역은 개별적인 단어의 기본적인 의미를 모른다기보다는, 어떤 한 단어의 미세하거나 깊은 감각을 간과하기 때문에 생겨난다. 영어 단어 하나에 대해서 우리말 뜻을 하나만 알면 더 이상 알려고 하지 않는(☞ stunt) 사람은, 경제적인 방법으로 공부를 했다고 스스로 믿기가 쉽지만, 그것은 참으로 미련한 판단이다. 이런 성향을 보이는 번역자들은, 단순히 사전을 찾아보기가 귀찮다는 이유로, 잘 알지 못하는 단어를 대충 짐작으로 꿰어 맞춰서 슬 그머니 넘어가려고 하지만, 남들이 보지 말았으면 하고 바라는 나의 사소한 결점이 가장 먼저 다른 사람들의 눈에 띄게 마련이다. 눈속임은 요령이 아니라 태만이다.

반면에 presume이라는 하나의 영어 단어가 우리말로 두세 가지 다른 의미로 쓰인다는 사실을 깨닫는 사람은, presume 한 단어가 아니라 presume이라는 여러 단어를 아는 셈이다. 무슨 얘기인지 알고 싶으면 presume 항을 찾아보기 바란다. 그리고 하나의 영어 단어에 대해서 자신이 알고 있는 겨우 한 가지 의미를 아무 데나 여러 곳에서 편리하게 활용하려고 하면 어떤 결과가 빚어지는지는 case 항과 prince 항 그리고 queen 항에서 확인이 가능하다.

어떤 종류의 번역에서나 눈앞에 보이는 낱 단어들의 의미만 파악하고 전체적인 문장의 인과적인 논리를 따지지 않으면, 자신이 모르는 사이에 오역을 범하기 쉽다. 영상물을 번역할 때는 한 문장 안에서 흐르는 문맥뿐 아니라, 앞뒤 문장을 연결하는 흐름은 물론이요, 다른 사람의 대사까지 입체적으로 파악해야 한다. 그리고 일단 우리말로 번역을 마친 다음, 대화에서 논리적인 상황이 성립되는지를 따지느라고 항상 긴장하지 않으면, 좋은 번역이 되기 어렵다. 무슨 얘기인지 알고 싶으면 overcome 항을 참조하기 바란다.

우리말을 얼치기로밖에는 알지 못하는 사람이라면 훌륭한 작가가 되지 못한다. 문학은 일상적인 의사소통의 행위가 아니라 예술이기 때문이다. 마찬가지 이유로, 영어를 어느 정도 안다고 해서 누구나 다 번역인이 되지는 못한다. 실제로 번역업에 종사한다고 하더라도, 얼치기 번역을 하는 사람은 진정한 번역인이 아니다. 번역도 문학이고, 문학은 예술이기 때문이다. 번역 문학은 문화의 한 영역이고, 그래서 번역을 해내려면, 해당 언어와 그 언어를 낳은 문화를 알고, 두 언어의 구조적인 차이도 알아야 한다. minute와 spineless 항을 참조하기 바란다.

우리나라에서는 오랫동안 전통적으로 에누리와 덤으로 상징되는 흐릿한 계산을 미덕으로 여겨 왔고, 꼬장꼬장 따지는 사람은 좀스럽다고 욕을 먹기도 했다. 이런 무책임한 계산법이 번역에서는 상당한 폐해로 작용한다. 부정확성에 대한 무감각은 이른바 전문 번역인들 사이에서까지도 만연하는 일종의 전염병이다. 숫자를 소홀히 다루면 논리상의 오역(☞ country, thousand, million, split)이 발생하고, 고유 명사를 〈오역〉(☞ diminutive, Macy's, union)하면 그 흠집이 흉하게 곪아 터져 다른 멀쩡한 어휘들까지 병을 얻는다.

영상 번역에서는 시각적인 정보가 매우 중요하다. 등장인물의 손가락이나 시선이 어디를 향하는지, 손으로 무슨 시늉을 하는지를 고려하지 않고 대본에 적힌 글만 가지고 번역을 하면, 자칫 정보 부족으로 인한 오역이 발생한다. 그 이유를 army, backward, kettle 항에서 확인하기 바란다.

화면에서 보여 주는 편지의 내용이나 벽에 걸린 간판(☞ mutual)의 내용까지 빠짐없이 충실하게 번역해야 하는 까닭은, 미흡한 번역이 소비자의 머릿속에서 오해를 일으키기 쉽고, 오해를 일으키는 번역 또한 오역이기 때문이다. 화면의 그림을 볼 시간을 관객이나 시청자에게서 박탈하면 안 된다는 평계를 내세우며 지나칠 정도의 생략에 대한 면죄부를 자신에게 용납해서도 안 된다. 때로는 까다로운 몇 단어나 심지어는 하나의 문장을 통째로 생략하고 싶은 충동을 느끼겠지만, 불완전한 번역도 오역이라는 사실을 잊으면 안 된다. 정확한 번역은 문장이 조금 길더라도 난삽한 짧은 문장보다 훨씬 빨리

읽힌다.(☞ live)

지나친 생략보다 더 나쁜 잘못은 원문에 없는 엉뚱한 단어를 첨가하여 문장을 망치는 행위다. 그런 대표적인 예를 Greek 항에서 확인하기 바란다. 핵심 단어(☞ for)를 빼먹고, 목적어(☞ fight)조차 제대로 찾아내지 못하고, 대체 단어(☞ pity)가 무엇인지 모르면서 무작정 번역하면, 그것은 용기가 아니고 만용도 아니며, 소비자를 괴롭히는 무모한 행위일 따름이다.

좋은 우리말을 찾아내고 자연스러운 번역을 하기가 번거롭다고 해서 영어 단어를 〈우리말〉이 아닌 〈한글〉로 표기하는 무성의한 습관은 지양해야 한다. 이런 나쁜 습성까지 일본에서 배우고 모방하고 답습할 필요는 없겠다. couple, feel, fly, nice, witch 항에서 그런 사례를 찾아보기 바란다.

이 책의 상당한 부분은 영어가 아니라 우리말을 학습하는 내용으로 이루어졌다. 번역에서는 영어에 대한 지식 못지않게, 아니 그보다 훨씬 더, 우리말에 대한 이해가 중요하기 때문이다. 영어를 안다고 해서 우리말을 가볍게 여기고 무시하는 태도가 오역을 일으키는 가장 큰 이유 가운데 하나임을 심각하게 인식해야 한다. 영어 음차라는 쉬운 방법을 남용하는 사람들을 보면, 많은 경우 우리말을 모르고 우리글을 구사할 능력이 없으니까 그런 사실을 감추려고, 차라리 그냥 〈영어〉로 쓰면 멋져 보이지 않을까 하는 착각에 빠져 그렇게 하는 사례(☞ swan)가 적지 않다.

다수의 사람들이 비슷한 경우에 비슷한 이유 때문에 저지르는 실수 따위는, 조금만 신경을 쓰면 고치기가 어렵지 않고, 그런 기초적인 정돈 습성은 결과적으로 전체적인 문장의 수준을 높여 준다. 이런 초보적인 결함을 솎아낸 다음에는 생략된 단어나 문장까지 찾아내고(☞ try) 행간을 읽는 능력(☞ glasses, tell, young)까지 키우도록 노력을 기울여야 한다. 눈에 보이는 단어들에 최면이 되어 벗어나지를 못하면 행간에 함축된 의미(☞ adjoin, caught, club, widow)를 살려 내는 창조적인 상상력이 작동하지를 않는다.

〈영화는 예술이요 번역은 문학〉이라는 긍지를 갖고 영상 번역을 하는 사람이라면 대사의 내용뿐 아니라 화법과 표현의 기교까지도 발휘하려고 부단히 노력해야 한다. 〈당분간 푼돈을 벌어서 밥벌이에 보탬이 되도록 하겠다〉는 차원에서 번역에 임하는 사람들의 활동 수명은, 소명을 가지고 평생 일하겠다는 사람보다, 당연히 훨씬 짧다. 현재 우리나라의 번역 시장을 둘러보면, 이제는 번역 또한 안정된 평생 직업의 차원으로 들어선 듯싶다. 그리고 나이가 70이 넘어서도 당당한 현역으로 활동하는 번역인이 되려면, 어떤 직장인 못지않게 착실히 준비하고, 성실함을 실천하고, 훈련과 노력을 계속해야 한다. 자신을 철저히 단속하고 단련시키는 일에서 여유를 보이고 양보하거나 태만했다가는, 번역해 놓은 생산품이 교과서적인 〈해석〉의 차원을 끝내 넘지 못한다.

영상 영어는 대화체고, 현실의 대화는 교과서의 초보적 예문의 틀을 훨씬 뛰어넘는다. 따라서 영상 번역은 맛과 색깔을 담아가며 표현해야 한다. 반어법(☞ about, anybody, bad, bag, eat, fine, enthusiasm, kidding, need)과 해학(☞ rust)과 뒤집히는 번역(☞ appreciate)을 초등학교 국어 교과서의 문장처럼 엮어 놓아서는 안 될 일이다. 코미디 영화의 웃기는 대사를 하나도 우습지 않게 번역해 놓으면(☞ bad, gently, widow) 그것은 직무 유기에 해당된다. 웃음과 재치를 살리지 못하고, 쫄깃한 대화의 맛과 멋을 전달하려는 노력을 기울이지 않고, 살은 발라버리고 가시만 남기듯 살벌하게 번역해서 내놓으면, 소비자에게 맛이 나는 기쁨을 주지 못한다. 손님에게 즐거움을 주지 못하면 가게는 문을 닫아야 한다.

멍청영화와, 문예영화와, 서부극처럼 번역할 작품의 분야가 다르면, 번역문의 화법도 달라져야 한다. 번역에 종사하는 사람들에게는 자신이 잘 아는 분야에서 자신이 좋아하는 작품만 골라 가며 일을 한다는 사치스러운 권리가 보장되지 않는다. 그래서 번역을 하려면 온갖 참고서(☞ deuce)를 두루 갖추고, 의학에서부터 도박에 이르기까지 다양한 분야의 상식과 지식을 습득하도록 노력하지 않으면 안 된다.

하지만 아무리 노력하더라도 누구에게나 취약점은 있다. 번역가들 중에는 여성이 상당수인데, 병역이 부여되지 않고 전쟁을 체험할 기회가 거의 없는 그들에게는 전쟁영화의 번역이 바로 그런 취약점이다. 영상물 가운데 전쟁영화가 얼마나 많은지를 고려한다면, 여성들에게는 군대와 무기와 폭력에 대한 지식을 쌓기가 매우 부담스럽겠다는 생각에, 이 책에서는 그런 항목(☞ aide, army, artillery, AWOL, battle, bayonet, bombardment, captain, Charlie, chopper, claymore, colonel, gun, sergeant 등)을 의도적으로 많이 마련했다.

번역 학습을 위한 교재로 여기에서 영상물을 선택한 까닭은, 체계를 만들고 거기에 맞춰 원칙적인 예문을 열거하는 학습서 방식이 지나치게 인위적이라는 판단에서였다. 한국인들이 국제적인 인증 시험에서는 늘 최상위권을 차지하면서도 실생활에서 싱싱한 화법을 구사하지 못하는 까닭은, 그렇게 공식만 알고 다채로운 표현에는 익숙하지 못하기 때문일 듯싶다. 영화 대사는, 비록 이 또한 작가들의 인위적인 생산품이기는 하지만, 작품과 작가와 내용과 기법에 따라 하나하나의 문장이 저마다 독특한 개성을 보인다. 그래서 필자는 2004년부터 지금까지 3,000편 가량의 영화로부터 다양한 문장을 뽑아 정리하는 작업을 해왔으며, 그 가운데 오역에 해당되는 예문들을 다시 발췌했다.

각 항목은 기성 전문 번역인들이 실제로 텔레비전(EBS, KBS, MBC, SBS)이나 비디오 또는 DVD에서 번역한 내용을 먼저 예문으로 내놓고, 그것이 어째서 오역(×표)이나 바람직한 번역(○표)인지를 살펴보고, 마지막으로 그런 판단의 배경이 무엇인지를 설명하는 세 단계로 구성했다. 따라서 예문에 인용한 기존의 번역 내용에는 띄어쓰기나 문법, 고유 명사의 표기 등이 틀린 경우에 잘못된 그대로 적는 것을 원칙으로 삼았다. 그런 오류도 학습의 대상이라고 여겼기 때문이다.

이 책은 이른바 〈초보적인 학습〉을 위해서 만든 책이 아니기 때문에, 기본적인 개념을 설명하기 위한 목적이 아니라면, 각개의 단어에 대한 설명은 따로 달지 않았다. 그러니까 독자는 구체적으로 제시된 내용만 공부하는 데서 그치지 말고, 직접 사전을 찾아 가며 부수적인 공부를 병행하기 바란다. 남이 가르쳐 주는 것만 배우면 나중에 자신의 재산으로 내놓을 만한 알맹이는 아무것도 얻지 못한다.

물론 이 책은 처음부터 끝까지 순서대로 읽을 필요가 없다. 군것질을 하듯 재미 삼아 야금야금 하는 공부가 가장 더디면서도 사실은 영어를 배우는 가장 빠른 길이기 때문이다.

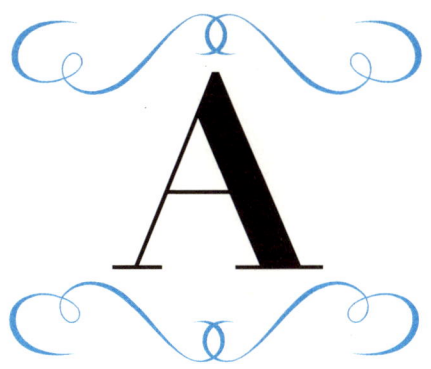

abandon

"Tell the men to abandon ship!"

✘ 병사들에게 하선하라고 명하라!

☛ 「비스마르크호를 격침하라」에서 침몰하는 전함의 수병들에게 함장이 소리치는 말이다. 〈하선〉은 질서 정연하게 줄을 지어 이루어진다. abandon(포기하다, 단념하다)은 배를 〈포기〉하고 목숨이라도 건지기 위해 구명정을 타거나, 그것도 여의치 않으면 바다로 〈마구 뛰어들라!〉는 뜻이다. 이런 상황이 닥치면 침몰하는 배 여기저기서 확성기를 통해 이런 소리가 들려온다.

「Abandon ship! Abandon ship!」(배에서 탈출하시오! 배에서 탈출하시오!)

무성 영화 식으로 자막을 넣어 가며 진행되는 「톰 존스의 화려한 모험」 도입부에서는 침대에 눕혀 놓은 아기의 모습을 보여 주며 〈a baby!(갓난 아기)〉라는 자막이 나오고, 이어서 놀란 어른들의 표정과 더불어 다음 자막이 나타난다.

「Abandoned!」

✘ 「내다버려!」

그리고 영화가 계속되지만, 〈내다버려!〉라는 명령이 떨어진 다음에 아무도 아기를 내다버리지 않는다. 그와는 반대로 집안 어른들은 친아이처럼 잘 기르겠다며 아기에게 톰 존스라는 이름까지 붙여 준다. 나중에 밝혀질 사실이지만, 톰 존스는 그 집 하녀 제니 존스가 낳아서 주인 침실에 몰래 버린 사생아다. 그러니까 〈내다버려!〉는 〈누가 버린 아기인 모양이야!〉가 올바른 번역이다. abandoned baby(버린 아기)는 foundling(棄兒)이라고도 한다.

A

about

"So he went screaming about the house."

✘ 그랬더니 동생이 울면서 뛰쳐나갔어요.

☛ 「바보들의 배」에서 시몬 시뇨레가 의사에게 어렸을 때 〈정말로 죽는지 보려고 동생에게 잿물lye water을 먹였다〉는 얘기를 하다가 나온 말이다. scream은 그냥 우는 정도가 아니라 〈소리를 질러 대고 비명을 지른다〉는 요란한 뜻이다. 그리고 about은 장소를 가리킬 때는 〈주변 일대 여기저기〉를 뜻한다. 따라서 scream about the house는 〈울고불고 난리를 치면서 집 안 (또는 집 주위) 여기저기를 날뛰고 다녔다〉는 뜻이다. 개인적인 생각이지만, 잿물을 먹이면 동생은 밖으로 〈뛰쳐나가〉지를 않고, 역성을 들어줄 만한 부모님이 계신 집 안에서 이 사람 저 사람에게 매달리며 소동을 부렸을 듯싶다.

about은 〈~에 관한〉이라는 뜻도 있는데, a book about Africa라고 하면 아프리카에 관한 평범하고 일반적인 얘기를 담은 경우이기가 쉽고, a book on Africa는 학구적이고 진지하거나 차원이 높은 내용을 제한적으로 다룬 책이다. on은 논문 제목 따위에 잘 쓰이는 전치사여서, 〈On Life〉라고 하면 〈인생론(人生論)〉이라는 뜻이 되지만 〈About Life〉라면 〈인생에 관하여〉라고 의미가 느슨하게 풀어진다.

「백장미의 수기」에서는 영화가 시작되자마자 자막이 나온다.

Vienna. About 1900.

✘ 비엔나. 약 1900년.

다짜고짜 오역으로 시작하는 DVD 번역이다. 〈약 1900년〉은 기간을 나타낸다. 하지만 자막은 〈서기 1900년 경〉이라는 뜻이다. 특정한 시기냐 아니면 일정한 기간이냐를 구별하기 위해 숫자를 쓸 때 영어에서는 1,000 단위로 쉼표를 넣는다. 그러니까 〈서기 1900년〉은 〈the year 1900〉이고, 〈1,900년 동안〉은 〈1,900 years〉다.

「신데렐라」(만화 영화)에서 신데렐라가 아침 식사를 침실로 갖다 주니까 계모의 딸이 쏘아붙인다.

「Well, it's about time!」

✘ 「그래, 시간이 다 됐어!」

about time(~할 시간이 되다)은 〈이제야 오느냐〉, 즉 〈늦었다〉는 말의 반어법이다.

◯ 「뭐야, 얼마나 기다렸는데!」

accident

"What is my life? Is it just a series of accidents or is there a deeper meaning at all?"

✗ 나의 인생은 무엇인가? 일련의 사고들이었을 뿐인가? 아님 더 깊은 뜻이 있을까?

☞ 「데이비드 카퍼필드」 도입부에서 주인공이 바닷가에 홀로 서서 자신의 삶을 되새기는 독백이다.

accident에는 〈사고〉 말고도 〈우연〉이라는 뜻도 있다. a series of accidents는 〈일련의 사고〉가 아니라 〈우발적인 상황들의 연속〉이다. 그리고 〈아님〉 같은 단어의 사용도 생각해 볼 문제다. 퍽 경박하다는 인상이다. 구어체로 재치를 부리려던 모양이지만, 재치도 때와 장소를 가려야 한다. 〈아님〉 따위의 표현은 인터넷 대화방에서 청소년들이나 쓸 노릇이지, 찰스 디킨스의 명작을 번역할 때는 아무래도 어울리지 않는다. 예외적인 일회성 장난이 아니라 상습적으로 올바른 문법을 뭉개는 버릇은 재치가 아니라 무식함의 소치다.

「미스테리 트레인」에서는 사기꾼 같은 남자가 식당에서 수작을 걸어오자 관광객 여자가 설명한다.

「I'm from Rome. I'm here by accident.」

✗ 「난 로마에서 왔어요. 실수로 온 거예요.」

by accident는 〈어쩌다 보니 우연히〉라는 뜻이다. 〈발 가는 대로 여행을 하다 보니 여기까지 왔다〉는 설명인데, 목적지를 정하지 않은 여행도 나름대로 자신의 의지에 따른 행동이지, 결코 〈실수〉라고 보기는 어렵다.

according

"President Lincoln signing the proclamation. A historical facsimile of the actual occurrence according to Nicolai and Hay."

✗ 포고령에 서명하는 링컨 대통령. 니콜라이와 해이에 의해 실제 사건을 역사적으로 재현한 것이다.

☞ 「국가의 탄생」에 나오는 이 자막에서 두 번째 문장의 번역을 보면 〈니콜라이와 해이가 재현했다〉는 의미로 읽힌다. 하지만 재현은 〈영화에 의해〉 이루어졌으며, 영화상의 그 재현은 〈니콜라이와 해이의 기록에 따랐다〉는 뜻이다. according to는 〈~한 내용에 따라서 그대로〉인데,

A

그냥 〈의해〉라고 하면 by라고 착각을 일으키게 된다.

그렇다면 니콜라이와 해이는 누구일까? 다수의 번역자들은 이렇게 고유 명사가 나오면, 모든 고유 명사를 소홀히 다루는 습성에 젖어, 그 사람이 누구인지 관심조차 보이지 않아서 일일이 확인하는 경우가 별로 없다. 그러나 역자가 알지 못하는 내용은 객관이나 시청자라면 더욱 모르기가 쉽다. 그래서 요즈음에는 외화 번역 중에 해설 자막이 자주 나간다. 그리고 비록 해설 자막을 요구하지 않는 경우라고 해도 역자는 자신이 번역하는 내용을 충분히 이해하기 위해 원문과 관련된 갖가지 자료를 찾아 확인하는 습관이 필요하다.

니콜라이와 해이는 링컨 대통령의 개인 비서였던 존 니콜라이, 그리고 그와 함께 링컨의 전기를 집필한 존 해이다. 만일 이 사실을 미리 확인했더라면 예문에서와 같은 부정확한 번역은 나오지 않았으리라는 생각이다.

facsimile은 AP, AFP, UPI 같은 대형 통신사에서 원고나 사진radiophoto을 〈복사 전송〉한다는 의미로 널리 쓰이던 단어로서, 요즈음에는 fax의 형태로 널리 쓰인다.

○ 「니콜라스와 해이의 기록에 따라 역사적인 사건을 재현함.」

accuse

"J'accuse, j'accuse, j'accuse!"

✘ 고소, 고소, 고소!

☛ 「브릿지 부부」에서 온 세상이 못마땅한 은행가의 아내가 파티에 온 손님들에게 〈전쟁이 나면 미국 언론이 accuse하리라〉고 말한다. 〈그런 만행을 가만히 두고만 보지는 않으리라〉는 뜻이다. 이어서 그녀는 내친김에 주변에 둘러선 모든 사람을 손가락으로 가리켜 가면서 프랑스어로 예문을 외친다.

〈고소〉는 법적인 절차에 따른 행위를 뜻하고, 이 경우의 accuse는 〈고발〉한다는 뜻이다. J'accuse라는 표현에 대해서는 by 항을 참조하기 바란다.

actress

"I've never met an actress before."

✘ 대스타를 만나기는 처음인 걸요.

☛ 「사느냐 죽느냐」에서 조종사 로버트 스택이 여배우 캐롤 롬바드에게 고백하는 말이다. 롬바드는 남편의 그늘에 가려 무대에서 별로 빛을 못 보는 처지다. 그러니 〈대스타great star〉라 하지 말고 원문처럼 그냥 〈여배우actress〉라고만 했으면 좋았겠다. 과장도 오역이다.

add

"The difference is, when we were kids, all the choices were simple. Life was simple. Everything added up."

✘ 뭐가 달라졌느냐 하면, 우리들이 어렸을 땐 모든 선택이 쉬웠어. 삶이 단순했으니까. 이젠 점점 복잡해지고 있어.

☞ 「호랑이를 구하라」에서 사업 자금이 모자라 보험금을 노리고 자기 회사에 방화하려는 잭 레먼에게 동업자 잭 길포드가 하는 말이다.

add up이라니까 부담 따위가 〈점점up 늘어난다add〉 정도로 생각한 모양이다. 하지만 마지막 문장의 add up은 〈모든 계산이 잘 맞아 떨어진다〉는 말이다. 거기에서 발전하여 〈앞뒤 얘기가 잘 맞는다〉거나 〈논리가 통한다〉 또는 〈당연하고 합리적인 결과가 나온다〉는 의미로도 쓰인다. 그러니까 〈점점 복잡해지고 있어〉가 아니라 〈그땐 세상만사가 모두 순리를 따랐거든〉이라는 뜻이다.

전치사가 하나 더 붙어서 add up to라고 하면 〈합계가 ~이 되다〉, 즉 〈요컨대 ~이라는 의미가 된다〉라고 뜻이 조금 달라진다.

○ 「세상만사가 제대로 굴러갔거든.」

address

"In conversation with royalty, only speak when you're directly addressed."

✘ 왕실과 있을 때는 이름이 불릴 때까지 말하지 말아요.

☞ 「왕자와 무희」에서 로렌스 올리비에를 만나도록 마릴린 몬로를 대사관으로 데려가려 찾아온 영국 외무성 관리가 기초적인 교육을 시키는 내용이다. 〈왕실〉은 〈왕가(王家)〉, 그러니까 〈왕의 집안〉 전체를 뜻한다. 몬로는 지금 올리비에 한 사람을 만나러 가는 길이지, 집안 전체를 만날 예정은 없다. 우리말에 대한 상식이 부족한 번역이다.

address가 〈주소〉라는 의미여서 그렇게 유추한 모양이지만, when you're addressed(너에게 말해질 때)는 〈이름이 불릴 때〉가 아니라, 〈말을 걸 때〉다.

○ 「왕족과 대화를 나눌 때는, 상대방이 얘기를 시키기 전에 먼저 말을 걸면 안 됩니다.」

adjoin

"You live through here. It's an adjoining room which no doubt to your mind has terribly sinister connotations."

✘ 아가씬 여기서 생활해요. 붙박이 방인데 뭔가 사악한 기운이 감도는 걸 느끼게 될 거예요.

☞ 「뜨거운 포옹」에서 각본을 정리하려고 고용한 타자수 오드리 헵번에게 시나리오 작가 윌리엄 홀든이 그녀의 거처를 보여 주며 하는 설명인데, 행간을 읽어 내지 못한 미완성 번역이다. 〈붙박이 방〉이 무엇일까? 한군데 붙박이로 박혀 있지 않고 떨어져 나와서 이리저리 돌아다니는 그런 방도 존재한다는 말일까? ad-는 〈~를 향한〉이나 〈~에 가까운〉을 뜻하는 접두사여서, adjoin은 〈옆에 붙은join〉이라는 의미다.
sinister(조짐이 나쁜, 불길한)라는 말이 나온 까닭은, 오늘 처음 만난 처녀 헵번이 앞으로 며칠 동안 밤낮으로 중년 남자와 같이 지내야 하는데, 〈나란히 붙은 방〉에서 자려면 아무래도 걱정스러운 일이기 때문이다. connotation(함축된 의미)은 대단히 어려운 문학 용어로서, 홀든이 작가임을 나타내는 지표적 어휘가 되겠다.

○ 「아가씨는 여기서 지내요. 나란히 붙은 방이어서 당신에게는 보나마나 뭔가 대단히 껄끄러운 의미로 받아들여질 테지만요.」

admirer

"I didn't know that you had a secret admirer."

✘ 너한테 후원자가 있는 줄 몰랐구나.

☞ 「이보다 더 좋을 순 없다」에서, 잭 니콜슨이 병약한 아들을 검진하라고 의사를 보내자, 헬렌 헌트의 어머니 셜리 나이트가 딸에게 결혼할 상대라도 생긴 모양이라며 좋아서 하는 말이다. secret admirer는 〈몰래 흠모하는 사람〉, 그러니까 〈숨어서 짝사랑을 하는 사람〉을 뜻하는 흔한 표현이다.

○ 「널 짝사랑하는 남자가 다 있는 모양이로구나.」

advance

"Princes don't get fresh. They occasionally make advances."

✘ 황태자께선 그런 분이 아니오. 가끔 말을 걸긴 하지만.

☞ 「황태자의 첫사랑」에서 강제로 입을 맞추려던 에드먼드 퍼돔 황태자를 여관 하녀 앤 블라이트가 밀쳐 넘어뜨리자, 황태자의 시종이 여관 주인에게 따지려고 하지만, 주인은 〈Maybe he got fresh(그 분이 못살게 구셨나 보죠)〉라면서 아랑곳하지 않는다. 그래서 시종이 발끈 반박하는 말이다.

의미가 똑같은 말을 조금 예쁘게 둘러대려는 완곡어법euphemism이 지닌 미묘한 뒷맛을 살려야 하는 어려움을 잘 보여 주는 사례다. 이 대화의 핵심은 두 사람이 주고받은 fresh와 make advances의 차이가 무엇이며, 그것을 번역에서 어떻게 살리느냐 하는 것이다. fresh(세상 물정도 모르면서 잘난 체하는)는 〈어린 나이에 제멋대로 굴다〉라는 의미로 쓰이는 속어로, 흔히 나이가 위인 사람 앞에서 〈어린것이 건방지게 까분다〉 정도가 되겠다. 특히 젊은 남녀들 사이에서는 〈별것도 아닌 것이 연애를 걸자고 수작을 부린다〉는 구체적인 의미를 갖는다.

그러니까 여관 주인은 〈황태자가 집적거린 모양이군요〉라는 뜻으로 fresh라는 표현을 썼다. 하지만 시종은 그런 속된 표현이 황태자에게는 전혀 어울리지 않는다고 못마땅하게 생각했다. princes라고 복수형을 쓴 까닭은 〈prince 신분의 남자들은 (그런 짓을 하지 않는다)〉이라는 일반적인 사실을 진술하려는 뜻에서다.

한편 make advance는, 대부분 남자가 여자에게, 〈우리 한번 사귀어 봅시다〉라고 〈접근을 시도한다〉는 뜻이다. 많은 경우에 이 표현은 〈수작을 건다〉라고 격을 좀 낮춘 번역이 잘 어울릴 때가 많다.

○ 「황태자쯤 되면 집적거리는 짓은 하지 않아요. 가끔 접근을 시도하긴 하지만요.」

advantage

"We're gonna take advantage of this myth."

✘ 이 신화를 캐보아야 해.

☞ 「피츠카랄도」에서 〈구세주가 하얀 배를 타고 온다〉는 원주민들의 전설을 선원이 알려 주자, 클라우스 킨스키가 지시한 말이다. take advantage of(~으로부터 이득을 보다)는 〈~을 유리하게 이용해 먹는다〉는 의미다.

○ 「이 전설을 우리한테 유리한 방향으로 써먹어야 해.」

advise

"I wouldn't advise that, Mrs. Lambert."

✘ 드릴 말씀이 없군요.

☞ 「셔레이드」에서 생명의 위협을 느낀 오드리 헵번이 파리를 떠나겠다고 하자 CIA 간부라고 자칭하는 월터 매타우가 하는 말이다. wouldn't advise that은 〈~를 하라고 권할 생각이 없다〉, 그러니까 〈그건 말리고 싶은데요〉라는 뜻이다.

affair

"Then her escort escorted Dr. Chumley back here to Harvey and me, and tried to point out it would be better for Doctor to mind his affairs."

✘ 그러자 남자가 박사님을 모시고 와서 박사님 일이나 하라고 하더군요.

☞ 「하비의 환상」에서 제임스 스튜어트를 정신 병원에 다시 수감하려고 술집까지 쫓아온 의사와 두 명의 간호사에게, 세 사람보다 먼저 그를 잡으러 왔던 병원장이 어떻게 되었는지를 스튜어트가 알려 주는 내용이다.
때에 따라서는 영어 단어 하나에 정확히 맞아 떨어지는 우리말 단어 하나를 찾아내기조차 쉽지 않다. 그러니까 영어 한 단어에 담긴 두 가지 뜻과 동시에 맞아 떨어지는 우리말 단어 하나를 찾아내기는 얼마나 어렵겠는가. 예문에서는 affair(s)가 그런 문제를 일으키는 골칫거리 단어다. 예문은 오역이라기보다는 그런 어려움을 처리하는 솜씨가 좀 미진한 경우다.
예문이 등장한 배경이 어떤 상황이냐 하면, 병원장 첨리 박사는 (스튜어트의 상상 속에서만 존재하기 때문에 박사의 눈에는 보이지 않는 7척 장신 토끼 하비와) 스튜어트하고 술을 마시며 얘기를 나누다 말고, 다른 자리에 앉은 어떤 여자가 낯이 익다면서 박사가 그녀에게 인사를 하러 간다. 여자와 함께 술을 마시러 이곳에 들른 남자 동행인은, 알지도 못하는 불청객 남자 손님이 그의 동행녀와 〈시카고에서 만나 아는 사이〉라며 불쑥 나타나 제멋대로 합석하자, 심기가 불편해진다. 결국 참다못해 남자는 술 취한 병원장을 스튜어트의 자리로 끌고 와서 〈박사님 일이나 하라〉고 면박을 주고는 가버렸다는 얘기다. tried to point out(깨우쳐 주려고 노력했다)은 〈허튼 수작 부리지 말라고 단단히 타일렀다〉는 말의 완곡 화법이다.

○ 「그러자 여자를 데리고 온 손님이 첨리 병원장을 하비와 내가 있는 자리로 데리고 와서는, 병원장더러 자기 사업이나 열심히 하는 게 좋으리라고 잔소리를 하더군요.」

필자의 번역에서 〈데리고〉라는 말을 일부러 반복해서 쓴 까닭은, 원문에도 escort(동행)이라는 단어가 반복되었을 뿐 아니라, 앞으로 이어질 겹말 대화의 〈반복성〉(☞ canary, capital, count, eat, instant [coffee], pair, recognize, union)을 살려 보고 싶어서였다. 그리고 affairs를 〈일〉이 아니라 〈사업〉이라고 옮긴 까닭은 뒤에서 적용되어야 할 affair의 또 다른 우리말 의미를 살려야 할 필요성에 대비하기 위해서였다.

mind his affairs는 물론, 보다 일반적인 표현 mind your own business나 마찬가지로, 〈네 할 일이나 제대로 하고 남의 일에는 끼어들지 말라〉는 경고의 의미가 담겼지만, 겹말을 만들기 위해 일부러 business 대신 affair를 썼음이 분명하므로, DVD 번역문에서처럼 〈일〉이라고 간단히 넘겨버렸다가는 다음에 뒤따라 나오는 대사의 처리가 만만찮아진다.

스튜어트는 예문에 이어, 세 사람의 눈치를 살피며 잠깐 말을 끊었다가, 이렇게 묻는다.

「Does he have any?」

× 「그런 게 있었나요?」

여기에서 벌써 DVD 번역은 대화가 앞에서 나왔던 말과 시원스럽게 연결되지 않는다. any 다음에 생략된 affair(s)를 〈게〉라고 해서는 앞에 나온 〈일affair〉이라는 단어와 맥이 통하지 않기 때문이다. 그러니까 이렇게 번역을 해야 흐름이 끊어지지 않는다.

○ 「원장님이 사업을 하긴 하나요?」

그 말을 듣고 성미가 사나운 남성 간호사가 되묻는다.

「Does he have any what?」

× 「뭐가 있어?」

○ 「무슨 사업을 한단 말이야?」

「Does he have any affairs?」

× 「일이요.」

하지만 여기에서는 affair가 더 이상 〈일〉이 아니다. affair의 두 번째 의미, 즉 love affair(불륜 관계)의 구어체 줄임꼴 〈정사(情事)〉가 전면으로 등장하는 순간이다. 그래서 필자는 이 대목을 차라리 이렇게 번역하고 싶다.

○ 「혹시 원장님이 연애 사업도 하시느냐고요.」

그러면 처음에 내세운 〈사업〉은 〈병원 사업〉으로, 기분이 나빠진 남자가 그의 직업을 몰라 막연한 표현을 썼으리라고 소비자가 너그럽게 알아듣는 데 별로 어려움이 없겠고, 〈연애 사업〉도 우리말에서는 실제로 널리 쓰이는 구어체 표현이기 때문에 문제가 없어 보인다.

물론 이것은 썩 훌륭한 정답은 아니겠지만, 겹말이 자주 동원되는 농담의 번역(☞ rust)을 위한 방향은 어렴풋이나마 제시하지 않았을까 싶다.

afraid

"Yes, my dear, I was afraid of that."

✘ 걱정했는데 잘 됐구려.

☞ 「에어포트」에서 비행기를 몰래 훔쳐 탄 노파 헬렌 헤이스를 적발한 진 세버그는 헤이스를 LA로 돌려보내겠다고 한다. 헤이스가 순순히 세버그의 뜻을 따르겠다며 한 말이다. 헤이스는 결국 돌아오는 비행기까지 공짜로 타게 되었으니 희색이 만면이다.
afraid는 〈두렵다〉거나 〈걱정하다〉가 아니라 여기에서는 suppose(예상하다expect)라는 뜻이다. 곰곰이 따져 보면 예문의 번역도 크게 잘못되지는 않았지만, 얼핏 들으면 아래 번역문과는 뚜렷한 차이가 난다.

○ 「그래, 아가씨. 이렇게 나올 줄 알았지.」

after

"Not after twenty-five years."

✘ 그건 25년 뒤에나 하세요.

☞ 「사브리나」에서 바람둥이 작은아들 윌리엄 홀든이 운전사의 딸 오드리 헵번과 결혼하면 사업에 막대한 지장을 초래한다며, 아버지가 운전사를 아예 해고하여 내쫓겠다고 한다. 큰아들 험프리 보가트가 반대하는 말이다.
not after는 여기에서 〈after 다음에 나오는 상황을 거치고 났으니까 안not 된다〉는 뜻이다. 그러니까 〈25년 동안이나 열심히 일한 사람을 어떻게 하루아침에 내쫓느냐. 그럴 수야 없는 노릇〉이라는 말이다.

○ 「25년 동안이나 데리고 있던 사람이잖아요.」

「사라진 노부인」에서 처음 만난 두 여행자가 〈전운이 감돌기 때문에 영국이 좋은 나라가 아니다〉라고 하니까 노부인이 반박한다.

「I never think you should judge any country by its politics. After all, we English are quite honest by nature.」

✘ 「정치로 나라를 판단하면 안 되죠. 우리 영국 사람들은 너무 솔직해서 탈이라니까요.」

두 번째 문장의 after all(아무리 그렇기는 하더라도)은 앞에서 진술한 내용(영국은 전쟁을 앞둔 불안한 나라)을 반박하는 의미를 띠기 때문에, 번역문의 부정적인 단어 〈탈〉과는 거리가 멀다. 〈아무리 그래도 우리 영국인들은 천성이 상당히 정직한 국민〉이기 때문에 〈좋은 나라〉라는 뜻이다.

○ 「정치적인 면을 보고 어떤 나라를 판단해서는 안 될 듯싶어요. 어쨌든 우리 영국인들은 천성만큼은 상당히 정직하잖아요.」

against

"You got something against fish guts, boy?"

✗ 물고기 내장 손질은 처음이지?

☞ 「황금연못」에서 13살 소년 더그 맥키온이 낚시로 잡은 물고기 내장을 긁어내다가 〈disgusting(역겹다)〉이라고 하자 헨리 폰다가 묻는 말이다. get(have) something against는 〈~에 대해서 불만을 품다〉라는 뜻이다.
○ 「야, 너 물고기 내장에 무슨 감정이라도 있냐?」

ageless

"Because she wasn't a flighty kid or something like that. She had a poise and a dignity that was ageless."

✗ 변덕스런 아이같이 행동하거나 그러진 않았어요. 그녀는 항상 평정을 유지했고, 위엄있었고, 나이가 들지 않았죠.

☞ 「갈채」에서 아내 그레이스 켈리와 나이차가 많아도 같이 살아가는 데 아무 문제가 되지 않았던 이유를 빙 크로스비가 윌리엄 홀든에게 설명한 말이다. 나이가 많은 남편과 같이 살아가기 위해서는 아내가 〈나이를 먹지 않기〉보다는 오히려 〈나이보다 듬직해야〉 한다. 접미사 -less는 〈~이 아닌〉이라는 뜻이다. 그러니까 ageless는 〈나이의 범주를 벗어나서 해당되지 않는〉다는 말이다. priceless는 price(가격)의 범주를 벗어나 〈가격을 매기지 못할 정도로 소중하다〉는 뜻이 되고, timeless는 〈시간을 초월하여 영원불멸한〉이라는 뜻이다. 두 번째 문장에서 ageless와 관계 대명사로 연결되어 동격인 poise(차분함)와 dignity(점잖음)는 〈나이를 먹는〉 속성과는 거리가 멀다. 〈늘 변함이 없다〉는 뜻으로도 통용되는 ageless를 이 경우에는 아래처럼 번역해야 옳을 듯싶다.
○ 「아내한테는 경박한 아가씨라든가 뭐 그런 면이 없었기 때문이죠. 침착함이나 품위는 나이답지가 않았고요.」

agency

"I am gonna work at a Paris news agency, and I will be surrounded by carefree irresponsible characters."

✘ 전 파리에 있는 뉴스 센터에서 일할 생각입니다. 거긴 자유방임적인 사람들이 꽤 많습니다.

☞ 「내가 마지막 본 파리」에서 돈이라고는 한 푼도 없지만 삶을 한껏 즐기려는 자유분방한 월터 피전에게 딸 엘리자베스 테일러를 달라고 하면서 반 존슨이 설명한 말이다. 우선, 〈뉴스 센터〉는 news center다. 우리말로는 방송국의 〈보도국〉이나 〈보도 본부〉, 그리고 신문사에서는 〈편집국〉의 기능을 뜻한다. news agency는 AP, AFP, UPI, Reuters, 연합통신 같은 〈통신사〉를 뜻한다. 그리고 〈자유방임적인 사람들〉이란 무엇일까? surrounded by carefree irresponsible characters는 〈(장인 어르신처럼) 자유분방하고 뒤끝이 흐린 인물들에 둘러싸여〉 지내게 될 테니까, 〈성격이 비슷한 친구가 필요하면 언제라도 찾아오라〉고 은근히 회유하는 말이다.

○ 「전 파리의 통신사에서 일하게 될 테니까, 주변에는 놀기 좋아하는 무책임한 사람들이 많아지겠죠.」

aide

"The Minister's aide will see you now."

✘ 장관 대리인께서 들어오시랍니다.

☞ 「25시」에서 교구 신부와 함께 비르나 리시가 수용소로 끌려간 앤서니 퀸에 대한 탄원을 하려고 장관을 찾아간다. 안내인이 문을 열어 주면서 하는 말이다. 그런데 〈장관 대리인〉이라면 누구를 지칭할까? 아마도 그런 직책은 없을 듯싶다. 장관이 공석이어서 대행하는 〈서리〉라면 acting (cabinet) minister가 되겠다. 영화를 보면 알겠지만, 전시 루마니아에서는 군정을 실시해서였는지 모든 관리가 제복을 입었다. 장관도 물론 군인이다. 그리고 aide의 군대식 명칭은 〈부관〉이다.

air

"That was a great shot in Spain. One flying through the air."

✘ 스페인 사진 멋지지. 하늘을 나는 사진 말야.

☛ 「살바도르」에서, 학살된 시체 더미를 사진으로 찍으며 제임스 우즈가 존 새비지에게 로버트 카파의 유명한 보도 사진을 언급한 말이다. 두 사람은 1936년 에스파냐 내전에서 병사가 총에 맞아 뒤로 자빠져 죽기 직전의 순간을 포착한 사진을 얘기하는데, 사살된 병사는 〈하늘〉을 날지는 않았다. in the air는, 예를 들어 연을 날리는 경우, 〈하늘에서〉나 〈하늘로〉라고 번역하면 잘 어울리기도 하지만, 여기서는 그렇지가 않다.

○ 「에스파냐에서 대단한 사진을 찍었지. 공중으로 떴다가 쓰러진 병사 말이야.」

akin

"One hundred years ago, psychology was akin to witchcraft."

✘ 백년 전에 심리학 발전의 토대가 형성되었죠.

☛ 「고소공포증」에서 멜 브룩스가 심리학자들에게 강연한 내용이다. akin은 a kin to(~과 동종)이라는 뜻이다. 지그문트 프로이트가 등장하기 이전까지는 심리학이 〈발전의 토대〉는커녕 아프리카 토인들을 치료하는 주술사witch doctor의 신통한 재주 비슷한 취급을 당했고, 오랫동안 정식 학문으로 대접받지 못했었다.

○ 「100년 전에는 심리학이 무당질 취급을 받았죠.」

allez

"Tell him to go back and tell others to surrender because we now have them in a crossfire. Go. Allez."

✘ 돌아가서 나머지에게 항복하라고 전해. 양쪽에서 포위되었으니까. 가, 알레즈.

☛ 「젊은 사자들」을 보면, 시골길에서 총격전을 벌이다 포로로 잡은 프랑스 청년을 동료 장교 팔리 베어에게 보내면서 말론 브랜도가 예문에서처럼 지시한다. 얼핏 보면 〈알레즈〉가 프랑

스 청년의 이름처럼 보인다. 하지만 총질을 하다가 방금 포로로 잡은 프랑스인의 이름을 브랜도가 육감이나 추측으로 어느새 알아냈을 리가 없다.

그리고 번역문을 보면 세 문장이 모두 포로에게 하는 말처럼 보이지만 사실은 그렇지가 않다. 독일군 장교 브랜도는, 포로를 통해 아직도 교전을 계속하는 다른 프랑스인들을 투항시키려 하지만, 프랑스 말을 할 줄 몰라서 포로에게 직접 지시를 못하고, 다른 장교 베어에게 부탁하는 상황이다. 베어는 현지 여성과 연애를 하는 중이어서 프랑스어가 유창하다. 그러니까 긴 첫 문장은 베어에게 하는 말이고, 따라서 포로에게 하는 말과는 어딘가 말투가 달라야 한다. 이런 경우에는 포로에게만 반말을 하고, 베어에게는 존댓말을 쓰도록 해도 되겠다.

○ 「이 친구더러 돌아가서 동지들에게, 지금은 우리가 양쪽에서 공격하는 중이니까 투항하도록 설득하라고 얘기해요.」

마지막 두 마디 〈Go. Allez〉는 포로더러 〈(저만치 떨어져서 나무 뒤에 숨어 있는) 베어에게로 가라〉고 지시하는 말이다. 일단 〈가라go〉고 말했지만, 독일군 포로가 혹시 영어로 못 알아들었을까봐 그는 다시 프랑스어로 반복한다. allez는 원형 aller(=go)가 2인칭 복수로 동사 변화를 일으킨 꼴이다. 이렇게 영어가 아닌 외국어가 문장에 삽입된 경우, 자막 공간이 충분하다면, 이런 식으로 처리해도 좋을 듯싶다.

○ 「저쪽으로 가. Allez(가라니까).」

나중에 다른 장면에서 보면, 카페에서 브랜도를 만난 프랑스 여자가 이상적인 국가를 건설한다면서 살상을 일삼는 독일을 맹렬히 비난하는데, 강렬한 증오심을 드러내기 위해서 그녀는 〈외국어(그녀에게는 모국어인 프랑스어)〉 단어를 동원한다.

「I want an answer from the boche.」

✕ 「난 독일군에게 대답을 듣고 싶어요.」

이것도 외국어를 돋보이게 하려면 〈난 boche(독일놈)한테서 직접 대답을 듣고 싶어요〉라고 하면 되겠다. 또 한 가지 방법으로는, boche를 한글로 표기한 뒤 강조하고 괄호 안에 설명을 담아도 되겠다.

○ 「난 〈보셰(독일놈)〉한테서 직접 대답을 듣고 싶어요.」

만일 두 번째 방법을 선호한다면, 그때는 외국어의 정확한 표기에 각별히 신경을 써야 한다. 그래야 〈알레allez〉를 〈알레즈〉라고 잘못 표기하는 실수를 막을 수가 있다. 해당 언어를 모른다고 하더라도, 영어가 아닌 단어의 발음은 영화의 대사를 귀 기울여 들으면 쉽게 파악이 된다.

텔레비전에서 우리말로 덧녹음한 「특공 그린베레」에 나오는 대사다. 〈서쪽으로 몬타그나드 마을 근처에 있죠.〉, 〈몬타그나드 부락에서 돌아오다 죽었어요.〉, 〈몬타그나드의 원주민 화살을 주었죠.〉, 〈몬타그나드 원주민은 착취를 워낙 많이 당해서요.〉 베트남은 오랫동안 프랑스의 식민지였고, 그래서 베트남의 〈산족(山族)〉은 프랑스어로 Montagnard(몽타냐르)라고 한다. 전쟁 당시에 미군들은 이 단어에서 프랑스식으로 g(그)를 발음하지 않았고, 그래서 〈몽타냐르〉라는 발음을 잘못 듣고 주월 한국군 장병들은 그들을 〈몬타나족〉이라고 불렀다.

alone

"You ever been broke? You're walkin' alone, not a nickel in your jeans, as free as the wind. Nobody bothers you. Hundreds of people pass you by, in every line of business—shoes, hats, automobiles, radios, furnitures, everything. They're all nice lovable people. They let you alone."

✗ 빈털터리 돼 본 적 있소? 돈 한 푼 없을 땐 자유롭지. 아무도 날 괴롭히지 않으니까. 구두, 모자, 자동차, 뭐든지 원하는 걸 가질 수 있어. 마음씨 좋은 사람들이 물건도 할부로 주니까.

☞ 〈존 도우를 찾아서〉라는 제목으로도 널리 알려진 「군중」에서, 거렁뱅이 부랑자의 인생철학을 설명하기 위해 월터 브레난이 만들어 낸 조어 heelot이 무슨 뜻인지를 설명(☞ heelot)하는 내용의 일부다. 지적할 사항이 몇 가지 눈에 띄지만, 마지막 문장에서 〈물건도 할부로 주니까〉라는 뒷부분만 따지기로 하자. 어째서 그런 번역이 나왔을까 살펴보니 let you alone(사람을 가만 내버려 둔다)을 let you a loan(당신에게 융자해 준다)라고 착각한 모양이다. 영상 번역을 하다 보면 때로는 대본이 오지 않아 녹음만 듣고 해결해야 하는 경우가 닥치는데, 바로 그럴 때 가끔 이런 실수가 생긴다.

브레난이 한 얘기는 거렁뱅이 신세일 때는, (돈이 없으니까 〈뭐든지 원하는 걸 가질 수 있어〉는 얼토당토않은 소리며) 〈아무도 무얼 사달라고 쫓아다니지 않아 속이 편하다〉는 뜻이다. 바로잡으면 이렇게 된다.

○ 「거렁뱅이 신세를 겪어 봤소? 바지 호주머니에 돈 한 푼 없이, 바람처럼 자유로운 기분으로 혼자 걸어간다고 상상해 봐요. 아무도 귀찮게 굴지를 않아요. 구두, 모자, 자동차, 라디오, 가구 — 온갖 종류의 장사를 하는 사람들 수백 명이 당신 옆을 지나다녀요. 그들은 모두 착하고 좋은 사람들이죠. 집적거리지를 않으니까요.」

「내가 마지막 본 파리」를 보면, 파티에서 만나 엘리자베스 테일러와 춤을 추던 로저 무어가 테일러의 남편 반 존슨 앞에서 이런 소리를 한다.

「I will never let you be alone.」

✗ 「헬렌, 절대 당신을 뺏기지 않겠어요.」

자기 아내도 아닌데 〈빼앗기지 않겠다〉니, 적반하장도 유분수다.

○ 「당신을 절대로 혼자 내버려 두지는 않겠어요.」

「개선문」에서는 술집의 문지기로 일하는 러시아 난민 루이스 캘헌이 수술을 끝내고 술을 마시러 들른 친구 샤를 부아이에를 보고 놀린다.

「Busy again with scientific murder, eh?」

✗ 「과학적 살인 때문에 여전히 바쁘신 모양이지?」

A

부아이에는 다른 돌팔이 의사에게 엉터리 수술을 받고 죽어 가는 여자를 살려 내려다가 방금 뼈아픈 실패를 맛보고 오는 길이다. scientific murder는 〈의료 사고로 환자가 죽는 경우도 과학(학문) 활동의 일부로 계산하겠다〉는 농담이다. 하지만 번역문은 전혀 농담 같지가 않다.

○ 「의학 발전을 위한 살인을 한 건 또 올리셨나?」

그리고 불법 체류자이기 때문에 숨어서 유령처럼 불법 의료행위를 계속하는 그의 훌륭한 솜씨를 아까워하는 캘헌에게 부아이에가 짜증을 낸다.

「I am not alone. The Nazis saw to that.」

× 「난 혼자가 아녜요. 언제나 나치의 감시를 받죠.」

첫 문장 I am not alone은 〈난 혼자가 아녜요〉라고만 해서는 의미가 모호하다. 〈난 배경이 든든하니까 혹시 잘못하더라도 감히 아무도 나를 건드리지는 못하리라〉는 말처럼 들릴지도 모르기 때문이다. 하지만 이것은 〈그런 짓을 하는 사람이 나 혼자만은 아니다〉라는 뜻이다. 그리고 The Nazis saw to that은 〈언제나 나치의 감시를 받는다〉가 아니라 〈나치들이 다 그렇게 손을 써놓았기 때문〉이라는 말이다. 우리나라 군사 정권하에서 반정부 활동을 하던 인물들이 취직을 못하도록 정부 기관에서 열심히 손을 써놓고는 했듯이, 〈(파리로 도망쳐서) 독일을 등진 반역자들이 정상적인 활동을 못하도록 방해한다〉는 의미다. saw to that(=see to it)은 〈~라는 결과를 유도하도록 확실하게 단속한다〉는 뜻이다.

○ 「나만 그러는 게 아냐. 다 나치들 때문에 벌어지는 일이라고.」

「사랑과 죽음」에서 한 차례 성관계를 치르고 난 다음, 백작 부인이 무척 흡족하여 그의 〈대단한 정력〉을 칭찬하자, 우쭐해진 우디 앨런이 고백한다.

「I practise a lot when I am alone.」

× 「외로울 때마다 연습했거든요.」

전쟁터에서 앨런이 언제 〈외로울〉 틈이 있었는지 모르겠지만, 어쨌든 alone은 〈외로운 lonely〉이 아니라 〈홀로〉다. 지극히 초보적인 착각이지만, 이런 실수를 저지르는 사람들이 생각보다 꽤 많다.

「한나와 그의 자매들」을 보면, 택시 안에서 바바라 허시가 형부를 생각하며 이런 독백을 한다. 〈And he blushed tonight when we were alone in the bedroom.〉(그리고 형부는 오늘 밤 우리 둘이서만 침실에 있을 때 얼굴을 붉혔어.)

alone은 이렇게 혼자나 소수의 집단이 〈따로〉 있는 상태를 뜻한다. 〈혼자〉 있으면 외롭기는커녕 오히려 편안하고 즐거운 기분을 느끼는 사람도 많다. 그리고 lone(혼자인, 호젓한) 또한 〈고독한〉이라고 번역하는 사람이 적지 않은데, 전혀 고독하지 않은 lone도 많다. 예를 들면 「지상에서 영원으로」에서, 권투를 안 하겠다는 먼고메리 클리프트에게 중대장이 이렇게 빈정거린다.

「Looks to me as if you're trying to acquire a reputation as a lone wolf.」

× 「내가 보기에 자넨 외로운 늑대라는 명성을 얻고 싶어하는 모양이야.」

하지만 lone wolf는 〈혼자서 활동하는 늑대〉 또는 〈혼자 지내는 늑대〉라고 해야 옳은 경우가 많다. 「잃어버린 지평선」을 보면, 샹리-라에서 살아온 러시아 여자가 영국인에게 고백한다. 〈The days are so long — and lonely without you.〉(하루하루가 너무나 길어서 — 당신이 없으면 외로워요.) 이렇게 lonely는 분명히 외롭거나 고독하다는 뜻이다. lone(홀로)과 〈~하는 경향을 지닌〉이라는 뜻의 접미사 -some이 결합된 lonesome 역시 〈고독한〉 의미의 단어다. 예문으로 다시 돌아가자면, 「한나」의 우디 앨런은 고향으로 돌아와 2년 만에 처음 여자를 접하는 상황이다. 그러니까 그가 한 말은 〈외로울 때마다〉가 아니라 〈혼자 있을 때〉 연습(수음)을 많이 했다는 표현이 보다 정확하다.

aloud

"Aloud, if you please."

✘ 큰 소리로 읽어봐.

☛ 「처칠납치작전」에서 도널드 플래전스(히믈러 역)가 로버트 두발에게 히틀러의 편지를 건네주며 한 말이다. 아주 사소한 듯싶으면서도 크게 의미를 왜곡한 오역이다. aloud는 〈큰 소리로〉가 아니라 〈소리를 내어〉다. aloud와 loudly의 차이는 alone(혼자서)과 lonely(외로운)의 차이만큼이나 크다. 언젠가 동시통역사가 Austria를 〈오스트렐리아Australia〉라고 오역하여 큰 외교적인 문제가 되기도 했는데, 이런 식의 〈사소한〉 잘못은 심각한 결과를 가져온다.
「처칠납치작전」의 원제목은 The Eagle Has Landed인데, 국내 텔레비전 방송에서는 〈독수리 착륙하다〉라고 우리말 제목을 만들여 붙였다. 하지만 새(독수리)는 비행기처럼 〈착륙〉하지 않고 〈착지〉하거나 〈내려앉는다〉. 그리고 배를 타고 가던 사람이 land하면, 그것은 〈착륙〉이 아니고 〈상륙〉이라고 한다. 또한 has landed는 시제로 보면 〈착륙하다〉가 아니라 〈착륙을 완료했다〉는 뜻이다. Eagle은 처칠 영국 수상을 납치하는 계획의 작전명이고, The Eagle Has Landed는 〈특공대가 무사히 목적지에 안착했다〉는 내용의 암호다.

among

"You shall be among the first."

✘ 당신이 첫째가 될 거요.

☛ 「야생마 히달고」에서 아라비아 사막을 횡단하는 경마에 참가한 미국 카우보이 비고 모텐슨에게 아랍인 경쟁자가 〈오늘 해가 지기 전에 열 명은 타 죽으리라〉면서 약을 올리며 한 얘기다. among the first는 〈첫째〉가 아니라 〈먼저 죽을 여러 사람 가운데 하나〉다. 그러니까 둘째나 셋째나 넷째도 among the first에 포함된다. 한국인들의 부정확한 계산 감각이 빚어낸 흔한 오역이다.

A

「성 발렌타인 축제일의 학살사건」은 실제로 일어났던 사실을 다루었으며, 「뜨거운 것이 좋아」는 조폭들이 차고에서 자행했던 같은 사건(발렌타인 학살)을 인용했다. 그런데 텔레비전에서 방영할 때는 앞 영화의 제목이 「성 발렌타인 데이 대학살」이었다.

부정확한 계산 감각의 소산이겠지만, 〈대학살〉이라는 단어가 아무래도 과장이 심하다. 영화의 마지막 부분에서 확인이 가능하듯이, 그날 시카고의 차고에서는 일곱 명이 살해되었으므로, 사실은 〈학살〉이라는 표현도 어울리지 않는다. 〈대학살〉이라면 히틀러처럼 30만이나 50만 명 정도는 죽여야 적용이 가능한 표현이다.

amusing

"If you only relax, you will find it amusing too."

✗ 각하도 긴장을 푸시면 재미있을 겁니다.

☞ 「황태자의 첫사랑」에서, 하이델베르크 대학의 첫 수업을 받고 여관으로 돌아와서, 교수와 학생들의 태도에 대해 화를 내는 에드먼드 퍼돔 황태자를 개인 교수가 달래 주는 말이다. 너그러운 시각으로 보면 잘못된 번역이 아니겠지만, funny(재미있는)와 interesting(흥미 있는)과 amusing(우스운, 웃기는, 우스꽝스러운)처럼 비슷하면서도 조금씩 다른 어휘들의 미세한 차이에 신경을 썼으면 좋겠다는 의미에서 발췌한 예문이다.

〈각하〉는 요즈음 대통령 같은 특수한 직위에 붙이는 경칭이고, 19세기의 황태자라면 〈전하〉가 어울리겠다.

○ 「조금만 여유를 갖고 보면 전하께서도 그것이 왜 웃기는 일인지 이해하게 될 텐데요.」

another

"What's to be nervous about? It's just another show."

✗ 뭐가 그리 긴장되요? 다음번 공연 때문에요.

☞ 「갈채」에서 연습 중에 실수를 저지른 노년의 여배우가 〈긴장했기 때문〉이라고 사과를 하자, 빙 크로스비가 안심시키는 말이다. just another(또 다른 하나에 불과한)는 〈대수롭지 않은 흔한 일〉을 뜻한다. 두 번째 문장의 번역은 아예 말이 되지 않는다.

○ 「긴장할 이유가 없잖아요? 늘 하는 공연인데 말입니다.」

anchor

"Steady, Antares. Like a rock, you will be our anchor."

✘ 그리고 안타레스, 넌 바위처럼 견고하지. 넌 우리의 돛이야.

☞ 「벤허」에서 전차 경기를 앞두고 말들을 둘러보며 찰톤 헤스톤이 격려하는 대사다. 〈돛〉은 sail이다. anchor는 〈닻〉이다. 〈돛〉은 바람의 힘을 이용하여 배가 움직이게 만들고, 〈닻〉은 반대로 배를 멈춰 한 곳에 고정시킨다. 쉬운 단어, 아는 단어를 흘깃 보기만 하고 무성의하게 번역해서 이렇게 실수하는 경우가 적지 않은데, 알면서 저지르는 실수라면 몰라서 범하는 오역보다 훨씬 나쁘다.

○ 「흥분하지 마, 안타레스. 바위처럼 든든하게 네가 중심을 잡아 줘야 하니까.」

ankle

"I had no money and a busted ankle."

✘ 난 돈도 없고 무릎도 아팠지.

☞ 「아름다운 비행」에서 가수인 엄마와 왜 이혼했느냐고 묻는 딸 안나 패퀸에게 제프 대니얼스가 농담조로 설명한 대답이다. ankle은 〈무릎〉이 아니라 〈발목〉이다. 발목을 수술하려고 입원했더니 병원에서 무릎을 수술해 놓았다면 어떻겠는가?

anno

Anno Domini

✘ 서기

☞ 「벤허」의 장엄한 서곡에 뒤이어 화면에 나타난 자막이다. 〈서기(西紀)〉 다음에는 1941이나 2011처럼 년도를 가리키는 숫자가 나와야 한다. anno domini는 그리스도가 출생한 해, 즉 〈주님의 해〉라는 뜻이다. 굳이 숫자로 표시하면 〈서기 0년〉이다. 그리스도가 태어난 이후의 년도를 anno domini의 약자인 A.D.로 표시하는 반면, 기원전은 B. C., 즉 Before Christ로 표시한다. 참고로, 예수가 태어난 해는 서기 0년이 아니라 기원전 4년이라고 한다. 누군가 출생 신고를 늦게 했거나 계산을 잘못했다는 얘기다.

answer

"Aren't you gonna answer the door?"

✘ 대답 안 할 거예요?

☞ 「세일즈맨의 죽음」에서 큰아들 조지 시걸이 보스턴의 호텔 방으로 찾아와 문을 두드리자, 출장 중에 만나 정사를 나누던 여자가 리 J. 콥에게 묻는 말이다. 〈answer는 곧 대답하다〉라는 고정 관념을 벗어나지 못한 번역이다. answer the door는 〈문을 두드리는 사람을 맞는다〉 또는 〈찾아온 사람에게 문을 열어 준다〉는 뜻이다.

콥이 불안해서 자꾸 주저하자 여자가 문으로 향하고, 그러자 콥이 소리친다. 〈Don't answer!〉 이것도 DVD에서처럼 〈대답하지 마〉라고 하는 번역보다는 〈나가지 마〉나 〈그냥 내버려 둬〉가 훨씬 낫겠다. 영상물에서 흔히 접하는 상황이니까, 공식처럼 알아 두기 바란다.

○ 「나가 보지 않을 거예요?」

「워터프론트」에서, 수사관들에게 협조했다가 폭력배들의 손에 죽은 노동자의 아버지를 보고 동료 노동자가 불안한 마음을 토로한다.

「I've been on the docks all my life and there's one thing I learned: You don't answer no questions, unless you want to wind up like that.」

✘ 「평생을 부두에서 살면서 배운 건 딱 한가지야. 저 꼴 나기 싫으면 묻는 말에 대꾸하지 말라는 것.」

듣는 사람으로 하여금 착각을 일으키게 만드는 모호한 번역이다. 마치 〈(항만 폭력 노조에게) 말대꾸(☞ argue)를 하지 말라〉는 소리처럼 들리기 때문이다. 여기서는 수사관들이 〈묻는 질문에 대답〉, 그러니까 당국에 〈협조하지 말라〉는 뜻이다.

Antibes

"We will go. We'll go where the sun is. To Cannes. To Antibes."

✘ 태양이 있는 곳으로 가요. 칸느로요. 애브티베스로 가요.

☞ 「개선문」에서, (밤새도록 불을 켜놓지 않고는 잠을 못 잘 만큼 불안해 하는) 잉그릿 버그만에게 샤를 부아이에가 (전운이 감도는 불안한 난민들의 도시) 파리를 떠나자고 제안하며 한 말이다. 리비에라의 앙티브는 세계적인 관광지다. 영화제가 열리는 칸 못지않게 유명하다. 영화의 대사를 들어 보면 고유 명사의 발음은 쉽게 파악이 가능하다. 하지만 그냥 듣고 받아쓰기조차 힘들어 하는 사람들이 의외로 많다.(☞ Champs-Élysées)

후반부에서는 같은 지명을 놓고 〈우린 안티베로 가는데, 같이 갈래요?〉라는 자막도 나온다. 같은 지명을 이렇게 여러 가지로 표기하는 번역은 정말로 무성의하다.
○ 「떠나야 해요. 태양이 비추는 곳으로요. 칸으로 가자고요. 앙티브도 좋고요.」

antique

"Yeah, and real antique too."

✘ 그리고 고상하기도 하지.

☞ 미국으로 〈뿌리〉를 찾아간 아프리카 흑인의 얘기인 「리틀 세네갈」에서 주인공이 구멍가게 여주인을 알게 되어 그녀의 집을 드나들자, 옆집 흑인들이 〈아이다가 진짜 아프리카 놈팡이를 찾았네〉라고 놀리면서 한 말이다. antique(골동품)라니까 〈귀하다〉는 뜻으로 받아들인 모양이지만, 약간 지나친 상상력이다. 여기서는 antique가 ancient처럼 그냥 〈늙었다old, aged〉는 뜻이다. antiquated라고 하면 〈낡아빠진〉, 〈노후한〉, 〈구식인〉, 〈노구(老軀)의〉를 의미한다.
○ 「거기다가 폭삭 늙기까지 했다고.」
EBS에서 방영한 기록 영화 「공룡대탐험」에서는 ancient mariner를 〈고대 탐사선〉이라고 번역했는데, 이것은 〈늙은 뱃사람〉이라는 뜻이다. ancient는 〈고대(古代)의〉라는 기본적인 의미 말고도, 법률 용어로는 〈20 또는 30년이 경과한〉이라는 뜻이 있고, 고어로는 〈나이가 많은〉을 의미한다. ancient mariner는 새뮤얼 테일러 코울릿지의 초자연적 낭만시 『어느 늙은 뱃사람의 이야기』에서 유래하는 유명한 표현이다. mariner는 〈선원〉이나 〈뱃사람〉이라는 뜻이며, 대문자로 쓰면 미국의 화성과 금성 탐사 우주선의 이름이 되기도 한다.

any

"As usual, any hour."

✘ 한 시간 안에요.

☞ 「토마스 크라운 사건」에서 은행이 털린 다음, 〈언제쯤 범인이 잡히겠느냐?〉는 기자의 질문에 수사관 폴 버크가 애매하게 대답한 말이다. 〈한 시간 안에〉라면 전혀 애매한 대답이 아니다. 편의점을 터는 좀도둑이라고 해도 한 시간 안에는 잡기가 힘든 세상인데, 버크는 왜 그토록 자신만만한 대답을 했을까? 더구나 as usual(늘 그러듯이)이라는 단서를 달았는데, 그렇다면 세상의 모든 범죄 사건에서 거의 모든 범인이 한 시간 안에 붙잡힌다는 뜻인가?
여기서 any hour(얼마나 걸릴지 모르는 시간)는 〈이런 범죄 사건에서는 늘 그렇듯이, 당장 잡히기도 하고 오래 걸리기도 하니까, 시간은 점치기가 힘들다〉는 회피성 대답이다.

○ 「항상 그렇지만, 잡혀야 잡히나 보다죠.」

「돌아오지 않는 강」에서 도망친 못된 도박사 로리 캘훈을 마릴린 먼로가 미워하지 않느냐는 로버트 밋첨에게 어린 아들이 설명한다.

「She said he didn't know any better.」

✗ 「그 사람은 아무것도 모른대요.」

any better(~보다 조금이라도 더 좋은)는 제한적인 의미를 갖기 때문에 〈아무것도〉라는 무제한적인 표현과는 상반된다. know any better(조금이라도 더 잘 알다)는, 부정문으로 쓰이면, 〈그 정도밖에는 알지 못한다〉는 뜻이 된다.

○ 「아줌마가 그러는데, 본디 그 정도밖에는 머리가 돌아가지 않는 사람이래요.」

「나이아가라」에서는 (마당에 모여 춤을 추는 젊은이들에게 축음기 판을 들고 나와 틀어 달라고 한) 마릴린 먼로에게 〈저 노래 좋아하나 봐요〉라고 진 피터스의 남편이 묻는다. 먼로의 대답이다.

「There isn't any other song.」

✗ 「다른 노래는 없어서요.」

마치 먼로가 가지고 있는 전축 판이 그것 한 장뿐이라는 소리 같지만, 〈이 세상의 다른 노래는 하나도 노래 같지가 않다〉는 말이다.

○ 「이것만이 진짜 노래 같은 노래거든요.」

anybody

"Tell him who everybody is, if anybody is anybody."

✗ 아무개가 아무개라고 말이야.

☛ 「스칼렛 핌퍼넬」에서 신출귀몰하는 영웅 핌퍼넬에 대한 시를 지어서 낭송해 달라는 여자들에게 레슬리 하워드가 던진 수수께끼 같은 말이다. 이런 말장난은 번역하기가 참으로 곤혹스럽다. 예문은 〈알아 둘 만한 인물이 한 명이라도 있는지 모르겠지만, 어쨌든 모든 사람을 그에게 인사시켜요〉라는 의미다. 하지만 그렇게 밋밋한 번역을 해놓으면 원문에서 anybody is anybody라고 반복한 대목의 시적인 묘미가 사라져 버린다. 〈어느 누구라도〉라는 앞 anybody의 의미뿐 아니라 〈조금이라도 쓸 만한 인물〉이라는 뒷 anybody의 의미를 여기에서는 동시에 살려야 하기 때문이다. 이런 반복 화법으로 번역하면 어떨까 싶다.

○ 「쓸 만한 사람이라면 사람이란 사람은 모두 그 사람한테 소개를 시켜요.」

이해를 돕기 위해 접미사 -one과 -body에 관해서 잠시 살펴보기로 하겠다. someone과 somebody, anyone과 anybody, no one과 nobody는 -one이 -body보다 일반적이라는 점 말고는 서로 차이가 거의 없다. 하지만 두드러진 차이가 발생하는 경우도 있다.

사람들의 뛰어난 자질을 나타내는 anybody의 용법부터 살펴보자. 「에스파냐의 포로」에서

FBI 요원이라고 신분을 밝힌 여자가 〈Anybody can be anybody(누가 누구인지 모르는 세상입니다)〉라고 했을 때는 anybody가 불특정한 대상을 지칭하는 일반적인 용법으로 쓰였지만, 「러브 스토리」에서 그를 자꾸 앨리 맥그로우가 깔보기 때문에 자존심이 상한 라이언 오닐이 〈Am I just anybody?〉라고 물었을 때는 anybody가 《(그냥) 시시한 사람》이라고 의미가 달라진다.

의문문에서의 anybody는 긍정문에서의 nobody와 의미가 같아진다. 「내 사랑은 끝없이」에서는 취직을 하겠다고 찾아온 윌리엄 파월이 아무리 봐도 남의 집 하인 노릇을 할 만한 사람이 아니라는 생각에 주인이 〈Say, who are you?(도대체 당신 뭐하는 사람이요?)〉라고 묻자 파월이 〈I am nobody, sir〉라고 대답한다. 〈전 별 볼 일 없는 사람입니다〉라는 뜻이다. 「정신병동의 뉴먼 대위」에서는 그레고리 펙 대위에게 정신과 치료를 받고 다시 전투에 투입되는 바비 다린 상병이 〈I'm not a nobody going nowhere(저는 전혀 미래가 없는 그런 하찮은 인간이 아닙니다)〉라며 자신감을 보인다. 「황금의 갈채」에서는 마이크 레인이 시합을 안 하고 귀국하려 하자 험프리 보가트가 〈Think of how they're going to feel if you come home a nobody(자네가 하찮은 존재로서 고향으로 돌아가면 가족이 뭐라고 생각하겠느냐)〉고 설득한다. 레인은 〈A nobody doesn't have much to lose(하찮은 존재라면 별로 잃을 것도 없잖아요)〉라고 반박한다. nobody 앞에 부정 관사 a가 쓰였음을 유의하기 바란다.

「육체와 영혼」에서는 nobody에 대한 정의가 분명하게 내려진다. 기분 좋게 술을 마시고 존 가필드와 집으로 돌아와 코치와 흥행주를 만난 릴리 파머는 합석한 낯선 여가수 헤이즐 브룩스에게 〈Who are you?〉(당신은 뭐요?)라고 묻는다. 브룩스는 〈I am nobody〉(신경 쓸 만한 [가치가 있는] 사람은 아니니까 내 걱정은 마세요)라고 응수한다. 그러자 파머가 〈You know who nobody is?〉(시시한 인간이 뭔지 알아요?)라며 nobody의 의미를 묻고 늘어진다. 〈Nobody is anybody who belongs to somebody. So if you belong to nobody you are somebody. Understand?〉(누구에겐가 쥐여 사는 모든 사람은 시시한 인간이죠. 그러니까 만일 아무한테도 쥐여 살지 않으면 대단한 사람이고요. 알겠어요?)

여기에서는 somebody가 〈어떤 사람〉과 〈대단한 사람〉으로, 그리고 nobody는 〈어느 누구〉의 부정형과 〈하찮은 인간〉으로 겹쓰임이 이루어진다. somebody의 이런 용법은 some의 속성에서 나온다. 「인생의 낙원」을 보면 넓은 세상으로 진출하려던 꿈이 좌절되어 속이 상한 제임스 스튜어트에게 도나 리드가 그림을 보여 준다. 스튜어트가 밧줄로 달을 따서 리드에게 주는 그림이다. 스튜어트가 화를 낸다. 〈Some joke, uh?〉 〈이것도 무슨 대단한 농담이라고 생각하는 모양이지?〉라는 뜻인데, 여기서 some은 〈대단하다〉는 의미가 반어법으로 쓰였다. 「특전 U보트」에서는 함장이 출항에 앞서 멋진 연설을 할 줄 알았다가 〈각자 위치로〉 한 마디로 끝내자 종군 기자를 안내하는 장교가 〈Some speech, eh?〉라고 말한다. 〈정말 대단한 연설 아닌가요?〉라는 농담이다. 여기서도 some은 반어법 〈대단한〉이다. 이런 식으로 somebody는 진짜로 〈대단한some 사람body〉뿐 아니라 반어법으로 〈한심한 인간〉이 되기도 한다.

「에린 브로코비치」에서는 자신이 시시한 nobody라고 느끼는 줄리아 로버츠에게 옆집에 사는 백수건달 남자가 〈You are someone to me. You're very special to me(나에게는 당신이 소중한 사람입니다. 당신은 나에게 아주 특별한 존재니까요)〉라고 위로한다. 「라디오 전성시대」에서는 어린 주인공을 어머니가 이런 말로 격려한다. 〈Our lives are ruined already. You still have a chance to grow up and be somebody.〉(엄마하고 아빠의 인생은 벌써 망쳤어. 넌 아직도 자라서 큰 인물이 될 기회가 있지만 말이야.) 「토탈 리콜」에서는 채석장 인부로 일하는 아놀드 슈워츠네거가 아내 샤론 스톤에게 좌절감을 이런 식으로 토로한다. 〈I feel like I was meant for something more than this. I want to do something with my life. I want to be somebody.〉(나는 내가 이보다는 훌륭한 어떤 인생을 위해 태어났다고 생각해. 나는 내 인생을 멋지게 살고 싶어. 나는 훌륭한 인간이 되고 싶어.)

그리고 「스칼렛 핌퍼넬」에서 새 옷을 자랑하는 귀족에게 레슬리 하워드는 nothing과 something을 가지고 비슷한 말장난을 한다. 〈The Prince of Wales said, 《It's not so good.》 And nothing is so bad as something which is not so good.〉(웨일스 공께서는 〈이 옷이 별로 좋지 않아〉라고 말했죠. 그리고 별로 좋지 않은 것처럼 나쁜 건 없어요.)

anything

"Give me wine, chicken, anything but that."

✘ 와인을 갖다 줘. 다른 건 말고.

☞ 「콘스탄티누스와 십자가」에서 크리스티네 카우프만이 우유를 마시라고 갖다 주니까 로마군 백부장이 질색하는 말인데, 오역이라고까지는 할 수 없겠지만, 의미가 제대로 전달되지를 않는다. anything but은 but 다음에 언급한 내용만 말고 〈무엇이나 다〉라는 뜻이다. 그런데 but 뒤에 아무것도 없다. 카우프만이 지금 들고 온 〈우유〉가 생략되었다고 이해해야 한다. 〈포도주나, 닭고기, 무엇이나 다 좋지만, 우유만은 싫다〉는 심한 거부감을 나타낸다.

○ 「그것만 아니라면 포도주건 닭고기건 다 좋아요.」

anywhere

"He says he would've known you anywhere."

✘ 어딘가에서 아주머니를 뵌 것 같다네요.

☞ 「하비의 환상」에서 아무한테나 황당한 토끼 얘기를 늘어놓는 제임스 스튜어트가 동네 아주머니에게 하비를 소개하며 한 말이다. 〈어딘가에서〉는 somewhere다. anywhere는 〈어디에서나〉다. 한 글자의 차이가 때로는 이토록 엄청나게 다르다. 그리고 known은 〈알게 된(=뵌)〉이 아니라, 여기서는 recognize(알아보다)라는 뜻이다.

○ 「(얘기를 많이 들었거나 사진 따위를 워낙 많이 봐서, 또는 워낙 친근하고 낯익은 인상을 주는 얼굴이라서) 처음 만났더라도 어디에서나 한눈에 아주머니가 누구인지를 알아뵈었을 거라고 그러네요.」

apartment

"He's on top floor, Apartment 23."

✘ 23동 꼭대기 층요.

☛ 「프로듀서」에서 최악의 각본을 쓴 극작가를 만나러 찾아간 제로 모스텔과 진 와일더에게 관리인 여자가 안내한 내용이다. 아마도 아파트먼트의 개념에 대한 동서양의 차이를 파악하지 못해서 이런 번역이 나오지 않았나 싶다. 두 사람이 찾아간 아파트먼트는 허름한 건물 한 채다. 미국의 아파트먼트는 우리나라처럼 단지를 이루지 않고 허름한 건물 한 채만 달랑 짓는 경우가 많다. 그러니까 극작가가 사는 곳은 〈23동 꼭대기 층〉이 아니라 〈꼭대기 층의 23호〉다. 미국의 아파트먼트는 대부분 하숙집 수준의 임대 공동 주택이다. 그러니까 외국에 나가서 〈나는 아파트먼트에서 살아요〉라고 자랑하면 별로 존경을 받지 못한다. apart은 〈따로 떨어진〉이라는 뜻의 부사이며, 거주지를 얘기할 때는 꼭 apartment라고 해야 한다. 그러니까 〈나 아파트에 살아요〉라고 하면 〈난 떨어져서에 살아요〉라는 말도 안 되는 말이 된다.

appreciate

"And I'd appreciate it if you didn't add to those worries, Mrs. Elgin."

✘ 부인이 더한 걱정을 하지 않게 해줘서 감사드려요.

☛ 「갈채」에서 연습을 끝내고 찻집에서 만난 그레이스 켈리에게 연출자 윌리엄 홀든이 부탁하는 말이다. appreciate ~ not to(~하지 않도록 부탁하다)는 우리말에서도 흔히 쓰이는 표현으로서, 앞에 would가 붙으면 약간 빈정거리는 투로 〈~하지 말라〉고 간곡하게 부탁하는 말이다. didn't라고 과거형을 쓴 까닭은 가정법에서 동사의 시제가 한 단계 거슬러 올라가야 하기 때문이다.
미래형 소망을 과거형으로 뒤집어서 이렇게 거꾸로 오역을 한 까닭은 단순한 부주의함 탓이라고 보인다.

○ 「그리고, 엘진 부인, 그런 걱정거리에 다른 문제를 얹어 주지 않았으면 감사하겠어요.」

Arabian

"Cape Town, like something out of The Arabian Nights, full of strange people, sounds, and colors — a New World."

✘ 케이프타운은 동화에 나오는 곳 같았다. 낯선 사람, 소리, 그리고 색깔들…… 새로운 세계였다.

☞ 「야성녀」에서 아일랜드의 기근을 피해 남아프리카로 이주한 수잔 헤이워드가 받은 첫인상이다. 〈다양하고 이국적인 곳〉이라는 비유적인 의미로 쓰인 『천일야화』는 〈동화〉가 아니다. 동화fairy tale는 〈아동들이 읽는 이야기〉다. 『걸리버 여행기』와 마찬가지로 『천일야화』는 (어린이용으로 발췌해 놓은 건전한 부분을 제외하고는) 결코 아이들에게 추천할 만한 내용이 아니다. 한 가지 더 주의할 점은, 〈천일야화〉를 〈천일(千日)〉이라고 착각하는 사람들이 많은데, 사실은 〈밤에 듣는 1,001 가지의 이야기〉다.

○ 「케이프타운은 『천일야화』에서 그대로 빼다 박은 곳 같아서, 낯선 사람들과 소리와 빛깔이 가득한 — 신세계였다.」

argue

"You Jews always argue."

✘ 유태인들은 다툼을 좋아하지.

☞ 「25시」에서 수로 공사장까지 끌려온 앤서니 퀸이 〈나는 유대인이 아닌데 잡혀 왔다〉고 반발하자, 공사 현장을 지휘하는 책임자가 일축한다. 여기서의 argue는 〈다투다〉보다 〈꼬치꼬치 따진다〉는 의미가 맞겠다.

Jew를 〈유태인(猶太人)〉이라고 하는 것은 한자의 음역이어서 옳지 않다. Judea(유대) 사람은 〈유대인〉이다. Berlin을 한자로 음역한 〈백림(伯林)〉이라는 표현을 한때 우리나라에서 열심히 썼는데, 그것은 중국식 발음으로는 〈벌린〉이어서 중국에서는 문제가 되지 않지만, 한국식 한자 음역은 아니다.

○ 「너희 유대인들은 어딜 가나 말이 많다니까.」

「워터프론트」에서는 혼만 내려는 줄 알고 말론 브랜도가 불러낸 노동자가 옥상에서 떨어져 죽은 다음, 브랜도가 언짢아하자 형 로드 스타이거가 설명한다.

「Maybe he gave them an argument.」

✘ 「의견 일치를 못 봤나 봐.」

argument는 〈의견 일치〉보다는 훨씬 강한 〈(일방적인) 주장〉이다. 그러니까 죽은 노동자는 폭력배들의 〈설득〉에 고분고분 넘어가지를 않고 give an argument(꼬박꼬박 말대답)를 하다가 변을 당했다는 뜻이다.

armful

I need an armful of you.

✘ 내게 필요한 건 그대의 품

☛ 「밤을 즐겁게」에 나오는 노래의 가사다. 번역한 내용을 보면 상대방의 품에 안기고 싶다는 뜻이다. 그러나 본문은 〈내 품에 가득한 당신〉이다. 누가 누구를 안아 주는지 주객이 전도되었다. armful of (something)은 〈~이 한 아름〉이라는 뜻이다.
○ 그대를 한 아름 안고 싶어라.

army

"I need to fight a whole army!"

✘ 소대를 맞아 싸우고 싶어!

☛ 「검객 시라노」에서 사랑하는 여인 록산느가 만나자니까 시라노가 신이 나서 외치는 소리다. 〈소대〉는 영어로 platoon이라고 하며, 인원은 40명가량 된다. platoon이 넷 모이면 200명쯤으로 구성된 company(중대)가 된다. company가 모여 구성된 battalion(대대)은 1,000명 정도다. 3개 battalion이 모여서 구성된 regiment(연대)는 거의 5,000명에 이른다. 3개의 regiment로 구성된 division(사단)의 병력은 1만 명이 넘는다. division이 여럿 모이면 corps(군단)를 구성하고, corps를 다시 여럿 뭉치면 그제야 army(군)가 된다. 미8군(the 8th U. S. Army) 정도의 병력이 army다. 그리고 한 국가 전체의 〈군대〉도 army라고 한다.

따라서 army는 10만 이상에서 수백만의 병력을 뜻한다. 검객 시라노는 지금 너무나 기분이 좋아서 〈100만 대군〉과 싸움이라도 벌이고 싶을 지경이다. 그런데 번역에서는 100만을 40명으로 줄여 놓았다. 과장법도 수사학에 들어간다. 뻥치기 화법을 함부로 평가절하하면 곤란하다.

잠시 후 시라노는 빵집 주인을 죽이려는 assassin 100명과 정말로 싸움을 벌인다. 텔레비전에서는 assassin을 〈저격범sniper〉이라고 번역했다. 한자의 뜻을 새겨보면 저격범(狙擊犯)은 총을 사용한다. 그러나 시라노와 싸운 assassin(자객)은 너도나도 칼만 휘둘러 대었다.

비디오로 출시된 프랑스 영화 「검객 시라노」에서는 주인공이 극장 안에서 난장판을 벌이고,

A

극단 사람은 오늘 입장료를 관객에게 돌려줘야 한다고 불평한다. 시라노는 돈뭉치를 그에게 던져 준 다음 〈1년치 봉급을 다 줬다〉고 말한다. 왜 프랑스 군대에서는 1년치 봉급을 한꺼번에 주었을까 궁금해서 같은 대사를 영어 판 「검객 시라노」에서 확인해 보니까 〈연봉〉이 아니라 〈한 달 봉급〉이었다. 한국 사람들은 정말로 셈이 흐리다.

army 얘기를 하나만 더 하겠다. 「사랑과 죽음」을 보면, 극장에서 만난 다이안 키튼이 어려서부터 짝사랑하던 우디 앨런의 형이 전쟁터로 가서 어떻게 지내는지 앨런의 옷을 두 손으로 움켜잡고 다급하게 소식을 묻는다. 앨런이 키튼을 진정시킨다.

「Easy, easy, this is army property.」

✗ 「군인들이 다 그렇지.」

원문을 아무리 뜯어봐도 번역문의 내용은 보이지를 않는다. 앨런이 〈Easy, easy(진정해요, 진정하라고요)〉라며 설득하는 이유가 번역에서는 나타나지 않기 때문이다. 영상 번역에서는 글로 된 대사뿐 아니라, 등장인물들의 표정이나 주변에서 벌어지는 상황 또는 배경 따위의 시각적인 정보가 때로는 중요한 역할을 한다. 이 장면에서 키튼은 앨런의 군복을 마구 잡고 흔들어 찢을 기세고, 그래서 앨런은 〈군인들〉이 아니라 〈군복〉에 정신이 팔린 상태다.

◯ 「이러지 말라요, 이건 군대 소유(보급품)라고요.」

around

"The emperor must command that the grotto be opened. Then the commission may assemble. Not the other way around."

✗ 그건 황제께서 명령을 하셔야 합니다. 그후 조사단을 만들어야 하오. 다른 방법이 없소.

☞ 「성처녀」에서 성모를 보았다는 제니퍼 존스의 주장을 확인하려면 〈기적의 샘을 공개해야 한다〉는 찰스 빅포드 신부에게 주교가 내놓은 조건이다. 많은 사람들이 별로 신경을 쓰지 않지만, other와 another의 용법은 숫자의 제한을 받는다. the other나 each other는 두 사람이나 개체 사이에서 〈서로〉 또는 〈상대방〉이라는 개념을 나타낸다. 반면에 둘 이상인 경우에는 among others처럼 복수형을 쓰거나 one another라고 해야 한다. 이것은 두 사람(개체) 〈사이〉를 나타내는 between과 둘 이상의 다수 〈사이〉를 뜻하는 among을 차별해야 하는 원칙과 상통한다.

따라서 예문의 the other way는 〈다른 (불특정한 여러) 방법〉이 아니라, 〈주어진 두 가지 가운데 한 가지 다른 방법〉을 뜻한다. 그리고 주어진 두 방법은 emperor must command(황제의 명령)와 commission may assemble(조사단 소집)이다. 번역에서 소홀히 넘겨버린 around 또한 여기에서는 핵심적인 개념이다. 주교가 요구하는 바는 〈황제의 명령이 먼저〉 그리고

〈조사단 소집〉이 나중이다. around(빙 돌아서)는 그 순서를 〈거꾸로 돌린다〉는 뜻이다.

○ 「동굴을 개방하라는 황제의 명령이 떨어져야 합니다. 그런 다음에는 조사단을 소집해도 좋아요. 조사단부터 소집해서는 절대로 안 됩니다.」

「황야의 7인」에서는 산적의 소굴로 들어온 농부가 겁이 나서 스티브 매퀸에게 솔직한 심정을 털어놓는다.

「Funny. Hands sweat, mouth is dry. You'd think it would be the other way around.」

✗ 「우습지 않소? 손에 땀이 나다니. 입도 마르고. 당신은 상상도 못한 일이겠지?」

○ 「이상하군요. 손바닥은 축축하고 입안이 바싹 마르다니. (손바닥은 마르고 입안이 축축해야 하는데) 뭔가 거꾸로 뒤집혔군요.」

arrangement

"I made an arrangement, my dear. I have to go."

✗ 난 정리하려고 온 거야. 난 가야 한단다.

☞ 「레 미제라블」(1998)에서 마리우스를 데리고 집으로 온 장 발장은 자베르 형사와의 약속을 지키기 위해 돌아가야 한다고 코제트에게 설명한다. 발장은 마리우스만 살려준다면 자베르 형사에게 꼭 돌아가겠다고 약속했다. 이렇게 무엇인가 미리 합의를 본 〈기약〉이나 〈협정〉을 arrangement라고 한다. 그래서 그는 아무것도 〈정리〉하지 않고 그냥 집을 나간다.

○ 「얘야, 난 타협을 했단다. 난 꼭 가야 해.」

artillery

"Oh, no. No shooting. We're only artillery observers, you know."

✗ 쏘지 마. 우린 단지 정찰하러 온 거니까.

☞ 「젊은 사자들」에서 적지로 들어간 소수 병력이 독일군의 공격을 받지만, 부하들에게 응사하지 말라고 중대장이 명령한다. 그 이유는 이렇다.

〈정찰〉은 reconnaissance라고 한다. artillery observer는 〈포병 관측〉을 하는 군인으로서, 장교인 경우가 많다. 그리고 관측장교의 임무는 단순한 정찰에서 끝나지를 않는다. 포격은 후방 멀리 떨어진 원거리에서 하기 때문에, 적의 위치를 관측하기가 가능한 곳으로 관측장교를 먼저 침투시키고는, 무전으로 연락을 취해 탄착점을 유도하게 만든다. 「남태평양」에서 존

커와 롯사노 브랏지가 섬으로 들어가 수행하는 임무가 바로 이것이다. 그러니까 끊임없이 이동하는 〈정찰〉과 한 장소에 처박혀 몰래 연락을 취하는 〈관측〉은 성격이 크게 다르다.
○ 「아냐. 쏘지 마. 우린 관측만 하면 돼.」

artist

"When Igor Stravinsky wrote his ballet, The Rite of Spring, his purpose was, in his own words, to 〈express primitive life〉. So Walt Disney and his fellow artists have taken him at his word."

✘ 이골 스트라빈스키가 그의 발레곡, 봄의 제전을 썼을 때 그의 목적은 그의 말에 따르면, 〈원시의 삶의 표현〉을 위해서였습니다. 그래서 월트 디즈니와 예술가들은 그의 말을 받아들였습니다.

☛ 만화 영화 「판타지아」에 나오는 이 해설의 두 번째 문장에서 his fellow artists는 〈월트 디즈니와 함께 일하는 artists〉라는 말이다. 그리고 이 artists는 animators(동영상을 만드는 사람들)로서, 본인들이 들으면 좀 섭섭하겠지만, 〈예술가〉라고까지 하기는 무리가 있다. artist는 〈예술〉을 하는 사람이면 〈예술가〉지만, art(미술)을 하는 사람일 경우에는 〈화가〉라고 해야 된다. 여기서는 〈만화 영화를 만든 화가들〉이 되겠다.
take him at his word는 〈그가 한 말을 곧이곧대로(액면 그대로) 받아들인다〉는 뜻이다. 그래서 월트 디즈니와 동료 화가들은, 「봄의 제전」의 연주가 진행되는 동안, 화면에서 원시 시대의 풍경을 그림으로 보여 준다.
○ 「발레곡 〈봄의 제전〉을 작곡했을 때, 이고르 스트라빈스키는 스스로 밝히기를 〈원시적인 삶을 표현〉하겠다고 했습니다. 그래서 월트 디즈니와 동료 작가들은 그의 뜻을 그대로 따르도록 했습니다.」

as

"I love you as you are."

✘ 당신 자신만큼 당신을 사랑해요.

☛ 「비수(悲愁)」에서 작가 F. 스콧 피츠제럴드가 신문 기자 쉴라 그레이험에게 고백한 말이다. 상당히 흔한 표현이어서 이런 초보적인 오역을 하는 사람이 별로 없는데, 어쩐 일인지 모르

겠다. 시간에 쫓기거나 해서 대충 해버린 번역처럼 보인다.
○ 「난 지금 그대로의 당신을 사랑해요.」

ashore

"You better pull ashore."

✘ 당신은 해변으로 가는 게 낫겠어.

☞ 「피츠카랄도」에서 그들이 탄 배를 쫓아오는 수많은 원주민들의 쪽배를 발견하고 클라우스 킨스키가 선장에게 내린 명령이다. 그들이 지금 거슬러 올라가는 아마존 상류 내륙 밀림에서 바다까지 가려면 몇 달이 걸릴 텐데, 선장더러 배를 버리고 걸어서 〈해변〉까지 혼자 가라고 명령하는 이유가 무엇일까? ashore는 〈해변〉이 아니라 여기서는 〈강변〉을 뜻한다.
○ 「(계속 도망가지 말고) 강가로 배를 대는 게 좋겠어.」

a-singin'

"I come a-singin' to you."

✘ 아주머니께 노래를 불러주러 왔어요.

☞ 「오클라호마」에서 들판에 태양이 떠오르고, 고든 매크레이는 말을 타고 노래를 부르며 들판을 건너 샬롯 그린우드 아줌마의 집으로 간다. 예문은 어떻게 왔느냐고 그린우드가 묻자 매크레이가 즐거운 표정으로 대답한 말이다.
시골의 무식한 농부들과 목동들이 주인공인 이 유명한 뮤지컬의 노랫말과 대사는 처음부터 끝까지 방언으로 이루어져서, 교과서에서는 배우지 않는 구어체 영어를 익히기에 좋은 교재 노릇을 한다. a-singin' 같은 어휘는, 일반 교과서에서는 가르치지 않지만 실생활에서는 무척 널리 쓰기 때문에, 영상 번역에서는 필수적으로 알아둬야 하는 단어군에 속한다. 구어체에서는 진행형이나 동명사 등 -ing로 끝나는 말의 대부분에서 마지막 g를 탈락시킨 다음, 그것을 소리 나는 그대로 적는다. 앞에 붙은 접두어 a-는 동명사에 붙어서 〈~을 하러〉 또는 〈~을 하는 중인〉이라는 의미를 갖게 된다.
셜리 존스를 box social(처녀들이 만든 도시락 바구니 경매 행사)에 데리고 가기 위해 찾아와서도 매크레이는 그린우드에게 묻는다.
〈There must be plenty of men a-tryin' to spark her.〉(로리의 환심을 사려고 덤비는 사내들이 많겠군요.)

'a-tryin'은 a-singin'과 같은 용법이다.

남자들의 달콤한 말에 사족을 못 쓰고 아무에게나 기꺼이 키스를 허락하는 (지능 지수가 두 자리인) 글로리아 그레이험이 셜리 존스에게 한탄한다.

〈Whut's a girl to do when you talk that a-way.〉(남자들이 그런 식으로 사탕발림을 하는데 여자가 어쩌겠어.)

whut은 what을 소리 나는 대로 적은 것이고, a-way는 that sort of way와 비슷한 느낌(☞ sort)을 갖는다. a-는 〈~을 하는 중인〉이라는 진행형을 나타내다가, a-way가 나중에 away로 굳어 버리는 경우처럼, 어떤 지속적인 상태를 나타내기도 한다. a-lone이 alone(혼자서)으로 굳어 버리는 경우가 그렇다. 셜리 존스를 가운데 놓고 경쟁을 벌이는 하인 로드 스타이거의 움막을 찾아간 매크레이가 스타이거의 장례식 얘기를 할 때 나오는 단어 asleep도 a-sleep이 굳어진 형태다.

〈He looks like he's asleep.〉(죽은 그의 모습이 마치 잠든 듯하다네.) 매크레이는 스타이거의 누추한 삶을 이렇게 a-비웃기도 한다. 〈How did you get to be the way you are anyhow? Sittin' in here in this filthy hole here, a-crawlin' and festerin'?〉(자넨 어쩌다 지금처럼 이런 꼴이 되었나? 이런 더러운 구석에 처박혀 앉아서 푹푹 썩어 가며 기어 다니기나 하고 말이야.)

그리고 이런 충고도 한다. 〈Why don't you do somethin' healthy once in a while 'stead of stayin' shut up?〉(집안에 틀어박혀만 지내지 말고 왜 가끔 무슨 건전한 일이라도 하지 그래?) 여기에서도 'stead는 instead를 줄인 꼴이다. bite 항, cheer 항, right 항에서 관련된 설명을 참조하기 바란다.

ask

"Why did you have to steal? Why didn't you just come and ask me for it?"

✘ 왜 꼭 도둑질을 해야 했나? 왜 물어보지 않았어?

☞ 「날아라 피닉스」에서, 자기는 남들보다 일을 더 많이 하니까 물도 더 마셔야 하기 때문에 몰래 훔쳐 마셨다고 당당하게 우기는 하디 크루거에게 화가 난 기장 제임스 스튜어트가 묻는 말이다. 크루거는 기장에게 (물어보지 않고) 물을 훔쳐 먹은 이유를 이미 설명한 다음이다. 그런데도 스튜어트가 〈왜 물어보지 않았느냐〉고 따진다는 상황이 어색하다. ask에 전치사 for가 붙으면 〈물어보다〉가 아니라 《달라고》 부탁한다〉는 뜻이다.

○ 「훔쳐 먹어야 할 이유가 뭐야? 그냥 와서 달라고 했으면 고분고분 줬을 텐데 말이야.」

「프로듀서」를 보면, 마음에 들만큼 형편없는 연출자를 찾아낸 다음, 진 와일더가 걱정이 되어 제작자에게 묻는다.

〈You think he will take the job?〉(그 사람이 일을 맡아줄까요?)

「Only if we ask.」
× 「사정해 봐야지.」

〈우리가 부탁만 하면〉이라는 조건절 뒤에서는 〈〈워낙 일감이 없는 사람이니까 우리가 말만 꺼내면) 옳다구나 해서 냉큼 덤빌 사람이지〉라는 말이 생략되었다.

「사랑의 행로」에서는 2인조 피아노 연주를 야간업소에서 31년 동안 공연해 온 보 브릿지스가 동생 제프 브릿지스와 함께 과거를 회상한다. 언젠가 16살 생일을 맞은 여자아이를 위한 신청곡을 받았던 일을 얘기하며 보가 말한다.

「She asked for it.」
× 「여자애가 부탁했잖아.」

두 사람의 대화는 그날 구체적으로 무슨 일이 일어났었는지에 대한 구체적인 내용이 나오지 않는다. 하지만 ask를 한 사람은 〈여자애〉가 아니라 〈엄마〉였음이 곧 밝혀진다. 그리고 ask는 〈부탁〉이 아니다. You asked for it(그런 결과를 네가 요구했다)는 아주 널리 쓰이는 표현으로서, 〈네가 그따위 짓을 했으니까 (결과적으로 당연히) 그런 꼴을 당했다〉는 말이다. 까불다가 얻어맞은 놈을 보고 〈쌤통이다, 쌤통이야〉라는 말을 하고 싶으면 You asked for it이라고 하면 된다.

따라서 위 예문은 〈엄마〉가 한심한 부탁을 해서 두 형제가 호되게 골탕을 먹였다는 암시가 담긴 말이다.

○ 「그런 여잔 그렇게 해줘야 정신을 차리지.」

Atlantic

"No. A guy from Atlantic City."

✘ 애틀란타에서 온 남자야.

☞ 「수잔을 찾아서」에서 무전취식을 하며 놀기만 좋아하는 마돈나가 신세를 지러 또 찾아가자, 마술사 보조원으로 일하는 친구가 〈최근에는 누구하고 지냈느냐〉고 묻는다. 〈Anybody I know?〉(내가 아는 남자야?) 그랬더니 예문에서처럼 대답한다.

나중에 마돈나가 에이단 퀸을 만나 그의 아내에 대해서 묻자 퀸이 결백을 주장한다.

「I think you're mistaken. Roberta doesn't know anybody in Atlantic City.」

× 「오해가 있었군요. 아내는 애틀란타에 아는 사람이 없어요.」

Atlanta는 「바람과 함께 사라지다」의 주요 무대로서, 남쪽 조지아 주의 도청 소재다. Atlantic City는 필라델피아 동남쪽 해안에 위치한 도시로서, 제2의 라스베이거스로 만든 〈도박의 천국〉이며, 수많은 영화의 무대가 된 유명한 곳이다. 애틀랜타에서 애틀랜틱 시티까지 가려면 차를 사흘 동안 밤낮으로 몰아야 도착한다. 애틀랜틱 시티를 애틀란타라고 하면, 우리나라의 〈청주〉를 〈충주〉라고 우기는 셈이다. 〈강릉(江陵)〉을 〈한강변의 왕릉〉이라고 하거나 〈평양)을 〈냉면집〉이라 하는 식의 번역이다.

「시민 케인」의 비디오 판에서도 Atlantic City를 〈애틀란타〉라고 〈번역〉했는데, 명작 영화에 대한 모독 행위처럼 보인다. 비슷한 예를 cigar와 joint 항에서 찾아보기 바란다.

attached

"And we're getting, listen to this, in big, round, beautiful figures, $1 million."

✘ 눈부시게 찬란한 백만 달러를 받게 돼.

"Just like that, no strings attached?"

✘ 과장없이 액면 그대로요?

☛ 「지난여름 갑자기」에서 부유한 미망인 캐더린 헵번으로부터 100만 달러의 기부금을 받게 되리라고 좋아하는 병원장에게 정신과 의사 먼고메리 클리프트가 의구심을 보이는 장면이다. in round figures는 〈어림짐작으로, 대충〉이라는 뜻으로, 우수리를 뗀 숫자를 가리킨다. 그러니까 첫 예문은 이렇게 옮기면 되겠다.

○ 「그리고 우린, 잘 들어, 대략 100만 달러라는 멋진 큰돈을 받게 돼.」

클리프트가 반문하는 no strings attached(줄이 달리지 않은)는 〈꿍꿍이속이나 흑심이 담긴 조건이나 청탁이 혹시 없느냐〉는 말이다. string은 인형극에서 〈끈〉이 하는 역할을 연상하면 되겠다. just like that(그렇게 간단히)이라는 말을 할 때는 손가락으로 〈딱〉 소리를 내는 경우가 많다.

○ 「아무 조건도 없이, 그렇게 간단히 말입니까?」

attack

"It isn't customary to ask for salute here. I'll tell you what we'll do. We're going to attack a town that we tried to take once before. Many killed, many wounded."

✘ 여기서 경례를 받을 생각은 말아요. 하지만 좋은 소식이 있는데, 오늘 전투가 있어요. 1차 공습 때 많이 죽어서 아주 재미있었죠.

☛ 「서부전선 이상 없다」에서 〈하사관(요즈음에는 《부사관》이라고 함)을 보면 일반 병사들은 언제 어디서나 꼭 경례를 붙여야 한다〉고 호통 치는 존 레이에게 루 아이러스 병사가 치열한 전투지의 현실을 알려 주는 장면이다. 두 번째 문장은 〈지금은 경례를 못하겠지만 그래도 이 정도는 하겠습니다〉라는 말이다. 무엇을 하겠다는 말인지는 stop 항에서 보충 설명이 나온다. 세 번째 문장의 원문에는 번역문의 〈오늘〉이라는 말이 나오지 않는다. town은 꼭 〈도시〉나 〈읍내〉뿐 아니라 여기서처럼 작은 시골 마을village, hamlet을 의미하기도 한다.

attack은 〈공격〉이지 〈공습〉이 아니다. 공습은 하늘에서 비행기가 지상으로 폭탄을 퍼붓는 형태의 공격이다. 이 작품의 배경이 된 제1차 세계 대전 당시에는 비행기의 활약이 지극히 미미했다. 그리고 등장인물들은 공군이 아니라 육군이다.

〈많은 전우들이 죽었고, 부상자도 많았어요〉라는 네 번째 문장은 세 번째 문장과 얼버무려 하나로 만들었는데, 전혀 〈재미있었죠〉라는 소리가 나올 상황이 아니다. 짧은 대사 한 토막에서 이렇게 많은 오역을 만들어 내기도 쉬운 일이 아니겠다.

○ 「여기서는 경례를 기대하지 말아요. 이렇게는 해드리죠. 우린 전에 한 차례 탈환하려고 했던 마을을 공격할 계획입니다. 전사자와 부상자가 많이 났었죠.」

「야성녀」에서 줄루족의 공격을 받은 이주민들을 구출한 의용대장 타이론 파워가 (아일랜드에서 잠시 사랑했던) 수잔 헤이워드를 (아프리카에서) 발견하고 놀란다. 친한 아주머니가 설명한다.

「Poor thing. Her husband was killed in the battle. He was killed in the first attack.」

✗ 「전쟁에서 남편을 잃었어요. 전투를 하다가 죽었죠.」

battle은 〈전쟁〉이 아니라 〈전투〉다.(☞ battle) attack은 〈전투〉가 아니라 〈공격〉이다. 번역문을 보면 마치 오래전에 일어났던 〈전쟁에서 전투를 하다가 죽었다〉는 설명처럼 보인다. 하지만 헤이워드의 남편은 불과 몇 시간 전의 전투에서, 그것도 줄루족의 〈1차 공격〉에서 죽었다. 전쟁war은 몇 년, 전투battle는 몇 주일, 교전skirmish, engagement, firefight은 몇 시간 정도 계속되는 게 보통이다. 번역자가 여성인 경우에는 전쟁 용어에 취약하기 쉽지만, 사전만 찾아보았더라도 간단히 확인이 가능한 사항이다. 〈소탐대실〉을 win the battle and lose the war(전투에는 이기고 전쟁에서는 패한다) 식으로 표현하기도 하는데, 〈전투〉와 〈전쟁〉을 아무렇게나 바꿔서 번역한다면 〈소탐대실〉이 〈대탐소실〉로 바뀐다.

「야손과 아르고 원정대」에서는 장기를 두던 헤라 여신이 제우스에게 승복한다. 〈You win, my Lord — that is, the battle, not the war.〉(당신이 이겼지만, 전투에서 이겼을 뿐이지 전쟁에서 이겼다는 뜻은 아니라고요.)

attention

"Gentleman officers, attention!"

✗ 자 모두들 여기 주목!

A

☞ 「안나 카레니나」에서 장교들이 식탁에 둘러서서 술 마시기 시합을 벌이기 직전에 상석의 장교가 외친다. 영화에서 이 장면을 확인해 보면, 상관의 명령에도 불구하고 그를 〈주목〉하는 장교가 한 명도 없고 모두 부동자세로 들어간다. 〈Attention!〉은 〈주목〉이 아니라 〈차렷!〉이라는 말이다. gentleman officer(신사 장교)는 유럽과 러시아의 장교들이 대부분 귀족이기 때문에 나온 표현이다. 이 영화에서처럼, 계급이 대위 정도면 신분은 백작인 사람이 많았다.
「랄프의 기적」에서는 보스톤 마라톤 대회에 나가 우승하는 기적을 일으켜 식물인간 어머니를 깨어나게 하려는 소년이 하느님에 대해서 묻고 싶다니까 교장 신부가 말한다.

「You have my undivided attention.」

✗ 「항상 긴장하게 만드는군.」

누가 성직자에게 신에 대해서 물어보려고 한다면 반갑기 짝이 없는 일인데, 〈긴장〉을 하다니, 논리적으로 맞지가 않고, 논리가 안 맞으면 오역인 경우가 많다. undivided attention(나눠지지 않은 관심)은 〈흩어지지 않고 집중된 관심〉을 뜻한다. 이것은 I am all ears(나는 온몸이 귀로만 구성되었다)라는 표현처럼, 〈(상대방의) 얘기를 열심히 경청하겠다〉는 뜻이다.

attitude

"It's up to your attitude, sir. And yours, too, ma'am."

✗ 선생님의 자세에 달렸습니다. 부인의 자세도 마찬가지고요.

☞ 「초대받지 않은 손님」에서 시드니 푸아티에(우리나라에서는 일본 흉내를 내서 〈포이티어〉라고 잘못 표기)가 스펜서 트레이시와 캐더린 헵번 앞에서 선언한다. 가주어는 〈우리 두 사람의 결혼〉을 지칭한다.
attitude의 가장 으뜸이 되는 의미라면 〈자세〉가 되겠다. 하지만 이 예문에서처럼 〈자세〉라고 하면 어색한 경우가 많다. 그럴 때는 〈의향〉이나 〈의견〉이라는 말로 바꿔 주면 자연스러워진다. You have an attitude problem이라는 표현도 자주 쓰인다. 반항적인 주인공이 등장하는 영화에서 자주 나오는 말이다. 이때도 〈자세에 문제가 있다〉라기 보다는 〈너는 너무 건방져〉 정도로 비약해서 번역해 보기 바란다. attitude는 그냥 〈자세〉가 아니라 흔히 부정적으로 〈오만하거나 건방진 태도〉를 의미하기도 한다.

○ 「선생님의 뜻을 따르도록 하겠습니다. 사모님의 뜻하고요.」

available

"Female. There were no males available."

✘ 암놈예요. 수컷은 출입금지거든요.

☞ 「자유를 찾아서」 글렌다 잭슨은 그녀가 키우는 물방개에 대해서 앞집 남자가 묻자 이렇게 대답한다.
잭슨은 물방개를 한 마리만 키운다. 수놈은 〈출입 금지〉가 아니라, 〈구할 수가 없었기 때문 not available〉이다.

away

"You put the top of your car down and drive away from the sun."

✘ 자동차 뚜껑을 접고 선탠하면서 달리면 돼.

☞ 「베벌리 힐즈의 사생활」에서는 귀의 뒤쪽까지도 햇볕에 타서 건강해 보이는 앨런 올다에게 제인 폰다가 비법을 물어본다. 〈I always wondered how you get the back of your ears so dark.〉(귀 뒤쪽까지 그렇게 검게 태우는 방법이 무엇인지 난 늘 궁금했어.) 그러자 올다가 예문에서처럼 알려 준다.
번역문을 보면 올다가 한 농담의 의미가 제대로 전달되지를 않는다. away from the sun은 〈선탠하면서〉가 아니라, 〈해를 등지고〉라는 말이다. 해를 등지고 계속 운전하면 뒤쪽도 볕에 탄다는 묘한 주장이다. 그리고 〈선탠〉은 우리말이 아니다. 이런 버릇이 심해지면 예문을 이렇게 번역해 놓을지도 모른다. 〈유가 카의 톱을 다운하고…….〉

○ 「차의 지붕을 내리고는 해를 등지고 가봐요.」

AWOL

"So it's either a AWOL or a mistake."

✘ 그렇다면 무단결근이나 실수겠군요.

☞ 「천국으로 가는 계단」에서 전투기 조종사 데이비드 니븐은 낙하산도 없이 불타는 비행기에

서 뛰어내려 분명히 죽었을 텐데, 천국에 도착하지를 않는다. 예문은 니븐과 함께 추락하여 죽은 중위가 천국의 담당자에게 확인하는 내용이다.

AWOL 또는 awol은 Absence Without Official Leave 또는 Absent Without Leave의 줄임말로서, 군대 용어로 쓰이면 군인이 〈무단이탈〉을 하는 경우, 즉 〈탈영desertion〉이라는 뜻이다. (군인의) 〈탈영〉을 (회사원의) 〈무단결근〉이라고 하면 그것은 오역이다. 구치소에서 〈탈옥〉한 사람더러 (형기를 마치고) 〈출옥〉했다는 격이다. 같은 rifle이라고 해도 군인의 rifle은 〈소총〉이요, 민간인 사냥꾼의 rifle은 〈엽총〉이라고 하는 이치와 같다.

「무법지대」에서는, 절벽 길에서 어니스트 보그나인이 차량으로 공격을 하는데도, 한 손으로 능숙하게 지프를 몰아 위기를 모면하고 마을로 돌아온 스펜서 트레이시를 경계하며 로버트 라이언이 묻는다.

「I think I understand. You are an army man. Where did you get it?」

× 「군인 출신이군요. 어디서 근무했나요?」

군인은 〈근무〉가 아니라 〈복무〉를 한다. 그리고 두 번째 문장은 〈그건(없어진 한 쪽 팔) 어느 전투에서 당했나요?〉라는 의미다.

○ 「짐작이 가는군요. 군대를 다녀온 솜씨죠. 그건 어디서 당했나요?」

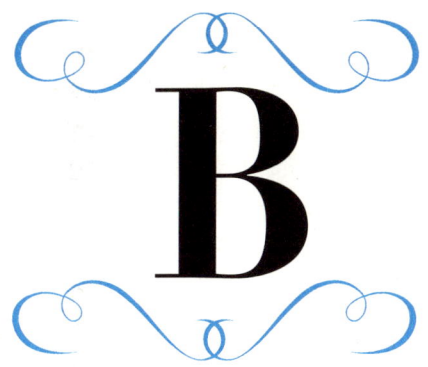

babble

"I just wanted to stop that babbling."

✘ 난 단지 당신의 말을 막으려던 거요.

☞ 「개선문」에서 다른 남자와 살림을 차리고도 오히려 큰소리를 치는 잉그릿 버그만에게 실망하고 못마땅해진 샤를 부아이에가 하는 말이다.

babbling은 그냥 〈말〉이 아니다. 말도 안 되는 〈수작〉을 지꺼려 대면, 그것이 babbling이다. 〈말〉도 갖가지여서, 그냥 〈말〉을 가로막으면 무례한 짓이지만, 백해무익하고 비열한 〈수작〉의 경우는 사정이 달라진다. 왜 그런지 잠시 따져 보겠다.

우리말의 〈말〉을 영어로 하면 talk나 say 정도의 지극히 기초적인 단어가 되겠다. 그러니까 that babbling(그런 헛소리)을 〈당신의 말〉로 번역한 것은 〈호언장담하다〉를 your say(당신 말)라고 하는 격이다. 산스크리트어가 어원인 babble은 〈무의미하고 앞뒤가 맞지 않고 반복적인 소리〉여서, 의사소통의 수단인 언어의 차원에 이르지를 못하고, 〈소리〉만 전달하는 차원이다. 그래서 〈졸졸거리며 흐르는 개울〉을 babbling brook(=gurgling brook)이라고 한다. 언어에서는 아기의 옹알이나 욕지거리가 섞인 술꾼의 주정 또는 잠꼬대 정도가 되겠다.

babble과 사이가 가까운 영어 단어로는 대부분 의성어 계열로서, 〈어린애가 말을 더듬다 prattle, blubber, splutter, stutter, stammer〉나 〈쓸데없는 말을 하다gibber, gabble〉 또는 〈두서없이 지껄이다jabber〉나 〈허튼 소리를 늘어놓다chatter, patter〉 따위가 있다. 그래서 babble은 〈푸념하다〉나 〈우겨대다〉라는 표현까지 가능해진다.

이렇듯 감칠맛이 넘치는 갖가지 단어를 우리말 번역에서 가장 기본적인 단어 하나로 아무렇게나 옮겨 놓는다면, 원작의 맛과 색깔은 모두 사라진다. 정밀한 번역과 대충 번역의 현저한 차이가 여기서 드러난다. 영상 번역에서는 화면의 제한된 공간과 자막이 떠 있는 시간의 제약 때문에 소설처럼 충실하게 옮기기가 어렵다고 하지만, 위 예문을 〈그런 푸념은 그만하지〉

라고 번역했다면, 〈난 단지 당신의 말을 막으려던 거요〉보다 문장의 길이가 훨씬 짧아지면서 깊이 또한 전혀 뒤지지를 않는다.

비영어권 영화지만, 텔레비전에서 방영한 「O 후작부인」을 보면, 아비 없는 아기를 임신한 딸에게 아버지가 〈우리 집에서 칠삭둥이를 낳지는 마라〉고 야단치는 장면이 나온다. 역시 무책임한 어휘의 선택이다. 〈칠삭둥이(임신한 지 7개월 만에 태어나는 아기)〉는 실제로 낳은 다음에야 판단이 가능하다. 〈사생아〉라고 해서 모두 칠삭둥이는 아니다.

좋은 번역은 이렇게 적절한 우리말 어휘의 선택이 기초를 이룬다.

babe

"It's too good for us, way over our head. You see, it's not just the type of a song a guy would — pardon me, father — a gentleman would croon to his babe."

✘ 너무 고상해서 우리한테는 안 어울려요. 이건 한 남자가 아기를 달래는 분위기예요.

☛ 「나의 길을 가련다」에서 빙 크로스비 신부가 작곡한 곡을 출반하지 못하겠다고 레코드 회사 사장이 이유를 설명한 말이다. 〈아기를 달래는 분위기예요〉는 완전히 거꾸로 한 번역이다. 두 번째 문장은 화자의 성격을 잘 드러낸다. 성직자와는 대조적으로 그는 퍽 속된 사람이다. 그래서 You see, it's not just the type of a song a guy would(뭡니까, 이건 놈팡이가 불러 주는 그런 식의 노래가 아니고)라는 설명을 하다 말고 pardon me, father(제 천박한 말투를 용서해 주시죠)라는 양해를 구한 다음, a gentleman would croon to his babe라고 마무리를 짓는다. guy(놈팡이)를 gentleman(남성)이라고 언어를 순화하지만, 본디 말투가 곧 되살아나서 babe라는 단어가 당장 튀어나온다.

babe는 baby의 구어체 표현으로, 물론 〈아기〉라는 뜻도 있지만, 여기서는 gentleman의 상대역인 lady(아가씨)를 뜻한다. croon도 노래 가운데 딘 마틴이나 빙 크로스비처럼 여자를 유혹하기 위해 구수하게 불러 주는 목소리를 뜻하지, 아기에게 자장가를 불러 주는 목소리lulling가 아니다.

여기에서 babe는 〈여자(아이)〉라는 뜻이다. 「나의 길을 가련다」(1944)가 우리나라에 소개된 20세기 중반기에는 우리말로 이런 babe를 뜻하던 〈깔치(밑에 깔리는 것, 여자)〉라는 저속하고도 희한한 단어가 유행했었다. 신부에게 그런 표현을 쓰는 배불뚝이 사장을 상상해 보기 바란다.

○ 「우리들한테는 너무나 부담스러워요. 뭐랄까요, 이건 놈팡이가 — 실례했습니다, 신부님 — 남자가 아가씨한테 콧노래로 불러 줄 만한 그런 곡이 아니라서요.」

back

"Well, I won't go back on him."

✘ 후회하지 않아요.

☛ 「킹콩」(1933)에서, 〈일단 섬에 상륙하면 욕심 많은 영화감독 로버트 암스트롱이 무슨 험한 일을 시킬지 걱정된다〉고 브루스 캐봇이 말하자, 모처럼의 출연 기회를 준 암스트롱에게 고마움을 느끼는 페이 레이는 오히려 여유를 보인다.

여기에서 go back은 과거에 한 어떤 행동을 〈후회〉한다는 뜻이 아니라, 과거에 이미 했던 말을 (미래의 어느 시점에서) 〈물리다〉 또는 약속을 〈취소하다〉라는 뜻이다. 전치사 on이 따라 붙으면 〈~에게 했던 약속을 철회한다〉는 의미가 된다. go back to him(그에게로 돌아가다)과의 차이에 조심하기 바란다.

○ 〈그래도 난 감독님과 한 약속은 지키겠어요.〉

「새매와 눈사람」에서는 예고 없이 갑자기 찾아온 티모디 허튼 때문에 당황한 숀 펜이 마약을 흥정하던 다른 사람에게 양해를 구한다.

「I'll be right back」

○ 「잠깐만 기다려.」

여유가 보이는 좋은 번역이다. 〈기다려〉에 해당되는 영어 표현 wait이 눈에 보이지 않지만, 의미가 정확하게 전해지기 때문이다. 대부분의 경우, 눈에 보이는 단어들에 속박되어 〈곧 돌아올게〉라고 하기가 쉽다.

「하비의 환상」에서는 술집에 들른 제임스 스튜어트에게 주인이 알려 준다.

「Mr. Miggles is back.」

✘ 「미글스 씨가 뒤에 계세요.」

믿어지지 않겠지만 전문 번역가도 때로는 이런 단순한 오역을 실제로 저지른다. 〈뒤에 있다〉고 하려면 is back(돌아왔다)이 아니라, is behind you라고 해야 옳다. 몇 초 뒤에 미글스 노인은 타향살이를 하다가 〈90일 만에 돌아왔다〉고 스스로 밝힌다.

backward

"You got the match backwards. Want me to do it?"

✘ 성냥을 뒤로 긁어 보세요. 제가 할까요?

☛ 「황금연못」에서 벽난로에 불을 지피려고 성냥을 그어 대는 80세 노인 헨리 폰다에게 13살 소년 더그 맥키온이 묻는 말이다. 원문을 젖혀 두고 우리말 번역만 본다면, 〈성냥을 뒤로 긁

다〉가 도대체 무슨 소리인지 알 길이 없다. 영어 원문에는 〈굵다〉라는 말이 나오지도 않는다. got the match backwards라면 〈성냥을 거꾸로 잡았다〉는 뜻이다. 역시 아리송한 말이다.

이럴 때는 화면에 나타나는 시각적인 정보를 활용해야 한다. 헨리 폰다는 너무 늙어 눈이 나빠서, 성냥match이나 성냥갑matchbox이 아니라 성냥개비matchstick를 거꾸로 들고, 황이 붙어 있지 않은 쪽 끄트머리로 긁어 대고 있다.

○ 「성냥개비를 거꾸로 잡았잖아요. 제가 해드릴까요?」

bad

"That was some orchestra you were hooked up with. Nobody's got the right to be that bad, not even for money."

✘ 대단한 팀이었지. 돈을 준다고 해도 그렇게 모이긴 힘들 거야.

☛ 「애심(哀心)」에서 뉴욕 카지노의 악단장이 타이론 파워가 연주했던 보스턴의 악단에 대해서 내린 〈평가〉다. 원문을 지나치게 고지식하게만 받아들인 결과로, 반어법(☞ anybody)을 이해하지 못해 이루어진 오역이다. some은 〈대단한〉이라는 뜻이기도 하지만, 반대로 〈형편없다〉는 의미로도 통한다. 고두심의 유행어 〈잘났어 정말〉이 〈정말로 잘났다〉가 아니라 〈너 왜 그렇게 못났느냐〉고 비꼬는 소리가 되는 것과 같은 이치다.

첫 문장을 오역하고 나면, 두 번째 문장도 덩달아 오역으로 끌려 들어가게 마련이다. Nobody's got the right to(~할 권리는 누구에게도 없다)라는 말이 왜 나왔는지 조금만 이상하게 생각했다면, 앞에서 오해한 some의 의미를 수정하기가 어렵지 않았을 듯싶다.

○ 「자네가 소속했던 악단 한심하더구먼. 아무리 돈만 바라고 한 연주라고 해도, 그렇게까지 형편없어서야 되겠나.」

「하비의 환상」에서는, 아무한테나 상상 속의 토끼에 대하여 황당한 얘기를 늘어놓는 제임스 스튜어트가 집을 비운 틈을 타서 누이가 동네 사람들을 초대한다. 과년한 조카딸이 걱정한다.

「A lot of good that'll do, if Uncle Elwood comes home.」

✘ 「삼촌이 돌아오시면 더 잘 될 거예요.」

역시 반어법을 이해하지 못해서 거꾸로 해놓은 오역이다. good that'll do(그 상황이 좋은 일을 하리라)는 〈그러면 나쁜 일이 벌어진다〉는 말을 뒤집은 표현이다. 무엇인가를 잘못한 사람에게 〈잘 나셨군〉이라고 하는 식이다.

○ 「혹시 엘우드 삼촌이 들이닥치기라도 했다간, 엉망이 되고 말아요.」

bag

"It's nice, easy work. You check in and goof off on a coffee bag, okay?"

✘ 쉬운 일이야. 커피나 마시면서 죽치면 돼.

☞ 「워터프론트」에서 자기도 모르는 사이에 밀고자를 살해하는 사건에 가담해 버린 말론 브랜도에게 편한 일자리를 주라고 지시한 다음, 폭력적인 항만 노조의 두목 리 J. 콥이 브랜도의 비위를 맞추는 상황이다. 이것은 내용을 요약한 정도가 아니라, 문장을 제대로 읽어 보지도 않고 대충 꿰어 맞춘 듯한 인상을 준다.
이런 종류의 무성의한 번역에서 가장 두드러지게 드러나는 현상은 전치사를 무시하는 습성이다. 원문에서는 커피를 〈마신다〉는 말이 어디에도 없고, bag이라는 명사가 행방불명이 되었으며, 전치사 on(위에서)도 사라졌다.

○ 「편하고 쉬운 일이야. 출근 도장만 찍고는 (배에 화물로 실어 놓은) 커피 자루 위에 누워 빈둥거리기만 하면 된다고, 알았지?」
얼마 후에는 브랜도가 화물선 창고에서 쌓아 놓은 자루 위에 누워 잡지를 뒤적이며 빈둥거리는 장면이 나온다. 브랜도의 형이며 콥의 심복인 로드 스타이거가 그를 찾아와 머리를 툭 치고는 묻는다.

「Hey, you're workin' hard?」

✘ 「일은 열심히 했어?」

이것은 〈야, 일하기가 굉장히 힘들지?〉라고 농담으로 묻는 반어법 표현이다. 텔레비전에서 방영한 「굿바이 걸」에서는 남자에게 버림을 받은 여배우 마샤 메이슨이 푸념한다. 〈그런데 눈 밑에 주머니까지 달렸으니 늙은 여자 역이 아니면 일자리 얻기 틀렸어요.〉 이 번역문을 처음 접했을 때 눈 밑에 신발 주머니를 달고 다니는 여자가 머리에 떠오른 까닭은 필자의 상상력이 지나쳤기 때문일까? bag under the eye에서 bag은 〈주머니〉가 아니라 〈〈눈 밑〉 살〉이다. 적절한 우리말로 옮기면 〈눈 밑이 축 늘어졌으니〉라고 하면 이해하기가 쉽겠다.

bar

"Paul, get right there and go back to bar 17."

✘ 폴, 나가지 말고 술집 장면을 연주해요.

☞ 「올 댓 재즈」에서 연습을 중단하고 나가려는 피아니스트에게 릴랜드 파머가 춤을 계속 추면서 부탁하는 말이다. bar 17에서 〈17〉이라는 숫자가 사라지고 〈술집〉만 남았다. 이런 식으로 단

어를 함부로 빼먹으면 당연히 오역이 생긴다. 잠시 시간을 내어 사전에서 bar를 찾아봤더라면 〈술집〉 말고도 여러 가지 다른 뜻이 있으며, 음악 용어로는 〈마디〉라고 한다는 해답을 찾아냈으리라.

○ 「폴, 당장 자리로 돌아가서 17번째 마디부터 다시 연주해요.」

「케이프의 공포」에서는 (그를 감옥으로 보냈다는 이유로) 로버트 밋첨이 변호사 그레고리 펙을 끊임없이 괴롭힌다. 가족을 해치겠다는 협박에 견디다 못해 펙은 불량배를 동원하여 밋첨을 폭행한다. 흠씬 얻어맞은 다음 밋첨은 다시 펙을 협박한다.

「I don't know what the Bar Association thinks about its members compounding felony, but I know what law thinks about it.」

✗ 「법조협회가 폭력을 사주한 회원을 어떻게 처리할지는 모르지만, 법이 어떻게 처리할지는 나도 안다구.」

the bar는 집합적으로 〈법조계〉, 〈변호사단〉, 〈변호사업〉을 뜻하며, 우리나라에서 나온 영한사전을 찾아보면 the bar association을 〈법조 협회〉라고 풀이했다. 하지만 우리는 주변에서 〈법조 협회〉라는 말을 듣지 못한다. 법조인들을 집단으로서 얘기할 때는 〈법조계〉라고 하며, the bar association은 〈변호사 협회〉라는 뜻이다. 대한변호사협회의 영어 명칭도 Korean Bar Association이다.

언젠가는 범죄 영화에서 the bar association을 〈주류(술집)조합〉이라고 번역했었는데, bar 17을 〈술집 장면〉이라고 번역한 격이었다.

○ 「변호사가 범죄를 가중시키는 데 대해 협회에서는 뭐라고 할지 모르겠지만, 법이 어떻게 돌아가는지는 내가 잘 알지.」

barbarian

"For a long time the only women I've seen or known have been poor dull barbarians."

✗ 내가 그간 알고 지내던 여자는 둔하고 보잘 것 없는 바바리안이었소.

☞ 「쿠오 바디스」에서 데보라 커의 미모에 반한 로버트 테일러 사령관이 한 고백이다. barbarian은 〈야만인〉이라는 뜻의 보통 명사다. 〈바바리안Bavarian〉은 독일 남부의 〈바바리아(바이에른) 사람〉을 지칭하는 고유 명사다. 그리고 지극히 초보적인 사항이지만, 영어에서는 고유 명사를 대문자로 시작한다.

테일러 사령관은 나중에 무용담을 늘어놓다가 은퇴한 장군에게 〈Barbarous Britons are worthy opponents〉라는 얘기도 한다. 번역은 역시 〈바바리아인들과 브리튼인들은 훌륭한 적군이었습니다〉라고 했다. barbarous는 〈야만적인〉이라는 뜻의 형용사다. 그러니까 〈바바리아인들과 브리튼인들〉은 두 민족이 아니라 한 민족(〈야만적인 브리튼〉)이다. 이 영화의 DVD

는 그 이외에도 Cretan(크레타인)을 〈크레톤〉으로, 그리고 주인공의 이름 Marcus(마르쿠스)를 Bacchus(바커스)로 아무렇게나 번역하는 등 고유 명사를 무시하는 경향이 대단히 농후하다. 별로 바람직한 번역 습관이 아니다.

○ 「난 오랫동안 누추하고 미개한 야만인들 말고는 여자를 보거나 만난 적이 없어요.」

「피츠카랄도」 DVD를 보면, 밀림에서 들려오는 북소리에 맞서 클라우스 킨스키가 배에서 축음기로 카루소의 노래를 틀어 준 다음, 어느 선원이 큰소리로 친다.

「Those bare-asses have never heard music like that. Teach 'em some respect.」

✗ 「바레아세스족에게 우리를 존경하도록 가르쳐야겠어.」

bare-asses는 bare ass(볼기짝을 드러낸, 벌거숭이 멍청이)라는 뜻으로, 아마존 밀림의 원주민을 비하한 표현이다. 「쿠오 바디스」의 barbarian처럼 보통 명사를 고유 명사로 착각한 경우에 해당된다.

○ 「벌거숭이 원주민들이 저런 음악을 들어 봤을 리가 없지. 고상한 것도 좀 알아야 해.」

「사라진 노부인」에서는 노부인이 기차 안에서 사라졌다는 마거릿 락우드의 말을 믿지 않는 의사 폴 루카스에게 마이클 레드그레이브가 제안한다.

「I'll just have a word with the Baroness.」

✗ 「바로네스 부인에게도 여쭤보죠.」

대문자로 시작한다고 해서 꼭 고유 명사는 아니다. baroness는 〈남작 부인〉 또는 (퍽 이상한 명칭이지만) 〈여남작(女男爵)〉이라는 뜻이다. 남작 집안의 태생인 여성은 〈여남작〉이라 하고, 어떤 여자가 천민이라도 남작과 결혼하면 〈남작 부인〉이 된다. 그리고 예문에서는 그 단어 앞에 정관사가 들어갔으니 고유 명사로 보기가 어렵다. 텍사스의 격전지 알라모the Alamo처럼 고유 명사 앞에 정관사가 붙는 경우가 없지는 않지만, 그런 경우는 따로 사연이 있다. alamo는 에스파냐어로 aspen(사시나무)이라는 뜻으로, 선교회 건물에 붙여 준 이름이었다. 이런 실수는 영화 「사라진 노부인」의 전반부에서 이탈리아인 마법사가, 같은 객실에 탄 승객을 폴 루카스와 마이클 레드그레이브에게 소개하는 장면에서, 〈And the lady in the corner is Baroness Demona(저 구석에 앉은 분은 데모나 남작 부인입니다)〉를 〈이분은 바로네스 아데나 부인이죠〉라고 Baroness를 이름의 일부로 착각한 실수의 후유증이었으며, 그래서 영화 내내 〈남작 부인〉이 고유 명사 노릇을 한다. Demona가 어쩌다가 〈아데나〉로 둔갑했는지도 알 길이 없다.

barber

"I don't like your barber."

✗ 이발사는 싫은데요?

☞ 「누구를 위하여 종은 울리나」를 보면, 열차를 폭파하는 임무를 끝내고 돌아온 개리 쿠퍼에게

다음 임무를 맡기고 난 장군이 〈잠시 쉬면서 이발이라도 하라〉고 권한다. 쿠퍼가 웃으며 사양한다.

번역문을 얼핏 보면 쿠퍼가 이발사들과 원한이 깊은 듯 보이지만, 그가 싫어하는 대상은 일반적인 이발사들이 아니라, 구체적으로 〈장군의 전속 이발사〉 한 사람이다. your는 공연히 들어간 말이 아니다. 이 말을 듣고 장군도 웃으며, 쿠퍼가 쳐다보던 그의 머리를 쓰다듬는다. 짧게 밀어버린 머리가 보기에 퍽 흉하다. 그러니까 쿠퍼는 이발사가 아니라 〈머리를 깎아 놓은 솜씨〉가 싫다는 말이다.

○ 「그렇게 깎으려면 그만두겠어요.」

basic

"Something fell through in Washington and I have to take basic training."

✘ 워싱턴에 일이 생겨서 기본 훈련을 받으러 가야 해.

☞ 「젊은 사자들」에서 병역을 기피하려다 뜻대로 되지 않아 답답해진 가수 딘 마틴이 바바라 러시에게 털어놓은 불평이다. 〈일이 생겨서〉라면 〈그곳에 볼일이 있다〉는 뜻이지만, fall through는 〈실패하다〉 또는 〈일을 그르치다〉라는 의미다. 그러니까 워싱턴에서 뒤를 봐주기로 했던 든든한 사람이 병역 면제를 받게 해주려다가 실패했다는 얘기다. 그리고 우리 군대에서 〈기본 훈련〉이라는 용어를 사용하는지도 모르겠다. 텔레비전에서 〈기본 훈련〉이라고 한 대목을 DVD에서는 〈기초 훈련〉이라고 했는데, 필자에게는 둘 다 무척 생소한 표현이다. 대부분 그냥 〈훈련〉이나 〈군사 훈련〉이라는 표현을 쓰기 때문이다.

○ 「워싱턴에서 일이 꼬여 훈련소에 가게 생겼어.」

battle

"This is a battle we cannot afford to lose. I don't care how you do it. You must sink the Bismarck."

✘ 이번 전쟁은 반드시 이겨야 하네. 수단과 방법을 가리지 말고 비스마르크호를 격침하게.

☞ 「비스마르크호를 격침하라」에서 윈스턴 처칠 수상이 해군 참모총장에게 전화를 걸어 직접 지시한 내용이다. battle은 〈전쟁war〉이 아니다. 전쟁 또는 전투 행위는 그 규모에 따라 저마

다 명칭이 다르다(☞ attack). 총뿐만 아니라 칼이나 주먹 따위로 흔히 개인 대 개인 사이에서 이루어지는 소규모 전투는 combat이라고 하며, 총을 쏘아 대는 소규모 전투인 〈교전〉은 exchange of fire(총질을 주고받기)나 engagement(접전) 또는 skirmish(사소한 충돌)라고 한다. 전차 따위를 동원하여 대대 이상의 병력이 싸우는 전투라면 battle이 된다.

총질을 하는 전투뿐 아니라 물자의 보급이나 병력 이동 따위의 갖가지 활동을 모두 포함한 〈작전〉은 operation이다. 그리고 여러 operation을 관통하는 원칙 따위를 전략strategy이라 하고, 이런 모든 행위를 종합해야 〈전쟁〉이 된다. 한 차례의 전쟁 동안에 따로 광활한 한 지역이나 어느 특정한 (비교적 긴) 기간을 분리시켜 The Pacific War(태평양 전쟁)처럼 부르기도 하지만, 그런 경우는 대부분 war가 campaign(會戰)과 동의어로 쓰여서, The Pacific Campaign이라고도 한다.

EBS-TV의 〈지식채널〉에서는 유명한 인디언 추장 미친 말Crazy Horse을 언급하다가 〈단검에 찔려 죽었다〉고 했는데, 기병대의 총에 꽂힌 칼은 〈단검dagger〉이 아니라 〈총검bayonet〉이라고 하며, 요즈음의 bayonet은 〈대검(帶劍)〉이라고 한다.

「특공 그린 베레」를 보면 종군 기자 데이비드 잰슨에게 고참병 알도 레이가 〈캄보디아 국경으로 출격〉하는 병력에 대한 설명을 한다. 그러나 〈출격〉은 비행기가 하는 것이고, 육군은 〈출동〉하거나 〈진격〉하며, 함정은 〈발진〉한다.

「패튼 대전차군단」에서는 독일군으로부터의 노획품을 열거하던 병사가 〈망원경〉도 보고한다. 「새벽의 비밀」에서는 〈망원경 봐도 되요?〉라는 아가씨에게 할아버지가 설명한다. 〈좋은 망원경이지. 전리품이야. 보어Boer병에게서 빼앗았지.〉 하지만 〈망원경〉은 천문대에서 별을 관찰하는 장비다. 군인들은 〈망원경telescope〉이 아니라 〈쌍안경binoculars〉을 사용한다. 「새벽」의 할아버지에게는 멀리 지나가는 기차를 쌍안경으로 보는 것이 낙이다.

binoculars는 bi-(두 개의, 雙) oculus(눈, 眼)이라는 뜻으로서, 안경glasses, spectacles과 마찬가지로 꼭 복수형으로 써야 한다. 장총에 탑재한 〈망원경〉은 〈망원 조준경〉이라하고, 적외선 〈망원경〉인 starlight scope는 〈야간 조준경〉이라고 한다. 육군이 참호에 몸을 숨기고 적진을 살펴볼 때 〈잠망경periscope〉과 같은 기능을 하는 〈망원경〉은 〈포대경〉이라고 한다.

군사 용어에 취약한 세대여서 〈몰랐다〉는 핑계를 대면 비겁하다. 공상 과학 영화나 사극도 그들만의 언어lingo가 따로 있기는 마찬가지다. 그리고 다음과 같은 경우에는 어떤 변명이 가능할까?

1935년 판 「안나 카레니나」에서 어린 아들 프레디 바톨로뮤가 나이를 걱정하는 그레타 가르보를 위로하는 말이다. 〈엄만 안 늙어요. 저만 늙을게요.〉 열 살밖에 안 되는 아이가 〈늙는다〉면 얼마나 늙겠는가? 같은 말이라도 이런 경우에는 〈늙는다〉보다는 〈나이를 먹는다(어른이 된다)〉는 표현이 훨씬 잘 어울리겠다. 〈어머니는 나이를 먹지 마세요. 나만 먹을게요〉라는 식으로 말이다.

번역이 섬세하지 못하고 거칠어지는 까닭은 우리말을 제대로 알지 못하기 때문이다.

「알렉산더 대왕」에서는 (알렉산드로스의 군대가 야음을 틈타서 곧 공격하리라는) 첩자의 보고를 듣고 해리 앤드루스(다리우스 황제)가 장졸들에게 명령을 내린다.

「Order each man to stand at arms all through the night and raise his voice in loud battle cries.」

× 「모두에게 무기를 지키고 전시처럼 고함을 지르게 하라.」

battle cry(전투 외침)는 전쟁터에서 공격이나 돌격을 감행할 때 병사들이 서로 힘을 내도록 하기 위해 〈돌격어어어어억!〉이라고 함께 지르는 그런 〈함성〉이다. 군부대로 극기 훈련을 간 청소년이나 민간인들이, 높은 곳에서 뛰어내리며 공포감을 줄이려고 애인의 이름이나 어머니를 소리쳐 부르는 경우도 battle cry라고 하겠으며, 그런 상황에서 미국인들은 〈Geronimo!〉(유명한 인디언 추장의 이름)라고 외칠 때가 많다. 남북 전쟁 당시 남군이 외치던 함성은 Rebel yell(남군의 소리 지르기)이라고 했으며, 타잔이 지르는 소리는 Tarzan yell이다.

예문에서는 loud battle cries(요란한 전투 함성) 앞에 전치사 in이 붙었으므로, 〈전시처럼 고함을〉이 아니라 〈한껏 목소리를 높여 전투 함성을 지르라〉는 뜻이다. 이 명령이 떨어지자 진지에서는 모든 장병이 다 함께 고함을 지르기 시작한다.

stand at arms all through the night(밤새도록 임전태세에 임하여)의 오역에 대해서는 stand 항을 참조하기 바란다.

bayonet

"I want you to bring me a bayonet."

✘ 내 권총 좀 가져다 주게.

☞ 「젊은 사자들」에서 지뢰 폭발로 얼굴이 뭉개진 막시밀리안 셸 대위가 병원으로 찾아온 말론 브랜도에게 부탁한 말이다. 이때부터 여러 차례에 걸쳐 bayonet이 대사에 등장하고, DVD에서는 그것을 모두 〈권총〉이라고 했다. 그리고 대위는 a bayonet(아무 것이라도 bayonet 하나만)을 가져다 달라고 부탁했지, 그가 사용하던 my bayonet(내 권총)을 꼭 찾아서 가져다 달라고 하지는 않았다.

그리고 셸 대위의 두 번째 부탁에 따라 그의 아내 메이 브릿을 브랜도가 베를린으로 찾아갔더니, 그녀가 놀라운 소식을 전한다.

「He killed himself with a bayonet.」

× 「그는 권총으로 자살했어요.」

텔레비전은 이 대사를 〈그이는 자살했어요. 단검으로요〉라고 번역했는데, 〈단검(☞ battle)〉 역시 정확한 번역이 아니다.

○ 「대검 하나만 구해다 주게나.」

be

"Oh, so be it."

✗ 오, 그럼 해보시오.

☛ 「신데렐라」(만화 영화)에서 유리 구두를 가지고 집으로 찾아온 대공이 왕의 포고문을 다 읽고 나서 덧붙인 한 마디다. so be it(그렇게 될지어다)은 기도를 한 다음에 붙이는 Amen과 같은 말이다. 〈그럼 해보시오〉라고 번역하면 〈포고문에서 밝혔듯이 어서 유리 구두를 신어 보라〉는 말이 되겠다. 하지만 대공은 이 말을 하면서 〈참 힘들구나〉라는 듯 한숨을 짓는다. 역시 등장인물의 표정에 나타나는 시각적인 정보를 참조해야 하는 그런 경우다.

○ 「아, 잘 맞아야 할 텐데.」

beat

"You can beat it out of me if you want, but it won't do you any good."

✗ 나한테는 아무리 긁어내봤자 소용이 없어.

☛ 「대양」에서 음흉한 미소를 지으며 은근히 협박하는 루이 고셋의 폭력배 부하를 보고, 일라이 월락이 겁을 내며 고셋에게 미리 선수를 친 말이다. 예문에서 첫 번째 it(그것)은 고셋이 난파선에 대해서 알아내고자 하는 〈정보〉다. beat ~ out of는 〈~을 두들겨 패서 강제로 알아낸다〉는 말이다.

○ 「당신은 그걸 알아내고 싶어서 날 두들겨 팰 모양이지만, 그래봤자 (나도 아는 바가 없으니) 아무 소용이 없을 거요.」

beatnik

"Beatnik!"

✗ 폭주족!

☛ 「밤을 즐겁게」에서 도리스 데이의 가정부 델마 리터는 항상 술에 알딸딸하게 취한 상태로 출근한다. 리터가 승강기에서 내리려는데 손잡이에 우산 손잡이가 걸려 빠지지 않자, 평소부

터 그녀에게 눈독을 들인 능글맞은 운전자가 도와주려고 하자, 〈무슨 수작을 부리려고 그러느냐〉는 뜻으로 리터가 〈Beatnik!〉이라고 쏘아붙인다.

비숍은 승강기 안에서 하루 종일 일하는 남자더러 하필이면 〈폭주족〉이라니? 이렇게 거리가 먼 두 개념을 접속시키는 실수를 저지른 까닭은 다른 문화권의 시대적인 기호를 이해하지 못했기 때문이다. beatnik은 영어 단어 beat에다가 러시아어로 〈사람〉을 뜻하는 접미사 -nik을 연결시켜 만든 조어로서, 보통 명사로 beatnik이라고도 쓴다. 우리나라에서는 그들을 통칭 〈비트족〉 또는 그냥 〈비트닉〉이라고 했다.

제2차 세계 대전 이후 프랑스에서 자유분방한 전후파(戰後派, après-guerre)가 돌출적인 사회 현상으로 두각을 나타냈는가 하면, 미국에서는 1950년대부터 인습에 저항하는 행동 양식과 옷차림으로 과감하게 자신을 표현하는 beat movement가 대두했다. 그 운동에 앞장선 beatnik은 기성세대에 저항하는 젊은이의 대명사가 되었으며, 그들이 구성한 집단은 Beat Generation(두들겨 맞은 세대)이라고 했다. 델마 리터가 한 말은 그런 의미에서 〈중뿔난 놈〉 정도의 가벼운 욕설이 되겠다.

비트닉 운동은 20세기 중반 서양인들의 사회의식을 워낙 크게 바꿔 놓아서, 당시의 변화를 알고 있는 수많은 독자나 관객이라면 누구나 잘 아는 문화적 기호다. 그래서 그냥 〈비트닉!〉이라고만 했더라도 알아듣고 그 특이한 어휘의 등장에 재미있다고 웃음을 터뜨렸을 시청자가 적지 않았으리라는 생각이다. 이렇게 다수가 아는 기호를 건너뛰려는 습성은 바람직하지 못하다. 내가 모르니까 독자나 관객도 모르겠거니 하는 안이한 생각은 옳지 않다.

냉전 시대에 성년기를 맞은 Beat Generation 작가군은 할리우드 영화에 많이 등장하는 애국적인 영웅 대신에 만인의 평화를 구가했으며, 복잡한 기술적인 발달을 버리고 자연의 순수함을 숭배했고, 인간의 인식을 향상시키고자 했다. 그들은 기계 문명 대신 자연을 선택한 헨리 데이비드 도로우와 미국의 정신 및 인간 개인의 중요성을 노래한 월트 휘트먼의 사상을 물려받은 후계자들로 차츰 간주되다가 1970년대에 가서야 문학계와 사회로부터 일부나마 주류로 인정을 받게 되었다.

도로우와 휘트먼은 랄프 월도 에머슨과 더불어, 과학적 합리주의에 반발하여 직관으로 정신적인 진리를 찾아내자는 19세기 뉴잉글랜드의 문학과 철학 운동인 초절주의(超絶主義, Transcendentalism)의 거목이었는데, 이런 사상적인 배경을 물려받은 비트닉을 한국의 폭주족에 비유한다는 것은 아무래도 좀 심한 듯싶다. 폭주족은 자신들에게 전혀 아무런 잘못도 끼치지 않는 불특정 다수의 시민들의 생명까지 위협하는 단순한 범법자들에 지나지 않으니까 말이다.

〈폭주족!〉이라는 대신에 차라리 〈히피같은 놈!〉이라고 번역했다면 훨씬 알아듣기가 쉬웠으리라는 생각이다. 1960년대에는 비트족의 이름이 히피로 바뀌었으니 말이다. 히피들의 행태에 대해서는 hip 항을 참조하기 바란다.

비트족의 대부는 unshaped life(형태가 없는 삶)를 찾아 미국을 방랑하는 자전적 얘기를 담은 소설 『길 위에서』가 대표작인 잭 케루악과 아메리카를 horrifying wasteland(공포의 황무지)라고 묘사한 시인 알렌 긴스버그다. beat라는 명칭은 케루악이 사용한 어휘 beatific(〈축복을 내리는〉 또는 〈행복한〉)에서 유래한다는 설이 정설이지만, beaten(두들겨 맞은)을 의미한다고 주장하는 사람들도 적지 않다. 이러한 미국의 청년 문화는 영국으로 건너가서 1960년에 「비트 걸」이라는 영화도 나왔는데, 주인공은 못된 짓만 일삼는 딸이어서, beat가 〈부모를 괴롭히는 비뚤어진 자식〉의 의미로 변질되는 초기의 과정을 보여 준다. 그보다 1년 전 미국에서 제작되던 「비트 세대」는 나중에 「반항기」라고 제목이 바뀌었다. 〈비트족〉의 명칭은 영국에서는 〈성난 젊은이angry young men〉로 바뀌기도 했다.

beat라는 문화적 기호가 중요한 까닭은 비트 세대의 등장이 미국 사회에서 진행되던 급격한 도덕적 가치관의 변화와 맞물렸고, 이 현상이 굉장히 빠른 속도로 퍼져나가 전 세계적인 〈세대차generation gap〉의 변혁이 일어났기 때문이다. 하다못해 우리나라에서도 아역 배우 안성기의 역할이 돋보였던 「십대의 반항」이라는 영화 제목이 등장한 시기도 1959년이었다.

순종을 미덕으로 삼던 모범생의 시대가 막을 내리고 무례한 반사회적 인물들이 낭만적인 영웅으로 부각되던 반항의 시대에는 할리우드에서도 제임스 딘, 말론 브랜도, 폴 뉴먼처럼 파괴적인 청년상이 전면에 배치되어 〈파괴는 곧 힘이다Destruction is power〉라는 새로운 인식을 낳기도 했다. 순종의 가치관에 대한 반작용으로 이루어진 이러한 변화는 또한 기독교적인 도덕관의 변화까지 수반하여, 1970년대로 넘어가면서 open marriage(자유분방한 결혼 생활)와 wife-swapping(마누라 서로 바꾸기) 같은 방종을 보편화하기도 했다.

시대상을 반영하는 하나의 단어에 담긴 의미를 이만큼 이해하고 나서, 사랑과 인생에 대해 전혀 책임감을 느끼지 못하는 사람들의 이야기를 그린 「타인의 도시」를 보자. 올리버 리드가 얹혀살면서 신세를 진 친구에게 하는 소리다.

「So you are a well-dressed beatnik, halfway out of society, halfway in.」

✗ 「잘 차려입은 비트족이 되겠군. 반은 멀쩡하고, 반은 돌았고.」

비트족과 society(사회)의 관계를 정확히 파악하지 못한 듯싶은 번역이다. 〈반쯤만 사회에 참여하고 반은 발을 빼고〉라는 의미가 제대로 살아나지 못해서, 〈비트닉〉이 〈똘아이〉로 몰린 느낌이 든다.

beauty

"She's a beauty."

✗ 너무 예뻐요.

"She's a he. His name is Swifty."

○ 수컷한테 예쁘다니. 이름은 스위프티예요.

☞ 「워터프론트」에서 말론 브랜도가 보여 주는 비둘기를 만지며 이바 마리 세인트가 예쁘하자, 옆에서 지켜보던 소년이 못마땅한 표정으로 말을 바로잡는 대목이다. 어딘가 무성의한 빈틈

이 보이는 허술한 번역과 재치가 담긴 훌륭한 번역이 꼬리를 물고 교차하는 경우다.

우선 바람직한 번역의 사례인 두 번째 예문부터 살펴보자. 주어가 자주 생략되는 우리말로 영어 대사를 번역하는 과정에서 동물의 암수가 말썽을 일으키는 상황(☞ he)을 재치 있게 해결했다. she's a he(그녀는 그)는 〈(비둘기가) 암컷이 아니라 수컷〉이라는 소리다. 특정한 대상을 뜻하는 she에 관사가 없는 반면에 추상적인 자웅의 개념을 가리키는 he에 a가 붙었음을 눈여겨보기 바란다.

하지만 첫 예문의 번역에서는 본문에 없는 〈너무〉가 눈에 거슬린다. 〈너무〉는 〈있었다〉와 〈것〉과 〈수〉와 더불어 우리말 문장을 조잡하게 만드는 4대 원흉이라고 여겨진다. 이 작품의 번역자는 〈너무〉를 너무 많이 남용하는 성향(☞ dry)이 두드러져서, 결혼식이 벌어지는 술집을 나오며 세인트가 브랜도에게 하는 대사에서도 원문에 없는 〈너무〉가 등장한다.

「That's a pretty tune.」
✗ 「음악이 너무 좋군요.」
○ 「듣기 좋은 음악이네요.」

항만 노조의 부정에 대한 증언을 했다가 살해당한 노동자의 시체 앞에서 칼 몰든 신부가 외친다.

「You want to know what's wrong with our waterfront? The love of a lousy buck.」
✗ 「뭐가 잘못된 건지 알아요? 푼돈에 너무 집착했어요.」
○ 「이 부두에서 무엇이 잘못되었는지 얘기해 줄까요? 더러운 돈에 대한 욕심이죠.」

---

before

"Before we fight them, we have to find them."

✗ 그들과 싸우기 전에 그들을 발견해야 한다.

☞ 「네 개의 깃털」에서 대영 제국에 항거하려고 봉기한 수단의 회교도들과 싸우는 젊은 영국군 장교의 견해다. 텔레비전에서 번역한 이 대사의 우리말은 이른바 번역체 어법이다. before를 곧이곧대로 〈전에〉라고만 번역하려는 타성 때문에 생겨나는 어색함이다. 원문을 잘 새겨보면, 〈그들과 싸우려면 우선 찾아야 한다〉는 뜻이다. before를 〈우선〉으로 전후를 뒤집어서 번역하는 식의 요령은 표현 방법의 다양화에 보탬이 된다.

○ 「우선 (그들을) 찾아내야 싸우거나 말거나 하지.」

「갈채」에서는 연출자 윌리엄 홀든이 빙 크로스비를 주연으로 발탁하고 싶어 하지만, 제작자가 막무가내다.

「No, sir. I'm in for a $40,000 bite already. But I'll take that loss before I'll give him that contract.」
✗ 「안 돼요. 난 이미 4만 달러를 지불했소. 그와 계약을 하기도 전에 이미 손실을 감수했단 말

이오.」

이럴 때는 두 번째 문장의 A before B 형식이 〈B를 하느니 차라리 A를 하겠다〉는 강한 거부 의사를 나타낸다.

○ 「어림도 없는 소리 말아요. 난 벌써 4만 달러나 물렸다고요. 하지만 그 친구하고 그런 조건으로 계약을 하느니 차라리 그 손실을 감수하겠어요.」

beg

"The Persian empire for which you now fight is old and corrupt and begs destruction."

✘ 당신이 가담한 페르시아군은 낡고 부패됐고 파괴를 원해요.

☛ 「알렉산더 대왕」에서, 아테네에서 추방당한 피터 쿠싱 장군이 리처드 버튼(알렉산드로스)에게 페르시아의 다리우스 황제를 돕겠다고 하자, 아내 클레어 블룸이 쿠싱을 나무란다. beg destruction은 〈멸망을 (시켜달라고) 애원한다〉는 뜻으로, 〈긁어 부스럼〉의 의미를 내장한 어휘 beg은 ask 또는 ask for it보다 훨씬 강한 표현이다. 〈부패됐고〉 같은 수동태는 영어에 중독된 사람들이 잘 쓰는 번역체로서, 〈부패했고〉라는 식으로 말하는 우리의 언어 습성과 어긋난다.

○ 「당신이 이제 한편이 되어 싸우겠다는 이 페르시아 제국은 쇠퇴하고 부패하여 멸망할 날만 기다린다고요.」

「25시」에서 비르나 리시가 그녀에게 흑심을 품은 경찰서장 때문에 수용소로 끌려간 앤서니 퀸을 구해 달라고 호소한다. 수동태를 어떻게 바로잡는지를 유의하기 바란다.

「But it's been a year and half since my husband was sent to the camp for the Jews.」

✘ 「하지만 1년 반 동안 남편은 유태인 수용소에 보내져 있어요.」

○ 「하지만 제 남편이 유대인 수용소로 끌려간 지가 1년 반이나 되었답니다.」

began

"She stopped when I began."

✘ 그녀가 멈췄을 때, 내가 시작했어요.

☛ 「갈채」에서 아내가 요즈음에도 술을 마시느냐는 윌리엄 홀든의 질문에 빙 크로스비가 한숨을 짓는다. 주객(원인과 결과)이 전도된 번역이다. 번역문을 보면, 마치 아내가 술을 끊기를

기다렸다가, 크로스비의 음주가 시작되었다는 말처럼 들린다. 그런 뜻으로 말하려면 when 대신에 and가 들어가야 한다. 〈내가 술을 마시기 시작했을 때 아내가 끊었다〉는 말은, 남편이 덩달아 술을 마시기 시작하니까 아내가 〈이래서는 안 되겠다〉는 생각이 들어, 겁이 나서 술을 끊었다는 뜻이다. 그 얘기를 듣고 홀든이 지나가는 말처럼 한 마디 던진다.

「That figures.」
✗ 「인상적이군.」

figure라는 단어를 보고 여성의 몸매figure를 연상하고 그런 번역이 나왔는지 모르겠지만, 완전히 빗나간 추측이다. that(그것)은 크로스비가 한 얘기를 뜻하고, 동사 figure는 구어로 〈~라고 어림짐작을 하다〉라는 의미다. it figures라고 하면, 〈그렇게 되었다는 얘기로구나〉라는 말이니까, 그냥 통째로 그렇게 알아두기 바란다.

○ 「얘기를 듣고 보니 (당신 아내가 왜 그런 여자가 되었는지) 이해가 가는구먼.」

being

"Perfect speed, my son, isn't moving fast at all. Perfect speed is being there."

✗ 완벽한 속도는 빠른 걸 말하는 게 아냐. 완벽한 속도는 투신하는 거지.

☛ 「조나던」에서 방랑자 조나던 갈매기에게 스승 갈매기가 비행을 가르치는 말이다. 〈투신〉이라는 번역이 나온 까닭은 아마도 조나던이 비행 연습을 할 때면 급강하diving를 좋아하는 습성을 연상했기 때문이 아닐까 싶다.

being there(거기 있음)는 참으로 번역하기 까다로운 표현이다. 예를 들어 저지 코진스키의 『챈스 박사』를 번역할 때, 필자는 이것을 〈경지(에 이름)〉라고 옮겼는데, 그렇게 하면 무난한 경우가 많다.

○ 「완벽한 속도란 말이다, 얘야, 빨리 이동한다는 의미가 전혀 아니란다. 완벽한 속도는 어떤 경지를 의미해.」

그것이 어떤 〈경지〉인지를 스승 갈매기가 부연한다.

「Think love and being in the place that's right for you to be now. To fly as fast as thought, to anywhere that is now, or ever has been or even will be, you begin by knowing that you've already arrived.」

✗ 「사랑을 생각하고 있었다면 하는 것을 생각해. 생각만큼 빨리 나는 거야. 어디라도 갈 수 있어. 현재, 과거, 미래…… 도달하는 것은 아는 것부터 시작하지.」

○ 「사랑을 생각하고, 네가 지금 존재해야 마땅한 곳에 가 있다고 생각하거라. 현재가 존재하는 곳, 과거였던 곳과 심지어는 미래에 존재하는 모든 곳으로, 관념처럼 빨리 날아가려면, 네가 그곳에 이미 이르렀다는 깨침으로부터 시작하거라.」

believe

"Mother believes in big families."

✘ 어머니는 우리가 대가족이라고 믿고 있어요.

☞ 「아가씨와 건달들」에서 14년 동안 약혼한 상태로 결혼을 질질 끄는 프랭크 시나트라에게 비비안 블레인이 불평한다. 입장이 난처해진 블레인은 그동안 벌써 결혼하여 아이를 다섯이나 낳았다고 어머니에게 거짓말을 해왔다. 그러나 예문에서는 believe 다음에 전치사 in이 붙어서 단순히 《(사실이라고) 믿는다》는 의미가 아니라 〈신봉(=신념을 가지고 받든다)한다〉는 의미가 된다. 그러니까 보다 쉽게 풀면 〈어머니는 대가족을 (지지하고) 좋아하거든요〉라는 뜻이다.

○ 「어머니는 식구가 늘어나면 좋아한다고.」

beloved

"He is, my lord."

✘ 주인님이십니다.

☞ 「쿠오 바디스」에서 주인을 사모하는 노예 마리나 베르티한테 리오 겐이 누구를 사랑하는지 묻다가, 스스로 결론을 내린다. 〈Well, your beloved is not of this house.〉(그렇다면 네가 사랑하는 사람은 이 집에 없겠구나.) 예문은 그 말을 듣고 베르티가 고백한 말이다. 노예는 감히 주인을 사랑한다는 말을 꺼내지 못 한다. 베르티의 대답에서 he is는 he is of this house(그 남자는 이 집에 계십니다)를 줄인 말이다. 당사자를 직접 거명하지 않고 은근히 완곡하게 베르티가 고백하자 주인은 눈치를 채고 놀란 표정을 짓는다.

애타는 완곡 화법의 이런 감칠맛이 발가벗겨 놓은 듯한 번역 때문에 그 감동이 절반은 달아난다. 바로 이런 경우 때문에 필자는 늘 〈쉼표와 빈 칸 하나도 번역에서는 소홀히 하면 안 된다〉고 주장한다.

○ 「이곳에 계신답니다, 주인님.」

bench

"I came here to say that the President would be pleased to appoint you to the bench of the supreme court in September."

✘ 대통령 각하께서 오는 9월에 당신을 기꺼이 대법원장에 임명하리라는 소식을 전하려고 이렇게 찾아왔습니다.

☞ 「사랑의 별장」에서 상원 의원이 별장으로 찾아와 로널드 콜맨에게 전하는 기쁜 소식이다. 영화에서 로널드 콜맨은 현재 법대 학장이다. 그런 그가 대법관 자리도 안 거치고 성큼 대법원장으로 임명되는 일이 가능한가? 대법원장은 the Chief Justice다. bench of the supreme court에서 bench는 장(長)의 자리가 아니다. 사전을 찾아보면 당장 나오지만, bench는 〈재판관〉이나 〈판사석〉이라는 뜻이다. bench of the supreme court은 대법원의 재판관, 즉 〈대법관〉이다. 〈경찰관〉을 〈경찰청장〉이라고 하는 오역과 같다.

이 영화에서는 〈Michael Lightcap Named to Fill Supreme Court Vacancy〉라는 신문 기사의 제목 역시 〈대법원장에 임명〉이라고 번역했는데, 나중에 보면 콜맨은 대법관들 가운데 맨 끝자리에 앉는다. 신문 기사는 〈공석중인 대법관 자리를 채울 사람으로 마이클 라이트캡을 지명〉했다는 내용이다.

〈Mr. Justice(판사님)!〉라고 대법원 직원이 부르는 소리도 〈대법원장님!〉이라고 번역했는데, 이 정도라면 사칭(詐稱)에 해당된다.

「허영의 불꽃」을 보면 모건 프리먼 판사가 검사와 변호사에게 〈Approach the bench!〉라고 호령하는 장면이 두 번 나온다. 다른 법정극에도 자주 나오는 이 대사는 은밀히 주고받을 말이 있으니까 〈판사석 앞으로 오시오〉라는 뜻이다.

bend

"Let's not break the law. Just bend it a little."

✘ 법을 위반하는 게 아니라 약간만 구부리자는 거예요.

☞ 「오클라호마」에서 제임스 휘트모어의 재판 방식에 불만을 느껴 보안관이 〈법을 어기지는 말자〉고 불평하자, 샬롯 그린우드 아줌마가 하는 말이다. 우리말에 〈법을 구부린다〉라는 표현이 존재하는가? 아니다. 그것은 우리말이 아니다. 영어 표현을 그대로 옮겨 놓으면서 번역자는 자신의 머릿속에 담긴 bend라는 단어로부터 벗어나지를 못하고, 그것이 우리말로도 통한다고 착각하기가 쉽다. 그렇기 때문에 초벌 번역을 일단 끝낸 다음에는 냉각기를 거쳐 우리말 표현들이 정말로 우리말인지를 꼼꼼하게 따져 보는 과정이 따로 필요하다. 자신의 머릿

속에만 담긴 제2의 숨겨진 정보를 타인들은 이해를 못하기 때문이다.

〈법을 구부린다〉는 정말로 우리말이 아니다. 그러나 〈법을 조금 달리 해석한다〉거나 〈융통성을 보인다〉고 하면 제법 자연스러워진다.

○ 「법은 어기지 맙시다. 그냥 잠깐 모르는 체만 하자는 얘기죠.」

beside

"Beside you, he's nothing. I knew that when I saw you."

✘ 당신 이외에 그는 아무것도 아니에요. 당신을 보는 순간에 난 그걸 알았어요.

☛ 「개선문」에서 강제 출국을 당했다가 3개월 만에 돌아온 샤를 부아이에에게 다른 남자와 그 사이에 살림을 차린 잉그릿 버그만이 그에게로 돌아오겠다고 말한다. 버그만이 한 말에서 첫 문장의 정확한 뜻은 〈당신 옆에beside 놓고 비교해 보면 그 사람 아무것도 아니다〉라는 의미다.

○ 「당신하고는 상대가 안 되는 사람이죠. 당신을 본 순간에 난 그걸 깨달았어요.」

best

"What's your best time of reloading depth charge?"

✘ 폭뢰를 발사한 다음 다시 탑재하기에 가장 좋은 시간은?

☛ 「상과 하」에서 구축함의 함장 로버트 밋첨이 다른 장교에게 묻는 말이다. your best time은 (새벽 3시냐, 정오냐, 아니면 오후 2시 14분이냐 하는 식으로) 〈가장 좋은 시간〉이 아니라, 〈제군들이 세운your 기록〉, 즉 폭뢰를 한 발 쏜 다음 다시 발사 준비를 완료하는 데 걸린 가장 짧은 시간의 〈기록record〉을 의미한다. 임전 상태를 점검하기 위한 질문이다.

○ 「제군들이 폭뢰를 재장전하는 데 걸린 최단 시간은?」

between

"There's a pain between my ears."

✘ 양쪽 귀 사이로 통증이 느껴져.

☛ 「작은 거인」에서 자존심이 상한 인디언이 돌도끼를 관자놀이에 대고 더스틴 호프만에게 불평한다. 그런데 〈양쪽 귀 사이〉가 어디일까? 그리고 〈귀 사이로 느끼는 통증〉은 또 무엇일까? 인디언이 한 말은 〈골치가 아프다〉는 뜻이다.

big

"You're a pretty big man yourself."

✘ 당신도 위대한 남자잖소.

☛ 「무법지대」에서 행방불명이 된 일본인을 찾아온 스펜서 트레이시가 그를 죽이려고 기회를 노리는 로버트 라이언과 기싸움을 벌이느라고 반박하는 말이다. 마을을 무법천지로 만들어 놓고 살인까지 저지른 불량배에게는 〈위대한〉이란 표현이 아무래도 과분해 보인다. 쉬운 단어의 번역이 어려운 경우가 바로 이런 경우다.

○ 「당신도 (이 마을에서는) 제법 상당한 거물이잖아요.」

「산타 비토리아의 비밀」에서는, 엉겁결에 마을의 지도자가 된 술집 주인 앤서니 퀸이 앞으로의 계획을 친구들에게 발표한다.

「I will give all the big shots a big title. Minister of this, Minister of that!」

✘ 「난 큰 직함으로 큰 탄환을 쏠 거야. 이 장관 저 장관 다!」

교과서적인 영어를 벗어나지 못해서, 실생활의 화법에 익숙하지 못한 탓으로 발생한 오역이다. big shot은 구어로 big man(대단한 인물)과 같은 의미다.

○ 「마을에서 한 가닥 하는 친구들한테는 모두 큼직한 감투를 하나씩 주겠어. 무슨 처장 무슨 국장 해가면서 말이야.」

bill

"It can't be just to pay the bills and pile up more money."

✘ 세금 내고 저축하려고요.

☛ 「홀리데이」에서 〈인간은 왜 일을 해야만 하는가〉라는 문제를 깊이 생각해 봤다면서 캐리 그랜트가 캐더린 헵번에게 설명한 말이다. pay the bills(청구서를 정산한다)라고 하면 〈공과금을 낸다〉 또는 〈생활비를 조달한다〉는 뜻은 되지만, 〈세금〉은 해당되지 않는다. 그리고 전체적인 내용의 번역 또한 정반대로 해놓았다.

○ 「먹고 살거나 돈을 더 쌓아 두기 위해서만 일을 하는 건 아니겠죠.」

birdseed

"Without the birdseed. What do you want?"

✘ 그땐 그때죠. 왜요?

☛ 「워터프론트」에서 살인 혐의자 말론 브랜도를 알아본 수사관 리프 에릭슨이 2년 전에 브랜도가 출전한 권투 시합을 봤다고 하자, 브랜도가 퉁명스럽게 쏘아붙인다.
birdseed(새 씨앗)가 무엇인지 사전조차 찾아보지 않고 아무렇게나 번역한 흔적이 역력하다. birdseed(새 모이)는 광장이나 공원에서 비둘기 따위의 새들에게 모이로 주는 씨앗이다. 속어로는 〈우수리〉나 〈개평〉 따위를 뜻한다. 여기서는 〈새에게 모이를 주듯 나한테 듣기 좋은 소리를 하려는 모양인데, 그런 허튼 수작〉은 집어치우라without는 말이다.

○ 「거두절미하고요. 나한테 왜 이래요?」

bit

"As a matter of fact, he was a little bit too bright, because he started practicing some of the boss's best magic tricks before learning how to control them."

✘ 사실을 말하자면, 그는 조금 영리하여 마법을 조정하는 것을 배우기 전에 그의 선생님의 가장 좋은 마술의 속임수를 실습했습니다.

☛ 마술사의 제자가 된 주제넘은 미키 마우스에 대한 「판타지아」의 해설이다. 한 문장 안에서 같은 말을 자주 반복하거나(☞ good), 예문의 〈그의 선생님의 가장 좋은 마술의〉에서처럼 똑같은 조사를 거듭 되풀이하면 전혀 공을 들인 정성이 보이지 않아 싸구려 번역처럼 느껴진다. 그리고 여기에서는 a little bit too bright(약간 지나치게 똑똑해서)를 거꾸로 번역했다.

○ 「사실 그는 약간 도가 넘을 정도로 똑똑하여, 제대로 다룰 능력을 익히기도 전에 스승의 가장 뛰어난 마술 몇 가지를 실행에 옮기기 시작했습니다.」

「오클라호마」에서 아가씨들이 만든 도시락 바구니box를 총각들이 사가는 box social(도시락 경매) 행사가 열리고, 남자들이 〈2 bits〉니 〈4 bits〉 값을 부르자 경매 진행을 맡은 샬롯 그린우드 아줌마가 짜증이 나서 호통을 친다.

「I've heard enough bits. Let's hear a mouthful!」

✕ 「내 그럴 줄 알았지. 벌써 다들 배가 부른가?」

이 원문의 묘미를 우리말로 옮기려면 사실 속수무책이기는 하다. bit은 〈한입〉 또는 〈소량의 음식〉을 뜻한다. 반면에 mouthful은 〈한입 가득〉이다. 그러니까 원문은 이런 뜻이 되기도 한다. 〈한 입 두 입 조금씩만 먹었다는 사람 얘기는 실컷 들었어. 어디 잔뜩 먹었다는 사람 얘기도 한번 들어 보자!〉

그러나 여기에서 bit 얘기가 나온 까닭은 총각들이 바구니 값으로 부른 bits 때문이다. bit은 본디 에스파냐의 8분의 1 페소짜리 작은 은화를 의미하는 말이었다. 그것을 달러화로 계산하면 12.5 센트였고, 소수점 이하를 계산하기가 곤란했던 터라 bit이라는 화폐 단위를 쓸 때는 꼭 짝수로 2 bits(=25 cents)나 4 bits(=50 cents)라고 했다. 하지만 bit(작은 조각)이라는 말 자체가 워낙 단작스러운 인상을 주기 때문에 그린우드가 그보다는 큼직한 mouthful이라는 단어로 말장난을 한 것이다. 위 예문은 그러니까 알아듣기 쉽게 표현하면 이런 정도가 되겠다.

◯ 「짠돌이 짓 그만하고 누구 한번 팍팍 써봐!」

bite

"Quit a-bitin' me! If you ain't had no breakfast, go eat yourself a green apple."

✗ 그만 물어뜯으세요. 아침을 못 먹었으면 가서 사과나 따 들고요.

☛ 「오클라호마」를 보면, 강에서 헤엄을 치던 셜리 존스를 만난 방물장수 에디 앨버트가 〈오랜만에 만나 반갑다〉면서 손가락 끝에서부터 어깨까지 그녀의 팔을 따라 쪽쪽거리면서 입을 맞춘다. 참다못해 존스가 팔을 뽑으며 화를 낸다. 그런데 번역해 놓은 내용을 읽어 보면 (잘못된 번역이라고까지는 하기 어렵겠지만) 좀 더 개선할 여지가 보인다. bite(물어뜯다)과 apple(사과)의 아무런 인과 관계가 보이지 않아서, 어쩐지 앞뒤가 맞지 않는 느낌이 들기 때문이다.

뮤지컬 분야에서는 세계 정상으로 꼽히는 오스카 해머스타인과 리처드 로저스의 최고 걸작 가운데 하나인 불후의 명작 「오클라호마」라면, 더구나 수많은 공연을 통해 갈고 닦은 대사라면, 단어 하나도 낭비하지 않고 공들여 만든 흔적이 구석구석 역력하다. 그런데도 (번역된) 내용이 어딘가 허술해 보이는 까닭이 무엇일까?

우선 bite이라는 원인 단어에 대한 이해가 부족한 듯싶다. bite는 (번역문에서처럼) 〈깨물다〉

나 〈물어뜯다〉라는 뜻을 갖기도 하지만, (원문에서처럼) 〈가벼운 식사를 한다〉는 뜻으로도 통한다. 흔히 have a bite(한 입 먹다)라는 식의 표현을 쓰는데, 영화에서는 앨벗이 존스의 팔을 두 손으로 갈비를 뜯어먹듯 붙잡고 쭉쭉 빨아 댄다. 그러니까 quit a-bitin'은 〈날 좀 그만 뜯어먹어요!〉라는 소리에 가깝다. 문장 내용의 이해를 돕는 보충 설명은 a-singin' 항을 참조하기 바란다.

bite을 〈뜯어먹다〉로 번역하고 나면 나머지 문장은 이렇게 간단히 풀린다.

○ 「아침을 못 먹어 그렇게 배가 고프면 어디 가서 시퍼런 사과라도 하나 따 먹으라고요.」

「셔레이드」에서는 오드리 헵번이 캐리 그랜트더러 그녀의 호텔 방으로 같이 들어가자고 청한다.

「Won't you come in for a minute? I won't bite you, you know. Unless it is called for.」

× 「잠깐 들어오지 않겠어요? 싫다고 하면 깨물진 않을 께요.」

번역문은 〈좋다고 하면 깨물어 주기도 할게요〉라고 헵번이 유혹하는 말처럼 들린다. 그러나 헵번은 악당들 때문에 방에서 혼자 있기가 무서워 그랜트더러 같이 있어 달라고 완곡하게 부탁하는 중이다. 이런 경우의 bite는 〈물어뜯는다〉 또는 〈잡아먹는다〉는 험악한 표현이다. 그리고 친한 사람들 사이에서는 won't bite라는 말이 〈잡아먹지는 않을 테니까 ~을 하더라도 걱정하거나 겁을 내지 말라〉는 의미가 된다.

〈is called for(~을 해야 할 필요가 요구된다(생긴다))〉는 《당신이 혹시 덤벼들거나 이상한 수작을 벌이면) 그래야 할지도 모르겠지만》이라는 뜻이다. 정리하면 이렇다.

○ 「잠깐 들어올래요? 물어뜯지는 않을 테니까요. 꼭 그래야 할 상황이 벌어진다면 모르지만요.」

「셔레이드」의 다른 장면에서는 조지 케네디의 날카로운 갈고리 손에 찢긴 상처에 오드리 헵번이 약을 발라 주는 동안, 아프다고 엄살을 떨던 캐리 그랜트가 이죽거린다.

〈You think I'll bite a bullet as they do in the movies?〉(영화에서 사람들이 그러듯이 나도 총알을 하나 물까요?)

영화 「허망한 경주」의 원제는 〈Bite the Bullet〉이다. 이 영화가 처음 수입되었을 때는 일본에서 붙인 잘못된 제목을 그대로 베꼈다는 비판이 대단했었다. 〈bite the bullet〉은, 사전으로 쉽게 확인이 가능하듯이, 〈고통을 참다〉 또는 〈싫은 일을 꿋꿋하게 해내다〉라는 뜻인데, 눈에 보이는 그대로 「총알을 물어라」라고 간판을 달았기 때문이었다. 그래서 영화 제목들 가운데 대표적인 오역으로 꼽힌다는 여론에 밀려 「총알을 물어라」는 결국 「허망한 경주」라는 새 제목을 달게 되었다.

그러나 〈총알을 물어라〉는 이른바 〈직역〉이기는 하지만, 「셔레이드」의 예문에서처럼, 꼭 오역이라고 하기도 어렵다. bite the bullet이라는 표현은 아직 마취제가 등장하기 전에, 전쟁터에서 부상병이 수술을 받는 동안 총알을 깨물고 고통을 이겨 내던 관습에서 생겨났다. 〈극기(克己)하라〉는 정도의 뜻이 되겠다.

blackjack

"Sex was nearly all Sue Alabama ever needed, which she could use as some guys used blackjack."

✘ 수 앨라배마가 원하는 건 섹스밖에 없었다. 남자들이 포커를 이용하듯 그 여잔 섹스를 이용했다.

☛ 「해밋」의 주인공인 추리 소설가 프리드릭 포레스트의 해설이다. 원문의 한 문장을 두 문장으로 잘라 매우 서툰 솜씨로 번역했는데, 그 잘라진 문장 하나에서 오역이 하나씩 나왔다. 첫 문장에서는 need(ed)를 〈원하는 건〉이라고 번역했는데, need에는 〈원하다〉라는 뜻이 있기도 하지만, 여기에서는 전혀 그런 뜻으로 쓰지를 않았다. 수 앨라배마가 〈필요로 한 섹스〉라는 말은 〈성sex을 도구로 삼아 모든 문제를 해결한다〉는 의미다. all ~ ever needed는 〈~에게 필요한 것이라고는 ~이 전부〉라는 뜻이다.

원문 끝에 나오는 blackjack은 poker와 전혀 다른 방식의 카드놀이다. 그리고 여기에서의 blackjack은 도박과 전혀 관계가 없다. 폭력배 영화를 보면 가끔 한 뼘쯤 되는 시커먼 물건으로 사람의 뒤통수를 쳐서 정신을 잃게 만드는 장면이 나온다. 이때 사용하는 〈가죽 곤봉〉이 바로 blackjack이다. 포레스트의 해설을 약간 둘러대어 번역하면 이렇게 된다.

○ 「수 앨라바마가 필요로 했던 무기는 섹스가 거의 전부였으며, 그녀는 그것을 남자들이 몽둥이를 휘둘러 대듯이 써먹었다.」

blackout

"We will be blacked out."

✘ 곧 정전이 될 거래요.

☛ 「개선문」에서 술집 셰헤라자데의 지배인이 문지기 루이스 캘헌에게 말한다. 여기서 blacked out은 타인이 통제하는 〈정전〉이 아니라 시민들이 자율적으로 실시하는 〈등화관제〉다. 〈정전〉은 전력 사고이지만, 〈등화관제〉는 불빛을 보고 적기가 폭격할 목표물을 찾지 못하게 하려고 스스로 모든 전등을 끄는 행위다.

「댐을 폭파하라」에서는 영국 공군 당국의 고위층이 신무기를 개발하는 과학자 마이클 레드그레이브의 집을 찾아가 서재에서 얘기를 나누는데, 멀리서 비행기 소리가 들려온다. 레드그레이브가 자리에서 일어선다.

「Blackout first.」
✘ 「커튼을 쳐야겠군요.」

blackout이라는 말 한마디로 이 영화의 시대적인 배경이 런던 대공습the Battle of Britain 무렵이라는 사실을 관객이 알게 된다. 독일 비행기가 영국까지 건너가 폭격한 경우는 그때뿐이었기 때문이다. blackout은 단순히 커튼만 치는 정도에서 끝나지는 않는다. 이 번역을 보다 충실하게 하려면 전시 상황의 용어를 그대로 써서 〈등화관제부터 하고 봅시다〉라고 함이 바람직하겠다.

bleed

"But did you bleed him?"

✘ 피를 흘리게 해봤나?

☞ 「율리시즈」에서 (과거의 기억이 모두 사라진 커크 더글라스를 치료해 오던) 의사에게 섬나라의 왕이 묻는다. 여기서 bleed는 〈피를 흘리도록 내버려 두는〉 소극적인 태도가 아니라 적극적으로 〈피를 뽑는〉 치료 방법을 의미한다. 우리나라에서 누가 체했거나 한 경우에 바늘로 따서 피가 흐르게 하는 민간요법과 비슷한 경우다. 중세에는 bloodletting(방혈) 치료법을 위해서 거머리를 사용하기도 했다.

○ 「그럼 피를 뽑기도 했나?」

bless

"Bless you."

✘ 몸조심해.

☞ 「아가씨와 건달들」에서 비비안 블레인이 재채기를 하자 프랭크 시나트라가 재빨리 말한다. 「사랑의 별장」에서는 밤늦게 비를 맞으며 별장에 도착한 로널드 콜맨이 감기에 걸려 재채기를 하자 진 아더의 어머니가 재빨리 〈Bless you!〉라고 말한다. 번역은 〈조심하셔야죠〉라고 했다. 「인생의 낙원」에서는 제임스 스튜어트가 바깥에 나갔다 집으로 들어와 재채기를 하자 가족이 모두 합창이라도 하듯이 〈Bless you(축복을 받아요)〉라고 외친다. 「헬로 돌리!」에서는 벽장 속에 숨은 남자가 재채기를 하자 모자 가게 여주인이 〈Bless you〉라고 한다. 이번에는 〈이런 세상에〉라고 번역했다. 「메어리 포핀스」을 보면 주인 데이비드 톰린슨 댁에서 키우는 개가 재채기를 하자 줄리 앤드루스가 〈Bless you(너한테 은총을)〉라고 소리치는 장면이 나온다. 그리고 웃음보가 터지면 공중에서 둥둥 떠다니는 에드 윈 아저씨는 앤드루스와 두 아이가 집으로 놀러가자 천정에서 재채기를 하고는 〈Bless me!(나한테 축복하라!)〉라고 소

리친다.

「못말리는 로빈 후드」에서는 함께 탈출한 아프리카 흑인이 로빈 후드에게 〈My name is Asneeze, father of Achoo(나는 이름이 아스니즈이며, 아추의 아버지)〉라고 자기소개를 한다. Asneeze는 sneeze(재채기)의 변형이고, Achoo(에취)는 재채기를 하는 소리. 그래서 로빈 후드가 재빨리 말한다.

「Bless you!」

✗ 「재수 옴 붙었구먼.」

왜 영국이나 미국에서는 누가 재채기를 하기만 하면 경사라도 났다는 듯 축복을 비는 것일까? 그것은 재채기가 나쁜 귀신들의 장난이라고 생각하여 악귀를 쫓아버리기 위해 재채기를 한 사람이 하느님의 도움을 받도록 〈God bless you〉라고 곁에 있던 사람들이 빌어 주던 풍습에서 생겨난 표현이다. 그러니까 Bless you는 〈몸조심을 하라〉거나 〈조심하라〉는 뜻이 아니라, 〈재채기야 떨어져 나가라〉는 주문(呪文)인 셈이다.

「가족찾기 음모」에서 사기꾼 바바라 해리스는 가짜 심령술사 노릇을 하며 seance(降神術)를 끝낸 다음 방금 자신이 무슨 말을 했는지 전혀 기억이 나지 않는다고 시치미를 뗀다. 그녀가 혼령을 정말로 만났다고 믿기 시작한 노부인이 재확인한다.

「Don't you remember? Not a blessed thing?」

✗ 「기억이 안 나요? 그런 축복은 못받았어요?」

여기에서 blessed(축복받는)는 반어적으로 쓰여 〈저주받은〉이라고 의미가 완전히 뒤집어진다. 따라서 a blessed thing은 발음만 약간 바꾼 a blasted thing과 같은 말이다. blasted는 damned(빌어먹을)와 사촌간이고, 이런 경우 a blasted thing은 〈땡전 한 푼〉의 〈땡전〉이나 〈눈꼽만큼〉의 〈눈꼽〉처럼 아주 작은 무엇을 지칭한다. 그러니까 노부인이 한 말은 이런 의미가 된다.

○ 「기억이 안 나요? 눈꼽 만큼도요?」

「화이트 크리스마스」에서 〈Count Your Blessings〉라는 제목의 노래에 나오는 가사를 들어 보자.

「If you are worried and you can't sleep, count your blessings instead of sheep.」

✗ 「걱정되고 잠 안 들 때는 양 떼 대신에 숨소리를 세어요.」

걱정이 되어 잠이 오지 않을 때, 왜 〈숨소리를 세라〉고 번역했는지 아무래도 짐작이 가지 않는다. sleep과 sheep으로 운을 맞춘 이 노래에서 count sheep은 서양 사람들이 잠을 청하느라고 울타리를 넘어가는 양 떼를 상상하며 〈한 마리, 두 마리, 세 마리……〉 헤아리는 자기 최면 방법을 의미한다.

양을 헤아리지 말고 차라리 count blessings 하라고 한 말은 어렵고 힘든 상황을 맞으면 과거에 있었던 blessings(행복한 일, 좋은 일)을 count(되새기다)하면서 위안을 얻으라는 속담에서 연유한 표현이다. count (one's) blessings을 뒤집어 don't count your blessings라고 하면, 결혼식에 들어올 돈 봉투 따위를 미리 계산하는 짓은 하지 말라는 뜻이다. 앞으로 닥쳐올 좋은 일은 부풀리지 말고 가능하면 깎아서 계산하라는 현명한 충고다.

「719호의 손님들」에서는 여비서와 6개월째 불륜 관계를 계속해 왔다고 털어놓던 남편 월터 매타우가 모린 스테이플톤에게 오히려 큰소리를 친다.

「Now that you know the truth, I have your blessing?」
× 「이제 사실을 알았으니까 날 축복해 주는 건가?」

바람을 피운다고 남편을 〈축복〉하는 여자가 세상에 과연 몇 명이나 존재할까? 여기에서의 blessing은 〈축복〉이 아니라 〈인정〉이나 〈승인〉을 뜻한다. 그러니까 이런 식으로 이해하면 되겠다.

○ 「이제는 진실을 알았으니까, 더 이상 따지지는 않겠지?」

「지붕 위의 바이올린」을 보면, 키에프에서 온 청년 마이클 글레이저가 마을 처녀의 아버지 토폴에게 선언한다.

⟨We are not asking for your permission. Only for your blessing. We are going to get married.⟩(우리 두 사람은 아버님께 허락해 달라는 부탁을 드릴 생각은 없어요. 인정만 해주세요. [아무리 말려도] 우린 결혼할 테니까요.)

글레이서의 말을 들어보면, blessing은 permission보다도 훨씬 부정적인 태도를 뜻한다.

body

"Percy, it don't look like you got a case at all. In the first place, there's no body. Second, we got us a preacher nobody's gonna dispute."

✗ 퍼씨, 전혀 소송이 이루어지질 않겠어. 아무도 없었고, 모두들 믿고 존경하는 목사의 증언이기 때문에.

☞ 「프라이드 그린 토마토」에서 동네 목사가 살인 혐의로 기소된 메어리 스튜어트 매스터슨에게 유리한 증언을 하자, 재판 중에 판사가 검사를 불러 권고하는 말이다. 문장을 제대로 끝내지도 않은 위 번역문에서는 no body([아직까지] 시체는 찾지도 못했고)라는 두 단어를 nobody(아무도 없고)라는 한 단어로 묶어 놓는 바람에 엉뚱한 내용으로 바뀌었다. a preacher nobody's gonna dispute은 〈감히 아무도 말대꾸를 할 엄두가 나지 않는 목사님〉이라는 뜻이다.

○ 「퍼시, 자네한테는 승산이 없어 보이는구먼. 우선, 시체가 없잖아. 게다가 아무도 반론을 제기하기 어려운 목사님까지 저쪽 편이잖아.」

Bois

"Bois de Boulogne or Avenue Georges Cinq?"

✗ 보이스 드 불로인 쪽예요 아니면 조지 5번가요?

☛ 「개선문」의 마지막 장면에서 수용소로 끌려가는 샤를 부아이에한테 친구 루이스 캘헌이 〈전쟁이 끝나면 후켓에서 보세〉라고 작별인사를 한다. 그러자 부아이에가 묻는다. 〈Which side?〉(어느 쪽에서?) 예를 들어 광교와 종로가 만나는 모퉁이에 위치한 〈영풍문고 앞에서 만나자〉고 약속할 때, 〈종로와 광교 어느 쪽 길에서 만나자는 얘기냐〉고 되묻는 식이다. 위에 제시한 예문은 부아이에가 그 질문에 덧붙여 묻는 말이다.

프랑스어를 모르는 번역자가 파리의 지명 때문에 쩔쩔 매는 모습이 눈에 선하다. 〈후켓〉은 두 사람이 자주 만나던 유명한 식당 이름으로, Fouquet's라고 쓴다. 올바른 프랑스식 발음은 〈푸케〉가 되겠다. Bois de Boulogne는 〈불로뉴의 숲〉으로서, 파리의 유명한 공원이다. 발음은 〈보이스 드 블로인〉이 아니라 〈부아 드 불로뉴〉 쯤 되겠다. 〈조지 5번가〉도 부아이에는 분명히 〈조르주 생Georges Cinq〉이라고 발음했다. George는 영어라면 〈조지〉라는 발음이 맞지만, 프랑스인 Georges는 발음이 〈조르주〉가 된다. 〈생〉은 〈다섯(5)〉이라는 뜻이며, 조르주 생은 〈조르주 5세〉다. 우리나라에서도 충무로, 세종로, 을지로처럼 유명한 사람의 이름을 거리 이름으로 차용하듯이, 〈조르주 생〉은 프랑스의 왕에게서 이름을 빌어 왔다. 그러니까 〈보이스 드 불로인 쪽예요 아니면 조지 5번가요?〉는 〈부아 드 불로뉴 쪽예요 아니면 조르주 5세 거리 쪽인가요?〉가 되겠다.

프랑스 지명은 프랑스식으로 적어야 옳다. 〈그까짓 고유 명사쯤 아무러면 어떠냐, 본문의 내용만 충실하게 전달하면 된다〉는 생각은 위험하고, 무책임하다. 내용은 어느 정도 잘못 번역해도 눈에 잘 띄지 않지만, 고유 명사는 그렇지 않다. 1988년 올림픽 개최지로 결정된 도시가 〈쎄울〉이라고 사마란치 IOC 위원장이 발표했을 때 우리나라 사람들은 무척 크게 웃었더랬다. 인천Incheon도 〈인체온〉이 아니다. 프랑스어를 모르겠으면 시간이 좀 더 걸리더라도 아는 사람한테 가서 물어보고 제대로 표기하도록 노력하는 성의가 필수적이다.

「개선문」의 도입부에서는 (수용소에서 그에게 고문을 자행했던) 게슈타포 요원과 우연히 길거리에서 마주쳤던 부아이에가 캘헌에게 이런 설명을 한다.

「I lost him on the corner of Avenue Georges Cinq and Champs-Élysées.」

✗ 「조지 5번가와 챔프 앨림 거리 사이에서 놓쳤어요.」

〈챔프 앨림〉은 심해도 너무 심했다는 생각이 든다. 그 유명한 〈샹젤리제〉를 〈챔프 앨림〉이라고 했으니 말이다. 나중에는 〈챔프 엘리세요?〉라는 자막도 나타난다. corner도 〈조지 5번가〉와 〈챔프 앨린〉의 〈사이〉가 아니라, 그 두 거리가 만나는 〈길모퉁이〉다. 그리고 독일 게슈타포 대원 Haake도 〈하케〉가 아니라 〈헤크〉라고 〈번역〉했다.

〈샹젤리제〉라는 지명에서 앞에 나오는 champ(s)은 프랑스어로 〈밭, 전원, 대지, 광장, 들판〉을 뜻하는 단어다. Élysée(s)는 그리스 신화에 나오는 〈극락세계〉 엘뤼시온Elysion(Elysium)을 뜻한다. 극락세계 〈샹젤리제〉는 영어로 Elysian Fields라고 하며, 프랑스의 대통령 관저 〈엘리제 궁(宮)〉은 le Palais de l'Élysée(the Élysée Palace)라고 한다.

bomb

"I found the people at the Oscars singularly unattractive this year."

✘ 올해는 죄다 폭탄만 수상자 명단에 올랐던 걸.

☛ 「베벌리 힐즈의 사생활」에서 아카데미상을 타지 못해 기분이 언짢아진 매기 스미드가 남편 마이클 케인에게 불평하는 말인데, 아무리 눈을 씻고 봐도 원문에는 DVD 번역에서처럼 〈폭탄〉이라는 말이 눈에 띄지를 않는다. 그렇다면 그 단어가 도대체 어디서 튀어나온 것일까? 할리우드 영어로 bomb(폭탄)은 〈전혀 인기가 없는 실패작〉이다. 역자는 아마도 이 단어의 〈실패작〉이라는 의미를 안다는 실력을 과시하고 싶어서 원문에는 나오지 않는 bomb이라는 표현을 써보려는 욕구를 느끼지 않았나 하는 억측도 가능하겠다. 하지만 bomb이라는 단어가 나왔다 하더라도 우리말로 〈폭탄〉이라고 옮겨 놓으면 무슨 뜻인지 이해할 사람이 별로 없으리라는 생각이다. 더구나 bomb은 영국 영어에서는 뜻이 정반대가 되어 〈대성공작 big hit〉이 된다.

더구나 매기 스미드는 영화에 관한 얘기가 아니라, 시상식에 참석했던 다른 배우들에 관한 험담을 늘어놓는 중이다. people at the Oscars는 〈오스카상 시상식장에 참석한 사람들〉이라는 의미여서, 〈수상자 명단〉과는 거리가 멀다.

○ 「금년 오스카 시상식에 참석한 사람들 보니까 어쩌면 그토록 끔찍하도 매력이 없는 얼굴들만 모였는지 모르겠어.」

bombardment

"You still think it's beautiful and sweet to die for your country, don't you. We used to think you knew. The first bombardment taught us better."

✘ 나라를 위해 목숨을 바치는 행위가 아름답고 보람차다고 선생님은 아직도 믿는 모양이군요. 우리도 그렇게 믿었지만 처음 폭격을 당하는 순간 알게 되었어요.

☛ 「서부전선 이상 없다」에서 휴가를 받아 귀향한 병사가 모교로 찾아갔다가, 〈학생들에게 명예와 영광에 대해서 한 마디 해주라〉는 부탁을 선생으로부터 받고 반박한 말이다.

원문의 두 번째 문장을 쉽게 풀어 보면 〈우리들(학생들)은 선생님이 진실을 다 알기 때문에 그런 얘기를 한다고 생각했어요〉다. 그리고 세 번째 문장에서 taught us better는 〈과거에 생각했던 사실보다 더 현명한 진실을 우리들이 깨쳤다〉는 뜻인데, 그 깨침은 first bombardment를 경험함으로써 얻었다는 얘기다.

bombardment는 〈폭격〉이 아니다. 〈폭격(爆擊)〉은 비행기가 하늘에서 지상의 목표물로 폭탄을 퍼붓는 공격의 형태다. 영어로는 bombing이라고 한다. 사람들이 〈폭격〉과 자꾸 혼동하는 〈포격(砲擊)〉은 지상에서 대포로 적을 공격하는 형태이며, 영어로는 shelling이라고 한다. 「서부전선 이상 없다」는 제1차 세계 대전이 배경이며, 당시에는 군용 항공기가 별로 큰 활약을 하지 못했다.(☞ attack) 그리고 영화에서는 병사들이 비행기의 공격을 받는 장면이 나오지도 않는다. bombardment는 포격과 폭격 양쪽 모두에 적용되지만, 이 경우에는 그래서 〈폭격〉일 리가 없다. 마지막 문장만 다시 옮겨 보겠다.

○ 「포격을 한번 당해 보니까 그게 아니구나 하는 사실을 깨우치게 되더라고요.」

boo

"Boo!"

✗ 우우!

☞ 「프라이드 그린 토마토」에서 (양로원으로 찾아온) 캐티 베이츠가 슬퍼서 우는 줄도 모르고 노부인 제시카 탠디가 뒤에서 몰래 다가가서 갑자기 소리친다. boo에는 물론 〈우우!〉 또는 〈우—〉라는 의미도 있지만, 그것은 운동 경기나 공연장에서 마음에 안 드는 선수나 연기자를 야유하는 소리를 나타낸 의성어다. 예문에서의 boo!는 장난을 치려고 몰래 접근해서 갑자기 소리치는 〈꺅!〉이나 〈야!〉 정도의 말이다. 아기가 놀라게 하려고 〈까꿍!〉이라고 하는 말도 경우에 따라서는 boo라고 표현해도 되겠다. 단음절 감탄사도 버젓한 하나의 단어이니까, 소홀히 다루면 안 된다.

「알라바마에서 생긴 일」을 보면, 음산한 집에서 혼자 사는 이상한 남자 로버트 두발의 극중 이름이 Boo Radley다. 필시 본명이 Bradley였겠지만, 이상하고 무서운 사람이나 광인을 보면 아이들이 몰래 뒤에서 바싹 쫓아가 〈Boo!〉라고 소리를 지르고는 냅다 도망치는 장난을 많이 치기 때문에 붙인 별명이 아닌가 싶다.

「프라이드 그린 토마토」에서 (말괄량이 메어리 스튜어트 매스터슨을 여자답게 길들여 달라는 어머니의 부탁을 받고 고향으로 돌아온) 메어리-루이스 파커가 개울에서 낚시를 하는 매스터슨에게 멀리서 다가가며 소리친다.

「Yoo-hoo!」

✗ 「와!」

번역문의 〈와!〉는 〈대단하다〉는 반응을 나타내는 환호성이지만, 파커의 yoo-hoo는 가까운 거리에서 상대방의 주의를 끌기 위해 외치는 〈야호!〉나 〈날 좀 보소!〉 그리고 여기에서처럼 〈나 왔어!〉 정도의 뜻이다.

성탄절에 양로원을 찾아간 베이츠도 탠디를 찾느라고 방들을 기웃거리며 부른다.
⟨Yoo-hoo, Mrs. Threadgoode.⟩
DVD에서는 ⟨트레드굿 할머니?⟩라고만 번역했는데, 여기서는 ⟨어디 계신가요, 트레드굿 할머니⟩나 ⟨나 왔는데요, 할머니⟩ 정도의 뜻이 되겠다.

book

"Now, now, don't let us be small about such matters. We won't keep books."

✘ 이제 사소한 일은 잊자구. 우리가 책을 갖진 않아.

☛ 「선셋대로」에서 집세를 대신 내준 글로리아 스완슨에게 윌리엄 홀든이 그 돈을 스완슨의 자서전 원고를 수정하는 수고비에서 제하겠다고 밝힌다. 예문은 그 말을 듣고 스완슨이 손을 저으며 한 말이다. Now, now는 ⟨이제⟩가 아니라, ⟨그런 소리는 집어치워⟩라는 뜻이다. keep books도 ⟨책을 갖다⟩가 아니라 ⟨장부에 기록하다⟩라는 말이다. 그래서 스완슨이 한 말은 이런 의미가 된다.

○ 「그런 소린 그만하고, 우리 이런 문제로 쩨쩨하게 굴지 말자고. 돈 계산 따위에 신경을 쓰고 싶진 않아.」

「워터프론트」에서는 항만 노조의 무식한 간부가 법정에서 뻔뻔스러운 증언을 한다.

「We was robbed last night and we can't find no books.」

✕ 「어제밤에 도둑이 들었는데 책을 찾을 수가 없어요.」

여기서도 books는 ⟨회계 장부⟩다. ⟨책⟩이나 ⟨장부⟩나 뭐가 다르냐고 하면 안 된다. 「황비홍 3편(獅王爭霸)」에서는 ⟨이런 기계로 공업 혁명이 일어나고⟩라는 러시아인의 대사가 나온다. Industrial Revolution은 ⟨공업 혁명⟩이 아니고 ⟨산업 혁명⟩이다. 번역에서는 정확한 우리말의 구사가 생명이다.

bookkeeper

"I am a bookkeeper."

✘ 도서관에서 일합니다.

☛ 「라디오 전성시대」에서 주인공의 이모가 라디오에 출연하여, 사회자의 질문을 받고 직업을 예문에서처럼 밝힌다. 시중에 나도는 비디오들 중에서는 이런 수준의 초보적인 오역

도 심심치 않게 나타난다. bookkeeper라니까 〈책을 지키는 사람〉 정도로 이해한 눈치다. bookkeeper는 〈장부를 담당하는 사람〉, 즉 〈부기계원(簿記係員)〉을 뜻한다. bookmaker도 〈서적제조업자〉나 돈벌이를 위해 책을 쓰는 〈저작자〉보다는 경마에 돈을 거는 사람들을 상대하는 〈마권업자〉라는 뜻으로 더 널리 쓰이니까 조심해야 한다.

border

"He'll be pushed from prison to prison. Shoved back and forth of the borders like dirt."

✘ 그이는 감옥에서 감옥으로 끌려다니겠죠. 먼지처럼 경계선 근처를 떠돌아다닐 거예요.

☛ 「개선문」에서 샤를 부아이에가 불법 체류자로 체포된 다음 걱정이 된 잉그릿 버그만이 루이스 캘헌에게 한 말이다. 아홉 단어로 구성된 짧막한 두 번째 문장의 번역에서는 무려 세 곳이 지적의 대상이다.

첫째, border는 〈경계선〉이 아니라 〈국경〉이다. 둘째, shoved back and forth of는 국경 〈근처를 떠돌아다니는〉 것이 아니라 추방되었다 밀입국하기를 반복하여 국경을 〈들락날락〉한다는 얘기다. 셋째, dirt은 〈먼지〉가 아니라 〈똥〉이나 〈오물〉 따위의 〈쓰레기〉를 의미한다. 두 번째 문장을 제대로 옮기면 이런 정도가 되겠다.

○ 「한심하게 이리저리 쫓기며 국경을 넘나드는 신세가 되겠죠.」

both

"I'd rather be known as a great actress than a movie star. But, you know, sometimes people end up being both."

✘ 인기 많은 스타보다는 훌륭한 여배우가 되고 싶어요. 결국 그게 그거지만요.

☛ 「멀홀랜드 드라이브」에서, 배우가 되려고 할리우드로 찾아온 나오미 왓츠가 기억 상실증에 걸린 로라 엘레나 해링에게 털어놓는 말이다. 번역에서는 의미상의 섬세한 차이를 포착하는 일이 때로는 대단히 중요하다. 바로 이런 경우다. 예문의 마지막 단어 both는 〈그게 그거〉가 아니라, 〈둘 다〉를 뜻한다. 그러니까 두 번째 문장은 이런 말이 된다.

○ 「어떤 사람들은 결국 두 가지 꿈을 모두 실현하기도 하지만요.」

〈난 인기 배우보다는 명배우가 되고 싶다〉는 뜻의 첫 문장은 〈잘 안 팔리더라도 진지한 문학 작품을 쓰고 싶다〉는 비인기 작가들의 변명처럼, 좀처럼 인기를 끌지 못하는 배우들이 스스로 자위하는 핑계다. 그리고 두 번째 문장은 〈그렇지만 인기 배우도 꼭 되고 싶기는 하다〉라고 욕심을 드러내는 솔직한 고백이다.

bother

"Now, you tell me what's bothering you, sugar."

✘ 나 때문에 방해가 된다는 거야?

☞ 「프라이드 그린 토마토」에서, 장을 보러 갔다가 못된 청년에게 모욕을 당하고 와서 자꾸 우는 캐티 베이츠에게 양로원에서 알게 된 제시카 탠디가 묻는다. 탠디는 (번역문에서처럼) 베이츠에게 울음의 원인을 제공한 사람이 아니다. 예문은 (가해자가 아니라 친구로서) 이렇게 위로하는 내용이다.

○ 「속상하는 일이 있으면 나한테 얘기해 봐.」

「사랑과 죽음」에서는 어렸을 때 풀밭에서 만난 죽음이 우디 앨런에게 〈We will meet again(나중에 다시 만나세)〉이라고 하자, 앨런도 나름대로 작별 인사를 한다.

「Don't bother.」

✘ 「걱정 마세요.」

「It's no bother.」

✘ 「걱정 안 한다.」

예전에는 영화관에 가면 번역 대사만 읽고도 관객이 폭소를 터뜨리는 일이 많았는데 요즈음에는 그런 경우가 별로 없는 듯하다. 아마도 번역에 종사하는 사람들이 워낙 많아지다 보니까 이런 재미있는 대사를 웃음이 나올 정도로 재미있게 성심껏 번역해 주려는 노력을 기울이는 번역자들이 부족해졌기 때문인 듯싶기도 하다.

소년이 한 말 don't bother는 〈걱정하지 말라〉고 죽음의 사신을 걱정해 주는 것이 아니라, 〈귀찮게 일부러 다시 찾아올 필요는 없다〉, 그러니까 〈웬만하면 안 오시는 게 좋겠는데요〉라는 뜻이다. 뒷맛을 조금 더 살리면 이렇게 되겠다.

○ 「귀찮으시면 안 오셔도 되는데요.」

○ 「안 귀찮아.」

bound

"We are Morocco bound"

✘ 여기는 모로코 국경.

☞ 「모로코로 가는 길」에서 밥 호프와 빙 크로스비가 부르는 노래다. bound에 여러 가지 뜻이 있어서 헷갈린 모양이지만, 여기서는 〈~행〉이라고 목적지를 나타내는 말이다. bound는 서부극이나 추리물 제목에 자주 등장하는 단어다. 우리나라에 수입된 서부극 중에는 「웨스트바운드의 결투」도 있었는데, 이 영화의 원제는 〈Westbound〉였다. 이것은 지명이 아니라, 우리말로 옮긴다면 〈서부행(西部行)〉이라는 뜻으로서, 캘리포니아로 가는 역마차 통로를 개척하는 내용의 영화였다. 예문에서 〈국경〉이라는 의미를 고집하려면 〈우리는 모로코 국경〉이 되어야 한다.

○ 「우린 모로코로 간다네.」

bourgeois

"Guilt is petit bourgeois crap. An artist creates his own moral universe."

✘ 죄책감은 부르조아 근성이야. 예술가의 도덕 기준이 필요해.

☞ 「브로드웨이를 쏴라」에서 두 여자를 놓고 갈등하는 극작가 존 큐색에게 친구 예술인이 충고한다.
petit는 bourgeois나 마찬가지로 프랑스어로서, 〈작은〉이라는 뜻이다. 그러니까 petit bourgeois는 〈부르주아의 작은 아류〉인 셈이다. 〈부르주아〉는 돈은 많아도 도덕성이나 지성이 열등한 계층을 뜻하지만, petit bourgeois는 우리말로 〈소시민〉이라고 한다. 두 단어 가운데 아는 단어 하나만 가지고 번역을 하면 이렇게 위험하다. crap을 〈근성〉이라고 한 번역도 미흡하다. 〈죄의식〉은 소시민의 〈근성〉이 아니라 〈(취)약점〉이다.

○ 「죄의식은 소시민들이나 하는 헛소리야. 예술가는 자신의 도덕적 체계를 스스로 이룩해야 한다고.」

「대지진」에서도 아는 만큼만 번역을 하는 바람에 오역이 발생한다. 지진으로 발생한 사상자를 치료하는 긴급 의료 구호 본부를 설치한 곳이 〈the Hollywood Bowl〉이라는 안내 방송이 라디오에서 나온다. 자막에서는 그곳이 〈할리우드 볼링장〉이라고 번역했다.

아무리 큰 보울링장이라고 해도, 대지진으로 초토화된 대도시의 구호 본부로 쓰기에는 무리가 아닐까 싶다. bowl은 사발이나 탕기(湯器)에서 단지에 이르기까지 여러 모양의 〈그릇〉을 의미하며, 여기에서처럼 어떤 운동 시설을 지칭할 때는 지붕이 없으며 화채 그릇처럼 생긴 대형 경기장을 뜻한다. 대부분의 경우 bowl은 미식축구장을 뜻하고, 흔히 건물의 지하실이나 컴컴한 뒷골목에 위치한 〈보울링장〉은 bowling alley라고 한다.

지형을 말할 때는 bowl이 움푹 들어간 분지 같은 곳을 뜻해서, 한국 전쟁 당시 격전지 가운데 하나였던 〈빤찌볼〉은 (Punch Ball이 아니라) 미군들이 Punch Bowl(펀치 보울)이라고 명명한 곳이었다. punch bowl은 사춘기 아이들을 위한 파티에서 레몬즙에 포도주 따위를 혼합한 음료수를 담아 내놓는 큼직한 유리그릇이다.

겹모음은 단모음으로 표기해야 한다며 bowl을 〈볼〉이라고 고집하는 우리나라 표기법도 문제다. bowling(보울링)을 〈볼링balling〉이라고 하면 어쩐지 〈불알로 장난치기(계집애 꼬시기)〉라는 말처럼 들린다.

boxcar

"I was in a boxcar couple of years ago. I was foolin' around with my harmonica. He comes over and joins in. Never been able to shake him since."

✘ 2년 전에 어떤 술집에서였어요. 내가 하모니카로 장난을 치고 있었죠. 그 친구가 오더니 나하고 어울렸어요. 그런 다음부터는 절대로 떼어버릴 수가 없었죠.

☛ 「군중」에서 부랑자 생활을 하던 시절에 월터 브레난을 어떻게 만났는지 개리 쿠퍼가 여기자 바바라 스탠윅에게 설명한다. 영화인들에게는 워낙 잘 알려진 유명한 장면이다. 개리 쿠퍼가 쓸쓸해서 혼자 하모니카를 부는데, 월터 브레난이 슬금슬금 다가와서 역시 하모니카를 꺼내서 같이 불기 시작하는 이 장면은 휘영청 밝은 달밤에 화물차에서 이루어진다. 그런데 어떻게 〈술집에서〉라는 번역이 나왔는지 알 길이 없다. boxcar가 무엇인지 아예 사전에서 찾아보지도 않은 모양이다. 실제로 이렇게 모르는 단어를 사전에서 확인하지도 않고 마구 억지로 꿰어 맞추려는 번역이 매우 많고, 그런 예는 이 책에 수집한 사례 가운데서도 상당수가 발견된다.

boxcar는 부랑자들이 무임승차를 하는 편리한 수단으로 사용하는 화물차를 뜻한다. box(궤짝)처럼 지붕을 덮은 화물칸을 boxcar라고 하는데, passenger car(승객이 자리에 앉아서 타고 가는 칸)의 경우처럼 기차에서는 car가 한 〈칸〉을 의미한다. 그런 칸들을 줄줄이 이어 붙이면 train(기차)이 된다. 기차뿐 아니라 포장마차들이 줄줄이 길게 이어지는 경우에도 wagon train(마차 행렬)이라 하고, 장례식에서 줄줄이 따라가는 사람들은 funeral train(장례 행렬)이라고 하며, 치마가 길게 뒤에서 질질 끌리는 〈자락〉도 train이라고 한다.

두 번째 문장에 나오는 foolin(g)은 〈바보 노릇을 한다〉는 뜻으로서, 자신이 하는 어떤 행동을 겸손하게 비하시키는 (대단히 자주 쓰이는) 표현이다.
○ 「몇 년 전 화물차를 탔을 때였어요. 내가 심심해서 하모니카를 불었죠. 저 친구가 오더니 같이 불더군요. 그리곤 지금까지 저렇게 졸졸 따라다닌답니다.」

brainwork

"Amigos, the engine is running. Now that's what I call brainwork."

✘ 엔진이 돌아가요. 이게 정신노동이라고 하는 거죠.

☞ 「피츠카랄도」에서 산꼭대기로 끌어올리다가 미끄러진 배를 원주민들이 끌고 올라가도록 도와주려고 기관사가 엔진을 가동하자, 요리사가 신이 나서 선장에게 외친다. 이런 경우의 brainwork은 사무실에 앉아 서류를 놓고 일하는 〈정신노동mental work〉과는 거리가 멀어서, 속된 표현으로 〈통빡을 돌린다〉거나 〈잔머리를 굴린다〉는 정도의 가벼운 의미로 쓰였다.
○ 「여러분, 엔진이 돌아가요. 머리를 쓰려면 저 정도는 써야죠.」

brave

"This boy is no longer a boy. He is a brave. He is little in body but his heart is big. His name shall be Little Big Man."

✘ 이 소년은 더 이상 소년이 아니다. 그는 용맹스러우며, 몸집은 작으나 마음이 넓다. 그의 이름은 작은 거인이라 하리라.

☞ 「작은 거인」에서 더스틴 호프만을 아들로 받아들이며 인디언 추장이 선언한다. brave 앞에 부정 관사 a가 붙었으므로, 이 말은 형용사 〈용감한〉이 아니라 《〈인디언〉 용사》라는 뜻의 명사로 쓰였다. 부정 관사를 대수롭지 않게 보았다가는 이런 치명적인 오역이 나온다. no longer는 〈더 이상〉이라는 어색한 표현보다 〈이제부터는〉이라고 하면 문장이 훨씬 매끄러워지는 경우가 많다.
○ 「이 아이는 이제 아이가 아니다. 당당한 한 사람의 용사다. 그는 몸집이 작지만, 기백은 높다. 이름은 작은 거인이라 하리라.」

break

"I should have a housekeeper but I have outlived two and I'm too old to start breaking in another one."

✘ 하녀를 둬야 하지만, 새 일손을 부리기에는 내가 너무 늙은 것 같아요.

☞ 「잊지못할 사랑」에서 캐리 그랜트가 오랜만에 찾아간 팔순의 이모가 당신의 근황을 설명한다. 역자가 〈감〉을 잡기는 한 듯싶지만, 어쨌든 할머니의 얘기는 그렇게 간단한 내용이 아니다. outlived two는 〈하녀(가정부) 두 명보다 내가 더 명이 길었다〉라는 말로서, 〈두 명의 하녀가 늙어 죽은 다음에도 난 아직 살아 있고〉라는 뜻이다. start breaking in another에서 break는 〈길들인다〉는 말이다. break a bronco라고 하면 〈야생마를 길들인다〉는 뜻이다. 그러니까 새 하녀를 들이면 집안 살림에 대해서 이것저것 가르쳐 가며 처음부터 훈련을 시키기 시작해야 하는데, 〈내 나이가 너무 많다 보니 기껏 훈련만 시키다 말고 내가 먼저 죽겠다〉는 뜻이다. 〈언제 다 길들여서 써먹는담〉이라는 체념의 뜻이 담긴 말이다.

○ 「가정부가 필요하긴 하지만, 벌써 둘이나 저 세상으로 보냈고, 새로 하나 구해 살림을 가르치려면 내 명이 모자라겠어.」

「황금연못」을 보면 별장에서 한 달을 함께 보내고 떠나는 더그 맥키온 소년에게 헨리 폰다가 낚싯대를 선물로 주면서 이렇게 설명한다.

「Hey, you are a cool breeze. This is for you... to take a break from cruising.」

✘ 「바람이 시원하군. 쉬엄쉬엄 운전하거라.」

소년은 이제 겨우 13살이어서, 운전 면허증이 나오지를 않는다. 장거리 운전을 할 사람은 소년이 아니라 (그의 새엄마이며 헨리 폰다의 딸인) 제인 폰다. cruising을 〈쉬엄쉬엄 운전하거라〉라고 엉뚱한 오역을 범한 까닭은 두 사람이 처음 만났을 때 폰다 노인과 나누었던 대화에서 소년이 잘난 체하며 cruising chicks(계집아이들 꼬시기)에 대해 자랑을 늘어놓던 대목을 염두에 두지 않았기 때문이다. 번역에서는 전체 줄거리를 관통하는 수많은 상황들을 항상 참고해서 유기적으로 엮어 나가야 한다.

This is for you는 번역문에서처럼 몽땅 빼먹어도 좋은 내용이 아니다. this는 이 장면에서 폰다가 소년에게 넘겨주는 낚싯대다. 바로 이런 경우에 〈시각적인 정보〉가 핵심으로 작용한다. 버르장머리 없는 매키온이 영화 내내 입에 달고 다니는 〈요즈음 어린것들〉의 말투를 흉내 낸 폰다의 대사를 제대로 번역한다면 이렇게 되겠다.

○ 「야, 넌 참 느긋한 녀석이야. 이걸 줄 테니까…… 계집애들 잡으러 다니다 사업이 잘 안 되면, 가끔 물고기라도 잡아.」

breed

"But if our Hercules is strong enough to destroy the poor animal, I must spare her life, for Vinicius — to breed more Christians."

✘ 하지만 저 헤라클레스가 소를 죽이면 비니키우스를 위해 저 여자를 살려주지. 기독교도들도 함께.

☛ 「쿠오 바디스」에서 데보라 커를 처형장의 말뚝에 묶어 놓고 그녀의 몸종을 사나운 소와 싸우도록 해놓고 구경하며 황제가 황후에게 설명한다. 여기에서 our Hercules는 진짜 헤라클레스가 아니라, 〈우리들의 헤라클레스〉, 그러니까 〈헤라클레스 같은 저 사람〉이라는 뜻이다. 그리고 to breed more Christians는 눈에 보이는 내용 그대로 〈기독교인들을 더 많이 낳도록〉이다. 수많은 기독교인들이 이미 사자의 밥으로 그리고 화형을 당해 죽었기 때문에 〈기독교도들도 함께〉 살려 주기는 불가능한 일이다. 그러나 기독교도 데보라 커를 살려 주고, 기독교도가 된 로마의 장군 로버트 테일러도 살려 주면, 둘이서 짝을 지어 기독교도 자식을 낳게 된다는 것이 네로 황제의 계산이다.

○ 「하지만 저 헤라클레스 같은 녀석이 정말로 힘이 좋아 소를 죽인다면, 여자를 살려 줘서 — 비니키우스가 기독교도 자식들을 더 낳도록 해주겠어.」

bribe

"Can he be bribed?"

✘ 로비를 할 수 있을까?

☛ 「카라마조프의 형제들」에서 아들 율 브리너와의 재산 분쟁 문제를 성직자에게 해결해 달라고 맡긴 리 J. 콥이 술집 작부 마리아 셸에게 물어보는 말이다. 영어 영어인 bribe를 한글 영어인 로비로, 그것도 틀린 영어로 〈번역〉하는 치환 행위는 번역이 아니다. 방송인들이 rebate(환급, 환불)를 〈뇌물〉이라면서 즐겨 쓰는 된장 영어나 마찬가지다.

○ 「뇌물을 주면 받을까?」

brigade

"Colonel Julio Figueroa, Commander, 3rd Brigade, Infantry, Santa Ana garrison."

✘ 산타나 요새 보병연대 사령관 울리오 피구로아.

☛ 「살바도르」에서 등장인물을 소개하는 자막이다. 첫 번째, 번역 자막에서는 colonel이 사라졌다. 두 번째, Julio는 〈울리오〉가 아니라 〈훌리오〉라고 발음한다. 세 번째, Figueroa는 〈피구로아〉가 아니라 〈피게로아〉다. 네 번째, brigade는 〈연대regiment〉가 아니라 〈여단〉이다. 여단은 연대보다 2배 이상의 병력으로 구성된다. 다섯 번째, 어차피 틀린 명칭이기는 하지만, 〈병연대 사령관〉은 〈연대장〉이라고 한다. 피게로아는 〈연대장〉이 아니라 〈여단장〉이다. 여섯 번째, Santa Ana는 〈산타나〉가 아니라 〈산타 아나〉다. 산타 아나는 알라모the Alamo 전투로 유명한 멕시코의 장군으로, 나중에 대통령의 자리에까지 올랐다. 일곱 번째, garrison은 〈요새fort, fortress〉가 아니라 군부대의 단위를 나타내는 말이다. 〈방위사령부〉나 〈수비대〉의 개념이다. 10개의 단어로 이루어진 단 한 줄의 번역에서 이렇게 다양한 오역이 나오기도 참 어려운 일이다. 아마도 고유 명사를 우습게 보는 습성(☞ diminutive)의 결과가 아닌가 싶다. 정리하면 이렇게 된다.

◯ 「산타 아나 주둔군 보병 제3여단장 훌리오 피게로아 대령.」

bright

"I don't see why not. You're attractive, bright, charming…"

✘ 못할 이유도 없겠죠. 당신은 매력도 있고 밝은 사람이니까.

☛ 「밤은 돌아오지 않는다」에서 정신병 치료를 받는 제니퍼 존스가 정상적인 결혼 생활이 불가능하리라고 걱정하자, 의사 제이슨 로바즈가 안심시킨다. bright에는 〈환한〉이나 〈밝은〉 말고도 〈똑똑한〉이라는 뜻도 있다. 제니퍼 존스가 〈밝은 사람〉이라니, 이마에 전조등이라도 켜고 다닌다는 얘길까? 아마도 〈성격이 명랑한〉이라고 생각했던 모양이다.
「KBS 일요 스페셜」의 이라크 사태에 대한 특집에서 어떤 서양인이 이렇게 말했다.
「He is not a bright one.」

✘ 「후세인은 밝은 사람이 아니다.」

참고로, 쿠웨이트 침공으로 벌어진 제1차 이라크 전쟁이 끝난 다음 어느 특파원이 〈전략가로서의 후세인은 어느 정도인가?〉라고 묻자 노먼 슈워츠코프 장군이 〈하!〉라고 큰소리로 코웃음을 쳤다. 〈똑똑한bright〉 사람이 아니라는 뜻이었다.

bring

"Sure. That's why I brought it up."

✗ 물론이죠. 그래서 여기 온 건데요.

☞ 「어느 박람회장에서 생긴 일」에서, 취재를 나온 신문 기자 데이나 앤드루스가 진 크레인에게 〈Like to dance?〉라고 묻는다. 〈춤추겠어요?〉라는 뜻이다. 그리고 같은 말이 〈춤추기를 좋아하나요?〉라는 뜻도 된다. 그래서 크레인은 춤을 청하는 말인 줄 잘 알면서도 〈Do you?〉라고 반문한다. 〈당신은 춤추기를 좋아하느냐?〉고 짓궂게 되묻는 뜻이 담겼다. 예문은 크레인의 질문에 대한 앤드루스의 답이다. bring it up은 〈여기 오다〉나 〈이곳으로 가져오다〉라는 뜻이 아니라 〈(it에 관한) 얘기를 꺼내다〉라는 말이다. it에 신경을 쓰지 않아서 생긴 오역이다.

○ 「그야 좋아하니까 춤 얘기를 꺼냈겠죠.」

「바람둥이 미용사」에서는 대통령에 당선된 닉슨이 텔레비전에 나와서 연설한다.

「The teenager held up the sign: 'Bring Us Together.' And that will be the great objective of this Administration at the outset. To bring the American people together.」

✗ 「이렇게 쓰여 있었죠. 〈우리도 데려 가세요.〉 우린 그 말에서 영감을 얻었습니다. 국민들과 함께 가자.」

10대 아이가 치켜든 팻말에 쓰인 글의 내용은 〈우리도 데려가세요〉보다는 〈우리 모두 하나가 되게 해주세요〉, 즉 〈단결합시다〉라는 의미다. 나머지 내용은 이런 말이다.

○ 「그리고 그것은 출발 시점에 선 이 행정부의 막중한 목표입니다. 미국의 전 국민을 하나로 결집하는 일 말입니다.」

broad

"Quit stalling, you are a two-timing broad."

✗ 그런데 너무 넓군.

☞ 「조지나 아가씨」에서 앨런 베이츠가 여성답지 못하고 뚱뚱한 린 레드그레이브를 흉보는 내용인데, 지극히 불량한 번역이다. stall은 이리저리 말꼬리를 흐리거나 다른 짓을 하면서 〈시간을 끈다〉는 뜻이다. 흥정을 하거나 약을 올릴 때 흔히 써먹는 수법이다. two-timing은 연애를 할 때 〈한꺼번에 두 사람과 사귄다(양다리를 걸친다)〉는 뜻이며, 술집 접대부가 두 방을 드나들며 〈따블double로 뛴다〉고 할 때도 같은 표현을 쓴다. 번역자는 two-timing broad를 〈두 곱절 정도로 넓은〉이라는 뜻으로 오해한 모양인데, broad는 〈계집〉이나 〈갈보〉라는 구어체 표현이다. 〈샛서방질을 하는 계집〉이나 〈헤픈 여자〉가 two-timing broad다.

○ 「한눈 그만 팔고, 어서 얘기하라니까.」

broke

"Now you embarrass me."(사람 난처하게 만드는구나.)
"How?"(어째서?)
"I'm broke, Joan."

✘ 난 이미 깨졌어.

☛ 「스윙」에서 첫 공연이 실패한 다음 리사 스탠스필드가 〈어디 가서 뭣 좀 먹기나 하자〉니까 휴고 스피어가 곤란해 하는 장면이다. break(깨트리다)의 과거형인 broke는 형용사로 쓰면 〈무일푼인〉이나 〈파산한〉이라는 뜻이 된다. 그러니까 스피어가 한 말은 〈나 땡전 한 푼 없어서 조운한테 밥을 못 사 줄 난처한 입장〉이라는 의미다.

○ 「돈이 있어야 밥을 사지.」

「육체와 영혼」에서는 구멍가게를 하는 어머니 앤 리비어가 아들에게 교육의 중요성을 강조한다.
〈Times are very hard. It's not easy for a boy to get started nowadays.〉(살아가기가 아주 힘든 세월이야. 요즘엔 젊은 남자가 사회로 진출하기도 쉽질 않다고.)
그러나 공부를 집어치우고 권투를 계속하고 싶은 아들 존 가필드는 코웃음을 친다.
「Yeah, end up wearing glasses and still broke.」
✘ 「그런 얘기는 좀 그만하세요.」

이해가 안 되니까 번역은 아예 포기하고 아무렇게나 그냥 공간만 채워 넣은 듯한 인상이다. 가필드의 말은 〈아무리 공부를 해봤자 안경이나 쓰게 되지, 무일푼이기는 마찬가지〉라는 뜻이다. 책을 많이 보면 눈이 나빠져 안경을 쓰게 되니까 하는 말이다.

brush

"You like me, so you're gonna marry him. Well, that's a new kind of brush."

✘ 나를 좋아하기 때문에 그 친구하고 결혼할 생각이라니, 그건 신세대 사랑법이오?

☛ 「모로코로 가는 길」에서 빙 크로스비를 좋아한다면서도 결혼은 밥 호프와 하겠다고 고집하

는 도로티 라무어에게 크로스비가 묻는 말이다. a new kind of brush는 〈신세대 사랑법〉이 아니라 〈거절하는 새로운 방법〉이다. brush는 솔 따위로 〈털어버리다〉라는 뜻에서부터 시작하여, 〈퇴짜를 놓다〉 또는 〈해고하다〉의 뜻으로 발전했다. 연애하자고 졸졸 쫓아다니는 상대를 〈떼어 버린다〉는 말을 brush off라고 표현한다. 〈싫기 때문에 퇴짜를 놓는다〉면 전통적인 거절 방법이지만 〈사랑하기 때문에 퇴짜를 놓는다, 사랑하니까 헤어진다〉면 분명히 새로운 〈털어내기〉 방법이다.

○ 「나를 좋아하니까 저 친구와 결혼한다니. 그래, 딱지를 놓는 방법도 가지가지구먼.」

Brutus

"You too, Uncle Brutus?"

✘ 보울리 아저씨까지?

☛ 「자이언트」에서 선거 전략을 짜느라고 〈남자들끼리 정치 얘기를 하는 자리〉에 엘리자베스 테일러가 자꾸 끼어든다고 록 허드슨이 잔소리를 하고, 이웃 여자들도 은근히 말리던 터에, 친한 칠 윌스 아저씨까지 듣기 싫은 소리를 하자, 결국 테일러가 화를 내는 장면이다. 오역이라고 분류하기는 어렵지만, 개선의 여지가 보인다.

율리우스 카이사르가 죽기 직전에 했다는 마지막 말 〈Et tu, Brute?(You too, Brutus?)〉는 워낙 널리 알려져서 퀴즈 문제로는 출제조차 못할 지경이다. 〈놀부 양반아〉라거나 〈신데렐라 아가씨〉 또는 〈홍길동 선생〉 같은 표현에 거부감을 느낄 사람은 별로 없겠다. 그러니까 시청자들이 못 알아 들을까봐 걱정하거나 두려워하지 말고 차라리 그냥 〈브루투스 아저씨까지?〉라고 했더라도 괜찮았을 듯싶다.

지나치게 친절한 설명이 때로는 상대방을 무시하는 기분을 느끼게 만들기도 한다.

buck

"No, no, no, no. Big bucks are in psychology."

✘ 아니요. 정신 의학이 좋아요.

☛ 「고소공포증」에서 멜 브룩스가 부르는 노래를 듣고 감동한 매들린 칸이 〈차라리 가수로 나서 보지 않겠느냐〉고 물었더니 브룩스가 아연실색한다. 번역문에서는 〈정신 의학이 좋아요〉라는 말이 나온 진짜 설명이 빠져 버렸다. buck의 용법이 아리송했던 모양이다.

buck은, 특히 구어체에서, 다양하게 여러 의미로 자주 쓰이는 기초적인 단어로서, 명사로는 짐승의 수컷을 가리킬 때, 동사로는 받고, 걷어차고, 날뛰며 저항하는 모습을 묘사할 때 사용되며, 속어로는 dollar 대신에 자주 통용된다. 따라서 big buck은 big dollar(큰돈), 즉 big money(대박)라는 말이다.

브룩스는 〈아뇨, 아뇨, 아뇨, 천만의 말씀. 큰돈을 벌려면 역시 정신과 의사를 해야죠〉라고 말해 놓고는, 의사로서 돈만 밝힌다는 양심의 가책을 느끼기라도 한 듯 곧 한 마디 보탠다.

「I mean, it is so much more emotionally rewarding.」

✗ 「사람을 돕는데 더 보람을 느끼죠.」

이 번역 역시 핵심에서 빗나갔다. 〈내 얘긴, 정서적으로 훨씬 더 얻는 바가 많다 이거죠〉라는 브룩스의 말은 〈돈보다 정신적인 보상을 위해 의사 노릇을 한다〉는 변명의 기미가 역력하다.

bug

"I am only a bug."

○ 저는 미물일 따름입니다.

☞ 달라이 라마 이야기를 담은 영화 「쿤둔」을 석가탄신일 기념으로 텔레비전에서 방영했을 때의 번역이다. 불교 영화답게 불교 용어를 적절히 사용한 솜씨가 돋보인다. 이뿐 아니라 불자들이 주고받는 얘기처럼 신경을 써서 전체적으로 대화를 꼼꼼히 옮긴 흔적이 영화 이곳저곳에서 역력하다. 〈안거(安居, retreat)에 들어갔습니다〉 같은 표현이 그런 예다. 같은 단어여도 천주교에서라면 retreat은 〈피정(避靜)〉이 된다. 이런 경우를 보면 상황에 따라 같은 단어를 우리말에서는 어떻게 다른 단어로 표현해야 하는지 그 필요성이 분명해진다.

이 영화에서 〈Move aside〉를 〈물렀거라〉라고 번역한 것이나, 〈법등이 널리 비추길 합장 발원 하나이다〉 같은 표현, 그리고 마지막의 선문답 같은 대사들도 모범적이었다. 세부적인 표현에 정성껏 신경을 쓴 번역은 작품 전체를 빛나게 한다.

bull

"Three of them — a bull and two cows."

✗ 세 마리군요. 황소 한 마리에 암소 두 마리.

☞ 「킬리만자로」에서 첫 사냥을 나갔을 때, 안내인 토린 태처가 쌍안경으로 전방을 살펴보고 그레고리 펙 부부에게 알려 준다. 하지만 아무리 봐도 아프리카의 평원에는 〈황소〉와 〈암소〉는 보이지 않는다. 아프리카에 흔한 들소도 보이지 않고, 그들이 지금 사냥하려고 노리는 대상

은 rhinoceros(코뿔소)뿐이다. 코뿔〈소〉도 〈소〉이기는 하겠지만.

ox는 〈황소〉 또는 〈수소〉이지만, bull은 소 이외의 덩치 큰 갖가지 짐승의 〈수놈〉을 지칭하는 말로도 쓰인다. cow 또한 소 이외에도 몸집이 큰 다른 초식 동물의 〈암놈〉을 가리키는 말이다. calf 역시 〈송아지〉 뿐 아니라 〈새끼〉라는 의미도 있어서, 기린의 새끼까지도 calf라고 한다.

○ 「세 마리인데, 하나는 수컷이고 암놈이 두 마리군요.」

burden

"When he was born, the doctor said it would be best if I didn't see him at all. He said his mind would never develop past the age of five and I should just put him in an institution, because the burden of raising a child like that would be too great."

✘ 의사는 짐이 되니까 날 때부터 떨어져 살라는 걸 내가 키웠지.

☞ 「프라이드 그린 토마토」에서 캐티 베이츠에게 제시카 탠디가 〈부담스러운〉 아들을 키운 얘기를 하는 대목이다. 이것은 〈요약〉이지 〈번역〉이 아니다. 그리고 〈키웠지〉에 해당하는 대목의 원문은 아직도 나오지 않았다. 아무리 시간적 및 공간적 제약이 심한 영상 번역이라고 해도, 소비자에 대한 최소한의 예우는 갖춰야 한다는 생각이다. 제대로 번역하면 이런 내용이다.

○ 「아이가 태어났을 때 의사 선생님은 나더러 아예 아기를 보지도 않는 편이 좋겠다고 그러셨어. 의사의 얘기로는, 아기의 머리가 다섯 살 수준 이상으로는 절대 발달하지 않을 테니까, 그런 아이를 키우기는 워낙 부담이 크겠고, 그러니 그냥 시설로 보내라는 것이었지.」

burn

"I've seen too much of what hate can do. My father is burned up with it."

✘ 증오가 어떤 건지 알아요. 아버지도 한을 품으셨죠.

☞ 「벤허」에서 스티븐 보이드에게 복수를 하려고 돌아온 찰톤 헤스톤을 만난 하야 하라릿이 호소한다. 틀린 번역은 아니지만, 개념이 막연해질 정도로 지나치게 간소화한 느낌이다.

아주 쉬운 동사가 전치사와 엮이면 뜻밖의 의미를 생성하는 경우가 많다. burn up은 〈홀랑 다 타서 없어지다〉라는 기본적인 개념에서부터 발전하여 갖가지 의미를 갖게 되었는데, 여기에서는 〈진절머리가 날 정도로 당했다〉는 뜻이다. burn out도 마찬가지로 〈타서 없어지다〉라는 기본 개념으로부터 인간성 따위가 망가진 상태를 가리키는 표현으로 발전했다. burnt-out case(몽땅 타버린 환자)라고 하면 병에 걸린 사람의 상태가 워낙 나빠져서 〈죽을 날만 기다리는 말기 환자〉나 〈〈영혼이〉 완전히 고갈된 인간〉을 의미한다. 그러니까 하라릿이 한 말은 〈한을 품으셨죠〉 정도로는 표현이 미흡한 느낌이다.

○ 「증오가 어떤 결과를 가져오는지를 난 너무나 많이 겪어 봤어요. 우리 아버지도 증오 때문에 망가진 분이니까요.」

「사랑과 죽음」에서는 무신론자 우디 앨런이 다이안 키튼에게 종교적인 기적의 허구성을 역설한다.

「Just one miracle, if I can see. A burning bush, or the seas part, or — or — my uncle Sasha pick up the check.」

× 「한번이라도 기적을 보고 싶어. 햇불이든, 갈라지는 바다든, 사샤 삼촌의 회개든 말야.」

기본적인 상식이 부족했던 탓으로 재미있는 대사가 완전히 망가진 듯싶은 오역의 사례다. burning bush는 〈햇불〉이 아니라 구약성서 출애굽기 3장 1-6절에서 모세가 하나님을 만나 십계명을 받을 때 나타난 〈떨기나무 불꽃〉이다. 이렇게 다른 문헌이나 얘기에서 정보를 차용하거나 인용하는 문학적인 기법을 인유(☞ Karamazov)라고 하는데, 바로 이런 지식의 필요성 때문에 번역은 영어 단어에 대한 지식만으로는 감당하기가 쉽지 않다. 예를 들면 burning bush라는 표현은 「2번가의 포로」에서, 해고를 당한 후 직장을 못 구하는 잭 레먼이 아내 앤 뱅크로프트에게 짜증을 부리는 대사에도 나온다.

〈Miracles don't happen when you are 48. When Moses saw the Burning Bush, he was 23, or 24 at most, not 48.〉(마흔여덟 살에는 기적이 일어나지 않아. 모세가 불타는 나무를 보았을 때는 나이가 스물셋, 기껏해야 스물넷이었지, 마흔여덟은 아니었다고.)

「사랑과 죽음」에서 발생한 〈사샤 삼촌의 회개〉라는 황당한 오역은 웃음의 재치를 이해하지 못하는 경직된 습성의 소산이겠다. 보아하니 앨런의 친척 가운데 사샤는 음식점이나 술집 같은 곳에 가서 돈을 내는 적이 전혀 없는 모양이다. pick up the check(계산서를 집어 든다)는 〈돈을 낸다〉는 뜻이다. 그래서 우디 앨런은 〈사샤가 돈을 내는 경우〉를 꼭 보고 싶은 기적의 하나로 꼽았다.

○ 「단 한 번만이라도 기적을 보고 싶다니까. 떨기나무 불꽃이라든가, 바다가 갈라지거나, 아니면 — 아니면 — 사샤 아저씨가 계산서를 챙긴다든가 하는 기적 말이야.」

business

"That's none of your business."

✗ 당신과 상관없는 일이오.

☞ 「개선문」에서 망명자인 샤를 부아이에의 신분을 문제 삼는 간호사를 의사가 꾸짖는 말이다. 쉽고 간단하다고 여겨지는 이런 문장을 보면 사람들은 남들이 사용하는 가장 〈보편〉적인 표현을 아무런 생각도 없이 반복하여 그대로 사용한다. 하지만 저마다의 문장은, 특히 〈문학적〉이거나 〈예술적〉인 글에서라면, 흔하디흔한 보편성을 벗어나 독자적인 특성을 드러낸다. 이 경우에는 〈상관없는 일〉이 아니라 〈참견할 문제〉가 훨씬 우리말다운 우리말이라고 필자는 생각한다.

「춘희」에서 그레타 가르보가 빚진 돈 4만 프랑의 목록을 가지런히 작성하여 대신 갚아 달라고 남작에게 보여 주며 묻는 말이다.

「Do you think me very businesslike?」

✗ 「무슨 커리어우먼 같나요?」

멀쩡한 영어 단어를 다른 엉뚱한 한글 〈영어〉로 바꿔치기를 하는 반쪽 〈번역〉은 매우 위험하다. 화류계의 고급 창녀가 career woman(전문직에 종사하는 여성)이라고 자신을 소개하면서 명함을 내미는 장면을 상상해 보기 바란다.

businesslike는 〈사무적〉이라는 뜻이다. 모처럼 기둥서방이 놀러 찾아왔는데, 기생이 다짜고짜 돈부터 달라고 하는 그런 〈사무적인 태도〉 말이다. 그래서 잠시 후에 남작은 가르보에게 4만 프랑을 주고는 뺨을 때린다.

○ 「내가 지나치게 사무적이라고 생각해요?」

but

"What a league, but — girls playing baseball?"

✗ 앞으로 이들을 주목해 보십시오.

☞ 「그들만의 리그」에 나오는 뉴스 영화의 해설이다. 이 영화의 비디오 판 번역(예문)을 보면 마치 해설자가 여성 야구를 일방적으로 찬양하는 듯한 인상을 준다. 하지만 what a league(정말 대단한 경기)의 꼬리에 달린 but은 앞에 나온 내용을 반박하는 기능을 갖기 때문에, 뒷부분에서 〈이것이 말이나 되는 얘기냐〉고 비아냥거리는 의미로 뒤집힌다.

○ 「정말 대단한 경기입니다만 — 여자들이 야구를 하다뇨?」

butler

"There are some loose characters dressed as maids and butlers."

✘ 엉성한 옷차림을 한 사람들이 웨이터와 웨이트리스라고 왔더군.

☞ 「이브의 모든 것」에서 브로드웨이의 인기 무대 배우 베티 데이비스가 〈파티를 준비하는 도우미extra help들이 도착했느냐〉고 묻자, 선배 여배우였지만 지금은 데이비스의 비서 노릇을 하는 델마 리터가 하는 대답이다. 리터는 오만하고 이기적인 데이비스를 늘 못마땅하게 생각하는 터였다. 그래서 예문에서처럼 퉁명스러운 대답을 한다.
loose characters는 〈엉성한 옷차림을 한 사람들〉이 아니라 〈믿음직스럽지 못한 위인들〉이나 〈엉성한 작자들〉이라고 비하하는 표현이다. waiter와 waitress는 식당이나 술집 또는 호텔 등에서 손님 시중을 드는 종업원이다. 상류층 사람들의 저택에 상주하며 집안일을 총괄하는 butler(집사)는 〈웨이터〉가 아니다. 요리나 세탁 따위 잡일을 보는 maid(하녀, 가정부)도 waitress라고 하지 않는다.

○ 「하녀와 집사 의상을 걸친 껄렁껄렁한 것들이 몇 명 왔더군요.」

butler가 waiter보다 어느 정도 높은 신분인지는 「남아 있는 나날」에서 앤서니 홉킨스가 얼마나 당당하게 행동하는지를 보면 쉽게 확인이 가능하다. 「이브의 모든 것」에서도 몇 분 후에 이어지는 유명한 층계 장면을 보면 butler의 위상이 확실하게 밝혀진다.
할리우드에서 날아와 파티에 참석한 신인 배우 마릴린 몬로가 건방을 떨며 butler를 〈Waiter!〉라고 부르자, 자존심이 상한 집사는 대답조차 하지 않고 그냥 지나간다. 옆에서 지켜보던 조지 샌더스가 몬로에게 교육을 시킨다.
〈That is not a waiter, my dear. He's a butler.〉(저 사람은 웨이터가 아냐, 아가씨. 버틀러라고.) 그랬더니 백치미의 상징인 몬로의 입에서 명답이 나온다. 〈But I can't yell for butler, can I? Maybe somebody's name is Butler.〉(하지만 버틀러라고 소리쳐 부를 수야 없잖아요? 이름이 버틀러인 사람이 혹시 대답할지 모르니까요.)
그들은 방금 클락 게이블 얘기를 하던 참이었다. 게이블이 「바람과 함께 사라지다」에서 맡았던 역이 Rhett Butler였다.

butter

"I don't got none. You want some peanut butter?"

✘ 고양이 밥이 없네. 땅콩 잼이나 먹을래?

☞ 「기나긴 이별」에서 입맛이 까다로운 고양이가 좋아하는 상표의 먹이가 눈에 띄지 않으니까, 부엌을 뒤지던 탐정 엘리엇 굴드가 묻는 말이다. butter는 jam이 아니다.

butterfingers

"Our lives are in your hands and you have butterfingers?"

✘ 우리 목숨이 자네 손에 달렸는데 과자나 먹게 생겼어?

☞ 「쥬라기 공원」에서 공룡 표본을 훔쳐 팔아먹으려고 보안 장치를 일부러 고장 낸 컴퓨터 전문가에게 리처드 아텐보로가 화를 낸다. 어쩌다 이런 황당무계한 번역이 나왔는지 모르겠지만, 아마도 귀찮아서 사전을 찾아보지도 않았던 모양이다. butterfingers는 과자가 아니라 (마치 손가락에 미끈거리는 버터가 잔뜩 묻은 듯) 걸핏하면 물건을 떨어뜨리거나 더듬거리는 사람, 또는 그런 사람이 저지르는 〈실수〉를 뜻한다. in your hands의 hand와 butterfingers의 finger가 절묘한 관계를 이루는 말장난이다.

○ 「우리 목숨이 자네 손에 달렸는데, 이렇게밖에 못하겠나?」

buy

"Time magazine's conclusion is that this woman was trying to get out of the car to get help or trying to help the secret service man aboard. That's their conclusion and we buy it."

✘ 타임 잡지는 이 여자가 도움을 청하려고 차에서 내리거나 차에 탄 비밀 요원을 도와주려고 그랬다는 결론을 내렸습니다. 그런 말도 안 되는 기사를 우린 돈을 주고 사서 읽죠.

☞ 「레니」의 독설가 더스틴 호프만이 야간업소 무대에 나가 케네디 대통령 암살 당시 부인 재클린의 행동에 대한 잡지 기사의 내용을 따지는 장면이다. 영화에서 호프만은 재클린이 자신의 목숨을 건지기 위해 도망치려고 했다는 주장을 편다. buy라는 말을 너무 곧이곧대로 〈돈을 주고 사다〉라고만 이해한 모양이다. 하지만 이런 경우의 buy는 〈설득을 당하다〉, 특히 감언이설 따위에 속아서 〈당했다〉는 의미가 된다. 마지막 단어 it은 잡지가 아니라 conclusion을 가리킨다.

○ 「『타임』지에서는 이 여자가 도움을 청하려고 차에서 내리거나, 비밀 요원이 차로 올라오도록 도와주려고 했다는 결론을 내렸습니다. 그건 그들이 내세운 결론이고, 우린 그 주장을 그

냥 받아들입니다.」

「갈채」에서는, 〈술을 마시게 된 이유가 아들의 죽음 때문이라는 사실을 왜 밝히지 않았느냐〉고 연출자 윌리엄 홀든이 비겁한 배우 빙 크로스비를 다그친다.

「You knew I wouldn't buy it, and I don't buy it now. A crazy wife, yes, because you knew I had one.」

✗ 「당신도 알다시피 난 당신의 아내를 고용하지 않았어요. 나에게도 있었던 그런 정신 나간 아내 말이요.」

여기서는 buy가 〈고용〉으로 빗나갔다.

○ 「당신은 내가 그런 거짓말에 넘어가지 않으리라는 걸 알았고, 지금도 난 그런 얘기엔 넘어가지 않아요. 하지만 정신 나간 아내를 핑계로 댄다면, 내 아내도 그런 여자였으니까, 쉽게 속고 말았죠.」

by

"They've not finished work, yet. They'll be here by and by."

✗ 아직 일터에 있어요. 한 명씩 나타날 거예요.

☞ 「테스」에서 마을 처녀들이 모여 여자들끼리 춤을 추는 광경을 보고 지나가던 나그네가 〈남자들은 어디 있느냐〉고 묻자, 한 아가씨가 대답한 말이다. 일을 끝낸 농부들이 어떻게 〈한 명씩〉 차례로 나타난다는 논리일까? 혼자서 춤을 추러 오기도 하겠지만, 대부분 두세 명씩 함께 나타날 텐데 말이다.

by and by는 〈하나씩 하나씩〉이 아니라 〈머지않아〉라는 뜻이다. 아무리 쉬워 보이는 표현이 더라도, 처음 보는 표현은 대충 짐작으로 넘어가지 말고, 사전에서 일일이 확인하는 습관이 필요하다.

○ 「아직 일이 안 끝났거든요. 곧 올 거예요.」

「군중」에서 여기자 바바라 스탠윅이 〈존 도우라는 가공의 인물을 영웅으로 만들자〉는 계획을 편집국장에게 설명한다.

〈He protests against the evils of the world. So he writes me a letter and I take him up. And he pours out his soul to me.〉(그는 세상의 온갖 사악함에 대해서 항변합니다. 그래서 그는 나한테 편지를 보내고, 나는 그의 호소를 전해 줍니다. 그리고 그는 속마음을 나에게 마구 쏟아 내죠.) 이 대목에서 스탠윅은 손을 들어 길거리 간판에 적힌 글을 읽어 내리는 시늉을 하며 말을 계속한다.

「From now on we quote, 〈I Protest, by John Doe.〉」

✗ 「〈난 존 도우를 대신해서 항변한다〉라고 쓰는 거죠.」

올바르게 번역하려면 마지막 문장은 〈존 도우를 대신해서〉가 아니라, 〈이때부터는 《나는 항변한다라는 글을 존 도우가 썼다〉고 신문에서 인용하게 되죠〉라는 뜻이다. 무슨 말인지 얼른 알아듣지 못할 듯싶은데, 그것은 언론 용어에서 by가 무엇을 뜻하는지 모르기 때문이겠다. 잠깐 보충 설명을 하겠다.

「아름다운 질투」에서 권투 시합의 승부를 조작하는 범죄 조직의 비리를 파헤치려는 신문 기자 그레고리 펙에게 편집국장이 충고한다.

〈I don't care what you do. Just make sure your by-line doesn't appear in the obit column.〉(난 자네가 무슨 취재를 하건 신경 쓰지 않겠어. 자네 by-line이 obit column에 실리지 않게만 신경을 쓰게나.)

obit column은 obituary column, 즉 〈부고란(訃告欄)〉을 뜻한다. 우리나라 신문에도 유명 인사가 별세하면 고인의 약력을 간단히 소개하는 고정란이 따로 있다. 그리고 by-line은 신문에서 어떤 중요한 내용의 기사, 특히 특종을 쓴 기자의 이름을 〈by 누구누구〉라고 밝히는 경우를 뜻한다. 그러니까 편집국장이 한 말은 〈자네의 특종 기사가 부고란에 실리지나 않았으면 좋겠네〉라는 뜻으로서, 보다 쉽게 풀면 〈특종 한다고 함부로 덤비다가 조폭들의 손에 죽지나 말라〉고 경고하는 의미다.

아직도 이해가 부족할 듯싶으니, 좀 더 설명하겠다. 「나는 살고 싶다」에서 수잔 헤이워드가 결백하다는 소견을 피력하는 정신과 의사에게 「샌프란시스코 익제미너」의 사이먼 오클랜드 기자가 지적한다.

〈That's just your opinion.〉(그건 당신의 개인적인 견해일 따름이죠.)

정신과 의사가 발끈 화를 낸다.

〈Just my opinion! Unfortunately I can't print it under a by-line to make it a fact.〉(개인적인 견해라고요! 내 이름을 내걸고 특종 기사를 써서 그것을 기정사실화할 수가 없어 답답할 따름입니다.)

이른바 〈기명 기사(記名記事)〉에서 기자의 이름을 맨 끝에다 밝히는 우리 신문과는 달리, 영자 신문에서는 기사의 제목 바로 다음에 그것이 누가 쓴 글인지를 다짜고짜 밝히는 행(行)이 나온다. 이렇게 말이다.

I Protest
by John Doe

〈나는 항변한다〉라는 글을 〈존 도우가 썼다〉는 뜻이다. 여기에서 〈I Protest〉는 앨프리드 드레이퓌스 사건 당시 에밀 졸라가 신문에 게재한 공개편지에서 모두에 내세웠던 유명한 말 〈J'accuse(I Accuse, 나는 고발한다)〉를 흉내 낸 표현이다. 그리고 영화 「군중」을 계속해서 보면, 세금이나 정치 따위의 온갖 분야에 걸쳐서 〈I Protest!〉라는 제목으로 존 도우가 사회악을 고발한 기사를 게재한 신문이 줄지어 화면을 가득 채운다.

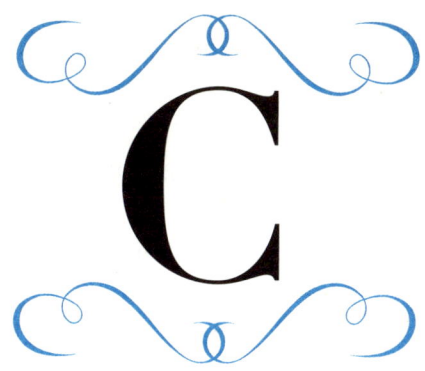

cab

"I'll see you to a cab."

✘ 택시 잡아줄께요.

☞ 「철부지 아가씨의 첩보작전」을 보면, 독일 첩자가 기차에서 내린 데보라 커의 가방을 집어 들고 이렇게 속삭인다. see ~ to a cab은 〈cab을 잡아 준다〉라기보다는 〈cab을 타는 곳까지 배웅한다〉 또는 〈모셔다 드리겠다〉, 그리고 여기에서는 〈짐을 들어다 주겠다〉는 뜻이다. 하지만 예문에서 따지고 싶은 내용은 따로 있다.

첩자는 잠시 후에 커의 짐을 들고 길까지 함께 나가더니, 〈택시〉가 아니라 마차를 잡아 준다. cab은 본디, 자동차가 발명되기 전에, 돈을 받고 손님들을 태워 주는 영업용 〈승합 마차〉였다. 말 한 마리가 끄는 두 바퀴 포장마차 cabriolet이 그 원조인데, cabriole은 우리나라의 개다리소반에서 〈개다리〉에 해당하는 가구의 한 부분을 지칭하던 말이었다. 그리고 그 단어의 앞부분을 따서 cab이라는 말이 생겨났다. taxicab은 taximeter cab, 즉 〈tax(부담할 요금)을 계산하는 기계meter가 달린 승용(마)차〉가 한 단어로 줄어든 형태이며, 이것이 다시 줄어들어 taxi가 되었다.

내친 김에 다른 종류의 마차도 알아보자. 다양한 마차에 대한 시각적 정보는 영화를 통해서 수집이 가능한데, 「처녀 여왕」을 보면 외딴 시골 진흙길에서 마차 바퀴가 빠져 곤경에 처한 귀족이 도움을 청하러 술집으로 가서 동네 사람들에게 이런 설명을 한다.

〈My coach bogged down.〉(내 마차가 [진흙탕에 빠져] 오도 가도 못 하게 되었소.)

헝가리에서 처음 등장하여 어원이 헝가리어 kocsi인 coach는 마부가 타는 자리를 앞에 따로 두고, 바퀴가 넷에, 지붕을 씌운 마차였고, 나중에는 문이 둘 달린 승용차sedan를 의미하는 단어가 되었다. 영국에서는 기차의 〈객차〉나 〈장거리 버스〉도 coach라고 한다. 미국의 서부에서는 여기저기 역stage에 들러 손님을 태우는 〈역마차〉를 stagecoach라고 불렀다.

〈자가용 마차〉에 대한 명칭도 따로 있다. 「지지」에서 모리스 슈발리에와 루이 주르당이 같이 타고 가는 자가용 마차 carriage는, 18세기 영국에서 〈자가운전〉을 하는 소형 두 바퀴 마차였다가, 두 마리나 네 마리의 말이 끄는 네 바퀴 고급 나들이용 중형 승용 마차로 진급했다.
「백 투 더 퓨처 3」을 보면 어느 건물 벽에 이런 안내판을 붙여놓았다.
〈Buggies, Wagon, Livery and Feed, Stable.〉
livery는 〈돈을 받고 말을 대신 사육하거나 빌려 주는 업자〉이고, feed는 〈사료〉이고, stable(마구간)은 〈말을 (편안하게) 재워 주는 여관〉이어서인지 〈안정된〉이라는 뜻으로도 쓰이는 단어다. 광고판에서 가장 먼저 나오는 단어 buggies(=buggy)는 말 한 마리가 끌고 한 사람만 타는 자가용 마차로, 바퀴가 둘이기도 하고 넷이기도 하다. buggy(〈벌레가 우글거리는〉이라는 뜻도 있음)는 요즈음 〈고물차〉라는 속어로 쓰이는데, 독일의 폭스바겐Volkswagen(folk wagon, 〈국민차〉)을 bug(벌레)라고 하는 이유가 딱정벌레를 닮았기 때문이라고는 하지만, buggy와의 족벌 관계도 의심이 간다.
한편 wagon(짐마차)을 살펴보면, 건초를 나르는 haywagon, 바닥이 낮은 dray, 포장마차 covered wagon이 서로 다르고, 같은 포장마차 중에서도 취사용 마차는 chuck wagon이라 하고, 대형 포장마차는 van이라고 하며, 도서관에서 책을 나르는 바퀴 달린 수레도 wagon이다. cart(수레) 또한 갖가지여서, 음식을 나르는 식기 수레는 dinner wagon이고, 똑같은 cart라도 소가 끌면 oxcart요, 말이 끌면 horsecart이며, 사람이 끌면 ricksha(인력거)다.
그리고 「오클라호마」에서는 고든 매크레이가 마차에 셜리 존스를 태우고 가는 상상을 하며, 두 마리 말의 경쾌한 발굽 소리에 맞춰 2박자 노래를 부른다.

Chicks and ducks and geese better scurry
When I take you out in the surrey
With the fringe on top
(꼭대기에 술 장식을 단 마차에
당신을 태우고 내가 나들이를 나가면
병아리와 오리와 거위는 얼른 길을 비켜라)

이 노래에 등장하는 surrey는 (Surrey에서 처음 선을 보인) 지붕을 얹은 2인용 나들이 마차다. 물론 번역을 하면서 단어마다 이런 세부적인 사항까지 신경을 쓰기는 어렵겠지만, 화면에서는 분명히 누군가 마차를 타고 가는데 우리말 번역에서는 택시를 타고 돌아다니는 일만큼은 없어야 되겠다.
「유령과 미망인」을 보면, 비가 내리는데 우산조차 없는 진 티어니가 출판사에서 길로 나서려고 하자, 아동 문학가 조지 샌더스가 도와준다.
「I could call you a cab, if you ask nicely.」
✕ 「얌전히만 부탁하신다면 택시를 불러주죠.」
샌더스 역시 티어니에게 자동차가 아니라 마차를 잡아 준다.
찰스 디킨스의 소설이 원작인 「위대한 유산」을 텔레비전에서 방영했을 때도 〈밖에 택시가 왔는지 봐〉라는 번역 대사가 튀어나왔다. 디킨스의 시대에는 아직 자동차가 발명도 되지 않았는데 말이다.

「상하이에서 온 여인」에서는 오손 웰스가 뉴욕의 센트럴 파크에서 한밤중에 세 명의 깡패로부터 리타 헤이워드를 구해 준 다음의 상황을 이렇게 설명한다.

「The cab driver was wakin' up. He was okay. So I borrowed his carriage to drive the lady home.」

✗ 「택시 운전사가 크게 다치지 않아서 나는 마차를 빌려 그녀를 집까지 바래다 주었다.」

〈택시〉 운전사한테서 웰스가 어떻게 〈마차〉를 빌렸을까? 이 cab driver는 〈택시 운전사〉가 아니라 〈마부〉다. 이보다 1분쯤 전에 나온 장면에서는 헤이워드가 그의 마차를 타고 공원에 나타난다. 센트럴 파크 주변에서는 관광객을 위한 마차들이 21세기인 요즈음에도 영업을 한다. cab driver는 속칭 cabbie나 cabby라고 하며, wagon driver는 wag(g)oner라 했고, 나중에 Wagner라는 인명으로 적을 올렸다. 배우 로버트 와그너와 독일 작곡가 리하르트 바그너는 조상이 필시 마부였던 모양이다.

cable

"Please give our regrets to Colonel Gomez, but the result of our game must be cabled to New York — and Calcutta."

✗ 이 체스 결과가 뉴욕과 캘커타에 방송되어야 해서……

☞ 「개선문」에서, 나치에 우호적인 에스파냐의 장교가 술을 같이 마시자고 부관을 보내자 샤를 부아이에와 체스를 두던 루이스 캘헌이 정중하게 거절하는 말이다. cable이라니까 cable television이라고 착각한 모양이지만, 이 작품의 시대적인 배경은 텔레비전이 보급되기 이전인 제2차 세계 대전 무렵이다. 제대로 번역하면 이렇게 되겠다.

○ 「이 시합의 결과를 뉴욕으로 — 그리고 캘커타로 전보를 쳐서 알려 줘야 하니까, 고메즈 중령께 미안하다고 전해 주시죠.」

calendar

"But let's turn back the calendar and listen to the original recording made by Frank Elgin."

✗ 달력 쪽으로 가서 오래된 음반을 들으러 가지는 맙시다.

☛ 「갈채」에서 빙 크로스비의 〈흘러간〉 노래를 소개하는 라디오 방송의 내용이다. 원문의 내용을 전혀 알지 못하는 오리무중 속에서 이루어진 오역인 듯싶다. turn back the calendar(달력을 거꾸로 돌리다)는 조금만 상상력을 동원하면 쉽게 짐작이 갈만한 비유다.
○ 「하지만 세월을 거슬러 올라가서, 프랭크 엘진이 직접 녹음한 곡을 한번 들어 보기로 합시다.」

calm

"Your voice is so calming."

✘ 목소리가 참 평온해요.

☛ 「마스크 오브 조로」에서 하인으로 변장하고 총독 관저로 들어온 앤서니 홉킨스를 마구간에서 만난 캐더린 지타-존스가 한 말이다. 예문은 〈당신 목소리가 평온해요Your voice is so calm〉가 아니라, 〈당신 목소리를 들으니 마음이 편안해져요〉라는 뜻이다. 지타-존스는 홉킨스가 그녀의 친아버지라는 사실을 알지 못하고, 그래서 어렸을 때 자주 들었던 목소리여서 지금도 마음이 편하게 느낀다. 그녀의 말에 대한 홉킨스의 대답을 보면 그런 사실이 더욱 분명해진다.
〈He's high-spirited. He needs to hear something soothing.〉(말이 흥분한 상태거든요. 뭔가 마음을 진정시키는 소리를 들려줘야 해서요.)

camp

"Thousands died at the concentration camp."

✘ 포로수용소에서 수천 명이 죽어갔습니다.

☛ 「개선문」에서 (〈나를 포로수용소에 집어넣은 사람〉에게 복수를 다짐하는) 샤를 부아이에가 수용소에서 겪은 참상을 루이스 캘헌에게 설명하는 대목이다. 번역문에서 부아이에는 캘헌에게 〈나를 포로수용소에 집어넣은 자를 내가 잘못 볼 수 있다고 생각합니까?〉라는 말도 한다. 그리고 영화가 끝나갈 무렵, 불법 체류자로 체포된 부아이에에게 경찰관이 〈당신은 포로수용소로 가게 됩니다〉라고 알려 준다.
하지만 부아이에가 유대인을 탈출시키고 보호한 죄로 끌려간 곳은 〈포로수용소〉가 아니다. 〈포로prisoner of war〉는 전쟁에서 〈적군에게 잡힌 군인〉을 뜻하고, 같은 prisoner라고 해도 민간인 범죄자는 〈포로〉가 아니라 〈죄수〉다. 유대인들만을 집단적으로 수용하여 효과적으로 처리하기 위해 나치가 곳곳에 설치한 다음 조직적인 학살을 자행했던 concentration

camp는 〈집단 수용소〉라고 한다. 만일 어느 포로수용소에서, 번역된 예문에서처럼, 《(군인을) 수천 명 죽였다》면 그것은 역사적인 사건이어서, 제네바 협정Geneva Convention 때문에 엄청난 국제적인 문제가 되었으리라.

마지막에 부아이에가 끌려가는 곳은 〈포로수용소〉도 아니고 〈집단 수용소〉도 아니며, refugee camp(난민 수용소)다. 그리고 잉그릿 버그만은 루이스 캘헌을 만나자 걱정스러운 마음을 털어놓는다. 〈If they declare war, they'll put Ravic into concentration camp.〉(선전포고를 하고 나면 그들은 라빅을 [난민 수용소에서] 집단 수용소로 보내겠죠.)

「25시」에서는 수로 건설 공사장에서 탈출하여 헝가리에 도착한 앤서니 퀸이 〈루마니아 돈을 가지고 있다〉는 말을 하자, 동행하던 유대인이 말조심을 시킨다.

「For God's sake, Rumanians are sent to the concentration camps in this country.」
× 「루마니아인은 강제수용소로 보내진다구요.」

〈강제 수용소〉는 labor camp라고 한다. 이것은 본디 〈강제 노동 수용소〉라고 했으며, 솔제니친이 끌려갔던 소련의 시베리아 수용소가 대표적이겠다. 예문에서처럼 헝가리에서는 루마니아나 다른 이웃 나라에서 들어온 사람들을 검거하여 concentration camp로 보냈는데, 퀸은 다행히 〈집단 수용소〉가 아니라 독일의 labor camp로 끌려가 강제 노동을 한다. 여기에서도 그는 다시 말실수를 하고, 다른 수감자가 경고한다.

〈Do you want to be taken to concentration camp?〉([그런 말을 함부로 하다니] 집단 수용소로 가고 싶어서 그래요?)

labor camp보다 concentration camp가 얼마나 무서운 곳인지를 잘 보여 주는 대목이다. 그리고 DVD는 이 말도 〈강제 수용소로 보내지고 싶어?〉라고 수동형으로(☞ deliver) 번역했다. 퀸은 이미 〈강제 (노동) 수용소〉에 와 있는데 말이다. 아마도 이런 혼란스러운 수용소 체계는 우리나라의 여러 영한사전까지도 수용소에 관한 개념 정리가 두서없기 때문에 생겨나지 않았나 싶다. 〈그게 그거 아니냐〉고 하면 안 된다. 성직자가 사망하는 경우, 가톨릭에서는 〈선종(善終)〉한다 하고, 불교에서는 〈열반〉한다고 말한다. 〈집단 수용소〉를 〈강제 수용소〉나 〈노동 수용소〉라고 하는 것은 김수한 추기경이 〈열반했다〉고 말하는 격이다.

「비포 선라이즈」에서 줄리 델피는 프랑스 남자로부터 느꼈던 〈성적인 감각〉을 이단 호크에게 설명한다. 〈We were at this summer camp together, and he was a swimmer.〉(여름 캠프에 갔었는데, 걘 수영 선수였어.)

이런 식으로 camp를 〈캠프〉라고만 번역하다가 정작 우리말로는 그것이 무엇인지를 잊어버리는 경우(☞ energy)가 적지 않은데, summer camp는 우리나라에서 옛날 옛적에 〈하계(또는 하기) 수련장〉이라고 했었다. 그리고 summer camp를 지시하는 대명사 this를 번역하지 않았는데, 이 단어는 《(수련장인가 뭔가 하는) 그런 (곳)》이라고 거리감을 두는 말이다. 또한 swimmer도 〈수영 선수〉는 아닐 듯싶다. 수련장에는 소수의 직원만 머물고 나머지는 잠시 머물렀다 가는 〈손님〉들 뿐인데, 〈선수〉가 상주할 리가 없다. 아마도 〈수영 교사〉 또는 〈수영 선생〉이라는 뜻이리라.

「알렉산더 대왕」에서 리처드 버튼(알렉산드로스)의 군대를 엿탐하고 돌아온 정찰병에게 해리 앤드루스(다리우스 황제)가 묻는다.

「Does he make camp?」
× 「군영을 설치했던가?」

예문은 (번역에서처럼 과거가 아니라) 현재형이다. 이동하며 전투중인 적군이 방금 도착했기 때문에 정찰병을 보낸 상황이다. 그리고 camp처럼 별로 어려운 어휘가 아니면서도, 영어로는 똑같은 단어이지만 때와 장소에 따라 우리말이 달라지는 까다로운 경우, 번역가들이 크게 애를 먹는다. 여기서도 그렇다.

〈군영(軍營)〉은 〈병영(兵營)〉과 같은 말로서, 〈군대가 주둔(駐屯)하는 곳barracks〉이다. 예문의 경우는 수시로 이동하면서 구축하는 〈진지〉를 뜻한다. make camp는 〈(곧 벌어질 전투에 대비하여) 진지를 구축하다〉라는 의미다. stand 항에서 다시 설명하겠지만, 버튼은 현재 make camp 하지 않았고, 앤드루스는 그것이 〈오늘 밤 안으로 공격을 해오리라〉는 징후가 뚜렷한 상황으로 판단한다. 그러자 버튼이 나중에 적의 예상을 뒤엎는 명령을 내린다.

〈Make camp.〉(천막을 쳐라.)

「고스트 타운의 결투」에서는 납치한 보안관 로버트 테일러와 그의 애인 패트리샤 오웬스에게 리처드 위드마크가 계획을 설명한다.

〈어두워지면 행군을 안 하고 캠프를 칠거요.〉

그들은 군인도 아니고, 말을 타고 가기 때문에 걷지도 않으니까, 〈행군(行軍)〉이라는 표현도 어색하지만, 나중에 보니 천막도 치지 않고 불만 피워 놓고는 빙 둘러 누워서 잠만 자는데, 〈캠프를 친다〉는 말도 과장처럼 여겨진다. 이렇게 camp라는 단어만 나오면 사람들이 부담을 느끼는 모양인데, 그냥 가볍게 〈자고 간다〉거나 〈쉬고 간다〉하는 식의 표현으로도 넉넉한 경우가 적지 않다. 쉬운 문제는 쉽게 풀어야 한다.

「애수(哀愁)」에서는 밤이 늦도록 로버트 테일러와 춤을 추고 돌아온 비비엔 리를 엄격한 발레단장이 꾸짖는다.

「When I made you send the note to the military gentleman last night, it was you I was trying to protect. I'm fond of the girls who work for me. I don't want them to be — camp followers.」

× 「어제 그 쪽지를 쓰게 한 건 널 보호하기 위해서다. 아끼는 제자들이 군인들하고 놀아나도록 할 순 없어.」

우선, 예문을 보다 충실하게 번역해 놓은 다음 설명하겠다.

○ 「어젯밤에 군인 양반에게 (만나지 못하겠다는) 쪽지를 보내도록 내가 너한테 강요한 까닭은 너를 보호하고 싶었기 때문이야. 난 내 밑에서 일하는 아가씨들을 아껴. 난 너희들이 — 싸구려 계집이 되는 게 싫어.」

그러면 발레단장이 심한 혐오감을 보이며 언급한 camp follower가 무엇인지 잠시 살펴보자. 「알렉산더 대왕」에서는 (페르시아를 정복한 알렉산드로스의) 군대가 불을 지른 도시에서 타오르는 화염을 보고, 클레어 블룸이 다리우스 황제의 궁전에도 불을 지르기에 앞서서, 횃불을 높이 치켜들고 외친다.

〈Women, who followed the camp of Alexander all over Asia and dreamed of this day when we should return to Greece, shall I, Barsine, throw the first torch for you?〉(알렉산드로스의 군사들을 따라 아시아 전역을 떠돌며 그리스로 돌아가게 될 이 날을 꿈꾸었던 여인들이여,

여러분을 대신하여 나 바시네가 첫 횃불을 던져도 될까요?)
여기서 follow(ed) the camp는 전쟁을 계속하는 《군인들을 따라 (가족이나 여인들이) 함께 이동한다》는 개념이다. 대표적인 camp follower 영화인 「모로코」에서는, 외인부대원이 작전명령을 받고 다른 곳으로 출동하면, 그들을 사랑하는 여인들이 보퉁이를 이고 노새를 끌고 줄지어 사막으로 따라나선다. 이 광경을 보고 마를레네 디트리히가 《무엇하는 여자들이냐》고 묻자, 아돌프 멘주는 차마 camp follower라는 말을 입에 올리지 못해서 이렇게 둘러댄다. 〈I'd call them rear guards.〉(후방 부대인 셈이죠.)

can

"Take it easy. Just imagine he is a tin can."

✘ 침착하라구. 콜라 캔에 대고 쏘듯 한 번 해봐.

☛ 「킬리만자로」에서 코뿔소가 무섭다고 차마 총을 쏘지 못하는 애바 가드너에게 그레고리 펙이 요령을 가르쳐 주는 장면이다. 서부 개척기에도 그랬듯이 서양 사람들은 흔히 술병이나 깡통을 한 줄로 늘어놓고 사격 연습을 했다. 펙이 말한 tin can은 《깡통》이다. 《콜라》라는 말은 원문 어디에도 없다. 어니스트 헤밍웨이가 『킬리만자로의 눈』을 발표한 시기는 1939년이고, 그때는 콜라를 알루미늄 통이 아니라 병에 담아서 팔았다. 그리고 《캔》은 우리말이 아니다.

canary

"A canary."

✘ 새같은 놈이었지.

"Maybe he could sing, but he couldn't fly."

✘ 노래는 잘 했지만 날지는 못했어.

☛ 예문의 첫 대사는 「워터프론트」에서 수사관들에게 협조한 노동자를 살해하도록 지시한 항만노조 간부가 코웃음을 치면서 한 말이다. canary(카나리아)는 그냥 《새 같은 (비겁한?) 놈》이 아니라 속어로 《(동료들이 저지른 잘못을 술술 노래하듯 잘 불어 대는) 밀고자》라는 뜻이다. 두 번째 예문은 다른 폭력배가 옆에서 한 말이다. could sing은 《잘 불어 댄다》는 뜻이고, couldn't fly는 폭력배들이 옥상에서 밀어버렸을 때 《카나리아》가 《날아서 도망치지 못하고 떨어져 죽었다》는 말이다. canary 같은 겹말은 번역하기가 퍽 힘들지만, 창의적인 표현을 찾

는 노력을 회피해서는 안 된다. 예문은 이렇게 번역하면 어떨까 싶다.
- 「잘도 불어 댔지.」
- 「불어 대려면 날아가는 재주도 배워 뒀어야지.」

candy

"During the next few days I did what any normal girl would do. I sent myself love letters, and flowers, and candy, just so he can see how desirable I was, in case he didn't already know."

✘ 그로부터 며칠 동안 나는 모든 정상적인 여자가 할 만한 일을 했다. 물론 저스틴이 벌써 알았겠지만, 내가 얼마나 탐나는 여자인지를 그에게 인식시키기 위해서, 나는 나 자신에게 연애편지와, 꽃과, 사탕을 보냈다.

☛ 「클루리스」에서, 새로 전학을 온 남학생 저스틴 워커의 시선을 끌려고 앨리샤 실버스톤이 어떤 작전을 펼쳤는지를 설명하는 대목이다. 대부분의 경우에 별다른 생각 없이 그러듯, 여기서도 candy를 〈사탕〉이라고 번역했는데, 이 단어는 우리말에서의 용법보다 융통성이 훨씬 크다. 영화에서 다음 장면을 보면, 실버스톤은 초콜릿 한 상자를 꺼내 같은 반 아이들과 나눠 먹으면서 어떤 남학생한테서 선물로 받은 것이라고 거짓말을 한다. 상당히 많은 경우에 candy는 chocolate의 동의어 노릇을 한다. 두 번째 문장은 이런 뜻이다.
- 「내가 얼마나 탐나는 여자인지를 만에 하나라도 저스틴이 아직 깨닫지 못한 경우에 대비해서, 나는 내 앞으로 연애편지와, 꽃과, 초콜릿을 선물로 보냈다.」

capital

"How do the girls as pretty as you are ever get to be the biggest witch in Hollywood? And that word is spelled with a capital B."

✘ 당신처럼 예쁜 여자가 어쩌다 할리우드 최고의 마녀가 됐죠?

☛ 「비수(悲愁)」에서, 독설과 막말을 무기로 삼는 연예 기자 데보라 커를 만난 여배우가 촬영장에서 반격을 가하는 말이다. 오역은 아니지만, 여배우의 말에 담긴 사무친 감정의 강도가 잘

살아나지를 않는다. 아마도 핵심이 담겼으면서도 번역하기가 쉽지 않아 보이는 두 번째 문장을 얼버무렸기 때문이 아닌가 싶다.

that word is spelled with a capital B(그 단어는 대문자 B로 시작된다)는 말은, 첫 문장에 나오는 단어 witch(마녀)의 첫 글자를 b로 바꾸면 bitch(개 같은 년, 잡년)가 된다는 뜻이다. 거기에서 끝나지를 않고 bitch를 대문자로 시작하여 Bitch라고 쓰면, 그만큼 강조하는 의미가 커져서 〈왕잡년〉 정도가 된다. 여배우는 차마 그런 더러운 말을 입에 올리기가 싫어서 witch와 bitch라는 두 단어로 묘기를 부렸는데, 물론 영어에서의 묘기는 우리말로 번역하기가 만만치 않은 경우가 많다. 이런 시도를 해보면 어떨지 모르겠다.

〈당신처럼 예쁜 여자가 도대체 어쩌다 할리우드에서 가장 지독한 마귀가 되었나요? 내친 김에 아예 사마귀라도 되시죠.〉

하지만 과욕을 부리면 때로는 역겨움을 자극할 위험도 있으므로, 여기에서는 무리를 하지 말고 두 번째 문장을 이런 정도로만 살려도 충분하겠다.

○ 「마녀 중에서도 왕마녀가 말예요.」

captain

"I'll promote you to the rank of captain."

✘ 자네를 선장으로 승진하겠네.

☞ 「정복의 길」에서 멕시코 정복에 나선 시사 로메로가 타이론 파워에게 하는 말이다. EBS 일요시네마에서는 이 영화를 〈페드로 선장의 모험〉이라는 제목으로 방영했다. 하지만 주인공 파워는 영화에서 단 한 순간도 〈선장〉 노릇을 하지 않는다. 그가 승진한 직후에, 〈후퇴 없는 전진〉만을 계속하기 위해 코르테즈(로메로)가 배를 모두 불태워 버렸기 때문이다. 파워는 〈선장〉이 아니라 captain of the guards(근위대장)로 승진했다. 그리고 〈승진하겠네〉라는 표현도 어색하다. 〈승진〉은 스스로 하지 않고, 윗사람이 시켜 준다.

○ 「귀관을 대장으로 승진시키겠네.」

등반대나 수비대의 captain이라면 〈대장(大將), general〉이 아니지만, 〈대장(隊長)〉이라고 불러 준다.

「처녀 여왕」에서 여왕의 전령이 선원에게 묻는다. 〈Where's the captain?〉 이것은 〈캡틴 어디 계십니까?〉라고 한글 영어로 〈번역〉하면 수월하게 넘어갈 대목이다. 하지만 선원이 그냥 넘어가려고 하지를 않는다.

〈Captain of the guards or the captain of the ship?〉(근위대장 말입니까 아니면 선장 말입니까?) 페이 더너웨이가 주연을 맡은 마빈 촘스키 영화 「에비타 페론」에서, 육군 대령인 제임스 파렌티노(페론)는 그를 잡으러 온 사람에게 〈죄목이 뭔가, 대위?〉라고 묻는다. 참모총장을 일개 대위가 체포해 간다는 것은 전두환 신군부의 군대가 아니고는 예우가 아니겠다. 그러나 파렌티노를 잡으러 온 사람은 해군 소속이다. 해군에서는 captain이 〈대위〉가 아니라 〈대령〉이다. 「사운드 오브 뮤직」에서 크리스토퍼 플러머가 맡은 주인공의 관등성명은 Captain von Trapp(해군 대령 트랩)이다.

「파리대왕」에서 표류한 아이들 가운데 한 소년이 〈대위님, 그거 정말예요?〉라고 묻는다. 질문을 받은 사람은 〈대위captain〉가 아니라 제복을 입은 민간 항공 비행기의 〈기장captain〉이다. 그리고 「25시」에서는 captain이 더욱 몰락한다. 미군이 진주하여 다시 수용소로 끌려간 앤서니 퀸에게 소장의 부관이 지시한다.

「The captain said that's all.」

× 「상사님께서 됐다고 하시잖아.」

○ 「대위님이 가라고 그러시잖아요.」

「케인호의 반란」에서 새로 부임한 함장 험프리 보가트가 군기를 잡고 원리 원칙을 고수하겠다고 선언하자, 신참 소위 로버트 프랜시스가 호감을 보인다.

「Well, he's certainly navy.」

× 「분명히 해군이시군요.」

하지만 프렛 맥머리 대위는 다른 반응을 보인다.

「Yeah, so was Captain Bligh.」

× 「그래, 진정한 해군이지.」

certainly navy(확실히 해군답다)는 〈해군다운 해군〉, 즉 〈진정한 해군〉이라는 뜻이다. 하지만 맥머리가 〈그래, 블라이 함장도 마찬가지였지〉라고 한 말의 뜻은 번역문과 달라서, 〈정말 잘난 해군이지〉라고 비꼬는 의미다. 윌리엄 블라이는 실존 인물로서, 바이런의 시에도 등장하고, 『바운티호의 반란』(☞ mutiny)에서는 대단한 악역으로 그를 묘사했다. 퓰리처상을 수상한 허만 우크의 소설 『케인호의 반란』은 여러 모로 『바운티호의 반란』을 연상시키며, 보가트가 맡은 역도 블라이와 퍽 비슷하다. 이러한 인유(☞ Karamazov)가 등장할 때는, 비록 번역문에 반영하거나 주를 달지 않는 경우라고 해도, 해당 인물이 누구인지는 역자가 꼭 알아 둘 필요가 있다. 그랬다면 다음과 같은 오역도 생겨나지 않았으리라. 고유 명사의 〈번역〉을 소홀히 하면 안 되는 절실한 이유다.

보가트 함장의 편집병적인 증세가 심해지자, 맥머리가 반 존슨 부함장에게 넌지시 제안한다.

「Well, there's only one thing left to do: write to Walter Winchell.」

× 「할 수 있는 건 사령관한테 알리는 길 뿐이야.」

월터 윈첼은 〈사령관〉이 아니라 유명한 언론인(☞ demilitarized)이었다. 「하비의 환상」 DVD를 보면, 부록으로 실린 선전 자료에서 「하비」에 대한 윈첼의 영화평이 짤막하게 나온다.

○ 「그래, 남은 방법이라고는 언론에 폭로하는 길뿐이야.」

card

"You play your cards right, you don't have to worry about money again."

✘ 실력을 인정받으면 당신은 돈 걱정을 다시는 안 해도 돼.

☞ 「군중」에서 정치적인 야망을 품은 신문사 사주 에드워드 아놀드가 가난하지만 꾀가 많은 여기자 바바라 스탠윅을 회유하는 말이다. play card(카드를 뽑다)는 〈참된 능력〉을 뜻하는 〈실력(實力)〉하고는 좀 거리가 멀다. 여기에서 말하는 play card right는, 우리나라 고스톱을 예로 들면, 〈화투짝을 제대로 내놓는다〉는 뜻이다. 그러니까 똥쌍피를 내놔야 할 때 똥쌍피를 내놓으면 play card right고, 그럴 때 똥쌍피가 아니라 팔광을 내놓으면 play card wrong이 된다. 아놀드의 제안은 만일 사장의 정치 행보를 열심히 도와줘서 〈잘 보이면〉 평생직장을 보장하겠다는 뜻이다. 따라서 play your cards right는 〈실력이 좋다면〉이 아니라 〈머리만 요령껏 제대로 굴리면〉이라는 의미다.

「피츠카랄도」에서는 길을 찾아 산을 올라가는 클라우스 킨스키를 보고 요리사가 선장에게 귀띔한다.

「Now he's showing his cards.」
✘ 「이젠 카드를 보이고 있군.」
○ 「이제야 속셈을 알겠네요.」

care

"George was supposed to take care of Arthur, but he lost his silly head and shot Broom."

✘ 조지는 아더를 돌봐야했어요. 하지만 그는 정신을 잃고 브룸을 쏘고 말았죠.

☞ 「상하이에서 온 여인」에서 리타 헤이워드가 오손 웰스에게 복잡해진 상황을 설명하는 대목인데, 워낙 엎치락뒤치락 내용이 뒤엉켜서인지, 역자가 상황의 흐름에 대해서 혼란에 빠진 듯하다. take care of는 《〈보호하기 위해서〉 돌봐야 한다》는 얘기가 아니라, 〈처치해 없애야 한다〉, 그러니까 〈죽였어야 한다〉는 뜻이다. 이렇게 한 가지 표현이 양날의 칼처럼 상반되는 두 가지 의미를 함께 품는 경우라면, 앞뒤 상황을 두루 참조하여 어떤 뜻인지를 잘 판단해야 한다. 그리고 lost his silly head는 〈정신을 잃고〉가 아니다. 정신을 잃은 사람이 어떻게 총을 쏘겠는가? 〈잠깐 머리가 돌아서 바보짓을 했다〉는 뜻이다.

○ 「조지는 아더를 처치하기로 했었지만, 멍청이처럼 판단을 잘못해서 엉뚱하게 그만 브룸을 쏴 죽였어요.」

「필사의 도망자」에서는 험프리 보가트의 동생이 혼자 먼저 탈출하려고 집을 나가면서 take care of를 장담한다.

「I can take care of myself.」

× 「나 자신은 내가 보호할 수 있어요.」

〈수〉와 〈있어요〉를 없애고(☞ can) 〈내 문제는 내가 알아서 하겠어〉 또는 〈내 앞가림 정도는 나도 할 줄 알아〉라고 했다면 어떨까?

「돌아오지 않는 강」에서 인디언에게 쫓기며 뗏목으로 급류를 내려가다가 기진맥진하여 기절하기 직전에 마릴린 몬로가 로버트 밋첨 부자에게 실토한다.

「One thing about this. The longer you last, the less you care.」

× 「이 여행은 가면 갈수록 사람을 지치게 하는군요.」

몬로가 사용한 care(관심을 갖다)라는 말은 단순히 〈지친다〉는 진술보다 훨씬 깊은 의미가 담긴 표현이다.

○ 「이런 경우엔 말인데요. (살겠다고 아등바등) 오래 버티면 버틸수록, 살고 싶은 생각이 점점 없어지나 봐요.」

「신데렐라」(만화 영화)에서 신데렐라가 아침 식사를 침실로 갖다 주며 〈잘 잤느냐〉고 인사를 하자 계모의 딸이 퉁명스럽게 쏘아붙인다.

「As if you cared.」

× 「네가 무슨 상관인데.」

약간 과녁이 빗나간 번역이다. as if you cared(마치 네가 관심이라도 있는 듯)는 cared 다음에 뒤따라 나오는 본론을 생략한 형태로, 〈입에 발린 소리 하지 마〉라는 뜻이다.

「베라 크루즈」를 보면, 궁정 만찬에서 버트 랭카스터가 턱밑으로 줄줄 흘려가면서 지저분하게 술을 마시자 꼬장꼬장한 대위가 역겨워하며 조심시킨다.

「Careful, Monsieur, some of the wine is getting into your mouth.」

× 「조심하쇼. 어린애처럼 다 흘리지 말고.」

예문은 〈입으로 들어가는 술보다 흘리는 술이 더 많다〉는 뜻으로, 얄밉게 비꼬는 대위의 말투가 번역 과정에서 사라졌다. 이왕이면 그런 묘미도 살리도록 노력했으면 좋겠다.

○ 「조심해요, 선생, 그러다 입으로도 술이 들어가겠어요.」

Caribbean

"I received a telegram from an old admirer of mine. An invitation. A cruise of the Caribbean on a yacht. I have never been so surprised in my life. It came like a bolt from the blue!"

✘ 옛날부터 날 좋아하던 남자로부터 전보를 받았어요. 초대를 받았죠. 요트를 타고 지중해를 유람하자고요. 정말로 깜짝 놀랐어요. 맑은 하늘에 벼락이라도 맞은 듯싶었다구요!

☛ 「욕망이라는 이름의 전차」에서 비비엔 리가 말론 브랜도에게 하는 거짓말이다. the Caribbean은 카리브해다. 지중해는 the Mediterranean이다. 이런 원초적인 실수를 하는 까닭은 사람들이 고유 명사의 번역을 너무 얕잡아 보는 자만심과 태만 때문이라고 여겨진다. (an old) admirer of mine은 이왕이면 〈나를 짝사랑하던 사람〉이라고 했다면 여자가 잘난 체하는 분위기가 좀 더 살아날 듯싶다.

○ 「전에 날 짝사랑하던 남자로부터 전보를 한 통 받았어요. 초청장이었죠. 카리브 해로 요트 유람을 가자고요. 평생 그렇게 놀라 보긴 처음이었죠. 환한 대낮에 날벼락이라도 맞은 기분이었다니까요!」

carpetbagger

"Well, you men have come back to Texas from the war. You came back to nothing. You found your homes gone, your cattles scattered, your land stolen by carpetbaggers."

✘ 전쟁 때문에 우린 모든 걸 잃었다. 돈도 없고, 일거리도 없다. 여긴 소 시장이 없으니까.

☛ 「광야천리」에서 3개월 동안 1만 마리를 미주리까지 이동시키는 소몰이를 앞두고, 존 웨인이 목동들에게 늘어놓는 일장 연설이다. 영상 번역을 하다 보면 자막이 들어갈 공간이 제한되어 있기 때문에 가끔 내용을 요약하는 작업이 필요하기는 하지만, 이 정도라면 다분히 창작에 가까운 번역이며, 마지막 부분은 아예 빼버렸다. 떨어져 나간 살을 조금 되살려 붙이면 이런 내용이 되겠다.

○ 「자, 여러분은 (남북) 전쟁을 끝내고 텍사스로 돌아왔다. 고향에 와서 보니 아무것도 남지를

않았다. 집도 없어지고, 키우던 소들은 뿔뿔이 달아나 버렸고, 땅은 외지인들에게 빼앗겼다.」

그렇다면 여기서 필자가〈외지인〉이라고 간단하게 번역한 carpetbagger는 누구일까? 줄리 앤드루스가「사운드 오브 뮤직」도입부에서 수녀원을 나올 때, 기타와 함께 들고 내려온 큼직한 가방이 carpetbag(융단[으로 만든] 가방)이다. 줄리 앤드루스는「메어리 포핀스」에서도 역시 큼직한 융단 가방을 들고 보모로 취직하기 위해 하늘을 날아서 도착한다. 그녀는 취직이 된 다음 방으로 올라가 가져온 가방을 탁자에 올려놓고 그 속에서 모자걸이와 거울 따위를 줄줄이 꺼내고, 그 모습을 아이들이 보고 놀라는 표정을 짓자 이런 소리도 한다.

〈Never judge things by their appearance. Even carpetbags.〉(겉으로만 보고 사물을 판단해서는 절대로 안 된단다. 융단 가방도 마찬가지야.)

이렇게 메어리 포핀스의 가방처럼 온갖 물건을 다 넣어 끌고 다닐 만큼 큼직한 융단 가방 하나만을 달랑 들고 남북 전쟁이 끝난 다음 돈벌이를 하러 북부에서 남부로 몰려 내려간 뜨내기 정상배들이 carpetbaggers(융단 가방을 들고 다니는 사람들)였다. 영화「위대한 욕망」의 원작이 된 해롤드 로빈스의 베스트셀러 소설의 제목도〈The Carpetbaggers〉였고,「야망의 종말」에서는 개리 쿠퍼가 술집 여주인 로렌 바콜에게 이런 말을 한다.

〈You are doing all right with carpetbaggers.〉(당신은 북쪽 장사치들하고 사이가 좋은 모양이구만.) 그리고 마지막으로 헤어질 때도 그는 그녀에게〈Goodbye, carpetbagger〉라고 인사를 한다.

소설『바람과 함께 사라지다』를 읽어 보면 북부에서 내려온 장사치들의 존재가 얼마나 지배적이었는지 쉽게 이해가 간다. 렛 버틀러에게 돈을 꾸러 애틀란타로 찾아간 스칼렛 오하라의 설명을 들어 보자.

〈I could stand being hungry and cold but now — now the Carpetbaggers have raised our taxes. And the money's got to be paid right away. And I haven't any money except one five-dollar gold piece. I've got to have money for the taxes! Don't you see? If I don't pay them, I'll — we'll lose Tara and we just can't lose it! I can't let it go.〉(난 춥고 배고픈 건 참아 내겠지만 이제는 — 이제는 북쪽 놈들이 우리 세금을 올렸어요. 그리고 당장 돈을 내라는군요. 그런데 난 돈이라고는 5달러짜리 금화 한 개뿐예요. 난 세금을 낼 돈이 필요해요! 모르시겠어요? 돈을 못 내면 — 우린 타라 농장을 잃게 되는데, 그건 절대로 안 돼요! 농장을 잃을 수는 없다고요.)

미국의 대표적 사극「국가의 탄생」도 carpetbaggers의〈활약상〉을 언급한다.

〈Stoneman, ill at his daughter's apartments, sends Lynch South to aid the Carpetbaggers in organizing and wielding the power of the negro vote.〉(병들어 딸의 집에서 지내던 스톤맨은 린치를 남부로 보내 북부에서 내려간 사람들을 도와 흑인 유권자들의 힘을 동원하고 결집시키도록 했다.)

그리고 링컨 대통령이 암살된 후에는,〈And now began an era of cruel chicanery and political upheaval as a result of the Carpetbaggers' studied degradation of the conquered South.〉(그리고 이제는 정복된 남부를 붕괴시키려는 북부인들의 계획적인 노력의 결과로 잔인한 책략과 정치적인 변혁의 시대가 시작되었다.)

이 정도의 상식을 갖춘 다음 다시 「광야천리」를 살펴보자. (세상이 변해 지금은 목축을 하기도 힘들어졌으니 소몰이로 한밑천 잡아야 한다는 말을 듣고 길을 나선) 존 아이얼랜드는 떠돌이 생활을 하는 동안 목격한 현실을 이렇게 설명한다.

「Yeah, I know. Cattle running wild, carpetbaggers reaching with both hands, ranchers growing corns and coffee.」

✗ 「그래, 나도 알아. 달리는 소떼들, 담요를 두른 거지들, 커피를 재배하는 농부.」

역시 당시의 역사적인 사실과 문화적인 배경 그리고 영화 속에 담긴 정보를 유기적으로 이해하지 못한 채로 번역을 하느라고 고생한 흔적이 보인다. 아이얼랜드가 한 말은 첫 예문과 그대로 연결되는 내용으로서, 이런 뜻이다.

○ 「그래, 나도 알아. 뿔뿔이 흩어진 소 떼는 야생으로 돌아갔고, 외지인들은 악착같이 모든 것을 긁어 가고, 목장에서는 (소를 키우는 대신) 옥수수와 커피나 재배하고.」

「셰인」을 보면 알겠지만, 서부 개척기에는 목축업자들이 농부를 무척 업신여겼는데, 아이얼랜드의 마지막 말은 그런 의식을 반영한다. 이제는 목축업자들이 농사를 짓는 신세가 되었으니 말이다. 그리고 아이얼랜드는 <소 떼>를 cattle이라고 했는데, 존 웨인은 cattles라고 한 이유도 설명하겠다. cattle(가축 떼)은 fish(물고기 떼)나 sheep(양 떼)처럼 집합 명사여서 복수형을 만들려고 -s를 붙일 필요가 없지만, 수량 따위를 강조하기 위해서 또는 등장인물의 지적 수준을 나타내기 위해서 일부러 틀린 복수형을 쓰기도 한다. 그러니까 웨인은 호쾌하지만 무식한 남자여서 문법을 제대로 지키지 못하고, 이런 약점은 등장인물을 부각시키기 위한 의도적인 장치로 자주 동원된다.

carrier

"If you don't take your carriers out of the road at once, I'll tell your CO what happened."

✗ 당신들 탱크를 당장 길에서 치우지 않으면, 무슨 일이 벌어졌었는지 사령관에게 얘기하겠어요.

☛ 「캔터베리 이야기」를 보면, 농장에서 일자리를 구한 쉴라 심이 (작전을 한다고 길을 막으려는) 병사들과 언쟁을 벌인다. 심이 말한 tell은 단순히 <얘기하다>의 차원을 넘어 <일러바치다>, 또는 <고자질하다>라는 의미로 쓰였다. 자주 나타나는 용법이니 알아두기 바란다. 그리고 carrier(장갑차)는 <탱크(tank, 戰車)>가 아니다. 화면에 나온 장비를 보고 대충 짐작으로 그렇게 번역한 모양이지만, 장갑차는 armored personnel carrier(APC), 즉 장갑(裝甲, armored)하고 병력personnel을 운반하는 차량(車, carrier)이다. 탱크는 <전차(戰車)>, 즉 전투를 벌이는 공격용 차량이다. <장갑차>를 <탱크>라고 하면 <호박>을 <수박>이라고 하는 격이다.

어니스트 헤밍웨이의 유작 『흐르는 섬들』을 영화로 만든 「바하마의 별」은 독일이 프랑스를 점령한 시기가 시대적인 배경으로서, 이런 대사가 나온다.
〈수송기인데 어뢰에 맞았나 봐요.〉
〈수송기〉는 하늘을 날아다니는 항공기다. 〈어뢰〉는 물속에서만 돌아다닌다. 그런데 어떻게 하늘의 비행기를 어뢰가 격추시켰을까? 그것은 〈수송기〉만 carrier가 아니라 〈수송선〉도 carrier라는 사실을 번역자가 간과했기 때문이다.

C

carry

"Carry on, Craig."

✘ 동작 그만.

☛ 「장거리 주자의 고독」에서 소년원장이 교도관에게 지시하는 말이다. carrier를 〈탱크〉 그리고 〈수송기〉라고 번역한 경우처럼, 군대를 잘 모르는 사람이 저지른 실수라고 여겨진다. carry on은 〈하던 일을 멈춰라〉고 명령하는 〈동작 그만〉이 아니라, 거꾸로 〈하던 일을 계속하라〉는 뜻이다. 〈동작 그만!〉은 영어로 〈Attention!〉〈차렷!〉이다.

case

"Right, I rest my case."

○ 난 좀 빼줘라.

☛ 「마지막 유혹」에서 술집 여자들을 조심해야 한다고 설명한 다음 피터 벅이 내린 결론이다. 경쾌한 번역이다. 법정극에서 자주 나오는 이 말은 변론을 끝낸 다음 변호사나 검사가 할 말을 다 했으니 〈진술을 마치겠다〉, 즉 〈더 이상 할 말이 없다〉는 뜻이다. 하지만 (별로 긴 문장이 아니니까) 앞에 나오는 Right(맞아)까지 살렸더라면 금상첨화겠다.
「알라모」에서는 먹지도 못할 정도로 상한 쇠고기를 보여 주며 의사가 로렌스 하비 사령관에게 상황을 알려 준다.

「I have 32 cases of mild dysentery this morning.」

✘ 「32 상자 모두 이질에 걸렸소.」

쇠고기가 이질에 걸렸다는 설명이다. 그렇다면 번역에서 생략한 this morning까지 마저 살려 낸다면, 상자 서른두 개 분량의 쇠고기가 〈오늘 아침〉 이질에 걸렸다는 얘기다. 죽은 소의 고기가 어제도 아니고 오늘 아침에 병이 났다는 상황이 논리적으로 가능할까? 아마도 의사가 이 말을 하며 쇠고기가 담긴 나무통의 뚜껑을 열어 보여 주었기 때문에 시각적인 정보를 잘못 받아들여 이루어진 오역이 아닐까 싶다. 그러나 의사가 뚜껑을 연 통은 case(상자)가 아니라 keg(통)였다. 예문의 case는 〈환자〉라는 뜻이다. 그리고 mild는 병의 증세가 가벼운 case(경우)이고, 심해지면 malignant(악성)가 된다.

○ 「가벼운 이질 증세를 보이는 환자가 오늘 아침에 32명 발생했습니다.」

cash

"It's a cash business and you got to watch your operators. Or they'll steal you blind."

✘ 현금 장사니까 직원들을 잘 단속해야 한다고.

☛ 「바람둥이 미용사」에서 미용실을 차릴 자금을 꾸어 달라는 워렌 베이티에게 잭 워든이 경고하는 말이다. 번역을 할 때는 머릿속에 남아 사라지지 않는 원문의 잔상(殘像)을 조심해야 한다. 예를 들면 위 예문에서 cash business라는 원문 표현이 〈cash=현금 business=장사〉라는 잔상을 남긴다. 그래서 그 잔상을 머릿속에 그대로 간직한 채로 번역하면, 〈현금 장사〉라는 말이 번역자에게는 자연스럽고 옳게 여겨진다. 하지만 〈현금 장사〉라는 우리말 표현만 따로 떼어 놓고, 원문을 확인하는 과정을 거치지 않을 때는, 〈현금 장사〉가 자칫 암달러 시장의 〈돈 장사〉나 〈환전상의 사업〉 또는 〈환치기〉라던가 무슨 그런 종류의 사업처럼 착각을 일으킬 가능성이 생겨난다. 워든이 경고하는 내용은 미장원이나 음식점처럼 〈현금 장사〉가 아니라 〈현금 거래〉를 하는 사업을 보면, 종업원들이 슬쩍 챙기는 삥땅이 심해서 문제라는 지적이다. cash business는 속된 말로 〈현금 박치기〉라고도 한다. 이렇게 번역해 보면 〈환치기〉와 〈박치기〉의 차이가 잘 나타난다.

○ 「그건 현금 거래를 하는 사업이어서 종업원들을 잘 감시해야 해. 자칫했다가는 녀석들이 몽땅 빼돌릴지도 모르니까 말이야.」

casual

"The Swiss are notoriously casual for certain formalities."

✘ 스위스 세관은 엉성하기로 유명해요.

☛ 「토마스 크라운 사건」(1968)에서 보험 회사 조사원인 페이 더나웨이가 경찰 수사관 폴 버크에게 귀띔하는 말이다. 예문에 없는 단어 〈세관〉을 역자가 임의로 넣었다. 〈강탈한 현금은 양이 많아서 스위스로 가지고 들어가기도 힘들었으리라〉는 말이 앞에 나오기 때문에 그랬

던 모양이지만, 이런 개인적인 해석은 가끔 실수를 초래하니까 조심해야 한다. 여기서 the Swiss(스위스 사람들)는 〈세관〉이 아니라 〈금융계〉를 암시한다.

casual은 번역문에서의 〈엉성하다〉보다는 오히려 반대로 〈치밀한 계산에 따른 융통성〉이라는 개념에 가깝다. 우리나라 사람들, 특히 의상계와 관련된 사람들은 〈캐주얼〉이라면 당장 알아듣지만, 이런 경우에 casual이 우리말로 뭐냐고 물으면 말문이 막히는 경우가 적지 않다. 워낙 흔하게 사용하지만, 사실은 많은 사람들이 그 뜻을 아는 듯싶으면서도 제대로 알지 못할 정도로 까다로운 단어이기 때문이다. certain formalities(어떤 형식상의 절차들)에 대해서 notoriously(악명이 높을 정도로) casual하다면, 〈까다로운 절차〉를 생략하는 이유가 〈엉성〉하기 때문이라기보다는, 〈손님을 확보하기 위해 의도적으로 생략〉한다는 의미다. 그러니까 예문은 이런 뜻이다.

○ 「스위스 사람들이라면 어떤 절차는 적당히 넘어가기로 워낙 유명하잖아요.」

catch

"Other girls play hard to catch, but other girls don't have much fun."

✘ 아양떠는 여자도 많지만, 정말 재미는 모를꺼야.

☛ 「오클라호마」에서 철딱서니 없는 아가씨 글로리아 그레이험이 셜리 존스에게 노래로 설명한 그녀의 애정관이다. 노랫말을 번역하려면 문장의 길이와 글자 수까지 제한을 받기 때문에 그렇게 돌려서 번역했으리라고 이해가 가기는 하지만, hard to catch는 〈아양을 떠는〉이라기보다는 한때 우리나라 영화에서 유행했던 〈나 잡아 봐라〉가 되겠다. 여자가 남자에게 잡힐 듯 말 듯, 그러나 남자가 포기하고 가버리는 일이 없도록, 적당히 거리를 두고 꼬리를 치며 달아나는 행위가 hard to catch(붙잡기가 어려워)다. 이해를 돕기 위해 그레이험의 노래를 길게 풀어놓으면 이렇게 된다.

○ 「다른 여자들은 남자를 약만 올리며 거리감을 두고 꼬리를 치지만, 그런 여자라면 (쫓아다니다가 귀찮아서 포기하는 남자들이 많으니까) 재미를 볼 기회가 별로 없어진다네.」

「타인의 도시」을 보면, 동창회가 열리는 2층 창문에서 누가 샴페인 병을 아래 길바닥으로 던지며 소리친다.

「Hey, catch!」

✘ 「잡아라.」

던져 주는 물건의 경우 우리들은 〈잡아라〉가 아니라 〈받아라〉고 말한다. 〈그게 그거 아니냐〉면서 그냥 넘어가려고 해서는 안 된다. 이런 식으로 대충 번역하는 버릇이 몸에 배면 〈장갑차〉를 〈전차〉로 둔갑시켜 놓고도 전혀 죄의식을 안 느끼게 된다.

caterpillar

"From a caterpillar?"

✘ 애벌레에서요?

☞ 루머 고든의 아름다운 성장 소설이 원작인 영화 「강」에서 인도 의상을 걸친 멜라니를 보고 존 대위가 〈하룻밤 사이에 어여쁜 나비가 되었군요〉라고 칭찬하자 멜라니가 묻는 말이다. 〈애벌레에서 나비가 되었다〉는 진술 그 자체는 논리적으로 틀린 바가 없다. 곤충이라고 하면 모든 개체가 애벌레 과정을 거치기 때문에, 사실상 그것은 언급할 가치가 전혀 없는 사항이다. 그런데 왜 멜라니가 〈애벌레에서요?〉라고 되물었을까?

되묻기(反問)는 어떤 내용을 강조하는 한 가지 방법이다. 문제는 caterpillar를 〈애벌레〉라고 번역했기 때문에 발생했다. caterpillar가 틀림없는 〈애벌레〉이기는 하다. 그러나 멜라니가 질문한 의도는 〈징그러운〉 caterpillar에서 〈아름다운〉 나비로 변신했음을 인정받고 싶어서였다. 그러니까 같은 caterpillar라고 해도, 여기에서는 〈애벌레에서요?〉가 아니라 〈송충이에서요?〉라고 하면 본디 의미가 훨씬 부각된다.

요즈음 텔레비전에서는 동물의 세계나 환경 관계 기록 영화를 방영할 때 wriggler(장구벌레)를 〈모기 유충〉이라고 번역하는 경우가 대부분이다. 토속적이고 아름다운 진짜 우리말을 어색하고 못난 우리말이 잠식해 들어가는 현장을 보는 듯하다.

caught

"He caught one."

✘ 스스로 택했어요.

☞ 「누구를 위하여 종은 울리나」에서 열차를 함께 폭파한 동지가 어떻게 되었는지를 개리 쿠퍼가 (접선을 위해 술집에서 만난) 장군에게 보고한다. caught는 stop 항에 나오는 stop the bullet과 같은 표현으로서, 〈(총탄에) 맞았다〉는 뜻이다.

○ 「그 친구 한 방 맞았어요.」

그리고 쿠퍼가 설명을 계속한다.

「He didn't want to be taken alive.」

✘ 「죽음을 선택했죠.」

두 번째 문장은 〈산 채로 붙잡혀 심한 고문을 당하고 싶지 않으니까 차라리 죽여 달라고 하기에 내 손으로 사살했다〉는 상황을 함축적으로 전하는 말이다. 입에 올리기 거북하고 싶은 얘기여서 간결하게 설명하는 이런 경우에는, 행간을 일단 읽어 낸 다음 번역문에서 암시를 다시 숨겨 놓는 과정이 필요해진다. 이렇게 압축시킨 문장은 (아예 이해를 못해서) 얼버무린 번역과는 금방 눈에 띌 만큼 차이가 난다.

○ 「생포를 당하고 싶지 않다고 그래서요.」

cause

"I came up here with such doubts in my mind and you're leaving me as the cause is just getting me."

✗ 정말 심하게 마음의 갈등을 겪고 겨우 결정하고 왔는데 이렇게 가실 거예요?

☞ 「사느냐 죽느냐」에서는 흉악한 나치의 앞잡이 스탠리 릿지스 교수가 연극배우 캐롤 롬바드를 첩보원으로 포섭하는 동시에, 어떻게든지 유혹하여 덤으로 재미까지 보려고 욕심을 부린다. 그러다가 교수를 이용해 먹어야 하는 상황이 생기자 이제는 오히려 롬바드가 그에게 적극적으로 접근한다. 예문은 바로 그런 상황에서 교수가 (게슈타포의 연락을 받고) 자리를 뜨려 하자 그녀가 실망한 표정을 보이며 하는 말이다.

텔레비전에서 내보낸 전반부의 번역 내용을 보면 마치 〈정사를 벌일까 말까 고민하다가 겨우 당신의 유혹을 받아들여 몸을 주겠다고 마음을 정하고는 찾아왔다〉는 말처럼 들린다. 하지만 그녀가 한 말의 진짜 의미는 이렇다. 〈내가 이곳으로 왔을 때는 마음속으로 심한 회의를 느끼던 터였지만, 이제 (당신들이 신봉하는) cause를 내가 겨우 납득하게 된 순간에 (설득을 중단하고) 교수님이 자리를 뜨려고 하시는군요.〉 그리고 여기에서는 번역을 빼놓은 cause가 문장 전체를 이해하는 열쇠 노릇을 한다. 그녀가 느낀 〈마음의 갈등〉은 〈정사〉가 아니라 나치의 cause에 협력하느냐 마느냐 하는 문제 때문에 생겨났다.

그렇다면 이런 경우에 cause를 무엇이라고 번역하면 좋을까? 정치적인 〈대의명분〉이나 〈이념〉이라고 하면 무난하겠지만, 그렇지 못한 경우가 종종 닥친다. 필자의 경험으로는 cause가 영어에서는 casual 만큼이나 번역하기 힘든 대표적인 어휘 가운데 하나였다. 구체적인 예를 들어 설명하겠다.

「베라 크루즈」에서는 멕시코의 반란군 지도자가 개리 쿠퍼와 버트 랭카스터에게 〈우리들이 두 사람에게 드릴 (돈보다 더 중요한) 건 대의명분이요We offer a cause〉라고 설득한다. 여기에서는 cause를 〈명분〉이라고 해도 아무런 문제가 없다.

「분노의 포도」에서는 cause의 의미가 좀 애매해진다. 〈당신 목사님 아니냐〉는 헨리 폰다의 질문에, 남루한 옷차림의 존 캐러딘은 자괴감을 느끼며 말한다.

〈Used to be. Not no more. Lost the cause.〉(한때는 목사였지. 이제는 아냐. 대의명분을 잃었거든.)

목사의 경우에는 cause(~을 하게 만드는 원인)가 정치적인 냄새를 풍기는 〈대의명분〉이라는 말이 어울리지를 않는다. 그럴 때는 평상시 머릿속에 고정되어 버티는 한 가지 우리말 단어로만 번역하려고 무리를 하지 말고 다른 표현을 찾아봐야 한다. 필자가 늘 강조하는 바이지만, 영어 단어 하나에는 우리말도 한 단어뿐이라는 착각을 버려야 한다. 그러면 cause를 〈이상〉이나 〈신념〉이라고 번역해도 된다는 가능성을 깨닫게 된다. 캐러딘 목사의 경우에는 〈대의명분〉이 아니라 〈신념〉이나 〈믿음〉을 잃었다고 하면 무난하겠다. 어떤 단어는 이런 식으로 경우에 따라 그때그때 다양하게 번역하지 않으면 어려운 경우가 많다. carpetbagger 항에서 필자가 그 단어를 왜 〈외지인〉이나 〈북쪽 놈〉 또는 〈북쪽 사람〉, 그리고 심지어는 〈북부에서 내려간 사람〉이라고 길게 풀어 가면서까지 다양한 표현을 썼는지 한번 곰곰이 생각해 보기 바란다.

「혁명아 자파타」에서 장군이 보낸 사신에게 말론 브랜도가 하는 말이다. 〈You deserted our cause.〉(당신네들은 우리들의 대의명분을 저버렸소.) 여기서도 〈대의명분〉에만 옹색하게 매달리지 말고, 〈뜻을 저버리다〉라는 표현을 써서 번역해 봐도 괜찮겠다는 생각이다.

「꿈의 구장」에서 〈목소리〉를 듣고 옥수수밭에 야구장을 건설한 케빈 코스트너가 찾아가자, 퓰리처상 수상 작가 제임스 얼 존스는 그를 쫓아내며 소리를 지른다. 〈I don't do causes any more!〉 만일 이 말을 이렇게 번역한다면 얼마나 어색할까? 〈난 더 이상 대의명분을 하지 않아!〉 1960년대 반전 운동의 기수였던 그는 이제 신물이 나서 〈대의명분을 안 하겠다〉가 아니라 〈중뿔나게 앞장서는 짓을 하지 않겠다〉고 고함친 것이다.

cause는 「분노의 포도」에 나오는 존 캐러딘 목사의 경우처럼 lost와 짝을 지어 lost cause(〈잃어버린 대의명분〉 또는 〈실패한 대의명분〉)가 되어 자주 사람들의 입에 오른다. 「벨 아미 이야기」에서 〈벨 아미〉 조지 샌더스의 계략으로 몰락한 외무장관이 신문사 사장으로부터 도움을 구하겠다고 하니까 다른 사람이 말린다. 〈M. Walter is a realist. He wastes no time on lost causes.〉(사장은 현실적인 사람이야. 헛된 꿈에 시간을 낭비할 분이 아니지.) 때에 따라서는 이렇게 〈잃어버린 대의명분〉을 〈헛된 꿈〉이라는 쉬운 표현으로 바꿔 써도 괜찮다. 〈M.〉이라는 호칭은 영어의 Mr.에 해당하는 프랑스어 Monsieur의 줄임꼴이다.

lost cause에 관한 가장 감동적인 대사는 「스미드 씨 워싱턴에 가다」에 나온다. 하원에서 정의를 부르짖으며 제임스 스튜어트는 꿈을 버린 원로 정치인 클로드 레인스를 호되게 비판한다.

〈I guess this is just another lost cause for you, Mr. Paine. He said once they were the only causes worth fighting for. And he fought for them once. I'm gonna stay right here and fight for this lost cause. And somebody will listen to me.〉(페인 의원님, 아마도 당신에게는 이것이 그냥 또 하나의 잃어버린 대의명분에 불과한지도 모르겠습니다. 그는 한때 이것들만이 투쟁할 가치가 있는 대의명분들이라고 말했습니다. 그리고 한때 그는 실제로 그런 명분을 위해 투쟁했습니다. 나는 이 자리를 지키면서 그 잃어버린 대의명분을 위해 싸우겠습니다. 그러면 누군가는 내 말에 귀를 기울이겠죠.)

위 번역문에서 〈대의명분〉을 〈이상〉이나 〈꿈〉이라는 단어로 한번 바꿔 넣고 느낌이 어떻게 달라지는지를 생각해 보기 바란다.

cavalry

"Guarding the pass below. The Ingles wouldn't leave until he was sure there was no more cavalry."

✘ 아래쪽 통로 보초 섰어. 기갑부대가 더 없는지 확인할 때까지 살피느라고.

☞ 「누구를 위하여 종은 울리나」에서 유격대장 아킴 타미로프가 아내 카티나 팍시누에게 저녁 준비도 안 하고 어디 갔었느냐고 묻자 팍시누가 한 대답이다.

번역문 첫 문장에 나오는 우리말 단어 〈보초〉는 남들의 눈에 잘 띄는 곳에서 자리를 지키며 통과하는 사람들의 신분을 확인하는 따위의 임무를 수행한다. 그러나 팍시누는 어딘가에 몸을 숨기고 몰래 〈감시〉를 하고 돌아온 길이었다. (mountain) pass는 그냥 〈통로〉가 아니라 〈고갯길〉이나 〈산길〉이라는 뜻이다. 〈문경 새재〉나 〈무악재〉와 〈박달재〉라는 지명에서 〈재〉(산줄기가 안장처럼 낮아진 부분)가 바로 pass를 나타내는 순수한 우리말이다.

두 번째 문장에서는 주어를 없애 버리는 바람에 상황의 주체를 파악하는 데 장애가 발생한다. 잉글레스Ingles는 에스파냐 말로 본디 〈영국인〉이라는 뜻이지만 여기서는 〈영어를 말하는 미국인Americano〉을 지칭한다. 영화의 주인공 개리 쿠퍼는 영국인이 아니라 미국인이다.

cavalry는 라틴어로 〈말〉을 뜻하는 caballus가 어원으로서, 귀부인을 지켜 주는 용감한 기사 cavalier(knight) 그리고 같은 뜻의 이탈리아어 cavalleria와 동족의 어휘군이다. 프랑스의 유명한 가수이며 영화배우였던 모리스 슈발리에의 성 Chevalier도 cheval(프랑스어로 〈말〉)을 탄 〈기사(騎士)〉라는 뜻이다. cavalry는 본디 〈기병대〉였지만, 전술과 병기가 발달함에 따라 이제는 말 대신 전차나 장갑차를 타고 싸우는 병력도 cavalry(기갑 부대)라고 한다. 이 장면에서 개리 쿠퍼와 팍시누가 확인한 병력은 〈탱크 부대〉가 아니라 〈기마병〉이다.

○ 「아래쪽 고갯길을 감시했어. 기마병이 더 없는지 미국 양반이 확인을 끝낼 때까지 기다려야 했다고.」

cave

"Well, the cave caved in and I have not been heard ever since."

✘ 동굴이 깊어서 아무도 내 소리를 못들었죠.

☞ 「우리집 식구는 아무도 못말려」에서 제임스 스튜어트더러 진 아더가 어릴 적 얘기를 해달라니까 스튜어트가 황당무계한 거짓말을 한다. 어려서부터 그는 걸핏하면 악을 쓰고 소리를 질러 원하던 바를 성취하고는 했는데, 동굴 안에서 길을 잃고 소리를 질렀더니, 이때만큼은

일이 뜻대로 되지를 않았단다.

cave in은 동굴뿐 아니라 탄광의 갱도 따위가 〈무너지다〉나 〈주저앉다〉 또는 〈함몰한다〉는 뜻이다. cave caved in은 같은 단어를 일부러 반복한 짓궂은 표현이다. 스튜어트의 설명은, 소리를 너무 크게 질렀더니 (울려서 벽이 갈라져) 동굴이 무너졌고, 그 이후로는 not been heard(아무도 내 소리를 듣지 못하게 되었다)라는 말이다. 문장의 뒷부분은 〈그때부턴 아무리 발악을 해도 말을 들어주는 사람이 없었다〉는 암시와 더불어, 〈죽어 버려서 이제는 아무도 나의 행방을 모른다〉는 〈감감무소식〉이라는 의미까지 곁들인다. 이렇게 곱씹을수록 맛이 나는 농담은 얼른 알아듣기 힘든 경우가 많고, 그래서 번역도 그만큼 어려워진다.

○ 「그러자 동굴이 내려앉았고 그 이후 내 목소리는 영원히 들리지를 않았답니다.」

caviar

"Then let's go to the most expensive restaurant and have caviar and champagne."

✘ 그러면 최상급 호텔로 가서 상어알과 샴페인을 마셔요.

☛ 「개선문」에서, 카지노에 다녀온 샤를 부아이에가 돈을 땄다니까 잉그릿 버그만이 신나서 외치는 소리다.

이 책을 처음부터 소설을 읽듯이 순서대로 여기까지 읽어온 독자라면, 「개선문」의 오역 사례가 유난히 많다는 느낌을 받았을 듯싶다. 의도적이었다. 114분짜리 영화에서 수십 개의 오역이 나왔다면, 3분이나 5분에 하나씩 오역을 범했다는 뜻이다. 우리 현실에서는 전문가들도 때로는 그런 수준의 번역을 버젓하게 한다는 부끄러운 사실을 입증하고 싶었.

expensive는 비싼 곳일지는 몰라도 〈최상급〉은 아닐 경우가 더 많다. restaurant은 〈호텔〉이 아니다. 우리나라에서는 최고급 식당이 호텔에 많지만, 서양에는 식당 자체가 유명한 곳이 많다. caviar는 〈상어 알〉이 아니라 〈철갑상어의 알젓〉이다. caviar를 〈상어 알〉이라고 하면, 〈명란젓〉을 〈잉어 알〉이라고 하는 격이다.

○ 「그렇다면 우리 고급 식당에 가서 캐비어와 샴페인을 들어요.」

cellar

"We got to get down in that cellar."

✘ 저 아래 다락으로 내려가자.

☛ 「공격」에서 전차의 포사격을 받아 궁지에 몰리자 리처드 재켈이 내놓은 제안이다. 지붕 밑 〈다락〉과 마룻바닥 밑 〈지하실〉조차 구별하지 못할 정도로 우리말이 서투른 사람들에게는 번역을 시켜서는 안 된다는 생각이다. 그래서 필자는 번역을 하려면 영어를 아무리 잘 알아도 소용이 없고, 우리말부터 제대로 알아야 한다고 주장한다. 그리고 이런 〈실수〉는 한 번으로 끝나지는 않는다. 다른 장면에서 소대장 잭 팰런스가 부하들이 어디로 갔느냐고 물었을 때도, 재켈은 이렇게 대답한다.

「Snowden's down in the cellar.」
✗ 「아래 다락에요.」

그리고 농가를 수색하는 장면에서는 팰런스 소대장이 〈천장으로 가라!〉고 명령한다. 하지만 병사들은 우르르 지하실로 내려간다. 그리고 지하실에서 독일군 두 명을 발견했을 때는 팰런스가 이렇게 화를 낸다.

「Bernstein, I thought you flushed out the cellar!」
✗ 「번스타인, 지붕을 다 점검하지 않았나!」

이 영화의 DVD에서는 수많은 오역이 보이며, 여기에 열거한 이외에도 captain을 〈소위〉라 하고, sergeant(병장)을 〈하사〉라 하고, 리 마빈을 〈대령〉이라고 했다가 〈중령〉이라 하고, 같은 사람 Erskine의 이름을 〈어스카인〉이라고 했다가 〈어스킨〉이라고도 하는 등, 우리 영상 번역의 치부를 보는 듯해서 안타까운 생각이 든다.

centurion

"Centurion!"

✗ 부관!

☛ 「벤허」에서 유대인 족장 prince 찰톤 헤스톤이 찾아왔다고 보고한 부하를 (예루살렘에 새로 부임해 온 호민관) 스티븐 보이드가 소리쳐 부른다. centurion은 지휘관의 비서격인 〈부관〉이 아니라 지휘관인 〈백부장(百夫長)〉이다. 백부장은 지휘관이기 때문에 전투에서 최전방에 선다. 〈부관〉은 지휘관의 수행 비서와 비슷한 역할을 한다. 그래서 부관 병과는 전투 경력을 중요시하는 군대에서 높은 계급으로 올라가기조차 힘들다.

centurion이라는 말은 century의 지휘관을 뜻하며, century는 〈세기〉뿐 아니라 〈100명으로 구성된 부대〉를 뜻하기도 한다. 그러니까 현대적인 군사 개념으로 따지면 백부장은 200명쯤을 통솔하는 중대장에 해당되겠다. 참고로, centurion의 cent-(centi-)는 〈100〉 또는 〈100분의 1〉을 의미하는 결합사로서, cent는 미국 화폐의 단위고, centenary는 〈100년간〉이라는 단위며, centipede(지네)는 다리pede가 〈100개〉라는 뜻이고, century는 미국 속어로 〈100달러〉라는 뜻도 있다.

chain

"Compared to the life I lead, the last man in a chain gang thoroughly enjoys himself."

✘ 나랑 비교해 본다면 차라리 사슬 매인 죄수가 즐기며 사는 거죠.

☛ 「홀리데이」에서 부잣집 딸로 살아가는 답답한 인생에 대하여 캐더린 헵번이 캐리 그랜트에게 하소연하는 말이다. 가능하면 최소한으로 짧게 줄여야 하는 영상 번역의 특성상 이런 경우까지 오역이라고 하면 좀 야박한 느낌이 들기 때문에, 〈✘〉는 〈나쁜 번역〉이라기보다는 그냥 〈기존의 사례〉 정도로 이해해 주기 바란다. 하지만 번역에서 빼놓은 the last man은 그냥 무시하기에는 비중이 지나치게 크다.

우선 chain gang부터 살펴보자. 사람들은 흔히 여기에서처럼 chain과 gang이라는 두 단어를 따로따로 알면 그 두 단어를 결합한 표현까지도 자동적으로 안다고 착각하기가 쉽다. 그래서 chain gang이라면 〈chain(쇠사슬)을 휘두르는 gang(깡패)〉이나 〈여러 집단이 연결된 폭력 조직〉 따위라고 대충 짐작하고는 실제로 번역까지 그렇게 한다. 하지만 chain gang은 쾌로 엮은 북어처럼 〈쇠사슬로 줄줄이 묶어 놓은 여러 명의 죄수〉라는 뜻이다. the last man in a chain gang은 그렇게 쇠사슬로 묶인 여러 죄수들 중에서도 맨 끝에 매달린 사람이다. 등산을 가면 경험하는 일이지만, 맨 뒤로 처진 사람은 아무리 숨을 헐떡이며 쫓아가도 좀처럼 선두를 따라잡기가 어렵다. 더구나 험악한 죄수들이 쇠사슬로 묶인 상황에서 맨 끝에 질질 끌려 다니는 심정이 어떨지는 쉽게 짐작이 간다. 이토록 절박하고 재미있는 표현이 번역을 통해 〈사슬 매인 죄수〉라는 식으로 맛을 잃어야 하는 것이 영상 번역의 안타까운 현실이다.

○ 「내가 살아가는 꼬락서니에 비하면, 형무소 청소부가 훨씬 즐거운 인생이겠죠.」

challenge

"You were an officer, it seems."

✘ 작위가 있는 사람 같은데.

"Ex-captain, sir." (대위였습니다.)
"Send me your challenge."

✘ 실력을 볼까?

☛ 「카라마조프의 형제들」에서 작부 마리아 셸의 심부름을 할 정도로 몰락한 전직 장교와 율 브

리너 중위가 주고받는 대화다.

〈보아하니 장교 출신인 모양인데요〉가 어째서 〈작위가 있는 사람〉이 되었는지는 알 길이 없다. 러시아의 장교들은 대부분 귀족이었다는 역사적인 사실을 상기해서 그렇게 번역한 것인가? 하지만 이어지는 대화를 보면 그렇지도 않은 듯싶다. send me your challenge(도전장을 나한테 보내시오)는 〈(명예 회복의 기회를 줄 테니까) 결투를 신청하라〉(☞ second, satisfaction)고 상대방에게 통고하는 말이다.

다음 장면에서 대위가 〈처자를 먹여 살려야 하는 몸이어서 그렇게 못하겠다〉고 하자, 브리너는 그의 뺨을 장갑으로 때린다. 〈(당신이 결투 신청을 못하겠다면) 내가 신청하겠다〉는 상징적인 행동이다.

chance

"It is absurd to believe that the constant pain afflicting us is there purely by chance."

✘ 기회가 있음에도 불구하고 끊임없는 고통이 우리들을 괴롭힌다는 사실을 믿기 싫구나.

☛ 「안토니아」에서 신동 테레즈에게 개인 교수를 하는 염세주의자 〈이리 와Crooked Finger〉 아저씨가 남긴 유서의 내용이다. by chance는 DVD로 출시된 영화의 번역에서처럼 〈기회가 있음에도 불구하고〉가 아니라 〈우발적으로〉라는 의미다. chance에는 〈기회〉 말고도 〈우연〉이라는 뜻도 있으며, by chance는 accident 항에서 설명한 by accident와 비슷한 의미다. 그러니까 예문은 이렇게 번역해야 한다.

○ 「끊임없이 우리들을 괴롭히는 고통이 순전히 우연이라고만 믿어서는 안 된단다.」

「아가씨와 건달들」에서 프랭크 시나트라가 노래를 부른다.

「Adelaide is takin' a chance on me.」

✘ 「내 사랑 아들레이드, 나를 믿어봐요.」

번역문을 보면 시나트라가 여자에게 호소하는 듯한 인상을 주지만, 사실은 〈앞으로 고생문이 훤한데도 나를 믿어 주는 당신〉에 대한 칭찬과 고마움이 담긴 내용이다.

잠시 후에는 takin' a chance on me를 〈나에게 운명을 걸었기 때문〉이라고도 번역했다. take a chance는 〈(위험을 무릅쓰고) 도박을 한다〉는 뜻이다. 노래를 부르는 등장인물이 도박사임을 고려하여 〈아들레이드는 나를 걸고 도박을 한다네〉라고 했더라면 훨씬 더 좋았으리라는 생각이다.

「선셋대로」에서는 자동차 불입금을 내지 않아서 차를 회수하러 온 사람들을 따돌린 다음 윌리엄 홀든이 큰소리를 친다.

「I was way ahead of the finance company. I knew they'd be coming around and I couldn't take any chances.」

× 「나는 금융회사 사람들보다 훨씬 동작이 빨랐다. 그들이 오면 나한테 기회가 없다는 것을 알고 있었다.」

이것도 두 번째 문장은 〈그들이 찾아오리라는 사실을 알았던 나는 조금이라도 모험을 할 처지가 아니었다〉는 뜻이다.

「사랑의 행로」에서는 심하게 싸우고 결별한 다음 제프 브릿지스가 집으로 찾아갔더니, 〈죽고 싶어 찾아왔느냐〉고 미셸 파이퍼가 묻는다. 브릿지스가 눈치를 살피며 대답한다.

「I'll take my chances.」

× 「난 기회를 잡을 뿐이야.」

○ 「(필요하다면 난) 모험도 해야 되겠지.」

「갈채」에서는 빙 크로스비를 〈믿어도 되겠느냐〉고 묻는 윌리엄 홀든에게 그레이스 켈리가 소극적인 견해를 밝힌다.

「You'll be taking a big chance.」

× 「당신은 큰 기회를 거머쥘 수도 있구요.」

○ 「감독님에겐 큰 부담이 되겠죠.」

「개선문」에서 〈밤에는 여권을 조사하지 않아서 별 탈이 없었겠지만, 낮에는 어땠느냐〉는 루이스 캘헌의 질문에 샤를 부아이에가 대답한다.

「That's a chance I had to take.」

× 「두고 봐야겠죠.」

벌써 다 지나간 얘기를 한참 하다 말고 〈(나중에) 두고 보자〉니, 앞뒤가 맞지 않는다. a chance to take는 〈감수해야만 하는 모험〉이다. 그러니까 부아이에가 진짜로 한 말은 〈낮에야 어쩔 도리가 없으니 그 정도의 모험은 해야 했어요〉다.

「캐프리콘 1」에서 부품 생산 업체가 불량 제품을 납품하는 바람에 화성 탐사선이 사흘 후에 폭파할 위험이 생기자, 탐사선만 발사하고 세 명의 우주 비행사를 외딴 건물로 빼돌려 화성 착륙극을 조작하려고 한다. 우주 비행사가 묻는다.

「You don't really think you're gonna get away with this.」

× 「이제 더 이상 물러설 곳이 없겠군요.」

오역이다. get away with는 어떤 잘못을 저지르고도 〈무사히 넘어가다〉라는 뜻이다. 그러자 햅 홀브룩이 설명한다.

「I don't know. It's a chance. Maybe it's not a very good one, but it's still a chance.」

× 「글쎄, 이건 기회일세. 잘한 짓은 아니지만, 일종의 기회야.」

역시 오역이다. 제대로 번역하면 이렇게 된다.

○ 「모르겠어. 모험이라고 해야겠지. 어쩌면 승산이 별로 없는 모험일지는 모르지만, 그래도 해볼 만한 도박이야.」

change

"That will be a change."

✘ 환승권이면 되죠?

☞ 「에어포트」에서 무임 승객 헬렌 헤이스를 되돌려 보내려면 비행기표를 만들어 줘야 한다며 진 세버그가 버트 랭카스터에게서 동의를 구하는 장면이다. 여기에서 change는 〈환승권〉이 아니라 〈새로운 사건〉이다. 〈환승〉은 영어로 change가 아니라 transfer라고 한다. 상습적으로 몰래 훔쳐 타기만 하던 비행기를 헤이스 할머니가 이번에는 〈모처럼 처음으로〉 표를 갖고 타게 되었기 때문에 하는 말이다.

「아라베스크」에서는 〈미래(앞날)를 위해 협조해 달라〉는 아랍인의 부탁을 받고, 고대 문자를 연구하는 그레고리 펙 교수가 기꺼이 응한다.

「For generations we have devoted ourselves to uncovering the past. I think it's probably about time that one of us should involve himself in the future for a change.」

✘ 「우린 오랜 세월에 걸쳐 과거를 파헤치는 일에 헌신해 왔습니다. 이제는 우리들 가운데 한 사람쯤은 기분 전환도 할 겸 미래에 뛰어들어야 할 때가 되었다는 생각도 듭니다.」

for a change에는 물론 〈기분 전환을 위해서〉라는 뜻이 있기는 하지만, 여기에서는 〈뭔가 변화를 주기 위해서〉, 즉 〈색다르게 여태까지 안 하던 짓을 한다〉는 뜻이 강하다. 또한 〈생각지도 않았던 상황의 반전〉에 적용하는 표현이어서, 〈별꼴이 반쪽〉이라는 해괴한 표현이 썩 잘 어울리는 경우도 있다. 사전에 적힌 내용을 그대로 고지식하게 베끼지만 말고, 상황과 문맥에 맞도록 항상 싱싱한 표현을 찾아보는 습관을 들여야 한다.

「베벌리 힐즈의 사생활」에서는 호텔 종업원이 〈It looks like another beautiful day, uh?(오늘도 역시 날씨가 좋을 것 같죠?)〉라고 건성 인사를 하자, 기분이 별로 좋지 않았던 제인 폰다가 토를 단다.

「For a change.」

✘ 「기분 전환 되겠네요.」

이것은 〈날마다 날씨 좋은 거 좋아하네. 모처럼 하루 좋은 걸 가지고 말이야〉 정도로 비아냥거리는 대답이다.

「무모한 순간」에서는 줄담배를 피우는 조운 베넷에게 주려고 제임스 메이슨이 상점에서 담뱃대를 하나 산 다음, 1달러짜리 지폐 한 장을 점원에게 준다. 점원이 동전을 거슬러 주며 말한다.

「Here's the change. And three makes a dollar.」

✘ 「거스름돈 받으세요. 세 개에 1달러입니다.」

담뱃대를 하나만 산 사람에게 〈세 개에 1달러〉라니, 그렇다면 한 개에 33.33333……센트라는 계산이다. 그리고 1달러는 벌써 냈는데, 왜 잔돈을 거슬러 주는가? another 항에서처럼 이것도 계산이 흐릿한 한국인의 약점 때문에 발생한 오역이다.

이 장면에서 한 가지 더 알아 둬야 할 사실은 잔돈을 계산하는 방법이 한국과 미국에서 서로 다르다는 것이다. 우리나라에서는 예를 들어 9,500원짜리 물건을 사고 1만원권을 내면, 점원이 잔돈을 미리 혼자 암산하고는 500원을 거슬러 준다. 그러나 미국에서는 물건 값이 9,500원이라면, 그 액수에서부터 이미 받은 1만원이 찰 때까지, 예를 들어 100원 짜리 동전을 하나씩 내주며, 〈9,600원…… 9,700원…… 9,800원…… 9,900원…… 1만원. 자, 계산 끝났습니다〉라는 식으로 말한다. 따라서 이 장면의 계산법에서는 두 번째 문장이 이렇게 된다. 〈그리고 제가 3센트를 드리면 1달러가 됩니다.〉 그러니까 담뱃대는 세 개에 1달러가 아니라 하나에 97센트다.

「오픈 레인지」에서, (밤을 새워 부상자를 돌본) 아네트 베닝이 케빈 코스트너와 로버트 두발에게 아침 식사를 준비해 주려고 나가며 하는 말이다.

「I'm just gonna change.」

✗ 「변화를 좀 줄 거예요.」

밤샘으로 기진맥진한 몸인데, 아침 요리에서 무엇인지 변화를 시도해 보겠다는 말이다. 하지만 베닝이 음식을 만드는 장면은 끝까지 보이지 않고, 옆방으로 들어간 그녀는 지금까지 걸치고 있던 편한 실내복을 벗어 놓고 (낮에 입고 나다니는) 보다 점잖은 옷으로 갈아입는다. change는 〈옷을 갈아입는다〉는 뜻이다.

○ 「옷부터 좀 갈아입고요.」

channel

"You know, the colonel had a phone call about you out of channels from Washington, very much out of channels, to transfer you to special service in London."

✗ 대령님이 워싱턴을 통해서 자네에 대해서 전화했지. 신경을 많이 썼더군. 자네를 런던으로 전출시킬 수도 있지만 (승인하는 건 나야).

☛ 「젊은 사자들」에서 먼고메리 클리프트를 괴롭히는 중대장을 훈련소장에게 보고하겠다고 던 마틴 훈련병이 은근히 압박하자 중대장이 맞불을 놓는 장면이다. 병역 기피에 실패한 인기 연예인 마틴은 훈련소에서 유럽 전선으로 가지 않고 〈후방〉인 런던의 special service(위문대)로 빠지려고 손을 써놓았는데, 만일 훈련소장에게 보고를 한다면 최전방으로 보내겠다는 중대장의 협박이다.

colonel had a phone call은 〈대령이 전화를 했다(걸었다)〉가 아니라 그와는 반대로 〈받았다〉는 뜻이다. from Washington(워싱턴에서 걸려온) 전화가 out of channels([정상적인] 경로들을 벗어난) 행동이었다는 말은, 〈공식적인 절차를 무시한〉 내용, 그러니까 〈비정상적인 청탁〉이었음을 의미한다. 그러니까 중대장의 얘기는 이런 내용이다.

〈대령님이 워싱턴으로부터 비공식적인 전화, 정식 경로를 벗어났어도 아주 많이 벗어난 전

화를 받았는데, 자네를 런던의 연예대로 전출시켜 달라는 내용이었지.〉

결국 마틴은 런던으로 가지만, 비겁하게 후방으로 빠졌다는 사실에 대해서 심한 죄의식을 느끼고, 나중에는 그의 애인(바바라 러시)과 친한 장군에게 〈본대로 귀환시켜 달라〉고 부탁하기에 이른다. 장군이 그에게 묻는다.

「Why don't you just put in a request through channels?」

✕ 「군사 위원회에 요청하는 건 어때?」

느닷없이 등장한 〈군사 위원회〉가 무엇인지는 모르겠지만, 역시 channels의 정체를 몰라서 한 오역이 아닌가 싶다.

○ 「왜 정식 절차를 밟아 (전출) 신청을 하지 않고 이러나?」

character

"We're just characters in that old lady's dream."

✖ 자기 책 속의 캐릭터일 뿐이야. 주인공 할머니의 회상에 등장하는……

☛ 「비포 선셋」에서 이단 호크의 소설에 재현된 그들 두 사람의 관계에 대해 줄리 델피가 아쉬움을 나타낸다. 〈캐릭터〉라는 한글 표현을 워낙 자주 쓰다 보니, 영어 character가 우리말로 무슨 뜻이냐고 물으면 얼른 대답을 못 하는 그런 번역자의 솜씨 같은 인상을 준다. 이 영화에는 원문에 character가 등장하지 않는데도 번역문에서 〈캐릭터〉가 등장하기까지 한다. 소설에 재현된 자신의 모습에 대해서 델피는 이런 얘기를 한다.

「There were times when you made me a — well, I mean her — a little bit neurotic.」

✕ 「내 캐릭터도 약간 왜곡됐어. 참, 내가 아니고 〈그녀〉지. 내가 신경질적이야?」

neurotic은 〈신경질적hysterical〉이 아니고, 불안이나 공포나 우울증 따위를 수반하는 〈신경과민 증상〉이다.

○ 「자기가 쓴 글을 보면 나를 — 아니, 그 여자를 — 약간 신경이 과민하게 묘사한 대목들이 나와.」

「우디 앨런의 부부일기」를 보면, 잡지사에서 같이 근무하는 리암 니슨이 (우디 앨런의 아내) 미아 패로우를 좋아한다는 얘기를 듣고, 앨런이 아내에게 불편한 심기를 드러낸다. 〈Like from the character in your office?〉(사무실의 어떤 놈팡이처럼?) 〈He's not a character.〉([그 사람은] 놈팡이[가] 아냐.) character는 여기에서처럼 분명히 우리말로 번듯한 〈번역〉이 가능하다.

「갈채」에서는 character 오역의 대표적인 사례가 등장한다. 과거에 자신이 연기했던 장면을 빙 크로스비가 연출자 윌리엄 홀든과 제작자에게 설명하는 대목이다.

「Well, it wasn't much, really, it was just a thing where I played one of those pitchmen. Sort of a fanciful character, only instead of selling a patent medicine or something like that, I was selling a philosophy. You know, sort of a sunshine salesman.」

✗ 「음, 이것은 제가 했던 행상인 연기의 일부분인데요. 특히 약품을 파는 일 대신에 너무나도 공상에 잘 잠기는 일종의 철학을 판다고 생각하는 그런 성격이죠. 자신이 희망을 팔고 있다고 믿는 거죠.」

이 예문에 등장하는 character가, 우리나라 사람이라면 초등학생까지도 다 알고 있(다고 착각하)는, 〈캐릭터 산업〉의 바로 그 〈캐릭터〉다. 그렇다면 (위 번역문에서처럼) character를 〈성격〉이라고 번역한다면, 〈성격 산업〉이란 도대체 무엇일까?

character의 어원인 carecter는 본디 금속이나 나무나 돌 따위에 〈조각을 하는 도구〉였으며, 그리스어 kharakter([부호 따위를] 새기다)를 거쳐 〈독특한 표시〉라는 뜻을 갖게 되었다. 그리고는 진화를 계속하여 지금처럼 〈특성〉, 〈특질〉, 〈성질〉, 〈인격〉, 〈성격〉, 〈품성〉, 〈인물〉, 〈사람〉, 〈기인〉, 〈괴짜〉, 〈명성〉, 〈평판〉 따위의 갖가지 의미를 아우르기에 이르렀다. 「비포 선셋」과 「갈채」에서는 character가 〈등장인물〉 또는 〈주인공〉이라는 의미다.

크로스비가 설명한 내용에서 one of those는 〈어디에서나 흔히 마주치는 그런〉이라는 뜻이고, pitchman은 된장 영어 〈나레이터 걸〉과 같은 직종으로서, 물건을 팔려고 pitch(길바닥에서 열심히 떠들어 대며 팔다)를 하는 사람이다. sunshine salesman(햇빛을 파는 사람)은 〈희망과 행복 판매원〉 정도의 개념이다. 그럼 크로스비의 얘기를 다시 정리해 보겠다.

○ 「뭐 사실 대단한 건 아니고, 내가 평범한 약장수 역을 하나 했었죠. 어딘가 좀 기발한 인물이었는데, 만병통치약이나 그런 걸 파는 대신, 난 철학을 팔았답니다. 아시잖아요, 꿈과 희망을 나눠 주는 그런 사람요.」

charge

"My little charge has quite grown up. I am a governess, a music teacher, you know."

✗ 여행 경비가 너무 많이 들어서요. 전 음악 가정교사랍니다.

☞ 「사라진 노부인」에서 (여관 식당에 갔다가 두 여행자를 만난) 노부인이 6년을 살았던 휴양지 산골 마을을 떠나 영국으로 돌아가게 된 사연을 설명하는 장면이다. 앞뒤 문맥을 잘 살피지 않으면 이런 오역이 발생한다. charge를 〈경비〉라고만 생각한 모양인데, 무슨 경비인지 확실치가 않아서 〈여행〉이라는 말까지 곁들였다. 그런데 노부인이 음악 담당 가정 교사라는 두 번째 문장의 내용은 첫 문장의 〈여행 경비〉와 무슨 있을까? charge는 《(선생이)《책임》지고 맡아서 가르치는 학생이나 아이》를 뜻한다. 그러니까 노부인이 〈맡아서 가르치던 아이가 자라서 어른이 다 되어 할 일이 없어졌기 때문에 귀국하게 되었다〉는 얘기다.

「왕자와 무희」에서는 섭정 대공 로렌스 올리비에가 자국의 외교관에게 전화를 걸어서 상황을 알려 준다.

「Sir Edward is disturbed that we have not been able to think of a charge, which makes it rather awkward.」

✗ 「볼프스타인을 체포하라고 했는데 우리가 고발건을 생각지 못해서, 저지 당했소.」

독재자 올리비에가 투옥한 반정부 인사 때문에 곤경에 처한 상황인데, 역자가 그 상황을 제대로 판단하지 못한 눈치다. 그래서인지 번역문을 몇 번 읽어 봐도 무슨 뜻인지 알기가 어렵다. 예문에서 핵심을 이루는 어휘 charge는 〈고발건〉이 아니라 〈혐의〉(☞ drop)라는 뜻이다.

○ 「우리 정부가 (반정부 인사를 투옥한) 혐의를 제대로 설명하질 못하니까 에드워드 경의 심기가 불편해졌고, 그래서 입장이 상당히 난처해졌다고요.」

charity

"Would I be asking for a loan from charity if I can find a work?"

✗ 직업이 생기면 융자가 가능합니까?

☞ 「육체와 영혼」에서 융자를 신청한 존 가필드의 어머니에게 사회 복지 기관에서 조사를 나온 여직원이 묻는다. 〈Have you tried to get a job, Mrs. Davis?〉(데이비스 부인, 직장을 구하려는 노력은 해보셨나요?) (완전히 거꾸로 오역해 놓은) 예문은 어머니 앤 리비어가 반문한 내용이다. 〈직업이 생기면〉 도대체 왜 융자가 필요하겠는가? 앤 리비어도 바로 그렇게 말했다.

○ 「만일 일자리를 구할 수 있다면 왜 내가 자선 기관에 융자를 신청하겠어요?」

Charlie

"Like one time our chopper got hit by a Charlie, just outside our camp. It came down like a stone, but the door gunner walked away."

✗ 일전에 헬리콥터가 격추 당했는데, 아군 캠프 쪽이더군요. 돌덩이처럼 무섭게 추락했는데도 사수는 멀쩡히 걸어 나왔어요.

☞ 「제5 도살장」을 보면, 베트남에서 복무하는 제5 특전대(그린 베레) 소속의 아들이 어머니의 사망으로 인해 특별 휴가를 받아 귀국하여, 아버지 마이클 색스를 만나고는 이런 얘기를 털어놓는다. like one time은 〈일전에〉가 아니라 〈언젠가 이런 (희한한) 일도 있었는데〉라고 운을 띄우는 표현이다. camp를 〈캠프〉라고 한 것은 번역이 아니며 (우리말이 아니라) 그냥 한

글로 옮겨 적어 놓는 행위에 불과하다. 그리고 전반적으로, 예문의 내용이 베트남전과 관련된 상황이라는 사실을 모르고, 그래서 Charlie가 무슨 뜻인지를 알 길이 없어서 대충 해서 넘긴 번역처럼 보인다.

just outside the camp는 〈아군 캠프 쪽〉이 아니라 〈아군 진지를 약간 벗어난 곳〉이다. door gunner는 헬리콥터에서 문이 달린 옆쪽의 기관포 사수를 가리킨다. walked away는 〈걸어 나왔다(walked out)〉가 아니라, 〈멀쩡한 몸으로 현장을 벗어났다〉는 뜻이다. 제대로 번역하면 이렇게 되겠다.

○ 「언젠가 아군 헬리콥터가 우리 진지 외곽에서 베트콩의 공격을 받고는 바윗덩어리처럼 추락해 버렸지만, 기관포 사수는 털끝 하나 다친 데가 없더라고요.」

월남전 당시 미군들은 베트콩을 Charlie라고 불렀다. 처음에는 Vietcong을 VC나 Cong이라고 줄여서 부르다가, Cong을 아예 C로 다시 줄이고는 이것을 Charlie라고 했다. C가 왜 Charlie인지 알고 싶으면 company 항을 찾아보기 바란다. 그리고 〈베트콩〉에 대해서 꼭 알아 둬야 할 사항이 enemy 항에도 있다.

「포레스트 검프」에서는 베트남으로 간 톰 행크스가 이런 궁금증을 털어놓는다. 〈We were always looking for this guy named Charlie.〉 역자는 이것을 〈우린 언제나 찰리라는 녀석을 찾아다니기만 했습니다〉라고 옮겼는데, 〈찰리〉가 무슨 뜻인지를 아는 사람이라면 폭소를 터뜨렸을 대목이다. 전우들이 계속 찰리(베트콩) 얘기를 하는데, 머리가 좀 모자라는 행크스는 미군들이 찰리라는 이름의 미국인을 찾아내기 위해서 전쟁을 하는 줄 오해했던 것이다.

charm

"Oh, my lucky charm!"

✘ 내 행운의 부적!

☞ 「애수(哀愁)」에서 워털루 다리를 건너다 공습을 받아 서둘러 도망치던 비비엔 리가 늘 몸에 지니고 다니던 못난이 인형을 떨어트린 다음에 외친 소리다. 〈부적〉(또는 〈부작〉)은 우리 민간 신앙에서 악귀와 잡신을 쫓고 재앙을 물리치기 위해 야릇한 붉은 글씨를 적어 몸에 지니거나 집에 붙이는 〈종이〉다. 하지만 리의 〈부적〉은 조그만 도자기 인형이다. 텔레비전과 달리 DVD에서는 같은 대사를 〈오, 나의 마스코트!〉라고 번역했다. 영어[charm]를 다른 영어 [mascot]로 〈번역〉하는 행위가 비록 바람직하지는 않지만, 〈부적〉보다는 훨씬 나아 보인다. 그냥 〈내 인형!〉이라는 식으로 둘러댔어도 괜찮을 듯싶다. 어차피 〈행운〉에 관한 설명은 영화에서 곧 나오니까 말이다.

「사랑은 바람처럼」에서는 〈부자와 결혼하여 행복하게 살고 싶다〉는 꿈을 키우는 바바라 벨 게데스가 Dorothy Dale School of Charm에 입교한다. 텔레비전에서는 school of charm을 도로티 데일의 〈모델 학교〉라고 번역했다. 바바라 벨 게데스는 시집을 잘 가기 위해 도로티 데

일에 입학했지, 모델이 될 생각은 추호도 없다. 그 학교의 학생들 가운데 모델 지망생은 필시 한 명도 없으리라는 생각이다. 나중에 그녀가 의상점에서 모피 외투를 입고 고객들에게 보여 주는 마네킹(모델) 노릇을 해서 그렇게 오해한 모양이지만, charm school은 아무리 봐도 〈신부 학교finishing school〉가 분명하다. 19세기 유럽과 아메리카에는 교양과 매력을 갖춰 시집을 잘 가기 위해 처녀들이 훈련을 받는 학교가 많았다. 그냥 〈매력 학교〉라고만 했더라도 〈모델 학교〉처럼 노골적인 오역은 되지 않았으리라는 생각이다.

「프라이드 그린 토마토」를 보면, 말괄량이 메어리 스튜어트 매스터슨이 나무 구멍 속에 지은 벌집에서 (벌에게 한 번도 쏘이지 않으면서) 꿀을 따온다. 이를 보고 놀란 메어리-루이스 파커가 감탄한다.

「I've heard there were people who could charm bees. You're just a bee charmer, Idgie Threadgoode. That's what you are, a bee charmer.」

✗ 「나도 얘기는 들었어. 벌을 매료시키는 사람이 있다는 걸. 잇지, 꿀벌의 연인. 대단해. 사람도 매료시켜.」

charm은 chant(노래, 영창[詠唱]) 그리고 프랑스어 chanter(노래하다)와 같은 계열의 단어로, 악운을 몰아내고 힘을 주는 〈노래〉나 〈시〉를 뜻하는 라틴어 carmen이 어원이다. 나중에 이 말은 〈주문(呪文)〉과 〈마력〉을 거쳐 〈부적〉이라는 의미를 얻게 되었고, 동사로는 〈마법에 걸다〉나 〈홀리다〉를 거쳐 〈황홀하게 매혹하다〉로 발전한다. 예문의 charm은 〈매료〉나 〈매력〉보다 훨씬 기본적인 의미로 쓰였다.

○ 「벌떼에게 마법을 거는 사람들이 있다는 얘긴 들었어. 넌 벌을 홀리는 여자야, 잇지 트레드굿. 맞아, 넌 벌을 홀리는 사람이라고.」

나중에 파커의 무덤 앞에서 〈매스터슨이 아직 살아 있느냐〉고 캐티 베이츠가 묻자, 노부인 제시카 탠디가 웃으며 말한다.

「She's still out and about, charming bees and selling honey.」

✗ 「그럼, 아직 벌을 매료시키고 산다우.」

지나치게 압축한 번역은 이렇게 엉성해 보인다.

○ 「아직도 여전히 벌들에게 마법을 걸고 꿀을 팔면서 멀쩡하게 싸돌아다니지.」

charm이라는 단어를 charming하게 구사한 예문을 하나 소개하겠다. 「바보들의 배」에서 화자인 난장이가 시몬 시뇨레에게 보내는 화려한 찬사다.

〈Your charm makes this charming morning more charming.〉(당신의 매력은 황홀한 아침을 더욱 매혹적으로 빛내는군요.)

chastise

"Should you fail to abide by this order, I shall chastise you, even unto death."

✘ 이 명령을 거역할 시 죽음을 불사하고 응징하겠소.

☛ 「알라모」에서 〈저항을 포기하고 알라모를 떠나라〉고 위협하는 멕시코 산타 아나 총사령관의 편지를 의용대원들에게 린다 크리스탈이 읽어 준다. 이 편지는 멕시코를 상대로 필사적인 전투를 벌여야 할지 아니면 고향으로 돌아갈지 갈피를 잡지 못하고 동요하는 대원들을 자극하기 위해서 존 웨인이 쓴 가짜 편지다.

should you는 if you should(만일 너희들이 ~한다면)에서, if를 생략하려고 도치시킨 문장이다. even unto death는 멕시코 군인들이 〈죽음을 불사하고〉가 아니라, 미국인들을 〈죽음으로 몰고 가는 한이 있더라도〉라며 응징의 수준을 규정하는 뜻이어서, 주객이 전도된 오역이다. 그리고 〈몰살시키겠다〉는 내용의 협박장에서는 〈~하겠소〉라는 어투가 어울리지를 않는다. 존댓말이 없는 영어를 우리말로 번역할 때 가끔 발생하는 문제다.

그러나 정작 여기에서 따져야 할 문제는 chastise라는 단어의 번역이다. 아니나 다를까, 사전을 찾아보니 chastise의 뜻풀이에서 〈응징하다〉라는 우리말이 가장 먼저 나온다. 그러니까 chastise라는 단어의 다른 의미들은 구태여 따져 보지 않고, 제일 먼저 나오는 단어를 무작정 가져다 쓰는 안이한 태도가 여기에서도 문제를 일으킨다.

어쨌든 크리스탈이 편지를 읽어 주고 난 다음 잠시 후에, 의용대원 한 사람이 옆 사람에게 묻는 말을 살펴보자.

「Do 〈chastise〉 mean what I think it do?」

✘ 「〈응징〉이라는 게 그 뜻이지?」

〈그 뜻〉은 무슨 뜻일까? 이해를 돕기 위해 이것을 장황하게 제대로 번역하면 이런 말이 된다. 〈편지에 나오는 (어려운 단어) chastise의 뜻이 내 짐작으로는 나쁜 말인 듯싶은데, 내 짐작이 맞나?〉 그러자 옆 사람은 〈자네 얘기가 맞다〉고 맞장구를 치며 매우 기분 나쁜 표정을 짓는다. 그렇다면 우리말로 번역한 〈응징〉이라는 말이 왜 그토록 기분이 나쁜 의미일까? chastise라는 단어를 놓고 불쾌한 분위기가 퍼져나가는 사이에 침묵이 잠시 흐르고, 그리고는 급기야 칠 윌스가 벌컥 화를 낸다.

〈Chastise, it said.〉(편지에서 chastise라고 했단 말이야.)

옆 사람이 더욱 흥분해서 소리친다.

〈That's right. Chastise.〉(맞아. chastise라고 그랬어.)

결국 무식하지만 용감한 의용대원들은 chastise라는 단어 하나 때문에 너무나 자존심이 상하고 분개하여 알라모를 떠나지 않고 끝까지 싸우다가 모두 죽는다. 그렇다면 27명의 목숨을 빼앗아간 이 단어의 참뜻이 무엇인지를 알아내기 위해서, 그리고 적절한 우리말 표현을 찾아내기 위해서, 역자는 조금이나마 고민을 했어야 마땅하겠다.

chastise는 어른이 아이에게 〈꾸중하다〉 또는 〈꾸짖다〉라는 뜻이고, 살을 좀 붙여서 옮긴다면 〈야단 좀 맞아야 쓰겠구나〉 정도가 된다. 이쯤 원문의 내용을 숙지하고 났으면, 이제는 다시 앞으로 돌아가서, chastise라는 단어의 색깔을 카멜레온처럼 조금씩 바꿔 가며 예문을 새로 번역해 보기로 하자.

○ 「만일 너희들이 이 명령을 받들지 않는다면, 죽어서라도 내가 너희들을 꼭 응징하겠노라.」
「〈응징〉이라니, 혼을 내주겠다는 뜻이야?」
「버르장머리를 고쳐 주겠다고 편지에서 그랬다는구먼.」
「맞아. 우리 버르장머리를 고쳐 보겠대.」

chat

"In the afternoons I went there to chat, then to drink coffee and to watch the crowd, having smoked my cigar at the tobacconist."

✘ 오후에 카페에서 커피를 마시며 수다를 떨고, 사람들 구경을 하곤 했지.

☞ 「베를린 천사의 시」에서 세월을 뛰어넘은 노시인 호메로스가 길거리를 거닐며 독백하는 장면이다. in the afternoons라고 afternoon을 복수형으로 만든 까닭은 《(어떤 날) 오후에》가 아니라 《(날마다) 오후만 되면》이라는 습관적인 행동을 나타내기 위해서다. having smoked my cigar at the tobacconist는 번역을 빼버렸는데, tobacconist가 무엇인지 해결하기가 힘들기 때문이었던 듯싶다. tobacconist는 본디 〈tobacco(연초)를 애용하는 사람-ist〉이라는 뜻의 영국 영어로서, 나중에는 그런 사람들이 즐겨 찾는 〈담뱃집〉을 뜻했다. 다방에서 노닥거리며 차를 마시듯 느긋하게 흡연을 즐기는 〈끽연점(喫煙店)〉 말이다. 우리나라 〈모더니스트〉들이 즐겨 찾던 끽다점(喫茶店)과 같은 곳이다.

끽연점에서 여송연(☞ cigar)을 즐긴 다음 호메로스는 카페로 자리를 옮겨 커피를 마시며 지나가는 사람들을 구경하고 chat을 즐겼다는 얘긴데, 〈수다를 떨었다〉는 번역은 어휘의 궁합이 맞지를 않는다. 여자아이들이 만나면 〈수다〉를 떨지 모르지만, 노시인 호메로스는 〈담소〉를 나눈다. 백발의 시인 로버트 프로스트가 〈수다〉를 떠는 상황이 가능하다고 생각하는가?

○ 「오후가 되면 나는 끽연점에서 여송연을 피운 다음, 나는 그곳으로 가서 커피를 마시고, 지나다니는 사람들을 구경하고는 했다.」

chauffeur

"I'll tell them that their father is the greatest chauffeur in the world."

✘ 세계 최고의 드라이버라고 말해줘야죠.

☛ 「영광의 르망」에서 자동차 경주에 참가한 선수가 〈아이들에게 내 직업을 뭐라고 설명하겠느냐?〉고 묻자, 아내가 한 대답이다. 〈드라이버〉는 한글로 표기한 영어 단어이지, 〈우리말〉은 아니다. 그리고 이렇게 영어 단어를 한글 영어로 번역해 놓을 때 뜻하지 않은 오역이 생겨난다. 얼핏 생각하기에 driver나 chauffeur나 다 마찬가지라고 생각하기 쉽지만, 우리말로는 같아도 영어로서는 차이가 큰 단어들이 많다. chauffeur는 〈드라이버〉가 아니다. driver는 〈운전자〉, 즉 〈운전을 하는 (모든) 사람〉을 뜻한다. (많은 한국인들이 잘못 생각하듯이) driver만 가지고는 〈운전을 직업으로 삼는 사람〉이라는 뜻이 되지 않는다. taxi driver(☞ cab)나 bus driver처럼 앞에 따로 설명이 붙기 전에는 말이다.

〈직업 운전자〉와 차별화하기 위해 〈자가용을 스스로 운전하는 사람〉이라는 뜻으로 우리나라에서는 〈오너 드라이버owner driver〉라는 표현도 쓰는데, 이것은 일본과 한국에만 존재하는 쪽정이 〈영어〉다. 그리고 영업용 차량을 운전하는 사람을 driver라고 하는 반면에, 프랑스어에서 유래한 chauffeur는 부잣집 자가용을 대신 운전해 주는 집사(☞ butler) 차원의 직업인으로서, 대부분 모자와 정장을 한 차림이다. 예문의 경우에는 〈운전왕〉이라던가 하는 무슨 새로운 조어를 동원할 필요가 있어 보인다.

○ 〈세상에서 운전을 제일 잘 하는 사람이라고 하겠어요.〉

check

CODY JARRET CONFESSION CHECKS STOP WILL BE SENTENCED ON TWENTY EIGHTH STOP

✘ 코디 부도수표 28회 발행

☛ 「백열(白熱)」에서 재무부 LA 지청으로 스프링필드 경찰이 보낸 전문이다. 내용을 전혀 이해하지 못하고 대충 짐작으로 넘겨 버린 번역인 듯싶다. 우선, 전보는 글자 수에 따라 요금을 책정했기 때문에 주어나 관사 따위의 단어들을 가능한 한 줄여서 쓰고는 했다. 그리고 대문자와 소문자를 바꿔 가며 글을 쓰는 번거로움도 간소화해서, 대문자로만 적었다.

위 전문은 두 개의 문장으로 이루어졌다. 전문에서는 구두점도 마음대로 사용하지 못하기 때문에 하나의 문장이 끝났다는 표시로 〈STOP(마침)〉이라는 단어를 넣었다. 사람들이 말을 할 때도 전신문에서처럼 구두점을 표시하기가 불가능하고, 그래서 어떤 사람의 말을 인용할 때는 얘기를 하다말고 〈quote(따옴표 열고)〉라는 단어를 끼워 넣고, 인용이 끝나면 〈unquote(따옴표 닫고)〉라고 설명한 다음에 자신의 얘기를 계속한다. 이런 식으로 말이다. 〈This guy said, quote, Go to hell!, unquote, so I went to hell.〉 이것을 글로 적으면 이렇게 된다. 〈This guy said, 《Go to hell!》, so I went to hell.〉(그 작자가 〈지옥으로 가라!〉고 그러기에 난 지옥으로 갔지.)

따라서 경찰이 보낸 위 전문을 일반적인 문장으로 풀어놓으면 이렇게 된다. 〈Cody Jarret confession checks. Will be sentenced on twenty eighth.〉

정리한 문장을 예로 들면, 본디 checks와 will 사이에 두 칸을 떼어놓아야 한다. 영어로 글을 쓸 때는 문장과 문장 사이에서 두 칸을 띄어 놓는 것이 원칙이기 때문이다. 예를 들어 이렇게 문장을 썼다고 하자.

「He came to U. S. A. J. Conway welcomed him.」

이것이 〈He came to U. S. A. J. Conway welcomed him(그가 미국으로 왔다. A. J. 콘웨이가 그를 환영했다)〉인지 또는 〈He came to U. S. A. J. Conway welcomed him(그가 미국으로 왔다. J. 콘웨이가 그를 환영했다)〉라는 말인지 구별이 가지 않는다. 요즈음 사람들은 그런 기초적인 원칙을 지키지도 않고, 가르치지도 않지만, 1960년대에 필자가 영어로 글쓰기를 배울 당시만 해도 타자를 학원에서 가르치던 시절이어서, 이런 기초적인 원칙을 모두 지켰다. 필자는 물론 원칙을 지키고 싶었지만, 이 책에서는 출판사의 편집 원칙을 따르기로 했다.

어쨌든 전문을 두 문장으로 정리하고 나니까 이해하기가 훨씬 쉬워진다. 영화 「백열」에서 제임스 캐그니는 열차 강도로 체포되면 사형을 당할 테니까, 〈사건 당시 다른 곳에서 호텔을 털었다〉고 거짓으로 자수하고는 감옥으로 간다. Cody Jarret confession checks에서 check은 〈부도 수표〉가 아니라 〈사실로 확인이 되었다〉는 뜻이다.

〈코디 재럿 자백 사실로 확인. 28일에 선고〉라는 내용의 전문을 읽어 본 수사관 에드몬드 오브라이엔이 묻는다. 〈Who checks confessions in Springfield?〉(스프링필드에서는 자백 내용을 확인하는 담당자가 누구지?)

cheer

"Well, what's the matter with you folks? Ain't nobody gonna cheer or nothin'?"

✘ 아니 다들 왜 이래요? 박수도 안 치고 가만 있을 거예요? 기분 안 나게.

☞ 「오클라호마」에서 셜리 존스의 도시락 바구니를 놓고 로드 스타이거와 긴장된 경매를 벌이던 고든 매크레이가 결국 이긴다. 그래서 마음이 놓인 샬롯 그린우드 아줌마가 외치는 소리다. 그런데 그린우드의 제안에도 불구하고 박수를 치는 사람이 아무도 없다. cheer는 〈박수

치다clap, applaud〉가 아니라 〈환호성을 올리다〉 또는 〈만세를 부르다〉라는 뜻이기 때문이다. 구경꾼들은 물론 요란하게 환호한다.

예문의 마지막 단어 nothin'(nothing)은 〈기분 안 나게〉가 아니라, cheer or nothin'이 하나로 뭉쳐 〈박수를 치거나 뭐 그런 거〉라는 뜻이 된다. sort 항에서 설명한 kind of의 용법과 같다. 두 번째 문장에서는 앞에서 ain't(is not)라는 부정형이 나왔으니까 나중에 anything으로 받아야 옳지만, 이 영화가 워낙 무식한 시골 사람들을 주인공으로 삼아서, 진행형의 g를 모조리 생략한다거나, gonna(going to) 따위의 구어체, 그리고 강조를 위해 이중 삼중으로 부정하는 화법이 시종일관 계속된다.

○ 「어찌 된 사람들이 이 모양인가요? 누구 만세 같은 거 부를 줄 모르나요?」

「피츠카랄도」에서 (아마존 밀림에 오페라 극장을 건설할 자금을 꾸어 달라고 찾아간) 클라우스 킨스키에게 부유한 농장주가 면박을 준다.

「To Fitzcarraldo, the conquistador of the useless! Cheers!」

✗ 「무능한 정복자 피츠카랄도에게 박수.」

conquistador(conqueror)는 남아메리카를 정복한 에스파냐인들을 지칭하는 말이다. 농장주는 마당에서 파티를 열던 중이었고, 킨스키는 축음기를 들고 가서 방금 베르디를 틀어 준 참이었다. the useless는, 형용사 앞에 정관사 the를 붙여, 〈세상의 쓸모없는 모든 것〉을 뜻하는 말이다. the brave(용감한 사람들)이나 the poor(빈민층)과 같은 표현이다. cheers는 〈박수〉가 아니라 〈축배를 들자〉는 제안으로서, 우리나라 사람들이 애용하는 엉터리 영어 〈one shot〉에 해당하는 진짜 영어다.

○ 「세상의 모든 무용지물을 정복한 피츠카랄도를 위하여! 축배!」

chicken

"Ever played chicken?"

✗ 닭하고 놀아본 적 있어?

「흐르는 강물처럼」에서 물살이 험한 강가에 모인 동네 친구들에게 브래드 피트가 묻는 말이다. 〈닭하고 놀아 본 적이 있느냐〉고 하려면 전치사 with를 넣어 〈Ever played with chicken?〉이라고 해야 말이 된다. play chicken은 〈chicken 놀이를 한다〉는 뜻이다. 그리고 이때의 chicken은 〈겁쟁이〉를 뜻한다. 그러니까 누가 겁쟁이인지를 가려내는 〈배짱 시합〉을 하자는 제안이다.

배를 타고 험한 격류를 내려가자는 〈닭놀이〉에 아무도 응하지를 않자, 핏은 두 손을 겨드랑이에 대고 날개를 치는 흉내를 낸다. 〈너희들 모두 겁쟁이 《닭》이다〉라는 뜻으로 그렇게 날개짓을 하고, 그래도 모자라서 핏은 〈꼬꼬댁 꼬꼬〉 닭소리까지 낸다. 그러는 사이에 텔레비전 화면에서는 뜬금없이 〈이봐〉라는 자막이 나타난다.

play chicken의 고전은 「이유없는 반항」에 나온다. 새로 전학을 온 제임스 딘은 그에게 시비를 거느라고 〈꼬꼬댁 꼬꼬, 꼬꼬댁 꼬꼬〉 닭소리까지 내며 놀리던 못된 녀석과 자동차로 절벽의 낭떠러지를 향해 전속력으로 돌진하는 아찔한 〈닭놀이〉 경기를 벌인다.

chin

"Just trust me and keep your chin up."

✘ 날 믿어주면 돼요. 고개를 똑바로 들고.

☛ 「킹콩」에서 내일은 꼭 출항을 해야 하는데 아직 마땅한 여배우를 구하지 못한 영화감독 로버트 암스트롱이 길거리에서 만난 페이 레이에게 주연을 맡기며 당부하는 말이다. chin up은 〈기운을 내라〉 또는 〈힘을 내라〉고 격려하는 말이다. 〈고개를 똑바로 들라〉 정도로는 지나치게 고지식해서 경직된 〈직역〉이라는 소리를 듣는다.
「심야의 탈주」에서는 빈사 상태에 이른 제임스 메이슨이 광장에 이르러 드디어 캐틀린 라이언을 만나지만, 살아날 희망이 없음을 깨닫고 여자를 돌려보내려고 설득한다.
「Hold up your head. Don't cry.」
✘ 「머리를 들어요. 울지 말고.」
여기에서도 〈당신만큼은 꿋꿋하게 살아요〉 따위의 표현이 훨씬 〈실감〉이 난다.

chintz

"My regal robes of the forest would be satin, not cotton, not chintz…"

✘ 장엄한 가운을 입고, 비단으로 만든, 비닐도 아니고 무명도 아닌…….

☛ 「오즈의 마법사」에서 겁쟁이 사자가 숲의 왕이 된다면 어떤 옷을 입을지를 상상한다. satin(공단)은 silk(비단)가 아니다. 〈루비〉는 〈에메랄드〉가 아니고, 〈다이아몬드〉도 아니고, 두꺼비는 개구리가 아니듯이 말이다. 번역하는 사람이 〈공단(貢緞)〉이라는 말을 들어 본 적이 없다고 해서 다른 사람들도 그 말을 모르리라는 착각을 해서는 안 된다. 관객이 자신보다 항상 무식하다는 오만은 부려서는 안 된다. 세상 사람들은 생각보다 훨씬 똑똑하다.
그리고 chintz(사라사 무명)는 vinyl이 아니다. 우리가 흔히 〈비닐〉이라고 하는 plastic은 1950년대 이후에 상용화되었다. 영화 「오즈의 마법사」는 1939년에 선을 보였다.
○ 「숲 나라의 왕이 되면 난 시시한 무명이 아니라 공단으로 옷을 만들어 입고…….」

chip

"Nice chip, father."

✘ 나이스 샷!

☞ 「피크닉」을 보면 저택의 잔디밭에서 골프를 연습하다가 클리프 로버트슨이 아버지를 추켜세운다. chip은 깎아서 치는 기술이고 shot은 〈장타(長打)〉를 의미한다. 아무리 대저택이라고 해도 집 마당에서는 〈샷〉을 하기가 어렵다.

chop

"Is it true, Mr. Johnston, that many people out there had their heads chopped off?"

✘ 많은 백성들이 변발을 자른다는 게 사실이오?

☞ 「마지막 황제」에서 쯔진청 담 너머로 총성이 들려오자, 땅바닥에 귀를 대고 바깥 동정을 살핀 다음에 푸이 황제가 피터 오툴에게 묻는 말이다. 참으로 황당한 오역이다. 변발queue, braid, pigtail을 자르려면 hair(머리카락)를 칼로 cut(자르다)하지, head(머리)를 chop([도끼나 식칼 따위로] 토막을 내다)하지는 않는다.
○ 「(혁명이 시작되어) 성 밖에서 많은 사람들이 참수를 당한다는 얘기가 사실인가요?」
첫 단추를 잘못 낀 오역은 이렇게 이어진다.
「It is true, Your Majesty. Many heads have been chopped off. It does stop them thinking.」
✘ 「사실입니다. 많은 사람들이 잘랐습니다. 변발은 생각을 제한합니다.」
○ 「사실입니다, 폐하. 많은 사람의 목이 잘렸습니다. 그랬더니 (불순한) 생각을 못 하게 되긴 했죠.」
does라는 강조형 조동사가 들어간 마지막 문장은 〈목이 잘려 죽었으니 당연히 (반항적인) 딴 생각은 못한다〉는 참으로 끔찍한 표현이다.

chopper

"You got ten minutes to get on that last chopper out of here."

✘ 10분 안에 출발하는 마지막 수송기를 꼭 타라고.

☛ 「플래툰」에서 전투가 치열한 와중에 귀국 일자를 맞은 흑인 병사에게 분대장이 일러 주는 말이다. 〈수송기〉는 활주로가 없으면 착륙하지 못한다. chopper는 UH-1D 헬리콥터를 뜻한다. 다수의 병력이나 화물을 수송하도록 프로펠러rotor를 두 개 장착한 헬리콥터는 〈시누크〉라고 한다. Chinook은 본디 인디언(☞ Indian) 부족의 이름이며, 연어의 종류를 칭하는 이름이기도 하다. 간혹 〈치누크〉라고 발음하는 사람도 있지만, 〈시누크〉가 보편적인 호칭이다. 〈수송기〉는 carrier라 하고, 그래서 모든 수송기의 명칭에는 carrier의 머리글자인 C를 앞에 붙여서, C-130(Hercules라고도 함)이라는 식으로 부른다. C-47 수송기를 개조한 공격용 헬리콥터 건십은 1분에 1만 8,000발을 발사하는 가공할 화력을 자랑한다. 전쟁 때 헬리콥터를 처음 보고 한국 사람들은 그것을 〈잠자리비행기〉라고 불렀는데, 실제로 Dragonfly라는 기종도 있었다.

영화 「플래툰」에 등장하는 베트남 전쟁 용어에 대해서는 grunt, point, world, claymore 항을 참조하기 바란다.

○ 「여기서 나가는 저 마지막 헬리콥터는 10분 안에 뜨니까 빨리 타라고.」

chorus

"Under the name of Linda Carol, she got herself a job in the chorus line at Moulin Rouge in Hollywood."

✘ 린다 캐롤이라는 이름으로 할리우드에 물랑 루즈에서 코러스로 일하고 있답니다.

☛ 「슬픔은 그대 가슴에」에서 자신의 몸에 흑인의 피가 흐른다는 사실을 알고 충격을 받아 가출한 수잔 코너의 행방을 찾아낸 사립 탐정의 보고 내용이다. chorus line을 〈코러스〉라고 〈변역〉해 놓으니까 마치 코너가 교회 같은 곳에서 암전히 줄을 지어 서서 노래를 부르는 고상한 〈합창단〉에 들어가기라도 한 듯싶은 인상을 준다. 그러나 다음 장면을 보면 그녀는 노래라고는 한 마디도 부르지 않고, 야한 벌거숭이 옷차림에, 다리만 번쩍번쩍 들고, 심지어는 성행위를 암시하는 묘한 하반신 몸놀림까지 보여 준다. 프렌치 캉캉을 열심히 보여 주는 〈할리우드의 물랭 루지〉라는 업소 명칭도 〈합창〉과는 거리가 멀다.

그리스어 choros는 희랍극에서 주연 배우들의 보조역으로, 뒤켠에 모여 서서 노래를 부르거나 춤을 추고, 때로는 시를 낭송하듯 연극 내용을 보충하고 설명하는 내용을 담당한 집단을 뜻했다. 그러나 chorus line은, 이제는 음악극 「코러스 라인」의 국내 공연으로 널리 알려진 사실이지만, 단순히 무대에서 〈배경〉 노릇만 하지 않고, 노래도 거의 부르지 않고, 적극적으로 눈요기를 시켜 주는 〈무용단〉이다. 이처럼 chorus라는 단어를 알고 line의 뜻도 안다고 해서, 두 단어를 결합한 표현까지 미루어 짐작해서 마음대로 번역을 했다가는 낭패를 보기가 십상(☞ bourgeois, chain)이다.

○ 「린다 캐롤이라는 이름으로 할리우드의 물랭 루지에서 무용단에 들어갔더군요.」

Chosin

"Tarawa, Iwo Jima, the frozen Chosin Reservoir… First to fight, we have never lost a war."

✘ 타라와, 유황도, 한국의 조신 저수지까지 — 우린 가장 먼저 싸웠고, 패배한 적이 한 번도 없다.

☛ 「7월 4일생」에서 지원병을 모집하러 학교로 찾아온 해병이 연설하는 내용이다. Chosin Reservoir(조신 저수지)는 한국 전쟁 당시 격전지였던 〈장진호(長津湖)〉의 일본식 표기법이다. 이런 경우에는 누구를 탓해야 할지 모르겠지만, 당시 우리나라에는 영어로 제작된 지도가 없어서 유엔군은 일본 지도를 가지고 한반도에서 전쟁을 수행했다. 제임스 미치너의 베스트셀러를 영화로 만든 영화 「원한의 도곡리 철교」의 원제도 그래서 〈The Bridges at Toko-Ri(도꼬리 다리)〉였다.

chuck

"Might be we can persuade you to drive the chuck wagon."

✘ 자네가 마차를 몰아 주길 바래야겠군.

☛ 「광야천리」에서 텍사스로 가는 개척의 길에 오르면서 존 웨인이 월터 브레난에게 부탁하는 말이다. chuck은 〈먹을거리〉라는 구어체 단어이고, chuck wagon은 그냥 〈마차〉(☞ cab)가 아니라, 카우보이들을 쫓아다니며 음식을 만들어 주는 〈주방 마차〉다. 그러니까 존 웨인은 월터 브레난에게 〈마차를 모는 마부〉가 아니라, 〈자네가 요리사 노릇을 해야 되겠군〉이라고 부탁한 것이다. 예문에서의 〈바래다〉는 영상 번역에서, 특히 여성의 경우, 가장 많이 틀리는 기초적인 문법상의 오류 가운데 하나다. 빛깔은 〈바래다〉이지만 소망이 이루어지기는 〈바라다〉가 맞다.

○ 「요리를 맡아 달라고 자네한테 부탁하면 어떨지 모르겠군.」

church

"I was in an old church like this with my grandmother a few days ago in Budapest."

✘ 며칠 전 부다페스트에서 할머니랑 이런 오래된 교회에 들어가 본 적이 있어.

☞ 「비포 선라이즈」에서 빈의 밤거리를 거닐다가 고색이 창연한 성당으로 들어가서 줄리 델피가 이단 호크에게 자랑한다. 같은 church라도 신교는 〈예배당〉 또는 〈교회〉라고 하지만, 가톨릭에서는 〈성당〉이라고 한다. 아일랜드에서는 〈교회〉에 다니는 사람들과 〈성당〉에 다니는 사람들이 전쟁까지 벌였다.

「젊은 사자들」을 보면 파리로 진주한 독일군 장교 막시밀리안 셸이 말론 브랜도와 돌계단에 나란히 서서 사진을 찍으려고 하며 지나가던 중위에게 부탁한다.

「We will stand on the steps. With the church in the background.」

✘ 「계단에서 찍자고. 배경에 교회가 나오도록.」

하지만 배경에 나온 〈교회〉는 한눈에 봐도 회교 사원mosque이다.

「세레나데」에서 사리타 몬티엘이 〈그날 내가 교회에서 기도한 것 잊지 마세요〉라고 마리오 란자에게 부탁하지만, 그녀가 갔던 곳은 성당이었다. 그리고 「워터프론트」에서는 로드 스타이거가 동생 말론 브랜도에게 신부의 거동을 감시하라고 이렇게 지시한다.

「The priest and this Doyle girl — they're getting a meeting up together down at the church.」

✘ 「신부와 도일의 누나가 교회서 만나기로 했대.」

신부가 활동하는 곳은 〈교회〉가 아니라 〈성당〉이다.

○ 「신부하고 도일이라는 그 아가씨 — 그들이 성당에서 회의를 열려고 함께 일을 꾸미는 중이야.」

다른 〈교회〉들을 둘러보자면, synagogue는 〈예배소〉라 하고, mosque는 〈사원〉이며, temple은 〈사원〉이라고도 하지만 불교에서는 〈절〉이나 〈사찰〉이라 하고, 그리스와 로마에서는 〈신전〉이었다. 세상은 점점 전문화하고 세분화하는데, 갖가지 개념을 정확히 구분하지 않고 편리하게 대충 넘어가기만 한다면 꼼꼼한 번역은 이루어지지 않는다.

cigar

"When I was seven years old, Daddy caught me smoking a cigar."

✘ 일곱살 때 담배를 피우다 아버지한테 들켰었다.

☛ 「백만장자 브루스터」에서 흄 크로닌이 영상 유언을 통해서 밝히는 일화다. 일곱 살 아이가 〈담배〉를 피웠다면 당연히 혼이 나야 마땅하다. 그러나 크로닌의 범죄 사실은 우리말 번역의 내용보다 훨씬 심각하다. 그가 피운 것은 일반인들이 피우는 담배cigarette가 아니라 cigar(여송연)였다. 크로닌의 영상 유언에는 아버지가 〈담배 한 갑에 성냥만 주고 사흘간 벽장 속에 가두고는 다 피우고 나오라면서 밥도 안 줬다〉는 설명도 뒤따라 나온다. 여기서도 〈담배 한 갑〉은 a pack of cigarettes가 아니라 a box of cigars(여송연 한 상자)다.

담배는 아메리카 대륙이 원산지여서, cigar의 어원 또한 마야어 sicar(여송연)다. 이것은 마야인들이 〈돌돌 말아서 피우던 잎담배〉였다. cigar에 접미사 –ette를 붙여서 만든 단어가 cigarette이다. -ette는 비슷하거나 같은 어떤 사물 및 개념이 〈작거나 여성적인 양상을 띤다〉는 의미로서, statue(조각상)를 작고 앙증맞게 만들면 오스카상 같은 statuette가 된다. 고유 명사의 경우를 보면, Paul은 남자이고 Paulette는 여자이며, Claude와 Claudette나 Bernard와 Bernadette, 프랑스 이름 Jean과 Jeannette도 마찬가지다. 같은 여자 이름이라고 해도 Anne보다는 Annette가 훨씬 귀엽다. 그리고 우리나라 미 8군 영내의 상점들은 한때 shop보다 앙증맞게 shoppette라는 이름을 붙였었다.

cigarette는 cigar를 만드는 담뱃잎을 잘게 썰어서 가공한 〈권연(卷煙)〉을 지칭하는 말인데, 이들의 상징적인 차이는 〈잉어〉와 〈송사리〉만큼이나 크다. 담배 산업을 배경으로 삼은 영화 「야망의 종말」에서는 주인공 개리 쿠퍼가 손으로 종이에 담배를 말아 피우던 시절에 권연을 만드는 기계를 도입하여 담배 재벌이 되면서 인간성이 망가진다는 내용이다. 이 영화에서 쿠퍼의 경쟁자인 도널드 크리습 소령은 담배 제조기를 판매하러 온 사람의 제안을 신통치 않게 생각하며 자신의 소신을 이렇게 밝힌다.

〈They are all cigar men down here. I don't believe in cigarettes. I deal in cigars, sir.〉(여기 사람들은 모두 여송연을 피웁니다. 난 권연의 장래성을 믿지 않아요. 난 여송연만 거래합니다.) 〈여송연(呂宋煙)〉과 〈권연〉을 분명하게 차별화하는 대목이다.

잉마르 베리만의 고전 「산딸기」에서는 명예 박사 학위를 받으러 가는 노교수가 (함께 차를 타고 가다가 담배를 피우려는) 며느리 잉그릿 튤린을 나무란다. 〈Please don't smoke. I can't stand cigarette smoke.〉(담배는 피우지 마라. 난 담배 연기는 질색이니까.) 그리고는 1분도 안 되어서 cigar를 예찬한다. 〈No, give me a cigar anytime. That's stimulating and relaxing.〉(그래, 여송연은 언제라도 달라. 그건 자극을 주고 마음을 편하게 하니까.)

번역에 종사하는 많은 젊은이들이 cigar를 〈담배〉라고 하는 까닭은 아예 〈여송연〉이라는 단어를 모르기 때문이 아닌가 하는 의구심까지 든다. 청년 문화의 소품들에 대한 명칭에서 이른바 〈명품〉일수록 우리말은 없어지고 영어만 남는 요즈음의 풍토에 따라, 우리말 〈포도주〉가 없어지고 영어로 〈와인〉이라고만 말하는 현상에 휩쓸려 〈여송연〉이라는 단어도 벌써부터 사어(死語)가 된 모양이다.

그러나 서양 문화에서는 여송연이 특수 사회와 계층을 상징하는 하나의 작은 기호(記號)로 통용된다. 「지지」에서는 부르주아 예법을 가르치는 할머니가 레슬리 캐론에게 손가락으로 굴려 보고 냄새를 맡아서 좋은 여송연 고르는 방법을 가르쳐 준다. 여송연은 귀족 신분의 깃발이나 마찬가지여서, 남자를 위해 좋은 넥타이를 골라 주듯, 여자도 여송연 선택법은 꼭 알아 둬야 할 덕목이었다. 「착한 마음과 화관」에서는 여송연을 손가락으로 만지며 굴려 소리를 들어 보고 냄새를 맡고는 한쪽 끝을 가위로 자른 다음에 피우는 예식이 나온다. 「화니」에서는 레슬리 캐론이 낳은 사생아를 보고 샤를 부아이에가 모리스 슈발리에한테 〈이 아이가 스무 살이 되면 자넨 팔뚝만큼 긴 씨가를 피울 수 있겠구만〉이라고 말한다. 여기에서도 〈씨가(여송연)〉는 부유함의 상징물이다. 「우리 아빠 야호!」의 마지막 장면에서 제이슨 로바즈 할아버지가 그러듯이, 자손을 얻는 경우, 특히 득남을 하고 나면, 주변 사람들에게 여송연 한 개씩을 돌리는 풍습도 있다.

「파리의 고갱」을 보면 고갱의 아내가 여송연을 피우는 희한한 장면을 보게 되는데, 유럽에서는 한때 여권 운동가들이 남자들의 신분적 상징물인 여송연을 앞다투어 피우기도 했다. 1992년 『은마는 오지 않는다』가 덴마크에서 출판되어 코펜하겐을 방문했던 필자는 펜클럽 부회장인 여성이 점심 식사 후에 조폭처럼 여송연을 피우는 모습을 보고 묘한 인상을 받기도 했었다. 여송연은 뭐니뭐니해도 우선 〈사나이〉의 상징이어서, 「황야의 7인」에서는 영구마차를 끌고 용감하게 공동묘지로 올라가기 전에 율 브리너가 여송연부터 꺼내 문다. 멋진 사나이들의 경연장 같은 영화 「프로페셔널」에서는 버트 랭카스터, 리 마빈, 잭 팰런스가 줄줄이 여송연을 피워댄다.

여송연의 정체를 모르는 사람들은 번역을 하다가 난처한 경우를 당하기도 한다. 「사느냐 죽느냐」에서는 가짜 교수 노릇을 하는 배우에게 게슈타포 지역 사령관이 처음 만나 인사를 나눈 다음 〈Cigarette? Cigar?〉라고 묻는다. 권연과 여송연 가운데 어느 쪽을 좋아하느냐고 물으며 권하는 장면인데, 아니나 다를까, 자막은 막연하게 얼버무린다.

× 「담배 같은 거 뭐 드릴까요?」

「수잔을 찾아서」에서는 〈마술의 집Magic Club〉에서 담배팔이 아가씨가 손님들 사이로 돌아다니며 외친다.

「Cigars, cigarettes.」

× 「담배요, 담배 있어요.」

이것은 〈성냥이나 라이터 있어요〉를 〈성냥 있어요, 성냥〉이라고 하는 셈이다.

「모로코 가는 길」에서는 뗏목을 타고 표류중인 밥 호프가 혼자 몰래 먹으려고 호주머니에 감춘 비스킷을 보고 빙 크로스비가 뭐냐고 묻는다. 호프는 담뱃대라면서 둘러댄다.

〈I started smoking tobacco this morning. Cigarettes make me nervous.〉

이런 내용도 별다른 생각 없이 〈나 오늘 아침부터 담배를 피우기 시작했어. 담배는 날 초조하게 만들거든〉이라고 했다가는 듣는 사람이 어리둥절 헷갈리게 된다. tobacco는 cigarette와 동의어로 자주 쓰이지만, 이 경우에는 권연을 피우면 불안해지기 때문에 〈파이프 담배〉로 바꿨다는 뜻이다. tobacco는 우리말로 〈잎담배〉나 〈연초〉라고 한다.

「워터프론트」를 보면 폭력 항만 노조의 두목 리 J. 콥이 부하한테 이렇게 화를 낸다. 〈When you talk to me, take the cigar outta your mouth.〉(나하고 얘기할 땐 건방지게 여송연을 입에 물지 말라고.) DVD는 이 대목을 이렇게 번역했다. 〈내 앞에서 시가 물고 폼(☞ fly) 잡지 마.〉

circumstance

"People who live here are doing their best under — very hard circumstances."

✘ 여기 사람들은 최선을 다해 살고 있어요.

☛ 「도그빌」에서 폭력 조직을 물려주려고 찾아온 아버지 제임스 칸에게 니콜 키드먼이 그동안 숨어서 지내 온 마을에 대하여 변호하는 말이다. 이 영화의 번역을 맡았던 사람은 영상 매체에 이상적으로 어울리는 간결한 문체를 구사하는 솜씨가 탁월한데, 때로는 간추리기의 노련함이 지나쳐 소비자의 알 권리를 침해할 뿐 아니라, 대화에서 왜곡이 이루어지기도 한다. 생략의 수준이 어느 정도를 넘으면 위험한지를 판단하는 데 있어서 좋은 표본이 되겠다.

위 번역문을 보면 도그빌 사람들은 〈최선을 다해서 살아가는〉 좋은 사람들이다. 그런데 원작자는 그들이 사는 마을의 이름을 왜 Dogville(개 마을, 개 같은 동네)이라고 했을까? 마을에는 개가 한 마리 있지만, 그 개는 동네가 완전히 불타 없어지고 사람들이 모두 살해를 당한 다음에야 처음으로 얼굴(실체)을 보인다. 그 개의 이름은 〈모세〉다. 아마도 마을의 인간들보다 낫기 때문에 그런 이름을 붙여 주지 않았나 싶다. 키드먼이 도그빌로 오게 된 사연은, 〈인간의 잘못을 용서하지 않는 폭력 세계가 싫어서〉 조폭의 두목 자리를 물려받지 않으려고 아버지로부터 총질까지 당하며 도망쳤기 때문이었다. 그리고 이곳에서 그녀는 동네 여자들의 노예가 되고 남자들에게 윤간을 당한다.

따라서 키드먼은 〈이곳에 사는 사람들은 최선을 다 한다〉고 말하지만, 잠깐 말을 멈추었다가 under very hard circumstances(아주 힘겨운 환경에서)라는 설명을 덧붙인다. 앞에서 한 진술을 번복하려는 afterthought(再考)가 이루어지는 순간이다. 그녀가 덧붙인 말은 〈정상적인 상황에서였다면 아주 나쁜 사람들〉이라는 결론이다.

판단을 조금쯤 유보하는 듯한 이 얘기를 듣고 아버지 칸이 다시 묻는다. 〈But is their best really good enough?〉(하지만 그들의 최선이 정말로 납득할 만큼 좋은 쪽이었어?) 잠시 생각해 본 키드먼은 〈(원한이 사무친) 이 마을을 (요람 속의 갓난아기까지 불과 기관총으로) 아버지가 쓸어버리면 내가 조직으로 돌아가겠다〉고 타협한다. 그렇다면 예문의 원문과 번역은 결론이 상반된다. 어떤 대사의 꼬리를 잘라 버려 의미가 뒤집히는 이런 경우를 속된 말로 〈편집되었다〉고 한다. 말하는 사람의 결론이 번역하여 전하는 사람의 결론으로 바뀌었기 때문이다.

대사의 묘미는 영화를 감상하는 재미에서 큰 부분을 차지한다. 그런데 「도그빌」에서는 대사가 아니라 묘미가 사라진 요약synopsis을 읽는 듯한 기분이 드는 부분이 몇 군데 나타난다. 예를 들면, 키드먼이 온갖 학대를 당한 다음, 독선적이고 위선적인 마을 청년이 그녀에게 발언할 기회를 주려고 교회에서 모임을 소집한다. 이때 나오는 해설이다.

「Tom had set the scene for Grace's speech. Now she'd have to sink or swim, and sincerity be brought to bear.」

✗ 「오늘 연설의 성패는 오직 그녀의 성실함에 달려 있었다.」

이것을 원문에 가깝게 복원하면 이렇게 된다. 〈톰은 그레이스가 발언할 기회를 마련해 놓았다. 이제 그녀는 사생결단을 벌이고, 진실의 힘으로 난관을 극복해야만 했다.〉 sink or swim(물에 빠져 죽지 않으려면 헤엄을 쳐야 한다)은 궁지에 몰려 〈양자택일〉을 해야 하는 상황을 뜻하고, bring to bear는 〈힘을 발휘하여 ~을 해낸다〉는 뜻이다.

그리고 토우(土偶)를 파는 가게 앞에서 키드먼이 독선적인 작가 지망생 청년에게 〈도그빌이 아름다운 곳〉이라는 발언을 한 다음에 나오는 해설을 소개하겠다. 조금은 지나치게 간결한 DVD 번역과 조금은 장황하게 복원한 필자의 번역을 비교해 보고, 어느 정도에서 절충해야 영상 번역에 적절한 〈길이〉가 나오겠는지 고민해 보기 바란다.

「Calling Dogville beautiful was original at least. Grace was just casting one more look at the figurines she herself would have dismissed as tasteless a few days earlier, when she suddenly sensed what would best have been described as a tiny change of light over Dogville.」

✗ 「아름답다는 건 진심이었다. 며칠 전이었으면 느낌이 달랐으리라. 그때 도그빌을 비추던 조명이 약간 변화하기 시작했다.」

○ 「도그빌이 아름답다는 말은 (사실이 아닐지는 모르겠지만) 적어도 독특한 시각이기는 했다. 그레이스는 며칠 전만 하더라도 촌스럽다고 그녀 자신이 우습게 여겼을 토우들에게 얼핏 한 번 더 눈길을 주던 순간에, 도그빌을 비추는 빛이 눈에 뜨지 않을 정도로 미세하게 달라지는 듯한 느낌을 불현듯 받았다.」

circus

"Piccadilly Circus all lit up like a bright day."

✗ 피카딜리 서커스는 어떻고. 대낮처럼 환했어.

☛ 「장거리 주자의 고독」에서 런던을 다녀온 여자가 하는 얘기다. 이 설명을 우리말로 들으면 혹시 곡마단을 구경하고 오지 않았나 생각할 사람도 없지 않을 듯싶다. 그래서 고유 명사도 가능하면 때로는 음차가 아니라 번역을 해줘야 오해를 방지하게 된다. Piccadilly Circus는 런던의 번화가이며, circus는 여러 길이 한 곳으로 모여드는 〈원형 광장〉을 뜻한다.

○ 「피카딜리 광장은 환한 대낮처럼 온통 불을 밝혀 놓았어.」

civilization

"Ah, civilization! I say we go that way."

✘ 문명사회에 도착했군! 내 생각엔 저 길로 가야 할 것 같아.

☞ 「다운 바이 로」에서 늪지대를 벗어나 무사히 길로 나온 탈옥수 존 루리가 다른 두 죄수에게 소리친다. 눈에 보이는 단어 civilization에 지나치게 얽매인 번역이다. 조금만 더 여유를 두고, 영화에 나오는 장면과 같은 상황에서 실제로 우리나라 사람들이 무슨 말을 했겠는지를 상상해 보면, 이런 표현도 가능하리라고 생각한다.

○ 「아, 마침내 사람이 사는 곳으로 돌아왔구나! 저쪽 길로 가자고.」

「황야의 7인」에서 〈백인이 아닌 인디언을 boot hill(마을 공동묘지)에 매장하면 안 된다는 원칙이 언제부터 생겼느냐〉고 따지는 떠돌이 장사꾼에게 장의사가 설명한다.

「Since the town got civilized.」

✘ 「마을이 생길 때부터요.」

get civilized는 〈사람들 머리가 깨기 시작한〉 시기를 뜻한다. 마을은 물론 그보다 훨씬 먼저 생겨났다. 예를 들어 우리나라가 생겨난 시기와 〈개화기〉까지는 4,000년의 차이가 난다. 원문의 정확한 의미는 아랑곳하지 않으면서 지나치게 자의적으로 해석하는 이런 대충 번역의 사례는 영화 도처에서 발견된다.

제임스 코번의 칼이 권총보다 빠르다고 주장하는 사람들에게 건달 한 사람이 도전한다.

「I got two months' salary comin' and I'll bet it all it ain't so.」

✘ 「2달치 봉급이나 걸었단 말이네.」

마치 과거에 이미 이루어진 행동을 뜻하는 듯한 번역이지만, 원문의 내용은 미래형이다. coming이 〈~할 예정〉이라는 뜻이기 때문이다.

○ 「난 곧 두 달치 봉급을 탈 텐데, 그렇지 않다는 쪽에다 그 돈을 몽땅 걸겠어.」

그런가 하면, 멕시코 마을로 가는 일행을 멀리서 쫓아오던 홀스트 부크홀츠가 갑자기 모습을 감추자 브래드 덱스터가 찰스 브론슨에게 하는 얘기에서는, 이미 끝난 행동을 앞으로 벌어질 일처럼, 거꾸로 번역했다.

「You know, it's funny. Now that he's gone, I kind of miss him.」

✘ 「저러다 없어지면 보고 싶어질 거야.」

두 번째 문장의 now that은 〈that 이하의 상황이 이루어진 다음인 지금은〉이라는 뜻이다.

○ 「참 별난 일도 다 있지. 막상 그 친구가 없어지고 나니까, 보고 싶기까지 하네.」

가난한 멕시코 마을을 돕겠다고 몰려온 율 브리너 일행의 꿍꿍이속을 의심하는 덱스터가, 〈이곳에는 금광이 없다〉는 농부들에게 다시 캐묻는다.

「Say, come to think of it, it was a silver mine.」

✘ 「이봐, 생각해봐, 은광이라도 있을 거 아니오?」

come to think of it(그 문제를 곰곰이 생각해 보니)은 상대방에게 〈생각해 보라고 재촉하는 말이 아니라, 〈내가 다시 생각해 보니 ~하더라〉라는 뜻이다.

○ 「그래, 이제 생각났는데, (금광이 아니라) 은광 얘기였어.」

곡식을 빼앗으러 마을에 들른 산적 두목 일라이 월락은, 총잡이 율 브리너 일행을 보고, 〈농부들이 가난해서 네 명밖에 못 고용한 모양〉이라며 눈치를 살핀다. 브리너가 경고한다.

「We come cheaper by the bunch.」

× 「양보단 질이 문제지.」

〈양〉이나 〈질〉하고는 아무런 관계가 없는 원문의 내용은 무시하고, 역시 대충 짐작으로 엮어 낸 번역이다. by the bunch(무더기로 계산하면)는 장터에서 물건을 살 때 〈많이 사면 (값을 깎아 준다)〉고 하는 표현이다. 그러니까 브리너가 〈우린 싸구려니까〉라고 한 말은, 〈아무리 가난한 마을이지만 우리 같은 총잡이는 떨이로 얼마든지 구할 수 있으니까, 우리 네 명 말고도 훨씬 더 많이 이곳에 와 있다〉는 뜻이다.

산적들과의 첫 총격전을 치르고 난 다음 어느 농부가 다른 농부에게 늘어놓는 무용담을 들어보자.

「You were safe behind your rock by the net. I was in the field, face to face, with them as they rode toward me, ten of them, screaming like devils.」

× 「그물 옆 바위 뒤에 있는데, 바로 내 앞에서 적과 마주쳤지. 모두 열 명이었는데 아우성이었다니까.」

몇 개의 단어만 추려 내어, 그 단어들에 엉뚱한 살을 붙여 새로 만들어 낸 문장이다. 간결하게 문장을 다듬는다면서, 시간과 공간을 핑계로 삼아 어려운 단어나 난해한 내용은 빼먹고, 슬금슬금 옆길로 넘어가는 듯한 인상을 주기까지 한다.

○ 「자넨 그물로 막아 놓은 바위 뒤에 숨었으니까 안전했지. 난 들판에 나가서 그들과 정면으로 맞섰는데, 열 명이나 되는 놈들이 무섭게 고함을 치며, 나를 향해 말을 타고 덤벼들었어.」

그의 허풍을 옆에서 듣고 있던 다른 농부가 솔직하게 고백한다.

「I was never so frightened in all my life. My knees were like jelly.」

× 「한번도 겁내본 적 없었어. 일부러 그런 거지.」

완전히 거꾸로 한 오역이다.

○ 「난 평생 그렇게 겁이 났던 적이 없었어. 두 무릎이 후들거릴 정도였으니까.」

어쨌든 산적들이 이제는 다른 마을로 가리라는 얘기도 나온다.

「Other villages that don't sting the way we do.」

× 「다른 마을은 우리만큼 당하진 않았잖아.」

sting(쏘다, 혼을 내주다)의 주체와 대상이 무엇인지를 완전히 헷갈린 오역이다.

○ 「우리처럼 덤벼들지 않는 다른 (고분고분한) 마을로 가겠지.」

총잡이의 허무한 삶을 얘기하는 율 브리너에게 홀스트 부크홀츠가 반박하는 말도 번역이 거꾸로 뒤집혔다.

「Your gun has got you everything you have.」

× 「총싸움이야말로 당신이 가진 전부 아니오?」

마치 〈당신 인생이 그것밖에 안 된다〉고 한심해하는 투로 번역해 놓았지만, 사실은 부러워하는 말이다.

○ 「(아무리 그렇기는 해도) 당신이 지금까지 얻은 모든 것이 총 솜씨 덕택이었잖아요.」

악몽을 꾼 로버트 본이 두 농부에게 하는 고백의 번역도 과녁을 빗나가기는 마찬가지다.

「You feel it. And then you wait for the bullet in the gun that is faster than yours.」

✗ 「기다려 봐요. 총안에 들어 있는 총알은 당신보다 빠르니까.」

두 번째 문장을 보면, 우선 앞에서 거의 절반쯤을 잘라 버리고, that이라는 관계 대명사를 털어내고, yours라는 소유격을 you라는 목적격으로 바꿔가면서, the bullet in the gun is faster than you라고 추려서 번역해 놓았다. yours는 the bullet in your gun(내 총에 들어 있는 총알)이라는 뜻이다. 그러니까 wait for the bullet in the gun that is faster than yours를 직역하면, 〈내 권총에 들어 있는 총알보다 빠른 다른 사람의 권총에 들어 있는 총알이 나에게 날아오기를 기다린다〉가 된다.

○ 「저절로 알게 된다고. 그런 다음에는 나보다 솜씨가 빠른 사람의 총탄이 나타나기만 기다리며 살아가는 신세가 되지.」

단어 하나하나에 꼼꼼한 신경을 쓰지 않으면 이렇게 원문과 동떨어진 오역이 주렁주렁 나온다.

claim

"You can claim it at the station."

✗ 서에 가서 얘기하세.

☞ 「닥터 지바고」에서 혁명아 톰 코트니가 길거리에서 전단을 돌리다가 두 명의 형사에게 압수를 당한다. 정식으로 허가를 받았는데 왜 빼앗느냐고 코트니가 항의하자 형사가 반박한 말이다. 몰라서 범한 오역은 아닌 듯싶고, 약간 비약한 모양이지만, 때로는 약간이나마 지나친 비약이 엉뚱한 방향으로 빗나가기도 한다. 두 형사는 처음부터 코트니를 체포 의도를 아예 보이지 않았다. 예문은 《(그렇게 억울하면) 서에 가서 (잘못한 일 없다고 설명하고는) 전단지를 찾아가》라는 뜻이다. claim(소유권을 주장하다)은 〈자기 물건을 찾아가다〉(☞ reclaim)라는 뜻이어서, 공항에 가면 〈짐 찾는 곳〉을 baggage claim(수화물 청구)이라고 한다.

「프렌치 커넥션」을 보면 견인 차량들을 모아 놓은 곳에서 안내원이 이렇게 설명한다. 〈Those that aren't claimed are auctioned here.〉(주인이 찾아가지 않는 차량들은 이곳에서 경매로 팔아버립니다.) unclaimed body는 《(신분이 밝혀지지 않아) 주인이 나서지 않은 시체》다.

「피츠카랄도」에서 농장주가 지도를 걸어 놓고 클라우스 킨스키에게 이런 설명을 한다.

「It is the only area still unclaimed.」

✗ 「땅주인은 아직도 불분명하지.」

번역문을 보면 마치 문제의 땅이 〈분쟁 지역〉이라는 말처럼 들리지만, 사실은 접근이 불가능하기 때문에 〈소유권을 등록한 사람이 아무도 없다〉, 그러니까 《(아무도 원하지 않아서) 주인이 없는 땅〉이라는 뜻이다.

○ 「아직 임자가 없는 땅은 그곳뿐이야.」

claim은 서부 영화나 오지의 개척을 주제로 한 영화에서 자주 쓰이는 단어로, 금광이나 토지의 〈소유권(을 등록하다)〉이라는 뜻이다.

「돌아오지 않는 강」에서 술집 가수 마릴린 몬로가 광부들에게 불러 주는 노래의 한 대목이다.

「I'll go to file my claim.」

✗ 「자신 있게 말할 거야.」

그리고 이런 대목도 같은 노래에 나온다.

「Who's gonna help me file my claim?」

✗ 「누가 나의 말을 듣고 도와줄까?」

아마도 claim을 〈요구〉나 〈주장〉이라는 뜻으로만 알아서 그런 번역이 나온 모양이지만, 첫 대목은 〈〈마음에 드는 남자를 찾아내면) 소유권을 신청하러 가겠다〉는 말이고, 나중 대목은 〈소유권 신청을 누가 도와주겠느냐?〉, 즉 내가 소유권을 신청할 대상이 될 남자가 어디 없느냐는 뜻이다.

그리고 몬로는 애인 로리 캘훈이 손에 넣은 claim 얘기를 로버트 밋첨에게 해준다.

「Then he won the claim.」

✗ 「그리고 그인 권리를 땄어요.」

이런 경우에는 claim을 그냥 〈광산〉이라고 번역해도 무방하겠다.

○ 「그러다가 그이는 (도박판에서) 광산을 땄어요.」

clap

"Death and the clap — so far I managed to avoid one of them."

✗ 피할 길이 없는 죽음과 박수.

☞ 「올 댓 재즈」에서 로이 샤이더의 영화에 출연한 코미디언 클리프 고먼이 고백하는 대사다. 〈피할 길이 없는 죽음과 박수〉라면 죽음과 박수가 정말로 싫다는 뜻이다. 죽음을 피하려는 마음은 이해가 가지만, 연예인이 왜 박수를 피하는가? 고먼이 피하려던 clap은 〈박수〉가 아니라 〈임질〉, 보다 보편적인 표현으로는 〈성병〉이다. 방탕한 생활을 하는 연예인의 삶에서는 성병을 피할 길이 없다. 그는 아직 살아 있으니까 죽음은 피했지만, 성병만큼은 피할 길이 없어서 〈걸렸었다〉는 뜻이다.

이렇게 어떤 문장이 앞뒤로 논리가 맞지 않을 때는, clap 같은 단어에 내가 아는 〈박수〉라는 의미 이외에 다른 뜻이 혹시 없는지를 알아봐야 한다. 그래서 사전을 한번 찾아보기만 한다면, 이런 오역은 피할 길이 확실히 있다. 고먼의 재담을 제대로 번역하면 이렇게 된다.

○ 「죽음과 임질 — 지금까지 나는 그 가운데 하나만큼은 겨우겨우 피해 왔습니다.」

clause

"I need his complete confidence. With a two-week clause he knows we can let him go any time."

✗ 그에게 확실히 자신감을 갖고 있는지 물어봐야겠소. 2주간의 박수 따위로 그는 계속 머무르지 않을 거요.

☞ 「갈채」에서 빙 크로스비를 주연으로 발탁하려는 연출자 윌리엄 홀든이 제작자 앤서니 로스에게 조건을 따지는 장면인데, 첫 문장에서는 무엇이 주어이고 동사의 목적어(☞ fight)는 또 무엇인지를 파악하지 못한 듯싶다.

두 번째 문장에서 〈박수〉라는 말이 나온 까닭은 clause를 applause로 잘못 보지 않았나 하는 추측이 가능하다. 믿어지지 않겠지만 이른바 전문 번역인이 범하는 이런 종류의 말단적인 실수가 퍽 자주 일어난다. I need his complete confidence(그의 절대적인 신뢰가 나에게는 필요하다)는 〈안정된 장기 계약 조건을 내가 제시해야 (술 중독으로 폐인이 된 배우) 크로스비가 나를 완전히 믿고 자신감을 얻어 제대로 능력을 발휘하리라〉는 의미다. two-week clause(2주 조항)은 〈2주 후에는 언제라도 해약이 가능하다〉는 계약 조건을 뜻한다.

○ 「그 사람이 나를 완전히 신뢰해야 합니다. 2주라는 조건을 붙이면, 그는 우리들이 언제 그를 해고할지 모른다는 의심을 하게 되잖아요.」

어렵사리 크로스비를 발탁하기로 제작자와 연출자가 합의에 이르지만, 밖에서 대기해야 할 크로스비가 행방을 감춘다. 나중에 집으로 찾아간 홀든에게 크로스비는 도망친 이유를 설명한다.

「It's not the two-week clause, it's... it's just I don't wanna bite off more than I can chew, that's all.」

✗ 「2주 동안의 공연은 안 돼요. 난 그렇게 힘든 일을 계획하고 싶지 않아요.」

내용을 파악하지 못한 상태에서 마구 돌진하는 무모한 번역의 대표적인 징후는, 문장의 핵심을 찾아내지 못하는 결함의 형태를 취하고, 핵심을 놓치면 번역은 당연히 헛발을 짚게 마련이다. 주어진 문장에서 핵심을 찾아낸 다음 그것을 중심으로 번역문을 엮어 내야 하는데, 기본적인 독해력이 부족한 역자의 경우는 머리나 심장이 어디 있는지를 몰라서 손가락을 수술하는 의사나 마찬가지다.

위 예문의 핵심은 주격 대명사 it다. 따라서 it가 무엇인지만 알고 나면 번역이 쉽게 풀리지만, 워낙 평범한 단어이고 보니 역자는 이 단어에 별로 큰 무게가 실리지 않았으리라고 간과한 듯싶다. 여기에서 it은 크로스비가 비겁하게 도망친 〈이유〉다.

○ 「2주간 공연이라는 조건 때문이 아니라, 그게 아니라…… 나로선 감당할 능력이 없다는 생각에 그랬을 뿐이라고요.」

bite off more than I can chew(씹어 먹지 못할 정도로 많이 물어뜯다)는 〈분수에 넘친다〉는 의미로, 여기서는 〈주역을 맡기가 부담스럽다〉는 말이다. 이렇듯 우유부단한 크로스비가 쉽게 결정을 내리지 못하자 홀든이 결국 자리에서 일어난다.

「Talk it over with your agent here and call the office by 3:00.」

✗ 「당신의 에이전트와 얘기해 보고 사무실로 3시까지 전화주세요.」

오랫동안 무대 활동을 하지 못했던 크로스비에게 대리인agent이 따로 있을 리 만무하다. 여기에서도 역자는 핵심적인 단어인 부사 here를 무시했다가 오역을 범하는 결과를 가져왔다. 홀든은 마치 남편의 대변인이라도 된다는 듯 사사건건 옆에서 참견하는 그레이스 켈리의 꼴이 못마땅해서 이렇게 비꼰 소리다.

○ 「여기 계신 당신 대리인하고 잘 의논해 본 다음, 사무실로 3시까지는 결과를 알려 줘요.」

홀든이 가버린 다음, 켈리는 남편에게 〈왜 극장에 간다는 얘기를 하지 않았느냐〉고 따진다. 그리고 크로스비의 대답도 번역 과정에서 〈주체〉〈핵심〉이 바뀐다.

「Because I wasn't sure whether I could make it or not.」

✗ 「할지 안 할지 몰랐기 때문이오.」

번역문에서는 마치 〈심사를 받아야 할지 말아야 할지〉 결정을 내리는 주체가 크로스비로 되어 있다. 하지만 could make(☞ make)는 일단 심사를 받기는 하는데, 〈성공할지 실패할지 모르겠다〉는 뜻이다. 극단이 결정을 내리는 〈주체〉이기 때문에, 크로스비의 의지와는 관계없이 이루어지는 상황이다.

○ 「붙을지 어떨지 자신이 없어서 그랬어.」

마침내 용기를 내어 출연을 결정한 크로스비가 도와 달라고 하자, 아내가 보여 주는 반응이다.

「I don't have any appointments, Frank, all winter.」

✗ 「전 아무 약속도 못해 드려요.」

번역문을 보면 참으로 매정한 아내처럼 여겨지지만, 켈리는 나중에 홀든이 감동하여 사랑에 빠지게 될 정도로 헌신적인 여자임이 밝혀진다. appointment는 만남을 위한 시간 따위를 합의하는 〈약속〉이어서, 누구를 도와주거나 어떤 행동을 취하겠다는 따위의 〈약속promise〉과는 거리가 멀다. don't have any appointments(만날 약속이 하나도 없다)는 〈따로 할 일이 전혀 없다〉는 뜻이다. 그것도 더구나 all winter(겨울 내내) 만날 사람조차 전혀 없다는 말은, 〈〈공연을 준비하는 기간 뿐 아니라) 겨울이 다 가도록 시간이 얼마든지 남아도니까, 열심히 돕겠다〉는 완곡한 표현이다. appointment라는 한 단어의 뜻을 제대로 파악하지 못함으로 해서, 한 문장의 전체적인 의미가 완전히 거꾸로 뒤집힌 셈이다.

claymore

"You sure you know how claymores work? Lift the safety off and bang on the sucker three times."

✗ 지뢰를 터뜨리는 방법 잘 알겠지? 안전핀 빼고 세 번 내리쳐.

☛ 「플래툰」에서 비오는 밤에 매복을 나가 불침번 교대를 하면서 다른 병사가 찰리 신에게 지시하는 내용이다. 매복에서는 지뢰mine를 매설하지 않는다. 지뢰는 장기간 땅에 묻어 두었다가 발로 밟아서 터지게 하는 재래식 무기지만, 클레이모어는 매복이 끝나면 회수한다. 지면에 세워 놓는 클레이모어는 두 손으로 가위처럼 짤깍짤깍 부딪혀 터뜨리는 폭발 장치를 사용한다. 그러니까 영화에서 실제로 클레이모어를 터뜨리는 장면을 유심히 보기만 했더라도 〈세 번 내리쳐〉라는 오역은 나오지 않는다.

○ 「클레이모어가 어떻게 작동하는지 진짜 잘 알아? 안전장치를 풀고 요걸 세 번 부딪히라고.」

clerk

"Actually, what I am, sir, is your Armed Forces Radio Saigon assistant in charge of orientation and billeting of enlisted personnel, and company clerk."

✘ 전 사이공 미 라디오 방송국에서 숙소 및 서류 정리를 담당하는 당신의 보좌관입니다.

☛ 「굿모닝 베트남」에서 떳선넛 공항으로 마중을 나온 포레스트 휘태커가 로빈 윌리엄스가 자기소개를 한다. 윌리엄스는 계급이 공군에서 가장 낮은 airman(항공병)이다. 병사는 부관이나 보좌관을 거느리지 못한다. 군대에서 〈보좌관〉이라면 참모를 뒷바라지하는 장교다. 휘태커는 육군 소속이지만 윌리엄스와 맞먹는 계급이고, 그래서 장교가 아니니까 〈보좌관〉일 리가 없다. billeting을 bill(계산서, 명세서)과 연관지어 〈서류 정리〉라는 말이 나온 모양이지만, billet은 〈군인 숙소〉나 〈막사〉라는 다른 단어다. company clerk은 중대본부에서 인사 행정 등의 잡무를 담당하는 〈서무〉이며, 그 앞에 쉼표를 넣어 잠시 말을 끊게 하고 and를 넣은 이유는 《(이렇게 하는 일이 많은데) 거기다가》라며 가볍게 불평하는 느낌을 주기 위해서다. 휘태커의 정체는 이렇다.

○ 「사실 난 뭐냐 하면, 병사들의 현지 안내와 숙소를 책임지며, 사이공 미군 방송국에서 당신을 돕는 조수이고, 중대 서무까지 맡았습니다.」

client

"But I'm confident that my client will make no objection."

✘ (변호사가 증언하는 행위를) 제 고객이 이의가 없다면 저도 좋습니다.

▶ 「상하이에서 온 여인」을 보면, 오손 웰스의 살인 혐의를 밝히려는 법정에서 〈증언대에 서라〉는 검사의 요구를 받고 악덕 변호사가 예문에서처럼 비아냥거린다.
소송이나 재판과 관련된 client는 〈고객〉이 아니라 〈의뢰인〉이다.

climb

"It says, 〈Come back from your mountain, climber, and see me sometime. A hell of a climb is waiting for you.〉"

✘ 이런 내용이죠. 〈언제 한 번 찾아와요. 만나서 할 얘기가 많을 거예요.〉

▶ 「세로토레」에서 (등반을 하다가 네 손가락을 잃고) 은둔 생활로 들어간 등반가를 다른 등반가가 찾아가서 잡담을 주고받는다. 〈I dedicated my climb to Mae West. I wrote her 185 times. And then she finally wrote me back to congratulate me on my achievement.〉(난 나의 등반을 메이 웨스트에게 헌납했어요. 난 그녀에게 185번이나 편지를 썼죠. 그랬더니 그녀가 마침내 나의 업적을 치하하는 답장을 보내왔어요.) 예문은 그 다음에 편지를 보여 주며 계속한 얘기다.
메이 웨스트가 어떤 인물인지를 알지 못하면 이 일화가 무엇을 의미하는지 알 길이 없다. 그래서 hell of a climb이라는 포복절도할 내용이 번역에서 사라져 버리고 말았다. 편지를 읽어 주는 등반가가 기거하는 동굴에 가보면, 가슴이 지극히 풍만한 메이 웨스트의 사진이 석 장이나 걸려 있다. 그는 산 정상에도 웨스트의 사진을 모셔 놓았다. 웨스트는 1930년대를 풍미했던 이른바 〈육체파〉 여배우로서, 큼직한 가슴 때문에 제2차 세계 대전 중에는 군용 구명조끼에 〈메이 웨스트〉라는 이름이 붙기도 했으며, 영화 안팎에서 그녀는 천박하고도 음탕한 대사를 절묘하게 구상하기로 유명했다. 예를 들면 이런 식이다.
1970년대 텔레비전에 출연한 그녀는, 〈Oh, Miss West, I've heard so much about you〉(아, 웨스트 양, 당신 얘기는 정말로 많이 들었습니다)라는 기자의 의례적인 인사를 받고, 이렇게 즉흥적으로 대답했다. 〈Yeah, but you can't prove a thing.〉(어련하시겠어요. 하지만 당신은 쥐뿔도 증명할 길이 없어요.) 웨스트가 한 대답의 밑바닥에는 이런 암시가 깔려 있다. 《발가벗은 내 몸매가 어떻다》느니 《내가 성행위를 할 때는 어떻다》느니 온갖 지저분한 소문을 많이 듣기야 했겠지만, 당신은 나를 직접 경험한 적이 없으니 그런 수많은 얘기들 가운데 단 한 가지도 진짜인지 확인할 길이 없잖아요.〉
그리고 어떤 남자가 〈6피트 7인치〉라면서 자신의 키가 〈크다〉고 그녀에게 자랑했을 때는 웨스트가 이렇게 되받았다고 한다. 〈Let's forget the six feet and talk about the seven inches.〉(6피트[약 1미터 80센티미터]는 집어치우고 7인치[약 20센티미터]에 관해서나 얘기해 보죠.) 그녀로서는 남자의 〈훤출한 키〉가 아니라, 20센티미터(짜리 음경)에만 관심이 있다는 얘기다. 성행위에서는 남자의 키보다 음경의 역할이 훨씬 중요하기 때문이다.

「세로토레」 예문의 편지 내용에서 〈Come back from your mountain, climber, and〉는 〈등반가여, 산에서 돌아오면〉이라는 뜻인데, climber는 물론 〈〈여자의 몸으로) 오르는 남자〉라는 암시를 담았다. 〈...see me sometime. A hell of a climb is waiting for you.〉(한번 날 만나러 와요. 대단한 등반이 당신을 기다리고 있으니까요)에서 hell of a climb은 〈대단히 풍만한 몸을 올라탄다〉는 의미로도 통한다. 이 말도 웨스트가 실제로 어디선가 했다고 널리 알려졌지만, 요즈음에는 그런 말은 한 적이 없다는 주장이 정설로 통한다.

cloth

"Bertie's buried there. His father was in the cloth trade."

✘ 저기가 버티의 무덤이야. 그의 아버지는 옷장사를 했었지.

☞ 「안토니아」에서 오랜만에 귀향한 안토니아가 함께 공동묘지를 찾아간 딸에게 하는 설명이다. cloth는 〈옷〉이 아니라 옷을 만드는 원자재, 즉 〈헝겊〉이나 〈옷감〉이다. 〈옷〉이 되려면 꼭 복수형으로 써서 clothes라고 해야 한다. 그러니까 버티의 아버지는 옷장수가 아니라 직물업에 종사했거나 포목점을 경영했다. 포목점 주인을 옷장수라고 하는 것은 쌀장수를 밥장수(식당 주인)라고, 그리고 생선장수를 매운탕장수라고 하는 셈이다. 옷가게를 하는 사람은 dressmaker(양재사)나 tailor(양복장이)라 하고, 포목상은 미국에서는 dry goods shop이라 하며, 영국으로 건너가면 draper's shop이라고 이름이 바뀐다. 그러니까 두 번째 문장은 〈옷감을 팔았지〉가 정답이다.

club

"All right, where will we do the celebrating?"

✘ 어디 가서 자축할까?

"We can go to the Fairmont, Top of the Mark — anything you say. Or we don't have to go to a club."

✘ 메이가 좋다면 어디든지. 클럽만 빼고.

☞ 「케인호의 반란」에서 출항을 이틀 앞두고 클럽으로 찾아온 해군 소위 로버트 프랜시스가 여가수 메이 윈과 나누는 대화다. 우선, 고급 야간 업소의 가수가 해군 소위에게 함부로 반말을 할 입장은 아닐 듯싶다. 명문 대학 출신의 상류 사회 지식인 프랜시스도 아무한테나 함부로

반말을 할 인물이 아니다. 두 사람은 나중에 결혼하지만, 아직은 처음 사귀는 단계다. 70년 전의 남녀 관계는 요즘 한국의 젊은이들처럼 격식을 차리지 않고 막 나가는 경우가 많지 않았다. 〈말투〉 역시 번역의 중요한 한 부분임을 잊지 말아야 한다.

celebrate는 〈자축〉보다 이런 경우에는 〈기분을 낸다〉거나 그냥 〈술 한잔 한다〉는 표현이 훨씬 잘 어울린다. 곧 이별할 남녀가 무엇을 〈자축〉하겠는가?

○ 「좋아요, 술 한잔 하려면 어디로 가야 할까요?」

술을 마시러 가기로 한 두 사람이 마지막 문장에서처럼 〈클럽만 빼고〉라는 단서를 달기는 어렵겠다. 프랜시스가 제안한 Fairmont는 앞에 정관사가 붙었으니 호텔 이름이 분명(☞ the)하고, Top of the Mark도 샌프란시스코의 명소로서, 케이블카를 타고 올라가야 하는 산꼭대기에 위치한 the Mark Hopkins Hotel(마크 홉킨스 호텔) 옥상의 술집이다.

프랜시스는 두 번째 문장을 말하기 직전에 잠시 말을 멈추고 원의 표정을 살핀다. 그러니까 그의 제안에는 엉큼한 속셈이 행간에 숨어 있다. 다른 선택을 제시하는 or와 don't have to(꼭 ~를 해야만 할 필요는 없다)가 그 행간을 엿보게 하는 실마리다. 그가 제안한 내용에는 〈난 곧 전쟁터로 가야 할 몸이고, 그러니 술이나 마시면서 시간을 낭비할 일이 아니라, 이왕 호텔로 가는 김에 아예 곧장 방으로 들어가자〉는 암시가 담겼다.

○ 「페어몬트건 마크 호텔이건 어디라도 좋으니까, 당신이 정해요. 하기야 — 꼭 술을 마시러 가야 하는 건 아니고요.」

C.O.

"Oh, brother! A parson for a C.O."

✘ 대령이 목사라니.

☛ 「전송가」에서 한국군 전투기 조종사를 훈련시키는 책임자 록 허드슨 대령이 전직 목사였다는 사실을 알게 된 돈 디포어 대위가 크게 실망한다. 번역자는 C.O.를 colonel(대령)의 약자라고 오해한 모양이다. colonel은 줄여서 col.이라고도 쓴다. co.는 company(회사, 중대)의 약어다. 영어에서는 특별한 예외가 없는 하나의 한 단어를 한 글자로만 줄여서 쓴다. 우리나라에서 afterservice를 AS라고, discount를 DC라고, 또는 interchange를 IC라고 한 단어를 두 글자로 〈줄이는〉 식의 약자는 가짜 영어다. for a C.O.(commanding officer)는 〈지휘관이라는 사람이〉라는 뜻이다.

○ 「아, 맙소사! 목사님을 지휘관으로 모셔야 하다니.」

coach

"Second, a special coach must be attached to the Orient Express."

✘ 두번째, 오리엔트 특급에 특별 마차를 붙여 주고.

☛ 「왕자와 무희」에서 섭정 대공 로렌스 올리비에가 영국 외무성 관리에게 하는 부탁이다. 자신이 해놓은 번역이 과연 말이 되기나 하는지 한번 읽어 보고, 앞뒤 논리를 잠시 살펴보기만 했더라도, 이런 오역은 피하기가 어렵지 않았겠다. 그 유명한 오리엔트 특급 열차에 〈마차〉를 붙여 놓는다면, 그 마차는 몇 미터도 가지 않아 모두 망가질 일이 뻔한데, 도대체 무슨 〈특별 마차〉를 기차에다 연결한다는 말인가? cab 항에서 coach에 대한 설명을 참고하기 바란다.

○ 「두 번째(부탁으)로는, 오리엔트 특급 열차에 특별히 찻간 하나를 더 붙이도록 하세요.」

coal

"I'd rather walk on hot coals."

✘ 당신하고 춤을 추느니 차라리 불타는 석탄 위를 걷겠어요.

☛ 「선인장꽃」을 보면, 술집에서 춤을 추자고 보채는 잭 웨스톤에게 치과 간호사 잉그릿 버그만이 이렇게 면박을 준다. 불과 관련된 얘기라면 coal은 〈석탄〉이 아니라 charcoal(숯)인 경우가 많다. 미개인들이 불 위를 걷는 예식을 치를 때는 탄광에서 캐온 석탄이 아니라 장작불을 사용한다. KBS-TV 특집 「천년의 고도 하노이」에서는 〈석탄불 위에서 구운 뒤〉에 먹는 음식을 화면에 소개했는데, 석탄은 보이지를 않았고, 그림의 음식은 〈숯불구이〉였다.
「제러마이어 존스」를 보면 늙은 숲사람 윌 기어가 로버트 레드포드에게 〈석탄에 불을 붙여〉라고 지시하고는, 〈이 석탄이면 해 질 때까지 탈 거야〉라고 안심시킨다. 하지만 눈이 쌓인 땅바닥을 파내어서 찾아낸 나무토막으로 모닥불을 지펴 가며 통나무집에서 사는 사람들이 어디서 〈석탄〉을 구하겠는가?

coast

"Enemy coast ahead."

✘ 전방에 적진이 있다.

☞ 「댐을 폭파하라」에서 폭격기를 타고 야간에 유럽 대륙으로 잠입하는 영국 조종사들의 교신 내용이다. coast는 바다와 접한 〈해안(선)〉이고, 해안에는 간혹 〈요새〉를 구축하기는 하지만 〈(적의) 진지〉나 〈기지〉는 한참 더 내륙으로 들어가야 나타난다. enemy coast는 〈적(독일)이 장악한 해안 지역〉이라는 뜻이다.

○ 「적지에 접근 중이다.」

coat

"If you coat it with sugar, she might fall for it."

✘ 당신이 설탕을 뒤집어쓰면 핥을지도 모르죠.

☞ 「사라진 노부인」에서 사라진 노부인을 찾아내려고 돌아다니는 마거릿 락우드가 헛것을 봤으리라고 주장하면서 정신과 의사 폴 루카스가 마이클 레드그레이브더러 그녀를 설득하라고 권하는 말이다. 예문에서 두 차례 반복된 it은 〈당신이 하는 얘기〉다. 참으로 황당한 이 오역을 바로잡으면 〈당신이 그 얘기에 사탕을 바른 듯 그럴 듯하게 잘 꾸미면 그 여자가 넘어갈지도 모르죠〉가 된다. sugarcoat은 약을 먹기 좋게 〈당의(糖衣)를 입히다〉라는 뜻이다. 우리말에도 〈사탕발림〉이라는 표현이 있다.

제목조차 오역(Baby는 표범의 이름임)해 놓은 영화 「아기 키우기」를 보면, 당황한 캐더린 햅번이 캐리 그랜트를 층계에서 쫓아 내려가며, 양복저고리 뒷자락을 잡아당겨 실수로 찢어 놓는다.

「Oh! Torn your coat.」

✘ 「코트가 찢어졌어요.」

앞에서 상황 설명을 미리 해놓지 않았다면, 독자는 찢어진 그랜트의 〈코트〉가 〈양복〉〈저고리〉인지 아니면 〈외투〉인지 알 길이 없다. 우리나라에서는 〈코트〉가 coat(저고리)보다는 overcoat(외투)라는 의미로 잘못 정착되었기 때문이다. 그래서 어줍잖은 〈외래어〉보다는 우리말이 확실하고 분명하다.

예문은 단순히 〈찢어졌다〉는 사실을 진술하는 것이 아니라, 〈저런, (내가) 당신 저고리를 찢어 놓았군요〉라고 사과하는 말이다.

「록키」에서는 푼돈을 벌기 위해 loan shark(전문적으로 빚을 대신 받아 주는 불량배, 부채 해결사)로 일하는 실베스터 스탤론이 〈돈 내놔〉라며 때리려고 하니까, 겁에 질린 노동자가 빚 대신 〈코트〉라도 받으라고 한다. 그런데 이번에는 〈코트〉가 〈저고리〉도 아니고 〈외투〉도 아니며, 이른바 〈반코트〉다. 양복의 저고리는 영어로 jacket이라고도 하는데, 〈재킷〉 또한 우리나라에서는 〈털실로 짠 겉옷〉이라고 의미가 달라졌다.

「왕자와 무희」에서는, 로렌스 올리비에 대공의 초청을 받아 야회복 차림으로 대사관을 찾아갔던 마릴린 몬로가, 바람둥이 올리비에의 속셈을 알아차리고는 극장으로 돌아가려고 영국 외무성 관리에게 부탁한다.

「Could you get me a raincoat somewhere?」

× 「외투 좀 주시겠어요?」

안개나 비를 피하게 위해 걸치는 raincoat은 〈외투〉가 아니라 〈우비〉라고 한다.

code

"Code name and the number."

✘ 예명과 전화번호는요.

☛ 「토마스 크라운 사건」을 보면, 은행에서 강탈한 돈을 가지고 제네바로 날아간 스티브 매퀸이 저금을 하려니까 은행 간부가 이렇게 묻는다. 예명(藝名)은 문필가나 연예인들이 본명 대신 사용하는 〈예술가 이름〉이다. 〈사기꾼〉을 영어로 con artist(속여 먹는 예술가)라고도 하니까, 〈예명〉을 써도 되지 않겠느냐고 아무리 우기더라도, 은행 강도에게는 〈예명〉이 아무래도 어울리지를 않는다. 은행 측의 요구는 《(본명 대신 사용할) 암호명과 번호》를 설정하라는 얘기다. 〈전화번호〉라는 번역도 〈비밀번호〉라고 하거나, 차라리 안전하게 그냥 〈번호〉라고만 했어도 좋았겠다.

「플렌티」에서는 레지스탕스 활동을 하는 메릴 스트립이 낙하산으로 내려온 샘 닐에게 다짜고짜 묻는다.

「Do you have a code name?」

× 「암호가 뭐죠?」

code name은 〈예명〉도 아니지만 〈암호〉도 아니다. 〈암호〉는 어떤 특정한 집단이 함께 사용하는 비밀 언어다. 똑같은 〈암호〉더라도 code는 대부분 문자와 숫자로 이루어져 있고, 불심 검문이나 수하를 할 때의 〈암호〉는 말로 주고받기 때문에 password라고 한다. 어떤 검문 과정을 pass(통과)하기 위해 필요한 word(말)이라는 뜻이다. 스트립이 알고 싶어 하는 닐의 code name은 어떤 특정인의 신분(정체)를 밝히는 〈암호명〉이다. 비밀리에 활동하는 공작원이 신분을 감추려고 〈당나귀〉나 〈홍길동〉이라는 식의 가명을 쓴다면 그것이 바로 암호명이다. 스트립은 나중에 위급한 상황에서 요긴하게 사용할 수가 있으므로, 미리 알아 두려고 〈혹시 암호명을 가지고 있느냐?〉고 닐에게 물은 것이다.

co-education

"What about it, Peter? Would you like to study with us? Shall we make our school co-education?"

✘ 어떠냐, 페이터? 우리 공부 같이 할까?

☛ 「안네의 일기」에서 다락방에 숨어 살면서도 두 딸 밀리 퍼킨스와 다이안 베이커의 교육을 게을리 하지 않던 아버지가 함께 숨어 사는 청년 리처드 베이머에게 묻는 말이다. co-education의 접두사 co-는 〈무엇인가를 함께 하는〉의 의미를 갖는다. 따라서 co-education은 분명히 〈함께 하는 공부〉다. 하지만 Would you like to study with us?라고만 해도 〈우리들하고 공부 같이 하겠니?〉라는 의미가 충분히 전달되는데, Shall we make our school co-education?(우리 학교를 〈공동 교육〉으로 만들까?)이라는 말을 두 딸의 아버지가 왜 덧붙였을까?

co-education은 그냥 함께 공부를 하는 형태가 아니라, 〈남녀 학생이 함께 하는 공부〉, 즉 〈남녀 공학〉을 의미한다. 남자인 베이머 혼자서 그의 두 딸과 함께 공부를 하려면 쑥스러워할 테니까, 아버지가 〈남녀 공학을 하는 학교에 다니는 셈 치면 되잖겠니?〉라고 배려하는 말이다. co-ed는 남녀 공학 학교의 〈여학생〉을 가리키는 말이다.

coke

"They found coke on one of them?"

✘ 콜라를 발견해서 어떻게 됐죠?

☛ 「뮤직 박스」에서 변호사 제시카 랭이 동료에게 의뢰인들에 대해서 묻는 말이다. 의뢰인이 〈콜라〉를 몸에 지니고 있었다고 해서 왜 경찰이 수갑을 채우고 체포까지 해야 하는지를 이상하게 생각했다면, 역자는 coke의 정체를 알아보기 위해 사전을 뒤져 봤어야 하고, 그랬다면 coke가 속어로 마약 cocaine(코카인)이라는 사실을 당장 알게 되었으리라.

○ 「그들 가운데 한 사람이 코카인을 소지하고 있다가 발각되었다는 말인가요?」

cold

"We are not savages. We do not kill in cold blood."

✗ 우리는 야만인이 아니요. 냉혈인처럼 죽이지는 않소.

☛ 「베라 크루즈」를 보면, 마을의 광장에서 반란군에게 포위를 당한 다음, 〈What's stopping you?(왜 우리들을 죽이지 않느냐)〉고 버트 랭카스터가 묻자, 반란 지도자가 밝힌 이유다. 〈냉혈한〉은 일반적인 표현이지만 〈냉혈인〉이라는 존칭적 어휘는 사전에도 나오지도 않는다. cold=차가운(冷), blood=피(血)라는 경직된 고정 관념을 벗어나지 못해서 급조한 단어처럼 보인다. 여하튼 어딘가 어색하고 부자연스러운 어휘나 문장은 고정된 틀을 깨트리고 다른 표현을 찾아봐야 한다.

○ 「우린 야만인이 아닙니다. 함부로 사람을 죽이지는 않아요.」

「내가 마지막 본 파리」에서는, 운동선수인 로저 무어가 그냥 즐기기만 하고 진정한 사랑 따위에는 관심이 없다는 사실을 알고는, 엘리자베스 테일러가 지갑을 챙겨 들고 그의 방에서 나가려고 한다. 〈What's the matter with you?(당신 왜 그래요?)〉라고 무어가 묻자 테일러가 대답한다.

「Suddenly I got very cold feet.」

✗ 「갑자기 발이 시려워졌어요.」

have(get) cold feet은 〈겁을 먹다〉 또는 〈어떤 대상이 시들해져서 입맛이 떨어지다〉라는 뜻이다.

○ 「갑자기 입맛이 싹 달아나는군요.」

「왕자와 무희」에서 로렌스 올리비에 대공과 만찬을 같이 하도록 마릴린 먼로를 대사관으로 데려간 영국 외무성 관리가 안내한다.

「Well, it's quite an informal party. I fancy it'll be a cold supper, Miss Marina.」

✗ 「비공식 파티예요. 시원한 요리가 나오겠죠.」

cold supper는 〈시원한 요리〉가 아니라, 뷔페에서처럼 미리 만들어 놓았다가 내오는 〈식은 음식〉이다. 먼로는 왕족과의 만찬에 초대를 받아 한껏 마음이 부풀었지만, 올리비에는 따끈따끈한 즉석요리가 아니라 〈찬밥〉을 먹일 계획이다. 그가 원하던 바는 식사가 아니라 〈연예인과의 화끈한 하룻밤〉이었기 때문이다.

○ 「그러니까, 비공식적인 자리죠. 내 짐작으론 즉석요리는 안 나올 겁니다, 마리나 양.」

collar

"You think I'm just a gravy-train rider with a turned-around collar?"

✘ 넌 내가 옷만 차려입은 팔자 좋은 사람인 줄 아는구나.

☛ 「워터프론트」에서 이바 마리 세인트로부터 소극적이라는 소리를 들은 칼 몰든 신부가 묻는 말이다. 가장 재미있는 표현인 turned-around collar가 번역에서 빠져 버렸다. 신부가 입은 옷을 보면 하얀 collar(깃)가 마치 앞뒤를 돌려turned-around 잘못 입은 것처럼 보인다.

gravy train(고기 국물을 실어 나르는 기차)이 〈부정 이득을 챙기는 자리(쉽게 큰돈을 버는 처지)〉라는 뜻인데, gravy가 grave로 된 까닭은 〈오역〉 때문이었다. 옛 프랑스어로 〈곡식〉을 뜻하는 grané를 누군가 잘못 알고 중세 영어 grave로 번역한 탓이라고 한다. 신데렐라가 (깨지면 발을 다치기 쉬운 위험한) 〈유리 구두〉를 신게 된 사연도 오역 때문이었다. 프랑스 시인 샤를 페로가 독일 설화를 수집하여 프랑스어로 옮기는 과정에서 부드러운 vair(은회색 다람쥐 또는 담비의 털)를 딱딱한 verre(유리)와 혼동했기 때문이라고 한다.

○ 「넌 내가 옷을 거꾸로 입고 (신자들이 갖다 바치는) 공돈으로 속 편히 먹고사는 그런 사람이라고만 생각하겠지?」

collect

"Now you have collected me, haven't you?"

✘ 당신은 날 수집한 셈이군요.

☛ 「와일러의 콜렉터」에서 납치된 새만타 에거가 테렌스 스탬프에게 묻는 말이다. 테렌스 스탬프는 학교를 제대로 못 다녀 열등감이 극심한 남자다. 은행 말단 직원이었던 그는 복권에 당첨되어 저택을 사들이고는 혼자 살아가면서 나비 채집을 취미로 삼는다. 그리고 소심한 그는 여자들이 그를 상대해 주지 않으리라는 불안감에 새만타 에거를 납치했다. 그렇다면 에거가 한 말은 〈당신은 날 (취미로) 수집한 셈이군요〉가 아니라 〈그러니까 날 (나비처럼) 채집한 셈이군요, 안 그래요?〉가 보다 정확한 표현이겠다. 우표는 〈수집〉하지만, 동식물은 〈채집〉하기 때문이다. 나비를 채집하는 사람은 〈나비 수집가〉라고 하지 않는다.

그런 쫌쫌한 구석까지 왜 따지느냐고 말하면 안 된다. 정말로 좋은 번역과 나쁜 번역은 이런 세밀한 부분에서 차이가 난다. 그리고 시간에 쫓기는 영상 번역에서 어떻게 그런 세부적인 사항까지 꼼꼼하게 살펴보느냐고 핑계를 대서도 안 된다. 필자가 경험한 바로는, 처음부터 철저하게 챙기는 번역을 실천하다 보면, 비록 초기에는 시간이 조금 더 걸리기는 하지만, 일단 세심함이 몸에 배면 습관이 되어서, 별로 시간적인 차이가 나지 않는다. 스무 단어로 구성된 문장을 엮어 내려고 한다면, 좋은 단어건 허름한 단어건, 스무 단어를 써내는 시간에는 별로 차이가 나지 않는다.

colonel

"Colonel Travis. I'll send the commission to you."

✘ 트라비스 중령 맞아. 위임장을 보내지.

☞ 「알라모」의 첫 장면에서 리처드 분(샘 휴스턴 장군 역)이 알라모에 도착하여, 그곳의 지휘권을 로렌스 하비에게 위임한다. 〈Colonel Travis will manage the men here.〉(트라비스 중령이 이곳 병력을 통솔한다.) 하비가 말한다. 〈Major, Sir.〉([제 계급은 중령이 아니라] 소령인데요, 장군님.) 예문은 그 말을 듣고 분 장군이 한 대답이다.

commission은 〈위임장〉이 아니라 진급을 공식적으로 증명하는 〈임명장〉이다. 군대 용어로 commission은 〈임관(任官), ☞ commission)〉이다.

분 장군이 내린 이런 결정에 대해 지역 유지가 반발하고는, (술에 취해서 회의에는 참석조차 하지 않은) 리처드 위드마크(짐 보우이 역)에게 계속 지휘권을 맡겨야 한다고 이견을 제시한다.

〈Jim Bowie is leading a hundred volunteers, whereas young Travis here commands less than thirty regulars.〉(짐 보우이는 지원병 백 명을 거느린 반면에, 이 젊은 친구 트라비스는 서른 명도 안 되는 정규군밖에 없잖아요.)

그래도 어쨌든 지휘권을 부여받은 하비를, 반 시간쯤 지나 겨우 술이 깬 위드마크가 찾아가서, 〈이렇게 형편없는 병력으로 어떻게 산타 아나의 멕시코 병력 7,000과 맞서 싸우겠느냐〉고 비관적인 견해를 피력한다. 그러자 하비가 호통을 친다.

「Colonel Bowie, you were drunk at the last officers' call, and I'd rather postpone our discussion until the next, at which time I'll explain my plans and give orders for the implementing of those plans.」

✘ 「보이 대령, 필요할 땐 취해 있더니. 그 얘긴 다음으로 미루지. 그때 가서 계획과 작전 명령을 내리겠네.」

여기서는 하비(트라비스 역)의 말투도 따져봐야 되겠다. 알라모 전투에서 최후를 맞았을 때 보우이는 37살이었고, 트라비스는 겨우 32살이었다. 뿐만 아니라, 사냥꾼들이 즐겨 쓰는 bowie knife를 발명한 짐 보우이는 많은 땅을 소유한 텍사스의 유지였고, 〈(새파랗게) 젊은 친구〉 트라비스는 일개 소령이었다. 아무리 군대의 위계질서를 내세워도 그렇다. 방금 트라비스는 보우이를 〈대령〉이라고 했는데, 트라비스 자신은 방금 진급한 중령에 불과하다.

하지만 보우이는 진짜 대령이 아니다. 〈대령〉은 〈대위(☞ captain)〉나 마찬가지로, 그리고 비정규군의 general(장군)이나 마찬가지로, 그리고 우리나라의 구멍가게 주인을 〈사장〉이라고 부르는 경우와 마찬가지로, 예우를 하느라고 그냥 불러 주는 호칭일 따름이다. 「베라 크루즈」를 보면 내란의 와중에서 돈벌이를 하려고 멕시코로 찾아온 떠돌이 총잡이 버트 랭카스터가 남군 출신인 〈루이지애나의 신사〉 개리 쿠퍼에게 〈한잔 하실까, 대령님〉이라며 접근한다. 쿠퍼가 〈〈나더러〉 대령이라고?〉라며 반문하자 랭카스터가 한마디 한다.

〈All you Southerners are colonels, aren't you.〉(남부인은 전부 대령이라고 하더군.)

그래서인지 「바람과 함께 사라지다」에서는 비비엔 리의 아버지 토마스 밋첼도 colonel이고, 상원 의원 출신으로서 「알라모」에서 보우이와 함께 최후를 맞는 서부의 전설적인 영웅 데이비 크로켓도 colonel이다. 어쨌든 하비는 위드마크에게 그렇게까지 일방적으로 닦아세울 입장은 아니어서, 아무래도 말투를 조금 바꿔 이런 정도로 옮겼으면 좋겠다.

○ 「보우이 선생, 당신은 아까 장교들을 소집했을 땐 술에 곯아떨어졌었고, 그래서 이런 토론은 다음 소집 때까지 미뤘으면 좋겠으며, 그땐 내 계획이 무엇인지를 본인이 설명하고 그 계획들을 수행하기 위한 명령을 전해 드리겠습니다.」

color

"Those leaves there — if they were the only things in sight, they'd have one color."

✘ 저기 저 잎사귀들 — 햇빛이 없다면 오직 한 가지 색깔만 있겠지.

☛ 「삶의 열망」에서 화가 까미유 피사로가 제자들에게 인상파 그림에 대해서 하는 설명이다. 피사로가 한 말(원문)에서는 〈햇빛〉에 대한 언급이 전혀 없다. 아마도 인상파에 관한 미술 이론을 이해하지 못하고 대충 짐작으로 설명을 덧붙인 모양이지만, 이런 식의 개인적인 〈해석〉은 바람직하지 않다. 피사로가 한 말은 〈만일 눈에 보이는 대상이 저 잎사귀들뿐이라면, 그 색깔은 한 가지라고 해도 된다〉는 뜻이다. 그리고 이어서 보충 설명이 나온다.

〈But the shade and reflection of everything around — the sky, the earth, the water — give them more of their own color. That's why when you paint from nature, don't fix your eye on any one spot.〉(주변에 존재하는 모든 사물 — 하늘, 땅, 물 — 그런 모든 것의 음영과 반사는 그것들이 지닌 색채를 잎사귀들에게 덧입힌다. 그렇기 때문에 자연을 화폭에 옮길 때는 눈을 어느 한 가지 대상에만 고정시켜서는 안 된다.) 그리고는 결론을 내린다.

「Take in everything at once.」

✘ 「하나에 모든 걸 표현하라.」

이것도 〈표현〉의 단계가 아니라, 〈모든 대상을 한꺼번에 수용하라〉는 원칙적인 얘기다. 다음에 하는 말이 그 원칙을 뒷받침한다.

〈And above all, don't be timid. Trust your first impression.〉(그리고 무엇보다도, 두려워하지

말라. 자신이 받는 첫 인상을 믿어야 한다.)

combination

"I want the combination."

✗ 구색 잘 갖췄더구나.

☞ 「도청작전」에서 동전을 수집하는 소년을 숀 코너리가 구슬리는 말이다. 이런 번역이 도대체 왜 나오는지 알 길이 없지만, combination을 〈구색을 잘 갖춘 수집품〉 정도로 생각하지 않았나 싶다. combination은 금고의 〈비밀번호〉를 뜻한다. 금고 털이범들을 무서워하는 엄마가 자꾸 아들더러 〈Tell him(가르쳐 줘라)〉이라고 말하지만, 소년은 〈If they're any good, they could do it the hard way〉라면서 버틴다. 〈조금이라도 솜씨가 있는 도둑들이라면, (번호를 물어봐서 쉽게 열 생각은 하지 말고) 힘이 들더라도 스스로 해결하라〉는 말이다. 그리고 잠시 후에 크리스토퍼 월큰은 〈쉬운 방법〉을 선택하여 금고를 망치로 부셔 버린다.

come

"Where do his millions come from?"

✗ 저 사람은 무엇을 해서 돈을 벌어 백만장자가 되었나요?

☞ 「바람과 함께 지다」에서 록 허드슨이 당연히 백만장자이리라고 짐작한 여자가 로버트 스택에게 묻는 말이다. 스스로 돈을 벌지 않고도 백만장자가 되는 사람이 적지 않다. 그러니까 원문에 없는 〈무엇을 해서〉는 함부로 넣으면 안 되는 말이다.

○ 「저 사람은 그 많은 돈이 어디서 났대요?」

「애수(哀愁)」에서는 전선으로 떠나는 로버트 테일러 대령이 운전기사에게 지시한다.

「Thomas, come by way of Waterloo Bridge.」

✗ 「워털루 다리로 가세.」

예문을 눈으로만 읽으면 come을 〈가세〉라고 했으니까 완전한 오역처럼 보인다. 하지만 come은 여기에서처럼 go의 뜻으로 쓰이는 경우가 적지 않다. 누가 문을 두드릴 때도 〈문을 열어주러 내가 갈게요!〉라고 소리치려면, 상대방의 위치에서 말하듯 〈I am coming〉이라고 하지 〈I am going〉이라고는 하지 않는다. going은 상대방에게서 멀리 떨어진 〈다른 곳으로 간다〉는 뜻이다. 그리고 by way of는 〈~를 거쳐서〉라는 뜻이다. 그러니까 워털루 다리는 목적지가 아니라 경유지다.

○「(역으로 나가기 전에) 워털루 다리에 들렀다 가세.」

「나바론」에서 절벽을 기어오르는 작전의 내용을 앤서니 퀘일이 그레고리 펙에게 설명한다.

「It is 400 feet straight up and it can't be climbed by men or beasts. That's where you come in.」

× 「120미터가 넘는 수직 절벽이라 아무도 오를 생각을 못하는데, 거기로 잠입하면 되네.」

언뜻 보면 제대로 된 번역처럼 보이지만, 앞뒤 문맥을 살펴보면 내용이 달라진다. 퀘일은 can't be climbed by men or beasts(사람이나 짐승이 아무도 올라가지 못할) 절벽을 펙더러 앞장서서 특공대를 이끌고 올라가 달라고 부탁하는 중이다. 펙은 세계적인 등반가 출신이다. come in(등장하다)은 이런 경우 〈당신이 그 길로 간다〉가 아니라 〈이 대목에서 당신이 나타난다〉, 즉 〈그렇기 때문에 당신이 필요하다〉는 뜻이다. 곧 이어서 퀘일이 하는 말을 들어 보면 그런 의미가 더욱 확실해진다.

〈I want you to get me and my men over there and on top of that cliff.〉(난 당신이 우리들을 그곳으로 데려가서, 그 절벽 꼭대기까지 이끌어 주기를 바라네.)

「갈채」에서는 〈객석의 반응이 어떠냐〉는 빙 크로스비의 질문에 제작자가 솔직한 대답을 회피한다.

「I only know what I read in the papers. They came in late on you.」

× 「나는 신문에서 읽은 것 밖에 몰라요. 그들이 일찍 떠나지 않는 한.」

연극계의 생리나 lingo(그들만의 언어)를 알지 못해서 빚어진 오역이다. 두 번째 문장의 전치사 on(~에 관해서)이 번역문에서 자취를 감추었다. come in(따라서 들어오다)은 〈호응하다〉라는 의미. 이들을 한 문장으로 엮은 they came in late on you는 〈당신에 대한 호평(인정)이 뒤늦게야 이루어졌다〉는 뜻이다. 그래서 크로스비가 말꼬리를 물고 늘어진다.

「As long as they don't leave early, huh?」

× 「그들은 늦게 들어올 거예요.」

제작자의 대사에서 came in late을 파악하지 못했으니, 그에 맞서는 leave early도 당연히 오역으로 빠진다.

○ 「(뒤늦게 인정해 주더라도) 그들의 호응이 얼른 식어버리지만 않는다면 괜찮다는 얘긴가요?」

「바람둥이 미용사」에서 광고 영화를 찍으러 이집트로 가게 된 골디 혼이 애인 워렌 베이티에게 〈그래도 괜찮겠느냐〉고 캐묻는다.

「Joey, you just come out and say it.」

× 「그냥 나와서 말하면 돼.」

두 사람이 마주 보고 서서 나누는 대화이기 때문에 〈나와서〉라는 말은 성립이 되지 않는다. 여기서 come out은 〈솔직하게〉라는 뜻이다. 〈당신을 떼어 놓고 다른 남자와 이집트로 가게 된 모양이니까, 싫으면 싫다고 솔직하게 말하라〉는 얘기다. 동성애를 하는 사람들이 무슨 대단한 전문 용어라도 되는 듯 〈커밍아웃coming out〉이라는 영어 표현을 구사하고는 하는데, 이것도 그냥 〈솔직하게 털어놓기speaking out〉라는 말에 지나지 않는다. come은 속된 말로 〈(성교를 한 다음) 사정한다〉는 뜻도 있으니 I'm coming 따위의 쉬운 표현도 조심해서 써야 한다.

「상하이에서 온 여인」에서 약을 먹고 실신했다가 정신을 차린 오손 웰스의 설명이다.

「Well, I came to... in the crazy house!」

✗ 「나는 요술의 집으로 들어왔다.」

come처럼 간단한 기본적인 단어가 얼마나 용법이 어려운지를 잘 보여 주는 사례다. 역자는 came to in을 came in to(into) 정도로 쉽게 생각했던 모양이지만, 여기에서는 come to와 in을 분리시켜 생각해야 한다. come to는 〈정신을 차리다〉라는 뜻이다. 따라서 오손의 설명은 〈요술의 집 안에서 정신을 차렸다〉, 그러니까 〈정신을 차리고 보니…… 나는 요술의 집에 들어와 있었다〉는 소리다.

comedy

"Some comedy, uh?"

✗ 코미디 같은 현실이지.

☛ 「진주만」에서 영화를 보러 들어갔다가 뉴스만 보고는 자리를 박차고 나오던 케이트 베킨세일이 화가 나서 조시 하트넷에게 하는 말이다. 이 비디오 번역은 〈생생한 구어체〉 표현을 동원하여 재치를 발휘하려고 의도했던 모양이지만, 그리 성공적인 인상을 주지 못한다. 지나치게 유행어적인 표현은 작품의 시대적인 배경이나 상황의 분위기 그리고 주인공의 성격과 어긋나면, 작품의 흐름과 전혀 앞뒤가 맞지를 않아서, 오히려 경박한 싸구려 같은 역효과를 가져오는 경우가 적지 않다.

문제의 장면에서 두 사람이 보러 들어갔던 영화는, 뒤에 걸린 간판을 보면, 찰리 채플린의 「위대한 독재자」였다. 그들은 모처럼 기분을 풀려고 희극을 보러 왔지만, 바다로 추락하는 전투기들이 뉴스에 나오자, 속이 상해 차마 더 볼 수가 없어서 그녀는 본영화가 시작도 되기 전에 나와 버렸다. 그녀가 사랑했던 남자도 뉴스에서처럼 추락하여 행방불명이 되었기 때문이었다.

some은 〈대단한〉이라는 뜻으로서, 〈현실〉과는 아무 상관도 없고, some comedy는 〈정말 대단한 희극 영화야〉라고 비꼬는 표현이다. 희극 영화를 보러 왔다가 엉뚱한 〈비극〉만 경험하게 되었기 때문에 나온 불평이다.

comfortable

"In Washington, William Howard Taft, 300 pounds of pure Republican, was the President and life was comfortable."

✗ 워싱턴의 공화당 대통령 윌리엄 하워드 태프트는 편안한 삶을 누렸다.

☛ 「빅 제이크」 도입부의 해설이다. 편안한 삶을 누린 사람은 대통령이 아니다. 태프트가 정치를 잘 해서 국민이 태평성대를 누렸다는 뜻이다. 300 pounds of pure Republican은 〈진골 공화당원〉의 체중이 300파운드(약 140킬로그램 정도)였다는 뜻이다. 태프트 대통령은 워낙 거구여서, 백악관의 욕조와 침대를 따로 주문해서 썼다고 한다. 태프트가 변호사였던 시절에는 이런 일화도 있었다. 어느 소도시에서 일을 끝낸 그는 간이역에 기차가 서지를 않아 집으로 돌아갈 길이 막막해지자, a big party가 기차를 타야 하니까 좀 세워 달라는 전보를 쳤다. a big party라니까 〈인원수가 많은 집단〉으로 생각하고 기차가 일부러 멈췄지만, 기다리다 탑승객은 태프트 한 사람뿐이었다. 〈I am the big party(내가 바로 몸집이 큰 당사자요)〉라고 설명하면서. party는 법률 용어로 〈당사자〉라는 뜻이다. 참으로 변호사다운 화법이다.

○ 「워싱턴에서는 비대한 몸집의 알짜 공화당원 윌리엄 하워드 태프트가 대통령으로 들어앉았고, 살기가 편해졌다.」

commission

"I know now that you haven't stopped drinking. Loss of commission is not loss of life. There is no disgrace we can't pull through together."

✘ 당신이 술을 끊지 못했다는 사실을 나도 이제는 알게 되었어요. 지위를 잃었다고 인생 전체를 잃은 건 아니잖아요. 아무리 힘든 일이라도 우린 같이 이겨낼 수 있어요.

☛ 「귀향The Long Voyage Home」(1940)에서 무엇인가 비밀을 숨기는 듯한 이안 헌터를 독일 첩자로 오해하고 선원들이 그의 비밀 상자를 찾아낸 다음, 그 안에서 나온 편지를 토마스 밋첼이 읽어 본다. 이 영화에서 가장 가슴 아픈 장면에 나오는 대사다. 첩자로 오인하고 동료 선원들이 찾아낸 편지는 아내가 보낸 애절한 사연이었다.

commission은 단순한 〈지위〉가 아니라 〈장교의 직위〉다. 헌터는 술을 끊지 못해서 결국 장교로 근무하던 군대로부터 쫓겨났고, 그래서 자식들에게는 전사했다고 거짓말을 해달라고 아내에게 부탁하고는, 배를 타고 떠돌며 고향으로 돌아가지를 못한다. 〈지위를 잃었다〉는 막연한 번역을 〈군대에서 쫓겨났다고 해서 인생이 끝난 건 아니잖아요〉 정도로만 밝혀 주었더라면 비극적인 사연이 훨씬 더 잘 부각되었겠다는 생각이다.

○ 「당신이 술을 끊지 못했다는 사실을 나도 이제는 알게 되었어요. 전역을 당했다고 해서 인생을 몽땅 잃은 건 아니잖아요. 우리가 함께 이겨 내지 못할 굴욕은 없답니다.」

common

"She was so common."

✘ 그앤 평범했어요.

☞ 「연예인」에서 배우 지망생의 어머니가 딸의 어린 시절을 로렌스 올리비에한테 얘기한다. common은 그냥 〈평범한〉보다 〈〈용모가〉 못생긴〉 쪽으로 치우치는 경우가 많다. 여기에서는 so까지 곁들였으니, 보통 수수한 수준보다 훨씬 이하여서, 〈참 못생긴 아이였다〉라는 뜻이 된다. simple도 비슷한 성격의 단어여서, 〈단순한〉 사람보다는 〈모자라는(어리석은)〉 사람을 지칭하는 경우가 많다.(☞ simple)

○ 「내 딸은 정말 못생긴 아이였어요.」

「이오지마의 영웅」에 나오는 알링턴 국립묘지 동상에 새긴 글이다.
「Uncommon valor was a common virtue.」
✘ 「보기 드문 용기는 공공의 미덕이다.」
common을 전사자가 아니고 일반 사회로 착각한 모양이다. 〈공공의 미덕〉은 public virtue라고 해야 옳겠다. common virtue는 이곳에 묻힌 모든 장병들에게 〈공통된 일반적인 미덕〉이라는 뜻이다.
○ 「보기 드문 용기가 (이들에게는) 대수롭지 않은 미덕이었다.」

company

"B Company. They certainly gave you the right name."

✘ B회사라 — 딱 어울리는 이름이군.

☞ 「인도의 열정」에서 탈영병이 많아 인도의 반란을 제대로 통제하지 못하는 무능력한 부대를 보고 케네드 모어가 비꼰다. B Company는 〈회사〉 이름이 아니라 〈제2 중대〉라는 뜻이다. 군부대는, 특히 포대(砲隊)의 경우에 1, 2, 3, 4라는 숫자 대신 A(Alpha), B(Bravo), C(Charlie), D(Delta)라는 식으로 풀어쓰기도 한다. 그런가 하면 B는 B급, 즉 〈수준이 떨어지는〉의 의미도 있기 때문에, 모어는 〈〈B급 중대답게 이름도 B 중대라고〉 이름 한번 잘 지어 붙였군〉이라고 비아냥거린다.

○ 「제2 중대라더니. 정말 2류 중대로군.」

concern

"This is a subsidiary company. You will be amazed how many large concerns are controlled in this city by a few."

✘ 이건 자회사야. 이 도시의 얼마나 많은 부분이 소수에 의해 지배되는지 알면 놀라게 될꺼야.

☛ 「타인의 도시」에서 올리버 리드를 그의 밑에 잡아 두기 위해 오손 웰스는 리드가 새 일자리를 얻은 잡지사를 아예 접수해 버린다. 화가 난 리드가 사무실로 들이닥치자 웰스가 오히려 훈계를 한다.

large concerns가 무엇인지 제대로 파악이 되지 않아 고생한 흔적이 보인다. 우선 subsidiary company는 〈종속된 자회사〉라는 뜻이다. subsidiary는 〈보완하는〉이나 〈부차적인〉이라는 뜻이어서, subsidiary publication이라고 하면 출판 비용의 일부를 작가가 부담(보조)하는 제도를 뜻한다. 자연스러운 우리말로 하자면 실질적인 〈자비 출판〉이 되겠다. 앞에서 subsidiary company를 언급하고 이어서 웰스가 concerns를 얘기했으니, 두 단어는 분명히 서로 연관성을 가진다. 하지만 역자는 그 연관성을 찾아내지 못한 듯싶다.

번역을 하는 사람들은 긴 문장 가운데 단어 하나쯤은 몰라도 해석이 가능하다는 착각이 심한데, 어림도 없는 말이다. 위 예문의 두 번째 문장처럼 이해가 안 되고 그 가운데 한 단어가 다른 단어들과 제대로 맞아 들어가지 않으면, 그 문장에서 자신이 모두 알고 있을 듯싶은 어떤 단어 하나를 혹시 모르는 것이 아닌가 꼭 사전을 찾아서 확인해야 한다. 모르는 바로 그 단어가 전체 문장의 핵심이요 열쇠인 경우 많기 때문이다. 예를 들어 위에서처럼, concern을 뜻하는 여러 단어 가운데 자기가 아는 우리말 어휘만 가지고 해석을 하려면 잘 안 되는 경우, 역자는 문제의 단어가 정확히 무슨 의미인지를 알지 못할뿐더러, 정확한 의미를 모른다는 사실까지도 모를 확률이 크다.

concern이 명사로 기능할 때는 〈관계〉, 〈관련〉, 〈중요성〉, 〈관심사〉, 〈걱정〉, 〈용건〉 말고도 〈사업〉 또는 〈회사〉라는 의미도 있다. 여기에 열거된 의미들 가운데 앞 문장의 subsidiary company와 연결 지어서 생각하면, 예문의 concern이 〈회사〉임을 쉽게 파악하게 된다. firm도 〈단단한〉이라는 뜻을 벗어나 〈회사〉라는 의미로 널리 쓰인다. 그러니까 웰스가 한 얘기의 내용은 이렇다.

◯ 「(자네가 일하던 잡지사는 내가 사들였고, 그래서) 이제 내 회사의 자회사가 되었어. 이런 식으로 얼마나 많은 런던의 큰 회사를 소수의 사람들이 장악하고 있는지 알면 자넨 놀라 자빠질 거야.」

「펄 벅의 대지」에서 루이제 라이너(오란)가 하녀로 일하던 〈큰집〉이 빚에 몰려 땅을 내놓았다고 하자 폴 무니(왕룽)가 나선다.

「I'll go to the Great House and say, 〈I have an important business. Money is concerned.〉」

✘ 「내가 큰집에 가서 말하겠어. 〈중요한 일입니다. 돈은 걱정하지 마십시오.〉」

세 번째 문장에 나오는 concern은 수동형 동사로 쓰이면 〈염려하다〉나 〈걱정하다〉보다는 〈~한 일에 이해관계가 얽히다〉라는 의미로 더 널리 쓰인다. 따라서 money is concerned는 money is involved(돈이 얽힌 일이다), 또는 it concerns money(돈과 관련된 일이다)라는 뜻이다.

○ 「내가 큰댁에 가서 (당당하게) 말하겠어. 〈중요한 볼일이 있어서 왔는데요. 돈이 얽힌 일입니다.〉」

condemn

"You're all condemned men. So row well — and live."

✘ 너희는 모두 범죄자다. 노를 저어라. 그럼 살 것이다.

☞ 「벤허」에서 전함에 오른 신임 사령관 잭 호킨스가 노를 젓는 노예들에게 훈시하는 말이다. condemn은 그것이 지닌 의미 때문에 damn을 연상하여 condamn이라고 잘못 쓰기 쉬운 단어이니까 우선 주의하기 바란다. condemn은 〈선고나 유죄 판결을 받다〉라는 뜻이지만, 여기에서와 같은 경우는 그냥 〈선고〉가 아니라 〈사형 선고〉를 뜻한다. 따라서 you're all condemned men이라면 〈너희들은 모두 죽은 목숨이다〉라는 의미다. doomed와 같은 의미라고 생각하면 된다. 위 예문에서는 빠졌지만, 두 문장 사이에는 본디 〈We keep you alive to serve this ship(이 배에서 일하게 하려고 우린 너희들을 살려 둔다)〉이라는 부언이 들어간다. 〈죽은 목숨〉임을 확실하게 설명하는 대목이다.

그러니까 row well and live도 〈열심히 노를 젓는 동안만큼은 살아 있으리라〉는 뜻이다. 〈노를 저어라. 그럼 살 것이다〉는 마치 〈열심히 노를 저으면 언젠가는 살려 주겠다〉는 말처럼 들리지만, 영화를 보면 〈노예들은 아무도 살아서 배를 떠나지 못한다〉는 설명이 몇 군데서 나온다.

○ 「너희들은 모두 사형수다. 그러니까 (지금 당장) 죽지 않으려면 열심히 노를 저어라.」

호킨스가 잠든 사이에 방으로 들어온 찰톤 헤스톤에게 사령관은 이렇게 묻는다. 〈You could have killed me as I lay there. You're a condemned man. Why didn't you?〉 이것도 〈내가 (잠들어) 침대에 누워 있는 사이에 너는 나를 죽일 기회가 있었다. 너는 이왕 죽은 목숨이다. 왜 나를 죽이지 않았는가?〉라는 뜻이다.

가옥이나 재산, 물건의 경우에는 condemn이 〈폐기 처분하다〉라는 뜻이 된다. 〈폐기 처분〉은 〈(무생물이나 사물의) 죽음〉과 같다.

「레 미제라블」(1998)을 보면 청년 마리우스가 길거리에서 혁명에 가담하라고 군중을 선동한다.

「Being poor is the worst crime of all. If you commit these crimes, you are condemned for life.」

✘ 「가난이 가장 큰 죄랍니다. 이딴 걸 어기면 감방에 갇힙니다.」

이 세상 어느 나라의 어느 법에서도 가난하다고 해서 사람을 감옥에 거두라는 항목은 존재하지 않는다. 가난을 crime(범죄)라고 마리우스가 한 말은 〈무전유죄, 유전무죄〉라는 차원에서 이해해야 하며, condemned는 앞 항목에서 설명했듯이 doomed와 같은 뜻이다. condemned for life는 〈평생 그런 비참한 삶에서 벗어나지 못한다〉는 뜻이다. 혁명을 선동하는 연설에서, 더구나 세계적인 고전 명작을 번역하면서, 〈이딴 걸〉 같은 말투는 바람직하지 않다.

○ 「가난은 가장 나쁜 범죄랍니다. 이런 범죄는 종신형이나 마찬가지입니다.」

confession

"I'm not hearing your confession. I'll dig it out for myself and use it where it will do the most good."

✘ 자네 고해는 안들어. 옳은 일을 하는데 유용할 테니.

☛ 「워터프론트」에서 말론 브랜도가 진실을 밝히려고 성당으로 찾아가지만, 칼 몰든 신부가 들으려고 하지 않는다. 눈앞에 나열된 낱 단어들이 보이기는 하지만, 그 어휘들이 문장을 이루면 어떤 의미가 생성되는지, 배경에 대한 이해가 부족하면 이런 번역이 나온다. 몰든 신부는 지금 항만 노조를 장악한 조직 폭력 집단의 비리를 파헤치고 고발하기 위해 싸우는 중이다. 하지만 그는 브랜도의 〈고해〉는 듣지 않으려고 한다. 왜 그럴까?

의사가 환자에 대한 정보를 제3자에게 누설하거나 의뢰인이 발설한 특정 내용을 변호사가 타인에게 밝히는 행위는 직업윤리에 어긋난다. 마찬가지 이유로 신부는 고해 성사에서 들은 얘기를 경찰에 제공할 수가 없다. 성당 안에서 이루어지는 confession(고해 성사)은 다른 상황에서의 confession(고백)과는 성격이 다르기 때문이다.

○ 「난 자네의 고해 성사를 듣지는 않겠어. 내가 직접 진실을 알아내어 최선의 방법으로 그 진실을 활용하겠다고.」

confident

"Am I talking to a confident person?"

✘ 그쪽은 어떻게 생기셨나요?

☛ 「인생 2장」에서 일방적으로 자꾸 전화를 걸어 오는 작가 제임스 칸에게, 이혼한 직후여서 아직 남자에 대한 관심이 없는 마샤 메이슨이 묻는 말이다. Am I talking to는 〈지금 내가 통화를

하는 상대방은 혹시 ~이신가요?라고 묻는 말이다. 그리고 confident person은 〈자신만만한 사람〉이다. 그런데 어째서 〈그쪽은 어떻게 생기셨나요?〉라는 번역이 나오는지 모르겠다. 메이슨의 질문은 〈당신 혹시 지나치게 자신만만하신 거 아닌가요?〉라는 의미로, 〈왜 이렇게 건방지게 구느냐?〉의 지극히 완곡한 표현이다.

○ 「댁은 자신만만한 분이신 모양이죠?」

confirm

"I baptized them, christened 'em, confirmed 'em."

✗ 믿음을 전하고 확신을 주었죠.

☞ 「들판의 백합」에서 오지의 교구를 맡은 신부 댄 프레이저가 시드니 푸아티에한테 늘어놓는 신세타령이다. 같은 단어라고 해도 전문 분야나 특수 집단에서는 독특한 다른 의미로 사용하는 경우가 많다. confirm은 일반적인 경우 〈확실히 하다〉나 〈확인하다〉라는 뜻이다. 그러나 천주교에서는 〈견진 성사(堅振聖事)를 받다〉라고 의미가 달라진다. 영세를 받은 다음 믿음이 어느 정도 기초가 단단해지면 〈인증된 신자〉라는 뜻으로 견진 성사를 받는다. baptize와 christen도 천주교 신부가 하는 중요한 일이다. 위 문장을 제대로 번역하면 이렇게 된다.

○ 「난 그들에게 영세를 해주고, 세례명을 주고, 견진 성사도 해주었죠.」

「레 미제라블」(1998)에서는 팡틴이 숨을 거두기 직전에 장 발장에게 꿈 얘기를 한다.

"I was just dreaming about you... and me... and Cosette. We were at her confirmation, and she looked so beautiful."

✗ 「난 방금 시장님하고…… 나하고…… 코제트를 꿈에서 봤어요. 그녀가 확실했어요. 너무나 예뻤어요.」

여기서도 confirmation은 〈확실〉이 아니고 〈견진 성사〉다. 코제트의 경우는 믿음이 그만큼 굳어졌기보다는 영세를 받은 아기가 어느만큼 자랐음을 의미한다. 딸을 〈그녀가〉라고 번역한 부분에 대해서는 she 항을 참조하기 바란다. 그리고 confirm은 conform(순응하다, 따르다)과 혼동하기 쉬운 단어이니 조심해야 한다.

○ 「난 방금 시장님하고…… 나하고…… 코제트 꿈을 꾸었어요. 우린 그 애의 견진 성사에 갔는데, 딸이 정말 예뻐 보였어요.」

conflict

"Each of you knew what the fighting was about, or you wouldn't have volunteered. You go down to the sea to fight in the toughest conflict of all time."

✘ 싸움의 의미를 알기에 지원한 것입니다. 항상 험란한 충돌이 있는 바다로 싸우러 가는 것입니다.

☛ 「케인호의 반란」을 보면, 해군 사관 학교 임관식에서 전쟁터로 떠나게 될 신임 장교들에게 교장이 이렇게 축하 연설을 한다. 영화나 소설 한 편을 번역하려면 그 작품의 주제가 무엇인지, 중요한 상황들의 내용이 어떻게 전개되는지, 그리고 주인공들의 직업이나 성격 뿐 아니라 그들의 말투가 어떤지를 미리 파악해야 한다. 그리고는 공책이나 쪽지에 그것을 적어 잘 보이는 자리(필자의 경우에는 컴퓨터 화면 주위의 테 그리고 벽에 걸린 게시판)에 붙여 두고는, 늘 자신에게 〈밑그림〉을 상기시키면 크게 도움이 된다. 그리고 실제로 작업에 임했을 때도, 눈앞에 떨어진 한 마디의 대사에 담긴 낱낱의 단어들에 지나치게 구속되지를 말고, 제한된 시각을 벗어나서, 하나하나의 대화가 전체적인 주제는 물론이요 현재 진행되는 상황이나 앞에서 이루어졌던 배경들과 어떻게 연관되는지(☞ expect)를 끊임없이 살펴야 한다.

「케인호의 반란」은 제2차 세계 대전이 시대적인 배경이고, 영화의 첫 장면은 작품 전체의 분위기를 설정하기 마련이다. 그 첫 장면이 바로 이 임관식이다. 그렇다면 교장의 연설은 그에 걸맞게 의미심장한 내용이겠다. 교장의 연설에서는 〈싸움fighting〉과 〈충돌conflict〉이 주제가 아니다. 그는 〈전쟁〉을 얘기한다. conflict도 여기에서는 〈전쟁〉(☞ demilitarized)이다.

○ 「제군들은 모두 이 전쟁이 의미하는 바가 무엇인지를 알기 때문에 지원했을 것이다. 제군들은 바다로 나가서, 역사상 가장 치열한 전투에 임하게 된다.」

「지옥의 전장」에서는 화학 교사 리처드 위드마크가 말을 더듬는 학생을 격려한다.

「Stuttering is a matter of conflict and fear. Maybe in your case, fear of failure.」

✘ 「더듬는 건 충돌과 두려움 때문이라네. 자네의 경우는 실패의 두려움 때문일 수도 있지.」

고등학교 선생이 학생을 〈자네〉라고 부르기도 하는지 궁금하고, 위드마크가 무슨 〈충돌〉을 걱정하는지도 궁금하다.

○ 「갈등과 두려움 때문에 말을 더듬게 되지. 학생 같은 경우는 아마 실패에 대한 두려움 때문이겠고.」

conscience

"Oh, I'm surprised that your conscience is that clear."

✘ 그런데 이렇게 정신이 말짱해요?

☛ 「어둠 속에 벨이 울릴 때」에서 클린트 이스트우드가 다른 여자와 자는 줄 의심하고 새벽 두 시에 그의 집으로 들이닥친 제시카 월터가 〈혼자 자고 있었느냐〉며 잠깐 미안해한다. 〈그럼 이 시간에 잠을 자지 뭘하겠느냐〉고 이스트우드가 반문하자 월터가 예문에서처럼 화를 낸다. conscience is that clear는 〈정신이 말짱〉한 것이 아니라, 〈양심이 그렇게that 깨끗하냐?〉는 뜻이다. 왜 그런 질문이 나왔을까? 병적인 월터는 남자를 의심해서 잠도 못자고 밤새도록 고민에 빠져 미칠 듯 끌탕을 하다가 차를 몰고 달려왔는데, 〈너는 양심의 가책도 느끼지 않고 이렇게 속 편히 잠이 오느냐?〉는 일방적인 불만을 토로한 것이다. 여주인공의 성격을 그대로 반영한 대사다.

○ 「당신의 양심이 그렇게 홀가분하다니 정말 놀랍군요.」

「사랑과 죽음」에서 우디 앨런이 전쟁터에 나가서 죽은 형에 대한 설명을 한다

「He was a fatality of war. He was bayoneted to death by a Polish conscientious objector.」

✘ 「폴란드 반란 세력에 의해 살해당한 것이다.」

conscientious objector는 종교적이거나 도의적인 신념을 이유로 내세워 〈양심적으로 병역을 거부하는 자〉를 지칭한다. 우리나라에도 이런 사람들이 언제부터인가 생겨났다.

○ 「형은 전쟁으로 인한 사망자였다. 그는 폴란드인 양심적 병역 거부자의 총검이 찔려 목숨을 잃었다.」

conscious

"You know, men like Stiva aren't really conscious of deception at all."

✘ 오빠는 속이려던 진심은 없었어요.

☛ 「안나 카레리나」에서 가정 파탄을 맞게 된 바람둥이 오빠의 부탁으로 올케를 만난 그레타 가르보가 남성의 심리를 분석한다. 번역문을 보면 가르보가 한 말의 핵심이 무엇인지를 이해하지 못한 듯싶다. 〈오빠 같은 남자들은〉 속이려던 진심이 처음부터 없었던 것이 아니라, 의도적으로 속이면서도 〈속이는 자신의 행위를 사실은 전혀 의식하지 못한다〉는 뜻이다. 그 다음에 가르보가 한 말을 들어 보면 〈죄의식이 없다〉는 의미가 더욱 명확해진다.

〈They put their wives and homes in one compartment and these other women into another. It's strange, but I know it to be true.)(그런 남자들은 아내와 가정을 한 칸에 넣어 두고, 다른 여자들은 다른 공간에 따로 간직해요. 이상하긴 하지만, 내가 알기로는 남자들은 정말 그래요.)

contemplative

"Is yours a contemplative order? I mean, do you live in meditation?"

✘ 수녀들은 조용한 걸 좋아하잖아요. 묵상이라던가 뭔가 하지 않나요?

☛ 「흑수선」에서 수녀원 바로 옆에 난 길로 사람들의 왕래가 많다고 불평하는 데보라 커에게 데이비드 파라가 묻는 말이다. 시끄럽다고 불평하는 사람에게 파라가 한 질문의 번역문은 앞뒤가 맞지를 않는다. yours는 your order(수녀회)에서 order를 반복하지 않으려고 동원한 소유 대명사다. contemplative(명상에 잠기는, 묵상하는) order는 〈관상 수녀회〉라고 한다. 〈관상(觀想)〉은 신의 존재를 직관적으로 인식하고 사랑하는 일이어서, 이런 수녀회는 당연히 명상을 하기에 좋은 조용한 장소를 필요로 한다.

○ 「당신은 관상 수녀회에 속하나요? 그러니까, 명상을 하면서 지내는 그런 수녀회냐고요.」

Continental

"Mr. Warriner, you are out of your Continental mind."

✘ 워리너 선생, 대륙적 도량은 어디로 갔나요.

☛ 「이혼소동」에서 아이린 던의 음악 교사 알렉산더 다르씨가 의처증이 심한 캐리 그랜트에게 호소하는 말이다. 〈대륙적〉이라면 한국인의 감각으로는 〈중국인들의 한 가지 특성〉을 생각한다. 사고방식 따위가 통이 크고 압도적인 특성 말이다. 그러나 미국인이 〈대륙적〉이라고 할 때는, 특히 대문자로 써서 Continental이라고 할 때는, 미개한 신대륙(식민지로서의 아메리카)보다 문화 수준이 높은 유럽을 의미한다. 따라서 Continental은 〈유럽적〉이라는 뜻이 되며, 〈대륙적 도량〉은 〈유럽적 교양〉이라는 의미를 갖는다. out of your Continental mind는 out of your mind(당신 제정신이 아니다)라는 표현의 장식적인 변형이다.

○ 「워리너 선생, 고상한 유럽인이 왜 이러십니까.」

contradict

"Don't you contradict me in public."

✘ 다신 날 물먹이지 마.

☛ 「바람둥이 미용사」에서 방자한 미용사 워렌 비이티가 시키는 대로 일을 하지 않자, 화가 난 미용실 주인이 하는 잔소리다. 자유분방함이 약간 지나친 듯한 번역이다. contradict는 〈물먹이다〉가 아니라 〈말대꾸하다〉라는 뜻이다. you는 화자의 감정을 강조하기 위해서 들어간 표현이므로 빠지더라도 의미의 변화가 크게 달라지지는 않는다. in public은 〈여러 사람이 함께 있는 자리에서〉라는 말이다.

○ 「당신 사람들 앞에서 나한테 (건방지게 감히) 말대꾸하지 말라고.」

contribute

"I am a doctor. I contribute to the Medical Courrier."

✘ 난 의사요. 메디칼 쿠리어에 기부도 합니다.

☛ 「성처녀」에서 제니퍼 존스의 기적을 믿는 리 J. 콥이 냉담한 마을 유지들에게 밝히는 사실이다. 이 영화의 무대는 프랑스이고, 프랑스어 courrier(우편물, 파발꾼, 회보)는 영어 courier의 어원으로서, 신문이나 잡지의 이름으로 널리 쓰인다. 정관사까지 앞에 붙였으니 the Medical Courrier는 분명히 의학 잡지의 이름이다. 그런데 잡지에 왜 〈기부〉를 할까? contribute는 〈(글을) 기고한다〉는 뜻이어서, contributor라고 하면 〈~의 필자(기고가)〉라는 말이 된다.

○ 「난 의사입니다. 〈의학협회보〉의 필진이기도 하고요.」

cop

"First thing you know, you own things. The car, for instance. Now your whole life is messed up with a lot more stuff. You get license fees, and number plates, and gas, and oil, and taxes, and insurance, and identification cards, and letters and bills, and flat tires, and traffic tickets, and motorcycle cops."

✘ 물건을 사게 되지. 자동차 같은 것 말이오. 이제 인생은 엉망이 돼 버리

지. 자동차 등록세, 휘발유 값, 세금, 보험료, 신분증…… 다음엔 청구서가 날아들고, 차는 펑크나고, 교통위반 벌금, 오토바이가 와서 들이박고.

☛ 「군중」에서 가난뱅이에게 갑자기 돈이 잔뜩 생기면 어떤 일이 벌어지는지를 월터 브레난이 설명한다. 번역에서 빠져 버린 first thing you know는 〈자신도 모르는 사이에 어쩌다 보니 ~하게 된다〉라는 뜻이다. 세 번째 문장의 번역에서 빼먹은 with a lot more stuff는 〈그 이외에도 또 이것저것 사들이다 보면〉이라는 뜻이다. number plate(번호판)는 요즈음 영어로는 license plate라 한다.

motorcycle cops는, 어째서 〈오토바이가 와서 들이받고〉라는 번역이 나왔는지 모르겠지만, 교통 위반자를 단속하려고 〈모터사이클을 타고 다니는 경찰관〉이다. cop 또는 copper는 〈경찰관〉이다. 〈펑크〉(puncture의 줄임꼴)와 〈오토바이〉(automobile과 bicycle을 재조립한 단어)는 일본에서 만들어 낸 가짜 영어이니 사용을 삼갔으면 좋겠다.

○ 「그러다 보면 이것저것 장만하게 되지. 자동차만 해도 그래. (일단 자동차를 마련하고 나면) 그러면 더 많은 것들이 필요해져서 생활은 엉망이 된다. 등록세, 번호판, 연료, 기름, 세금, 보험료, 신분증에, 편지와 청구서들이 날아들고, 바퀴가 터지고, 범칙금 딱지에, 단속 경찰관들까지 속을 썩이지.」

「7인의 도둑」에서 다치지 않으려고 지나치게 몸을 도사리는 도박장 부지배인 알렉산더 스커비에게 로드 스타이거가 다그친다.

We are not playing a make-believe game of cops and robbers.」

✕ 「우리는 경찰이나 도둑 행세를 하는 게 아니오.」

make-believe game은 〈상상으로 하는 놀이〉고, cops and robbers는 한 덩어리로 봐서 〈누구는 경찰 노릇을 하고 누구는 도둑 노릇을 하는〉 놀이를 뜻한다. 줄여서 말한다면 game of cops and robbers는 〈도둑잡기 놀이〉 또는 〈고양이와 쥐 놀이〉 정도가 되겠다. 〈숨바꼭질〉이라고 번역해도 잘 먹혀 들어가는 경우도 많다.

○ 「우린 상상 속에서 숨바꼭질을 벌이는 게 아냐.」

corn

"You don't keep this office long by stepping on a lot of corns."

○ 이렇게 들쑤시고 다니다간 모가지 감이라고.

☛ 「격노」에서 자살한 동료 경관과 폭력 조직의 유착 관계를 파고들어 가려는 글렌 포드 형사에게 직속 상관이 하는 충고다. corn은 구어로 〈(진부하거나 감상적인) 시시한 일 (또는 생각)〉이어서, 예문은 〈쓸데없는 일에 여기저기 끼어들다가는 이 직장에서 오래 버티지 못한다〉는 뜻이다. 참으로 간결하고도 싱싱한 모범 답안 번역이다.

corner

"There were some sophistos from TV studios around the corner."

✘ 구석엔 방송국 궤변론자들이 웃고 떠들고.

☞ 「시계태엽 오렌지」에서 코로바 밀크바Korova milkbar에 버티고 앉은 맬컴 맥도웰의 목소리 해설이다. around the corner는 TV studios를 수식하여 〈이 근처에 위치한 (텔레비전 방송국에서 일하는)〉을 의미한다. 고등학교 영어 교사들이 자주 활용하는 예문 Spring is just around the corner(봄이 임박했다)를 보면 around the corner의 위치가 어디쯤인지 쉽게 이해가 가리라고 생각한다. 밀크바의 한쪽 〈구석〉이라고 하려면 at the corner여야 한다. sophistos는 sophist(궤변가)라는 단어를 뒤에 나오는 studios와 어미를 -os로 일치시킨 말장난으로서, 〈(몇 명의) 잘난 놈들〉 정도로 이해하면 되겠다.

○ 「인근 텔레비전 방송국에서 일하는 잘난 놈 몇 명이 와 있었다.」

「카라마조프의 형제들」에서 몰락한 전직 대위를 그의 아들이 보는 앞에서 왜 창피를 주었느냐고 클레어 블룸이 묻자, 율 브리너가 밝힌 이유다.

「He got me cornered.」

✘ 「날 미행했소.」

cornered(구석으로 몰았다)는 〈궁지로 몰아넣었다〉는 뜻이다.

○ 「그 사람이 나한테 다른 선택의 여지를 주지 않았어.」

correct

"I want everything to be absolutely correct. And I — I don't trust myself to arrange it. I might lose my temper."

✘ 난 모든 걸 바로잡고 싶어. 더 이상 참을 수가 없어. 하지만 이성을 잃고 싶지 않아.

☞ 「젊은 사자들」에서 돈을 훔쳐간 네 명의 훈련병과 〈결투〉를 벌일 각오로 먼고메리 클리프트가 딘 마틴 이등병에게 second(입회인)가 되어 달라고 부탁하는 장면이다. 권투 시합에서는 second(조수)가 선수의 뒷바라지를 맡는다. absolutely correct는 〈(어떤 문제를) 바로잡기〉가 아니라 〈(결투의 모든 과정을) 정식으로 빈틈없이 규칙에 철저히 맞춰서〉 하겠다는 의사 표시다. 나머지 두 문장은 이런 내용이다.

○ 「그런데 난 — (네 차례의 결투 일정을) 내가 잘 처리할지 자신이 없어. 흥분하면 내가 무슨

짓을 저지를지 모르겠으니까.」

correspondence

"Also I will allow you to help me in my foreign correspondence."

✘ 외국과의 교섭건도 도와주면 좋겠소.

☞ 「왕과 나」에서 〈못마땅하지만 여자의 도움을 받아야 되겠다〉고 판단한 율 브리너가 마지 못해 데보라 커에게 명령조로 부탁한다. will allow는 〈도와주면 좋겠소〉라고 부탁하는 말이 아니라, 〈나를 도와주는 영광을 당신에게 베풀어 주겠다〉며 끝까지 자존심을 꺾지 않는 표현이다. 그리고 영국에서 도착한 지 며칠 안 되는 가정 교사와 샴의 임금님이 〈외국과의 교섭〉 같은 중요한 국사(國事)를 의논한다는 상황은 좀처럼 납득이 가지 않는다. 더구나 여성을 지극히 폄하하는 왕으로서 외교 활동을 도와 달라는 부탁을 할 리가 없다. correspondence는 diplomatic negotiations(외국과의 교섭)와는 거리가 멀어서, 외국 통치자들과의 〈서신 왕래〉를 뜻한다. 그러니까 브리너가 한 부탁은 〈영어로 편지를 쓰는 일〉을 뜻한다. correspondence는 그냥 〈편지〉라는 말이다. foreign correspondent는 언론사의 〈해외 특파원〉이다.

○ 「그리고 내가 외국에 보내는 편지를 쓰는 일도 당신이 도와주도록 허락하겠소.」

costly

"Flattery is cheap, Mr. Dodd. How about a little costly truth?"

✘ 아첨은 너무 값싸지 않나요? 도드, 조금 더 비싼 진실은 어떤가요?

☞ 「갈채」에서 술 때문에 몰락한 배우 빙 크로스비더러 〈옛날 실력을 살려 보라〉고 연출자 윌리엄 홀든이 부추기자, 크로스비의 아내 그레이스 켈리가 옆에서 참견하는 말이다. 두 문장에서 costly(값 비싼)가 cheap(돈이 안 드는 싸구려)과 대칭을 이루기 때문에 〈비싼〉이라는 표현을 쉽게 쓴 듯싶은데, 문제는 우리말로 〈비싼 진실〉이 무슨 뜻이냐는 것이다. 〈번역체〉가 아니고 진짜 우리말로 그런 표현이 성립되는가? costly에는 〈희생이 큰〉이나 〈타격이 큰〉이라는 뜻도 있다. 그러니까 이런 경우에는 다른 문장에 나오는 대칭 어휘에 크게 신경을 쓰지 않아도 좋겠다. 그리고 몰락한 배우의 아내라면, 남편을 〈고용〉할 권한을 가진 연출자에게, 초면에 별다른 호칭도 없이 〈도드〉라는 이름(☞ Mr.)을 함부로 입에 올리기는 어렵겠다.

○ 「입에 발린 아첨은 하지 마세요, 도드 감독님. 좀 부담스럽더라도 진실을 말씀해 주시면 안 될까요?」

couch

"Come over to the couch, then."

✗ 그럼 소파로 오시죠.

☛ 「혼자서는 못살아」를 보면, 세상에서 가장 지저분한 잡지임을 자랑으로 삼는 〈그만Stop〉의 우수한 기자 토니 커티스가 환자로 가장하여 부부 문제 상담소의 나탈리 우드 박사를 찾아간다. 우드가 상담을 시작한다.
sofa에는 앉고 couch에는 눕는다. 두 가지 가구의 용도가 다르다는 얘기다. sofa는 거실에서 사람들이 둘러앉아 차를 마시거나 하면서 잡담을 나누는 곳이다. couch는 비스듬히 누워서 담소를 나누는 가구이기도 하고, 정신 치료를 받는 사람들이 긴장을 풀려고 누워서 이완된 상태로 과거를 회상하거나 고백을 하는 곳이기도 하다. 그래서 couch trip(긴 의자로의 여행)은 〈정신과 의사와의 상담〉이라는 뜻이 된다. 둥근 모양은 비슷해도 〈어항〉과 〈요강〉이 다르듯, sofa와 couch는 다른 종류의 가구다. 그런데 우리나라의 몇몇 영한사전에는 couch를 〈소파〉라고 해놓았다.

○ 「그렇다면 이리 와서 눕도록 하시죠.」

count

"I lost count."

✗ 셈이 헷갈렸어요. (텔레비전)
✗ 세던 거 까먹었어요. (DVD)

☛ 「워터프론트」에서 자기도 모르는 사이에 동료 조합원의 살인 사건에 가담한 말론 브랜도에게 폭력 항만 노조의 두목 리 J. 콥이 조합원들로부터 뜯어낸 돈을 세어 보라고 한다. 브랜도가 천천히 돈을 세는 동안 두목은 브랜도가 출전했던 권투 시합에 돈을 걸어 대박을 터뜨렸다는 소리를 한다. 예문은 머리가 착잡해진 브랜도가 발끈 화를 내면서 한 말이다.
브랜도의 말에는 숨은 의미가 담겼다. 그는 2년 전 승부를 조작한 시합에서 일부러 지는 바람에 권투 선수로의 앞날이 막혀 버린 반면, 콥은 떼돈을 벌었다. 홧김에 그는 조금이라도 자존심을 살리고 싶어서, 〈당시 시합에서 lost count(심판이 열을 헤아리는 숫자를 잘못 들었다)〉라고 둘러댄다. 그리고 물론 흥분한 김에 돈 계산도 헷갈렸다. 이런 겹말의 번역은 두 가지 의미를 함께 전해야 하기 때문에 항상 부담스럽다.

○ 「숫자를 헷갈렸어요.」

「지옥의 전장」에서는 박격포탄이 근처에 떨어지자 신병 마틴 밀너가 기겁한다.

「Boy, that was close.」
× 「진짜 가까웠군.」
그러나 고참병 버트 프리드는 별로 신경을 쓰지 않고 계속 밀주를 만드느라고 바쁘다.
「You don't count the close ones.」
× 「가까운 건 세지 말게.」
이 상황에서는 〈가까웠군〉이라는 표현이 괜찮을 듯싶기도 하지만, 프리드가 받아 주는 대답과 연결을 지으려면 무리가 생긴다. was close는 〈아슬아슬했다〉나 〈간발의 차로 면했다〉를 뜻하는 말로, 서부극이나 전쟁 영화에 자주 등장하는 표현이다. 프리드의 대사에서 you는 불특정한 가주어 노릇(☞ leg)을 하여, we나 I와 같다고 생각하면 된다. count(계산에 넣다, 포함시키다)는, not으로 수식되어, 〈아슬아슬한 정도는 위험하다고 간주하지 않는다〉라는 의미를 만든다. 두 사람의 대화는 이런 식으로 번역해도 되겠다.
○ 「진짜 큰일 날 뻔했어요.」
○ 「큰일 정도로는 아무도 안 죽어.」

country

"Is that a desert country?"

✘ 거긴 사막국가인가요?

☛ 「아라비아의 로렌스」에서 고향이 Oxfordshire라고 밝힌 피터 오툴에게 아랍 안내인이 묻는 말이다. 안내인은 오툴이 영국 사람이라는 사실을 이미 알고 있다. 그러니까 오툴이 속한 〈국가〉는 영국이다. country는 〈국가〉 말고도 여러 가지 다른 뜻이 있다. desert country(사막 지역)가 〈사막 국가〉라면 country club은 〈국가 회관〉일까? 「아웃 오브 아프리카」에서 〈남편이 싸우러 간 곳이 어디냐?〉고 묻는 메릴 스트립에게 농장 감독이 대답한다. 〈Bush country. It's no place for white men.〉 이것을 〈숲 국가요. 백인들이 갈만한 곳이 아니죠〉라고 〈번역〉해도 괜찮을까?
「브로드웨이를 쏴라」에서는 대본 집필의 자문을 시작한 폭력배가 극작가 존 큐색에게 참고자료를 제공한다.
「She chopped him up with an ax and mailed his pieces all over the country.」
× 「남편을 토막내 소포로 세계 각국으로 보냈어.」
all over the country는 〈세계 각국〉이 아니라 〈(미국 안에서) 전국 각지〉다. 어수룩한 한국인의 계산법이 번역에서도 자주 그대로 반영된 사례다.
○ 「남편의 시체를 도끼로 토막토막 잘라서 그 조각들을 전국 각지로 우송했지.」
「수잔을 찾아서」에서는 (로잔나 아케트가 창녀로 오인을 받아 경찰에 체포된 다음) 그녀의 남편에게 누나가 묻는다.

「I have heard that four out of five prostitutes are lesbians.」
× 「창녀 중 반은 레스비언이라고 들었어.」

four out of five라면 〈다섯 가운데 넷〉, 그러니까 〈거의 모두가〉라는 뜻이다. 〈반〉은 에누리가 지나치게 심하다. 역시 어수룩한 계산법이 문제다.

couple

"Have you ever heard that as couples get older, they lose their ability to hear each other?"

✗ 커플이 나이가 들수록 상대의 얘기를 듣는 능력이 떨어진다는 소리 들어본 적 있어요?

☞ 「비포 선라이즈」에서 기차를 타고 가다가 만나 첫 대화를 시작하며 줄리 델피가 이단 호크에게 묻는 말이다. 대화가 조금 더 진전되면 밝혀지지만, 델피가 한 말은 나이를 먹은 부부가 서로 듣지 못하는 것은 〈얘기(내용)〉가 아니라 〈말(소리)〉이다. 높거나 낮은 〈음성〉을 그들이 못 듣게 되지, 〈뜻〉을 이해하지 못한다는 소리가 아니다. 요즈음 젊은 번역인들이 이런 식으로 우리말의 섬세한 의미를 살려 가며 구사하기를 힘들어 하는 이유(☞ fly)가 모국어보다는 외국어를 선호하고, 우리말보다는 외국어 공부에 훨씬 더 공을 들이기 때문이 아닌가 모르겠다. 그래서 그들은 〈해 뜨기 전〉이라고 제목을 붙이지 않고 〈비포 선라이즈〉라 하고, couples를 〈커플〉이라고 번역하면서도 죄의식이나 부담을 느끼지 않는다. 다른 대목에서도 〈커플〉들의 행진은 계속된다. 유원지를 거닐며 델피가 묻는다.
〈You know I've been wondering lately, do you know anyone who's in a happy relationship?〉(최근 들어 이런 의문이 생겨. 행복하게 사는 커플 본 적 있어?)
〈커플〉이라는 말이 원문에서는 나오지도 않는 이 질문을 받고 호크가 대답한다.
〈Yeah, sure. You know, I know happy couples. But I think they lie to each other.〉(그럼, 난 그런 커플들 알아. 내 생각에 그 커플들은 서로 속이는 것 같아.)
구슬치기pinball game를 하고 나와서 뒷골목을 거닐며 호크가 델피에게 말한다. 〈커플 치고 이런 얘기 안 하는 커플이 없어.〉 카페에 앉아 이단 호크가 전화를 거는 흉내를 내며 말한다. 〈내 옆에 앉은 이상한 커플이 말다툼을 하는 바람에 자리를 옮겨야 했거든.〉 참고로, 이런 경우의 〈커플〉은 우리말로 〈부부〉라고 한다. couple은 꼭 〈부부〉가 아니더라도 〈동거하는 남녀〉나 〈애정을 나누는 한 쌍의 남녀〉를 뜻한다. 「미드나잇 카우보이」에서 존 보이트가 이상한 파티에 갔다가 만난 여자에게 몸을 팔려고 하자 더스틴 호프만이 화대를 정하려고 흥정에 나선다. 여자가 묻는다.
〈Don't tell me you two are a couple.〉(너희들 혹시 [동성애] 부부는 아니겠지.)

courier

"Two German couriers carrying important official documents were found murdered on the train from Oran."

✘ 중요 문서를 지닌 독일병이 오란발 열차에서 살해됐다.

☛ 「카사블랑카」에서 독일군 장교가 예하부대 지휘관들에게 하달한 명령이다. 다른 장면에서는 소매치기가 난민에게 couriers에 관한 정보를 이렇게 전한다.

「Two couriers were found murdered in the desert.」

✘「독일군 운반병 둘이 사막에서 살해당했죠.」

살해된 두 사람이 (민간인이 아니라) 〈독일병〉〈군인〉이라는 사실은 영화 전체 어디에서도 밝혀지지 않는다. 그리고 군대 조직에서 〈운반병〉이라면 탄약을 운반하는 사람 정도이겠는데, 그런 일은 군인이 아니라 흔히 민간인 노무자가 맡는다. 군대에서는 서류나 통신문을 전해 주는 병사를 〈운반병〉이 아니라 〈연락병orderly〉이라고 한다. 모로코 전역에 비상이 걸릴 정도로 중요한 서류를 〈운반〉하는 임무라면 병사에게 시켰을 리는 없고, 연락장교liaison officer가 맡았어야 한다. 따라서 서류를 전달하는 임무를 맡은 사람은 외무부 관리쯤 되는 민간인이라는 계산이 나온다. courier는 〈특사〉나 〈밀사〉 또는 〈안내원〉이라는 뜻이며, 〈전달자〉라는 의미로 신문이나 잡지의 이름(☞ contribute, syndicated)으로도 애용된다.

「삼손과 들릴라」에서는 (헤디 라마르가 빅터 머튜어의 머리카락을 잘라 버린 다음) 총사령관이 부하에게 지시한다.

「Courier, take word to the Lord of the five cities that Delilah has kept her vow.」

✘「급사, 5개 도시의 영주에게 데릴라가 약속을 지켰다는 전갈을 급히 보내도록.」

군대의 courier는 〈급사〉가 아니라 〈연락병〉이다.

court

Court in session

✘ 회의 중

☛ 「흑수선」에서 신성 모독적인 성격이 강한 데이비드 파라가 집수리를 해주려고 수녀원으로 찾아갔다가 밖으로 쫓겨난다. 예문은 (안에서 그의 도움을 받느냐 마느냐 수녀들의 회의가 진행되는 동안) 바깥에서 기다리던 파라가 담벼락에다 분필로 한 낙서다. in session이라고만 해도 〈회의 중〉이라는 뜻이다. court(공판)은 생략해 버렸는데, 정작 중요한 단어가 생략된 셈이다. 모처럼 마음을 고쳐먹고 도와주러 왔다가 쫓겨나서 회의 결과를 기다리던 파라의

심정은 마치 〈재판〉이라도 받는 기분일 테니까 말이다.
○ 「개정(공판 진행) 중.」

cousin

"It's from Laura Belle. She's my cousin. Yes, she's dad's second cousin."

✗ 로라 벨이 보냈어. 아빠 사촌이다. 아빠의 이종사촌이야.

☞ 「백주의 결투」에서 아내의 정부를 죽인 죄로 사형을 선고받은 허벗 마샬이 감옥으로 찾아온 제니퍼 존스에게 릴리언 기시로부터 온 편지를 보여 주며 하는 말인데, 촌수 계산법이 정말로 엉망이다.

우리말 영상 번역에서 가장 자주 저지르는 잘못 가운데 하나가 cousin이다. 번역자들은 cousin이라는 단어만 보면 아무 생각 없이 〈사촌〉이라고 옮기는데, 『뒤집어지는 영어』에서 필자가 자세히 밝혔듯이, 영어권에서는 〈종형제〉와 〈종자매〉, 〈재종〉과 〈삼종〉을 넘어, 웬만한 〈친척〉과 〈일가〉 모두를 cousin이라고 한다. 그리고 국왕이 타국의 왕이나 자국의 귀족에 대해서 쓰는 경칭도 cousin(卿)이다. 나아가서 같은 계통의 〈민족〉에서부터 〈친구〉와 만만한 〈봉〉, 그리고 동성애의 〈상대자〉 역시 cousin이라고 한다. 뿐만 아니라 a cousin once removed(사촌의 자녀, 從姪)와 a second cousin(육촌, 재종, 종질)과, a third cousin(삼종, 팔촌)까지도 줄여서 cousin이라고 통칭하니, 그야말로 사돈의 팔촌까지도 모두가 cousin인 셈이다. 그러니까 이 단어가 나올 때마다 앞뒤 내용을 살펴 정확한 촌수를 정해야 한다. 예문은 이런 식으로 번역하면 되겠다.

○ 「로라 벨한테서 온 편지야. 로라는 나하고 친척간이야. 그래, 아버지의 종질이거든.」

「바람과 함께 사라지다」에서 애슐리 윌크스와 멜라니 해밀턴이 결혼한다는 소식을 듣고 마을 청년이 못마땅해 한다. 〈The Wilkes men always marry their cousins.〉(윌크스 집안 남자들은 꼭 사촌들하고 결혼한다니까.) 하지만 애슐리 Wilkes와 멜라니 Hamilton은 아예 성도 다르다. 그리고 「위대한 개츠비」(1974)에서는 로버트 레드포드의 집을 찾아간 샘 워터스턴에게 미아 패로우가 묻는다.

〈We don't know each other very well, do we, Nick, even if we are cousins.〉(친척이라고는 하지만, 우린 서로 잘 알지 못해요, 안 그런가요, 닉.) cousin 사이인 두 사람 Nick Carraway(닉 캐러웨이)와 Daisy Buchanan(데이지 부캐넌) 역시 성이 다르다.

cover

"He took cover there."

✘ 두 분은 저걸 맡으시죠.

☛ 「킬리만자로」에서 애바 가드너가 cow 항에 등장하는 〈황소 한 마리와 암소 두 마리〉를 총으로 쏘지만 명중시키지를 못한다. 예문은 〈소〉들이 덤불 속으로 도망간 다음 사냥 안내자가 설명한 상황이다. cover를 〈맡는다〉라는 뜻이라고 생각한 모양이다. 물론 cover에는 〈떠맡는다〉거나 〈담당한다〉는 뜻도 있기는 하다. 하지만 여기에서는 아니다. 더구나 took은 과거형 동사이기 때문에 〈맡으시죠〉라는 미래형과는 거리가 멀다. 잠시 후에 보면 애바 가드너는 하인 심바와 〈저걸 맡는다〉는 행동을 전혀 취하지 않고 뒤에 남으며, 나머지 사람들은 모두 전진하여 위험한 코뿔소 사냥을 계속한다. he는 〈두 분〉이 아니라 〈암소 두 마리를 이끌고 도망친 황소 한 마리〉이며, take cover there는 〈저기 숨었다〉는 뜻이다. cover만 따로 떼어 번역하지 말고 take cover를 한 덩어리로 묶어 함께 번역했어야 옳다.

○ 「수컷이 저리 몸을 피했습니다.」

「캐프리콘 1」에서 누군가 당구장으로 전화를 걸어와 취재를 해달라고 부탁하자 엘리엇 굴드가 절차를 설명한다.

「Look, if you call the assignment desk, they'll send you someone to cover that for you.」

✘ 「이봐요, 차라리 담당 데스크에 연락하면, 사람을 보내서 당신을 도와줄 겁니다.」

〈담당 데스크〉라면 마치 〈해당되는 부서〉라는 말처럼 그럴 듯하게 들리지만, 우리나라 언론 매체에는 〈담당부〉라는 것이 없다. 〈취재부〉라고 하면 어렴풋하게나마 의미가 통할 듯싶다. assignment desk는 기자들에게 〈취재할 사건을 배당하는 부서〉를 뜻한다. 그리고 cover는 어떤 사건을 〈취재한다〉는 뜻이다.

○ 「이봐요, 취재부로 전화를 걸면, 누군가 사람을 보내 당신 사건을 취재하도록 조처할 거예요.」

coward

"You are a coward!"

✘ 당신은 비겁자야.

☛ 「나는 고백한다」를 보면, 성당에서 고해한 내용을 절대로 비밀에 붙여야 하는데, 성직자의 의무를 어기고 경찰에 일러바쳤다면서 살인범이 먼고메리 클리프트 신부에게 화를 낸다. 필자가 사용하는 『국어대사전』에는 〈비겁자〉라는 항목이 없다.

「네 개의 깃털」에서는, 전투를 기피한 보 브릿지스가 그를 경멸하는 세 친구와 약혼녀 제인 시모어에게 남자다운 그의 용기를 증명하려고, 아프리카로 가서 혼자만의 전쟁을 벌인다. 그 이유를 브릿지스가 원주민 안내자에게 설명한다. 〈비겁쟁이란 오욕을 씻으려고요.〉『국어대사전』에는 〈비겁쟁이〉가 〈비겁한 사람을 얕잡아 이르는 말〉이라고 했지만, 〈비겁자〉나 마찬가지로 역시 억지스러운 표현이어서 퍽 어색하다.

「로메로」에서는 젊은 신부가 〈우린 비겁자도 영웅도 아닙니다〉라고 신자들에게 외친다. coward는 〈비겁한 사람〉이다. 그렇게 두 단어로 풀어서 쓰면 우리말 표현이 매우 자연스러운데, 왜 사람들은 자꾸만 〈비겁자〉나 〈비겁쟁이〉처럼 이상한 단어를 만들어서 쓰는 것일까? 아마도 그것은 영어로 coward 한 단어이니까, 우리말로도 꼭 한 단어로 표현해야만 한다는 잠재의식적인 부담감을 느끼기 때문인 듯싶다.

그런 무의식적인 제약으로부터 벗어나고 싶으면 〈면벽(面壁)〉을 하라고 필자는 학생들에게 늘 충고해 왔다. 번역을 하다 보면 쉬운 듯싶으면서도 〈당신은 비겁자야〉처럼 옹색한 표현 이상은 문장이 풀리지 않는 경우가 적지 않다. 그럴 때는 영어 원문의 잔상을 머릿속에서 말끔히 지워버리고, 하얀 벽을 쳐다본다는 상상을 한다. 그것이 〈면벽〉이다. 그리고는 상상의 벽에다 (영어 단어들이 아니라) 문제의 상황을 투사한다. 그리고는 영어 문장에 담긴 어휘의 수 그리고 각 단어의 품사까지도 무시하면서, 그런 상황에 처하면 우리말로 뭐라고 해야 하는지를 생각하면 된다.

coward가 명사라는 사실조차도 무시해야 한다. 영어가 명사라고 해서 우리말도 억지로 명사로 만들기 위한 필요성에 구애를 받으면 안 된다. 예를 들어 My hope is high라는 문장을 번역한다고 치자. 대부분의 초보 번역자들은 my는 소유격 대명사를 그대로 살려 〈나의〉라고 옮기려고 한다. 그러면 〈나의 희망이 높다〉라는 어색한 번역이 이루어진다. 하지만 우리말 화법을 보면 흔히 이런 구문에서는 소유격이 주격으로 바뀌어 〈나는 꿈이 많은 사람이다〉라는 식으로 단어들의 품사가 바뀌고는 한다. 그렇게 문장 전체를 무너뜨리면, 명사인 coward가 형용사로 품사가 저절로 자연스럽게 바뀌기도 한다.

그래서 〈You are a coward!〉는 〈당신은 비겁해!〉가 된다.

crack

"One look at your foolish faces tells me you are going to be crack soldiers."

✘ 미련한 얼굴들이 서커스에나 어울리겠다.

☛ 「왕이 되려던 사나이」에서 숀 코너리가 영어를 알아듣지 못하는 원주민들에게 군사 훈련을 시키며 혼자 떠들어 대는 소리다. crack을 wisecrack(농담) 정도로 이해한 모양이다. 그러나 crack soldier는 〈웃기는 (곡마단) 병사〉가 아니다. 바로 앞에서 코너리는 이런 소리도 했다. 〈군인이 생각이 많아지면 나라를 위해 목숨을 바치지 않는다.〉 똑똑한 사람은 뒤로 빠지고,

어리석은 자가 전쟁에서 영웅으로 둔갑하는 현상을 꼬집는 말이다. 그러니까 코너리가 한 혼잣말은 〈너희들 멍청한 얼굴을 보니 영락 없는 영웅감〉이라는 뜻이다. crack은 〈훌륭한〉, 〈아주 뛰어난〉, 〈정예(精銳, elite)〉를 의미하는 구어체 단어다. 따라서 crack soldiers(일류 군인들)는 company 항에서 설명한 B Company의 반대 의미다. 물론 코너리는 반어법을 사용했지만, 번역 예문처럼 노골적으로 폄하하는 표현을 쓰지는 않았다. 그렇다면 번역문에서도 반어법이 바람직하겠다. 이렇게 말이다.

○ 「한심한 네놈들 얼굴을 딱 한 번만 봐도 대단한 군인이 되리라는 걸 훤히 알겠다니까.」

「백열(白熱)」을 보면, 멀리서 죄수들이 수군거리다 폭소를 터뜨리자 의심이 많은 제임스 캐그니는 혹시 자기 얘기를 하지 않았나 의심한다. 그래서 lip-reading(멀리 떨어진 거리에서도 입술의 움직임만 보고 무슨 말을 하는지 읽어 내는) 솜씨가 있는 부하에게 묻는다.

「What was that crack?」

✕ 「저 금고털이는 뭐래?」

crack이 속어로 〈금고털이safecracker〉라는 뜻이 있기는 하지만, 여기에서의 crack은 wisecrack이라는 소리다. 캐그니가 한 말은 〈저 자식 방금 무슨 웃기는 소리 했어?〉, 그러니까 〈저 자식들 뭐가 재미있다고 저렇게 웃어?〉라는 뜻이다. 〈저 금고털이는 뭐래?〉라고 하려면 〈What did that crack say?〉가 되어야 한다.

「육체와 영혼」에 나오는 신문 기사의 제목이다.

Ben Chaplin Gets Crack at Title

✕ 벤 채플린 타이틀 따다

얼마 후에는 〈How Long Before Ben Chaplin Gives Charlie Davis a Crack at Title?〉이라는 기사 제목도 나오는데, 번역은 〈벤 채플린, 찰리 데이비스에게 언제 타이틀을 내줄 것인가?〉라고 했다.

get(have, take) a crack은 〈시도를 할 기회를 얻다〉라는 뜻이고, crack at title은 〈선수권자에게 도전할 기회〉라는 말이다. 그러니까 give a crack은 〈선수권을 내주다〉가 아니라 〈대전할 기회를 준다〉는 뜻이다. 수많은 도전자들이 〈기회〉를 얻기는 하지만, 막상 시합을 해보면 이겨서 선수권을 차지하는 경우가 별로 많지 않다.

crash

"A guy like me starts out a life as a plumber, an ordinary everyday slow-footed plumber. By the use of a little brain, he builds a gigantic institution, employs thousands of people, becomes a great civic leader and then the crash comes. And overnight, he's the biggest crook the country ever had."

✕ 나 같은 사람이 집수리공으로, 시시하기 짝이 없는 수리공으로 사회

생활을 시작하게 됩니다. 머리를 좀 굴려서 그는 거대한 조직을 일으켜 세우고, 수천 명의 사람을 고용하고, 훌륭한 사회의 지도자가 되었다가는, 비행기 추락 사고를 당합니다. 그러면 하룻밤 사이에 그는 역사상 유례를 찾아보기 힘든 악당이 되어버리고 말죠.

☛ 「잃어버린 지평선」에서 사업에 실패하여 사기꾼으로 경찰에게 쫓기는 몸이 된 토마스 밋첼의 변명이다. 하지만 잘 나가던 회사가 어떻게 〈비행기 추락 사고〉로 망한다는 말인가? crash는 plane crash(비행기 추락 사고) 말고도 부도가 나거나 파산을 해서 당하는 〈파탄〉이라는 의미도 있다. 여기에서 the crash는 〈회사가 어쩌다 쫄딱 망했다〉는 뜻이다. 하나의 단어가 지닌 갖가지 의미 가운데 어떤 경우에 어떤 말을 적절히 골라 써야 할지를 모르면 당연히 이상한 오역이 생겨난다. 어떤 단어의 한 가지 뜻에만 매달려 헤어나지 못하면, 가야 할 올바른 길이 보이지를 않는다.

plumber를 〈배관공〉이라고만 고집하는 경우도 마찬가지다. 우리나라의 경우를 보면 plumbing은 배관뿐 아니라 집수리 계통의 모든 잡일을 통틀어 얘기한다. 밋첼의 복잡한 변명은 이런 내용이다.

○ 「나로 말할 것 같으면, 남의 집이나 고쳐 주는 평범하고도 별 볼 일 없는 사람으로서 사회생활을 시작했죠. 그러다가 머리를 약간 굴려서, 대형 사업을 벌이고, 사람을 수천 명이나 거느리고, 훌륭한 공인까지 되었지만, 어쩌다 보니 쫄딱 망하고 말았답니다. 그래서 눈 깜짝할 사이에 난 (먹고는 살아야 하겠기에) 이 나라에서 첫손 꼽는 악당이 되고 말았고요.」

「매드 매드 대소동」에서 지역 보안관이 전화로 스펜서 트레이시에게 교통사고에 대한 보고를 한다.

「He crashed his car about 20 minutes ago. He was making a break, all right.」

✗ 「스마일러가 충돌 사고를 냈어요. 20분 전에 충돌 사고를 냈다더군요.」

〈충돌 사고〉는 두 대 이상의 자동차가 서로 부딪혀서 생긴다. 지미 듀란테는 과속으로 달리다 절벽에서 혼자 떨어져 죽었다. 그런 경우는 〈추락 사고〉다. 두 번째 문장은 얼버무리며 슬쩍 넘어갔는데, 상황 파악이 안 되어서 그랬던 모양이다. 번역하는 사람이 어떤 문장을 절반밖에 이해하지 못하면, 전달하려는 내용은 4분의 1밖에 표현할 수가 없으며, 시청자나 관객의 이해는 8분의 1로 급감한다. 나중에 밝혀지지만, 듀란테는 경찰의 감시망을 피하면서 숨겨 두었던 검은 돈을 찾으러 가는 길이었다. make a break은 〈도주한다〉는 뜻이다. jailbreak은 〈탈옥〉이다. 그러니까 보고 내용은 이렇게 된다. 마지막에 쉼표 뒤에다 붙인 all right은 〈진가민가 했더니 결국 ~라는 얘기가 맞는다〉고 수긍하는 뜻이다.

○ 「그 친구 차가 20분 전에 추락했어요. 도망치려고 했다는 게 분명해졌습니다.」

C-ration

"Don't tell me. Something besides C-rations?"

✘ 군대 음식이 아니잖아.

☛ 「전송가」에서 보급차에 실린 냉동 칠면조 상자를 보고 어느 병사가 외치는 소리다. don't tell me(말하지 마)는 〈내가 믿거나 상상하는 사실과 다른 얘기를 해서 나를 실망시키지 말라〉는 부탁의 의미가 담긴 말이다. 그리고 군대에서 먹는 모든 음식은 〈군대 음식〉이다. C-ration은 군대 음식 중에서도 combat ration(전투 식량)을 줄인 말로, 야전에서 깡통을 따서 그냥 먹도록 만들었다. 한 끼에 한 상자씩 꺼내서 먹도록 4일분 식량 12통이 한꺼번에 지급되며, 한 끼 식량에는 주식뿐 아니라 커피와 담배 그리고 휴지 따위도 들어 있다. 한때 우리나라에서는 등산을 가려면 남대문시장에 나가 미군 부대서 유출된 〈씨레숑〉을 사서 챙겨 가고는 했었다.

○ 「이럴 수가. 전투 식량이 아닌 별식이잖아?」

「우리 생애 최고의 해」를 보면, 전쟁터에서 공군 조종사로 혁혁한 무훈을 세운 데이나 앤드루스 대위가 귀국한 다음, 제대로 된 일자리를 못 구해 가정 파탄이 난다. (결국 타향으로 떠나려는) 그가 받은 훈장과 표창장에 대해서 묻는 아버지에게 앤드루스가 뼈아픈 한 마디를 던진다. 〈Those things came in with a pack of K-rations.〉(그건 K 레이션 통에서 나온 거예요.) K-ration은 공군이나 특수 부대 장병들이 임무 수행 중에 휴대하는 식량으로, 필자의 기억으로는 내용물이 C-ration보다 훨씬 다양했다. 베트남에서 13개월을 복무하는 동안 두 차례밖에 먹어 본 기억이 없는데, 당시 병사들 사이에서는 전투 부대의 식량과는 달리 사단본부급에만 지급되었으며 〈부엌에서 요리를 해서 먹는다고 해서 kitchen ration이라고 부른다〉고 알려졌었지만, K는 이 식량을 창안해 낸 사람의 이름에서 따온 머리글자다.
앤드루스의 말은 〈훈장이란 일반 보급품처럼 무더기로 나눠 주는 쓰레기에 불과하다〉는 뜻이다.

crazy

"You got to be a little crazy to live out at the Creek."

✘ 여기서 지내다 보면 살짝 미칠지도 몰라요.

☛ 「크로스 크리크」를 보면, 오지로 소설을 쓰러 들어온 메어리 스틴버겐을 쪽배에 태워 집까지 데려다 주면서 이웃 남자 립 톤이 충고한다. 예문에서 두 번째 나오는 to의 용법을 잘 몰라서 생겨난 오역이다. 이때의 to는 결과를 나타내는 접속사 and와 같은 기능을 한다고 이해하면 의미 파악이 쉬워진다. You got to be a little crazy는 〈당신은 약간 미쳐야만 한다〉는 뜻이

다. 그리고 to live out at the Creek은 〈크리크 같은 곳에 나가서 (혼자) 살려면〉이라는 의미다. 그러니까 두 문장을 엮으면 〈크리크 같은 곳에 나가서 살려면 당신은 약간 미쳐야만 한다〉는 말이 된다. 이것을 결과를 나타내는 to의 용법을 살려 거꾸로 뒤집어 번역하면 이렇게 된다.

○ 「약간 미친 사람이 아니고서는 크리크에 나가서 살 수가 없어요.」

하지만 번역 예문은 이미 이루어진 현상이 아니라 앞으로 벌어질 상황을 얘기한다.

「작은 거인」에서 죽으려고 산에 올라간 인디언 추장이 더스틴 호프만의 앞날을 하늘에 기원한다.

「Take care of my son here. See that he doesn't go crazy.」

✗ 「내 아들을 보살펴 주세요. 괜찮은 녀석입니다.」

두 번째 문장의 오역이 어째서 생겨났는지 아무리 봐도 알 길이 없다. See는 〈~되도록 보살펴 주다〉라는 뜻이다. 추장이 부탁한 말은 〈아들이 머리가 이상하게 되지 않도록 보살펴 달라〉는 의미다.

creature

"Tell me, who is the lovely creature in the blue dress?"

✗ 파란 옷의 예쁜 창조물은 누구죠?

☞ 「오만과 편견」(1940)에서 춤을 추다가 그리어 가슨을 보고 군인 에드워드 애슐리가 모린 오설리반에게 묻는 말이다. creature는 여자나 아이 또는 동물을 귀여워하거나 불쌍하게 생각하여 우호적으로 부르는 호칭으로서 〈년〉, 〈녀석〉, 〈아가씨〉 또는 〈자식〉이라는 뜻이다. corrupt form(轉訛된 형태)으로는 critter라고도 한다.

○ 「파란 옷을 입은 저 아리따운 아가씨는 누구인가요?」

「언제나 마음은 태양」을 보면 불량한 학생들에게 기본적인 예절을 가르치느라고 애쓰는 시드니 푸아티에를 보고 다른 남자 교사가 불평한다. 〈Do we ignorant critters have to follow suit?〉(무식하고 미천한 우리들도 [당신을] 따라 해야 되나요?) 여기서 critter라는 단어를 쓴 까닭은 무식한 사람들의 말투를 일부러 흉내 내기 위해서였다.

crest

"Oh, it's beautiful, with your crest and everything."

✗ 너무 아름다워요. 장식도 예뻐요.

☞ 「왕자와 무희」에서 로렌스 올리비에 대공이 선물로 준 브로치를 보고 마릴린 몬로가 감탄한다. crest가 그냥 〈장식〉이었다면 왜 어떤 특정한 대상을 가리키는 소유격 대명사 your가 들어갔을까? crest는 옥새나 마찬가지로 어떤 가문을 상징적으로 나타내는 〈문장(紋章, ☞ eligible)〉을 의미한다. and everything은 「왕과 나」에서 율 브리너가 즐겨 쓰던 표현 et cetera(기타 등등)와 마찬가지로, 〈문장도 예쁘지만, 어쨌든 다 좋다〉는 식으로 덤을 붙여 강조하는 표현이다.

○ 「아, 대공의 문장까지 들어가고 해서, 진짜 아름다운 브로치로군요.」

cricket

"Cricket!"

✘ 귀뚜라미다!

☞ 「마지막 황제」에서 어린 황제 푸이가 줄지어 엎드린 신하들 사이를 돌아다니다가 풀벌레 우는 소리를 듣고 외친다. 그리고 환관이 나무통 속에서 울어 대는 곤충을 황제에게 바친다.
「Now it's the Emperor's cricket.」
✕ 「귀뚜라미올씨다.」

귀뚜라미는 흑갈색이다. 그런데 환관의 나무통 속에 담긴 cricket은 초록빛이다. 〈귀뚜라미〉가 아니라 〈여치(또는 풀무치)〉이기 때문이다. 필자는 물론이요, 많은 한국 아이들이 한국전쟁 무렵까지만 하더라도 성냥개비와 수수깡 또는 밀짚으로 엮은 집에 여치를 잡아넣고 오이를 먹이로 주면서 키우고는 했었다. 하지만 아무도 귀뚜라미는 키우지 않았다. cricket이라고 해서 모두가 〈귀뚜라미〉는 아니다.

환관이 한 말(두 번째 예문)도 그냥 〈귀뚜라미올씨다〉가 아니라 〈이 풀무치는 (지금까지 제 소유였지만) 이제부터 황제 폐하께서 주인이 되셨습니다〉라는 뜻이다.

○ 「여치를 폐하께 선물로 드리겠습니다.」

crime

"Well, this is an unusual one. Unusual. Neck, throat — unbruised. Larynx, windpipe — intact. Pressure markings on both lips indicate that it is an unusual crime of passion."

✘ 글쎄요, 보기드문 사건입니다. 특이해요. 목과 목구멍에는 — 멍든 흔적이 없습니다. 후두와 기관(氣管)은 — 말짱하고요. 아주 특이한 정

열의 범죄라고 할 수 있소.

☛ 「이중생활」에서 살해된 셀리 윈터스의 시체를 확인하고 나온 검시관이 기자들에게 밝히는 내용이다. crime of passion은 〈정열의 범죄〉가 아니라 범죄학 용어로 〈치정(癡情) 범죄〉 또는 (여기에서처럼 사람이 죽으면) 〈치정 살인〉이라고 한다. unpremeditated crime(미리 계획하지 않은 범죄)은 crime of opportunity(우발 범죄)라고 한다. 전문 용어를 무시하고 새로운 명칭을 지어내면, 〈모범〉이나 〈귀감〉이라는 멀쩡한 우리말을 두고 role model을 〈역할 모델〉이라고 어색한 조어를 만들어 사용하는 경우처럼, 혼란만 가져온다. 이 책에서 영화 제목들을 가급적 우리나라 극장에서 처음 상영했을 때의 제목을 그대로 살려서 쓰는 이유도 거기에 있다. 예문의 마지막 문장은 이런 말이다.

○ 「아래위 입술에 생긴 눌린 자국으로 미루어 보아 ― 보기 드문 치정 살인입니다.」

「검찰측 증인」에서 살해당한 노부인이 타이론 파워보다 나이가 훨씬 많고 부유한 점을 들며 찰스 로톤이 동료 변호사에게 조언한다. 〈You'll have to rule out the crime of passion.〉(치정 사건[의 가능성]은 배제해야 되겠네.)

---

cross

"Joe, tell me you are not cross"

✗ 거짓이 아니라고 말해줘.

☛ 「선셋대로」에서 퇴역한 늙은 여배우 글로리아 스완슨이 젊은 청년 윌리엄 홀든에게 애원하는 말이다. 출시된 비디오에서 이런 오역이 도대체 왜 생겨났는지 알 길이 없지만, cross는 화가 났거나 심통을 부리는 상태를 뜻하는 형용사로서, 아이들이 〈너 삐쳤니?〉라는 뜻으로 잘 쓰는 지극히 초보적인 단어다.

「워터프론트」에서는 말론 브랜도가 반항을 계속하자 그의 형 로드 스타이거에게 항만 노조 두목 리 J. 콥이 화를 낸다.

「First he crosses me in public, gets away with it. And then pretty soon, I'm just another fellow around here.」

✗ 「공개적으로 맞먹는 녀석이 무사할 줄 알았나? 내 신세도 전락하겠군.」

cross에 해당될 듯싶은 〈공개적으로 맞먹다〉 같은 표현을 보면, 번역에 종사하는 많은 사람들이 영어는 잘 하는지 몰라도 우리말은 정말 모른다는 의구심이 자꾸만 일어난다.

○ 「남들 앞에서 걔가 처음 건방지게 덤벼들었는데도 그냥 넘어갔다고 하면 말이야. 그러면 얼마 안 가서 난 이 바닥에서 하찮은 존재가 되고 말아.」

「사느냐 죽느냐」를 보면, 게슈타포 사령관의 부관이 저지른 실수에 대해서 잭 베니는 〈영국 사람들이 이런 얘기를 들었다면 어떤 반응을 보일지〉를 알려 준다.

「They'll give you a Victoria Cross.」

✗ 「(영국에서 이런 일이 있었으면) 비난을 면치 못했을 거요.」

독일 게슈타포의 실수는 영국인들이 즐거워해야 할 일인데, 〈비난을 면치 못한다〉고 하면 완전히 반대로 한 번역이다. Victoria Cross는 빅토리아 여왕이 제정한 〈십자훈장〉이다. 제대로 번역한다면 〈자넨 빅토리아 십자훈장을 받아 마땅하지〉다. cross를 〈고난의 십자가〉라고만 생각해서 그런 식으로 옮긴 모양인데, Victoria라는 이름이 도대체 왜 들어갔는지 조금이라도 궁금하게 생각하여 사전을 찾아보기만 했더라도 이런 우발적인 오역은 나오지 않는다.

참고로, cross of Lorraine(로렌의 십자가)은 희랍 정교의 교회나 아일랜드 사람들의 무덤에서 보게 되는 십자가와 비슷한 모양(╪)으로서, 제2차 세계 대전 중에는 프랑스의 지하 조직 레지스탕스가 저항 운동의 상징으로 사용했다. 「카사블랑카」를 보면, 레지스탕스 지도자 폴 헨리드가 험프리 보가트의 술집에 나타나자, 어떤 남자가 접선을 하려고 얼른 다가와서 〈반지를 사라〉며 뚜껑을 열어 보여 준다. 반지 안에는 로레인의 십자가가 박혀 있다. 그보다 앞서 길거리에서 불심 검문을 당해 도망치다 경찰관의 총을 맞고 죽는 남자의 소유품에서도 로레인의 십자가 사진이 나온다. 진 켈리가 주연한 레지스탕스 영화 「새벽의 탈출」은 원제가 〈The Cross of Lorraine〉이었다.

cruise

"This is not a cruise ship, you know."

✗ 여객선이 아니니까요.

☞ 「지저분한 유인원」에서 선실이 좁다고 불평하는 수잔 헤이워드에게 2등 기관사가 반박한 말이다. 정기 항로를 오가는 〈여객선〉은 liner라고 한다. 대서양이나 태평양처럼 넓은 바다를 건너면 ocean liner다. 여객선은 크기와 등급에 따라 passenger ship이나 ferry라고도 한다. 강을 건너다니는 작은 나룻배나 통통배는 ferryboat이다.

「유인원」의 헤이워드는 미국에서 리스본까지 〈쾌속정ferry을 타고 왔다〉는 얘기도 했지만, 〈쾌속정〉은 speedboat가 맞는 말이며, 그런 배는 대서양처럼 넓은 바다를 건너지 않고 짧은 거리만 운행한다. 헤이워드가 탄 배는 cargo ship(화물선)이며, 그렇게 낡고 더러운 배는 tub(물통)이나 bucket(양동이)이라고도 한다. 우리말로는 〈쪽박〉 정도가 어울리는 표현이겠다.

기관사가 언급한 cruise ship은 호화로운 〈유람선〉이다. 유람선에 탄 사람들은 목적지보다 항해 자체를 중요하게 생각한다. cruiser는 해군의 〈순양함〉이며, cruise를 동사로 쓰면 〈순항하다〉나 〈순조롭게 진행되다〉라는 뜻이 된다. 그래서 cruise missile은 한때 〈순항 미사일〉이라고도 했다.

crusade

"Soldiers, Sailors and Airmen of the Allied Expeditionary Force: You are about to embark upon the Great Crusade, toward which we have striven these many months."

✘ 연합원정군의 육해공군 장병 여러분: 십자군 원정이 목전에 있다. 이 과업을 위해 우리는 여러 달 동안 피땀 흘렸다.

☛ 「밴드 오브 브라더스」의 제1부 말미에 노르망디 상륙 작전에 참가하는 병사들에게 보내는 드와이트 D. 아이젠하워 장군의 격려사가 자막으로 나온다. 제2차 세계 대전은 종교 전쟁인 〈십자군 원정〉하고는 거리가 멀다. 여기에서는 Crusade가 campaign(대전투)과 같은 의미로 쓰였다. 보통 명사 crusade는 전쟁뿐 아니라 개혁 운동이나 대규모 활동 따위를 지칭하기도 한다.

○ 「연합군의 육군, 해군, 공군 장병들이여, 여러분은 최근 여러 달 동안 열심히 준비해 온 대장정에 곧 오르게 될 것입니다.」

cry

"When the Nationalists took the town, they lined up all the Republicans against the wall. My father cried out very loud, ⟨Long live the Republic!⟩"

✘ 아버지는 울며 소리쳤어요. 공화국이여 영원하라.

☛ 「누구를 위하여 종은 울리나」에서 아버지가 폭도들에게 학살을 당한 상황을 잉그릿 버그만이 개리 쿠퍼에게 털어놓는다. 거두절미해 버린 매우 빈약한 번역문에도 오역이 비집고 들어가 자리를 잡았다. cry out은 비겁하게 〈울다〉가 아니라 씩씩하고 용감하게 〈큰 소리로 외치다〉나 〈함성을 지르다〉라는 뜻이다.

○ 「마을을 장악한 반란군은 공화파 사람들을 모두 (총살을 시키려고) 담벼락 앞에 줄지어 세웠어요. 아버지는 〈공화국 만세!〉라고 아주 큰 소리로 외치셨어요.」

curse

"I mean it. I wish I could bring them back to life. Even Don Ricardo, who cursed me."

✘ 그놈들을 살려주려 했었어. 날 저주하는 돈 리카르도조차도.

☛ 「누구를 위하여 종은 울리나」에서 술에 취한 유격대장 아킴 타미로프가 내란의 와중에 그가 무자비하게 학살한 동네 사람들에 대하여 후회하는 장면이다. 〈그놈들을 살려 주려 했었어〉라면 학살 당시(과거)에 〈그랬다〉는 진술이지만, 원문을 보면 시제가 달라서(☞ learn), 〈〈미래에〉 살려 내겠다〉는 소망을 나타낼 따름이다. curse(저주하다)는 일상적인 대화에서는 그냥 가볍게 〈욕하다〉라는 의미로 더 널리 쓰인다.

○ 「진심이라고. 그들을 다시 살려 내고 싶어. 나한테 욕설을 퍼부었던 돈 리까르도까지도 말이야.」

custody

"Well, officially, you and Big George are under arrest for murder. You're in my custody until tomorrow."

✘ 너하고 빅 조지는 살인죄로 기소되었어. 너는 내일 아침까지 내 보호 하에 있어야 해.

☛ 「프라이드 그린 토마토」에서 (어려서부터 친하게 지내 온) 보안관이 메어리 스튜어트 매스터슨에게 자신이 처한 입장을 설명한다. under arrest(체포된 상태)라고 해서 모두가 〈기소 indict〉되지는 않는다. 기소가 되지 않는 경우가 어쩌면 더 많을지도 모르겠다. custody는 여기서 〈보호〉라는 우호적인 뜻이 아니라 〈구금〉이나 〈구속〉 또는 〈관리〉의 대상이라는 뜻이다.

○ 「그러니까 공식적으로는 말이야, 너하고 빅 조지는 살인 혐의로 체포되었어. 넌 내일까지 내가 데리고 있어야 한다고.」

custom

"Why, are you gonna wash my mouth out with soap? That was a rather bizarre custom."

✘ 비누로 입이라도 씻어주게요? 거 참 별일이네요.

☛ 「황금연못」에서 (어려서부터 사이가 나빴던 아버지) 헨리 폰다에 대하여 못된 소리를 퍼붓던 제인 폰다가 어머니 캐더린 헵번에게 묻는 말인데, 문화적인 배경의 차이를 이해하지 못해서 빚어진 오역이다. 미국에서는, 특히 기독교 성향이 강한 흑인 사회에서, 아이들이 추잡하거나 험한 말을 하면 어머니가, (입을 깨끗하게 씻어 주는 것이 아니라) 진짜로 세숫비누를 가져다 wash mouth out(입안을 닦아 내는) 처벌 풍습이 있었다.

○ 「왜요, 비누로 제 입안을 닦아 내려고 그러시나요? 그런 풍습은 좀 해괴하지 않나요?」

cutthroat

"Why, there's nothing up there but murderers, cutthroats, and derelict old barflies."

✘ 거긴 살인자와 목 잘린 자, 유기된 시체만 못 가는 거잖소.

☛ 「황야의 7인」에서 〈백인이 아닌 인디언은 공동묘지에 매장하면 안 된다〉는 장의사에게 떠돌이 장사꾼이 따진다. 여기서 말하는 〈공동묘지〉는 마을 사람들을 위한 일반 묘지와는 달라서, 서부 개척기에 연고자가 없는 총잡이나 뜨내기들을 묻어 주던 boot hill(뒷산 무덤)을 의미한다. 그러니까 《〈이러저러한〉 시체만 못 가는》 것이 아니라, 그런 〈인간〉들만 모아서 묻어 두는 곳이다. cutthroat은 〈목이 잘린 사람〉이 아니라 〈목을 자르는 사람〉, 즉 〈흉악한 불량배〉를 뜻한다. barfly(술집 파리)는 공짜 술을 얻어먹으려고 기웃거리며 술집에서 살다시피 하는 〈주정뱅이〉를 뜻한다. 사전을 찾아보기만 했더라도 피할 수 있는 지극히 단순한 오역이다. 덧녹음을 해서 우리말로만 대사를 들어야 했던 시절에는 이런 오역이 아무렇지도 않게 그냥 넘어갔겠지만, 자막이 들어간 DVD가 널리 보급된 이제는 역자들이 좀 더 성의를 보여야 하겠다.

○ 「왜 이래요, 거긴 살인자들과, 악당들과, 늙은 주정뱅이 부랑자들만 묻힌 곳이잖아요.」

D-Day

"D-Day changed all that."

✘ 그날 이후 모든 것이 달라졌다.

☞ 「머나먼 다리」 도입부에 나오는 목소리 해설이다. D-Day를 the day라고 잘못 듣고 한 번역일까? ⟨D-Day⟩는 워낙 기초적인 상식이어서, 작은 영한사전을 찾아봐도 자세한 내용이 나온다. D-Day의 D는 day의 첫 글자를 뜻하며, 본디 노르망디 상륙 작전이 이루어질 (미확정의) 날을 의미했지만, 이제는 ⟨작전을 개시하는 날⟩이라는 뜻의 보통 명사가 되었다. D-Day와 유사한 표현으로는 ⟨작전 개시 시간⟩을 뜻하는 H-Hour가 있는데, 여기서 H는 물론 hour의 첫 글자에서 따온 것이다. 같은 영화에서 에드워드 폭스 군단장이 마이클 케인에게 말한다. ⟨H-Hour is in 90 minutes.⟩(90분 후에는 작전 개시 시간이다.)

D-Day가 무슨 뜻인지를 역자가 모르는 듯한 오역은 공수 작전이 시작되기 직전 비행장에서 더크 보가드 사령관이 공수부대장 숀 코너리 장군에게 하는 말에서도 발견된다.

「It took six months to set up the D-Day's drop.」

✗ 「상륙 작전을 준비하는 데 6개월이 걸렸지.」

⟨상륙 작전landing⟩은 바다에서 땅으로 올라가며 침공하고, ⟨공수 작전drop⟩은 공중(비행기)에서 땅으로 내려간다.

○ 「노르망디 침공을 위한 공수 작전을 준비하는 데 6개월이 걸렸지.」

dame

"A dame?"

✘ 무슨 소리야?

☞ 「웨스트 사이드 스토리」에서 사랑에 빠진 리처드 베이머가 황홀한 기분으로 말한다. 〈Something is coming.〉(뭔가 다가오는 기분이야.) 예문은 그 말을 듣고 깡패 두목 러스 탬블린이 던진 질문이다. dame은 본디 라틴어 domina(lady)에서 기원하며, 집안을 다스리는 귀부인이나 여주인에 대한 호칭이었다. 대문자를 써서 Dame이라고 하면 남작이나 기사의 아내, 또는 정식으로 작위를 받은 여성을 뜻하는 칭호다. 추리 작가 애거타 크리스티와 발레리나 마고 폰틴, 그리고 「애수의 여로」에서 아카데미 여우조연상을 받은 웬디 힐러 등이 〈Dame〉이라는 칭호를 들었다. 프랑스어 ma dame(my lady)이 한 단어로 굳어 버린 madame은 이탈리아어 ma donna(my lady)가 한 단어로 굳어 버린 madonna와 같은 뜻이며, 〈나의 여인이여〉라는 거룩한 호칭인 Madonna는 성모 마리아에 대한 경칭이 되었다. 반면에 madame은 세월이 흐르면서 때가 묻어 술집 여주인이나 포주를 가리키는 천박한 말이 되었다.

dame 또한 〈계집〉이라는 뜻의 천박한 말로 몰락하여, 「남태평양」을 보면 바닷가에서 해군 공병대원들이 dame에 관한 노래를 우렁차게 부른다. 탬블린이 묻는 말은 〈여자 얘기야?〉라는 뜻으로, 〈〈이렇게 헛소리하는 거 보니까〉 너 여자 생겼구나〉라고 놀리는 말이다.

damn

"What would I do? I'd make Bombolini drink it. Every damn drop of it."

✘ 무엇하겠느냐고? 봄볼리니가 마시게 하지. 한 방울에 모든 저주를 담아.

☞ 「산타 비토리아의 비밀」에서 〈수송할 차량도 없는데 이제 포도주를 찾으면 무엇하겠느냐〉고 따지는 부관에게, 독일군 장교 하디 크루거가 화를 내며 하는 말이다. 교과서에서 가르쳐 주는 기본적인 의미의 한계를 벗어나지 못하는 판박이 번역이다. 아무런 감정이나 융통성이 없는 기계로 번역하듯 눈에 보이는 단어의 표면적 의미에만 매달리면 오역은 불가피하다. 마지막 문장의 every damn(ed) drop(저주를 받아 마땅한 모든 방울)은 〈마지막 한 방울(까지)〉라는 말을 격하게 강조한 표현이다. 과장이 심한 욕설 따위의 걸쭉한 영어에 전혀 익숙하지 못한 기미가 역력하다.

○ 「뭘 하다니? 봄볼리니더러 마시라고 하겠어. (100만 병의 포도주를) 단 한 방울도 남기지 않고 몽땅.」

〈친위대도 더 이상 포도주를 찾아내지 못하지 않았느냐〉는 부관의 말에 크루거는 다시 화를 낸다.

「To hell with the SS! I tell you there is wine here!」
✗ 「친위대와 함께 죽기 위해! 여기 와인이 있다고 말했잖아!」

to hell with를 〈~과 함께 지옥으로〉라고 역시 지극히 고지식한 번역을 했다. with가 〈동반〉을 뜻하는 전치사여서 헷갈린 듯싶지만, 이럴 때는 〈~는 지옥으로〉라는 명령형이 된다.

○ 「친위대는 엿이나 먹으라고 해! 내가 장담하겠는데, 여긴 틀림없이 포도주가 있다고!」

독일군에게 매를 맞은 앤서니 퀸에게 사납기 짝이 없는 아내 안나 마냐니가 건네는 위로의 말을 역자는 이토록 옹색하게 번역하기도 했다.

「There was a time, I guess, when I loved you.」
✗ 「내가 사랑했을 때는 생각하기론 그 당시였지.」
○ 「생각해 보면, 나도 한때는 당신을 사랑했지.」

Danburrys

"This is the Danburrys' right?"

✗ 여기가 댄버리가 맞죠?

☛ 「죽은 시인의 사회」에서 좋아하는 여학생의 집을 처음 찾아간 남학생이 문간에서 묻는다. 처음에 자막을 보고 필자는 〈댄버리가〉라는 말이 〈댄버리가(街)〉라고 주소를 묻는 말로 착각했었다. 하지만 그렇지 않은 듯싶어 다시 읽어 보고는, 한 문장에 〈가〉라는 토씨가 두 개나 중복되어 들어갔기 때문에 눈에 거슬린다고 다시 착각했다. 그리고 또 다시 생각해 보니, 〈댄버리가(家)〉라는 뜻이리라는 추측이 갔다. 이렇게 헷갈리게 만드는 번역은 피하도록 노력해야 한다. 번역을 하는 사람은 자신의 생각에 도취되어 〈가〉의 의미를 이해하는 데 소비자들이 아무런 어려움이 없으리라고 생각하기 쉽지만, 그렇지가 않다. 조금만 배려하여 〈댄버리 선생님 댁〉이라고 했다면, 비록 문장이 더 길어지기는 하더라도, 헷갈려서 같은 문장을 다시 읽어 보는 경우보다 의미 파악에 걸리는 시간이 짧아진다.

다른 장면에서 남학생은 댄버리 여학생에게 전화를 걸려다가 겁이 나서 끊어 버리고는 다른 학생들에게 핑계를 댄다.

「The Danburrys will hate me.」
✗ 「댄버리 날 미워할 거야.」
○ 「댄버리 집안 사람들은 모두 날 미워하게 될 거야.」

dare

"Very daring. Yes. Yes, I'll chance it."

✘ 정말 위험하군요. 그래요. 하겠어요.

☞ 「빅 제이크」에서 〈손자의 유괴범들에게 인질금을 주지 말고 차라리 매복 기습하여 죽여 버리자〉는 보안관에게 모린 오하라가 한 말이다. 손자의 목숨이 달렸는데 오하라가 〈정말 위험한〉 제안에 왜 동의할까? 논리적으로 이상한 번역은 오역인 경우가 많다. dare는 이런 경우에 〈위험한〉 일이 아니라, 〈대담한〉 또는 〈씩씩한〉 행동을 뜻한다. 그러니까 오하라가 한 말은 〈아주 대담한 계획이군요. 좋아요. 그래요, 모험을 하겠어요〉라는 뜻이다.

「닥터 지바고」를 보면 시위에 참가했던 톰 코트니가 피를 흘리며 찾아오자 줄리 크리스티가 걱정한다. 〈Pasha, you must go to a hospital.〉(파샤, 병원으로 가야 되겠어.) 파샤가 거부한다.

「I daren't for a day or two.」

✘ 「하루 이틀이면 나을 거야.」

daren't는 dare not(감히 ~을 하지 못한다)의 줄임꼴이다. 코트니가 병원으로 안 가는 까닭은 하루나 이틀 만에 나을 상처여서가 아니라, 당국에 체포될까봐 〈하루나 이틀은 섣불리 그래서는 안 되기〉 때문이다.

○ 「적어도 하루나 이틀은 조심해야지.」

date

"I have a date."

○ 남자를 만나러 가야 해요.

☞ 「고스트버스터즈」에서 어머니와의 통화가 자꾸 길어지니까 어서 전화를 끊으려고 시고니 위버가 둘러댄다. 바람직한 번역이다. 대부분의 사람들은 〈데이트〉라는 영어를 그대로 사용하며 〈데이트 있어요〉라고 했으리라.

day

"These are your references, uh? You understand the work is for a day or so."

✘ 이게 당신 이력서인가요? 낮에만 일하는 거 아시죠?

☛ 「살인광시대」에서 찰리 채플린이 직업소개소가 보낸 늙은 하녀에게 묻는다. for a day or so 는 〈낮에만〉이 아니라 〈하루 정도만〉이라는 뜻이다. 〈겨우 하루밖에 안 되는 일감을 얻으려고 추천서니 이력서니 하는 서류를 무엇하러 구태여 준비해 가지고 왔느냐〉는 뜻이다.
○ 「이게 당신 증빙 서류들이란 말이죠? 일감이 하루치밖에 없다는 건 아셨을 텐데요.」

death

"Then let it be to the death."

✘ 그럼 죽게 내버려 두시오.

☛ 「알렉산더 대왕」에서 아테네에서 추방을 당한 피터 쿠싱 장군이 페르시아의 다리우스 황제를 위한 대리전에서 패배하고는 리처드 버튼(알렉산드로스)에게 〈살려 주면 항복하겠다〉고 제안한다. 버튼이 거절하자 쿠싱이 내린 결단이다.
to the death는 〈최후의 1인이 죽을 때까지 싸운다〉, 그리고 let it be는 〈~한 상황이 이루어지게 하겠다〉라는 뜻이다. 쿠싱은 〈그렇다면 마지막 한 사람이 죽을 때까지 싸울 수밖에 없다〉는 이 선언을 한 다음 군사들과 함께 몰살을 당한다.
○ 「그럼 죽을 때까지 싸우는 길을 선택하겠소.」

deal

"So, no deal."

✘ 말도 안 되는 소리.

☛ 「케이프의 공포」에서 가족을 괴롭히는 로버트 밋첨에게 돈으로 타협을 해보려고 그레고리 펙이 찾아간다. 복수심에 불타는 밋첨은 딴전을 피우며 자기를 버린 아내를 어떻게 괴롭혔는지에 관한 얘기만 자세히 늘어놓는다. 예문은 밋첨의 말뜻을 알아챈 펙이 내린 결론이다.
○ 「그럼 타협은 안 된다는 말이구먼.」
「뮤직 박스」에서는 제시카 랭에게 흑인 법무사가 알려 준다.
「They don't want a deal.」
✘ 「거래 않겠대요.」
폭력배들이라면 deal(거래)을 할지 모르겠지만, 법조인들은 deal(타협)을 한다.
○ 「타협할 생각이 없답니다.」

declaration

"I thought it was a declaration, so I opened it."

✘ 내 편지인 줄 알고 뜯어봤어.

☛ 「오만과 편견」에서 브루스 레스터로부터 딸에게 온 편지를 몰래 뜯어본 메어리 볼란드가 변명한다. 사전을 찾아보기만 했더라도 declaration이 〈내 편지〉가 아니라 청혼을 하기 위한 〈사랑의 고백(연애편지)〉임을 쉽게 알았겠다.

decree

"It is upon this day decreed that a quest be instituted throughout the length and breadth of our domain."

✘ 오늘은 포고된 날이다. 조직된 임무가 포고된 날이다. 우리 제국 전반에 걸쳐.

☛ 「신데렐라」에서 유리 구두를 가지고 집으로 찾아온 대공이 읽는 왕의 포고문 내용이다. 어떤 이유에서건 한 문장을 여럿으로 쪼개면 원문의 운치와 맛이 사라진다. 문장의 길이가 율동과 장단rhythm을 만들기 때문이다. upon this day decreed는 decreed upon this day(오늘 날짜로 포고한다)의 도치법이다. (〈조직된 임무〉라고 오역한) quest be instituted에서 institute(설치하다)는 〈실시한다〉는 뜻이고, quest는 《〈신데렐라〉 찾아내기》다. length and breadth(가로와 세로, 길이와 폭)은 〈방방곡곡〉이다. domain(영토, 영역)은 비교적 좁은 지역을 뜻하므로, 조그만 〈왕국〉을 〈제국〉이라고 과장한 번역은 정확한 계산이 아니다. 더구나 영화가 시작되자마자 〈옛날 옛적에〉 there was a tiny kingdom(작고도 작은 왕국이 하나 있었어요)이라고 이미 밝혀 놓은 마당에서 말이다. 이 만화 영화에서는 grand duke(大公)를 계속 〈공작〉이라고 번역했는데, 역시 정확한 계산이 아니다.

○ 「우리 왕국 전역에 걸쳐 사람 찾기를 실시한다는 포고령을 오늘 날짜로 고한다.」

dedicate

Jett Rink Dedicates Hospital

✘ 병원에 희사

- 「자이언트」에서 신문에 실린 기사의 제목이다. 병원에 무엇인가를 희사했다면 dedicates to (hospital)이라고 해야 한다. 여기에서는 〈병원을 지어서 통째로 헌납했다〉는 뜻이다. dedication은 〈개관〉, 〈개막〉, 〈제막〉이라는 뜻도 있지만, 여기서는 갑부가 된 제임스 딘의 행적을 부각하는 내용이므로 그런 개념들과는 거리가 좀 멀다.
- ○ 제트 링크 병원(건물)을 기증

deeds

"You could give your bride no greater wedding gift than to remember your name — and your deeds."

- ✗ 그대의 이름을 되찾는 것과 존재를 되찾는 것 이외의 선물은 없어요.

- 「율리시즈」에서 과거의 기억이 모두 사라진 커크 더글라스에게 (롯사나 포데스타와의 결혼식을 앞두고) 의사가 다시 확인하는 장면이다. 〈~것 이외의 선물은 없다〉와 《(여러 가지 선물이 있기는 하지만) 그 가운데 가장 큰 선물〉은 개념이 다르다. deed(s)는 쓸모가 많은 단어여서, 〈공적〉이나 〈치적〉 그리고 〈권리증〉이라는 뜻으로 널리 쓰이지만, 〈존재〉라는 용법은 없다.
- ○ 「신부에게 당신이 줄 만한 가장 훌륭한 결혼 선물은 당신의 이름 — 그리고 과거의 치적을 기억해 내는 것입니다.」

외딴 섬에서 만난 마녀 키르케(실바나 망가노)가 왜 더글라스를 좋아하는지 이유를 밝힌다. 〈It has been many years since all these men have landed on my island, men famous for their bravery, and for their heroic deeds.〉(영웅적인 행동으로 그리고 용감하기로 유명한 수많은 남자들이 내 섬을 찾아오기는 오래간만이죠.)

그리고 「율리시즈」는 이런 자막 해설로 영화가 끝난다. 〈The dust of centuries has not dimmed the glories of Ulysses' heroic deeds.〉(수백 년 동안 먼지가 쌓였어도 오뒤세우스의 영웅적인 모험은 그 영광이 희미해지지를 않는다.)

「왕자와 무희」에서는, 마릴린 먼로를 유혹하느라고 로렌스 올리비에 대공이 자꾸만 같은 말을 되풀이하다가, 먼로에게 지적을 당하고는 deeds를 내세우며 둘러댄다.

「What does it matter? What are words where deeds can say so much more?」
- ✗ 「무슨 일이지? 어휘력이 짧아졌나?」
- ○ 「그러면 어때요? 행동으로 더 많은 뜻을 전할 수가 있다면, 그까짓 어휘가 무슨 필요가 있나요?」

올리비에 대공은 남이 사용하는 멋진 어휘나 표현을 열심히 외워 두었다가 기회가 나기만 하면 다른 곳에서 써먹고는 하는데, 이 말도 진부한 명언을 표절한 내용이다.

defend

"I can only see the awful necessity of defending one's home."

✘ 보이는 건 무서움에 떠는 의지할 곳 없는 집인 걸요.

☛ 「쿠오 바디스」에서 (원정군 사령관으로서 겪은 무용담을 늘어놓던) 로버트 테일러는 그가 하는 얘기가 〈실감나지 않느냐〉고 묻는다. 기독교도인 데보라 커는 생각이 다르다. 남들을 죽이고 해치고 죽이는 행위를 전혀 〈영웅〉적이라고 생각하지 않는 커가 한 대답이 예문이다. see는 그냥 〈보인다〉가 아니라 〈알다〉나 〈깨닫다〉라는 말이고, awful은 〈무서움에 떠는〉이 아니라 〈끔찍한〉이나 〈심각한〉 또는 〈크나큰〉이라는 뜻이다.

◯ 「내 머릿속에 떠오른 생각이라고는 저마다 자신의 가정을 수호해야 한다는 힘겨운 필요성 뿐인데요.」

「깃발」에서 대통령 후보 존 트라볼타가 흑인 소녀를 임신시켜 말썽이 벌어지자 대책 회의에서 여성 운동원이 이의를 제기한다.

「Well, that's too defensive.」

✘ 「너무 방어적예요.」

defensive는 〈몸을 도사리고〉라는 식으로 돌려서 표현하면 좋을 때가 많고, 위 경우에는 〈(지나치게) 소극적〉이라는 말이 잘 어울리겠다.

deliberately

"I went to the woods because I wanted to live deliberately."

✘ 나는 자유롭게 살기 위해 숲 속에 왔다.

☛ 「죽은 시인의 사회」에서 첫 동굴 모임을 주재하는 학생이 헨리 데이비드 도로우의 『월든』을 낭송한다. 번역의 자유를 지나치게 행사한 사례다. deliberately(신중하게)는 자유나 방종하고는 반대로, 깊이 사색하며(신경을 많이 쓰며) 〈진지하게〉 살겠다는 의미다. 예문의 다음 구절을 들어보면 그 사실이 명확해진다. 〈I wanted to live deep, and suck out all the marrow of life.〉(나는 심오한 삶을 살아가고, 인생에서 모든 정수를 빨아들이고 싶었다.)

◯ 「내가 숲으로 간 까닭은 명상하는 삶을 살기 위해서였다.」

Delilah
"Delilah."

✘ 데릴라요.

☛ 「삼손과 들릴라」에서 사자 사냥에 데리고 가 달라는 헤디 라마르에게 빅터 머튜어가 묻는다. ⟨You are a bold little monkey. What's your name?⟩(대담하고도 귀여운 아가씨로구먼. 이름이 뭐지?) 라마르가 맡은 역 Delilah의 영어식 발음은 ⟨딜라일라⟩다. 조영남이 부른 외국 노래에 등장하는 바로 그 이름이고, 지금도 애용되는 여성 이름이어서, 「카이로의 자줏빛 장미」에서는 영화 속의 부잣집 흑인 하녀의 이름이 딜라일라다. 「슬픔은 그대 가슴에」에 등장하는 천사 같은 흑인 하녀 애니의 이름도 클로뎃 콜베어가 주연했던 1934년 판에서는 딜라일라였다.

우리말 표기법에서는 Delilah를 ⟨델릴라⟩라고 지정했다. 하지만 성경과 『현대성서사전』을 보면 이 블레셋 여인의 이름을 ⟨들릴라⟩라고 한다. 세실 B 드밀의 대작 성서물인 이 영화의 제목은 처음 우리나라에 수입되던 당시부터 지금까지 ⟨삼손과 데릴라⟩로 굳어진 상황이다. 그렇다면 우리는 어떤 이름을 따라야 할까? 적어도 성서물에서는 확인이 가능한 모든 이름을 성서의 표기에 따라야 한다는 것이 필자의 생각이다. Peter와 John을 ⟨피터⟩와 ⟨존⟩이라 하지 않고 ⟨베드로⟩와 ⟨요한⟩이라고 하는 현실이라면, 다른 고유 명사들에 대해서도 형평을 지켜야 하기 때문이다. 역시 드밀 감독의 성서물인 「십계」를 MBC에서 방영할 때는 ⟨파라오 Pharaoh⟩까지도 성경 표기를 따라 ⟨바로⟩라고 했는데, 참으로 용감한 시도라는 생각이 들었다.

그렇다면 성경의 ⟨들릴라⟩도 아니고, 공식 표기인 ⟨델릴라⟩도 아닌 ⟨데릴라⟩는 출처가 어디일까? ⟨데릴라⟩는 일본식 표기법이다. 「다비데와 바스시바」도 「다윗과 밧세바」를 표기법까지 일본에서 그대로 들여온 영화 제목이었다. ⟨데릴라⟩와 ⟨델릴라⟩의 경우처럼, 일본식 발음과 표기에서는 r과 l을 분간해 내기가 어렵고, 이런 혼란스러운 일본 발음에 워낙 오랫동안 익숙해졌기 때문인지는 몰라도, 우리나라 방송인들은 대부분 r과 l을 혼동하는 정도가 아니라, 거의 대부분의 경우에 거꾸로 바꿔서 발음한다. Roma를 Loma, radio를 ladio, love는 rub(비비다)로, 그리고 lucky를 rucky, Louvre 박물관은 Rouvre라는 식으로 말이다. 심지어는 ⟨라인Rhein 강⟩을 ⟨Line 강⟩이라고 발음한 사람도 있었다.

들릴라가 파멸시킨 ⟨삼손⟩ 얘기도 잠깐 하겠다. 「샘의 아들」에서는 주인공 이름에 지나치게 작위적일 만큼 여러 가지 의미가 뒤엉킨다. 아버지의 이름이 샘Sam이어서 주인공은 당연히 ⟨샘의 아들Sam's Son⟩이고, 「샘의 아들」은 아버지 일라이 월락이 완성하는 희곡의 제목이기도 하다. 그런가 하면 Sam's Son은 얼핏 들으면 ⟨삼손⟩처럼 들리는데, 영화의 주인공 샘은 드밀 감독의 「삼손과 들릴라」를 본 다음, 자신도 삼손처럼 머리카락에서 기운을 얻는다고 믿는다. 그리고 서양 이름에서는 Richard's son(리처드의 아들)은 Richardson이라 하고, John's son은 Johnson, Jacob's son은 Jacobson이어서, Samson은 Sam's son이다. 지나치게 작위

적이지 않나 하는 생각이 들기도 하지만, 그런대로 재미있는 설정이다

「아름다운 미치광이」에서는 식당 종업원으로 일하는 조앤 우드워드가 남편에 대한 자랑을 늘어놓는다. ⟨Samson is a dedicated man. He is a great poet.⟩(샘슨은 헌신적인 남자예요. 그이는 위대한 시인이라고요.) 미치광이 시인 숀 코너리의 극중 인물은 이름이 Samson Shillitoe다. Samson은 시인과 전혀 어울리지 않지만, 희극적인 영화이기 때문에 붙인 이름이겠다. Shillitoe 역시 Silly Toe(못난 발가락)이라는 소리처럼 들린다.

deliver

"Am I truly delivered into your hands?"

✗ 난 그대들에게 잡혀져 왔소.

☞ 「삼손과 들릴라」에서 ⟨삼손을 붙잡아 두 손을 결박하여 넘기면⟩ 유다 사람들에게 무거운 세금의 부담을 덜어 주겠다는 회유에 이웃들이 시달리자, 빅터 머튜어가 순순히 바위산에서 내려온다. 그리고는 얼마쯤 끌려가던 머튜어가 사령관에게 묻는 말이다. 머튜어가 한 말이 의문문인 이유는 ⟨내가 잡혀 왔으니 유다 사람들의 세금을 약속대로 덜어 줘야 한다. 그리고 난 잡혀 오는 약속을 지켰으니 이제는 다시 도망치겠다⟩는 뜻을 확실하게 밝히기 위해서다. 그렇다면 번역도 이왕이면 의문문의 형태를 갖추는 편이 옳겠다.

○ 「나를 당신들 손에 넘긴 건 맞죠?」

그리고 ⟨잡혀져 왔소⟩라는 ⟨번역체⟩ 문장을 생각해 보자. 이것은 ⟨번역체⟩라기보다는 ⟨영어체⟩라고 해야 보다 정확할 듯싶다. 우리말의 언어 습성에서는 영어에서처럼 수동태를 빈번하게 사용하지 않기 때문이다.

사렉 골짜기에서 헤디 라마르가 자꾸 유혹을 하자 머튜어가 완강한 태도를 보인다.

「Long time ago, I was dedicated to Him.」

✗ 「아주 오래전에 난 그에게 바쳐졌었어.」

역시 영어체 수동형 번역문이다. Him을 대문자로 시작한 까닭은 ⟨하느님⟩(의 위대한 존재)을 뜻하기 때문이다.

○ 「난 내 영혼을 오래전에 하느님에게 바친 몸이요.」

그 밖에도 ⟨묶여져 데려왔지⟩라는 식의 번역이 여러 곳에서 눈에 띈다. 뿐만 아니라 머튜어가 쇠사슬을 끊고 나귀 턱뼈로 그의 군사들을 마구 죽이자, 사령관이 이렇게 소리친다.

✗ 「빨리 그를 잡아라. 어떻게든 멈춰라!」

여기서도 ⟨멈춰라stop⟩는 부정확한 우리말이어서, ⟨막아라⟩라고 해야 옳겠다.

○ 「빨리 잡아. 어떻게든 잡으라고!」

머튜어의 머리카락을 자른 다음 라마르가 하는 말이다.

「I've taken away your strength, Samson.」

✗ 「당신의 힘을 내가 가져갔어요.」

이것도 역시 taken away가 〈멀리 가져가다〉라는 뜻이라고 착각한 결과로 생겨난 결과물 같다. 힘을 어디로 〈가져간다〉는 말인가?

○ 「당신의 힘을 내가 빼앗아 버렸어요.」

「지난여름 갑자기」에서는 죽은 아들이 시 한 편을 쓰기 위해 준비하는 기간이 9개월이나 걸렸다고 캐더린 헵번이 먼고메리 클리프트에게 설명한다. 〈The length of a pregnancy, yes.〉(그래요, 임신 기간하고 같아요.) 그리고 클리프트가 화답한다.

「I gather the poem was hard to deliver.」

✗ 「시집을 옮기려면 꽤 무겁겠군요.」

아무리 두꺼운 책이라고 해도 〈무겁다〉고 할 정도의 시집은 없을 듯싶다. deliver를 〈배달한다〉라고 생각하고는 택배의 개념으로 빠져 버린 듯싶다. 영어 단어 하나에 대한 우리말 뜻을 하나만 알고서 하는 번역(☞ traumatic)이다. deliver는 〈출산하다, (아기를) 낳다〉라는 뜻이기도 하다.

○ 「보아하니 시를 써내기가 힘들었겠군요.」

demilitarized

"Picture a man going on a journey beyond sight and sound. He's left Crete. He's entered the demilitarized zone. All right, hey, what is this 〈demilitarized zone〉? What do they mean 〈police action〉?"

✗ 다른 세계로 여행을 하는 남자를 상상해 보세요. 그는 크레타를 떠나 비무장 지대에 들어섰습니다. 비무장 지대라는 게 뭐죠? 〈경찰 임무〉란 건 또 뭡니까?

☞ 「굿모닝 베트남」에서 (크레타로부터 사이공 미군 방송국으로 전출 온) 로빈 윌리엄스가 자기소개를 하는 첫 방송의 내용이다. 아마도 할리우드 영화 가운데 우리말로 번역하기가 가장 어려운 작품으로서는 「굿모닝 베트남」이 첫째나 둘째로 손꼽히지 않을까 싶다. 윌리엄스는 방송을 진행하는 동안 엄청나게 말이 빠르기도 하려니와, 미국의 역대 대통령과 연예인들 그리고 각계 유명인들의 성대모사를 계속하면서, 한국의 관객은 고사하고 번역자조차 알아듣기 힘든 미국 문화의 온갖 기호를 사용하기 때문이다. 예를 들면 갖가지 토막 소식을 전하는 틈틈이 그는 teletype(통신기)에 글자가 찍혀 나오는 요란한 소리를 내고, 전신기의 소리도 흉내 낸다. 이것은 미국의 유명한 방송인 월터 윈첼(☞ captain)이 써먹었던 기법이었다. 위 예문은 텔레비전에서 오랫동안 대단한 인기를 누렸고 영화로까지 제작되었던 「환상지대」의 도입부 해설을 그대로 모작한 내용이며, 윌리엄스는 이 대목을 로드 설링의 음산한 목

소리 그대로 전한다. 텔레비전의 각본을 쓰고 제작도 했으며 오랫동안 「환상지대」의 해설을 맡았던 설링은 할리우드의 전설적인 인물이었다.

예문의 내용 또한 만만치가 않다. twilight zone(환상 지대)과 발음이 비슷한 demilitarized zone은, 우리나라의 DMZ나 마찬가지로 말만 〈비무장 지대〉였다. 베트남 17도선의 비무장 지대는 당시 남북 베트남에서 가장 중무장한 격전지였다. 윌리엄스는 그런 사실을 은근히 꼬집는다. police action(경찰 활동)은 미국이 베트남전을 벌이는 핑계로 삼았던 동남아 지역의 〈치안 유지를 위한 활동〉이라는 뜻으로서, 일종의 군사적인 유행어였다. 당시의 유명한 언론인 월터 리프먼은 미국의 역할을 〈international police〉라고 표현하기도 했었다. 이런 정도의 배경을 고려한다면, 예문의 번역은 음산한 분위기가 감도는 로드 설링의 해설을 염두에 둬야 할 듯싶다.

○ 「빛과 소리의 세계 너머로 길을 떠나는 나그네를 상상해 보라. 그는 크레타를 떠나왔다. 그는 비무장 지대로 들어섰다. (여기에서 갑자기 농담조로 목소리를 바꿔서) 그런데 〈비무장 지대〉가 뭘 하는 곳일까? 〈치안 활동〉은 또 뭐고?」

「굿모닝 베트남」의 다른 장면에서, 방송 담당 장교 브루노 커비가 진행 담당 병사들에게 밥 호프의 위문 공연 섭외가 왜 실패했는지를 묻자 어느 병사가 이렇게 대답한다.

「He doesn't play police actions, just wars. Bob likes a big room, sir.」

✗ 「그는 소꿉장난은 안 하고 전쟁놀이만 한 대요. 노는 방이 커야 좋아합니다.」

미국은 세계의 여론을 의식하여 40만 명의 병력을 베트남으로 보내 놓고도 〈이것은 전쟁이 아니라 치안 활동〉이라고 주장했으며, Vietnam War(베트남 전쟁)라는 말 대신 오랫동안 Vietnam conflict(베트남 지역의 분쟁)라는 완곡한 용어를 사용했다. 그러니까 전쟁터마다 위문 공연을 갔던 밥 호프이기는 하지만, 〈분쟁〉 지역까지 쫓아다니지는 않겠다고 하더라는 삐딱한 설명이다.

○ 「밥 호프는 전쟁이면 몰라도 치안 활동은 상대하지 않는답니다. 워낙 큰물에서만 노는 분이니까요.」

democracy

"The Kingdom of God is not a democracy."

✗ 하나님의 나라는 민주주의가 아냐.

「불의 전차」에서 선교사 청년에게 아버지가 설명하는 내용이다. 미세한 차이여서 사람들이 별로 신경을 쓰지 않기는 하지만, democracy는 〈민주주의〉라는 추상적인 개념뿐 아니라 구체적으로 〈민주적인 체제〉나 〈민주 국가〉라는 구체적인 뜻을 갖기도 한다. 여기에서는 부정관사 a가 붙었으므로, 후자에 가까운 의미다.

○ 「하나님의 왕국은 민주 국가가 아니야.」

참고로, deliver 항에서는 Him을 〈하느님〉이라 하고 여기에서는 God을 〈하나님〉이라고 한 까닭은, 구교에서는 신을 〈하느님〉이라 하고 개신교애서는 〈하나님〉이라고 하기 때문이다. 그리고 하늘나라가 어떤 〈체제〉인지를 아버지가 계속해서 설명한다.

〈The Lord never seeks re-election. There's no discussion, no deliberation. He is a loving dictator.〉(하나님은 재선이 되기 위해 남들의 눈치를 살피지 않아. 토론도 없고, 심의도 없어. 하나님은 사랑을 베푸는 독재자야.)

department

"Suicide attempts are Frank's department."

✘ 자살 시도는 프랭크의 문제예요.

☛ 「갈채」에서 〈당신이 자살을 시도했다는 남편의 얘기가 맞는지〉 물어보는 윌리엄 홀든에게 그레이스 켈리가 보인 못마땅한 반응이다. 이런 경우의 department는 〈전문 분야〉 또는 〈특기〉라는 뜻이다.

○ 「자살 소동이라면 남편이 전문이죠.」

deprive

"In the name of the French people, we deprive you of your rank."

✘ 프랑스인의 이름으로 너를 강등한다.

☛ 「에밀 졸라의 생애」에서 군부의 음모에 희생된 앨프리드 드레이퓌스를 악마의 섬으로 추방하기에 앞서서, 강제 전역식이 공개적으로 열린다. 예문은 집행관이 하는 설명이다. French people은 〈프랑스인〉이 아니라 〈프랑스 국민〉이다. 〈강등한다demote〉면, 드레이퓌스가 복무를 계속하도록 허락하되, 대위인 계급만 중위나 소위로 〈낮춘다〉는 뜻이다. deprive(박탈한다)는 아예 계급을 없애 버려서, 〈군으로부터 추방한다〉는 의미다. 어떤 사람에게 벌을 주느라고 한 달을 굶기는 경우(박탈)와 끼마다 밥을 반 그릇씩만 주는 경우(강등), 사람이 죽느냐 사느냐 하는 차이가 난다. 부정확한 계산법이 작용한 오역이다.

○ 「프랑스 국민의 이름으로 귀관의 계급을 박탈하겠다.」

desert

"You mean you are going to desert?"

✘ 사막으로 갈 건가?

☛ 「귀향」(1940)에서 〈배가 영국으로 가지만 나는 영국까지 가지 않겠다〉고 말하는 이안 헌터에게 배리 핏제랄드가 묻는 말이다. desert 앞에 관사가 없다. (〈사막〉을 뜻하는) 명사가 아니라 동사기 때문이다. 동사 desert은 〈탈영하다〉, 〈도망치다〉, 〈탈주하다〉라는 뜻이다.

○ 「그렇다면 자넨 도망치겠다는 얘기야?」

「젊은 사자들」에서 다른 훈련병들에게 시달리던 먼고메리 클리프트가 아침 점호 시간에 모습을 보이지 않자 중대장이 화를 낸다.

「Nobody deserts this company.」

✘ 「제대로 된 놈이 없군.」
○ 「감히 내 부대에서 탈영병이 나오다니.」

deserve

"And they marry a man too young for them and get what they just deserve."

✘ 연하의 남자하고 결혼해서 안간힘을 써요.

☛ 「바보들의 배」에서 혼자 우아한 척 하는 이혼녀 비비엔 리가 마흔여섯 살이 되는 생일날, 〈여자는 나이를 먹으면 비참해진다〉면서 자신의 삶을 이렇게 정리한다. 《(그런 여자들은) 젊음을 잃고는 안간힘을 쓰느라고》 too young for them([그들의 나이에 비해 지나치게 젊은] 연하의 남자를 얻었다가) 〈버림을 받기도 하죠〉라는 뜻이다. get what they deserve는 〈그들이 마땅히 받아야 할 대우를 받는다〉는 말인데, 이런 경우에는 그 표현을 뒤집어서 〈그런 꼴을 당해도 싸다〉라는 의미로 이해해야 한다. deserve가 〈쌤통〉이라는 뜻이 되기 때문이다.

○ 「그리고 그들은 자기들보다 훨씬 어린 남자와 결혼하고는 그 대가를 톡톡히 치르죠.」

desire

"Therese's reception of her baby left a little bit to be desired."

✘ 테레즈의 아기에 대한 반응은 나쁘지 않았다.

☛ 「안토니아」에서 안토니아의 증손녀가 하는 해설인데, 완전히 거꾸로 한 오역이다. 의미를 파악하기가 좀 어려운 구조를 갖춘 문장이기는 하지만, 자주 접하게 되는 구문이기 때문에 꼭 알아 둬야 한다. left (a little bit) to be desired에서, a little bit은 〈약간〉이라는 뜻이므로 나중에 채워 넣기로 하고, 나머지 부분을 살펴보기로 하자. 직역을 하면 be desired는 〈욕구의 대상이 된다〉는 말이고, to be desired라고 하면 〈당연히 원해야 마땅한〉이라는 뜻이 된다. 〈남았다〉는 뜻인 left까지 합치면 〈원하는 바가 아직 남았다〉, 즉 바람직하지 못하다는 의미다. 다시 말해서, 〈아직은 어딘가 (조금) 부족하다〉는 말이다. 그러니까 〈테레즈가 자신의 아기에 대해서 보여 준 반응은 남들이 보기에 어딘가 좀 미흡했다〉는 내용의 완곡한 표현이다.
○ 「테레즈는 아기를 낳아 놓고 별로 좋아하는 눈치가 아니었다.」

destroy

"Man can be destroyed but never be defeated."

✘ 인간은 파멸을 당할지언정 패배하지는 않는다.

☛ 「노인과 바다」에서 애써 잡은 고기를 상어들에게 뜯어 먹힌 다음에 산티아고 노인이 혼잣말로 한 이 유명한 문장에서는 destroy를 어떻게 번역하느냐를 놓고 의견이 분분한데, destroy는 〈죽인다〉는 의미도 있다. 〈인간은 죽음을 당하더라도 절대로 패배하지는 않는다〉가 옳은 번역이라고 필자는 개인적으로 생각한다.

detail

"We have an extra detail for you. That's if you don't mind being disturbed or anything."

✘ 뭐 하나 알려줄게. 방해가 안 된다면 말이지.

☛ 「워터프론트」에서 밀고자를 살해하도록 도와준 말론 브랜도에게 (편한 일자리를 준 다음)

항만 노조의 두목 리 J. 콥이 브랜도의 형 로드 스타이거를 보내 다시 심부름을 맡긴다. 무엇인지를 알려 주는 행위 자체가 상대방에게 〈방해〉가 되는지 안 되는지 따질 필요가 무엇일까? 이렇게 앞뒤 논리가 맞지 않을 때는 분명히 어디에선가 오역이 이루어졌다는 증거다. detail을 알려줘야 할 무슨 〈세부 사항〉쯤으로 오해한 모양이다. 군대에서 누구나 귀찮아하는 〈사역〉이나 〈작은 일거리〉를 detail이라고 한다.

○ 「너한테 맡길 작은 일이 하나 또 있는데. 그러니까 혹시 네가 귀찮아하거나 뭐 그러지만 않는다면 말이야.」

or anything은 〈뭐 혹시 그런 거〉라는 뜻을 보완하는 표현이다.

D

detective

"Just this afternoon, a man came looking for you. Detective."

✘ 오늘 오후에 형사가 당신을 찾으러 왔어요.

☞ 「기나긴 이별」에서 정신 병원 원장이 작가 스털링 헤이든에게 겁을 준다. 헤이든을 찾아갔던 엘리엇 굴드는 detective(형사)가 아니라 detective(탐정)였다. 〈형사〉는 경찰 공무원이고, 〈탐정〉은 〈개인〉 사업이어서, private investigator라고도 한다.

○ 「조금 아까 오후에 어떤 남자가 당신을 찾아왔더군요. 탐정이라던데요.」

deuce

"I bluffed the old man out of the last pot with a pair of deuces."

✘ 판돈을 전부 걸고 영감한테 엄포를 놨지.

☞ 「셔레이드」에서 오드리 헵번이 찾아간 미국 대사관에서 승강기를 같이 탄 한 직원이 다른 직원에게 자랑하는 말이다. 번역문을 보면 마치 화자가 〈포커 판에서 대단한 모험을 한 결과로 돈을 땄다〉고 자랑을 하는 얘기처럼 들리지만, 사실은 완전히 반대 상황이어서, 《〈영감〉을 손쉽게 이겼다》는 뜻이다. 곧 이어서 화자가 〈그 정도라면 러시아 사람들한테도 틀림없이 당했으리라〉는 설명을 덧붙이기 때문이다.

그렇다면 어째서 이런 거꾸로 번역이 이루어졌을 지를 추리해 보자. 영한사전을 찾아보면 bluff(허세, 허풍)를 《(패가 센 것처럼 꾸며 상대를) 속이다》라고 설명한다. 사전에서는 pot(항아리)을 《(포커 등에서) 한 번에 거는 돈》이라고 했다. 사전에서는 pair(쌍)를 〈동점의 카드 두

장 맞춤〉이라고 했는데, bluff나 pot에 대한 풀이보다는 설명을 알아듣기가 좀 어려운 〈포커 용어〉라고 하겠다. 사전에서는 deuce를 〈〈카드놀이나 주사위의〉 2점짜리 패〉라고 설명한다. 하지만 아무리 이렇게 사전을 뒤져봐도 대사관 직원의 얘기가 무슨 내용인지 이해가 가지 않는다. a pair of deuces가 의미하는 바가 무엇인지를 영한사전에서는 구체적으로 밝혀 주지를 않기 때문이다.

번역을 하려면 온갖 잡학적인 지식이 필요하다. 특히 영상물에서는 도박을 하는 장면이 워낙 많이 나오기 때문에 번역을 직업으로 삼으려면 포커에 대해서도 기초적인 지식이 어느 정도는 필요하다. 고스톱을 할 줄 모르는 사람이 〈육목단 열끗을 쥐고 똥쌍피를 버렸다〉가 왜 〈바보 같은 짓〉인지를 이해하지 못하는 이치를 생각해 보면 납득이 가리라. 이렇게 잡다한 지식이 필요하기 때문에 번역가에게는 갖가지 사전이 필요하고, 그래서 필자는 30년 번역 생활을 하면서 150권이 넘는 각종 사전 및 백과사전을 마련했는데, 『브리태니커 백과사전』(1970년 판) 18권 107쪽을 보면 one pair(숫자가 같은 한 쌍의 카드)가 〈족보〉에서 서열이 어느 정도인지를 잘 설명해 준다. a pair of deuces는 2자 패가 한 쌍으로서, 포커 족보에서는 꼴찌다. 고스톱으로 치면 〈겨우 3점〉이 나는 경우다. 그러니까 화자는 형편없는 끗수로 〈공갈을 쳐서(허세를 부려)〉 〈영감〉에게서 last pot(마지막으로 남은 돈)까지 모조리 따냈다는 뜻이다. 그러니까 예문은 이런 식으로 둘러대도 디겠다.

○ 「제일 나쁜 끗수를 가지고 공갈을 쳐서 그 영감님 돈을 마지막 한 푼까지 몽땅 다 긁어냈지.」

「공격」에서는 대대장 리 마빈 중령이 다시 포커 판에서 이기자 에디 앨버트 대위가 아첨을 서슴지 않는다.

「Five in a row, huh?」

× 「5판 연속으로 따는군.」

five in a row는 다섯 장의 카드가 straight(☞ see)라는 뜻이다. 다음 판에서는 앨벗의 부관이 손에 든 패가 무엇인지를 밝힌다.

「Threes and jacks.」

× 「3과 잭입니다.」

〈3과 잭〉은 복수형 s를 붙이지 않고 three and jack이라고 해야 한다. 하지만 3과 J를 한 장씩 손에 들면 전혀 쓸모가 없는 〈꽝〉이다. 예문은 〈같은 카드가 석 장three of a kind 또는 three cards〉이기 때문에 three cards를 줄여 threes라고 했으며, and는 〈그런데〉라는 뜻이고, 석 장의 카드가 모두 〈J(jack)〉이기 때문에 다시 복수형을 써서 jacks라고 설명을 보탰다. 고스톱으로 치면 똥(11)이 석 장 들어와 〈폭탄〉이 된 셈이다. 하지만 마빈 중령이 그의 기를 죽인다.

「That's a good hand, but not good enough. Three lovely ladies.」

× 「좋은 패군. 하지만 최고는 아니지. 쓰리 퀸이지.」

○ 「좋은 패이기는 하지만, 그걸로는 모자라지. 난 멋진 아가씨(Q[queen])가 셋이거든.」

J 석 장보다는 Q 석 장이 바로 한 끗수 높다.

devour

"I think I hate trees. All this vegetation lives by devouring us."

✘ 나무들이 밉다는 생각이 들어요. 내 공기를 먹고 살거든요.

☞ 「벨 아미 이야기」에서 내일 새벽에 결투를 벌여야 할 공원을 미리 둘러보며 조지 샌더스가 안젤라 랜스베리에게 솔직한 심정을 털어놓는다. 이 말을 듣고 랜스배리가 〈What a morbid idea(정말로 소름끼치는 생각이군요)〉라고 말한다. 번역한 내용대로 〈나무들과 공기를 좀 나눠 마신다〉고 해서 morbid(병적인, 섬뜩한)하거나 괴이한 생각이라고 하기는 어렵다. 더구나 나무들은 낮이면 오히려 인간이 필요로 하는 산소를 내놓는다고 하지 않았던가? devour는 고체성 먹이 덩어리를 〈마구 뜯어먹거나 통째로 삼키는〉 행위를 묘사하는 동사다. 그러니까 두 번째 문장은 〈이 모든 식물이 우리들 인간을 먹고 살거든요〉라는 의미다. 샌더스는 자신이 내일 결투에서 죽으면 나무 밑에 묻히겠고, 그러면 그의 시체에서 나무가 영양분을 빨아먹으리라는 생각을 한다. 랜스베리는 분명히 그렇게 알아들었기 때문에 morbid한 생각이라고 말했다. 하지만 번역자는 두 번째 문장의 말뜻을 잘 알아듣지 못한 듯싶다.

○ 「이런 식물은 모두 인간을 잡아먹고 살잖아요.」

die

"You couldn't do it, Anselmo?"

✘ 그렇지 않아요.

☞ 「누구를 위하여 종은 울리나」에서 그들이 폭파할 다리를 경비하는 보초병이 같은 마을 청년임을 알게 된 늙은 유격대원이 개리 쿠퍼에게 묻는다. 〈He must die?〉(저 아이를 죽여야 하나요?) 예문은 쿠퍼가 되묻는 말인데, 거꾸로 한 번역이다. You can't do it?(당신은 죽이는 일을 못하겠어요?)에서 can을 과거형 could로 바꾼 까닭은, 가능성이나 허락 또는 의도를 타진할 때, 겸손함을 나타내기 위해서 쓰는 존댓말의 한 형태다.

○ 「못 하시겠나요, 영감님?」

difference

"Needless to say I have no intention of resolving our differences as you suggested."

✘ 당신이 말한 우리의 차이점을 극복하고 싶은 생각은 없어.

☞ 「티벳에서의 7년」에서 포로수용소에 갇힌 브래드 피트에게 아내가 이혼 서류와 더불어 동봉한 편지의 내용이다. 〈차이점을 극복〉이라는 표현은 말뜻의 표피에 머문 〈직역〉의 인상을 준다. our differences는 단순히 〈우리의 차이점〉이 아니라, 〈생각하는 바가 여러 가지로 달라 우리들이 맞은 파탄〉이라는 뜻이다. 따라서 예문의 resolving our differences는 settling our differences나 마찬가지로 《(부부가) 화해한다》는 의미로 발전한다. 영화의 도입부에서 헤어질 때 두 사람이 나누는 냉랭한 대화를 들어 보면, 역으로 배웅을 나온 아내는 임신 4개월이 된 몸으로, 등반을 떠나며 새 출발의 가능성을 타진하는 핏에게 이미 결별의 의사를 단호하게 밝힌다. 그러니까 편지의 내용은 〈당신이 제안했던 새로운 출발이라면 난 관심이 없다는 걸 확실히 해두겠어요〉라는 말이다.

영화의 후반부에서 핏은 달라이 라마에게 그들 부부가 맞은 파탄의 이유를 이렇게 설명한다. 〈I didn't want the child so I ran away to climb the mountain.〉(난 아이를 원하지 않았기 때문에 등반을 떠났죠.) 예문에 나오는 resolve와 solve의 차이점을 모르는 사람이 적지 않은데, 이 두 동사를 명사(solution과 resolution)로 만들어 보면 이해에 큰 도움이 된다. solve와 solution은 문짝이 고장 났거나 경제적인 어려움 따위의 물리적인 어려움을 〈해결〉한다는 뜻이고, resolve는 많은 경우에 심리적인 갈등이나 고민 따위를 〈해소〉하거나 새롭게 〈결심〉한다는 뜻이다.

dig

"He has one standing order: Always take the offensive… never dig in."

✘ 그의 좌우명은 언제나 전쟁입니다.

☞ 「패튼 대전차군단」에서 (패튼 장군에 대하여) 독일군 정보 장교가 보고하는 내용이다. 〈좌우명〉은 어떤 사람이 스스로 지키겠다고 작정한 생활 지침이다. order는 자신이 아니라 타인더러 지키라고 요구하는 〈명령〉이다. standing은 〈지속적인〉이나 〈변함이 없는〉이라는 뜻이며, standing order는 군대 용어로 〈복무규정〉이다.

〈언제나 전쟁〉이라는 〈좌우명〉은 히틀러에게나 어울리겠다. 부하들에게 〈언제나 전쟁〉을 명령하는 지휘관 또한 히틀러와 비슷한 인물이겠다. 〈전쟁〉이라고 한 마디로 표현한 〈좌우명〉에서 마지막 부분인 dig in은, 전투를 하다가 상황이 불리해져서 몸을 피하기 위해, 〈땅을 파고 들어간다〉는 뜻이다.

○ 「그가 내세우는 복무규정은 단 하나, 항상 공격만 하고, 호를 파고 들어가는 짓은 절대로 하지 말라는 것입니다.」

diminutive

"Moreover, the name Bernadette is a childish and trivial diminutive."

✘ 게다가 베르나데트라는 이름은 유치하고 하잘 것 없는 이름입니다.

☞ 「성처녀」에서 수녀원에 입소한 제니퍼 존스에게 고참 수녀가 이름부터 바꾸라고 권한다. 동사 diminish(작게 줄이다)에서 파생한 명사 diminutive(평균치보다 아주 작은 물건이나 사람)의 의미를 정확하게 파악하지 못한 듯싶은 번역이다. 인명(人名)의 경우에는 diminutive라고 하면 본디 이름을 줄여서 부르는 〈애칭〉을 뜻한다.

Alexander(알렉산더)라는 남자 이름을 예로 들어 설명하겠다. 서양 이름은 거의 모든 경우에 본디 이름보다 편리하게 줄여서 부르는 diminutive(짧은 이름)가 있다. 그래서 알렉산더는 흔히 Alex(알렉스)라고 줄여서 부르며, 배우 Alec Baldwin(알렉 볼드윈)이나 Alec Guinness(알렉 기네스)처럼 Alec(알렉)이라고도 한다. 때에 따라서는 Xander(산더)라는 줄임꼴도 쓴다. 「왕이 되려던 사나이」에서는, 인도까지 정복하러 왔었던 알렉산드로스 대왕(Alexander the Great)이 재림했다고 믿는 원주민들이 숀 코너리를 〈시칸더〉라고 부르는데, 바로 Xander의 변형된 호칭이다. Alexander의 여성형인 Alexandra(알렉산드라, ☞ pawn)의 diminutive로는 Sandy(샌디)가 일반적이며, 마크 트웨인의 소설이 원작인 「꿈의 궁정」을 보면 Alexandra의 변형인 Alisande(알리산드)가 여주인공의 이름이다. 여배우의 이름에서 찾아보자면, Sandra Bullock(샌드라 불럭)의 Sandra가 Alexandra의 diminutive다. 필자가 〈할리우드 키드〉였던 시절에 전 세계 젊은이들을 매료시켰던 청춘 배우 Sandra Dee(샌드라 디)는 Alexandra Zuck(알렉산드라 죽)이 본명이었다.

diminutive라면 일반적으로 본디 이름보다 글자 수가 줄어드는 것이 원칙인데, Bernadette의 경우는 좀 다르다. 영화를 계속해서 보면 잠시 후에 밝혀지지만, Bernadette는 제니퍼 존스의 대모인 Bernarde(베르나르드, 영어로는 〈버나드〉 그리고 프랑스어로는 〈베르나르〉라고 발음하는 Bernard의 여성형임)의 diminutive(Bernarde + -ette = Bernadette)다. 그런데 diminutive(줄인 이름)라고는 하지만, Bernadette는 Bernarde보다 글자 수가 오히려 세 개나 늘어났다. 하지만 끝에 붙은 -ette는 어떤 개념을 작고, 앙증맞고, 여성적으로 만드는 기능(☞ cigar, heelot)을 한다. 〈베베(BB, 《갓난아기》를 뜻하는 bébé와 발음이 같음)〉라는 별명으로 통했던 Brigitte Bardot(브리지트 바르도)의 이름에서처럼 말이다. 그러니까 Bernadette는 Bernarde의 글자 수가 아니라 〈개념〉을 〈줄여서〉 부른 애칭이다.

○ 「더구나 베르나데트라면 유치하고 시시하기 짝이 없는 애칭이잖아요.」

KBS-3라고 불리던 시절 EBS에서 같은 영화를 방영할 때는 이 대목을 〈베네딕트라는 이름은 너무나 유치해서 수녀의 이름으로는 적당치 않습니다〉라고 번역했었다. 그리고 영화 내내 〈성처녀〉의 이름을 계속해서 〈베네딕트〉라고 했다. Benedict는 남자 이름이고, 베네딕토 회를 창설한 이탈리아 수도사의 이름이기도 하다. 보통 명사로는 〈참 복도 많게 오랫동안 독신으로 지내다 갓 결혼한 남자〉를 뜻한다.

실화를 바탕으로 한 「성처녀」는 일종의 전기 영화라 하겠는데, 만일 이순신 영화를 만들어 놓고 주인공의 이름을 〈임순질〉이라고 제멋대로 바꿔놓는다면 어떻게 되겠는가? 고유 명사의 오역이 어느 정도로 심각한 문제인지는 Antibes, barbarian, Caribbean, Champs-Élysées, circus, Delilah, Eden, Garden, Lone, Macy's, Mardi, master, Newark, Persia, St. Petersburg, Vanderbilt, Western Union 등의 항에서 거듭거듭 확인해 보기 바란다.

diminutive와 유의어인 nickname(별명)에 대해서도 잠시 살펴보자. 〈별명〉이라면 우리나라에서는 흔히 신체적인 결함이나 약점 따위를 물고 늘어져 놀리느라고 모욕적으로 비하하는 경우가 많아서, 필자가 어렸을 때는 〈말대가리〉, 〈짱구〉, 〈개고기〉, 〈꼴통〉 따위가 주류를 이루었다. 서양에도 그런 별명(☞ exhibitionist, rat)이 많아서 Rocky(바우), Shorty(땅꼬마), Fatso(돼지) 등이 여기에 해당된다. 그리고 우리나라에서 〈자야〉, 〈숙아〉 하는 식으로 이름을 토막 내어 pet name(애칭)으로 사용하듯 (집에서 부르는 아명처럼) 짧고 쉽게 부르는 이름도 많은데, 이것이 바로 diminutive와 같은 뜻의 〈별칭nickname〉이다.

「모감보」에서는, 독파리에 물린 남편이 건강을 회복한 다음, 〈잘 돌봐 줘서 고맙다〉는 뜻으로 그레이스 켈리가 고상한 만찬을 열어 준다. 이 자리에서 Donald(남편)가 사파리 안내인 Victor(클락 게이블)에게 제안한다. 〈이제부턴 우리 Vic이나 Don이라고 부르죠.〉

애칭은 대부분 이렇게 Victor를 Vic으로, Donald를 Don으로, 그냥 짧게 줄인 형태를 취한다. 그런데 「탈옥」에서 이름을 묻는 경찰관에게 커크 더글라스가 하는 대답을 들어 보면 사정이 달라진다. 〈John W. Burns. Jack for short.〉(존 W. 번스요. 줄여서 〈잭〉이라고도 합니다.) Jack은 John의 애칭이다. 하지만 Jack은 아무리 봐도 John과 마찬가지로 네 글자여서, 〈줄인〉 곳이 안 보인다. 이 또한 Bernadette의 경우처럼 〈관념〉상으로 이해하여, 〈(John W. Burns라고 격식을 갖춰 이름을 다 부를 필요가 없이) 그냥 줄여서《잭》이라고 하세요〉 정도의 뜻이 되겠다.

「이유없는 반항」을 보면, 절벽에서 자동차 대결이 벌어지기 직전에, 살 미네오가 나탈리 우드에게 제임스 딘의 〈진짜 이름은 제임스인데, 짐이 더 좋대. 마음에 드는 사람한테는 제이미라고 부르게 하고〉라고 알려 준다. 이런 대사는 〈정확〉한 번역만으로는 한국의 일반 대중에게 올바른 의미를 전달하기가 어렵다. 본디 이름 James(제임스)의 diminutive는 Jim이다. 그리고 단순히 줄인 이름이 아니고, 애정을 담아 부르는 보다 친근한 Jim의 애칭은, -ie(-y)를 더 붙여서(☞ hip, yuppies) Jimmie가 된다. 그런가 하면 James에 직접 -ie를 접목한 Jamie는 〈지미〉보다도 더 친밀한 애칭이라는 뜻이 되겠다. 따라서 「이유없는 반항」의 대사에는 이런 정도의 〈설명〉을 담아 주면 좋겠다.

○ 「본디 이름은 제임스인데, 애칭은 짐이라고 해. 더 가까운 사람들이라면 제이미라고 불러도 되고.」

대통령까지도 James Earl Carter, Jr.라는 부담스러운 이름보다 Jimmy Carter(지미 카터)라는 애칭을 공식적으로 쓰는 나라이고 보니, 미국인들과 접하려면 nickname에 대해서는 어느 정도의 상식을 갖추는 것이 예절의 상식이 되겠지만, 동양인에게는 영어 diminutive가 러시아의 인명만큼이나 혼란스럽다. 「톰 소여의 모험」을 보면, 시상식에서 판사가 성경책을 상으로 주면서 묻는다.

〈너 이름 뭐지?〉

〈톰요.〉

소설과 영화의 제목에서처럼, 사람들이 늘 그를 Tom이라고 부르니까 당연히 나온 대답이다. 그러자 판사가 다시 주문한다.

〈아니. 그거 말고.〉

Tom이 informal(격식을 갖추지 않은) diminutive이고 보니, 시상식처럼 격식을 갖춰야 하는 자리에서라면 본디 이름을 제대로 대야 한다고 판단해서, 소여가 대답을 수정한다.

〈토머스요.〉

Tom의 정식 이름은 Thomas다. 그래도 부족해서 판사가 재차 주문한다.

〈그런 거 말고 성 있잖아.〉

제대로 격식을 갖추려면 이렇게 이름이 아니라 성(☞ mister, Mr.)을 함께 대야 한다. 하지만 반대로 아주 informal(자유분방한) 자리에서였다면, Jamie처럼 -ie(-y)를 붙여 Tommie라고 해도 된다. 배우 Tommy Lee Jones(토미 리 존스)의 이름이 그런 경우다. 「해리와 아들」에서는 아들 Howard의 애칭이 -ie로 끝나는 Howie고, 「아마데우스」에서는 Wolfgang Amadeus Mozart(볼프강 아마데우스 모차르트)의 아내가 Wolfgang을 -ie 형식으로 바꿔 Wolfie라는 애칭을 만들어 부른다. Wolfgang의 wolf는 영어에서처럼 〈늑대 (또는 이리)〉라는 뜻이고 gang은 동사 gehen(go)의 명사형으로서, 고대 게르만 사람들이 전쟁터로 나가다가 이리를 만나면 전승의 길조로 여겨서 남자들에게 그런 이름을 붙여 주었다고 한다.

가난하고 힘들었던 시절 수많은 한국인들에게 감격의 눈물을 흘리게 했던 「오케스트라의 소녀」에서는, 데이아나 더빈이 지갑을 돌려주러 어느 부잣집을 찾아갔더니, 손님이 그녀의 이름을 묻고, 그녀는 이렇게 설명한다. 〈패트리샤요. 집에서는 팻시라고 불러요.〉 Patsy는 Patricia를 -ie형으로 바꾼 애칭이고, 패티 김이 패티 페이지에게서 빌려 쓴 Patti와 Patty 또는 Pattie도 같은 이름의 애칭이다. 뿐만 아니라 험프리 보가트의 애칭 Bogey도 귀신(bogy, bogie, bogey)이라는 뜻이어서 좀 스산하기는 하지만, 역시 Bogart를 -y형으로 바꾼 이름이다.

하지만 -ie 애칭을 누구나 다 좋아하지는 않아서, 「필사의 도망자」를 보면, 아침에 학교로 가려는 어린 아들에게 프레드릭 마치가 〈얘야, 랄피야〉라고 했더니, 어른티를 내고 싶어 하는 아이가 주체성을 발휘한다. 〈내 이름은 랄피가 아니라 랄프예요. R-A-L-P-H.〉 Ralphie의 -ie가 베르나데트의 -ette처럼 childish하니까, 〈어린애 취급을 그만하라〉는 경고다.

「티파니에서 아침을」에서는, 오드리 헵번이 사랑하는 고양이의 이름이 Cat이다. Cat(고양이)은 Catherine(캐더린) 또는 Catharine의 애칭이며, 같은 이름의 다른 애칭으로는 Kate(케이트) 그리고 -y로 끝나는 Kathy(케이티)와 Cathy(캐티), 그리고 역시 -ie로 끝나는 Katie(케이티)도 있다. 「바브에게 무슨 일이 있었나?」에서는, 빌 머리가 집에서 키우고 여행 때 병에 담아 가지고 다니는 금붕어 Gilbert(길벗)의 애칭이 Gil(길)이다. 물론 Gil은 gill(물고기의 호흡 기관인 아가미)과 동음어로서, 헵번의 고양이 Cat처럼 참으로 실용적인 diminutive라고 하겠다. 「나그네」에서는 여주인공 Elisabeth(엘리사베드)에게 샘 셰퍼드가 Sabeth(사베드)라고 애칭을 만들어 준다. Elisabeth는 물론 Elizabeth의 변종이고, Emma Matzo(에마 맛조)의 예명 Lizabeth Scott(리저베드 스콧)의 Lizabeth도 마찬가지다. 그만큼 흔한 이름이어서인지는 몰라도 Elizabeth는 줄인 이름 또한 많아서, 여배우 Elizabeth Taylor는 Liz라는 애칭을 쓰고, 영국의 〈대머리〉 처녀 여왕 Elizabeth 1세는 어릴 적부터 Bess(베스)라는 아명으로 통했고, Bessie(베시)나 Bessy는 Bess의 -ie형 애칭이며, Lisa와 Liza까지도 Elizabeth를 줄인 이름이다. 그런가 하면 Betty와 Bette도 Elizabeth의 diminutive인데, 여배우 Bette Davis는 〈베티 데이비스〉라고 발음하는 반면에, 가수로도 유명한 Bette Midler는 똑같이 Bette라고 쓰면서도 이름을 〈베트 미들러〉라고 발음하니, 외화 번역에서는 제대로 정신을 차리지 않았다가는 같은 인물이 두 사람 노릇을 하기도 한다. Peggie(페기)가 Margaret(마거릿)과 같은 이름(인물)이니 말이다.

소설 번역에서는 이런 복잡한 이름들에 풀이를 달아 주면 되지만, 시간과 공간이 제한된 영화에서는 교통정리를 위해 어떤 원칙을 세워 놓아야 한다. 가장 간단한 방법은 동일 인물의 여러 이름 가운데, 자주 등장하거나 외우기 쉬운 본명이나 애칭을 하나 정해 놓고, 일관성을 유지해서 관객이 혼란을 느끼지 않도록 도와주는 것이다. 거의 모든 애칭은 사전에 수록되었으니, 귀찮더라도 일일이 찾아보면 확인이 가능하다.

다시 한 번 강조하건대, 고유 명사를 절대로 우습게 보면 안 된다.

ding-dong

"If I were a bell I'll go ding-dong, ding-dong, ding."

✘ 내가 종이라면 딩동딩동 울릴 거예요.

☛ 「아가씨와 건달들」에서, 아바나로 놀러간 구세군 진 시몬스 사관이 술에 취해 분수대로 올라가 노래를 부른다. 〈딸랑딸랑〉 또는 〈뗑그렁뗑그렁〉 울리던 우리나라 종이 언제부터 서양식으로 〈딩동〉거리기 시작했을까? 같은 노래에서는 〈내 가슴이 드럼처럼 쿵쿵거려요〉라는 대사도 나오고, 〈내가 램프라면 불이 켜질 거예요〉라는 말도 나온다. 〈드럼〉과 〈램프〉는 우리말로 〈북〉과 〈등잔〉이다. EBS의 어린이 만화 「우리는 곰돌이 가족」에서도 〈종소리는 이래. 딩-동-딩-동〉이라고 아동 시청자들에게 교육했다. MBC에서 「톰 소여의 모험」을 방영할 때 허

클베리 핀이 톰 소여에게 한 말의 번역과 비교해 보라.
〈내가 야옹 할 테니 너도 야옹해.〉(☞ good)

dinner

"I'll leave a TV dinner in the fridge."

✘ 오늘 저녁 식사는 냉장고에 넣어두지.

☛ 「미드나잇 카우보이」에서 존 보이트가 어렸을 때, 늙은 나이에 남자만 밝히는 할머니가 애인을 만나러 나가며 늘 하던 말이다. 얼핏 들으면 손자를 걱정하는 자상한 할머니의 말처럼 들리지만, 그것이 아니다. TV dinner는 〈텔레비전을 시청하면서 먹기 좋도록 미리 조리하여 필요할 때 데워 먹게끔 냉동시킨 간단한 음식〉이라고 사전에서 설명하는데, 어떤 사람들은 〈텔레비전에서 가르쳐 주는 간단한 조리법에 따라 만든 음식〉이라고도 하며, 심지어는 〈포장한 그릇의 모양을 텔레비전처럼 만들었기 때문〉에 그런 이름이 붙었다는 일설도 있다. 어떤 주장이 옳거나 간에 TV dinner는 먹기에만 편하지 밥맛은 별로 없는 음식임이 분명하다. 우리말로는 〈찬밥〉과 비슷한 개념이겠다. fridge는 refrigerator(냉장고)를 줄여서 말한 구어체 표현이다. 그러니까 아래처럼 번역하면 무성의한 할머니가 한 말의 본디 의미가 조금이나마 살아나지 않을까 모르겠다.

○ 「저녁은 냉장고에 있는 거 꺼내서 데워 먹거라.」

discover

"What happens? You get discovered. You get tested, with options and everything."

✘ 거기 가면 연기도 할 거고, 좋은 게 다 있을 거야.

☛ 「버스 정류장」에서 〈할리우드로 가면 뭘 하겠느냐〉는 친구의 질문에 마릴린 먼로가 밝힌 포부다. 〈번역〉이 아니라 불성실하게 〈요약〉한 결과물이다. discovered란 연예인으로서 〈발탁이 된다〉는 뜻이다.

○ 「무슨 일이 생기느냐고? 배우로 발굴이 되는 거지. 선발을 거치고, 계약 조건이니 뭐니 알잖아.」

discretion

"I suppose I may continue to rely on your professional discretion?"

✘ 자네의 직업적인 신중함을 기대해도 좋겠나?

☛ 「닥터 지바고」에서 여자 문제로 두 번이나 오마 샤리프의 도움을 받게 된 로드 스타이거가 묻는 말이다. professional discretion이란 〈직업적인 신중함(맡은 일을 꼼꼼하게 처리함)〉과는 다른 개념이다. 스타이거가 discretion을 언급한 다음 샤리프가 역겨워하며 되묻는다.
〈You mean will I tell anyone the truth about that girl?〉(그 아가씨에 대해서 누구한테라도 내가 혹시 진실을 얘기할 거냐는 뜻인가요?)
샤리프의 반문에서 나타나듯이, 예문의 discretion(분별, 재량, 판단력)은 성직자가 신도로부터 들은 고해 성사 내용이나 의사가 진단과 치료를 통해서 〈직업상으로〉 알게 된 환자에 관련된 비밀을 타인들에게 발설하지 않는다는 〈신중한 판단〉을 의미한다.

○ 「직업상 알게 된 비밀 정도는 계속 지켜 주겠죠?」

disillusioned

"I rather think I'll bring you back 100 dozen disillusioned people."

✘ 대신 정신이 온전한 무리들을 데려오죠.

☛ 「성처녀」에서 제니퍼 존스가 기적을 일으키기로 한 현장으로 나가면서, 경찰국장이 빈센트 프라이스 검찰관에게 하는 약속이다. disillusion이라는 단어를 잘못 분석한 결과로, 번역이 원문의 내용과 반대가 되지 않았나 싶다. 반대, 분리, 제거 따위의 부정적인 뜻을 지닌 접두사 dis-가, illusion([나쁜] 망상이나 착각)을 앞에서 가로막아, 마치 〈미망을 제거하여 정신을 차리게 하다〉라는 의미로 보여서, 〈정신이 온전한〉이라는 착각을 일으킨 모양이다. 하지만 disillusion은 대부분의 경우 〈나쁜 망상을 쫓아 버리다〉가 아니라 반대로, 〈좋은 illusion(환상)을 쫓아 버려 실망하게 만든다〉는 의미로 쓰인다. 이 단어에 알맞은 대표적인 우리말은 〈환멸을 느끼다〉가 되겠다.

○ 「내 생각엔 (기적이 실패하여) 환멸을 느낀 사람들 수천 명을 데리고 돌아오게 될 것 같은데요.」

disorganized

"As for you, my fine friend, you are a victim of disorganized thinking."

✘ 자넨 문란한 사고의 피해자일 뿐이니까.

☛ 「오즈의 마법사」에서 겁쟁이 사자에게 마법사가 용기를 심어 주려고 하는 말인데, 〈문란한 사고〉라면 세상만사를 음탕한 쪽으로만 이해하는 성향이리라. disorganized는 organized(질서 정연하게 정리가 된) 상태의 반대다. 그러니까 disorganized thinking은 〈두서가 없는 생각〉이나 〈앞뒤가 안 맞는 생각〉이겠다. 그런 생각은 〈비논리적〉이거나 〈비합리적〉일지언정 〈문란〉하지는 않다.

○ 「자넬 말할 것 같으면, 여보게, 갈팡질팡하는 생각이 탈이라네.」

마법사가 이어서 설명을 덧붙인다. 〈You're under the unfortunate delusion that simply because you run away from danger, you have no courage.〉(불행하게도 자네는 위험으로부터 도망쳤다고 해서 그것이 무작정 용기가 없는 행동이라고 착각하지.) 그리고 이렇게 결론을 짓는다. 〈You are confusing courage with wisdom.〉(자넨 용기와 지혜를 혼동하고 있어.) 위험한 줄 알면서도 도망치지 않는다면 그것은 현명하지 못한 짓이요, 미련한 짓이다. 그러니까 마지막 문장은 이렇게 번역해도 되겠다.

○ 「만용은 현명한 짓이 아니라네.」

disown

"The first touch of disgrace, she would have disowned me."

✘ 노하셔서 연락을 끊으셨을 거예요.

☛ 「카라마조프의 형제들」에서 빌린 돈을 갚지 않아 감옥에 갇힌 율 브리너를 찾아온 클레어 블룸이 까탈스러운 고모로부터 유산을 받았다고 알려 주는 장면이다. 대충 얼버무린 번역문에서는 강약의 수준을 제대로 전달하지 못한 흠이 보인다. disown은 〈연락을 끊다〉 정도가 아니라, 그보다 훨씬 모질게 〈혈연관계를 끊는다〉는 뜻이다.

○ 「집안을 망신시키는 짓을 조금이라도 저질렀다면, 고모는 나더러 당장 호적을 파가라고 그러셨을 분이라고요.」

dispose

"I want you to run an ad in the Daily Telegraph, personal column: Short, elderly American diplomat wishes to dispose a dress suit good as new."

✘ 그리고 데일리 정보회사의 개인 광고란에 키가 작고 나이 많은 미국 외교관이 새 양복을 사고 싶어한다는 광고를 내.

☛ 「위기돌파」에서 보험금을 타먹기 위해 사망을 가장하고 에스파냐로 도망치기 전에 로렌스 하비가 아내 리 레믹에게 연락을 취한다. 「데일리 텔레그라프」는 〈정보 회사〉가 아니라 대단히 유명한 영국 신문이다. 〈정보 회사의 개인 광고란〉이라는 말이 이상하다는 생각이 들었다면 마땅히 확인을 했어야 한다. 다음 장면을 보면 로렌스 하비가 길거리에서 신문을 사서 뒤적거리는데, 「데일리 텔레그라프」라는 신문 이름이 빤히 보인다. ad는 advertisement를 줄인 구어체이고, dispose는 〈사고 싶다〉의 반대인 〈처분한다〉, 그러니까 〈팔고 싶다〉는 말이다. a dress suit good as new는 〈새 양복〉이 아니라 〈as new(새것처럼) good(훌륭하다)〉는 의미다.

○ 「〈데일리 텔레그라프〉 개인 광고란에 이런 광고를 내 — 키가 작고 늙수그레한 미국 외교관이 새것이나 다름없는 양복을 팔려고 함.」

distribute

"Must be the way the weight is distributed."

✘ 그러니까 날씬해지려고 난리지.

☛ 「뜨거운 것이 좋아」에서 여자로 변장하고 기차를 타러 가다가 역에서 뾰족구두가 삐끗하자 잭 레먼이 토니 커티스에게 묻는다. 〈How do they keep their balance in these things?〉(이런 걸 신고 어떻게 몸의 균형을 유지할까?) 커티스가 한 대답(예문)이 질문과 전혀 이가 맞지 않는다. 이렇게 대화가 이어지지 않을 때는 어딘가 분명히 오역이 숨어 있다. 〈틀림없이 체중을 분배하는 방법 때문이겠지〉라는 커티스의 말은 다음과 같은 뜻이다.

○ 「〈균형이 잡히게끔〉 체중이 골고루 배분되도록 몸의 구조가 생겨 먹은 모양이지.」

disturb

"There's no conviction in your voice. You disturb me."

✘ 당신의 목소리는 확신이 없군. 방해가 될 뿐이야.

☛ 「쿠오 바디스」에서 〈노래의 가사를 바꾸니 어떠냐〉고 물었더니 세네카의 대답이 신통치 않아서, 네로 황제가 실망한다. 심리 상태를 말할 때의 disturb은 〈방해〉가 아니라 〈기분을 언짢게 만든다〉는 뜻이다.

○ 「자넨 딱 부러지게 말을 안 하는구먼. 자네 때문에 난 기분이 나빠졌어.」

「25시」를 보면, 뉘른베르크의 전범 재판에서 앤서니 퀸의 변호인이 호소한다.

「I do not believe that the peace of the world will be much more disturbed if this court decides to bring together again a man and a woman who have already suffered so much.」

✘ 「이 부부를 만나게 해주는 것이 세계평화라고 생각합니다. 그들은 이미 전쟁으로 인해 많은 고통을 겪었습니다.」

여기서는 disturb이 〈어지럽히다〉 또는 〈~에 해를 끼치다〉라는 의미로 쓰였다. 번역문의 비약이 지나치게 심하다. 예문은 본디 이런 뜻이다.

○ 「그렇지 않아도 벌써 너무나 많은 고통을 받아 온 한 남자와 한 여자를 다시 만나게 해주는 판결을 이 법정이 내린다고 해서 세계 평화가 훨씬 더 많이 저해를 받으리라고는 저는 믿지 않습니다.」

do

"What are you gonna do about it?"

✘ 이제 어떻게 하겠다는 건가요?

☛ 「비수(悲愁)」에서 F. 스콧 피츠제럴드와 처음 만나 춤을 추면서 쉴라 그레이엄이 첫인상을 얘기한다. 〈눈이 회색인 사람은 음흉sly하고, 갈색 눈은 짓궂고roguish, 참된true 눈은 푸른 눈이에요. 당신 눈은 갈색이군요.〉 예문은 그에 대한 핏제랄드의 반응이다. 핏제랄드의 말은 〈그래서 어떻게 하겠다는 말인가?〉로부터 나아가서 〈그게 어쨌단 말이냐?〉 또는 〈그것이 무슨 상관이냐?〉는 반박의 의미가 담긴 질문이다.

○ 「그래서 못마땅한가요?」

「광야천리」에서는 가족이 인디언에게 학살당한 소년이 권총을 들이대며 계속 당돌하게 도전적인 태도를 보이다가 돌아서자, 존 웨인이 흡족한 표정으로 월터 브레난에게 말한다.

「He will do.」

× 「언젠가는 저 총을 쏘게 될 거야.」

여기서는 do가 총과 아무런 관련이 없다. will do는 〈무엇인가 하리라〉에서 〈무엇인가 되리라〉로 발전하여, 〈앞으로 어디엔가 쓸 만한 녀석이군〉이라는 뜻이 된다. 그러니까 어른들 앞에서도 당당히 맞서려는 태도로 미루어 보아 장래성이 있으니 〈데려다 키워도 괜찮겠다〉는 의미다.

「작은 거인」에서도 do의 비슷한 용법이 나온다. 더스틴 호프만의 인디언 아내가 함께 살며 자신의 세 자매를 데려다 놓고는 아이를 낳으러 간다. 네 아내를 거느리게 된 호프만은 세 자매와 동침을 하게 되고, 첫 여자의 얼굴을 살펴보더니 이런 말을 한다.

「I guess you will do, as good as any.」

× 「당신도 나머지들처럼 하게 될 거요.」

아마도 do(하다)를 성관계라고 착각한 듯싶은데, 사실은 〈다른 어떤 여자 못지않게 당신도 쓸 만하겠지〉라는 뜻이다.

「분노의 강」에서는 (배에 짐을 싣는 일을 시키려고 임시로 고용한) 광부들이 〈산을 넘지 않겠다〉고 거부하자 제임스 스튜어트가 설득에 나선다.

「All right, I'll tell you what I will do.」

× 「내 얘기 잘 들어요.」

〈내 얘기 잘 들어요〉라는 의미는 All right으로 충분하다. 스튜어트가 한 말에서는 번역을 생략해버린 do가 가장 중요한 의미를 담았다. 〈그렇다면 좋다. 내가 무엇을 할지 얘기하겠다〉, 즉 〈너희들이 내가 시키는 대로만 한다면, 나는 이렇게 해주겠다〉 또는 〈좋아, 그렇다면 이렇게 해주마〉가 정확한 번역이다.

「꿈의 구장」에서 〈목소리〉를 듣고 옥수수 밭에 야구장을 건설한 케빈 코스트너가 아버지에 대해 아내 에이미 매디건에게 얘기한다.

「He must have had dreams, but he never did anything about 'em.」

× 「꿈도 많으셨지만 아무것도 이루지 못하셨어.」

앞부분에서는 must의 번역이 빠졌다. 코스트너는 아버지가 꿈이 많았다는 사실을 알지 못하고, 그냥 짐작할 뿐이라는 사실이 must라는 단어가 나타내는 의미다. 〈꿈도 많으셨지만〉과 〈꿈도 많으셨겠지만〉에서 〈겠〉 한 글자가 그 차이를 충분히 반영한다. 뒷부분에서는 did anything about이 〈아무것도 이루지 못하셨어〉가 아니라 about them(그 꿈을 이룩하기 위한) 〈노력을 전혀 안 했다〉는 뜻이다. 죽을 고생을 했는데도 성공하지 못한 사람은 성공을 위해 아무 노력도 하지 않는 사람보다 훨씬 훌륭하다. 코스트너는 성공을 못한 아버지를 불쌍하게 생각하는 것이 아니라, 자신처럼 이상한 꿈을 위해서라도 많은 노력을 했어야 한다고 못마땅하게 생각하며 그 말을 했다.

「백주의 결투」에서 제니퍼 존스의 총을 맞은 다음 그녀를 쏘고 나서, 무뢰한 그레고리 펙이 소리친다.

「That does it.」

× 「끝이군.」

〈그것으로 마무리를 지은 셈이로구먼〉이라는 의미가 밑에 깔렸다.

「바보들의 배」에서 시몬 시뇨레가 의사 오스카 베르너에게 〈같이 춤을 추자〉고 했다가 얼른 말을 바꾼다.

「Of course you probably don't dance.」

✗ 「물론 춤을 못추겠지만요.」

can not(할 줄 모른다)와 do not(하지 않는다)은 의미가 크게 다르다. 우리말에서도 〈안 한다〉와 〈못 한다〉는 다르다. 방금 시뇨레는 워너를 〈답답한 사람stuffy(고지식한 사람)〉이라고 했었다. 그러니까 예문은 〈춤 따위는 안 추겠지만요〉나 〈춤 같은 데는 관심이 없겠군요〉라는 말이다.

「해리와 아들」에서는 맥주를 반쯤 마시다 말고 냉장고에 넣어 둔 아들 때문에 폴 뉴먼이 화를 낸다.

「He did it again!」

✗ 「또 그랬구나.」

눈에 보이는 영어 단어들에 고지식하게 얽매이지 말고 〈아직도 버릇을 못고쳤구나〉 정도로 비약해도 괜찮겠다.

「벨 아미 이야기」에서는 조지 샌더스가 궁지에 몰린 외무장관에게 약을 올린다.

「Do not underestimate the extent of your ruin. Your stolen money will not help you. You're done for. Permanently.」

✗ 「당신이 처한 상황을 잘 돌아봐요. 가로챈 돈 때문에 불리할 텐데.」

처음 두 문장은 〈당신이 맞게 될 파멸이 어느 정도로 심각한지를 잘 모르는 모양이군요. 그동안 당신이 긁어모은 돈으로는 회복이 어려워요〉라는 뜻이다. 번역을 안 한 부분에서 done은 〈끝장나다〉라는 의미다. 마지막 두 문장은 이런 뜻이다.

○ 「당신은 끝장났어요. 영원히요.」

dog

"How about the rest of you? Guide dogs for everyone — is that it?"

✗ 다들 같은 생각인가요? 경찰견이라도 붙여 드릴까?

☛ 「드라이버」에서 범죄 현장을 목격한 이사벨 아자니는 악덕 형사 브루스 던이 미워서 〈라이언 오닐은 범인이 아니다〉라고 거짓말을 한다. 예문은 화가 난 형사가 다른 두 목격자에게 묻는 말이다. guide dog은 〈경찰견〉이 아니라 시각 장애인을 돕는 〈안내견〉이다. 아무리 같은 개라도 족보를 자랑하는 개와 잡견은 다르고, 경찰견과 안내견은 하늘과 땅 차이다. 이런 식으로 아무렇게나 갖다 붙이면 제대로 번역이 될 리가 없다. 형사가 한 말 가운데 두 번째 문장은 〈모두들 안내견이 한 마리씩 필요하다 이 얘긴가?〉라는 뜻이다. 두 눈으로 범인을 멀쩡히

보고도 이제 와서 못 알아보겠다고 하니, 〈너희들 그러면 다 장님이냐?〉라고 따지는 소리다.
- ○ 「다른 사람들은 어때요? 모두들 앞을 못 본다, 그런 말씀인가요?」

dogface

"What's the matter with you? Ackerman isn't one of those rich Broadway producers you have to suck around. He's just a dogface."

✘ 뭐가 문제인가? 애커맨이 부자 제작자인 것도 아니잖아. 그는 개같은 놈이야.

☛ 「젊은 사자들」에서 먼고메리 클리프트(애커맨)가 다른 훈련병들에게 시달리지 않도록 조치를 취해 달라는 딘 마틴 이등병의 항의를 중대장이 묵살하겠다고 하는 말이다. dogface는 〈개 같은 놈〉이 아니라, 속어로 〈인기 없는 녀석〉이고 군대에서는 〈졸병〉이라는 뜻이다. dogfight(개싸움)도 군대에서는 하늘에서 전투기들끼리 싸우는 〈공중전〉이라는 뜻이 된다.
- ○ 「왜 난리를 치고 이래? 애커맨은 (인기 연예인이었던) 자네가 빨아 주며 쫓아다녀야 할 돈 많은 브로드웨이 제작자도 아니잖아. 그냥 일개 하찮은 병사라고.」

doorman

"I know someone who may help you. Someone very important. Colonel Boris Moroso. He's the doorman at the Sheherazade."

✘ 당신을 도와줄만한 사람을 내가 알아요. 아주 대단한 사람이죠. 보리스 모로소 대령인데, 클럽에서 벨보이를 하고 있소.

☛ 「개선문」을 보면, 셰헤라자데 클럽에서 가수로 일하도록 잉그릿 버그만을 도와줄 사람이라며 샤를 부아이에가 루이스 캘헌을 소개한다. 술집에 웬 벨보이bellboy란 말인가? 벨보이는 호텔에서 종bell 소리를 듣고 냉큼 달려가 손님들의 짐을 받아 객실로 운반하거나 전보 따위를 전해 주는 아이boy를 가리키는 말이다. 문간에서 문을 열어 주거나 택시를 잡아 주는 문지기doorman하고는 완전히 다른 직종이다.

double

"Go on, get up. On the double."

✘ 모두 일어나서 나가. 안 들려?

☛ 「겅가 딘」에서 빅터 맥라글렌이 포로들에게 옆방으로 가라고 명령하는 말이다. on the double은 자주 쓰이는 군대 용어로서, 〈속보(速步)로 이동하라〉 또는 〈신속하게 행동하라〉는 뜻이다. 통상적으로 육군에서는 〈발 빠르게〉 또는 〈발이 안 보이게 (빨리)〉라거나 〈썹이 휘날리게 (뛰어라)〉라는 식의 표현을 쓴다.

○ 「어서 일어나라. 신속하게 움직인다.」

「케인호의 반란」에서는 비상 훈련 중에 확성기로 험프리 보가트 함장의 명령이 떨어진다.

「Ensign Keith, come to the bridge on the double!」

✘ 「함교로 즉시 오라. 구보하라!」

구조가 복잡한 배에서 〈구보〉를 하기는 쉬운 일이 아니다.

○ 「키드 소위는 즉시 함교로 오라.」

「대양」에서는 로버트 쇼의 거동을 염탐하는 일라이 월락에게 루이 고셋이 은근히 협박한다.

「And we can't have partners who double-cross us, can we?」

✘ 「이중으로 먹겠다는 놈을 파트너로 삼을 순 없겠지?」

cross my heart은 〈내 가슴에 십자가를 그으며 맹세한다〉는 뜻이다. double-cross는 그런 맹세를 두 번 또는 두 사람에게 하는 경우를 뜻한다.

○ 「배반하는 사람하고는 같이 일하기가 어렵겠지?」

dowager

"Now you should meet the Queen Dowager."

✘ 다우저 왕비를 만나게 될 겁니다.

☛ 「왕자와 무희」에서 로렌스 올리비에 섭정 대공과 만찬을 같이 하도록 마릴린 몬로를 대사관으로 데려간 영국 외무성 관리가 안내하는 말이다. Dowager가 대문자로 시작하는 호칭이어서 인명이라고 착각한 모양이지만, the queen dowager는 〈황태후〉라는 뜻의 보통 명사다. peony 항을 참조하기 바란다.

○ 「이제는 태후마마를 만나셔야 합니다.」

down

"I couldn't get it down."

✗ 앉기 싫어요.

☛ 「버스 정류장」에서 운전사에게 두들겨 맞고 의기소침해진 돈 머리더러 《(아침을 못 먹겠으면) Just have some coffee(커피라도 좀 마셔)》라고 아더 오코넬이 권한다. 예문은 머리가 다시 거절하는 말이다. it이 무엇인지 파악을 못해서 발생한 오역이다. it은 coffee다. 〈커피를 마셔 봤자 내려가지도 않는다〉는 말은, 《(무엇이라도) 먹었다간 체할 것 같다》는 뜻이다.

「갈채」에서는 몰래 술집에 가서 행패를 부리다 경찰에 연행된 남편 빙 크로스비 때문에, 그레이스 켈리가 연출자 윌리엄 홀든에게 연락을 취한다.

「So I think you better come right down.」

✗ 「내가 생각하기에는 당신이 곧바로 아래로 내려오는 게 좋겠어요.」

마치 두 사람이 같은 건물 안에서 통화를 하는 듯싶지만, 켈리는 경찰서에서 전화를 걸었고, 홀든은 극장에서 회의를 하던 중이었다. down은 downtown이나 마찬가지로, 이런 경우에는 downtown(시내)에 위치한 〈경찰서〉를 의미한다. 「성난 황소」에서 두 명의 수사관이 들이닥치자 로버트 드 니로가 묻는 말 〈We got to go downtown?〉은 〈경찰서로 가야 하나요?〉라는 뜻이다. 그러니까 「갈채」의 전화 내용은 이렇다.

○ 「그래서 감독님이 곧장 경찰서로 와주셔야 되겠어요.」

dozen

"And I had written a dozen."

✗ 그리고 나는 12권이나 썼다.

☛ 「크로스 크리크」에서 작가로 성공하려는 꿈을 버리지 못하고 오지로 소설을 쓰러 들어온 메어리 스틴버겐의 해설이다. dozen은 우리나라 사람들이 문화적인 차이 때문에 가장 자주 오역하는 단어들 가운데 하나다. 미국에서는 12진법을 쓰기 때문에, dozen이라고 하면 많은 경우에 꼭 〈12〉가 아니라, 우리처럼 10진법을 쓰는 언어에서의 〈10여〉라는 막연한 숫자를 의미한다. 그러니까 스틴버겐은 〈습작을 열 권 넘게 썼다〉고 한 말이다. 같은 영화에서 동네 여관 주인 피터 카요트는 스틴버겐을 외딴 집까지 차로 데려다 주면서 이런 정보를 제공한다.

「There has never been more than, say, a dozen families.」

✗ 「12 가구를 넘어본 적이 없을 겁니다.」

이 예문에서 say는, 잠시 막연한 추측을 하느라고, 〈뭡니까〉라는 식으로 더듬는 말이다. 이렇

○ 「이 동네선, 뭡니까, 기껏해야 열 가구 가량을 넘어 본 적이 없어요.」
〈12〉라는 구체적인 숫자보다는 이런 경우 〈가량〉이 훨씬 현실적이다. 이렇게 부정확한 번역이 때로는 훨씬 정확해지기도 한다.

draft

"What a difference between this and your first draft."

✗ 초본과는 딴판이에요.

☛ 「브로드웨이를 쏴라」에서 폭력배의 자문을 받고 극작가 존 큐색이 고쳐 쓴 대본을 읽어 보고 주연 여배우 다이앤 위스트가 감탄하는 말이다. 〈초본(草本)〉은 시문의 초를 잡은 요약된 원고를 뜻한다. 소설이나 희곡은 발표하기에 앞서 몇 차례 추고revision의 과정을 거치기가 보통인데, 일단 집필을 끝내기는 했지만 아직 미흡한 first draft(첫 원고)는 〈초고(草稿)〉라고 한다.

○ 「이건 처음 원고하고는 정말 딴판이로군요.」

drain

"See how fast our money goes down the drain?"

✗ 돈이 얼마나 빠르게 하류로 흘러가는지 보이죠?

☛ 「피츠카랄도」를 보면, 아마존 밀림에 오페라 극장을 건설할 자금을 꾸어 달라고 찾아간 클라우스 킨스키에게, 〈쓸데없는 일에 돈을 낭비하지 말라〉면서, 부유한 농장주가 〈낭비〉의 시범을 보인다. 1,000달러짜리 돈 한 꾸러미를 그가 연못에 던지자 커다란 토종 물고기가 꿀꺽 먹어 버린다. 숙어나 관용어에 취약하고 기초가 부실해 보이는 번역이다. money down the drain(수채통에 돈을 쏟아 버리다)은 〈쓸데없는 일에 돈을 낭비〉하는 행위에 대한 비유로, 지극히 기초적인 표현이다. 우리말로는 이와 비슷한 경우에 〈밑 빠진 독〉이라는 비유가 잘 맞아떨어지기도 한다.

○ 「멀쩡한 돈을 내다 버리기가 얼마나 쉬운지 알겠죠?」

drape

"Pull those drapes. I'm freezing."

✘ 수건이나 줘. 나 얼어 죽겠다.

☛ 「캣 벌루」를 보면, (열차 강도 마이클 캘런이 뛰어든 객차에서) 목욕을 하던 철도 회사 사장이 강도가 들이닥쳐도 전혀 놀라지 않고 태연하게 이런 말을 한다. 사장이 그렇게 말했는데도 차장은 수건을 들고 옆에 그냥 서 있고, 방금 문을 열고 들어온 강도 캘런이 커튼을 닫아 준다. drape는 〈수건〉이 아니라 〈커튼〉이기 때문이다.

drink

"No matter what the cowman says or thinks, you seldom see him drinkin' in a barroom."

✘ 소몰이가 뭐라고 해도 혼자서는 술 마시지 않아.

☛ 「오클라호마」에서 농부들의 입장을 대변하는 제임스 휘트모어가 목동에게 따진다. 원문에는 〈혼자서〉라는 말이 없다. 휘트모어가 한 말은 〈목동들이 무슨 소리를 하고 뭐라고 생각하든, 농사짓는 사람이 술집에 가는 모습은 보기 힘들다〉는 뜻이다. 아마도 이 말을 듣고 목동이 〈Unless somebody else is buyin' drinks(공짜 술이라면 사정이 달라지지만)〉이라고 놀린 내용과 연관 지어 그렇게 미루어 짐작한 모양이지만, 〈농부는 얌전해서 목동들처럼 걸핏하면 술집을 드나들며 퍼마시지는 않는다〉가 기본적인 주장이다.

「황태자의 첫사랑」에서는 하이델베르크의 학생들과 어울리기 시작한 에드먼드 퍼돔이 (마리오 란자의 목소리로) 술집 마당에서 권주가를 부른다.

「Drink! Drink! Drink!」

✘ 「마셔! 마셔! 마셔!」

그리고는 3분이 넘게 노래가 계속되지만, 자막이 전혀 나오지를 않는다. 「황태자」는 빌헬름 마이어-푀르스터의 희곡에, 헝가리 작곡가 시그먼드 롬버그가 곡을 붙여 경가극으로 만든 작품을, (유럽의 오페라에 대한 문화적인 열등감을 극복하기 위해 할리우드에서 개발한) 뮤지컬 형식으로 제작한 영화다. 그러니까 이 영화에서는, 물론 다른 뮤지컬 영화가 다 그렇지만, 노랫말이 오페라의 아리아만큼이나 중요하다. 심지어 어떤 장면에서는, 같이 도망을 치자는 황태자의 제안을 거절했던 여관집 하녀 앤 블라이트가, 퍼돔이 부르는 노래를 듣고 감동하여 짐을 싸기도 한다. 그러니까 노랫말은 줄거리의 진행에서 대화 못지않게 필수적인 역할을 한다. 그런데도 이 영화에서는 십여 곡은 될 듯한 모든 노래의 내용을 하나도 번역해 넣지를 않았다. 영화 내용에서 3분의 1 이상을 아무런 번역이나 설명도 없이 그냥 넘어갔다는 뜻이다. 영어 자막을 확인해 보니 역시 노랫말을 올리지 않았지만, 그것으로는 변명이 되지 않는다. 텔레비전에서는, 특히 기록물의 경우, 대본이 아예 없이 귀로 듣기만 하면서 번역해야 하는 경우도 가끔 생긴다.

사족이지만, 상영 시간을 단축하기 위해 한국 영화업자가 감독의 허락도 없이 어떤 프랑스 영화를 마구 삭제했노라고 누군가 공개적으로 양심적인 폭로를 한 적이 있었다. 언젠가 AFN 텔레비전 방송에서 퀴즈 게임 〈Jeopardy!〉를 보는데 이런 문제가 출제되었다. 〈시간을 줄이기 위해 「사운드 오브 뮤직」에서 노래를 전부 삭제하고 상영한 나라가 있다는데, 어느 나라일까요?〉 정답은 〈대한민국〉이었다.

drive

"Are you able to drive?"

✘ 운전할 수 있겠어요?

☞ 「분노의 강」에서 아더 케네디 일당에게 빼앗겼던 가축과 식량 마차를 되찾은 제임스 스튜어트가 부상을 당한 제이 C. 플리펜에게 마차를 맡기면서 묻는 말이다. 자동차는 〈운전〉을 하지만 마차는 〈몰다〉 또는 〈몬다〉고 한다. 〈그게 그거다〉라고 생각하지 말자. cattle drive를 〈소몰이〉가 아니라 〈소운전〉이라고 하면 얼마나 이상한가.

「춘희」에서는 임종을 앞두고 병상에 누워 지내는 그레타 가르보를 찾아온 청년이 그녀를 위로한다.

「Well, I was thinking of taking you for a drive, or maybe for a bit of lunch.」
✘ 「이따 드라이브나 점심이나 같이 하자 하려고.」
한글 영어에서는 〈드라이브〉라고 하면 자동차를 몰고 돌아다니는 행사를 뜻하지, 마차에는 해당되지 않는다.
○ 「뭐 당신과 함께 나들이를 나가거나, 아니면 가벼운 점심 식사라도 할 생각이었어요.」
「신데렐라」(만화 영화)에서는 요정이 말을 마부로 둔갑시키며 지시한다.
「And sit in the driver's seat too.」
✘ 「그리고 운전석에 앉아야지.」
마차에는 〈운전석〉이 없고 〈마부석〉만 있다.

drop

"You dropped the charges."

✘ 고소를 취하하셨더군요.

☛ 「기나긴 이별」에서, 남의 돈을 가지고 도주한 친구를 도와주었다고 경찰서로 끌려가 사흘 동안 조사를 받고 풀려나며 탐정 엘리엇 굴드가 경위에게 묻는다. 우리말이 서투른 번역이다. 〈고소(告訴)〉는 범죄 사실을 사건의 피해자나 법정 대리인이 나서서, 법원으로부터 법적인 처리를 구하는 행위를 뜻한다. 하지만 굴드는 영장조차 제시하지 않은 수사관들에게 끌려 온 몸이니, 경찰에서 취한 조치는 전혀 〈고소〉가 아니고, 그렇다고 해서 〈고발〉도 아니다. 〈고발〉은 사건의 당사자나 제3자가 수사 기관에 의뢰하는 행위임으로, 수사 기관이 수사 기관에 〈고발〉한다는 상황은 성립되지를 않는다. 수사 기관이 스스로 또는 피해자의 의뢰를 받아 취하는 행동은 기소prosecution라 하고, indictment(기소장)에 밝힌 〈혐의 내용〉을 charge(s)라고 한다. 경찰에서는 굴드의 charges(혐의)를 〈없었던 일〉로 drop(철회)했을 뿐이며, 〈고소〉는 아예 한 적이 없다.

○ 「무혐의 처분을 했더구먼.」

drown

"He's drowning."

✘ 빠져 죽잖아요.

☛ 「네바다 스미드」에서 부모를 죽인 원수 아더 케네디에게 복수를 하기 위해 스티브 매퀸이 일부러 감옥에 들어간다. 그러나 악당 케네디가 채찍을 맞고 정신을 잃자 간수가 개울에 던져 버린다. 스스로 죽일 기회를 잃고 싶지 않은 매퀸이 물에 엎어진 케네디를 끌어내자 〈무슨 쓸데없는 짓이냐〉고 간수가 소리친다. 물에 빠져 죽는 〈익사〉라면 온몸이 물속에 완전히 잠겨야 한다는 것이 상식이다. 그런데 여기에서는 개울의 수심이 한 뼘 정도밖에 되지 않는다. 하지만 엎어진 케네디는 얼굴이 물에 잠기면 숨을 못 쉬고 죽게 된다. 방 안에 앉아서 식사를 하다가 물이 기도로 넘어가 〈질식〉해서 죽는 경우도 영어로는 drown이라고 한다.

○ 「숨을 못 쉬면 죽잖아요.」

drum

"The state asylum. Where they have ⟨The Drum.⟩"

✗ 주립 정신병원. 원형 홀이 있는 곳!

☛ 「지난여름 갑자기」에서 먼고메리 클리프트가 주립 정신 병원에서 왔다고 신분을 밝히자 엘리자베스 테일러가 갑자기 겁을 내며 한 말이다. 하지만 전혀 말을 하는 투가 아니고, 마치 무슨 간판에 적힌 글을 읽는 듯한 느낌을 준다. Drum(두들겨 대는 북)은 속어로 ⟨유치장⟩이다. 보아하니 환자들이 어느 특정한 장소에 대해서 붙인 별명인 모양이다. 하지만 테일러의 반응은 겁을 먹고 목소리가 가라앉는 정도여서, 감탄사(!)를 붙여 줄 필요는 없다. 다시 번역해 보겠다.

○ 「주립 정신병원이라면 — 유치장이 있는 곳이잖아요.」

정신과 의사 클리프트가 테일러를 안심시킨다.

「What you call ⟨The Drum⟩ is not a torture chamber. It's really a recreation hall.」

✗ 「그 원형 홀은 고문실이 아니에요. 순수한 오락실입니다.」

○ 「당신이 유치장이라고 부르는 곳은 고문실이 아니에요. 사실은 오락실이죠.」

dry

"But it is dry."

✗ 대령님 숙소는 건조합니다.

☛ 「특공 그린 베레」에서 새로 부임한 존 웨인에게 당번병이 설명한다. 숙소나 방이 ⟨건조⟩하면 좋지 않아서 빨래를 널어놓거나 하는 어떤 조처를 취해야 한다. 하지만 당번병은 ⟨숙소가 편안하다⟩는 뜻으로 그런 말을 했다. 잠시 후에 비가 쏟아지는 장면에서 밝혀지듯이, 지금은 우기여서 사방이 온통 눅눅하기 짝이 없어서 매우 불편하다. 그러니까 숙소는 ⟨건조⟩하지 않고 ⟨뽀송뽀송⟩하다. 이런 식으로 번역하기가 불편할 때는 문제의 단어와 반대되는 의미가 담긴 우리말 단어, 그러니까 dry(마르다)의 반대어인 ⟨젖다⟩를 가지고 부정문으로 만들면 쉽게 해결이 나기도 한다.

○ 「대령님 숙소는 눅눅하지 않은데요.」

「공격」에서 비겁한 중대장 에디 앨버트가 버번을 같이 들자고 권하자 버디 엡슨 선임 하사가 거절한다.

「Captain, down where I come from, we dearly love our whiskey. But we don't drink with a man unless we respect him.」

✗ 「대위님, 남쪽 제 고향 사람들은 술을 너무 좋아합니다. 하지만 우린 존경하지 않는 사람과는 마시지 않습니다.」

〈너무〉는 사람들이 너무 자주 사용하는 너무 잘못된 표현이다. 대부분의 경우 지적인 수준이 낮을수록 〈너무〉라는 말을 너무 많이 쓰는 경향을 보여서, 〈너무〉는 너무 천박한 인상을 준다. 너무 많이 나타나는 〈너무〉를 〈끔찍이도〉나 〈정말로〉 따위의 다른 표현으로 열심히 바꿔 넣어, 문장을 윤택하게 만드는 노력이 필요하겠다.

엡슨의 말을 듣고 중대장이 코웃음을 친다.

「Well, go dry. Your loss.」

✗ 「그럼 가게. 자네 손해지.」

〈Well, go dry〉라는 문장에서 가장 중요한 단어는 dry다. dry는 〈술을 마시지 않은 상태〉다. 빤한 얘기지만, wet은 반대로 〈흠뻑 취한 상태〉다. go는 그 상태를 〈유지하라〉는 뜻이다. 그러니까 go dry는 〈가게〉가 아니라 〈마시기 싫으면 그만둬〉라는 뜻이다.

○ 「그렇다면 마시지 마. 그래 봤자 자기만 손해지.」

「시카고」에서는 방송국 여기자가, 〈젊은 여자들이 재즈 음악과 술을 어떻게 하면 멀리 할 수 있겠는지 충고 한 마디〉를 구하기에 앞서서, 리처드 기어와 르네 젤위거에게 질문한다.

「And you know my paper is dry.」

✗ 「우리 신문 냉정한 거 알죠?」

dry는 〈술을 마시지 않는〉다는 뜻이다. dry county는 미국 내에서 술을 판매하지 않는 지역을 가리키는 명칭이다. 그러니까 예문은 〈그리고 우리 신문이 금주법을 지지한다는 건 아시겠죠〉라고 해야 옳겠다.

duffel

"Mr. Kleiner requests that you do not describe your duffel as all duffels look alike."

✗ 떠블백은 다 똑같이 생겼으므로 떠블백의 모양은 설명할 필요가 없습니다.

☛ 「굿모닝 베트남」에서 사이공 미군 방송국이 알려 주는 공지 사항이다. 베트남에서 〈산족(山族)〉 Montagnard(몽타냐르)를 〈몬타나족〉이라고 잘못 알았던 것과 같은 이유(☞ allez)로, 한국 군인들은 모르는 영어 단어를 아는 단어로 편하게 바꿔 duffel bag(옷 자루)을 요즈음에도 double bag(곱빼기 자루)이라고 부른다. 공식 명칭은 〈잡낭(雜囊)〉이라고 한다. duffel은 본디 벨기에의 지명으로서, 질기고 올이 굵은 옷감을 생산하던 곳이다.

○ 「잡낭은 다 똑같이 생겼으니까 어떤 자루인지는 설명할 필요가 없다고 클라이너 소령이 알려 왔습니다.」

서부 영화 「황야의 결투」에서는 역마차로 도착한 여자에게 위에 얹힌 가방을 가리키며 헨리 폰다가 묻는다. 〈Is that your duffel up there?〉 여기서는 군대 용어 〈잡낭〉보다 그냥 〈자루〉나 〈가방〉 정도로 번역하면 되겠다.

○ 「저 위에 얹힌 보따리가 아가씨 것인가요?」

Dulcinea

"Who the devil is Dulcinea?"

✘ 뚱딴지 같은 소리 하지 마.

☛ 「패튼 대전차군단」에서 독일군 정보 장교가 패튼의 성격을 분석하면서 〈덜씨네아를 구하려고 덤벼드는 돈 키호테 격〉이라고 하니까, 고위 장성이 예문처럼 반문한다. Dulcinea는 보통 사전에도 나올 정도로 널리 알려진 이름으로서, 이제는 〈환상 속의 이상적인 여인〉이라는 보통 명사가 되었다. 그것도 모르는 장군의 무식함을 보여 주기 위한 장치였는데, 역자도 알지 못했던 모양이다.

○ 「덜씨네아가 도대체 누구야?」

dumb

"What's wrong with the way I talk? What's the big idea? Am I dumb or something?"

✘ 내 말투가 어떻다고 그래요? 무슨 수작을 부리려는 거예요? 제가 벙어리라도 되나요?

☛ 유성 영화의 등장으로 목소리나 발성이 나쁜 수많은 배우들이 퇴출되던 시대가 배경인 영화 「사랑은 비를 타고」에서 여배우 진 헤이근이 화를 낸다. dumb은 명사 〈벙어리〉보다는 〈멍청한〉이라는 형용사로 더 널리 쓰인다. 〈벙어리라도 되나요?〉라고 따지던 헤이근처럼 눈부신 금발의 미모를 자랑하면서 머리는 멍청한 여자들을 dumb blonde라고 한다. 세상에서 가장 유명한 dumb blonde는 마릴린 몬로다. 마지막 문장은 다음과 같이 번역하면 되겠다.

○ 「내가 뭐 멍청이나 그런 건 줄 알아요?」

dummy

"I'm a fucking dummy!"

✘ 난 인형에 불과해요.

☛ 「7월 4일생」을 보면 베트남에서 반신불수가 되어 돌아온 톰 크루즈가 반전주의자들 때문에 가족들 앞에서 화를 낸다. 〈인형doll〉은 여자아이들이 가지고 노는 예쁜 장난감이다. dummy 는 〈꼭두각시〉나 〈허수아비〉라고 해야 이 경우에는 제대로 어울린다.

○ 「난 좆같은 꼭두각시라고요!」

dust

"From their dust we spring; and, reaping the great harvest of their lives and works, we remember them with blessings."

✘ 그들의 먼지 속에 우리들은 일어섰으며, 이들의 삶과 노동의 위대한 결실을 거두었으니, 우리는 감사로써 이들을 기억하는 바이다.

☛ 「애정」에 나오는 해설이다. dust는 〈먼지〉가 아니라 〈흙〉인 경우가 많다. 영화를 보면 장례식 장면에서 〈흙에서 왔고 흙으로 돌아가나니〉라는 표현을 자주 듣는데, 이 말을 영어로는 from dust to dust라고 한다.

○ 「그들이 죽어서 묻힌 흙으로부터 우리들은 태어났고, 그들의 삶과 노력으로부터 위대한 결실을 거두었으니, 우리는 그들을 축복하며 기억한다.」

「갈채」에서 그가 출연하게 될 작품에 대한 설명을 듣고 빙 크로스비가 연출자 윌리엄 홀든에게 호의를 보인다.

「Oh, that's the way to keep the seats from getting dusty — give them something different.」
✘ 「오랜만에 피아노의 먼지를 닦게 생겼군요. 하여튼 새로운 것을 해봅시다.」

도대체 seats(좌석, 관객석)가 어떻게 〈피아노〉라고 번역이 되는지 도저히 이해가 가지 않는다. keep the seats from getting dusty(객석에 먼지가 앉지 않도록 방지한다)는 〈손님이 많이 들게 한다〉는 뜻이다. 그리고 단역이라도 하나 따낼까 싶어서 찾아온 몰락한 배우 크로스비가 첫 만남에서 연출자에게 〈해봅시다〉라고 제안을 한다는 상황도 납득이 가지 않는다.

○ 「뭔가 색다른 걸 보여 주겠다 — 바로 그것이 손님을 끌어들이는 비결이죠.」

dying

"Can't you see? He's dying."

✘ 보면 모르겠나? 그는 죽어가고 있어.

☛ 「상과 하」에서 중상을 당한 부하를 보고 독일 잠수함의 함장 쿠르트 위르겐스가 화를 낸다. 진행형인 dying은 trying이나 마찬가지로 번역하기가 생각보다 훨씬 까다롭다. 〈죽어가고 있다〉는 〈번역체〉 표현이 별로 우리말답지 않아서이다. 이럴 때는 〈죽어 가고 있어〉라는 진행형보다 〈금방이라도 죽으려고 그래〉나 〈죽은 목숨이야〉 또는 〈저러다간 죽겠어〉나 〈얼마 못 가서 죽을 거야〉 따위의 표현을 쓰면 자연스러워지는 경우가 많다. 예를 들어 「특공 그린 베레」에서 의무병이 부상한 전우를 보고 〈죽어 가고 있어, 가엾게도〉라고 번역한 경우, 〈가엾게도 얼마 못 가겠어〉라고 하면 훨씬 우리말다워진다.

「비련의 공주」에서 집사와 하녀가 주고받는 대화다. 〈그럼 메어리 여왕이 죽어 가요?〉 하지만 그보다는 〈곧 죽으리라는 말인가요?〉라는 표현이 낫겠다. 「검객 시라노」에서 뇌빌레트 남작이 전투 중에 총을 맞은 다음 록산이 〈Is he dead?(죽었나요?)〉라고 묻자 병사가 〈No. Dying〉이라고 대답한다. 번역은 〈아뇨. 곧 숨이 끊어질 거예요〉였다. 진행형 대신 미래형을 선택하면 때로는 이렇게 좋은 결과를 얻기도 한다.

「고스트 타운의 결투」에서는 저녁을 지어 놓고 기다리던 패트리샤 오웬스가 로버트 테일러에게 불평한다.

「It's already getting cold.」

✘「벌써 식어가고 있어요.」

역시 〈벌써 다 식어 버렸어요〉라며 진행형을 피한 표현이 훨씬 자연스럽겠다. 인생의 무상함을 대단히 철학적으로 얘기하는 사극 「이집트의 태양」에서 왕후가 〈나는 죽어 가는 늙은이야〉라고 한탄한다. 그러나 왕후는 술이 좀 과하기는 해도 병을 앓지도 않고 건강한 여자다. 〈얼마 안 남은 목숨이야〉라든가, 〈살날이 별로 많이 남지 않았어〉라는 뜻이겠다.

「청룡의 폴리스 스토리 4」를 보면 접선하는 여자가 공작원에게 약속한다.

「I'll wait for you there.」

✘「그곳에서 기다리고 있겠어요.」

단순한 미래형을 우리말에서 미래 진행형으로 바꿔 놓았는데, 이것은 〈거기서 기다리겠어〉라고 하면 충분하다. 그러면 다섯 칸의 빈 공간이 생겨난다. 번역을 하면 늘 원문보다 번역문이 늘어나는 경우가 많은데, 이런 식으로 조금씩 공간을 절약하는 요령이 그럴 때는 큰 도움이 된다. 같은 영화에서, 산장에 숨어 대기하던 러시아 공작원이 첨단 무기 부품을 가지고 나타난 중국인에게 〈We were waiting for you(기다리고 있었네)〉라고 한 말도 〈기다렸네〉라고 하면 충분하다. 필자가 경험한 바로는 이렇듯 우리말 문장에 나타나는 진행형은 80퍼센트 이상이 불필요하며, 그것만 속아 내더라도 상당한 공간이 마련된다. 영상 번역을 하며 제한된 공간을 핑계로 중요한 단어를 건너뛰는 대신, 이렇게 문장을 정성껏 다듬어 제시된 내용을 충실하게 전달하려는 노력이 절실하게 필요하다.

dying과 같은 진행형의 바람직한 번역 사례 몇 가지를 더 소개하겠다. 「사랑을 기다리며」를 보면 술집에서 만난 변호사가 유방암에 걸린 아내 얘기를 안젤라 바셋에게 들려준다. ⟨Bernadine, have you ever watched someone dying?⟩(버나딘, 죽음을 앞둔 사람을 지켜본 적이 있나요?) 「하오의 연정」에서 모리스 슈발리에에게 오드리 헵번이 잔소리를 한다. ⟨Papa, the coffee is getting cold.⟩(커피 다 식겠어요.) 「왕과 나」에서는 데보라 커에게 왕비가 알려주는 말 ⟨He is dying⟩을 ⟨전하가 위독하십니다⟩라고 산뜻하게 옮겼다.

dynamite

"You are a dynamite."

✘ 당신은 위험한 여자예요.

☞ 「맨해튼」에서 발가벗고 침대에 나란히 누워 우디 앨런이 다이안 키튼에게 하는 말이다. dynamite(다이너마이트)가 터지면 사람이 다치게 마련이니까 그렇게 번역한 모양이지만, 여자를 dynamite라고 하는 경우라면 ⟨화끈하게 죽여주는 여자⟩라는 뜻이다. 영화에서 그들 남녀는 방금 세 차례의 성행위를 격렬하게 치르고 나서 한껏 만족한 상태다.

○ 「당신 진짜 대단해.」

earn

"I'll put an M when you earn it"

✘ 때가 되면 넣어 주지.

☛ 「광야천리」에서 목장의 낙인에 던슨Dunson의 이름을 나타내는 D만 넣고 자기 이름 Matthew의 머리글자 M을 넣지 않았다고 매튜(먼고메리 클리프트)가 불평하자 던슨(존 웨인)이 한 약속이다. 〈때가 되면〉이라고 하면 〈그냥 시간만 채워서 때가 되면 자동적으로〉라는 뜻이어서, 지나치게 막연하다. 하지만 earn(벌다)은 《공짜가 아니라 마땅한 대가를 치룬 다음) 당당하게 획득한다》는 뜻이다. You earn it은 You deserve it(넌 그렇게 할 자격이 충분하다)과 같은 의미다. 그러니까 던슨의 말에는 〈영원히 그럴 때가 오지 않을지도 모르고, 언제가 될지는 알 길이 없지만, 당당하게 네 이름을 넣어 줘도 될 만큼 혹시 네가 훌륭한 일을 하거나 자격을 스스로 갖추었을 때〉라는 조건이 분명하게 수반된다. 이 조건은 〈시간〉이 아니라 〈실력〉과 〈자격〉을 요구한다. 매튜는 그 말을 듣고 〈All right, I will earn it(좋아요, 내 실력을 증명하고 말겠어요)〉라고 다짐한다. 그리고는 14년이 흘러가고, 소몰이를 끝낸 다음 두 사람이 한바탕 애빌린에서 주먹질을 하고난 다음에야 던슨은 M을 낙인에 넣어 주겠다고 말한다. 〈You earned it.〉(네 힘으로 이루어냈으니까.)
찰스 디킨스 원작의 「위대한 유산」에서 노부인 해비샴은 말동무를 해준 핍에게 금화 몇 닢을 주며 고맙다고 한다.

「Do with them what you please. You've earned them well.」

✘ 그 돈을 기쁜 일에 쓰거라. 언젠간 너도 많은 돈을 벌 거야.

do what you please는 〈네가 좋아하는 바를 하라〉는 뜻이므로, 첫 문장은 〈기쁜 일에 쓰거라〉가 아니라 《슬프거나 나쁜 일이라고 괜찮으니) 네 마음대로 써라〉가 옳은 말이며, 두 번째 문장에서 과거형인 earned well도 미래형으로서의 〈돈을 많이 벌다〉와는 거리가 멀고, 앞에서 살펴보았듯이 〈그 대가를 잘 치렀다〉는 뜻으로서, 〈그럴 자격이 충분하다〉라고 이해해야 한다.

「석양에 돌아오다」의 마지막 장면을 보면, 3인 결투를 앞두고 일라이 월락에게 클린트 이스트우드가 말한다.

「Twenty thousand dollars is a lot of money. We're gonna have to earn it.」

✗ 「20만 달러는 많은 돈이야. 하지만 곧 갖게 돼.」

역시 똑같은 실수를 저지른 오역이다. 제대로 번역하면 이렇게 된다.

○ 「20만 달러는 큰돈이야. 우린 그만한 대가를 치러야 해.」

east

"He's never met any French women. He's never been east of the Mississippi."

✗ 미국 서부 토박이라 편견이 있으셔.

☛ 「비포 선셋」에서 아버지가 프랑스 여성에 대한 편견을 갖게 된 이유를 이단 호크가 줄리 델피에게 설명하는 대목인데, 퍽 불성실해 보이는 번역이다. 미주리에서 발원하는 미시시피 강은 미국의 동부에 위치했으며, 호크는 텍사스에서 성장했다. 그러니까 아버지가 〈서부 토박이〉라는 말은 성립되지 않는다.

○ 「아버지는 프랑스 여자를 본 적이 없어. (대서양을 건너 프랑스까지 가보기는커녕) 평생 미시시피 강의 동쪽으로는 전혀 못 가봤으니까.」

「육체와 영혼」에서 〈어쩌다가 이런 후진 곳에 와서 살게 되었느냐〉고 한탄하는 아내에게 존 가필드의 아버지가 반박한다.

「Do you think I picked East Side like Columbus picked America?」

✗ 「동부로 온 게 그냥 우연히 쉽게 온 줄 알아?」

East Side는 하다못해 휴대용 영한사전을 찾아봐도 〈뉴욕시 맨해튼 섬의 동부〉라는 설명이 나온다. 미국이나 유럽의 특정한 〈동부〉를 지칭하거나 〈동양〉이라고 할 때는 정관사를 붙여 the East라고 한다. 단순히 방위를 나타내는 〈동쪽〉은 소문자로 east라고 쓴다. 그러니까 역자는 east라는 단어와 side라는 지극히 쉬운 단어를 자신이 둘 다 알고 있으니까 그 두 단어를 연결한 East Side도 자신이 안다고 너무 쉽게 생각했던 모양이고, 그런 지나친 자신감은 이렇게 아쉬운 실수를 낳는다. 아버지는 〈콜럼버스가 아메리카를 선택했듯이 내가 이스트 사이드를 선택하지는 않았다〉고 했는데, 따지고 보면 콜럼버스도 〈선택〉해서 아메리카로 가지는 않았다. 어쨌든 그가 한 말은 〈내가 뭐 좋아서 일부러 이스트 사이드로 온 줄 알아?〉라는 뜻이다.

○ 「콜럼버스가 아메리카를 찾아왔듯이 내가 뭐 일부러 이스트 사이드를 골라서 온 줄 알아?」

easy

"You're not making it very easy for me, Susanna."

✘ 저 때문에 불편하신가 보네요.

☞ 「가을의 전설」에서 (헨리 토마스가 전사한 다음) 고향에 돌아온 형 에이단 퀸은 토마스와 약혼했던 줄리아 오몬드에게 청혼한다. 하지만 그들이 결혼하면 〈앞날이 행복하지 않으리라〉고 오몬드가 거북해한다. 그래서 그녀의 말에 퀸이 섭섭한 기색을 보인다. 오몬드가 한 말은 오몬드가 아니라 퀸을 불편하게 만들었다. 여자가 청혼을 기꺼이 받아들이더라도 (토마스에 대한 기억 때문에) 어색한 처지였는데, 거절까지 당했으니 말이다.

○ 「제 불편한 마음을 조금이라도 덜어 주려고 하지를 않는군요, 수재너.」

eat

"You are adorable. Eat your heart out."

✘ 깨물어주고 싶어요.

☞ 「719호의 손님들」에서 (여비서와 6개월째 불륜 관계를 계속해 왔다고 털어놓은) 남편 월터 매타우에게 모린 스테이플톤이 비아냥거리는 말이다. 하지만 번역에서는 adorable(귀여우니까)과 eat(깨물어 주겠다) 두 단어만 뽑아 엮어서 엉뚱한 말을 만들어 냈다. 앞에 나온 대사의 내용을 마음대로 바꾸거나(☞ flu) 어떤 단어 하나를 오역(☞ bless)하면, 그것을 정당화하기 위해 뒤에서 다른 부분들까지 덩달아 훼손시키는 후유증이 생겨나기도 한다. you are adorable(사랑스러운 당신)은 고두심의 유행어 〈잘났어 정말〉쯤 되는 반어법 표현이고, eat one's heart out은, 사전만 제대로 찾아봤더라도, 〈슬픔으로 속을 태우다, 비탄에 잠기다, 애타게 그리다〉라는 의미를 쉽게 확인할 수 있다.

○ 「당신 정말 대단하군요. (그럼 이제 그런 년하고 붙어살면서) 어디 속 좀 푹푹 썩어 보라고요.」

Eden

"Charlie, something special for you. Grapes from the Garden of Eden."

✘ 찰리, 너한테 특별한 선물을 주마. 우리 정원에서 키운 거야.

☛ 「육체와 영혼」에서 마지막 시합을 앞두고 집으로 돌아온 존 가필드에게 이웃 아저씨가 반가워서 포도를 준다. east 항에서도 확인이 가능하지만, 이 권투 영화의 역자는 고유 명사를 쉽게 생각하여 함부로 다루는 성향이 심해 보인다. the Garden of Eden은 에덴동산이다. 에덴동산을 〈우리 정원〉이라며 집에 차려 놓고 사는 사람이 몇이나 될까? 여기에서 말하는 〈에덴동산〉은 물론 상징적인 의미이니까, 〈하늘나라에서 가져온 포도〉라는 식으로 표현해도 무난하리라는 생각이다.

edition

"We got a special edition coming up."

✘ 빨리 들어가야 하는데.

☛ 「내가 마지막 본 파리」에서, 미군이 발간하는 신문 「성조지(星條紙, Stars and Stripes)」의 기자인 반 존슨이 흥분해서 외치는 소리다. 히로시마에 원자탄을 투하한 날의 상황이다. 예문은 〈기사를 빨리 실어야 하는데〉라는 뜻으로 한 번역 같다. special edition은 〈특집〉이고, coming up은 〈대령하다〉 또는 〈곧 선보인다〉는 뜻이다. 존슨 기자의 말은 〈이 정도면 특집을 내야 할 만한 사건〉, 그러니까 〈특집을 만들게 생겼구나〉라는 의미다.

editor

"I can't promise you that, but I'll talk to the editor."

✘ 난 약속은 못하겠어요. 편집자에게 부탁은 하겠지만.

☛ 「진실의 두 얼굴」에서 언론 때문에 곤욕을 치르던 폴 뉴먼의 결백을 밝혀 주려는 여자가 〈낙태 얘기를 기사에서 빼달라〉고 부탁하자, 샐리 필드가 난처해한다. 신문사에는 editor의 종류가 많아서, editor-in-chief(편집국장)나 city editor(사회부장)를 모두 editor라고 한다. 우리나라 방송가에서 통용되는 〈데스크(책상)〉도 정식 영어로는 editor다. 우리나라 한영사전에는 〈논설위원〉도 editor라고 정의했지만, editorial writer가 정확한 명칭이다. 번역문에 나오는 〈편집자〉라는 명칭은 남들이 쓴 기사로 판을 짜는 make-up man을 지칭하는 말로서, 글자의 크기와 모양은 마음대로 결정해도, 기사를 집어넣거나 뺄 권한이 없다. 필드가 말한 editor는 〈부장〉 또는 〈국장〉을 뜻한다.

○ 「그런 약속은 해주기가 곤란하지만, 윗사람하고 의논은 해보겠어요.」

effect

"There have been rumors to that effect."

✗ 여자에 대한 이상한 풍문이 있더군요.

☛ 「석양의 맨해튼」에서 같이 저녁 식사를 하러 간 보호 관찰관 수잔 클락이 음식값의 절반을 내려고 하자 클린트 이스트우드가 묻는다. ⟨You are a girl, aren't you?⟩(당신 여자 맞죠?) 돈은 당연히 남자가 내야 한다는 남성 우월주의자의 말에 클락이 예문으로 응수한다. 완곡하게 반박하는 둘러대기 기법에 익숙하지 못해서 나온 오역의 사례다. to that effect(그런 효과를 지닌)는 ⟨따지고 보면 그런 의미를 지닌⟩이라는 뜻이 담긴 완곡어법이다. 그러니까 클락이 한 말은 ⟪(내가 여자라고 하는) 그런 내용의 소문이 나돌기는 하더군요⟫라는 말이어서, ⟨내가 여자라는 사실을 이제야 알았느냐⟩가 된다.

○ 「아마 그럴걸요.」

ego

"You know what they say: Tiny man, huge ego."

✗ 사람들은 그를 작은 거인이라고 부르지.

☛ 「악마는 프라다를 입는다」에서 승강기에 탔던 잡지사 회장이 내린 다음, 편집부 소속의 스탠리 투치가 편집장의 비서 앤 해더웨이에게 귀띔한다. ⟨작은 거인⟩이라고 하니까 ⟨당찬 사람⟩이라는 찬사처럼 들리지만, 원문은 그와 반대로, 비꼬는 빈정거림이다. tiny man은 ⟨아주아주 작은 남자⟩다. huge ego에서 ego는 ⟨자아⟩보다 ⟨자존심⟩이라고 옮겨야 더 실감이 난다. 그러니까 회장은 ⟨땅꼬마 주제에 자존심은 하늘 높은 줄 모르는⟩ 그런 사람이라는 소리다.

○ 「그런 말 들어봤겠지 — 좀스러운 남자가 자존심만 엄청 강하다고.」

「티벳에서의 7년」에서는 자신이 유명한 등산가라고 신문을 보여 주며 자랑을 늘어놓는 브래드 피트에게 티벳 여자가 점잖게 면박을 준다.

「This is another great difference between our civilization and yours. You admire the man who pushes his way to the top in any walk of life, while we admire the man who abandons his ego.」

✗ 「이것 역시 당신들 문화와 우리 문화의 큰 차이죠. 당신들은 높이 올라가는 사람을 훌륭히 여기지만, 우린 ⟨자아⟩를 버린 사람을 훌륭하게 여기죠.」

ego의 또 다른 의미(⟨자만심⟩)를 제대로 활용하지 못해서 생겨난 오역이다. ⟨자아⟩를 버리면 인간이 어떻게 되겠는지를 상상해 보기 바란다. civilization은 ⟨문화culture⟩가 아니라 ⟨문명⟩

또는 〈문명 세계〉다. 두 번째 문장에서 any walk of life(사회의 어떤 분야에서라도)는 함부로 빼먹어도 될만한 내용이 아니다. pushes his way to the top in any walk of life는 〈어떤 분야에서라도 정상에 이르려고 매진하는〉이라는 뜻이다.

○ 「당신네 세계와 우리 세계의 또 다른 하나의 커다란 차이점이 바로 이것이죠. 당신들은 사회의 어느 계층에서건 열심히 노력하여 최고가 되는 사람을 대단하다고 생각하지만, 우린 자만심을 버리는 사람을 찬양합니다.」

「타인의 도시」에서는 올리버 리드의 애인 캐롤 화이트가 못마땅한 심기를 이렇게 드러낸다. 〈You and your women.〉(당신이나 당신이 상종하는 여자들이나 다 똑같아.) 그러자 리드가 반박한다.

「You never believe anything that runs counter to the wishes of your incredible ego.」

× 「당신 욕망에 반하는 그 어떤 것도 믿고 싶지 않겠지.」

○ 「당신의 대단한 교만함이 원하는 바와 어긋나는 것이라면 당신은 무엇이라도 못마땅해 하니까.」

88

"The 88s we've been hearing have been spotted in the field, down the road."

✘ 독일 전투기가 근처에 진을 치고 있다고 해.

☞ 「밴드 오브 브라더스」에서 전투가 시작되기 전에 지도를 펼쳐 놓고 중대장이 작전 내용을 소대장들에게 설명한다. 전투기들은 〈진〉을 치지 않는다. 그리고 잠시 후 병사들이 벌이는 전투에서는 비행기가 한 대도 나타나지 않는다. 뿐만 아니라 이 영화에서는 처음부터 끝까지 독일 전투기들이 등장하지 않는다. 그렇다면 〈88〉이 항공기가 아니라는 사실이 분명해진다. 그리고 영화에서 가장 극적인 부분을 구성하는 전투가 끝난 다음 중대장은 대대로 가서 이렇게 보고한다. 〈They were 105s, not 88s, sir. We disabled them and pulled out.〉(105가 아니라 88이었습니다. 우린 그것들을 못쓰게 만든 다음 철수했습니다.) 그들이 방금 전투에서 〈못쓰게〉 만든 물건은 전투기가 아니라 〈88mm 대전차포(☞ gun)〉였다.

○ 「아까 포성이 들려오던 88mm 포가 도로 아래쪽 들판에서 관측되었다.」

either

"Matter of fact, I heard a lot about you. Not all of it bad either."

✘ 당신 얘기 많이 들었소. 나쁜 얘기는 없더군.

☛ 「몬티 월슈」에서, 사나운 야생마를 밤중에 혼자서 몰래 길들이던 리 마빈의 솜씨를 지켜본 마주(馬主)가 그를 곡마단에 출연시키려고 접근한다. 원문을 보면 전형적인 understatement (줄여 말하기)라는 둘러대기 화법이다. 어떻게 해서든지 마빈을 설득해야 하는데, 지나치게 호감을 보이면 보수를 많이 줘야 되겠고, 그래서 줄여 말하기를 구사한다. 십분율로 따지자면 마주는 마빈에게 10점 만점을 주고 싶지만, 말로는 그 절반을 깎아서 5점 쯤 부른다. not all of it bad either는 〈얘기를 듣자하니 모두가 다 나쁜 내용은 아니더구먼〉이라는 말이어서, 〈(10점 가운데 2~3점 정도가 되겠지만) 좋은 얘기도 없지는 않더군〉이라는 뜻이다. 그렇다면 10점 만점을 뜻하는 〈나쁜 얘기는 없더군〉(예문)은 지금까지 설명한 심리적인 묘미를 모두 포기한 번역이 된다. 끝에 붙은 either는 〈그런데 한 마디 덧붙인다면〉을 뜻하는 by the way나 in addition 비슷한 역할을 맡는다.

○ 「사실 난 당신 얘기 많이 들었지. 모두가 나쁜 얘기는 아니었어.」

elder

"It's almost time for you to meet the elders here."

✘ 여기 장로들을 만날 때가 되었어요.

"I don't want to see an elder as long as…"

✘ 장로들은 정말 만나기 싫은데.

☛ 「조나던」에서 방랑하던 주인공 갈매기가 모린을 만나 다른 세계로 안내를 받는다. 텔레비전으로 방영했을 때는 마치 개신교의 부흥회에서 오가는 듯한 이런 대사가 곳곳에서 나왔다. 나중에는 조나던이 〈장로〉들에게 호출되어 공개 재판을 받기도 했다. 〈장로〉라는 말은 주로 〈교회〉(☞ church)에서 사용하고, 다른 상황에서는 elder를 〈원로〉, 〈선배〉, 〈고참〉, 〈연장자〉, 〈선조〉, 〈조상〉 등등 우리말 명칭이 다양하다. 알렉스 헤일리의 소설 『뿌리』 같은 경우, elder는 〈촌로〉나 〈마을 어른들〉, 또는 〈어르신〉, 〈영감〉, 〈노인장〉처럼 토속적인 냄새가 나는 어휘가 훨씬 잘 어울린다. 이런 번역과 비교해 보기 바란다.

「The elders in the flock are talking about you.」
○ 「어르신들 사이에서 너에 대한 말이 많단다.」

eligible

"And by royal command, every eligible maiden is to attend."

✘ 그리고 국왕의 명령을 받들어 모든 적합한 아가씨들은 참석을 해야 해.

☞ 「신데렐라」에서 왕자의 신부감을 찾기 위한 무도회를 열면서 왕이 포고령을 내린다. 하지만 무엇에 〈적합한〉 아가씨들인지 알맹이가 빠졌다.

○ 「결혼 적령기의 모든 처녀가 참석해야 한다는 어명이다.」

「황태자의 첫사랑」에서는, 루이스 캘헌 왕이 손자인 에드먼드 퍼돔 황태자에게, 부유한 이웃 나라의 공주와 결혼해야 하는 이유가 (200년 동안 계속되어 온) 칼스부르크 왕국의 재정난을 해소하기 위해서라고 솔직하게 털어놓는다.

「We have survived when other thrones have fallen, not because we have been rich but because the men of our family have been always extremely — eligible.」

✘ 「우리가 부자라서가 아니라 항상 능력껏 대처해 왔기 때문이지.」

이 말을 할 때 캘헌은 마지막 단어 eligible을 입에 올리기 전에, 잠시 뜸을 들이느라고 침묵을 지킨다. 그만큼 중요한 말이기 때문이다. 어떤 문단에서 중요한 결론이 담겨 있는 문장이나, 한 마디로 요점을 밝히는 어휘가 들어간 부분을 punch line(강타하는 대목)이라고 한다. 그런데 위 번역문에서는 가장 결정적인 eligible이 자취를 감추었다.

○ 「다른 왕국들이 무너졌어도 우리들이 무사히 버티어왔던 까닭은, 우리나라가 부유했기 때문이 아니라, 우리 집안의 남자들이 항상 — 결혼할 여건을 지극히 우량하게 갖추었기 때문이었어.」

무슨 말이냐 하면, 재정이 바닥나서 나라가 망할 때쯤이면, 누군가는 훌륭한 신랑감이 되어 부자 며느리를 맞아들일 자격을 갖추고 기다렸다가 위기를 해결했다는 뜻이다. 내친 김에 캘헌은 같은 취지가 담긴 이런 설명도 곁들인다.

「Our coat of arms reminds us our wealth has been our sons.」

✘ 「우리나라의 장래는 이제 네게 달려 있다.」

eligible에 대한 번역이 미흡하다 보니, 이 보충 설명도 의미 전달이 제한을 받는다. coat of arms는 중세의 귀족이나 왕족 또는 기사 계급이 방패나 인장 따위에 그려 넣었던 문장(☞ crest)으로서, 흔히 집안의 역사나 가훈 따위를 나타냈으며, 유명한 가문이 결혼을 통해 맺어지면 양쪽 집안, 또는 여러 집안의 문장을 함께 그려 넣기도 했다. 그래서 기사들이 들고 다니는 방패에서 공간을 둘이나 넷으로 분할하여 다른 문양들이 들어간 경우는, 저마다의 그림이 어느 유명한 한 가문을 나타낸다.

○ 「우리 가문의 문장은 아들이 곧 재산이라는 사실을 상기시켜 주지.」
무슨 말이냐 하면, 열심히 아들을 낳아 여러 나라의 부자 며느리들을 들여야 집안이 흥한다는 뜻이다.

elite

"He was a commander of an elite special forces unit."

✗ 특공대 엘리트들을 지휘했다던데요.

☛ 「굿모닝 베트남」에서 로빈 윌리엄스에게 (전임자가 어떤 인물이었는지를) 포레스트 휘태커가 설명하는 내용이다. elite를 〈엘리트〉라고 하면 그것은 번역이 아니다. 여기에서처럼 어떤 특정한 경우에 영어 elite가 우리말로 무엇인지 알쏭달쏭해서 한글로 그냥 〈엘리트〉(영어권에서는 〈일라이트〉라고 발음하는 사람이 더 많다)라고 소리만 옮겨 놓기만 한다면 그것은 책임을 회피하는 요령이나 방편에 지나지 않는다. 군대에서 얘기하는 elite는 〈최고위층〉이 아니라 〈정예 (부대)〉다. 예문의 special forces unit이란 제5특전대, 즉 〈그린 베레〉가 지휘하는 소규모 단위 부대unit로서, 베트남 병사들과 몽타냐르(☞ allez)가 주요 전투 병력이고, (장교가 아닌) 부사관급 미군 특전대원이 이끌었다. 그런데 번역문에서처럼 〈엘리트〉라고 한다면, 마치 대학원 졸업생에 IQ가 150이 넘는 장교들을 골라서 〈지휘〉했다는 내용이 되고 만다.

○ 「어느 정예 특전부대의 지휘를 맡았었죠.」

else

"I wouldn't expect anything else."

✗ 난 많은 걸 바라지 않아요.

☛ 「와일러의 콜렉터」에서 그녀의 몸에 손을 대려는 납치범에게 새만타 에거가 경고한다. 〈If it does happen, I'll never respect you and I'll never never speak to you again.〉(만일 정말로 그런 짓을 하면, 난 당신을 절대로 존경하지 않겠고, 다시는 당신한테 절대로 절대로 말을 하지 않겠어요.) 예문은 테렌스 스탬프가 당장 물러나면서 하는 말이다. expect를 〈기대하다〉, 그러니까 〈바라다〉로 잘못 생각한 번역이다. 하지만 여기서는 expect가 〈예상하다〉라는 뜻이다. 〈난 다른 것은 무엇도 예상하지 않는다〉는 말은 〈당신이 그렇게 행동하리라는 사실을 당연하다고 생각한다〉, 나아가서 〈그야 지당하신 말씀〉이라는 뜻이다.

○ 「그야 당연한 얘기죠.」

end

"Fine corpsman I am. Hey, I — I ain't supposed to be on the receiving end."

✘ 난 멋진 의무병이야. 난 — 나는 아직 끝난 게 아냐.

☞ 「지옥의 전장」에서 중상을 당한 의무병 칼 몰든이 들것에 실려 가며 횡설수설하는 헛소리다. receiving end(받는 끝)는 무엇인가를 주고받는 관계에서 〈받는 쪽〉이라는 의미다. not supposed to be는 〈~한 처지가 되는 상황은 옳지 않다〉는 뜻이다. 그래서 ain't supposed to be on the receiving end라고 이어서 번역하면, 〈받는 쪽이 되어서는 안 된다〉, 즉 〈주객이 전도되었다〉는 뜻이다. 의무병이라면 다른 부상병을 돌봐야 하는 사람인데, 지금은 들것에 실려 가며 다른 병사들의 보살핌을 받아야 하기 때문에 나온 말이다. 이렇게 나중 문장을 이해하고 나면, 앞 문장도 쉽게 풀린다. Fine corpsman I am은 I am a fine corpsman을 강조하기 위한 도치법이다. 도치법으로 강조한 까닭은 〈위생병이 이렇게 들것에 실려 가다니, 참 잘났어〉라고 자조하는 심정을 표현하기 위해서였다.

○ 「위생병이 이게 무슨 꼴이람. 이봐, 난 — 난 이렇게 실려 갈 입장이 아니라고.」

enemy

"But the enemy did not hurt us."

✘ 베트콩은 우리를 해치지 않았어요.

☞ 「전쟁의 희생자」에서 베트남 여자가 (미국으로 함께 건너오기 위해) 참전 미국인을 속인 이유를 설명한다. 사이공 함락 이후 통일된 베트남을 통치한 enemy는 베트콩이 아니라 북에서 내려온 월맹군을 포함한 공산주의자들이었다. Vietcong은 Vietnamese Communist(越南共産主義者)를 줄인 한자[越共]를 베트남 식으로 표기한 발음으로서, 남부 베트남의 유격대원들을 뜻하는 말이었다. 월맹군North Vietnamese Army은 북부 베트남의 정규군으로서, 헬멧을 쓰고 푸르스름한 군복을 입었다. 베트콩은 calico noir(파자마 비슷한 검은 옷)에 non(고깔모자)을 쓰고 자동차 타이어를 찢어서 만든 호찌밍 샌들이 제복이나 마찬가지였다. 월맹군과 베트콩의 차이는 우리나라로 말하면 한국 전쟁 당시의 인민군(북한군)과 지리산 파르티잔의 차이와 같다.

「7월 4일생」에서 톰 크루즈는 혼란스러운 상황에서 적으로 오인하고 죽인 전우의 부모를 찾아가 당시의 상황을 설명한다.

「And we had to pull back because the NVA were coming upon us.」

× 「베트콩들이 들이닥쳐서 우린 후퇴를 했어요.」

이 전투는 베트콩이 활동하지 않고 월맹군만 전투에 임했던 17도선 비무장 지대에서 전개되었다.

「플래툰」을 보면, 외딴 마을에서 양민을 살해한 사건 다음에, 땔감을 나눠 주며 흑인 병사가 주장한다.

「These gooks are a lot smarter than you think. They were NVA, every last one of them.」

× 「적들은 생각보다 똑똑해. 부락민 모두가 베트콩이야.」

gook은 동양인을 비하시킨 표현으로, 제2차 세계 대전에서는 일본군을 지칭하기도 했다.

○ 「이놈들은 우리가 생각하는 것보다 훨씬 똑똑해. 얘들은 한 놈도 빠짐없이 (베트콩이 아니라) 모조리 월맹군이라고.」

energy

"Only your marriage doesn't have that same energy that it used to have."

○ 그런데 결혼생활이 그렇게 재미있지가 않아.

☞ 「비포 선라이즈」를 보면, 빈에서 열차가 멈추자 같이 내리자고 이단 호크가 줄리 델피를 설득하며, 20년 후의 결혼 생활을 상상해 보라고 한다. 지나치게 내용을 간추린 점이 흠이기는 하지만, 예문에서 energy를 〈재미〉라고 번역한 감각이 인상적이어서 사례로 골랐다. 언젠가 「KBS 스페셜」〈수퍼파워 미국 대 중국〉에서는 〈중국인들은 많은 에너지를 가지고 있다〉는 표현을 쓴 적이 있다. 얼핏 듣고 〈중국인들은 정력이 넘친다〉는 뜻으로 알았는데, 알고 보니 〈석유 자원이 풍부하다〉는 얘기였다. 외래어를 남용할 때 빚어지는 위험성(☞ elite)을 잘 보여 주는 경우다. 〈에너지〉를 우리말로 바꿔 〈중국에는 자원이 풍부하다〉고 했더라면 그런 오해는 생겨나지 않았으리라. 바로 이런 이유 때문에, 학교에서 절반이 넘는 학생이 존 스타인벡의 『진주』를 번역하는 과정에서 energy(기운, 힘)라는 단어를 〈에너지〉라고 〈번역〉해 왔을 때, 〈에너지는 우리말이 아니다〉라고 필자가 지적했었다. 그랬더니 한 학생이 냉큼 반박했다. 〈에너지는 우리말이 없잖아요.〉 우리말이 없는 것이 아니라, 있어도 안 쓰면 없어질 따름이다. 그래서 필자는 energy가 우리말로 〈정력, 기력, 전력, 동력, 활기, 원기〉 등 매우 많다고 학생들에게 일러 주었다. 학교에서 문제가 되었던 energy 문장은 〈기운이 펄펄 넘친다 full of energy〉는 뜻이었다.

〈비포 선라이즈〉라는 한글 영어 제목을 붙인 영화에서 발췌한〉 예문에서 that same energy that it used to have는 〈결혼 생활[it]이 과거에 그랬던 것처럼 그렇게 신이 나지는 않는다〉는 정도의 뜻이 되겠다. 그러니까 energy는 〈신〉이기도 하다. only는 〈한 가지 문제가 있다면〉이라는 단서(但書)다. 〈지나치게 내용을 간추린 점〉을 보완하면 이런 해답이 나오겠다.

○ 「한 가지 문제는 결혼 생활을 하다 보면 옛날의 열정이 사라진다는 사실이지.」

engine

"Either I'll marry Horace Vandergelder or I'll burn the shop down and break out like a fire engine and find myself some excitement."

✘ 호레스와 결혼하지 않으면 가게에 불을 질러서라도 모험을 해야 할까봐.

☛ 「헬로 돌리!」에서 돈은 많아도 심술이 궂은 월터 매타우와 결혼하기로 작정한 모자 가게 여주인이 여점원에게 속셈을 드러낸다. engine이 우리말로 무슨 뜻인지를 몰라서 한글로 〈엔진〉이라고 표기하는 대신 그냥 빼먹기로 작정한 듯싶다. 온갖 자동차 가운데 〈불자동차〉만큼은 유별나게 fire engine이라는 표현을 쓴다. 예문은 정숙하게 살아온 여자가 〈이번에도 결혼을 못하면 차라리 인생이라도 멋대로 즐겨 보겠다〉는 심정을 토로한 내용이다.

○ 「호레스 밴더겔더와 결혼을 못한다면, 당장 가게를 태워 버리고 (방금 가게의 불을 끈 소방차처럼) 냅다 달려 나가서 재미라도 좀 봐야 되겠어.」

engineer

"What about the engineer? Why can't he marry us on the train?"

✘ 승무원은 어때? 열차에서 결혼할 수 있잖아?

☛ 「카사블랑카」에서 독일군의 진주를 앞두고 파리를 떠나려는 험프리 보가트가 잉그릿 버그만에게 마르세이유로 가는 기차 안에서라도 어서 결혼하자고 제안한다. 주례로 모시자고 보가트가 추천한 engineer는 〈승무원〉이 아니라 〈기관사〉다. 승무원crew은 표를 검사하는 여객 전무나 승객들의 불편을 보살펴 주는 여승무원들을 뜻하지만, engineer는 locomotive(기관차)를 운전하는 사람이다. 여기에서 marry는 〈결혼한다〉는 자동사가 아니라, 〈결혼을 시키는 주례를 맡다〉라는 타동사다. 곧 이어 보가트가 〈배에서는 선장이 주례를 맡고〉, 선장이 배에서 〈대장〉이듯 기차에서는 〈승무원이 아니라〉 기관사가 〈대장〉이니까, 〈주례로 세워도 되지 않겠느냐〉는 설명을 덧붙인다.

○ 「기관사가 있잖아요? 기관사가 기차 안에서 우릴 결혼시켜 주면 안 되나요?」

enough

"I am happy enough."

✘ 난 엄청 행복하거든요.

☞ 「허드서커 대리인」에서 회사의 시계를 관리하는 흑인이 악착같은 여기자 제니퍼 제이슨 리에게 〈그렇게 아등바등 살 필요가 어디 있느냐?〉고 하자 리가 반박하는 말이다. happy enough(충분히 행복한)라니까 〈대단히 행복한〉이라고 착각한 모양이지만, 사실은 정반대의 의미가 담긴 표현이다. 여기자가 한 말에는 〈이렇게 숨 가쁘게 살아가니까 당신은 내가 불행하다고 생각하는 모양이지만, 그래도 난 행복한 편〉이라는 의미가 담겼다. 그러니까 〈불행하다기보다는 그래도 이만하면 행복한 편〉이라는 말이어서, 〈겨우 행복〉이라는 의미에 가깝고, 좀 과장한다면, 〈죽지 못해서 산다〉는 뜻이다. 대상 작품의 수준을 고려하면 〈엄청〉이라는 구어체도 좀 천박해 보인다.

◯ 「나도 제법 행복하다고요.」

entertain

"All you have to do is entertain a little."

✘ 부인은 그저 즐기기만 하면 돼요.

☞ 「사느냐 죽느냐」에서 여배우 캐롤 롬바드에게 나치의 앞잡이 스탠리 릿지스 교수가 〈파티를 열어 사람들과 접촉하면서 정보를 수집해 달라〉고 부탁하는 말인데, 번역에서는 주객이 전도되었다. entertain은 자신이 〈즐기는〉 상황이 아니라 타인을 즐겁게 해주는 역할이다. 릿지스의 부탁은 〈손님 접대만 조금 하면 된다〉는 내용이다. 이런 손님 접대라면 많은 경우에 즐거움보다는 고역이다. 같은 방송국에서는 「추상」을 방영할 때도 황후 헬렌 헤이스에게 접근하려는 율 브리너가 시녀에게 〈She never entertains?〉라고 묻는 장면에서 〈즐기지도 않는단 말이오?〉라고 번역했지만, 이것 역시 〈사람들을 통 안 만나나요?〉라는 뜻이었다.

entertain의 용법 가운데 entertain the idea라는 표현이 자주 나온다. 누가 어떤 idea(제안)를 내면 〈그 제안에 솔깃해졌다〉는 뜻이다. 〈idea를 모시고 접대한다〉는 각도로 장난스럽게 접근해서 이해하면 되겠다.

「아웃 오브 아프리카」에서도 주객이 전도되기는 마찬가지다. 메릴 스트립이 〈자주 상상 속에서 여행을 다닌다〉고 얘기하자, 로버트 레드포드가 묻는다. 〈상상 여행을 다닐 때면 짐을 많이 갖고 다니나요?〉 그리고 스트립은 짐이 필요 없는 이유를 설명한다.

「A mind traveler has no need to eat or sleep — or entertain.」

× 「마음으로 여행을 갈 때면 먹거나 잠잘 필요가 없죠. 즐길 필요도 없고요.」
여기에서도 entertain은 〈번거로운 손님 접대를 한다〉는 얘기다.
○ 「상상 여행에서는 먹거나 잘 필요가 없고 ― 손님조차 받지 않아도 되거든요.」

enthusiasm

"That's what I like. Enthusiasm."

✘ 좋긴 좋은데.

☞ 「카라마조프의 형제들」에서 〈술집을 차려 줄 테니까 네 인생을 나한테 맡겨라〉고 리 J. 콥이 유혹해도 마리아 셸이 전혀 반응을 보이지 않는다. 예문은 맥이 풀린 콥 영감이 던지는 한 마디다. enthusiasm(열광, 감격)은 〈극도로 좋아하는 반응〉이다. 그런데 셸이 보이는 반응은 시큰둥하다. 그래서 절충시킨 번역이 〈좋긴 좋은데〉가 아닐까 하는 인상을 준다. 서양의 화법과 수사학에서는 반어법이 호들갑스러울 정도로 발달했지만, 고지식하고 점잖은 유교적 사고방식에 익숙한 우리말은 그런 성향에 대해 매우 둔감한 편이다. 그러나 양쪽 문화를 연결시켜야 하는 번역인은 서양(영어)의 비꼬는 화법을 제대로 파악하는 데서 그치지 말고 그것을 우리말로 적절히 전달하는 능력도 키워야 하겠다.

○ 「당신의 열광적인 반응이 퍽이나 고맙구먼.」

entomologist

"I'm an entomologist."

✘ 난 곤충학자예요.

☞ 「와일러의 콜렉터」에서 납치된 새만타 에거에게 테렌스 스탬프가 자신의 정체를 밝힌다. 스탬프는 제대로 교육을 받지 못해서 지적 수준이 낮은 인물이다. 그런 사람은 〈학자〉라고 하지 않는다. 따라서 그는 entomologist(곤충을 연구하는 사람)이기는 할지언정, entomologist(학문으로서 곤충을 연구하는 학자)는 아니다. 같은 classroom이라고 하더라도 대학에서는 〈강의실〉이고 초중고 학교에서는 〈교실〉이라고 한다는 사실을 염두에 두기 바란다. 오역은 영어를 모르는 경우 못지않게, 우리말에서의 이런 작은 차이를 무시하는 습성과 미흡한 우리말 어휘력 때문에 발생하는 사례가 빈번하다.

○ 「난 곤충을 연구해요.」

entr'acte

"Entr'acte."

✘ 입장.

☛ 「벤허」는 상영시간이 3시간 32분에 달하는 서사시적인 대작답게 한참 동안 음악만 연주하는 overture(전주곡)로 시작된다. 그리고는 전편(前篇)이 끝나면 intermission(휴식 시간)이 찾아온다. 화장실을 다녀오거나 담배를 피우고 다시 관객이 제자리를 찾아 앉은 다음 후편을 시작하기에 앞서서, 다시 음악이 나오고, 화면에 예문의 자막이 나타난다. 프랑스어가 영어로 정착되어 널리 쓰이는 entr'acte는 entrance(입장)가 아니다. entr'acte는 영어로 interlude(간주곡)이다. 역시 모르면 사전을 찾아봐야 한다는 작은 의무를 실천하지 않았기 때문에 발생한 오역이다. 요즈음에는 DVD로 영어를 공부하는 사람들이 늘어 가는 추세다. 그렇다면 영상 번역을 하는 사람들은 불특정 다수에게 영어를 가르치는 스승이다. 스승이라면 어떤 낱 단어라고 하더라도 이렇게 함부로 번역하면 안 된다. 번역인의 긍지는 번역인 스스로 지켜야지, 다른 사람이 대신 나서서 지켜 주지는 않는다.

escape

"The distinction escapes me."

✘ 하나도 다를 게 없잖아.

☛ 「25시」에서 그의 아내 비르나 리시를 차지하려고 흑심을 품은 경찰서장 때문에 수용소로 끌려온 앤서니 퀸이 〈나는 유대인이 아닌데 잡혀 왔다〉고 불평하자, 함께 잡혀 온 동네 사람이 보인 냉담한 반응이다. 어딘가 부족해 보이는 번역이다. escapes me(나에게서 도망치다)는 〈나로서는 좀처럼 파악이 되지 않는다〉는 뜻이다. 그러니까 주관적인 견해가 뚜렷한 표현이다.

○ 「내가 보기엔 안 그런데.」

estimate

"I only came in for an estimate."

✘ 난 그냥 상처만 봐달라고······.

☛ 「셔레이드」에서 조지 케네디와의 격투 때문에 찢어진 잔등의 상처에 오드리 헵번이 약을 바르자 캐리 그랜트가 아프다고 엄살을 부린다. 번역에서는 그랜트의 이죽거리는 농담의 맛이 제대로 살아나지를 않는다. 차라리 원문 그대로 옮겨서, 〈난 견적만 받으려고 왔는데요〉라고 하더라도 〈본격적인 치료는 그만두고 대충 해 달라〉는 뜻이 충분히 전달되지 않을까 하는 생각이다. 화법의 재치는 섬광처럼 순간에 빛나는데, 정색을 하고 지나치게 친절히 설명해 주면 농담은 딱딱한 진담이 되어 웃음이 사라진다.

eve

"1938 New Year's Eve Bavaria, Germany"

✘ 1938년 12월 31일.

☛ 「젊은 사자들」이 시작되자마자 나오는 자막이다. New Year's Eve라는 자막은 영화에 자주 나오는데, 번역이 만만치 않아서 고생하는 경우가 많다. 위 번역에서도 굳이 따지자면 (Bavaria, Germany와 더불어) eve에 대한 번역이 번거로워서인지 그냥 빼버렸다. DVD에서는 예문을 〈1938년 새해 바바리아, 독일〉이라고 했는데, 〈1938년 새해〉라면 그 해의 마지막 날인 12월 31일이 아니라 1월 1일이 된다. 영어 지명인 〈바바리아〉는 독일어로 〈바이에른〉이라고 한다. 그리고 자막의 〈바바리아, 독일〉은 영어와는 거꾸로 우리말로는 〈독일 바바리아〉가 맞는 어순이다.

이어지는 첫 장면에서, 스키를 타고 비탈을 내려와 눈 덮인 길바닥에서 나뒹굴며 말론 브랜드는 바바라 러시더러 저녁 시간을 함께 보내자고 청한다.

「Now, look, it is New Year's Eve.」
✘ 「이것 봐요. 섣달 그믐날인데.」 (텔레비전)

〈섣달 그믐날〉은 음력으로 〈설날(구정) 하루 전〉에 해당되는 말이어서, 양력만 사용하는 서양하고는 (갓 쓰고 자전거 타는 격으로) 잘 어울리지를 않는다.

evening

"I thought the evening was lost."

✘ 한때는 말년이 걱정도 됐어.

☛ 「보석강탈작전」에서 막시밀리안 셸과 옛 애인 멜리나 메르꾸리가 침대에 나란히 누워 박물관 보석을 훔칠 계획을 세우면서 메르꾸리가 하는 말이다. 지나치게 창의적인 상상력이 빛

어낸 오역이다. 아마도 evening을 〈인생의 황혼 녘〉쯤으로 생각한 듯싶다. 하지만 메르꾸리가 이 말을 하기 직전에 셸이 그녀의 목에서 스카프를 풀어 준다. 메르꾸리의 표정을 보면, 그의 손길에 적극적인 반응을 보인다. 이런 경우에는 두 사람이 하는 행동을 계산에 넣어서 말뜻을 파악해야 한다. 메르꾸리는 오래간만에 만난 옛 애인에게서 애정 행위를 기대하지 못했었다. 그러니까 그녀가 한 말은 이런 뜻이다.

○ 「난 오늘밤은 공치는 줄 알았지 뭐야.」

「남태평양」에서 농장으로 찾아온 밋치 게이너에게 롯사노 브랏지가 노래를 불러 준다.

Some enchanted evening, you may see a stranger
You may see a stranger across a crowded room
× 어느 아름다운 오후 낯선 사람을 만나리라
처음 보는 타인, 사람 가득찬 방 저 끝에

이 노래에는 enchanted evening이라는 표현이 여러 차례 나오고, 텔레비전에서는 이것을 계속 〈어느 황홀한 오후〉라고 번역했다. evening을 왜 〈저녁〉이 아니라 〈오후〉라고 했는지 의아해할지 모르지만, 때에 따라서는 그래도 괜찮다. 서양 사람들은 〈오후〉와 〈저녁〉에 대한 개념이 우리와 좀 다르다. 문제의 장면에서 그들이 만난 시간은 오후 다섯 시쯤 되어 보이는데, 처음에 두 사람은 〈Good evening(좋은 저녁)〉이라고 인사를 나눈다. 우리나라 사람들은 〈저녁〉이라고 하면 해가 진 다음이나 적어도 석양이 깃들 녘이라고 생각하지만, 서양 사람들은 가끔 오후 세시쯤도 evening이라고 한다. 그리고 저녁 시간이 다 되었어도 해가 아직 지지 않았으면 〈Good afternoon〉이라고 인사를 한다. 그래서 아마도 역자는 지금 노래를 부르는 시간을 염두에 두고 〈오후〉라고 한 모양이다.

다만, 그들이 부르는 노랫말을 들어 보면, 두 사람의 첫 만남을 회상하는 내용으로 이루어졌고, 그들의 대화에서는 〈두 주일 전 장교회관 만찬에서 처음 만났다〉는 정보도 나온다. 그리고 그들은 저녁을 먹은 다음 춤을 추다가 눈이 맞았으니, 여기서는 〈어느 황홀한 저녁〉이었음이 확실하다. 번역을 할 때는 이렇듯 다양한 연관 정보를 연결 지어 생각하는 습관이 필요하다.

○ 어느 황홀한 저녁에 낯선이를 만날지도 모르는 일이어서
혼잡한 방 건너편 어느 낯선이와 눈길이 마주칠지도 모른다네

exclusive

"Now I want you to sign this agreement. It gives us an exclusive story under your name, day by day, from now until Christmas."

✘ 이 계약서에 서명하게. 성탄절 전날까지 자네 일과에 대한 독점권을 준다는 계약이네.

☛ 「군중」에서 편집국장이 계약서를 가지고 와서 개리 쿠퍼에게 하는 말이다. 〈일과에 대한 독점권〉이 무슨 소리인지 알 길이 없다. 계약서의 내용은 〈자네 이름으로 나가는 독점 기사exclusive story를 성탄절까지 하루에 한 편씩day by day 우리가 게재한다〉는 뜻이다. exclusive story는 〈특종〉이라는 뜻으로도 쓰이는데, 전문적인 언론 용어로는 〈특종〉을 scoop 이라고 한다.

○ 「이제는 합의서에 서명하시죠. 그러면 우린 지금부터 성탄절까지 날마다 당신 이름으로 독점 기사를 실어도 됩니다.」

exhaust

"You mean the subject is not exhausted?"

✘ 그 얘긴 지겹지도 않나요?

☛ 「최후의 증인」을 보면, (호텔 방에서 저녁 식사를 주문하기 전에) 증언대에 서는 문제를 좀 더 얘기하자는 검사 에드워드 G. 로빈슨에게 여죄수 진저 로저스가 이렇게 묻는다. exhausted 라는 단어를 보고 〈기진맥진했다〉는 뜻으로 받아들인 모양이지만, 여기에서 그 단어는 〈소진(消盡)하다(바닥이 나다)〉라는 뜻으로 쓰였다. 그러니까 로저스의 말은 〈그 얘긴 다 끝난 거 아니냐〉는 뜻이다.

○ 「아직도 더 할 얘기가 남았나요?」

「캐프리콘 1」에서는 해고를 당한 엘리엇 굴드 기자를 위해 군사 기지에 대한 조사를 대신 맡았던 캐런 블랙이 불평한다.

「It wasn't easy. Needed an exhaustive research.」

✘ 「쉽지는 않더군요. 꽤 피곤했죠.」

exhaustive는 〈소모시키는〉이나 〈고갈하는〉이라는 의미도 있지만, 여기에서는 〈철두철미한〉이라는 말이다. exhaust gas는 〈(할 일을 다 하고 찌꺼기만 남은) 배기가스〉다.

○ 「쉬운 일이 아니었어요. 철저한 조사가 필요했으니까요.」

「뮤직 박스」에서는 전범으로 몰린 제시카 랭의 아버지에게 변호사 사돈이 〈헝가리로 끌려가는 일은 없으리라〉고 귀띔한다.

「We must be dead before the appeals are exhausted.」

✗ 「재판이 끝나기 전에 우린 굶어 죽을 거야.」

dead(죽은)와 exhausted(기진맥진한)라는 두 단어만 가지고 글짓기를 한 듯싶은 이상한 번역이다. 〈고등 법원과 대법원까지 상고를 하며 시간을 질질 끌다 보면, 재판이 끝날 때쯤에는 우리들 모두 죽고 없을 테니까, 그런 걱정은 하지 않아도 된다〉는 뜻이다.

○ 「상고 절차가 다 끝날 즈음이면 우린 죽고 없을 테니까요.」

exhibitionist

"I'm not an exhibitionist. You get out of here, you pervert!"

✗ 난 동물원 원숭이가 아냐. 나가, 이 못된 놈아.

☛ 「레니」에서 더스틴 호프만이 야간 업소 무대에 나가 늘어놓는 음담패설이다. 성행위가 한창일 때 침실에 같이 있던 개가 빤히 지켜보고, 그래서 남자가 소리를 지른다는 내용이다. 〈동물원 원숭이〉라고 번역해놓은 exhibitionist는 생김새가 워낙 어마어마하게 보이는 단어여서 사람을 주눅 들게 만들지만, 알고 보면 아주 쉬운 단어다. exhibitionism은 자기 자신을 선전하려는 〈과시욕〉이라는 의미 이외에도 〈노출증〉이라는 뜻으로 널리 쓰인다. 우리나라에서는 〈바바리맨〉이라는 엉터리 영어로 알려진 flasher도 일종의 exhibitionist(노출증 환자)인데, 본디 exhibitionist는 자신의 성행위를 남에게 보여 주고 싶은 그런 도착증(倒錯症)을 뜻한다. 예문에서 남자는 개를 pervert(성도착자)이라고 야단치는데, 이 상황에서 개는 보여 주고 싶어 하는 도착증이 아니라 몰래 훔쳐보기를 좋아하는 쪽이겠다. exhibitionist와 반대되는 이런 도착자는 프랑스어를 차용하여 voyeur(관음증 환자)라고 칭한다.

세계적인 명성을 날린 마술사 해리 후디니를 주인공으로 삼은 「마술의 사랑」에서 재닛 리가 세 명의 친구와 함께 곡예단에 가서 구경하는 〈첫 번째 전시품the first exhibit〉은 Wild Man Bruto다. Bruto는 brute(야수)나 brutal(야수처럼 포악한) 같은 형용사 또는 명사의 끝에 사람과 사물을 폄하하여 유형화하는 접미사 -o를 붙여서 만든 이름(☞ rat[so])으로서, 우리말 비속어로는 〈짐승남〉 정도의 뜻이 된다. 어쨌든 아무리 짐승 같더라도 사람은 사람인데, 물건처럼 〈품(品)〉이라고 분류하면 곤란하다. exhibit은 차라리 쉬운 우리말로 〈구경거리〉라고 하면 되겠다.

어쨌든 〈첫 전시품〉을 보고 난 여학생들에게 장내 정리인이 〈다음 코너next exhibit로 가시죠〉라고 안내한다. 텔레비전 희극물이나 오락물에서 흔히 우리말 영어로 쓰이는 corner는 제대로 된 영어로 하려면 skit이나 episode가 맞는다.

expect

"I'll expect you in five minutes."

✗ 5분 내로 갈게요.

☞ 「석양의 맨해튼」에서 가석방된 여자로부터 걸려온 전화를 받고 보호 관찰관 수잔 클락이 알려 준다. 사정이 급해서 전화를 건 사람은 가석방자다. 누군가를 만나러 가려고 수고해야 하는 사람은 당연히 부탁을 하는 쪽이다. expect(기대하다, 예상하다)는 〈찾아간다〉는 말이 아니고 〈그쪽에서 찾아오기를 기다리겠다〉는 뜻이다. 그러니까 〈5분 안에 (또는 후에) 당신이 나한테로 와야 합니다〉라는 말이다.

○ 「5분 후에 봐요.」

「케인호의 반란」에서는 이틀 후에 전쟁터로 떠날 해군 소위 로버트 프랜시스에게 메이 윈이 짜증을 부린다.

「How do you expect me to feel — leaving me standing there all alone?」

✗ 「나 혼자 어떻게 전송하지?」

원문에서 핵심을 이루는 단어 feel(느낀다)이 번역문에서는 자취를 감추었다. leaving me(나에게서 떠나간다, 나를 버린다)라는 상황은 화자가 〈전송〉하는 상황과 맞아떨어지지 않는다. 여자가 버림을 받는 상황에서 격식에 맞춰 〈전송〉을 한다는 논리가 성립되지 않기 때문이다. 번역해 놓은 문장에서 논리가 이렇게 성립되지 않으면, 오역의 여지를 의심해 봐야 한다. 여기서 빚어진 오역의 원인은, how do you expect me to feel(내가 어떤 기분을 느끼리라고 예상하는가)에서, expect를 미래형(앞으로 벌어질 어떤 상황을 예상하다)이라고 착각했기 때문이 아닌가 싶다. 여기서는 expect가 그냥 think(~하리라고 생각하는가)라는 단순한 뜻이다. 예문은 앞으로 벌어질 상황이 아니라, 이미 벌어진 과거의 상황을 언급한다. 낮에 거행된 임관식에서, 프랜시스 소위는 그를 축하해 주려고 식에 참석했던 윈과 한마디 말도 나누지 않고, 그의 어머니와 함께 자리를 떴다. 프랜시스는 상류층 가정의 외아들이고, 그가 사귀던 윈은 야간 업소의 여가수여서, 눈치가 보여 차마 어머니에게 그녀를 소개하지 못했던 것이다. 그래서 그녀는 standing there all alone(혼자 남아 [버림을 받고] 멍하니 서 있어야 하는) 처지가 되었다. 이런 식의 오역을 피하기 위해서는, 눈앞에 놓인 문장에만 매달리지를 말고 시야를 넓혀서, 주인공이 지금 하는 말의 내용이 과거나 미래의 어떤 상황이나 사실과 어떻게 연결되는지를 끊임없이 살펴봐야 한다.

○ 「거기 그렇게 혼자 남았으니 — 내 기분이 어땠을지 생각해 보라고요.」

그랬더니 프랜시스가 변명한다.

「I should have told you yesterday, but I couldn't make it until dinner.」

✗ 「금방 가 봐야 돼. 저녁은 같이 못할 것 같아.」

첫 단추를 잘못 끼우면 이렇게 오역이 줄줄이 이어진다. 원문에는 〈금방 가야 한다〉는 말이 나오지 않는다. 〈식사를 같이 못 한다〉는 내용도 없다. 역시 과거의 상황을 참조하지 않았기 때문에 발생한 사고다. I should have told you yesterday(당신한테 내가 어제 얘기했어야 한다)는 〈오늘 임관식에 어머니가 참석하게 된다〉는 사실을 언급한 것이다. 어제 얘기를 했더라면 오늘 원은 〈혼자 전송〉하는 난처한 경험을 하지 않았을지도 모르고, 비록 같은 일을 당했어도 마음의 상처는 덜 받았겠다.

I couldn't make it until dinner는 〈저녁을 못한다〉는 미래형 얘기가 아니다. couldn't이라고 〈과거〉 시제를 쓴 데다가, until(~할 때까지는)이라는 단어의 존재 이유가 따로 있기 때문이다. 프랜시스는 임관식 직후에, 가족이 마련한 환송 만찬에 참석하려고 어머니에게 끌려가며 먼발치에서, 〈이따가 10시에 만나자〉고 원에게 〈완수신호〉로 알렸고, 지금은 가족 만찬을 끝내고 약속대로 그녀를 찾아왔다. 그리고 그는 〈금방 가야 할〉 마음이 아니라, 앞으로 이틀 동안 그녀와 함께 붙어서 지낼 계획이다.

○ 「어제 미리 알려 줬어야 하는데, (오늘) 저녁 식사 때까지 그럴 틈이 나질 않았어요.」

expose

"That's an idea, to expose the government itself with as much truth and accuracy as I put it in The Downfall."

✘ 그것도 좋겠군요. 정부를 노출시키는 책. 정당성과 진실이 담긴 비판으로.

☛ 「에밀 졸라의 생애」에서 군부의 무능함을 파헤친 책을 출판한 폴 무니를 호출하여 함부로 글을 쓰지 말라고 검열국장이 경고하자 무니가 오히려 호통친다. 에밀 졸라가 한 이 말에 검열국장은 당장 기가 죽어 꼬리를 내린다. 하지만 번역문에는 그런 〈힘〉이 전혀 보이지를 않는다. 긴 문장 하나를 짧은 문장 세 개로 잘라 놓으면 그만큼 빨리 읽히리라는 생각은 착각일 듯싶다. 우리는 문장을 읽어 내려가다가 쉼표가 나오면, 그때마다 자기도 모르게 시선과 호흡을 잠시 멈추고, 마침표가 나오면 훨씬 더 길게 멈춘다. 그래서 전체적인 길이가 비슷하다면, 쉼표가 들어간 하나의 긴 문장이 마침표가 들어간 두 개의 문장보다 빨리 읽힌다. expose는 〈노출〉이 아니라 〈폭로〉다. 언론의 〈폭로 기사〉는 프랑스어를 써서 exposé라고 한다. The Downfall은 에밀 졸라가 1892년에 발표한 소설의 제목이다.

○ 「『몰락』에서처럼 정확성과 진실에 바탕을 두고, (군부에 꼼짝도 못하는) 정부 자체를 폭로한다면, 그것도 훌륭한 주제가 되겠군요.」

express

"The sole and express purpose of said quest to be as follows to read."

✘ 언급된 임무의 유일하고도 급박한 목적은 다음과 같다.

☛ 「신데렐라」에서 유리 구두를 가지고 집으로 찾아온 대공이 왕의 포고문을 읽는다. 일반적으로 포고문의 특성이 어렵고도 복잡한 문체이고 보니, 번역이 쉽지 않았던 모양이다. to be as follows to read는 to be read as follows(내용은 다음과 같다)의 도치법이고, said quest의 said(언급한)는 〈앞에서 얘기한 내용〉을 뜻한다. express를 〈급행〉이라고만 생각해서 이런 번역이 나온 듯한데, 이런 경우의 express(또는 expressed)는 〈명백하게 밝힌〉이나 〈명시된 바와 같이 특별하게〉라는 의미다. express purpose of는 〈~라는 특별한 목적으로〉라고 번역해야 한다.

○ 「상기 사람 찾기의 유일하고도 구체적인 목적의 내용은 하기와 같다.」

extortionist

"He's top trigger man and extortionist."

✘ 최고 암살자이며 지략가다.

☛ 「성 발렌타인 축제일의 학살사건」에서 (우리나라 일본에서는 〈카포네〉라는 이탈리아 이름으로 더 널리 알려진) 알 카폰의 부하가 맡은 해설이다. 어떻게 〈지략가〉라는 말이 나왔는지 모르겠지만, extortionist라는 어마어마한 단어는 〈착취자〉다. 길거리 노점상에게서 돈을 뜯어내는 비열한 〈갈취범〉과 같은 부류다. top trigger는 〈최고의 총잡이〉다.

○ 「그는 최고의 총잡이며 약탈범이다.」

eye

"You played with words to rob him of his eyes."

✘ 그의 눈을 뽑기 위해 저와 말장난을 하셨군요.

☛ 「삼손과 들릴라」에서 맹인이 되어 맷돌을 돌리는 빅터 머튜어의 처참한 모습을 보고 괴로워

하며 헤디 라마르가 왕 조지 샌더스에게 따진다. 블레셋 병사들은 머튜어의 눈을 〈뽑은〉 것이 아니라 불에 달군 쇠로 지져서 맹인을 만들었다. 라마르가 머튜어를 유혹하여 병사들이 잡게 해주면 〈칼로 상처를 내는 일은 없을 것이고, 피 한 방울도 흘리지 않도록 하겠다〉고 샌더스가 약속했었다. 그래서 몸의 다른 곳은 전혀 다치지 않도록 눈알만 태운 것이다. 눈알을 〈뽑았다〉면 출혈이 심했을 듯싶다. 아마도 성경에서 〈눈을 뽑은 다음(판관기 16장 21절)〉이라는 대목이 생각나서 그렇게 번역한지는 모르겠지만, 영화의 내용은 성경의 기록과 매우 다르다. 〈말장난played with words〉은 여기에서는 play(장난치다)와 word(말)라는 두 단어에 지나치게 얽매인 고지식한 〈직역〉처럼 보인다. 이렇게 심각한 상황이라면 〈거짓말 (또는 듣기 좋은 말)로 속였다〉고 해도 좋을 것 같다.

문장 한가운데 박힌 to는 이런 경우 and로 번역하면 우리말 흐름이 훨씬 매끄러워지기도 한다.

○ 「당신은 감언이설로 날 속이고는 그에게서 눈(시력)을 빼앗았군요.」

「바늘구멍」을 텔레비전에서 방영할 때는 이 영화의 제목 Eye of the Needle을 직역하여 〈바늘의 눈〉이라고 붙였다. 이 제목의 출처는 마태오의 복음서 19장 24절에 나오는 구절이다. 〈It is easier for a camel to go through the eye of a needle, than for a rich man to enter into the kingdom of God.〉(부자가 하느님 나라에 들어가는 것보다는 낙타가 바늘귀로 빠져나가는 것이 더 쉬울 것이다.) 성경을 보면 바늘에는 〈눈〉이 없고 〈귀〉만 달렸다. 이렇게 때로는 eye가 〈귀〉도 된다.

face

"You held your face so high."

✘ 네가 정말 얼굴을 높이 들었는데.

☞ 「해리와 아들」에서 아버지가 누구인지도 모르는 아기를 밴 여자 친구에게 해리의 아들이 격려한다. 번역이 지나치게 고지식하다. 〈얼굴을 높이 들다〉는 영어이고, 우리말로 하면 〈당당하고 자부심이 강했다〉 또는 〈콧대가 꽤 높았다〉는 뜻이다. 번역을 하다 보면 이렇게 face(얼굴)가 〈콧대〉도 된다.

○ 「넌 정말 조금도 기가 꺾이지 않았어.」
「심야의 탈주」에서 만원 전차로 올라온 정비원이 잔소리를 하자 승객 한 사람이 소리친다.
「Take your face outside.」

✘ 「앞이나 잘 보쇼.」
〈당신 얼굴을 바깥으로 가지고 나가시오〉라는 말은 〈꼴도 보기 싫으니 나가라(내려!)〉는 뜻이다.

fact

"You are familiar, I take it, with the facts of life?"

✘ 내가 보기에 자넨 생식 현상에 대해 좀 알지?

☞ 「남아 있는 나날」에서 제임스 폭스는 대자godson 휴 그랜트에게 성교육을 시켜달라고 앤서

니 홉킨스를 불러 부탁한다. 갑작스러운 부탁에 홉킨스가 묻는다. 〈My Lord?〉(무슨 말씀이 신지요?)

「The facts of life. Birds, bees — you are familiar, aren't you?」

✗ 「생식 현상 말이야. 새들하고, 벌들하고 — 그런 거 잘 알지?」

참 난처한 상황이다. 영어 원문 자체가 (입에 올리기 거북한 내용을) 둘러대는 화법인데, 그것을 우리말로 옮기려니 좀처럼 길이 보이지를 않는다. 아무리 그렇더라도 〈생식 현상〉은 좀 어색하게 들린다.

우선, facts of life라고 하면 두 가지 의미가 따로 쓰인다. 「천의 얼굴을 가진 사나이」를 보면, 배우가 되겠다고 무작정 유니버설 영화사로 찾아간 론 체이니를 한심하게 생각하는 문지기가 엑스트라 여배우에게 농담을 한다.

〈Tell him the facts of life, huh?〉(인생에 대해서 조언을 좀 해주세요.)

문지기의 충고는 그보다 좀 가벼운 의미로 〈산다는 게 무엇인지〉, 또는 〈인생의 쓴맛이 무엇인지〉 그 〈냉혹한 현실〉을 얘기해 주라는 뜻이다. 이때의 facts of life는 〈살아가기 위해서는 꼭 알아야 할 사실들〉을 의미한다.

하지만 성교육과 관련된 facts of life에서는 life가 〈인생〉이 아니라 〈생명〉을 의미한다. 그러니까 생명이 태어나는 〈생식〉에 관한 기초적인 지식을 뜻한다. 〈출생의 비밀〉이라고 하면 가장 빨리 알아들을 만한 표현이다.

○ 「자네라면 출생이니 뭐니 그런 거 좀 알 듯싶은데?」

제임스 폭스가 보충 설명을 위해 덧붙이느라고 동원한 birds, bees는 어린아이들에게 기초적인 성교육을 할 때 서양에서 새와 꿀벌을 예로 들던 관습에 따라 생겨난 표현 the birds and the bees의 변형이다. 하지만 느닷없이 〈새들과 벌들〉이라고 하면 과연 얼마나 많은 우리나라 사람들이 알아들을까? 거꾸로 the baby found under the bridge(다리 밑에서 주워온 아이)라고 하면 외국 사람들은 몇 명이나 알아들을까?

○ 「아이 낳는 거. 어떻게 생겨나는지 — 자넨 그런 거 잘 알지 않나?」

fade

"Over the years the audience has been conditioned to understand that when a scene fades away — like an old soldier — before their very eyes, and another scene gradually appears to take its place, a certain amount of time has elapsed."

✗ 수년 동안 관객들은 이 조건을 이해해야 했다, 씬이 끝나면서 퇴역 장교처럼 눈앞에서 사라지고, 그 뒤 다음 씬이 점점 나타나는 거야. 시간 차를 두고 말야.

☛ 「뜨거운 포옹」에서 각본을 정리하려고 고용한 타자수 오드리 헵번에게 시나리오 작가 윌리엄 홀든이 촬영 기법을 설명한다. 이쯤 되면 〈엉망진창〉이라고 해도 되겠다. over the years는 〈수년 동안〉이 아니라, 〈여러 해가 지나가는 사이에〉, 그러니까 〈오랜 기간에 걸쳐서〉라는 뜻이다. conditioned to understand는 〈조건을 이해해야 했다〉가 아니라, 〈(that 이하의 사실을) 이해하도록 길이 들었다〉는 뜻이다. 하나의 문장이 끝나고 다음 분장이 시작되려면 마침표가 들어가야 하는데, 여기서는 쉼표를 썼다. 그리고 fades away — like an old soldier — 에서 —로 앞뒤를 묶어서 인용한 말은 더글라스 맥아더 장군의 유명한 연설 내용(〈노병은 죽지 않고, 그냥 사라질 따름이다〉)이다. 따라서 old soldier는 〈퇴역 장교〉가 아니라 (우리말로 지금까지 굳어져 전해 내려오는) 〈노병(老兵)〉이라는 표현을 그대로 써야 옳겠다.

그리고 오역이 빚어진 가장 결정적인 이유는, 하나의 긴 문장을 아무 데서나 잘라 내어, 의미상의 흐름이 막혀 버렸다는 점이다.

○ 「오랜 습성에 따라, 관객은 어느 한 장면이 맥아더 장군의 노병처럼 그들의 눈앞에서 사라지고, 그 자리에 다른 장면이 대신 서서히 나타나면, 일정한 시간이 흘러갔음을 뜻한다고 이해하도록 길이 들었지.」

fail

"Where did we fail her?"

✘ 우린 망했어.

"Don't say that, Roy, we didn't fail her."

✘ 그런 소리 말아요. 우린 망하지 않았어요.

☛ 「719호의 손님들」에서, 결혼식을 몇 분 앞두고 화장실로 들어가 안으로 문을 잠그고 나오지 않는 딸 때문에 월터 매타우가 아내에게 화를 낸다. 두 문장에서 마지막 단어 her는 딸을 의미하는데, 번역문에서는 이 목적어가 행방을 감추었다.

여기에서는 fail이 〈~에게 잘못하다〉라는 뜻이다. 「정염의 검사」에서는, (왕위를 빼앗기고 투옥된) 아버지를 구하기 위해 고향으로 돌아가려고 카멜롯으로부터 탈출하려는 로버트 와그너가 재닛 리 공주의 손길을 뿌리치며 다짐할 때도 fail의 똑같은 용법이 등장한다. 〈I already failed Sir Gawain, but I am not going to fail my father.〉(난 이미 가웨인 경을 실망시켰지만, 아버지만큼은 실망시키지 않겠어.)

그러니까 매타우 부부가 주고받은 대화는 이런 뜻이다.

○ 「우리가 딸한테 (지금까지 키워 오면서) 뭘 부족하게 했단 말이야?」
○ 「우린 그 애한테 잘못한 거 없으니까, 로이, 그런 소리 하지 말아요.」

faint

"I haven't the faintest idea."

✘ 그런 얼빠진 생각은 안 해봤어요.

☛ 「황금연못」에서 캐더린 헵번은 80살이 된 헨리 폰다가 아직도 〈찬란한 갑옷을 입은 기사(騎士)〉라는 환상 속에서 살아간다. 〈왜 그런 황당무계한 생각을 하느냐〉고 폰다가 묻자 헵번이 대답한 말이다. 〈생각을 안 해봤다〉라는 말은 내용 전체를 부정하는 셈이다. faintest idea(가장 희미한 생각)라니까 〈얼빠진 생각〉으로 비약한 모양인데, 예문은 아주 흔히 쓰이는 표현으로서, 〈가장 희미한faint 정도의 정보조차도 가지고 있지 않다〉는 뜻이다. 보다 알아듣기 쉽게 설명하자면 〈감감무소식〉에 가까운 개념이다. 그리고 자연스럽게 번역하면 〈〈내가 왜 이러는지〉 나도 전혀 몰라〉가 된다.

○ 「(왜 그런 생각이 드는지) 난들 알겠어요?」

fair

"That's not a fair question."

✘ 그건 공정한 질문이 아니에요.

☛ 「홀로 서는 여인」을 보면, 히피 여인 셰어가 (길바닥에서 처음 만난 남자의 집에 따라가서 같이 자다가) 〈임신했다면 나하고 결혼하겠어요?〉라고 묻자, 남자가 거북해한다. 사람들이 많이 쓰는 단어일수록 그만큼 의미도 다변화하기 때문에, 〈쉬운 단어가 번역하기는 훨씬 어렵다〉는 사실을 잊지 말아야 한다. 상황에 따라 적절한 표현의 변화가 필요하기 때문이다. 예문에서는 〈fair=공정〉이라는 기본적인 공식에 따라, 고지식하게 영어 한 단어에 대해서는 우리말도 한 단어만 알아 두고 어디에서나 천편일률적으로 사용하는 습성이 엿보인다.

○ 「그건 거북한(난처한) 질문인데.」

「부시맨 II」에서는 쿠바인과 그에게 포로로 잡힌 아프리카인 사이에 끼어든 여자가 fair를 주장한다.

「This is not fair.」

✕ 「이건 불공평해.」

○ 「이러면 안돼요.」

말론 브랜도가 첫 주연을 맡은 영화 「귀향」(1950)을 보면, (전쟁터에서 하반신 불구가 되어 돌아온) 연인을 변함없이 사랑하는 테레사 라이트가 아버지에게 말대꾸를 하자, 엄마가 꾸짖는다.

「It is not fair.」

✗ 「(아버지한테) 그런 말을 하면 공평하지 못해.」

○ 「그러면 못써.」

「가위손」에서는 조니 뎁의 특이한 손을 범죄에 이용해 먹자는 남자 친구의 제안에 위노나 라이더가 화를 낸다. ⟨That's not fair.⟩(그럴 순 없어.) 여기서 라이더가 한 말은 ⟨그것은 옳지 않다⟩는 뜻이어서, ⟨어쩌면 나한테 그런 말을 해?⟩라는 식으로 발전시켜도 되겠다. 그러자 남자 친구가 반박한다.

「What's fair got to do with it?」

✗ 「다른 방법이 없잖아.」

got to do with는 ⟨~관련(상관)이 있다⟩는 말로서, 남자의 얘기는 ⟨옳거나 옳지 않다는 도덕적인 판단은 지금 우리들이 하려는 행동에 해당이 되지 않는다⟩는 뜻이다. 그러니까 남자는 ⟨방법⟩이 아니라 ⟨이유⟩를 따지는 셈이다.

○ 「못할 이유도 없잖아.」

「어느 박람회장에서 생긴 일」에서는 풋사랑을 나눈 연인에게 여가수가 작별을 고한다. ⟨But Wayne, darling, I thought you understood that, well, after all, we were just two people who met at a fair.⟩(하지만, 웨인, 우린, 뭐랄까, 그냥 박람회장에서 우연히 만난 사이라는 걸 자기도 이해하리라고 난 생각했어.)

우리말 제목부터가 ⟨박람회장에서 생긴 일⟩이니, 누구라도 예문의 fair를 (별다른 생각 없이) ⟨박람회장⟩이라고 옮겼을 듯싶다. 그런데 도대체 ⟨박람회⟩란 무엇일까?『국어대사전』에서는 이렇게 정의했다. ⟨생산물의 개량 발전 및 산업의 진흥을 꾀하기 위하여 농업, 공업 등의 온갖 물품을 전시하거나 판매하는 모임.⟩

그런데 영화를 보면, 이 ⟨모임⟩이 영락없는 우리나라의 ⟨시골 장날⟩이다. 우리 ⟨장날⟩의 규모가 좀 커지면 ⟨박람회⟩가 된다는 말이다. 라틴어 feriae에서 중세 영어 feria(holiday)를 거쳐 정착된 fair(장터)는 ⟨물건을 사고팔거나 교환하려고 정기적으로 사람들이 모이는 행사⟩를 뜻한다. 역시 ⟨장날⟩이다. 그런데도 자꾸만 사람들이 ⟨박람회장⟩이라는 답답한 표현을 쓰는 까닭은 아마도 영한사전을 지나치게 신봉하는 타성 때문이 아닐까 싶다.

「오클라호마」에서는 캔자스 시티를 다녀온 마을 청년이 자랑한다. ⟨박람회에서 상금 얼마 탔는지 알아? 50달러.⟩

「녹원(綠園)의 천사」에서는 시골 장에 가서 말을 사온 마을 아저씨가 걱정한다. ⟨박람회에서 싸게 샀는데, 미친 놈 같아.⟩ 가축을 ⟨박람회⟩에서 팔다니?

faithful

"Our faithful friend is still there."

✗ 아직 동지들이 저기 있어.

☛ 「카사블랑카」에서 레지스탕스 대원들의 비밀 회합에 참석하러 가려고 창밖을 살펴보면서 폴 헨리드가 아내 잉그릿 버그만에게 알려 준다. 동지〈들〉이라고 했는데, 창 밖 길거리에는 길모퉁이에 어떤 남자 혼자 서서 기다리다가, 두 사람이 내다보니까 슬그머니 전봇대 뒤로 몸을 숨긴다. 〈동지〉가 왜 몸을 숨길까? faithful friend(충성스러운 친구)라니까 곧이곧대로 〈동지〉라는 생각을 한 모양인데, 길거리 남자는 동지가 아니라 레지스탕스 지도자 헨리드를 미행하고 감시하라고 비시Vichy 정부쪽에서 파견한 수사관이다. 헨리드는 비꼬는 의미에서 감시 근무에 faithful(성실한) friend라고 했는데, 역자는 적과 아군을 구별하지 못한 모양이다.

○ 「저 착실한 친구는 아직도 열심히 자리를 지키는구먼.」

fake

"I got the feeling, not a lot but for about two seconds, that you were faking a little bit."

✘ 잠깐 속아 넘어갈 뻔 했지만 거짓말이란 걸 알겠더군요.

☛ 「맨해튼」에서, 발가벗고 침대에 나란히 누워 우디 앨런이 다이안 키튼에게 하는 말이다. 번역에서는 무엇을 속였다는 얘기인지 분명치가 않다. 그들은 방금 격렬한 성행위를 세 차례나 끝낸 상태이며, 이런 경우 fake(가짜)는 흔히 남자의 자존심을 살려 주기 위해 여자가 오르가즘을 느끼는 체하며 소리를 질러 대거나 하는 그런 과도한 반응을 뜻한다. 이럴 때는 꼭 〈가짜fake〉라는 말을 쓰지 않고 〈일부러 그러는 거〉라는 식으로 표현하더라도, 관객이 정확히 알아듣기만 하면 충분하겠다는 생각이다. 앨런이 한 말에서 앞부분은 〈당신이 반응을 약간 과장하는 모양이라고, 오랫동안은 아니지만 잠깐(2초 정도) 의심했다〉는 뜻이다. 뒷부분에는 여자의 반응이 〈거짓말이란 걸〉이 아니라 〈진짜라는 걸〉 알았다며 흐뭇해하는 (번역문과는 정반대의) 의미가 담겼다.

○ 「약간은 일부러 그러나 보다고 아주 잠깐이나마 의심했어.」

fall

"He wasn't falling off bar stools then."

✘ 혹시 그때 무대에서 떨어지지 않았소?

☛ 「갈채」에서 술 때문에 신세를 망친 빙 크로스비를 주연으로 무대에 세우겠다는 연출자 윌리엄 홀든에게 제작자가 비꼬는 말이다. 단순한 진술을 의문문으로 바꾸는 순간에 이미 오역

의 싹이 튼다. 〈8년 전에는 크로스비의 연기가 훌륭했다〉는 홀든에게 〈무대에서 떨어지지 않았느냐?〉는 홍두깨 질문을 제작자가 왜 했을까? bar stool(술집 의자)은 〈무대〉가 아니다. 제작자가 불평한 내용은 〈그 무렵이라면 술집에서 (인사불성이 되어 의자에서 굴러 떨어질 정도로) 만취 상태로 쓰러지고는 하던 시절 이전이었잖아요〉라는 뜻이다. stools라고 복수형을 쓴 것은 〈크로스비 혼자서 동시에〉 〈여러 의자〉로부터 굴러 떨어졌다는 뜻이 아니라, 술집에 가기만 하면 어디에서나 그랬다는 말이다.

○ 「그땐 몸을 가누지 못할 정도로 술 중독이 심해지기 전이었잖아요.」

fancy

"I sometimes think they are like very friendly neighbors, you know, the big father and mother mountains with their snow hats, and their nephews and nieces not quite so big with smaller hats. Right down there are tiny hillocks without any hats at all. Well, of course, that's just my fancy."

✘ 특히 산이 아주 멋진데, 정다운 이웃 같기도 하죠. 커다란 엄마 아빠 산은 멋진 눈 모자를 쓰고, 작은 조카들 산은 작은 모자를 쓰고 있죠. 산 아래 작은 언덕들은 눈 모자가 없답니다. 그 작은 언덕을 제일 좋아해요.

☛ 「사라진 노부인」을 보면, 여관 식당에서 두 여행자를 만난 노부인이 영국으로 돌아간다면서, 6년을 살아온 휴양지 마을의 눈 덮인 산에 정이 들었다는 얘기를 한다. 마지막 짧은 문장에서 fancy의 번역이 문제다. that's just my fancy에서 that은 단수여서, 복수인 hillocks를 뜻하는 말이 아니다. fancy는 동사형으로, 그리고 have a fancy for나 take a fancy to의 용법으로 〈~을 좋아하(게 되)다〉라는 뜻이 되기는 하지만, 여기서는 〈하기야 뭐 내가 그냥 공상을 해본 거지만요〉라는 말이다. 노부인은 이 영화의 실질적인 여주인공으로서, 상상력이 대단히 풍부하고, 나중에는 영국의 첩보원임이 밝혀진다.

○ 「뭐랄까요, 난 가끔 그들이 아주 다정한 이웃들이라는 기분이 들어서, 커다란 아빠산 엄마산은 하얀 눈 모자를 쓰고, 별로 크지 않은 조카산들은 작은 모자를 썼죠. 저 아래 작은 언덕들은 아예 모자가 없고요. 글쎄요, 물론 그건 내가 그냥 해본 생각이긴 하지만요.」

far

"You sailed the river safely so far?"

✘ 무사히 항해를 했나 보군.

☛ 「피츠카랄도」에서 고물 증기선을 수선하여 아마존 강을 거슬러 올라가기 위해 선장을 선발하려고 클라우스 킨스키가 네덜란드 남자를 면담하며 묻는다. 부사를 가볍게 보고 무시한 번역인데, 생략해버린 so far가 이 문장에서는 가장 중요한 핵심이다.
○ 「지금까지는 강을 오르내리며 사고를 한 번도 안 냈다는 말인가요?」

farm

"If we work hard and don't eat much, we can save money. We will buy a chicken farm."

✘ 열심히 일하고 조금만 먹으면 우린 돈을 모을 수가 있어요. 우린 닭 농장을 살 거예요.

☛ 「위대한 독재자」에서 폴렛 고다르가 찰리 채플린에게 시골로 가서 살자고 제안한다. farm이라는 단어를 보면 〈농장〉밖에 생각할 줄 모르는 경직된 번역이다. 닭을 키우는 〈농장〉은 〈양계장〉이다. catfish farm은 〈메기 농장〉이 아니라 〈메기 양식장〉이다. 〈지렁이 양식장〉을 〈지렁이 농장〉이라고 부르는 사람은 없다. 나무를 키우는 〈농장〉은 nursery(종묘장)라고 한다. 「공격」에서는 독일군이 점령한 마을로 진입하기에 앞서 잭 팰런스 소대장이 소대원들에게 목표물을 알려 준다.
「That's the farmhouse.」
✘ 「저기가 그 농장이다.」
하지만 그들이 공격할 곳에는 작은 마을만 하나 있고 농장은 보이지 않는다. farmhouse는 〈농장〉이 아니라 〈농가〉다.

fashion

"For nearly forty years, this story has given faithful service to the Young in Heart; and Time has been powerless to put its kindly philosophy out of fashion."

✘ 지난 40년간 이 이야기는 동심에게 친숙함을 주어 왔고, 유행을 떠나 세월과는 상관없이 좋은 인생관을 심어 주었다.

☞ 「오즈의 마법사」 DVD 판 영화의 도입부에서 관객에게 전하는 말이다. 〈fashion=유행〉이라는 식으로 기본적인 개념에만 너무 매달리다 보면 번역에서 우리말의 표현이 옹색함을 벗어나지 못한다. 울타리를 벗어나기만 하면 불안감을 느끼는 그런 습성은 언어적 다양화에 방해가 된다. fashion이라는 영어 단어가 나타나면 〈유행〉이라는 우리말 단어를 번역문에 꼭 넣어야만 한다는 조바심이 행동반경을 제한하기 때문이다. put out of fashion은 〈시대의 흐름에서 쫓아낸다〉는 말이어서, 〈한물가다〉, 〈낡아 버리다〉, 〈퇴조하다〉, 또는 〈퇴색하다〉라는 다양한 표현을 쓸 수가 있다.

○ 「거의 40년에 걸쳐서 이 이야기는 마음이 젊은 사람들에게 성실히 할 바를 다해 왔으며, 여기에 담긴 따뜻한 철학(믿음)은 세월이 흘렀어도 전혀 퇴색하지를 않는다.」

fatherland

"The Fatherland Front forces are disarmed."

✘ 파더랜드 최전선은 무장해제 됐다.

☞ 「비수(悲愁)」에서 히틀러가 오스트리아를 침공했다는 소식을 전하는 방송 내용이다. 앞에 정관사가 붙은 Fatherland(아버지 나라, 즉 조국)는 고유 명사가 아니라 motherland(모국)와 같은 말이다. front(전선)는 〈최전선〉이 아니라 그냥 〈전선〉이며, 특히 대문자인 경우에는 National Liberation Front(민족해방전선)처럼 투쟁 집단의 이름이 된다. 베트남의 민족해방전선은 전후방을 가리지 않고 어디에서나 활동했다. Fatherland Front라면 〈조국을 수호하기 위한 집단〉의 추상적인 명칭이다.

○ 「조국을 수호하던 병력은 무장이 해제되었다.」

feature

"Herr Rieber, I hear that you are publishing a national magazine with certain interesting intellectual features."

✘ 리버 선생, 당신은 몇몇 지식층 인사들하고 잡지를 발행한다는데 맞습니까?

☞ 「바보들의 배」에서 선장과 함께 식사를 하며 독일인 부부가 호세 페러에게 관심을 보인다. 상류층 인사인 화자의 완곡하고 고상한 말투를 〈맞습니까?〉라고 싸구려 정치꾼의 직설적이고 도발적인 화법으로 바꿔 놓은 부분이 눈에 거슬린다.

여기에서 feature는 사람(인사들)이 아니라 신문이나 잡지에 게재하는 〈글〉이다. 영화에서 잠시 후에 밝혀지지만, 페러는 인종 차별적 나치 사상을 지지하는 사람들의 특별 기고를 받아 그의 잡지에 연재한다. 신문에서 일반적인 〈보도 기사〉는 straight news라 하고, 보도 내용에 대한 보충적인 〈해설 기사〉는 commentary라 하며, 그 이외의 〈기획 기사〉는 feature stories라고 한다. 〈특집〉은 special features라고도 하며, 중요한 사건의 〈폭로 기사〉는 expose라고 부른다. 〈심층 취재〉를 한 기사는 in-depth 또는 investigative라는 형용사를 붙여 주기도 한다. by(-line) 항도 참조하기 바란다. 영화 용어로는 feature 또는 feature film은 〈극영화〉이며, featuring은 〈주연을 맡은〉 연기자를 뜻하고, introducing은 그 영화에 〈처음 출연(데뷔)〉하는 배우를 소개한다는 뜻이다.

○ 「리버 선생님, 제가 듣기로는 어떤 흥미진진하고 특정한 지성적인 기획 기사들을 게재하는 잡지를 선생님이 간행하신다고 그러던데요.」

feed

"He didn't have the knack of it when I was a lad. It's a pity. He must be feeding the worms by now."

✘ 내가 소년일 때 그는 아주 대단했어요. 그가 벌레나 기르고 있다니 유감입니다.

☞ 「테스」에서 늙은 일꾼이 농장 주인에게 〈용한 사람〉에 대한 소식을 전한다. 첫 문장은 아예 거꾸로 번역했다. 〈내가 젊었을 땐 그 사람 그런 재주knack가 없었어요〉라는 말이기 때문이다. 두 번째 문장은 〈슬픈 일이죠〉라는 뜻이고, 그 이유를 세 번째 문장이 밝힌다. must와 by now를 연결 지으면 〈틀림없이 지금쯤은 (~을 한다)〉이라는 뜻이 된다. 그리고 feed the worms(벌레들에게 먹이를 주다)를 〈양식(養殖)하다〉 쯤으로 추측한 모양인데, 이것은 〈죽었

다〉는 뜻의 굴절된 표현이다. 사람이 죽어서 땅에 묻히면 벌레들의 먹이가 되기 때문이다. 대화의 주제가 중간에 바뀌었다는 사실을 역자가 알아채지 못한 눈치다.

○ 「제가 어렸을 땐 그 양반 그런 요령이 없었거든요. 안타까운 일이지만요. 아마 지금은 돌아가신 지도 한참 되었을 겁니다.」

feel

"Feel me."

✘ 날 느껴봐.

☞ 「타이타닉」에서 3등칸 오락실로 놀러 내려간 여주인공이 화물칸에서 만난 남자에게 말한다. 여기에서 feel은 《마음으로》 느껴 봐〉가 아니라 《손으로》 만져 봐〉다.

「비포 선셋」에서 이단 호크가, 재회한 줄리 델피에게 아내와의 생활에 대한 불만을 털어놓는 장면에서는, 원문에 없는 feel이 우리말로 번역문에서 나타난다.

「I don't love her the way she needs to be loved.」

✘ 「아내와 난 필이 안 맞아.」

〈필〉은 〈오버〉하는 쪽정이 영어(☞ fly, mediocre)다. feeling은 마음으로 느끼는 〈감정〉이지만, feel은 손끝으로 느끼는 〈감촉〉이다. 번역문은 호크 부부가 〈서로 손가락을 마주 대면 촉감이 달라서 사이가 나빠졌다〉는 뜻이 된다.

○ 「아내가 필요로 하는 그런 식으로는 난 사랑하지를 않아.」

정확하지도 않은 한글 영어의 남용은 토마스 만이 1901년에 발표한 첫 장편 소설을 독일 텔레비전이 영상물로 제작한 「부덴브로크가의 사람들」에까지도 등장한다. 술집 여자가 고객 유치술을 설명한다. 〈마일리지도 쌓이고요.〉 비행기가 아예 없었던 시대에, 그것도 더구나 독일에, 영어로 mileage라는 표현이 과연 있었을까?

「애리조나 드림」에서는 러시안 룰렛을 하자는 릴리 테일러에게 조니 뎁이 싫다면서 이유를 설명한다.

「No, Grace, I'm not afraid of anything. I just don't feel like dying.」

✘ 「아냐, 그레이스, 난 아무것도 두렵지 않아. 죽음을 느끼고 싶지 않아서 그래.」

don't feel like (to)는 〈~를 하고 싶지 않다〉는 뜻의 쉬운 표현이다. 뎁은 〈죽음을 느끼고 싶지가 않다〉가 아니라 〈그냥 죽고 싶지 않을 따름〉이라고 말했다.

fella

"Just most girls have a fella, that's all."

✘ 아가씨들은 대개 부모가 있잖아요.

☞ 「보위와 키치」에서 키드 캐러딘은 셸리 두발에게 수작을 걸어 보려고 〈당신 fella 있느냐〉고 묻는다. 예문은 〈그건 왜 묻느냐〉면서 두발이 코웃음을 치는 말이다. fella는 fellow의 속어이며, 단수다. 〈부모〉는 두 사람이니까 복수다. 그리고 fellow는 〈부모〉가 아니라 〈놈팡이〉다. 캐러딘은 두발에게 접근하기 위해 〈임자(남자)〉가 있는지부터 알아보려던 터였다.

○ 「웬만한 아가씨라면 다 남자가 있잖아요.」
두발이 막연하게 둘러대고, 솔깃해진 캐러딘이 다시 묻는다.
「You've never had a fella?」
✘ 「부모를 아예 모른단 말예요?」
○ 「아가씨는 애인이 하나도 없었단 말인가요?」

fence

"He come out West and built a lot of fences."

✘ 아니요. 많은 벽을 만들었지.

☞ 「오클라호마」를 보면, 마을 단합 대회를 위한 춤판에서 제임스 휘트모어가 목장주 제이 C. 플리펜에게 불만을 털어놓는다. 〈I'd like to say a word for the farmers. He come out West and made a lot of changes.〉(난 농부들을 대변해서 한마디 하고 싶소. 농부는 서부로 와서 많은 변화를 일으켰지.) 그랬더니 목동 진 넬슨이 반박한 말이 예문이다.

휘트모어와 플리펜 두 사람이 무식한 시골 노인들이어서 단수와 복수, 현재와 과거의 시제 따위가 맞지 않는 언어를 구사한다는 사실을 감안한 다음, 번역해 놓은 내용을 보자. 넬슨이 말하기를 농부들이 서부로 나와 많은 〈벽〉을 만들었다고 하는데, fence(울타리)는 벽wall이 아니다. 〈벽〉은 안이 들여다보이지 않게 촘촘히 쌓아 올리는 반면에, 〈울타리〉는 널빤지나 철조망 따위로 대충 둘러친 경계선이다. 〈벽〉과 〈울타리〉와 〈담〉과 〈담벼락〉과 〈담장〉은 저마다 다른 말이다.

이런 단어들을 모두 같다고 생각하여 아무 데서나 호환하여 사용하는 까닭은 우리말 어휘력이 그만큼 제한되었기 때문이다. 예를 들어 우리말 〈비단벌레〉가 영어로 무엇인지를 생각해 보자. 이것을 눈에 보이는 그대로 〈비단=silk, 벌레=worm〉이라고 생각하여 silkworm이라고 하면, 그것은 〈누에〉로 변한다. 우리나라의 아름다운 비단벌레를 지칭하는 영어 이름은

jewel beetle이다.

영화에서는 넬슨의 반박에 고든 매크레이가 합세한다. 〈And built 'em right across our cattle ranges.〉(그것도 우리 목장 한가운데를 가로질러서 말예요.) 매크레이가 말한 cattle range(방목 구역, 즉 목장)와 넬슨이 말한 fence는 미국 개척기의 문화와 역사적 배경을 이해하는 데 있어서 필수적인 기호다. 서부 개척의 두 주역은 농부들과 목동들이었는데, 목축업자들은 소들이 마음대로 돌아다니며 풀을 뜯는 광활한 목초지와 물이 필요했고, 농부들은 그들의 농작물을 보호하기 위해 소들이 침범하지 못하도록 여기저기 울타리를 쳤다. 대부분의 울타리는 철조망이었는데, 사람이 살지 않는 허허벌판에 둘러놓은 철조망을 〈벽〉이라고 하는 사람은 없다.

울타리 때문에 목장주와 농부들 사이에서 어떤 갈등이 벌어졌는지를 잘 보여 주는 대표적인 영화 「셰인」을 보면, 총잡이 잭 팰런스를 데리고 와서 늙은 목장주가 농부 반 헤플린에게 〈내 땅에 울타리를 치고 나를 강에서 내몰았어fenced me off from the water〉라고 화를 내기도 한다. 이런 대립으로 인해서 두 집단 사이에서는 range war(터 싸움) 또는 fence war(울타리 전쟁)이 끊이지를 않았으며, 바로 이 유명한 fence war는 「유성(流星)과 같은 사나이」, 「위대한 서부」 따위의 수많은 고전 서부극의 주제가 되었다.

fiesta

"We will go directly to Madrid. We will have bullfights at Prado and then move on to Pamplona, and then it's time for the fiesta."

✘ 우린 곧장 마드리드로 갈 거야. 우린 쁘라도로 가서 투우를 구경한 다음, 빰쁠로나로 이동하고 그 다음엔 파티 시간이야.

☞ 「킬리만자로」에서 책이 출판되어 수표를 받아 든 그레고리 펙은 애바 가드너가 임신한 줄도 모르고 들뜬 마음에 열심히 계획을 세운다. 마지막 대목은 It's party time(즐기는 시간이다)라는 영어 표현이 연상되어 이런 오역이 나오지 않았나 싶다. 〈제례(祭禮)〉나 〈성일(聖日)〉을 의미하는 fiesta(영어 feast와 같은 뜻의 에스파냐어)는 〈파티〉가 아니라 〈축제〉라는 뜻이다. 빰쁠로나는 해마다 길거리에 투우를 풀어 놓고 시끄럽게 하루를 즐기는 〈축제〉로 유명한 도시다. 〈그 다음엔 파티 시간이야〉는 〈그러면 때맞춰 축제가 벌어질 무렵에 도착하겠지〉라고 옮겨야 한다.

fight

"You put a lot of money on tomorrow's fight. Is that your bet or — you placed it for a friend?"

✗ 내일 경기에 돈을 많이 걸었구만. 네 마권이야, 아니면 친구거야?

☞ 「밀러스 크로싱」에서 도박을 좋아하는 남자에게 친구가 묻는 말이다. tomorrow's fight는 내일 열리는 〈권투 시합〉이다. 〈마권(馬券)〉은 말[馬]에 돈을 걸고 사는 딱지다.

○ 「자넨 내일 시합에 돈을 많이 걸었더군. 자네가 건 돈인가 아니면 — 친구 대신 걸었나?」
같은 영화에는 이런 대사도 나온다.

「I mean, if you got a fixed fight. Do you?」
✗ 「승리가 예정된 마권 말인데.」
○ 「내 얘긴, 승부를 조작한 시합이라면 그렇게 하겠어. 그런 시합이야?」

「갈채」에서는 술 때문에 신세를 망친 빙 크로스비를 다시 무대에 세우려는 연출자 윌리엄 홀든이 제작자와 다툰다.

「On the last show, you fought me every step with Danelli.」
✗ 「지난 번 공연에서 당신은 다넬리와 매번 싸웠었죠.」
fought의 목적어는 me다. 제작자가 싸운 사람은 다넬리가 아니라 홀든이었다.
○ 「지난 번 작품에서는 다넬리와 관련된 문제라면 당신은 사사건건 나한테 시비를 걸었어요.」

이 영화의 역자는 동사의 목적어와 대상을 찾는 문제에 있어서 자주 어려움을 겪는 듯싶다. 예를 들면, 피아노 연주자가 크로스비에게 전에 연기했던 장면 하나를 선보이라면서 조언하는 말의 번역에서도 마찬가지다.

「That'd show Phil everything you want him to see.」
✗ 「필도 당신의 모든 것을 보고 싶어할 거예요.」
필(제작자)은 크로스비의 연기라면 처음부터 보고 싶지 않다고 버티던 사람인데, 이제 와서 무엇을 〈보고 싶어 한다〉는 말인가? Phil은 show의 목적어다.
○ 「그 장면이라면 당신이 그에게 보여 주고 싶은 모든 것이 담겨 있잖아요.」

크로스비의 연기력이 확인된 다음 연출자 홀든이 〈주역을 맡기겠다〉는 뜻을 밝히고, 그러자 크로스비가 부담감을 느껴 몰래 도망친다. 화가 난 홀든이 그의 집까지 찾아가 크로스비의 아내 그레이스 켈리를 만났더니, 〈그래도 남편에게 일을 맡기겠느냐?〉고 묻는다. 홀든의 대답이다.

「It all depends.」
✗ 「모두 그에게 달렸죠.」
〈그에게 달렸다(모든 일은 그의 결정에 따르겠다)〉라고 하려면 전치사 (up)on과 목적어 him이 있어야 한다. 하지만 그렇지가 않다. 홀든은 크로스비 때문에 크게 실망한 상태다. 격렬한 언쟁 끝에 겨우 제작자를 설득해서 크리스비를 발탁하기로 했는데, 몰래 도망쳐 버린 무책임한 사람에게 〈모든 결정권〉을 맡긴다는 상황은 논리에 맞지 않는다. 거듭거듭 필자가 강조하는 바이지만, 역자가 아는 영어 단어들에 대한 지식만으로는 어떤 문장의 뜻이 통하지 않으면, 사전을 뒤져 〈아는 단어〉에 어떤 모르는 뜻이 있는지를 하나하나 알아봐야 한다. 만일 역자가 컴퓨터의 F12 키를 한 번 찍어보기만 했더라도, it all depends는 it depends를 강조한 말이며, 두 문장 모두 〈그건 때와 형편에 달렸다〉 또는 〈사정 나름이다〉라는 뜻임을 쉽게 확인했을 터이다. depend(~에 따라 좌우된다)는 옛 프랑스어 dependre가 어원으로서, 〈밑으로 down〉를 뜻하는 접미사 de-와 pendre(pend, 매달리다)가 결합한 단어이며, 《소송이나 의안이 미결 상태다》 또는 〈미정이다〉라는 뜻이다. 그러니까 it depends는 it is pending(계류 중이다)과 같은 말이다. 따라서 홀든이 한 말은 《크로스비의 동의는 수많은 선결 과제 가운데 하나일 뿐이고, 그 다음에도 첩첩산중이니까, 다른 모든 상황을) 두고 봐야죠》라는 뜻이다.

fighter

"They also disturb the enemy fighters."

✘ 그들은 또한 적의 사수들을 교란시킨다.

☛ 「댐을 폭파하라」에서 작전을 지시하는 리처드 토드 중령이 선두 편대의 역할을 설명한다. 여기서는 fighter가 총을 쏘는 〈사람〉[射手]이 아니라 fight(전투)를 하는 비행기, 〈전투기(戰鬪機)〉다. bombing(폭격)을 하는 bomber는 〈폭격기〉고, 전투와 폭격을 겸하는 fighter-bomber는 〈전투폭격기〉(줄여서 전폭기[戰爆機]〉고, cargo plane은 《(화물)수송기〉고, Flying Fortress는 제2차 세계 대전에서 맹활약을 한 B-17의 속칭이다. B-17 뿐 아니라 B-29나 B-52처럼 비행기 이름 앞에 붙은 B는 bomber의 약자이고, F-16처럼 앞에 F가 붙은 비행기는 fighter이며, 숫자는 개발된 순서대로 붙이는 일련번호다. 수송기는 C-130(별칭은 〈Hercules〉)처럼 C라는 머리글자로 표시한다.

MBC에서 기록 영화 「카운트다운 히로시마」를 방영할 때 보니 원자 폭탄을 투하하러 가는 B-29를 〈전투기〉라고 번역했는데, 〈전투기〉는 다른 비행기(적기)와 공중전을 벌이는 항공기이고, bomber(폭격기)는 bomb(폭탄)을 투하하는 임무만 수행한다. 이 기록 영화에서는 트루먼 대통령의 참모를 〈해군 대위〉라고도 했는데, 일반적으로 계급이 대위면 그 사람은 나이가 아직 서른밖에 안 되었다. 미국처럼 막강한 군사 대국에서 일개 대위가 대통령의 참모 노릇을 한다는 상황은 상상하기도 어려운 일이다. 해군의 captain은 대위가 아니라 〈대령〉이다. colonel 항과 lieutenant 항을 참조하기 바란다.

figure

"But I didn't have a figure like you got, so I had to use my brain."

✘ 그땐 상황이 더 형편없었오.

☞ 「팜 비치 이야기」에서 소시지로 백만장자가 된 노인 로버트 더들리가 집세를 못내는 클로뎃 콜베어에게 자신의 과거를 얘기한다. ⟨I know how you feel. I was broke too when I was about your age.⟩(아가씨 기분 나도 알아. 아가씨 나이쯤 되었을 때 나도 거지꼴이 되었었거든.) 그리고는 덧붙인 농담이 예문이다.

농담은 흔히 겉으로 나타나지 않는 숨은 의미를 달고 다니는 경우가 많아서 번역이 어렵다. 위 예문은 눈에 보이는 단어들만 보지를 말고, 앞뒤 상황과 인과 관계까지를 파악하고, 생각도 하고 추리해 가면서 번역해야 하는 그런 경우다. 역자는 예문에서 앞뒤로 이어지는 인과 관계, 그러니까 앞에 나오는 figure와 뒤에 나오는 brain의 관계에 얽힌 수수께끼를 이해하지 못한 모양이다. 아마도 figure를 ⟨숫자⟩로 생각하여 ⟨재산⟩이나 ⟨부(富)⟩라는 개념으로 접근한 듯싶다. 그래서 ⟨나는 그 나이에 아가씨 만큼도 돈이 없었다⟩는 뜻이려니 막연히 추측했을지도 모르겠다.

여기에서 figure는 ⟨몸매⟩를 뜻한다. 얼굴이나 마찬가지로 여자에게는 몸매가 큰 밑천이다. 얼굴이 예뻐서 시집을 잘 가면 평생 팔자를 고친다는 옛날식 사고방식이 figure와 brain의 수수께끼를 푸는 열쇠다. 여자로서 얼굴이나 몸매만 잘 빠졌으면 머리brain를 쓸 필요도 없이 한평생 잘 살아갈 텐데, 남자인 더들리 노인은 ⟨아가씨처럼 그런 몸매를 갖추지 못했고, 그래서 열심히 머리를 굴려 노력한 결과로 이제는 백만장자가 되었다⟩는 소리다.

○ 「하기야 난 아가씨 같은 몸매도 없었으니, 머리를 쓰지 않고는 먹고 살아갈 길이 막막했거든.」

file

"You know what file is?"

✘ 넌 인생이 뭔지 알지?

☞ 「위대한 유산」에서 탈옥수가 어린 핍에게 묻는 말인데, EBS에서 이 영화를 방영할 때 실제로 내보낸 자막이다. 경찰에 쫓기는 다급한 탈옥수가 어둠 속에서 난생 처음 만난 아이에게 도대체 왜 ⟨인생을 아느냐⟩고 물었을까? 역자가 필시 대본에서 file을 life라고 잘못 보았으리라. 탈옥수는 발에 채운 족쇄와 쇠사슬을 끊기 위해 file(줄칼)이 필요했다. 이 영화에서는 나중에 file을 ⟨쇠톱⟩이라고도 번역했는데, 쇠톱saw과 줄칼은 용도가 같지 않다.

「바람과 함께 사라지다」를 보면, 북군의 영창에 갇힌 클락 게이블을 면회하러 비비엔 리가 찾아가자, 그들 두 사람만 감방에 남아 얘기를 나누지 못하게 헌병이 입회하려고 하지만, 게이블이 밀어내며 말한다.

「It's all right, Corporal. My sister has brought me no files or saws.」

✗ 「괜찮아요. 내 동생이 문서나 톱은 안 가져왔으니.」

files or saws는 〈줄칼이나 톱〉이다. 줄칼은 탈옥을 하려고 쇠창살을 잘라 내는 데 사용한다. 원전 소설을 보면 이 대목에서 〈문서나 톱〉의 용도를 보다 구체적으로 밝혀 놓았다. 〈I assure you, gentlemen, my — sister hasn't brought me any saws or files to help me escape.〉(안심들 하시죠, 여러분, 내 — 여동생이 내가 탈옥하도록 돕기 위해 줄칼이나 톱을 가져오지는 않았으니까요.)

filling

"How much do you charge for filling?"

✗ 충전재 해 넣는데 얼만가?

☞ 「황금연못」에서 심술꾸러기 팔순 노인 헨리 폰다는 딸의 애인 대브니 콜먼이 치과 의사라니까 공연히 쓸데없는 질문부터 한다. 필자가 집에서 사용하는 우리말 사전에는 〈충전재〉라는 항이 없다. 〈충전제〉도 치과하고는 전혀 관계가 없는 단어다. 충치가 생기거나 했을 때 금 따위로 때워 넣는 것을 우리말로는 〈봉filling을 해 박는다〉고 한다.

○ 「충치 하나 치료해 주면 자넨 요금을 얼마나 받나?」

film

"a Sydney Pollack film."

✗ 시드니 폴락 영화사.

☞ 「진실의 두 얼굴」 도입부에 나오는 자막이다. 영화사 이름이라면 〈a〉가 들어가지 않는다. 신상옥 감독이 설립한 〈신필림〉 영화사는 the Shin Films라고 정관사를 썼다. a Sydney Pollack film은 〈시드니 폴락 감독이 만든 영화〉다. 「형사 가제트」도 〈데이비드 켈로그 영화사a David Kellogg film〉 작품이라고 자막에 소개했지만, 사실은 Buena Vista/Walt Disney/Caravan이 공동으로 제작했고, 데이비드 켈로그는 감독이다.

final

"The order is final."

✘ 명령은 전달했습니다.

☛ 「사느냐 죽느냐」에서 폴란드 외무성 관리가 히틀러를 비꼬는 연극을 중단하라고 극단에 통고한다. final(최종적, 확정적)은 이미 내려진 어떤 결정이 〈요지부동〉이기 때문에, 앞으로 번복하거나 변경이 불가능하니, 〈더 이상 따지지 말라〉는 뜻이다.

○ 「확정된 사항(이어서 이의를 제시하면 안 되는 명령)입니다.」

「타인의 도시」에서 여자 친구 캐롤 화이트의 집안에 쌓인 짐을 보고 올리버 리드가 뭐냐고 물었더니, 화이트가 설명한다.

「My worldly goods. Things I brought from home when my parents finally split up.」

✘ 「부모님이 완전하게 갈라설 때 가져온 내 사유물이야.」

worldly goods는 〈자질구레한 잡동사니〉다. finally를 〈완전히〉라고 옮겼는데, 그렇다면 〈불완전하게〉 갈라서는 상황은 무엇일까? 여자의 부모가 티격태격 오랫동안 다투며 질질 끌어오다가 〈마침내〉 갈라섰다는 뜻이겠다.

○ 「내 재산이야. 부모님이 드디어 갈라선 다음 내가 집에서 가져온 물건들이지.」

find

"Please, don't bother. I can find my way out."

✘ 신경쓰지 마십시오. 내 문제는 알아서 하죠.

☛ 「지난여름 갑자기」에서 먼고메리 클리프트가 첫 면담을 끝낸 다음, 배웅을 나오려는 캐더린 헵번에게 하는 말이다. can find my way out은 〈나가는 길은 내가 아니까〉 병들어 불편한 몸으로 번거롭게 문까지 나올 필요가 없다는 뜻이다. 〈벗어나는 길을 알아낸다〉는 비유적인 표현으로 오해한 모양이다.

「전송가」에서도 find가 제 길을 찾지 못한다. 절에서 다시 만난 록 허드슨 대령에게 안나 카슈피가 데리고 있던 고아들에 대해서 설명한다.

「I found them on the road.」

✘ 「길거리에서 찾았어요.」

잃어버렸던 물건이나 사람은 〈찾았다〉고 하지만, 길거리에서 헤매던 고아들은 〈발견〉했다고 한다.

○ 「길바닥에서 만난 아이들이죠.」

fine

"He just doesn't care about the fine points."

✘ 좋은 말은 절대 안 하는군.

☞ 「깃발」에서 대통령 후보 존 트라볼타 상원 의원이 미용사와 불륜을 저질렀다는 흑색선전에 반론을 제기하지만, 언론은 진실을 밝히기보다 선정적인 내용을 보도하는 데 훨씬 더 열심이다. 예문은 텔레비전 진행자의 원색적인 농담을 듣고 흑인 선거 운동원 에이드리안 레스터가 크게 실망해서 토로한 심정이다. fine point라는 표현은 자칫 빠지기 쉬운 함정이다. 〈좋은 점〉이라고 오해하기가 쉽기 때문이다. 레스터가 실망한 이유는 텔레비전 진행자가 〈반론의 내용에 담긴 fine points(세부적인 사항들)〉에 대해서 신경을 쓰지 않는 태도 때문이다. 이 문장의 내용을 제대로 이해하기 위한 열쇠는 번역에서 빼먹은 care(신경을 쓰다, 관심을 보이다)다.

○ 「저 친구 자세한 내용은 잘 알지도 못하면서 헛소리만 늘어놓는군.」

「겅가 딘」에서는 더글라스 페어뱅크스 주니어가 결혼을 위해 군에서 제대하려고 하자 캐리 그랜트와 빅터 맥라글렌이 방해 공작을 벌인다. 격렬한 전투라도 벌어지면 페어뱅크스를 붙잡아 두기가 쉽겠는데, 그것도 마음대로 되지 않아서 맥라글렌이 그랜트에게 푸념을 늘어놓는다.

「This is a fine time for things to go quiet.」

✘ 「조용하면 좋겠는데.」

fine의 반어법을 전혀 이해하지 못해서 거꾸로 번역해 놓았다.

○ 「하필이면 왜 이런 때 이렇게 잠잠한 거야.」

「누구를 위하여 종은 울리나」를 보면, 계곡에 정부군 기병대가 나타났는데, 집시 유격대원이 어디론가 사라지고 없다. 〈토끼를 잡으러 쫓아갔다〉는 노인의 설명을 듣고 개리 쿠퍼가 하는 말이다.

「Fine time to go hunting.」

✘ 「사냥할 시간도 있군.」

아마도 〈별 한가한 놈 다 보겠군〉이라는 뜻으로 그렇게 번역한 모양이지만, 역시 반어법에 대한 이해가 부족하다.

○ 「하필이면 이럴 때 사냥을 가다니.」

「갈채」에서는 빙 크로스비가 〈아내 그레이스 켈리와 다투었다〉는 거짓말을 하자, 연출자 윌리엄 홀든이 화를 낸다.

「She certainly picked a fine time to start yelling and screaming.」

✘ 「그녀는 소리 지를 좋은 기회를 잡았군요.」

○ 「부인께서는 바가지를 긁어 대야 할 순간을 정말로 잘도 골랐군요.」

「쿠오 바디스」에서는 개선하는 군사들에게 로마로 입성하지 말고 외곽에서 기다리라는 전갈을 황제가 보내오자 로버트 테일러 사령관이 부관에게 소리친다.

「A fine welcome after a three-year campaign! We're ordered to camp here.」

✗ 「3년간의 작전 수행 끝에 환영이라! 우리들더러 여기서 야영하라는 명령이야.」

번역문을 보면 테일러 사령관이 〈환영〉을 받고 고마워하는 듯싶지만, 정반대의 뜻이다. fine welcome은 〈잘도 환영해 주는구먼〉이라고 비꼬는 말이다. campaign은 1회성인 operation(작전)보다 훨씬 규모가 큰 군사 행동(☞ battle)이어서, 〈출정〉 또는 〈정벌〉이라는 표현이 더 잘 어울리겠다. 예를 들면 〈태평양 전쟁〉 정도의 규모에 이르는 〈작전〉이라면 the Pacific campaign이라고 해도 된다. 보통 operation은 〈3년〉이 아니라 몇 시간이나 며칠, 길어야 한 달 정도로 끝난다.

○ 「3년 동안 전쟁을 하고 돌아왔는데 고작 이 정도의 환영인가! 우리들더러 여기서 밤을 보내라고 하다니.」

finger

"It's a painful memory. You put the finger on me."

✗ 고통스러운 기억이야. 당신이 내게 총을 겨누었어.

☛ 「밀러스 크로싱」에서 잔머리를 열심히 굴리는 조무래기 범죄자 존 터투로가 프리드릭 포레스트에게 공갈을 친다. put the finger on은 〈손가락으로 가리키다〉, 즉 〈나를 (범인이라고) 지목하여〉 또는 〈나를 밀고하여〉 곤란한 입장에 빠트렸다는 말이다.

○ 「뼈아픈 기억이지. 자네가 나를 밀고하다니.」

「낯선 동행」에서는 어느 할머니가 전쟁 당시 독일이 영국으로 V-2를 발사했을 때의 〈가장 무서웠던 체험〉을 얘기한다.

「You just kept your fingers crossed so that they'd go somewhere else away from you.」

✗ 「멀리 다른 곳으로 날아가 떨어지라고 사람들은 손으로 행운의 십자가를 그렸어요.」

문화적인 차이에서 생겨나는 흔한 유형의 오역이다. 서양 영화를 보면, 특히 여자나 어린아이들이, 검지와 가운데 손가락을 꼬면서 반쯤 눈을 감고 무슨 기도를 드리는 장면을 흔히 보게 된다. 이때 손가락을 꼰 한 손이나 두 손을 앞으로 들고 그러면 무엇인가 소원이 이루어지기를 비는 행동이다. 그러나 손가락을 꼰 손을 등 뒤로 숨기고 있으면, 그것은 무엇인가 남에게 거짓말을 하면서 들통이 나지 않아 벌을 받지 않고 무사히 넘어가기를 비는 행동이다. 이럴 때는 〈손가락을 꼬았다〉는 〈직역〉으로는 의미가 제대로 전달되지 않으니까 〈간절히 빌었다〉라고 풀어 주면 되겠다.

○ 「멀리 다른 곳에 가서 떨어지라고 비는 수밖에 별다른 도리가 없었죠.」

finish

"You can call me father, you can call me Jacob, you can call me Jake, you can call me a dirty son of a bitch. But if you ever call me daddy again, I'll finish this fight."

✗ 아버지나 제이콥, 제이크라 불러도 좋지만, 계속 아빠라고 부른다면 이 싸움을 그만두겠다.

☞ 「빅 제이크」에서 10년 만에 만나는 아들 패트릭 웨인이 권총을 들이대고 자꾸 비아냥거리자 존 웨인이 진흙탕으로 그를 집어던진 다음에 경고한 말이다. 이렇게 경고한 아버지는, 아들이 여자아이처럼 그를 〈아빠〉라고 부르지 않았는데도 〈싸움을 그만두고〉 그냥 자리를 뜬다. 이렇게 앞뒤가 안 맞으면 그런 번역은 필시 오역이다.

여기에서 finish는 싸움을 〈그만둔다〉는 말이 아니라, 《(이왕 벌인 싸움이니까) 아예 끝장을 내겠다》는 (정반대의) 뜻이다.

○ 「넌 날 아버지라고 불러도 좋고, 제이콥이라고 해도 좋고, 제이크라는 애칭으로 불러도 좋고, 하다못해 더러운 개자식이라고 해도 참아주겠어. 하지만 한 번이라도 다시 날더러 아빠라고 하면, 이 정도로 혼내고 끝내지는 않을 거야.」

「내가 마지막 본 파리」에서, 기사를 써야 하는 마감 시간에 쫓겨 반 존슨이 엘리자베스 테일러를 먼저 집으로 돌아가라고 택시를 잡아 주려고 하자, 〈나도 택시는 잘 잡아요〉라고 테일러가 사양한다.

「The first thing I learned at the finishing school.」

✗ 「학교 졸업하자마자 배운 거죠.」

단어들을 대충만 훑어보면서 하면 이런 엉뚱한 번역이 나오기 쉽다. at the finishing school을 after finishing school로 잘못 보았던 모양이다. finishing school(☞ charm)은 처녀들이 시집을 가기 전에 예절이나 교양 따위를 익히는 〈신부 학교(新婦學校)〉다. 테일러는 〈신부 학교에서 택시를 잡는 방법을 가장 먼저〉 배웠다.

「쇼처럼 즐거운 인생은 없다」에서 밋치 게이너는 몰래 독한 술을 먹이려는 남자를 골탕 먹이고 온 얘기를 하고, 어머니 에텔 머맨은 자신이 개발한 〈호신술〉을 알려 주며 두 사람이 깔깔거린다. 〈무엇이 그렇게 재미있느냐〉고 남편 댄 데일리가 핀잔을 주니까 머맨이 말한다.

「Maybe Katie never went to a finishing school, but there're some parts of education I will be a match against anybody.」

✗ 「케이트는 학교를 마치진 못했지만, 어디에 내놔도 빠지지 않는 똑똑한 아이예요.」

finishing school 앞에 왜 부정 관사 a가 붙었는지를 조금만 생각해 봤더라면 이런 실수는 나오지 않았으리라고 생각한다.

○ 「케이티가 신부 학교는 근처에도 못 가보긴 했지만, 어떤 분야의 교육에 있어서는 내가 누구한테도 지지 않을 훌륭한 선생이라고요.」

fire

"Where's the fire?"

✘ 어디 화재가 났어요?

☞ 「달콤한 바람」에서, ((〈난 제한 속도를 위반한 줄 몰랐단 말이요〉라고 변명하는) 제임스 가너에게 이탈리아 경찰관이 묻는 말이다. 상상력이 부족한, 그래서 고지식한 번역이다. 허둥대거나 서두르는 사람에게 〈어디 불이라도 났답니까?〉라고 묻는 이 질문은 〈뭐가 그렇게 바빠서요?〉라고 핀잔을 주는 말이다. 오래된 우리말 표현으로는 〈어디 호떡집에 불이라도 났답디까?〉 정도가 되겠다.

○ 「화장실이라도 급했나요?」

「허드」를 보면, 남편이 출장을 간 사이에 동네 유부녀와 잠자리를 같이 한 폴 뉴먼이 걱정되어, 조카 브랜든 드 와일드가 아침 일찍 깨우러 여자의 집으로 찾아가 자동차의 경적을 울려댄다. 뉴먼이 아직도 잠에 취해 밖으로 나와서 불평한다.

〈I just hope, for your sake, this house is on fire.〉(너를 걱정해서 하는 말인데, 이 집에 불이 났기만 바라겠다.) 〈(불이라도 나지 않았다면) 별일 아닌데 사람을 놀라게 했으니 넌 나한테 혼날 줄 알아라〉고 경고하는 말이다.

「청춘 여정」에서는 기쁜 소식을 어서 알리고 싶어 황급하게 남편이 전화를 걸어오자 일리너 파커가 재미있어하며 묻는다. 〈우리 집에 불이라도 났어요?〉〈웬 호들갑이냐〉는 뜻이다.

「인사이더」를 보면, CBS-TV 「60분Sixty Minutes」의 제작자 알 파치노가 담배 회사에서 해고된 이유를 묻자 럿셀 크로우는 회사 측에서 내세운 이유를 설명한다.

「I got fired because, when I get angry, I have difficulty censoring myself, and I don't like to be pushed around.」

✘ 「홧김에 총을 잘못 쏴서 맞은 적도 있지만, 새삼 추궁당하긴 싫소.」

DVD판 예문 번역은 fire(해고하다)의 뜻을 잘못 파악한 오발탄 번역이다. 〈총을 잘못 쏘다(오발하다)〉는 misfire라고 한다.

○ 「내가 해고를 당한 까닭은, 화가 나면 난 자신을 주체하기가 힘들기 때문인데, 난 누가 이래라 저래라 하는 걸 좋아하지 않거든요.」

「원초적 본능」을 SBS에서 방영했을 때는 형사들이 이런 대화를 주고받았다. 〈넌 해고야.〉 〈상부에 보고해서 해고시킨다잖아요.〉 회사에 다니는 직장인은 〈해고〉를 당하지만, 경찰은 〈해고〉가 아니라 〈파면〉을 당한다.

first

"He told 'em nothing. He will die first."

✘ 자백 안했어요. 놈들 때문에 돌아가시겠죠.

☛ 「나바론」에서 특공대원들과 접선하러 나타난 아이린 파파스가 〈독일군에게 아버지가 잡혀가서 (내가) 대신〉 왔노라고 설명하는 대목이다. first라는 단어 하나의 번역을 빼먹으면 이렇게 의미가 달라진다. He will die first는 〈~ 할 바에야 차라리 (그 전에 먼저) 죽는다〉는 의미이다. 그러니까 아버지는 〈독일군에게 자백하지 않고, 그보다 먼저 죽을 사람〉, 즉 〈죽는 한이 있어도 비밀은 자백하지 않는다〉는 뜻이다.

○ 「아버지는 놈들에게 아무것도 불지 않았어요. (자백을 할 바에야) 차라리 죽어 버리셨겠죠.」

「왕자와 무희」에서는 로렌스 올리비에 대공과 만찬을 같이 하려고 대사관에 도착한 마릴린 몬로가 그녀를 안내하는 영국 외무성 관리에게 고백한다.

「I'm shaking. This is worse than a first night.」

✘ 「첫 날보다 떨려요.」

난생 처음 대사관에 발을 들여놓은 몬로에게는 오늘이 〈첫 날〉이다. 이렇게 말이 안 되는 번역이 나올 때는 오역의 원인이 무엇인지를 알아봐야 한다. 부정 관사 a가 문제다. a가 앞에 붙었다는 것은 몬로가 지금까지 겪었던 first night이 여럿이라는 뜻이다.

○ 「나 떨려요. 공연 첫 날보다도 훨씬 겁나는군요.」

「킬리만자로」에서 첫 소설을 출판하게 되어 생긴 돈으로 아프리카 여행을 떠났던 때를 그레고리 펙이 회상한다.

「And there was never a time for me like that first time in Africa.」

✘ 「그 첫 아프리카 여행은 내 일생에 유일한 것이었다.」

모든 〈첫 여행〉은 〈유일〉하다. 첫 여행을 두 번 하면 그것은 〈두 번째 여행〉이다. 〈아프리카로 가는 첫 여행〉이라면 그 후에도 여러 번 아프리카를 찾아갔음을 암시한다.

○ 「그리고 나는 처음 아프리카를 여행했을 때의 그런 경험을 다시는 하지 못했다.」

fish

"Jesus Christ, Norman, with all the fish in the river."

✘ 그럼 물고기는 어쩌라고?

☛ 「흐르는 강물처럼」에서 〈I think I'm in love with Jesse Burns(나 제시 번스를 사랑하는 모양이야)〉라고 형이 고백하니까 브래드 피트가 한심하다는 표정으로 하는 말이다. 우선 Jesus

Christ는 〈하느님 맙소사〉라는 뜻으로서, 〈기가 막히는구먼〉과 같은 말이다. 〈물고기는 어쩌라고〉는 아마도 〈그럼 낚시는 집어치우고 안 하겠다는 말이냐〉라는 뜻 같은데, 여기서 fish는 fishing(낚시질)과 전혀 관계가 없는 말이다. with all the fish in the river(강에는 물고기가 지천으로 많은데)는 아주 흔한 표현으로서, 〈길바닥에 널린 게 여자인데 하고 많은 여자들 중에서 왜 하필이면 그 여자야?〉라는 뜻이다.

○ 「맙소사. 어지간히도 여자가 없었던 모양이구먼.」

핏의 코웃음에 형은 〈But not like her(하지만 [다른 여자는 아무도] 그 여자 같지는 않아)〉라고 대답한다. but은 핏의 얘기를 반박한다는 뜻이다. 앞에 나온 말 〈물고기는 어쩌라고〉는 물론 형의 대답과 연결이 되지 않는다.

어떤 영어 단어에 대해서 우리말 단어 한 가지를 알면 틀리건 말건 아무 데서나 그 단어만 사용하는 번역자들의 습성을 가장 잘 보여 주는 사례 가운데 하나가 fish 또는 fishing이다. 텔레비전에서 확인해 보자. fishing은 〈낚시〉 말고 〈고기잡이〉라는 뜻으로도 널리 쓰인다. 〈고기잡이〉는 그물이나 작살 따위 또는 맨손으로 잡는 경우를 뜻한다. 〈낚시〉는 반드시 낚싯대에 줄을 매고 바늘에 미끼를 꿰어서 잡는 경우를 뜻한다. 그래서 같은 fishing boat라고 해도 어부가 타고 나가면 〈고기잡이배〉요 낚시꾼들이 타고 나가면 〈낚싯배〉가 된다.

1990년 판 「파리대왕」을 KBS에서 방영할 때는 무인도에 표류한 아이들의 회의에서 지도자 소년이 〈낚시도 더 부지런히 해야 하고〉라며 다그친다. 야단을 맞은 아이는 다음 장면에서 낚시가 아니라 막대기를 깎아서 만든 작살로 〈고기잡이〉를 한다. SBS의 「모닝 와이드」에서는 작살로 〈문어잡이〉를 하면서 〈밤에 하는 낚시는요, 문어를 잡기 위해서랍니다〉라고 설명했다. 오징어는 낚시로 잡기도 하지만, 아직까지 문어를 낚시로 잡은 사람은 없었다. EBS 〈자연 다큐〉 「동물의 낙원 샹보르 공원」에서는 〈초겨울은 낚시를 하기에 좋은 계절이죠〉라는 설명이 나왔는데, 그림을 보면 〈그물질〉만 계속되지 아무도 〈낚시〉는 하지 않는다. 나중에는 왜가리와 멧돼지까지도 〈낚시〉를 한다는 황당한 설명도 곁들였다. EBS 〈자연 다큐〉는 다른 프로그램에서도 〈스키머(주둥이를 수면에 대고 날아가며 물고기를 잡는 새)는 특이한 낚시 기술을 뽐냅니다〉라는가 하면, 물에 빠진 나방을 건져 먹는 〈박쥐는 놀라운 낚시꾼〉이라고 주장했다. 사하라에 대한 EBS 〈자연 다큐〉에서도 〈해오라기가 낚시를 즐깁니다〉라고 주장하는가 하면, SBS 뉴스에서는 〈가마우지를 이용한 낚시법〉을 소개했다. 〈중국에서 1,300년 역사를 자랑하는 낚시 방법〉이라면서 말이다. KBS2 「도전! 지구탐험대」에서도 〈가마우지 낚시법〉을 소개했다. 훈우리판 「동물의 세계」에서는 〈붉은 목 되강오리(☞ entomologist)도 노련한 낚시꾼입니다〉라고 주장했다. 참으로 좋은 번역이 돋보였던 EBS 「핑그르르 자연탐험」에서까지도 연어가 올라오기를 기다리는 곰을 보여 주며 〈낚시꾼이 있군요〉라고 했으며, MBC 「자연은 살아있다」 또한 〈맥닐 강에서 곰들이 낚시를 한다〉고 맞장구를 쳤다.

fishing을 하는 사람의 경우도 마찬가지다. KBS에서 「뻐꾸기 둥지 위로 날아간 새」를 방영했을 때, 잭 니콜슨은 정신 병원의 환자 여러 명을 이끌고 여자까지 하나 곁들여 배를 타고 바다로 나가 미끼와 바늘을 나눠 주며 말한다. 〈자넨 미치광이가 아니고 이제는 어부란 말이야.〉 니콜슨은 〈네 신분이 상승되었디〉는 뜻으로 그런 말을 했지만, fisherman이 엉어로는 같은 단어라고 해도, 〈낚시꾼[釣士]〉을 〈어부〉라고 하면 한국인들은 모욕을 당했다며 화를 낸다.

〈조사〉는 sportsman이지만, 〈어부〉는 그냥 〈어부〉기 때문이다.

낚시 얘기를 하나만 더 하겠다. KBS에서 방영한 「사랑을 기억하십니까」에서는, 여교수 조앤 우드워드가 남편과 함께 낚시를 하고 돌아오다가 이웃 부부를 만난다. 그리고 이웃이 〈매운탕 얻어먹으러 가겠어요〉라고 인사를 한다. 미국인들은 민물고기를 튀겨 먹고 구워 먹기는 해도 매운탕은 만들어 먹지 않는다. 지나친 창작 번역은 그래서 위험하다.

fit

"She's having a fit."

✘ 개가 발작을 했나 봐요.

☛ 「케이프의 공포」에서 개가 요란히 짖어 대자 겁이 난 아내 폴리 버겐이 그레고리 펙에게 묻는다. fit이라고 해서 모든 경우가 〈발작〉은 아니다. coughing fit은 〈기침 발작〉이라고 하지 않는다. 〈굉장히 심한 기침〉이나 〈갑작스러운 기침〉 또는 〈요란한 기침〉을 그렇게 말한다. 심하게 웃거나, 화를 심하게 낼 때도 fit이라는 단어를 쓴다. 〈개가 흥분했나 봐요〉라고 하면 충분하겠다.

○ 「개가 왜 저 야단인지 모르겠어요.」

「닥터 지바고」에서는 역으로 마중을 나온 어머니가 건강을 묻는 제랄딘 채플린에게 큰소리를 친다.

「Me? Fit as a fiddle.」

✘ 「나? 바이올린처럼 팽팽하지.」

〈바이올린처럼 팽팽하다〉는 우리말다운 표현이 아니다. You look like a million dollars(당신 진짜로 근사하구먼)를 〈당신 100만 달러처럼 보여〉라고 번역하는 격이다. fit은 〈건강이 좋다〉는 뜻이며, fit as a fiddle은 〈더할 나위 없이 건강하다〉 또는 〈몸이 날아갈 듯 가볍다〉는 의미다. 문장의 어감만 제대로 살릴 수가 있다면 as a fiddle이라는 비유와 맞먹는 우리말 비유를 찾아내려고 구태여 애쓸 필요는 없다고 본다.

○ 「나 말이냐? 쌩쌩하지.」

flag

"That's all documented and proven in my library. Already found El Capito, Ubilla's flagship."

✘ 내 도서관에 기록이 다 있어요. 기선도 이미 발견이 됐어요.

- 「대양」에서 재클린 비셋과 닉 놀티가 발견한 난파선에 대해 로버트 쇼가 의견을 낸다. 집안에 수집해 놓은 책은 아무리 규모가 커도 〈도서관(☞ library)〉이라고 하지 않는다. 그리고 〈기선〉이라고 하면 steamship(汽船)이 머리에 떠오르지, flagship은 아니다.
  ○ 「내 장서에 확실한 기록이 모두 나와요. 우빌라의 기함(旗艦)인 엘 카피토 호는 이미 찾아냈죠.」

flair

"You know, for someone who started lying just recently, you've shown a real flair."

✘ 거짓말을 배우겠다는 사람이 있으면 당신이 본보기를 보여 주도록 해요.

- 「멋쟁이」에서 신혼여행을 떠나기에 앞서 피터 오툴이 범죄자의 딸 오드리 헵번에게 〈항복〉한다. flair는 〈본보기〉가 아니라 〈재능〉이다. 이 단어는 중세 영어로 odor(냄새)라는 뜻이었으며, 〈냄새를 잘 맡는다〉에서처럼 어떤 본능적인 능력에 의존하는 〈재능〉을 뜻한다. aptitude(적응력, 적성)의 유의어다. gift 역시 〈타고난 능력〉이지만, 우리말로는 〈손재주〉에 가까우며, talent(재능)는 흔히 예술적인 능력을 뜻한다. knack은 무엇인가를 쉽게 해내는 〈솜씨〉다.
  ○ 「뭐랄까, 이제 막 거짓말을 배우기 시작한 사람치고 당신은 (새로 배운 도둑질에 밤이 새는 줄 모른다더니) 방금 진짜 대단한 실력을 발휘한 셈이야.」

flame

"Instead of a baton, conduct with a flame thrower."

✘ 지휘봉 대신에 횃불로 지휘해.

- 「기분을 내서 다시 한 번」에서 단원의 머리를 바이올린으로 때리고 셔츠를 찢어 버리는 등 폭군적이고 독선적인 행동을 일삼는 지휘자 율 브리너를 못마땅하게 생각하는 대리인 그레고리 래토프가 하는 말이다. 두 단어를 따로 알기는 해도 그 단어들이 결합하면 무슨 뜻이 되는지를 모르는 경우에 생겨나는 오역이다. flame thrower는 〈화염 방사기〉다.
  「잠망경을 내려라」에서는 함상의 해군 장교들이 말을 주고받는다. 〈불꽃놀이를 하나요?〉 〈아냐. 섬광탄이야.〉 flare는 〈섬광탄〉이 아니라 〈조명탄〉이다.

○ 「지휘봉이 아니라 화염 방사기를 휘두른다니까.」

flapper

"You must be joking. You want me to play some frumpy housewife who gets dumped for a flapper?"

✘ 나더러 버림받고 매력없는 가정주부 역을 하라는 거야?

☞ 「브로드웨이를 쏴라」에서 존 큐색의 희곡을 읽어 본 다이앤 위스트가 대본을 집어던지며 대리인에게 소리친다. 위스트가 못마땅하게 생각하는 까닭은 한때 잘 나갔던 명배우인 그녀가 맡아야 할 역이 〈다른 여자에게 남편을 빼앗기는 퇴물〉이기 때문이다. 따라서 그녀로부터 남편을 빼앗아 가는 여인 flapper를 가능하면 번역문에서도 살려 둬야 한다. 원작의 모든 대사와 어휘는 저마다 나름대로 필요해서 써놓은 것인데, 역자가 마음대로 편집해 가며 잘라 내는 일은 정도에 지나치면 안 된다.

flapper는 1920년대 미국 사회에서 첨단을 간다고 자부했던 〈신여성〉으로서, 한 세대를 반영한 하나의 시대적 지표signifier였다. flap([날개 따위를] 퍼덕거리다)의 명사형인 flapper(퍼덕이)는 〈비트족(☞ beatnik)〉보다 한 세대 앞서 또 다른 〈깃발〉로서 존재했던 집단으로, 흔히 F. 스콧 피츠제럴드의 소설 『위대한 갯츠비』의 여주인공 데이지(영화에서는 미아 패로우가 이 역을 맡았음)가 대표적인 〈퍼덕이〉로 꼽힌다. 우리나라에서 flapper와 행태나 생태가 비슷한 집단을 꼽는다면 〈오렌지족〉이 아닐까 싶다. 다른 한국인들은 국산 감귤인 반면에 자신들은 외국산 미제 오렌지임을 자처했던 오렌지족과 마찬가지로, 유행에 실려 떠다니는 대개의 집단이 그러듯, 별로 지적이지는 못했던 〈퍼덕족〉도 한때 요란한 인식표 노릇을 하다가 슬그머니 사라졌다. 그러나 일본을 거쳐 한국에서는 전쟁 직후까지도 flapper(후라빠)라는 명칭이 건재했다. 원조 퍼덕족의 부박한 특성을 〈불량하고 껄렁한 젊은 여자들〉로 재인식한 일본과 한국의 청년층은 〈자유분방한 불량소녀〉, 그중에서도 특히 〈날라리 여고생〉을 〈후라빠〉라고 호칭했다.

위스트의 대사에서 frumpy (housewife)는 〈유행에 뒤떨어지고 모습이 초라한 심술쟁이 (아줌마)〉이고, dumped for a flapper는 〈(남편이) flapper를 선호for하여 (housewife를) 차버렸다dumped〉는 말이다.

○ 「사람 웃기는군요. 나더러 날라리 같은 계집한테 남편을 빼앗긴 펑퍼짐한 여편네 역을 하라는 얘긴가요?」

flesh

"Hassan eats only flesh."

✗ 핫산은 날것만 먹는다.

☛ 「아라베스크」에서 히타이트어로 된 암호문을 해독해 달라고 불려 간 그레고리 펙에게 아랍인이 그가 키우는 매를 소개하는 장면이다. flesh는 〈살코기〉다. 혹시 flesh를 fresh(싱싱한, 신선한)로 착각한 번역은 아닌지 모르겠다. fresh나 raw 같은 형용사 뒤에는 당연히 수식을 당하는 명사가 따라붙어야 한다.

○ 「핫산은 육식만 합니다.」

「머피의 전쟁」에서는 독일 잠수함의 공격으로부터 겨우 살아난 섬 주민들에게 구출된 영국 해군 조종사가 먼저 구출된 유일한 생존자 피터 오툴을 만나고는 실망해서 소리친다. 〈Oh, no, Murphy!〉 텔레비전에서는 이 말을 〈아니, 이런. 머피……〉라고 번역했다. 얼핏 듣기에 그냥 〈머피〉의 이름을 부르는 소리처럼 느껴진다. 그렇다면 오역의 첫 단추가 된다. 조종사가 한 말을 새겨들으면, 〈아, 맙소사, 너 머피잖아〉라는 말이다. 앞에 나오는 감탄문 〈Oh, no〉에는 세상에서 가장 보기 싫은 사람을 또 보게 되어서 실망했다는 암시가 담겼다.

그 말을 듣고 오툴이 웃으며 되받아 말한다.

「In the flesh!」

✗ 「이젠 살았어요.」

in the flesh는 〈지금 우리들이 얘기하는 바로 그 사람 (또는 바로 그 대상)〉이라는 뜻이다. 〈왜 하필이면 내가 자넬 다시 만나야 했는지 운명도 야속하구나〉라는 식으로 조종사가 이렇게 농담을 하자 오툴은 〈그래, 내가 바로 그 머피 선생이시다〉라는 말로 되받는 응수다. 좀 더 발전시키면, 〈그래, 나 머피다. 어쩔래?〉라는 의미가 된다. in the flesh는 〈그분께서 몸소 행차하셨다는구먼〉이라는 식의 비아냥거림을 곁들인 의미로도 자주 쓰이며, 보다 널리 알려진 비슷한 표현으로는 in person이 있다.

그러자 조종사는 〈God, it had to be you〉라고 말한다. 이 말도 텔레비전에서는 〈자네도 살아남았군〉이라고 번역했는데, 〈하나님 맙소사, 기껏 한 사람 살아남았다면, 왜 하필 자네 같은 인간이 선택을 받았는지 한심하구먼〉이라고 비꼬면서 반가워하는 표현이다.

flight

"The torch of war against the breast of Atlanta. The bombardment and the flight."

✗ 전쟁의 불꽃이 아틀란타의 가슴으로 퍼진다. 폭격과 공중비행.

☛ 「국가의 탄생」 자막에 나오는 자막이다. 남북 전쟁은 〈공중 비행〉을 하는 비행기가 발명되기 훨씬 이전에 일어났다. 그러니까 bombardment는 비행기에서 폭탄을 투하하는 〈폭격〉이 아니라 대포로 포탄을 쏘아 대는 〈포격〉이다. 그리고 아틀란타의 〈가슴〉이란 정확히 어디일까?
○ 「아틀란타의 심장부까지 파고든 전쟁의 불길. 치열한 포격과 도망치는 사람들.」

flock

"This is your new flock, Jonathan."

✘ 이게 너의 새로운 둥우리다.

☛ 「조나던」에서 방랑하던 주인공 갈매기가 모린의 안내를 받아 새로운 갈매기 떼를 만난다. 이 장면을 보면 하늘에서 갈매기들만 잔뜩 날아다니고, 〈둥우리〉는 보이지 않는다. flock은 〈떼〉를 지어 날아다니는 새들이지, nest(둥우리)가 아니기 때문이다. 〈둥우리〉 또는 〈둥지〉라고 하면, 새가 혼자 또는 가족과 함께 사는 〈집〉이다. flock은 인간 세계로 치면 folks(무리)나 people(백성)의 개념이다. 그리고 조나던이 새 친구에게 자신의 처지를 얘기한다.
「I don't have any flock.」
✘ 「이제 내 둥우리는 없소.」
진리를 찾아 방랑하는 새가 〈둥우리〉를 가지고 다니기도 한다는 말인가?
○ 「나에게는 가족이 아무도 없어요.」

floor

"Don't eat off the floor."

✘ 왜 땅에서 음식을 먹지?

☛ 「꿈이 지나간 자리」에서, 부엌 바닥에 주저앉아 떨어진 빵을 주워 먹는 헨리 토마스에게 여동생이 화를 낸다. 토마스가 땅바닥에 주저앉아 있기 때문에 마치 〈왜 바닥에 앉아서 먹느냐?〉고 하는 말 같지만, 사실은 eat off the floor는 왜 지저분하게 〈바닥에 떨어진 음식을 주워 먹느냐?〉는 뜻이다.

flu

"Eight months I've been working on this deal and then, suddenly today, my top two men in the office come down with flu and I gotta do everything myself."

✘ 8개월 동안 이 일에 매달렸는데, 갑자기 혼자 맡아서 하라잖아.

☛ 「719호의 손님들」에서 월터 매타우가 야근을 하러 회사로 가야 한다고 아내 모린 스테이플톤에게 거짓말을 한다. 원문을 보지 않고 번역문만 읽으면, 윗사람에게서 부당한 지시를 받아 불평하는 말처럼 들린다. 하지만 매타우는 크게 성공한 사장이다. 그에게 일을 시킬 사람은 아무도 없고, 핑계로 동원한 flu(독감)는 번역 과정에서 사라졌다. 이런 식으로 내용이나 상황을 바꿔 놓으면, 나중에 관련된 대사가 나타날 때마다 계속해서 문제가 발생한다.

◯ 「이 거래를 성사시키려고 8개월 동안이나 공을 들였는데, 오늘 갑자기, 회사에서 최고위 간부 두 명이 독감에 걸렸으니, 내가 모든 일을 직접 처리하게 되었다고.」

fly

"Let's not fly off the handle here."

✘ 오버하지 말라구.

☛ 「공격」에서 독일군에게 투항하러 나가지 못하게 부관이 총을 겨누자 중대장 에디 앨버트가 층계에서 눈치를 살피며 하는 말이다. 로버트 올드리치가 열심히 만들어 놓은 심각하고도 훌륭한 반전 영화를, 청소년 비속어를 써서 이런 식(☞ pluck)으로 이상한 〈묘기〉를 부리며 번역해 놓으면, 자칫 혐오감을 자극하기 쉽다. 최근에 한국에서 생겨난 (영어도 아니고 우리말도 아닌) 〈오버〉를 제2차 세계 대전 중에 미국 군인이 입에 올린다는 설정이 아무래도 어색하다.

fly off the handle은 〈(이성을 잃고) 발끈하다〉라는 뜻이다. 「워터프론트」를 보면, 자기도 모르는 사이에 살인 사건에 가담한 말론 브랜도가 짜증을 부리자 폭력 항만 노조의 두목 리 J. 콥이 〈왜 신경이 예민해졌느냐〉고 묻는다. 브랜도의 형 로드 스타이거가 설명한다.

「It's just the Joey Doyle thing and how he exaggerates some things.」
✘ 「조 때문에 좀 오버하네요.」
원문에서는 아무리 찾아봐도 물론 over라는 단어가 눈에 띄지 않는다.
◯ 「그냥 조이 도일 문제로 그러는데, 쟤는 가끔 과민해지는 성격이거든요.」
「뜨거운 포옹」에서는 흥분한 토니 커티스에게 인터폴 수사관이 충고한다.

「Please don't get carried away.」
× 「오버 떨지 말게.」
○ 「엉뚱한 생각은 하지 말라고.」

foliage

"Here we have a Corot. In this painting the foliage far more than any signature proclaims the painter."

✘ 이 작품은 코로의 것으로 코로는 잎사귀 그림으로 유명합니다.

☞ 「다리 긴 아저씨」에서 프렛 아스테어의 저택에 전시된 소장 미술품에 대한 안내인의 설명이다. 번역문을 보면 마치 프랑스 화가 코로가 한두 장의 잎사귀leaf만을 그린다는 말처럼 들리지만, 이 장면은 숲 전체의 풍경을 보여 준다. foliage는 무성하게 자란 〈잎들〉을 집합적으로 이르는 명사다. 그러니까 〈푸르고 울창한 숲〉이라는 개념이 훨씬 강하다. signature도 이 경우처럼 고상한 분위기에서는 고어로 〈특징〉 또는 〈개성〉이라는 뜻이 된다.

○ 「이것은 코로의 작품입니다. 이 그림에서는 숲의 풍경이 화가의 어떤 다른 특징보다도 뚜렷하게 드러납니다.」

follow-up

"Oh, Bill, Maine Justice is investigating a major New York bank laundering narco dollars out of their Mexico City branch. I'm gonna do a follow-up."

✘ 뉴욕 한 은행이 돈 세탁으로 법무부 조사를 받는대. 보고하고 갈게.

☞ 「인사이더」에서 CBS-TV 시사물의 제작자 알 파치노가 점심을 먹으러 나가는 길에 현관에서 만난 보도부장에게 의사를 타진하는 대목이다. 이해하기가 힘들어서인지 대충 짚고 넘어간 듯한 인상이다. a major New York bank는 〈뉴욕 굴지의 어느 은행〉이고, narco dollars는 〈마약으로 벌어들인 돈〉이며, out of their Mexico City branch는 〈그 은행의 멕시코시티 지점을 통해서〉라는 말이다. 그리고 follow-up은 어떤 중요한 기사가 나간 다음 내보내는 〈후속 기사〉를 뜻한다. 그러니까 I'm gonna do a follow-up은 〈나중에 뒤따라 가겠다〉가 아니라, 〈그 뒷얘기를 내가 캐보려고 그래〉라는 의미다.

○ 「여보게, 빌, 뉴욕 굴지의 한 은행이 멕시코시티 지점을 통해 들어온 마약 자금을 세탁해 준

사건에 대해서 메인 주 사법부가 조사를 시작했어. 난 그 배후를 캐볼 작정이야.」

for

"I never made it, but you can do it, kid, you can do it for the two of us."

✘ 난 끝내 성공하지 못했지만, 넌 할 수 있으니까, 얘야, 우리 둘을 위해 최선을 다 해라.

☛ 「이중생활」에서 무대 배우였던 아버지로부터 들은 얘기를 로널드 콜맨이 전처에게 해준다. for the two of us는 〈우리 둘을 위해〉라고만 해서는 충분한 의사 전달이 이루어지지를 않는다. 이런 경우 for는 〈~를 대신하여〉라는 의미를 풍기가 쉽다. I will do it for you는 〈너를 위해서〉보다는 〈너 대신 내가 그 일을 하겠다〉는 의미인 경우가 많다. 콜맨의 아버지가 한 말에는 〈성공하지 못한 내 몫까지 네가 해내기를〉 당부하는 내용이 담겼다.

○ 「난 끝내 성공하지 못했지만, 넌 할 수 있으니까, 얘야, 우리 두 사람 몫을 네가 해내야 한다.」

「황야의 7인」에서는 농부들의 배반으로 다시 마을을 장악한 산적 두목 일라이 월락이 율 브리너 일행을 죽이지 않고 추방하는 이유를 설명한다.

「We have a saying here. A thief who steals from a thief is pardoned for one hundred years.」

✘ 「이런 말이 있지. 도둑에게서 훔친 도둑은 백 년이 지난 후 용서된다.」

백 년이 지나면 살아 있을 사람이 아무도 없는데, 그런 〈용서〉가 무슨 소용이겠는가? 전치사 for는 시간이나 거리를 나타낼 때, 〈후〉나 〈다음에〉가 아니라, 〈~동안 계속해서〉라는 〈기간〉을 의미한다. 〈백 년 동안 계속해서 용서를 받는다〉면 〈죽을 때까지 벌을 주지 않겠다〉는 계산이다. 그러니까 〈지금 당장 풀어 주겠다〉는 말이다. a thief who steals from a thief(도둑에게서 도둑질을 한 도둑)는 〈동업자〉라는 뜻이다. 〈도둑이 도둑에게 어찌 벌을 주겠는가〉, 그러니까 〈동업자들끼리 뭘 따지느냐〉고 둘러댄 표현이다.

○ 「이 고장 속담이 하나 있지. 도둑에게서 도둑질을 하면 백 년 동안 무죄라고.」

「갈채」에서는 빙 크로스비의 활동에 방해가 되니까 그의 아내를 집으로 돌려보내겠다고 연출자 윌리엄 홀든이 결정하자, 제작자가 한술 더 뜬다.

「I think we ought to make it transportation for two.」

✘ 「두 사람을 위해서 꼭 그렇게 해야겠어.」

가장 핵심적인 단어 transportation(차편)을 번역에서 빼버렸으니, 오역은 당연한 결과다. transportation for two(두 사람을 위한 교통편)는 〈차표 두 장〉, 그러니까 〈아내뿐 아니라 (연기력이 신통치 않은 배우) 크로스비도 아예 함께 보내 버려야 한다〉는 뜻이다.

○ 「내 생각엔 차표를 두 장 사야 될 것 같은데.」

홀든은 곧장 그레이스 켈리를 분장실로 찾아가서 알린다.

「I've been fighting with Cook. He's got a first-class replacement for Frank and a lot of money to protect.」

✗ 「쿡과 계속 싸우고 지냈었소. 그는 많은 돈을 주고라도 일류 배우를 쓸 생각이었나 봐요.」

이번에도 핵심 단어 replacement가 번역에서 빠졌다. 어느 단어가 앞뒤로 어느 다른 단어에 걸려 무슨 역할을 하는지에 대한 입체적인 역학은 아랑곳하지 않고 대충 번역하면 이런 결과가 빚어진다. 첫 번째 문장의 완료형 have got은 과거의 지속적인 상황이 아니라 최근에 끝난 단발의 사건을 언급한다.

○ 「나 방금 쿡과 싸우고 왔어요.」

그리고 두 번째 문장의 has got은 완료형이라기보다는 같은 의미인 has와 got을 중복시킨 강조형이다. 그런데 이 has에 걸린 두 가지 이질적인 대상은 first-class replacement(일류 대역)와 부정사가 달린 a lot of money to protect(보호해야 할 큰돈)로서, 대상에 따라 동사의 의미가 달라진다. 하나의 단어를 두 가지 의미로 동시에 사용하는 이런 일석이조 용법은 가끔 엉뚱한 곳에서 나타나는데, 이럴 때는 한 가지 의미로 통일시키려는 고집을 억지로 부릴 일이 아니라, 아예 다른 두 가지 표현을 쓰는 방법도 편리한 요령이다.

○ 「그는 프랭크를 대신할 일류 배우도 확보했고, 큰 손해를 보지 않도록 조처를 취할 입장이기도 합니다.」

forgive

"Almost at the moment He died, I heard Him say, 〈Father, forgive them; for they know not what they do.〉"

✗ 그분이 돌아가시면서 이렇게 말씀하셨어. 〈아버지, 저들을 용서하소서. 무지할 따름입니다.〉

☛ 「벤허」에서, 예수가 십자가에 못 박히는 장면을 목격하고 돌아온 찰톤 헤스톤이 하야 하라릿에게 전한다. 성경을 보면 십자가에 매달려 숨을 거두기 직전에 예수는 두 마디의 유명한 말을 남겼다. 이 두 마디의 말은 수많은 문학 작품과 영화에서 단어 하나 바꾸지 않은 채로 자주 인용되었다. 그 하나는 〈E'lï, E'lï, lä'mä sä-bäch'thä-nï?(My God, my God, why hast thou forsaken me?)〉였다. 마태오의 복음서 27장 46절을 인용하면, 〈예수께서 큰 소리로《엘리 엘리 레마 사박타니?》하고 부르짖으셨다. 이 말씀은 《나의 하나님, 나의 하나님, 어찌하여 나를 버리셨나이까?》라는 뜻이다.〉 같은 내용이 신약 성서 여러 곳에서 발견된다.

또 한 마디 말은 「벤허」에서 인용한 대목으로, 루가의 복음서 23장 34절에 이렇게 기록해 놓았다. 〈예수께서는《아버지, 저 사람들을 용서하여 주십시오! 그들은 자기가 하는 일을 모르고 있습니다》하고 기원하셨다.〉 성경은 물론 역사책은 아니다. 그러나 예수에 관한 기록으로서는 역사인 셈이다. 따라서 예수의 언행에 대한 기록이라면 당연히 성경을 존중해야 한다고 필자는 생각한다. 더구나 직접 화법까지 써가면서 〈무지할 따름입니다〉라고 마음대로 번역해도 괜찮은지는 한 번쯤 생각해 볼 문제다. 어떤 표현이 요즈음 화법에 맞지 않아 곤란하다고 생각한다면, 적어도 성경의 화법을 흉내 내는 성의 정도는 이렇게 나타내야 할 듯싶다.

○ 「숨을 거두기 직전에 그분이 하는 말을 난 들었어. 〈아버지, 저들을 용서하옵소서. 저들은 그들이 하는 행동을 알지 못하옵니다.〉」

예를 들면 they know not(그들은 알지 못하나이다)은 they do not know(그들은 모릅니다)라는 평범한 표현과는 차별화해서 옮겨야 옳겠다.

form

"You know, I hate the fact that you people never salute me. I am a lieutenant, and I would like salutes occasionally. That's what being a higher rank is all about."

✘ 그리고 나한테 경례 안 하는 게 마음에 안 들어. 난 중위니까 (병사인 너희들한테서 가끔씩이라도) 경례를 받고 싶다. 계급장은 폼으로 달고 다니는 거 아니니까.

☛ 「굿모닝 베트남」에서 방송 담당 장교 브루노 커비가 로빈 윌리엄스와 다른 병사들에게 잔소리를 한다. 괄호 안의 번역은 이해를 돕기 위해 필자가 추가한 내용이다. 마지막 문장은 〈계급이 높으면 당연히 그렇게 해줘야 한다고〉 정도의 뜻이 되겠다. 그리고 원문에서는 〈폼 form〉이라는 영어 단어가 눈에 띄지 않는다. 제대로 된 영어도 아니요 우리말은 더더욱 아닌 〈폼〉으로 이렇게 폼을 재는 번역은 전혀 폼이 나지 않는다. 그보다는 〈멋으로〉나 〈그냥〉이라는 우리말이 훨씬 더 폼이 난다. 그 단어 하나만 없애 버리면 문장이 어떻게 달라지는지 확인하기 바란다.

○ 「귀관들이 나한테 경례 안 하는 게 마음에 안 든다. 난 중위니까 가끔씩이라도 경례를 받고 싶다. 계급장은 그냥 달고 다니는 게 아니다.」

「전쟁과 평화」 DVD를 보면, 전투가 끝난 다음 말을 타고 여기저기 둘러보던 허벗 롬이 깃발을 손에 쥐고 쓰러진 멜 페러를 보고 부하에게 말한다.

「That — is a fine death.」

✘ 「폼나게 죽었군.」

이것은 톨스토이의 명작에 등장하는 나폴레옹의 입에서 나올 만한 말이 결코 아니다.

formality

"We'd better ignore the formalities."

✘ 좋아요, 우리 어리석은 짓 하지 말죠.

☛ 「쿠오 바디스」에서 도망친 인질 데보라 커를 찾으려고 퇴역 장군 필릭스 아일머를 찾아간 로버트 테일러가 단도직입적으로 묻는다. formality는 〈어리석은 짓〉과는 거리가 먼 〈인사치레〉 또는 〈격식〉이다. 〈예의 따위를 차리느라고 시간을 낭비할 필요가 없으니 어서 여자나 내놓으라〉는 요구다.

○ 「우리 인사치레는 잊어버리기로 하죠.」

formation

"Fly it nice and loose until you get used to formation flying."

✘ 구조 비행에 익숙할 때까지 힘을 빼고 날아.

☛ 「조나던」에서 깨우침을 얻은 갈매기가 젊은 갈매기에게 비행을 가르친다. 〈구조 비행〉이라니까 rescue flight(누군가를 구조하기 위해 날아가기)라는 소리처럼 들린다. formation을 〈형식〉이나 〈구조〉라고 생각하여, 일정한 구조를 갖추고 비행한다는 생각을 했던 모양이지만, formation flying은 〈편대 비행〉이다.

○ 「단체 비행에 익숙해질 때까지는 느긋하게 마음대로 날아야 해.」

다른 갈매기들이 무리를 지어 여러 마리가 나타나자, 조나던이 교육을 계속한다.

「We'll just go on practicing, and you can slide in closer whenever you feel like it.」

✘ 「계속 연습하다가 준비되면 해봐라.」

구체적인 내용을 모두 빼먹은 껍데기 번역처럼 보인다. slide in은 〈미끄러지듯이 (편대로) 끼어 들어간다〉라는 말이다.

○ 「우린 그냥 연습을 계속하겠고, 그러다가 마음이 내키면 언제라도 가까이 접근해서 끼어들면 되는 거야.」

fortune

"You are the chosen guest of Nero. You will have to consider that your good fortune and your fate."

✘ 넌 네로 황제가 선택한 손님이야. 넌 너의 운명에 대해 잘 생각해야 될 거야.

☛ 「쿠오 바디스」에서 네로의 궁전으로 끌려간 데보라 커에게 (황제에게서 버림받은) 후궁이 충고한다. 두 번째 문장은 알맹이를 빼놓고 절반만 옮긴 번역이다. fortune은 나쁜 운명과 좋은 운명 두 가지 모두를 의미하는데, 여기에서는 앞에 good이 붙었으니 더 이상 따질 바가 없다. 나중 문장은 이런 뜻이다.

○ 「너는 그걸 행운이라고 그리고 너의 숙명이라고 믿어야 해.」

「신데렐라 맨」에서 경제 공황기에 권투 선수 자격이 박탈되어 구호 기금을 타먹었던 럿셀 크로우가 나중에 재기하자 대전료로 구호 기금을 반환한다. 그 이유를 묻는 기자에게 크로우가 대답한다.

「Lately I have had some good fortune and I am back in the black, and I just thought I should return it.」

✘ 「이제는 돈을 많이 벌었기에 돌려줘야겠다고 생각했습니다.」

계산을 정확하게 하지 않고 대충 페어 맞춘 번역이다. some good fortune은 〈운이 좀 좋아서〉이지 〈돈을 많이 벌었다〉는 얘기가 아니다. I am in the black(흑자가 났다)이라는 말도 영화를 보면 밀린 공과금을 다 내는 정도이지, 전혀 부자가 된 상황이 아니다.

「스탠리와 아이리스」에서 과자 속에 담긴 쪽지를 꺼내 읽던 제인 폰다가 세탁소에서 만난 로버트 드 니로에게 묻는다.

「Let's take a look at this fortune cookie. 〈Make new friends and trust them.〉 Did you write this?」

✘ 「이 행운의 과자를 보기로 해요. 〈새로 친구를 사귀고 그들을 믿도록 하라.〉 이거 당신이 썼어요?」

영화에 자주 등장하는 fortune cookie를 대부분의 경우 〈행운의 과자〉라고 번역하는데, fortune이 무엇을 뜻하는지를 별로 따져 보지 않고 아무렇게나 붙인 이름이다. fortune cookie는 작은 만두 모양으로 구운 딱딱한 과자로서, 중국집에 가면 음식과 함께 나온다. 이 과자 속에는 한때 우리나라 신문에 재미삼아 읽으라고 게재했던 〈오늘의 운세〉처럼, 토정비결의 한 구절 같은 갖가지 내용을 적은 종이쪽지가 들어 있다. 그러니까 fortune cookie는 〈점fortune을 보는 과자〉이지 〈행운fortune의 과자〉가 아니다.

found

"It is only fitting and proper that we celebrate the anniversary of the death of the great American, the man who founded this great city of ours."

✘ 이 위대한 도시를 발견해 낸 위대한 미국인이 세상을 떠난 지 1년 째 되는 날을 축하하는 일은 당연하고 적절한 일입니다.

☛ 「위대한 여인의 그림자」에서 개척자 조을 매크레이의 동상 제막식에 참가한 마을 유지가 연설한다. founded는 found의 과거형이다. found는 find(발견하다)의 과거형이기도 하지만, 〈설립하다〉 또는 〈세우다〉라는 단어의 원형이다. 이것은 지극히 초보적인 사항이지만, 자칫하면 무심결에 이런 실수가 벌어지기 때문에, 모양은 똑같아도 의미가 다른 단어들은 늘 조심해야 한다. 같은 live라고 해도 〈산다〉는 동사 원형일 때는 live(리브)고, 〈살아 있는〉이라고 형용사가 되면 발음이 live(라이브)라고 달라지는가 하면, saw는 see(보다)의 과거형일 뿐 아니라, 철자는 같아도 전혀 뜻이 다른 동사 saw(톱질하다)의 과거형일 때는 sawed로 변한다.

상원 의원으로 출마한 매크레이가 유세 연설을 할 때도 〈I founded this town〉을 〈제가 이 마을을 발견했습니다〉라고 번역했다. 하지만 바바라 스탠윅과 처음 그곳에 도착했을 때는 매크레이 자신이 지어 놓은 오두막 한 채뿐인 허허벌판이 전부였고, 〈마을〉은 어디에서도 〈발견〉되지 않았다.

foxhole

"You're practically in a foxhole right now."

✘ 여우굴로 들어가게 되었잖아요.

☛ 「젊은 사자들」에서, 〈인기 연예인이라는 신분을 이용하여 후방에서 편안한 생활을 하다가 죄의식을 느껴 우연히 만난 장군에게 원대 복귀를 부탁한〉 딘 마틴에게 애인 바바라 러시가 실망하여 한숨을 짓고 하는 말이다. 〈여우굴〉은 〈개인호(個人壕, 한 명만 들어가도록 파놓은 대피 장소)〉라는 뜻의 군사 용어여서, 러시가 한 말(〈당신은 사실상 벌써 개인호 속으로 들어간 셈이군요〉)은 〈전투가 벌어지고 목숨이 왔다갔다하는 전방으로 사실상 돌아간 셈〉이라는 뜻이다. DVD에서는 같은 대사를 〈이제 죽을 일만 남았군요〉라고 번역하여 foxhole을 아예 언급하지 않았지만, 오히려 의사 전달은 더 잘 된다.

그러자 마틴이 그녀를 안심시킨다.

「I won't get killed. Believe me, I'll have the deepest foxhole and the biggest helmet in the whole infantry.」

✗ 「난 절대로 죽지 않아. 세상에서 제일 큰 철모를 쓰고 제일 큰 여우굴 속에 들어가 있을 테니까.」 (텔레비전)

「난 죽지 않을 거야. 가서 꼭꼭 숨을 거고, 헬멧도 잘 쓰고 다닐게」라는 DVD 번역이 훨씬 돋보이지만, 보다 고지식한 이런 표현도 괜찮겠다.

○ 「죽긴 왜 죽어. 모든 보병 가운데 내가 개인호를 가장 깊이 파고 철모도 가장 큰 걸로 쓰고 다닐 테니까 안심하라고.」

fraternity

"The East Germans today claimed that the Berlin Wall was a fraternity prank."

✗ 동독은 베를린 장벽을 누가 세웠는지 모른답니다.

☛ 「굿모닝 베트남」에서 로빈 윌리엄스가 미군 방송에 내보내는 가짜 토막 소식이다. fraternity(형제회, 남자 대학생들만으로 이루어진 동아리)는 졸업 무도회(☞ prom)만큼이나 중요한 미국 청년 문화의 한 단편이다. 우리나라에서는 엉터리 영어 〈MT〉라고 알려진 동아리 가입 행사 initiation는 일종의 성년식이나 마찬가지며, 한국 대학교 선배들이 신입생들에게 대야로 소주를 마시게 강요하는 그런 〈신고식〉에 해당된다. 여학생들로만 이루어진 fraternity는 sorority(자매회)라고 한다. 이런 동아리들은 그리스어 머리글자로 모임의 이름을 짓고, fraternity pin(동아리 핀)을 자랑스럽게 달고 다닌다. 남학생이 소중한 이 핀을 어느 여학생에게 주면 진실한 사랑의 증거로 인정받기도 해서, 여학생들이 자랑삼아 달고 다니기도 한다. fraternity prank(동아리 장난치기)는 동아리 학생들이 장난삼아 여학생 기숙사로 몰래 들어가 속옷을 훔쳐온다던가 하는 짓궂은 행동이 많다.

○ 「동독 정부 당국은 오늘 베를린 장벽을 대학생들이 장난삼아 쌓았다고 주장했습니다.」

free

"I was free to go."

✗ 자유 의지로 왔죠.

☛ 「지상의 밤」에서 동독으로부터 왔다는 뉴욕의 운전사에게 흑인 손님이 〈탈출했느냐〉고 묻자 이민자가 설명하는 말이다. was free to는 〈~을 하도록 자유를 부여받았다〉는 뜻이어서,

자신의 의지로 인하여 자유로운 사람이 아니라 타의에 의해서 자유가 주어진 사람에게 적용된다. 이미 통일이 된 독일이어서 〈난 자유롭게 떠나도 막는 사람이 없었다〉는 말이다.

French
"The French."

✘ 프랑스 여자들!

☞ 「젊은 사자들」에서 심부름으로 선물을 전해 주러 베를린으로 찾아간 말론 브랜도에게 막시밀리안 셸 대위의 아내 메이 브릿이 〈How are the girls in Paris?(파리의 여자들 어때요?)〉라고 묻는다. 예문은 브랜도가 잠시 머뭇거리며 생각에 잠기더니 나지막이 하는 말이다. 우리말로 〈프랑스 여자들!〉이 무슨 뜻인지를 생각해 보라. 그것은 말을 하다 말고 중단한 상태이기 때문에, 눈에 보이는 그대로 옮겨 놓기만 했지, 번역이나 해석은 아니다. 소리만 옮기고 뜻은 번역하지 않은 형국이다. DVD에서는 같은 대목을 〈프랑스 사람들……〉이라고 옮겼다. 번역문으로만 미루어 본다면 〈프랑스 여자들은 시시하다〉는 의미처럼 여겨진다.

흔히 대사에 등장하는 〈Women!〉 같은 표현의 경우도 마찬가지다. 이것은 〈여자가 하는 일이 다 그렇지 뭐〉 또는 그보다 좀 줄여서 〈여자가 그렇지 뭐〉라고 비하하든가, 〈여자들이라고 하면 통 마음에 안 들어〉라는 의미일 때가 많다. 그것을 그냥 〈여자들!〉이라고 하면 이른바 〈번역체〉가 된다. 그러니까 좀 번거롭더라도 경우에 따라서 설명을 붙여 주는 것이 좋겠다.

「젊은 사자들」에서 브랜도가 한 말은 의미가 깊다. 곧 이어서 그가 〈Very patriotic(아주 애국적)〉이라는 말을 덧붙이기 때문이다. 그는 독일을 매우 미워하는 프랑스 여자에게서 모욕을 당한 사건을 생각하면서 그 말을 했다. 그러니까 그가 한 말은 〈프랑스 여자들이 어떤지 궁금하다는 말이로군요〉라는 뜻이다.

○ 「프랑스 사람들이 어떠냐고요?」

「니클로디온」에서는 어린 테이텀 오닐이 셰익스피어 작품집을 읽는 것을 보고 무식한 버트 레이놀즈가 묻는다.

「French?」

✘ 「프랑스어야?」

레이놀즈가 아무리 무식해도 책에 적힌 글이 영어인지 프랑스어인지는 안다. 그리고 오닐이 너무 어려 프랑스어를 알지 못한다는 사실도 안다. 레이놀즈가 그런 질문을 한 이유는 (Shakespeare가 누군지를 모르는) 그의 눈에 작가의 이름이 –peare로 끝나니까 프랑스인이라고 잘못 추측했기 때문이 〈프랑스 사람이야?〉라고 물었던 것이다. 〈프랑스어〉뿐 아니라 〈프랑스인〉도 역시 French다.

fresh

"Fresh honey?"

✘ 토종꿀?

☞ 「프라이드 그린 토마토」에서 꿀을 따러 가는 말괄량이 메어리 스튜어트 매스터슨에게 메어리-루이스 파커가 묻는 말이다. fresh honey는 나무 구멍 속에 지은 벌집에서 〈방금 꺼낸 신선한(싱싱한) 꿀〉이다. 토종꿀은 몇 년을 묵혀서 fresh하지 않더라도 좋은 꿀이다.

싱싱한 새것이라면 무작정 좋을 듯싶지만, 사람이 fresh하면 사정이 달라지는 경우가 많다. 예를 들면 「황금광시대」에서 노다지를 만나 돈을 흥청망청 쓰는 광부가 술집 아가씨에게 호통을 친다. 〈Oh, quit that stuff and have a drink.〉(아 그따위 수작 집어치우고 술이나 마셔.) that stuff(그따위 짓)는 catch 항에서 설명한 play hard to catch(〈나 잡아 봐라〉)를 의미한다. 그래도 여자가 좀처럼 호락호락 응하지 않자 광부가 화를 낸다.

「You're pretty fresh, ain't ya?」

✘ 「넌 정말 이쁘고 싱싱하게 생겼어.」

pretty fresh는 〈이쁘고pretty 싱싱하게fresh〉가 아니라 〈상당히pretty 건방지구나fresh〉라는 뜻이다.

○ 「너 정말 잘났다 이거지?」

「허드」에서 어린 브랜든 드 와일드가 카운터에 앉은 여자한테 눈독을 들이자 옆에 앉았던 카우보이가 화를 낸다. 〈I don't like fresh kids.〉(건방진 애새끼들은 밥맛 없어.)

「애욕과 전장」에서는 해병 알도 레이가 술집에서 처음 만난 여종업원 낸시 올슨에게 수작을 건다. 〈Aren't you going to be nice to me, too?〉(나한테도 좀 잘 해 주면 안 될까?) 그랬더니 올슨이 응수한다. 〈You are fresh.〉(당신 참 뻔뻔스럽군요.)

「뜨거운 것이 좋아」에서는 여자로 변장하고 기차를 타는 잭 레먼의 엉덩이를 남자 매니저가 만지자 레먼이 발끈한다.

「Fresh!」

✘ 「고마워요.」

○ 「무슨 짓예요!」

front

"Oh, stop putting on a front."

✘ 앞서 생각하지 말아요.

"Who's putting on a front?"

✘ 누가 앞서서 생각했다고 그래요?

☞ 「갈채」에서 술로 신세를 망친 배우 빙 크로스비가 아내를 위로하는 체하며 연출자를 탓하자, 아내 그레이스 켈리가 화를 내는 장면이다. front(얼굴)는 구어로 〈표면상의 간판〉이나 〈겉치레〉를 뜻해서, 조폭들이 운영하는 야간 업소 같은 곳의 허수아비 사장을 뜻하는 우리말 〈바지 사장〉에서 〈바지〉에 해당된다. 여기에서 put on a front는 〈가면을 쓰다〉나 〈거짓부렁을 하다〉 정도가 되겠다.

○ 「제발 속에 없는 말은 이제 그만하세요.」
○ 「누가 속에 없는 말을 한다고 그래?」

fun

"Just for fun, let's go back to talking about values — the value of a family."

✘ 농담으로 한 얘기요. 다시 대가 얘기로 돌아가죠.

☞ 「케이프의 공포」에서 돈을 줘서라도 보복을 막아 보려는 그레고리 펙에게 로버트 밋첨이 능글맞게 약을 올리는 말이다. 한 문장을 둘로 잘라 번역하면 여기에서처럼 오해를 일으키기도 한다. 〈농담으로 한 얘기요〉라면, 앞에서 이미 한 말을 의미한다. 하지만 쉼표로 끝난 just for fun,은 〈그냥just 재미fun 삼아서for 한 마디 하겠다〉, 그러니까 앞으로 할 얘기와 이어지는 표현이다. 밋첨의 말을 풀어 보면 이렇게 된다. 〈따져 봤자 다 소용없는 얘기이기는 하지만, 어디 우리 재미 삼아서 아까 하던 계산을 다시 해봅시다. 내 가정이 파탄을 맞았는데, 그걸 값으로 치면 얼마나 될까요?〉

○ 「심심하니까 우리 가격에 관한 얘기 — 한 가족의 값은 얼마나 나갈까 하는 얘기를 다시 해보죠.」

「백열(白熱)」에서는 탈옥한 제임스 캐그니가 (낚시꾼으로 변장하고 찾아온) 프렛 클락과 집안에서 밀담을 계속하자, 범죄 조직에 잠입하여 활동 중인 에드몬드 오브라이엔이 불안해져서 (정유 회사를 털려고 모인) 부하들에게 묻는다.

「Something funny is going on there.」

✘ 「재미있는 거라도 하나 보죠?」

funny는 〈재미있는〉 말고 〈수상한〉이라는 뜻도 있다. 지금처럼 긴장된 분위기라면 〈재미있는 일〉이 아니라 〈수상한 상황〉이 벌어지는 듯싶어서 오브라이엔은 혹시 자신의 정체가 발각되지나 않았는지 불안해한다.

○ 「뭔가 일이 틀어졌나 봐요.」

「핌리코행 여권」을 보면 호텔에서 근무하라고 권하는 남자에게 마을 여자가 정색을 하고 묻는다.

「No funny business at all?」

✗ 「그건 재미없는 일이죠.」

⟨재미=funny 없는=no 일=business⟩이라는 식으로 비슷한 단어들을 나열한 모양이다.

○ 「진짜로 수상한 짓들은 안 할 거죠?」

「입영전야」에서는 민방공훈련을 하다가 피투성이 모습으로 숀 펜이 학교 도서관에 불쑥 나타나자 엘리자베스 매가번이 짜증을 낸다. ⟨You surprised me.⟩(놀랐단 말이야.) 펜이 ⟨It was a joke(장난이었어)⟩라고 설명하지만 매가번은 더 화를 낸다.

「It's not funny.」

✗ 「즐겁지 않대두.」

실제로 이런 상황에서 ⟨즐겁지 않다니까⟩라는 투의 말이 나올까? ⟨즐겁지 않다⟩는 화자의 기분을 말하고 ⟨웃기지 않는다⟩는 행위를 언급하는 말이다. 위 예문은 물론 후자의 경우다. 누가 장난을 쳤을 때 not funny라고 하면 ⟨재미없으니까 앞으로는 절대로 이런 짓 하지 말라⟩는 뜻이다.

○ 「넌 그게 웃긴다고 생각하니?」

Fusiliers

"My name is Sloan, Major Sylvester Fennington Sloan, Her Majesty's 42nd Highland Fusiliers, retired."

✗ 내 이름은 슬로운, 하이랜드 푸질리어라 여왕의 42대손이죠.

☛ 「아라베스크」에서 고대 문자를 연구하는 학자 그레고리 펙에게 수상한 인물이 접근하여 자기소개를 한다. 누가 전화로 불러 준 내용을 잘못 받아 적은 듯 부정확한 번역이다. My name is Sloan, Major Sylvester Fennington Sloan까지만 보면, ⟨내 이름은 슬로운, 실베스터 페닝톤 슬로운 소령⟩이라는 뜻이다. Her Majesty's라는 표현으로 미루어 보아 영국의 군대나 기관에 소속된 단체임을 짐작해야 한다. 슬로운이 ⟨소령⟩⟨군인⟩이라고 신분을 밝혔으니, Her Majesty's 42nd는 ⟨42대손⟩이 아니라 ⟨영국군 제42⟩라는 의미다. 하일랜드Highland는 잉글랜드에 저항한 사람들의 투쟁으로 유명한 스코틀랜드 고지를 뜻하고, fusilier(또는 fusileer)는 수발총(燧發銃, fusil)으로 무장한 병사를 뜻한다. 복수형을 취했으니, 그런 총으로 무장한 ⟨부대⟩가 된다. 마지막으로 retired는 현역이 아니라 ⟨예비역⟩이라는 말이다.

종합하면, 슬로운은 ⟨영국군 제42 스코틀랜드 퓨질리어 보병연대 출신의 예비역 소령⟩이다.

fuss

"Well, well, what do you know. After all that fuss about the ⓧ abdominal anguish."

✘ 저런, 저런, 네가 뭘 안다고 그래.

☛ 「은밀한 예식」에서 엘리자베스 테일러를 보고 죽은 어머니가 살아 왔다고 착각하는 미아 패로우는 근친상간적 의붓아버지 로버트 밋첨에게 〈She made a remarkable recovery(엄마가 놀라울 정도로 빨리 회복이 되었어요)〉라고 소식을 전한다. 예문은 밋첨이 보이는 반응이다. 원문의 내용을 파악하지 못하는 경우 이렇게 얼버무리는 번역이 자주 나타난다. what do you know는 〈이런 상황은 상상도 못했다〉거나 〈세상에 이런 일도 다 생기나〉라는 의미를 나타내고, after all that fuss는 〈그렇게 잔뜩 난리를 피우더니, 겨우 이거냐〉는 말이다. abdominal anguish는 〈끔찍한 고통(복통)〉이다.

○ 「아무렴, 그럴 줄 알았다니까. 배가 아파 죽는다고 그렇게 난리를 피우더니, 이렇게 멀쩡하게 살아날 줄 누가 알았나.」

future

"Meet the future."

✘ 우리의 미래야.

☛ 「내일을 향해 쏴라」에서 캐더린 로스에게 자전거를 보여 주며 폴 뉴먼이 하는 말이다. 원문에는 〈우리의our〉라는 말이 없다. 없는 말은 없는 말이다. 대신에 정관사 the는 있다. 자전거는 뉴먼이나 로스의 미래와는 아무런 관계가 없다. 뉴먼은 자전거 판매원이 〈과거의 교통수단인 말은 가고, 인류를 위한 미래의 교통수단은 자전거다〉라고 선전하던 말을 농담 삼아 인용했을 뿐이다. 예문은 〈미래를 만나 보시죠〉 또는 〈미래의 상징물을 만나 보시죠〉라는 뜻이겠다.

game

"I thought we were gonna play a game."

✘ 게임을 하자는 줄 알았죠.

☞ 「지난여름 갑자기」에서 벽에 비친 커튼의 그림자가 무엇을 연상시키느냐고 엘리자베스 테일러에게 묻고 나서 정신과 의사 먼고메리 클리프트가 덧붙인 설명이다. 이미 우리말로 굳어진 단어들, 이른바 〈게임〉 같은 쉬운 〈외래어〉도 〈놀이를 하자는 줄 알았죠〉라고 우리말로 번역하는 노력이 필요하다고 필자가 늘 주장하는 까닭은, 작가나 마찬가지로 번역인도 언어 생활에 있어서 대중들에게 스승 노릇을 해야 하고, 그래서 우리말을 훼손하는 행위에서 앞장을 서면 안 된다고 믿기 때문이다. 우리말 스승mentor은 〈스승〉다워져, 〈멘토〉 노릇은 바람직하지 않다. 우리말을 버리고 외국어를 남용하는 습성(☞ made, witch)은 그렇게 하면 마치 〈신분 상승이 된다(멋져 보인다)〉고 착각하는 심리에서 비롯한다. 하지만 〈수건〉을 〈타올〉이라고 해서 과연 우리들의 신분이 얼마나 상승될까?(☞ form) 영어를 자주 입에 올리면 〈멋지다〉는 착각은 일종의 유행병이다. 20세기 초반과 중반에는 일본말이 현재의 영어 역할을 맡았었는데, 지금은 누가 일본말을 입에 올리기만 하면 당장 발끈하는 방송인들이 쭉정이 영어의 남용에는 오히려 지나치게 열중하는 실정이다. 예를 들어 〈어메이징한 침대키스로 완성된 「시크릿 가든」의 해피엔딩〉이라는 텔레비전 선전문을 보면, 우리말 파괴의 원흉이 텔레비전 매체라는 사실은 의심할 나위가 없어진다. 그들은 일본 흉내보다 미국 흉내가 조금이라도 다르다고 생각하기 때문일까? 유행은 시간이 지나면, 일본말의 남용처럼 사라지지만, 한번 몸에 밴 버릇은 좀처럼 사라지지 않는다. 외국어에 대한 지나친 사랑은 한국이 〈부끄러운 나라〉였을 때나 유효한 사대사상이었다.

「악령의 북소리」를 보면 대니 케이는, 집회에 나가서 그의 팔에 새겨진 유대인 수감자 인식 문신을 가리키며 분개한다.

✗ 「이건 게임이 아녜요.」

○ 「이건 장난삼아 한 짓이 아니었어요.」

「용사의 검」에서는 어느 성주가 성의 모형을 만들어 놓고 〈게임〉을 벌인다. 이런 war game은 아이들이 벌이는 〈전쟁놀이〉가 아니라 심각한 〈모의 전쟁mock war〉이다. war game은 전략strategy을 연구하는 훈련이고, 전술tactic을 연구하려면 〈모의 전투mock battle〉를 벌인다. 「베라 크루즈」에서는 붙잡힌 반란군 포로를 〈얼른 사살해 버리지 않고 왜 여러 병사가 교대로 창으로 찔러 죽이려고 하느냐〉고 버트 랭카스터가 묻자, 호송대장이 여유를 보인다.

「We wouldn't want to see the game end too soon, Monsieur.」

✗ 「시합이 너무 빨리 끝나면 재미 없잖소.」

game을 〈게임〉이라고 하지 않은 것만도 다행이지만, 그래도 game에 대한 우리말 감각이 부족해서 아쉽다. 〈시합〉은 동등한 입장에서 서로 겨루는 행위다. 여기에서처럼 일방적으로 상대방을 괴롭히다가 죽이는 짓은 〈놀이〉나 〈장난〉이겠다. 〈게임〉만 열심히 익히느라고 우리말은 쓰지 않으려고 하면, 이렇게 어휘를 구사하는 능력이 서툴러진다.

「피츠카랄도」에서 돈을 꾸어 달라고 찾아간 클라우스 킨스키한테 부유한 농장주가 면박을 주며 쫓아내려고 하자, 화가 난 클라우디아 카르디날레가 〈코끼리의 생태도 모르느냐〉면서 농장주와 맞선다.

「You are a big game hunter, aren't you?」

✗ 「당신은 위대한 도박사죠?」

big game을 〈큰 판으로 벌이는 도박〉 쯤으로 생각한 모양이지만, 사실은 코끼리나 사자나 코뿔소처럼 〈큰 사냥감〉을 뜻하는 말이다. big game hunter는 그런 동물을 대상으로 삼는 〈사냥꾼〉이다.

○ 「당신도 사냥깨나 하신다면서요?」

---

garage

"Is there a garage near by?"

✗ 근처에 차고가 있나요?

☛ 「다리 긴 아저씨」에서 프랑스의 시골길을 가다 자동차가 고장이 나자 프렛 아스테어가 근처 고아원에 들어가서 원장에게 묻는 말이다. 남의 동네에 가서 차고는 왜 찾을까? garage는 〈차고〉 말고도 〈정비 공장〉이라는 뜻도 있다.

garden

"I'm afraid the garden is dreadfully run back."

✗ 정원이 굉장히 황폐했을 거예요.

☞ 「닥터 지바고」에서 바리키노에 도착한 오마 샤리프가 〈감자 씨 좀 구해 달라〉고 하자 유리아틴에서부터 길을 안내한 역무원이 걱정하는 대목이다. 감자 얘기를 하는데 느닷없이 웬 정원 얘기일까 싶겠지만, 이 대화를 주고받으며 두 사람이 뒷문을 열고 나간 곳은 넓은 텃밭이었다. garden은 〈정원〉이나 〈화원〉 말고 〈밭〉이라는 뜻도 있다. vegetable garden은 〈배추 정원〉이 아니라 〈배추 밭〉이다.

「미주리 브레이크」에서는 근처에 목장을 사들인 잭 니콜슨을 유혹하러 찾아온 캐틀린 로이드가 말을 붙인다.

「That sure is some garden you started here.」

✗ 「꽃밭이 예쁘네요.」

니콜슨의 〈꽃밭〉에는 꽃이 한 포기도 없다. 옥수수를 잔뜩 심은 〈밭〉이기 때문이다. 니콜슨이 배수로를 설명하는 장면에서도 garden's watering을 〈정원용 수로〉로 했는데, 이것은 〈밭에 물대기〉가 맞는 말이다.

「빠삐용」을 보면, 늙은 다음 섬에서 다시 만난 더스틴 호프먼이 스티브 매퀸에게 권한다. 〈You might start your own garden.〉(자네도 [토마토] 농사나 시작하지 그러나.)

「서부전선 이상 없다」에서는 광부 출신의 병사가 전쟁이 끝난다면 무엇을 하고 싶은지를 얘기한다. 〈I'll go back to the peat fields — and those pleasant hours at the beer gardens.〉(난 채탄장으로 — 그리고 맥주 정원의 즐거웠던 시간으로 돌아가고 싶어.) beer garden에서 garden은 독일어로 hof(안마당)라고 한다. 우리나라에 즐비한 〈호프집〉의 어원이 되기도 한 hof다. 그리고 우리나라에서는 garden이 〈갈비집〉이라는 뜻이다.

「갈채」에서는 연출자 윌리엄 홀든이 배우로 발탁했던 권투 선수에 대해서 제작자가 불평한다.

「He was cracked. If there was a good fight at the Garden, he just wouldn't show up for the performance.」

✗ 「그는 어리석었어요. 정원에서 싸움 장소만 있었어도 그는 그렇게 행동하지 않았을 거요.」

형용사 cracked는 〈어리석은〉이 아니라 구어로 〈미친〉이라는 뜻이다. 대본을 가지고 번역을 했다면, Garden이 대문자로 시작했으니 분명히 고유 명사임을 알았겠고, 권투 선수와 관련된 Garden이라면 웬만큼 중요한 권투 시합이 모두 벌어졌던 종합 실내 운동장 매디슨 스퀘어 가든(Madison Square Garden, MSG 또는 the Garden이라고도 함)이라는 추리가 어렵지 않았으리라.

○ 「그 친구는 미친놈이었다고요. (매디슨 스퀘어) 가든에서 돈이 될 만한 시합만 있으면 극장엔 나타나지도 않았잖아요.」

gas

"Grab these cans. We will get the gas."

✘ 이 통을 들게. 난 가스를 가져오지.

☛ 「나이아가라」에서 낚싯배를 빌린 부사장이 진 피터스의 남편에게 빈 연료통 두 개를 내주며 재촉하는 말이다. 〈가스〉로 운행하는 배가 20세기 중반에 존재했었는지도 의문이지만, 통을 들고 가스를 사러 가는 상황 또한 상식적으로 납득이 가지 않는다. gas는 구어로 gasoline(휘발유)이라는 뜻이다. 그리고 〈가스〉는 사장 혼자서 구하러 가지(가져오지)를 않고 두 사람이 함께 갔다가 온다.

○ 「이거 받아. 나하고 같이 연료를 구하러 가자고.」

gazebo

"A gazebo."

✘ 전망대예요.

☛ 「보디 히트」에서 밤중에 캐슬린 터너의 집으로 간 윌리엄 허트가 마당을 내려다보고 〈저건 뭐냐〉고 묻는 장면이다. 사전에는 gazebo가 분명히 〈옥상이나 정원에 지어 놓은 전망대〉라고 했지만, 마당에 지어 놓은 조그만 집에서는 담 너머로 아무것도 볼 수가 없다. 〈전망대〉라고 하면 서울의 남산이나 망향의 동산처럼 시야가 탁 트이고 높고도 넓은 장소에 마련하기가 보통이다. 울타리로 둘러싸인 마당 한복판에 지어 놓았고, 망원경이나 난간도 없는 시설물을 〈전망대〉라고 하기에는 무리가 있다.

gazebo라니까 무척 생소한 단어처럼 보이지만, 가만히 뜯어보면 쉽게 이해가 간다. 〈gaze(쳐다보기)하는 곳〉이라는 뜻이기 때문이다. 「사운드 오브 뮤직」을 보면, 폰 트랩 대령의 저택 마당에 유리로 지은 집에서 비를 맞으며 큰딸이 노래를 부르는 장면이 나오는데, 그 유리집이 바로 gazebo다. 「애정의 조건」에서 셜리 매클레인의 집 마당에 지어 놓은 하얀 집도 gazebo다. 이렇게 직접 눈으로 보면 알겠지만, 차라리 〈별채〉나 〈정자〉라고 하면 우리에게 보다 실감 나는 개념이겠다.

general

"That's the general idea."

✘ 그렇지 않소.

☛ 「댐을 폭파하라」에서 폭격기 조종사가 식당에 들어가 자리에 앉자 배식하는 여자가 묻는다. ⟨Are you flying tonight, sir?⟩(오늘밤에 출격하시나요, 중령님?) 예문은 조종사가 한 대답인데, 번역이 완전히 반대로 되었다. general idea(대충 [그런] 생각)는 ⟨말하자면 그렇다는 뜻이지⟩라는 의미여서, ⟨뭐 그런 비슷한 상황이지⟩라거나 ⟨당신 말이 맞다고 해둡시다⟩ 정도로 절반 쯤 동의하거나 찬성한다는 뜻이다.

○ 「아마 그럴 걸.」

「홀리데이」에서 (엄청난 부잣집 딸인 줄 모르고) 결혼하기로 작정한 여자의 집으로 캐리 그랜트가 찾아갔더니, 그녀의 언니 캐더린 헵번이 묻는다.

「Do you realize that you're trying to marry into American 60 families?」

✘ 「미국의 60대 부잣집에 장가오는 줄 아시나요?」

헵번의 말에서는 trying to(~하려는 속셈)가 핵심이지만, 번역에서는 빠져 버렸다. ⟨당신은 지금 내 동생과 결혼하여 미국의 60대 재벌 가문에 적을 올리려는 속셈 아니냐⟩고 비아냥거리는 말이다. 그래서 그랜트는 여자 덕택에 부자가 될 속셈은 전혀 없다는 뜻으로 이렇게 말한다.

「Well, when I'd find myself in a position like this, I'd ask myself: what would General Motors do? And I'll do the opposite.」

✘ 「내 자신이 이런 상황에 처해 있을 땐 난 이렇게 묻죠. 모토스 장군은 어떻게 할까? 그리곤 그 반대로 하죠.」

오역이 심해도 좀 지나치게 심했다. General Motors는 미국 굴지의 자동차 회사다. 우리나라의 대우자동차를 인수한 회사이기도 하다. 한국 전쟁 당시 한때 ⟨도라꾸truck⟩의 대명사였던 ⟨제무시⟩는 GMC(General Motors Car)의 일본식 발음이었다.

○ 「글쎄요, 내가 그런 입장에 처한다면, 이런 생각을 해보겠어요. 제너럴 모터스 회사(운영진이)라면 어떻게 할까? 그리고는 그 반대로 행동을 취하렵니다.」

generation

"It ought to be good. It's the work of many generations."

✘ 그렇게 생각하시니 감사해요.

☛ 1940년 판「오만과 편견」에서 친구의 여동생이 환심을 사려고 서재를 칭찬하니까 로렌스 올리비에가 시큰둥하게 대답한 말이다. 올리비에의 말투를 보면 (번역문에서처럼) 감사해하는 기색이 전혀 없다. 첫 문장이 〈당연히 훌륭하죠〉이니 말이다. 역자가 이해를 못한 듯싶은 두 번째 문장은 〈장서를 대대로 수집해 놓은 결과〉라는 의미다.
  ○「훌륭할 수밖에요. 대대로 쌓아 올린 업적이니까요.」

generous

"You were saying the Emperor is extremely generous."

✘ 당신 얘기로는 황제가 관대하다고 했는데.

☛ 「베라 크루즈」에서 함께 싸워 주면 〈돈보다 명예〉를 주겠다는 반란군 측의 제안에 만족하지 못한 개리 쿠퍼가 정부군 지휘관 시사 로메로에게 묻는 말이다. 여기에서의 generous는 〈관대magnanimous〉하거나 〈너그러운〉 인품이 아니라, 씀씀이가 〈후하다〉, 그러니까 〈돈을 많이 준다던데〉라는 뜻이다.
  ○「당신은 황제가 대단히 손이 크다고 그랬잖아요.」

gently

"Treat the tuxedo gently, will you? It's an old friend."

✘ 턱시도 신경 쓰지 말고.

☛ 「애심」에서 카지노의 휴식 시간에 피아노를 연주하도록 임시 고용한 타이론 파워에게 제임스 휘트모어가 지시하는 말이다. 농담을 고지식하게 번역하다 보니 거꾸로 오역이 되었다. 보스턴에서 방금 올라온 파워에게 악단에서 여벌로 마련해 두었던 연미복을 빌려 주기는 했지만, 워낙 낡아서 찢어질지 모르니까 조심하라고 휘트먼이 주의를 주는 대목이다. old friend(옛 친구)는 〈헌 옷〉을 가리키는 농담이다.
  ○「연미복을 조심하라고, 알았지? 늙은 놈이라서 말이야.」

get

"What you see is what you get."

✘ 손님이 묵을 방이에요.

☛ 「악몽의 밤」에서 인형이 제멋대로 자신을 조종한다고 착각하는 다중 인격 정신병자 앤서니 홉킨스를 데리고 앤-마그렛이 한적한 호수가 호텔로 찾아가자 주인이 방을 보여 주며 하는 말이다. 번역을 보면 지극히 평범하게 안내하는 말투 같지만, 원문은 지극히 불친절한 주인의 성격을 잘 나타낸다. 〈당신 눈에 보이는 것이 당신이 갖게 되는 것〉이라는 말은 〈이 정도가 전부이니까 더 이상 좋은 것을 기대하거나 마음에 안 든다고 불평하지 말라〉는 뜻이다. 보다 자연스러운 표현을 찾아보면, 〈이곳의 방은 이게 전부이니까, 여기 묵던지 싫으면 다른 데 가서 알아봐요〉 정도가 되겠다.

「갈채」에서는 술집에서 행패를 벌인 배우 빙 크로스비를 해고하려던 연출자 윌리엄 홀든이 (다른 대책이 없어서) 마지막 설득을 벌인다.

「The understudy stinks, and you're the only thing I got around.」

✘ 「대역 배우는 형편없다구요. 당신만이 해낼 수 있어요.」

마치 크로스비의 능력이 꼭 필요하다고 애원하는 듯한 투로 번역해 놓았지만, 사람이 아니라 〈물건〉을 뜻하는 thing이라는 단어까지 동원한 원문은 상대방을 노골적으로 혐오하고 비하하는 내용이다. the only thing I get(내가 차지하는 유일한 물건)은 선택의 여지가 없는 궁지를 나타낸다.

○ 「대역 배우는 한심하고, 나한테는 그나마 당신밖에 없다고요.」

「랄프의 기적」을 보면, 수영장에서 음란 행위를 한 소년이 데이트를 신청하려고 여학생을 집으로 찾아갔다가, 거절을 당하고는 말한다.

「Good point, Claire, you got me there.」

✘ 「좋은 지적이야. 난 포기한 거였어.」

I'll get you라고 하면, 〈무슨 수를 써서라도 언젠가는 너한테 분풀이를 하겠다〉는 뜻이다. 여기서는 got me가 《(너한테) 내가 당했다》는 의미여서, 《(함정에 빠지거나) 궁지에 몰린 나로서는 네가 한 지적에 대해서는 입이 열 개라도 할 말이 없다》는 소리다.

○ 「맞는 얘기야, 클레어, 그렇게 얘기하면 난 할 말이 없지.」

「황금연못」에서는 제인 폰다가 〈난 아버지를 무서워한다〉고 말하니까 어머니 캐더린 헵번이 충고한다.

「Well, he's afraid of you. So you should get along fine.」

✘ 「아빠도 마찬가지야. 그러니 네가 맞춰야 해.」

should get along은 맞지 않는 균형을 딸더러 일방적으로 맞추라는 소리가 아니다. get along은 〈서로 (사이좋게) 지낸다〉는 뜻이다.

○ 「사실은 아버지도 널 두려워 해. 그러니까 두 사람은 서로 잘 어울리겠지.」

「숀 코너리의 신문」에서는 모욕적인 질문을 계속하는 코너리 형사에게 미성년 성추행범으로 잡혀온 이안 배넌이 〈너도 똑같은 변태〉라면서 따진다.

「Do you think you can get away with this?」
× 「제대로 짚었다고 생각하나요?」

get away with(~을 하고도 도망친다)는 〈~한 짓을 저지르고도 무사히 넘어가다〉라는 뜻의 흔한 표현이다. 그러니까 배넌의 항의는 〈지금 나한테 이런 짓을 하고도 나중에 무사할 줄 아느냐?〉는 의미다. 잠시 후에 구타를 못 이겨 방에서 도망치려는 배넌에게 코너리가 똑같은 표현을 쓴다.

「You think you're getting away with this?」
× 「여기서 나가려고?」

이것도 〈그런 못된 짓을 저지르고도 무사히 여기서 나갈 줄 아느냐?〉는 뜻이다.

「재칼의 음모」에서는 드골 대통령을 암살해 달라는 청탁을 받은 에드워드 폭스가 암살 계획을 주도하는 간부들과 상견례를 한다.

「It's possible. The point is getting away with it.」
× 「가능합니다. 비밀 유지가 관건이지만.」

〈비밀 유지〉라고 의미를 발전시킬 수도 있겠지만, getting away는 비밀을 유지하는 사전 작업보다는 일을 끝낸 다음에 붙잡히지 않는 〈사후 관리〉를 강조하는 표현이다.

「애수(哀愁)」에서는 창녀 생활을 했다는 사실을 숨기고 로버트 테일러와 결혼하려는 비비엔 리에게 친구가 묻는다.

「Do you think you can get away with it?」
× 「가능할 것 같아?」
○ 「무사히 넘어가리라고 생각해?」

「전송가」에서는 한국군 전투기 조종사들을 훈련시키는 책임자 록 허드슨 대령이 목사였다는 사실을 알게 된 돈 디포어 대위가 못 믿겠다며 캐묻는다.

「I don't get it. Dean. I thought I knew you pretty well.」
× 「무슨 일이야, 딘? 난 널 잘 아는 줄 알았어.」

여기에서의 get은 〈파악한다〉는 뜻이다.

○ 「이해가 안 가는구먼, 딘. 난 자넬 전혀 몰랐던 모양이야.」

「간주곡」에서 음악가 남편 레슬리 하워드에게 젊은 애인 잉그릿 버그만이 생기자 아내가 묻는다.

「Do you think I am getting old?」
× 「내가 늙어가고 있다고 생각해요?」

우리말의 습성으로는 진행형보다 현재완료형 〈내가 늙었다고 생각해요〉가 훨씬 더 실감 난다.(☞ dying) 「지지」를 KBS에서 방영할 때는 모리스 슈발리에의 대사 〈Am I getting old?〉를 〈나도 이제 늙었나?〉라고 했다. 〈늙어가고 있나〉보다는 훨씬 듣기 좋은 우리말이다.

「웨스트 사이드 스토리」를 보면, 춤추는 자리에서 만난 두 깡패 집단 the Jets(제트파)와 the Sharks(상어파)가 다시 험악하게 대립하자, 어른이 나서서 중재하려고 타이른다.

「This is a get-together dance.」
✗ 「함께 춥시다.」
〈함께 춥시다〉라고 하려면 〈dance together〉라고 해야 된다. get-together dance(함께 모이는 춤)는 〈화해의 무도회〉다.
○ 「이건 친목을 도모하는 무도회라고.」
「단짝 친구들」에서는 젊은이들이 모여 춤을 출 때 나오는 노래의 가사 〈Come on, everybody, let's get together〉를 〈친구들아, 오늘 밤 뭉치자〉라고 번역해 놓았다. 〈뭉치자〉가 경박한 듯싶어서 좀 부담스럽기는 하지만, 발상이 분방해서 퍽 재미있다.

gift

"My throat hurts. And when one has been given a divine gift, one should not jeopardize it."

✗ 목도 아프고. 신성한 선물을 가진 자는 결코 그것을 위험에 빠트려서는 안돼.

☛ 「쿠오 바디스」에서 노래를 불러 달라는 아첨꾼 신하들의 요청을 네로 황제가 거절하는 말이다. divine gift는 《〈신성한〉 선물》이 아니라 《〈신께서 내려 주신〉 재능》이다. 네로는 자신이 음악의 천재라는 착각 속에서 살아간다. 그러니까 목이 아플 때는 그 귀중한 목소리를 보호하기 위해 조심해야 한다는 주장이다.
○ 「난 목이 아파. 그리고 신께서 재능을 내려 주셨을 때는, 그 재능을 소중하게 다뤄야 해.」

give

"I'm gonna stick around for the wedding and I will even give you away."

✗ 결혼식만 참석할게. 물론 멀리 떨어져서.

☛ 「모로코로 가는 길」에서 도로티 라무어와 결혼하면 죽게 된다는 예언을 알지 못한 채로 신랑이 된 밥 호프에게 빙 크로스비가 약을 올리는 말이다. stick around for는 결혼식〈만 참석한다〉는 말이 아니고, 결혼식〈에 꼭 참석하기 위해서 이곳을 떠나지 않고 일부러 기다리겠다〉는 의지의 표시다. give away는 〈내준다〉는 뜻이기도 하지만 여기에서는 구체적으로 결혼식에서 신부의 아버지가 신랑에게 딸을 〈넘겨주는〉 부모의 역할을 가리킨다.

○ 「기다렸다가 결혼식에 참석할 뿐만 아니라, 아예 자네의 부모 노릇까지 해주겠네.」

「도그빌」에서는 약간 머리가 모자라는 화물차 운전사가 니콜 키드먼과 얘기를 나누다가 무심결에 그가 자주 찾아가는 창녀의 이름을 입에 올린다. 옆에서 듣고 있던 동네 여자가 얼른 말을 가로막는다.

「You gave yourself away again, Ben.」

× 「또 거기 갔어요?」

의문문이 아닌데 의문문으로 번역한 이유는 내용을 제대로 파악하지 못한 탓이 아닌가 싶다. give away는 자기도 모르는 사이에 해서는 안 될 말을 하거나 비밀을 〈털어놓는〉 경우에 쓰는 표현이다. 속된 말로 〈뽀록이 나다〉 정도의 의미다.

○ 「또 말이 헛나갔군요, 벤.」

영문을 모르겠는 키드먼이 Miss Laura(창녀 이름)가 누구냐고 묻자, 이웃 여자가 우아하게 설명한다.

「I think Miss Laura is what Ovid might call a Maenad.」

× 「그녀는 화류계 여자죠.」

원문의 완곡한 화법을 살려 보려는 노력이 아쉽다. 이웃 여자는 자식들의 이름을 〈제이슨(=야손)〉, 〈아킬레스〉, 〈다이아나〉, 〈판도라〉 등 하나같이 신화에서 차용해 붙일 만큼 유난히 고상한 티를 내는 인물이다. 따라서 그녀가 나중에 키드먼에게 못된 짓을 할 때는 그만큼 더 충격적으로 여겨진다. 이렇듯 등장인물의 화법은 인물의 구성characterization에서 중요한 단서가 되기 때문에, 모든 인물의 말투를 번역자의 말투 한 가지로 통일시키는 일은 바람직하지 못하다. 어휘의 세심한 선택이 그래서 중요하다.

오비디우스(Publius Ovidius Naso, 영어 이름 Ovid)는 상식적인 수준에서 마땅히 알아둬야 할 만큼 유명한 로마의 시인이고, M(a)enades(마이나데스)는 방탕한 술의 신 바커스(Bacchus=Dionysus)를 섬기려고 난잡한 향연을 벌이던 광신녀votary였다. 보통 명사 maenad는 〈미친 듯 놀아나는 여자〉다. 이런 사전 지식이 없는 사람이더라도 이웃 여자가 하는 말을 들으면 Maenad가 틀림없이 옛날에 살았던 어떤 창녀의 이름이겠거니 쉽게 짐작한다. 그러니까 뒷맛이 담긴 고유 명사(☞ Vanderbilt)는 가능하면 번역에서 누락시키지 말아야 한다.

○ 「로라 아가씨는 오비디우스가 마이나데스라고 이름을 붙일 만한 그런 여자랍니다.」

「왕자와 무희」에서는 로렌스 올리비에와 만찬을 같이 하려고 대사관에 도착한 마릴린 몬로가 건물 내부를 보고 감탄하자, 안내를 맡은 영국 외무성 관리가 시큰둥하게 대답한다.

「Personally, I find the decorations a little vulgar.」

× 「실내 장식이 평범한 편이오.」

(올리비에가 영국에 올 때마다 그의 뚜쟁이 노릇을 해야 하기 때문에 무척 못마땅해하는) 외무성 관리가 한 말은 단순한 사실의 진술이 아니라, 혐오감을 외교적인 화법으로 완곡하게 위장한 표현이다.

○ 「내 개인적인 견해로는, 장식이 좀 촌스러워 보이는데요.」

그랬더니 몬로가 다시 묻는다.

「Well, all I can say is, give me vulgarity!」

✗ 「난 평범한 게 좋아요.」

well(그렇지만요)과 감탄사가 들어간 이유를 아랑곳하지 않는 번역이다. give me vulgarity(천박함을 나한테 달라는), 취향이 아니라 부러움을 나타내는 말로서, 〈이런 천박함을 누가 준다면 난 감지덕지 받겠다〉는 의미다.

○ 「글쎄요, 난 천박해도 좋기만 하다는 말밖에는 나오질 않네요.」

glasses

"It is late at night and somebody across the way is playing La Vie en rose. It is the French way of saying I am looking at the world through rose-colored glasses."

✗ 밤이 늦었는데 길 건너에서 누가 「장미빛 인생」을 연주하네요. 프랑스 식으로 얘기해서, 장미빛 유리창을 통해 세상을 본다는 뜻의 노래예요.

☞ 「사브리나」에서 2년간 파리로 요리 공부를 하러 간 오드리 헵번이 아버지에게 쓴 편지의 내용이다. glass를 복수형으로 만들면 〈안경〉이 된다. 〈유리창〉은 window나 windowpane이라고 한다. 안경은 유리알이 둘이어서 항상 복수형으로 쓰며, spectacles도 마찬가지다. 외알인 안경은 monocle이라고 한다. 헵번의 편지는 〈장미 빛 (유리창이 아니라) 안경을 통해서〉라는 뜻이다. 우리말에도 〈색안경을 쓰고 본다〉는 표현이 있다.

○ 「밤이 늦었는데 길 건너에서 누군가 〈장미빛 인생〉을 연주하네요. 프랑스 식으로 얘기해서, 장미빛 안경을 쓰고 세상을 본다는 뜻의 제목이죠.」

이 영화에서 윌리엄 홀든이 여자를 유혹할 때는 샴페인 한 병을 들고 유리잔 두 개를 바지 뒷주머니에 넣고 실내 정구장으로 가서 춤을 추는 상습적인 절차를 밟는다. 오드리 헵번에게도 같은 수법을 쓰려다가 형 험프리 보가트의 방해 공작으로 홀든은 의자에 주저앉아 술잔이 깨져 엉덩이에 유리 조각이 잔뜩 박힌다. 이런 내용을 알지 못하는 홀든의 약혼녀가 〈I don't understand what that glass was doing in your pocket(술잔이 왜 당신 호주머니로 들어갔는지 이해가 안 가요)〉라고 의아해한다. 이때는 glass가 단수로서 분명히 〈술잔〉이다. 홀든은 엉겁결에 〈정구장으로 가져가려고〉라며 비밀을 털어놓는다. 약혼녀는 더욱 영문을 몰라 〈In the dark? In the middle of the night?(어둠 속에서요? [캄캄한] 한밤중에 [정구를 친다는] 말예요?)〉라고 다시 묻는다.

형 보가트가 〈Yes, that's why he needed glasses〉라고 둘러댄다. 여기서 glasses는 물론 〈두 개의 술잔〉이라는 뜻이지만, 〈캄캄해서 안경이 필요했다〉는 농담이 행간에 깔렸다. 홀든도 뒤늦게 그 농담의 의미를 알아듣고 박장대소하며 맞장구를 친다. 〈Yes, that's why I needed glasses!〉(맞아, 그래서 [glasses가] 필요했다고!) 이쯤 되면 정말로 번역이 힘겨워진다. 이럴 때는 [ ] 안의 말을 **빼**버리면 되겠다. 좀 야박하지만, 영어까지 알아듣는 사람이라면 웃음을 터트리겠고, 그렇지 못하면 그냥 넘어갈 테니까 말이다.

glorify

"Don't glorify your refusal on philosophical grounds."

✗ 당신은 너무 부정적이야.

☞ 「우디 앨런의 부부일기」에서 〈이렇게 험한 세상에 생명이 태어나게 해서 어쩌겠느냐〉는 남편 우디 앨런에게 아기를 낳자고 했던 미아 패로우가 불만을 털어놓는다. 우디 앨런 영화라면 신랄하고 재치가 넘치는 어휘로 엮어진 통렬한 대사가 가장 큰 매력이라고 해도 되겠다. 그런데 이렇게 허름한 우리말로 밋밋하게 옮겨 놓으면 원문의 맛이 몽땅 사라진다.

○ 「그렇게 철학적인 근거까지 동원해가며 싫다는 말을 멋지게 꾸며 대는 짓은 그만둬요.」

glow

"We glow."

✗ 우리들 반짝반짝 빛나요.

☞ 「하와이 2」를 보면 집에서 부리는 중국인 하녀 티나 첸이 파인애플을 심어 키워 보겠다고 찰톤 헤스톤에게 계획을 밝힌다. 이 말을 듣고 어리둥절했던 헤스톤이 잠시 후에 무슨 뜻인지 알아듣고 맞장구를 친다.

「Yeah, we glow.」
✗ 「그래, 빛나야지.」

하와이로 이민을 온지 얼마 안 되어 영어가 서투른 첸은 한국사람들이나 마찬가지로 영어의 l과 r의 발음이 자꾸 헷갈린다.(☞ Delilah) 그러니까 첸이 하려던 말은 〈We grow(우리 부부가 [마당 한구석에] 파인애플을 재배하겠다)〉라는 뜻이었다. leadership(지도력)을 readership(독자층)이라고, 또는 loyalty(충성심)을 royalty(왕족)이라고 발음한 격이다. 참으로 번역하기가 난감한 경우이고, 바로 이럴 때 필요한 것이 창의력이다. 재배한다는 뜻의 〈길러요〉를 일부러 우리말에서도 비슷하지만 틀린 말로 〈길어요〉라고 써보자는 얘기다. 그리고 헤스톤은 하녀가 일궈 놓은 손바닥만 한 밭을 내려다보고는 뒤늦게 무슨 소린지 알아듣고는 빙그레 웃으며 맞장구를 친다.

○ 「우리 파인애플 길어요.」

○ 「그래, 잘 길어봐.」

go

"That will have to go."

✗ 저건 그대로 둘 거야.

☞ 「피크닉」에서 노처녀 여선생 로잘린드 럿셀과 결혼할 가능성을 상상하는 아더 오코넬이 그의 방에 걸어 두었던 수영복 차림의 여자 사진을 보고 윌리엄 홀든에게 한 말인데, 번역이 거꾸로다. 여자 사진을 그대로 뒀다가는 난리가 날 테니까 〈저건 없애야 되겠구먼〉이라는 말이다. have to go는 〈사라져야 한다〉는 뜻이다.

「악몽의 밤」(1945)에는 복화술사가 정신 이상임을 증명해 주려고, 인형의 입을 빌리지 말고 5분만 버티라고 하니까, 참지 못하고 〈시간이 얼마나 흘러갔느냐〉고 자꾸 묻는 장면이 나온다. 30초가 지난 다음 복화술사가 다시 질문을 하고 나서 혼잣말을 한다.

「Four or five minutes to go.」

✗ 「4, 5분은 된 거 같은데.」

역시 거꾸로 한 번역이다. to go(가야 할 길이 ~다)는 《(아직도) 4~5 분이나 남았단 말이야》라는 뜻이다.

「우리들 모두의 이야기」에서 18살인 두 여자더러 보라고 음란한 쪽지를 자꾸만 벽에 붙여 놓는 남자 때문에 화가 난 한 여자가 다짐한다.

「Then we will go after him.」

✗ 「그럼 우리가 찾아가기로 해.」

해괴한 〈초대〉 쪽지를 한 번만 더 붙이면 〈찾아가 만나겠다〉는 번역 또한 완전히 뒤집힌 내용이다. go after(뒤를 따라 가다)는 follow와 비슷해 보이기는 하지만, 의미가 전혀 다르다. 〈쫓아가서 붙잡아 혼을 내겠다〉고 벼르는 말이기 때문이다.

○ 「그렇다면 우리가 잡으러 가야 되겠어.」

「신데렐라」에서 무도회에 데려가 달라는 주인공에게 계모가 다짐한다.

「And I never go back on my words.」

✗ 「그리고 나는 내 말을 절대로 되돌리진 않아.」

아무리 한글로 썼어도 우리말 같지가 않은 번역문이다. go back on은 〈~을 취소한다〉는 뜻이다.

○ 「그리고 난 한번 한 약속은 절대로 어기지 않아.」

「야성의 엘자」를 보면, 천막 안에서 앞에 앉은 아내에게 남편이 말한다.

「Go to sleep.」

✗ 「가서 자요.」

침대가 바로 옆에 있는데, 〈가서 자〉라니, 가긴 어딜 가나? 밖으로 나가라고? 그냥 옆자리에 눕기만 하면 되는데 말이다. 여기서 go는 장소의 이동이 아니라 행동의 발전을 의미한다. 〈잠이나 자〉라는 뜻이다. 논리에 어긋나는 〈직역〉도 오역에 속한다. go to bed를 〈잠자리에 들다〉가 아니라 〈침대로 가다〉라고 하는 식으로 경직된 번역을 하는 습성을 버려야 한다.

「졸업」에서 더스틴 호프만은 만나서 섹스만 하지 말고 고상한 대화도 가끔 나누자고 앤 뱅크로프트에게 제안한다. 하지만 미술에 대한 그들의 대화가 우스꽝스럽게 진행되고, 그래서 뱅크로프트 부인은 이런 쓸데없는 얘기 집어치우자며 〈Let's get to bed〉라고 한다. 그녀와 호프만은 이미 한차례 성행위를 하고 난 다음 발가벗은 채로 침대에 누워 있다. 그런데도 〈우리 침대로 가자〉라고 번역할 수야 없는 노릇이다.

○ 「우리 한번 더 하자.」

「쿤둔」에서도 어린 달라이 라마에게 어머니가 〈Go to sleep now, go to sleep〉이라고 말하는데, 아이는 이미 침대에 누운 상태이니 go to에서는 이동의 의미가 없어진다.

going

"I'll pay you the going rate for labor whatever job you're assigned."

✘ 당신한테 할당되는 모든 작업에 대해 경과에 따라 돈을 주겠소.

☞ 「들판의 백합」에서 집을 짓는 솜씨가 훌륭한 시드니 푸아티에한테 건축 회사 사장이 제안한다. going rate은 〈경과에 따라〉처럼 보일지도 모르지만, 〈현재 통하는going 가격rate〉, 그러니까 〈현재 시세대로〉라는 뜻이다. job you're assigned는 우리말식 능동형으로 옮기면 〈당신이 맡은(하는) 일〉이다.

○ 「당신이 무슨 일을 맡거나 간에, 보수는 섭섭하지 않게 주겠어요.」

「필라델피아 스토리」에서 캐더린 헵번이 제임스 스튜어트와 같이 온 여성 사진 기자에게 묻는다.

「Are you — going together?」

✘ 「두 분은 항상 같이 다니나요?」

going together는 going steady나 마찬가지로 〈연애를 하는 사이〉다. 그래서 헵번은 질문을 할 때도 눈치를 살피느라고 잠깐 말을 멈추었고, 여기자는 냉큼 〈That is an odd question, I must say(거참 묘한 질문도 다 하시는군요)〉라고 반박한다.

good

"Well, he won't be around any more, Cal. He's left town for good."

✘ 이제 이곳에 안 살아. 스스로 이곳을 떠났지.

☛ 「에덴의 동쪽」에서, 어머니에 관한 비밀을 알려 준 농장 일꾼의 행방을 물어보는 제임스 딘에게 벌 아이브스 보안관이 얼버무린다. he is around라고 하면 여기에서처럼 〈이 근처에서 돌아다닌다〉 또는 〈여기서 얼굴을 보이다〉라는 뜻 말고도 〈그 친구 죽지 않고 아직 살아 있다〉라는 의미도 있다. for good은 〈스스로 알아서(for [one's] own good)〉가 아니라, 〈영원히〉나 〈깨끗하게〉라고 어떤 상황이 종결된 상태를 가리킨다.

○ 「그러니까 그 친구 얼굴 다시는 보기 어려울 거야, 캘. 이곳을 아주 떠나 버렸거든.」

「개선문」을 보면, 독일로 강제 추방된 샤를 부아이에가 3개월 만에 파리로 돌아왔더니, 그 사이에 잉그릿 버그만이 다른 남자와 살림을 차렸다. 버그만이 그들의 관계를 복원하고 싶어서 부아이에를 아파트먼트로 부르지만, 그는 한눈에 상황을 파악하고는 돌아서서 나가려고 한다. 버그만이 소리친다. 〈Ravic, you are not going!〉(라빅, 가시는 건 아니겠죠!)

「Yes, Joan. For good.」

✘ 「가겠오. 서로를 위해서요.」

〈서로를 위해서요〉라는 오역은 for good을 눈에 보이는 그대로 〈good을 위하여for〉라고 생각했기 때문에 발생한 사고가 아니었나 싶다. 부아이에가 영어로 한 말은 〈가는 거예요. 영원히요〉였다. 다시는 돌아오지 않을 생각이라는 확실한 의사 표현이다.

「고소공포증」에서 멜 브룩스가 술집 손님들에게 농담을 섞어 가면서 인생에 대한 충고가 담긴 노래를 부른다.

「And remember, folks, be good to your parents. They've been good to you.」

✘ 「명심해요, 부모님께 잘 하면 부모님도 잘해 줄 겁니다.」

논리가 거꾸로 뒤집혔다. 부모가 지금까지 과거에 이미 잘했으니까, 앞으로 미래에는 자식이 잘해야 한다는 내용인데, 미래에 자식이 잘하면 그보다 더 미래에 부모도 잘하리라는 번역이 되어버렸다.

○ 「그리고 여러분, 잊지 말고 부모님에게 효도를 합시다. 여러분들을 잘 돌봐 준 부모님이니까요.」

「판타지아」의 해설이다.

「In other words, these are not going to be the interpretations of trained musicians, which I think is all to the good.」

✘ 「다른 말로 말해서, 제가 생각하기에 모든 순이익으로서 훈련된 음악가들의 해석이 아니라는 말입니다.」

〈말〉이라는 말이 한 문장에 세 개나 들어간 이 말이 무슨 말인지는 번역해 놓은 사람 자신도 잘 모르리라는 생각이다. to the good(이익이 되다)은 〈훈련된 음악가들〉이 아니라 영화 관객에게 해당되는 〈혜택〉이다.

○ 「그러니까 이 작품들은 전문적인 음악인들의 해석을 통해서 전해지지는 않을 텐데, 제 생각에는 그런 편이 훨씬 더 좋을 듯싶군요.」

「캐프리콘 1」에서는 화성에 도착했다는 보고가 탐사선에서 휴스턴으로 전해진다.

「We have passed altitude 950 feet. Looking good.」

✕ 「착륙선의 고도 현재 290미터. 경치가 좋다.」

황량하기 짝이 없는 화성의 〈경치가 좋다〉는 말이 어쩐지 어울리지 않는다. 여기서 말하는 looking good(좋아 보인다)은 〈착륙 과정이 순조로울 듯싶다〉는 뜻이다.

「갈채」에서 쉬운 단어 good을 너무 쉽게 생각해서 오역을 범한 사례를 하나 소개하겠다. 몰락한 빙 크로스비를 주연으로 발탁하여 〈그의 잠든 재능을 살려내겠다〉는 연출자 윌리엄 홀든을 제작자 앤서니 로스가 비웃는다.

「You're good, Bernie, but you're not that good.」

✕ 「당신은 좋은 사람이오, 버니. 하지만 그렇게 좋은 사람은 아니오.」

good이 무엇을 두고 한 말인지를 착각하여 생겨난 오역이다. 몰락한 배우를 도와주겠다는 마음이 갸륵해서 〈좋은 사람〉이라고 판단한 모양이지만, 전혀 그런 뜻이 아니다. 앞에서 홀든이 한 말에 담긴 내용을 충분히 참조했더라면, 이런 정답이 보였을 것이다.

○ 「(배우의 재능을 발굴하는) 당신 실력은 훌륭하지만, 버니, (크로스비처럼 폐물이 된 배우를 써서 성공할 만큼) 그 정도까지 훌륭하진 않아요.」

대사나 대화는 한 사람이 한 말에 대한 다른 사람의 반응으로 이어지고, 그 반응은 또 다른 반응으로 발전한다. 그러니까 두 사람이 주고받는 얘기가 서로 물고 넘어가도록 번역을 해야 한다. 앞뒤에서 계속 달리는 다른 차량들에 신경을 쓰면서 전체적인 흐름을 타고 자동차를 운전할 때나 마찬가지로, 현재 진행되는 대화의 주제를 연결 고리로 삼아, 대화가 매끄럽게 엮어지며 흘러야 한다.

앞뒤 문장을 연결해서 생각하지 않고 한 문장씩 따로 떼어 국부적으로 해결하는 역자의 습성은 줄지어 오역을 낳는다. 로스가 방금 한 not that good이라는 말에 반발하여 홀든이 화를 낸다.

「That's what people have been saying to me since I was this high.」

✕ 「사람들은 나의 과거를 들먹이며 그렇게들 말하곤 하지요.」

이 장면에서 홀든의 목소리와 표정은 격한 상태인데, 번역에는 그 전 〈반응〉의 강도가 전혀 반영되지 않았다. 시각적인 정보를 대수롭지 않게 흘려버렸기 때문이다. this high라고 말할 때 홀든은 손으로 높이를 나타내는데, 이 시각적인 정보 역시 번역문에서는 나타나지 않는다.

○ 「그따위 소리는 내가 요만할 때부터 지겹게 들어왔어요.」

이어지는 어떤 대화를 관통하는 흐름(주제)에 신경을 쓰지 않아서 발생한 오역은 괴리의 틈새를 더욱 벌여 놓는다. 홀든의 〈반응〉에 로스는 다시 〈반응〉한다.

「So now you're going to show them. Every one of them.」

✗ 「그럼 이제 당신이 말한 모든 것을 보여 주시오. 당신이 말한 것 모두.」
○ 「그러니까 지금 당신은 사람들한테 (당신이 얼마나 대단한 인물인지) 본때를 보여 주겠다는 소리군요. (그런 소리를 했던) 모든 사람들에게요.」

「719호의 손님들」에서 결혼식을 몇 분 앞두고 화장실로 들어가 안으로 문을 잠그고 나오지 않는 딸에게 월터 매타우가 소리를 지른다.

「I'm coming after you, with my one good arm.」
✗ 「기다려라. 한쪽 팔로 널 끌어낼 거야.」

말을 안 듣는 딸을 이왕이면 두 팔로 확실하게 끌어내야지, 왜 〈한쪽 팔〉로 끌어내겠다고 위협할까? 이렇게 논리가 맞지 않을 때는 어디선가 오역이 이루어졌다는 증거다. 〈한쪽 팔〉은 one arm이라고 하면 충분한데, 두 단어 사이에 good이 왜 들어갔을까? 역시 중요한 단어를 소홀히 한 흔적이 분명하게 나타난다. 잠깐 보충 설명을 하겠다.

「기나긴 이별」을 보면, 지문을 찍느라고 손에 묻은 잉크를 셔츠에 닦으라는 형사에게 엘리엇 굴드 탐정이 불평한다. 〈This is my good shirt.〉 겉으로 보기에는 〈이것은 나의 좋은 셔츠다〉라는 단순한 말 같지만, 여기에서 good은 〈다른 셔츠들은 지저분하거나 낡아서 잉크를 묻혀도 괜찮겠지만, 이것은 그나마 온전한 셔츠니까 그렇게는 못하겠다〉는 의미가 담겼다.

다시 「719호의 손님들」으로 돌아가자면, 매타우가 한 말에서도 good은 〈멀쩡한〉이라는 뜻이다. 한쪽 팔은 아까 욕실 문을 어깨로 부수려다가 이미 부상을 당해 제대로 쓸 수가 없고, 그래서 〈나머지 멀쩡한 한쪽 팔로〉 다시 문을 부수겠다는 협박이다. 잠시 후에는 아내가 문을 두드리다가 다이아몬드 반지가 깨지고, 그래서 매타우가 묻는다.

「Your good diamond ring?」
✗ 「그 비싼 다이아몬드 반지가?」

여기에서도 good은 평상시에 끼고 다니는 가짜 다이아몬드 반지가 아니라 〈(딸의 결혼식이라고 해서 모처럼 끼고 나온, 소중히 간직하던 아까운) 진짜〉 반지를 뜻한다.

「OK 목장의 결투」에서 커크 더글라스의 설득으로 버트 랭카스터가 여도박사 론다 플레밍을 유치장에서 풀어 준다. 열쇠를 가지고 간 더글라스에게 플레밍이 인사를 건넨다. 〈Good evening, Doc.〉(굿이브닝, 닥.) 랭카스터가 문을 열어 주자 플레밍은 그에게도 인사한다. 〈Good evening, Marshal.〉(굿이브닝, 보안관님.) 랭카스터가 화답한다. 〈Good evening, Miss Denver.〉(굿이브닝, 미스 덴버.)

good evening을 〈굿이브닝〉이라고 표기하는 행위(☞ game)라면 〈번역〉이라고 하기 어렵다. 〈너 쿨하구나. 굿이야〉라는 식으로 코리안에 잉글리시를 믹스해서 유즈하는 행위도 쿨하다고 씽크하는 사람들이 매니겠지만, 그런 말버릇은 굿이 아니라 지저분하고 천박하게만 보인다.

「초대받지 않은 손님」에서는, 흑인 청년 시드니 푸아티에가 스펜서 트레이시를 찾아가서, 만일 백인 여자의 부모가 결혼에 반대한다면 깨끗하게 물러서겠다고 태도를 분명하게 밝힌다. MBC에서 방영할 때 번역한 대사다. 〈잘 가게 한마디면 그만입니다.〉 〈굿이브닝〉이라고 번역한 사람이라면 아마도 이 멋진 번역을 이렇게 바꿔 놓았을지도 모르겠다. 〈굿바이 원 토크면 오켑니다.〉

「백주의 결투」에서는 square dance(서부 개척기 남녀 네 쌍이 단위를 이루어 추던 춤)에서 구령을 부르는 사람이 소리친다. 〈파트너를 체인지하세요.〉

「워터프론트」를 보면, (아들이 수사관들에게 협조하다가 항만 노조 두목 리 J. 콥의 지시로 어젯밤에 살해를 당했지만) 이바 마리 세인트의 늙은 아버지는 오늘도 일거리를 찾아 부둣가로 나온다. 〈일을 안 하면 장례 비용이 어디서 나오겠느냐〉고 한탄하면서. 동료 노동자가 한 마디 던진다. 〈Johnny Friendly, that great labor leader.〉(노동계의 위대한 지도자 조니 프렌들리가 내겠죠.)

다른 노동자가 맞장구를 친다.

「That's a good one.」

✗ 「농담 하나 좋네.」

that's a good one(그것은 훌륭한 말이다)은 어떤 사람이 재치가 넘치는 발언이나 농담을 한 다음 변죽을 올리는 표현이다. 그러나 살인 사건이 얽힌 이 경우는 〈농담〉의 차원이 아니다. 따라서 번역문도 정확한 의미 전달을 넘어, 그런 심각성을 제대로 반영하는 솜씨를 내리는 부단한 노력이 필요하겠다.

○ 「자네 말 한번 잘 했어.」

「에덴의 동쪽」에서 생일을 맞은 레이몬드 매씨가 며느릿감 줄리 해리스에게 여유를 보인다.

「Did you notice the snow on Mount Toro? Say, that means we got a good year coming in. We can use it.」

✗ 「〈토로산〉에 눈 온 걸 봤니? 내년엔 평화가 올 거야. 우린 그렇게 믿는단다.」

전쟁 중에 벌어지는 얘기여서 DVD 판 번역에 〈평화〉라는 말이 나온 모양이지만, 매씨는 상치 사업으로 이미 크게 손해를 본 농업인이어서 〈평화〉를 입에 올릴 입장이 아니다. good year는 〈풍년〉이라는 뜻이다. 반대로 〈흉년〉은 lean year(빈약한 해)라고 한다. 겨울에 눈이 많이 내리면 이듬해에 풍년이 온다는 것은 우리나라에서도 널리 알려진 상식이지만, 집적된 정보에 중독된 요즘 세상에서는 농경 사회의 그런 체험적 지식은 저절로 도태되는 모양이다. 마지막 문장의 use는 〈필요하다〉 또는 〈도움이 된다〉는 뜻이다.

○ 「토로 산에 눈이 많이 쌓였지? 그러니까 풍년이 오겠어. 그러면 우리 형편도 좀 좋아지겠구나.」

goof

"He was all right hanging around for laughs, but this is business. I don't like anyone goofing off."

✗ 이건 사업이야. 함부로 설치는 건 못 참아.

☛ 「워터프론트」에서 말론 브랜도가 배반하리라고 예상한 두목 리 J. 콥이 브랜도의 형 로드 스

타이거에게 화를 내는 대목이다. 반 토막을 잘라버리고 대충 번역한 사례다. goof는 함부로 설치거나 나대기보다는 무엇을 잘못하거나 〈농땡이〉를 친다는 뜻이다.

○ 「네 동생이 장난삼아 한 짓은 참아 주겠지만, 이건 사업이라고. 누가 일을 망치는 건 안 된단 말이야.」

콥은 더 이상 실수를 하지 않도록 브랜도에게 애인 이바 마리 세인트를 〈처리〉하라고 지시한다.

「Get rid of her, unless you're both tired of living.」
× 「정리 안 하면 너한테도 안 좋아.」

죽여 버리라는 험악한 내용이 역시 절반밖에 반영되지 않았다.

○ 「두 사람 다 살기 싫어진 게 아니라면, 그년을 알아서 처리하라고.」

수사에 협조했다고 화물선 안에서 살해를 당한 노동자의 시체 앞에서 칼 몰든 신부가 설교를 하는 장면에서도 마찬가지다.

「If you don't think Christ is here on the waterfront, you've another guess coming!」
× 「예수님은 바로 여기에 있습니다.」
○ 「그리스도가 이곳 부두에는 존재하지 않는다고 생각하면, 그건 잘못된 생각입니다.」

another guess coming(또 다른 추측이 대기 중)은 〈지금 생각은 틀렸으니, 다시 따져봐야 한다〉는 뜻이다. 영화를 진정 예술이라고 생각한다면, 대사의 번역에서 수사학을 살리려는 고민도 해야 한다.

goose

"The first day I saw the faces of those twelve citizens on the jury, I knew my goose was cooked."

✘ 배심원으로 선정된 열두 명의 얼굴을 본 첫 날, 난 사건이 조작된 줄 알았다.

☞ 「사랑의 별장」에서 악덕 기업가에게 살인 방화범으로 몰려 재판을 받다가 탈옥한 캐리 그랜트는 애인 진 아더를 찾아가 상황을 설명한다. cook a person's goose는 〈~에 대해서 악평을 한다〉는 뜻이다. 그러니까 my goose was cooked는 〈나에 대한 나쁜 소문이 퍼졌다〉는 의미다. 〈사건이 조작〉되었다는 표현은 지나치게 일방적인 해석이고, 그랜트는 첫 공판이 열리는 날 배심원들의 표정을 보니, 〈벌써 나에게 불리한 소문을 듣고 그들이 느끼는 편견이 눈에 빤히 보였던〉 모양이다.

「최고의 적수」에서는 병사들이 애완용 영양을 잡으려고 추격하지만 헛수고로 끝난다. 실망한 부관이 데이비드 니븐 소령에게 투덜거린다.

「Well, I've been on some wild-goose chases, but this is the limit.」

✗ 「오리사냥은 해봤지만 이런 건 처음입니다.」

〈영양〉을 추격하던 상황에서 왜 갑자기 〈오리〉 얘기가 나왔을까? 그리고 goose는 〈오리〉가 아니다. 「코끼리 소년 투메이」를 텔레비전에서 방영할 때는 wild-goose chase를 〈야생 거위를 쫓는 것 같아〉라고 번역했다. 그런데 〈야생 거위〉가 도대체 뭘까? wild-goose chase 설명을 잠시 젖혀두고, goose의 족보부터 따져 보기로 하자.

어린이날 특집 영화로 방영될 「아름다운 비행」을 소개하는 방송국의 보도 자료가 〈조선일보〉에 실렸다. 〈엄마 없이 자란 소녀가 거위 새끼들의 엄마가 되는 이야기. 소녀는 거위 새끼들을 모아 놓고 하늘을 나는 법까지 가르친다. 거위들이 뒤따르며 노을을 가르는 장면은 정말 《아름다운 비행》이다.〉 거위는 닭이나 마찬가지로 먼 거리를 날지 못한다. 그런데 어떻게 거위에게 〈하늘을 나는 법〉을 가르치나? 「아름다운 비행」에 등장하는 〈거위geese〉는 〈거위〉가 아니라, 우리나라 하늘에서도 날아다니는 철새 〈기러기geese〉다.

「KBS 스페셜」은 〈이제는 동반성장이다〉 편에서, 일자리가 없어 일본, 네덜란드, 독일 등지로 흩어진 형제들에 관한 이야기를 하는 아일랜드인의 말을 이렇게 번역해 놓았다. 〈우리는 야생 거위처럼 돌아다니며……〉 〈야생 거위wild geese〉도 〈기러기〉다. 거위는 분명히 집에서 기르는 가금(家禽)인데, 언제부터 〈야생〉 거위가 생겨났는지 모르겠다. wild goose는 goose라고 줄여서 말해도 〈기러기〉다. 앤드류 맥라글렌의 활극 「지옥의 특전대」는 원제가 〈The Wild Geese〉다. 이것은 무전 호출명인데, 교신할 때 보니 〈여기는 들오리, 여기는 들오리, 오버〉라고 한다. 물오리 말고 들오리도 있던가? 오리는 〈들〉이 아니라 〈물〉에서 사는데 말이다. 어쨌든 이렇게 geese는 〈거위〉도 아니요 〈오리〉가 되기도 했다.

그렇다면 〈야생 거위 쫓아가기〉란 무엇일까? 거위는 사람이 열심히 쫓아가면 잡히기도 하지만, 하늘로 훨훨 날아가 버리는 〈야생〉 기러기라면 아무리 쫓아가도 잡히지를 않는다. 그래서 기러기를 잡겠다고 쫓아가는 멍청하고 쓸데없는 헛수고를 영어로 wild-goose chase라고 표현한다. 우리말로는 〈닭 쫓던 개 지붕 쳐다보는 격〉에 해당된다. 그러니까 「최고의 적수」의 예문은 이런 뜻이다.

○ 「정말이지 난 헛수고도 많이 해봤지만, 이런 일은 처음이로군요.」

goose step도 wild-goose chase만큼이나 재미있는 표현이다. 공산 국가나 독재 국가의 병사들이 행진할 때처럼 high-stepping(뻐쩡다리) 걸음걸이를 그렇게 말하는데, 이때만큼은 〈거위 걸음〉이라고 해도 무난하겠다. 「비수(悲愁)」에서 데보라 커가 첫 방송을 하기 직전에 라디오에서 전하는 소식이다. 〈Hitler's troops are goose-stepping into Vienna.〉(히틀러의 군대가 빈으로 진군해 들어가는 중입니다.) 이것도 독일군을 비하하는 본디 의미를 살리려면 손질이 조금 필요하겠다.

○ 「히틀러의 뻐쩡다리 군대가 빈으로 진입했답니다.」

got

"Well, well, well, what have we got here? Buffalo Bill with a fancy hat."

✘ 세상에나, 대체 여기가 어디라지? 화려한 모자를 쓴 버팔로 빌이라니.

☛ 「석양의 맨해튼」에서 애리조나 보안관 클린트 이스트우드가 탈주범의 어머니 베티 필드를 집으로 찾아간다. 카우보이 모자에 구두코가 뾰족한 장화를 신은 이스트우드의 모습을 보고 필드가 비아냥거리는 소리다.

what have we got here(여기에 우리가 가진 것이 뭐지)는 무척 자주 쓰이는 표현이니까 통째로 알아두기 바란다. 〈우리 눈앞에 나타난 이 요상한 존재는 뭐냐?〉라는 소리다. 두 번째 문장의 fancy도 〈화려한〉이라기보다는 〈요상한〉이라는 의미가 강하다. 뉴욕에는 너무나 어울리지 않는 옷차림이어서, 서부의 실존인물(☞ princess)로 the Wild West Show라는 서부곡마단을 만든 개척자 버팔로 빌에 빗대어 이스트우드를 놀리는 말이다.

○ 「아니, 이건 또 뭐야? 버팔로 빌이 멋진 모자를 쓰고 나타나셨구먼.」

governor

"I can persuade the governor."

✘ 내가 지사를 설득해 보겠소.

☛ 「비」를 보면, 전염병이 퍼져서 다른 섬으로 들어가지 못하고 발이 묶인 오만한 월터 휴스턴 목사가 〈무슨 좋은 수가 없겠느냐〉고 걱정하는 아내에게 큰소리를 치는 장면이다. 여기서 can(할 수 있다)은 〈설득해 보겠다〉는 소극적인 의미가 아니라, 〈그 친구 내가 시키는 대로 할 것〉이라는 확신을 나타낸다.

governor를 〈지사〉라고 하면 우리는 흔히 〈주지사〉나 〈도지사〉를 생각한다. W. 서머셋 모음의 걸작 단편 소설이 원작인 이 영화는 남태평양 사모아 군도의 작은 섬 파고파고Pago Pago를 무대로 삼았다. 파고파고는 21세기인 지금도 인구가 3,500명 정도다. 아무래도 〈지사〉라는 명칭이 과분하다는 느낌이다. 영어로 governor라고 하면, 우리말로 〈지사〉 말고도 다른 명칭이 여럿이다. 식민지의 경우, 도서 지방을 다스리는 governor는 〈총독〉이라고 한다.

○ 「총독은 내 말을 (고분고분) 듣겠지.」

「장거리 주자의 고독」에서는 교도관이 수감자에게 〈Say 《Sir》 when you answer the governor〉라고 야단친다. 〈governor에게 말할 때는 꼭 경칭을 써야 한다〉는 뜻이다. 이 governor는 〈소년원장〉이다. 「마지막 황제」에서 주인공을 못살게 구는 교도소장도 자신을

⟨This is the detention center and I am the governor(여기는 구치소이고, 나는 이곳 소장이다)⟩라고 소개한다.

grammar

"That's for making your bed and graduating the grammar school."

✘ 침대 정리 잘하고 문법 공부 잘 하라는 뜻이야.

☛ 「스탠리와 아이리스」에서 제인 폰다가 세이코 시계를 선물하는 이유를 아들에게 설명하는 장면이다. grammar school은 ⟨초등학교elementary school⟩다. 폰다는 ⟨이부자리를 잘 정리하고, 초등학교를 무사히 졸업한⟩ 아들이 기특해서 시계를 선사한 것이다. 참고로, 이 사례는 ⟨교육⟩ 방송을 하는 EBS에서 방영한 내용이다.

grand

"What do you want? A few grands more? You got it."

✘ 뭘 원해? 더 싸우려고? 알았어.

☛ 「육체와 영혼」에서, (뇌를 다친 흑인 권투 선수) 캐나다 리의 코치 제임스 버크는 ⟨목숨을 보장하는 쉬운 시합⟩이 아니면 선수를 출전시키지 않겠다고 고집한다. 그러나 흥행주 로이드 고프가 약속을 지키지 않아 리가 격렬한 시합을 끝낸 후에 생명이 위급해지고, 버크가 항의한다. ⟨You knew Ben had a blood clot in his brain.⟩(벤의 뇌에 응혈이 들었다는 건 당신도 알았잖아요.) 예문은 그 말을 듣고 흥행주가 코웃음을 치며 하는 말이다.
grand를 round(회전, 한 판의 승부)로 알았던 모양이다. grand는 아주 흔히 쓰는 속어로 ⟨1,000달러⟩라는 뜻이다.

○ 「왜 그래? 몇 천 달러 더 달라고? 줄 테니 걱정하지 마.」

「백열(白熱)」에서는 탈옥한 제임스 캐그니에게 심복 부하가 정유 회사를 털 계획을 설명한다.
「Listen, Cody, Ed says this joint is a cinch. Good for fifty grand.」

✘ 「들어봐요, 코디, 에드가 그러는데, 이곳은 확실하대요. 50초면 충분해요.」

cinch는 ⟨확실한 일⟩이나 ⟨틀림없는 사실⟩ 또는 ⟨분명한 육감⟩을 뜻하는데, 여기에서는, 지나치게 토속적인 표현이기는 하지만, ⟨따 놓은 당상⟩이라는 개념으로 파악하면 되겠다. 두 번째 문장의 fifty grand는 ⟨50초⟩가 아니라, ⟨5만 달러는 거뜬히 들어온다⟩는 뜻이다. 아무리 허술한 곳이라고 해도 정유 회사를 1분도 안 되는 50초 사이에 어떻게 강탈한다는 얘기인지 계산부터 제대로 했어야 한다.

「매드 매드 대소동」에서는 과속으로 달리다 절벽에서 추락하여 죽기 직전에 지미 듀란테가 돈을 숨겨 놓았다는 사실을 고백한다. ⟨Look there's this dough, see? There's all this dough.⟩(돈이 있단 말이야, 알겠어? 굉장히 많은 돈이라고.) 그리고는 그 액수를 ⟨Three hundred and fifty G's⟩라고 밝힌다. 350G는 얼마일까? G는 grand(1,000달러)의 약자이니, 350×1,000=35만 달러다.

grass

"No? Grass, hm?"

✘ 아녜요? 그럼 풀뽑기요?

☞ 「석양의 맨해튼」에서 애리조나 보안관 클린트 이스트우드를 집으로 데려간 히피 아가씨가 묻는다. ⟨What's your bag, Joe? Music?⟩(좋아하는 게 뭐죠? 음악?) 예문은 이스트우드가 반응을 보이지 않으니까 아가씨가 다시 묻는 말이다. beatnik, hip, swell 항을 참조하면 쉽게 짐작이 가겠지만, 히피처럼 특수한 계층은 그들만의 특별한 외계어(lingo, 隱語)를 사용한다. 예를 들어 처음에 한 말에서 bag은 속어로 ⟨취미⟩나 ⟨취향⟩ 또는 ⟨각별히 좋아하는 대상⟩을 뜻한다. 그래서 특수 집단의 대화에서는 조금만 의미가 이상하더라도 사전을 찾아 확인해야 한다. 도대체 남녀 단둘이 골방에 마주앉아 ⟨풀뽑기⟩라니? grass는 marijuana를 뜻하는 아주 흔한 말이다.

great

"The war had just ended, the great one, you know. And another one was about to begin in the Threadgoode house."

✘ 집안은 온통 전쟁터 같았지. 그리고 그 일이 벌어진 거야.

☞ 「프라이드 그린 토마토」를 보면, 양로원에서 만난 캐티 베이츠에게 제시카 탠디 할머니가 이렇게 회고담을 시작한다. 오역으로 인해서 중요한 정보가 사라진 사례다. 도입부에서 어떤 상황을 설명할 때는 이른바 육하원칙을 따르는데, 탠디의 회고담은, 나중에 재판 장면에서 밝혀지지만, 1932~3년이 시간적인 배경이다. 그러니까 the great one은 제1차 및 제2차 ⟨세계 대전⟩을 뜻한다.

○ 「전쟁이, 그러니까, 세계 대전이 끝난 직후였지. 그리고 트레드굿 집안에서는 곧 다른 종류의 전쟁이 시작되었어.」

Greek

"Inside the horse hid a company of Greeks commanded by Ulysses."

✘ 그러나 목마 안에는 율리시즈가 기획한 그리스의 검투사들이 잠복하고 있었다.

☛ 「율리시즈」에서 이타카 왕궁의 음유 시인이 트로이 목마 얘기를 들려준다. 〈율리시즈가 기획한〉이 무슨 뜻일까? 알 길이 없다. commanded by는 〈~의 지휘를 받는〉다는 말이다. 뿐만 아니라 원문에는 〈검투사gladiator〉라는 말이 아예 나오지를 않는다. 〈검투사〉가 〈영웅〉처럼 여겨져서 여기에 동원했는지는 모르겠지만, 이런 식으로 무엇인가 〈멋진〉 단어를 엉뚱한 곳에서 썼다가는 자칫 사고가 나기 쉽다. 정확히 알지 못하면서 무엇인가 〈멋진 말〉을 잘못 쓰면, 〈자화자찬〉이 〈자문자답〉으로 둔갑한다.

트로이 전쟁은 기원전 12세기에 일어났다. 검투사는 고대 로마 시대에 처음 생겨났으며, 첫 검투사 경기는 기원전 264년에 개최되었다고 한다. 그렇다면 번역문은 로마의 검투사가 거의 1,000년을 거슬러 올라가 율리시즈의 그리스 군대와 합류하여 전투를 치렀다는 계산이다. 그리고 검투사의 신분은 전쟁터에 나가서 국방의 의무를 다 하는 군인이 아니라 구경거리를 제공하기 위해 다른 노예들을 닥치는 대로 죽이던 노예였다. 「데미트리어스」에서는 그리스인 노예의 신분인 빅터 머튜어가 로마의 경기장에 검투사로 나가서 싸우기도 한다. 하지만 율리시즈는 아가멤논과 아킬레우스 등과 함께 연합군을 만들어, 군대를 이끌고 쳐들어가서 트로이를 정복하는 군사적인 행동을 취한다.

○ 「목마 안에는 율리시즈 휘하의 그리스군 병력이 들어가 숨었다.」

「율리시즈」의 다른 장면에서는 롯사나 포데스타 공주와의 결혼을 앞둔 커크 더글라스에게 의사가 숨은 사연을 알려 준다.

「When she was four years old, Nausicaa announced to her father that she would marry only a warrior.」

✘ 「네 살 때 노시카 공주님은 검투사와 혼인하겠다고 했어요.」

warrior(전사)는 노예인 검투사가 아니라 war(전쟁)를 하는 인물(-or), 즉 〈군인〉이라는 뜻이다.

○ 「나우시카는 네 살 때 아버지한테 무사가 아니면 아무하고도 결혼하지 않겠다고 뜻을 밝혔어요.」

텔레비전에서와는 달리 DVD 「율리시즈」에서는 〈검투사〉라는 말을 사용하지는 않았지만,

Greeks가 역시 수난을 겪는다.

「Ulysses and his Greeks crept out of the horse.」

✗ 「율리시즈와 그의 제군들은 목마 속에서 나왔습니다.」

〈제군들〉이라면 〈제군(諸君)〉일까 아니면 〈제군(諸軍)〉일까? 〈제군(諸軍, 여러 군대)〉이라면 수천 명은 되어야 하는데, 목마 속에 그렇게 많은 병사들이 들어가 숨는다는 것이 물리적으로 가능할까? 이렇게 정체가 분명치 않은 〈제군〉이라는 표현은 이 영화 곳곳에서 나타난다. 〈Where are my men?〉(나의 제군들은 어디 있어?) 〈Give me back my men.〉(내 제군들을 돌려줘.)

green

"Now there's no black or white, only green."

✗ 이제 흑백은 없고 초록뿐이죠.

☞ 「리틀 세네갈」에서, 아프리카로부터 건너온 주인공에게 가게 여주인이 미국의 현실을 설명하는 대목인데, 얼른 알아듣기 힘든 번역이다. 여기서 now는 〈이제〉가 아니라 〈Well(그러니까),〉라고 유보하는 표현에 가깝다. there's no black or white은 〈흑인이냐 백인이냐는 따질 필요가 없다〉는 뜻이다. green은 달러화의 색깔이어서, only green은 《(초록빛) 돈밖에 없다〉는 의미다.

○ 「흑인이건 백인이건, 돈이 최고죠.」

「지난여름 갑자기」에서, 유부남에게 겁탈을 당한 기억(☞ honor)을 엘리자베스 테일러가 정신과 의사에게 털어놓는다.

「I went through all the stop signs. Couldn't wait for the green signals.」

✗ 「신호등을 모두 무시했어요. 녹색불을 기다릴 수가 없었죠.」

우리나라 사람들은 〈파란〉 blue와 〈푸른〉 green에 대해서 색맹(?)인 경우가 많다. 그래서 〈파란 하늘〉을 〈푸른 하늘〉이라고도 하고, 〈푸른 숲〉과 같은 빛깔인 신호등의 〈푸른 등green light〉을 〈파란 불〉이라고 한다. 물론 green은 〈파랑〉이 아니지만, 전 국민이 〈파랑 불〉이라고 우기는 신호등 불빛의 경우에는 아무래도 〈녹색 불〉이라고 하기가 어렵겠다.

○ 「멈춤 신호를 모두 그냥 통과했어요. 파랑 불이 들어오기를 기다릴 여유가 없었으니까요.」

grey

"Grey."

✘ 회색이요.

☞ 「불리트」에서 살인범의 인상착의를 물어보는 스티브 매퀸에게 여관집 주인이 머리카락 빛깔을 알려 준다. 영어와 우리말의 색감에서 드러나는 차이(☞ green)를 염두에 둬야 하는 사례다. 우리나라에는 〈회색 머리〉가 없다. 대신 〈백발〉이 있다. 그런가 하면 영어에서는 〈백발〉을 white이라고 하는 경우가 거의 없다. 우리말 〈백발〉은 영어로 grey hair다. 〈백발〉이라는 표현을 쓰기가 난처할 정도로 젊은 사람이라면 〈허연 머리〉 정도로 둘러대도 괜찮겠다.

한국인들은 그들의 머리카락과 눈이 〈검다black〉고 하지만, 서양 사람들은 한국인의 머리와 눈이 brown(갈색)이라고 한다. 아프리카 흑인의 경우에만 black hair라는 표현이 적용된다.

groovy

"Groovy! Surely very groovy."

✘ 좋아! 진짜로 아주 좋아!

☞ 「오스틴 파워스」에서 마이크 마이어스는 1960년대에 냉동되었다가 1997년에 되살아나서, 시대착오적인 단어를 많이 사용한다. 여자가 같이 목욕을 하며 〈씻어주랴〉니까 그는 신이 나서 떠드는데, 예문은 오역이라고 지적하기는 어렵겠지만, 어휘 선정에 대하여 잠시 생각해 볼 문제이기는 하다.

groovy는 주인공 오스틴 파워스가 살았던 60년대에 히피들이 너도나도 입버릇처럼 말하던 어휘로서, 일종의 시간적 기호 노릇을 한다. 그리고 요즈음에는 아무도 사용하지 않는 사어(死語)가 되었다. 그래서 파워스(마이어스)처럼 〈Groovy, baby!〉라는 소리를 입에 올렸다 하면 그는 틀림없이 1960년대 인물이며, 특히 히피이거나 그들의 세계와 가까운 사람이다. 시간이 흐름에 따라 이 표현은 swell(죽여준다)이라는 구어로 바뀌었고, 이 말은 다시 cool(느긋하다)로 이어져 지금까지 전해진다. 원작이 이렇게 어휘의 시대성에 신경을 쓴다면 번역도 그에 상응하는 어떤 노력이 필요하다고 필자는 생각한다. 예를 들면 groovy라는 말이 유행하던 시절 우리나라에서는 〈왔다〉라는 말이 같은 뜻으로 유행했으니, 이왕이면 그런 어휘(☞ house, beatnik, swell, hip)를 찾아서 사용하자는 얘기다.

○ 「왔다로구나! 아가씨 진짜 왔다라니까!」

gross

"Critics and exhibitors all say, 〈If this picture had a love interest in it, it would have grossed twice as much〉."

✘ 비평가들은 연애 내용이 들어 있으면 두 배는 더 좋았을 텐데 라고 한단 말이야.

☞ 「킹콩」에서, 배우를 소개하는 대리인에게 영화감독 로버트 암스트롱이 밀림 영화에 여자를 꼭 출연시켜야 하는 이유를 설명하는 대목이다. exhibitors와 gross라는 두 단어를 빼놓고 번역했는데, 의미를 잘 모르겠어서 그렇게 한 듯싶다. exhibitors는 영화를 상영하는 〈극장주〉들이고, 타동사 gross는 〈~의 총수익을 올리다〉라는 뜻이다. gross income에서 경비나 세금 따위를 제한 〈순이익〉은 net income이라고 한다. love interest(사랑에 대하여 보이는 관심, ☞ human)는 영화에서 〈양념으로 들어가는 사랑 이야기〉다.

〇 「이 영화에 사랑이라는 주제로 양념을 치기만 했더라면 수익이 두 곱절로 늘어났으리라고 비평가들과 극장주들이 이구동성으로 모두들 그러더구먼.」

grow

"Willy, when are you gonna grow up?"

〇 윌리, 언제쯤 철이 들 건가?

☞ 「세일즈맨의 죽음」에서, 마지막 친구이며 이웃인 에드워드 앤드루스가 고집을 부리는 리 J. 콥에게 화를 낸다. 예문은 무척 자주 쓰이는 표현이다. grow가 〈철〉과 같은 뜻임을 살려 낸 번역 솜씨가 돋보인다.

「버스 정류장」에서는 시골 청년 돈 머리의 음식을 아더 오코넬이 대신 주문한다.

「And a quart of milk. He's still a growing boy.」

✘ 「우유도 한 병 주구려. 아직도 크고 있거든.」

두 번째 문장에서 거추장스러운 진행형 〈있거든〉을 제거하고 싶으면 의미를 반대로 뒤집어 번역해 봐도 좋다. 〈저 총각은 아직 덜 컸거든〉이라고 말이다.

grunt

"That's why they call themselves grunts. Because a grunt can take it."

✘ 돼지처럼 툴툴대지만 뭐든지 다 잘 참는다고요.

☛ 「플래툰」에서 힘겨운 진지 구축 작업에 대하여 찰리 신이 할머니에게 쓰는 편지의 내용이다. grunt(툴툴이)는 베트남에서 미군들이 쓰던 은어(☞ world)로 〈고참〉이라는 뜻이다. 이 영화를 EBS에서 다시 번역했을 때는 같은 대목을 이렇게 옮겼다.

〈그래서 자신들을 땅개라고 부른답니다. 뭐든 참고 견디거든요.〉 사전에서 〈땅개〉가 무슨 말인지 찾아봤더니, 〈육군〉을 뜻하는 은어라고 한다. 바람직한 시도였다고 보인다. 당시 현지의 상황이나 특수 용어를 잘 모르는 관객을 위해서 이렇게 슬쩍 설명을 끼워 넣는 요령도 때로는 필요하겠다.

○ 「그래서 고참을 툴툴이라고 그러나 봐요. 툴툴거리면서도 잘 견디어 내니까요.」

guarantee

"I married you for happiness, yours and mine. If necessary, I'll leave you for the same reason."

✘ 난 당신과 행복하기 위해 결혼했고, 당신도 마찬가지죠. 필요하다면 같은 이유로 당신을 떠나겠어요.

☛ 「갈채」에서 빙 크로스비가 배우로 재기한 다음 아내 그레이스 켈리가 (연출자 윌리엄 홀든을 사랑하게 되어) 결별을 선언한다. 첫 문장의 번역문 〈당신도 마찬가지죠〉는 지나친 해석이다. 〈난 행복을 위해, 당신과 나의 행복을 위해 당신과 결혼했어요〉라는 원문에는 〈당신도 마찬가지죠〉라는 의미가 담기지 않았다. 켈리는 그녀의 일방적인 심정만 밝혔을 따름이다. 〈당신〉 역시 〈행복을 위해 결혼했다〉는 사실은 밝혀진 바가 없다.

결별 선언을 듣고 크로스비가 언제나처럼 소심한 태도로 자신의 심정을 밝힌다.

「And I can't guarantee you that happiness.」

✘ 「나는 당신의 행복을 보장해 줄 수 없어요.」

크로스비의 번역문 대답은 〈그러니까 차라리 헤어지자〉는 의미가 된다. 하지만 크로스비의 말에서 and(그래도)는 〈당신이 비록 그런 마음이더라도〉라고 미련을 나타내는 기능을 하고, that happiness(그 행복), 즉 〈당신이 방금 말한 (결별함으로써 얻어지는) 그런 행복〉에서 that은 〈보장〉(용납이나 허락)하고 싶지 않다는 암시를 전한다. 그러니까 〈헤어지고 싶지 않다〉

는 말이다.

○ 「그리고 그런 행복을 난 당신한테 보장해 줄 능력이 없지.」

완곡한 표현의 행간에 숨은 참뜻을 이해하지 못해서 발생하는 이런 오역은, 찻숟갈을 찾다가 지나가는 말처럼 크로스비가 아내 켈리와 홀든에게 한 말의 번역에서도 나타난다.

「Well, if it hadn't been for you, Ray Watson would be here right now looking for a spoon for his coffee.」

✗ 「두 분이 없었다면 레이 와트슨은 여기에 와서 커피 스푼이나 찾다가 갈뻔 했잖아요.」

자신과 배우자를 남들 앞에서 낮춰 말하는 예절을 지키는 우리나라에서, 아내를 〈그분〉이라고 부르는 사람도 있는지는 잘 모르겠지만, 어쨌든 원문을 충실하게 번역하면 이렇게 된다. 〈글쎄요, 두 사람의 도움이 없었다면, 지금 이 순간 이 자리에서 찻숟갈을 찾는 사람은 (극단에서 쫓겨나 어디론가 사라졌을 내가 아니고, 나를 대신하여 무대에 섰을) 레이 윗슨이었겠죠.〉

이어서 크로스비는 세 사람의 운명을 켈리와 홀든더러 결정하라며 자리를 비켜 준다.

「You two talk it over, and I'll go along home.」

✗ 「두 분 이야기 끝나셨으면, 집에 가 보겠소.」

여기에서는 앞으로 벌어질 일을 이미 종료된 상황처럼 시제를 바꿔 놓았다.

○ 「난 집으로 갈 테니까, 두 사람이 의논해서 결론을 내도록 해요.」

그리고는 마침내 방을 나서며 크로스비가 자괴감을 털어놓는다.

「That was quite a little speech, wasn't it? I guess I'm still giving a performance. This time there's a slight difference. At least I know it's a performance.」

✗ 「이런 조용한 대사 들어보셨어요? 나는 아직도 연기를 하는 것 같소. 이번엔 조금 차이점이 있어요. 적어도 나는 그게 공연이라는 건 알죠.」

quite(상당히)을 quiet(조용한)으로 잘못 본 단순한 착각의 사례다. 조금 아까 자신이 한 말을 〈연기〉라고 한 이유는 〈그 말은 진심이 아니기 때문〉이다. 겉으로는 태연한 체하며 초연한 태도를 보여 주었지만, 마음속으로 느끼는 심정은 전혀 딴판이었다는 뜻이다.

○ 「그만하면 상당히 괜찮은 연설이었죠? 난 아직도 (무대에서처럼) 연기를 하는지도 모르죠. 하지만 이번에는 좀 달라요. 적어도 난 그 말은 진심이 아니라는 사실을 아니까요.」

guess

"Guess again."

✗ 또 맞췄군.

☞ 「해밋」에서 음란 영화를 촬영하는 스튜디오로 소설가 프리드릭 포레스트와 함께 잠입한 그의 애인 마릴루 헤너가 야한 침대를 들여놓은 방을 열어 보고 아는 체를 한다. 〈This is his bedroom.")(여기가 그의 침실이군요.) 예문에서 포레스트가 한 말 guess again은 〈다시 맞춰 보라〉는 뜻이다. 그러니까 〈맞췄군〉이 아니라 〈못 맞췄군〉이다.

○ 「잘못 짚으셨어.」

guest
"He's the guest of honor."

✘ 영광스러운 손님이죠.

☛ 「내 사랑은 끝없이」에서 새로 개발한 상업 시설이 문을 여는 날, 축하 행사장에 나타난 캐롤 롬바드에게 윌리엄 파월이 시장을 소개한다. 영어로 세 단어인 guest of honor는 우리말로 〈주빈(主賓)〉이라고 한 단어가 된다. 역자가 혹시 guest와 of와 honor라는 세 영어 단어를 따로따로 알기는 하면서도, 셋을 합친 말은 무엇인지는 몰라서 〈영광스러운 손님〉이라고 했다면, 그것은 best man을 〈신랑 들러리〉라고 하는 대신 〈최고의 남자〉로 번역하는 격이다. house guest도 그냥 〈집에 초대한 손님〉이 아니고, 하룻밤 이상을 〈묵어가는 손님〉이다.

gun
"That's right. It's a Colt .45."

✘ 그렇소. 콜트 45밀리요.

☛ 「오클라호마」에서, 하인 로드 스타이거가 셜리 존스에게 눈독을 들인다는 사실이 못마땅해진 고든 매크레이가 스타이거의 움막 같은 숙소로 찾아간다. 권총을 수건으로 닦는 스타이거를 보고 매크레이가 〈You got a gun, I see(보니까 자네도 권총이 있구먼)〉라고 말한다. 스타이거가 예문에서처럼 퉁명스럽게 대답한다.

우선 〈.45〉가 무엇인지부터 확실히 알고 지나가자. 소수점이 앞에 붙었기 때문에 이것은 〈사십오〉가 아니라 〈사오〉라고 읽어야 한다. 그래서 이미 20세기 중반부터 우리나라에서는 Colt .45를 〈사오 구경 권총〉이라고 불렀다. 표기는 〈.45 구경〉이라고 했다. 〈삼팔 구경〉과 더불어 〈사오 구경〉은 우리말로 굳어버린 고유 명사다.

번역문에 나오는 〈45밀리〉란 총구의 구경(口徑, calibre)이 45mm라는 뜻이겠다. 그렇다면 실제로 직경이 45mm, 그러니까 4.5cm인 원을 그려보기 바란다. 호두 크기 정도의 동그라미가 된다. 그리고 총구가 그만한 권총을 대충 그려보라. 권총은 옆구리 총띠에 차고 다니기가 보통인데, 총구가 호두알만큼 큰 권총이라면 기관포보다도 크고 무거워서, 바퀴를 달아

끌고 다녀야 한다. 참고로, 우리나라 포병이 사용하는 주무기 howitzer(곡사포)의 구경에는 105mm와 155mm 두 종류가 있다. 그렇다면 스타이거의 권총은 구경이 대포의 절반만큼이나 된다는 얘기일까?

그런데 계산이 거기에서 끝나는 것도 아니다. 미국에서는 권총의 구경을 보통 inch로 계산한다. 〈.45〉는 1인치를 100분의 45로 쪼갠 길이다. 1인치가 2.54cm니까 그것을 100분의 45로 계산하면 1.143cm가 된다. 이렇게 복잡하기 때문에 mile 항과 week 항에서 필자는 미국식 도량형 수치를 우리나라 사람들이 쉽게 알아듣도록 미터법으로 환산해야 하는 필요성을 주장했다. 예를 들어 「하비의 환상」에서, 제임스 스튜어트가 데리고 다니는 상상 속의 흰 토끼에 대해 스튜어트의 누이가 정신과 의사에게 제공하는 정보를 들어 보자.

「A big white rabbit, six feet high, or is it six feet three and a half?」
✗ 「키가 6피트 3인치인 흰 토끼요.」

한국의 텔레비전 시청자들 가운데 그 설명을 듣고 하비의 키가 얼마나 되는지를 이해했을 사람이 몇 명이나 되었을까? 그리고 DVD의 산뜻한 번역을 비교해 보기 바란다.

○ 「180센티미터나 190센티미터 쯤 되는 하얀 토끼라고요.」

gut

"Jesus got his guts!"

✗ 예수는 배짱이 있어요!

☞ 「엘머 갠트리」에서 사기꾼 부흥사 버트 랭카스터가 열변을 토한다. 실제로 번역을 해본 사람들이라면 guts라는 단어, 그리고 이와 비슷하게 무척 쉬운 구어체 단어로서 실생활 대화에서 자주 등장하는 단어들이 뜻밖에도 정말로 번역하기가 힘들다는 난감함을 느끼고는 한다. 예문도 그렇다. 영어 원문은 일단 젖혀두고, guts라는 단어도 머릿속에서 지워버린 다음, 우리말로 〈예수가 배짱이 있다〉고 하면 그것이 과연 무슨 말인지 한번 곰곰이 생각해 보라. 도대체 예수에게 무슨 〈배짱〉이 필요할까?

이런 어색한 번역이 나오는 까닭은 guts라는 단어가 우리말로는 여러 가지 의미로 쓰이지만, 항상 〈배짱〉이라는 단어 하나만으로 해결하려는 무성의한 고집 때문이다. guts는 〈배짱〉 말고도 〈통이 크다〉거나, 〈겁을 모른다〉거나, 〈대단하다〉거나, 〈당찬 사람〉이라거나, 〈믿음직한 남자〉 또는 〈속이 꽉 찬 사람〉 따위로 다양한 표현이 가능하다. 아마도 위 예문은 〈예수님은 소신이 뚜렷하신 분〉이라는 정도의 의미가 되지 않을까 싶다.

「달링」에서는 화를 내면서 가라고 해도 가지 않는 로렌스 하비에게 줄리 크리스티가 참다못해 〈I hate your guts〉라고 말한다. 자막을 보니 〈뻔뻔스럽기는〉이라고 멋지게 번역했다. 이렇게 guts는 〈소신〉도 되고 〈뻔뻔〉도 된다.

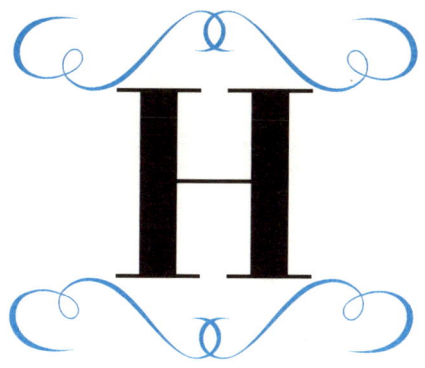

hail

"Close your eyes and say Hail Mary."

✘ 눈 감고 마리아님께 인사해.

☛ 「랄프의 기적」에서 보스턴 마라톤 대회에 나가 우승하는 기적을 일으켜 식물인간이 된 어머니를 깨어나게 하려는 소년에게, 친한 여학생이 〈방금 죽은 사람의 시신에 손을 얹으면 영험이 생긴다〉고 설명하다가 한 말이다. 동사 hail은 영어 회화에서 일찌감치 배우는 표현 hail a taxi(택시를 부르다)에 나오는 hail이다. 사전을 찾아보면 〈~을 큰소리로 부르다〉라는 뜻이 맨 위에 나온다. Mary는 〈성모 마리아〉다. 그러니 Hail Mary는 〈마리아님에게 큰소리로 인사하다〉가 된다.
예문은 hail에는 사전에서 제시하는 첫 번째 뜻 말고도 어떤 의미들이 있는지, hail과 Mary가 결합하면 무슨 다른 뜻이 되는지, hail이라는 단어가 문장 한가운데 나오는데 왜 대문자로 시작했는지는 전혀 이상하게 생각하거나 신경조차 쓰지 않은 번역이다. Hail Mary는 Ave Maria를 영어로 번역한 말로서, 〈성모송(聖母誦, 성모 마리아에게 올리는 기도)〉이라는 뜻의 고유 명사다. 서양 영화에 워낙 많이 나오는 말이니 꼭 알아 둬야 한다. 「머나먼 다리」에서도 적의 포화가 쏟아지는 강을 배로 건너면서 로버트 레드포드가 살려 달라고 미친 듯 〈성모송〉을 외우는 장면이 나온다.

hair

"The native bare-asses also say, ⟨The water has no hair to hold on to⟩."

✘ 물에는 붙잡을 머리카락이 없다라고 바레아세스족이 말했지.

☛ 「피츠카랄도」에서 (임자가 없는 오지의 땅을 탐내는) 클라우스 킨스키와 함께 배를 타고 아마존 강을 거슬러 올라가던 부유한 농장주가 격류의 위험성을 강조한다. 격류에 휩쓸려 들어가면 ⟨붙잡고 매달릴 지푸라기 하나 없다⟩고 경계하는 내용인데, hair는 ⟨머리카락⟩이 아니고 ⟨털⟩이 옳겠다. hair to hold on은 harness(마구)를 채우지 않은 말 따위의 동물에 사람이 올라타는 경우, 붙잡고 매달릴 무엇인가를 뜻한다. 그리고 짐승의 hair는 아무리 머리에 났어도 ⟨갈기mane⟩나 ⟨털⟩이라고 하지, ⟨머리카락⟩이라고는 하지 않는다. ⟨바레아세스족⟩에 대해서는 barbarian 항을 참조하기 바란다.

「워터프론트」에서 말론 브랜도의 ⟨눈빛이 성실해 보인다⟩는 이바 마리 세인트에게 아버지가 경고한다.

「He's the kid brother of Charley the Gent, who's Johnny Friendly's right hand and a butcher in a camel hair coat.」

✘ 「찰리의 동생이야. 찰리는 프렌들리의 오른팔이자 가죽 옷을 입고 다니는 살인자라고.」

⟨가죽옷⟩이라면 독일군이나 깡패들이 불량성을 광고하기 위해 걸치는 제복이나 마찬가지다. 반면에 camel hair(낙타털) 외투는 로드 스타이거의 별명인 the Gent(신사)에 잘 어울리는 우아하고 고상한 옷이다. 영화를 보면 스타이거의 외투는 비싸고 부드러워 보이는 ⟨명품⟩이다. 흑백 영화인데도 스타이거의 외투가 아주 고급스러운 담황색임을 한눈에 알 수가 있다. 스타이거는 조폭 노조 두목의 ⟨오른팔⟩이요 ⟨백정butcher⟩이면서도, 겉으로는 양반처럼 품위를 지킨다. 그런데 우리말 번역에서는 완전히 옷을 바꿔 입었다.

○ 「그 사람은 찰리의 동생이고, 조니 프렌들리의 오른팔인 ⟨멋쟁이 찰리⟩는 고급 낙타털 외투를 걸친 백정이라고.」

hairpiece

"We'll get a couple of hairpieces. It'll make him look ten years younger."

✘ 아, 그건 분장을 통해서 10년은 젊게 보이게 할 수 있어요.

☛ 「갈채」에서 ⟨나이가 너무 많아 빙 크로스비를 주연으로 쓰고 싶지 않다⟩는 제작자를 연출자

윌리엄 홀든이 설득한다. hairpiece(머리카락 조각)는 〈가발〉이다. 가발 중에서도 통째로 머리에 뒤집어쓰는 것은 wig라 하고, hairpiece(또는 toupée)는 대머리를 가리기 위한 남성용 가발로서, 살짝 한쪽 구석에 붙이는 작은 조각piece인 경우가 많다. 〈분장〉은 모든 연기자에게 필수적이다. 땀이 나서 조명을 받고 얼굴이 번들거리지 않게 하기 위해서라도 최소한의 분장은 꼭 한다. 하지만 홀든이 여기서 내린 처방은 그런 막연한 개념의 분장이 아니었다. 나중에 보면 크로스비는 무대에 나갈 때면 이맛전 양쪽에 조그만 가발 조각을 붙이곤는 한다.

○ 「조각 가발을 두어 개 준비하겠어요. 그걸 붙이면 열 살은 젊어 보이겠죠.」

hand

"They put their guns in the hands of our Kamba children and forced the child to kill the parents."

✘ 캄바의 어린이들 머리에 총을 대고 부모를 죽이라고 시켰습니다.

☛ 「쿤둔」에서 달라이 라마를 수행하는 승려가 중국 침략군의 만행을 보고한다. 다음 장면을 보면 중국 군인들이 아이의 〈손〉에 총을 쥐어 주고 함께 쏘아 어른들을 죽인다. 하지만 쏘는 사람들과 처형되는 사람들의 거리가 워낙 멀리 떨어져서 〈머리에 총을 대고〉라는 표현이 전혀 성립되지를 않는다. hand(손)를 head(머리)라고 번역한 잘못은 변명의 여지가 없다.

○ 「그들은 우리 캄바 아이들의 손에 총을 쥐어 주고는 부모를 죽이라고 강요했습니다.」

「쿠오 바디스」에서 황후로부터 호출을 받고 달려온 로버트 테일러 사령관이 비위를 맞춘다.

「I come as fast as my hands and knees will carry me.」

✘ 「내 팔다리가 이끄는 대로 빨리 오려고 했습니다.」

번역된 문장을 가만히 읽어 보고 과연 그것이 〈우리말〉인지 한번 생각해 보기 바란다. 문장의 속에 담긴 내용을 제대로 파악하지 못한 채로 눈에 보이는 단어들만 가지고 얼버무리다 보면 이렇게 어느 나라 말인지도 모르겠는 어색한 표현이 나온다. hands and knees는 〈팔다리arms and legs〉가 아니다. 〈손과 무릎〉은 on all fours(네 발로 기어서)와 같은 의미로, 〈명령을 받들어 황급히 기어서(있는 힘을 다하여) 왔나이다〉 정도의 의미가 된다.

○ 「숨이 턱에 차도록 달려왔나이다.」

hangover

"You might as well show a little more consideration for a man who has just written 20,000 words."

✘ 하룻밤에 2만 단어를 쓴 사람에게는 조금 더 배려를 해 줘도 좋을 텐데.

☞ 「애천」에서 아침에 출근한 비서 도로티 매과이어에게 밤새도록 글을 쓴 작가 클리프톤 웹이 불평한다. 영어로 된 장편 소설 한 권의 길이는 보통 8만에서 10만 단어. 그러니까 2만 단어라면 책으로 50쪽이 넘는다. 그렇게 많은 원고를 하룻밤에 쓴다는 것은 물리적으로 불가능하다. 싸구려 탐정 소설 따위를 쓰는 〈글쟁이〉가 아니고, 웹처럼 진지한 노년의 작가라면 하루 종일 매달려도 2,000 단어를 쓰기가 힘들다. 원문을 살펴보면 〈하룻밤〉이라는 말이 어디에서도 발견되지 않는다. 웹은 언제부터인지는 몰라도 지금까지 오랜 기간에 걸쳐 2만 단어, 그러니까 소설을 5분의 1 가량을 완성한 단계다. as well은 〈이왕이면〉이라고 옮기면 잘 살아난다.

○ 「방금 2만 단어를 끝낸 작가에게는 같은 값이면 약간의 호의를 베풀어 줘도 좋을 텐데.」
그리고는 웹이 이런 설명을 덧붙인다.
「I got up at midnight intoxicated with an idea, and worked myself into a creative hangover.」
✘ 「난 한밤중에 영감이 떠올라 자리에서 일어났고, 술기운에 머리가 아파 죽겠군.」
이 문장에서는 hangover(숙취)의 문학적 용법을 역자가 제대로 파악하지 못해서, 술이라고는 한 방울도 입에 대지 않은 주인공이 〈술기운에 머리가 아파 죽겠다〉는 소리를 하게 만들었다. 웹은 〈술〉이 아니라 한밤중에 떠오른 〈영감〉에 취했고 intoxicated, creative hangover(창조적 숙취)에 빠져, 그러니까 〈창작에 도취되어 열심히 글을 쓰느라고 피로감이 아침까지 쌓였다〉는 뜻이다.

happen

"Hey, it happens."

✘ 누구에게나 벌어지는 일이죠.

☞ 「해리와 아들」에서 폴 뉴먼을 아들이 위로하는 말이다. 틀린 번역은 아니지만, 〈사람의 힘이나 마음대로 되지 않는 불가항력〉을 두고 하는 말이니까, 〈세상만사가 다 그런 식〉이라고 하면 보다 자연스럽고 우리말다운 뒷맛이 생기겠다.
「성탄절 휴가」에서는 살인을 저지른 진 켈리가 갓 결혼한 신부 데이아나 더빈에게 변명한다.

「It's happened. That's all there is to it.」

× 「끝장난 일이라고.」

이 경우는 하다 만 번역처럼 미흡하다. 원문은 〈세상을 살다보면 그런 일도 생기는 법이야. 그게 뭐가 대수냐고〉 정도의 의미가 되겠다. 〈우발적인 사건을 놓고 왈가왈부 떠들 필요 없다〉는 책임 회피성 발언이다.

○ 「어쩌다 보니 그렇게 되었어. 더 이상 따질 일이 아니라고.」

「백주의 결투」를 보면, 수영을 하는 웅덩이로 제니퍼 존스를 쫓아갔던 그레고리 펙이 어머니 릴리언 기시에게 거짓말을 한다.

「We just happened to meet up.」

× 「오다가 만났어요.」

〈오다가on my way back〉라는 말이 원문에 없다. 〈우연히happened to〉 만났다는 말뿐이다.

happy

"He wasn't very happy with me."

✗ 그는 나 때문에 불행했어요.

☞ 「개선문」에서, 동거하던 남자가 호텔 방에서 급사한 다음 잉그릿 버그만이 샤를 부아이에를 만나서 하는 고백이다. not very happy는 〈별로 행복하지 않았다〉는 뜻이다. 그러니까 크게 행복하지는 않았을지언정, 정말로 〈불행〉했는지 어쩐지는 분명치가 않다. 건강하지 않다고 해서 〈그 사람 중병에 걸렸다〉고 속단해서는 안 된다.

○ 「그이는 나하고 살면서 별로 행복하진 않았어요.」

hard

"And don't take it too hard."

✗ 너무 힘들어하지 마세요.

☞ 「사느냐 죽느냐」에서 일이 잘 풀리지 않는 주인공에게 친구가 충고하는 말이다. 그렇게 번역해 놓으니까 그럴듯해 보이기도 한다. 하지만 여기서 take는 단순히 〈(힘든 상황을) 받아들이다〉를 넘어, 〈해석하다〉라는 의미로까지 발전한다. 〈너무 고깝게 생각하지 말아요〉 또는 〈심하다고 생각하지 말아요〉라는 의미다.

○ 「그리고 그걸 너무 심각하게 받아들일 필요는 없어요.」

「피츠카랄도」를 보면, 아마존 밀림에 오페라 극장을 건설할 자금을 꾸어 달라고 찾아간 클라우스 킨스키를 한참 비웃던 부유한 농장주가, (화를 내며 나가려는) 킨스키에게 건성으로 사과한다.

「Don't take it too hard.」

× 「그런 생각은 버려요.」

역시 겨냥이 빗나간 번역이다. it은 농장주가 한 말을 뜻한다.

○ 「(내 말이) 너무 심했다고는 생각하지 말아요.」

「도청작전」에서는 범죄 계획을 추진할 자금을 조달해 달라고 숀 코너리가 앨런 킹을 찾아간다. 킹은 돈을 마련해 줄 테니까 대신 자신의 부하 하나를 제거해 달라고 부탁하는데, 단도직입적으로 얘기하지를 않고 이상한 말을 써가며 자꾸 빙빙 둘러댄다. 참다못해서 코너리가 화를 낸다.

「Why do you say 〈snuff〉…〈knocked out〉…〈rubbed off〉? Why not 〈kill him〉? Is it so hard?」

× 「왜 죽이려는 거지? 이유가 뭐야? 직접 죽이지 그래? 그렇게 어렵나?」

Why do you say는 〈왜 그런 표현을 쓰느냐〉는 질문이며, 코너리가 지적한 문제의 〈표현〉은 snuff와 knocked out 그리고 rubbed off다. snuff는 촛불 따위를 〈끄다〉라는 의미가 구어로 옮겨 가며 〈죽여 없애다〉라는 뜻이 되었다. knocked out도 〈때려눕히다〉라는 말이지만, 사실은 〈죽여 버리다〉의 완곡한 표현이다. rubbed off도 마찬가지여서, 본디 의미는 〈문질러 없애다〉지만 역시 〈처치해 버리다〉라는 뜻으로 썼다. Why not 〈kill him〉?은 《〈그 자식 죽여 버려〉라는 말을 왜 못하느냐?》는 뜻이고, Is it so hard?는 죽이라는 〈그 말이 그렇게 안 나와?〉가 된다.

○ 「왜 〈꺼버려〉니, 〈치워버려〉니, 〈문질러 없애〉라는 소리만 자꾸 하지? 〈죽여 버려〉라고 하면 어디 덧나? 그 말이 그렇게 입에서 안 나오느냐고.」

「공포의 거리」레서는 아침에 출근한 배리 핏제럴드 경위에게 강력반장이 사건을 맡기려고 묻는다. 〈You're free, aren't you, Dan?〉(자네 시간 있겠지, 댄?)

「Haven't had a hard day's work since yesterday.」

× 「어제부터 한가해요.」

〈어제 이후로는 힘든 일이 없었다〉는 말은 〈어제까지만 해도 쉴 틈이 잠시도 없었다〉는 뜻이다. 그리고 오늘은 이제 방금 출근했는데 〈또 고된 일을 시키려느냐〉고 못마땅해 하는 반어법이다.

「니클로디온」를 보면, 빵집 창고에서 몰래 영화를 촬영하던 사람들이 갑자기 들이닥친 버트 레이놀즈에게 권총을 겨눈다. 궁지에 몰린 레이놀즈는 〈가봐야 되겠다〉고 뒷걸음질을 친다.

「I'll just be on my way. No hard feelings.」

× 「일을 어렵게 만들긴 싫군요.」

〈당신들한테 대해서는 나쁜 감정hard feelings이 없으니까, 그냥 볼일이 바빠서 가보겠다〉는 능청스러운 표현이다.

○ 「그냥 가볼께요. 불만은 없으니까요.」

「성 발렌타인 축제일의 학살사건」에서 (벅스 모란이 시카고 북부를 장악한 다음) 알 카폰 일당이 모여서 회의를 열고 의논한다.

「What's wrong with them?」
× 「무슨 문제가 있나?」

「Playing hard to get.」
× 「활동하기 어렵겠지.」

그들(모란 일당)에게 〈무슨 문제가 있는지〉 궁금해 하는 내용 같지만, 앞뒤 상황을 살펴보면 〈그 친구들 무슨 꿍꿍이속일까〉라는 뜻이다. playing hard to get도 〈새 두목이 호락호락하지가 않다는 사실을 과시하려고 시범을 보이기 전에 사태를 살핀다〉는 뜻이다. hard to get은 마음이 끌리면서도 내숭을 떠는 여자들의 심리를 나타내는 흔한 표현(☞ catch)이다.

「피츠카랄도」에서는 떼돈을 벌러고 아마존 상류로 올라갔다가 실패하고 돌아온 클라우스 킨스키가, 배를 되사가겠다는 농장주에게, 나이아가라 폭포를 발견한 개척자 얘기를 들려준다.

「At the time when America was hardly explored, one of these early French trappers went westward from Montreal.」
× 「사람들이 힘겹게 북미를 탐험했을 때, 그들 중 한 명이 몬트리올의 서부로 갔어.」

문장에서 가장 기본적인 주어와 동사 그리고 형용사까지는 이해를 하면서도, 전치사나 부사를 다루는 솜씨가 부족한 번역자들이 가끔 보이는데, 바로 이런 경우겠다. hardly는 〈거의 ~하지 못한〉이라는 말이다. 사전을 찾아보면 용법까지 자세하게 설명을 해놓았다.

○ 「(북)아메리카의 탐험이 거의 이루어지지 않았던 무렵에, (덫을 놓아 짐승을 잡는) 프랑스 사냥꾼 한 사람이 몬트리올을 떠나 서쪽으로 갔답니다.」

westward는 〈서쪽으로〉라는 말이지 〈서부로〉가 아니다. 영어로는 같은 west라도, 우리말로 옮겨 놓으면 〈서쪽〉과 〈서부〉는 완전히 다른 의미가 된다. 얘기의 주인공이 발견한 나이아가라는 미국과 캐나다의 국경이 만나는 〈동부〉에 위치했다. 방위(方位)와 관련된 이와 비슷한 오류는 「우정 있는 설복」을 텔레비전에서 방영할 때도 나타났다. 방송에서는 영화의 배경이 된 Southern Indiana를 〈사우드 인디애너〉라고 번역했는데, south와 southern의 차이를 무시해서 생긴 오역이다. South Indiana는 〈남인디애나〉다. South America가 〈남아메리카〉이듯 말이다. 그런데 인디애나는 다코타Dakota나 캐롤라이나Carolina 그리고 우리나라의 경상도나 전라도처럼 남도와 북도가 따로 없다. southern Indiana는 〈인디애나의 남부〉다. 〈강원도 남부〉를 〈강원남도〉라고 하는 사람은 없다.

H

harem

"Set up my spinning wheel, girls. I'll join the harem section in a minute."

✘ 그럼 우린 할렘에서 살아야겠네요.

☞ 「자이언트」에서 남자들끼리 하는 정치 얘기에 자꾸 끼어든다고 록 허드슨이 잔소리를 하자, 〈위층으로 올라가 잠이나 자겠다〉며 자리를 피하는 이웃 여자들에게, 엘리자베스 테일러가 역겨움을 드러내는 말이다. 〈할렘Harlem〉은 뉴욕에서 흑인들이 모여 사는 지역의 지명이다. harem은 〈하렘〉이라고 발음한다. 우리나라 사람들이 l과 r을 자주 혼동하는 현상을 Delilah 항에서 잠시 설명했는데, 결국 그런 습성이 이런 오역의 결과를 가져오고 말았다.

○ 「내 물레도 차려 놔요, 아가씨들. 이 몸도 잠시 후에 후궁에서 자리를 같이 할 테니까요.」
「사랑의 신기루」에서 오가는 번역 대화. 〈너더러 할렘 벽화를 그리라고 말야.〉〈할렘은 사랑을 위해 있는 곳이지 벽화를 위해 있는 곳이 아녜요.〉 그리고 친절하게 이런 자막 설명이 나온다. 〈할렘: 회교도의 처·첩이 거주하는 방.〉

harm

"No harm in trying."

✗ 다른 식탁으로 안 넘어오면 어때.

☞ 「댐을 폭파하라」를 보면, 식당에서 배식하는 여자가 걱정해 주느라고 〈오늘 출격하느냐〉고 물었더니, 조종사가 〈아가씨 만나려고 오늘은 비워 놓았지〉라고 농담을 한다. 여자가 장교에게 쏘아붙인다. 〈출격을 안 하면 특식을 줄 수 없으니 다른 식탁으로 자리나 옮겨요.〉
예문은 무안해진 조종사가 옆에 앉은 장교에게 털어놓는 말이다. no harm in trying은 아주 흔히 쓰는 표현으로서, 〈(여자가 내 수작에 넘어가지는 않았지만) 한번 시도해 봐서 손해될 건 없지〉라는 뜻이다. 다시 속된 말로 풀어쓰면, 〈밑져야 본전이니까 한번 꾀어 봤다〉는 소리다. 이렇게 표현해도 되겠다.

○ 「잘 안 넘어가네.」
「입영전야」에서 도서관으로 찾아온 숀 펜에게 엘리자베스 매가번이 호감을 보인다.
「You're harmless.」

✗ 「넌 해롭지 않은 애야.」
무척 쉬운 단어이면서도 번역하기 어려운 사례 가운데 하나가 이렇게 인간의 성품을 나타낼 때 동원되는 harmless다. 위 번역문은 원문을 눈에 보이는 대로 옮겼을 따름이지, 살아 숨 쉬는 대화라고 하기는 어렵다. 세상에서 도대체 〈넌 해롭지 않은 애야〉라는 식으로 말하는 사람 몇이나 될까? 그런데도 숀 펜은 태연하게 우리말로 대답한다. 〈그래, 난 해롭지 않아.〉
대부분의 경우 〈해를 끼치지 않는다〉는 뜻의 harmless는 〈착한〉 정도의 말로 번역이 가능하다. 상황에 따라서는 〈속 썩일 줄 모르는〉이나 〈골치 아프게 만들지 않는〉 아니면 〈사람을 피곤하게 만들지 않는〉 식으로 풀어서 써도 좋다. 그러나 이 영화의 다음 장면에서는 매가번이 뒤로 넘어지는 바람에 책장이 자빠지고, 그래서 그녀는 화를 낸다. 〈아까 그 말 취소야〉라면서. harm(피해)을 당했기 때문이다. 그렇다면 예문을 어떻게 번역하면 좋을까? 이럴 때는 단어의 본디 의미와 주어진 상황을 결합하여 그에 맞는 새로운 표현을 찾아야 한다.

예를 들어, 〈너하고 사귀어도 손해는 보지 않겠어〉라고 했다가, 책상이 넘어진 다음, 〈아까 그 말 취소야〉라고 한다면, 대화의 흐름에 별로 막힘이 없을 듯싶다.

Harpo

"Yeah, I used to be."

✘ 네, 아마 그럴 거요.

☛ 「갈채」에서 몰래 술집에 간 빙 크로스비를 여가수가 알아보고 묻는다. 〈Hey, aren't you Frank Elgin?〉(프랭크 엘진 아니세요?) 예문은 크로스비가 한 대답이다. I used to be〈전에는 그랬었지〉는 〈한때 (엘진이라는) 유명 가수이긴 했지만, (이제는 몰락해서) 그것도 다 옛날 얘기〉라는 뜻이다.

○ 「그래요. 다 옛날얘기지만요.」

그러자 〈왕년의 명가수가 이곳을 찾았다〉고 손님들에게 알리려는 여가수를 크로스비가 황급히 말린다.

「Not a word, or I'll tell them you're Harpo Marx.」

✘ 「한 마디도 말하지 마세요. 안 그러면 당신을 막스라 할 테니까.」

마지막 문장도 고유 명사를 함부로 다루어서 무색해진 번역이다. 세상에 Marx나 Max라는 이름의 남자가 한둘이 아닌데, 〈막스라 한다〉고 여자를 위협해 봤자 무슨 소용이 있겠는가? 하포 막스는 유명한 희극 배우 막스 브라더스 4형제 가운데 한 사람이다. 오프라 윈프리가 설립한 회사의 이름이 the Harpo Productions인데, 여기에서 Harpo가 Oprah의 이름을 거꾸로 적은 것이라고는 하지만, 영화 「칼러 퍼플」에서 오프라의 남편 이름이 〈하포〉였고, 그것도 역시 Harpo Marx에게서 따온 이름이었다.

○ 「입만 뻥끗했다간, 당신이 사실은 하포 막스라고 내가 정체를 폭로하겠어요.」

hate

"I did not know it was possible that I would hate anyone as much as I hate you."

✘ 아마 나만큼 누굴 미워해 본 사람은 없을 거예요.

☛ 「벨 아미 이야기」에서 언론인으로 출세하기 위해 조지 샌더스 신문사 사장의 부인과 불륜 관

계를 맺는다. 그리고는 사장의 딸과 결혼하려는 샌더스에게 부인이 화를 내는 장면이다. 대충만 번역을 하다 보니 내용이 전혀 달라졌다. 번역문에서는 증오의 대상이 누구인지조차 밝히지를 않았다.

○ 「지금 당신을 미워하는 만큼 누군가를 내가 미워하게 되리라고는 난 상상조차 못했어요.」

「갈채」에서 빙 크로스비의 자기혐오에 관한 진실을 아내 그레이스 켈리가 윌리엄 홀든에게 털어놓는다.

「He hates himself. Consequently, he'll do or say anything to be liked by others.」

× 「그는 그 자신을 증오해요. 하지만 그는 계속해서 다른 사람이 좋아할 말만 하고 행동할 거예요.」

이런 심리극을 번역하려면 인간 심성과 인간관계의 역학에 대한 상식 수준의 이해는 기초적으로 갖춰야 옳지 않을까 하는 생각이다. 대화를 주고받는 등장인물들이 무슨 말을 할 때 마음속으로는 어떤 생각을 하는지를 번역자가 연구하고 파악해야 한다는 뜻이다. 역자가 주인공들의 심리를 제대로 이해하지 못한다면, 그의 번역을 자막으로 읽는 사람은 영화의 내용을 이해하는 데 훨씬 더 큰 어려움을 겪는다. consequently는 〈하지만〉이라는 반대 개념이 아니라, 〈그렇기 때문에〉라는 원인과 결과 consequence의 관계를 제시한다.

○ 「그이는 자신을 증오해요. 그래서 다른 사람들로부터 사랑을 받을 만한 말과 행동만 골라서 하죠.」

켈리는 남편의 성격을 이런 식으로도 분석한다.

「People like Frank ought to have two votes. Then they can mark their ballot Democrat and Republican. That way, everybody would love them.」

× 「사람들이 프랭크에 대해 만약 설문 조사를 한다면 사람들은 프랭크를 민주주의자나 평화주의자라고 말할 거예요. 모든 사람들이 그처럼 그를 좋아한다구요.」

역시 내용을 전혀 파악하지 못한 채로 감행한 마구잡이 오역이다.

○ 「프랭크 같은 사람들에겐 투표권을 두 개씩 줘야 해요. 그러면 그들은 투표용지에다 민주당과 공화당(야당과 여당)을 둘 다 찍어도 되잖아요. 그렇게 하면 누구나 다 그들을 사랑하겠죠.」

크로스비의 우유부단함에 대해서는 이렇게 켈리가 설명한다.

「I know it must sound ludicrous to anyone who hasn't actually lived through it, but it got to the point that he wouldn't even pick out a coat or suit by himself.」

× 「그와 살아보지 못한 사람에게는 웃긴 얘기처럼 들릴지 모르겠지만 나중엔 스스로 옷을 입지도 않으려고 하기까지 했죠.」

옷을 〈스스로 입지 않으려는〉 상황과 〈선택을 꺼리는〉 상황은 차이가 크다.

○ 「실제로 그런 경험을 하지 못한 사람들이 들으면 한심한 소리 같겠지만, 그이는 외투나 양복도 스스로 고르지 않으려는 지경까지 이르렀어요.」

have

"There you have the secret story of Kyle Hadley and his electric personality."

✘ 앞으로 오빠에 대한 비밀을 많이 알게 될 거예요.

☛ 「바람과 함께 지다」의 로버트 스택은 (부잣집의 무능한 아들이요) 사고뭉치다. 그 집안의 궂은일을 양아들처럼 도맡아 처리하던 록 허드슨은 스택의 뒤처리도 모두 떠맡는다. 스택의 여동생 도로티 멀론이 그런 상황을 스택의 아내가 된 로렌 바콜에게 설명한다.

⟨Kyle starts something, Mitch finishes it for him. Kyle falls on his face, Mitch picks him up. Kyle steals, Mitch takes the blame.⟩(카일이 무슨 일을 벌이면 밋치가 카일 대신 마무리를 지어요. 카일이 엎어지면 밋치가 일으켜 줘요. 카일이 무얼 훔치면 밋치가 죄를 뒤집어 쓰고요.)

예문은 멀론이 내리는 결론이다. 번역문에서처럼 ⟨앞으로⟩ 비밀을 많이 알게 될 상황이라면 진짜 비밀은 별로 얘기하지 않았다는 뜻이다. 그러나 There you have(이렇게 당신이 소유했다)는 ⟨그것이 당신이 알아야 할 비밀이다⟩라는 뜻으로서, 그러니까 ⟨할 얘기는 대충 이미 다 했다⟩는 의미다. 거꾸로 해놓은 번역을 바로잡는다면 이런 식이 된다.

○ 「카일 해들리와 그의 불꽃 튀는 개성에 관한 비밀 얘기를 이제는 당신도 알게 되었군요.」

「사랑의 은하수」에서는 여배우 제인 시모어의 전기를 쓰려는 작가가 크리스토퍼 리브에게 음악 상자를 보여 주며 설명한다.

「She had that made.」

✘ 「그녀가 만들었죠.」

⟨그녀가 저걸 만들었죠⟩는 ⟨She made that⟩이다. have 동사가 쓸데없이 들어갔을 리가 만무하다. 사역형 have가 들어가면, ⟨다른 사람을 시켜서 저걸 만들게 했다⟩는 뜻이다. music box는 대단한 전문가가 아니면 만들지 못한다.

○ 「저걸 만들어 달라고 주문했죠.」

「성처녀」에서는 마을 사람들이 제니퍼 존스를 앞세우고 성당으로 몰려오자, 찰스 빅포드 신부가 경고한다.

「If any of that crowd dare to enter my garden, I'll have them arrested.」

✘ 「한명이라도 내 정원에 발을 들이면, 체포하는 줄 알아.」

have를 번역하지 않음으로 해서, 마치 빅포드 신부가 손수 사람들을 체포하겠다는 소리처럼 들린다.

○ 「저 사람들 가운데 누구라도 감히 내 꽃밭에 발을 들여놓으면, 경찰을 불러 잡아가라고 하겠어.」

「마오리족의 복수」에서 백인 장교와 마오리족 병사가 함께 낚시를 가며 농담을 주고받는다.

「White people have a strange sense of humor.」

✗ 「백인들은 이상한 유머 감각을 가졌어요.」

이런 경우의 〈가지다〉는 〈수 있다(☞ can)〉와 더불어 우리나라 사람들이 대표적으로 남용하는 영어식 표현이다. 〈이상한 감각을 가지다〉의 보다 우리말다운 표현은 〈감각이 이상하다〉라고 하겠다.

「신데렐라」에 나오는 노랫말이다.

Have faith in your dreams and someday the dream that you wish will come true

✗ 당신의 꿈에 대한 신념을 가져요. 그러면 언젠가는 그 꿈이 이루어져요

이것도 〈꿈에 대한 신념을 가져요〉를 〈꿈을 진심으로 믿으면〉이라는 식으로 〈가지다〉를 솎아 내면 좋겠다. 잠시 후에 무도회에서 왕자와 정원을 산책하며 신데렐라가 부르는 노래에서 〈My heart has wings〉라는 노랫말이 나온다. 많은 경우에 사람들은 이런 문장을 〈내 마음은 날개를 가졌어요〉라고 번역체로 옮겨 놓기도 하지만, 여기서는 그나마 〈내 마음에는 날개가 있어요〉라고 했다. 〈있다〉 또한 〈가지다〉 만큼이나 번역체 문장에 단골로 나타나는 단어이다.

○ 내 마음에는 날개가 달렸어요

have와 동족인 get의 번역도 마찬가지다. 다락방에 갇힌 신데렐라를 구해 내자고 생쥐가 친구들을 독려한다.

「Got to get that key quick!」

✗ 「빨리 열쇠를 가져야 해!」

○ 「어서 열쇠를 손에 넣어야 해!」

심지어는 have나 get이 없는 문장의 번역에서도 〈가지다〉와 〈있다〉가 등장한다. 신데렐라가 요정에게 하소연한다.

「There's nothing to believe in.」

✗ 「이젠 믿을 만한 것이 아무것도 남아 있지 않아요.」

○ 「이젠 믿을 것이 하나도 없어요.」

그리고 호박으로 마차를 만들려던 요정이 요술 지팡이를 찾지 못해 수선을 떠는 장면이다.

「What in the world did I do with that magic wand?」

✗ 「세상에 내가 요술봉을 가지고 무슨 짓을 했지?」

○ 「도대체 요술 지팡이를 어디다 뒀지?」

he

"Not 〈he〉. She."

✗ 수컷이 아니라 숙녀라구.

☞ 「고도에서 그대와 함께」를 보면, 지미 듀란테가 애견 치키타를 에스터 윌리엄스에게 자랑하는 장면이 나온다. 윌리엄스가 〈He's cute〉라고 말한다. 우리말 번역은 〈정말 귀엽군요〉라고

했다. 예문은 듀란테가 발끈하며 반박한 말이다. 그런데 (우리말로) 〈정말 귀엽군요〉라고 말한 여자에게 왜 남자가 화를 낼까? 그리고 느닷없이 〈수컷〉 얘기는 왜 나오고, 여자의 말과 듀란테의 대화는 왜 연결이 되지 않을까?

이 모두가 he라는 단어 하나를 빼먹고 번역하지 않기 때문에 빚어진 문제다. 〈치키타〉는 여자의 이름이니까, 듀란테의 강아지는 분명히 암놈이다. 그런데 윌리엄스가 그런 사실을 모르고 무심결에 he라는 남성 주어를 썼다. he를 살려서 〈그 녀석 정말 귀엽군요〉라고 한 단어만 더 넣었다면 해결될 문제였다. 그러면 듀란테의 반박도 쉽게 해결이 난다.

○ 「〈녀석〉이 아니라 아가씨라고.」

head

"They are going over my head."

✘ 이해할 수 없군요.

☛ 「지붕 위의 바이올린」에서 둘째 딸 네바 스몰이 전통을 무시하고 마이클 글레이저와 결혼하겠다니까 토폴이 하나님에게 호소하는 말이다. go over one's head는 〈머리 위로 타고 넘어간다〉, 그러니까 〈~를 무시하고 제멋대로 행동한다〉 또는 〈말을 듣지 않는다〉는 뜻이다. override와 같은 의미다.

○ 「개들이 날 우습게 봅니다.」

「워터프론트」에서 (수사 당국에 협조하던 청년이 살해된 다음 날 아침에) 부두로 나온 노동자들이 대화를 주고받는다.

「Sure he was a good kid. That's why he got it in the head.」

✘ 「착한 청년이었지. 그래서 그렇게 된 거야.」

「Yeah, but he couldn't learn to keep his mouth shut.」

✘ 「도일은 입 다물고 가만히 있지 못했어.」

노동자들이 한 말 가운데 got it in the head가 무슨 뜻인지를 몰라 대충 얼버무린 듯한 인상이다. 〈그렇게 된 거야〉는 아마도 〈머리통이 당했다〉, 그러니까 머리를 총이나 몽둥이로 맞아 죽었다는 말처럼 들린다. 하지만 got it in the head(머릿속에 그것이 들어갔다)는 〈깨달았다〉나 〈깨우쳤다〉는 뜻이다. 이 말은 두 번째 대사의 동사 learn(배우다, 터득하다)과 이어진다.

○ 「분명히 훌륭한 청년이었어. 그러니까 (폭력 노조의 만행 같은) 그런 문제도 의식하게 되었던 거야.」

○ 「하지만 (머리는 똑똑했어도) 입을 다물어야 한다는 요령은 깨우치질 못했지.」

「밤의 열기 속에서」를 보면, 경찰관 워렌 오츠를 살인범으로 의심한 현지 경찰소장 로드 스타이거가 입출금 자료를 보여 달라고 하자, 은행장이 정식으로 요청하는 서류를 요구한다. 마음이 급한 스타이거가 짜증을 낸다.

「Yeah, yeah, I'll put it in writing any place you like it. I'll write it on the head of a pin, if you want it there.」

✗ 「경찰 양식을 원하시면 꼭 그렇게 해드리죠.」

지나친 생략은 여기에서처럼 대사의 묘미를 반감시킨다. head of a pin은 〈경찰 양식〉이 아니라 종이에 꽂는 〈핀의 대가리〉로서, 아주 작은 것을 의미한다. 거기에라도 쓰라면 쓰겠다는 다급한 심정을 나타낸 재미난 표현이다.

○ 「좋아요, 좋아, 어디에라도 써 드리죠. 원하신다면 좁쌀에라도 써서 드리겠다고요.」

headhunter

"The only thing you'll find there are head hunters. No rubber, no gold, no nothing."

✗ 당신이 발견한 것은 우두머리 사냥꾼이 있다는 걸 거요.

☛ 「피츠카랄도」에서 (격류 때문에 배를 타고 올라가지 못하는 아마존 상류의 오지를 탐내는) 클라우스 킨스키에게 인근 농장주가 겁을 준다. 지금은 headhunter라고 한 단어로 붙여서 쓰는 head hunter(머리 사냥꾼)는 〈우두머리 사냥꾼〉이 아니라 싸움터에서 죽인 적의 머리를 잘라 전리품처럼 말려서 보관하는 원시 부족을 뜻한다. 그들이 만드는 미라 머리는, 두개골을 제거하고 껍질만 남겨서 물에 끓인 다음 다시 말려서, 수분이 빠지고 말라붙어 크기가 많이 줄어들게 한 것이다.

○ 「그곳에 가 봤자 머리 사냥꾼밖에는 아무것도 없어요. 고무도 없고, 황금도 없고, 아무것도 없다고요.」

나중에 킨스키는 배를 타고 강을 거슬러 오지로 올라가서, 현지 선교사로부터 이런 설명을 듣는다.

「Two padres ended up as shrunken heads. Have you ever seen a shrunken head?」

✗ 「신부 두 명이 추장이 되어 최후를 마쳤지. 추장 봤소?」

headhunter가 무엇인지를 모르면 shrunken head도 당연히 알 길이 없어진다.

○ 「두 명의 신부가 말라붙은 머리만 남고 말았어요. 미라 머리를 본 적이 있나요?」

요즈음에는 훌륭한 인재를 발굴하여 기업체 등에 소개하는 일종의 고급 〈인신매매업〉의 활동이 왕성한데, 이런 소개업자를 속어로 headhunter라고 부른다. headhunt(머리 사냥)라는 표현이 재미있어서 활용한 명칭이다. 그리고 headshrinker(머리를 압축하는 사람)도 이제는 〈정신과 의사〉를 뜻하는 구어체 표현으로 널리 쓰인다.

「야생마 히달고」에서는 아라비아 사막을 횡단하는 경마에 참가한 미국인 카우보이 비고 모텐슨에게 아랍인 심부름꾼이 말을 전한다.

「The prince said, maybe we should give you a head start.」

✗ 「왕자님께서 당신을 첫 줄에 세워주신대요.」

번역문을 보면 마치 〈왕자님〉이 선심을 쓰는 듯한 인상을 받게 되지만, 사실은 모텐슨을 깔보고 비하시키는 말이다. head start은 워낙 상대가 안 되기 때문에, 예를 들어 반 시간이나 10킬로미터 쯤 한참 〈먼저 출발시킨다〉는 뜻이다. 장기판에서 〈차포를 떼고 둔다〉는 말과 비슷한 표현이다. prince(제후)를 〈왕자〉라고 한 것도 오역이다. prince 항을 사전에서 찾아보고, 그 뜻이 얼마나 여러 가지인지를 직접 확인하기 바란다. queen 항도 참조하기 바란다.

○ 「당신만 미리 출발하도록 봐줘야 되지 않겠느냐고 족장께서 말씀하시던데요.」

headline

"You seem to be determined to get yourself into the headlines."

✗ 좋소, 신문 머릿기사에 실릴 결심을 한 모양이군.

☞ 「인도의 열정」에서 호락호락 말을 들어주지 않는 군인 케네드 모어에게 허벗 롬 기자가 위협하는 말이다. headline은 〈머리기사〉가 아니라 〈(기사의) 제목〉이다. 1단짜리 〈꽁지기사〉의 제목도 headline이다. 〈머리기사〉는 front page(제1면)의 꼭대기에 실리는 가장 중요한 기사로서, 영어로는 top story라고 한다. top story 중에서도 비중이 워낙 커서 제목을 통단으로 뽑을 때는 banner headline이라고 한다. 롬 기자의 위협은 〈신문에 한번 나고 싶은 모양이로군요〉 정도의 뜻이다. determined to는 〈~하려고 작정하다〉라는 말이다.

○ 「신문에서 두들겨 맞으려고 작정이라도 하신 모양이군요.」

hear

"I'd like to hear about that."

✗ 그 말을 할 줄 알았습니다.

☞ 「지난여름 갑자기」에서 부유한 미망인 캐더린 헵번이 아들과 보낸 마지막 여름에 대해서 먼고메리 클리프트 정신과 의사에게 얘기한다. 〈Sebastian saw the face of God.〉(세바스찬은 신의 얼굴을 봤어요.) 예문은 그 말을 듣고 의사가 한 제안이다. 그런데 (만나자는 연락을 겨우 몇 시간 전에 받고 부랴부랴 찾아온) 클리프트는 헵번과의 첫 면담에서 지금까지 겨우 몇 마디밖에는 얘기를 주고받지 않았는데, 〈그 말을 할 줄〉 어떻게 알았을까?

○ 「그 얘기 좀 들어 보고 싶은데요.」

「석양의 맨해튼」에서 보안관 클린트 이스트우드가 범인 인도를 자꾸 요구하자 뉴욕의 리 J.

콥 경위가 답답해서 비꼰다.

「There's such a thing as supreme court. Did you ever hear of it?」

✗ 「그 사건과 비슷한 대법원 판례도 못 봤어?」

비아냥거리거나 둘러대는 말을 고지식한 귀로만 듣고 해석하려니까 이런 무리가 생긴다. there's such a thing as~는 흔히 쓰이는 표현으로서 〈~라는 말이 있는데 혹시 들어나 보셨소?〉라고 빈정거리는 말이다.

○ 「대법원이라는 게 있지. 자네 도대체 그게 뭘 하는 곳인지 알기나 하나?」

같은 영화에서 비슷한 hear의 용법이 또 나온다. 가석방자들의 보호 관찰을 맡은 수잔 클락은 범죄자들에 대해서 pity(연민)를 가져야 한다고 설명한다. 참으로 한심한 소리처럼 여겨져서 이스트우드가 반문한다. 〈Pity?〉(연민이라뇨?) 클락이 되받는다. 〈You must have heard of it.〉(그런 말 들어보시긴 했을 텐데요.)

heart

"And remember, this gun is pointed right at your heart."

✗ 총을 겨누고 있단 걸 명심해.

☛ 「카사블랑카」에서 잉그릿 버그만 부부를 비행기에 태워 탈출시키려고 권총으로 경찰국장을 겨누며 험프리 보가트가 경고한다. at your heart는 〈당신 심장을 (겨누고)〉라는 핵심적인 말인데 번역에서 빼버렸고, 그래서 문제가 생겨난다. 보가트의 경고에 클로드 레인스 국장이 응수한다.

「That is my least vulnerable part.」

✗ 「맘이 약한 게 내 약점이지.」

레인스는 전혀 〈맘이 약한〉 남자가 아니다. 그는 출국 비자를 발부하는 특권을 이용하여 청탁을 들어주는 대신 여러 여자를 농락하고, 여기저기서 뇌물을 챙기고, 온갖 못된 짓을 일삼는 경찰 공무원이다. 심지어 그는 카사블랑카를 떠나겠다는 보가트에게 이런 말도 했을 정도다. 〈I'm gonna miss you. You're the only one in Casablanca who has less scruples than I.〉(자네가 보고 싶어지겠구먼. 카사블랑카에서 나보다 양심이 불량한 인간은 자네뿐이었으니까 말일세.)

레인스가 한 말에서 that은 보가트가 총으로 겨눈 heart다. 그리고 레인스의 heart(심성)는 워낙 닳고 닳아서 least vulnerable part(가장 상처를 안 입는 부분)이다. 〈자네가 총으로 쏴봤자 내 심장엔 털이 워낙 많이 나서 끄떡도 없어〉라고 번역한다면 좀 지나친 표현일까? 보가트가 처음 경고한 말에서 at your heart(심장을)라는 부분을 생략해 버렸기 때문에 레인스 국장의 빈정거림이 죽어 버리고 말았다.

○ 「그리고 이 권총이 자네 심장을 겨누고 있다는 걸 잊지 말라고.」

○ 「난 워낙 강심장이어서 거긴 조금도 걱정하지 않아.」

「닥터 지바고」를 보면, 오마 샤리프 가족을 마차에 태워 바리키노로 데리고 가다가, 불타는 유리아틴을 내려다보며 역무원이 한숨을 짓는다.

「That's Strelnikov. His heart must be dead.」

× 「그놈의 스트렐니코프, 심장도 없는 놈예요.」

〈심장도 없는 놈〉이라니? 심장이 없는 사람은 신체적인 결함 때문에 태어나지도 못하고 죽는다. 〈심장〉과 〈마음〉은 영어로는 다 같이 heart이지만, 우리말로는 엄연히 다르다. a heartless man은 〈심장이 없는 사람〉이 아니라 〈무정한 사람〉이나 〈냉혹한 사람〉이다. 조금 희석시키면 〈인정머리가 없는 사람〉이다. 스트렐니코프의 경우는 〈감정이 하나도 남김없이 죽어 버린 놈〉쯤 되겠다.

「삼손과 들릴라」에서는 결혼식을 올리자는 빅터 머튜어를 안젤라 랜스베리가 놀린다. 〈You have lost your senses.〉(완전히 이성을 잃었군요.)

「And my heart.」

× 「내 심장도 잃었어.」

랜스베리의 대사를 〈당신 정신이 나갔군요〉라고 번역한 다음 머튜어의 대답을 〈마음도 나갔지〉라고 한다면 어떨까 싶다.

「검객 시라노」에서는, 록산을 만나면 이런 멋진 말을 하라고 시라노가 뇌빌레트에게 훈련시킨다.

「Take my heart. I shall have it all the more.」

× 「내 심장을 가지세요. 그럼 심장이 더 살아날테니.」

여자에게 해줄 만한 〈멋진 말〉이기는커녕, 피가 줄줄 흐르는 심장을 도려내어 건네주는 장면을 상상하면 별로 시적이라고 여겨지지를 않는다.

○ 「내 마음을 가져가오. 그러면 내 마음은 더욱 풍요해지리니.」

또 어떤 장면에서는 시라노가 어둠 속에서 나무 밑에 몸을 숨기고 뇌빌레트 대신 록산에게 사랑을 고백한다. 록산이 그에게 모습을 보여 달라고 하니까 시라노가 둘러댄다.

「You need no eyes to hear my heart.」

× 「마음은 귀로 들으면 되지 눈으로 볼 필요는 없어요.」

번역문은 지나치게 둘러댄 듯싶다. 시라노의 말은 필시 이런 뜻이었을 테니 말이다.

○ 「내 심장의 고동 소리를 들으려면 눈은 필요가 없답니다.」

시라노가 록산에게 계속해서 고백한다. 〈In the garden of my heart you are the most fragrant blossom.〉(내 마음의 화원에서는 당신이 가장 향기로운 꽃입니다.) 〈As the tender sapling thirsts for rain, as the eagle seeks the sky, as the waves hurtle toward the shore, my heart yearns for thee.〉(연약하고 어린 나무가 비를 그리워하듯, 파도가 바닷가를 향해 몸을 던져 달려가듯, 내 마음은 그대를 그리워합니다.) 하나의 단어 heart는 이렇게 주변의 상황이 달라질 때마다 카멜레온처럼 의미의 빛깔이 달라진다.

「선셋대로」에서는, 세실 B. 드밀의 조감독이 글로리아 스완슨에게서 그녀의 옛 자동차를 빌리려고 한다. 스완슨은 그 연락을 받고 드밀이 영화에 그녀를 출연시키려는 줄 착각한다. 윌리엄 홀든은 스완슨에게 사실대로 얘기한다.

「DeMille didn't have the heart to tell you.」

✗ 「드밀은 말할 열정이 없었죠.」

여기에서의 heart는 〈열정〉하고는 거리가 멀어서, 〈모진 마음guts〉을 뜻한다. 마음이 약해서 차마 사실대로 드밀이 말을 하지 못했다는 의미다.

「오클라호마」에서, 로드 스타이거가 죽으면 사람들이 그에 대해서 무슨 찬사를 늘어놓을지를 고든 매크레이가 짓궂게 노래한다.

「He had a heart of gold and he wasn't very old. Oh, why did sich a feller have to die.」

✗ 「그는 황금의 마음을 가졌고 아직도 젊은데, 왜 그런 사람이 죽었을까?」

첫 문장 중간쯤의 gold와 마지막 단어 old는 운(韻)을 맞춘 것이고, 두 번째 문장의 feller는 fellow(친구, 녀석) 그리고 sich는 such의 구어체 표기다. 여기에서는 heart of gold에서 of의 번역 방법을 잠깐 생각해 보자. 대부분 사람들은 이런 형태의 표현을 보면 〈황금의 마음〉이라고 of를 항상 〈의〉라고만 번역한다. 하지만 많은 경우에 of는 〈처럼〉이나 〈같은〉이라고 옮기면 훨씬 자연스러워진다. 〈황금 같은 마음〉이라고 말이다. 〈그의 마음은 황금 같았고〉라고 하면 〈황금의 마음을 가졌고〉에서 〈가졌다〉를 제거하기도 어렵지 않다. 〈마음을 가졌고〉는 영어식 소유격 표현(☞ have)으로서, 〈마음이 ~같고〉가 제대로 된 우리말이다.

heat

"Bitch, everywhere we go she follows us. Like some kangaroo in heat."

✗ 망할년, 어디를 가거나 우릴 쫓아다녀. 더위에 펄펄 뛰는 캥거루 같아.

☞ 「나일강의 살인사건」에서 애인을 가로채어 결혼해 버린 로이스 차일스가 신혼여행을 가는 곳마다 미아 패로우가 쫓아다닌다. 그래서 차일스가 화를 내며 한 말이다. heat는 성적으로 흥분해서 얼굴이 발갛게 달아오른 상태를 뜻한다. in heat는 〈교미기에 접어든〉 또는 〈발정(發情)한〉이라는 말이어서, horny(빳빳한, 잔뜩 달아오른)와 같다. 그러니까 some kangaroo in heat은 〈잔뜩 꼴린 캥거루〉다.

○ 「나쁜 년, 어디를 가거나 우릴 쫓아다닌다니까. 발정한 캥거루처럼 말이야.」

heathen

"Heathens!"

✘ 히든들아!

☛ 「하일랜더」의 시판용 비디오를 보면 이렇게 외치는 소리가 들려온다. heathen은 〈이교도〉라는 뜻이다. 대명사, 특히 호칭이 문장의 맨 앞에 나오면 그것이 고유 명사인지 아니면 보통 명사인지 조심해야 할 경우가 많다. 〈You!〉를 〈유들아!〉라고 번역한 셈이다.

heelot

"All those sweet nice lovable people become heelots — a lot of heels."

✘ 그 좋던 사람들이 목을 조르지. 꽁무니를 쫓는 거요.

☛ 「군중」에서 개리 쿠퍼를 감시하기 위해 경호원으로 고용된 두 사람에게 월터 브레난이 묻는다. 〈You get hold of some dough, what happens?〉(당신들한테 돈이 좀 생기면, 무슨 일이 벌어질까요?) 예문은 (모르겠다고 두 사람이 머리를 절레절레 흔들자) 브레난이 자문자답하는 내용이다. 사전에는 나오지도 않는 단어 heelot 때문에 엉뚱한 번역이 나온 셈이다. EBS에서는 이 영화를 방영할 때 heelot을 시종일관 〈힐락〉이라고 표기했는데, 아마도 heelock이라고 잘못 들었기 때문(☞ alone)이 아닌가 싶다. 그래서 레슬링 용어 headlock(머리통 죄기)을 연상하고 〈목을 조르지〉라는 엉뚱한 번역이 나온 듯싶다.

〈꽁무니를 쫓는 거요〉라는 말은 아마도 마지막 단어 heels를 〈발뒤꿈치〉라고 생각해서 대충 꿰어 맞춘 듯한 인상이다. at heel이 〈뒤를 따라〉 또는 〈바로 뒤에서〉이며, come to heel은 〈뒤에서 열심히 따라가다〉라는 뜻이기 때문이다. 하지만 heel은 속어로 〈비열한 놈〉이나 〈나쁜 자식〉을 의미하는 명사다. 그러니까 브레난이 예문에서 주장하는 바는 〈주변의 모든 좋은 친구가 돈독이 들면 a lot of heels(몽땅 형편없는 자식들)로 돌변한다〉는 뜻이다.

「군중」에서 개리 쿠퍼의 경호원으로 고용된 두 사람 가운데 하나는 경쟁 신문사의 끄나풀로서, 〈당신이 진짜 존 도우가 아니라는 사실을 폭로하면 5,000달러를 내겠다〉고 쿠퍼에게 제안한다. 옆에서 그 말을 듣고 월터 브레난이 〈Five thousand dollars! Holy mackerel, I can see the heelots comin'!〉이라고 소리친다. 〈5천 달러라니! 맙소사, heelot들이 몰려오는 광경이 눈에 선하구나!〉라는 뜻이다. 그리고는 heelot이 누구인지를 설명한다.

"They begin to creepin' on you, tryin' to sell you something. They got long claws. And then you squirm and you duck and you holler and you try to push 'em away, but you haven't got a chance.」

✗ 「그들이 꽁무니를 쫓는 거요! 뭐라도 팔아먹으려고. 손에 놓고 쥐어짜고. 꼼짝 못하도록 쇠사슬을 묶어 도망칠 틈도 안 주지! 아무리 발버둥쳐도 소용없어. 순식간에 물건을 사게 되지.」

대충 뭉뚱그려 놓은 번역이다. 〈쥐어짜고〉나 〈쇠사슬〉이나 〈목을 조르다〉나 〈발버둥〉 같은 단어들이 어디서 나왔는지도 알 길이 없다. 제대로 정리하면 이렇다.

○ 「놈들은 뭔가 팔아먹으려고 슬금슬금 접근하기 시작해요. 그들의 손은 기다란 갈고리 같아요. 한번 잡히면 몸을 뒤틀고 머리를 돌리고 비명을 지르고 밀어 버리려고 해도 도저히 빠져 나오지 못해요.」

브레난이 〈And what happens?(그러면 어떻게 되는지 알아요?)〉라고 물으니까 경호원이 모르겠다고 고개를 설레설레 흔든다. 브레난의 설명이 계속된다. 〈You're not the free and happy guy you used to be any more. You got the money to pay for all those things. So you go after what the other fellows got. And there you are, you are a heelot yourself!〉〈당신은 이젠 전처럼 행복하고 자유롭지를 못해요. 그런 것들을 마련하는 데 필요한 돈이 생겼으니까요. 그래서 당신도 남들이 가진 걸 소유하려고 욕심을 부리죠. 그러다 보면 당신도 어느새 heelot이 되어버려요!〉

이쯤 되면 heelot이 유럽 문학에서 한때 혐오의 대상으로 그렸던 부르주아 계급이나, 우리나라의 〈졸부〉나 〈돈밖에 모르는 사람(돈벌레)〉 같은 유형을 지칭하는 말이겠구나 하는 감이 막연하게나마 잡힌다. 그리고 가난했던 여기자 바바라 스탠윅이 가상의 인물 존 도우를 만들어 낸 이후 생활이 풍족해지면서, 브레난의 예언이 그대로 이루어지자, 나중에 그녀는 이렇게 소리친다. 〈We are all heels. Me, especially!〉(우린 모두가 걸레들이야. 특히 내가 그래!) 이제는 존재하지 않는 단어 heelot을 우리말로 어떻게 처리하느냐 하는 마지막 문제에 이른다. 영어가 만들어 낸 단어라면 우리말로도 만들어 내면 된다. heel이 〈못된 놈〉이라면, 뒤에 붙은 lot은 어떤 집단을 속어로 표현할 때 자주 동원되는 〈족(族)〉이 되겠다. 하지만 이렇게 공을 들여서 억지로 만들어 낸 〈못된족〉이나 〈걸뱅이족〉 또는 〈싸구려족〉 따위의 표현이 어색하게 느껴진다면, 꼭 일부러 조어를 만들어 써야 할 필요는 없겠다. 그래서 기존의 어휘들 가운데 〈떨거지〉라는 표현을 선택한다면, 첫 예문은 이런 식으로 번역이 가능해진다

○ 「착하고 다정하던 수많은 사람들은 떨거지로 변하지. 수많은 떨거지들이 생겨난다는 말이야.」

hell

"I'll give you the job. Just for the hell of it. Let's put it that way."

✗ 하지만 일자리를 줄게. 상황이 안 좋으니까. 그렇게 생각하자고.

☛ 「세일즈맨의 죽음」을 보면 친구의 밑에서 부하 직원으로 일하기는 싫다고 고집을 부리는 리 J. 콥에게 에드워드 앤드루스가 다시 설득한다. 두 번째 문장은 문법이나 말로 설명하기가 참 어렵고, 〈어쨌든 그냥〉 정도를 뜻한다고 감각으로 파악해야 하는 표현이다. 아무리 따져 봐도 말이 안 통하니까 〈일단 내 말대로 하자고〉 정도의 의미겠다. 세 번째 문장은 〈그렇게 알아둬〉 또는 〈그렇다고 치자는 말이야〉라고 호의적으로 강요하는 의미다.

○ 「내가 일자리를 주겠어. 아무러면 어떠냐고. 그냥 그렇게 넘어가자니까.」

「황금연못」에서는 집이 달랑 한 채뿐인 호수를 담당한 우편집배원에게 대브니 콜먼이 〈겨울에는 업무가 고생스럽지 않느냐〉고 묻는다. 집배원의 대답이다.

「In the winter, I have a hell of a time.」

✗ 「그때는 지옥이 따로 없죠.」

눈에 보이는 그대로 해석하면 〈겨울에는 지옥과 같은 시간을 보낸다〉는 말이다. 하지만 여기서는 반어법으로 〈지옥〉이 아니라 《천국》이 따로 없다〉는 말이다. 그 이유는 다음에 나오는 말을 들어보면 확실해진다.

〈Of course, there's nobody out on the lake, nobody deliver to, so I get done a lot faster.〉(물론 호숫가에 아무도 없고, 우편물을 배달해 줄 사람도 없으니까, 일이 굉장히 빨리 끝나거든요.) 겨울에는 사람들이 도시로 돌아가고 별장이 비어 버리니까, 집배원은 놀고먹게 된다. 놀고먹는 일은 〈지옥〉이 아니라 〈천국〉이다. 우리말에서도 〈죽여준다〉는 말이 목숨을 빼앗아가기는커녕 〈살〉판나게 만든다는 반어법이 있다.

help

"Help yourself, Jordan."

✗ 조던, 많이 먹게나.

☛ 「누구를 위하여 종은 울리나」에서 접선을 위해 술집으로 들어간 개리 쿠퍼가, 공습이 시작되어 손님들이 모두 방공호로 피한 다음, 선반에서 술병을 하나 꺼내 든다. 어둠 속에서 지켜보던 장군이 권하는 말이다. 안주조차 없이 술 한 병으로 먹어야 얼마나 〈많이〉 먹겠는가?

○ 「어서 들게나, 조던.」

「젊은 사자들」에서 중대장의 미움을 받아 하루 종일 사역을 하고 막사로 들어오는 먼고메리 클리프트 이등병을 보고 포커를 하던 훈련병들이 수군거린다.

「Here comes mama's helper.」

✗ 「마마보이가 저기 오는군.」

mama boy는 아예 존재하지도 않는 영어 표현이지만, mama's boy(엄마 치마폭에 매달려 사는 아들)라는 정확한 표현을 썼더라도 이 경우에는 해당이 되지 않는다. 클리프트는 내무반에서 왕따를 당하며 날이면 날마다 온갖 더럽고 힘들고 궂은 사역을 도맡아 한다. 그래서

mama's helper(엄마를 잘 도와주는 착한 아들)라는 별명이 붙었다.
○ 「착한 아드님 납신다.」

here

"She's here. Miss Catherine is here. In spirit as well as flesh."

✘ 네, 캐서린 여기 있어요. 몸과 정신이 온전한 채로요.

☛ 「지난여름 갑자기」에서 엘리자베스 테일러가 처음 치료를 받기 시작할 때 기억을 더듬느라고 멍한 상태에 빠진다. 정신과 의사 먼고메리 클리프트가 그녀의 이름을 부른다. 예문은 테일러가 한 대답을 DVD에서 번역한 경우고, 텔레비전에서는 같은 대사를 이렇게 간단히 처리했다.

✘ 「나 여기 있어요.」

의사는 테일러가 거기 〈있다〉는 사실을 벌써 한참 전부터 알았다. 여기서는 She's here(I am here)가, 다른 곳에 한참 정신이 팔리거나 정신 이상으로 현실을 의식하지 못하더니, 〈이제는 정신을 차렸다〉는 뜻이다. 여러 영화에 등장하는 장면이지만, 두 사람이 전화로 통화를 하다가 상대방이 한참 대답이 없을 때 〈Hello, are you still there?(여보세요, 당신 거기 있어요?)〉라고 묻는 대사가 자주 나온다. 그러면 〈Yes, I am here(예, 나 여기 있어요)〉라고 대답한다. 이런 경우에도 〈내 얘기 듣고 있어요?〉라고 묻는 말에 〈그래요〉라고 우리말로 대답하게 만들면 보다 자연스러운 대화가 된다. as well as flesh는 flesh 항에서 in the flesh에 관한 설명을 참조하기 바란다.

○ 「나 정신 말짱해요. 캐더린 여사께서는 정신이 말짱하다고요. 정신뿐 아니라 몸도 말짱하답니다.」

같은 영화의 마지막 장면에서 테일러가 치면 상태에 빠져 고통스럽고도 기나긴 고백을 한 다음, 제정신을 찾고 분수대에 앉아 물을 내려다보고 있는데, 클리프트가 뒤에서 나타나 그녀의 이름을 부른다. 테일러가 대답한다.

「She's here, Doctor. Miss Catherine is here.」
○ 「나 이젠 괜찮아요, 의사 선생님. 캐더린은 무사하다고요.」

「형사 매디건」에서 리처드 위드마크는 아내를 〈무도회장까지 데려다 주기만 하고 (나는) 범인을 잡으러 가야 한다〉고 하자, 잉거 스티븐스가 불평을 하고, 위드마크도 마주 화를 낸다.

「I'm up to here in it.」
✘ 「여기까지 왔잖아.」

up to here는 〈여기까지 왔다〉가 아니라 up to the neck이라는 뜻이다. 문제의 장면을 보면 위드마크는 이 말을 하면서 손으로 목을 가리킨다. to the neck(목까지 차오르다)은 어떤 궁지에 빠지거나 해서 〈더 이상 견디거나 참을 수가 없다〉는 뜻으로, have had enough(진절머리가 난다)와 비슷한 표현이다. 문장의 끝에 나오는 in it은 워드마크의 총을 빼앗아 도망친 범인이 그 총으로 다른 경찰관을 살해한 〈그 사건에 대해서〉라는 말이다.
○ 「난 그 사건 때문에 옴짝달싹도 못한단 말이야.」

hero

"I want to know whether I was the hero of my own life."

✘ 내 삶이 성공적이었는지 알고 싶다.

☞ 「데이비드 카퍼필드」에 나오는 주인공의 목소리 해설이다. 의역을 시도한 모양이지만, 보다 정확한 뜻은 이렇다.
○ 「나 자신의 삶에서 내가 주인공이었는지를 난 알고 싶다.」

herself

"May I remind you that, not so long ago, James Joyce and even Lady Chatterley herself were considered obscene."

✘ 한 말씀 드리죠. 그렇게 오래된 얘기도 아니에요. 제임스 조이스 같은 작가나『채털리 부인』같은 작품도 당시에는 음란하다는 소리를 들었어요.

☞ 「보석강탈작전」에서 음란물을 취급했다는 과거의 혐의를 들춰내려는 터키 수사관에게 피터 유스티노프가 변명한다. evening 항에서도 지적한 바와 같이, 원작의 의도를 함부로 왜곡해서 생기는 오역의 경우다. 관광 안내원인 유스티노프는 사기꾼 기질이 농후해서, 거짓말을 잘 할뿐 아니라, 아는 체도 많이 한다. 앞에 나오는 어떤 장면에서도 그는 관광객에게 〈Brutus spent a night here with Shakespeare(브루투스가 이곳에서 셰익스피어와 하룻밤 묵어갔죠)〉라고 아는 체를 했다가 면박을 당한다. 셰익스피어의 작품에 등장하는 브루투스와 율리우스 카이사르의 얘기를 하려다가 헛나간 말이다. 예문에서도 유스티노프는 채털리 부인이 작가의 이름이라고 잘못 알고는 이런 소리를 한다. 〈『채털리 부인』같은 작품도〉라고 지나치게 친절한 설명을 붙여 놓는 바람에 알지도 못하면서 잘난 체하는 인물에 대한 재미있는 묘사가 빛을 잃고 말았다.
○ 「얼마 전까지만 해도 제임스 조이스뿐 아니라 심지어는 채털리 부인까지도 음란한 작가라는 소릴 들었다는 사실을 일깨워 드리고 싶군요.」

Lady Chatterley의 Lady는 셰익스피어의 『맥베드』에 등장하는 Lady Macbeth(맥베드의 부인)나 Lady Diana(영국 찰스 황태자의 비) 또는 〈신사임당〉의 경우처럼 이름을 다 밝히지 않으면서 존경스러운 여성을 지칭할 때 쓰는 호칭(☞ dame)이다.

hide

"So, Bill Murray, are you hidin' out or somethin'?"

✘ 빌 머레이 씨, 혹시 뭐 숨기는 거 있어요?

☛ 「커피와 담배」에서 카페에 들어와 보니 웨이터가 유명한 영화배우 빌 머리다. 예문은 아무래도 수상하다는 생각이 들어 흑인 손님이 묻는 말이다. hide out은 〈뭐 숨기는 거〉가 아니라 〈숨어서 피신하다〉라는 뜻이다. 무슨 죄를 짓고 〈숨어서 산다〉는 의미가 담겼다. Murray는 〈머레이〉가 아니라 〈머리〉라고 발음한다.

○ 「빌 머리 선생, 혹시 사고 쳤거나 뭐 그런 거 아닙니까?」

「석양에 돌아오다」를 보면 전투로 폐허가 된 도시에서 지친 남군 병사가 리 밴 클리프에게 털어놓는다.

「The only thing we care about is saving our hides.」

✘ 「그래서 우리가 이렇게 숨어 있는 거요.」

hide에는 〈숨다〉라는 동사 말고 〈껍질〉, 〈가죽〉, 〈피부〉라는 명사도 있다는 사실을 간과해서 저지른 오역이다. save one's own hide는 〈부상(이나 벌)을 면하다〉, 그러니까 〈무사히 넘어가다〉라는 뜻이다. save (one's) skin(위기를 모면하다)이나 save face(체면을 지키다) 역시 경우에 따라 비슷한 의미로 쓰이니까 아예 한 덩어리로 알아 두는 것이 좋겠다.

○ 「우린 그저 목숨이나 부지하는 거 말고는 아무 관심도 없어요.」

high

"I was merely obeying orders. I myself am against higher education for the nobility."

✘ 명령을 따랐을 뿐인데. 귀족의 초보 교육은 저도 반대죠.

☛ 「황태자의 첫사랑」에서 하이델베르크로 인성 교육을 위해 함께 떠나기에 앞서서, 개인 교수가 에드먼드 퍼돔 황태자에게 입장을 밝힌다. higher education(보다 높은 교육)이 어째서 〈초등 교육〉이라는 뜻이 되는지 모르겠지만, 아마도 행간에 숨은 의미를 파악하지 못해서 거

꾸로 해놓은 번역처럼 보인다. 왜 느닷없이 higher education이라는 말이 나왔는지 이유를 모르겠으면, 성장기와 청년기에 황태자가 과연 무슨 교육을 받았고 무엇이 부족하기에 그러는지, 주변 상황을 살펴보면 쉽게 해답이 나온다. 왕이 될 사람은, 영화에서도 몇 차례 언급되는 사실이지만, 국가 재정과 국방 그리고 통치술에다가, 검술과 군사 훈련 따위 기초적인 형이하학적 교육을 받아야 한다. 통치자에게는 철학이니 예술이니 하는 형이상학적 고급 인문교육은 별로 필요가 없다. 그럼에도 불구하고 지금 두 사람은, 퍼돔 황태자로 하여금 결혼에 앞서 warmth and charm(따뜻한 인간성과 매력)를 몸에 익히게 하려고, 유학을 떠나도록 왕으로부터 명령을 받은 처지다.

○ 「그렇게 시키는 걸 제가 어쩌나요. 저 자신도 귀족을 위한 고등 교육은 반대랍니다.」

「에덴의 동쪽」에서 반갑다고 어른이 인사를 하는데 대답조차 없이 화를 내고 가버리는 제임스 딘의 뒷모습을 보고 아버지의 친구가 섭섭해한다.

「He's high-strung, very high-strung.」

✗ 「아주 기운이 넘치는구만.」

반항아 제임스 딘은 어느 영화의 어느 장면에서도 〈기운이 넘치는〉 모습을 거의 보여 주지 않는다. high-strung은 기타 따위의 〈줄을 팽팽하게 당겨 놓은〉이라는 뜻으로서, 신경이 잔뜩 곤두섰거나 흥분하여 신경질적인 상태를 뜻한다. 딘은 〈핏대가 났어도 단단히 난〉 기분으로 집에서 뛰쳐나가던 길이다.

○ 「신경이 곤두섰구먼. 곤두섰어도 많이 곤두섰어.」

hillbilly

"I ain't sung hillbilly since I was — well, not since I turned chanteuse."

✗ 힐 밸리에서 떠날 땐 이런 걸 하려고 한 건 아니었는데.

☞ 「버스 정류장」에서 싸구려 술집의 가수인 마릴린 몬로가 친구 아일린 헤캇에게 신세타령을 한다. hillbilly는 〈촌뜨기〉 또는 〈시골 노래country music〉를 뜻한다. chanteuse는 나이트클럽의 〈여가수〉를 지칭하는 고상한 프랑스어로서, 무식한 여자가 〈문자〉를 쓰는 습성을 풍자하느라고 동원된 어휘다.

○ 「난 그러니까, 뭐야, 업소의 가수가 된 다음부터는 촌뜨기 노래는 안 불렀어.」

hilt

"Everybody expects a guy to take a thing like that pretty hard, so you used it. You played it to the hilt."

✘ 사람들은 그런 당신을 동정해 주길 바랬어요. 당신은 늘 칼자루처럼 그걸 변명거리로 얘기했죠.

☛ 「갈채」에서 〈술을 마시게 된 이유가 아들의 죽음 때문〉이라고 거짓말을 일삼던 비겁한 배우 빙 크로스비의 속셈을 알아낸 연출자 윌리엄 홀든이 따진다. 첫 문장은 본디 의미를 거두절미하고, 주어와 동사와 목적어만 가지고 재활용한 듯싶은 번역문이다. to the hilt(완전하게, 철저히)는, 사전을 제대로 찾아보기만 했더라도, 〈칼자루처럼〉이라는 오역은 나오지 않는다.

○ 「그런 사건을 당한 사람이라면 상당한 충격을 받았으리라고 누구나 다 당연하게 생각하고, 그래서 당신은 그런 심리를 이용했어요. (기회가 날 때마다) 아낌없이 말이에요.」

hip

"Good shot. From the hip."

✘ 잘 쐈습니다.

☛ 「공격」에서 비겁하고 비열한 중대장 에디 앨버트 대위를 사살한 부관에게 버디 엡슨 병사가 위로의 말을 한다. 번역문이 별다른 문제가 없기는 하지만, 워낙 이 영화의 DVD에서는 오역이 많기 때문에 from the hip의 의미를 몰라서 빼먹은 것이 아닌가 하는 의심이 간다. 서부 영화에서 자주 등장하는 표현인 from the hip은 〈옆구리에 찬 총집에서 권총을 꺼내는 순간에 어느새 쏴서 명중시킨다〉는 뜻이다.

○ 「명중이군요. 대단하십니다.」

「레니」에서 다른 사람들과 함께 혼음group sex을 하자는 더스틴 호프만에게 아내 발레리 페린이 싫다면서 〈Maybe I am not hip〉이라고 말한다. 이 경우에는 hip이 엉덩이와는 아주 다른 의미여서, 〈아마 난 첨단이 아닌가봐〉라는 정도의 뜻이 되겠다. hip은 〈최신 유행의 정보에 밝은〉 또는 〈유행이라면 항상 앞서 가는〉이라는 뜻이다. hip한 사람은 hipster라 하고, hippie는 hipster의 변형이다.

「히피가 된 변호사」는 hip하지 못한 unhip과 hippie의 관계를 아주 재미있게 묘사한다. 피터 셀러스는 자유분방한 삶을 누리기 위해 히피가 되지만, 생각처럼 간단한 문제가 아니다. 그와 사귀는 개방적인 히피 아가씨 리 테일러-영이 다른 모든 남자에게도 골고루 개방적이기 때문이다. 참다못해 셀러스는 자유를 지나치게 구가하는 아가씨와 말다툼을 벌인다.
⟨You bet I want to be free. I want to be free with you alone.⟩(그야 물론 나도 자유를 원해. 나는 오직 아가씨하고만 자유롭고 싶어.)
⟨You're so possessive. You are making me uptight about it. Your attitude is very unhip.⟩(아저씨는 너무 소유욕이 강해. 그래서 아저씨 때문에 난 불안해 죽겠어. 아저씨는 생각이 너무 고루해.)
⟨It is very unhip of you to tell me that I am unhip.⟩(나더러 고루하다고 말하는 당신이 정말 고루한 거야.)

히피 얘기를 잠시 하겠다. 스티브 매퀸에 관한 「EBS 특선 다큐멘터리」에서 매퀸의 첫 번째 아내가 이렇게 회상한다. ⟨그런데 1960년대 중반에 꽃 파는 아이들이 등장했어요. 스티브도 아마 중년의 나이만 아니었으면 꽃 파는 아이들 중에 하나가 되었을 거예요.⟩ flower child는 ⟨꽃을 파는 아이⟩가 아니라, 길거리에서 아무나 만나는 사람에게 공짜로 꽃을 나눠 주던 히피hippie, hippy들의 별칭이다.

beatnik(비트족)의 차세대에 해당되는 히피족은 사회적인 통념으로부터 이탈하여, mysticism(신비주의)과 환각을 일으키는 마약psychedelic drug과 농장 비슷한 곳에서 영위하던 communal life(공동생활)와 avant-garde arts(전위 예술)가 대표적인 특징으로 꼽히는데, 자연을 사랑한다는 의미로 여기저기 몸에 꽃을 꽂고, 자동차에도 꽃을 잔뜩 그리고, 사방에 꽃을 뿌리며 돌아다녔다. 자연 보호에 열심히 앞장을 서는 존 덴버가 주제곡을 부르고 줄거리를 보면 영락없는 히피 판 「러브 스토리」라고 할만한 「선샤인」의 두 주인공이 타고 다니는 승합차도 화려한 상여처럼 온통 꽃 그림으로 뒤덮어 놓았다. 소니 보노가 제작과 각색을 맡고 그의 아내였던 셰어가 주연한 「홀로 서는 여인」은 돈 한 푼 없이 남의 차를 얻어 타고 방랑하는 히피 여자의 얘기다. 전혀 정숙하지 않으면서도 이름은 히피적으로 Chastity(순정)인 여주인공은 목욕할 때도 욕조 언저리에 꽃을 잔뜩 늘어놓는다. 전형적인 ⟨꽃 아이⟩다.

「착한 채리티」의 마지막 장면을 보면 실연한 셜리 매클레인이 슬픔에 잠겨 센트럴 파크에서 하염없이 배회하는 모습을 보고 flower child(꽃 아이)들이 다가와서 그녀에게 꽃을 주며 ⟨Love⟩라고 한 마디 건네며 두 손가락으로 승리의 기호를 보여 준다. 「레이첼, 레이첼」에서는 교회에 간 조앤 우드워드에게 수염을 길게 기른 남자가 꽃 한 송이를 주면서 ⟨Love. It's for you⟩(사랑입니다. 이 꽃을 드리겠어요)라고 말한다. 긴 수염과 장발과 너저분한 옷차림도 ⟨자연 그대로⟩를 구가하던 히피들의 반항적 기호였다. 알지도 못하는 남자에게서 꽃을 받고 어색한 마음에 조앤 우드워드가 자꾸 선웃음을 지으니까 수염 남자가 다시 말한다. ⟨Laugh is beautiful.⟩(웃음은 아름답습니다.) ⟨아름답다⟩는 말 또한, Love와 더불어, 히피족의 애용어(愛用語)였다.

「프로듀서」를 보면, 흥행에서 손해를 봐야만 후원자들로부터 돈이 들어오도록 머리를 짜낸 제작자 제로 모스텔은, 틀림없이 망할 만큼 저질인 희곡을 선정한 다음, 가장 형편없는 주연 배우를 뽑는 작업에 나선다. 선발 과정에서 로렌조 세인트 뒤보아는 ⟨다정하고 작은 꽃들의 힘The Power of Sweet Little Flowers⟩이라는 노래를 부른다. 보나마나 히피 노래다 싶었는데, 아니나 다를까, 노랫말을 들어 보니 ⟨강물을 오염시키지 말라⟩거나 ⟨경찰관의 몽둥이⟩가 등장하던 끝에 〈전쟁 말고 꽃을 생각하라〉는 내용도 튀어나온다. love가 인생의 크나큰 주제였던 히피들은 〈Make love, not war(전쟁을 하지 말고 사랑을 하자)〉는 반전 구호도 열심히 외쳐 대었다.

「고원의 방랑자」에서는 메리에트 하틀리의 결혼식 들러리로 나온 술집 갈보들이 모처럼 신이 나서 외친다. 〈We are flower girls, honey!〉 히피가 등장하기 100년 전에 무슨 flower girl일까? 이 〈꽃 아가씨〉는 손에 꽃다발을 든 〈신부 들러리〉를 지칭하는 말이다.

hire

"I'll hire a car and cut across the coast."

✘ 난 렌터카를 빌려서 연안을 가로질러 달릴 거야.

☛ 「케이프의 공포」에서 로버트 밋첨의 계략에 걸려들어 애틀랜타로 가던 그레고리 펙이 서둘러 집으로 돌아가 가족을 보호할 계획을 세우는 대목인데, 〈렌터카renter car〉는 우리말도 아니지만 영어는 더더욱 아니다. Rent-a-Car는 회사 이름이고, rented car(임대한 자동차)가 제대로 된 영어다. 그냥 우리말로 번역해서 〈차를 세내어〉라고 했으면 아무 탈도 없었으리라는 생각이다. 일제 강점기는 물론이요 해방 이후에도 얼마 동안 우리나라에서는 택시를 일본식으로 〈하이야〉라고 불렀다. 〈hire한 자동차〉라는 뜻이었다.

history

"Do you have a history of emotional problems?"

✘ 혹시 정신적인 문제의 병력이 있습니까?

☛ 「인사이더」에서 담배 회사의 비리를 폭로하려는 내부 고발자 럿셀 크로우에게 FBI 수사관이 묻는다. 번역문을 보면 크로우더러 〈당신 정신병자냐?〉고 묻는 듯한 인상을 준다. 그러나 여기서 emotional problems은 〈과격한 성격〉 정도의 〈정서적인 문제〉이며, history도 그에 따라 〈병력〉이 아니라 〈경력(일회성 경험)〉의 차원이겠다.

○ 「혹시 정서 불안이 문제가 된 적은 없었나요?」

hold

"I meant to, but something always held me up."

✘ 그럴려고 했지만 매번 뭔가 깨달았어.

☛ 「카사블랑카」에서 혼자라도 먼저 탈출하라고 남편 폴 헨리드가 말하자, 잉그릿 버그만은 함께 남겠다며 되묻는다. 〈Why didn't you leave me then?〉(그땐 왜 당신이 날 남겨두고 혼자 떠나지 않았던가요?) 예문은 버그만의 추궁을 받고 헨리드가 둘러대는 말이다. 쉬운 단어일수록 번역하기가 어렵다는 사실을 입증하는 경우다. hold라는 동사 하나가 어떻게 쓰이는지 사례를 들어 가면서 제대로 설명하려고만 해도 책으로 수십 쪽이 필요하겠으며, hold up도 〈떠받들다〉, 〈내세우다〉, 〈방해하다〉, 〈지지하다〉 등 열 가지 정도의 의미로 쓰인다. 하지만 〈깨닫는다〉라는 용법은 없다. 위 경우는 〈무슨 일인가 꼭 생겨서 자꾸만 발목을 잡는다〉는 의미다.

○ 「그럴 생각이었지만 늘 무슨 사정이 생겼지.」

「셰인」에서 왜 앨런 래드가 〈총을 안 차고 마을로 갔느냐〉는 아들 브랜든 드 와일드의 질문에 아버지 반 헤플린이 대답한다.

「Well, he's tradin' at the store, not holdin' it up.」

✘ 「물건을 사러 갔지 결투하러 간 게 아냐.」

hold up은 〈(은행이나 상점 따위를) 털다〉라는 의미로도 널리 쓰인다. 〈(셰인은) 상점을 털러 간 게 아냐〉가 맞는 번역이다.

hole

"Right now I can use a hole in my head."

✘ 지금 같아서는 머리에 구멍을 하나 써도 되겠구만.

☛ 「모로코로 가는 길」에서 터번을 묶을 줄 몰라 쩔쩔 매는 밥 호프의 푸념이다. 번역하기에 참으로 난처한 문장이다. 우선 use는 need와 같은 뜻으로 자주 쓰인다는 용법을 알아야 한다. I can use a drink는 〈나 술 한잔이 필요해〉, 그러니까 〈나 술 한잔 마셨으면 좋겠다〉는 의미다. hole in (my) head는 더욱 부담스럽다. 〈머리에 뚫린 구멍〉은 양말에 뚫어진 구멍이나 마찬가지로 〈정말로 바람직하지 못한 일〉이나, 없어야 할 곳에 있는 〈엉뚱한 무엇〉을 가리킨다. 그러나 터번을 머리에 두른 다음 마땅히 고정시킬 방법을 알지 못하는 호프로서는 쓸데없는 구멍이라도 머리에 있다면 그 구멍에 묶고 싶은 심정이다.

이렇듯 우리말로 아예 없는 개념은 어떻게 번역하면 좋을까? 없는 개념은 우리말로 비슷한 상황을 찾아내면 되겠지만, 여기에서는 터번을 묶는 방법이 필요해진다. 그렇다면 그냥 웃기기만 도모하여, 좀 어색한 예이지만, 〈머리에 못이라도 하나 박혀 있었으면 좋겠다〉라는 식으로 둘러대는 방법도 있겠다. storm 항과 연결해서 생각해 보기 바란다.

「내일을 향해 쏴라」의 도입부에서 영화 속의 영화에 나오는 자막이다.

「The-Hole-in-the-Wall gang led by Butch Cassidy and Sundance Kid are all dead now, but once they ruled the West!」

✗ 「붓치 캐시디와 선댄스 키드가 이끌던 벽 속의 구멍 갱단 지금은 단원 모두가 죽었지만, 한때는 서부를 주름잡았다.」

사전을 찾아보기만 했더라도 hole-in-the-wall은 〈벽 속의 구멍〉이 아니라 〈초라한〉 또는 〈보잘것없는〉을 뜻하는 미국 속어임을 쉽게 확인이 된다. 〈붓치 캐시디와 선댄스 키드가 이끌던 《쫄따구 강도단》은 이제는 모두 죽었지만〉이라는 내용이다. 요즈음은 〈동네 슈퍼〉라고 표현하는 〈구멍가게〉를 어떤 사람들은 a hole-in-the-wall store라고 하는데, 〈구멍가게〉의 더 멋진 표현은 a mom-and-pop store(엄마와 아빠가 하는 가게)다.

같은 영화에서 집요한 추적자들에게 견디다 못해, 뉴먼과 레드포드가 보안관이 된 옛 친구를 찾아가 군에 입대시켜 달라고 도움을 청하지만, 거절당한다. 보안관이 거절하는 이유다. 〈You may be the biggest things ever hit this area, but you're still two-bit outlaws.〉(이 지역에서는 가장 거물급 인물들일지는 모르겠지만, 그래도 자네들은 시시한 무법자일 따름이야.) 이 경우의 two-bit(☞ bit)도 hole-in-the-wall과 같은 뜻이다.

homage

"May you smoke? What is that supposed to be, homage to a lady?"

✗ 담배 펴도 되냐구요? 숙녀에게 지킬 예의도 모르세요?

☞ 「갈채」에서 (못된 여자라고 오해하고는 미워했던) 그레이스 켈리에게서 비겁한 빙 크로스비에 관한 진실을 알게 된 윌리엄 홀든이 담배에 불을 붙이려다가 갑자기 예의를 갖추느라고 〈담배를 피워도 괜찮겠느냐〉고 양해를 구한다. 예문은 켈리가 쏘아붙이는 말이다. 같은 번역자가 여러 영화에서 범한 오류인지는 몰라도 〈담배를 펴다〉라는 우리말 표현이 가끔 나타난다. 〈펴다〉는 담배를 까서 말리려고 바닥에 〈깔아 놓는다〉는 말이다. 담배는 펴지 않고 〈피운다〉. homage to a lady(숙녀에 대한 경의)는 〈여태까지 그렇게 미워하고 못살게 굴더니, 갑자기 무슨 예의를 차리느냐〉고 힐난하는 말이다.

○ 「담배를 피워도 되느냐고요? 그건 또 무슨 소린가요 — 갑자기 숙녀(로 보여서 나)한테 예의를 갖추시려고요?」

home

"And I can do it at home."

✘ 재택 근무도 되고요.

☛ 「슬픔은 그대 가슴에」에서 라나 터너의 하녀로 일하겠다는 흑인의 제안이다. 〈재택 근무〉라는 말이나 개념은 이 영화가 제작된 1959년에는 우리나라에 존재하지도 않았다.(☞ house) 〈재택 근무〉는 직장에 나가지 않고 자신의 집에서 일하는 경우를 말한다. 이 흑인 하녀는 집도 없어서 딸까지 데리고 터너의 집으로 들어가서 살며 일한다. 이런 형태의 일자리를 당시 우리말로는 〈입주(入住)〉라고 했다.

○ 「그리고 집에서 할 수도 있어요.」

honest

"I trust him. Something new around here — an honest man. You may not recognize him. You've never seen one before."

✘ 난 그를 믿어요. 당신이라면 잘 모르는 사람을 못믿겠죠.

☛ 「배닝」에서 〈각서 한 장 없이 동료 직원에게 큰돈을 맡겨도 괜찮겠느냐〉는 골프장 사장에게 로버트 와그너가 일침을 놓는 장면인데, 알맹이를 빼놓고 건너 뛰어버린 번역이다. 〈Something new around here — an honest man〉은 〈정직한 인간 — 이 동네선 처음 보는 그런 사람이겠죠〉라는 뜻이다. 나머지 두 문장은 〈당신은 정직한 사람을 보더라도 알아보지 못해요. 그런 인간이라고는 구경조차 해본 적이 없으니 말예요〉라는 뜻이다. 마지막 문장의 one은 honest man의 반복을 피하기 위해 동원한 형용사적 명사다.

○ 「난 그 사람을 믿어요. 정직한 사람이라면 이곳에선 구경도 못하잖아요. 그러니 봐도 알아보질 못하겠고요. 당신이 그런 사람을 본 적이 있어야 말이죠.」

honk

"I say, what's that chap honking his hooter for?"

✘ 아니 왜 저렇게 경운기를 울려대는 거죠?

☛ 「매드 매드 대소동」에서 미친듯 경적을 울리며 쫓아오는 차를 보고 테리-토마스가 밀튼 벌에게 묻는 말이다. 〈경운기를 울려 대다〉니, 변명의 여지가 없는 오역이다. 농촌의 필수품인 〈경운기〉가 아니라 경적hooter을 울린다는 소리겠는데, 경운기에는 경적이 달리지도 않았다.
○ 「도대체 저 자식 왜 자꾸 빵빵거리는 거야?」

honor

"And that tormented figure is the girl, Catherine, losing her honor."

✘ 저 괴로워하는 여자는 자존심을 잃어버린 캐서린이죠.

☛ 「지난여름 갑자기」에서 벽에 비친 커튼의 그림자를 보고 엘리자베스 테일러가 연상하는 내용이다. losing honor는 〈정조를 잃다〉, 그러니까 〈겁탈을 당했다〉는 뜻이다. 테일러(캐더린)는 지금 마디 그라(☞ Mardi) 사육제 동안에 결혼한 남자에게 당한 끔찍한 사건에 대한 기억을 더듬는다.
○ 「그리고 괴로워하는 저 모습은 몸을 버린 처녀 캐더린이죠.」

hook

"Don't let him off the hook."

✘ 용서하지 말아요.

☛ 「내 사랑은 끝없이」에서 캐롤 롬바드가 짐을 싸서 윌리엄 파월의 집으로 쳐들어오자, 두 사람을 엮어 주려고 그들의 친구 앨런 모우브레이가 롬바드를 부추긴다. hook은 〈낚시 바늘〉이기 때문에, let off the hook이 비록 〈곤경(바늘)에서 풀어 주다〉라는 뜻이 있기는 하지만, 여기에서는 그런 의미로 쓴 표현이 아니다. 파월은 워낙 좋은 일만 하는 사람이어서 용서를 받을 만한 이유가 하나도 없다. 모우브레이의 충고는 〈한번 걸린 고기를 놓지지 말라〉, 그러니까 〈저 남자 꽉 붙잡고 매달려 이번에는 놔주지 말라〉는 뜻이다.
「바하마의 별」에서는 낚시를 나간 장면에서 〈(청새치의 입에 걸린) 갈고리가 보이지?〉라는 대사가 나오는데, 물고기의 입에 걸린 hook은 〈갈고리〉가 아니라 〈바늘〉이다. 〈갈고리〉는 바늘에 걸린 물고기를 바다에서 찍어 올리는 도구로서, 다른 종류의 hook이다.

hope

"Wasting your time, I hope."

✗ 시간낭비하려요.

☞ 「나이아가라」에서 폭포 터널로 들어가려고 하는 수사관에게 마릴린 먼로가 묻는다. 〈What are we doing here?〉(여기는 왜 왔죠?) 〈시간을 낭비하겠다〉는 수사관의 대답(예문)은 남편이 실종되었다고 신고한 여자에게 해줄 설명이 아니다. I hope의 번역을 생략한 결과다. 수사관의 대답은 〈여기서도 별 소득이 없으면 차라리 좋겠다〉, 그러니까 〈이곳을 둘러봐도 당신 남편의 시체가 발견되지 않았으면 좋겠다〉는 말이다.

○ 「당신에게는 시간 낭비가 되기만 바랍니다.」

「전송가」에서 고아들을 데리고 피난을 가려는 안나 카슈피가 록 허드슨 대령에게 행선지를 밝힌다.

「Just south, and hope for the best.」

✗ 「계속 남쪽으로 가는 거죠. 희망을 가지고.」

카슈피는 〈희망을 가지고〉 피난길을 떠나는 기미를 전혀 보이지 않는다. 첫 단어 just는 아무런 대책도 없이 〈무작정〉 남쪽으로 가겠다는 의미고, hope for the best도 〈희망을 가지고〉가 아니라 절망적인 상태에서 〈잘 되기만 바랄 따름〉이라는 뜻이다.

○ 「그냥 남쪽으로 가는데, 잘되기만 바라야죠.」

horse

"When money reaches certain portion, you can't ignore it any more than you can a horse in a bedroom."

✗ 어느 정도까지 돈이 모이면, 헌신짝처럼 여기게 됩니다.

☞ 「팜 비치 이야기」에서 백만장자 루디 밸리가 요트 여행을 하며 클로뎃 콜베어에게 돈 자랑을 한다. 거꾸로 한 번역이다. can't ignore는 〈무시하지 못한다〉, 그러니까 신경을 써야 한다는 말이다. a horse in a bedroom(침실로 들어온 말)을 어떻게 모르는 체한다는 말인가?

○ 「모인 돈이 어느 정도에 이르면, 당연히 눈길을 끌게 마련이죠.」

「무모한 순간」에서는 5,000달러를 갈취하려고 조운 베넷을 협박하던 제임스 메이슨이 (베넷에게 갑자기 호감을 갖게 되어) 〈수요일까지 기다려 주자〉고 한다. 하지만 다른 공갈범이 월요일까지 꼭 돈을 받아 내야 한다고 메이슨에게 경고한다.

「Why did you give me that she-will-try business for? Let's cut out the horsing around.」

✗ 「얘만 써서는 안 되지. 내가 시킨 대로 확실히 얘기 안 했지?」

원문의 첫 문장은 〈그 여자가 (가능한 한 빨리 돈을 만들려고) 노력하리란 소리를 왜 나한테 하는 거야?〉라는 뜻이다. she-will-try처럼 여러 단어를 하이픈으로 연결해 놓는 문장은 따옴표를 쓰지 않고 어떤 사람이 한 얘기를 인용하는 편법이다. 두 번째 문장의 horse around 는 〈법석을 부리다〉나 〈쓸데없는 짓을 한다〉는 말이다. 따라서 두 번째 문장은 〈헛소리를 늘어놓으며 우물쭈물 시간 낭비를 하지 말고 본론으로 들어가 빨리 끝장을 내자〉고 다그치는 얘기다.

○ 「여자를 믿어 주자니 어쩌니 하는 소릴 왜 나한테 하는 거야? 쓸데없는 짓은 집어치우자고.」

hot

"A great big empty garage just standing there, going to waste- if ever there was a place to stash away a limping car with a hot license number."

✗ 굉장히 크고 텅 빈 차고 건물이 그냥 허물어져 가는데 — 마치 그 속에 멋진 차를 숨겨두기로 했던 것처럼.

☞ 「선셋대로」에서 자동차를 압류하러 나온 사람들로부터 도망치다 타이어가 하나 터져 글로리아 스완슨의 저택으로 숨어든 윌리엄 홀든이 폐허가 된 차고를 보고 하는 생각이다. if ever there was a place는 〈만일 그런 장소가 혹시 한 군데라도 존재한다면 이곳이 바로 그런 장소〉라는 말이다. to stash away는 장물 따위를 〈잘 숨겨 두기 위한〉이며, a limping car with a hot license number에서 노골적인 오역이 이루어졌다. limping car(절름거리는 자동차)는 타이어가 터져 오도 가도 못하게 된 차여서, 〈멋진 차〉하고는 거리가 멀다. hot이 〈멋진〉이라는 뜻으로 널리 쓰이니까 그렇게 갖다 엮어 넣은 모양이지만, 이것 역시 영어 단어 하나에 우리말 뜻도 하나씩밖에 없다고 믿는 단순한 고집 때문에 빚어진 잘못이다. hot은 〈훔친〉, 〈불법적인〉, 〈위험한〉이라는 뜻으로도 쓰인다.

○ 「굉장히 큰 차고가 텅 빈 채로 임자도 없이 그냥 그곳에 버려져 있었는데 — 바퀴가 터지고 불법 번호판을 단 자동차를 감춰 두기에는 둘도 없이 좋은 곳이었다.」

「워터프론트」를 보면, 항만 노조 사무실에서 부하들의 권총을 빼앗아 금고에 넣으며 두목 리 J. 콥이 야단친다.

「Will you get it through your heads? They're dusting off the hot seat for me!」

✗ 「무슨 말인지 이해 돼? 내 자리를 데워 놓고 기다리고 있을 거라고.」

hot(뜨거운)이라는 단어도 알고, seat(자리)이라는 단어도 알지만, 두 단어가 결합하면 다른 뜻이 된다는 사실을 모르고, 그래서 hot seat을 사전에서 찾아보지도 않고 아무렇게나 꿰맞춘 번역이겠다. hot seat(뜨거운 자리)은 〈전기의자〉와 〈궁지〉와 〈증인석〉이라는 뜻인데,

여기서는 마지막 의미가 해당된다. dust off(먼지를 털다)는 〈~을 하려고 준비한다〉는 말이다.

○ 「정신 좀 차리지 못하겠어? 놈들은 날 어서 증인석으로 끌어내리려고 안달이란 말이야.」

「아가씨와 건달들」에서 도박 장소를 마련하지 못해 걱정하느라고 꼴이 초췌해진 프랭크 시나트라에게 연락책 스터비 케이가 권한다.

「A shave and hot towel will fix you up.」

✗ 「면도하고 목욕 좀 해. 꼴이 이게 뭐야.」

hot towel은 〈목욕〉이 아니라 면도를 하기 전에 얼굴을 덮는 〈뜨거운 수건〉이다. 뜨거운 수건을 씌우면 얼굴의 혈액 순환이 잘 되고 수염에서 뻣뻣한 기운이 죽어 잘 깎인다. 영화를 보면 가끔 cold shave라는 말이 나오는데, 뜨거운 물이나 수건을 쓰지 않고 그냥 〈찬물 면도〉를 하면 수염이 잘 안 깎이고 살갗을 베기도 한다.

○ 「뜨거운 수건 좀 덮어쓰고 면도를 하면 신수가 훤해질 거야.」

hotel

"Stay in a hotel with room service."

✗ 룸서비스 빵빵한 호텔에 묵고 싶어요.

☞ 「스탠리와 아이리스」에서 제인 폰다가 로버트 드 니로에게 소망을 얘기하는 장면인데, 등장인물이 말하는 품격도 〈번역〉하도록 노력했으면 좋겠다. 번역문은 중년 여인보다는 천박한 아가씨의 말투처럼 들린다. 「폭력 교실」에서는 불량 학생들이 글렌 포드 선생을 〈teach〉라는 속된 말로 부르는데, 텔레비전에서는 이를 〈샘님〉이라고 번역했다. 〈샘님〉은 50년 전에는 존재하지도 않던 최신 어휘이다. 지나친 묘기는 번역의 질을 떨어뜨리기도 한다.

○ 「방까지 음식을 배달해 주는 그런 호텔에 묵어 보고 싶어요.」

hour

"We will arrive in Paris at 1200 hours."

✗ 1,200 시간 내에 도착할 것이다.

☞ 「철십자훈장」에서 제임스 메이슨 대령이 참모들에게 후퇴 명령을 내린다. 1,200시간이면 48일이다. 거의 두 달이다. 두 달이나 계속해서 후퇴하겠다는 계획을 세우는 군대란 찾아보기 어렵다. 예문에서 시간을 나타내는 전치사도 기간을 나타내는 in이 아니라 시각을 알리는 at이다. 그리고 〈1,200 시간〉이라면 1200 hours가 아니라, 세 단위마다 쉼표를 넣어 1,200 hours

라고 해야 한다. 1200 hours는 〈12시〉다. 〈정오까지는 파리에 도착해야 한다〉는 뜻이다. 사령부에서 후퇴 명령이 떨어지는 장면에서도 by 1500 hours를 〈1,500 시간 내에 교두보까지 철수하라〉고 번역했다. 이것도 〈50일 동안 철수〉가 아니라 15시, 즉 〈오후 3시까지는 철수를 완료하라〉는 명령이었다.

○ 「우리는 십이 시면 파리에 도착할 것이다.」

house

"In the house."

✗ 거실에요.

☛ 「댐을 폭파하라」에서 영국 공군 당국의 고위층 인사가 신무기를 개발하는 마이클 레드그레이브 박사의 집으로 찾아와 딸에게 〈어머니 어디 계시냐〉고 묻는다. 예문은 딸의 대답이다. in the house는 〈거실〉이 아니라 〈집안〉이라는 말이다. 어머니는 부엌이나 화장실 또는 침실 어디에 있는지 분명치 않다. 이런 식으로 대충 기분에 따라 하는 번역은 치명적인 오역을 무더기로 낳는다. 세부적인 정보에 꼼꼼하지 못하면 작품 전체가 허술해 보인다.

「젊은 사자들」에서는 입영을 앞둔 가수 딘 마틴에게 술집 바텐더가 술을 따라 주며 선심을 쓴다.

「On the house. This is the last of the cognac.」

✗ 「제가 한 턱 쏘죠. 마지막 꼬냑이에요.」

on the house(주인이 계산)는 〈돈을 안 받고 무엇인가를 대접하겠다〉는 뜻이다. 안주도 없이 겨우 술 한 잔을 공짜로 준다는 상황은 요즈음 널리 쓰이는 일종의 유행어인 〈쏜다〉(한턱 낸다)와 같은 개념이라고는 여겨지지 않는다. 바텐더가 〈쏜다〉면 돈을 바텐더가 〈내겠다〉는 말인데, 아무리 생각해도 그럴 것 같지가 않다. 특수한 유행어나 비속어(☞ fly, help)의 사용은 항상 위험하다.

「아라베스크」에서 암호를 풀기 위해 그레고리 펙이 작업하는 방으로 소피아 로렌이 들어서자 펙이 묻는다.

「Are you a house guest here?」

✗ 「이 집 손님인가요?」

곧 이어 펙은 그 질문을 한 이유를 설명한다.

〈One does not usually arrive at this hour dressed in a nightie.〉(이 시간에 잠옷만 입고 나타나는 사람은 없거든요.) 그가 〈잠옷〉을 문제로 삼은 까닭은 house guest가 단순히 〈이 집을 찾아온 손님〉이 아니라 〈집에서 하룻밤 이상을 묵어가는 손님〉(☞ guest)이기 때문이다.

how-to

"Mr. Koreander, do you have how-to books?"

✗ 〈어떻게 하면〉이란 책 있어요?

☛ 「네버엔딩 스토리 2」를 보면, 용기가 없어 높은 곳에서 뛰어내리지 못한 소년이 비법을 알고 싶어 고서점으로 찾아가서 묻는다. how-to books는 책의 제목이 아니라 〈~하는 법을 가르쳐 주는 책〉이라는 말이다. 연장이나 가구 따위를 직접 만드는 방법을 알려 주는 입문서(Do-It-Yourself[DIY] books), 그러니까 소위 〈일요 목수 안내서〉 따위의 책도 여기에 속한다. 소년이 구하고 싶어 하던 책은 뛰어내리는 기술을 가르치는 책이다.

○ 「코리안더 아저씨, 기술을 가르치는 책(입문서)도 파나요?」

human

"They really loved it — a real human interest story."

✗ 덕분에 언니만 주가가 올랐지.

☛ 「그들만의 리그」에서 지나 데이비스 자매에 관한 얘기를 잡지사에서 취재하겠다니까, 구단 주가 신이 나서 설친다. human interest story는 신문이나 잡지에 실리는 〈미담 기사〉라는 뜻이다. 딱딱한 보도 기사가 아니라, 인간적인human 흥미를 자극하는 측면interest을 조명한 경우를 뜻한다. gross 항에서 love interest에 관한 설명을 참조하기 바란다.

○ 「잡지사에서 정말로 좋아했지 — 인간미가 넘치는 내용이라서 말이야.」

humor

"Norman Thayer, Jr., your fascination with dying is beginning to frazzle my good humor."

✗ 노먼 테이어 주니어, 그 죽겠다는 열정 때문에 내 유머 감각은 형편없어졌어요.

☛ 「황금연못」에서 80살이 된 남편 헨리 폰다에게 캐더린 헵번이 잔소리를 한다. 〈유머 감각〉은 sense of humor이지 good humor가 아니다. 그리고 humor는 우리가 흔히 알고 있는 〈유머〉

이기에 앞서서 〈기분mood〉이나 〈기질state of mind〉이라는 의미로 먼저 통용되었다. 그러니까 good humor는 〈좋은 기분〉이다. fascination도 〈열정〉이 아니라 여기서는 어떤 대상에게 쏠리는 〈지나친 관심〉이나 〈홀린 상태〉를 뜻한다. 그리고 frazzle은 〈너덜너덜해지다〉 또는 지치고 기진맥진해서 〈진이 빠지다〉라는 말이다. Norman Thayer, Jr.라는 식으로 상대방의 이름을 성까지 모두 일부러 격식을 갖춰 부르는 것은 화가 났거나 꾸짖으려는 말투를 나타낸다.

○ 「그만두지 못해요? 당신이 하도 죽는 얘기만 입에 달고 다니니까, 좋기만 하던 내 기분이 완전히 잡쳐 버리고 말았잖아요.」

hungry

"I am not really hungry."

✘ 정말로 나 배고프지 않아요.

☛ 「대지진」에서 미치광이 슈퍼마켓 직원이 빅토리아 프린시펄을 포로로 잡아 놓고 식사를 권한다. 예문은 겁에 질린 프린시펄이 한 말이다. 부사 really가 어느 단어에 걸리는지를 생각해 보자. 번역문은 〈배고프지 않다〉가 정말이라는 뜻이다. 하지만 원문은 〈배가 심하게 고프지는 않다〉는 의미다.

○ 「나 별로 먹고 싶은 생각 없는데요.」

I am not hungry라는 문장이 나타나면 사람들이 천편일률적으로 하는 번역이 〈배고프지 않아요〉다. 가끔은 〈입맛이 없어요〉라는 식으로 바꿔 준다면 훨씬 글에 대한 입맛이 날 텐데 말이다. 일상생활에서도 우리는 〈나 배가 고프지 않아요〉보다는 〈나 밥 생각이 없어요〉라는 식으로 말하는 경우가 많다. 영화 대사는 사람들이 실제로 하는 말과 비슷해야 생동감이 살아난다.

Huns

"Six fat Huns driving a 1919 Stutz Bearcat."

✘ 그렇지요. 훈족들이 쳐들어와서 1919년산 슈트츠로 갈긴 거죠.

☛ 「공격」에서 비겁한 중대장 에디 앨버트를 사살한 부관에게 〈죄의식을 느끼지 말라〉고 버디 엡슨 병사가 상황을 이렇게 왜곡한다. 〈He sure caught a storm of lead at the top of them stairs.〉(계단 위에서 총을 무진장 맞은 거죠.) lead(납)는 납을 넣어 만든 〈총알〉이고, storm of lead는 〈비 오듯 쏟아지는 총탄〉이다. them stairs는 the stairs의 〈무식한〉 표현이다. 그러니까 중대장은 부하에게 사살되지 않고, 계단 꼭대기에서 적군의 집중 사격을 받고 죽었다는 거짓말 보고를 하자는 완곡한 제안이다. 예문은 다른 병사 로버트 스트라우스가 엡슨의 각본을 보충하는 내용이다.

Huns(흉노족)는 4~5세기에 유럽을 휩쓴 〈아시아의 야만인〉들이다. 물론 (번역문에서처럼) 흉노족이 총을 휘둘러 가며 미군들과 전쟁을 벌였을 리는 없다. Huns는 제2차 세계 대전 당시 미군이 독일군을 지칭하던 말이었다. 미군은 German의 머리글자 G를 따서 〈독일군〉을 (G와 발음이 같은 J를 써서) Jerry라고도 했으며, 때로는 독일인들이 잘 먹는 sauerkraut(시큼한 배추)에 빗대어 Kraut이라고 비하시키는 명칭도 사용했다. 제1차 세계 대전에서는 미군이 독일군 병사를 heinie라고 불렀다. 이것은 독일 인명 Heinrich의 변형 Heine로 만든 별칭이었다. Stutz Bearcat은 경기용 자동차의 이름이다.

○ 「1919년 형 스텃츠 베어캣을 몰고 온 못된 독일군 여섯 놈이 말입니다.」

hunt

"Now the soldiers are hunting."

✘ 군인들을 사냥하는군.

☞ 「누구를 위하여 종은 울리나」를 보면, 계곡에 나타난 정부군 기병대를 유인하기 위해 세 명의 유격대원이 능선에 매복했다가 먼저 공격을 가하고, 잠시 후에 일제 사격 소리가 들려오자, 아래쪽 안전한 곳에 숨어 있던 노인 대원이 개리 쿠퍼에게 알려 준다. now(이제는)는 상황이 달라졌음을 의미한다. 그러니까 선제공격을 한 유격대에게 이제는 수적으로 훨씬 우세한 기마병들이 반격을 시작했다는 뜻이다. 어떤 상황의 주체와 대상을 제대로 식별하지 못해서 발생한 오역이다.

○ 「이제는 군인들이 사냥을 하는군요.」

「율리시즈」에서는 섬으로 상륙하는 커크 더글라스에게 배에 남기로 한 부하가 행운을 빌어 준다.

「Happy hunting, Ulysses!」

✘ 「즐거운 사냥이 되길 바래요, 율리시즈.」

happy hunting은 꼭 〈사냥〉이 아니더라도, 어떤 사람이 무슨 일을 하려고 할 때 잘 되기를 빌어 주는 격려의 말이다. 더글러스 일행은 지금 사냥을 위해서가 아니라 〈식량과 물을 구하러〉 뭍으로 올라간다.

「미드웨이」에서는 일본 함대를 격파하러 출정하는 찰톤 헤스톤 대령에게 헨리 폰다 제독이 무운을 빌어 준다. 〈Good hunting.〉(사냥 잘 해요.) 이 경우만 해도 〈사냥〉의 의미가 어느 정도는 적용된다. 그리고 「카버 걸」을 보면 진 켈리의 극장 식당에서 만난 여자가 잡지사 사장에게 인사를 건넨다. 〈Hello. Good hunting.〉 여기에서는 〈사냥〉과는 전혀 관계없이, 그냥 〈Break a leg(Good luck)〉이라는 뜻이다. 「밤을 즐겁게」에서는 도리스 데이가 못 생긴 여자라며 대신 만나 달라고 록 허드슨이 부탁하자, 토니 랜돌이 즉석에서 거절한다.
〈It's all your moose. Happy hunting.〉(그렇게 흉측한 생긴 여자라면 너 가져. 잘 해보라고.)

hurt

"It's a good, old-fashioned custom never hurts nobody."

✘ 그건 우리 풍습이고 아무도 해치지 않아.

「오클라호마」에서 마을 청년들이 신랑과 신부에게 장난을 치려고 하자 글로리아 그레이험이 말리지만, 제임스 휘트모어는 그냥 내버려 두자고 한다. 지나치게 고지식한 번역으로서, harm(less) 항을 보면 비슷한 경우를 확인하게 된다. 시골 사람들의 말투여서 문법이 맞지 않는 내용을 제대로 정리하면 이렇게 된다.
〈It's a good, old-fashioned custom, that doesn't hurt anybody.〉(그건 옛날부터 내려오는 훌륭한 풍습이고, 누구 다치는 사람도 없잖아.)
「춘희」에서는 (몰래 보내려던 편지를 빼앗으려고 그녀의 손목을 움켜쥔) 로버트 테일러에게 그레타 가르보가 불평한다.

「Armand, you're hurting me.」
✘ 「알먼드, 마음이 아프잖아요.」

아픈 것은 〈마음〉이 아니라 손목이다. 이 장면에서 두 사람의 시선은 가르보의 손목을 향하고 있다. 그리고 프랑스 인명 Armand은 〈아르망〉이라고 발음한다. 영화에서 조금만 신경을 써서 들어 봐도 그런 사실은 곧 분명해진다.

○ 「아르망, 이러면 아파요.」

hush

"He always talks about Judy in a hushed tone."

✘ 그가 주디 얘기할 땐 늘 허스키 목소리였어요.

☛ 「우디 앨런의 부부일기」를 보면, (잡지사에서 같이 근무하는 리암 니슨이 미아 패로우를 좋아한다며) 니슨과 사귀었던 여자가 패로우의 남편 우디 앨런에게 〈조심하라〉고 경고한다. hush를 모양은 비슷해도 거리가 먼 다른 영어 단어인 husky로 바꿔 놓은 〈번역〉이다. husky

는 〈억세고 굵은〉 목소리다. 반대로 hush(조용한, 숨죽인)는 사랑하는 여자에 대해서 《〈조심스럽게 눈치를 살피며〉 목소리를 낮춰》 얘기를 한다는 뜻이다.
- ○ 「그 사람은 주디 얘기를 할 때면 항상 목소리를 깔아요.」

hysteria

"There were too many volunteers like me. Mostly, it was mere hysteria."

✘ 지원자는 많았다. 대부분은 히스테리가 원인이 되었다.

☞ 「닥터 지바고」에서 독일과의 전쟁이 발발한 당시를 알렉 기네스가 회고하는 내용이다. 우선 too many volunteers라고 한 까닭은 (패전을 해야 혁명에 도움이 될 텐데) 지원병이 〈지나치게 많이〉 몰려서 못마땅했기 때문이다. 번역에서 too를 빼먹고 나니까 그 의미가 반대의 의미로 변했다. 〈히스테리가 원인이 되었다〉고 하니까 너도나도 〈신경질이 나서〉 입대했다는 소리처럼 들린다. 여기에서의 hysteria는 mass hysteria, 즉 〈집단적으로 발작적인 상태에 이른 분위기〉를 뜻한다. 간단하게 표현하면, 〈군중 심리〉다.
- ○ 「나 같은 지원자들이 너무 많았다. 대부분의 경우는 군중 심리 때문이었다.」

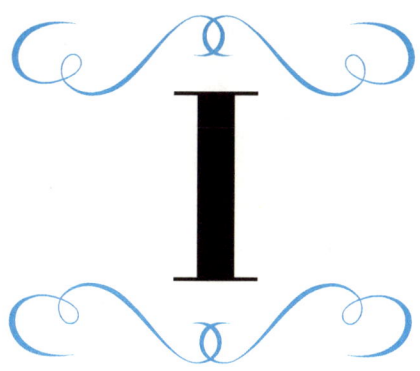

idea

"The way you ask it, it sounds like dirty words."

✘ 그렇게 물으니 천박하게 들리는 군요.

☛ 「격노」를 보면, 술집에서 만난 글로리아 그레이험이 글렌 포드 형사에게 한눈에 반해서 길거리까지 쫓아 나가지만, 폭력 조직에게 아내를 잃은 포드는 그레이험을 못마땅하게 생각한다. 〈Aren't you Vince Stone's girl?〉(당신은 빈스[폭력배 리 마빈]의 애인 아닌가요?) 예문은 그레이험이 반박하는 말이다. 무엇이 〈천박하다〉는 의미인지 얼른 이해가 가지 않는다.

○ 「물어보는 당신의 말투가 꼭 무슨 욕을 하는 소리처럼 들리는군요.」
포드가 확인해 준다.
「That was the general idea.」
✘ 「그렇다면 다행이군.」
general idea(대체적인 생각)는 〈대충 그렇게 생각한다〉라는 뜻이어서, 〈당신 생각이 대충 맞는다〉는 의미로 자주 쓰이는 표현(☞ general)이다.
○ 「제대로 알아들으셨군.」
「육체와 영혼」을 보면, 무리한 시합 후에 생명이 위독해진 흑인 선수를 친구이며 코치인 조셉 피브니가 병원까지 따라가겠다고 하니까, 존 가필드가 좋아한다.
「That's a good idea.」
○ 「그게 좋겠어.」
이런 번역이 좋은 번역이다. 웬만한 사람이라면 〈그거 좋은 아이디어야〉 또는 〈좋은 생각이야〉라고 편하면서도 무성의하게 번역했을 테니까 말이다.
「갈채」에서는 충동적으로 키스를 한 윌리엄 홀든에게 그레이스 켈리가 경고한다.
「You kissed me. Don't let it give you any ideas, Mr. Dodd.」

× 「당신은 내게 키스했어요. 도드, 아무 생각도 말아요.」
여기에서는 idea가 wrong이라는 의미를 내장한 단어(☞ impress, time)다.
○ 「당신은 나한테 키스를 했어요. 그렇다고 해서 (그것은 아무런 의미도 없는 사건이니까) 엉뚱한 생각을 해선 안 됩니다, 도드 감독님.」

if

"If you're wondering if you can get Frank for very little money, you can."

✘ 당신이 적은 돈으로 프랭크에게 일을 시킬 수 있을지 의문이군요.

☛ 「갈채」에서 몰락한 배우 빙 크로스비의 집을 찾아가 궁색한 살림살이를 둘러보는 연출자 윌리엄 홀든에게 그레이스 켈리가 못마땅한 표정을 지으며 한 말이다. 입시나 취직을 위해 교과서에서 가지런한 판박이 문장만 열심히 공부한 사람에게는, 이렇게 종속 접속사 if가 두 개나 중첩된 문장이라면, 워낙 생소한 구문이어서 부담을 느끼기가 쉽다. 더구나 조건절이 13개의 단어로 구성된 반면에, 핵심을 진술하는 주절이 겨우 그 7분의 1에 해당하는 두 개의 단어만으로 달랑 마무리를 지었으니, 지나치게 간결한 결론에 대해서 겁을 먹을 만도 하겠다. 그러나 감당할 자신이 없다고 지레 주눅이 들면, 십중팔구 오역을 저지르기 쉽다. 두려움을 느끼고 경기에 임하는 선수가 실수를 많이 하는 것과 같은 이치다.

이른바 〈생활 영어〉를 다루다 보면 이런 기우뚱한 구문(☞ miss)을 자주 접하게 되는데, 이것은 극적인 화법에서 강조하는 대목punch line의 폭발력을 증폭시키기 위한 수사학적 장치일 따름이다. 과묵한 사람이 어쩌다 한 마디 던지면 그 말의 힘이 커지듯, 문장은 간결하게 압축할수록 파괴력이 정비례해서 커진다.

○ 「남편을 아주 싼값에 데려다 쓸 가능성이 얼마나 될까 궁금해서 눈치를 살피시는 모양인데, 정답은 〈가능하다〉죠.」

imagination

"Sometimes I have an imagination that is a bit too vivid."

✘ 가끔은 너무 생생한 꿈을 꾸기도 해요.

☛ 「캐프리콘 1」에서 화성으로 탐사선을 타고 날아갔다는 조작극을 수행하도록 강요를 받은 우주 비행사 제임스 브롤린의 아내를 찾아가서 엘리엇 굴드 기자가 의혹을 제기하며 한 말

이다. imagination은 잠을 자면서 보는 〈꿈〉이 아니라 가능성을 추리하는 〈상상력〉이다.
○ 「내 상상력은 가끔 조금은 지나치게 생생하거든요.」

impala

"We were after the impala."

✘ 임팔라에 갔을 때 말야.

☞ 「킬리만자로」에서 그레고리 펙이 사냥 안내자 토린 태처에게 상기시킨다. after는 톡톡한 동사 노릇을 해서, 〈After him!〉이라고 하면 〈저놈 잡아라!〉하는 뜻이 된다. 여기에서는 be 동사와 짝을 지어 역시 〈쫓는다〉는 말이 된다.

○ 「우리들이 임팔라를 쫓아갔지.」

어떻게 해서 impala가 지명이 되었는지는 알다가도 모를 일이다. 날마다 텔레비전에 뻔질나게 나오는 동물 기록 영화를 몇 편만 보았더라도 임팔라가 아프리카에서 가장 흔한 영양들 가운데 하나라는 사실쯤은 상식으로 알았을 텐데 말이다. 가장 만만한 사냥감이어서 맹수들의 주요 먹이가 되는 초식 동물 영양류로는 impala 이외에도 Thompson's gazelle(톰슨가젤)과 들소 비슷하게 생겼으며 흔히 gnu(누)라고 부르는 wildebeest, 그리고 〈용수철〉처럼 폴짝폴짝 잘 튀어 올라서 그런 이름이 붙은 springbok(또는 springbuck)이 유명하다.

impertinence

"I had the impertinence to ask him for a volume of his poems."

✘ 위험한 일이지만 그의 시집을 한 권 달래서 가졌다.

☞ 「닥터 지바고」에서 반체제 시인이며 이복형인 오마 샤리프를 만나 시골로 도피하라고 알려준 다음 집을 나서는 비밀경찰 알렉 기네스의 독백이다. 비밀경찰이 반체제 시인의 시집을 가지고 다니면 분명히 〈위험한〉 일이기는 하지만, impertinence는 〈뻔뻔함〉이나 〈무례함〉 따위의 〈부적절한 행동〉을 의미한다. 기네스는 형이며 유명한 시인에게 〈책 한 권 달라〉고 손을 내미는 행위를 〈건방진 짓〉이라고 생각했다. had (impertinence) to는 〈~해서 가졌다〉가 아니라 〈~할 정도로 (건방졌다)〉고 이해해야 한다.

○ 「건방지게도 난 형에게 그가 쓴 시집을 한 권 달라고 부탁했다.」

impossible

"It might be difficult but not impossible."

✗ 확실히는 몰라도 어려울 거야.

☞ 「바람둥이 미용사」에서 한때는 그의 애인이었지만 이제는 다른 남자의 애인이 된 줄리 크리스티더러 워렌 베이티가 몰래 만나자니까 크리스티가 애매한 대답을 한다. 아리송한 답변의 번역이 헷갈린 모양이다. 결론적으로 얘기하자면, 번역된 문장은 〈어렵다〉, 즉 〈못 만난다〉는 뜻이지만, 원문은 어렵기는 하더라도 〈만나겠다〉는 말이다. 미묘한 차이를 소화하지 못한 결과로 번역이 반대로 되었다.

○ 「어려울지는 몰라도 불가능한 일은 아냐.」

impress

"And when they leave, they leave impressed."

✗ 그들이 떠날 때 그들은 좋은 인상을 남기죠.

☞ 「하비의 환상」에서 제임스 스튜어트는 그가 술집에서 만나는 사람들이 상상의 토끼 하비와 대화를 나누면 어떻게 되는지를 정신과 의사에게 설명한다. 텔레비전에서 내놓은 번역문은 impressed가 (수동형이라는 사실을 파악하지 못해서) 좋은 인상을 〈받아야〉 할 사람들이 오히려 〈남기고 간다〉고 오역하여, 주객이 전도되는 결과를 가져왔다. DVD 판의 제대로 된 번역을 참고하기 바란다.

○ 「그리고 그들이 떠날 땐, 감동을 안고 돌아가죠.」

impress는 수식어를 내장한 대표적인 단어(☞ time) 가운데 하나다. 「재칼의 음모」를 보면, 에드워드 폭스와 하룻밤을 같이 지낸 상류층 여자가 〈침실에서 무슨 얘기를 나누었느냐〉는 프랑스 수사관에게 태연히 진술한다. 〈Social chitchat. I imagine he was trying to impress me.〉(사교적인 잡담이랄까요. 그 사람은 나한테 좋은 인상을 주고 싶었나 봐요.) 이렇게 impress는 긍정적인 암시를 내장한다. 그래서 I am impressed는 많은 경우에 〈내가 인상을 받았다〉가 아니라 〈나는 좋은 (또는 깊은) 인상을 받았다〉라고 번역해야 좋다.

「보석강탈작전」을 보면, 박물관에서 보석 단검을 훔치려는 공범이 막시밀리안 셸에게 묻는다.

「Did you get the impression of the key?」

✗ 「뚫고 들어갈 방법이 있나요?」

impression(눌러서 생긴 〈자국〉 또는 〈흔적〉)의 뜻을 몰라서 생긴 오역이다. 도둑질을 할 때는 흔히 복제한 열쇠를 사용한다. 이 영화에서도 유리 상자를 제거하기 위해 열쇠가 필요하기 때문에 공범이 〈열쇠 복제는 했나요?〉라고 물었던 것이다.

inadvertent

"I understand your heroism was quite inadvertent."

✘ 영웅이 씨가 말랐군.

☛ 「사랑과 죽음」을 보면 (대포 구멍 속에 숨었다가 발사된 포탄과 함께 날아간) 프랑스군 사령관을 우연히 죽여 훈장을 탄 우디 앨런에게 결투를 좋아하는 귀족이 비아냥거린다. inadvertent(태만, 실수)는 부정형 접두사 in- 그리고 to를 뜻하는 ad-가 〈쏠리다〉라는 뜻의 라틴어 vertere의 앞에 붙고, 끝에는 성향을 나타내는 접미사 -ent가 결합하여 만들어진 복잡한 단어로서, 〈~을 하려는 성향이 보이지 않는다〉라는 뜻으로, 〈부주의하거나 소홀히 하는 바람에 뜻하지 않게 이루어지는 결과〉에 해당된다. 당구장에서 사람들이 (일본식 발음으로) 〈후로꾸〉라고 말하는 fluke(요행수)와 같은 의미다. 사자성어 오비이락(烏飛梨落)도 비슷한 표현이다. 그러니까 앨런은 영웅이 되려고 노력해서 영웅이 된 사람이 아니고, 생각지도 않은 우연한 상황의 결과로 타의에 의해서 《(공짜로 굴러 들어온) 뜻밖의 영광》을 차지한 사람이다.

○ 「내가 알기로는 되고 싶어서 영웅이 된 것도 아니라던데요.」

inch

"My goodness, did you see her hem? Six inches deep in mud."

✘ 세상에, 치맛단 보셨어요? 한 뼘이 진흙 투성이예요.

☛ 「오만과 편견」(2005)에서 먼 거리를 걸어 찾아온 키라 나이틀리를 보고 부잣집 아가씨가 흉본다. inch를 (비록 수치가 정확하지는 않더라도) 얼마나 멋지게 번역했는지 mile, week 항을 참조하기 바란다.

incorporate

"One of his people did the legal work when they incorporated this town. 1750."

✘ 저곳에서 마을 조합을 만들었지. 1750년에······.

☛ 「젊은 사자들」에서 딸이 결혼하겠다는 청년 먼고메리 클리프트에게 동네를 안내하며 호프 랭의 아버지가 법률 사무소에 얽힌 얘기를 해준다. 〈마을 조합〉은 무엇을 하는 기관일까? incorporate(결합체를 만든다)는 embody(구체적으로 유형화하다)와 동의어인데, 혹시 (agricultural) cooperative(농업 협동조합, 농협)와 혼동했던 것은 아닐까 싶다.

〈안(으로)〉을 뜻하는 in-은 en-과 같고, en-은 p, b, m 앞에서 em-으로 변한다. 따라서 in-과 em-은 다같이 〈~으로〉라는 뜻이다. corporate(단체나 조직을 만들다)의 앞부분을 이루는 라틴어 corpus는 영어의 body(육신, 단체)와 같다. 그리고 접미사 -ate는 명사를 동사로 만드는 기능을 한다.

○ 「이 마을이 탄생했을 때는 저곳(에서 근무하던) 사람 하나가 법적인 사무를 처리했다네. 1750년에 말이야.」

incriminate

"I refuse to answer on the grounds that it may incriminate me."

✘ 괜히 내 탓 할까봐 그 대답은 못하겠어.

☛ 「하버드 대학의 공부벌레들」에서 《(이혼하려는) 남편이 지금 어디 있느냐》는 티모디 버톰스의 질문에 린지 와그너가 대답을 회피한다. 와그너는 하버드 법대의 그 유명한 존 하우스만(킹슬리) 교수의 딸이고, 그녀가 이혼할 예정인 남편은 법대 출신이고, 버톰스는 현재 법대생이다. 그래서 와그너는 법정에서 피고나 증인이나 변호인이 자주 사용하는 표현을 일부러 사용했다. 그렇다면 번역도 법정에서 자주 사용하는 표현을 그대로 써야 바람직하겠다.

○ 「나에게 불리한 증언은 하고 싶지 않은데.」

Indian

"By the way, the Indian woman is part of the inventory as it were. She speaks nonsense if she opens her mouth at all, but she is really completely harmless."

✘ 그건 그렇고, 인디언 여자는 인수 목록에 그냥 들어갑니다. 통 말이 없고, 혹시 입을 열어도 헛소리를 자꾸 늘어놓기는 하지만, 진짜로는 전혀 속을 썩이지 않는답니다.

☞ 「세로토레」에서 은둔 생활을 원하는 등산가에게 산장을 팔려는 농장주가 헛간에서 사는 〈원주민 여자도 덤으로 맡으라〉고 제안한다. inventory는 〈계약에 따라서 넘겨줄 물품 목록〉이고, as it were는 〈어쩌다 보니 ~하게 되었다〉고 설명을 보태는 표현이다.

○ 「그건 그렇고, 원주민 여자는 그냥 드리겠습니다. 별로 말이 없는 편인데, 어쩌다 혹시 입을 열었다 하면 헛소리를 자꾸 늘어놓기는 하지만, 알고 보면 전혀 속을 썩이지 않는 여자랍니다.」

Indian은 본디 〈인도 사람〉이다. 인도를 찾아가던 사람들이 신대륙을 발견하고는 그곳을 인도라고 착각하여 거기 사는 사람들을 Indian(인도인)이라고 부르던 명칭이 고착되었기 때문이다. 지금은 〈인디언〉의 공식 명칭이 native American(아메리카 원주민)으로 바뀌었다. 포르투갈과 에스파냐의 영향력이 지배적이었던 남아메리카에서는 〈원주민〉을 에스파냐어로 indio라고 불렀다. 농장주가 덤으로 주려던 Indian 여자는 〈인디오〉였다. 북아메리카에서도 백인들은 초기에 원주민을 〈인디오〉라고 불렀지만(☞ Shoshone), 영국이 식민지로 접수한 다음에는 영어 명칭 Indian이 일반화됐다.

「정복의 길」에서는 도망친 노예를 추적하던 귀족이 〈그 인디언 놈은 섬으로 돌아가고 싶을 걸세〉라고 추측한다. 나중에 코르테즈 원정대가 찾아간 〈섬〉은 쿠바였다. 그렇다면 쿠바로 돌아간 〈인디언〉은 〈인디오〉다. 「미션」에서도 영화 내내 〈인디언〉이라는 번역 표현이 등장했는데, 〈폭포 위에 사는 원주민〉이라고 하면 차라리 편하겠다.

「흐르는 강물처럼」에서 인디언 여자와 함께 술집에 들어서는 브래드 피트에게 주인이 잔소리를 한다. 〈You know the house rules, Paul. No Injuns.〉(이곳 규칙을 알잖아요. 인전은 안 돼요.) Injun은 Indian의 구어체다.

influence

"A Woman Under the Influence."

✘ 영향력 아래 있는 여자.

☛ EBS「시네마 천국」에서 〈억압을 당하기만 한 여인에 관한 영향력 있는 영화〉라고 소개한 작품의 제목이다. 어느 특별 영화제에서도 같은 제목으로 상영된 이 작품은 우리나라에서「술 취한 여인」이라고도 알려졌다. 얼핏 들으면 〈권력〉이니 〈실세〉니 하는 어휘들을 연상시키는 under the influence(영향력 아래 있는)란 대부분의 경우 〈취한 상태〉를 의미한다.
「보이지 않는 곳에서」을 보면, 코카인을 복용한 상태에서 교통사고를 내고 중태에 빠진 사위에게 〈적용이 가능할 만한 혐의〉에 대해 경찰관이 조앤 우드워드에게 이렇게 설명한다.
〈He's probably facing charges of illegal possession, DUI, reckless and endangering.〉
illegal possession은 〈불법 (마약) 소지〉이고, DUI는 driving under the influence를 줄인 말이다. DUI는 운전에 방해가 될 만한 〈음주 또는 마약 복용을 한 상태〉로서, 제대로 풀어서 쓰면 driving under the alcoholic or drug influence라고 한다. 그리고 D(UI)를 형용하는 reckless and endangering은 reckless driving(난폭 운전) 그리고 타인의 생명을 endangering(위험에 빠뜨리는) 운전 행위를 의미한다.
「앨프리드 힛치콕 극장」에서는 난폭 운전을 하다가 검문에 걸린 사람의 차량을 컴퓨터로 조회하니 〈629 DFQ DUI — 10 April 1983〉라는 내용이 화면에 떠오른다. 어리둥절한 경찰관에게 동료 경찰관이 설명한다. 〈That's drunk driving.〉(음주운전이란 소리야.) DUI를 쉽게 말하면 drunk driving이라고 한다.
「원더 보이스」에서는 작가이며 영문과 교수인 마이클 더글라스가 쓴 소설의 원고를 읽어 본 여학생이 맹랑한 비평을 한다. 〈I was just wondering if it might not be different, if you wrote it when you were always under influence.〉(교수님이 [차라리] 항상 취한 상태에서 글을 썼더라면 혹시 작품이 달라지지 않았을까 궁금한 생각이 좀 들기도 하는군요.)

inquisitive

"Didn't you ever wonder why you were pulled out just moments before the whole place blew up? Or are you normally not that inquisitive?"

✘ 그 술집이 폭발하기 전에 어떻게 나왔나 생각해 봤나? 원래 자네는 불사신인가?

☛ 「굿모닝 베트남」에서 로빈 윌리엄스를 구해 준 베트남 청년이 베트콩이었다고 알려 주며 방송 담당 부사관이 묻는다. inquisitive(호기심이 많은)는 〈불사신〉과 거리가 멀다.
○ 「그곳이 폭발로 박살이 나기 직전에 그 친구가 왜 자네를 끌어냈는지 궁금한 생각이 전혀 안 들었나? 아니면 자네는 평상시에도 그 정도로 호기심조차 없는 사람인가?」

insinuation

"You can think anything you want, Lieutenant. There's no law against it. But I'm ordering you, as my subordinate, to keep your lousy insinuations to yourself."

✘ 맘대로 생각하게, 소위. 자네 맘이지, 그건. 하지만 상관으로서 명령하네. 그딴 말장난은 그만둬.

☛ 「공격」에서 리 마빈 대대장과 포커를 하던 중에 중대장의 비겁한 행위를 잭 팰런스 소대장이 은근히 지적하자 에디 앨버트 대위가 발끈한다. insinuation은 웃고 하는 〈말장난〉이 아니라, 〈죄를 뒤집어씌우려는 암시〉다.

○ 「멋대로 생각하라고, 소대장. 자네 생각을 금지시키는 그런 법은 없으니까. 하지만 내 부하인 자네에게 명령하겠는데, 그런 거지같은 암시는 (마음속으로 혼자 생각하고) 함부로 입 밖에 꺼내지 마.」

inspector

"Inspector Webster, CID."

✘ 런던경찰국의 웹스터 경위입니다.

☛ 「아라베스크」를 보면, 동물원에서 아랍인들에게 쫓기던 그레고리 펙은 난데없이 나타난 남자로부터 도움을 받아 목숨을 건지고 나서 고마워하며 〈Are you with the police?(경찰관이신가요?)〉라고 묻는다. 예문은 상대방이 밝힌 신분이다. 세계적인 명성을 날리는 〈런던 경찰국〉은 (New) Scotland Yard라고 한다. CID는 Criminal Investigation Department, 그러니까 경찰국 산하의 〈범죄 수사대〉다. 그리고 〈경위〉는 lieutenant다. inspector는 경위보다는 높지만 superintendent(총경)보다는 낮은 〈경감〉이다.

instant

"We've been waiting around for two hours, and you expect instant coffee?"

✘ 두 시간이나 기다렸는데 고작 커피밖에 없나?

「공격」에서 커피를 타 마시려고 길게 줄지어 다른 병사들과 함께 기다리던 로버트 스트라우스가 새치기를 하는 중대장 당번에게 잔소리를 한다. 스트라우스가 〈고작 커피밖에 없냐?〉라고 취사병에게 불평하는 듯한 말투로 옮겨 놓았지만, instant coffee는 〈즉석 커피〉라는 단어를 가지고 말장난을 한 것이다. 〈기다리지도 않고 즉석에서 타 먹는 커피〉라고 말이다. 〈우린 두 시간씩이나 기다렸는데, 넌 무슨 통뼈라고 즉석에서 커피를 타 먹느냐?〉는 내용이다. 〈즉석에서 커피를 타(만들어서) 먹다〉라고 하면, 〈타 먹다(받아서 먹다)〉가 겹말이 되어, 우리들이 흔히 알고 있는 instant coffee의 의미도 제법 살아난다는 느낌이다.

institution

"Maria Tura is more than an actress. She's an institution."

✘ 마리아 투라는 그냥 배우가 아니라 국민 배우예요.

「사느냐 죽느냐」에서 캐롤 롬바드에게 반한 독일 공군 장교가 찬사를 늘어놓는다. 영화의 시대적인 배경을 이룬 제2차 세계 대전 당시에는 (필자가 알기로는) 〈국민 배우〉라는 말이나 개념이 세계 어디에도 없었다. 시대와 맞지 않는 어휘의 사용은 때때로 난처한 어색함을 드러낸다. 〈국민 배우〉라는 명칭을 처음 들은 연기자는 프랑스의 장 가뱅이었다고 여겨지며, 그 개념은 영어의 national hero(국가의 영웅)라는 표현에 사용되는 national(국민적, 국민의)이었다. 그러니까 〈국민 배우〉보다는 북한식으로 〈민족 배우〉라고 해야 본디 개념에 훨씬 더 접근하게 된다.

institution은 본디 어떤 〈시설〉이나 〈기관〉 그리고 그런 단체가 사용하는 〈건물〉을 뜻하며, 사람을 지칭할 경우에는 〈유명인〉의 의미를 갖게 된다. 하지만 institution이라고 하면 연예인처럼 대중적인 〈명물〉로서의 celebrity보다 훨씬 권위를 부여받은 개념이어서, 예문은 〈보통 연기자가 아니라 어떤 기념비적인 존재〉를 의미한다.

interesting

"Lolita — interesting choice of name."

✘ 롤리타라니 재미있는 이름이야.

「꺾어진 꽃들」에서 20년 만에 찾아간 옛 애인이 저녁 식사를 같이 하며 딸의 이름이 롤리타라고 소개하자 빌 머리가 웃는다. 여기에서 interesting은 우리들이 흔히 〈재미있다〉고 생각하는 개념보다 〈이상하고 묘하다〉는 뒷맛을 풍기는 단어다. 블라디미르 나보코프의 소설에 등장하는 여주인공 롤리타는 중년 남자를 유혹하는 12살짜리 소녀로서, 보통 사람이라면 누구라도 딸에게 그런 이름을 붙여 주고 싶지는 않으리라. 그러니까 머리가 한 말은 〈왜 하필이면 그런 이름을 붙였느냐?〉는 정도의 뜻이 된다.

○ 「이름이 롤리타라니 — 거 취향 한번 특이하구만.」

international

"Explorer for International Geographic Society."

✘ 내셔널 지오그래픽 소속의 탐험가.

☛ 「살인광시대」에서 어떤 가명을 썼는지를 연쇄 살인범 찰리 채플린이 기자에게 밝힌다. National Geographic Society는 세계적으로 유명한 기존의 단체 이름이다. International Geographic Society(국제지리학회)는 영화에 등장하는 범죄자가 가짜로 만들어 낸 비슷한 이름이다. 그냥 〈인터내셔널〉이라고 했더라도 알아들을 만한 사람은 다 알아들었으리라는 생각이다. 헷갈리는 이름의 사용은 우리나라 사기꾼들도 자주 동원하는 수법이다. 혹시 채플린이 실수로 이름을 잘못 썼다고 생각해서 역자가 〈바로잡아 주었다〉면, 그것은 지나친 호의다.

interval

"Uh, six-hour, uh, int-intervals."

✘ 여섯 시교대.

☛ 「누구를 위하여 종은 울리나」에서 경비병들의 동태를 살피고 돌아온 집시 유격대원에게 개리 쿠퍼가 확인한다. 〈What about the bridge?〉(다리 쪽은 어때?) 예문은 유격대원이 보고한 내용이다. 〈여섯 시 교대〉의 띄어쓰기가 실수로 잘못된 듯싶다. 어쨌든 〈6시 교대〉라면 오전 여섯 시와 오후 여섯 시 두 차례 보초를 교대하게 되니까, interval은 12시간이 된다. 〈6시〉는 six o'clock이고, six hours는 〈여섯 시간〉이다. interval(간격)이라는 영어 단어가 어려워서 말을 더듬거리며 유격대원이 한 말은 〈그러니까, 여섯 시간, 뭡니까, 가-간격요〉라는 뜻이다.

invoke

"The Dead Poets were dedicated to 〈sucking the marrow out of life〉. That's a phrase from Thoreau we would invoke at the beginning of every meeting."

✘ 죽은 시인의 사회는 시의 정수를 빨아들였지. 쏘로우 시에서 따온 건데 회합 때마다 그걸 읽곤 했지.

☛ 「죽은 시인의 사회」에서 로빈 윌리엄스가 학창 시절에 활동했던 동아리(☞ society)에 대한 비밀을 학생들에게 알려 준다. 헨리 데이비드 도로우는 시를 쓰기는 했지만, 예문 속의 인용 구절은 시가 아니라 그의 대표작인 산문 『월든』에서 따온 내용이다. invoke는 그냥 〈읽다〉가 아니고, 어떤 신성한 기운을 불러내거나 무엇인가를 기원하려고 염불이나 주문이나 기도문처럼 〈읊는다〉는 뜻이다.

○ 「죽은 시인 동아리는 〈삶의 정수를 빨아들이려고〉 정진했지. 그건 모임이 열릴 때마다 우리들이 우선 읊었던 도로우의 명언이었어.」

involve

"I am involved."

✘ 나는 관계가 있다구요.

☛ 「이유없는 반항」에서 사고를 낸 다음 경찰에 자수하러 가는 그를 말리는 부모의 만류를 제임스 딘이 거역한다. 틀린 번역은 아니지만, involve라는 까다로운 단어를 다루느라고 애를 먹은 흔적이 엿보인다. 여기에서의 involve는 〈연루되었다〉는 뜻이어서, 〈나한테도 책임이 있다〉고 돌려서 번역해도 무방하겠다. 〈관계〉가 있다는 표현보다 이렇게 〈책임〉이라는 뜻이 잘 어울리는 involve의 용법 사례가 꽤 많다.

「백주의 악마」에서는 〈Don't get me involved〉를 〈다시는 나를 곤란하게 하면 안 되요〉라고 번역했는데, 괜찮은 편이기는 하지만 〈나를 끌어들이지 말아요〉가 더 좋겠다. involve가 〈끌어들이다〉로 번역되는 경우도 의외로 많은데, 「무법지대」에서 〈나는 관련되고 싶지 않아요 I don't want to get involved〉라고 몸조심을 하는 앤 프란시스의 대사도 〈나를 끌어들이려고 하지 말아요〉나 〈난 끼어들지 않겠어요〉가 훨씬 잘 어울린다. 「망각의 여로」에서 그레고리 펙이 버그만에게 〈I cannot involve you in this for many reasons〉라고 했을 때는 〈이런 일로 당신에게 누를 끼치지 말아야 할 이유가 여러 가지다〉라는 의미로, 〈누〉가 여기서는 제격이다. 「악마의 씨」에서는 지하 세탁실에서 만난 세입자가 미아 패로우에게 접근하기 위해 마음을 떠본다. 〈Some people are afraid of getting involved.〉 이 경우에는 〈어떤 사람들은 발 벗고 나서기를 두려워한다〉는 식으로 〈참여〉 계열의 어휘로 번역하면 무난해진다.

itch

"She was so like all those writers when we first hit Hollywood — itching with ambition."

✘ 그녀는 헐리웃에서 첫 히트를 낸 작가들과 비슷했다.

☛ 「선셋대로」에서 극본을 같이 쓰자고 접근하는 낸시 올슨을 윌리엄 홀든이 못마땅하게 생각하는 독백이다. first hit Hollywood는 〈헐리웃에서 첫 히트를 낸〉이 아니라 〈처음 할리우드로 진출했을 때〉라는 소리다. 여기에서 hit은 land(도착하다)와 같은 뜻이다.

○ 「그 여자는 처음 할리우드를 기웃거리기 시작하던 무렵의 모든 작가를 그대로 빼다 박은 모습이어서 — 야망으로 온몸이 근질거리는 눈치였다.」

itemized

"All itemized, all recorded."

✘ 전부 종목별로 정비됐고, 전부 기록됐어.

☛ 「대양」에서 재클린 비셋과 닉 놀티가 발견한 난파선에 대하여 로버트 쇼가 조사에 착수한다. 요즈음 텔레비전 뉴스에서 방송인들이 자주 사용하는 〈조사되었다〉는 어휘만큼이나 억지스러운 영어식 수동태 표현이다.

○ 「모든 항목을 정리하고, 기록해 두었지.」

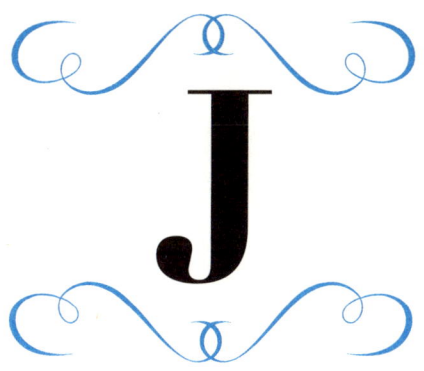

jam

"We can give it a try, but we'll need support if we get jammed."

✘ 시도는 해보겠지만, 갇힐 경우엔 꼭 도와주십쇼.

☞ 「공격」에서 토치카를 공격하려는 분대장이 소대장 잭 팰런스에게 무전으로 알린다. 출퇴근 시간에 차량이 많아 길에서 오도 가도 못하게 〈갇히는〉 〈교통지옥〉을 traffic jam이라고 하니까, 이런 번역이 나온 모양이지만, 허허벌판에서 적의 거점을 공격하는데, 갇히기는 어디에 갇힌다는 말인가? jam은 〈곤경(이나 궁지)에 몰린다〉는 뜻이다.

○ 「우리들이 시도는 해보겠지만, 위기에 처하는 경우엔 지원이 필요해질 텐데요.」

jazz

"He came to believe that work, show business, love, his whole life, even himself and all that jazz was bullshit."

✘ 그는 평생에 자신이 사랑했던 뮤지컬과 재즈가 모두 허상이란 걸 깨닫게 됐습니다.

☞ 「올 댓 재즈」에서 텔레비전에 나온 벤 버린이 연예인 로이 샤이더의 삶과 죽음에 대해 회고한다. all that jazz의 jazz는 재즈 음악이 아니라 재즈처럼 〈시끄럽고 요란한 상황이나 얘기〉를 뜻한다. 제목을 번역하지 않고 한글 영어로 그냥 옮기는 사람들은 제목을 잘 이해하지 못하겠으니까 그러는 것이 아닌가 하는 의구심이 이런 경우에는 들기도 한다.

○ 「그는 일과, 연예 활동과, 사랑과, 그의 모든 삶, 심지어는 자기 자신과 그런 모든 헛수작이 엿도 아니라고 믿게 되었습니다.」

jealous

"I'm so jealous."

✘ 난 너무나 질투난다.

☛ 「진주만」에서 두 주인공의 연애 얘기를 듣고 다른 간호장교가 속이 상해서 한 말이다. 질투는 두 여자가 같은 남자를 사랑하는 삼각관계에서 성립된다. 간호장교는 두 사람의 사랑이 〈부러울〉 따름이지, 같은 남자를 사랑하지는 않는다. 영어로는 아무리 같은 jealous라고 해도 우리말에서는 〈질투한다〉와 〈샘이 난다(부럽다)〉가 엄연히 다른 말이다.
「누구를 위하여 종은 울리나」에서는 개리 쿠퍼와 사랑에 빠진 잉그릿 버그만에게 집시 여인 카티나 팍시누가 심술을 부린다.

「I was only jealous of 19 years.」
✕ 「19살, 난 네가 질투났을 뿐이야.」
도대체 무슨 말을 하려다 말았는지 알아듣기가 힘들다.
○ 「난 열아홉이라는 네 나이가 부러웠을 따름이야.」

jersey

"Why are you wearing a Cubs jersey?"

✘ 왜 컵스 유니폼을 입었어요?

☛ 「백만장자 브루스터」을 보면, 술집에서 만난 여자가 야구 선수 리처드 프라이어에게 예문에서처럼 묻는다. Cubs는 시카고의 야구단 the Chicago Cubs를 줄여서 부르는 이름이며, jersey는 운동 선수나 선원이 걸치는 간편한 상의를 가리키는 말이다. 본디 Jersey(저지) 섬에서 생산되는 옷감을 가리키는 이름이었다. 〈제복〉을 뜻하는 uniform은 하의까지 포함하는 명칭이다. 이렇게 우리말 명칭을 쓰지 않고 영어를 다른 영어로 바꿔 쓰면 본디 의미가 와전되어 반쪽짜리 단어가 되기도 한다. 이런 경우에는 〈선수복〉이나 (이왕 같은 외래어라도) 차라리 〈셔츠〉라고 했다면 어떨까 싶다.
○ 「당신은 왜 시카고 컵스 구단복을 입고 다니나요?」

jilted

"Maybe a jilted lover?"

✘ 아니면 훼방꾼일까?

☞ 「수잔을 찾아서」에서 그녀를 수잔이라고 잘못 알고 범죄자들이 추적하는 이유를 모르겠다고 로잔나 아케트가 말하니까 영사실 기사인 친구가 추측한다. jilted lover(딱지맞은 남자)는 싫다는데도 사랑한다며 죽어라고 쫓아다니는 그런 사람이다. 우리나라에서는 〈스토커〉라는 잘못된 영어 명칭으로 널리 알려진 인물이다.

○ 「혹시 네가 차버린 남자 아닐까?」

jitterbug

"Jitterbugs."

✘ 신나지?

☞ 「군중」에서 존 도우라는 가공의 인물로 그를 내세운 사기극을 못마땅하게 여긴 개리 쿠퍼가 친구 월터 브레난과 시골 마을로 도망친다. 변두리의 어느 식당에 들어갔더니 젊은 남녀가 춤을 춘다. 예문은 그 꼴을 보고 브레난이 못마땅한 표정으로 투덜거린다. 개리 쿠퍼 역시 못마땅한 목소리로 〈Yeah〉라고 대답한다(번역은 〈누가 아니래〉라고 했다).
분위기 파악을 반대로 한 듯싶다. jitterbugs의 일본식 발음은 〈지루박〉이다. 영화에서는 최신에 유행하게 된 이 춤을 보고, 젊은 아이들이 흔들어 대는 꼴이 보기 싫어 브레난이 〈저게 지터벅이라는 거야〉라고 투덜거린다. 〈지랄벅이구먼〉이라고 번역했다면 실감이 날 듯싶다. 그러면 쿠퍼가 한 말 〈누가 아니래〉도 절묘하게 맞아떨어진다.
「심야의 탈주」에서는 제임스 메이슨을 찾아 나선 캐틀린 라이언이 미행하는 경찰관을 따돌리려고 잠깐 춤집으로 들어간다. 안으로 들어가자마자 가장 먼저 눈에 띄는 표지판에 〈No Jitterbugging(지터벅은 추지 마시오)〉라고 써놓았다. 그 춤에 대한 일반인들의 정서가 어떠했는지를 잘 보여 주는 시각적 정보다.

Joan

"Madou. Joan Madou."

✘ 조안 매듀예요.

☛ 「개선문」에서 잉그릿 버그만이 샤를 부아이에의 집에 가서 하룻밤을 보내고 난 다음에야 부아이에가 묻는다. 〈What's your name?〉(당신 이름이 뭐요?) 예문에서 버그만이 밝힌 극 중 인물의 이름은 〈조안 매듀〉가 아니라 〈조운 마두〉다. 이 영화의 원작자인 독일 작가 에리히 마리아 레마르크는 1932년에 나치 독일을 떠나 1935년 미국에 정착했고, 「개선문」은 독일에서가 아니라 1945년 미국 잡지에 먼저 발표되었다. 그래서 이탈리아 어머니와 루마니아 아버지 사이에서 태어난 여주인공의 이름이 영어식으로 〈조운〉 마두가 되었다. 독일어 판에서는 이 영어 이름이 독일식 요한나Johanna로 바뀐다.

우리나라에서 번역에 종사하는 사람들 거의 모두가 잘못 표기하는 대표적인 영어 이름이 Joan이다. 공식 표기법에서 〈조안〉이 정답이라고 정해 놓았기 때문이다. 하지만 Joan은 영국이나 미국 어디를 가도 〈조운〉이지, 절대로 〈조안〉이 아니다. 〈조안〉(또는 〈조앤〉)이라는 이름은 따로 있다. 폴 뉴먼의 아내인 여배우 조앤 우드워드의 이름에서 Joanne은 Josephine과 Anne이 결합한 형태다.

join

"…his son Walter in due course also joining the firm, which was named Bridge, Bridge & Bridge."

✘ 후에 그의 아들도 회사에 가담했는데……

☛ 「브릿지 부부」에서 마지막 부분 자막 해설의 일부다. 〈입사〉라면 몰라도, 〈회사에 가담〉이라고 하면 단어의 궁합이 잘 맞지를 않는다. firm도 여기서는 〈회사〉가 아니다. 이 firm은 요즈음 우리나라 언론에서 〈법률 사무소〉라는 멀쩡한 우리말 명칭을 버리고 대신 〈로펌law firm〉이라는 어려운 영어로 지칭하는 곳이다. 주인공 폴 뉴먼의 직업이 변호사라는 사실을 염두에 두었다면 〈회사에 가담〉했다는 번역은 나오지 않았으리라고 생각한다.

his son Walter in due course also joining the firm은 〈그의 아들 월터 또한 때가 되면 법률 사무소에서 같이 일하게 되어〉라는 뜻인데, 그렇다면 which was named Bridge, Bridge & Bridge(사무소에 브릿지, 브릿지, 그리고 브릿지라는 이름이 붙는다)라는 설명은 무슨 의미일까? 서양에서는 술집에서부터 식당과 작은 회사 등등, 개인 사업체에 주인의 이름을 붙이는 경우가 많다. 헤밍웨이가 단골로 드나들던 Sloppy Joe's(지저분한 조의 술집), Tiffany's(티파니의 보석상), Kim's Diner(김씨네 식당) 하는 식으로 말이다. 그런 사업체를 아들이 성장하여 부자가 함께 경영하면 대부분 뒤에다 and Son이라는 말을 넣어 〈김씨와 아들이 함께 운영하는 식당〉이라고 명칭을 바꾼다. 그러니까 Bridge and Bridge라면 부자간은 아니더라도 브릿지 집안의 두 사람이 함께 일하는 곳임을 한눈에 알게 된다. 그런데 다시 브릿지 집안에서 아들까지 함께 일하게 되면 그 명칭은 Bridge, Bridge & Bridge가 된다. and Son이라고 할 수가 없는 까닭은 월터가 두 사람 가운데 한 사람에게만 아들이기 때문이다.

joint

"Drugs? Roberta? She never smoked a joint in her whole life."

✗ 마약이오? 집사람이? 담배도 못 피우는 얌전한 아줌마일 뿐이오.

☛ 「수잔을 찾아서」에서 〈가출한 아내가 마약을 했느냐〉고 묻는 마돈나의 질문에 에이단 퀸이 펄쩍 뛴다. joint는 〈담배〉가 아니라 담배처럼 말아서 피우는 〈마리화나〉다.
○ 「마약이라뇨? 로버타가요? 아내는 평생 마리화나 한 번 피워본 적도 없어요.」

joker

"That's the way it is, Charlie. Every outfit has at least one practical joker."

✗ 이맛에 다들 장교가 되는 건가봐. 옷마다 번쩍거리는 휘장이 달려 있으니 말야.

☛ 「성탄절 휴가」을 보면, 임관식이 끝난 직후에 젊은 소위들이 탈의실에서 휴가를 떠날 준비를 하느라고 부산한데, 누군가 문간에서 〈Attention(동작 그만)!〉이라고 소리친다. 상관이 내무반이나 막사나 사무실로 들어설 때 늘 그러듯이 모두들 부동자세를 취하고 기다리는데, 〈At ease(쉬어)〉라는 구령이 떨어진 후에 알고 보니, 어느 신참 소위가 친 장난이었다. 예문은 다른 소위가 주인공에게 해주는 설명이다.
EBS에서 내보낸 자막을 보면 아마도 outfit을 〈군복〉이라고 착각해서 이런 엉뚱한 번역이 나오지 않았나 싶다. outfit에는 물론 〈옷〉이나 〈정장〉이라는 뜻도 있지만, 그 이외에도 여러 다른 의미가 있다. 〈부대(部隊)〉가 그들 가운데 하나다. That's the way it is는 〈세상이란 다 그렇게 돌아가는 법〉이라는 뜻이므로, 여기서는 〈그럴 줄 알았어〉라고 옮기면 되겠다. 그리고 나중 문장은 〈어느 부대에나 웃기는 녀석이 꼭 하나씩은 있게 마련이라니까〉라는 소리다.

practical joker는 아무리 뜯어봐도 도저히 〈번쩍거리는 휘장〉은 되지 않는다. joker는 〈익살꾼〉이나 〈광대〉 또는 〈장난꾸러기〉로서, 학교의 경우, 어느 학년 어느 반에나 대부분 선생에게 말대답하기를 좋아하고 못된 장난을 치며 영웅이라도 된 듯 착각하는 아이가 하나씩은 있게 마련인데, 그런 〈웃기는 놈〉이 바로 practical joker다.

○ 「다 그런 거라고, 찰리. 어느 부대에 가서 봐도 중뿔난 놈이 하나씩은 꼭 있게 마련이야.」

judge

"Colonel Steiner, you're an extraordinary judge of character."

✘ 당신이야 말로 뛰어난 판단력의 소유자로군요.

☞ 「처칠납치작전」에서 대학교수라고 얕잡아 보았던 도널드 서덜랜드에게 독일군 장교 마이클 케인이 정색을 하고 말한다. 〈Mr. Devlin, you're an extraordinary man.〉(데블린 선생, 당신 참 대단한 사람이로군요.) 그러자 서덜랜드가 케인의 말투를 흉내 내어 예문에서처럼 응수한다.
judge of character는 〈판단력의 소유자〉가 아니라 〈인물character의 심판자〉, 그러니까 〈사람 됨됨character을 제대로 판단judge하는 안목을 갖춘 사람〉이라는 뜻이다. 따라서 서덜랜드의 말은 〈당신이야 말로 진짜 사람 볼 줄 아는군요〉라고 해야 의미가 통한다.

○ 「스타이너 대령, 당신은 사람을 보는 눈이 정말로 뛰어났군요.」

jump

"That's him. Mean, sneaky, jump at you."

✘ 그게 고양이야. 너에게 뛰어들어.

☞ 「신데렐라」에서 쥐덫에 걸려 새로운 식구가 된 생쥐에게 고양이를 조심하라고 집쥐가 경고한다. That's him은 〈그 친구는 바로 그런 위인이야〉라는 정도의 뜻이다. 그리고 두 번째 번역문의 〈너에게 뛰어들어〉를 우리말이라고 할 수가 있을까?

○ 「그런 놈이라고. 비열하고, 음흉하고, (잡아먹겠다고) 너한테 덤벼들지.」

「내가 마지막 본 파리」에서 기자 생활을 하며 작가가 되기 위해 계속 작품을 쓰는 반 존슨의 타자기에 꽂힌 원고의 내용이다.

「...quick brown fox jumped over the lazy dog.」
✘ 「재빠른 갈색 늑대가 게으른 개 위를 덮쳤다.」

jump에는 「신데렐라」의 경우처럼 〈습격하다〉나 〈달려든다〉는 뜻이 있기는 하지만, 뒤에 부사 over가 붙으면 〈뛰어넘는다〉는 말이다. 그리고 영상 번역이 아무리 시간에 쫓기는 작업이라고는 하지만, fox(여우)를 〈늑대〉라고 한 번역은 좀 심했다.

just

"That's just Yossarian."

✘ 저건 요싸리안일 뿐이야.

☞ 「캣치-22」를 보면, 장례식이 거행되는 무덤 근처 나무에 발가벗고 올라가 앉은 앨런 아킨을 보고 군목이 〈저거 누구냐〉고 묻자 존 보이트 소위가 예문에서처럼 대답한다. 쉬운 단어일수록 번역하기가 어렵다는 원칙을 상기시키는 전형적인 상황이다. 사람들은 just라는 단어를 보면 대부분의 경우 무작정 〈~일 뿐이야〉 또는 〈~일 따름이야〉라고 옮긴다. 어딘가 〈번역체〉 같은 표현이어서 미흡하다는 감을 느끼면서도 그렇게 그냥 넘어간다. 그러면 이 말을 어떻게 번역하면 좋을까 조금만 궁리해 보자. 워낙 하는 짓이 항상 해괴해서 장례식장에도 발가벗고 나타나는 요싸리안이다. 이와 같은 상황에 처하면 사람들은 우리말로 과연 뭐라고 할까? 아마도 〈요싸리안이니까 저런 짓을 하지〉 정도가 되지 않을까 싶다. 그런 식으로 옮기면 〈번역체〉가 사라진다.

○ 「정말로 요싸리안다운 짓이죠.」

「위대한 서부」에서는, 이웃 목장 헤네시 형제들의 〈장난〉에 (동부의 신사답게) 반발하지 않은 이유를 그레고리 펙이 찰톤 헤스톤에게 설명한다.

「They were just drunk.」

✕ 「그들은 취했을 뿐이니까요.」
○ 「그냥 술김에 한 짓이잖아요.」

justice

"We went to the hotel, changed to our Sunday clothes, and then we went looking for the justice of peace."

✘ 우린 호텔로 가서 옷을 갈아입고, 그렇게 상황을 마무리했죠.

☞ 윌리엄 포크너 원작의 영화 「사랑의 성좌」에서 도로티 멀론은 곡예비행사 로버트 스택과 어떻게 결혼하게 되었는지를 록 허드슨 기자에게 털어놓는다. justice of peace(치안 판사)의

정체를 알지 못해서인지, 내용이 마구 뭉개진 형국이다. 영화에서 그런 장면이 자주 나타나지만, 벼락 결혼을 하는 사람들은 한밤중에 치안 판사의 집을 찾아가 간단히 식을 올리고는 marriage license(결혼 허가서)를 받아 내고는 한다. 뜨내기 생활을 시작한 멀론과 스택도 호텔로 가서 Sunday clothes(일요일 외출 때나 입는 가장 말끔한 옷)로 갈아입고는 치안 판사를 찾아가 형식적인 결혼식을 올렸다.

○ 「우린 호텔로 가서, 제일 말짱한 옷을 골라 입고는, 치안 판사를 찾아 나섰죠.」

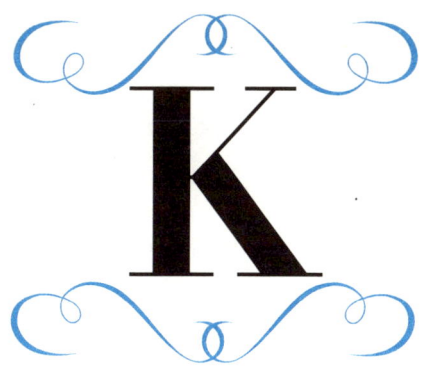

Karamazov

"Oh, he must have been possessed."

✗ 잠깐 정신이 나갔었겠죠.

☞ 「사랑과 죽음」에서 가짜 나폴레옹 황제를 암살한 혐의로 투옥된 우디 앨런을 면회하러 온 아버지가 마을 소식을 전해 준다. 다음의 대사는 퍽 재미있지만 워낙 장황하고 길기 때문에 내용을 짧게 추려냈음을 우선 밝힌다.

「Remember that nice boy next door — Raskolnikov? He killed two ladies. Bovic told it to me. He heard it from one of the Karamazov brothers.」

✗ 「옆집 살던 라스콜니코프 생각나니? 여자를 둘이나 죽였대. 카라마조프 형제들한테 들었다고 보빅이 그러더라.」

앨런의 작품을 일부러 찾아서 보는 단골 관객의 수준을 고려한다면, 앨런 영화를 번역할 때는 어느 정도 고생할 각오가 필요하다. 그리고 영화에서 감옥으로 찾아온 아버지가 『죄와 벌』의 주인공인 〈라스콜니코프〉와 〈카라마조프 형제들〉을 입에 올렸을 때는 역자가 긴장했어야 마땅하다. 그래서 거의 모든 단어에 암시나 곁말이 담긴 원문을 지나치게 추려 내는 일은 삼갔으면 좋겠다.

○ 「옆집에 살던 착한 청년 라스콜니코프 생각나니? 여자를 둘이나 죽였대. 보빅이 그러더라. 카라마조프 형제들 가운데 누구한테선가 들었다고 말이야.」

이 말을 듣고 앨런이 토를 다는 예문의 마지막 단어 possessed는 도스또예쁘스끼의 소설 제목인 『악령 The Possessed』을 인유한 것이다. 인유(引喩, allusion, ☞ burn)란 다른 작품에 나오는 내용을 언급하여 웃음을 자아내거나 비유를 도모하는 문학적인 기법인데, 여기에서처럼 (비유의 차원에는 미치지 못하더라도) 단순하게 인용quotation, reference하는 기법 또한 문학과 영화에서 자주 쓰이는 흔한 장치다. 이런 사전 지식을 기초로 삼아 앨런의 말을 다시 옮겨 보면 이렇게 되겠다.

○ 「저런, 그 친구 악령이 씌었던가 보군요.」

그리고 우디 앨런이 동원하는 인유가 영화에서 줄기차게 계속된다.

「Well, he was, raw youth.」

✗ 「아직 젊고 혈기 넘치잖니.」

raw youth 또한 도스또예쁘스끼의 소설 『미성년 The Raw Youth』의 제목을 인유했다.

○ 「그래, 그랬나봐, 열혈청춘이 참 안 됐어.」

앨런은 다음 대사에서 『백치 The Idiot』와 『노름꾼 The Gambler』를 인유한다.

「Raw youth? He was an idiot. I hear he was a gambler.」

✗ 「젊긴요. 그 녀석은 얼간이였어요. 도박꾼이었다면서요.」

○ 「열혈청춘이라뇨? 그 친구는 백치였어요. 노름꾼이라고도 하던데요.」

이어서 (갑자기 재미있다는 듯 표정이 밝아지며) 아버지가 도스또예쁘스끼의 두 번째 소설 『분신 The Double』을 인유한다.

「You know he could be your double?」

✗ 「너와 생긴 건 똑같은데 말이다.」

○ 「혹시 너하고 똑같이 생긴 분신 아닐까?」

「Really, how novel.」

✗ 「정말 신기한 일이네요.」

앨런이 한 말에서 novel은 〈소설〉이라는 뜻도 된다. 그러니까 이런 식으로 번역하면 곁말의 묘미가 훨씬 잘 살아난다.

○ 「정말 소설 같은 얘기로군요.」

이 영화에서는 유명한 삼단 논법, 〈모든 인간은 죽는다. 나는 인간이다. 그러니까 나도 언젠가는 죽는다〉를 변형시킨 웃기는 인유도 등장한다. 앨런이 기절한 나폴레옹에게 총을 겨눈 채로 갈등하며 독백한다.

〈What would Socrates say? A. Socrates is a man. B. All men are mortal. C. All men are Socrates.〉(소크라테스라면 뭐라고 할까? 가. 소크라테스는 인간이다. 나. 모든 인간은 죽는다. 다. 모든 인간은 소크라테스다.)

제목 The Machinist를 〈머시니스트〉라고 〈번역〉한 「머시니스트」를 보면 주인공이 어느 장면에서 도스또예쁘스끼의 소설을 읽는데, 자막에서 그 제목을 〈바보〉라고 했다. 세계 명작으로 꼽히는 『백치』의 제목을 〈바보〉라고 해놓은 것을 보면 참으로 바보스럽다는 생각이 든다.

keep

"Let her keep Randolph."

✗ 랜돌프를 지키라고 하면 돼요.

☛ 「니클로디온」에서 〈아줌마가 절대로 우릴 용서하지 않으리라〉고 걱정하는 라이언 오닐에게 어린 테이텀 오닐이 명쾌하게 내려 준 결론이다. 랜돌프는 타조의 이름이다. 〈그까짓 타조 한 마리 가지고 주면 되잖아요〉라는 말이 〈타조를 지켜라〉로 오역되었다. 이렇듯 keep처럼 쉬운 기본적인 어휘의 번역도 때로는 마음대로 되지 않는다.

「산타 비토리아의 비밀」에서는, 독일군 장교 하디 크루거로부터 저녁 식사에 초대를 받은 비르나 리시 백작 부인이 따진다.

「All right, you stole your wine. What keeps you here?」

✗ 「좋아요. 당신의 와인이나 훔쳐요. 여기서 뭘 지킬 거죠?」

첫 문장의 your가 아무리 소유격이라고 해도, 고지식하게 〈당신의〉라고 번역할 필요는 없다. 그 단어에 담긴 의미를 추적해서 순리로 풀어, 〈당신이 원하던〉이라고 하면 문장 전체가 훨씬 매끄러워진다. 그리고 여기서도 keep은 〈지킨다〉라는 오역의 틀에 갇히고 말았다.

○ 「맞아요, 당신은 원하던 포도주를 손에 넣었어요. (그런데) 왜 여길 떠나지 않고 버티시나요?」

kettle

"Kettle."

○ 물 끓어요.

☛ 「사랑의 상처」에서 더크 보가드에게 아내가 알려 주는 말이다. 웬만한 사람이면 〈주전자요〉 또는 조금 발전해서 〈주전자를 확인해 봐요〉라고 번역했을 성싶다. 화면을 보면 주전자에서 김이 힘차게 뿜어져 나오고 있다. 시각적인 정보까지 성실하게 참작한 좋은 번역이다.

kick

"The man of the house's gotta have a pair of boots 'cause he's gotta do a lotta kickin'."

✗ 남자들은 도망가고플 때가 많으니까.

☛ 「피크닉」에서 윌리엄 홀든은 (그가 신고 다니는 boots와 연관 지어 곁말을 쓰면서) 아버지가 해준 얘기를 회상한다. 뜨내기 윌리엄 홀든의 무식한 말투를 우선 문법에 잘 맞게 정리하면 이렇게 된다. 〈The man of the house must have a pair of boots because he has to do a lot of kicking.〉 man of the house는 〈가장(家長)〉, 그러니까 한 가족을 이끌어 가는 남자이며, kicking은 〈발길질〉, 즉 〈주먹질〉이나 〈싸움박질〉이 되겠다. 그러니까 홀든의 말은 〈남자

란 살아가다 보면 발길질을 해야 할 경우가 워낙 많으니까 장화(長靴) 한 켤레 쯤은 꼭 필요한 법)이라는 내용이다. 이것을 다시 뒤집어 보면 〈남자가 살아가려면 험한 꼴도 각오해야 한다〉는 뜻이 된다. boots와 kicking의 의미를 함께 살리기 위해 다음과 같이 번역하면 지나친 비약이 될까?

○ 「가족을 거느린 남자의 길을 제대로 가려면 (발이 많이 아플 테니까) 신발부터 멀쩡해야 한다고.」

「브릿지 부부」에서 어머니는 야한 아가씨와 사귀는 아들이 걱정이다. 그래서 아들과 전에 친하게 지냈던 얌전한 여학생이 안부를 묻더라고 넌지시 알려 주는 어머니에게 아들이 발끈한다.

「Tell her I am still alive and kicking.」

× 「나 아직 살아 있다고 전해 주세요.」

and kicking(그리고 발길질도 한다)이라고 뒤에 일부러 붙인 말이 번역에서 사라졌다. 〈멀쩡하게〉라는 한 마디만 더 넣었더라면 의미가 훨씬 부각된다. 〈걱정 안 해줘도 난 멀쩡하게 잘 지낸다〉는 의미다. 문장을 너무 추리다보면 맛좋은 살점이 없어지고 뼈만 앙상하게 남는다.
「스튜어트 리틀」에서는 〈돈을 노리고 스튜어트를 잡아간 것이 아니라면?〉이라고 묻는 리틀 부부에게 경찰관이 동기를 간단히 설명한다.

「For kicks.」

× 「심심풀이 땅콩이죠.」

재치를 부리려는 말장난이 경박해 보인다. 범죄를 해결해야 하는 경찰관의 말투가 이래서는 곤란하다. 〈재미로 그랬겠죠〉라거나, 좀 더 심하게 표현하면 〈심심풀이로 그랬을 겁니다〉 정도로도 충분했겠다.

kidding

"No kidding."

✘ 그래, 썰렁하군.

☞ 「프로듀서」에서는 진 와일더가 연출자를 찾아가서 보니 여자 옷을 입기를 좋아하는 변태다. 와일더가 놀라서 제작자에게 말한다. 〈Max, he's wearing a dress.〉(맥스, 저 친구 치마를 입었잖아요.) 그러나 제로 모스텔은 태연자약하게 반응(예문)한다. kidding이 〈(재미있는) 농담〉이니까 그 앞에 no를 붙여 놓으면 〈썰렁하다〉가 되리라고 추측한 듯싶다. no kidding은 〈그거 농담 아닌가〉 또는 〈정말인가〉라고 되묻는 말이어서, 〈농담으로 하신 말씀이겠지〉로까지 발전한다. 여기서는 반어법으로 쓰여서, 연출자가 변태라는 사실을 벌써부터 알고 있으면서도 모스텔은 〈난 몰랐는데〉라고 시치미를 떼는 화법이다. 좀 심하게 표현하면 〈난 뭐 장님인 줄 알아?〉라거나 〈나도 잘 아니까 입 다물어〉라는 뜻이다.

○ 〈이제 보니 그렇구먼.〉

kill

"The competition is killing him."

○ 경쟁이 사람을 잡아요.

☞ 「하버드 대학의 공부벌레들」에서 대단한 암기력을 자랑하면서도 스스로 사고하는 능력이 없어서 전 과목 낙제를 한 학생의 아내가 티모디 버톰스에게 하소연한다. 그냥 보면 대수롭지 않은 번역 같지만, kill을 〈죽이다〉가 아니라 〈사람을 잡다〉라고 표현하는 순발력은 쉽게 얻어지는 능력이 아니다.

kite

"Go fly a kite!"

✘ 둘 다 연이나 날리러 가요!

☞ 「킬리만자로」에서 젊은 작가 그레고리 펙과 그의 아저씨 리오 G. 캐롤의 몰이해에 분개하여 헬렌 스탠리가 집을 뛰쳐나가며 소리친다. 직역을 해서는 안 되는 곳에서 이루어진 직역이다. I held my tongue(나는 침묵을 지켰다)을 〈나는 혓바닥을 붙잡았다〉라고 번역하는 격이다. go fly a kite은 어딘가 못마땅한 사람에게 〈꼴도 보기 싫으니 눈앞에서 꺼져〉라거나 〈그래 어디 마음대로 해보시지〉 또는 〈헛소리 그만해〉라고 하는 뜻이다.

knife

"Always use a knife immediately. You see? He's gaining initiative!"

✘ 대검은 항상 신속하게 사용해야지. 보라고. 적이 반격하잖아?

☞ 「콰이강의 다리」에서 잭 호킨스를 만나러 가던 윌리엄 홀든을 특수 훈련병이 칼로 공격하고, 홀든이 저항하자 조교가 달려와서 훈련병에게 지시하는 말이다. 대검(帶劍)은 소총의 총신에 꽂아서 사용하도록 만든 무기다. 영어로는 bayonet(☞ battle)이라고 한다. 〈대검〉과

〈단도〉와 〈비수〉와 〈단검〉 그리고 〈칼〉은 저마다 모양과 용도가 다르다. 이 장면에 등장하는 knife(칼)은 bowie knife(☞ colonel)다.
○ 「항상 칼을 즉각 사용하라고. 모르겠나? 저 친구가 선수를 치잖아!」

knock

"You're knocking, Constance?"

✘ 확실히 이길 자신 있어요?

☛ 「낯선 동행」에서 돈내기 카드놀이를 하다가 콘스탕스 가르노가 손마디로 탁자를 두드리자 다른 할머니가 묻는다. 문화적인 차이를 이해하지 못해서 빚어낸 오역이다. knock on wood는 행운을 빌기 위해 손마디로 탁자나 책상 따위 나무로 된 표면을 두드리는 미신적인 행동을 뜻한다.

○ 「콘스탄스, 요행이라도 바라는 거야?」

「거울 속의 목소리」를 보면 Alcoholics Anonymous(금주를 위한 모임)에서 어느 술 중독자가 〈My name is Jim Burton. I am an alcoholic, who, knock wood...〉(내 이름은 짐 버튼입니다. 나는 술 중독자로서, 나무를 두드리며 말씀드리겠는데……)라고 말하고는 정말로 탁상을 손으로 두드린다. 그리고는 〈오늘날까지 술을 안마시고 참아 냈다〉고 자랑한다. 여기서도 나무를 두드리는 행동이 행운을 빌기 위한 것으로, 〈정말 다행으로 (지금까지는)〉라는 곁말 노릇을 한다. 「해는 또다시 뜬다」에서는, 투우사가 술을 마시며 〈I'm never going to die(난 절대로 안 죽어요)〉라고 애바 가드너에게 큰소리를 치자, 옆에 앉아 있던 타이론 파워가 탁자를 손가락으로 두드린다. 〈행운을 빈다〉는 뜻에서 발전하여 〈잘해 보시지〉라고 빈정거리는 의미가 담긴 행동이다. 「나의 사촌 비니」에서는 법정에 한 번도 서본 적이 없는 초보 변호사라는 사실을 감추는 조 페씨가 살인범으로 몰린 조카에게 변호를 맡겠다며 마치 타협의 명수인 듯 큰소리를 친다. 〈I haven't had to go to the court yet, knock on wood.〉(다 운이 잘 따라 줘서이기는 하지만, 난 아직 법정에 나갈 필요가 없었어.)

「카사블랑카」의 도입부에서 둘리 윌슨이 피아노를 치며 부르는 노래는 이런 내용이다.

「Who's got trouble? Just knuckle down and knock on wood. When you are blue, just knock on wood.」

✘ 누가 걱정을 하나요? 손마디가 밑으로 내려가게 하고, 화내지 말고 기분을 새롭게 탁자를 두드려요.

여기에도 카사블랑카를 탈출하지 못한 수많은 사람들에게 〈희망을 버리지 말라〉는 격려의 의미가 담겼고, 그래서 술집에 모인 손님들은 모두 손마디로 탁자를 두들겨 가며 윌슨과 함께 합창을 한다.

○ 「고민이 있으신가요? 손마디로 나무를 두드려 행운을 빌어요. 마음이 답답하면 나무를 두드

리기만 하세요.」

「퍼니 걸」에서 바브라 스트라이샌드가 롤러스케이트 타며 부르는 노래의 제목도 〈Knock on Wood〉다. 어느 관객이 노래에 맞춰 관자놀이를 손으로 두드리기도 한다. 그런데 이 노래의 제목을 텔레비전에서는 〈술통을 두드려 볼까요〉라고 번역해 놓았다.

knockout

"It's a knockout!"

✘ 무너지는 소리야!

☛ 「백만장자 브루스터」에서 메소포타미아풍을 현대와 접목시키겠다는 실내 장식가를 보고 리처드 프라이어가 감탄(예문)한다. 권투 용어 knockout에서 무너지는 소리를 연상했던 모양인데, knockout이라면 몸매가 탐스러운 여자 따위가 굉장히 멋지고 매혹적이라는 뜻으로 〈죽여주는구나!〉라고 감탄하는 정도의 의미다. 「우리에게 내일은 없다」에서 햄버거를 먹으며 워렌 베이티가 페이 더나웨이에게 〈You are a knockout〉이라고 했을 때도 〈너 대단한 여자야〉라는 뜻이었고, 「미녀와 우유배달」에서는 여가수더러 〈You are a knockout〉(당신은 죽여주는 여자)라면서 멋쟁이 남자들이 합창을 부른다.

know

"You don't know what you're talking about."

◯ 모르는 소리 하지 마.

☛ 「지저분한 유인원」에서 리스본의 술집으로 들어가며 윌리엄 벤딕스가 동료 화부들에게 자신이 하는 일에 대한 자랑을 늘어놓는다. 여러 영화에서 자주 접하는 대사다. 대부분의 경우 〈너는 네가 무슨 말을 하고 있는지 알지 못한다〉는 식으로 옮기는데, 여기에서는 know(알다)를 〈모르다〉로 뒤집어 멋진 번역을 해놓았다.
「아가씨와 건달들」에서 〈이러다가는 뉴욕으로 돌아갈 비행기를 놓치겠다〉고 말론 브랜도가 상기시키자, 술에 취한 구세군 사관 진 시몬스가 큰소리를 친다.
「I know what I'm doing.」

◯ 「난 어린애가 아녜요.」

필자는 이런 번역을 정말로 〈정확한〉 번역(☞ realize)으로 꼽는다. 비록 영어 원문에서는 〈어린애〉라는 단어를 찾아볼 길이 없지만, 자세히 들여다보면 그런 단어가 나타난다. 〈난 어린애가 아니다〉는 〈난 내가 하고 있는 일을 알고 있다〉보다 훨씬 멋지고 또 훨씬 정확한 번역이다.

「브로드웨이를 쏴라」에서는 경비원이 감시를 소홀히 한 틈을 타서 조폭 두목의 애인 제니퍼 틸리를 상대역 배우가 유혹한다.

「Well, listen, now that you've been let off the leash, why don't we go in and get to know each other?」

× 「자유로운 시간이 생겼군요. 안에서 서로를 잘 알아봅시다.」

off the leash([개의 목에 매는] 끈이 풀린) 짬을 노리고, 신인 여배우를 분장실로 끌고 들어가 어떻게 해보려는 중년 남자가 과연 〈서로를 잘 알아봅시다〉라는 식의 표현을 쓸까?

○ 「이봐요, 지금은 감시가 풀린 상태이니까, 우리 안으로 들어가서 좀 친해 볼까요?」

「프라이드 그린 토마토」에서 보안관이 메어리 스튜어트 매스터슨을 살인 혐의로 체포하게 된 입장을 설명한다.

「I'm supposed to take you to Georgia first thing in the morning. Unless, of course — well, some people have been known to pack up and sneak out of town in the middle of the night.」

× 「내일 아침에 내가 조지아 주로 호송할 거야. 오늘밤 어디론가 달아나지만 않는다면 말이야.」

이른바 〈암시적 화법〉의 번역이 관련된 사례이다. 어려서부터 친하게 지내 오며 그녀를 짝사랑해 온 보안관은 스튜어트를 체포할 생각이 전혀 없어서, 아예 오늘밤에 도망치라고 은근히 부추긴다. 하지만 번역문에는 그런 묘한 심정이 별로 반영되지를 않았다. supposed to는 〈~해야 할 입장〉이라고 한발 물러서는 표현이고, unless, of course(물론 ~하는 경우도 있지만)과 known to(얘기를 들어 보니 ~한다고 그러던데)도 마찬가지다. 역시 지나치게 줄여서 한 번역이기 때문에 내용의 전달이 미흡하다.

○ 「아침이 되자마자 난 너를 조지아로 데리고 가야만 할 처지라고. 그야 물론 때에 따라서는 — 글쎄, 얘기를 들어 보니까 어떤 사람들은 보따리를 싸가지고 야반도주를 하는 경우도 있다지만 말이야.」

하지만 스튜어트는 〈〈Big George[어려서부터 그녀를 돌봐 준 흑인]를 희생양으로 삼으려고 한다면) 차라리 날 잡아가라〉고 버틴다. 그리고 보안관은 그의 솔직한 심정을 이렇게 털어놓는다.

〈Well, that's what I thought you'd say, 'cause you're absolutely, unconditionally, positively the most stubborn person I've known in my life.〉(내 평생 너처럼 절대적으로, 무조건적으로, 확실하게 고집불통인 여잔 본 적이 없기 때문에, 난 네가 그렇게 나올 줄 알았어.)

K.P.

"You'll get no passes. You'll be on K.P. every day for the next week."

✘ 휴가도 없고 다음 주엔 위생병을 맡게 될 거다.

☞ 「젊은 사자들」에서 탈영하여 영창 생활을 하다가 원대로 복귀한 먼고메리 클리프트 훈련병에게 중대장이 다시 벌을 준다. pass는 하루 가운데 겨우 몇 시간 정도 부대 밖으로 나가서 시간을 보내는 〈외출〉이고, 〈휴가leave, furlough〉는 며칠이나 심지어는 두어 달 동안 고향까지 다녀오는 특전이다. 세계 어느 신병훈련소이건 간에 어떤 훈련병에게도 〈휴가〉는 주지 않으리라는 생각이다. K.P.는 kitchen police(취사병, 취사당번)의 약자다. 〈위생병medic〉은 의사와 비슷한 일을 하는 〈특과〉인 반면에, 주방에서 온갖 지저분한 일을 도맡아 하는 〈취사당번〉은 군대에서 가장 고된 직책 가운데 하나로 꼽힌다. K.P.는 한국군에서도 〈케이피〉라고 영어를 그대로 쓰는 용어여서, 병역을 치룬 사람이라면 모를 리가 없겠다.

○ 「넌 외출 금지야. 다음 주일 동안 하루도 빼놓지 않고 널 취사당번 명단에 올려놓겠어.」

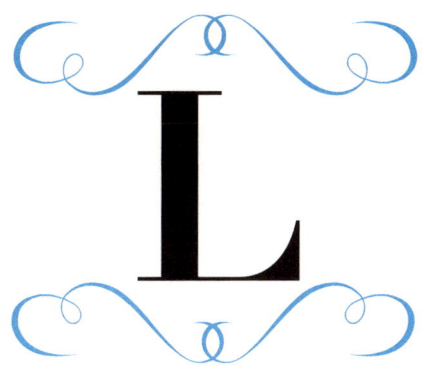

lady

"Ladies."

✘ 숙녀분들.

☞ 「라스베가스를 떠나며」에서 니콜라스 케이지가 술집에 갔다가 우연히 만난 여자들에게 인사를 건넨다. 처음 만난 여자들에게 〈숙녀분들〉이라고 인사를 하는 사람을 본 적이 있는가? 술집에서 여자들에게 수작을 걸고 싶으면 무슨 말을 가장 먼저 하는가? 혹시 〈아가씨들 안녕〉이라고 하지는 않을까? 그렇다면 lady는 〈아가씨〉가 정답이겠다.

O. 헨리의 단편 소설이 원작인 「인생의 종착역」에서, 〈경찰관과 송가 The Cop and the Anthem〉 편을 보면, 노숙자 찰스 로톤이 비슷한 인사를 건네자 창녀 마릴린 몬로가 감격해서 훌쩍이며 말한다. 〈He called me lady(나더러 숙녀라고 불렀어요)!〉 부랑자 로톤이 창녀 몬로를 lady라고 불렀듯이, (특히 교육 수준이 떨어지는 사람들 사이에서는) lady가 madam이라는 호칭으로 대신 쓰이기 시작하더니, 〈창녀〉나 〈술집 여자〉 그리고 〈포주〉까지 lady의 반열에 끼어들게 되었다.(☞ dame)

「모로코」에서는 싸구려 극장의 주인이 가수 마를레네 디트리히를 소개하며 〈Ladies and gentlemen!〉이라고 외친다. (외인부대 장교의 부인이 몇 명 끼었을 뿐) 대부분이 작부와 군인들로 구성된 관객석에서 떠나갈 듯한 환호성이 터져 나온다. 서부 영화 「황야의 결투」에서도 술집에 임시로 차린 극장에서 창녀들이나 카우보이들을 유랑 배우가 〈신사 숙녀 여러분〉이라고 불러주자 똑같은 반응을 보인다. 따라서 이제는 점잖은 자리에서 여자들을 〈lady〉라고 부르면 자칫 작부를 높여 부르는 소리라고 오해를 받을 여지가 있으니 조심해야 한다. 미국에서는 손수레나 유모차에 잡동사니 살림살이를 자루에 담아 주렁주렁 매달고 돌아다니는 대도시의 여자 거지를 bag lady(보따리 여인)이라고 부른다.

「바보들의 배」의 첫 장면에서는 난쟁이가 뱃전에 매달려서 관객을 향해 해설한다.

⟨This is a ship of fools. I am a fool, and you'll meet more fools as we go along. This tub is packed with them: emancipated ladies, ball players, lovers, dog lovers, ladies of joy, tolerant Jews, dwarves, all kinds.⟩(여기는 바보들의 배입니다. 나는 바보이고, 얘기가 진행되면서 여러분은 다른 여러 바보들을 만나게 됩니다. 이 배는 바보들로 만원이어서 — 해방된 여성들, 운동선수들, 연인들, 애견가들, 활달한 숙녀들, 관대한 유대인들, 난쟁이들, 온갖 바보가 다 있습니다.)

ladies of joy를 텔레비전에서는 이렇게 ⟨활달한 숙녀들⟩이라고 번역했는데, 사실은 ⟨환락의 여인들⟩, 즉 ⟨창녀들⟩이라는 뜻이다. 그래서 해설자는 그 말을 할 때 야릇한 표정을 지어 보인다. 존칭어일수록 너도나도 경쟁적으로 사용하다 보면 점점 가치가 떨어지고, 시간이 흐르면서 이렇듯 낡아 버리는 과정을 거친다.

lake

"We will fly over all the big lakes."

✘ 우린 모든 큰 강 위를 비행하게 된다.

☞ 「댐을 폭파하라」에서 우여곡절 끝에 댐을 파괴할 폭탄을 만들고 실제 폭격 훈련에 돌입하며 리처드 토드 비행대장이 작전 지휘를 한다. lake는 ⟨강⟩이 아니다. lake는 물이 고인 곳이고, ⟨강⟩에서는 물이 흐른다. 영화에서 시종일관 폭격의 목표물로 등장하는 대상은 계곡을 막아 물을 가둔 대형 ⟨저수지⟩의 댐이다. 춘천을 ⟨호반(湖畔, 호숫가)의 도시⟩라고 하는 까닭은 흘러가던 소양강과 북한강을 댐으로 막아 저수지로 만들어 인공 ⟨호수⟩가 생겨났기 때문이다. 「크레이머 크레이머」에서 변호사 하워드 더프가 더스틴 호프먼에게 하는 충고다. ⟨그러니까 빌리를 데리고 센트럴 파크의 연못으로 데리고 나가요.⟩ 우리말 ⟨연못pond⟩은 ⟨연꽃을 심은 못⟩이어서, 마당에 물을 가두어 금붕어와 잉어를 키우는 웅덩이를 뜻하고, 기껏 커봤자 경회루 연못 정도이며, 대부분 뱃놀이를 하기조차 어려운 곳이다. 하지만 센트럴 파크의 ⟨연못⟩은 lake(호수)의 규모다. 그런데 「황금연못」을 보면, 영어로 pond가 우리 감각으로는 ⟨호수⟩나 ⟨저수지⟩의 규모다. pond(연못)에 대한 영어와 우리말의 감각이 다르기 때문에 생겨난 차이다. 우리말 ⟨연못⟩은 ⟨연꽃⟩이 기준인 반면에, 영어의 pond는 인위적으로 막아서 물을 모아 놓은 곳이고, lake(호수)는 장애물 때문에 흐름이 막혀 자연 발생적으로 생겨났다는 점을 기준으로 삼는다.

land

"We've landed! Come on!"

✘ 상륙했다! 가자!

☛ 「매드 매드 대소동」에서 조종사가 술에 취해 기절한 다음 겨우 비상 착륙에 성공한 미키 루니가 신이 나서 외친다. 바다에서 땅으로 올라가는 landing이면 〈상륙〉이다. 그러나 같은 landing이라고 해도 하늘에서 땅으로 내려오면 〈착륙〉이라고 한다.

노르망디 상륙 작전의 치열함을 그린 「밴드 오브 브라더스」에서는 중대장이 작전 내용을 이렇게 설명한다.

「They're right between us and Causeway Number Two, firing on the boys landing at Utah.」

✘ 「우리와 제방 사이에서 유타에 착륙한 놈들을 쏴.」

DVD판 번역문을 보면 마치 〈유타에 착륙한 놈〉들이 적군이니까 모조리 쏴 죽이라는 말처럼 들린다. 작전의 성격을 전혀 이해하지 못한 오역이다. 노르망디의 유타 해안에서는 연합군이 〈착륙〉이 아닌 〈상륙〉을 위해 치열한 전투를 벌였으며, 험악한 지형 때문에 많은 희생을 치룬 곳으로 유명하다. 여기서 landing은 〈착륙〉이 아니라 〈상륙〉이다.

○ 「적군은 우리들의 현 위치와 제2번 둑길 중간에 매복하여, 유타 해안으로 상륙한 아군 병력을 공격하고 있다.」

last

"That's absurd. I don't want you to leave. That's the last thing I want."

✘ 그건 말도 안 돼요. 떠나는 건 원치 않소. 유일한 소망이요!

☛ 「테스」에서 〈사랑하기 때문에 괴롭다〉는 더버빌 집안의 아들에게 테스가 〈Then I'll leave tomorrow, sir(그렇다면 내일 당장 제가 떠나겠어요)〉라고 말한다. 예문은 아들이 질겁해서 하는 말이다. the last thing I want(내가 마지막으로 원하는 것)이란 〈유일한 소망〉이 아니라 〈절대로 싫다〉는 말의 다른 표현이다.

○ 「한심한 소리 말아요. 당신은 가면 안 돼요. 그것만큼은 절대로 안 된다고요.」

「인사이더」에서 CBS-TV의 유명한 진행자 마이크 월레스(크리스토퍼 플러머)는 경영진의 압력에 굴복하여 「뉴욕 타임스」로부터 수모를 당한다. 제작부장은 〈명성 따위는 사람들이 15분이면 잊는다〉고 위로하지만, 플러머는 그렇게 생각하지 않는다.

「Fame has a 15-minute half-life. Infamy lasts a little longer.」

✗ 「하지만 짧다 해도 불명예 기사는 오래 가기 마련이지.」
　내용을 모르겠으니까 대충 뭉뚱그린 듯한 인상을 주는 번역이다. half-life는 본디 물리학 용어로서 〈반감기(半減期)〉라고 한다. 여기서는 〈쇠락이 시작되기 전의 번영기〉를 뜻한다. last는 동사로 쓰이면 〈~하는 동안 계속된다〉는 뜻이 된다.
○ 「명성은 15분간의 반감기를 거칠지도 모르지. 하지만 불명예는 더 오래 간다고.」
　「사운드 오브 뮤직」에서 경연 대회에 아이들을 참가시키려고 부모의 허락도 없이 등록을 마친 리처드 헤이든이 신혼 여행에서 돌아온 크리스토퍼 플러머에게 핑계를 댄다.
　「I would have told you but you were away. I had to make a last-minute decision.」
✗ 「말하려고 했는데 자네가 없어서 마감 전에 결정했네.」
　last-minute은 마감deadline과는 관계없이, 질질 끌고 미루다가 〈마지막 순간에 (어쩔 수 없이) 내린〉 결정을 뜻한다.

lay

"Fellow psychoanalysts, psychiatrists, psychologists and lay people!"

✗ 정신분석가, 정신과 의사, 심리학자, 그리고 누워 치료받는 여러분!

☛ 「고소공포증」에서 정신과 의사 멜 브룩스가 강연에 앞서 인사말을 한다. 정신과라면 의사 앞에서 couch(긴의자)에 누워 횡설수설하는 환자들을 상상해서 그렇게 번역한 모양인데, 이 학술 대회에는 환자들이 아무도 참석하지 않았다. 형용사 lay 또는 명사 layman이라고 하면, 종교계에서는 성직자가 아닌 〈속인〉을, 학문이나 예술에서는 전문가가 아닌 〈문외한〉이나 〈풋내기〉를 의미한다. 브룩스의 연설에서는 〈일반인 여러분〉이라는 뜻이다. 속어에서 명사로 쓰면 lay는 〈〈성교를 하는) 대상〉을 가리키는 천박한 말이 된다. 옛날에 널리 쓰였던 우리말 〈깔치〉가 그런 lay에 해당된다.

lead

"Now he's dead and you are the only lead."

✗ 찰스(남편)가 죽었으니 이제는 당신을 노릴 겁니다.

☛ 「셔레이드」에서 미국 대사관으로 찾아간 오드리 헵번에게 CIA 간부라고 자칭하는 월터 매타우가 겁을 준다. 몰라서 범한 오역은 아닌 듯싶고, 비약적인 〈의역〉처럼 보인다. lead([문제를

해결하도록] 이끌어 주는 실마리)는 clue(단서)라는 뜻이다. 25만 달러의 행방을 아는 사람은 헵번밖에 없으니 악당들은 당연히 그녀를 노릴 것이라는 논리의 전개다. 이런 진취적인 번역은 언제나 바람직하지만, 때로는 의사 전달의 공백을 만드는 과속의 우려가 있으니까 조심해야 한다.

○ 「찰스가 죽었으니 열쇠를 쥔 사람은 이제 당신뿐이니까요.」

「베라 크루즈」에서 호송대장이 쏜 권총에 맞은 버트 랭카스터가 개리 쿠퍼에게 소리친다.

「Now, cut this lead out.」

✕ 「이 상처나 좀 어떻게 해보게나.」

lead(납덩이)가 〈총알〉이라는 뜻을 몰라서 애매하게 번역하지 않았나 싶은데, 랭카스터의 요구는 훨씬 구체적이다.

○ 「어서 이 총알을 칼로 도려내라고.」

「갈채」에서 술 때문에 신세를 망친 빙 크로스비를 제작자에게 소개하며, 연출자 윌리엄 홀든이 연기력을 보여 주라고 조언한다.

「Maybe you ought to describe the number to Mr. Cook. Give him kind of lead-in.」

✕ 「아마 쿡에게 설명해줘야 할 것 같소. 시작 장면부터 말이오.」

number는 연예계 용어로 routine이나 act라고도 하는데, 세 단어 모두 우리나라 연예계에서는 〈꽁트〉라는 다른 엉뚱한 외래어로 지칭한다. 이런 경우에는 전체 작품 가운데 가장 멋진 대목을 뽑아 견본으로 보여 주는 〈맛보(이)기〉가 되겠다. 〈맛보기〉는 〈시작 장면〉인 경우가 거의 없다. lead-in(도입선) 또한 연예계 용어로, 여기에서는 사전에 정보나 지식을 제공하는 〈간단한 설명〉이라는 뜻이다. 군대나 마찬가지로 연극계에도 그들만의 언어(☞ battle, grass, talent)가 따로 있으며, 번역가는 이런 용어들의 원어를 제대로 파악할 뿐 아니라 우리말로도 정확한 표현을 찾아서 써야 한다. 번역을 하려면 백과사전적인 지식을 갖춰야 하는 이유다.

○ 「(당신이 잘 하는) 그 대목에 대해서 쿡 선생께 설명을 해드리는 게 좋겠어요. 이해를 돕게끔 말입니다.」

「조나던」에서 깨우침을 얻은 갈매기가 젊은 갈매기에게 〈미움이 아니라 사랑의 비행을 하라〉고 가르친다.

「And here he is today, building his own heaven instead and leading the whole flock in that direction.」

✕ 「그런데 천국으로 만들고 둥우리까지 유도하고 있어.」

조나던은 새로운 지도자leader를 육성하려고 한다. 그런 배경을 고려하면 leading(이끌기)을 〈유도하다induce〉나 〈유인한다lure〉라고 하는 번역은 부적절해 보인다.

○ 「그래서 자네는 지금 여기서, (증오의 지옥이 아니라 사랑의) 천국을 대신 건설하고, 무리를 모두 그쪽으로 이끌어 가게 되었지.」

leak

"It's up in Central Park, taking a leak. If you hurry up, you'll catch the supper show."

✘ 센추럴 파크에 있으니까 빨리 서두르면 저녁 쇼를 볼 수 있어요.

☛ 「미드나잇 카우보이」를 보면 (가로수 밑에서 강아지더러 오줌을 누라고 재촉하던 여자에게 몸을 팔려고 유혹하려는) 존 보이트가 〈자유의 여신상이 어디 있느냐〉고 말을 건다. 예문은 뉴욕의 토박이 중년 여자가 하는 〈안내〉다. 한물 간 창녀임이 나중에 밝혀지는 이 뉴욕 여자가 한 말에서, 가장 핵심이지만 번역을 빼먹은 take a leak(물이 새게 한다)은, 속어로 〈오줌을 싼다pee〉는 뜻이다. 〈뉴욕에 가서 여자를 사귀려면 《자유의 여신상이 어디 있느냐》는 질문으로 말을 붙여 보라〉는 상식적인 공식을 곧이곧대로 실천한 젊은 보이트를 한심하고 역겹다고 생각해서 여자가 비아냥거린 꽈배기 화법이다.

○ 「자유의 여신상 여사께서는 센트럴 파크 북쪽에서 쉬를 하시는 중이셔. 빨리 가면 저녁 식사에 때맞춰 하는 (오줌 싸기) 공연을 감상할 수 있을 거야.」

참고로, 센트럴 파크는 맨해튼의 한가운데, 그러니까 서울로 치면 파고다 공원 정도에 위치하고, 자유의 여신상은 배터리 부두에서 배를 타고 한참 나가야 하는 엘리스 섬(영종도 쯤) 근처에 있다.

leap

"Miss Marina, do not leap to conclusions."

✘ 결론부터 내리지 말아요.

☛ 「왕자와 무희」에서 로렌스 올리비에 대공이 대사관으로 초대한 속셈을 눈치 챈 마릴린 몬로가 극장으로 돌아가려고 하자, 안내를 맡은 영국 외무성 관리가 서둘러 말린다. 우리말이 퍽 서툰 솜씨다. leap to conclusion(결론으로 껑충 뛰어가다)은 jump to the conclusion(속단하다)과 같은 말이다.

○ 「마리나 양, 지레짐작을 하면 안 됩니다.」

learn

"You'll never learn."

✘ 넌 언제 고집 꺾을 거냐.

☞ 「알라모」를 보면, 돈 걸고 얻어맞기 시합에서 존 웨인에게 서른아홉 번 도전했다가 다시 패한 남자에게 칠 윌스가 약을 올린다. 이럴 때의 never learn(절대로 깨닫지 못한다)은 〈언제 철이 들겠느냐〉 또는 〈언제 정신 차리겠어?〉라고 놀리는 말이다.

「황태자의 첫사랑」에서는 하이델베르크 대학에 입학하여 첫날 수업을 받고 와서 화를 내는 에드먼드 퍼돔 황태자에게 개인 교수가 안심을 시킨다.

「You have learned a lot in one day.」
✘ 「언젠간 많은 걸 배우실 겁니다.」

문장을 꼼꼼히 살펴보지 않으면 이런 오역을 범하기 쉽다. one day는 〈언젠가는〉이라는 뜻이지만, 앞에 전치사를 붙여 in one day라고 하면 〈하루 동안에〉라는 말이다. 시제도 원문에서는 현재 완료형이어서 이미 다 끝난 상황을 얘기하는데, 번역문은 미래형 진술이다.

○ 「하루 동안에 많이도 배웠군요.」

시제의 번역을 무시하는 사례가 믿어지지 않을 정도로 많은데, 그래서는 안 되는 이유를 「돌아오지 않는 강」에서 확인해 보기로 하자. 광부들의 천막촌으로 아들을 찾으러 간 로버트 밋첨에게 선교를 하러 온 목사가 개탄한다.

「I expected to find a small trading post, and instead—Sodom and Gomorrah. All because someone has found gold in this earth.」

✘ 「작은 교역소라도 있는 줄 알았는데, 여긴 완전히 소돔과 고모라의 도시라네. 그게 다 사람들이 여기서 금을 찾기 때문이지.」

예문에서 과거 시제인 found를 사용한 두 번째 문장은 〈과거에 누군가 이곳에서 황금을 발견했기 때문에 그 소문을 듣고 사람들이 몰려와서 이런 북적거리고 퇴폐적인 천막촌이 생겨났다〉는 뜻이다. 하지만 그것을 번역문에서처럼 현재 시제로 바꿔버리면, 〈(무작정 찾아왔을지도 모르는) 이 사람들이 요즈음 그리고 앞으로 황금을 찾아낼 터이기 때문에 천막촌이 생겨났다〉는 엉뚱한 의미가 된다. 이렇게 시제를 무시한 번역문은, 물론 얼핏 보기에는 원문과 비슷한 얘기처럼 들릴지 모르겠지만, 인과 법칙의 논리에 취약하다. 지금처럼 사람이 몰려든 상황이라면, 황금을 찾기가 그만큼 반비례해서 어려워지기 때문이다. 시제를 제대로 맞춘 경우와 비교해 보기 바란다.

○ 「(인디언과 백인이 사냥한 짐승의 모피와 담요 따위를 물건끼리 서로 교환하는) 작은 교역소가 있다고 해서 찾아와 보니 — 영락없는 소돔과 고모라잖아요. 그게 다 이곳 땅속에서 누군가 황금을 발견했기 때문이죠.」

시제의 중요성을 잘 보여 주는 예문을 같은 영화에서 찾아보자. 위 대화를 주고받은 다음 겨우 몇 미터 더 가서 밋첨이 아들에 대한 소식을 물어보자, 광부가 정보를 준다. 〈They were here.〉〈(아들과 아들을 데리고 온 사람이) 여기 있었지요.〉

「Were or are?」

✗ 「있었소? 지금 있소?」

〈과거에 있었느냐 아니면 현재도 있느냐〉는 밋첨의 질문을 조금 다듬으면 이렇게 된다.

○ 「왔다가 다시 떠났나요, 아니면 지금도 여기 있나요?」

「누구를 위하여 종은 울리나」을 보면, 내란의 와중에서 동네 사람들을 무자비하게 학살한 아킴 타미로프가, 술에 취해 후회하는 장면이 나온다.

「If I could bring them back to life, I'd — I'd do it.」

✗ 「내가 살릴 수 있었다면 그렇게 했을 거야.」

번역문을 보면 마치 학살 당시(과거)에, 마구 학살을 자행하면서도, 마음 한편으로는 그들을 살려 보고 싶었다는 뜻이다. 하지만 원문에서 타미로프가 한 얘기는 (학살 당시에는 전혀 그런 마음이 없었지만 세월이 흐르다 보니) 이미 죽은 자들을 지금(현재) 또는 언제라도(미래에) 살려 주고 싶은 마음이라는 뜻이다.

○ 「그들을 살려낼 재주만 있다면 난 — 난 기꺼이 그렇게 하겠어.」

lease

"Since he signed his lease at Netherfield, my dear."

✗ 공원을 구입하고 나서부터죠.

☞ 「오만과 편견」(1940)에서 로렌스 올리비에와 벌써부터 잘 아는 사이라고 에드먼드 궨이 아내에게 알려 준다. lease는 〈구입〉이 아니라 〈임대〉(☞ tenant)다. 셋방살이와 집주인의 신분은 차이가 매우 크다.

○ 「네더필드의 임대 계약을 체결한 다음부터라오.」

leave

"I do love visiting it, I always say. It's a great place to visit and it's a nice place to leave."

✗ LA를 싫어하는 건 아니지만, 떠날 때가 되면 좋더라구요.

☞ 「커피와 담배」에서 교만한 영국 배우 스티브 쿠건이 미국 배우 앨프리드 몰리나에게 로스앤젤레스에 대해서 얘기한다. 비꼬는 말에서 숨은 뜻을 찾아내고 그 의미를 제대로 번역하기

란 결코 쉬운 일이 아니다. 위 경우에서처럼 말이다. I do love visiting it에서 do는 love를 강조하는 역할을 하는데, love를 구태여 강조하는 까닭은 진짜로는 love하지 않는다는 반어법을 은근히 암시하기 위해서다. 우리말에서도 〈뭐 사랑하기는 합니다만〉이라고 하면 사실은 〈별로 사랑하지 않는다〉는 의미가 되는 것과 같은 이치다. 이런 숨은 의도는 뒤따라 붙어 나오는 I always say라는 표현에서 더욱 확실해진다. 〈난 늘 이런 소리를 합니다〉라는 말은 〈진심은 당신들이 알 바가 아니지만, 적어도 말은 이렇게 합니다〉라는 뜻이다. 두 번째 문장을 이해하기는 훨씬 더 어렵다. It's a great place to visit이란 〈사람이 눌러앉아 살기에는 그렇지 못하지만, 잠시 방문만 하기에는 대단히 훌륭한 곳〉이라는 뜻이다. 그리고 뒷부분에서 a nice place to leave은 〈떠날 때가 되면 좋아지더라〉가 아니라 〈그런 곳은 떠나는 순간에 속이 후련해진다〉, 즉 〈어서 떠나고 싶은 곳〉이라는 말이다. 우리 속담에서 〈가는 손님 뒷꼭지가 예쁘다〉가 바로 이런 뒷맛을 담은 표현이다.

○ 「그곳을 방문하고 싶다는 말을 난 늘 합니다. 방문하면 대단히 좋은 곳이고 떠나기에도 멋진 곳이니까요.」

「춘희」에서 사랑하는 남자의 장래를 위해 이별을 결심한 그레타 가르보에게 로버트 테일러가 아쉬움을 나타낸다.

「So you're going to leave me.」
× 「날 떠날 거군요.」

leave는 〈오다〉와 〈가다〉라는 상반된 의미를 함께 지니는 come(☞ come)처럼, 쌍방향으로 움직이는 동사다. 그 설명이 간단하지 않으니까, 차근차근 예를 들어 보겠다. 「춘희」 예문에서는 테일러가 입에 올린 leave라는 동사가, 남자의 시각에서 보면, 여자가 분명히 〈떠나간다〉고 해야 옳다. 하지만 여자의 시각에서 보면 같은 행동이 남자를 〈버린다〉라고 의미가 달라진다. 그래서 많은 경우에 leave me는 〈나에게서 떠나간다〉보다 〈나를 버린다〉고 번역하면 잘 맞아떨어진다. 이것은 일종의 역방향 번역(☞ live)이다.

이보다 앞서서 테일러는 가르보에게 이런 부탁을 했었다.

「Don't ever leave me.」
× 「날 절대 떠나지 마요.」

이때도 〈영원히 날 버리지 말아요〉라고 번역했다면 훨씬 자연스러운 표현이 된다. 두 사람이 지금 헤어지게 된 까닭은, 테일러의 아버지 라이오넬 배리모어가 몇 시간 전에 가르보를 몰래 찾아와서, 〈아들의 앞길을 막지 말고 사랑을 포기해 달라〉는 간절한 부탁을 받았기 때문이었다. 그때 배리모어는 이렇게 부탁했었다.

「Leave him.」
× 「그를 떠나요.」

이 말도 〈떠나요〉보다는 〈내 아들을 보내 줘요〉나 〈그 애하고 헤어지기를 부탁해요〉라는 표현이 더 잘 어울린다.

한 가지 꼭 알아 둬야 할 요령은, 남녀 관계 그리고 부부 관계에서 서로 갈라져 leave할 때는, 〈헤어진다〉는 표현이 가장 적합하다는 점이다. 그러니까 테일러의 말은 이렇게 되겠다.

○ 「그러니까 나하고 헤어지자는 얘기로군요.」

「어린 왕자」에서 소년이 죽기 전에 조종사에게 당부한다.

「Please leave me.」

× 「나를 그냥 내버려둬요.」

〈귀찮게 굴지 말고 나를 혼자 내버려 두라〉고 하려면 사람들은 〈Leave me alone〉이라고 꼭 목적격 me에다 부사 alone까지 챙겨 넣어야 안심이 된다. leave me라고만 하면 〈나를 (버리고) 떠난다〉는 헤어짐의 의미가 강해진다고 생각하기 때문이다. 예를 들어 〈He left me〉라고 하면 〈그가 떠났다〉보다 〈나를 버렸다〉라는 원한의 의미로 받아들여지기 때문이다. 명령형인 경우에는 Leave me라고 하면 〈나하고 헤어져〉가 아니라 〈할 얘기가 다 끝났으니 그만 가봐라〉고 하는 의미일 때가 많다. 「어린 왕자」에서 소년이 한 말도 〈나 혼자 조용히 죽고 싶어요〉가 아니라 〈나는 어차피 죽을 몸이니 이제 그만 갈 길을 가보세요〉라는 말이다. 편리한 용법이니 익혀두기 바란다. 그리고 이럴 때는 목적어를 없애고 〈Leave〉라고만 해도 의미가 같으며, 오히려 명령형이 되어 의사 표시가 훨씬 분명해진다.

「바그다드의 도적」(1978)에서 마법사와 점쟁이가 주위 사람들에게 부탁한다. 〈Leave us!〉 〈우리들만 남겨 두고 너희들은 나가라〉는 뜻이다. 다른 장면에서 화살을 맞고 죽은 사람의 시신을 병사들이 치우려 하자 윗사람이 명령한다. 〈Leave it.〉 이번에는 〈(건드리지 말고) 그냥 놔두어라〉라는 뜻이다.

「처녀 여왕」에서는 월터 롤리 경이 하녀에게 〈Leave us〉라고 지시한다. 〈(여왕과 단둘이 얘기하고 싶으니) 우리 두 사람만 있게 해 달라〉는 뜻이다. Don't leave me는 〈나를 버리지 말라〉고 애원하는 뜻이지만, 반대로 Leave me는 〈나하고 헤어져 달라〉는 의미 말고도 이렇게, 〈나 혼자 있고 싶으니 귀찮은 너희들은 자리를 비켜 달라〉는 뜻이 되기도 한다.

「대지진」에서 모터사이클 곡예를 계획하는 흑인 리처드 라운드트리는 빚 독촉을 당해 당구장에서 두들겨 맞고는 돈을 빼앗긴다. 다음 곡예를 준비하는 데 필요한 돈이 10달러가 모자라서 그는 경찰관 조지 케네디에게 꿔달라고 부탁한다.

「That son of a bitch left me ten bucks short.」

× 「저 빌어먹을 녀석이 10달러나 적게 줬어.」

지시 대명사 that은 지칭하는 대상에 눈에 보일 때는 〈저 (빌어먹을)〉라고 하지만, 그렇지 않으면 〈그〉라고 해야 한다. left(leave) me를 〈나를 두고 가버렸다〉로 착각한 모양인데, 여기서는 〈나를 ~한 상태로 만들어 놓았다〉는 뜻이다. 그리고 ten bucks short은 〈적게 준〉 것이 아니라, 〈(수중에서) 10달러가 모자란다〉는 뜻이다.

○ 「그 자식한테 돈을 빼앗기고 났더니 10달러가 모자라.」

「왕자와 무희」에서 섭정 대공 로렌스 올리비에가 반정부 인사들을 마구 잡아들일 계획을 세우고는, 구속 대상자 명단을 아들인 왕에게 보여 준다. 섭정을 축출하려고 음모를 꾸미던 어린 왕이 명단을 훑어보고 나간 다음, 올리비에가 추리한다.

「I wonder who it is I left off this list. There was a name he was looking for and relived to find not there.」

× 「어떤 기준으로 나온 명단인지 궁금하군. 명단에 왕의 친구가 없다니 다행이야.」

상황을 충분히 파악하지 못해서 거꾸로 해놓은 오역이다. 핵심을 이루는 left off(빠트리다)의 의미를 제대로 이해하지 못한 듯싶다.

○ 「내가 누굴 명단에서 빠트렸는지 궁금해. 아들이 어떤 이름을 찾아보았는데, 그 이름이 없으니까 마음이 놓이던 눈치였거든.」

「황야의 7인」에서 총잡이의 삶이 허무한 이유를 열거하다가 스티브 매퀸이 율 브리너에게 묻는다.

「Suppose I left anything out?」

✕ 「뭔가를 남길 수 있을까?」

이 경우의 left(leave) out은 leave off처럼 〈빠트리다〉라는 뜻이다.

○ 「당신 생각에 내가 뭐 빼놓은 거 없어요?」

leg

"The boy flies in like a cannonball. He needs two good legs."

✗ 저렇게 대포같은 애를 잡기 위해선 두 발이 필요해.

☞ 「공중 트라피즈」에서 버트 랭커스터가 애써 키워 놓은 제자 토니 커티스에 눈독을 들이는 곡예사가 곡마단 난장이에게 흑심을 털어놓는다. cannonball은 〈대포알(砲彈)〉이다. 공중 그네를 뛰는 사람은 〈대포알〉처럼 날아가기는 해도, 〈대포〉같이 날아가지는 않는다. legs는 〈발feet〉이 아니라 〈다리〉다. 〈다리나 발이나 그게 그거〉라고 하면 안 된다. 〈발〉은 다리의 작은 한 부분에 지나지 않는다. 두 번째 문장의 번역에서 생략한 good은 생략하면 안 되는 단어다. 랭카스터가 사고로 한쪽 다리를 다치기는 했지만, 아직 두 다리가 다 쓸 만하다. good legs는 그냥 〈두 다리〉가 아니라 〈훌륭한(멀쩡한) 두 다리〉다. 그리고 위 번역문을 보면 마치 두 발로 사람을 잡는다는 말처럼 들린다. 여기서 two good legs는 〈두 다리가 다 멀쩡한〉 사람을 뜻한다.

○ 「저 청년은 대포알처럼 날아 들어오지. 그러니까 (그를 받아 내려면) 짝패는 두 다리가 다 튼튼해야 해.」

「피츠카랄도」에서 돈을 꾸러 간 클라우스 킨스키를 놀리며 쫓아내려는 부유한 농장주(☞ game)에게 아마존 밀림의 포주 클라우디아 카르디날레가 따지는 말이다.

「Then you should know: when you shoot an elephant, he sometimes stays on his legs for ten days before he topples over.」

✕ 「이걸 알아야 해요. 당신이 코끼리를 쐈을 때 코끼리는 당신 다리에 열흘 씩이나 있을 거예요.」

번역문만 읽어 보면 그것이 무슨 말인지 이해하기가 어렵다. 번역을 하는 과정에서 코끼리의 legs(다리)가 주인이 바뀌어, 사람에게로 옮겨 붙은 듯한 인상을 준다.

○ 「그렇다면(큰 짐승을 사냥하는 사람이라면) 당신도 분명히 알겠지만, 코끼리를 총으로 쏘면,

「때로는 쓰러지지를 않고 열흘이나 서서 버티고는 하죠.」

you shoot의 you는 농장주가 아니라, 불특정한 사냥꾼을 의미한다. you의 이런 용법은 배를 사야 한다고 킨스키가 클라우디아를 설득하는 과정에서도 나타난다.

「You will need a big steamboat.」

✗ 「당신은 큰 증기선이 필요하고.」

코끼리의 다리나 마찬가지로, 이번에는 배의 소유권이 번역 과정에서 바뀌었다. 여기서의 you는 아마존 강을 거슬러 올라가려는 모든 사람을 의미한다. 지금 배가 필요한 사람은 밀림에서 창녀들을 거느리고 풍족하게 살아가는 카르디날레가 아니라, 고무를 채취하여 떼돈을 벌고 싶어 하는 킨스키다.

legend

"Now then, Adam, is this one of your legendary ampules?"

✗ 자, 아담, 이게 자네의 그 전설적인 앰플이 맞나?

☛ 「대양」에서 난파선의 유일한 생존자인 일라이 월락을 찾아간 로버트 쇼가 약병을 보여 주며 묻는다. legendary는 〈터무니없는〉 또는 〈소문으로만 떠도는 황당한〉이라는 뜻이다.

○ 「그러니까, 아담, 이게 자네가 늘 헛소리를 하던 그 주사약 병인가?」

legion

"You are wealthy now. World-famous, and a member of the Legion of Honor."

✗ 넌 이제 부자야. 세계적으로 유명하지. 당의 일원이기도 하지.

☛ 「에밀 졸라의 생애」에서 오랜 친구인 폴 세잔이 프로방스로 떠나기 전에 에밀 졸라에게 결별하는 이유를 밝힌다. legion of honor(명예의 군단, 프랑스어로는 la Légion d'honneur)는 정치적인 집단이 아니다. 1802년에 나폴레옹 1세가 제정한 〈레지옹 도뇌르 훈위(勳位)〉는 프랑스인 뿐 아니라 세계 각국의 존경받는 인물들에게도 수여하며, 우리나라 기업인 중에도 받은 사람이 있다.

○ 「자넨 돈을 많이 벌었어. 세계적인 명성도 얻고, 레지옹 도뇌르 훈장도 받았지.」

let

"Let it go, Quint."

✘ 퀸트씨, 가게 둬요.

☛ 「죠스」에서 장구통 릴에 걸린 큰 물고기를 로버트 쇼가 좀처럼 끌어올리지 못하자, 포기하라고 리처드 드레이퍼스가 권한다. 영어로는 다 같이 let it go라는 표현을 쓰지만, 우리말로는 상황이 크게 다른 두 가지 경우가 있다. 하나는 잡히지 않은 상태에서 대상(물고기나 사람 등)이 어디론가 가더라도 쫓아가 잡지 말고 그냥 방치하는 상황이고, 여기에서는 일단 붙잡은 고기를 〈놓아준다〉는 뜻이다.

let은 leave나 마찬가지로, 〈내버려 두다〉라는 개념으로부터 벗어나기가 어려운 단어여서, 번역할 때 어색한 표현이 자주 나온다. 젊은 여자와의 늦사랑 때문에 비참하게 몰락하는 남자의 생을 그린 「황혼」에서, 로렌스 올리비에가 처자식을 거느린 남자라는 사실을 알고 실망한 제니퍼 존스가 부탁한다.

「Let me go.」

✘ 「가게 놔두세요.」

번역문은 《(나를) 보내 주세요》라고 부탁하는 것이 아니라, 마치 제3자에 대해서 하는 얘기처럼 들린다. 〈나를 붙잡지 말아요〉라거나, 더 발전하여, 〈이래 봤자 아무 소용도 없어요〉라고 옮기면 무난하겠다.

「성탄절 휴가」에서는 경찰관의 총을 맞고 숨을 거두기 직전에 진 켈리가 아내 데이아나 더빈에게 당부한다.

「You can let go now, Abigail.」

✘ 「이젠 당신도 자유야.」

의역을 시도한 좋은 번역이다. 그러나 속에 담긴 뜻이 약간 다르다. let go는 눈에 보이는 그대로 번역하면 〈가게 내버려 두라〉는 말로서, 체념이나 수용을 통해 〈마음을 비우다〉라는 의미를 갖는다. let go는 많은 경우에 〈이제는 훌훌 털어 버려도 괜찮아〉라고 번역하면 알아듣기가 쉽다. 진 켈리는 살인을 저질러 착한 아내의 속을 계속 썩였고, 그래서 〈나 같은 못된 인간에 대한 집착도 이제 내가 죽게 되었으니 잊어버리도록 해〉라는 뜻으로 그런 말을 했다. 그러니까 상대방을 해방시켜 준다는 뜻보다, 아내 스스로 망각하여 새 삶을 찾으라고 처방해 준 셈이다.

○ 「이제 당신은 마음을 놓아도 되겠어, 애비게일.」

「케인호의 반란」에서 밤늦게 클럽으로 찾아온 해군 소위 로버트 프랜시스에게 여가수 메이 윈이 빈정거린다.

「I'm surprised your mother let you out.」

✘ 「어머님이 왠 일로 오셨어?」

낮에 거행된 임관식에 왔던 프랜시스의 어머니를 두고 한 얘기 같지만, 사실은 어머니 앞에서 꼼짝도 못하는 프랜시스를 비꼬는 말이다. 멀쩡한 목적어를 무시한 결과로 빚어진 오역이다. your mother(당신 어머니)가 out(나들이)를 했다고 역자가 오해한 모양이다. out한 주체는 사역 동사 let(하게 내버려 두다)의 목적어 you다. let out은 흔히 개나 고양이가 집밖으로 나가도록 〈풀어 준다〉는 뜻으로 쓰인다.

○ 「(이 늦은 시간에나마 나를 찾아오도록) 어머니가 당신을 놓아주셨다니 놀라운 일이로군요.」

level

"Listen, Ann, I'm on the level. No funny business."

✘ 들어봐요, 앤, 나는 공인이오. 장난으로 출항하는 것이 아니오.

☛ 「킹콩」에서 내일 출항을 해야 하는데 아직 마땅한 여배우를 구하지 못한 영화감독 로버트 암스트롱이 길거리에서 만난 페이 레이에게 주연을 맡아 달라고 부탁한다. 레이가 의심하는 눈치를 보이자 암스트롱이 예문에서처럼 다짐한다. 영어 대사와는 거의 연결이 되지 않는 자유분방한 번역이다. 〈공인(公人)〉은 교육자나 정치인처럼 〈공적인 일에 종사하는 사람〉인데, 원문에서는 그런 단어가 전혀 보이지 않는다. level을 〈(높은) 직위〉라고 착각하지 않았나 싶다. on the level은 〈정직하게〉 또는 〈공평하게〉라는 뜻으로서, I'm on the level이라고 하면 〈숨김없이 솔직하게 말하겠다〉는 정도의 뜻이다. no funny business는 〈수상한 짓은 하지 않겠다〉는 말이다. 그러니까 암스트롱의 말은, 영화에 출연시켜 준답시고 혹시 이상한 짓이나 하지 않을까 의심하는 레이를 안심시키기 위해, 〈절대로 나쁜 의도는 없으니까 날 한번 믿어 달라〉고 호소하는 내용이다.

○ 「이봐요, 앤, 난 정직한 사람이라니까요. 아무런 흑심이 없다고요.」

liable

"I'm liable to shoot me a gypsy."

✘ 집시를 쏴야 해요.

☛ 「누구를 위하여 종은 울리나」에서 계곡에 정부군 기병대가 나타났는데, 눈앞에 닥친 위기를 알지 못하는 집시 유격대원이 사냥한 토끼 두 마리를 손에 들고 다른 쪽에서 나타나 신이 나서 달려온다. 기가 막힌 개리 쿠퍼가 노인 유격대원에게 권총을 넘겨준다.

「Here, hold this for me.」

✗ 「이렇게 잡고 있어.」

〈For what?〉(왜요?)

우선, 말투부터 살펴보자. 수염이 허연 노인 유격대원은 한눈에 봐도 칠순이나 팔순의 나이인데, 쿠퍼에게 꼬박꼬박 존댓말을 하는가 하면, 대학 강사였던 젊은 미국인 쿠퍼는 반말을 한다. 그리고 여기에서처럼 한마디 할 때마다 반말과 존댓말이 제멋대로 바뀌고는 한다. 여러 다른 영화의 경우에도 사람들이 말투의 번역을 가볍게 다루거나 무시하는 까닭은 아마도 (원문에서는 문제가 되지 않는) 반말과 존댓말의 차별화가 추가적인 부담이라고 느껴져서 자신의 소임이 아니라는 심리적인 방어 기제가 작동하기 때문이 아닐까 싶다. 하지만 그런 식의 책임 회피는 단순한 이기심의 소산이다.

hold this for me에서 for me(나를 대신하여)는 〈권총을 내가 가지고 있으면 안 된다〉는 뜻이어서, 번역문에서처럼 〈이렇게 잡고 있어〉라고 시범을 보이려는 지시문이 아니다. 노인은 〈왜 내가 대신 권총을 들어야 하는지〉 알 길이 없어서 그 이유를 물어보고, 예문은 노인에게 쿠퍼가 한 설명이다. 번역문 〈집시를 쏴야 해요〉는 논리적으로 납득이 가지 않는 상황이다. 권총이라면 아무래도 쿠퍼가 훨씬 더 잘 쏠 텐데, 왜 팔순 노인에게 사살하라는 지시를 내리는가? 더구나 총을 쐈다가는 정부군 기병대에게 유격대원들이 잠복한 위치가 탄로날 텐데 말이다. 그리고 아무리 기다려도 노인이 집시를 쏘는 다음 행동이 발생하지는 않는다.

liable to는 responsible for(책임을 져야 하는, ~할 의무가 있는, ~를 감당하는)와 같은 의미지만, 대부분의 경우 어떤 나쁜 방향에서 〈~하려는 성향이 강한〉이라는 뜻으로 쓰인다. 눈앞에 보이는 집시를 the gypsy라 하지 않고 부정 관사를 써서 a gypsy라고 한 까닭은 〈저 (특정한) 집시〉가 아니라, 〈집시 한 놈〉이라는 혐오감을 드러내기 위해서였다. 그리고 역자에게는 아마도 shoot me a gypsy라는 대목이 가장 이해하기 힘든 부분이었을 듯싶다. shoot me는 〈나를 쏘다〉가 아니라 〈~을 쏴 잡아서 나에게 바친다〉는 뜻이다. 대단히 흔한 구어체 화법이지만 문법적으로 설명하기가 매우 어려운 구문이다. 비슷한 용법으로는 win me a dollar(1달러를 따서 내가 갖겠다) 따위의 문장인데, 그냥 감으로 이해하기 바란다.

○ 「(내가 수중에 권총을 가지고 있다가는 아무래도) 집시 한 놈 작살을 내게 생겨서 그립니다.」

그러니까 〈살인이 나지 않게, 내 권총을 영감님이 맡아 달라〉는 부탁의 말이다.

liar

"You are a liar!"

✗ 사기꾼!

☞ 「천국의 나날들」에서 오빠라고 하던 리처드 기어가 사실은 아내의 애인이라는 사실을 눈치 채고 농장주 샘 셰퍼드는 브룩 애덤스에게 화를 낸다. liar(거짓말쟁이)라고 해서 모두가 〈사기꾼〉은 아니다. 애덤스와 기어가 저지른 짓은 〈속여 먹기〉 수준이지, 범죄에 해당하는 〈사

기〉의 차원에는 이르지 않는다.

---

liberty

"I took the liberty of removing it."

✘ 내가 자유롭게 해줬어요.

☞ 「데이비드 카퍼필드」에서 가혹한 교장의 명령으로 주인공은 〈개처럼 물어 댄다〉는 글이 적힌 쪽지를 등에 달고 다닌다. 카퍼필드의 친구 스티어포드가 그 쪽지를 찢어 버리고는 교장에게 대들면서 한 말이 예문이다. take the liberty of(~한 자유를 행사하다)는 실례인줄 알지만 〈무례하게도 ~한 짓을 제멋대로 한다〉는 뜻이다. 〈허락도 없이 제가 그걸 떼어 버렸습니다〉라는 말이다.
「케인호의 반란」에서 새로 부임한 함장 험프리 보가트가 군기를 잡기 위해 복장을 제대로 갖추라고 부하들에게 명령한다.
「Men not wearing a helmet or life jacket will be docked three-days' liberty.」
✘ 「철모나 구명자켓을 안 한 자는 모두 3일 억류다.」
동사 dock은 〈(특권이나 혜택을) 빼앗다〉 또는 〈삭감한다〉는 뜻이다. liberty는 군대 용어로, 육군에서는 〈휴가furlough〉를, 그리고 해군에서는 〈상륙 허가〉를 뜻한다.
「철모를 쓰지 않거나 구명조끼를 착용하지 않은 장병은 3일간의 상륙 허가를 박탈하겠다.」
그래도 별로 소용이 없자 나중에 보가트는 처벌을 훨씬 강화한다.
「There will be no liberty for any crew member for three months.」
✘ 「3개월간 전원 자유 박탈이다.」
○ 「3개월 동안 어느 누구도 상륙을 허락하지 않겠다.」

---

library

"What a delightful library you have at Pembly, Mr. Darcy."

✘ 멋진 도서관을 두셨군요.

☞ 「오만과 편견」에서 친구의 여동생 프리다 이네스콧이 환심을 사려고 로렌스 올리비에의 비위를 맞춘다. 〈펨블리〉는 올리비에의 저택 이름이다. 집에 마련한 library는 〈도서관〉이 아니라 〈서재〉라고 한다. 공공 기관이나 개인이 마련한 소규모 library는 〈도서실〉이다.
○ 「펨블리의 서재에는 훌륭한 장서가 가득하더군요, 다씨 선생님.」

license

"Have I got a license? Just the greatest license in the world, poetic license."

✘ 특허를 받았냐구요? 세상에서 가장 훌륭한 말 만들어 내기 특허를 받았죠.

☛ 「갈채」에서 고달픈 도시인들에게 길거리에서 꿈과 희망을 나눠 주는 〈약장수〉 빙 크로스비가 단속을 나온 경찰관에게 따진다. 〈특허〉는 어떤 제품의 생산이나 판매에 대한 권리를 독점하고 보호하기 위한 장치다. 영어로는 patent라고 한다. license는 자동차를 운전한다거나, 집회를 개최한다거나, 영업 행위 따위를 위해서 받아야 하는 〈허가〉다. poetic license(창조적인 자유)는 작가가 작품을 쓰면서, 형식이나 방법 뿐 아니라, 역사적인 사실 따위도 자유롭게 왜곡하고 변형시키는 〈창작의 자유〉를 뜻하는 문학 용어다. coinage(새로운 단어 만들기)보다는 훨씬 포괄적인 개념이다.

○ 「허가를 받았냐고요? 세상에서 가장 위대한 허가, 상상력의 허가를 받았죠.」

lick

"You don't know when you are licked."

✘ 뭔가가 몸을 핥지 않았어요?

☛ 「작은 거인」에서 전문 사기꾼 마틴 발삼과 그의 조수로 일하던 더스틴 호프만이 마을 사람들에게 붙잡혀 곤욕을 치른다. 막대기에 손발이 묶인 채로 거꾸로 매달린 호프만이 〈살다 보면 이런 사소한 곤경은 당하게 마련〉이라고 천연덕스럽게 말하는 발삼에게 예문에서처럼 따진다. 구어체로 lick은 〈혼내 주다〉나 〈(싸움 따위에서) 이기다〉라는 뜻이며, be licked는 반대로 〈~에게 당하다〉나 〈패배하다〉 또는 〈쫄딱 망하다〉라는 말이 된다.

○ 「그렇게 당하고도 정신을 못 차리는군요.」
그 말을 듣고 발삼이 반박한다.
「Licked? I am not licked. I'm tarred and feathered, that's all.」
✘ 「핥아? 나한테는 타르를 칠하고 깃털만 붙이던데.」
tar and feather는 서양에서 죄를 지은 사람에게 공개적으로 망신을 주기 위해 온몸에 끈끈한 tar를 바른 다음 닭털 따위를 지저분하게 붙여 끌고 다니는 풍습을 뜻한다.
○ 「당하다니? 난 안 당했어. 타르와 깃털을 뒤집어썼을 뿐이지.」

lie

"It took more nerves than most for you to lie there and wait for them."

✘ 당신이 거기 누워서 그들을 기다린 당신의 용기는 정말 대단했습니다.

☛ 「옴브레」에서 폴 뉴먼을 도와 산적과 싸우고 온 마부 마틴 발삼에게 프레드릭 마치가 고마워한다. 성경에는 lie in wait for his heel이라는 표현이 나온다. 인간은 뱀의 머리를 밟으려 하고 뱀은 인간의 발뒤꿈치를 물려고 한다는 대목에 나오는 말인데, 이것을 〈뱀이 인간의 발뒤꿈치를 물려고 누워서 기다린다〉고 번역한 셈이다. 무엇인가를 공격하려고 〈누워서〉 기다리는 뱀을 본 적이 있는가? 적과 전투를 벌이거나 잠복할 때는 전방을 주시하며 상대방의 동태를 파악해야 한다. 그러나 누워서 기다리면 하늘밖에는 볼 수가 없다. 발삼은 계속 〈엎드려서〉 기다렸다. 영어로 lie는 〈눕다〉뿐 아니라 〈엎드린다〉는 뜻도 있다.

○ 「그곳에 잠복해서 그들을 기다린 당신의 용기는 참으로 대단했습니다.」

「인디아 송」에는 이런 번역 대사가 나온다. 〈그녀는 정원에서 팔을 괸채 누워 있었어요. 그녀는 땅에 괸 팔로 얼굴을 받치고 있었어요.〉 〈땅에 괸 팔로 얼굴을 받치고 누워 있다〉는 자세라면, 해부학적으로 불가능한 묘기에 해당되겠다. EBS의 「코알라 탐정 아치볼드」 〈엉터리 소방대〉 편에서는 이런 대사가 나왔다. 〈아치볼드, 왜 거기 누워 있는 거야?〉 아치볼드는 불붙은 도화선을 도끼로 끊으려고 허겁지겁 달려가다가 엎어진 상태였다. 언젠가 텔레비전을 보니, 우리나라 경매에 나온 반 고흐의 그림 〈Lying Cow〉를 〈누워 있는 소〉라고 번역하여 자막을 내보냈다. 소나 말이 발라당 누운 모습을 본 적이 있는가? 그림에는 〈엎드린 소〉가 한 마리뿐이었다.

「백주의 악마」에서 혐의가 가는 관련자들을 모아 놓고 명탐정 에르퀼 뿌아로가 통쾌하게 사건을 해결하는 장면을 보기로 하자. 모든 사람의 알리바이가 완벽하여, 살인 혐의를 받을 만한 인물이 아무도 없다.

「We had undeniably a body. Which meant that somebody was lying.」

✘ 「여러분이 발견한 시체는 결국 다른 사람이었습니다.」

somebody was lying을 〈다른 사람이 죽어서 누워 있다〉라고 착각한 모양이다. 하지만 lie는 〈거짓말하다〉라는 뜻도 있다.

○ 「분명히 시체는 발견되었습니다. 그것은 누군가 거짓말을 했다는 뜻입니다.」

이 영화의 번역에서는 lobster도 〈가재〉라고 했다. 개울에서 사는 crayfish(가재)하고 최고급 요리인 〈바닷가재〉는 큰 차이가 난다. 〈숭어mullet〉와 〈송어trout〉처럼 비슷비슷한 동식물 이름의 구별을 소홀히 하는 습성도 번역가로서는 하루라도 빨리 탈피해야 할 결함이다. 〈사자〉를 영어로 big cat이라고도 부른다고 해서, lion을 〈큰 고양이〉라고 하면 어떻게 되겠는가? 부부 싸움을 하다가 한 사람이 던진 glass도 「백주의 악마」에서는 〈유리 조각〉이라고 했는데, 아마도 〈유리 잔glass〉이 맞는 번역일 듯싶다. 우발적으로 부부 싸움을 벌이는 사람들이 언제 어디서 유리 조각을 구해 두었다가 던지는지, 상황의 현실성이 없기 때문이다. 그리고 flirting을 〈사랑〉이라고 번역한 대목도 나온다. 못된 〈바람피우기〉와 착한 〈사랑〉은 〈가재〉와 〈바닷가재〉 만큼이나 차이가 난다. 뿐만 아니라 three hours를 〈몇 시간〉이라고 번역한 곳도 나온다. 「백주의 악마」는 애거타 크리스티 원작에 앤서니 셰이퍼가 극본을 맡았다. 자막에서는 〈샤퍼〉라고 잘못 표기한 셰이퍼는 『탐정』이라는 작품이 우리나라에 소개된 극작가다. 그리고 그와 쌍둥이인 피터 셰이퍼는 『블랙 코미디』와 『에쿠스』로 우리나라에서도 대단히 유명한 영국 극작가다. 이런 정도의 작품이라면, 더구나 알리바이가 몇 분의 시간차와 미세한 상황의 변화에 좌우되는 추리물이라면, 구성도 정밀하고 빈틈이 없으며, 대사가 톱니바퀴처럼 맞물리는 짜임새가 생명이다. 사소한 말 한 마디의 실수가 범인이 잡히는 단서가 되는 영화에서 three hours를 〈몇 시간〉이라고 해서는 안 될 일이다.

「꿈이 지나간 자리」의 첫 장면에서 아들 헨리 토마스가 자리에 누워서 혼잣말을 한다.

「I can feel myself lying... in my bed... in my room...」

✗ 「거짓말을 하는 것 같다. 침실과, 방에서……」

거짓말을 〈침실〉과 〈방〉에서 한다는 사실이 어째서 영화의 첫 대사가 될 만큼 중요할까? 영화가 끝날 때 보면, 회상을 끝낸 주인공은 아직도 그의 방, 그의 침대에 그대로 누워 있다. 그리고 그가 처음에 한 말은 〈내 방…… 내 침대에…… 누워 있는 나 자신을 나는 의식한다〉라는 뜻이다.

lieutenant

"Permit me to introduce myself. Lt. André Duvalier, the Fifth Chasseur."

✗ 제 소개를 하겠습니다. 5연대 앙드레 듀발리에 중령입니다.

☞ 「공포」에서 프랑스군 장교 잭 니콜슨이 외딴 성의 보리스 칼로프 남작을 처음 만난 자리에서 자기소개를 한다. 프랑스어 chasseur는 영어로 chaser로서, 〈사냥꾼〉이나 〈추격자〉 또는 〈전투기 조종사〉를 뜻한다. 여기에서는 적을 추격하기 위해 신속하게 움직이는 〈경보병(輕步兵)〉이나 〈경기병(輕騎兵)〉을 의미한다. 〈연대regiment〉에 관해서는 army 항과 brigade 항 그리고 Fusiliers 항을 참조하기 바란다.

lieutenant(약어는 lieut. 또는 Lt.)는 미군의 경우 first lieutenant(중위)와 second lieutenant(소위)에 대한 통칭이어서, 앞뒤 내용을 살펴봐야 어떤 계급인지 확실해지는 까다로운 단어다. 영국과 프랑스에서는 중위를 뜻한다. 미국과 영국의 해군에서는 대위를 lieutenant라고 한다. 그러니까 프랑스 군인인 잭 니콜슨은 절대로 중령이 아니다. 영어로 중령은 lieutenant colonel이며, 줄여서는 colonel이라고 하지, 절대로 lieutenant가 아니다. 그럼에도 불구하고 영화가 끝날 때까지 니콜슨은 우리말로 〈중령〉 행세를 계속한다. 계급 사칭에 해당되는 중대한 범죄 행위다.

「여인의 향기」를 보면 군대의 계급을 잘 모르는 명문 고등학교의 크리스 오도넬 학생이 알 파치노를 처음 만나는 자리에서 〈Lieutenant〉라고 불렀다가 당장 불호령을 맞는다. 〈Lieutenant colonel! Twenty-six years on the line.〉([중위가 아니라] 중령이야! 26년 동안이나 복무했다고.) 장교로 임관하면 단 한 시간만 복무해도 계급은 lieutenant(소위)다. 26년 경력의 중령이 화를 낼만도 하다.

「지옥의 전장」을 텔레비전에서 방영했을 때는, 로버트 와그너가 야전 병원으로 리처드 위드마크를 위문하러 와서 책을 선물로 전한다. 〈무슨 선물이냐〉니까 와그너가 설명한다. 〈For pullin' me out of the drink at Tarawa.〉(중위님이 타라와에서 [바다에 빠진] 제 목숨을 구하셨다고요.) 이와 같이 전투 부대의 경우에는, 계급보다 직위로 병사들이 상관을 부르는 관습에 따라, 〈중위〉보다는 〈소대장〉이 적절하겠다. 「플래툰」에서도 마을 수색을 마치고 철수하라면서 분대장이 〈You heard the lieutenant(중위님 얘기 들었잖아)〉라고 소리칠 때처럼 〈중위님〉이라는 호칭이 자주 나오는데, 우리 군대에서는 부하가 소대장을 계급으로 호칭하는 불손한 경우가 없다.

「개선문」에서 셰헤라자데 클럽의 지배인에게 잘못 보이지 말라고 샤를 부아이에가 조심을 시키자 문지기 루이스 캘헌은 오히려 큰소리를 친다.

「Captain Alid? He was a lieutenant in Tsar's Guards and I was a lieutenant colonel.」

✗ 「알리드는 중령이었지만 난 대령이었다구.」

Captain Alid라는 호칭은 지배인이 예편할 당시의 계급이 대위captain였음을 나타낸다. 하지만 Tsar's Guards(러시아 황실 근위대)에서 복무할 당시에는 알리드가 그보다 한 계급 낮은 중위first lieutenant나 그보다도 낮은 소위second lieutenant였고, 캘헌은 그보다 적어도 세 계급이 높은 중령lieutenant colonel이었다. 영화가 끝날 때까지 계속해서 캘헌 중령은 오역 덕택에 대령 노릇을 한다.

life

"What do you want with me? Go back to life. Please."

✗ 내게 원하는 게 뭐요? 당신 삶으로 돌아가요.

☞ 「심야의 탈주」를 보면, 빈사 상태에 이른 제임스 메이슨이 광장에서 드디어 캐틀린 라이언을 만나지만, 살아날 희망이 없음을 깨닫고 여자를 보내려고 한다. 원문에는 〈당신you, your〉이라는 말이 없다. 〈당신(의) 삶〉은 상대방이 지금까지 살아온 〈삶life〉을 의미한다. 그러나 메이슨은 그녀가 곧 죽게 될 자신의 곁에 함께 있다가 경찰의 총을 맞고 죽으면 안 되고, 그러니까 〈생명life〉을 보존하기 위해 살아남을 사람들의 세계로 돌아가라고 권한다.

○ 「나한테 왜 이래? 죽으면 안 된다고. 어서.」

MBC-TV의「출발! 비디오 여행」에서는 큰 물고기를 〈해외 비디오〉로 보여 주며 이런 번역 해설을 내보냈다. 〈인생보다 거대한 것이죠.〉 larger than life는 〈인생보다 크다〉가 아니라 〈실물(또는 실제)보다 크다〉는 뜻이다. 어떤 인물의 명성이나 소문 따위가 과장되었다는 의미로 그런 표현을 쓴다. 이렇게 life는 〈삶〉과 〈생활〉과 〈인생〉 뿐 아니라, 〈실물〉이나 〈실제〉라는 의미도 된다.

EBS 「자연다큐멘터리」〈생명의 기원〉 편에서는 〈해파리의 생명 주기〉에 관한 해설이 나왔다. 〈생명 주기(生命週期)〉라는 우리말이 있었던가? 〈바닷속의 작은 킬러들〉 편에서는 〈등해파리의 생활 주기는 밝혀지지 않았습니다〉라는 설명도 나왔다. 〈생활 주기〉란 또 무엇일까? 하루의 일과표? 아니면 〈생명 주기〉의 다른 표현일까? life cycle은 우리말로 〈한살이〉라고 한다.

「조나던」에서는 방랑자 갈매기가 〈스승 갈매기를 더 일찍 만났더라면 좋았겠다〉고 새로 사귄 갈매기에게 아쉬워한다.

「What a different life I would have had. What a different life the flock back there would have had.」

× 「내 인생이 달라지고 동료들의 인생도 달라졌을 텐데.」

같은 단어 life라고 해도 적용되는 대상에 따라 말이 달라진다. 갈매기들의 삶은 〈인생(人生, 인간의 삶)〉이라고 하기 어렵다.

○ 「내 삶은 얼마나 달라졌을까. 고향 친구들의 삶은 또 얼마나 달라졌겠고.」

「동물의 세계」 계열의 영상물에서 동물의 population을 물고기의 〈인구〉 또는 새의 〈인구〉라는 식으로 자주 번역하는데, 〈인구(人口)〉는 〈사람의 수〉를 나타낸다. 동물의 population은 대부분의 경우 〈개체수〉라고 해야 맞는다. 도마뱀의 〈인구〉는 갈매기의 〈인생〉이라는 배합만큼이나 어색하다. 「프로페셔널」에서는 클라우디아 카르디날레를 구출하러 간 사람들에게 배달부가 알려 준다. 〈그 여잔 내 염소 우유로 자라다시피 했으니까요.〉 〈우유(牛乳)〉는 〈소의 젖〉이다. 염소의 젖은 〈염소젖〉이다.

「암흑가의 탄흔」에서 출옥하는 헨리 폰다에게 교도소 소장이 경고한다.

「You are a three-time loser. A fourth conviction, according to the laws of this state, means life sentence.」

× 「자넨 별을 세 개나 달았어. 네 번째 유죄 판결을 받으면 자넨 이 주의 법에 따라 사형을 받게 돼.」

life sentence는 〈사형〉이 아니라 〈종신형〉이고, 〈종신범〉은 lifer라고 한다. 종신범은 살고, 사형수는 죽는다. 죽기와 살기는 하늘과 땅 차이다.

「애천」에서는 〈미국으로 가서 치료를 받지 않으면 살기 어렵다〉는 의사의 말을 듣고 노작가 클리프톤 웹이 묻는다.

〈There isn't any preparation for death sentence, is there?〉〈사형 선고를 받고 나면 어떤 준비를 할 겨를도 없겠죠?〉

「There is a lifetime.」

× 「종신형이란 것도 있습니다.」

종신형은 lifetime이 아니라 life sentence다. lifetime은 〈수명〉, 〈생애〉, 〈필생〉이어서, 의사가 한 말은 〈죽음을 준비하는 기간은 평생 걸린다〉라는 뜻이다.

lift

Air Lift for Burgundy

✘ 버건디 공중 순찰

☞ 「핌리코행 여권」에 나오는 신문 기사의 제목이다. air lift라니까 〈공중에 떠서 돌아다니다〉라는 식으로 이해한 듯싶다. air lift는 요즘은 airlift라고 한 단어로 붙여서 쓰며, 군사 용어로 〈공수(空輸)〉라는 뜻이다. 영화에서는 독립을 주장하다 영국 정부로부터 단전, 단수, 봉쇄를 당한 마을을 돕기 위해 사람들이 우유와 돼지까지 〈공수〉한다. 제2차 세계 대전 이후 소련군의 점령지 한가운데 위치했던 독일의 베를린을 소련에서 봉쇄했던 무렵에도 비슷한 사태가 벌어졌었다. 이때 미군은 식량과 다른 필수품을 수송기로 실어다 투하했을 뿐 아니라, 아이들에게 줄 초콜릿까지 꼬마 낙하산에 매달아 내려 보내고는 했다. 이 대공수 작전을 The Big Lift라고 한다.

○ 버건디 공수 작전

like

"What are girls like that like?"

✘ 저런 여자가 뭐가 좋아?

☞ 「에덴의 동쪽」에서 놀이터에 간 제임스 딘의 주위를 배회하는 멕시코 여자가 신경에 거슬린 줄리 해리스가 묻는 말이다. like가 겹쳐 복잡해 보이는 문장이지만, what are the girls like(여자들은 어떤가)와 the girls like that(저런 여자들)이라고 잘라 놓고 보면 이해하기가 쉽다. 어떤 문장을 이해하고 번역할 때는 전체를 이렇게 개념의 덩어리로 분리시키는 요령이 필요하다.

○ 「저런 여자하고 놀면 어때?」

「백주의 결투」를 보면, 술집에서 춤추는 여자의 딸인 제니퍼 존스가 술집 밖에서 사내아이들을 모아 놓고 춤을 추는 꼴을 보고 마을 남자가 비웃는다. 〈Like mother like daughter.〉(엄마랑 똑같구나.) 〈똑같다〉는 말이 맞기는 하지만, like가 두 번 들어가면 그냥 똑같다는 말이 아니라 〈엄마에게서 그대로 물려받았다〉는 뜻이다. like father like son이 우리말로 〈부전자전

(父傳子傳)》이며, 거기에서부터 like mother like daughter와 같은 유사한 표현이 새끼를 쳤다.
「애심」에서 뉴욕 센트럴 파크 카지노 악단의 단장으로 성공한 타이론 파워의 초대를 받아 저녁 식사를 하며 파워의 아버지가 묻는다.

「Eddy, is it like this every night here?」
✕ 「얘야, 항상 이렇게 바쁘니?」

〈바쁘니?〉에 해당하는 단어가 원문에는 없다. 이 질문을 하면서 아버지는 웨이터가 따라 주는 샴페인에서 눈을 떼지 못한다. 파워의 부모는 루마니아에서 이민을 온 가난한 사람들이고, 잠시 후에 파워는 그들이 고생하며 키워 준 데 대해서 진심으로 고맙다는 말을 한다. 그리고 아버지의 질문을 받고 아들은 이렇게 대답한다. 〈A party all the time.〉(언제나 파티를 하는 기분이죠.) 이렇게 앞뒤 상황과 시각적인 정보를 종합하면, 아버지는 아들이 바쁜지를 묻는 것이 아니라, 〈언제나 이렇게 호화판이냐?〉고 감탄하는 장면이다. 그러니까 〈바쁘다〉는 설명을 덧붙이지 않고 차라리 원문을 충실하게 번역하는 편이 나을 뻔했다.

◯ 「에디, 여기서는 밤이면 밤마다 이런 식이니?」

「크로스 크리크」에서 작가로 성공하려는 꿈을 버리지 못하고 오지로 소설을 쓰러 들어온 메어리 스틴버겐의 해설이다.

「I had been trying to write stories that I thought would be most likely to sell.」
✕ 「나의 고민은 어떻게 하면 잘 팔리는 소설을 쓸까 하는 것이었다.」

형용사 like(~와 같은)의 부사형인 likely(~할 만한)는 가능성을 나타낸다. likely는 대부분의 경우 〈좋은〉 일이 이루어질 가능성을 뜻하는 반면에 liable(☞ liable)은 반대로 〈불길한〉 쪽으로 쓰인다. 여주인공의 고민은 잘 팔리는 소설bestseller을 쓰려는 것이 아니라, 〈출판이 될 가능성이 가장 많은 작품〉을 쓰는 것이다.

「카라마조프의 형제들」에서 추악한 아버지를 증오한다는 아들 리처드 베이스하트에게 리 J. 콥이 묻는다.

「Your brother, is he more to your liking?」
✕ 「형 말이냐? 너랑 닮은 구석이 있니?」

명사 liking(좋아함, 기호)을 like(~와 같은)과 같은 말이라고 생각한 듯싶다. 모양이 비슷하다고 해서 의미도 같으리라는 생각은 위험하다. to one's liking은 〈~의 마음에 들다〉라는 뜻이다.

◯ 「그렇다면 너는 (나보다) 네 형이 더 좋다는 말이냐?」

「성처녀」에서는 신참 수녀 제니퍼 존스에게 기거할 방을 보여 주며 고참 수녀가 묻는다. 〈The cell is not to your liking, Marie-Bernarde?〉(방이 마음에 안 드나요, 마리-베르나르 수녀님?)

L

line

"Congratulations! Have you seen the lines of the box office?"

✘ 흥행순위 봤나요?

☛ 「프로듀서」에서 연극 공연이 대성공을 거두자 술을 쟁반에 담아 가지고 들어온 연출자가 신이 나서 외친다. 아마도 〈박스 오피스〉라는 〈우리말〉에 너무 익숙한 나머지 box office의 진짜 의미를 간과했던 모양이다. 원문은 〈매표소 앞에 늘어선 줄들을 봤나요?〉라는 뜻이다. 좀 더 자연스럽게 표현하자면 〈극장 앞에 몰려든 인파를 봤나요?〉다. box office의 본디 의미를 파악하지 못하면, line(줄)처럼 쉬운 단어까지 덩달아 오역하게 된다.

「공격」에서 리 마빈 대대장을 위해 마련한 포커를 하는 자리에 잭 팰런스 소대장이 모습을 보이지 않자 에디 앨버트 중대장이 잔소리를 한다. 〈He's been getting a little out of line lately.〉(그 친구 요즘 종종 빠지는구먼.) out of line(줄에서 벗어난다)를 〈빠진다〉로 발전시킨 해석이다. 이해의 방향은 옳지만, 여기서는 단순히 〈모임에서 자꾸 빠진다〉기보다는 〈행동이 삐딱하게 나간다〉는 의미가 훨씬 강하다. 팰런스 소대장은 비겁한 앨벗 중대장을 죽이고 싶을 정도로 미워한다.

literary

"To tell you the truth, colonel, I'm a bloody literary genius."

✘ 솔직히 말하자면, 난 말 그대로 천재죠.

☛ 「처칠납치작전」에서 특공대로 차출된 대학교수 도널드 서덜랜드가 시를 낭송한 다음 로버트 두발에게 자랑하는 말이다. 역자는 literary를 literally로 착각한 모양이다.
○ 「솔직히 말하자면요, 대령님, 난 진짜 문학의 천재라고요.」

litter

"So, gentlemen, a female rat can have up to 12 litters a year, and anything up to 14 per litter, the young being born blind and helpless 22 days — 22 days, gentlemen, after contact."

✘ 앞을 못보는 약한 쥐의 새끼는 교미후 22일만에 태어납니다.

「왕쥐」를 보면, 포로수용소에서 쥐를 잡아 번식시켜 사슴고기로 속여 팔려는 조지 시걸 상병에게 영국군 중위 제임스 폭스가 쓸 만한 정보를 제공한다. 내용을 5분의 1쯤으로 줄여서 요약해 놓은 꼴인데, 문장의 구조가 복잡해서 번역을 잘못한 듯 보이지만, 아마도 litter라는 단어 하나를 제대로 파악하지 못해서 빚어진 오역이겠다. litter는 동물의 〈한배 새끼〉, 그러니까 위 예문에서는 〈쥐가 한 번에 낳는 새끼의 수〉를 뜻한다.

○ 「그러니까, 제군들, 쥐는 암놈 한 마리가 1년에 열두 차례 새끼를 까는데, 한 번에 열네 마리까지도 낳으며, 교미를 한 다음 22일 만에 — 제군들은 믿기 어렵겠지만, 겨우 22일 만에 눈도 못 뜨고 힘없는 새끼들이 태어납니다.」

little

"I will have to go to the little girls' room."

✗ 가야 할 시간이로군요.

☞ 「고소공포증」에서 같이 술을 마시던 매들린 칸이 멜 브룩스에게 양해를 구한다. the little girls' room(어린 여자아이의 방)은 〈여자 화장실〉이다. 〈변소 갔다 올께요〉라고 말하기가 멋적어서 go to powder one's nose(콧등에 분을 바르러 간다)라는 식으로 둘러댄 변명이다. 여기서 little은 girl에게 호감을 보이며 애칭처럼 붙여 준 형용사다.

「분노의 강」에서는 줄리아 애덤스의 어깨에 박힌 화살촉을 제거한 다음 증기선의 선장이 칭찬한다.

「She's a nice little lady. Real purty too.」
✗ 「연약한 아가씨잖소. 강인한 구석도 있지만.」

위 번역문을 보면, 같은 여자에 대해서 〈연약한〉과 〈강인한〉이라고 상반되는 표현을 적용했다. 텔레비전 사람들이 즐겨 사용하는 〈부드러운 카리스마〉〈물렁물렁한 강인함〉라는 표현처럼 모순된 화법이다. 그런데 막상 원문에는 그런 두 가지 표현이 없다. 인디언과 맞서 총질을 하며 싸우다 화살을 맞는 상황을 지켜보면 애덤스는 〈연약한〉이라는 성품과는 거리가 멀다. nice little은 〈마음씨가 착하고 귀여운〉이라며 호감을 보이는 흔한 표현이다. 두 번째 문장의 too는 〈거기다가〉라면서 칭찬을 한 마디 더 얹어 주는 장치이며, real purty는 real pretty를 소리 나는 대로 적은 말이다. real pretty는 〈강인한 구석〉이 아니라 〈마음씨 좋은 아가씨잖아요〉에 덧붙여 〈거기다가 진짜 미인이기도 하고요〉라는 뜻이다.

live

"Can't figure it out — you work a lot of time to pay off your house, you finally own it, and no one to live in it."

✘ 평생 뼈빠지게 일해서 집을 장만한 다음 융자금을 다 갚고 나면 죽을 때가 된다고들 하지.

☞ 「세일즈맨의 죽음」에서 두 아들이 다 컸다는 아내 밀드렛 던녹의 말을 듣고 리 J. 콥이 우울해진다. no one to live in it은 〈주인이 죽는다〉는 암시가 아니라, 융자금을 다 갚고 드디어 〈기껏 내 집이 되고 나면 그때는 다른 사람(자식)들이 다 집을 떠나게 된다〉는 뜻이다.

○ 「알다가도 모를 노릇이 — 할부금을 내느라고 오랜 세월 일을 해서, 마침내 집을 소유하게 될 때쯤엔, 그 집에서 살아야 할 가족이 다 없어진단 말이야.」

「춘희」에서 임종을 앞두고 병상에 누워 지내는 그레타 가르보가 그녀를 찾아온 로버트 테일러의 친구에게 진심을 털어놓는다.

「That's what I'm waiting for. That's why I live.」

✘ 「그게 내가 기다리는 거야. 연명하는 이유고.」

사랑하는 테일러의 장래를 고려하여 억지로 이별하기는 했지만, 가르보는 지금 숨을 거두기 전에 그가 그녀에게로 돌아오기를 간절히 바란다. 그가 돌아오는 것이 그녀가 〈연명하는 이유〉다. 하지만 〈연명(延命)〉은 〈없는 살림에 초근목피로 겨우 목숨만 부지한다〉는 상황에 어울리는 말이지, 여기에서처럼 간절한 심정을 담지는 못한다. That's why I live는 〈그런 이유 때문에 나는 살아〉다. 하지만 어딘가 표현이 어색하다. 이런 경우에 사람들은 흔히 진행형으로 문장을 바꿔 무엇인가 힘을 실어 주려고 한다. 〈그래서 나는 살아가는 거야〉나 〈그래서 나는 살아 있어〉라고.

그래도 어딘가 어색하다. 바로 이런 경우에 다루기 어려운 단어를 반대편에서 보고, 역방향으로 접근하여, 거꾸로 번역하는 요령이 필요하다. live(살다)와 정반대의 의미인 우리말 단어 〈죽다〉를 가지고, 그것을 부정문으로 만들어 번역하는 방법이다. 〈그래서 난 죽으면 안 돼〉나 〈그래서 난 죽을 수가 없어〉라고 말이다. 〈살아〉라는 두 글자의 단어를 〈죽으면 안 돼〉라는 세 단어로 늘여 놓으면 문장이 길어지고, 그래서 관객이 자막을 읽어 내는 데 시간이 훨씬 더 많이 걸린다고 고지식한 계산을 하면 안 된다. 조금 길더라도 정확하고 매끄러운 문장은, 의미가 분명하지 않고 흐름이 자꾸 막혀 눈이 주춤거려야 하는 문장보다, 훨씬 빨리 읽힌다.

「월 스트리트」에서 노조 위원장으로 열심히 살아온 마틴 신이 내부 정보를 이용하여 주식 투자를 하는 아들 찰리 신에게 충고한다. 〈Stop going for the easy buck and produce something with your life.〉(쉽게 돈을 벌려는 생각을 집어치우고 생산적인 삶을 살도록 해라.) produce something with your life는 〈네 인생을 원자재로 삼아서 무엇인가를 생산하라〉는 의미다. 그리고 이렇게 덧붙여 말한다.

「Create, instead of living off buying and selling of others'.」

✗ 「남의 것을 사고 팔지 말고 자기 것을 창조해.」

번역문을 보면 마치 〈남의 물건을 사고팔기〉라는 말처럼 들리지만, others'가 others' lives의 줄임꼴이기 때문에, 원문은 〈타인들의 인생을 사고팔아가며 기생충처럼 살아가지 말고〉 스스로 가치를 창조하라는 충고의 말이다. live off는 〈~에 기대어 살아간다〉나 〈빌붙어 산다〉는 뜻이다.

「아이거 빙벽」에서 술을 마시러 가는 길에 과속 운전을 하는 조지 케네디에게 클린트 이스트우드가 걱정스럽게 말한다.

「I hope I'll live to see it.」

✗ 「보고 싶어 죽겠어요.」

live to see는 〈~를 보게 될 때까지 살아 남는다〉는 뜻이다. 그러니까 예문은 《이렇게 자네가 과속을 하면 (술집에) 도착할 때까지 내가 과연 살아 있기나 할지 걱정스럽다》는 말이다. 〈보고 싶어 죽겠다〉고 하려면 〈I'm dying to see it〉이라고 해야 옳다.

loin

"My new Rome shall spring from the loins of fire — a twisting, writhing, breathing flame."

✗ 내 새로운 로마는 사자의 불꽃으로 일어날 거야. 앙탈과 몸부림 모두 불 속에서 사라지지.

☞ 「쿠오 바디스」에서 네로 황제가 로마에 불을 지를 계획을 신하들에게 설명한다. 글자를 잘못 본 모양인데, loin(사타구니)은 lion(사자)이 아니다. loin은 생식기가 위치한 부분이다. 네로는 더러운 군중의 도시 로마에 불을 지를 생각이고, 그러면 그 불의 〈사타구니〉에서 새로운 로마가 태어난다. 문장의 뒷부분에서는 앞에서 언급했던 fire를 flame(불길)으로 다시 설명하는데, 그 불길의 모습이 〈구불거리고twisting〉, 〈몸부림치고writhing〉, 〈내뿜는다breathing〉.

○ 「뒤엉키고, 꿈틀거리고, 솟구치는 불길 — 불꽃의 사타구니에서 내가 창조할 새로운 로마가 탄생하리라.」

lone

"The rugged boy from the Lone Star State…"

✗ 론스타 시에서 온 억센 사나이……

☞ 「육체와 영혼」을 보면 마지막 권투 시합에서 진행자가 도전자를 예문에서처럼 소개한다. 〈론 스타〉는 〈시city〉가 아니고 〈주state〉다. 아마도 미국의 여러 주 가운데 그런 이름이 보이지 않아서 역자가 〈시〉로 강등시킨 모양인데, Lone Star는 텍사스의 별명이다. 텍사스가 미국으로부터 독립을 꾀하던 시절의 깃발에 별을 하나만 그려 넣어서 붙은 이름이다. Lone Star의 lone(☞ alone)은 〈홀로〉 또는 〈하나뿐인〉이라는 뜻이다. 이 단어도 물론 사전을 찾아보기만 했더라면 확인이 가능했으리라. 사전에는 웬만한 고유 명사를 모두 등재해 놓았으므로, 낯선 고유 명사가 나타나면 꼭 찾아보는 습관을 들여야 한다. 우리나라에서 IMF 사태 당시 외환은행 매각 문제로 유명해진 론스타 회사도 보나마나 텍사스의 재벌이 설립한 회사이리라는 짐작을 하기가 어렵지 않다.

「갈채」에서 술 중독으로 폐인이 된 빙 크로스비를 다시 무대에 세우려고 윌리엄 홀든이 제작자를 설득한다.

「Look, Cookie, this isn't The Student Prince or Blossom Time. You never saw Lonesome Town.」

✗ 「쿠키, 이봐요, 이번엔 전과는 다른 작품이라구요. 당신들은 〈Lonesome Town〉을 못 봤군요.」
Lonesome Town은 우리말이 물론 아니고, 한글조차 아니다. 이것은 witch 항에서 지적했듯이 유선 방송이 남용하는 음차의 단계를 넘어, 번역의 의무를 방기한 차원이다. 두 번째 문장의 2인칭 you는 단수와 복수가 같지만, 여기서는 〈당신들〉이 아니라 〈당신〉이라고 해야 한다. 홀든은 지금 제작자 한 사람을 상대로 열심히 설득하는 중이고, 곁에 서 있던 피아노 연주자는 Lonesome Town의 공연에 직접 참여했었다는 사실이 불과 몇 초 후에 밝혀진다. 그리고 〈이번엔 전과는 다른 작품〉이라는 표현도 오해를 불러일으킨다. 마치 〈과거의 시시했던 작품들보다 훨씬 훌륭하다〉는 말인 듯싶지만, 곧 나오는 설명을 들어 보면, 흥행의 성공 여부가 다소 부담스러운 offbeat(실험적) 희곡이다.

◯ 「이봐요, 쿠키, 이건 〈황태자의 첫사랑〉이나 〈꽃피는 시절〉(처럼 대단한 정통 뮤지컬)하고는 다른 작품이라고요. 당신은 (크로스비가 주연을 맡았던) 〈고독의 도시〉를 한 번도 본 적이 없잖아요.」

결국 설득에 성공하여, 크로스비의 연기를 제작자 앤서니 로스에게 선보이려고 무대에 세우며, 홀든이 공연할 작품의 성격을 크로스비에게 알려 준다.

「Frank, this is an offbeat kind of show. It's a dramatization of The Land Around Us.」

✗ 「프랭크, 〈The Land Around Us〉의 일부분을 극화한 특별 쇼라고 생각하세요.」
offbeat show(박자가 맞지 않는 공연물)는 〈특별 쇼〉가 아니라, 《원칙과 상식을 벗어난》 색다르고 엉뚱한 실험적 작품》이다. 〈일부분〉이라는 말도 원문에는 나오지 않는다. 어떤 소설을 영화나 무대극으로 만들 때는 작품 전체를 극화한다. 물론 해롤드 로빈스의 베스트셀러 『야망』(☞ carpetbagger)이 서부극 「네바다 스미드」뿐 아니라, 연예계의 속사정을 다룬 「위대한 욕망」의 원작이 되었고, 어떤 문학 작품의 한 부분만 확대하여 극화하는 예외적인 경우도 없지는 않지만, 원칙적으로는 원작 전체를 살려 낸다. 이 영화에서도 마찬가지다. 극중극 『우리들 주변의 땅』(직역한 제목)은 서부를 개척하는 사람들의 고뇌와 환희를 다룬 소설로서, 영화 「갈채」는 이 희곡의 〈일대기〉를 따라간다. 그런데도 우리말로 이름조차 붙여 주지 않는다면 그것은 작품 속의 작품에 대한 제대로 된 예우가 아니겠나. 그래서 필자 나름대로 제목까지 번역해 보았다.

○ 「프랭크, 이건 좀 특이한 작품이에요. 〈개척자들의 땅〉을 무대극으로 꾸몄죠.」
제작자 로스는 크로스비의 연기를 직접 확인하고 나서도 마음이 내키지를 않아 주역으로 발탁하기를 거부하고, 홀든이 끝내 화를 낸다.
「Someone once took a chance with an actress named Laurette Taylor in The Glass Menagerie, and look what she did.」
✗ 「로레트 테일러라는 여배우와 같이 공연도 했는데, 그녀가 누구인지 모르시나요?」
주어가 무엇이고 동사의 목적어가 무엇인지 마구 헷갈려 뒤엉켜 버린 오역이다. 로레트 테일러는 많은 사람들이 당대 미국 최고의 여배우로 손꼽았고, 영화에서도 활약했지만, 1930년대에 술 중독으로 몰락해서 활동을 중단했다가, 세상을 떠나기 1년 전인 1945년에 테네시 윌리엄스의 「유리 동물원」(1944)으로 신화적인 재기에 성공했다. 크로스비는 테일러와 같은 무대에 섰던 적이 없고, 두 사람이 겪은 상황이 비슷하기 때문에 홀든이 사례로 삼아 그녀의 이름을 언급했을 따름이다. 「유리 동물원」은 「황태자의 첫사랑」보다도 유명한 작품이어서, 지금까지도 우리나라에서 꾸준히 무대에 오르고는 하지만, 이 영화에서는 그 제목 역시 〈번역〉은커녕 아예 빼먹었다. 내용을 알면서 필요에 따라 부득이하게 문장을 줄이는 경우, 그리고 아예 몰라서 어떤 대목을 빼먹고 건너뛴 경우는 그 흔적이 현저하게 다르다. 이해를 못해서 생겨난 구멍을 오역으로 덮어 버리려고 하지를 말고, 인터넷과 참고 도서와 관련된 자료를 뒤져 일단 충분히 이해한 다음에, 그제야 문장을 정리하는 습관이 바람직하다.

○ 「전에 누군가는 〈유리 동물원〉에서 로레트 테일러라는 여배우를 발탁하는 모험을 했는데, 그녀가 어떤 일을 해냈는지 생각해 보라고요.」
크로스비가 몰래 술을 마시러 간 야간 업소에서는 여가수가 손님들에게서 신청곡을 받는다.
「How about 〈Love and Learn〉?」
✗ 「〈Love and Learn〉은 어때요?」
영어를 그대로 둔 단어가 한글로 옮긴 단어보다 더 많다. 그리고 어느 손님이 두 번째 노래를 신청한다.
「Jackie, 〈The Pump Song〉.」
✗ 「재키, 이번에는 〈The Pump Song〉 부탁해요.」

---

long

"It's going to be a long day, Phillipe."

✗ 오늘 하루는 길 거예요.

☞ 「몰락한 우상」에서, 외교관의 어린 아들과 함께 창문을 통해 길거리를 내려다보면서 대사관

집사 랄프 리처드슨이 걱정한다. 모든 〈하루〉는 24시간 다 똑같다. 길거나 짧은 하루는 따로 없고, 기분에 따라 힘들면 길게, 그리고 즐거우면 짧게 느껴질 따름이다. long은 흔히 힘겹고, 슬프고, 따분하고, 지겹다는 뜻의 형용사로 쓰여서, long face(긴 얼굴)는 〈우울한 표정〉이라는 뜻이다.

○ 「오늘 하루는 고되겠어요.」

「페기 수의 결혼」에서는 〈She has come a long way〉라는 대사가 나온다. 번역을 〈많은 변화를 겪었다〉라고 했는데, 이 특정한 경우에는 〈크게 성공했다〉는 뜻이었다.

「캐프리콘 1」를 보면, 화성에 도착한 세 명의 우주 비행사가 저마다 아내와 통화를 하도록 도와주면서 관제소가 지시한다.

「Okay, go ahead. But keep it short. Remember, this is long distance.」

✕ 「알겠다. 아직은 먼 거리니까 대화는 짧게 부탁한다.」

옛날 전화 사정이 어땠는지를 모르는 젊은 번역인이 범한 실수이겠다. long distance는 〈장거리 전화〉다. 교환대를 거쳐 연결되던 장거리 전화는 통화료가 일반 전화보다 훨씬 비쌌고, 그래서 관제소에서는 농담 삼아 비용을 거론한다. 〈먼 거리〉는 관사를 넣어 a long distance라고 해야 한다.

look

"One of these mornings, she's gonna wake up and find her looks are gone."

✕ 어느 날 아침 일어나서, 자신도 이제 늙었다는 걸 느낄 거야.

☛ 「7년만의 외출」에서 아들과 함께 여름휴가를 떠난 아내에 대해서 톰 이웰이 혼잣말을 한다. 틀린 번역은 아니지만, 복수형으로 만든 looks는 늙은 〈나이〉보다는 젊은 〈얼굴〉, 즉 〈용모〉나 〈미모〉를 뜻한다.

○ 「어느 날 불현듯, 옛날 아름다운 모습이 사라져 버렸다는 사실을 깨닫겠지.」

「브릿지 부부」에서는 친구로부터 인생에 대한 충고를 듣고 답답해진 조앤 우드워드가 맥주를 마시는 남편 폴 뉴먼을 보고 못마땅해 한다.

「Well, look at you. Drinking beer.」

✕ 「뭐해요? 맥주 마시는군요.」

나열된 단어들만 살펴보면 그런 말이지만, 사실은 그보다 훨씬 심각한 내용이다. 〈Well〉(저런)에서 이미 실망감이 나타나고, 〈look at you〉는 〈뭐해요?〉라고 단순히 묻는 말이 아니라 〈당신 꼬락서니 참 한심해서 못 봐주겠다〉는 의미. 아내의 목소리와 억양에서 그런 요소가 분명히 나타난다.

○ 「꼴 보기 좋군요. 맥주나 마시고 앉아 있는 꼴이 말예요.」

「갈채」에서는, 연극이 뉴욕에서 흥행에 성공하자, 윌리엄 홀든이 분장실로 가서 그레이스 켈리에게 알린다.

「Looks to me he's made it.」

✗ 「이제 나를 봐요.」

look(s) to me를 원초적으로 옮긴 오역이다. 〈나를 봐요〉는 look to me가 아니라 look at me다. it looks to me에서 가주어를 생략한 형태다. make it은 〈그 일에서 성공한다〉는 뜻이다. 우리나라 연예계에서는 〈뜬다〉는 표현이 여기에 해당한다.

○ 「내가 보기엔 남편께서 성공을 거둔 것 같군요.」

lose

"In dreams, you will lose your heartaches."

✗ 꿈속에서는 당신의 걱정거리들도 잃어버리죠.

☞ 「신데렐라」에 나오는 (꿈과 희망을 주제로 한) 노래다. 〈걱정〉은 잃지 않고, 잊는다. 번역에서는 영어에 대한 이해에 못지않게 정확한 우리말의 구사력이 필요하다. 맞춤법은 기본이다.

○ 「꿈속에서는 아픈 마음이 사라진답니다.」

「코만체로스」를 보면, 존 웨인이 (도박에서 진 다음부터 사이가 나빠진) 판사에 관한 얘기를 하자 텍사스 순찰대장이 맞장구를 친다.

「He never was a good loser.」

✗ 「그는 진 적이 없어요.」

He never was a loser라면 〈그는 한 번도 진 적이 없다〉이지만, good이 들어가면 의미가 정반대로 뒤바뀐다. 판사는 도박판에서 질 때마다 〈치사하게 지는 사람〉이다. loser는 〈지는 사람〉이며, good loser는 예를 들어 선거에서 결과에 깨끗하게 승복하며 상대방을 축하해 주는 〈멋진 패배자〉인 반면에, bad loser는 우리나라 정치꾼들처럼 경선에 불복하고 상대방을 비방하면서 다른 정당으로 넘어가 〈적과의 동침〉과 배신을 일삼는 〈못된 패배자〉다.

「경가 딘」을 보면, 절친한 전우 더글라스 페어뱅크스 주니어가 결혼을 위해 제대하는 것을 막으려고, 빅터 맥라글렌이 갖가지 꾀를 쓰다가 결국 성공한다. 페어뱅크스는 속았다고 화를 내지만, 맥라글렌은 아랑곳하지 않는다. 〈Be gallant in defeat, Sergeant.〉 DVD에서는 번역을 빼먹고 뛰어넘은 이 대목에서, gallant가 〈용감한〉이라는 단순한 뜻이라고 생각하는 사람이 많겠지만, 그보다는 〈신사답고 사나이다운〉 덕목을 의미한다. 〈패배를 하더라도 호쾌하게 행동하라〉는 말은 〈bad loser가 되지 말라〉는 뜻이다. bad loser는 sore loser(배 아파 하는 패배자, 신경질 내는 패배자)라고도 한다.

「꿀맛」에서 귀찮게 구는 리타 투싱햄을 엄마의 애인이 꾸짖는다.

「Now, go on, get lost.」

✗ 「제발 길이라도 잃어버려.」

lost(lose)가 〈길을 잃다〉라는 뜻도 있다는 생각에 억지로 꿰어 맞춘 번역이겠다. get lost는 〈눈앞에서 사라진 상태가 되어라〉는 말이어서, 〈(꼴 보기 싫으니) 꺼져〉라는 뜻이다.

○ 「그래, 어서 눈앞에서 사라지라니까.」

「밤을 즐겁게」에서도 버스 운전사가 자꾸 타라고 재촉하니까 약간 술기운이 남은 가정부 델마 리터가 소리친다.

「Get lost!」

✗ 「세상에.」

이것 역시 자꾸만 추근거리는 운전사가 싫어 다음 차를 타겠다는 뜻으로 〈네 모습이 사라지게 해(그냥 가)!〉라는 소리다.

「프렌치 커넥션」을 보면, 마약을 숨긴 차를 추적하며 다리를 건너다가 진 해크먼의 뒤통수에 대고 동료 형사가 소리친다. 〈He's gettin' too far ahead. You're gonna lose him.〉(거리가 점점 더 멀어져. 이러다간 놓치겠어.) lose (sight of) him은 미행이나 추적을 하다가 〈그 사람(의 모습)이 시야에서 사라진다〉는 말이다. 반대로 누가 뒤에서 따라올 때 《(상대방이 나를 보지 못하게 될 정도로) 따돌린다》고 할 때도 똑같이 lose him이라는 표현을 쓴다.

lovesick

"And I went after you, like any lovesick half-baked boy would do."

✗ 그리고 난 사랑하는 사람처럼 따라갔지.

☛ 「백주의 결투」를 보면, 아내 릴리언 기시가 임종하는 자리에서 과거를 뉘우치며 라이오넬 배리모어가 고백(예문)한다. 아무리 공간이 부족하여 간추려 놓았다고 해도 너무 심했다는 생각이다. 원문에 넘치던 북받치는 감정이 전혀 전달이 되지 않는다. 이런 감정 말이다.

○ 「상사병에 걸린 어떤 반푼이라도 다 그랬겠지만, 그래서 난 당신을 쫓아갔던 거라고.」

luck

"My brother is a — very lucky man."

✗ 저희 형님은 아주 행운의 남자입니다.

☛ 「카라마조프의 형제들」에서, 맏형 율 브리너와 결혼하려고 기차로 도착한 클레어 블룸에게

첫눈에 반한 리처드 베이스하트가 고백한다. 〈아주 행운의 남자〉라는 표현이 어색하게 여겨지는 까닭은 〈very=아주, luck=행운〉이라는 쳇바퀴를 벗어나지 못한 옹색함 때문이다. luck이라는 영어 단어를 보면 무작정 〈행운〉에만 매달리지 말고, 보다 친숙한 우리말인 〈복〉도 동원하여 〈형은 참 복도 많은 남자로군요〉라고 해보면 보다 우리말다운 표현이 되겠다. 이렇게 〈사소한 차이〉를 자꾸 소홀히 하다 보면 이른바 〈번역체〉라는 어색한 문장이 나온다.

「케인호의 반란」에서 해군 사관 학교 임관식을 맞아 곧 전쟁터로 떠날 신임 장교들에게 교장이 격려의 말로 축하 연설을 끝낸다.

「Good luck and good hunting.」

✕ 「행운을 빈다.」

전시 상황에서는 〈무운(武運)을 빈다〉고 하지, 〈행운〉을 빌지는 않는다. 「남태평양」에서 관측 보고를 받고 출격하는 전투기들에게 정찰기 조종사가 〈행운을 빈다〉고 한 말도 〈무운을 빈다〉가 상황에 제대로 어울리겠다. good hunting은 〈적을 열심히 사냥하라〉는 말처럼 들리지만, 그냥 〈무운을 빈다〉는 말을 강조(☞ hunt)한 표현으로 이해하면 되겠다.

「벅시」에서는 이런 기사의 제목이 신문에 실렸다.

〈Mob Hunts Un-Lucky's Stool Pigeon〉

✕ 〈갱들이 밀고자를 찾고 있다〉

stool pigeon은 사전에서 찾아보면 〈밀고자squealer〉라고 나와 있다. 물론 경찰에게 정보를 제공하는 〈밀고자〉라는 의미가 없지는 않지만, 여기에서처럼 〈똘마니〉나 〈앞잡이〉라고 쓰는 경우도 적지 않다. 그러니까 두목 대신 앞장서서 일하는 행동대원 같은 존재가 stool pigeon이다. 그렇다면 위 기사제목에서는 mob(폭력 조직)이 노리는 대상은 Un-Lucky고, 그를 잡기 위해 우선 〈앞잡이〉를 추적한다는 뜻이겠다. 그런데 정작 중요한 Un-Lucky는 번역에서 슬그머니 빠져 버렸다. 이 기사가 실린 신문을 보여 주며 하비 카이텔은 〈찰리는 이 밀고자 때문에 감옥에 갈 게 분명해〉라고 말한다. 그렇다면 Un-Lucky가 〈찰리〉라는 소리다. 이 영화에서 라스 베이거스 개발 계획에 참여하여 벤 시겔과 늘 마찰을 일으키는 실존 인물의 이름은 찰리 루치아노이며, 그의 별명이 〈럭키 루치아노Lucky Luciano〉다. 영화에서 그는 궁지에 몰린 처지고, 그래서 신문에서는 그의 별명 Lucky를 Un-Lucky라고 장난스럽게 개명한 것이다. 범죄영화가 워낙 많다 보니 영상 번역을 하려면 알 카폰, 럭키 루치아노, 존 딜린저 등등 암흑가의 유명한 인물들에 대해서는 웬만한 상식을 갖춰야 한다. 역사와 군사, 미국의 서부 개척 시대와 제2차 세계 대전의 여러 전투, 서양의 전설과 민화, 그리고 수많은 여러 분야에 걸친 박식한 지식은 번역에서 언어 자체에 대한 이해 못지않게 중요하다.

「황금연못」에서는 헨리 폰다와 낚시에 정신이 팔려 있던 더그 맥키온 소년이 점심을 준비해서 호수로 나온 캐더린 헵번에게 말한다. 〈This is supposed to be a secret fishing place.〉(여긴 비밀 낚시터예요.) 그랬더니 헵번이 웃으며 말한다.

「Lucky guess.」

✕ 「행운을 빈다.」

두 사람의 대화가 서로 맞아떨어지지 않는 까닭은 번역자의 이해 부족 때문인 듯싶다. 우선 첫 번째 예문에서는 supposed to가 〈~이어야 옳다〉는 의미여서, 〈여긴 비밀 낚시터인 줄 알았는데 어떻게 알고 찾아왔나요〉라는 가벼운 놀라움을 나타낸다. 헵번이 한 말도 〈행운을 빈다〉는 의미가 아니라, 시험을 볼 때 연필 굴리기 따위로 〈그냥 찍었는데 재수가 좋아서 우연히 정답을 맞췄다〉는 뜻이다. 물론 헵번은 이곳 호수의 지리에 대해서는 소년보다 훨씬 잘 안다. 그러니까 소년의 대사를 〈우리가 여기 있다는 걸 어떻게 알았어요?〉라고 번역한 다음, 헵번의 대답을 〈그냥 찍었지〉라고 한다면 대화의 흐름이 매끄러워지리라는 생각이다.

lunch

"Maybe you ate, but you didn't have lunch."

✘ 먹었는지 몰라도 점심은 아니지.

☛ 「선샤인 보이스」에서 심술궂은 원로 희극 배우 월터 매타우가 대리인으로 일하는 조카 리처드 벤자민더러 점심을 먹으러 가자고 한다. 벌써 먹었다고 해도 막무가내다. EBS에서 방영했던 이 영화의 번역은 완벽에 가까운 수준이었지만, 예문은 말꼬리를 물고 늘어지는 뉘앙스를 다른 언어로 옮기기가 얼마나 어려운지를 설명하기 위해서 제시한 사례다. eat은 〈살기 위해서 끼니를 때웠다〉, 그리고 lunch는 〈제대로 격식을 갖춘 식사〉라고 차별화한 대사다. 조금만 더 윤색을 했더라면 좋았겠다.

○ 「먹기는 했는지 몰라도 식사는 아니었겠지.」

lynch

"I do that, the members will lynch me."

✘ 그럼 신도들이 날 고문할 거요.

☛ 「콜드 마운틴」에서 흑인 노예에게 임신을 시킨 목사가 그녀를 살해하지 말라는 주드 로에게 자신의 입장을 설명한다. lynch는 고문이 아니라, 법 절차를 거치지 않고 교수형을 시키는 것을 의미한다. 한때(1960~70년대) 우리나라에서는 외래어인 〈린치〉를 〈사형(私刑)〉이라는 뜻으로 써서, 가정부를 아줌마들이 구타하면 신문에 〈린치를 가했다〉는 기사가 실려 외국인들을 경악케 했었다. 한국에서는 여주인이 하녀를 마음대로 교수형까지 시키는 줄 알았을 테니, 얼마나 놀랐을지 쉽게 상상이 간다.

○ 「내가 그렇게 하면, 신도들이 내 목을 매달 텐데요.」

machine

"Mean Machines."

✘ 사나운 인간 팀.

☞ 「교도소 풋볼팀」에서 죄수들로 구성된 미식축구단이 운동장으로 나오는 사이에 확성기에서 소개(예문)가 뒤따른다. machine은 기본적인 의미 〈기계〉 말고도 〈기구〉나 〈기관〉, 〈파벌〉 따위의 〈조직〉을 뜻하는가 하면, 여기에서처럼 사람을 지칭하는 표현으로도 쓰인다. 자주 눈에 띄는 표현이지만 war machine(전쟁 기구)은 army(군대)를 멋지게 부르는 구호성 명칭이며, 1970년대 대단한 인기를 끌었던 음란 소설의 제목 『러브 머신 Love Machine』은 〈기계처럼 사랑하는 사람〉이라는 뜻이며, 〈love(sex)로 끝내주는 여자〉가 주인공이었다. mean machine이라면 〈고약한 놈들〉 정도의 의미다. 운동선수들에게 〈사나운 인간들〉이라는 명칭은 지나칠 정도로 고상한 인상을 준다. 더구나 교도소에 수감된 선수들이라면 〈더러운 자식들〉이라고 해도 좋겠다. 어휘에는 계급이 있고, 모든 표현은 격에 맞아야 맛이 난다. mean machine에 관하여 한 가지 더 언급하고 싶은 점은, 두 단어가 모두 m으로 시작하여 두운(頭韻, alliteration)을 이룬다는 것이다. 영어에서는 작품의 제목이나 별명 또는 노랫말 등에서 수많은 두운이 애용되는데, 예를 들면 마릴린 몬로라는 예명도 mean machine과 마찬가지로 MM으로 두운을 맞춘 이름이다.

「갈증」에서 첫 남자와의 잘못된 관계로 인하여 낙태를 하고는 아기를 못 낳게 되고, 그래서 술에 중독된 여자가 기차 여행을 하면서, 남편에게 쉴 새 없이 떠들어 댄다.

「I prattle on like a machine gun. It's because I'm afraid of silence.」

✘ 「전 정말 수다스러워요. 침묵이 두렵기 때문이죠.」

그런데 이 대사에서 뿐 아니라, 여주인공이 계속해서 늘어놓는 얘기가 번역문에서는 그리 〈수다〉스럽게 느껴지지를 않는다. 번역을 지나칠 만큼 간결하게, 수다스럽지 않게 했기 때문이다. 예문에서는 like a machine gun을 생략했으므로, 원문보다 번역문이 당연히 간결해졌다. 그렇다면 역자는 왜 〈기관총처럼〉 수다스럽다는 비유를 생략했을까? 아마도 〈기관총처럼 수다스럽다〉는 표현이 우리말로는 자연스러워 보이지 않아서 그랬는지도 모른다. 하지만 우리말에도 like a machine gun이라는 비유가 엄연히 존재한다. 〈따발총처럼 떠들어 댄다〉는 표현이 그것이다.

Macy's

"I see you work for Macy's."

✘ 당신은 마시에서 일하는군요.

☛ 「젊은 사자들」에서 징집위원장이 유대인 청년 먼고메리 클리프트를 면담하는 장면이다. 이 영화에서는 교유 명사의 번역(☞ Atlantic [City], Caribbean)에 대한 취약함이 여러 곳에서 드러난다. 클리프트가 맡은 역 Ackerman(애커맨)을 〈애크만〉, 말론 브랜도가 맡은 역 Diestl(디스틀)을 〈디스텔〉이라고 한다거나, Streicher(스트라이커)를 〈스트라이처〉라고 하는 식의 사소한 처리가 곳곳에서 무성의해 보인다. 고유 명사도 엄연한 단어이며, 어떤 인명이나 지명은 (상식적인 배경에 대한 이해까지 필요로 해서) 일반 어휘보다 때로는 훨씬 번역이 어렵다. 「34번가의 기적」에서 주요 무대 노릇을 하는 〈메이시(스)〉 백화점은 뉴욕에서 자유의 여신상만큼이나 유명한 명소다.

madam

"I am not a madam. I am a concierge!"

✘ 난 부인이 아니라 관리인예요.

☛ 「프로듀서」에서 건물의 관리인에게 존칭어를 쓰느라고 제로 모스텔이 〈마담〉이라고 불렀더니, 여자가 화를 낸다. 번역해 놓은 대사만 가지고는 왜 (문지기 노릇을 하는) 여자가 화를 내는지 이해가 가지 않는다. 〈수위〉나 〈관리인〉을 〈부인〉이라고 불러 주면, 그것을 모욕적이라고 느껴야 하는 이유가 무엇인지를, 번역에서 전혀 의미가 전달되지 않기 때문이다. 관리인 여자는 〈마담〉을 〈포주〉라는 말(☞ dame)로 생각했고, 그래서 (같은 프랑스어 계열의 단어일지라도) 처음 듣는 단어라 훨씬 멋지게 여겨지는 concierge라는 표현을 선호한다. 이런 경우라면 불가피하게 외래어라도 써야 하지 않을까 싶다. 우리나라에서도 〈마담〉이라는 단어가 비슷하게 타락했으니까 말이다.

○ 「난 마담이 아녜요. 관리인이라고요!」

made

"Mama! Look here! White silk. ⟨Made in Rome.⟩"

✘ 엄마! 실크예요. ⟨메이드 인 로마!⟩

☞ 「지난여름 갑자기」에서 캐더린 헵번의 아들로부터 옷을 물려받기로 한 조카가 찾아와 옷장을 뒤지다가 머세데스 매켐브릿지에게 소리친다. white silk에서 white는 이 심리 영화에서 죽은 아들을 상징하는 아주 중요한 빛깔이다. 그러니까 함부로 탈락시키는 것은 바람직한 일이 아니다. 그리고 번역문의 다섯 단어 가운데 우리말이 몇 마디인지 살펴보기 바란다. ⟨엄마⟩는 왜 아예 ⟨마마⟩라고 하지 않았을까(☞ game)하는 점이 오히려 궁금해진다. 이렇게 말이다. ⟨마마! 여길 룩해요! 화이트 실크예요.⟪메이드 인 롬.⟫⟩

Magna

"It's against the principles of Magna Carta."

✘ 예의에 어긋나는 일예요.

☞ 「오만과 편견」에서 모린 오설리반의 편지를 어머니가 몰래 뜯어보려고 하자 마샤 헌트가 말린다. Magna Carta(대헌장)는 왕이 국민의 권리와 자유를 인정한다는 내용을 담았다. 헌트는 책벌레여서 문자 쓰기를 좋아하고, 작가는 웃기기 장치로 이런 표현을 썼다. 어마어마한 어휘를 지극히 하찮은 사물이나 대상, 또는 상황과 연결하는 화법은 널리 유통되는 문학적 기법이다. 어떤 종류의 어휘를 사용하느냐는 등장인물의 개성을 보여 주는 효과적인 수단이기 때문이다. 등장인물이 입에 올리기를 좋아하는 갖가지 어휘나 표현을 역자가 좋아하는 말로 바꿔 버리면 원작자의 의도를 거역하는 행위에 해당한다. 그러니까 ⟨그건 헌법 정신에 위배되는 행동이다⟩ 정도라도 갔어야 하지 않나 싶다.

○ 「그건 마그나 카르타의 정신에 위배되는 행동이라고요.」

Maire

"I slandered you, M. le Maire. I am here to ask that you demand my dismissal."

✘ 나는 당신을 중상했습니다, 르 메어 씨. 저에게 사퇴를 요구하시라고 부탁을 드리기 위해 이렇게 찾아왔습니다.

☛ 「레 미제라블」(1998)에서 장 발장(리암 니슨) 시장이 범죄자라는 사실을 밝혀내지 못한 자베르 형사가 벽돌 공장으로 찾아가 발장에게 사과한다. 프랑스어에서 M.은 Monsieur(선생님, 씨, 귀하)라는 경칭어의 줄임꼴이다. monsignor(몬시뇨르)는 monsieur와 모양이 비슷하여 혼동하기 쉽지만, 천주교 고위 성직자를 지칭하는 이탈리아어다. le Maire는 고유 명사가 아니라 영어로 the mayor를 뜻한다. 「레 미제라블」(1998)은 원작이 프랑스어 작품이고, le는 프랑스어의 정관사이니까, 호칭이 아무래도 수상해 보인다는 점을 간과하지 말았어야 한다. Monsieur le Maire는 영어의 Mr. Mayor(시장님)에 해당되는 경칭이다. 대통령을 Mr. President라고 부르는 경우를 상기하면 된다. 대문자로 시작했다고 해서 항상 고유 명사는 아니니까, 제3국어가 끼어드는 상황에서라면 항상 조심해야 한다.

○ 「제가 당신을 음해했습니다, 시장님. 저를 해임하라고 상부에 요청하시기를 바랍니다.」

major

"You've created a major Frankenstein."

✘ 프랑켄슈타인 소령을 만들어낸 거예요.

☛ 「살바도르」에서 군부 실력자를 지원하는 CIA 요원을 제임스 우즈가 비난하는 말이다. major(중요한)는 형용사다. 고유 명사 앞에 붙어서 〈소령〉이라는 계급이 되려면 대문자로 시작해야 한다. 그리고 앞에 부정 관사 a(하나)가 붙었다는 사실도 역자는 간과하고 말았다.

○ 「당신네들은 대단한 괴물을 하나 만들어 놓았어요.」

원문에도 문제가 있다. Frankenstein은 괴물의 이름이 아니라, 괴물을 만들어 낸 과학자(☞ remains)의 이름이다.

make

"Make it a new fishing rod."

✘ 새 낚시대라도 사렴.

☞ 「천의 얼굴을 가진 사나이」에서 〈아버지의 분장 가방 속에는 1,000개의 얼굴이 담겼다〉는 표현을 홍보 전략에 동원하자고 론 체이니의 아들이 제안한다. 솔깃해진 대리인 짐 배커스가 고마운 마음에 선심을 베푼다. 〈If I get a raise, I'll give you half of it.〉(만일 네 말대로 해서 일이 잘 풀려 내 월급이 오르면 그 오른 액수의 절반을 너한테 주마)고 하는 약속이다. 하지만 아무리 빈말이라고 해도 부담스러운 생각이 들어서인지 배커스는 예문에서처럼 곧 말을 바꾼다.

번역문을 보면 〈내가 줄 돈(오른 월급의 절반)으로 낚싯대라도 사라〉는 말로 들린다. 하지만 make는 〈내용을 이렇게 수정하자〉는 뜻이어서, 〈아무래도 인상액의 절반은 너무 많으니까 새 낚싯대를 사주는 정도로 다시 타협을 보자〉는 뜻으로 이해해야 한다. 이런 식의 make 용법은 무엇인가를 흥정하는 상황에서 자주 쓰인다.

「랄프의 기적」에서 치료를 받느라고 삭발한 어머니가 스카프를 선물로 받고 아들에게 말한다.

「You'll make a fantastic scarf selector.」

✘ 「덕분에 멋진 스카프도 받고.」

will make는 〈훌륭한 ~이 되다〉라는 뜻으로서, 여기서는 〈넌 스카프를 고르는 솜씨가 대단하(니까 그런 일을 직업으로 선택하더라도 크게 성공하겠)구나〉라는 말이다. 〈You will make a nice father〉라고 하면 〈너는 훌륭한 아버지가 되리라〉, 그러니까 〈넌 아버지 노릇을 잘 하겠구나〉라는 말이다.

「하버드 대학의 공부벌레들」에서는, 한번 보기만 하면 사진으로 찍어두듯 무엇이나 다 기억하는 대단한 암기력photographic memory을 자랑하면서도, 스스로 사고하는 능력이 없어서 전 과목 낙제를 한 학생이, 티모디 버톰스의 공부반study group에 속하는 다른 학생들을 부러워한다.

「You'll all make Law Review.」

✘ 「너희는 다 로 리뷰를 만들 거야.」

〈하버드 법률 평론The Harvard Law Review〉은 하버드 법대생들이 독자적으로 만드는 학술지로서, 세계적인 권위를 자랑하며, 버락 오바마 대통령이 최초의 흑인 편집장을 지냈다는 기록도 세웠다. 이런 잡지를 〈만든다〉고 하면 우선 인쇄와 제본을 하는 물리적인 과정도 해당되겠지만, 예문에서는 〈편집을 한다〉는 의미라고 여겨진다. 그러나 편집진은 항상 인원수가 제한되기 때문에 버톰스의 공부반 학생들이 〈대[全員] 편집자가 된다는 상황은 가정하기가 어렵다. 따라서 여기에서는 make가 제작이나 편집과는 무관한 의미라고 봐야 한다. 예를 들어 〈I will make The New York Times〉라고 하면, 이미 존재하는 신문을 〈만든다〉는 말이 아니라, 〈언젠가는「뉴욕 타임스」에 내 글을 싣고 말겠다〉거나 〈「뉴욕 타임스」에 기사가 실릴 만큼 유명한 인물이 되겠다〉 또는 〈「뉴욕 타임스」에 꼭 취직하겠다〉는 포부를 나타낸다. 그러니까 낙제생이 한 말은 〈너희들 모두 그 잡지에 논문을 게재하거나 또는 편집진에 들어가는 수준에 이르리라〉는 뜻이다. 아마도 이런 식으로 번역하면 안전하면서도 정확하지 않을까 싶다.

○ 「너희들은 모두 〈법률 평론〉에 이름을 올리겠지.」

「피츠카랄도」에서 산꼭대기로 끌어올리던 배가 미끄러지는 사고가 나서 두 명이 죽은 다음, 〈원주민들이 달밤에 종적을 감추었다〉는 말을 듣고, 요리사가 선장에게 묻는다.

「All of them? They've really disappeared? What do you make of this?」

✕ 「정말 전부 갔어요? 뭘 알고 있지요?」

make of this는 〈알고 있다〉가 아니라 〈이 문제를 어떻게 생각하느냐〉고 묻는 말이다. 그리고 요리사가 한 말을 들어 보면, 녹음된 대사가 영어 자막과는 많이 달라서(☞ peony), 이런 내용이다. 〈All? They're really all gone? What do you know.〉 우리나라 소비자가 우리말 자막이 아니라 영문 자막을 켜놓고 DVD를 볼 가능성이 거의 없다는 사실을 감안하면, 이 대사에서 세 번째 문장의 번역은 더욱 문제가 된다. what do you know(이럴 줄을 누가 알았나)는 의문문이 아니고 감탄문으로서, 〈세상에 이런 일도 다 있나〉 또는 〈기가 막히는구나〉라는 의미다. 「브릿지 부부」를 보면, 폴 뉴먼이 못마땅하게 생각하는 사윗감이 찾아와서 〈But I'll make a damn fine husband(하지만 전 굉장히 훌륭한 남편이 될 겁니다)〉라고 다짐한다. 하지만 그는 결혼한 다음 아내에게 손찌검을 일삼다가 이혼하게 된다. 딸이 부부 싸움을 하고 친정으로 돌아와서 엄마한테 하소연한다.

「He hit me. He did. Then he tried to make up to me the way men always do.」

✕ 「그이가 날 때렸어요. 정말 그랬다구요. 그리곤 다른 남자들처럼 덤벼들더군요.」

먼저 나온 make a fine husband에서는 make가 become(되다)과 같은 뜻으로 쓰였다. 앞에서 비슷한 예문으로 설명했듯이, She will make a nice wife라고 하면 〈그 여자는 훌륭한 아내감이다〉라는 말이다. 그리고 두 번째 예문의 make up은 〈화해하다〉라는 뜻이다. 번역자는 아마도 아내를 두들겨 패놓고 강제로 성행위를 요구하는 못된 남자들 염두에 둔 모양이지만, 사위의 성격을 보면 말만 번지르르한 남자여서, 〈이제부터 정말 안 그러고 잘하겠다〉며 상습적으로 사과하고 건성으로 화해 make up을 하려는 그런 성격이다.

「마지막 유혹」에서는 흥분한 김에 아내의 뺨을 때리고 피터 벅이 사과한다.

「I'll make it up to you.」

✕ 「그럼 당신도 때려.」

make up을 〈메꾸다〉, 그러니까 〈비기게 만들다〉라는 식으로 이해한 듯싶다. 하지만 이것도 〈한 대 때렸으니 한 대 맞아서 비기겠다〉는 촌스러운 계산법이 아니라, 옷을 사 준다던가 무슨 다른 방법으로 〈갚겠다〉는 말이다.

「H. G. 웰스의 이상한 이야기」에서 (사실은 다른 남자의 아이인) 첫아들을 낳아 준 아내를 〈totally honest(정말로 정직했다)〉고 칭찬하는 멍청한 남주인공을 인터뷰하던 여기자가 그의 말을 믿지 못하며 따진다.

「You're making that up.」

✗ 「그렇게 손 쓰신 거죠.」

아마도 〈분장하다〉라는 뜻의 make up을 염두에 두고 한 번역이 아닌가 싶다. 여기서는 make up이 〈(듣기 좋으라고) 거짓말로 꾸며 대다〉라는 뜻이다.

---

man

"You bought me a beer. You are already a man."

✗ 맥주를 샀잖아. 벌써 남자가 된 거야.

☞ 「노인과 바다」에서 도와주고 싶다는 소년에게 바다에서 돌아온 노인이 고마워하는 말이다. 소년은 맥주를 산 다음에야 〈남자〉가 된 것이 아니라, 태어날 때부터 남자였다. 여기서 man은 〈남자〉가 아니라 boy(아이)인 줄 알았는데 〈이제 보니 어느새 다 컸구나〉라는 뜻이다. 아주 널리 쓰이는 표현이니까 잊지 말기 바란다.

○ 「나한테 맥주까지 사줬잖아. 넌 어느새 어른이 되었구나.」

「25시」에서는 수용소 생활 8년 만에 귀향한 남편을 역으로 마중 나온 아내 비르나 리시가 아이들더러 〈아빠한테 뽀뽀하라〉고 밀어낸다. 워낙 오래간만에 만나 두 아이가 어색해하자 앤서니 퀸이 둘러댄다.

「Oh, Suzanna, they are men now. Men don't kiss.」

✗ 「스잔나, 애들도 이제 남자야. 남자는 뽀뽀하지 않아.」

이것 역시 〈다 큰 아이들은 유치하게 뽀뽀 같은 거 안 해도 괜찮다〉는 뜻이다.

「처칠납치작전」을 보면 바닷가 지뢰 지대 은밀한 곳에서, 도널드 서덜랜드가 제니 아구터를 유혹하여 몸이 달아오르게 만들어 놓고는, 갑자기 〈내가 무슨 짓을 할지 모르니까 어서 가보라〉고 쫓아버린다. 약이 오른 아구터가 화를 낸다.

「They told me all Irish men are crazy. Now I believe them.」

✗ 「아일랜드 사람들은 제정신이 아니라더니, 이제야 알겠어요.」

(Irish) men이 정말로 〈(아일랜드) 사람들〉일까? 아구터는 아일랜드 〈남자들〉의 한심한 행태를 얘기하고 있다.

○ 「아일랜드 남자들은 모두 정신이 나갔다고들 그러더군요. (당신이 하는 짓을) 이제 보니 그 말이 맞나 봐요.」

「우리 생애 최고의 해」를 보면, 전쟁터에서 귀국한 프레드릭 마치가 어색해진 재회의 분위기를 살리기 위해 아내와 딸에게 제안한다.

「Yes, right now. Let's go out on the town, the three of us. We celebrate the old man's homecoming.」

✗ 「지금 당장 노병의 귀환을 축하하기 위해 시내로 나가자.」

old man은 〈노병〉이 아니라 흔히 〈아버지〉를 친근하게 부르는 말이다. 「탑 건」에서는 톰 스케릿이 톰 크루즈의 아버지를 이렇게 회상한다. 〈Your old man did it right.〉(자네 부친은 제대로 된 조종사였지.) 그러니까 「우리 생애」에서 마치가 한 말은 이런 뜻이다.

○ 「그래, 당장 나가자고. 우리 셋이서 시내로 나가잔 말이야. 아빠의 귀향을 축하하기 위해 기분 좀 내자고.」

manage

"We'll have to manage."

✘ 두고 보게.

「바보들의 배」를 보면, 배가 쿠바에 도착했더니 설탕값 폭락으로 일자리를 잃고 고향으로 돌아가려는 에스파냐 노동자들이 선창에 잔뜩 몰려들어 서로 먼저 배를 타려고 아우성을 친다. 의사가 〈저 많은 사람들을 다 어떻게 태우냐〉 걱정하자 선장이 난감해한다. 번역문은 manage를 뭐라고 옮겨야 할지 속수무책이어서, 허공에다 총을 쏘듯 아무렇게나 꿰어 맞춘 듯한 인상이다. We'll have to는 〈우리들이 어떻게 해서든지 ~을 해결해야 한다〉는 뜻이다. manage는 〈처리한다〉는 말이다.

○ 「어떻게든 해봐야지.」

〈이번 항해가 끝나면 배에서 내리겠다(다른 직업을 찾겠다)〉는 의사 오스카 베르너에게 선장이 〈I don't know what to do without you(자네가 없으면 난 어떻게 하나)〉라고 걱정할 때요 의사는 〈You will manage〉라고 대답한다. 〈어떻게든 해나가게 될 테니까 크게 걱정하지 말라〉는 뜻이다.

「깃발」에서는 이오지마 전투의 영웅이 되어 돌아온 아저씨에게 제공된 여러 직장에 대해서, 존 트라볼타 대통령 후보가 회상한다.

「Maybe he'll like a management job with big future at the bank.」

✘ 「자기 은행에서 지점장으로 일해 보라고 했어요.」

결론부터 얘기하자면 예문은 〈은행에서 장래성이 밝은 관리직을 하나 주면 그 친구가 좋아할지 모르겠다〉라는 뜻이다. management job은 manage(관리)하는 job(직책)이다. 〈행정직〉이나 〈간부직〉을 뜻한다.

manner

"No, I just thought that — it was a manner of speech."

✘ 아뇨, 예의를 지키려는 것뿐이었어요.

☛ 「백경」에서 포경선을 타려고 찾아간 리처드 베이스하트가 노련한 뱃사람이라는 인상을 주려고 이상한 말투를 썼더니 선주가 화를 낸다. ⟨Are you making a sport of me, lad?⟩(내 말투를 비웃는 건가?) 예문은 당황한 베이스하트의 대답이다. 영어에서 어떤 단어가 단수냐 아니면 복수냐에 따라서 얼마나 의미가 달라지는지를 우습게 보면 이런 치명적인 실수를 저지르게 된다. manner of speech(화법의 방식)는 흔히 입에 올리기가 거북하거나 부담스러운 내용 따위를 비유하거나 둘러대는 화법으로서, 쉬운 말로 ⟨말투⟩라는 의미로 통하기도 한다.

○ 「그게 아니고요, 난 그냥 — 뱃사람들은 그런 말투를 쓰나 보다 하고 생각했어요.」

marble

"It's the two idiots, the little one and the one with the marbles in his mouth."

✘ 두 멍청이야. 키 작은 친구와 입에 대리석 문 친구 말야.

☛ 「매드 매드 대소동」에서 뒤쫓아 오는 자동차에 탄 두 사람을 보고 시드 시저가 아내에게 하는 설명이다. ⟨키 작은 친구⟩는 미키 루니를 의미하고, ⟨대리석 문 친구⟩는 버디 해킷을 가리킨다. 그런데 도대체 ⟨입에 대리석을 물었다⟩는 말이 무슨 뜻일까? 역자 자신 역시 그가 번역해 놓은 문장이 무슨 뜻인지 이해하지 못 했을 듯싶다. 이렇게 오역임이 분명할 때는 문장 가운데 자신이 잘 안다고 생각하지만 사실은 그렇지 않은 단어가 하나쯤 꼭 어디엔가 숨어 있다. 여기에서는 marble이 문제의 단어다. 사전을 찾아보면, 예를 들어 컴퓨터에 내장된 ⟨한컴사전⟩과 민중서림의 『엣센스영한사전』의 경우, ⟨공깃돌(아이들의 장난감)⟩이라는 풀이가 나온다. 하지만 marble은 여자아이들의 공깃돌보다는 사내아이들이 가지고 노는 ⟨구슬⟩이라는 뜻으로 널리 쓰인다. 그렇다면 ⟨구슬을 입에 문 친구⟩는 또 무슨 뜻일까? 코미디언 버디 해킷은 볼에 구슬을 물고 있듯이 뺨이 불룩 나왔기 때문에 그런 표현을 썼다. 우리나라의 원로 코미디언 구봉서도 그렇고, 「대부」의 말론 브랜도 역시 볼에 구슬을 문 듯한 인상이다. 「몰락한 우상」에서는 사건 현장을 목격한 어린 소년의 증언을 유도하기 위해 수사관이 ⟨나한테도 너만한 아들이 있다⟩면서 계속 말을 붙인다.

「Oh, he likes marbles.」

✘ 「그앤 대리석을 무척 좋아하지.」

이것도 역시 〈구슬〉 얘기다.

수사관은 〈Do you like marbles? Here(너 대리석 좋아하니? 여기 있다)〉라면서 호주머니에서 〈대리석〉을 꺼내 준다. 이어서 수사관이 〈베인스 아줌마는 대리석 던지기를 좋아하지 않았겠지?〉라고 말하고는 〈내 생각엔 베인스 씨가 대리석을 잘 던지는 것 같은데〉라고까지 한다. 대리석을 던지려면 힘이 헤라클레스 정도는 되어야 하지 않을까? 〈대리석 던지기〉는 제대로 된 우리말로는 〈구슬치기〉다. 그러나 한번 해병은 영원한 해병이듯, 한번 대리석은 영원한 대리석이어서, 이런 대사까지 나온다. 〈You can keep that marble if you like.〉(그 대리석이 마음에 들면 가져도 좋아.) 화면에 보이는 소년이 손가락으로 집어든 〈대리석〉은 〈구슬〉이 분명한데, 번역자의 눈에는 보이지 않았던 모양이다.

미국의 어느 우주인은 궤도를 돌면서 지구를 내려다보고는 〈big blue marble(커다랗고 파란 구슬)〉 같다고 감탄했으며, 그래서 대문자로 Big Blue Marble이라고 쓰면 〈지구〉라는 뜻이 된다.

march

News on the March

✘ 3월의 뉴스

☞ 「시민 케인」 도입부에서 케인의 일대기를 보여 주는 뉴스 영화의 제목이다. 〈3월March〉은 고유 명사여서, 앞에 정관사가 붙지 않는다. 붙는다고 해도 〈3월의 뉴스〉가 되려면 News on the March가 아니라 News of the March라고 해야 한다. News on the March는 〈3월에 관한 소식〉이라는 뜻이기 때문이다. 예문을 제대로 번역하면 〈뉴스의 행진〉 또는 〈(힘차고 씩씩하게) 행진하는 뉴스〉다.

Mardi

"My first memory? It was once at a Mardi Gras ball."

✘ 첫 기억요? 마디 그라스 파티에 갔었죠.

☞ 「지난여름 갑자기」를 보면, 정신과 의사 먼고메리 클리프트와의 첫 면담에서 엘리자베스 테일러가 예문에서처럼 기억을 더듬는다. 「젊은 사자들」 못지않게 이 영화에서도 고유 명사의 번역(☞ Macy's)이 여러 곳에서 매끄럽지 못하다. mardi gras는 〈뚱뚱한 화요일〉이라는 뜻의 프랑스어여서 〈마(흐)디 그라〉라고 발음한다. 비록 대문자를 써서 Mardi Gras로 표기법은 달

라지지만, 미국에서도 발음은 마찬가지다. 마디 그라는 Lent(사순절)를 앞둔 마지막 날이어서, 한껏 먹고 마시며 〈살이 찌는〉 날이다. 뉴올리언스에서 해마다 열리는 마디 그라 사육제는 여러 영화에서 배경을 이루고, 우리나라에서 「연애 후보생」이라는 제목으로 소개된 팻 분의 영화도 원제가 〈Mardi Gras〉였다.

클리프트가 테일러의 고모 캐더린 헵번을 처음 면담하러 갔을 때는 이런 설명을 듣는다.

「And he read me Herman Melville's description of the Encantadas, the Galapagos Islands.」

✗ 「그러면서 〈멜빌〉의 소설 〈엔칸타다〉 중에 〈갈라코스〉 섬을 묘사한 대목을 읽어줬죠.」

the Encantadas는 소설 제목이 아니라 지명이다. 멜빌의 중편 소설 제목 「환상의 엔칸타다스 제도」라면, 선박이나 신문의 이름처럼, 꼭 이탤릭체로 바꿔 *The Encantadas* or *The Enchanted Islands*로 표기해야 한다. 〈갈라코스 섬〉은 찰스 다윈의 진화론을 탄생시킨 〈갈라파고스 제도〉다. island는 〈섬〉이지만, islands는 〈제도〉다.

○ 「그리고 지금은 갈라파고스 제도라고 알려진 엔칸타다스를 허만 멜빌이 묘사한 대목을 세바스찬이 나한테 읽어 줬어요.」

married

"Your mama was a married woman."

✗ 네 엄마는 내 아내니까.

☛ 「하오의 연정」에서 직업이 사립 탐정인 모리스 슈발리에는 온갖 불륜 관계의 뒷조사를 맡아 처리하면서, 그런 지저분한 내용을 딸 오드리 헵번이 알지 못하도록 늘 조심한다. 어느 날 헵번이 〈엄마가 살았다면 아빠 하시는 일에 대한 얘기를 다 하셨겠죠?〉라고 못마땅해하자, 슈발리에가 단호한 태도(예문)를 밝힌다. married woman은 〈아내wife〉가 아니라 〈결혼한 여자〉다. 별로 대수롭지 않은 듯한 이런 차이가 번역에서는 오역을 촉발하는 경우가 많다. 여기에서는 〈행간〉을 읽어 내야 하는 차원은 아니겠지만, 그래도 숨겨진 의미를 눈치껏 짚어 내는 능력이 필요하다. married woman(유부녀)은 세상 물정을 알만큼 나이를 먹었으니까 사람들의 불륜 관계 따위를 터놓고 얘기해도 괜찮겠지만, 처녀의 몸인 딸 헵번하고는 차마 못할 얘기도 많다.

mast

"When the Golden Falcon sails up the Thames, let this, my Scarf, fly from her mainmast as a Symbol of the one you serve."

✘ 황금 독수리 호가 템스강을 올라올 때는 이 스카프를 망루에 다시오.

☛ 「처녀 여왕」에서 배를 타고 런던 템스 강으로 들어오는 리처드 토드에게 베티 데이비스 여왕이 화려한 비단 목도리를 보내면서 이런 내용의 친서를 동봉한다. 〈망루(望樓)〉는 〈망을 보는 곳〉으로서, 돛대의 꼭대기에 못 미쳐, 사람이 올라가 사방을 살펴보는 자리다. 그러나 깃발은 망루가 아니라 큰돛대mainmast의 꼭대기에 게양한다.

「케인호의 반란」에서는 기뢰를 제거하는 소해정(掃海艇, mine-sweeper)으로 출전을 온 신참 소위 로버트 프랜시스와 그를 안내하는 다른 소위에게 프렛 맥머리 대위가 명령한다.

「Gentlemen, just one more thing to do: climb the mast.」

✘ 「마지막으로 한 가지 더, 돛대로 올라가라.」

소해정은 돛배가 아니어서 〈돛대〉가 없다. 그들이 올라간 곳은 〈망루〉였다. 영어에서는 mast(돛대)가 없어졌어도 mast(망루)라는 말이 그대로 남았기 때문에 발생한 사고다. 요즈음 우리나라에서 서울을 벗어나 지상으로 달려도 지하철과 연결된 철도를 모두 〈지하철〉이라고 부르는 것과 같은 이치다. 그래서 (실제로 자주 접하는 상황이지만) train을 우리말로 번역할 때는 그것이 지상을 달리는 열차인지 아니면 지하를 달리는 지하철인지를 구분해서 확실하게 밝혀야 할 경우가 많다.

master

"Who's the master now — Neptune or Ulysses? The god with his trident or the man with his grapes?"

✘ 그래, 말해 봐. 누가 주인이냐? 삼지창을 가진 신인가? 포도를 가진 남잔가?

☛ 「율리시즈」에서 외눈박이 폴리페모스를 꾀로 이겨 내고 배로 돌아온 오디세우스가 그의 부하에게 큰소리를 친다. 넵투누스와 오디세우스는 주인과 종으로서 종속적으로 연결되는 관계가 아니므로, 누가 〈주인〉인지를 따질 상황이 아니다. 동격으로서 경쟁 관계일 때는 master를 〈승리자〉나 〈정복자〉 또는 〈지배자〉라고 해야 옳겠다. 두 번째 문장의 man은 〈남자〉가 아니라, 신과 대결하는 〈인간〉이다. 〈가진〉이라는 영어식 표현(☞ with)은 자연스러운

우리말로 바꿔 주면 좋겠다.

○ 「포세이돈과 오디세우스 가운데 군림하는 자가 누구인가? 삼지창을 휘두르는 신인가 아니면 포도로 무장한 인간인가?」

KBS에서는 이 대사에서 Neptune을 〈넵튠〉이라 했고, DVD에서는 〈넵툰〉이라고 했는데, 이것도 잠시 생각해 볼 문제다. 『율리시즈』는 호메로스의 서사시 『오뒷세이아』를 미국의 유명한 극작가 벤 헥트와 소설가 어윈 쇼 등 일곱 명이 함께 각색한 작품으로서, 고유 명사는 가능하면 그리스 식으로 표기해야 옳겠다는 생각이다. Neptune은 로마의 신 Neptunus를 영어로 표기한 이름이며, 그리스 신화에서는 포세이돈Poseidon이라고 한다. 주인공 〈율리시즈〉도 그리스 이름은 〈오디세우스〉다. 〈율리시즈〉는 훨씬 훗날 로마인들이 붙인 이름이다. 요즈음에는 〈동경〉이라던 한국식 발음을 〈도오꾜〉라는 일본식 발음으로 바로잡고, 중국 인명도 〈마오쩌둥〉과 〈장제스〉로 제자리를 찾았는데, 왜 우리는 그리스인의 이름을 로마식으로, 그리고 영어식으로 불러야 하는지 모르겠다.

영화가 텔레비전으로 방영되었을 때는 나우시카Nausikaa 공주도 〈노시카Nausicaa〉라고 했으며, 오디세우스의 아내 페넬로페야Penelopeia도 영어식으로 〈페넬로피Penelope〉라고 불렀다. 그리고 실바나 망가노(페넬로피)는 그녀를 괴롭히는 〈구혼자〉들에게 이런 말로 화를 낸다.

「I am still the queen here and the people of Ithaca love their queen.」

✗ 「이곳의 여왕은 여전히 나예요. 그리고 에티카의 백성들은 그들의 여왕을 사랑합니다.」

망가노는 〈여왕〉(☞ queen)이 아니고, 〈에티카〉는 〈이타카(그리스 이름 Ithake)〉라고 해야 한다. 고유 명사의 무책임한 번역 사례는, 아테나 여신을 〈아테타〉라고 표기하는 등, 영화 내내 여러 곳에서 발견된다. 예를 들면 외눈박이 폴리페모스에게 포도주를 만들어 주면서 커크 더글라스(오디세우스)는 이렇게 소리친다.

「Wine for Polyphemus, son of Neptune!」

✗ 「넵툰의 아들 폴리페이누를 위해 와인을!」

그리고 백골이 사방에 흩어진 섬을 보고 선원들이 소리친다. 〈The rocks of the sirens!〉(시리아의 돌들이에요!) 세이레네스(Seirenes, 영어로 〈사이렌〉)가 무엇인지를 모르는 듯한 역자는, 그리스어로 Kirke(키르케)인 마녀 Circe(치르체)도 우리에게는 생소하기 짝이 없는 영어 발음을 따라 〈서시〉라고 표기했다. 번역을 〈평생 직장〉으로 진지하게 고려하는 사람이라면 『율리시즈』의 작업에 착수하기 전에 호메로스의 서사시 『오뒷세이아』를 미리 읽어 두는 정도의 성의는 필수적이겠다.

matter

"What's the matter with me?"

✗ 나한테 무슨 문제가 있어요?

☞ 「니클로디온」에서 촬영기와 배우가 모두 없어져 영화를 못 만들겠다는 라이언 오닐에게 테이텀 오닐이 또다시 내놓는 묘안이다. 어떤 영어 단어를 보면 그에 해당하는 우리말 단어를 한 가지만 생각하고, 번역문에 그 우리말 단어를 넣지 않으면 불안감을 느끼는 사람들이 적지 않다. 예문에서처럼 matter라는 단어를 보면 꼭 〈문제〉라고 번역하지 않고서는 마음이 놓이지 않는 경우가 그렇다. 예를 들어 What's the matter with you?라는 문장을 보면 〈너한테 무슨 문제가 있니?〉 또는 〈너는 무엇이 문제니?〉라고 옮기기가 쉬운데, 〈너 왜 이러니?〉라고 하면 훨씬 자연스러울 때가 적지 않다. 예문에서 〈나는 어디가 부족해서요?〉라고 묻는 테이텀 오닐의 제안은 〈그래도 내가 있잖아요〉, 즉 〈내가 배우로 나가면 되잖아요〉나 〈날 우습게 보지 마세요〉라고 번역해도 아무 문제가 생기지 않는다.

○ 「내가 하면 되잖아요.」

〈문제〉는 우리말을 영어로 옮길 때도 자주 비슷한 문제를 일으킨다. 〈오늘 우리는 이 문제를 생각해 봅시다〉와 같은 경우, 사람들은 〈문제〉라니까 별다른 생각 없이 problem이라고 거침없이 번역하고는 한다. problem은 〈골칫거리〉를 해결해야 하는 〈문제〉를 뜻한다. 〈오늘은 행복이라는 문제에 대해서 한 말씀 드리겠습니다〉 같은 경우에는 problem이 아니라 matter(또는 issue나 topic)가 적절한 〈문제〉다.

mayor

"Mayor Copa, I could offer a suggestion."

✘ 코파 소령, 내가 하나의 제안을 내보지.

☞ 「산타 비토리아의 비밀」에서 (무솔리니가 몰락한 다음) 주민들로부터 보복을 당하지 않으려고 관리들이 모여 대책 회의를 열고, 아첨꾼 무관이 묘안을 내놓는다. 예문에서는 mayor를 major로 잘못 보고 지극히 기초적인 오역을 범했다.

그들이 회의를 여는 동안 앤서니 퀸이 높다란 저수탑에 올라가 멍청한 짓을 벌이고, 무관은 퀸을 허수아비로 내세워 자신들의 재산을 지키려는 계획을 실천에 옮겨, 광장에 모인 사람들이 지켜보는 가운데 퀸에게 공개적인 타협안을 내놓는다.

「In exchange for that solemn vow, it is my honor to place the medallion of the office of mayor around your honored and distinguished neck.」

✘ 「그 엄숙한 서약을 교환하면서, 명예롭고 출중한 당신의 옷깃에 시장의 메달을 걸어둔다면 나의 영광이겠소.」

In exchange for는 〈교환하면서〉가 아니라 〈~에 대한 대가로〉라는 뜻이다. that solemn vow(그 엄숙한 약속)은 곧 물러나게 될 현재의 지도자들에게 면죄부를 주겠다는 조건이다. office of mayor에서 office는 〈사무실〉이 아니라 〈직책〉이나 〈직위〉를 뜻한다. 메달을 걸어 줄 neck은 〈옷깃〉이 아니라 〈목〉이다.

○ 「그 서약에 대한 보답으로서 명예롭고도 고귀한 당신의 목에 mayor의 직위를 상징하는 메달을 걸어 주는 것이 저에게는 (무한한) 영광이겠습니다.」

여기에서는 mayor를 〈시장〉이라고 하더라도 석연하지 못한 문제가 남는다. mayor라는 단어를 보면 무작정 〈시장〉이라고 번역하는 사람이 많지만, mayor는 그렇게 간단한 단어가 아니기 때문이다. 〈시장(市長)〉은 시(市)의 장(長)이다. 그러나 mayor는 〈시장〉뿐 아니라 온갖 단위의 집단 사회를 다스리는 〈장〉이다. 그래서 〈면장〉이나 〈읍장〉, 그리고 하다못해 〈이장〉도 영어로는 mayor다.

앤서니 퀸은 무솔리니의 죽음을 축하하느라고 사람들을 집으로 불러 모아 축배를 들며 〈We'll drink to the free city of Santa Vittoria(해방된 도시 산타 비토리아를 위해 축배를 들자)〉고 외친다. 그렇다면 이탈리아의 산타 비토리아는 분명히 〈시〉다. 그러나 30년이던 generation(세대)의 단위가 지금은 실질적으로 많이 짧아졌듯이, 〈도시〉의 규모도 개념상으로 크게 달라졌다. 우리나라에서는 통상적으로 city(市)라고 하면 인구가 5만 이상이어야 한다. town(읍, 소도시)은 2~3만 정도의 사람이 사는 곳이다. 그렇다면 산타 비토리아의 인구는 얼마나 될까? 포도주를 숨기느라고 영화에서 비탈에 줄지어 선 사람들이 1만 명은 되어 보이지만, 퀸의 억센 아내 안나 마냐니가 독일 장교 하디 크루거에게 호통을 치는 장면에서 그곳의 인구가 확실히 밝혀진다.

「Listen, German, the whole town is one big Bombolini. The whole town, 1,200 people, 1,200 butter noses! But not me. Not me!」

× 「이봐요, 독일양반. 도시 전체는 큰 봄볼리니야. 아무리 이 마을 1,200명 모두 하나같이 겁쟁이여서 설설 기더라도 난 겁 안 나요!〉(DVD와 텔레비전의 번역을 뒤섞었음)

one big Bombolini는 〈〈마을〉 전체가 몽땅 (멍청한) 봄볼리니를 그대로 빼다 박은 듯하다〉는 뜻이다. 어쨌든 마냐니가 밝힌 대로, 1,200명의 주민이 사는 마을 산타 비토리아는 한국인의 개념으로는 〈시〉가 아니다.

산골 처녀가 성모를 보았다는 〈실화〉를 다룬 「성처녀」에도 자격 미달인 〈시장〉이 등장한다. 작품의 무대는 1860년대 루르드Lourdes 지방에서도 에스파냐와 인접한 한적한 국경 지대다. 지명을 보면 Mont de Marsan, 즉 〈마르상의 산(山, mont)〉이다. 아직 철도조차 들어오지 않은 작디작은 마을이어서, 검찰관 빈센트 프라이스가 〈Once it was a dull but pleasing little village(몇 년 전에만 해도 따분하지만 쾌적한 마을이었다)〉라고 회상할 정도다. 그러니까 이 영화에서 village를 다스리는 〈시장〉은 〈면장〉 정도가 될 듯싶다.

「밀라그로 콩밭전쟁」에서는 〈조 몬드라곤이 아버지의 밭에다 물을 댔다는 얘기를 듣고〉 개발 회사와의 충돌을 걱정하던 마을 사람이 자신의 신분을 밝힌다. 〈하지만 난 시장이란 말이야.〉 몇 채 안 되는 나지막한 집으로 이루어진 마을의 풍경을 보면, 그는 시장이 아니라 〈이장〉이었겠다. 「쾌걸 조로」에 등장하는 돈 루이스 킨테로의 명칭 또한 mayor지만, 당시 로스앤젤레스Los Angeles는 City가 아니라 District였다. 에스파냐 식민지이고 보면 그곳의 통치자는 〈시장〉보다 〈총독〉이 맞겠다는 생각이다. 「길버트 그레이프」에서는 버거 이동 판매점 Burger Barn이 개업을 하는 행사에 〈시장님이 절단식에 참가한다〉고 했는데, 조그만 가게를 하나 연다고 시장이 행차를 할 리가 만무하다. 영화의 무대는 허허벌판에 위치한 작은 마을

이며, 농협 공판장에서 거행된 행사에 나타난 〈시장님〉도 역시 〈이장님〉이었다.

mean

"We didn't mean to do it."

✗ 그런 뜻이 아니었어요.

☛ 「황야의 7인」에서 총격전을 구경하던 동네 아이들을 구하려다 총에 맞은 찰스 브론슨에게 어느 소년이 사과하는 말이다. 영화 대사에 아주 흔하게 나오는 표현이다. mean이 〈뜻하다〉라는 뜻이어서 예문처럼 번역하는 경우가 많은데, 〈일부러 그런 것이 아니다〉 또는 〈그런 결과를 가져오게 하려던 것이 아니다〉라는 뜻이다.
「버스 정류장」에서는 세상 물정을 모르는 촌뜨기 돈 머리더러 주변의 모든 사람들에게 사과하라면서 아더 오코넬이 다짐한다.
「It ain't gonna do no good unless you really mean it.」
✗ 「약속을 지키는 건 아주 중요한 거야.」
원문에서 가장 중요한 단어인 mean을 빼버렸기 때문에, 핵심을 빗나간 번역이 되었다. 〈정말 진심에서 우러나지 않는다면 사과는 아무리 해도 소용이 없다〉는 말이다.
「지상의 밤」에서 영화배우를 발굴하는 지나 로울랜스는 정비공이 꿈인 택시 운전사 위노나 라이더에게 〈택시 운전이나 하면서 평생을 보내겠느냐〉고 묻는다. 개성이 강한 라이더가 〈정비공이 뭐가 어때서 그러느냐〉고 반문하자 로울랜스가 사과한다.
「I'm sorry, I really didn't mean that the way it sounded.」
○ 「기분 나쁘게 들렸다면 미안해요.」
mean이라는 단어를 아예 없애 버린 이 번역이 왜 훌륭한지를 한번 생각해 보기 바란다.
「공격」에서는 포로로 잡은 독일군 장교 피터 반 아익이 다른 포로에게 〈미군한테 협조하지 말라〉고 소리를 지르자, 리처드 재켈이 소대장에게 알려 준다.
「The mean one's a captain, Lieutenant.」
✗ 「독일 장교라네요, 소위님.」
〈~라네요〉가 mean의 번역인 듯싶다. mean one's는 mean one is(성미가 더러운 놈은 ~다)의 줄임꼴이다. 그리고 〈저 못된 놈이 대위입니다〉라는 말은 〈우리 중대장(에디 앨버트)처럼 못된 놈들은 하나같이 대위〉라는 뜻이다.

medal

"What do you want — a medal?"

✗ 메달이라도 줘야 하나?

☞ 「백열(白熱)」을 보면, 교도소에서 목숨을 구해 준 에드몬드 오브라이엔에게 흉악범 제임스 캐그니가 〈무슨 속셈으로 도와줬느냐?〉고 따진다. 예문에서는 medal을 〈메달〉이라고 번역했기 때문에 문제가 발생한다. 영어 영어 medal과 한글 영어 〈메달〉의 의미가 다른 경우가 많기 때문이다.

예를 들면 「구름 속의 산책」에서 키아누 리브스가 선물을 주자 포도원집 딸이 이렇게 묻는다. 〈어떻게 받은 메달이죠?〉 번역된 대사로만 듣는다면 여자가 받은 선물이 무슨 기념 〈메달〉이나 운동선수가 받은 〈상〉으로 생각하기 쉽지만, 리브스가 준 선물은 훈장medal of honor이다. 제대로 번역을 하지 않고 영어를 그대로 사용하는 경우, 한국 사람들은 〈메달〉을 〈훈장medal〉이라고 생각할 확률이 드물다.

「백열」에서 캐그니의 못마땅한 질문에 오브라이엔이 씁쓸한 대답을 한다.

「Okay, keep your medal.」

✗ 「좋아요, 메달이라도 줘요.」

완전히 거꾸로 뒤집힌 오역이다. 오브라이엔의 말은 〈그렇게 아니꼬우면 medal은 당신이 간직하라keep〉, 그러니까 〈안 줘도 좋다〉는 의미로, 〈사양하겠다〉는 의사 표시다.

캐그니와 오브라이엔의 대화는 이런 내용이다.

○ 「속셈이 뭐야. 훈장이라도 줄까?」
○ 「그만두시지. 훈장은 너나 달아.」

mediocre

"The best mediocre tennis player in the world."

✗ 세상에서 제일 매너가 좋은 테니스 선수이지.

☞ 「내가 마지막 본 파리」에서는 (아내 엘리자베스 테일러와 열심히 춤을 추고 술을 마시는) 로저 무어가 못마땅해진 반 존슨은 그가 같이 데리고 온 경박한 여자 에바 가보르에게 무어를 예문에서처럼 소개한다. 번역문을 보면 mediocre를 manner라는 다른 영어 단어로 풀었다. 도대체 어째서 그런 번역이 나왔는지 모르겠지만, mediocre라는 단어를 사전에서 찾아보지도 않고 그것과 모양이 비슷한 다른 어떤 영어 단어를 닥치는 대로 연상하여 아무렇게나 의미를 상상해 내지 않았나 싶다. 참으로 무책임하고도 위험한 짓이다. 흔히 우리나라 사람들

이 〈매너〉라고 하는 〈영어〉는 〈방법〉이라는 뜻이고, 〈예의〉나 〈예절〉이라고 할 때는 반드시 복수형을 써서 manners라고 해야 한다. 반 존슨의 말은 〈2류 선수들 가운데 최고〉라는 뜻이다. 비꼬는 말은 본디 번역하기가 어렵기 마련인데, mediocre라는 어려운 단어를 너무 쉽게 생각하다 보니 의미가 자꾸만 꼬인 모양이다.

○ 「시시한 정구선수들 중에서는 세계 최고 수준이죠.」

다른 장면에서는, 출판사에 보낸 원고가 또 반송되어 속이 상한 반 존슨에게 송년회에 같이 참석한 장인 월터 피전이 〈쓰레기 문학〉에 대한 얘기를 늘어놓는다.

「Do you want to know the secret of success? Mediocrity.」

✕ 「성공의 비결이 무엇인지 자네 알고 싶나? 중용을 지켜.」

mediocre를 모르는 사람이라면 그것의 명사꼴인 mediocrity 역시 알지 못한다. mediocrity는 사전을 찾으면 그 뜻이 〈평범〉이라고 나오지만, 이 〈평범〉은 common처럼 〈흔해 빠지고 못생긴 것〉, 그러니까 〈저속하고 하찮은 것〉을 의미한다. 피전의 충고는 〈작가로서 성공하려면 싸구려 소설을 쓰라〉는 뜻이다. 미덕에 속하는 〈중용〉은 mediocrity가 아니라 moderation이다.

○ 「성공의 비결이 무엇인지 가르쳐 줄까? 저속함이라네.」

meet

"It's too far and too bare for crawling, so it's gonna be a track meet."

✕ 너무 멀뿐만 아니라 포복하기엔 너무 노출돼 있군. 완전히 목표물이 되지.

☞ 「공격」에서 잭 팰런스 소대장이 부하들에게 내린 명령이다. 독일군이 점령한 마을을 공격하기 위해서는 허허벌판을 횡단해야 하는데, 〈목표물까지의 거리가 너무 멀고 노출되어서 포복으로 접근하기가 불가능하고〉, 그래서 〈정신없이 뛰어야 되겠다〉는 뜻이다. track meet은 〈육상 경기〉다. meet은 운동 경기 따위의 〈대회〉를 뜻해서, 〈운동회〉는 athletic meet이라고 한다.

○ 「낮은 포복으로 접근하기에는 너무 멀고 엄폐물도 없으니, 죽어라고 달리는 수밖에 없겠다.」

Mercury

"Aha. Here's winged Mercury!"

✕ 아! 날개 달린 천사로구만!

☛ 「닥터 지바고」에서는 소금과 못과 신문을 구해 가지고 유리아틴 마을로부터 바리키노까지 올라온 역무원을 보고 랄프 리처드슨이 반가워서 소리친다. Aha는 그냥 Ah와 달라서, 〈저것 봐라. 내가 뭐라고 그랬느냐(또는 내가 한 말이 맞지 않느냐)〉면서 흡족해하는 의미가 담긴 감탄사다. 역무원이 생활필수품을 가져온 〈고마운〉 사람인 데다가 날개까지 달렸다winged는 표현이 나오니까 〈천사〉라고 번역한 모양이지만, 리처드슨이 기다리던 바는 신문(모스크바의 소식)이었다. 로마 신화에 등장하는 메르쿠리우스(Mercurius, 영어 이름 Mercury)는 그리스 신화의 헤르메스Hermes와 같아서 소식을 전하는 전령(傳令)의 신이며, 그가 쓴 모자에는 날개가 달렸다. 신화적인 언급을 하기가 번거롭다면 〈보라고. 저기 날아다니는 전령이 나타나셨잖아〉 정도로 풀어 썼어도 좋을 듯싶다.

mercy

"The individual is at the mercy of the state. Murder replaces justice."

✘ 국가는 개인에게 은혜를 베풀지 않았다. 살인이 정의를 대신한다.

☛ 「쿠오 바디스」에서 로마 제국의 횡포를 고발하는 도입부 해설이다. at the mercy of는 〈~의 (자비로운) 처분에 맡긴다〉는 의미로 보이지만, 실질적으로는 〈~이 제멋대로 처분한다〉는 뜻이다. 그러니까 여기에서 mercy는 〈자비심〉보다 〈엿장수 마음〉 정도이겠다.
○ 「개인의 생명은 국가에서 마음대로 좌우했다. 정의의 자리는 살인 행위가 대신 차지했다.」

M.I.A.

"Excuse me, sir. Seeing as how the V.P. is such a V.I.P., shouldn't we keep the P.C. on the Q.T., 'cause if it leaks to the V.C. he could end up an M.I.A. and then we'd all be put on K.P."

✘ 그렇게 귀하신 VIP께서 오시는데 기견은 비밀스럽게 해야 되지 않을까요. 만일 베트콩이 그 사실을 알면 그분이 포로가 될지도 모르고 그랬다간 우린 모두 영창 갈 테니까요.

☛ 「굿모닝 베트남」에서 (잘난 체하느라고 웬만큼 중요한 단어는 줄여서 쓰기를 즐기는) 장교 브루노 커비를 놀리느라고 로빈 윌리엄스가 갑자기 약어를 남발한다. 참으로 어떻게 번역

해야 정답인지 갈등을 일으키는 대목이다. 위 예문은 텔레비전에서 했던 번역으로, 커비가 press conference(기자 회견)를 P.C.라고 제멋대로 줄여 쓰는 버릇을 꼬집느라고 〈기견〉이라는 이상한 약어를 만들어 대치했다. 제대로 비슷하게 줄여서 쓰려면 〈기회(記[者]會[見])〉라고 해야 되겠지만, 〈기회(機會)〉라는 단어가 이미 있기 때문에 혼동을 피하려고 고육지책으로 만들어 낸 표현일 듯싶다. 하지만 윌리엄스가 열거한 다음과 같은 약어들은 모두 빛을 잃고 말았다.

V.P.는 vice president(부통령)로서, 실제로 자주 쓰이는 약어다. V.I.P.는 very important person, 〈중요한 인물(요인, 귀빈)〉이다. Q.T.는 속어로 quiet(조용히)여서, on the Q.T.는 〈비밀리에〉라는 뜻이다. V.C.는 〈베트콩〉(☞ Charlie)이다. M.I.A.는 군사 용어로 missing in action([전투 중] 실종)의 약어다. K.P. 역시 군사용어로, kitchen police(☞ K.P., 취사당번)다. 그러니까 번역에서 희생된 맛과 재미가 적지 않은 번역이라고 하겠다.

그런가 하면 DVD에서는 같은 대목을 이렇게 번역했다. 〈부통령을 부통으로 줄이듯이 전대통령을 전통으로 줄이고 박대통령을 박통으로 줄이면 김통은 둘 중 누가 되죠?〉 박정희 대통령을 〈박통〉이라고 부르던 호칭에 얹혀서 시중에 나돌았던 농담을 활용한 재치 있는 솜씨라고 하겠다. 전체 내용을 넓은 시각으로 포용하여, 창작을 감행하는 용기를 보인 셈이다. 짧은 문장의 길이를 맞춰가며 우리말로 옮기기가 매우 어려운 만화 영화를 번역할 때는 이런 묘기가 때로는 큰 효과를 거두기도 한다. 내용의 충실한 전달보다는 감각적인 접근이 필요한 상황, 특히 이 영화처럼 전체적인 흐름과는 크게 관계가 없는 단편적인 재담gag, one-liner을 처리할 때는 어느 정도의 창의적인 실험이 바람직하겠다. 문제는 DVD의 번역문이 지나치게 구체적으로 한국적이어서, 원문과 괴리된다는 점이다. 1965년의 베트남 사이공을 무대로 한 미국 영화에 1980년이 되어서야 한국에서 쿠데타를 일으킨 전두환 그리고 김영삼과 김대중 대통령의 이름이 등장한다는 사실은 아무래도 무리인 듯싶다.

그렇다면 allez 항에서 필자가 제안한 방법은 어떨지 모르겠다. 대화 중에 돌출하는 외국어 표현에 붙이는 설명을 괄호 안에 집어넣는 방법 말이다. 덧녹음dubbing을 하는 경우라면 footnote(각주)를 자막으로 달아도 되겠다.

○ 「실례합니다, 중위님. V.P.([닉슨] 부통령)께서 그렇게 V.I.P.(대단한 분)라면, P.C.(기자회견)은 Q.T.(조용)하게 해야 좋을 듯싶은데, 그러지 않으면 V.C.(베트콩)의 귀에 정보가 들어가서 그분이 M.I.A.(실종)되는 사태가 벌어지고, 그랬다간 우리 모두 K.P.(취사당번) 신세가 될지도 모르잖아요.」

middle

"Well, it's Custer's Last Stand all over, with me in the middle."

✘ 커스터의 전투는 끝났지만 난 아직 진행중이야.

☛ 「캣 벌루」에서 춤을 추던 인디언 목동 톰 나디니가 (백인 불량배들과 시비가 붙어 포위를 당하자) 웃기는 소리를 하는데, 역사적인 사건에 대한 지식이 모자라서 빚어진 오역처럼 보인다. 조지 암스트롱 커스터 장군이 리틀 빅 혼에서 인디언들에게 포위를 당해 그의 부대가 전멸 당한 사건을 Custer's Last Stand(커스터의 마지막 전투)라고 한다. all over는 all over again(전부가 재현됨)이라는 뜻이고, me in the middle은 〈내가 한가운데 섰다〉는 말이다. 그러니까 인디언들에게 포위되어 한가운데 섰던 백인 커스터 장군의 위치에 반대로 인디언이 서게 되었고, 인디언들이 아니라 백인들이 그를 포위했다는 우스갯소리다.

○ 「이런, 커스터 장군의 마지막 전투를 재탕하는데, 이번에는 인디언이 당하는 꼴이구먼.」

「굿모닝 베트남」에서 말썽을 일으켰다고 전출을 당하는 로빈 윌리엄스에게 후임 진행자 포레스트 휘태커가 각오를 밝힌다.

「I requisitioned for a name change. Trouble is actually my middle name.」

✕ 「개명 신청을 했어요. 중간 이름을 〈곤란〉으로요.」

휘태커는 실제로 개명 신청을 내지는 않았고, 윌리엄스를 본받아 방송을 잘 해보겠다는 포부를 그렇게 밝혔을 뿐이다. trouble은 〈곤란〉이 아니고 윌리엄스의 특기이다시피 했던 〈말썽〉이다. 그러니까 휘태커는 〈나도 당신 못지않게 말썽 좀 부려 보겠다〉는 생각이다.

middle name도 진짜로 〈중간 이름〉이라는 뜻이 아니다. 「맨해튼」에 나오는 우디 앨런의 대사가 middle name이 무엇인지를 잘 설명한다. 〈Hey, 《Trouble》 is my middle name. Actually my middle name is Mortimer. I was just kidding.〉(이봐요, 내 중간 이름이 〈말썽〉이라고요. 진짜로 내 중간 이름은 모티머죠. 그냥 장난으로 해본 소립니다.) 이런 경우의 middle name은 〈별명〉이라는 뜻이다. 예를 들어 John Doe의 별명이 〈미친개〉라면, 별명을 이름의 중간에 집어넣어서 사람들이 John 〈Mad Dog〉 Doe라고 부른다.

그러니까 「굿모닝 베트남」에서 포레스트 휘태커가 한 농담은 〈난 이름을 바꾸겠어요. 호는 〈골치덩이〉라고 정했고요〉라는 정도의 의미다.

「여자의 이별」에서는 중년의 위기를 맞은 폴린 콜린스가 딸에게 설명한다.

〈Marriage is like Middle East. There's no solution.〉

✕ 〈결혼생활은 중세때와 같아. 해결방법이 보이질 않아.〉

Middle East는 분쟁이 끊이지 않는 〈중동〉이다. 〈중세〉는 the Middle Ages다. 대문자나 소문자나 그게 그거라고 생각하여 Middle Ages를 그냥 middle age라고 쓰면, 〈중세〉가 아니라 〈중년〉이 된다.

○ 「내 결혼 생활은 중동 지역처럼 골치 아파. 돌파구가 없다고.」

might

"You got to see people sooner or later. You might as well start now."

✘ 다른 사람들이랑 만나면서 새 출발 하는 거야.

☞ 「무모한 순간」에서 못된 남자에게 속았던 뼈아픈 경험 때문에 사람들을 자꾸만 기피하는 딸에게, 멀어졌던 남자 친구와 영화를 보러 가라고 권하면서 조운 베넷이 하는 말이다. 첫 문장은 〈넌 언젠가는 사람들을 만나야 하잖아〉라는 의미다. 두 번째 문장은 〈이왕 만나야 할 사람들이라면 지금 만난다고 해도 나쁠 것은 없잖느냐〉는 뜻이다. might as well은 〈이왕 ~해야 할 일이라면 ~하는 편이 낫겠다〉라는 의미로 묶어서 파악해 두면 좋겠다. just as well(그렇게 하더라도 상관없겠다)도 비슷한 용법(☞ hangover, share, tone)으로 자주 쓰인다.

○ 「언젠가는 사람들을 만나야 하잖아. 그렇다면 지금 만나서 나쁠 것도 없지.」

mile

"He must have gone by you doing 90 miles an hour!"

✘ 시속 90 마일도 넘었을 거야!

☞ 「매드 매드 대소동」에서 그들을 미친 듯 추월한 다음 절벽으로 떨어진 지미 듀란테의 차를 내려다보며 미키 루니가 버디 해킷에게 흥분해서 소리친 말이다. gone by you는 〈자네가 운전하던 우리 차를 (저 사람이) 추월했다〉는 뜻이다. 우리나라 시청자들은 〈시속 90마일〉보다 〈시속 140킬로미터〉라는 표현을 훨씬 더 빨리 그리고 실감 나게 알아듣는다. 야드법을 쓰는 미국의 할리우드 영화를 번역하면서 수치를 우리나라 사람들에게 익숙한 미터법으로 고쳐주는 것이 바람직한 이유(☞ week, gun)다.

예를 들어 「바운티풀 가는 길」에서 애절한 첫사랑의 추억이 얽힌 고향을 찾아가는 노부인 제랄딘 페이지가 버스 정거장에서 같은 버스를 타고 온 젊은 여자에게 말한다.

✘ 「12마일이라도 걸어가겠어요.」

지금은 〈마일〉이라는 개념에 우리나라 사람들이 많이 익숙해지긴 했지만, 미국에서도 갖가지 단위를 미터법으로 전환하는 것이 요즈음의 추세다. 그래서 12마일을 미터법으로 계산하면 19.208 킬로미터다. 페이지는 물론 거리를 대충 얘기했을 터이므로, 소수점까지 계산하는 대신 사사오입을 한다면, 그녀가 걸어가겠다는 거리는 〈20킬로미터〉가 된다. 고향에 대한 늙은 할머니의 감각이라면 우리나라 노인들이 알아듣기 편하게 〈50리〉라고 해도 되겠다. 이런 계산을 거쳐 노부인이 우리말로 〈고향이라면 50리를 걸어서라도 가겠다〉고 말했다면, local color(지방색)가 생겨나고 운치가 살아나서, 그 절절한 감정이 정말로 〈실감〉이 난다. 문제는 요즈음 사람들이 더 이상 〈리(里)〉라는 단위를 쓰지 않으므로, 언어의 변화에 따라야 하는 어려움에 처하게 된다. 그래서 〈리〉까지는 가지 않더라도, 미터법으로나마 〈실감〉을 계산해서 번역하자는 주장이다.

「댐을 폭파하라」에서는 댐을 무너뜨릴 폭탄을 제작하려는 과학자 마이클 레드그레이브가 공군 수뇌부에게 이런 요구를 한다.

「We will need 6,000 pounds of this new explosive RDX.」

× 「RDX가 2,718kg만 있으면 되겠습니다.」

여기에서는 미터법으로 계산하는 방법에서 문제가 생겼다. 레드그레이브가 제시한 〈새로운 폭약 RDX가 6,000파운드〉는 대충 제안한 수치다. 이제 설계하기 시작한 폭탄의 제원(諸元)이 마지막 단위 ~18까지 정확히 나오기는 불가능한 일이다. 실제로 폭탄을 제조할 때도 일일이 2,718킬로그램을 정확히 맞추기란 매우 번거로운 일이겠다. 따라서 이런 경우에는 pound를 kilogram으로 단위를 바꿔 계산할 때도 수치의 여유까지 계산에 넣어야 한다. 원문에서 6,000, 그러니까 0으로 끝나는 어림수round number를 썼다면, 번역에서 환산한 숫자도 0으로 끝나는 어림수를 써야 좋겠다는 뜻이다. 그렇다면 레드그레이브 박사가 제시한 폭약의 양은 〈3,000킬로그램〉이 알아듣기도 쉽고, 어림셈도 적당하겠다. 이 영화에서는, 영국 공군이 폭격한 댐이 〈100 yards breached(1000야드가 파열되었다)〉라는 라디오 방송이 나왔을 때도, 100 yards를 〈91m〉라고 야박하게 번역했는데, 적지 독일로 들어가 현장에 가서 자로 재 보기 전에는 1미터의 오차까지 그렇게 정확히 확인하기가 불가능하다는 현실을 고려에 넣지 않은 점이 좀 아쉽다.

「심야의 탈주」에서는 공장을 털고 도주하다가, 제임스 메이슨을 길바닥에 버려두고 도망친 부하들이 나중에 만나 언쟁을 벌인다.

「You drove on and went down a hundred yards.」

○ 「그런데도 90미터나 더 몰고 갔으면서.」

이번에도 〈야박함〉이 역시 아쉬움으로 남는다. 총격전이 벌어진 다음 정신없이 차를 몰고 도망치는 동안에 10미터의 거리까지 정확히 따질 정신적인 여유가 있었을까? 〈91미터〉보다는 후하게 round number를 쓰기는 썼지만, 이런 경우에는 원문의 숫자에서 0이 둘이니까, 조금 선심을 베풀어 번역문에서도 아예 〈100미터〉로 해줬더라면 훨씬 자연스러웠으리라는 생각이다.

「광야천리(曠野千哩)」에서 소몰이를 시작하기 전에 존 웨인이 목동들에게 앞으로 그들이 가야 할 머나먼 여정에 대해서 설명한다. 〈We're going to Missouri with 10,000 heads.〉(여기서 미주리까지는 1만 마일이야.) 그리고 다른 장면에서 웨인은 이런 설명도 한다. 〈Nine, ten thousand heads of cattle clear to Missouri.〉(1만 마일이나 되는 미주리로 가려고 말일세.) 하지만 이 두 예문에는 mile이라는 단어가 눈에 띄지 않는다. 대신 소의 마릿수를 나타내는 head(頭)만 보인다. 그러니까 웨인의 설명은 〈1만 마리를 이끌고 미주리로 가야 한다〉와 〈9,000~1만 마리의 소를 곧장 미주리까지〉 끌고 간다는 소리다.

어째서 head가 mile로 둔갑했는지는 모르겠지만, 텍사스에서 미주리가 〈1만 마일〉이라는 번역문을 상식적인 차원에서 따져 보기로 하자. 서울에서 태평양을 건너 샌프란시스코까지 가는 거리가 5,320 마일 정도다. 그렇다면 텍사스에서 같은 미국 땅인 미주리까지 가는 거리가 그보다 두 배(1만 마일)니까, 샌프란시스코를 출발하여 한국을 거쳐 중동의 어느 지역까지 가는 거리와 맞먹는다는 계산이다. 문장에서 숫자가 나타나면, 그것을 그냥 숫자로만 보지 말고, 〈의미〉로 파악하는 습성을 들여야 한다. 이 경우는 〈1만 마일〉이 얼마나 먼 거리인지를 전혀 생각해 보지를 않았기 때문에 빚어진 오역이다.

여기서 잘못된 번역이 나온 까닭은 아마도 head를 〈향하다〉 또는 〈나아가다〉라는 뜻의 동사로 착각해서, 〈소 떼를 끌고 미주리까지 거침없이 9,000~1만을 가야 한다〉라는 뜻으로 오해했기 때문이 아닌가 싶다. 역자의 착각과 오해는 〈모든 문장에는 동사가 들어간다〉는 고정 관념에서 비롯되었을 듯싶다.

EBS에서 〈레드 리버〉라는 제목으로 방영한 이 작품은 한국 전쟁 직후에 극장에서 상영할 때의 우리말 제목이 「광야천리(曠野千哩)」였다. 당시로서는 대단히 멋진 표현이었지만, 바로 그 제목부터가 지금 사람들에게는 이해하기가 참으로 녹록하지 않겠다. 우선 〈천리〉는 한자로 〈천리(千里)〉가 아니라 〈천리(千哩)〉라고 적었다는 사실을 유의하기 바란다. 한자로 나타낸 거리의 단위 〈리(哩)〉는 mile을 뜻한다. 그러니까 이 영화의 제목을 요즘 말로 〈번역〉하면 〈허허벌판 1,000마일〉이 된다. 실제로 위에서 문제가 된 두 예문의 사이에는 〈We got a 1,000 miles to go(우린 1,000마일을 가야 한다)〉는 말도 나오지만 웬일인지 번역에서는 그 대목을 빼먹었다.

〈레드 리버〉의 이상한 계산법은 소 떼가 폭주(暴走, stampede)를 한 다음 존 웨인이 목동들에게 내리는 명령의 번역에서도 나타난다.

「There are couple of thousand heads to round up. Get at it.」

× 「각자 2천 마리씩 관리하도록.」

여기에서는 head를 〈마리〉라고 제대로 옮겼지만, 번역 내용은 아직도 대책이 없다. 웨인의 명령은 폭주가 벌어지는 사이에 사방으로 〈흩어진 소가 2,000마리니까 가서 모두 찾아서 모아들여. 어서 일을 시작해〉라는 말이다. 그러니까 〈각자 관리〉할 마릿수는 2,000을 인원수로 나눠야 계산이 맞는다. 영화에서는 월터 브레난이 목동들에게 식사를 나눠주며 〈thirty hungry drivers〉(한없이 먹어 대는 30명의 소몰이들)라고 불평하는 장면이 나온다. 그렇다면 번역문에서처럼 30명이 각자 2,000마리씩 관리한다고 계산해 보자. 2,000 마리 곱하기 30명이라면, 소는 6만 마리가 된다. 거기에다 지금 남아 있는 8,000마리를 합치면, 처음 출발할 때보다 일곱 배로 소들의 숫자가 늘어난다.

이상한 「광야천리」 숫자는 인디언의 습격을 받고 겨우 살아온 wrangler(목동)의 대사에서도 나타난다. 기진맥진 말을 타고 온 그가 고백한다.

「I haven't eaten anything for four days.」

× 「난 40일 동안 아무것도 못 먹었어요.」

아무리 힘이 장사라고 해도, 인디언의 습격에서 겨우 살아난 다음, 40일 동안 아무것도 먹지 않고 말을 탈 수는 없다. four를 〈40〉이라고 해놓은 번역에서 드러나듯, 우리나라 사람들은 번역에서 정말로 계산이 흐리다.

million

"I got a million appointments today."

✗ 오늘도 약속이 수백만 건이야.

☞ 「한나와 그의 자매들」에서 텔레비전 연출자인 우디 앨런이 〈만나야 할 사람이 많다〉는 표현을 과장한다. 〈수백만〉이라면 200만에서부터 900만까지의 사이에서 어느 정도에 해당되는지가 불확실한 숫자다. 그래서 900만이라고 가정하면, 원문의 〈100만〉보다 무려 아홉 배요, 숫자로는 800만의 차이가 난다. 「광야천리」에서 1,000마일이 1만 마일로 늘어난 경우(☞ mile)쯤은 비교도 안 된다. 또한 예문에서 앨런이 한 말 가운데 million은 꼭 〈100만〉이라는 〈숫자〉를 의미하기보다는, 〈엄청〉이라는 〈개념〉을 뜻한다. 〈오늘은 약속이 엄청나게 많아〉 정도로 옮기더라도 충분하겠다.

「타인의 도시」에서 오손 웰스가 〈세상은 쓰레기〉라고 비판하는 장면을 보면, 엉성한 계산의 양상이 더욱 심각하다.

「Wastes — one million tons of it.」

✗ 「쓰레기야. 10억 톤의 쓰레기.」

번역하는 과정에서 〈100만 톤〉이 〈10억 톤〉으로 늘어났다.

「공격」에서 포격을 받아 무너진 대들보에 깔려 다리가 부러진 로버트 스트라우스에게, 대대장 리 마빈이 〈부상이 심하냐You hurt bad, son?〉고 묻는다. 스트라우스는 희색이 만면이다.

「Oh, no, sir. Million dollar wound.」

✗ 「오, 아닙니다. 영광의 상처죠.」

부러진 다리는 〈영광의 상처〉가 아니라 〈100만 불짜리 부상〉이다. 몸이 불구가 될 정도는 아니지만, 본국으로 송환될 정도의 부상을 군인들은 그렇게 부른다. 전쟁을 그만하고 살아서 귀국하게 되었으니, 〈축복 받을 부상〉이 되겠다. 그래서 대대장이 축하한다.

「Good deal. You get back to the States, give them my regards.」

✗ 「자넨 귀국하게 될 거네. 내가 처리하지.」

어째서 이런 번역이 나왔는지 모르겠지만, 원문의 내용은 전혀 딴판이다.

○ 「수지맞았구먼. 귀국하면 친지들한테 내가 안부를 묻더라고 전해 주게나.」

millstone

"Said the millstone to the barley."

✗ 같은 처지끼리?

☛ 「닥터 지바고」을 보면, 2년이 넘도록 계속되던 독일과의 전쟁에서 신물이 난 탈영병들이 뿔뿔이 흩어져 고향으로 가기 전에 작별 인사를 나눈다. 그들 가운데 고향으로 가지 않고 혁명에 가담하려는 볼셰비키 동지가 오마 샤리프에게 묻는다. 〈Want some advice?〉(충고 하나 할까요?) 예문은 샤리프가 하는 대답인데, 보리를 갈아 버리는 맷돌의 역학에서는 번역문에서처럼 〈같은 처지〉는 이루어지지 않는다. DVD와는 달리 MBC 텔레비전은 같은 대사를 〈맷돌이 보리에게 말이오?〉라고 역시 의문문으로 받았다. 〈맷돌이 보리에게 하는 말〉이라면 어렴풋이 짐작은 가겠지만, 영화를 보면서 시청자가 얼른 이해하기는 쉽지 않겠다. 샤리프가 인용한 속담은 〈어르신네가 아이한테 한 수 가르쳐 주시겠다는 거로군요〉, 또는 〈고참이 풋내기에게 가르쳐 주시려는군요〉라고 조금쯤은 못마땅해하는 표현이다.

「타인의 도시」에서는 여자 관계가 복잡한 올리버 리드가 〈(이제는 정신을 차려서) 더 이상 허튼 관심거리에는 한눈을 팔지No more extraneous...〉라고 말하다가, 창밖에 지나가는 예쁜 여자가 눈에 띄자 한참 열심히 쳐다보고는, 겨우 〈...attractions(않겠다)〉라고 끝을 맺는다. 그 꼴을 본 친구 에드워드 폭스가 비꼰다. 〈And the pin said to the magnet.〉(못이 자석 보고 하는 소리로구먼.) 꼼짝 못하고 자석에게 끌려가는 쇠붙이의 처지를 상상해 보기 바란다. 텔레비전에서는 폭스의 대사를 〈잘도 되겠다〉라고 간결하게 옮겼는데, millstone to the barley와 pin to the magnet은 둘 다, 〈번데기 앞에서 주름 잡는다〉는 표현에서, 번데기와 그에 비교되는 상대를 염두에 둔 관계의 역학을 언급한다.

mind

"Why, Miz Wilkes, you must of lost your mind!"

✘ 아마 정신이 없으셨을 거예요.

☛ 「바람과 함께 사라지다」에서 (KKK 단원인 남편 레슬리 하워드를 위해 유리한 증언을 해준) 창녀에게 올리비아 드 하빌랜드가 〈고맙다는 뜻을 전하러 찾아가겠다〉고 한다. 예문은 그 얘기를 듣고 놀란 창녀가 드 하빌랜드의 집으로 먼저 찾아와서 하는 말이다. 남편이 연루된 살인 사건 때문에 〈정신이 없으셨을 거〉라고 이해한 모양인데, lose (one's) mind는 〈발광하다〉 또는 〈미친다〉는 뜻이다. 고귀한 신분의 여자가 창녀의 집을 방문하다니, 〈맙소사, 윌크스 부인, 그게 제정신으로 하신 말씀인가요?〉라는 정도의 의미가 되겠다. Miz는 Miss의 구어체 표기이고, must of는 무식한 사람들이 must have와 혼동해서 사용하는 어법이다

「우리 아빠 야호!」에서는 (아내가 임신했다는 사실을 모르고) 회사에서 덜컥 사표를 내고 화가 나서 귀가한 스티브 마틴에게 메어리 스틴버겐이 묻는다.

「Can you still change your mind?」

✘ 「마음을 바꾸면 안되요?」

쉬운 문장을 번역하기가 왜 힘든지를 잘 보여 주는 또 하나의 사례가 되겠다. change one's

mind처럼 흔한 문장이 나오면, 워낙 눈에 익어서인지, 〈change=바꾸다, mind=마음〉이라는 자동적인 공식이 즉각 작동하여, 별로 생각해 보지도 않고 쉽게 〈마음을 바꾸다〉라고 옮기게 된다. 하지만 〈마음을 바꾸다〉가 과연 자연스러운 우리말 표현(〈생각이 달라지다〉)인지를 곰곰이 생각해 보면, 점점 더 그렇지 않다는 느낌이 들게 된다. 원시적인 〈직역〉은 첫눈에 보면 별로 이상하지 않지만, 찬찬히 뜯어보면 조금씩 허물이 보이기 시작한다. change your mind라는 영어 표현을 통째로 접어 두고, 내가 스틴버겐이었다면 그런 상황에서 우리말로 뭐라고 했을 지를 진지하게 상상해 보라. 조금만 공을 들이면, 〈그럼 사표는 취소하기가 불가능할까요?〉라던가, 나아가서 〈그 사표 접수되지 않았으면 좋겠는데요〉라는 완곡한 표현까지도 머리에 떠오를지 모른다.

얼마 후에는 아버지가 아들에게 〈나 마음이 바뀌었다 I changed my mind〉고 말하는 장면도 나오는데, 이 말도 〈나 기분이 풀렸어〉라던가, 〈생각해 보니 그게 아니더구나〉라는 유연한 표현으로 똑같은 의미를 전달하기가 얼마든지 가능하다.

mine

"We were too close to where the mines were planted. So when the train hit it, pieces of metal fell like a shower of fireworks all about us."

✘ 우리는 광산에 아주 가깝게 접근하고 있었어요. 광산과 기차가 충돌했을 때 금속 조각이 우릴 덮쳤죠.

☞ 「추상」에서 잉그릿 버그만이 기억을 더듬어가며 율 브리너에게 설명한다. 〈In another hospital I told other stories and they believed them too. Especially the one where the train blew up.〉(또 어떤 병원에서 난 다른 얘기들을 했는데, 사람들이 그 얘길 믿었어요. 특히 기차가 폭파된 대목을요.) 그리고 버그만의 회상이 예문에서처럼 계속된다. 광산과 기차가 〈충돌〉하는 상황은 도저히 상상이 가지 않는다. mines were planted에서 planted라는 단어가 왜 나왔는지를 이상하게 생각했다면 mine을 〈광산〉이라고 하는 오역은 범하지 않았을 듯싶다. plant는 〈심다〉 또는 〈파묻는다〉는 뜻이다. 〈광산〉을 어떻게 〈파묻는〉다는 말인가? 그리고 여객을 실어 나르는 어느 기차가 어떤 목적으로 광산까지 노선을 개설하겠는가? 더구나 땅속에 〈파묻힌〉 광산이라면 말이다. 이렇게 내용의 논리가 성립되지 않을 때는 분명히 어디선가 착각이 일어났으리라는 의심을 해봐야 한다.

○ 「우린 지뢰가 묻힌 장소에 너무 가까이 접근했어요. 그래서 기차가 지뢰를 건드리자 금속 조각들이 우리 주변 사방에 불꽃놀이를 벌이듯 쏟아졌어요.」

「애수(哀愁)」에서는 전쟁터로 떠났어야 할 로버트 테일러가 발레단으로 다시 찾아와 비비엔 리에게 긴박했던 상황을 설명한다.

「Couldn't. Mines in the Channel. Forty-eight hours leave.」

✗ 「지뢰 때문에 48시간 연기됐소.」

세 문장이 서로 연결되며 이루는 상황을 파악하지 못해서 절반쯤만 번역해 놓은 형국이다. the Channel(영국과 유럽을 갈라놓은 도버 해협)이 무엇인지를 몰랐던 듯싶다. 지뢰(地雷)는 땅에 파묻는다. 지뢰는 바닷물the Channel에 넣으면 바닥으로 가라앉아 버리지, 물의 중간 쯤에 파묻히지는 않는다. Mines in the Channel은 독일군의 전함들이 해협을 건너와 영국을 침공하지 못하도록 물 위에 띄워 놓은 〈기뢰(機雷)〉다.

○ 「출항 금지야. 해협의 기뢰 때문에. 48시간 휴가령이 내려졌지.」

minute

"I know it's gratifying for a woman to be wanted and needed, but not for every minute of every day."

✗ 난 남자가 여자가 자신을 필요로 하는 것을 기뻐한다는 걸 잘 알아요. 하지만 매일 매분은 아니죠.

☞ 「갈채」에서 빙 크로스비와 헤어지라고 그레이스 켈리에게 윌리엄 홀든이 종용한다. 번역문 두 번째 문장에서는 every minute을 눈에 보이는 그대로 〈every=매〉〈minute=분〉이라고 옮겨 〈매분〉이라고 해놓은 듯싶은데, 〈매분〉은 〈1분마다 한 번씩〉이라는 뜻이다. 남자가 여자를 원하고 필요로 하는 현상이 어떻게 정확히 1분에 한 번씩 반복된다는 말인가?
번역문의 첫 문장에서는 〈남자가 여자가 자신을 필요로 하는 것〉이라는 표현이 매우 혼란스러운 인상을 준다. 똑같은 주격 조사 〈가〉가 두 번이나 나란히 나오기 때문이다. 그래서 〈여자가 자신을 필요로 한다〉라고 엉뚱한 곳에서 문장을 잘라 놓으면, 전체 문장의 의미가 뒤엉키며 달라진다. 〈여자가〉라는 주어가 〈필요로 한다〉의 주체가 되기 때문이다. 하지만 이 문장에는 〈남자가 원하고 필요로 한다〉가 기본 개념이고, 그렇게 되면 〈여자가 만족스러워한다〉가 두 번째 개념이며, 그 두 가지 개념의 결합은 〈나는 안다〉라는 세 번째 개념이 결합시킨다.
번역한 사람은 자막을 읽는 사람이 알아서 적당히 문장을 끊어 가며 해석하고 이해하고 납득하기를 기대하겠지만, 자막을 읽는 사람은 그런 부담을 적극적으로 받아들이려 하지 않고 차라리 그냥 혼란에 빠져 버린다. 그런 위험을 제거하기 위해 문장을 간결하게 가꾸려면, 한 문장을 짧은 두 개의 문장으로 잘라 놓거나, 단순히 길이를 짧게 줄이기만 해서는 해결이 되지 않는다. 그보다는 여기에서처럼 똑같은 토씨로 끝나는 단어를 중복시키지 않아서 지저분한 군더더기 인상을 제거하는 편이 더 크게 도움이 된다. 그런데 위 번역문에서는 〈난 남자가 여자가 자신을 필요로 하는 것을 기뻐한다는 걸 잘 알아요〉에서 〈남자《가》〉와 〈여자《가》〉의 토씨 〈가〉로 겹쳤을 뿐 아니라, 〈자신《을》〉과 〈것《을》〉에서 역시 똑같은 목적격 조사 〈을〉이 중복되었다.

그런가 하면 원문에서는 문장에서 가장 먼저 나타나는 주어 I와 연결되는 동사 know가 바로 뒤따라 나온다. 반면에 번역문에서는 주어 〈난〉에 걸리는 동사(〈알아요〉)가 맨 끝에 가서야 나타난다. 이럴 때는 주어와 거기에 종속되는 동사를 가능한 한 서로 가까운 곳에 두어, 《〈남자가 자신을 필요로 하는 것을 여자가 기뻐한다는 걸〉 난 잘 알아요》라고 교통정리를 해야 문장의 흐름이 빨라진다. 그러나 이제는 남자가 필요로 하는 대상이 〈여자〉가 아니라 〈남자 자신〉이라는 소리처럼 들린다. 뿐만 아니라 짧은 한 문장 속에 〈것〉과 〈걸(것을)〉이라는 똑같은 단어가 반복되어 들어가 있다. 이제는 두 개의 〈것〉 가운데 하나를 없애야 한다.

간결하고 정확한 번역을 하려면 이렇게 문장의 결함을 하나씩 정리해 나가는 과정이 필수적이다. 어떤 사람들은 이런 식으로 신경을 많이 써야 하는 정성스러운 번역을 〈요령 부족〉이라며 〈고생을 사서 한다〉고 생각하는가 하면, 심지어는 〈노동력이 착취를 당해서 손해를 본다〉는 착각까지도 하지만, 번역도 맛 좋은 음식을 내놓는 식당이나 마찬가지로, 정성을 들여야 날이 갈수록 단골손님이 늘어난다. 한 번만 보고 말 손님이라며 함부로 대하는 업소나 마찬가지로, 공을 들이지 않고 쉽게 대충 넘어가며 요령을 피우는 번역은 만년 초보의 수준을 넘지 못하고 결국 언젠가는 주문이 끊어져 번역 생활을 포기해야 한다. 문장 하나하나에 어떻게 그렇게까지 정성을 쏟느냐며 시간 탓을 하는 사람도 있겠지만, 세상만사가 다 그렇듯이, 어느 정도 공을 들이는 훈련이 몸에 배면, 신속하고도 정확한 번역이 일사불란하게 저절로 이루어진다.

○ 「누군가가 자기를 원하고 필요로 한다는 사실은 여자로 하여금 당연히 흐뭇함을 느끼게 한다는 건 나도 알지만, 날이면 날마다 모든 순간에 그럴지는 않겠죠.」

miss

"Got to rest, mom. Otherwise I'm liable to miss a lot more school."

✘ 내버려두고 가세요. 쉬어야 해요.

☛ 「시계태엽 오렌지」에서 맬컴 맥도웰은 낮에는 잠을 자고 밤이면 길거리로 나가 온갖 못된 짓을 벌이는 불량 학생이다. 〈한 주일이나 학교에 안 가면 어쩌느냐〉고 어머니가 잔소리를 해도 소용이 없어서, 예문과 같은 핑계만 둘러댄다. 여기에서 억지를 부리는 맥도웰 화법의 묘미가 담긴 핵심 단어는 otherwise(그렇게 하지 않으면)다.

○ 「나 쉬어야 해, 엄마. 지금 쉬지 않으면 (피곤해서) 학교를 훨씬 더 많이 빠지게 될 거야.」

「고스트 타운의 결투」에서는 리처드 위드마크가 먼 곳의 인디언을 겨눠서 장총으로 쏜 다음, 로버트 미들턴이 옆에서 놀린다. 〈Missed.〉 텔레비전에서는 이것을 〈놓쳤어〉라고 번역했는데, 〈놓치다〉는 일단 잡았거나 거의 다 잡았던 경우에 적용하는 말이고, 여기서는 〈빗나갔어〉가 맞는 표현이다.

「미니버 부인」을 보면, 됭케르크에 고립된 영국군을 구출하려고 민간인 선단과 함께 작전에 참가하고 돌아온 월터 피전이 아내 그리어 가슨에게 소감을 털어놓는다.

「And come to think of it, I'm a bit proud of myself. What you might call a real bit of navigation. I wouldn't have missed it for the world.」

✗ 「나도 내가 자랑스러워. 정말 멋진 항해였지. 내가 빠질 수는 없었어.」

wouldn't have missed it for the world(세상의 무엇을 다 내주는 한이 있더라도 그것만큼은 놓치고 싶지 않았다)는 자주 나오는 표현이니까 아예 통째로 알아 두기 바란다.

○ 「생각해 보니 나도 내가 약간은 자랑스러워. (작은 통통배로 도버 해협을 횡단하는) 뱃길은 진짜로 대단한 모험이었지. 무슨 일이 있어도 놓치고 싶지 않은 모험이었어.」

「719호의 손님들」에서는 호텔 방으로 남편 월터 매타우의 여비서가 찾아오자 모린 스테이플톤이 묻는다.

「It is Miss McCormack now, isn't it?」

✗ 「미스 매코맥 맞죠?」

사장 부인과 여비서는 여러 번 만나서 오래전부터 낯이 익은 사이여서, 새삼스럽게 이름을 확인해야 할 단계가 아니다. now라는 단어가 왜 들어갔는지를 따져 보지 않았기 때문에 발생한 오역이다. 〈지금은 미스 매코맥이지 않느냐〉는 질문은 〈요즈음에는 (이혼하여 Mrs.가 아니라 다시 Miss의 몸으로) 혼자 산다면서요?〉라는 뜻이다. 그래서 비서는 이렇게 대답한다. 〈Was Mrs. Colby last year. This year, it is Miss McCormack again.〉(작년에는 콜비 부인이었죠. 금년에는 다시 자유의 몸이 되었고요.)

「뮤리엘의 웨딩」 마지막 장면에서 보여 주는 간판에 적힌 글이다.

You are leaving
Porpoise Spit
Missing you already

✗ 포포이즈 스핏 벌써 그리워집니다

번역문을 보면, 포포이즈 스핏을 떠나는 사람이 〈(채 마을을 떠나기도 전에) 벌써 이곳을 그리워한다〉는 뜻이다. 예문에는, 간판에서 흔히 그렇듯, 구두점(마침표)이 하나도 없다. 그러니까 얼핏 보면 〈You are leaving. Porpoise Spit missing you already〉라고 엉뚱한 곳에서 문장을 끊어, 〈당신이 떠나가는군요. 벌써 당신이 그리워지는 포포이즈 스핏〉이라고 착각하기가 쉽다. 그러나 제대로 마침표를 넣는다면 〈You are leaving Porpoise Spit. Missing you already〉가 된다. 여기에서 첫 단어 you는 분명히 〈떠나는 사람〉을 지칭한다. 그러니까 두 번째 문장은 〈포포이즈 스핏(또는 이곳에 남아 살아갈 사람들)이 떠나가는 사람을 아쉬워한다〉는 뜻이다.

○ 당신은 포포이즈 스핏을 떠나는군요(여기가 포포이즈 스핏의 경계선입니다.) 벌써 보고 싶어지네요.

mister

"Mr. Hadley."

✗ 왜, 해들리라서?

☞ 「바람과 함께 지다」에서 (아이를 낳을 능력이 자신에게 없다는 얘기를 듣고 자존심이 상한) 로버트 스택이 동네 술집으로 가서 지나치게 술을 너무 많이 마시니까, 바텐더가 〈술 좀 삼가라〉고 충고할 생각으로 〈Can I level with you, Kyle?(솔직하게 한마디 할까요, 카일?)〉이라며 눈치를 살핀다. 그러자 스택이 예문에서처럼 발끈 화를 낸다.

Mr.를 이탤릭체로 표기한 까닭은, 화자가 억양을 붙여 일부러 강조해서 발음했다는 표시다. 건방지게 함부로 이름을 부르지 말고 〈해들리《씨》라고 해〉, 그러니까 〈존칭어 좀 써〉라고 꾸짖는 말(☞ Mr.)이다. 어설프게 아는 사이에 한 사람이 〈형님〉이라고 부르자 상대방이 〈내가 언제부터 네 형님이야?〉라고 면박을 주는 경우와 비슷하다. 역자는 아마도 〈대단하신 해들리 집안 사람이라서?〉라는 뜻으로 이해한 모양이지만, 그렇다면 스택은 두 번째 단어를 강조해서 〈Mr. *Hadley*〉라고 발음했을 것이다.

「셔레이드」를 보면, 스위스 스키장에서 처음 만나 서로 기를 꺾으려고 날카로운 대화를 주고받다가, 오드리 헵번이 캐리 그랜트에게 묻는다.

「What do you prefer me to call you? Pete?」

✗ 「다들 뭐라고 불러요? 피트?」

「*Mr.* Joshua.」

✗ 「조슈아요.」

역시 그들이 주고받는 말에 돋친 가시가 번역에서는 보이지를 않는다. 헵번이 한 말은 〈다른 사람들이 당신을 뭐라고 부르느냐?〉는 질문이 아니고, 〈나는me 당신을 뭐라고 부르면 좋을까요?《피트》라고 애칭으로 불러도 되나요?〉라고 구체적인 상황에 입각하여 묻는 내용이다. 그랜트는 극 중 이름이 Peter Joshua여서, 아주 친한 사람이라면 〈Pete〉라고 애칭을 부르겠고, 웬만큼 친하면 Peter라는 이름을 부르고, 예우를 갖추려면 Mr. Joshua(조슈아 선생님)라고 해야 한다. 그래서 그랜트가 《《조슈아 씨》라고 하세요》라고 못을 박아 가며 알려 준다.

Moby

"Most people haven't read Moby Dick. Why should they read my book?"

✗ 독자는 내 책보단 『모비 딕』을 읽어.

☞ 「비포 선셋」에서 그의 소설이 생각처럼 많이 팔리지 않았다고 줄리 델피에게 이단 호크가 설명하는 대목인데, 비교하는 기준이 번역 과정에서 훼손되었다. 멜빌이 아직 살았을 때는, 빈센트 반 고흐의 그림이나 프란츠 카프카의 작품들처럼, 그의 소설 『모비 딕』이 거의 팔리지 않았다는 유명한 사실을 감안한다면, 호크의 소설이 더 많이 팔렸을 가능성이 훨씬 크다.
○ 「대부분의 사람들은 『모비 딕』도 읽지 않았어. 그런데 왜 꼭 내 소설을 읽어야 하지?」

moment

"Would you excuse me for a moment?"

✘ 실례지만 일어나야겠어요.

☞ 「고소공포증」에서 술을 마시다가 매달린 칸이 멜 브룩스에게 양해를 구한다. 번역해 놓은 칸의 대사는 〈잠깐 화장실을 다녀오겠다〉가 아니라, 마치 〈이제 술은 그만 마시고 집으로 가겠다〉는 소리처럼 들린다. 〈잠깐 실례하겠어요〉에서 for a moment(잠깐)라는 말을 생략했기 때문이다. 이어서 그녀가 〈I will be right back(곧 돌아올게요)〉라고 분명히 밝힌 말은 아예 번역을 빼먹었다.

「춘희」에서는 시골로 내려가 고급 창녀로서의 과거를 청산하고 새로운 삶을 살아 보려는 그레타 가르보가 로버트 테일러에게 묻는다.

「How can one change one's entire life and build a new one on one moment of love?」
✘ 「어찌 사랑이란 미명하에 인생을 바꾸죠?」

번역문에서 역시 사라져 버린 moment가 어찌하여 〈미명〉이 되었는지 모르겠지만, 가르보가 한 말은 이런 뜻이다. 〈사람이 어떻게 한순간의 사랑만 믿고 지금까지 살아온 인생을 통째로 바꿀 수가 있을까요?〉

moray

"That's the biggest moray eel I ever saw."

✘ 그렇게 큰 뱀장어는 첨 봤어요.

☞ 「대양」에서 잠수를 하다가 물고기의 공격을 받은 닉 놀티가 로버트 쇼에게 알려 준다. moray eel은 〈곰치〉다. 같은 뱀장어eel이라고 해도 민물에서 살 때의 명칭은 〈뱀장어〉지만, 바닷장어는 〈붕장어〉나 〈갯장어〉처럼 명칭이 달라진다. 두 단어를 따로 안다고 해서 그 둘을 합친 하나의 명칭도 안다고 생각하는 경우가 무척 많은데(☞ bourgeois, chain, chorus, east, flame, morning), black locust는 식물인 경우 〈검정 메뚜기〉가 아니라 〈아카시아〉다. 사람이 아닌 동식물의 경우, 고유 명사에서나 마찬가지로, 명칭에 대해서 어느 정도 〈유연해도 된다〉고 생각하는 번역가가 많지만, 별로 바람직한 원칙이 아니다.

「진정한 용기」에서는 아버지가 출장을 떠나며 딸에게 설명한다.

✗ 「텍사스의 무스탕 조랑말을 사려면 행운이 더 많이 필요해.」

mustang은 〈무스탕〉이 아니라 〈머스탱〉이라고 발음한다. 우리말로는 〈야생마〉다. 그리고 〈무스탕 조랑말〉은 존재하지 않는다. 야생의 mustang과 사람이 사육하는 〈조랑말〉은 종자가 아예 다르다. 〈조랑말〉은 다 자라서 어른이 되어도 몸집이 작은 종자의 말이다. 도대체 그런 조랑말을 어디에 쓰려고 텍사스까지 사러 간다는 말일까?

more

"There's only so much a woman can do, and no more."

✗ 여자가 할 수 있는 일은 많아요.

「바람과 함께 지다」에서 록 허드슨을 만난 로렌 바콜이 좌절감에 빠진 남편 로버트 스택에 대해서 걱정한다. 반대로 한 번역이다. so much는 〈그토록 많이〉가 아니라 〈거기까지만〉이라고 제한하는 말이다. 〈여자의 힘으로 가능한 일은 거기까지 뿐이고, 더 이상은 안 된다〉, 그러니까 〈어느 정도까지는 가능하지만 더 이상은 안 된다〉며 바콜은 〈한계를 느낀다〉고 한탄한다.

피터 셰이퍼의 희곡이 원작인 「태양제국의 멸망」에서 에스파냐 장군 로버트 쇼가 사생아로 태어났다는 말을 듣고, 그의 포로가 된 잉카의 왕 크리스토퍼 플러머가 감옥에서 묻는다.

〈You are not — legitimate?〉(적출이 아니라는 말씀인가요?)

역시 서자로 태어난 플러머에게 쇼가 설명한다.

「No more than you.」

✗ 「폐하보다 못하죠.」

쇼가 한 말에서는 〈(No more than you) are legitimate〉라는 뒷부분이 생략되었다. 그러니까 〈당신이 적자라는 사실에 해당되지 않듯이 나도 마찬가지로 적자가 아니다〉라는 뜻이다.

같은 영화에서 원정대 부사령관이 쇼에게 이와 비슷한 부정형 비교 용법을 사용한다. 〈I care about them, but less than I care about you.〉(난 병사들에 대해서도 걱정을 하지만, 당신에 대해서만큼 많이 걱정하지는 않습니다.)

「돌아오지 않는 강」에서 광부들의 천막촌으로 아들을 찾으러 간 로버트 밋첨에게 선교를 하러 온 목사가 개탄한다.

「I came here as a missionary to the Indians. I think the white men will need me more.」

✗ 「인디언을 돕기 위해 왔네. 백인들에겐 더 이상 내가 필요없어.」

아주 단순한 문장을 단순하게 오역한 사례다.

○ 「난 인디언들에게 선교를 하러 이곳으로 왔어요. 그런데 (타락한 광부들의 꼬락서니를 보니 인디언들보다는) 보아하니 난 백인들에게 더 필요한 존재 같군요.」

「산타 비토리아의 비밀」에서 독일군이 탈취하려는 포도주가 몇 병이나 되는지를 지하 창고 관리인이 앤서니 퀸에게 보고한다.

「One million three hundred and seventeen thousand, more or less.」

× 「1,017,300개.」

퀸이 놀라서 천천히 복창한다.

「One million... three hundred... and seventeen thousand. More or less.」

× 「백만…… 삼백만…… 칠천…….」

똑같은 숫자를 우리말로 계산한 두 번째 번역은 아라비아 숫자로 쓰면 어떻게 되는지 궁금하다. 그리고 두 번이나 번역을 시도했다가 실패한 원문의 정확한 우리말은 〈약간의 차이는 나겠지만, 1,317,000병 가량인데요〉다. 인명의 번역(☞ diminutive) 못지않게 중요한 숫자의 번역(☞ million)이 이 영화의 DVD에서는 어떤 식으로 이루어졌는지 다른 예를 몇 가지 들어 보겠다.

포도주를 얼마나 독일군이 가져가고 마을에는 얼마나 남겨 둬야 좋겠는지를 하디 크루거 대위가 앤서니 퀸에게 묻는다.

〈What's your idea of compromise?〉(당신 생각으로는 어찌해야 적당할까요?)

「Sixty-forty.」

× 「6,040.」

6,040병의 포도주를 퀸이 요구하는 듯 번역해 놓았지만, 100만 병을 주민들이 이미 빼돌린 줄도 모르고 크루거는 독일군이 317,601 병 가운데 80퍼센트를 가져가고 마을에 20퍼센트(약 6만 4,000병)를 남겨 주겠다고 약속한 터이다. 그런데 왜 퀸은 그 10분의 1인 6,040병만 달라고 하는가? 퀸이 요구한 sixty-forty는 독일군이 요구한 eighty-twenty(80 대 20)가 아니라, 마을에 남길 수량을 배로 올려 〈60 대 40〉으로 조정하자는 의미다.

독일군이 진주할 당시 크루거가 주민들에게 요구한 내용도 번역문이 매우 아리송하다.

× 「소등은 해돋이까지 오후 9시 정각이 될 거야.」

오후 9시면 해가 지고도 남을 시간이다. 그리고 해돋이에서 9시까지는 여름이라면 별로 소등할 필요가 없는 시간이다. 도대체 무슨 소리인지 모르겠는 이 지시 사항의 원문은 이렇다. 〈Curfew will be from 9:00 p.m. Till sunrise.〉 curfew(통행금지)는 집에서 나와 돌아다니지 못하게 금지하는 조처이지, 공습을 피하기 위해 캄캄하게 불을 모두 꺼야 하는 〈소등blackout〉과는 거리가 멀다.

○ 「통행금지는 밤 9시부터입니다. 일출까지요.」

치료를 받던 부상병이 비르나 리시에게 지극히 완곡한 청혼을 하는 장면에서도 숫자는 여지없이 말썽을 부린다.

「I offer you, Caterina Malatesta, a pair of hands like shovels, a piece of grape terrace, 30 meters by 10. No home, no money, no future. How does such a generous offer appeal to you?」

✗ 「너한테 제안해, 카테리나 말라테스타. 삽자루 같은 내 양손과 10개의 30미터 포도원 중 하나 집도 없고 돈도 없고 미래도 없이 그러한 푸짐한 제안을 당신에게 간청할까?」

정말로 횡설수설이다. 우선, 빈농 출신의 부상병이 백작 부인에게 감히 〈너한테〉라는 말투를 쓸 수는 없겠다. shovel은 〈삽〉이지 〈삽자루〉가 아니다. 〈자루〉는 직접 땅을 파는 험한 일을 하지 않는다. 〈30미터 포도원 10개〉는 또 무엇일까? 30 meters by 10에서 by는 〈곱하기〉라는 뜻이다. 그리고 마지막 문장의 〈푸짐한 제안generous offer〉은 워낙 초라한 자신의 조건을 반어법으로 겸손하게 표현한 말이다.

◯ 「내가 당신에게 드릴 것이라곤, 카테리나 말라테스타, (일을 너무 많이 해서) 삽날처럼 험해진 두 손과, 300제곱미터의 포도밭 한 뙈기뿐입니다. 집도 없고, 돈도 없고, 미래도 없죠. 이토록 풍족한 조건을 당신은 어떻게 받아들이겠습니까?」

그런가 하면 이런 황당한 오역도 나타난다. 포도주를 주민들과 함께 옮기느라고 험해진 그녀의 손바닥을 부상병이 어루만지자, 리시 백작 부인이 하는 말이다.

「You made a peasant out of me after all.」

✗ 「결국에 날 위해 선물을 만들었군요.」

peasant(가난한 농민, 촌부)는 present(선물)가 아니다.

◯ 「결국은 당신 때문에 나도 시골 여자가 다 되었군요.」

morning

"The morning star gets wonderful brightness just before it has to go."

✗ 별은 새벽녘에 제일 아름다운 법이죠.

☞ 「우리 읍내」에 나오는 해설이다. 번역문을 보면 〈새벽에는 모든 별이 가장 아름답다〉는 주장이다. 하지만 원문에는 dawn(새벽)이라는 말은 없고 morning(아침)뿐이다. 그리고 아침이 밝아 오면 대부분의 별은 희미해져서 잘 보이지도 않는다. 이런 엉뚱한 번역은 morning(아침)과 star(별)를 따로 떼어서 파악하기 때문에 생겨난다. morning과 star라는 두 단어가 합쳐 morning star가 되면 〈샛별〉이라는 새로운 의미가 생겨난다.

◯ 「샛별은 사라지기 직전에 찬란한 빛을 냅니다.」

moth

"Good for the moths."

✘ 모기 없애는 데 좋아.

☛ 「사브리나」에서 마누라의 잔소리를 피해 옷장 속에 숨어서 여송연을 몰래 피우던 아버지에게, 험프리 보가트가 〈꼴사납게 그러지 말라〉니까, 아버지가 댄 핑계다. 험프리 보가트처럼 엄청난 부자의 저택 옷장 속이 모기의 서식처(시궁창)가 아니다. 그리고 〈모기〉는 moth가 아니라 mosquito다. moth는 〈나방〉이라는 뜻도 있으나 여기서는 〈옷좀나방〉, 즉 〈좀벌레〉를 뜻한다. 요즈음에는 사용하는 사람이 별로 없지만, 좀이 먹지 말라고 옷장에 넣어 두고는 했던 〈좀약〉은 mothball이라고 한다.

mother

"She's the one that makes all the decisions in our family."

✘ 그녀는 우리 가족의 한 사람으로서 결정권을 쥐고 있어요.

☛ 「갈채」에서 연습을 끝내고 차를 마시러 가자고 연출자 윌리엄 홀든이 제안하니까, 빙 크로스비가 아내 그레이스 켈리의 눈치를 살피며 하는 말이다. 예문에서 one은 〈(가족 가운데) 하나〉가 아니라 〈사람〉을 가리키는 대명사로서, 정관사가 앞에 붙으면 어떤 상황의 〈책임자〉나 〈당사자〉를 뜻하는 경우가 많다.

○ 「우리 집에서는 모든 결정을 아내가 내립니다.」

그리고는 오역이 계속 이어진다. 홀든이 켈리에게 묻는다.

「Is that true, Mrs. Elgin?」

✘ 「그렇지 않나요? 엘진 부인?」

Is that true는 〈그렇지 않나요?〉가 아니라 〈그렇습니까?〉라는 뜻이다. 그리고 켈리가 질문에 답한다.

「To the extent that Frank's brought out the mother in me, yes.」

✘ 「프랭크가 엄마를 떠나 제게 온 이상은 그렇죠.」

brought out the mother in me(나의 내면에서 어머니를 꺼냈다)는, 좀 어렵기는 해도 자주 쓰이는 표현으로서, 〈나의 모성 본능을 자극했다〉는 뜻이다.

○ 「내가 어머니처럼 행동해 주기를 프랭크가 원하는 한은 그렇다고 봐야죠.」

mountain

"I shall move a mountain."

✘ 난 산을 옮겨놓아야만 하오.

☛ 「피츠카랄도」에서 배를 구입한 클라우스 킨스키가 농장주에게 다짐한다. 비유를 이런 식으로 직역하면 곤란하다. 킨스키는 배를 끌고 산을 넘기는 하지만, 영화가 끝날 때까지 산을 옮기는 짓은 하지 않는다.

○ 「난 산이라도 옮겨 놓을 각오로 떠납니다.」

move

"No talking. Keep moving!"

✘ 잡담 금지! 계속 움직여!

☛ 「25시」에서 친위대 차림의 앤서니 퀸이 수감자들에게 호통친다. 퀸은 죄수들이 고작 〈계속 움직(꼼지락)거리기〉를 바라는가? 사람은 숨만 쉬어도 〈움직〉인다. 그가 한 말은 손가락이나 발이나 심장 근육처럼 작은 한 부분이 아니라, 〈(몸 전체로 움직여서) 이동을 계속하라〉는 뜻이다.

○ 「잡담은 그만! 계속 걸어!」

「프로페셔널」의 번역에서도 리 마빈이 〈서둘러서 빨리 움직이기만 하면 몇 시간 후 입구에 도착해〉라고 했는데, 제자리에서는 아무리 빨리 움직여도 〈전진〉은 이루어지지 않는다. 여기서도 역시 〈이동〉이나 〈전진〉이 맞는 말이다. 동물의 생태를 다루는 기록 영화에서도 걸핏하면 〈사자 무리가 움직인다〉는 식의 번역이 자주 나오지만, 많은 경우에 이런 move는 〈이동하다〉가 올바른 우리말이다.

「누구를 위하여 종은 울리나」를 보면, 술에 취해서 주정을 부리는 유격대장 아킴 타미로프가 작전을 방해할까봐 걱정인 대원들이, 개리 쿠퍼에게 그를 죽여 없애라고 주문하지만, 쿠퍼는 신중한 태도를 보인다.

「I must wait for him to make the first move.」
✘ 「첫 이동할 때까지 기다릴 거야.」

그들에게는 다리를 폭파할 때까지 이동할 계획이 전혀 없는데, 무슨 〈첫 이동〉인가? 쿠퍼는 타미로프를 무작정 죽이는 살인 행위가 마음이 내키지를 않고, 그래서 그가 먼저 공격해 오면 정당방위 차원에서 합법적인 대응을 하겠다는 계획이다.

○ 「난 파블로가 먼저 행동을 취할 때까지 기다릴 작정입니다.」

「백열」에서 교도소로 면회를 온 어머니가 제임스 캐그니에게 〈두목의 자리를 노리는 스티브 코크란이 갑자기 행방을 감추었다〉고 알려 준다.

「All of a sudden he makes his move.」

✗ 「아무런 거리낌 없이 갑자기 사라졌어.」

〈거리낌 없이〉와 〈사라졌다〉는 말이 어디서 나왔는지 모르겠지만, make his move는 〈그가 행동을 취했다〉는 뜻이다. 조용히 기다리며 기회를 노리던 코크란이 두목 캐그니를 제거하기 위해 갑자기 〈움직이기 시작했다〉는 소식이다.

「갈채」에서는 우유부단한 배우 빙 크로스비에게 방해가 되니까, 간섭이 심한 그의 아내 그레이스 켈리더러 〈집으로 돌아가라〉고 연출자 윌리엄 홀든이 요구한다.

「Right now he's moving in with me.」

✗ 「지금 당장은 프랭크는 나와 움직여야 해요.」

move in(이사해서 들어온다)은, 특히 남녀 사이에서, 〈동거를 시작한다shack up〉는 뜻이다. 〈남편은 지금 당장부터 나하고 같은 집에서 기거하게 되고, 그래서 내가 돌봐줄 테니까 걱정하지 말라〉는 말이다. 그랬더니 켈리가 반발한다.

「Crisp as lettuce, aren't you?」

✗ 「실과 바늘처럼 말이죠?」

crisp as lettuce(상추처럼 싱싱하게 아삭거리는)는 〈산뜻하게〉에서 〈미련 없이〉를 거쳐 여기에서는 〈매정하게〉라고 의미가 발전했다.

○ 「당신은 정말 매서운 사람이로군요, 안 그래요?」

Mr.

"We'll talk about it when Mr. Harper gets home."

✗ 아버님과 의논해 볼게요.

☛ 「무모한 순간」에서 협박범 제임스 메이슨의 차에 타고 조운 베넷이 건널목에서 신호를 기다리는 동안, 우연히 바로 옆에 멈춰선 차에서 지붕 수리공이 〈고친다던 지붕 공사는 언제 할 생각이냐〉고 묻는다. 예문은 베넷이 얼버무리는 말이다.

Mr.가 영어에서 존칭어로 쓰인다는 고정 관념을 벗어나지 못해서 발생한 오역이라고 하겠다. Mr. Harper(하퍼 선생님)라니까 베넷이 모시고 함께 사는 시아버지라고 착각한 모양인데, 영어에서는 아내가 남편에게도 Mr.라는 호칭을 자주 붙인다. 지붕을 수리하는 일이라면 당연히 남편과 의논해야지, 얹혀사는 시아버지의 허락을 받아야 할 필요는 없겠다. 그리고 문장 끝에 붙은 gets home(돌아오면)은 번역에서 빠졌는데, 영화에서 베넷의 남편은 베를린으로 출장을 가서 처음부터 끝까지 얼굴을 보이지 않는다. We'll talk about it은 〈아버님과 의논〉이 아니라, 〈당신(수리공)과 내가 얘기를 나눠야 한다〉는 뜻이다.

○ 「그 일은 남편이 (베를린 출장에서) 돌아오면 의논하기로 합시다.」

　협박범 메이슨이 처음 집으로 찾아왔을 때는, 〈I'm waiting for Mrs. Harper(하퍼 부인을 기다리는데요)〉라고 그가 말하자, 베넷이 〈I am Mrs. Harper(내가 하퍼 부인인데요)〉라고 자신에게 높임 호칭을 쓴다. 이것 역시 관용적이다.

much

"It's too much for both of us."

✘ 우리 둘 다 이만하면 충분해.

☞ 「지난여름 갑자기」에서 먼고메리 클리프트를 죽은 아들로 착각한 캐더린 헵번이 작년 여름의 충격적인 사건에 대해서 횡설수설한다. too much는 〈충분해〉가 아니라 〈지나치다〉는 말이다.

○ 「이건 우리 둘 다 견디기 힘든 일이야.」

　「피츠카랄도」에서는, 클라우스 킨스키에게 배를 파는 농장주가 (혹시 킨스키의 모험이 성공하는지 염탐하기 위해) 배의 기관장을 함께 끼워팔기를 한다. 농장주의 변명이다.

　「He's a first-rate mechanic. I'll tell you that much.」

✘ 「일류 기계공이고, 말해 줄 것이 더 있소.」

　하지만 이 말을 한 다음 농장주는 더 이상 아무 설명도 보태지 않는다. tell that much는 〈거기까지는 사실이지만, 더 이상은 책임지지 못하겠다〉고 유보하는 표현이다.

○ 「정비 솜씨는 최고죠. 그것만큼은 장담하겠어요.」

　「산타 비토리아의 비밀」에서 〈남편의 죽음이 별로 슬프지 않은 모양〉이라고 묻는 청년에게 비르나 리시 백작 부인이 솔직하게 털어놓는다.

　「I'm not. It wasn't much of marriage.」

✘ 「아녜요. 결혼은 오래지 않았죠.」

　not much of는 〈별로 실속이 없는〉이나 〈~라고 할 만한 건더기가 별로 없는〉이라는 뜻이어서, 〈오래(기간)〉라는 개념과는 별로 접하지를 않는다.

○ 「그래요. 신통치 못한 결혼 생활이었으니까요.」

murder

"I am in business too, but that doesn't mean I want to be murdered in bed."

✘ 나도 장사하지만 침대에서 죽고 싶지 않아요.

☛ 「핌리코행 여권」에서 독립을 선언한 핌리코가 무정부 상태에 빠지게 되자, 긴급히 열린 대책 회의에서 마을 여자가 불평한다. 〈침대에서 죽다die in bed〉라는 표현은 전쟁 영화나 서부 영화에서 자주 접하게 되는 말로서, 〈군인 또는 총잡이가 참대에 누워서 죽으면 창피하다〉는 사나이macho 정신을 반영한다. 그와 반대되는 개념, 즉 〈침대에서 죽고 싶지 않다〉는 〈철학〉은 to die with one's boots on(전투복을 걸친 채로 현장에서 죽는다)라고 표현한다. 하지만 이런 영웅심은 핌리코의 평범한 여성에게는 해당되지 않는다. 대부분의 사람들에게는 〈침대에서 죽는다〉는 말이 전쟁터나 객지에서, 어떤 위험한 상황을 맞아 변사나 급사를 당하지 않고, 자신의 집에서 〈편안하게 평화로운 죽음을 맞는다〉는 뜻이다. 도대체 불평할 만한 이유가 없는 처지다.

여자가 한 말은 die in bed가 아니라 murdered in bed다. 핌리코 여인은 침대에서 〈murder(살해)를 당하고 싶지 않다〉고 했지, 〈죽고 싶지 않다〉고 말하지는 않았다. 〈죽음을 맞다to die〉와 〈살해를 당하다to be murdered〉는 엄연히 다르다.

○ 「나도 장사를 합니다만, 그렇다고 해서 잠을 자다 남의 손에 죽고 싶지는 않다는 말씀입니다.」

「몰락한 우상」에서는 대사관의 집사 랄프 리처드슨이 어린 소년에게 〈내 손으로 아프리카에서 사람을 죽였다〉는 해괴한 거짓말 자랑을 늘어놓는다.

「Oh, yes, yes, that wasn't murder, it was self-defense.」

✘ 「그건 죽인 게 아니라 정당방위였어.」

아무리 정당방위라고 해도 그는 사람을 죽이기는 분명히 〈죽였다〉고 했다. 그렇다면 죽였다는 말인가, 안 죽였다는 말인가? 집사의 얘기는 〈살인이 아니라 정당방위였다〉는 소리다. 〈살인〉은 범죄 행위지만, killing(죽이기)이라고 해서 모두가 범죄는 아니다. 전투에 임한 군인이나 사형 집행인의 경우처럼 말이다.

「커피와 담배」에서 (오는 길에 교통사고를 당했다며) 흑인 의사가 친구에게 약속 시간에 늦은 이유를 설명한다.

「There's nothing worse than roadside surgery. When you don't have your own tools, it's murder.」

✘ 「길 위에서 수술하는 건 정말 끔찍해요. 수술 도구가 없으면 살인과 같죠.」

부정 관사 a가 들어가느냐 안 들어가느냐 하는 단순한 차이로 의미가 얼마나 크게 달라지는지를 잘 보여 주는 예문이다. murder와 a murder가 얼마나 서로 다른지 잠시 살펴보기로 하자. 「케이프의 공포」에서, 아직 범죄를 저지르지 않은 로버트 밋첨을 그레고리 펙이 죽이겠다고 총을 챙겨 들고 나가려 하자, 아내 폴리 버겐이 말린다. 〈It will be a murder, you know that.〉(그건 살인죄가 된다는 사실 아시겠죠.) 여기에서는 murder가 분명히 〈살인〉이다.

하지만 부정 관사가 안 들어가면 의미가 크게 달라진다. 로버트 와그너와 스테파니 파워스가 주연했던 인기 텔레비전 연속물 「부부 탐정」(1979~1983)의 원제는 〈Hart to Hart〉이었다. 두 주인공의 성이 하트Hart여서 그렇게 제목을 붙였지만, 물론 그것은 heart to heart(마음에서 마음으로, 숨김없이 털어놓기, 이심전심)이라는 표현을 염두에 둔 작명(作名)이었다. 그리고 매주일 이 연속물의 도입부에서는 그들의 운전사 라이오넬 스탠더가 해설자로 나와 두 사람이 처음 만났을 때의 일화를 이렇게 얘기했다.

「When they met, it was murder.」

✗ 「그들이 만날 때면 어디선가 살인사건이 터졌다.」

우리나라에서 방영되었을 때의 이 해설은 물론 a 가 들어가지 않았을 때의 의미를 전혀 알지 못해서 빚어진 오역이었다. it was murder는 〈환장할 노릇〉이나 〈기막힌 상황〉을 의미하며, 여기에서는 〈둘이 만났다 하면, 죽여줬지〉라는 뜻이다. 잘 이해가 안 가는 사람들을 위해 보충 설명을 하겠다.

「제17 포로수용소」에서는 윌리엄 홀든이 만든 사제 망원경으로 소련 여군 포로들이 목욕을 하러 들어가는 모습을 보면서 로버트 스트라우스가 비명을 지른다. 〈This is murder!〉 이럴 때야 말로 〈사람 죽이는구나!〉라는 번역이 제대로 맞아 떨어진다. 「미스터 로버츠」에서도 it's murder가 〈사람을 죽일 지경〉이다. 고약한 함장 제임스 캐그니는 수병들에게 〈작업을 하는 동안에도 복장을 제대로 갖추도록〉 강요하고, 그러자 갑판 밑에서 일하던 수병이 더위를 못 이겨 실신하는 사태까지 벌어진다. 필립 캐리가 헨리 폰다에게 불평한다. 〈It's murder down there, Mr. Roberts. Can't we take our shirts off?〉(저 아래는 사람 죽이는 곳예요. 우리 상의 좀 벗으면 안 될까요?) 그러니까 「커피와 담배」 예문에서도, it's murder는 〈it kills me〉나 마찬가지로 〈환장할 노릇이죠〉라는 의미가 된다.

musician

"Next time, use the door for the musicians."

✗ 다음부터는 음악가들이 다니는 문을 이용하세요.

☞ 「애심(哀心)」을 보면, 보스턴에서 악단에 들어가려고 카지노로 찾아간 타이론 파워가 웨이터로부터 예문에서처럼 훈계를 듣는다. 언젠가 해리 벨라폰테가 마이애미의 어느 호텔에서 공연을 하려고 들어가려다가 정문에서 제지를 당했다고 한다. 흑인이기 때문이었다. 결국 그는 무식하고 완강한 경비원 때문에 취사장으로 통하는 뒷문을 거쳐 나이트클럽으로 올라갔다고 한다. 피아노 연주자concert pianist로 유명했던 실존 인물 에디 듀친의 일대기를 그린 영화 「애심」의 주인공은 흑인이 아니었는데도 어떤 특정한 출입문만 사용하도록 제지를 당

했다. 왜 그랬을까? 〈음악가〉를 어째서 웨이터가 괄시하나? 음악가라면 작곡가나 지휘자처럼 호텔 웨이터보다는 훨씬 위상이 높은데 말이다.

이런 오해는 musician을 〈음악가〉라고 번역했기 때문에 생겨난다. 아무리 영어로는 같은 musician일지 몰라도, 〈음악인〉과 〈음악가〉와 〈악사〉는 저마다 격이 다르다. 연주자를 순수 예술인보다 한 격 낮은 〈연예인entertainer〉으로 취급하는 풍토에서라면, 나이트클럽 전속 악단의 〈악사〉는 괄시를 받기도 한다. DVD는 보다 발전하여 〈다음엔 직원 출구로〉라고 했는데, 조금만 더 다듬는다면 이렇게 되겠다.

○ 「다음부터는 직원 출입구를 이용하라고요.」

mutiny

"What is this that I ordered here? Looks like something from The Mutiny on the Bounty."

✘ 내가 주문한 게 뭐죠? 어쩐지 겁이 나는데…….

☞ 「인생 2장」에서 마샤 메이슨과 식사를 하려고 인도 요리를 주문한 작가 제임스 칸은 막상 음식이 나오자 난감해 한다. The Mutiny on the Bounty가 무엇인지 모르겠으니까, 그 가운데 가장 만만한 단어 mutiny(반란)를 골라 단서로 삼아서, 〈무서운 사건〉 정도로 파악하고 제한된 정보에 따라 해놓은 번역(☞ Karamazov, lone)처럼 보인다. mutiny는 반란 중에서도 선장이나 함장을 몰아내고 배의 지휘권을 찬탈하는 하극상 성격의 〈선상 반란〉을 뜻한다. 그리고 『바운티호의 반란』은 찰스 노르도프와 제임스 노먼 홀이 공동으로 집필한 고전 해양 역사 소설 3부작의 제1권으로, 할리우드에서 영화로도 두 번이나 제작되었다.

「인생 2장」의 주인공인 칸은 작가여서, 『제인 에어』 등 갖가지 소설의 제목을 자주 인용한다. 그러니까 잠깐 짬을 내어 인터넷으로 찾아보는 아주 작은 수고만 했더라도 역사 소설의 제목을 〈어쩐지 겁이 나는데〉라며 어물쩡 넘어갈 필요는 없었으리라는 생각이다. 영화 「바운티호의 반란」(1935)을 보면, 선원들이 반란을 일으킨 이유 가운데 하나가 형편없는 음식이었다. 그러니까 칸이 한 말은 이런 뜻이었다. 〈무슨 음식이 이래요? 『바운티호의 반란』에나 나올 법한 음식이로군요.〉

「인생 2장」에서는 The Cherry Orchard도 〈체리 과수원〉이라고 번역하는 등, 작품 제목에 소홀했던 흔적이 역력하다. The Cherry Orchard는 우리나라에서도 수없이 공연되었던 안톤 체홉의 희곡 「벚꽃 동산」이다.

mutual

"He was in mutual funds, he was in broadcasting."

✘ 뮤투얼 펀드도 하고, 방송도 했어요.

☞ 「인생 2장」에서 작가 제임스 칸과 사귀기 시작하면서 마샤 메이슨이 이혼한 남편이 어떤 남자였는지를 조금씩 밝힌다. mutual fund는 〈상호 보험〉의 속칭이다. Mutual of Omaha(오마하 상호 보험)는 「동물의 왕국The Wild Kingdom」을 제작한 후원자로도 유명하다. 알면서도 일부러 멋지라고 한글 영어로 예문에서 〈펀드도 하고〉라는 번역 표현을 쓴 것 같지는 않다. 알지를 못하면서 알려고 노력하지 않고, 그리고 알더라도 소비자들이 이해하지 못하는 영어를 그대로 쓰는 번역은 직무 유기에 해당된다.

「미드나잇 카우보이」를 보면, 여자에게 몸을 팔아 재미도 보고 돈도 벌려고 뉴욕으로 와서 존 보이트가 투숙한 호텔의 건너편 건물 벽에는 Mutual Of New York이라는 글자가 큼직하게 박혔다. 몇 차례 화면에서 일부러 잡아 주는 이 광고 간판에 대한 자막 번역이 아쉬웠다. 토막 장면들이 서로 연결되어 상상, 회상, 연상을 끊임없이 전개하는 이 영화에서는 옆 건물의 간판이 나중에 꽤 중요한 역할을 하기 때문이다. 여러 차례 낭패를 거듭하던 보이트가 난잡한 파티에 가서 제대로 첫 여자 손님을 잡아 그녀의 집으로 가지만, 지나치게 긴장한 나머지 갑자기 발기가 되지 않아 애를 먹는다. 두 사람은 긴장을 풀기 위해 침대에 마주앉아 알파벳 조각으로 단어를 만드는 놀이scrabbles를 시작한다. 무식한 보이트가 MONY라고 주사위를 늘어놓자 여자가 《돈money》이라면 e가 빠졌다〉고 지적하지만, 보이트가 아니라고 우긴다.

「MONY — that's exactly how they spelled it upon that big building.」

✘ 「네온 광고에는 MONY라고 썼던데.」

〈그 고층 건물의 벽에 확실히 철자를 밝혀 놓은 MONY〉란, Mutual Of New York에서 네 개의 머리글자만 큼직하게 불을 밝혔고, 나머지 글자들은 잘 보이지 않았기 때문에 나온 소리였다.

mysterious

"He's so… mysterious."

✘ 그는 뭐랄까…… 미스터리하지.

☞ 「가위손」에서 동네 여자들이 모여 가위손 조니 뎁에 대하여 수군거린다. mysterious를 〈미스터리하지〉라고 한 번역은 그리 멋진 솜씨는 아니다. 「겅가 딘」에서는 세 단짝 전우를 찾는 부대장에게 부하가 보고한다.

「They're all on leave together. On some mysterious mission, they said.」

× 「모두 함께 휴가를 갔습니다. 미스터리 미션을 간다고 했습니다.」

참으로 불결해 보이는 〈번역〉이다. 〈미스터리 미션을 간다〉를 우리말로 번역하면 〈이상한 작전에 나간다〉가 되겠다. 영어를 한글로 표기하고는 〈번역했다〉고 하면 안 된다. 부천 국제 판타스틱 영화제에서 대상을 받은 에스파냐 영화의 원제 〈La mujer más fea del mundo〉를 영어로 번역하면 〈The Ugliest Woman in the World〉이고, 그것을 다시 우리말로 번역하면 〈세상에서 제일 못생긴 여인〉이나 〈세계 최고의 추녀〉 정도가 되겠다. 이 영화에다 우리나라 사람들이 붙인 제목 「어글리 우먼」은 영어도 아니고 우리말도 아니며, 그렇다고 해서 에스파냐어도 아니다.

「연예인」에서는 미인 대회의 사회를 보는 로렌스 올리비에가 〈헬스를 좋아한다〉고 어느 참가자를 (우리말 〈번역〉으로) 소개한다. 헬스hells는 〈여러 개의 지옥〉이다. 우리나라에서 영어 fitness(체력 단련)와 동의어로 쓰는 health는 그냥 〈건강〉이라는 뜻이다. 그리고 올리비에가 소개한 여성이 좋아한다는 〈헬스〉의 진짜 영어는 여자에게 별로 어울리지 않는 듯 여겨지는 weight-lifting(역도)이었다.

「아웃 오브 아프리카」의 마지막 부분에서, 메릴 스트립은 로버트 레드포드에 대한 회상을 우리말로 이렇게 끝낸다. 〈당신이 떠난 다음 사자들이 찾아오기도 하던 당신의 무덤이 테라스처럼 편편하게 되었죠.〉 시청자들은 〈무덤이 테라스처럼 되었다〉는 말을 어떻게 받아들였을까? 우리나라에서는 〈발코니〉도 〈테라스〉라고 하는 판에 말이다. 집이 한 채도 없는 허허벌판의 terrace는 완만한 〈단지(段地)〉 또는 〈단구(段丘)〉를 뜻한다. 그냥 우리말로 〈마당〉 정도로만 번역했어도 〈테라스〉보다는 알아듣기 쉬웠으리라는 생각이 든다.

name

"I name her. Sergeant Sarah Brown!"

✘ 여자의 이름을 대겠습니다. 새라 브라운!

☛ 「아가씨와 건달들」에서 프랭크 시나트라가 지정하는 어떤 여자라도 데리고 아바나까지 가겠다고 말론 브랜도가 내기를 건다. 예문은 (마침 창밖에서 눈에 띈) 구세군 사관 진 시몬스를 프랭크 시나트라가 가리키며 한 말이다. 동사 name은 〈이름을 지어 준다〉나 〈이름을 댄다〉라는 의미를 말고도 〈지명(指名)한다〉는 뜻도 있다.

○ 「(아바나에 데리고 갈) 여자를 내가 지명하겠습니다. 새라 브라운 사관입니다.」

시나트라는 나중에 결혼 발표를 할 때도 이렇게 말한다. 〈Me and Adelaide are finally naming the day.〉(나하고 애들레이드가 드디어 결혼 날짜를 밝히려고 합니다.)

「아가씨와 건달들」의 다른 장면에서는 도박사들이 그곳에 모였다는 정보를 듣고 구세군 선교 본부로 들이닥친 경찰관 로버트 키트 경위는, 《(그들이) 기도회에 참석 중》이라는 소리를 듣고 기가 막혀서, 프랭크 시나트라에게 묻는다.

「Tell me something, is my name Brannigan?」

○ 「내가 꿈을 꾸는 건 아니겠지?」

〈내 이름이 브래니건이라는 거 맞아?〉라는 본디 질문의 의미를 제대로 파악하여 잘 전달한 번역이다.

native

"At the risk of offending you, I must tell you you're as smart as a native Muscovite."

✘ 얘기를 들어보니 자넨 모스크바 본토인이라면서?

☛ 「안나 카레니나」에서 그레타 가르보의 오빠가 여동생 모린 오설리반의 구혼자에게 인사치레를 한다. 생선 한 마리를 가지고 살과 내장 따위를 다 버리고 뼈만 남겨 놓은 듯 살벌한 번역이다.

○ 「혹시 이런 소리 기분 나빠 할지 모르겠지만, 당신은 모스크바 토박이 못지않게 똑똑하군요.」
⟨본토인⟩과 ⟨토박이⟩의 차이가 무엇인지 생각해 보기 바란다. a native of Seoul 또는 a native Seoulite이라고 하면 ⟨서울에서 태어난 사람⟩, 즉 ⟨서울 태생⟩이라는 의미다. ⟨본토인⟩은 섬 사람이 뭍사람을 부를 때나 어울리는 호칭이겠다.

naturalist

"My name is William Cave. A naturalist."

✘ 전 윌리엄 케이브랍니다. 자연주의자입니다.

☛ 「H. G. 웰스의 이상한 이야기」에서 등장인물이 자기소개를 한다. 에밀 졸라, 귀스타브 플로베르, 기 드 모파상은 자연주의자다. 자연주의는 문학적이거나 철학적인 사상이며, 윤리학과 미학에서도 자연주의를 논한다. 가치관과 이상과 정신적인 현상까지도 모두 자연의 산물로 생각하는 사조가 ⟨자연주의⟩다. 하지만 예문의 등장인물은 ⟨박물학자(博物學者)⟩다. ⟨박물학⟩은 자연물, 동물과 식물, 광물의 종류와 성질과 분포를 정리하고 분류하는 학문으로서, 동물학과 식물학과 광물학의 총칭이다.
영어로는 둘 다 naturalist이지만, 우리말로는 ⟨자연주의자⟩와 ⟨박물학자⟩의 차이가 크다. ⟨의사⟩와 ⟨박사⟩도 영어로는 다같이 doctor이지만, 산부인과 ⟨의사⟩와 천문학 ⟨박사⟩는 같지 않다.

necessary

"Marriage, I think, uh, probably isn't necessarily necessary."

✘ 결혼은 그러니까 꼭 필요한 거 아닐까요.

☛ 「스타더스트」에서 〈결혼과 여자를 어떻게 생각하느냐〉는 텔레비전 기자에게 (결혼한 사실을 비밀로 숨겨 온) 데이비드 에섹스가 궁색한 대답을 한다. 거꾸로 한 번역이다. 말장난은 흔히 이렇게 사람을 헷갈리게 만드니까 정신을 바짝 차려야 한다.

○ 「결혼은, 내 생각엔, 뭐랄까, 필수적으로(꼭) 필요하지는 않을 듯싶군요.」

neck

"Maybe I'm sticking my neck out in this thing, but the feeling among the men is that the captain — that he chickened out."

✘ 주제넘은 발언일지 모르겠지만, 병사들 사이에서 쿠니 대위가 겁쟁이 라는 소문이 돌고 있습니다.

☛ 「공격」에서 십여 명의 병사를 죽음으로 몰고 간 중대장 에디 앨버트를 교체해 달라고 부관이리 마빈 대장에게 제의한다. stick out one's neck(목을 내놓다)은 〈죽음을 각오하고 위험을 무릅쓴다〉는 말이다. 여기서는 〈신세를 망칠 자살행위〉라는 뜻이다. 아마도 stick one's nose in(남의 일에 쓸데없이[주제넘게] 참견하다)과 혼동했던 모양이다.

○ 「이 문제로 제 목이 달아날지도 모르겠습니다만, 장병들 사이에서는 중대장이 — 겁이 나서 전투를 포기했다는 불만이 팽배합니다.」

「갈채」에서는 술집에서 행패를 벌인 배우 빙 크로스비가 연출자 윌리엄 홀든에게 부탁한다.

「Don't stick your neck out.」

✘ 「강요하지 마세요.」

역시 사전을 찾아보기만 했더라도 쉽게 해결될 문제를 오역한 사례다.

○ 「(나 같은 놈 때문에) 공연히 손해를 보진 말아요.」

need

"That's all we need."

✘ 우리도 기자가 필요해.

☛ 「에어포트」에서 텔레비전 방송에서 (항공기 소음에 항의하는 인근 주민들의 시위를) 취재하러 나왔다니까 공항 간부가 투덜거린다. 반어법을 액면 그대로 받아들이는 바람에 거꾸로 번역이 되었다. all we need(우리에게 필요한 모든 것)는 우화에서 유래하는 표현인 last straw(겨우 버티던 낙타가 [마지막] 지푸라기 하나를 더 등에 얹었더니 허리가 부러졌다고

함)와 같은 개념이다. 예문은 〈온갖 골칫거리를 다 참아 왔는데, 사람 환장하게 만드는 마지막 일도 드디어 벌어졌구나〉, 그러니까 〈나중에는 별것이 다 속을 썩이는구먼〉이라는 뜻이다.
○ 「이젠 기자들까지 몰려와서 난리를 치다니.」

neglect

"Maybe there's a difference in our viewpoint, Dr. Sen. You look into the mirror and see the truth neglected, but I think it's an illusion."

✘ 우리 두 사람의 견해는 차이가 나는가 봐요, 센 박사님. 선생님은 거울에 비친 그대로를 사실이라고 보지만 그건 착각예요.

☞ 「모정(慕情)」에서 의사로 일하는 제니퍼 존스가 〈(홍콩을 떠나) 공산화한 중국으로는 돌아가지 않는다〉고 입장을 밝히는 대목이다. 못마땅하게 생각하는 공산주의자 동료 의사가 〈거울로 제 모습을 보라〉고 하자, 존스가 예문에서처럼 반박한다. 퍽 중요한 역할을 하는 단어 neglect(게을리하다)를 번역에서 생략해 버렸기 때문에 의미가 달라졌다. (그 앞에서 that is 가 생략되었다고 생각하면 훨씬 이해하기가 쉬운) neglect는 〈소홀히 해서 보지 못한〉, 그러니까 〈간과(看過)한〉이라는 뜻이어서, 두 번째 문장은 이렇게 된다.
○ 「선생님은 거울을 들여다보면 남들이 간과한 진실을 보지만, 그 진실은 착각입니다.」
그 〈간과한 진실이 왜 착각인가〉를 존스는 이렇게 설명한다. 〈For in the mirror what is right is left and what is left is right.〉(그 까닭은 거울 속에서는 왼쪽이 오른쪽이고 오른쪽이 왼쪽이거든요.) left와 right는 물론 〈좌익〉과 〈우익〉을 빗대어 한 말이다.
「아라베스크」에서는 소피아 로렌이 샤워를 하는 목욕탕에 어떻게 그레고리 펙 교수가 함께 들어가 있었느냐고 아랍인이 묻자, 로렌이 농담으로 받아넘긴다.
「I neglected to ask him.」
○ 「(욕실엔 왜 들어왔느냐고) 물어본다는 걸 깜빡했군요.」
재미있는 번역이다. neglect to ask는 〈미처 신경을 쓰지 못해서 물어보질 않았다〉는 뜻이다.

neighborhood

"I guess so. If I am in the neighborhood."

✘ 아마도 그렇겠지. 친근한 곳이니까.

☛ 「하오의 연정」을 보면 역에서 작별하며 오드리 헵번이 〈내년에도 다시 파리에 오실 건가요?〉라고 개리 쿠퍼에게 묻는다. 예문은 쿠퍼가 막연하게 둘러대는 대답이다. neighborhood는 〈친근한 곳〉이 아니다. 「후보자」에서는 상원 의원에 출마한 로버트 레드포드가 수만 명이 모인 노동조합원 집회에 참석하여 이런 농담을 한다. 〈I just happened to be in the neighborhood.〉 그렇다면 이것도 〈마침 친근한 곳에 왔던 김이어서〉라는 뜻일까? be in the neighborhood은 〈(이) 동네에 들르다〉라는 의미다. 흔히 〈이웃〉이라고 하는 neighborhood는 〈동네〉라고 번역해야 되는 경우가 많다. 그러니까 레드포드가 한 말은 〈마침 근처에 왔던 길이라 그냥 들러 보았다〉는 말인데, 정치가들이 어떤 모임에 참석할 때는 사실은 벼르고 별러서 계획을 짜놓고 일부러 찾아온 자리다. just happened to be in the neighborhood 보고 싶은 애인이나 꼭 만나야 할 사람을 일부러 찾아왔으면서 〈우연히 지나던 길에〉라고 둘러대는 흔한 표현이다.

「하오의 연정」에서 개리 쿠퍼는 전 세계를 쉴 새 없이 돌아다니는 바쁜 미국인 사업가니까, 여기에서의 neighborhood는 〈이웃 나라〉, 그러니까 〈혹시 유럽에 오는 일이 생기면 들르게 되겠지〉라는 대답이다.

「가위손」에서는, 온 동네 사람들에게 의심을 받고 조니 뎁이 쫓기는 몸이 되자, 다이앤 위스트가 자책한다. 〈And I didn't think about what could happen to him... or to us... or to the neighborhood.〉(〈에드워드한테 이런 일이 생길 줄이야……. 우리에게도…… 이웃들에게도…….〉) 여기서도 neighborhood는 〈이웃들〉보다는 공동체로서의 집단을 의미한다.

○ 「(그를 마을로 처음 데려왔을 땐) 그에게 무슨 일이 일어날지를…… 우리 가족이…… 그리고 이 마을이 어떻게 될지를 난 생각도 해보질 않았지.」

---

nerve

"Well, you've got a lot of nerve coming to me."

✘ 그래서 나한테 왔다고?

☛ 「에덴의 동쪽」에서 제임스 딘이 5,000달러를 빌려 달라고 찾아가자 10여 년 전에 가출한 어머니 조 반 플릿이 못마땅한 반응을 보이며 하는 말이다. 반 플릿은 종교적인 독선에 사로잡힌 남편이 싫어서 총질까지 하고 집을 나와 술집 주인이 되었다. 그런데 그 남편이 사업에 실패했다며 〈콩을 심어 대신 돈을 벌어 아버지에게 주겠다〉고 딘이 찾아와서 부탁한다. 얼굴도 기억이 나지 않는 아들이 말이다.

○ 「세상에, 날 찾아오다니 너 참 얼굴도 두껍구나.」
nerve는 〈배짱guts〉이나 〈뻔뻔스러움〉을 뜻한다.

new

"The Miniver rose. That's something new."

✘ 미니버 장미라고. 새로운 품종이겠지.

☛ 「미니버 부인」을 보면, 도와주려고 찾아온 그리어 가슨의 아들에게 귀족 집안의 봉건적 노부인이 못마땅한 심사를 드러낸다. 장미꽃 전시회에 중산층 여자의 이름을 붙인 작품이 출품된다니까 노부인은 기분이 좋지 않다. 그리고 대화를 잘 들어 보면 예문의 두 문장 사이에서 노부인이 코웃음을 치기까지 한다. 이럴 때는 그런 음향까지도 번역에 반영하면 좋지 않을까 싶다. that's something new(그것은 뭔가 새로운 얘기는 〈오래 살다 보니 별 소릴 다 듣겠구나〉 정도의 의미로 널리 쓰이는 표현이다.

○ 「미니버 장미라니. (흥.) 이젠 별것이 다 나오는구먼.」

「대양」에서 (재클린 비셋과 닉 놀티가 버뮤다에서 발견한) 난파선에 대하여 로버트 쇼가 여러 가능성을 제시한다.

「You know, every ship from the New World passed through these waters.」

✘ 「새 세계에서 오는 배는 모두 이 뱃길을 모두 거쳐야 돼.」

한 문장에 〈모두〉라는 단어가 두 번이나 들어갔다는 사실로 미루어 보아 꼼꼼하지 못한 글쓰기 습성이 대뜸 두드러진다. (《디프》라는 국적 불명의 제목으로도 알려진) 이 영화의 DVD에서는, 전문인이 아닌 유학생이나 재미 교포가 번역한 듯, 우리말 실력이 외국어 실력보다 미흡한 사람이 보여 주는 전형적인 번역 행태의 표본이 여러 가지 나타난다.

위 예문에서 대문자로 쓴 the New World는 〈신세계〉, 즉 〈아메리카 대륙〉을 뜻한다. 그리고 동사 passed가 과거 시제임으로, 현재의 얘기가 아니라 쇼는 난파선이 침몰했던 당시인 18세기의 과거 상황을 얘기하는 중이다.

○ 「두 사람도 알겠지만, (유럽으로 가려고) 신세계를 떠난 배들은 다 이 해역을 통과했어요.」

난해한 번역 때문에 우리말이 영어보다 더 알아듣기 힘든 사례는 New World 예문뿐이 아니어서, 예를 들면, 이런 번역문도 나온다. 〈배가 이리 누워 있는 걸 봐선 철이 다 뚫리진 않았을 거야.〉 원문의 내용은 이렇다. 〈The way she's lying here, there won't be any steel plate to have to burn through.〉(배가 기울어진 각도를 보면, 산소 용접기로 철판을 뚫고 들어가야 할 필요는 없겠어.)

「Well, under normal circumstances, using a sand gun and Desco equipment, clear water and a lot of luck, just a few days.」

✘ 「(난파선의 보물을 인양하려면) 보통적인 상황이라면 총과 데스코, 장비를 하고 며칠 동안 맑은 물과 얼마간의 행운이면 돼.」

○ 「글쎄, (루이 고셋 일당이 방해를 하지 않는) 정상적인 상황에서는, 모래 흡입기와 데스코 장비를 쓰고, 물이 맑고 재수가 엄청 좋은 경우, 며칠이면 충분하지.」

「Take all the breath you can.」

- ✗ 「(공기 호스를 자를 테니까) 숨을 가장 깊이 쉬라구.」
- ○ 「(수면으로 올라갈 때까지 숨을 못 쉴 테니까) 공기를 잔뜩 들여 마시라고.」
  그리고 난파선의 보물을 인양하려는 잠수에 앞서 세 남자가 주고받는 대화의 내용이다.
- ✗ 「내가 다시 물에 들어가야 하는데.」
- ✗ 「그것 다시 꺼내지 마. 이 친구(놀티) 여간 문제가 있는 게 아니니까.」
- ✗ 「보조를 맞춰 내려가 줄께요.」
  도대체 셋이서 무슨 소리를 하는지 알기가 어려운 이 대사의 원문은 이렇다.
  「By rights, it should be me going down there.」
- ○ 「자격으로 따지자면, (난파선의 유일한 생존자인) 내가 내려가야 옳다고.」
  「Let's not go into it again. I got enough trouble looking after the boy.」
- ○ 「그 문제는 더 이상 따지지 말자고. 이 친구를 보살피는 일만으로도 난 골치가 아프니까.」
  「Don't worry, Treece. I'm gonna go slow enough for you.」
- ○ 「내 걱정은 말아요, 트리스. 당신한테 부담이 안 될 정도로 내가 천천히 내려갈 테니까요.」

Newark

"That's like Newark after dark. You gotta watch out."

✗ 그곳은 험악해서 뉴욕의 밤거리와 비슷해요.

☞ 「굿모닝 베트남」에서 (북쪽으로 이동하다가 길이 막힌) 차량 행렬을 만난 로빈 윌리엄스가 어느 병사의 고향을 물어보고는 농담을 던진다. 뉴악Newark은 뉴욕과 전혀 다른 도시다.

news

"I recognized you from the news photographs, Monsieur Laszlo."

✗ 방송에서 얼굴을 알아봤습니다.

☞ 「카사블랑카」에서 험프리 보가트의 술집으로 찾아온 레지스탕스 대원이 폴 헨리드와 접선하느라고 건네는 말이다. 이 영화의 배경이 되었던 전쟁 무렵에는 텔레비전 방송이 없었다. 그렇다면 라디오로 얼굴을 봤다는 뜻인가? news photograph는 〈신문에 난 사진〉이나 〈전송 사진〉을 뜻한다. 그러니까 〈방송에서 알아봤다〉가 아니라 〈신문에 난 사진을 자주 봐서 당신을 (쉽게) 알아봤습니다〉라는 뜻이다.

「비포 선라이즈」를 보면, 기차에서 만난 이단 호크에게 줄리 델피가 아버지와의 〈세대 차〉를 얘기한다.

「I'd say, 〈I wanted to be an actress〉. He'd say, 〈TV newscaster〉.」

✘ 「내가 〈배우가 될래〉 그럼 아빠는 〈TV 앵커우먼.〉」

델피는 분명히 newscaster(소식을 전하는 사람), 그러니까 현장에서 맹활약을 벌이는 〈취재기자〉가 되고 싶어 했다. anchorman은 닻anchor처럼 한 곳에 자리를 잡고 앉아서 남들이 취재한 내용을 전달하기만 한다. 영어를 우리말로 번역하지도 않고, 영어를 한글로 제대로 표기하지도 않고, 전혀 다른 뜻의 다른 영어 단어를 한글로 적어 놓은 사례다. 비슷한 우리말 단어들의 미세한 차이는커녕 서로 다른 영어 어휘들의 차이까지도 아랑곳하지 않는 듯한 인상을 준다.

next

"I'll be on the next boat."

✘ 나도 옆 배에 탈게.

☞ 타이타닉 사건을 소재로 삼은 영화 「역사는 밤에 이루어진다」에서, 침몰하는 호화 여객선으로부터 탈출하도록 손자를 먼저 구명정에 태워 보내며 할아버지가 안심시킨다. 아수라장 속에서 〈옆 배〉라면, 어느 배를 말하는가? next boat은 〈다음 구명정〉이다.

Nhatrang

"Got some songs goin' out right now to a couple of guys on the road to Nhatrang."

✘ 나트랭으로 가는 병사들에게 노래 한 곡 선사하겠습니다.

☞ 「굿모닝 베트남」을 보면, 길거리에서 만났던 (북쪽으로 투입되는 부대의) 신병들에게 로빈 윌리엄스가 방송으로 노래를 선물한다.

비록 첫 인연이 전쟁이라는 슬픈 사연으로 맺어지기는 했지만, 베트남은 이제 우리의 삶에서 큰 부분을 차지한다. 수많은 베트남 사람들이 한국에 와서 살고, 수많은 한국인이 베트남에서 돈벌이를 한다. 그렇다면 베트남의 지명이나 인명 등을 어느 정도는, 중국이나 일본의 경우처럼, 우리가 올바르게 알고 표기해야 할 의무가 생긴다. 베트남 이름을 베트남식이 아니라 영어식으로 표기해야 하던 시대는 지나갔다. 베트남어에서는 tr을 〈ㅉ〉로 발음한다. 그래서 Nha Trang이라고도 표기하는 Nhatrang은 〈나트랑〉이나 〈나트랭〉이 아니라 〈냐짱〉이라고 한다. 냐짱을 한자로 표기하면 〈아성(牙城)〉이다. 지금은 〈호찌밍시〉가 된 Saigon은 〈세곤(丗坤)〉의 프랑스식 표기였다.

베트남어 발음을 다 알지는 못하더라도, 우리가 착오를 일으키기 쉬운 대표적인 사례 두 가지만이라도 알아두기 바란다. 그 하나가 tr이어서, 「그린 파파야의 향기」를 감독한 Tran Anh Hung은 〈짠앙흥〉이라고 불러 줘야 한다. 또 한 가지 사례는 〈ㅈ〉라고 발음하는 d다. ao dai를 〈아오자이〉라고 발음한다는 사실을 기억하면 되겠다. 〈ㄷ〉는 đ라고 쓴다.

○ 「지금 이 시간에 냐짱으로 출동하는 병사 두어 명을 위해서 몇 곡 준비했습니다.」

nice

"Very nice indeed."

✘ 스타일리쉬하네요.

☛ 「악마는 프라다를 입는다」에서, 의상 잡지 편집부에 근무하는 스탠리 투치가 동료를 칭찬하는 말이다. 이것은 번역이 아니라, 쉬운 영어를 일단 어려운 영어로 바꿔서, 우리말이 아니라 〈한글〉로 소리를 적기만 한 것이다. (촌스럽다고 생각해서였는지 우리나라 이름을 버리고 서양식으로 개명한) 노라 노, 트로아 조, 앙드레 김이 한국 전쟁 직후에 처음 본격적인 활동을 벌일 때는 그런 계통의 사람들을 〈복식 전문가〉라고 불렀으며, 〈양재 학원〉과 〈복장 학원〉에서 양성한 사람들이 일하던 분야를 통틀어서 〈의상계(衣裳界)〉라고 했었다. 하지만 요즈음에는 〈패션계〉라고 해야만 사람들이 무슨 말인지를 알아듣고, 〈의상계〉라면 너무 구닥다리 어휘여서 사어(死語)가 되어 버렸다. 그래서인지 의상계와 미용계처럼 인간의 외적인 아름다움을 가꾸는 일에 종사하는 사람들의 세계에서는 첨단 국제화의 영향을 받아 외국어를 주로 사용하고 우리말은 토씨 노릇 정도만 하다가 마는 실정이다.

이러한 영향 때문인지는 몰라도 의상계 사람들의 얘기를 담은 영화 「악마는 프라다를 입는다」의 번역에서는 〈그치만 너무 좋아. 내가 오너가 되는 거라구〉 또는 〈다행히 샵이 일찍 문 열어서〉 그리고 〈베이비, 가지 마〉라는 식의 국적 불명 언어가 많이 등장한다. 안하무인 편집장 메릴 스트립은 출근길에 사무실로 들어서며 비서 에밀리 블런트에게 이런 잔소리를 늘어놓는다. 〈I don't understand why it's so difficult to confirm appointments.〉 번역은 〈세상에, 예약 컨펌이 그리 힘든가?〉라고 했다. 블런트도 그런 우리말 말버릇을 배워서 다른 비서 앤 해더웨이에게 이런 식으로 얘기한다. 〈각오해. 12시 반 컨셉 회의. 공포의 시간이지.〉 하지만 원문에서는 run-through(전반적인 검토)라는 표현만 나올 따름이요, concept이라는 단어가 비치지도 않는다. 이렇게 말이다. 〈Be prepared. The run-through is at 12:30, and people are panicking.〉

또 어떤 장면에서는 스트립의 비판에 해더웨이가 〈감각은 견해의 차이〉라고 반론을 펴려고

502
503

하니까, 스트립이 〈No, no, that wasn't a question〉이라고 말을 가로막는다. 번역은 〈노, 노, 질문한 거 아냐〉다. 그리고 전화를 받는 어떤 장면은 이렇게 번역했다. 〈Hello.〉〈옙.〉 yep은 yes의 패셔너블한 익스프레션이다. 그리고 앞에 나온 〈I don't understand why it's so difficult to confirm appointments〉라는 대사를 〈옙〉식으로 번역하면 이렇게 된다. 〈어포인트먼트를 컨펌하기가 쏘 디피컬트한 와이를 언더스탠 노 하겠어.〉

이런 식의 절반 번역은, 그들만의 세계에서 유행하는 말투를 의도적으로 살렸다면 현대인의 언어적 유행과 현실을 잘 반영한 기법이라고 칭찬해 줘야 마땅하지만, 다른 종류의 영화에서라면 그리 바람직하지 못한 현상이겠다.

「전송가」에서 미 공군 폭격기가 출격하여 적군 전차를 파괴하자 영국군 연락장교가 록 허드슨 대령에게 교신으로 알려 온다. 〈Nice going! Now if you hit their rear, it'll contain them until we can get more help.〉(나이스! 이제 뒤쪽만 마친다면 그들은 가친다.) 이 번역에서 우리말을 구사하는 수준부터 살펴보자. 〈마친다〉는 finish라 하고, hit은 〈맞힌다〉라고 한다. contain은 〈가친다〉가 아니라 〈가두다〉라고 해야 한다. 그리고 여기에서의 contain은 단순히 〈담다〉라는 뜻이 아니라, 군사용어로 〈견제하다〉나 〈억제한다curb〉는 의미로 쓰였다. nice going(잘 한다)을 〈나이스〉라고 한 〈번역〉은 더욱 실망스럽다.

○ 「잘했어요. 이제 그들의 후미만 때리면, 우리 편 지원 병력이 도착할 때까지 놈들을 잡아 둘 수가 있겠어요.」

「전송가」에는 심지어 이런 번역도 나온다. 〈Happy Thanksgiving.〉(헤피 땡스기빙입니다.)

nightcap

"Perhaps you and my wife will join me in the nightcap?"

✗ 장관님과 아내 때문에 술로 지새고 있소.

☞ 「벨 아미 이야기」에서 아내와 외무장관을 간통죄로 몰아 이혼 수속을 시작한 다음, 저녁 시간에 두 사람을 길거리 카페에서 우연히 만난 조지 샌더스가 제안한다. nightcap은 잠자리에 들기 전에 간단히 마시는 한 잔 정도의 술이다. 〈지샐〉 정도까지 마시는 술(drinking spree나 swig)이 아니다. 샌더스의 제안은 〈장관님과 제 아내께서 혹시 저하고 자리를 같이해 주지 않으시겠나이까?〉라고 비꼬는 내용이다.

W. 서머셋 모옴의 단편 네 가지를 영화로 엮은 「4중주」를 보면, 도박장에서 10만 프랑을 딴 순진한 청년을 집으로 유혹한 여자가, 그의 돈을 훔치려고 잠을 재우기 위해, 술을 권한다.

「Now would you like a nightcap?」

✗ 「잘 때 쓰는 모자도 드릴까요?」

nightcap에는 물론 〈잠을 잘 때 쓰는 모자〉라는 의미도 있지만, 이 장면에서 여자는 모자가 아니라 탁자의 술병을 집어 든다.

no

"No, no!"

✘ 안돼! 안돼!

☛ 「개선문」에서 집단 수용소로 끌려가 고문을 당하는 여자가 비명을 지르는 소리다. 1963년 댈러스에서 존 F. 케네디 미국 대통령이 암살범에게 저격을 당한 순간 그의 아내 재클린은 달리는 차에서 〈Oh, no!〉라고 비명을 질렀으며, 한국 언론은 그 말을 〈오, 노!〉 또는 〈안 돼!〉라고 번역했다. 그 이후 〈Oh, no!〉 또는 〈No, no!〉라는 글자가 나타나기만 하면 우리나라에서는 너도나도 천편일률적으로 〈안 돼! 안 돼!〉라고만 번역한다.

우리나라에서 군사 독재 시절에 남산(중앙정보부)이나 남영동(대공분실)으로 잡혀가서 고문을 당했던 사람들 가운데 예문에서처럼 〈안 돼! 안 돼!〉라고 실제로 외쳤을 사람이 몇 명이나 될까? 〈싫어, 싫어!〉 또는 〈그만둬!〉 또는 〈집어치워!〉 또는 〈이러지 마!〉라는 식으로, 보다 실감이 나고 저마다의 상황에 맞도록 개성적인 표현을 쓰려는 노력이 아쉽다.

「죽은 시인의 사회」에서 연극을 하겠다는 아들 이단 호크를 학교로 찾아와서 아버지가 야단친다. 〈I made a great many sacrifices to get you here, Neil, and you will not let me down.〉(이 학교에 널 입학시키느라고 많은 희생을 치렀다. 날 실망시키지 마라.) 완고한 아버지에게 기가 죽은 아들이 힘없는 목소리로 말한다.

「No, sir.」

✘ 「싫습니다.」

아들은 우리말로 분명히 아버지의 말을 거역한다. 하지만 군대식으로 엄격한 아버지가 별다른 잔소리를 더 이상 하지 않고 방에서 나간다. 아들이 한 말은 〈싫습니다〉가 아니라, 〈시키는 대로 하겠습니다〉라는 뜻이기 때문이다. 영어에서는 상대방이 한 말에 대한 자신의 의사를 yes나 no로 밝힐 때는, 화자가 원하느냐 아니냐가 아니라, 상대방의 말을 그대로 받아들이느냐 아니면 거부하느냐에 따라서 결정된다. 그리고 또한, 영어 문법에서 가장 기초적인 사항 가운데 하나지만, no 다음에는 부정문이 따라 나오고, yes 다음에는 긍정문이 이어진다. 그러니까 아들이 한 말은 이런 내용이다. 〈No, sir, I will not let you down.〉(알겠습니다, 아버지, 실망시켜 드리지 않겠습니다.)

「젊은 사자들」을 보면, 훈련소에서 먼고메리 클리프트를 괴롭혔던 병사가 전투 중에 수영을 못해서 적지에 혼자 남았고, 클리프트가 그를 구하러 가겠다고 나선다. 딘 마틴이 말린다. 〈You don't owe him anything. Nothing.〉(자네가 그놈을 챙길 필요는 없잖아.) 괄호 안의 번역은 DVD를 인용한 것이고, 클리프트는 이 말을 듣고 이렇게 대답한다.

「No, I don't.」

✘ 「그렇지 않아요.」

클리프트의 대답은, 〈챙길 필요가 없다〉는 마틴의 제안을 〈그렇지 않아요〉라고 반박했으니, 〈챙길 필요가 있다〉는 뜻이 된다. 그래서 클리프트는 이 말이 떨어지기가 무섭게 곧장 전우를 구하러 강을 헤엄쳐 건너간다. 하지만 클리프트가 한 대답에는 보다 미묘한 의미가 담겼다. 예문은 〈No, I don't owe him anything(그래, 챙길 필요야 없지)〉를 생략한 말이며, 〈〈아무리 밉기는 하지만 위기를 맞은 전우라면 어쨌든 구해 줘야 되겠으니까〉 그래도 난 가겠어〉라는 뜻이다.

○ 「그래. 챙길 필요야 없겠지.」

nobly

"This baton of victory has been nobly won."

✘ 이 승리의 지휘봉은 귀하가 처음 잡는 것이오.

☛ 「벤허」에서 마케도니아 선단을 물리치고 돌아온 잭 호킨스에게 황제가 상을 내리며 한 말이다. 상장이나 상패는 한 사람만을 위한 것이어서, 체육 대회의 우승기나 월드컵처럼 돌려 가며 간직하지를 않는다. 〈처음 잡는 것〉이라면 나중에 다른 사람에게 물려줘야 한다는 뜻으로 여겨진다. 〈처음〉이라는 오역은 혹시 nobly won(당당하게 받아 마땅한)을 nobody won으로 잘못 보았기 때문에 발생하지 않았나 싶다.

○ 「이 승리의 지휘봉은 그대가 용감히 싸워서 쟁취한 것이오.」

nobody

"You're nobody."

✘ 우린 평범한 인간이야.

☛ 「연예인」에서 로렌스 올리비에가 누나에게 신세 한탄을 한다. 이럴 때는 nobody가 〈평범〉한 수준이 아니라 〈아무짝에도 쓸모없는 인간〉이다.
「성난 얼굴로 돌아보라」에서는 리처드 버튼이 친구와 함께 (아내와 친한 연극 배우가 연습 중인) 극장으로 찾아가 못된 장난을 치고 방해하면서 〈아무도 없다〉와 〈시시한 인간이다〉라는 두 가지 의미로 함께 쓰이는 단어 nobody로 말장난을 한다. 친구가 묻는다. 〈Have you seen nobody?〉(아무도 못 봤어?) 버튼의 대답이다. 〈I can't find nobody anywhere.〉(시시한 인간은 눈에 안 띄는데.) 〈Who's that down there?〉(저 아래 저건 누구야?)

「Nobody.」
✘ 「아무개씨요.」

이 대답은 〈시시한 인간이 (어디 갔나 했더니) 저기 있었네〉 정도의 말장난이다. 번역이 힘들어지는 순간은 바로 이런 대목에서다.

「자이언트」에서는 〈누구하고 외출하느냐?〉고 묻는 아버지 록 허드슨에게 캐롤 베이커가 멋진 우리말 번역으로 대답한다. 〈Nobody.〉(혼자서요.) 「지옥의 전장」에서는 빈민가 출신의 해병이 자신에게 다짐한다. 〈I ain't gonna be a nobody.〉 〈난 별 볼 일 없이 살지는 않을 거야〉라는 번역 역시 명답이다.

nobody를 두 단어로 잘라놓은 no one(body) 역시 번역하기가 만만치 않다. 「삼손과 들릴라」에서 수수께끼의 대답을 빅터 머튜어가 〈아무한테도 no one 말한 적이 없다〉며 가르쳐 주지 않으니까 안젤라 랜스베리가 앙탈을 부린다.

「Our wedding night, and to you I'm no one.」

○ 「우린 오늘 결혼하는데, 내가 아무나란 말이에요?」

앞에서 다른 사람이 언급한 no one, nobody, anybody 같은 대명사는, 누가 그 말을 반복하며 트집을 잡는 경우, 번역하기가 난처할 때가 적지 않은데, 여기에서는 참으로 절묘하게 처리했다.

「기찻길 아이들」에서는 큰딸이 마차를 타고 가며 의사에게 묻는다. 〈Mother said I wasn't to go telling everyone that we are poor. But you are not everyone, are you?〉 여기에서는 everyone이 no one만큼이나 번역이 어렵다. 하지만 눈에 보이는 영어 단어로부터 해방되면 이런 번역도 가능하다. 〈엄마는 나더러 우리 집안이 가난하다는 말을 아무한테도 하지 말라고 그랬어요. 하지만 선생님은 예외잖아요?〉

nod

"Bernie, every time you nod your head like that, it costs us a couple of hundred dollars. You're going to nod us right out of business."

✘ 버니, 당신이 그렇게 고개를 끄덕일 때마다 수백 달러가 들어간다고 생각해봐요. 당신은 다른 일에는 고개를 잘도 끄덕이는군요.

☞ 「갈채」에서 남편에게 분장사를 붙여 달라고 부탁하는 그레이스 켈리의 뒤에 서서, 요구를 들어주라는 뜻으로 연출자 윌리엄 홀든이 몰래 머리를 끄덕여 보이자, 제작자 앤서니 로스가 늘어놓는 불평이다. 두 사람이 사사건건 다투는 제작자와 연출자의 전형적인 관계여서 〈다른 (사람들의) 일에는〉이라고 비약해서 번역한 듯싶지만, 그러다 보니 out of business(〈사업을 하다가 쫄딱 망한다〉)는 핵심 개념이 사라졌다. a couple of hundred는 〈100이 두 개 정도인〉이라는 뜻이어서, 〈수백〉이라고 하면 너무 많고, 약간 모호한 표현인 〈몇 백〉이라고 하면 낫겠다.

○ 「버니, 당신이 그렇게 머리를 끄덕일 때마다 몇 백 달러가 또 날아가요. 당신이 그렇게 머리

를 끄덕여 대면 우린 거덜이 난다고요.」

nostril

"Didn't anybody ever tell you what beautiful nostrils you have?"

✘ 콧망울이 무척 아름답군요.

☛ 「밤은 돌아오지 않는다」에서 (파티에 갔다가 술에 취한) 작곡가 톰 이웰이 옆에 앉은 여배우 질 세인트 존에게 하는 말이다. nostril은 예쁜 〈콧망울〉이 아니라 〈콧구멍〉이다. 그런데 역자는 왜 〈콧구멍〉을 〈콧망울〉로 바꿔 놓았을까? 아마도 콧구멍은 지저분하니까, 분위기에 어울리지 않는다고 판단해서 그랬을 듯싶다. 하지만 원작 소설의 작가 F. 스콧 피츠제럴드는 이웰의 못된 성격을 부각시키기 위해 일부러 〈콧구멍〉을 칭찬하게 만들었다. 영화에서 그 말을 듣고 여배우는 기가 막혀 질색하는 표정을 짓는다. 단어나 표현은 작가의 의도를 완전히 파악하기 전에는 함부로 바꿔서 번역하면 안 된다.

○ 「누가 혹시 당신 콧구멍이 정말 잘났다는 소리 안 하던가요?」

note

"I did leave a note about this, Mr. Lewis."

✘ 보고서를 올리죠.

☛ 「스윙」을 보면, (바이스로이 호텔 식당에서 휴고 스피어의 악단이 공연을 한다는 포스터가 길거리에 나붙자) 추궁을 당한 부지배인이 변명하기에 바빠진다. did까지 붙여 이미 과거에 이루어진 행위임을 강조했는데도 번역은 미래형이다. 그리고 note는 〈보고서〉가 아니라 〈쪽지〉다. 봉투에 넣지 않은 간단한 편지도 note라고 한다. 부지배인의 변명은 〈그런 행사가 열리리라는 쪽지(편지)를 루이스 사장님께 벌써 보내 드렸는데요〉라는 내용이다.

○ 「정말 사장님께 쪽지를 남겼다니까요.」

「테스」에서는 휘파람을 불 줄 몰라서 혼자 연습하는 나스타샤 킨스키를 더버빌 집안의 아들이 놀린다.

「No art, no nature ever created a lovelier thing than you, cousin Tess. To see that pretty mouth pouting and puffing away without producing a single note.」

✘ 「입술을 뾰족 내밀고 불어대는 그 모습은 정말 아름다워. 한 마디 말도 없이.」

note는 한 마디의 〈말〉이 아니라 음악의 〈음(音)〉이다.
○ 「당신보다 더 사랑스러운 모습은 어떤 예술, 어떤 자연의 힘도 지금까지 창조해 내질 못했어요, 친척 아가씨. 그 예쁜 입을 내밀고 열심히 바람을 불어 대긴 하지만 아무 소리도 내질 못하는군요.」

nothing
"Nothing."

✗ 아무 말도요.

☞ 「젊은 사자들」에서 (파티에 불러 준 딘 마틴 몰래 둘이서 빠져나가려니까 미안해진) 먼고메리 클리프트가 호프 랭에게 묻는다. 〈What are we gonna tell him?〉(저 친구한테 뭐라고 할까요?) 예문은 랭이 한 대답이다. 〈아무 것도 아닌 것nothing〉 같은 대명사의 번역은 이럴 때 oh, no(☞ no) 만큼이나 애를 먹인다. 하지만 사람들은 이런 상황에서 실제로 〈아무 말도요〉라고는 말하지 않는다. 〈설명 따위 구태여 필요 없어요〉라는 의미가 담겼으면서도 (원문이 한 단어니까 역시) 한 마디 말로 표현하면 좋겠는데 마음대로 안 되니까 애를 먹은 흔적이 보인다. 하지만 원문이 한 단어라고해서 꼭 한 단어로 번역할 필요는 없다. 〈그냥 잠자코 있다〉라거나 〈그냥 나갑시다〉라고 해도 되겠는데, DVD에서는 이 대목의 번역이 퍽 자연스러워 보인다.

○ 「신경 쓰지 말아요.」

「개선문」에서 남녀 주인공이 주고받는 대화다. 〈What is the matter?〉(무슨 일예요?) 〈Nothing.〉(아무것두.) 샤를 부아이에의 대답을 〈별일 아냐〉라거나 〈별일 없어〉라고, 조금만 더 신경을 써서 적절한 표현을 찾아내는 배려가 아쉽다.

「율리의 황금」에서는, 강도질한 돈을 찾으러 온 청년들이 피터 폰다에게 〈방금 얘기 나눈 그 여자 누구죠?〉라고 묻는다. 〈Nobody.〉(아무도 아냐.) 그리고 보안관이 〈요즘 뭐하고 지내?〉라고 물었더니 강도들이 대답한다. 〈아무것도요.〉 역시 아쉬운 번역이다. 첫 번째는 〈그냥 아는 여자야〉라고, 나중 대사는 〈세월만 보내지〉라는 식으로 얼마든지 둘러댈 수 있겠다.

「성처녀」에서는 만병을 고쳐 주는 기적의 샘물에 대한 소문이 퍼져 사람들이 산으로 몰려들고, 그들을 상대로 장사를 하려는 마을 사람을 경찰관이 검문한다.

「Where do you think you are going?」
✗ 「지금 어디로 가는 거야?」
○ 「어딜 감히 가려고 그래?」
장사꾼의 대답이다.
「No place, monsieur.」
✗ 「아무데두.」
○ 「안 간다니까요.」

「카라마조프의 형제들」에서 아들 리처드 베이스하트의 무신론을 리 J. 콥이 무척 못마땅하게 생각한다.

「I won't accept nothingness.」

✗ 「난 아무것도 인정 못해.」

nothing과 nothingness(아무것도 없음)는 다른 말이다. 접미사 -ness는 형용사나 분사와 결합하여 성질이나 상태를 나타내는 추상 명사를 만든다. 콥이 인정하지 않으려는 것은 사후에 아무것도 존재하지 않는다는 naught(nought[無])라는 철학적인 개념이다.

○ 「아무것도 존재하지 않는다는 건 인정하지 못하겠어.」

notice

"I want to read you a notice I ran in an official newspaper."

✗ 6개월전 기사 한 토막을 읽어드리죠.

☞ 〈기사〉는 기자가 취재해서 보도하는 글이다. notice는 수표 분실이나 연말 결산 또는 재정보고 따위를, 신문사에 게재료(광고비)를 따로 내고 〈공고〉한 내용이다.

○ 「관보에다 내가 게재한 공고를 읽어 드리겠습니다.」

novelty

"That would be no novelty for me, Lady Catherine."

✗ 저와는 상관없는 일예요.

☞ 「오만과 편견」에서 조카 로렌스 올리비에와 결혼하려면 〈가난한 삶을 각오하라〉고 에드나 메이 올리버 부인이 위협한다. 그리어 가슨은 (예문에서처럼) 개의치 않는다. novelty는 〈새로운 물건〉이나 〈신기한 일〉이다. 평생 가난하게 살아온 가슨으로서는 〈그런 건 전혀 새로운 경험이 아니다〉라는 뜻이다.

○ 「그건 저한테는 새로운 얘기도 아닌데요, 캐더린 부인.」

now

"Now that I found you, don't ever go."

✘ 이제야 당신을 찾았어요. 저와 함께 있어요.

☛ 「사랑의 행로」에서 미셸 파이퍼가 부르는 노래의 한 대목이다. now that은 《〈지금은〉 that 이하의 상황이 이루어졌으니 (~하리라)》라는 의미로 두 단어를 엮어서 알아 두면 좋겠다.

○ 「나는 겨우 당신을 찾아냈으니, 절대로 떠나면 안 된답니다.」

nowhere

"Nowhere."

✘ 아무 데도요.

☛ 「지난여름 갑자기」에서 동네 아이들에게 쫓기던 사촌 오빠에 대한 기억을 더듬는 엘리자베스 테일러에게 정신과 의사 먼고메리 클리프트가 묻는다. 〈Where did those streets lead to?〉(그건 어디로 통하는 길이었나요?) 예문은 테일러의 대답이다. nothing 항에서 지적한 몇 가지 (no로 시작하는) 단어들의 번역 예문들만큼이나 어색한 우리말이다. DVD에서는 같은 대사를 〈없어요〉라고 했는데, 역시 어색하다.
그리고 대화가 이어진다. 〈He never reached...?〉 이것을 〈어디도 향하지 않는다?〉라고 옮겨놓았는데, 역시 어색하다. 〈그렇다면 목적지는 아예…… (없었다는 말이군요)〉라는 식으로 풀어도 되겠다.
그러자 테일러가 이렇게 설명한다. 〈He never reached the end. They stopped nowhere! Never!〉(세바스찬은 피할 곳이 전혀 없었어요. 길은 끝이 없었고요! 아무리 가도 말예요.)
이쯤 되면 lead to nowhere가 〈뚜렷한 목적지(피난처)가 없었다〉는 뜻임이 밝혀진다. 그렇다면 앞으로 되돌아가서, 〈Nowhere〉는 차라리 〈알게 뭐예요〉라거나 그냥 〈모르겠어요〉라는 정도로 〈관심 밖〉임을 암시해도 될 듯싶다.
「피츠카랄도」에서는 원주민들을 부려 가며 산꼭대기로 배를 끌어올리는 일이 좀처럼 진전을 보이지 않자, 추장에게서 받은 술을 마시며 클라우스 킨스키가 한탄한다.

「My God, time is flying and we're getting nowhere.」

✘ 「세월은 흐르고 아무 데도 갈 곳은 없구나.」

이럴 때의 time은 〈세월〉이 아니라 그냥 〈시간〉이다. 그리고 get nowhere는 《〈진행하는 일 따위가〉 전혀 진전을 보이지 않는다》는 말이다.

○ 「맙소사, 시간은 자꾸 흘러가는데, 우린 그냥 제자리걸음만 하잖아.」

nuisance

"Is it life for treason or six months for committing a nuisance?"

✘ 반역죄로 종신형인가요, 아니면 가벼운 6개월형에 처할까요?

☛ 「아바나의 첩보원」에서 가상의 인물을 공작원으로 포섭하고 가짜 보고서를 보내며 활동비를 타먹던 알렉 기네스가 모린 오하라에게 진실을 털어놓고 묻는다. 〈What sort of a sentence can they give a man for deceiving the secret service?〉(첩보 기관을 속여 먹은 사람에게는 어떤 종류의 형벌을 내릴까요?) 그리고 기네스가 예문처럼 자문자답한다. nuisance를 〈가벼운 말썽〉 정도로 생각한 모양인데, for committing(~을 범한 이유로)라는 말이 들어갔기 때문에 nuisance가 혐의 내용임을 이해했어야 한다. nuisance는 법률 용어로 〈불법 방해〉다. public nuisance(공적인 불법 방해)는 일반적인 대화에서 〈경범죄〉의 유의어로 쓰이기도 한다.

nurse

"Are you the new nurse?"

✘ 오늘부터 아줌마가 유모예요?

☛ 「타인들」에서 니콜 키드먼의 딸이 하녀에게 묻는 말이다. 유모(乳母)는 〈젖엄마〉다. 그런데 영화의 〈아줌마〉는 너무 늙어 젖이 안 나올 정도로 나이를 많이 먹었다. 〈보모(保姆, nurse)〉는 〈유모nurse〉가 아니다.

○ 「새로 오신 보모인가요?」
「남태평양」을 보면, 수병에게서 무대 의상을 받은 밋지 게이너 중위가 〈이 섬에서 나만큼 운 좋은 간호사는 없을 거야〉라고 자랑한다. 그러나 〈간호 장교nurse〉는 〈간호사〉라고 부르지 않는다. 비디오 판 「진주만」에서 계속 〈간호사〉라고 호칭하는 nurse 또한 계급이 소위인 〈간호 장교〉다.

oat

"24th day at Shangri-La. Feel so good I could sow a wild oat-or two."

✘ 샹리-라에서 24일째. 자꾸 젊어지는 것 같다.

☛ 「잃어버린 지평선」에서 고고학 교수가 쓴 일기다. wild oat(야생 귀리)는 잡초처럼 생명력이 강한 식물이며, sow wild oats(여기저기 야생 귀리의 씨를 뿌린다)는 〈젊은 시절을 방탕한 생활로 보내다〉라는 뜻이다. 나이가 많은 고고학 교수는 지금 〈젊어지는 기분〉이라기보다는 〈기분이 어찌나 좋은지 젊은 여자를 한둘 데리고 놀았으면 싶은 심정〉이다. 〈하도 기분이 좋아 연애라도 하고 싶은 심정〉 정도가 적당하겠다.

oblivion

"For the first time in his life Grenouille realized that he had no smell of his own. He realized that all his life he had been nobody to everyone. What he felt now was the fear of his own oblivion."

✘ 처음으로 그르누이에는 무취의 공포를 느꼈다.

☛ 「향수」에서 산꼭대기 동굴에 들어앉아 주인공이 정신 수양을 하는 대목이다. 세 문장을 짤막한 하나의 문장으로 지나치게 요약해 놓아서 〈무취의 공포〉가 무엇인지 전혀 알 길이 없다.

○ 「난생 처음으로 그르누이는 자신만의 체취가 그에게 없다는 사실을 깨달았다. 그는 평생 동안 자신이 모든 사람에게 전혀 무의미한 존재였음을 깨달았다. 지금 그가 느낀 기분은 자신의 망각에 대한 두려움이었다.」

fear of his own oblivion은 뒤이어 〈It was as though he did not exist〉(그는 마치 존재하지도 않는 듯싶었다)라는 말로 설명했다. 따라서 〈무취의 공포〉는 〈자신의 무존재에 대한 공포〉였다.

obscurity

"I shall offer myself as a candidate in the October elections. From your obscurity you will be able to follow my career."

✘ 난 10월 선거에 입후보할 계획입니다. 당신은 지은 죄가 있어 나를 이기기 힘들 거요.

☛ 「벨 아미 이야기」에서 언론의 힘을 빌어 그가 파멸시킨 외무장관에게 조지 샌더스가 선언한다. 번역문 두 번째 문장의 〈지은 죄가 있어〉는 어디서 나온 얘기인지 알 길이 없다. 우리말 내용을 보면 마치 10월 선거에서 샌더스와 외무장관이 대결을 벌일 듯한 인상을 받는다. 하지만 두 사람은 경쟁 관계가 아니다. 상대방은 장관직에서 쫓겨나 몰락한 처지다. obscurity는 celebrity(유명인)의 반대 개념으로서, 〈사람들이 알아주지 않는 미미한 존재〉를 뜻한다.

○ 「난 10월 선거에 출마하기로 작정했습니다. 당신은 (세상에서 잊힌) 한가한 존재가 될 테니, 이제부터 심심하면 (출세 가도를 달리게 될) 내 활동이나 열심히 지켜보도록 해요.」

obsession

"Once you find the way, you will be bound. It will obsess you. Believe me, it will be a magnificent obsession."

◐ 일단 길을 발견하면, 당신은 그 길을 벗어나지 않을 겁니다. 당신을 사로잡을 테니까요. 내가 장담하건대, 그것은 거대한 강박 관념일 겁니다.

☛ 「마음의 등불」에서 돈으로 세상만사를 해결하려는 독선적인 부호의 아들 록 허드슨에게 화가 오토 크루거가 마음의 중요성을 강조한다. 대단히 뛰어난 번역이다. 다만 한 가지, obsession이라는 단어를 보는 시각이 조금 마음에 걸린다. 텔레비전에서 이 영화를 방영할

때는 위 예문에서뿐 아니라 〈Magnificent Obsession〉 라는 제목도 〈거대한 강박 관념〉이라고 붙였었다. 그러나 〈강박 관념〉의 뜻을 우리말 사전에서 찾아보면 〈아무리 물리치려고 애써도 그 의사에 거역하여 마음속에서 떠나지 않는 생각〉이라고 했다. 즉, 자신의 의지가 맥을 못 쓰는 부정적인 개념이다. 크루거는 스스로 마음을 바로잡으면 삶이 밝아진다는 설득을 계속한다. 그러니까 magnificent obsession은 〈거대한 강박 관념〉이 아니라 〈찬란한 집념〉이나 〈아름다운 집념〉이라는 뜻이 되겠다. 그래서 「마음의 등불」이라는 촌스러운 본디 제목이 제격이라고 생각한다.

occur

"It just occurred to me that I lost something that once meant everything. Just now I'm really pissed about it."

✘ 어느 날 이런 일이 생기더군요. 한때는 나에게 모든 걸 의미했던 무엇인가를 난 잃어버렸어요. 지금은 그래서 난 정말로 기분이 엿같아요.

☞ 「사랑을 기다리며」에서 이혼 수속 중인 안젤라 바셋이 변호사에게 하는 말이다. occur to는 〈일이 생기다〉가 아니라 〈~이 문득 생각나다〉라는 뜻이다. It just occurred to me는 〈방금 생각난 사실인데〉가 된다.

○ 「한때는 나한테 지극히 소중했던 무엇을 잃어버리지 않았나 하는 기분이 문득 들었어요. 그 생각을 하니 난 지금 정말로 화가 나는군요.」

odd

"They won't lift a finger. Think of the odds."

✘ 아무도 돕지 않을 거야. 여력도 없을 거라고.

☞ 「황야의 7인」에서 산적과 싸우러 마을로 돌아가겠다는 스티브 매퀸에게 브래드 덱스터가 코웃음을 친다. 〈여력(餘力)〉은 〈남아도는 힘〉이다. 그리고 think of the odds(승산이 어떤지를 따져 보라)가 어째서 〈여력도 없을 거〉라고 의미가 달라져야 하는지는 아무리 들여다봐도 납득이 가지 않는다. 내용을 잘 모르겠어서 둘러대는 번역은 〈의역〉이 아니라 어림짐작(☞ civilization)이다. odd(기묘한, 이상야릇한, 짝이 안 맞는)는 명사로 쓰면 〈부족함〉이나 〈결함〉이라는 뜻이 되고, 복수형으로 만들면 〈우열의 차이〉라는 의미를 갖는다. odds are too high(차이가 너무 난다)는 《(승산이 별로 없어서) 매우 불리하다》는 의미다.

○ 「그들은 손 하나 까딱하지 않을 거라고. 어림도 없어.」

첫 전투를 치르고 나서 농부들이 마음의 동요를 일으키자, 앞으로 싸움을 계속해야 할지 어쩔지 의논을 하는 장면에서도 덱스터는 율 브리너에게 이런 우려를 나타냈었다.

「The odds are too high.」

✗ 「남은 적이 너무 많군.」

여기서는 〈불리한 여건〉을 뜻하는 odds가 〈남은 적〉이 되었다. 그리고 덱스터의 비관적인 견해에 브리너가 소신을 밝힌다.

「Much too high. We'll lower the odds.」

✗ 「너무 많아. 줄이면 되지.」

○ 「불리해도 너무 불리하지. (그러니까) 우리가 열세를 좀 줄여야 한다고.」

off

"That comes right off."

✗ 이러면 더 멋진데.

☛ 「석양의 맨해튼」을 보면, 애리조나에서 온 보안관 조수 클린트 이스트우드가 〈같이 식사나 하자〉니까 뉴욕 경찰서의 수잔 클락은 이스트우드가 쓴 〈카우보이 모자가 마음에 안 들어서 싫다〉고 한다. 이스트우드는 모자의 챙을 들어 보이며 예문에서처럼 말한다. 이렇게 짧고 쉬운 문장에서도 상황 판단을 잘못하면 오역이 생긴다. comes right off는 〈〈모자가〉 금방 벗겨진다〉는 뜻이다. 그래서 이스트우드는 〈〈마음에 안 드신다면〉 모자는 얼른 벗어 버리겠다〉고 벗는 시늉까지 한다.

「아라베스크」에서 소피아 로렌 주변에 관계가 이상하고 모호한 남자들이 자꾸 나타나자 그레고리 펙이 묻는다.

「Do you get Sundays off?」

✗ 「일요일은 참으시나요?」

원문의 뜻을 이해하기는 했는데 우리말 표현에서는 어딘가 순발력이 부족한 듯싶다. 마치 직장에 나가듯 날마다 사람들을 그렇게 많이 만난다면, 〈정말 바쁘시군요〉라고 비꼬는 뜻으로, 〈일요일은 휴무인가요?〉나 〈일요일엔 쉬시나요?〉라고 했으면 어떨까 싶다. 〈참다〉라는 말은 지나치게 부담스러워 보인다.

offense

"I don't mean no offense here. But I don't know who's less likely to convince a jury, my mother…or Mr. Smokey."

✘ 실례합니다. 제가 끼어들 건 아니지만, 스모키 씨 증언으로도 안 될 겁니다.

☞ 「프라이드 그린 토마토」에서 흑인 하녀가 범한 살인이 정당방위였다고 목격자인 동네 〈거렁뱅이〉가 증언을 하겠다니까, 하녀의 아들이 의구심을 보인다. mean no offense(영국에서는 offence)는 〈기분을 상해드릴 의도는 없다〉고 미리 양해를 구하는 표현이다. 두 번째 문장은 〈하지만 우리 어머니하고 — (아무리 백인이라고 해도 거렁뱅이인) 스모키 선생 가운데 누가 배심원을 한 사람이라도 더 납득시킬지 모르겠군요〉라는 말이다. 그랬더니 스모키가 흔쾌한 반응을 보인다.

「No offense taken.」
✘ 「그렇지만……」

이 말은 매우 널리 쓰이는 관용구로서, 미안해하는 상대방을 안심시키려고 〈기분 상할 일은 없다〉, 그러니까 〈당신 말이 지당하다〉는 뜻이다.

offer

"Myrtle dear, you are sweet, and you have so much to offer."

✘ 넌 예쁘니까 구애도 많이 받을거야.

☞ 「하비의 환상」에서 (제임스 스튜어트의 해괴한 상상 때문에 시집을 가기가 힘들어진) 조카딸이 불평을 늘어놓으니까, 스튜어트의 어머니가 달래는 말이다. 부정사 용법의 번역에 어려움을 겪는 사람이 많은데, 이런 문장은 고지식하게 직역을 하는 식으로 분해하면 해답이 나오기도 한다. have so much는 〈굉장히 많다〉는 뜻이다. to offer는 〈제공하려고 한다〉는 말이다. 이 두 말을 재구성하면 offer so much(굉장히 많이 제공한다)가 된다. 그리고 이런 정보를 말끔한 문장으로 정리하면 이렇게 된다.

○ 「얘야, 머틀, 넌 귀여운 처녀고, 자랑거리(제공할 만한 자질)도 퍽 많아.」

officer

"There are many kinds of officers."

✘ 많은 종류의 병사가 있지.

☞ 「젊은 사자들」에서 먼고메리 클리프트 훈련병을 괴롭힌 중대장을 불러 군사 재판에 회부하겠다고 훈련소장이 통고한다. 사관 학교를 나와 지휘관이 되는 officer(장교)라면 아버지나 마찬가지고, 징집이 되어 강제로 병역을 수행하는 〈병사enlisted men〉는 아들뻘이다. 장교는 병사에게 죽으라는 명령까지 내릴 권한을 누린다.
○ 「장교도 장교 나름이겠지.」

once

"Why should you be sorry for the dead? What lived once lives forever."

✘ 죽은 사람을 왜 불쌍하다고 생각하시나요? 영원히 살 수는 없잖아요.

☞ 「로드 짐」에서 원주민 아가씨가 피터 오툴에게 따진다. 두 번째 문장은 완전히 거꾸로 오역했다. what lived once는 〈한 번 살았던 무엇〉이다. 그러니까 전체 문장은 〈한 번 살았던 것은 영원히 산답니다〉라는 말이다.

「사랑을 기다리며」에서는 릴라 로천이 방금 성행위를 끝내고 마음속으로 생각한다.
「Michael felt just like the real thing. Everything was perfect, for once.」
✘ 「마이클은 진짜처럼 느껴졌다. 모든 것이 완벽했다. 단 한 번이었지만.」
real thing은 〈알짜배기〉라는 말이다. 그리고 for once는 〈단 한 번〉이 아니라 〈모처럼 이번만큼은〉 또는 〈오래간만에 드디어〉라는 뜻이다.

one

"If I have one, will you stop coaxing?"

✘ 한 병 마시면 그만 부추길래요?

☞ 「피크닉」을 보면, 차 안에서 아더 오코넬이 자꾸 술을 마시라고 권하니까, 노처녀 여선생 로잘린드 럿셀이 마지못해 술병을 받아 들고 묻는 말이다. 노처녀 여선생이 피크닉에 가는 동

안 차 안에서 브랜디 한 병을 다 마신다는 상황이 가능한가? 숫자 다음에 숨어 버린 단어를 찾아내려면 보다 논리적으로 따져 봐야 한다. 럿셀은 영화에서 한 모금을 마시고 병을 오코넬에게 돌려준다. 그리고 한 모금이라고 해도 〈홀짝〉 마시는 정도라면 sip이고, 〈주욱 들이키는〉 한 모금은 swig이라고 한다. coax도 〈부추기다〉라는 표현이 좀 어색하다. 이것은 〈꼬득이다〉나 〈구슬리다〉의 의미가 강해서, 여기에서는 〈한 모금 마시면 그만 보챌 거예요?〉라는 표현이 어울리겠다.

「바람과 함께 지다」에서는, (로렌 바콜을 처음 만난 자리에서) 로버트 스택이 제안한다.

「There are rare moments for the champagne. This is one.」

✗ 「샴페인 마실 일이 드문데, 좋은 기회로군요.」

마지막에 나온 one은 앞에 나온 어떤 단어의 반복을 피하기 위해 동원한 경우로서, 여기에서는 rare moment의 대역이다. 두 번째 문장은 〈지금이 바로 그런 경우에 해당된다〉는 뜻이다.

「아가씨와 건달들」에서 비비안 블레인이 모피 외투를 집어 던지며 노래한다.

「What made you think that I'm one of those girls?」

✗ 「그이한테 다른 여자가 생긴 게 틀림없어요.」

I'm one of those girls를 〈그가 아는 여러 여자 가운데 나도 하나〉라는 식으로 해석한 듯한 번역이다. 그러나 여기서 one of those는 〈그렇고 그런 여자들 가운데 하나〉라는 뜻이다.

○ 「도대체 당신은 왜 나를 그런 흔한 여자라고 생각하나요?」

「카라마조프의 형제들」에서, 아버지로부터 빌린 돈을 형 율 브리너에게 전하려고 술집으로 찾아간 성직자 윌리엄 섀트너가 묻는다.

「How can anyone spend 5,000 rubles at one time?」

✗ 「근데 5,000루블을 어디에 쓰시게요?」

아무리 필요에 따라 문장을 짧게 줄인다고 해도, 대사의 흐름을 단절할 정도로 중요한 핵심 내용은 잘라 내면 안 된다. 흐름이 막히면 영화를 감상하던 사람은 갑자기 사고의 흐름이 중단되고, 난해한 내용을 이해하기 위해 주춤거리는 사이에 차라리 긴 문장을 읽어 낼 때보다도 시간이 더 걸리기 쉽다. 원문은 〈돈을 어디에 쓰느냐?〉고 물어본 내용이 아니고, 〈5,000루블이나 되는 큰돈을 한 번에 at one time 쓰는 사람이 도대체 어디 있느냐?〉고 핀잔을 주는 말이다. 〈한 번에〉를 누락시킨 위 번역문이 브리너가 하는 대답과 어떻게 연결이 되겠는지 생각해 보기 바란다.

〈I admit it requires a skill, my brother.〉(하기야 그것도 다 재주가 있어야 되지 않겠니?)

「케인호의 반란」을 보면, 낡아 빠진 케인호의 함장이 로버트 프란시스 소위에게 열악한 현황을 알려 준다.

「After 18 months of combat, it takes 24 hours a day to keep her in one piece.」

✗ 「제대로 가누려면 24시간도 모자라.」

여기에서도 a day(하루에 ~씩)를 빼먹으면, 비참한 현실이 희석되어 버린다. 〈하루에 24시간씩〉과 〈1년에 24시간씩〉의 노동력은 같지 않기 때문이다. 단위를 빼먹은 수치는 부실한 계산법이다.

○ 「18개월의 전투를 치르고 났더니, 배를 제대로 정비하려면 하루에 24시간으로도 모자라지.」

only

"They're only slaves."

✘ 그들은 노예일 따름입니다.

☛ 「스파르타쿠스」에서 원로원에 출석한 수비대장이 노예 반란의 진압에 대한 자신감을 보이며 증언한다. only를 〈~일 따름〉이라고 번역하면 옹색하고 고지식한 인상을 줄 때가 많다. 〈기껏해야〉라는 말을 넣어 비하시키거나 〈~에 지나지 않는다〉 같은 변형을 시도해 보기 바란다.

○ 「그들은 하찮은 노예에 지나지 않습니다.」

open

"Yes. Open."

✘ 그래. 좋군.

☛ 「개선문」을 보면, 복수를 해야 할 상대에게서 전화가 걸려 오기를 눈이 빠지게 기다리는 샤를 부아이에의 호텔 방으로, 〈포도주 시키셨나요?〉라고 묻는 룸서비스의 전화가 걸려 온다. 예문은 맥이 풀린 부아이에가 신경질적으로 쏘아붙인 대답이다. open은 《포도주의 뚜껑을 따서》 올려 보내라는 뜻이다. 문장을 하나씩 따로 떼어 놓고 번역하지를 말고, 왜 open이라는 말이 나왔는지, 전체적인 상황을 살피고, 바로 앞에 나온 말과 연관을 지어 보면, 그것이 포도주 얘기로구나 하는 짐작이 쉽게 이루어진다.

「성 발렌타인 축제일의 학살사건」에서 알 카폰이 부하들에게 경고한다.

「What Moran has pulled so far is just for openers.」

✕ 「모란이 이렇게 나오는 건 싸우자는 거야.」

opener는 open(열어 주거나 시작하는) ~er(것)로서, 〈맛보기〉나 〈첫 경기〉 따위를 뜻한다. 카폰의 설명은 〈모란이 지금까지 저지른 짓들은 예고편에 불과해〉라는 말이다.

「어린 왕자」에서는 장군이 소년에게 같이 일하자고 제의한다.

「There is an opening.」

✕ 「개회식이 있지.」

opening은 〈개회식〉 말고도 〈틈바구니〉나 〈일자리〉 또는 〈공석(空席)〉이라는 의미도 있다. 장군의 제의는 〈빈 자리가 하나 있으니 널 데리고 같이 일하겠다〉는 얘기다.

operation

"What the fuck an operation we got here anyway?"

✘ 갑자기 웬 교환이야?

☛ 「깃발」에서 (자동차를 타고 가며 선거 유세 일정을 참모와 의논하던) 존 트라볼타 상원 의원이 통화가 끊어지자 휴대 전화를 창밖으로 던져 버리며 화를 낸다. operation이라니까 operator(교환수)가 머리에 떠올라 이런 번역이 나온 모양이다. 하지만 이 세상에는 휴대 전화를 담당하는 교환수란 존재하지 않는다. 여기에서 operation은 〈하는 일〉이라는 뜻이다. 트라볼타는 하필이면 경쟁자가 연설을 하기로 계획한 장소에 그가 모습을 보이도록 일정을 잡은 한심한 참모 때문에 화가 잔뜩 난 상태다.

○ 「하는 짓들이 도대체 왜 모두 이 꼴이야?」

opportunity

"Opportunity, my dear, is concerned with the future, not the past."

✘ 기회주의자들은 미래를 보는 사람들이야.

☛ 「내가 마지막 본 파리」에서 〈여태까지 잃기만 했으면서 무슨 돈을 또 경마에 걸리고 그러느냐〉는 딸 도나 리드의 핀잔에 월터 피전이 반박한다. 호시탐탐 기회를 엿보는 〈기회주의자 opportunist〉는 천성이 나쁜 부정적인 인간형이다. 하지만 〈기회opportunity〉는 본질적으로 나쁜 개념이 아니다. 피전의 생각은 이렇다.

○ 「얘야, 기회란 과거가 아니라 미래 지향적이란다.」

optimistic

"I wish I were that optimistic."

✘ 잘 되길 바랍니다.

☛ 「지난여름 갑자기」에서 부유한 미망인 캐더린 헵번으로부터 100만 달러의 기부금을 받게 되리라고 좋아하는 병원장에게 정신과 의사 먼고메리 클리프트가 제동을 건다. 예문은 상대방이 지나친 기대감을 보이는 상황에서 자주 쓰이는 표현으로, 〈내가 보기엔 그게 아닌데요〉

라고 완곡하게 부정하는 말이다. 헵번은 기부금을 내는 대가로 클리프트에게 엘리자베스 테일러의 뇌 수술을 맡아달라고 했지만, 클리프트는 수술을 하고 싶은 생각이 점점 없어지는 중이다. 그러니까 〈잘되길 바란다〉가 아니라 〈나도 당신처럼 낙관적이라면 얼마나 좋겠느냐〉, 그러니까 〈잘되긴 어렵겠다〉는 뜻이다.

order

"In that order."

✘ 명령에 따르죠.

☛ 「지난여름 갑자기」를 보면 늙고 부유한 캐더린 헵번의 여비서가 쟁반을 들고 들어와서 알려 준다. 〈Time for your medicine and your frozen daiquiri.〉(약 드시고 시원한 칵테일 드세요.) 예문은 헵번이 보인 반응인데, 성격이 매우 까다로운 백만장자 미망인이 비서에게 〈명령에 따르겠다〉고 깍듯하게 순종하는 상황은 상상하기 어렵다. in that order는 상대방이 얘기한 〈순서대로〉, 그러니까 먼저 언급한 〈약〉을 먼저 먹고 〈다이커리〉는 나중에 〈마시라는 소리냐〉는 뜻이다.

「전송가」에서는 록 허드슨이 비행장으로 찾아왔다는 보고를 받고 제5공군 사령관이 당직장교에게 부탁한다.

「So that's where he is. Tell him his orders are in.」

✘ 「헤스 대령이 거기 있었군 그래. 대령에게 전속명령이 내렸다고 전해.」

〈전속 명령〉이라는 용어가 (혹시 연예계에라도) 존재하는지 어쩐지는 모르겠지만, transfer는 〈전속〉이 아니라 〈전출〉이라고 한다. 「전송가」에서는 우리말에 대한 감각의 미흡함 때문이라고 여겨지는 오역이 다른 곳에서도 나타난다. 길에서 만난 필립 안이 허드슨 대령에게 행선지를 밝힌다.

「To a Buddhist temple not far from here, where we hope to find shelter.」

✘ 「절로 갑니다. 피신하려고요.」

〈피신〉은 범죄 따위로 쫓기거나 위험을 피하려는 경우에 주로 쓰이는 말이고, find shelter는 〈피난처를 찾는다〉는 뜻이다.

orderly

"Jackson, you ain't a very orderly orderly."

✘ 일 좀 제대로 하지 그래, 잭슨.

☛ 「공격」에서 에디 앨버트 중대장의 당번병이 줄을 안 서고 새치기를 해서 커피를 받아 가려고 하자, 로버트 스트라우스가 야유하는 말이다. 두 차례 반복된 orderly에서 첫 번째 orderly는 〈질서를 잘 지키는〉이고, 두 번째 orderly는 〈당번병〉이다. 똑같은 하나의 단어에 담긴 두 가지 의미로 말장난을 했다. 우리말로 고지식하게 번역하면 〈너는 별로 질서를 안 지키는 당번병이다〉라는 뜻이 되겠다. 하지만 원문의 장난기를 살리려면, 비록 pun(곁말)의 묘미까지 살려 내기는 어렵다 하더라도, 〈아무리 중대장 당번이지만 줄 좀 서면 어디 덧나냐?〉 정도는 가능하겠다. 군대 화법을 쓴다면 이런 비약까지도 시도해 볼만하다.

○ 「잭슨, 중대장 당번은 줄 서는 당번도 특과냐?」

ordnance

"They're probably all smashed up by the ordnance now."

✗ 발포 때문에 거의 다 날아갔을 거야.

☛ 「대양」을 보면, 재클린 비셋과 닉 놀티가 버뮤다에서 발견한 난파선에 실렸던 주사약병에 대해서 로버트 쇼가 진위를 묻고, 난파선의 유일한 생존자인 일라이 월락이 예문에서처럼 추측한다. 〈발포〉는 누가 총을 들고 쏘는 행위를 뜻한다. 그렇다면 월락이 우리말로 한 얘기는, 누군가 바다 밑바닥으로 내려가, 물속에 가라앉은 배에다 총질을 했다는 주장이다. ordnance(병기)는 난파선에 선적했던 포탄으로서, 잠수부들이 보물을 찾으려고 산소 용접기로 배의 철판을 뚫고 들어가려다가 몇 차례 폭발 사고를 낸 적이 있었다.

○ 「(주사약병들은) 폭발로 인해서 지금은 아마 다 깨졌겠지.」

organic

"It has an organic quality."

✗ 구조미가 뛰어나 보여요.

☛ 「한나와 그의 자매들」에서 마이클 케인이 설계한 건물을 캐리 피셔가 평가한다. 〈뛰어나 보인다〉는 말이 어디서 나왔는지 모르겠고, 〈구조미〉도 마찬가지다. 〈구조적인 아름다움〉이라면 structural beauty여야 될 듯싶은데, 건축가 자신의 설명을 들어 보면 〈구조〉보다는 주변 환경에 대한 언급이 더 많다. 〈But I wanted to keep the atmosphere of the street, you know.〉(뭐랄까, 난 길거리의 분위기를 그대로 살리고 싶었어요.) 그리고 이런 말도 한다. 〈The design is deliberately non-contextural, almost wholly interdependent.〉(설계는 의도적

으로 구조적인 요소를 피해서, 거의 전적으로 상호 의존적이죠.) 그러니까 건물 자체의 구조가 아니라 주변적인 요소들과의 조화, 즉 〈유기적〉인 면모에 신경을 썼다는 설명이다. 피셔의 말은 〈유기적인 양상이 돋보이네요〉라는 평이다. 우리나라 사람들이 요즈음 무척 좋아하는 〈유기농〉은 〈organic farming〉이라고 한다.

「벨 아미 이야기」에서 조지 샌더스가 초안을 잡아온 기사를 보고 안젤라 랜스베리가 평가한다.

「I see some pretty good ideas here. But I can't organize them properly.」

○ 「상당히 좋은 내용들이 이 글에 담겼군요. 하지만 나로서는 제대로 정돈하기가 힘들어요.」
퍽 자연스러운 번역이다. organize는 〈정돈하다〉나 〈연결하다〉라고 번역하면 잘 풀리는 경우도 있다.

other

"Every other Saturday afternoon, they give a concert."

✘ 토요일마다 콘서트가 있어요.

☞ 「백장미의 수기」에서 조운 폰틴의 환심을 사려고 젊은 장교가 음악을 들으러 가자고 청한다. every Saturday라고만 하더라도 〈토요일마다〉 또는 〈매주 토요일〉이라는 뜻인데 other가 왜 중간에 끼어들었을까? 원문에 나오는 단어를 하나라도 소홀히 하면 영락없이 오역이 나온다. other가 들어가면 〈한 번씩 걸러서〉라는 말이다. 그러니까 every other week은 〈매주 한 번씩〉이 아니라 〈두 주에 한 번씩〉이라는 뜻이다.

○ 「격주로 토요일마다 오후에는 음악회가 열립니다.」

out

"This is gonna put you out of business?"

✘ 이번 사건하고 관련이 없다는 건가요?

☞ 「성 발렌타인 축제일의 학살사건」에서 일곱 명의 부하가 살해된 다음 벅스 모란에게 신문 기자가 하는 질문이다. out of business는 〈사업으로부터 밀려 나가다〉, 즉 〈폐업한다〉 또는 〈사업에서 손을 뗀다〉는 뜻이다. 기자의 질문은 〈이런 일을 당했으니 이제는 조직이 와해되어 《사업》을 계속하지 못하게 되는 건 아닌가요?〉라는 의미다. 같은 영화에서, 모란이 이탈리아계와 손을 잡겠다고 하니까, 독일인 부하가 〈You count me out〉이라고 반발한다. count out은 〈빠졌다고 계산하다〉라는 말이어서, 독일인 부하의 요구는 〈그렇다면 나는 손 떼겠으니

빼줘요〉라는 뜻이다.

「애천(愛泉)」에서 미국 공관의 국장이 여비서에게 묻는다.

「I saw Anita going out of the city with Georgio.」
× 「아니타가 조지오와 시내에 있는 걸 목격했소.」

국장의 눈에 띄었을 때 아니타(진 피터스)는 조르조(롯사노 브랏지)의 친척이 사는 시골로 함께 가려고 도시를 벗어나던 참이었다. out of the city는 〈시내〉가 아니라 도시를 벗어난 〈시골〉에 더 가깝다.

「닥터 지바고」를 보면, 러시아와 독일의 전쟁이 터지자, 패전을 하면 혁명을 촉발하리라는 불순한 계산에 따라 군에 입대했던 알렉 기네스가 회고한다.

「When the time came, I was able to take three battalions with me out of the Front Line.」
× 「때가 되었을 때 나는 3개 대대를 지휘하는 몸이 되었다.」

얼핏 보기에 별로 중요하지 않은 듯싶은 out of 같은 몇 단어를 무시했다가는 번역에서 진짜로 중요한 핵심이 빠져 버린다. 여기에서는 기네스가 〈지휘하는 몸이 되었다〉는 사실보다 혁명에 가담할 〈때가 되자 나는 전선에서 3개 대대의 병력을 후방으로 빼돌릴 수가 있었다〉는 내용이 알맹이다.

「핌리코행 여권」에 나오는 신문 기사의 제목이다.

Heat Wave Breaking All Records
Thousands Sleep out of Doors
× 모든 기록을 깨트린 폭염
시민들 잠 못이루다

out of sleep이라면 혹시 〈잠을 못 이루다〉와 비슷한 말이 될지 모르겠지만, sleep out of doors는 전혀 의미가 다르다. out of doors는 outdoors(집 밖에서)와 같다. 그러니까 집 안에서 잠을 자기가 너무 더워 길거리나 공원처럼 〈집 밖으로 나가 어디에서인가〉 사람들이 잠을 잤다는 뜻이다.

outside

"An airport outside of London?"

◯ 런던 근처에 있는 공항요?

「남편은 괴로워」 도입부에서 상황을 설정하는 해설의 한 대목이다. outside는 〈바깥〉이나 〈외곽〉이다. 사전에는 〈근처〉라는 뜻이 안 나온다. 그래서 대부분의 사람들은 〈런던 외곽에 위치한 공항〉이라고 한다. 하지만 outside라는 단어에 속박되지 않고 전체 문장의 역학적 개념을 따져 보면, 〈런던 근처의 공항〉이 훨씬 자연스럽다. 그렇다면 여기에서 outside는 〈근처〉가 훨씬 멋지고 정확한 번역이다.

over

"Listen, Don Faustino, there are beautiful girls over the cliff. Why don't you chase them?"

✘ 파스티노, 저 절벽 위에 예쁜 여자들이 많은데, 쫓아가보지 그러나?

☞ 「누구를 위하여 종은 울리나」에서 바람둥이 투우사에게 성난 군중이 소리친다. 〈절벽 위〉라면 허공을 뜻하는 말처럼 들린다. 그러나 여자들이 날개 달린 천사처럼 절벽 위 공중에 떠서 기다릴 리는 없다. over the cliff는 일단 절벽의 끝까지 직선으로 전진한 다음, 포물선을 그리며 위로 올라가는 대신, 더 앞으로 나아가 그냥 밑으로 떨어지는 개념(off the cliff)이다.

○ 「여보게, 돈 파우스티노, 절벽 너머에서 예쁜 아가씨들이 기다려. 어서 뒤꽁무니를 쫓아가 보지 그래?」
이 소리를 지른 다음 폭도는 투우사를 절벽에서 집어던져 죽인다.

overboard

"The meat could crawl overboard on its own."

✘ 저것들이 스스로 배 위로 기어 올라왔겠어요?

☞ 「전함 뽀쫌낀」을 보면 구더기가 들끓는 쇠고기가 화면에 나오면서 예문의 자막을 곁들인다. 수병들에게 썩은 고기를 먹인다고 고발하는 장면인데, overboard는 〈배 위로 기어 올라오다〉가 아니라 그와는 반대로 〈배에서 바다로 떨어진다〉는 뜻이다. on its own은 〈(누가 시키지 않더라도) 저 혼자서〉다. 그러니까 구더기가 어찌나 우글거리는지 〈고기가 (더럽다고) 혼자 기어가서 바다로 뛰어들 지경〉이라는 과장된 표현이다.

overcome

"Was it easy to overcome?"

✘ 저항하기 어려웠고?

☛ 「바람과 함께 지다」에서 처음에는 호감을 느꼈지만 돈으로 유혹하려는 로버트 스택이 결국 불쾌해져서, 혼자 뉴욕으로 돌아가려던 로렌 바콜이 솔직히 고백한다. 〈I was tempted.〉([돈의 유혹에] 솔직히 마음이 움직이기는 했었어요.) was를 강조해서 발음한 까닭은 〈자존심 때문에 인정하고 싶지는 않지만, 그래도 사실은 사실〉이라는 감정을 나타내기 위해서였다. 스택이 반문한 예문은 번역이 거꾸로다. 〈그런 유혹을 극복하기가(물리치기가) 쉽던가요?〉라는 뜻이다.

바콜이 대답한다.

「Yes. *You* made it easy.」

✗ 「그래요.」

두 번째 문장을 생략한 번역문 또한 원문과는 의미가 뒤집혔다. 〈그래요〉를 앞에서 번역해 놓은 〈어려웠고?〉와 연결하면, 《(저항하기가) 어려웠다》는 말이 된다. 하지만 본디 내용은 〈쉽던가요?〉에 〈그렇다〉고 한 대답이다. 바콜이 한 대답의 두 번째 문장은 《(당신이 하는 행동을 보니 정나미가 떨어졌고, 그래서) 당신 때문에 (돈의 유혹을 이겨내기가) 쉬워지더라》는 설명이다. 이탤릭체로 You를 강조한 이유는 〈바로 당신이 그런 결과를 가져온 장본인〉임을 강조하기 위한 것이다. 뒤따라 나오는 내용이 긍정이냐 부정이냐에 따라 결정되는 영어의 〈Yes〉와 〈No〉 번역이 왜 까다로운지는 no 항을 참조하기 바란다.

○ 「그럼요. 당신이 도와줬으니까요.」

overdeveloped

"Well, I've been dancing since I was twelve, and I don't think the muscles are overdeveloped."

✗ 열두 살 때부터 춤을 췄지만, 근육이 너무 개발되었다고는 생각하지 않아요.

☛ 「애수(哀愁)」에서 방공호로 함께 피신한 로버트 테일러가 〈발레 연습을 많이 하면 근육이 남자처럼 되지 않느냐〉고 묻자 비비엔 리가 종아리를 보여 주며 설명한다. 우리말에서는 근육이 〈개발〉되거나 〈발전〉하지 않고, 〈발달〉한다.

overdevelop(과잉 발달하다)이나 overwork(지나치게 일을 많이 하다)처럼 접두사 over-(지나치게 ~한)는 다른 단어와 결합하여 입맛이 감치는 단어를 많이 만들어 내는데, 그 가운데 정말 재미있는 단어가 overqualified(자격을 초과한)다. 요즘 우리나라의 현실이 되고 말았지만, 예를 들어 청소나 포장 따위의 단순 노동을 하는 일자리에 박사 학위를 소지한 지원자가 나타날 경우, 과잉 자격을 이유로 불합격을 당하기도 한다. 「나바론」에서 특공 작전을 수립한 장교가 그레고리 펙을 회유하려고 구슬리는 장면에도 접두사 over-가 나타난다.

「When you've done that, you can take the richly deserved leave and a long overdue promotion.」

✗ 「성공하면 호화로운 포상 휴가와 초고속 진급을 보장하겠네.」

직설적인 진술의 차원을 넘어 화자가 조금이라도 말을 둘러대는 경우, 고지식하게만 의미를 파악하려고 하다가는 이렇게 한 문장에서 두 개씩이나 오역이 나오기도 한다. richly deserved(풍요롭게 자격을 갖춘)는 〈그럴 자격이 있고도 남는〉이라는 말이다. 그러니까 〈당연히 그런 보상을 받고도 남을〉 휴가를 뜻한다. 접두사 over-가 붙은 overdue는 〈기한due을 넘긴〉을 의미해서, long overdue promotion은 〈벌써 오래전에 시켜 줬어야 할 진급〉을 이제라도 시켜 준다는 말이다. 그러니까 번역문의 〈초고속〉은 〈뒤늦은〉이 되어야 한다. 칭찬 반 놀림 반이 녹아들어 간 재미있는 표현이다. setup 항에서 비슷한 사례를 참고하기 바란다.

○ 「귀관이 그 일을 완수하면, 벌써 갔어야 할 휴가도 가게 되고, 한참 뒤늦기는 했지만 진급도 이루어질 거요.」

owe

"You owe me 25 bucks."

✗ 나한테 25불 빚졌잖아.

☛ 「성 발렌타인 축제일의 학살사건」에서 총잡이에게 뚱보 창녀가 따지는 말이다. owe라는 단어만 보면 아무 생각 없이 자동적으로 〈빚지다〉만 연상하는 번역이다. owe는 단순히 〈지불할 의미가 있다〉는 의미로도 쓰인다. 방금 창녀와 무엇인가를 하고 내는 돈은 〈빚〉이라기보다는 〈요금〉이나 〈대금〉에 가깝다. 창녀의 얘기는 〈화대 25달러 아직 안 냈잖아〉, 그러니까 〈25달러 내놔〉라는 뜻이다.

own

"You're… you're on… your own."

✗ 그게, 혼자 사시니까.

☛ 「도그빌」을 보면, 피난처를 제공한 마을 사람들에게 조금이나마 보답하는 의미로 집집마다 찾아가 잡일을 도와주기로 합의한 니콜 키드먼이 벤 가자라를 방문하지만, 〈맹인〉이라는 말이 상대방의 기분을 상하게 할까 봐 말이 나오지 않아서 〈선생님의 상태〉라고 둘러댄다. 시각 장애인이라는 사실을 지금까지 숨겨온 가자라가 묻는다. 〈What situation am I in?〉(내 상태가 어때서?) 예문은 거기에 대한 키드먼의 대답이다. 가자라의 처지는 〈혼자 산다〉는 사실

보다, 앞을 못 보면서도 모든 일을 〈스스로 혼자 처리한다〉는 어려움이 문제가 된다. on your own은 《(아무도 도와줄 상황이 아니니까) 당신 혼자 알아서 처리》한다는 뜻이다.

「토마스 크라운 사건」(1968)을 보면, 스티브 매퀸이 하수인에게 일을 맡기며 이렇게 경고한다. 〈If anyone shoots, you are on your own.〉(누가 총을 쏘기라도 한다면, 너 스스로 알아서 대처하라.)

「젊은 사자들」에서 (이상적인 국가를 건설한다면서 살상을 일삼는 독일을 맹렬히 비난하는) 프랑스 여자에게 말론 브랜도가 밝히는 입장이다.

「But if I have to sacrifice a few lives for peace, I will do it. Even if one of them is my own [life].」
✗「하지만 자유를 위해 몇 명의 희생이 필요하다면 살인을 할 겁니다. 내 가족이라도.」

히틀러의 독일이 추구한다고 브랜도가 믿었던 사상은 유럽의 peace(평화, 공존)이지, (번역문에서처럼) 자유freedom가 아니다. 독일은 〈평화적인 공존을 위해〉 주변의 모든 국가로부터 자유를 박탈하는 중이다. 그리고 my own(나하고 같은) 사람들은 〈동족people〉인 독일인들을 뜻한다. 아무리 이상적인 국가를 건설하기 위해서라고 하더라도 부모 형제를 죽이는 짓은 지나치게 극단적이다.

○「하지만 만일 평화를 위해 몇 명의 목숨을 희생해야 한다면, 난 그렇게 하겠습니다. 그들 가운데 한 사람이 동족이라고 해도 말입니다.」

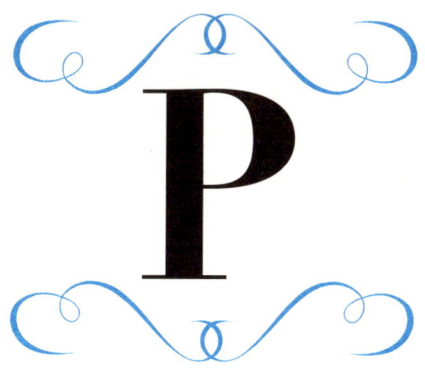

paint

"When they make a war, they paint their faces."

✘ 전쟁할 땐 얼굴에 페인트칠을 하거든.

☞ 「돌아오지 않는 강」을 보면, 지나가는 인디언들을 보고 아들이 겁을 내자 로버트 밋첨이 안심하라고 예문에서처럼 설명한다. 번역문은 마치 집에 칠하는 〈페인트〉를 인디언들이 얼굴에 바른다는 소리처럼 들린다. paint는 그냥 〈(물감이나 도료 따위를) 칠한다〉는 뜻이다. 축구 응원을 가는 사람들이나 야구 선수들이 얼굴에 바르는 그런 〈행동〉 말이다. 인디언들이 전쟁에 나가기 전에 하는 얼굴 치장은 war paint(전쟁 분장)라고 한다.

○ 「전쟁에 나갈 땐 저렇게 얼굴에 울긋불긋 칠을 한단다.」

「서부개척사」에서는 기병대 병사 조지 페퍼드가 철도 공사 감독관 리처드 위드마크에게 〈확실합니다. 전투 페인트를 칠하고 있어요〉라고 경고한다. 〈전투 페인트〉라는 절반 번역보다는 〈얼굴 분장〉이라거나, 보다 완곡하게 〈전투 준비를 하느라고 바빴다〉는 표현을 썼어도 좋으리라는 생각이다. 잠시 후에 페퍼드는 이런 설명을 덧붙인다. 〈같이 평화 파이프를 피우면서 그렇게 얘기했어요.〉 peace pipe(화해를 하거나 친목을 도모하려고 인디언들이 서로 주고받으며 피우는 담뱃대)도 〈평화 파이프〉라는 절반 번역보다는 차라리 〈평화의 담뱃대〉라고 하든지, 〈사이좋게 담뱃대를 주고받으며〉라는 식으로 둘러댔으면 어떨까 싶다.

「육체와 영혼」에서 권투 코치 윌리엄 콘래드가 〈나한테 돌아오라〉고 하니까, 여가수 헤이즐 브룩스가 코웃음을 친다. 〈Don't romance me, Quinn, you're getting old.〉(나한테 수작 부리지 말아요, 퀸, 늙어 가는 주제에.) 이 말을 듣고 비위가 상한 콘래드가 반박한다.

「You can use a paint job yourself.」

✘ 「그림이라도 새로 시작해야 할 거야.」

가수더러 〈그림을 그리라〉니, 무슨 뚱딴지 소리일까? job이라는 말이 나오니까 〈그림을 그리는 직장으로 돌아가라〉고 잘못 이해한 모양이다. paint job은 paint(화장품)를 바르는 job(짓)이다.

○ 「(나이를 먹기는 너도 마찬가지여서, 주름을 감추려면) 당신도 화장품을 더덕더덕 떡칠을 해야 할 주제라고.」

「자유를 찾아서」를 보면, 서점에서 같이 근무하는 여자가 성관계를 넌지시 제안하자, 혼자 사는 벤 킹슬리가 우물쭈물 말한다.

「Oh, I don't know, if it will help painting the town red.」

✕ 「글쎄, 모르겠군. 이만하면 된 거 아닌가?」

paint the town red는 〈신나게 진탕 놀다〉 또는 〈술을 퍼마시며 시내를 돌아다니다〉라는 뜻이다. 그러니까 킹슬리의 말은 〈아, 글쎄요, 뭐 꼭 그래야만 기분이 나는 건 아닌지도 모르죠〉라는 뜻이다.

pair

What a Pair! Stolen Earrings Returned

✕ 여성 파워! 도난 당한 보물을 되찾다.

「수잔을 찾아서」 마지막 장면에서 신문에 난 기사의 제목을 보여 준다. 〈파워〉는 우리말도 아니고, pair하고는 발음만 비슷할 뿐, 의미도 맞지 않는다. 여기서 말하는 what a pair는, 귀고리를 찾는데 결정적인 공을 세운 로잔나 아케트와 마돈나 두 여자를 뜻하는 〈대단한 한 쌍!〉이기도 하고, 〈값진 귀고리 한 쌍〉이라는 뜻의 〈기막힌 한 벌!〉이라는 겹말이 되기도 한다. 그러니까 두 경우에 모두 해당되는 〈한 쌍〉이 제격이겠다.

○ 멋진 한 쌍! 도둑 맞은 귀고리를 되찾다

신문 기사 제목에는 (예문에서처럼) 마침표를 달지 않는다.

「누구를 위하여 종은 울리나」에서는, 함께 미국으로 가면 잉그릿 버그만이 개리 쿠퍼를 어떻게 돌봐 줄지를 열심히 얘기한다.

「Your socks should be washed and dried and I would see that you had two pairs.」

✕ 「당신 양말로 빨아서 말려야 하구요. 두 짝 다요.」

〈두 짝 다〉라니, 그러면 세상에 남편의 양말을 한 짝만 빨아 말리는 야박한 여자도 있다는 말인가? 유격대와 함께 산속 동굴에서 살아가는 버그만의 꿈은 지극히 소박해서, 남편이 양말을 갈아 신도록 적어도 두 켤레는 마련해야 하지 않겠느냐고 애틋하게 배려하는데, 번역 과정에서 그나마도 절반으로 줄어 버렸다.

○ 「당신 양말도 빨아서 말리겠는데, 어떻게 해서든지 두 켤레는 장만하겠어요.」

paleface

"Now we're really going to show these palefaces something."

✘ 이제는 우리가 저 흰얼굴들에게 진짜로 뭔가 보여 주게 되었구만.

☛ 「무법자 조시 웨일스」에서 백인들과 총격전이 벌어지자 신이 난 댄 조지 추장이 외치는 소리다. paleface(창백한 얼굴, 하얀 얼굴)은 인디언redskin(붉은 피부)들이 〈백인〉을 가리키는 말이다. 혈기가 넘치는 붉은 빛(핏기)이 없는 핼쑥한 얼굴이 〈처량하다〉는 인식이 담긴 표현이다.

「애거타 크리스티의 창백한 말」은 〈Agatha Christie's The Pale Horse〉라는 원제를 KBS에서 번역한 우리말 제목이다. 역시 pale이라는 빛깔이 문제를 일으킨다. 빛깔에 대한 감각도 동서양이 달라서, 신호등(☞ green)을 봐도 우리나라에서는 〈파란 불〉이라고 말하지만, 영어로는 green light(초록 불)라고 한다. 그렇다면 〈창백한 말〉은 어떤 말인가? 〈창백한〉은 핏기가 없는 〈얼굴〉의 혈색을 가리키는 형용사다. 그러니까 〈창백한 말〉은 온몸의 빛깔이 까맣거나 갈색이더라도 얼굴은 핼쑥한 말이겠다. 그런데 크리스티 영화를 보면 pale horse가 〈요한의 묵시록 6장 8절에 나오는 말〉이라는 설명이 나온다. 그래서 성경을 찾아보니, 〈푸르스름한 말〉이라고 했다. 하기야 〈창백한 얼굴〉은 〈파랗게 질린 얼굴〉과 비슷한 색깔이기는 하다.

「용감한 사나이」를 보면, 백기를 들고 요새에서 나온 그레고리 펙 대위에게 인디언 추장이 묻는다. 〈Why do you come out under a pale flag?〉(당신은 왜 백기를 들고 나왔소?) 그렇다면 pale은 확실하게 흰 〈백(白)〉이고, pale horse는 〈백마(白馬)〉가 된다. 그렇다면 푸르스름한 말[靑馬]이 등장하는 성경에도 〈오역〉이 있다는 말인가?

panacea

"Here. The panacea for all reticence."

✘ 모든 침묵하는 이를 위한 고해 성사를 하고 있군.

☛ 「쿠오 바디스」에서 좀처럼 사랑을 받아주지 않고 냉담한 데보라 커를 황제의 향연에 강제로 데려다 놓고, 로버트 테일러 사령관이 술을 권한다. panacea(만병통치약)가 어째서 〈고해 성사〉로 둔갑했는지 알 길이 없다. Here는 〈자, 이거 받아요〉라며 술을 권하는 말이다. 그리고 panacea for all reticence는 〈모든 냉담한 침묵을 없애는 만병통치약〉이다. 술을 마시면 누구나 말이 많아지니까 말이다.

○ 「이걸 마셔요. 말문이 열릴 테니까요.」

paper

"My friend says he needs a paper."

✘ 내 친구 녀석이 종이가 필요하다는데.

☛ 「세 명의 탈주자」에서 닉 놀티가 아는 사람에게 전화를 걸어서 부탁한다. 잠시 후에 놀티는 친구 마틴 숏에게 〈운전 면허증은 200, 위조 여권은 500이야〉라고 설명한다. 그러니까 여기서 말하는 〈종이paper〉는 〈(가짜) 서류〉겠다. 속어 표현의 기분을 내기 위해 〈종이〉라고 했다면, 내친 김에 차라리 〈딱지〉나 〈쯩[證]〉이라고까지 비약을 했어도 좋았으리라는 생각이다.

papoose

"That papoose down there, is his name Benedict too?"

✘ 저기 저 꼬마도 이름이 베네딕트요?

☛ 「자이언트」에서 멕시코계 손자와 며느리를 데리고 식당에 들어간 록 허드슨에게 인종 차별이 심한 식당 주인이 노골적으로 반감을 보인다. papoose는 인디언 말로 〈아기〉라는 뜻인데, 여기에서처럼 흔히 비하시키는 말로 쓰인다. that papoose down there(저 아래 있는 저 어린 것)는 극도의 혐오감을 나타내는 표현으로서, 이 말이 끝나기가 무섭게 허드슨은 주먹을 날린다. 그렇다면 번역도 그와 비슷한 모욕감을 주는 말투가 필요하겠다.

○ 「저기 저것도 베네딕트 종자요?」

같은 영화에서 멕시코인 아내가 미용실에서 무시를 당하자 화가 나서 따지러 간 데니스 하퍼에게 인종 차별이 심한 제임스 딘이 비웃는다.

「Ain't you the one who married the squaw?」

✘ 「멕시코 마누라가 그렇게 맘에 들어?」

여기서도 squaw는 〈여자〉나 〈아내〉를 뜻하는 인디언 말로서, 소수 민족을 깔보는 성향이 담긴 속어로 자주 쓰인다.

○ 「까만 여자를 마누라로 얻었다는 사람이 자네였던가?」

pardonnez

"Pardonnez-moi(Pardon me)."

✘ 실례했습니다.

☛ 「대양」에서 재클린 비셋과 저녁 식사를 하는 닉 놀티에게 주사약병에 대해서 물어보던 루이 고셋이 (놀티가 별로 반가워하지 않는 기색을 보이자) 고상하게 프랑스어로 양해를 구한다. 과거형으로 〈실례했습니다〉라고 사과를 했으면 고셋은 자리를 떠야 옳지만, 일방적으로 그들과 합석한다. 그가 한 말은 과거형이 아니라 미래형이었다.
○ 「실례 좀 하겠습니다.」

park

"Mr. Bennet! Netherfield Park has been let at last!"

✘ 네더필드 공원의 주인이 나타났어요.

☛ 「오만과 편견」에서 집으로 돌아온 메어리 볼란드 부인이 남편에게 알려 준다. 두 번째 문장에서 let at last는 〈마침내 (누군가) 세를 들어왔다〉는 뜻이다. 여기서 park는 〈공원〉이 아니다. 공원은 세를 주거나 사고팔지 못한다. 영국의 park는 사냥터가 딸린 부유층의 사유지 〈대저택〉이나 〈장원(莊園)〉을 의미한다. 뉴욕에는 빽빽한 건물들 사이에 골목골목 〈park〉라는 간판이 걸려 있다. 〈공원〉이나 〈동네 놀이터〉가 아니라, 〈(유료) 주차장〉이다.
「쉬드와 트루디」에서는 두 아이를 혼자 키우느라고 고생하는 여주인공이 〈주차장에서 산다〉는 번역 대사가 나온다. 그녀가 사는 곳 mobile park(이동하는 공원)는 〈주차장〉이 아니라, 자동차로 집을 끌고 다니는 자동차들이 모여서 이루는 일종의 뜨내기 마을이다. 미국에는 이런 마을이 많은데, 사람들이 벌판에서 땅만 세를 내고 얻어 차를 그곳에 세워 놓고 산다. 〈집〉은 한 채도 없지만, 전기나 상수도 시설까지 잘 갖추었고, 번지수도 집집마다 따로 지정된 버젓한 마을이다.

part

"That's only a part of the story."

✘ 그건 기사에 불과해.

☛ 「719호의 손님들」에서 영화 제작자 월터 매타우가 뉴욕으로 출장을 와서는 (15년 전 고향에서 사귀었던) 옛 애인 바바라 해리스를 불러 놓고, 신문에 난 그의 행복한 삶은 〈허울〉뿐이지 〈진짜〉가 아니라며 유혹한다. story에는 〈신문 기사〉라는 뜻도 있지만, 여기에서는 part of the story가 한 덩어리로 기능하여, 〈진실의 일부〉라는 의미가 된다. 〈그건 내 인생의 전부가 아니고, 사실은 슬프고 고독한 면이 더 많다〉는 소리다.

「갈채」에서는 빙 크로스비를 주연으로 무대에 세우겠다는 연출자 윌리엄 홀든에게 제작자가 불평한다.

「Why not let the doorman read the part?」

✗ 「왜 현관 안내인보고 희곡을 읽으라고 하지 그래요?」

part은 〈희곡〉이 아니라, 연극에서 배우가 맡은 〈배역(配役)〉이다. 우디 앨런의 「브로드웨이를 쏴라」에서 쉽게 확인이 가능하지만, 연극 공연을 준비하려면, 배역이 결정된 다음 크게 네 단계의 연습 과정을 거친다. reading(읽기)에서는 배우들이 둘러앉아 서로 주고받는 대사를 읽기만 하고, blocking(토막내기)에서는 동선을 익히며 대사를 암기하고, rehearsal(연습)에서는 본격적인 연기를 다듬고, 마지막 dress rehearsal(총연습)에서는 의상까지 완전히 갖추고는 관객만 없을 뿐 실제 공연을 그대로 예행한다. 「갈채」에서는 지금 읽기를 막 시작한 무렵인데, 마음에 들지 않는 주연 배우를 연출자가 해고한 상태여서 그나마도 중단되었다. 그래서 제작자는 주역의 대사를 다른 사람이 대신 읽게 해서라도 연습을 계속하라고 요구한다. 하지만 그가 언급한 doorman은 정말로 문지기를 데려다 읽히라는 뜻이 아니다. 희곡 대본을 배우들과 어울려 읽어 내려면 최소한의 소양은 갖춰야 한다. 아래 번역문에서 〈대신〉이라는 단어 하나가 들어갈 때와 안 들어갈 때의 감각이 어떻게 달라지는지를 생각해 보기 바란다.

○ 「급한 대로 아무나 불러다 그 역을 대신 읽게 하면 되잖아요?」

partner

"You're my partner, aren't you?"

✗ 당신은 내 아내야, 그렇잖소?

☞ 「피츠카랄도」에서 여자들이 잘 그러듯이 클라우디아 카르디날레가 〈날 사랑하느냐?〉고 캐묻자, 남자들이 잘 그러듯이 클라우스 킨스키는 예문에서처럼 솔직한 대답을 회피한다. 이 영화를 보면 카르디날레가 킨스키의 아내라는 말은 단 한 마디도 나오지 않는다. 카르디날레는 아마존 밀림 지대에 성매매 업소를 차려 놓은 포주다. 킨스키는 그녀의 업소에 찾아가 그녀와 가끔 몸을 풀기는 해도 같이 살지는 않는다. 아무리 킨스키가 괴짜이기는 하지만, 포주를 아내로 삼을 만큼 엉터리 삶을 살아가지는 않는다. partner는 〈동업자〉다. 카르디날레는 매음굴에서 벌어들인 돈을 전에도 철도 건설이나 얼음 사업을 하겠다는 킨스키에게 투자했다가 날린 과거가 있고, 이번에는 그의 감언이설을 못 이겨 다시 고무 사업에 투자를 한 〈동업자〉이지만, 킨스키는 투자 현장으로 그녀를 데리고 가려고 하지도 않는다. 그래서 카르디날레가 따진다.

「Who bought the ship? Who paid for all the equipment? It is my right to come with you.」

✗ 「누가 배를 살 거죠? 장비 값은 누가 지불하고요? 함께 할 권리도 내겐 있어요.」

과거형을 미래형으로 옮겨서, 시제조차도 제대로 맞추지 못한 번역이다.

○ 「배는 누가 샀나요? 장비를 구입할 비용은 누가 다 냈고요? 그러니까 난 당연히 당신과 함께 가야 한다고요.」

그래도 킨스키는 그녀를 데려갈 생각이 없다.

「Molly, you can't leave the girls. What are they gonna do without you?」

✗ 「당신은 소녀들을 두고 떠날 수가 없어. 그 애들이 무슨 일을 저지를지 모르잖소.」

창녀를 〈소녀〉라고 부르는 사람은 없다. 역자는 카르디날레가 킨스키의 〈아내〉가 아니라는 사실을 알지 못하듯, 그녀의 직업이 무엇인지도 영화가 끝날 때까지 파악하지 못한 듯싶다.

○ 「몰리, 당신은 아가씨들을 남겨 두고 가면 안 돼. 당신이 없으면 걔들은 꼼짝도 못하잖아.」

party

Time: eight-thirty. The arrival of the President, Mrs. Lincoln and party.

✗ 시간: 8시 30분. 대통령과 링컨 부인의 도착. 파티.

☞ 「국가의 탄생」에 나오는 자막이다. 콜론(:)은 아무래도 우리말 표기법답지가 않다. 그리고 영화의 이 대목에서는 파티가 벌어지지 않고, 연극을 보려고 링컨 대통령 부처가 극장에 도착하고, 잠시 후에 암살을 당한다. party는 〈일행〉이라는 뜻이다.(☞ comfortable)

○ 시간은 8시 30분. 링컨 대통령 부처와 일행 도착.

「철십자훈장」에서는 출세욕에 눈이 먼 귀족 신분의 군인 막시밀리안 셸 대위에게 제임스 메이슨 대령이 현실을 깨우쳐 준다.

「The German soldier is not fighting for the culture of the West, not for one form of government or another, not for the stinking party. He's fighting for his life.」

✗ 「독일 군인은 서양의 문화나, 이러저러한 형태의 정부나, 악취나는 파티를 위해서 싸우는 게 아냐. 살기 위해 싸우는 거라구.」

stinking party는 냄새를 풍기는 파티가 아니라, 〈거지 같은 (나치) 당(黨)〉이라는 소리다. 「말뚝 상사 빌코」에서는 〈The party is over〉를 〈잔치는 끝났어〉라고 번역했다. wine을 〈와인〉이라고 〈번역〉하는 습성보다 훨씬 실속이 있어 보인다. 제목도 병영 희극에 잘 어울린다. 〈말뚝〉은 장기 복무자를 뜻하는 군대 속어다. 다른 장면에서, 구보를 하며 붙이는 구령도 〈두 다리가 헐렁댄다〉 등 참으로 돋보인다.

pass

"Prisoners will have to pass this around and read it aloud."

✗ 죄수들은 이걸 통과해야 한다. 큰 소리로 읽어라.

☛ 「마지막 황제」에서 교도소의 간수가 사상 교육을 위한 책 한 권을 푸이에게 갖다 주면서 다 그친다. pass around는 〈돌려 가며 보라〉는 뜻이다. 같은 감방에 세 명이 수감되었지만 책은 한 권뿐이기 때문에 내린 지시 사항이다. aloud는 〈큰 소리로loudly〉가 아니라 〈소리를 내어〉(☞ aloud) 읽으라는 뜻이다. 잠시 후에 푸이는 큰 소리가 아니라 아주 나지막한 목소리로 책을 읽는다.

○ 「죄수들은 이 책을 돌려 가며 소리 내어 읽어야 한다.」

「누구를 위하여 종은 울리나」의 마지막 장면에서, 잉그릿 버그만과 유격대원들을 보내고 혼자 남은 개리 쿠퍼가 기관총을 움켜잡고 생각한다.

「Don't pass out, Jordan.」

✗ 「끝나지 않았어, 조던.」

pass out은 술에 만취했거나, 힘든 상황에서, 기진맥진하여 〈뻗어 버린다〉는 구어체 표현이다.

○ 「넌 지금 정신을 잃으면 안 돼, 조던.」

patriotic

"A little unpatriotic, don't you think?"

✗ 좀 몰지각한 일이 아닐까요?

☛ 「오만과 편견」(2005)에서 매튜 맥페든을 좋아하는 친구의 여동생이 〈바써스트 부인은 무도실을 불란서 스타일로 꾸몄대요〉라면서 흉을 본다. 예문은 거기에 덧붙여서 한 말이다. unpatriotic(비애국적)이라는 말을 의도적으로 비약시킨 듯싶기도 하지만, 이럴 때는 고지식한 번역이 오히려 바람직해 보인다. 프랑스와 영국이라면 중세에서부터 적대적 관계가 오래 지속된 사이다. 그런데 영국인이 프랑스식으로 집을 꾸몄다면, 괘씸죄에 해당된다. 번역에서는 문화적 배경뿐 아니라 때로는 역사적인 정황도 충분히 고려해야 한다.

○ 「애국심이 좀 부족하다는 생각이 안 드시나요?」

patronize

"Don't patronize me!"

✘ 선심 쓰는 척 말아요!

☞ 「와일러의 콜렉터」에서 유괴범 테렌스 스탬프에게 새만타 에거는 〈소설 『호밀밭의 파수꾼』을 읽으면 인생살이에 도움이 되리라〉고 권한다. 스탬프가 예문에서처럼 발끈 화를 낸다. patronize는 〈patron 노릇을 한다〉는 말이다. 중세에는 patron이라고 하면 〈해방된 노예의 옛 주인〉이나 〈평민을 보호하는 귀족〉이었으며, 화가나 음악가처럼 예술가들의 생활비를 대주는 〈보호자〉나 〈후원자〉 노릇도 했다. 예술가의 활동을 돕는 〈후원자〉의 역할이 후에는 〈고객〉이나 〈단골손님〉으로, 그리고는 요즘 텔레비전 따위의 〈광고주〉로 의미가 달라지기도 했다. 이 모든 역할에서 일관된 양상은 〈먹고살도록 도와주는 고마운 보호자〉이며, patron은 그가 돌봐 주는 사람에게 〈어른〉으로 군림한다. 따라서 patronize는 《〈어른으로서〉 훈계하다》나 《〈이래라 저래라〉 잔소리를 늘어놓다》라는 뜻으로까지 발전했다. 스탬프가 한 말은 〈어디다 대고 훈계야!〉라는 의미다.

pawn

"You will rebuild your city here and name it Alexandroupolis. No man's pawn."

✘ 이곳에 도시를 재건하고 〈알렉산드라 폴리스〉라 명하라. 누구의 담보물도 아니다.

☞ 「알렉산더 대왕」에서 (정복한 도시를 불태우며) 리처드 버튼이 주민들에게 선포하는 내용이다. name은 〈명하라order, command〉가 아니라 〈명명(命名)하다〉이다. pawn이라는 말은 이 영화의 여러 곳에서 〈담보물〉이라고 번역해 놓았다. pawnbroker(전당포)의 pawn(전당 잡힌 물건)을 상상한 모양이지만, 아니다. 아버지 프레드릭 마치와 어머니 다니엘 다리외는 알렉산드로스를 pawn으로 삼기 위해 치열한 경쟁을 벌인다. pawn은 서양장기의 패로서, 우리나라 장기의 〈졸(卒)〉과 같다. 실권은 주지 않고 부려 먹기만 하는 〈앞잡이〉를 pawn이라고 한다. 두 번째 문장 no man's pawn은 〈나는 어느 누구의 앞잡이도 아니고, 당당하게 이 도시의 《주인》이다〉라고 다짐하는 혼잣말이다. Alexandroupolis는 〈알렉산드로스의 도시 국가〉(☞ state)라는 뜻이다.

〈알렉산드라Alexandra〉는 알렉산드로스의 여성형 이름이다. 알렉산드로스는 그가 정복한 첫 도시에 자신의 이름을 붙이고 싶은 것이지, 다른 여자의 이름을 붙일 마음은 없다. 서양 인명은 Alexander와 Alexandra처럼 남녀 성별이 한눈에 나타나는 경우(☞ diminutive)가 많다. 「밤의 열기 속에서」를 보면, 워렌 오츠가 혼자 밤중에 타고 돌아다니는 순찰차의 라디오에서 이름의 짝짓기를 하는 노래가 흘러나온다. 〈폴라와 폴은 어울리지 않고, 뻬드렁니 클라라와 사팔뜨기 클라이드도 짝이 안 맞아…….〉 이 노래에 등장하는 Paula는 Paul의 여성형 이름이고 Clara는 Clyde의 여성형이다. 이와 마찬가지로 Glen(글렌)의 여성형은 Glenda(글렌다)고, 프랑스 이름 François(프랑수아)의 여성형은 Françoise(프랑수아즈)다. 「천국과 지옥」에서는 로버트 와그너가 〈이름이 프란시스〉라고 하자 중대장 브로데릭 크로포드가 〈그건 여자 이름이잖아〉라고 핀잔을 준다. Francis는 남자 이름이고, Francis의 애칭은 Frank이며, Frances는 여자 이름으로서 Fanny가 애칭이다

이렇게 어미로 성별이 달라지는 이름의 묘미를 살린 대표적인 영화 제목이 「빅터*빅토리아」다. 남자 행세를 하는 동안은 줄리 앤드루스의 이름이 〈빅터〉지만, 여성으로 돌아오면 〈빅토리아〉가 된다. 이 영화의 어느 장면을 보면, 〈빅터〉의 노래가 끝내자 극장 식당 주인이 소리친다. 〈Bravo!〉 옆에서 그 소리를 듣고 로버트 프레스톤이 마주 외친다. 〈Brava!〉 brava는 bravo의 여성형이다.

pay

"That pays for everything."

✘ 모두 선불로 받았으니 처리하겠습니다.

☞ 「분노의 강」에서 제이 C. 플리펜 노인이 〈이렇게 200달러를 더 내면 5,000달러가 된다〉고 하자 선박 회사 사장이 결재를 한다. 〈선불〉 얘기는 원문에 없다. 〈그렇다면 낼 돈을 다 냈다〉, 그러니까 〈그러면 계산 다 끝났습니다〉라는 단순한 의미다.

「오만과 편견」에서 비열한 군인과 도망친 〈막내딸을 돕기 위해 매튜 맥페든이 많은 돈을 들였다〉는 얘기를 딸에게서 듣고, 도널드 서덜랜드가 고심한다.

「I must pay him back.」

✘ 「내가 큰 빚을 졌구나.」

가장 중요한 단어 pay를 번역하지 않았다. 〈빚을 졌다〉는 생각과 〈빚을 갚겠다〉는 의무감은 크게 다르다. 이 말을 듣고 딸은 〈소문이 나는 것을 맥페든이 싫어하니까, 돈 갚을 생각은 말라〉고 조언한다.

「피츠카랄도」에서는, 밀림 속에서 들려오는 북소리에 신경이 곤두선 기관사가 다이너마이트를 아마존 강에 던져 터뜨리자, 선장이 경고한다.

「We'll pay for this with our heads.」

✘ 「이걸로 우리의 머리값을 지불했어.」

번역문은 무슨 뜻인지 모르겠지만, 원문은 〈이런 짓을 하면 그 대가로 우리들은 머리가 날아

간다〉는 뜻이다.

○ 「자네 때문에 우린 죽은 목숨이 되었어.」

「에덴의 동쪽」에서는 〈투기를 해서 번 나쁜 돈은 생일 선물로 받고 싶지 않다〉고 화를 내는 아버지 레이몬드 매씨에게 제임스 딘이 불만을 쏟아낸다.

「Tonight, I even tried to buy your love. Now I don't want it any more. I can't use it any more. I don't want any kind of love any more. Doesn't pay off.」

✗ 「전 오늘 사랑을 사려고까지 했지만 이젠 아무것도 필요 없어요. 다 소용없어요. 이런 일은…… 앞으로 없을 거야.」

이 책에서는 영상물의 번역을 대상으로 삼았지만, 영상 번역이라고 해서 문학 작품의 번역보다 꼭 질이 떨어져야 한다는 원칙은 없다. 더구나 노벨 문학상 수상 작가인 존 스타인벡의 소설이 원작인 영화쯤 되고 보면, 등장인물의 격동적이거나 미묘한 감정을 번역에서 섬세하게 담아내려는 노력이 아쉬워진다. 「에덴의 동쪽」에서는 이 장면이 가장 극적인 대목 가운데 하나인데, 번역문은 어딘가 좀 소홀한 느낌을 준다. 첫 문장의 to buy는 물론 〈사려고〉라는 뜻이지만, 돈의 질을 따지는 이런 장면에서는 〈돈을 주고 사려〉했다고 조금만 보완해 주면 충돌하는 감정의 깊이가 훨씬 절실해진다. can't use(쓸 수가 없다)는 〈쓸모가 없다〉나 〈쓸데가 없다〉는 의미다. 그리고 마지막 문장의 pay off는 〈~을 할 만한 가치(보람)가 있다〉는 뜻이다.

○ 「오늘밤에 난 돈을 주고라도 아버지의 사랑을 받아 보려고 했어요. 이제는 그런 사랑 더 이상은 원하지 않아요. 그런 건 필요가 없어졌어요. 난 더 이상 어떤 사랑도 원하지 않아요. 부질없는 짓이죠.」

peace

"Make peace with God."

✗ 하나님에게서 평화를 구해야지.

☛ 「젊은이의 양지」에서 살인죄로 사형을 당하기 직전에 먼고메리 클리프트를 찾아온 어머니 앤 리비어가 당부한다. 그럴 듯한 번역이지만, make peace는 하나님에게서 〈평화를 구하다〉가 아니라 하나님과 〈화해를 해야 한다〉는 뜻이다.

pen

"Give him a pen, give him the pen!"

✗ 펜을 주게. 펜을 주라구.

☛ 「밤의 열기 속에서」를 보면 살인 혐의자로 워렌 오츠가 역에서 체포해 온 흑인 형사 시드니 푸아티에를 유치장에서 풀어 주며, 현지 경찰소장 로드 스타이거는 〈문제를 삼지 않겠다〉는 진술서에 서명해 달라고 마지못해 부탁한다.

「All right, give him the waiver for false arrest. I'm asking you to sign it.」

✗ 「불법체포를 고소하지 않겠다고 서명하게.」

false (arrest)는 〈불법〉이라기보다는 〈실수〉로 엉뚱한 사람을 잘못 체포한 경우를 의미한다. 명사 waiver(포기, 기권)와 동사 waver(흔들리다)의 차이에 주의하기 바란다. 모양도 비슷하지만 의미가 비슷해서 철자를 틀리는 경우가 종종 있다.

이어서 스타이거는 워렌 오츠 순경에게 예문에서처럼 명령한다. 지금은 사용하는 사람이 거의 없지만, 〈펜〉은 잉크를 찍어서 쓰는 필기도구다. 그러나 워츠가 내놓는 물건은 〈펜〉이 아니라 〈만년필〉이다. 영어로는 둘 다 pen이라고 하지만, 엄밀히 따지자면 〈펜〉은 pen이요, 〈만년필〉은 fountain pen이다. 같은 영화에서, 〈임신한 여자로부터 진술서를 받으라〉는 뜻으로 스타이거가 부하 경찰관에게 지시하는 내용이다.

「Courtney, get in here with a pad and a pencil.」

✗ 「펜과 종이 가지고 들어와.」

여기에서도 a pad and a pencil은 〈펜과 종이〉가 아니라 〈필기장과 연필〉이다. 만년필pen을 펜pen이라고 한다거나, 연필pencil을 〈펜〉이라고 한들 무슨 상관이랴 싶다면, 〈모기에 물려 말라리아에 걸려 죽은 사람〉을 〈파리에 물려 죽은 사람〉이라고 오역한 경우를 생각해 보라.

pension

"My old lady raised us ten kids on a stinkin' watchman's pension."

✗ 우리 어머니는 경비 월급으로 자식 10명을 키웠어.

☛ 「워터프론트」에서 폭력 조직이 장악한 항만 노조의 두목 리 J. 콥이 부하들에게 자신이 살아온 과정을 자랑한다. 〈아버지〉를 뜻하는 old man이나 마찬가지(☞ man)로, old lady는 〈어머니〉를 뜻하는 구어체 표현이다. 번역문을 보면 마치 어머니가 〈경비〉로 일했다는 얘기 같지만, 험악한 부둣가에서 여자가 경비를 보기란 힘든 일이다. pension(연금)은 〈월급〉이 아니다. 연금은 봉급의 절반 정도밖에 나오지 않는다. 더구나 당사자가 아니고 남편의 연금을 대신 타는 경우라면 다시 액수가 절반으로 줄어든다. 콥의 어머니는 경비원이었던 남편이 죽은 다음 stinking(거지 같은) 남편의 봉급에서 4분의 1밖에 안 되는 돈으로 생활을 꾸려 냈다는 계산이다.

「공중 트라피즈」에서는 버트 랭커스터가 애써 키워 놓은 공중그네 곡예사를 양보해 달라고 옛 짝패였던 곡예사가 찾아와서 부탁한다.

「So I catch him and I give you a pension. How about it?」

✗ 「꼬마를 나에게 넘기면 내가 수수료를 낼게, 어때?」

catch him은 공중그네에서 flyer(날아가는 상대방)을 〈잡아 준다〉는 뜻이다. 번역문의 〈수수료〉는 「워터프론트」에서 오역한 《(경비) 월급》 만도 못해서 일회성인 경우가 대부분이다.

○ 「토니를 잡아 내는 역을 내가 맡아 해주면, 자네 생활비는 내가 평생 보장하지. 어떤가?」

peony

"This is Peony. Do you like her?"

✗ 이 개의 이름은 피오니란다. 맘에 드느냐?

☞ 「마지막 황제」에서 쯔진청으로 불려 들어간 어린 푸이에게 황태후가 애완견을 소개한다. peony(모란꽃)를 혹시 중국말로 잘못 알아서 이런 번역이 나오지 않았나 싶다. 예를 들어 우리말 이름이 〈복슬이〉라는 개가 있다면, 이것을 영어로 옮길 때는 발음만 음차하여 Pogseul이라고도 하고, 이름의 뜻을 영어로 번역하여 Fluffy라고도 한다. 하지만 어떤 경우라도 그 두 이름을 다시 우리말로 옮길 때는 〈복슬이〉가 되어야 한다. 이 영화에서는 〈쯔진청(紫禁城)〉의 한자어 의미를 풀어 놓은 영어 명칭 the Forbidden City가 계속 나오는데, Peony를 〈피오니〉라고 하려면, 쯔진청의 명칭도 〈더 포비든 시티〉라고 해야 옳겠다. 우리나라의 the Secret Garden(秘苑)을 서술한 영어 문장에서 〈비원〉을 〈시크릿 가든〉이라고 하거나 〈비밀스러운 정원〉이라고 번역하는 경우를 생각해 보기 바란다.

영화가 조금 진행되어, 황제의 개인 교수로 발탁된 피터 오툴이 쯔진청으로 입궁하는 장면을 보면, 더욱 황당한 peony의 번역이 나타난다. 안내를 맡은 중국인 관리는 대문 앞에 늘어선 환관들을 〈적〉이라고 하면서, 그 이유를 이렇게 설명한다. 〈우리보다 공자에 대해 더 많이 아는 서양인은 별로 내키지 않거든. 게다가 베이징의 음악가가 말이오.〉 영국의 동양학 교수인 오툴은 〈음악가〉와는 거리가 먼데, 왜 이런 말도 안 되는 번역이 나왔는지 이상해서 영문 자막을 DVD로 확인해 봤더니, 이렇게 되어 있다.

〈My friend, it is not easy to forgive a foreign devil who knows Confucius better than they do. (뒤에서 가마를 타고 따라 가는 오툴을 다시 한 번 뒤돌아보며) And grows the finest pianism in Peking!〉

pianism(피아노를 위한 편곡, 피아노 연주 기술)은 grow(자라다, 성장하다, 재배하다)라는 단어와 전혀 궁합이 맞지 않는다. 그래서 다시 들어보니 중국 관리는 pianism이 아니라 분명히 〈peonies〉라고 말한다.

○ 「생각해 보라고요. 공자를 자기들보다 더 잘 아는 외국 귀신을 (중국 환관들이) 용서하기는 쉬운 일이 아니죠. 더구나 모란꽃을 키우는 솜씨가 베이징에서 제일가는 외국인이라면 더욱 그렇고요.」

DVD의 영문 자막은 실제 대사와 같이 않은 경우(☞ responsible)가 매우 많다. 물론 이런 점을 빠짐없이 확인해 가면서 번역을 하기란 어려운 일이다. 그러나 여기에서처럼 논리가 맞지 않는 대사가 나타나면 그 원인이 무엇인지를 찾아내고 바로잡으려는 최소한의 노력은 기울여야 옳겠다.

people

"If there is love in you, let me take him back to his people."

✘ 진정 삼손을 사랑한다면 가족에게 보내주세요.

☞ 「삼손과 들릴라」에서, 삼손을 사랑하는 처녀 미리암이 블레셋 여인 들릴라를 찾아가 애원하는 대목이다. 원문에는 〈진정 삼손을 사랑한다〉는 말이 없다. 그리고 친근감을 느끼는 표현으로서 〈가족〉은 흔히 folks라고 한다. people은 〈백성〉이나 〈동족〉(☞ own)이라는 뜻이다. 영화에서는 별로 부각되지 않은 사실이지만, 성경(판관기 13~16장)을 보면 삼손(〈태양과 같다〉는 뜻임)은 백성을 이끄는 지도자요 영웅이었다.

○ 「당신에게 사랑하는 마음이 (조금이라도) 있다면, 제가 삼손을 동족에게로 데리고 가도록 허락해 주세요.」

perceptive

"You were a very perceptive little boy."

✘ 당신 장난꾸러기였군요.

☞ 「타인의 도시」에서, 동창회에 동행한 캐롤 화이트를 올리버 리드가 교실로 데려가서는, 학교를 다니던 시절에 책상에 칼로 새겨 놓은 〈MacCabee is a twit(매케비는 멍청이)〉라는 글을 보여준다. 예문은 화이트가 웃으면서 하는 말이다. 도대체 〈장난꾸러기〉라는 말이 어떻게 나왔을까? 책상을 칼로 흠집을 냈기 때문에 한 소리였을까? perceptive는 〈perceive(파악)하는 능력을 갖추었다〉는 뜻의 형용사다. 화이트는 〈요즈음 매케비의 인간성을 보니까 정말 멍청이 같다〉고 깨달았으며, 그러니까 〈〈그런 사실을 일찍이 파악한〉 당신은 어렸을 때 선견지명이 꽤 있었던 모양〉이라고 공감한다.

○ 「자긴 어렸을 때부터 사람 보는 눈이 뛰어났던 모양이야.」

performance

"I might have to bend the truth here and there, but I'll get a performance out of him."

✘ 당신이 그렇게 해주지 않는다면 그를 공연장 밖으로 끌어내겠어요.

☛ 「갈채」에서 빙 크로스비를 아내 그레이스 켈리가 가혹하게 몰아세운다고 착각한 연출자 윌리엄 홀든이 경고하는 내용이다. 핵심 단어인 performance(연기, 연기력)의 의미를 정확하게 파악하지 못한 듯싶다. bend the truth(진실을 구부리다, 왜곡하다)는 〈크로스비가 비겁한 남자라는 진실을 덮어 주고 《잘 한다》며 거짓말로라도 칭찬을 해가면서〉라는 암시가 담긴 말이다. out of him은 〈그를 끌어낸다〉가 아니라 〈그의 내면에서 끌어낸다〉는 말이다.

○ 「난 가끔 거짓말을 해서라도, 그에게서 좋은 연기를 이끌어 내겠어요.」

Persia

"You pick up a telephone and a hundred tankers set out for Persia."

✘ 당신이 전화만 하면 유조선 수백 대가 파리로 떠나요.

☛ 「사브리나」에서 최신식 시설을 갖춘 험프리 보가트의 사무실로 처음 놀러간 오드리 헵번이 감탄한다. 〈수백 대〉라는 표현은 계산이 정확하지 않은 우리나라의 고질적인 대충 번역의 소산이다. a hundred tankers는 〈수백 대〉의 선단이 아니라, 〈100척의 유조선〉이다. 그리고 유조선이 〈파리〉에는 왜 가는가? 파리에는 접안 시설도 없으니 선박이 프랑스로 가려면 우선 마르세유를 거쳐야 할 판이다. Persia는 물론 파리가 아니라 〈페르시아〉다. 눈에 보이는 고유 명사를 착각하는 이런 실수도 번역을 하다 보면 자주 나온다.

「오클라호마」에서 떠돌이 방물장수 에디 앨버트가 셜리 존스와 글로리아 그레이험더러 발가벗고 함께 강에서 목욕을 하자고 유혹한다.

「In Persia, where I come from, bathing is a social event.」

✘ 「내가 원래 살았던 이란에서는 수영이 사교 행사거든요.」

come from은 〈고향이 어디〉라고 밝히는 표현이다. 그런데 앨벗의 고향이 원문에서는 Persia 인데 번역에서는 〈이란〉이라고 바꿔 놓았다. 아마도 〈페르시아〉가 〈이란〉의 옛 이름이니까, 친절하게 현대식으로 바꿔놓은 모양이다. 하지만 방물장수 앨벗은 이란이 아니라 진짜 페르시아가 고향이다. 페르시아의 국명이 이란으로 바뀐 시기는 1935년 1월 1일이다. 하지만 이 영화의 시대적인 배경은 오클라호마가 주(州)로 승격되기 직전이다. 오클라호마의 주 승격은 1907년에 이루어졌으니까, 영화는 〈이란〉이라는 명칭이 생겨나기 30년 전쯤의 상황을 다룬다.

러시아의 명칭도 냉전 시대에는 우리말로 〈소련〉이었다. 007 영화를 번역하며 조심해야 할 점이다. 영어로는 the Soviet Union 대신 Russia라는 말을 시대에 구애받지 않고 병용했지만, 우리나라는 러시아 혁명 이전 시대를 〈제정 러시아〉라 하고, the Union of Soviet Socialist Republics(USSR) 시대(1922~91)는 〈소비에트 사회주의 공화국 연방〉을 줄여 〈소련〉이라 했으며, 연맹이 붕괴된 현재는 그냥 〈러시아〉라고 한다. 미국식으로 개조한 「파리대왕」(1990)에서는, 〈뗏목을 타고 나가 혹시 지나가는 배에 구조가 되더라도 러시아인들이면 어쩌지?〉라고 어느 아이가 걱정한다. 이 영화는 원작과 달리 냉전 시대가 배경이니까, 〈러시아인〉들은 〈소련인〉이어야 옳다.

person

"Alas, in Grace's memory, the legendary purr of the Cadillac series 355 C was inexplicably linked with another, rather less sophisticated sound, that of gunfire directed against her person."

✘ 그레이스는 기억하고 있었다. 캐딜락 355C의 그르렁 소리는 그녀의 연인을 쏜 총소리와 뒤엉켜 기억 속에 각인돼 있었다.

☞ 「도그빌」에서 제임스 칸의 자동차가 마을로 들어오는 소리를 니콜 키드먼이 귀를 기울여 듣는 장면에 곁들인 해설이다. 이 영화에서는 키드먼의 〈연인〉이 이름조차 거명된 적이 없다. her person(그녀의 사람)이라니까 〈애인〉이려니 짐작한 모양이지만, person은 〈몸〉이라는 의미로도 쓰인다. 예를 들면 on my person은 〈내 몸에 지닌〉이라는 뜻이다. 그러니까 총질을 당한 사람은 〈연인〉이 아니라 그녀 자신이다. 잠시 후에 키드먼은 칸을 만나 이런 말을 하기도 한다. 〈You shot at me before.〉(아버지는 전에도 저한테 총을 쐈잖아요.) 영화의 도입부에서는, 도망치던 키드먼을 같은 차(355C)로 추격하면서, 칸이 그녀에게 총격을 가하는 장면이 나온다.

○ 「가슴 아픈 일이지만, 그레이스의 기억 속에서는, 저음으로 울리는 355C형 캐딜락의 그 유명한 엔진 소리는 훨씬 야만적인 어떤 소리, 그녀를 향해서 날아오던 총탄의 음향과 미묘하게도 뒤섞였다.」

「육체와 영혼」에서 존 가필드의 어머니가 융자를 신청하자, 사회 복지 기관에서 조사를 나온 여직원이 거북한 질문을 한 다음, 입장을 정리한다. charity 항과 연결되는 대목이다.

「It isn't personal. We are supposed to ask.」

✘ 「개인적으로는 융자가 안 되지만 신청은 할 수 있어요.」

엉뚱한 번역이다. personal은 여기(원문)에서처럼 personal feeling이라는 의미로 쓰일 때가 많다. 첫 문장은 〈개인적인 감정이 있어서 약을 올리려고 묻는 질문이 아니다〉라는 뜻이고, 두 번째 문장은 〈우리들이 하는 일의 성격상 원칙적으로 물어봐야만 하기 때문에 이런 거북한 질문을 드렸습니다〉라고 사과하는 내용이다.

○ 「감정이 있어서 하는 얘기가 아닙니다. 의무적으로 물어봐야 하는 내용이거든요.」

「바람과 함께 지다」에서는 어린 시절에 같이 놀던 강가로 함께 들놀이picnic를 나온 도로티 멀론이 록 허드슨에게 털어놓는다.

「I speak from personal experience.」

✗ 「개인적인 경험을 한 번 얘기해 볼까요?」

〈개인적인 경험에 대해서〉라면 전치사가 about이어야 제격이지만, 여기에서는 from이 쓰였다. 그러니까 〈경험으로부터 우러난 얘기를 하겠다〉는 의미다. 다시 말해서, 그녀의 사랑에 대해 별로 반응을 보이지 않는 허드슨이 어떤 남자인지는 〈여러 남자를 내가 직접 체험해 봤기 때문에 잘 안다〉는 뜻이다. 간단히 줄여서 말하면, 〈경험을 통해서 다 아는 얘기〉다. 그리고 어릴 적부터 친한 사이였다면 두 사람은 반말을 해야 자연스럽겠다.

○ 「다 겪어 봤으니까 하는 얘기야.」

personality

"I suddenly realized that here was not only an indispensable member of the organization but a screen personality."

✗ 그런데, 그때 갑자기 저는 조직의 없어서는 안 될 멤버뿐 아니라 스크린의 특성까지 여기 있다고 깨달았습니다.

☞ 「판타지아」의 해설이다. organization은 〈영화를 만드는 조직〉, 그러니까 〈영화계〉나 〈영화사〉를 뜻한다. 번역문에서처럼 그냥 〈조직〉이라고 하면 〈조폭〉부터 머리에 떠오르는 까닭은 세상이 그만큼 험악해졌기 때문일까? 그리고 이 해설은 soundtrack(녹음띠)을 마치 사람처럼 의인화하여 소개하는 대목이다. 그러니까 personality는 〈특성〉이나 〈개성〉이 아니라 여기서는 〈인물〉이라는 의미로 쓰였다. TV personality는 〈텔레비전에서 활동하는 사람〉이고, screen personality(영화에서 활동하는 사람)은 〈영화인〉이다. 이런 경우의 personality는 한자로 〈사람 인(人)〉이 된다. 〈멤버〉와 〈스크린〉도 물론 우리말로의 번역이 가능하다.

○ 「불현듯 나는 이것(녹음띠)이 영화 제작에 기여하는 필수적인 구성원일 뿐 아니라 영화의 당당한 주역이기도 하다는 사실을 깨달았다.」

petty

"The petty officers."

✘ 비겁한 장교들.

☞ 「전함 뽀쫌낀」에서 수병들이 갑판에 집합하는 장면의 자막이다. 낱 단어의 뜻은 다 알면서도 그 단어들이 모여 만들어 내는 새로운 의미를 알지 못하는 대표적인 경우다. petty는 〈옹졸한〉이나 〈째째한〉이고, officer는 〈장교〉이니까 〈비겁한 장교들〉이라는 번역도 가능하다. 그러나 petty officer는 〈부사관〉이다. 〈부사관〉은 장교(士官, officer)보다 계급이 낮지만, 장교처럼 장기 복무를 하는 직업 군인으로서, 징집된 일반병enlisted men을 지휘하는 중간 계층이다. 장교로 〈임관(任官, commission)〉되지 않았기 때문에 non-commissioned officer(NCO)라고도 한다.

pick

"You sure picked some night for traveling."

✘ 여행을 하려면 밤이 지나야지.

☞ 「버스 정류장」에서 폭설이 쏟아지는 밤에 정류장으로 들이닥친 버스에서 내리는 사람들을 보고 식당 여주인 베티 필드가 달려 나오면서 하는 소리다. some night이 〈대단한 밤〉, 그러니까 반어적으로 〈이토록 좋(지 않)은 밤〉이 되는 까닭을 anybody 항에서 확인하기 바란다. 〈정말이지 왜 하필이면 이런 밤을 골라서 여행을 하는지 모르겠네요〉라는 소리다.
○ 「당신네들 딱 좋은 밤만 골라서 여행을 하는군요.」
「돌아오지 않는 강」에서 인디언이 쏜 화살에 어깨를 다친 소년이 근처에 딸기가 좀 있으리라고 하니까 마릴린 먼로가 나선다.
「I'll pick them. You stay put.」
✘ 「내가 주워올 테니까 넌 여기 있어.」
땅에 떨어진 무엇을 〈줍는다〉고 할 때도 pick이라는 동사를 쓰기는 하지만, 딸기는 목화나 마찬가지로 매달린 것을 pick(딴다)한다. stay put은 〈여기저기 돌아다니지 말고 한 곳에서 자리를 지키라〉는 말이다.
○ 「딸기는 내가 따올게. 넌 꼼짝 말고 여기 숨어 있어.」
「케이프의 공포」에서 다른 남자와 동행한 여자가 술을 마시면서 로버트 밋첨과 몰래 눈짓을 주고받는다. 잠시 후 술집에서 경찰관에게 끌려 나가면서 밋첨은 〈한 시간 내에 돌아올 테니 주변 남자들 다 쫓아버려〉라고 지시한다. 여자가 묻는다.

「Are you trying to pick me up?」

✗ 「나를 데리러 오겠단 말인가요?」

빈약한 번역이다. 단순히 〈데리러〉 오겠다면 trying이라는 말이 들어가지 않는다. 임자가 있는 여자를 가로챌 생각이기 때문에 try해야 한다. 여자의 질문은 (요즈음 표현을 쓴다면) 〈나한테 작업 거는 거예요?〉라는 도발적인 뜻이다.

같은 영화에서 경찰이 귀찮게 쫓아다니자 밋첨이 변호사를 고용하고, 변호사는 그레고리 펙과 경찰서장에게 경고한다. 〈On Wednesday, he was picked up twice.〉(수요일에 그는 두 차례나 체포되었습니다.) 똑같은 pick up도 이렇게 상황에 따라 의미가 달라진다. 「719호의 손님들」에서는 결혼 23주년 기념으로 음란한 영화나 보러 가자는 모린 스테이플톤에게 남편 월터 매타우가 〈그렇게 보고 싶으면 혼자 가라〉고 짜증을 부린다. 스페이플톤이 묻는다.

「What happens if I get picked up?」

✗ 「누가 납치해가면 어떡해요?」

picked up은 강제적인 〈납치〉와는 거리가 멀다. 여자 혼자서 음란 영화를 보러 간다면 누가 봐도 만만한 대상이겠고, 그래서 어떤 남자가 수작을 걸고, 여자가 좋다고 따라 나서면, 그것이 바로 picked up(유혹에 넘어가다)이다.

○ 「그러다가 내가 어떤 남자하고 눈이라도 맞으면 어쩌라고요?」

pickpocket

"You better remember it too, you pickpocket of death — without a passport."

✗ 소매치기나 조심하시지. 여권만 빼고 말이네.

☛ 「개선문」에서 루이스 캘헌이 〈Busy again with scientific murder?〉(과학적 살인 때문에 여전히 바쁘신 모양이지?)라고 놀린 다음(☞ alone), 샤를 부아이에한테 하는 말이다. you pickpocket of death(죽음의 소매치기나 마찬가지인 자네)는 scientific murder(돌팔이 의사의 의료 행위)와 연결 지어 놀리는 소리다. 그리고 뒤늦게 덧붙인 without a passport은 〈여권조차 없는 불법 체류자인 주제〉를 뜻한다.

○ 「불법 체류자인 주제에 죽음의 소매치기 노릇이나 하는 자네로선 (군 장교 출신인 나를 조심해야 되겠다고) 명심하는 게 좋겠어.」

picture

"You got the picture?"

✘ 사진이라도 있어?

☛ 「벤지」에서 다른 세 사람은 납치범으로 쫓기지만 자기는 아니라고 톰 레스터가 설명하는 장면이다. 〈Henry, you and your buddy wrote the ransom note. You made the pick-up. And nobody in this town never even seen me.〉(헨리, 너하고 네 친구는 인질금을 내라는 편지를 썼어. 자네는 돈을 받으러 갔고. 그렇지만 이 마을에서 날 한 번이라도 본 사람이 아무도 없단 말이야.) 그리고 예문에서처럼 한마디 덧붙인다. get the picture는 〈그림을 알아보다〉에서 발전하여 〈사태를 파악하다〉로 의미가 달라진다.

○ 「내 얘기가 무슨 뜻인지 알아듣겠어?」

「공격」에서 적이 우글거리는 마을로 겨우 1개 분대의 병력이 뛰어들었음을 뒤늦게 깨닫고, 잭 팰런스 소대장이 살아남은 다섯 명의 부하에게 〈필사적으로 마을에서 탈출하라〉고 명령을 내린다.

「I don't have to draw you a picture on this one.」

✘ 「이젠 지도고 뭐고 필요없다.」

〈이 상황에 대해서는 그림까지 그려가며 (너희들에게) 설명해 줄 필요는 없다〉는 말은 〈각자가 알아서 행동하라〉는 뜻이다.

pigeon

"How do you like them mugs, taking me for a pigeon?"

✘ 날 뭘로 보고 저러는 거야?

☛ 「워터프론트」에서 수사관들이 이것저것 묻고 간 다음 말론 브랜도가 동료 노동자들에게 허세를 부린다. 번역에서는 알맹이가 빠져 버렸다. pigeon(비둘기)은 stool pigeon(밀고자, ☞ luck)을 뜻한다.

○ 「(살인자가 누구인지) 내가 불기라도 할 줄 아는 모양인데, 저 멍청이들이 잘못 짚었지.」

다른 장면에서는 로드 스타이거가 동생 브랜도에게 칼 몰든 신부의 거동을 감시하라고 지시하자, 브랜도가 못마땅해한다.

「Besides, I'd just be stooling for you.」

✘ 「앞잡이 노릇을 하라는 거잖아요.」

○ 「거기다가 나더러 고자질까지 하라는 얘기잖아요.」

pilfer

"I told myself it was beneath my dignity to arrest a man for pilfering firewood. But nothing ordered by the Party is beneath the dignity of any man and the Party was right."

✘ 나는 스스로에게 연료를 구하는 사람을 체포하는 것은 인간의 존엄성에 어긋난다고 타일렀다. 그러나 당에서 명령하는 모든 것은 어떤 인간의 존엄성도 훼손하지를 않으며, 당에서 하는 말은 (언제나) 옳았다.

☛ 「닥터 지바고」에서 땔감을 구하려고 담장에서 널빤지를 뜯어 내는 오마 샤리프를 어둠 속에서 지켜보며 비밀 경찰 알렉 기네스가 갈등한다. 번역문의 논리를 따져 보자. 〈연료(《땔감》이 보다 정확한 우리말임)를 구하는 사람〉은 (우리말 서술의 내용만 봐서는) 체포할 이유가 없다. 그런 행위는 범죄를 구성하지 않기 때문이다. 그러나 원문의 pilfer는 〈도둑질하다〉나 〈훔치다〉라는 말이다. 그것은 체포를 해야 마땅한 범죄 행위다. 〈인간의 존엄성에 어긋난다〉는 말은 보편적인 사실의 진술이다. 그러나 원문에는 my dignity라고 〈나의〉 존엄성을 구체적으로 밝혔다. 기네스는 지금 체포와 존엄성에 얽힌 객관적 상황이 아니라, 이복형을 체포하느냐 마느냐 하는 개인적인 고민에 빠졌다. my를 〈인간의〉라고 번역했기 때문에 원문의 내용이 왜곡된 셈이다. I told myself도 〈나는 스스로에게 타일렀다〉라고 하기가 어렵다. tell은 여기에서는 〈명령하다〉라는 강제적인 의미이며, 〈타일렀다〉처럼 애원하거나 간청한다는 의미가 아니다. 두 번째 번역 문장은 필자가 고쳐 놓은 내용이므로, 첫 문장만 손질해 보겠다.

○ 「땔감을 훔친다고 해서 어떤 사람을 체포한다면 그것은 나의 존엄성을 훼손하는 짓이라고 나는 판단했다.」

pillbox

"How about it, Ingersoll? Going to try for that pillbox?"

✘ 어떤가, 잉거솔. 그 포탑을 접수해 보겠나?

☛ 「공격」에서 잭 팰런스 소대장이 분대장에게 무전으로 묻는다. 〈포탑(砲塔)〉은 〈포〉를 설치한 〈탑〉이다. 하지만 그들이 지금 공격하려는 pillbox(토치카)에는 포가 하나도 없다. 〈토치카 tochka〉는 콘크리트로 견고하게 만든 방어용 시설물을 지칭하는 러시아 말인데, 한국 전쟁을 통해 우리 외래어로 정착했다.

pilot

"NBC wants a pilot special."

✘ NBC에서 특별 조종사를 필요로 해.

☛ 「악몽의 밤」을 보면, 앤서니 홉킨스는 야간 업소에서 마술을 하다 인기를 못 끌어서, 인형을 만들어 복화술사로 크게 성공한다. 그가 텔레비전으로 진출하려고 하자 대리인 버지스 메레디트가 전망을 설명하는 대목이다. 〈특별한 조종사〉는 pilot special이 아니라 special pilot이다. 복화술사가 텔레비전에 출연시켜 달라는데 도대체 〈조종사〉 얘기는 왜 나오는가? 이렇게 앞뒤로 내용이 잘 안 맞으면, 어떤 단어인가를 잘못 알고 있을 확률이 크다. 그러면 의심이 가는 단어들을 하나씩 사전에서 다시 찾아봐야 한다. pilot을 사전에서 찾아보면 pilot film(맛보기 영화)이나 pilot tape(견본 테입)이라는 뜻도 나온다. 예를 들어 텔레비전 연속물을 제작하고 싶은 경우, 외주업자는 그 내용을 잘 보여 줄 만한 견본을 한두 회 만들어서 제출하여 심사를 받는다. pilot special은 〈맛보기 특집〉이며, 그러니까 NBC-TV에서는 홉킨스의 공연을 담은 견본 테입을 보고 싶다는 뜻이다.

pinch

"How dreadful, but you can always pinch Lutz."

✘ 끔찍하군요. 하지만 루츠를 괴롭히면 되잖아요.

☛ 「황태자의 첫사랑」에서, 계속되는 에드먼드 퍼돔 황태자의 성추행을 피해 다른 술집으로 일자리를 옮긴 하녀 앤 블라이트를 찾아가서, 퍼돔이 하소연한다.
「It was awful this morning. I rang for breakfast, and do you know what happened? Lutz came in with the tray.」
✘ 「오늘 아침엔 끔찍했소. 식사 때 뭔 일이 생긴지 아오? 루츠가 식사를 가져왔소.」
신분이 황태자라는 사람이 과연 〈뭔 일〉이라는 식의 말투를 쓰는지 의문이다. accident 항에서 〈아님〉에 관한 설명을 참조하기 바란다.
○ 「오늘 아침엔 한심했어요. 아침 식사를 가져오라고 설렁줄을 울렸더니, 무슨 일이 벌어졌는지 알겠어요? 룻츠가 (식사) 쟁반을 들고 들어오더군요.」
이 말을 듣고 블라이트가 핀잔을 주는 예문에서 always(언제라도)라는 말이 왜 들어갔는지를 알아보자. can always pinch(언제 꼬집더라도 괜찮다)는, 성추행을 하는 사람이 여자의 뺨이나 엉덩이를 꼬집는 천박하고 흔한 행태를 언급한 내용이다. 그러니까 퍼돔이 블라이트의 엉덩이를 꼬집었다가는 앙탈을 부리고 야단이 나겠지만, 시종인 룻츠의 엉덩이는 아무리 꼬집어도 문제가 되지 않는다는 의미다.
○ 「정말 끔찍했겠지만, 루츠라면 언제라도 마음 놓고 꼬집어도 되니까 좋잖아요.」

pinup

"We get Christmas in Paris or do I climb the walls to get to my pinups?"

✘ 빨리 털어놓고 멋진 크리스마스 파티 해야지. 아니면 억지로 털어놓게 해야겠어?

☛ 「공격」에서 전투가 곧 벌어지느냐 아니면 무사히 넘기느냐 병사들의 의견이 분분한데, 로버트 스트라우스가 버디 엡슨 선임 하사에게 묻는 말이다. 원문의 내용을 전혀 이해하지 못하고 적당히 글자 수만 맞춰 메워 놓은 형국이다. get Christmas in Paris는 〈파리에서의 성탄절을 얻는다〉, 그러니까 〈성탄절을 파리에게 보내게 된다〉는 뜻이다. 그렇지 못하면 climb the walls(담벼락을 기어오른다)하게 될 텐데, climb the wall이란 화가 나거나 몸이 달아올라서 〈벽이라도 기어오르고 싶은 심정〉을 빗댄 말이다. 그리고 여기에서는 climb the wall이 진짜로 〈벽을 기어오른다〉는 뜻도 동시에 지닌다. pinup 또는 pin-up이란 전쟁터에서 군인들이 벽에다 붙여 놓고 눈요기를 하는 여자의 사진이다. 제2차 세계 대전 중에는 여배우 베티 그레이블의 뒷모습 사진이 〈꽂아 놓는 사진〉으로서 최고의 인기를 누리기도 했다. 그러니까 위 예문을 정리하면, 〈파리에서 성탄절을 보내느냐, 아니면 벽에 꽂아놓은 여자 사진으로 기어올라가 볼기짝에 입이라도 맞추느냐〉 정도의 의미가 된다.

pipe

"Pipe down now, uh?"

✘ 이제 좀 쉬시죠.

☛ 「지옥의 전장」에서 중상을 당한 의무병 칼 몰든이 들것에 실려 가며 자꾸 헛소리를 하자 보도병이 옆에서 말린다. pipe(피리[를 분다])는 동사로 쓰면 〈시끄럽게 짹짹거리다〉라는 뜻이다. 거기에 down이 붙으면, 〈떠들기를 낮추다〉, 즉 〈입을 다문다〉는 구어체 표현이 된다.
○ 「(출혈이 심한데 그래 봤자 기운만 더 빠질 테니까) 그만 입 좀 다물라고요.」

pity

"It's a pity that Leonardo da Vinci never had a wife to guide him. He might have really gotten somewhere."

✘ 레오나르도 다빈치가 아내를 필요로 하지 않았다는 것은 유감스러운 일이죠. 그런 남자는 다른 곳에도 많아요.

☛ 「갈채」에서 〈모든 위대한 남자의 뒤에는 위대한 여자가 있다〉고 믿는 그레이스 켈리에게 찻집에서 연출자 윌리엄 홀든이 쓴소리를 한다. it's a pity(그것은 슬픈 일이다, 가엾기 그지없다)는 〈안타까운 일이다〉 또는 〈참 안됐구나〉라고 애석한 공감(유감천만)을 나타내는 표현이다. 하지만 예문에서 정작 지적할 오역은 두 번째 문장에서 냉소적인 반어법으로 구사한 get somewhere(어딘가에 다다르다). 이것은 〈성공에 이르다〉, 즉 〈어느 정도나마 성공하다〉라는 뜻이다.

○ 「레오나르도 다빈치가 가야 할 길을 인도해 줄 (그레이스 켈리 같은) 아내를 평생 얻지 못해서 참 안 됐군요. (그랬다면) 진짜로 크게 출세라도 했을 텐데 말입니다.」

같은 영화에서 술집에 갔다가 행패를 부린 무책임한 배우 빙 크로스비에게 홀든이 상기시킨다.

「When you took this job, I promised you no pity and no pity it's going to be.」

✘ 「당신이 이 일을 맡았을 때 난 동정은 없다고 했소.」

pity는 〈공감〉을 수반한 〈동정sympathy〉과는 상당한 차이를 둔 〈연민〉이다. 〈동정〉은 신세나 처지가 비슷한 사람끼리 나누는 감정이고, 〈연민〉은 불쌍하고 비참한 미물이나 약자에 대한 강자의 시선 쪽으로 기운다. 그래서 pity는 〈봐준다〉는 의미에 가깝고, no pity는 〈가차가 없다〉라고 표현해야 좋을 때가 많다.

○ 「이 일을 맡기면서 난 봐주는 일이 없으리라는 경고를 했고, 앞으로 난 그 말대로 하겠어요.」

그러자 크로스비가 반발한다.

「I don't expect any!」

✘ 「전 아무것도 기대하지 않아요.」

any 다음에는 중복을 피하기 위해 pity를 생략했는데, 눈에 보이지 않는 단어를 무시함으로 해서 expect의 구체적이고 제한된 목적어가 사라졌다.

○ 「난 값싼 동정 따위는 바라지 않아요!」

plan

"Now, we've got a plan."

🔵 그렇게 하면 되겠구나.

☞ 「네바다의 불가사리」에서 괴물이 덮친 작은 마을로부터 탈출할 방법을 케빈 베이컨이 제시하자 프렛 워드가 안심한다. 원문에서 가장 중요한 단어는 plan이다. 번역문에서는 〈계획〉이라는 말이 보이지 않는다. 눈에 보이는 단어를 벗어난 자유분방한 상상력이 돋보이는 번역이다. 억지로 〈계획〉을 살리려고 〈이제는 우리에게도 계획이 마련되었다〉라고, 눈에 보이는 그대로 옮기면, 어딘가 힘이 빠진다. plan이 그냥 〈계획〉이 아니라, 〈묘수〉 또는 〈희망〉, 그리고 보다 더 실감나게 표현한다면, 〈드디어 싹수가 보인다〉는 뜻이기 때문이다. 그리고 거기에서 더 나아가서, 〈그렇게 하면 되겠구나〉라는 단계까지 발전한다.

「머나먼 다리」에서 작전이 개시되어 출동하는 마이클 케인에게 에드워드 폭스 사령관이 〈잘 해낼 자신이 있느냐〉고 묻자, 케인이 시원스럽게 대답한다.

「I've got nothing else planned for this afternoon.」

❌ 「작전대로 움직이겠습니다.」

농담을 지나치게 고지식한 시각으로만 해석하려고 하면 때로는 전혀 이가 맞지 않는 오역이 생겨난다. 예문은 심각한 어떤 사항을 가볍게 웃어넘기는 understatement(에누리 화법)다. 전투를 벌이러 나가면서 케인은 대수롭지 않은 듯 〈뭐 오늘 오후에는 따로 할 일도 없는 걸요〉, 그러니까 〈할 일도 없고 심심하니까 나가서 전투나 좀 해볼까 합니다〉라는 허풍이다.

play

"I sure hope it's better than the play."

❌ 연기보다 영화를 보는 게 더 낫군.

☞ 「니클로디온」에서 D. W. 그리피드의 고전 영화 「국가의 탄생」을 보러 간 촬영 감독 존 리터가 라이언 오닐 감독에게 기대감을 털어놓는다. 〈연기〉는 배우가 하는 일 acting, performance이다. play는 〈희곡〉이다. 리터는 원작인 〈연극보다 그리피드의 영화가 더 잘 되었기를 바란다〉고 말했다.

plier

"Give me the plier."

✘ 펜치 좀 집어줘.

☞ 「시벨의 일요일」에서 비둘기장의 철망을 수리하며 친구가 하디 크루거에게 부탁한다. 〈펜치〉와 plier는 다른 종류의 연장이다. 〈플라이어〉를 〈펜치〉라고 하는 것은 〈톱〉을 〈대패〉라고 하는 격이다. 아무리 우리나라 사전에 plier를 〈집게, 펜치〉라고 풀이했어도, 〈플라이어〉는 〈펜치〉가 아니다. 〈펜치〉는 pinchers(꽉 잡는 도구)의 일본식 발음이어서, 흔히 〈뻰찌〉라고 했다. 〈뻰찌〉의 본명일 듯싶은 연장 wrench(비틀어 돌리는 기구)는 spanner(돌리며 단단히 죄는 기구)라고도 한다. spanner의 일본식 발음은 〈스빠나〉다. plier는 일본말로 〈뿌라이아〉라고 했다. 그리고 〈리빠〉라고 하는 일본말은 nipper(물어서 자르는 기구)와 clipper(짧게 자르는 기구)가 본명이다. 〈리빠〉의 본명일 듯싶은 ripper는 〈톱ripsaw〉이다. 「장거리 주자의 고독」을 보면, 소년원에서 작업하는 아이들의 대화에 〈이럴 땐 펜치를 사용해〉라는 말이 나온다. 화면에서 보니 〈펜치〉라던 연장은 역시 〈플라이어〉였다.

pluck

"Just like plucking possum."

✘ 무슨 게임처럼 말입니까.

☞ 「공격」에서 독일군이 우글거리는 마을의 농가에 갇혀 다섯 명이 고립된 다음, 그들이 처한 상황을 잭 팰런스 소대장이 대원들에게 설명한다. 〈All they got to do is wait until we stick up our heads and... Pow.〉(놈들은 우리가 머리를 들기만 기다리고 있다가…… 탕.) pow는 총성을 나타내는 의성어다. 그러자 소대원이 예문에서처럼 말을 거든다.
〈게임〉에 대한 언급은 영화의 뒷부분에서도 다시 나온다. 하지만 이 영화가 전개되는 제2차 세계 대전 당시에는 〈게임〉(전자오락)은커녕 아직 휴대용 컴퓨터도 없던 시절이다. 무엇인가 〈기발한 표현〉을 쓰고 싶었던 모양이지만, 참으로 바람직하지 못한 잔재주(☞ fly)다. pluck은 〈(털 따위를) 뽑다〉, 그리고 〈확 잡아당기다〉라는 뜻이 있어서, 여기에서는 새나 동물이 총에 맞아 털이 사방으로 터져 나가며 나가떨어지는 상황을 실감나게 묘사하는 단어로 쓰였다. 우리말 표현으로는 〈빗자루로 얻어맞은 닭이 나가 떨어지는 모습〉에 가깝겠다. possum(또는 opossum)은 미국의 시골 사람들이 다람쥐나 너구리와 더불어 즐겨 사냥하는 작은 동물이다.

○ 「주머니쥐를 쏴 갈기듯 말이군요.」

plumber

"A plumber. Or something."

✘ 배관공요.

☛ 「브릿지 부부」에서 공산주의와 돈에 관한 편견이 심한 폴 뉴먼은 딸이 약혼한 남자의 아버지가 직업이 뭐냐고 꼬치꼬치 묻는다. 비위가 상한 딸이 (예문에서처럼) 아무 직업이나 둘러댄다. 남자의 아버지는 직업이 정말 〈배관공〉은 아니다. 홧김에 딸이 뉴먼을 가장 실망시킬 만한 직업, 그러니까 가장 천하다고 여겨지는 직업을 둘러댔을 따름이다. 아무리 직업에 귀천이 없다고 하는 미국에서도 plumber에 대해서는 이렇게 편견이 만연했었다. plumber는 꼭 배관만 하는 사람은 아니다. 우리나라에서 유사한 직업을 찾아보자면 이른바 〈설비 시설업〉으로서, 〈양변기나 수도꼭지 고쳐요〉라고 확성기로 외치며 골목골목 돌아다니는 사람들쯤 되겠다. 이런 경우 번역을 〈배관공〉이라고 하면, (고상한 한자로 된) 직업명이 좀 어색해 보인다. 더구나 뒤에 or something(아니면 뭐 그런 거)이라는 말이 뒤따랐으니 말이다. 이 정도면 어떨까 싶다.

○ 「집 고쳐요. 뭐 그런 사람인가 봐요.」

point

"Cherry, take the point!"

✘ 체리, 위치로 가게.

☛ 「광야천리」에서 먼고메리 클리프트는 〈반란〉을 일으켜 폭군 같은 존 웨인을 몰아내고 소몰이를 대신 진두지휘하며, 비가 와서 강물이 불어나기 전에 어둠 속에서 도하를 하려고 출발한다. 예문은 클리프트가 목동에게 내린 명령이다. point는 어떤 고정된 〈위치〉를 뜻하기도 하지만 여기서는 〈끝〉이라는 의미다. take the point는 〈선두를 맡아라〉, 그러니까 군인들이 전투를 하는 경우, 본대보다 먼저 출발하여 첨병이나 척후병으로 적의 동태를 미리 탐지하고 관찰하는 의무를 뜻한다. 전쟁 영화에서 〈척후병을 내보내다〉라는 의미로 자주 쓰는 표현이니 실수하지 않기 바란다. 소몰이의 목적지 애빌린에 거의 다 도착하여 지나가는 기차의 기적 소리를 듣고 앞에서 목동들이 환호성을 올리자 이런 보고가 들어오기도 한다. 〈There's yelling down at the point.〉(최전방에서 함성 소리가 들려옵니다.) 여기에서는 〈최전방〉보다 〈선두〉가 적절한 표현이다.

「플래툰」에서 월맹군의 매복에 걸려 전투를 벌이며 찰리 신이 무전병에게 묻는다. 〈Who's the point?〉(누가 선두죠?) 여기서는 〈선두〉가 아니라 〈척후조가 누구죠?〉라는 뜻이다.

「프로페셔널」에서는 버트 랭카스터에게 리 마빈이 지시한다.

「Bill, you take the point.」

✗ 「자네가 방향을 잡아줘.」

point를 《(방향을) 가리키다》라고 생각한 모양이다.

○ 「빌, 자네가 앞장을 서.」

「천의 얼굴을 가진 사나이」에서 보드빌vaudeville 극장주가 잔소리를 하자 제임스 캐그니가 받아넘긴다.

「All right, you made your point.」

○ 「좋아요, 그만하면 알아들었어요..」

make point는 《요점을 확실하게 밝히다》라는 말이다. 《요점》이라는 말을 구태여 동원하지 않고도 실감나게 의미를 전달하는 멋진 번역이다.

「금단의 혹성」에서 선정적인 옷차림으로 돌아다니는 앤 프란시스에게 레슬리 닐슨 함장이 경고한다.

「It so happens that I'm in command of 18 competitively selected super perfect physical specimens, at the average age of 24 point 6, who had been locked up in hyper space for 378 days.」

✗ 「알아두셔야 될 일이지만, 내 밑에서 일하는 18명은 경쟁을 통해서 선발된 지극히 완벽한 신체적인 조건을 갖춘 남자들로서, 평균 나이가 24~6세이며, 378일 동안 매우 긴장된 공간에 갇혀 지냈습니다.」

specimen(표본)은 《특이한 사람》이나 《특정 인물》이라는 의미로, 여기에서처럼 《사람》을 가리키는 보통 명사 노릇을 자주 한다. 닐슨 함장이 걱정하던 바는 《신체 건강한 표본적인 남자들이 1년 넘도록 금욕 상태로 우주선 안에 갇혀 지냈으니》 그런 남자들을 선정적인 옷차림으로 자극하면 무슨 사고가 날지 모른다는 사실이다. 문제는 the average age of 24 point 6이라는 대목이다. 《24~6살》이라고 하면 《평균 나이》가 아니라 《연령대(年齡帶, age bracket 또는 age group)》를 이룬다. 《평균》이라고 하면 훨씬 국부적이고 세밀하며 구체적인 수치를 요구한다. 24 point 6에서 point는 소수점을 나타낸다. 그러니까 닐슨 함장의 탐험대원들은 평균 나이가 24.6살이다.

poise

"She's got a poise."

✗ 포즈가 좋군요.

☞ 「모두가 왕의 신하」에서 존 아이얼랜드의 방에 들어가 조앤 드루의 사진을 보고 머세데스 매켐브릿지가 평하는 말이다. 문제의 사진은 가슴 위로만 찍은 초상화다. 《포즈》는 몸의 일부

가 아니라 전신을 보고 따진다. 그리고 poise는 pose가 아니다. poise는 〈평형〉이나 〈균형〉, 나아가서 〈균형이 잘 잡힌 안정된 몸매〉를 뜻한다.

○ 「균형이 잘 잡힌 몸매로군요.」

poker

"She picked up a poker and tried to hit me over the head with it."

✘ 부지깽이를 집어들고 그걸로 내 머리통을 치려고 그랬어요.

☛ 「케이프의 공포」에서 (출옥한 다음 아내를 찾아갔을 때 벌어진 상황을) 로버트 밋첨이 그레고리 펙에게 설명한다. 〈부지깽이〉는 짧고 가느다란 나무 막대기여서, 밋첨처럼 흉악한 사내를 제압할 만한 무기가 되지 않는다. 우리나라에서 군불을 때며 장작을 쑤셔대는 poker는 〈부지깽이〉일지 모르지만, 서양에서 벽난로의 불을 poke(쑤시다)하는 기구는 쌈닭의 며느리발톱처럼 미늘까지 돋아난 〈쇠꼬챙이〉다.

pool

"Another one of them new worlds — no beer, no women, no pool parlors, nothing."

✘ 이곳도 역시 신세계라는데 — 맥주도 없고, 여자도 없고, 수영장도 없고, 아무것도 없어.

☛ 「금단의 혹성」에서 알테어-4의 대기권으로 진입하는 동안 취사병 얼 홀리만이 불평한다. pool parlor는 〈수영장〉이 아니라 〈당구장〉이다. parlor는 본디 〈객실〉이나 〈응접실〉 또는 〈휴게실〉처럼 잘 꾸며 놓은 방을 의미하지만, 우리나라에 많은 〈센타〉처럼 단순히 점포를 지칭하는 말로 쓰인다. funeral parlor는 〈장의사〉고, beauty parlor는 〈미용실〉이고, ice-cream parlor는 〈아이스크림 가게〉이고, tonsorial parlor는 〈이발관〉이다.

poor

"Miserable he may be, but poor he certainly is not."

✘ 지루한지는 몰라도 가엾진 않아.

☞ 「오만과 편견」에서 여동생이 키라 나이틀리에게, 늘 굳은 표정의 매튜 맥페든에 대한 인물평을 한다. miserable은 〈지루한〉이 아니라 〈비참한〉이다. 맥페든은 염세주의자 같은 〈비참한〉 인상을 준다. poor는 〈가엾은〉이 아니라 〈가난한〉이다. 다음에 이어지는 대사가 〈수입이 1년에 1만 파운드에, 더비셔의 반을 소유하고 있어〉라는 사실을 염두에 두고 번역했어야 한다.

○ 「궁상스러워 보일지는 몰라도, 그분은 가난한 사람은 분명히 아냐.」

popularly

"I am the sole white survivor of the Battle of Little Bighorn, popularly known as Custer's Last Stand."

✘ 난 리틀 빅혼 전투에서 살아남은 유일한 백인이지. 그 전투는 커스터 장군의 마지막 저항이었어.

☞ 「작은 거인」에서 더스틴 호프만이 취재를 온 기자에게 설명한다. popularly known(일반적으로 ~라고 널리 알려진)의 용법을 몰라 슬그머니 넘어간 듯한 인상을 준다. 〈저항stand〉이라는 표현도 어울리지 않는다. 제7기병대의 커스터 장군은 인디언을 정복하고 죽이러 다니는 인물이지, 〈저항〉 행위는 하지 않는다.

○ 「나는 이른바 〈커스터 최후의 결전〉이라고 알려진 리틀 빅혼 전투의 유일한 백인 생존자라네.」

post

"You didn't forget the battle posts."

✘ 대나무 막대도 잊지 마세요.

☞ 「로드 짐」에서 원주민의 저항을 이끄는 족장 아들에게 피터 오툴이 묻는 말이다. 사전에서 post를 찾아보면 〈말뚝(막대)〉 말고도 〈지위〉, 〈직장〉, 〈부서〉, 〈초소〉, 〈경계 구역〉, 〈주둔지〉, 〈주둔 부대〉, 〈교역소〉, 〈취침나팔〉, 〈우편〉, 〈우체통〉, 〈우체국〉, 〈파발꾼〉 등등 여러 가지 풀이

가 나온다. 이럴 때는 정확한 단어를 찾아서 써야 하는데, 무작정 제일 먼저 나오는 뜻에만 매달려 오역을 범하는 경우가 상상외로 많다. 그러다 보니 post의 의미가 파악되지 않는 바람에, 어떤 논리에 의해서인지는 몰라도, battle까지 〈대나무〉로 둔갑했다. 예문은 이런 뜻이다.

○ 「전투 위치는 잊지 않았겠죠.」

오툴의 질문에 족장의 아들이 대답한다.

「Everything as planned.」

✗ 「모두 챙겼습니다.」

○ 「모두 계획한대로 배치했습니다.」

pot

"How can anybody be jealous of somebody with a briefcase, who's getting a little pot and gets sleepy by nine-thirty he can't get his eyes open?"

✗ 서류가방이나 들고 다니면서 돈도 못 벌고 9시 반이면 졸려서 눈도 제대로 못 뜨는 남자인데 누가 질투를 해요?

☛ 「7년만의 외출」에서 출판사 직원인 톰 이웰은 그가 〈바람을 피울까 봐 아내가 전혀 걱정할 필요가 없는 이유〉를 마릴린 먼로에게 설명한다. getting a little pot을 〈돈도 못 벌고〉로 번역한 까닭은 혹시 pot을 〈금단지pot of gold〉 정도로 추측했기 때문이 아닐까 싶다. 하지만 여기에서의 pot은 potbelly(배불뚝이)의 구어체다. 〈아랫배가 좀 나오기 시작하고〉가 옳은 번역이다.

○ 「(나이가 들어) 배가 나온 주제에 가방이나 들고 왔다 갔다 하다가 아홉 시 반이면 졸려서 제대로 눈도 못 뜨는 그런 남자를 두고 도대체 무엇 때문에 걱정을 하겠어요?」

potential

"Like a potential customer."

✗ 능력 있는 손님처럼요.

☛ 「무법지대」를 보면, 외딴 시골 마을에서 고립된 스펜서 트레이시가 (도움을 청하려고 주 경찰에 전화를 걸려다 실패한 다음) 월터 브레난에게 묻는다. 〈Why are you looking at me like that?〉(왜 나를 그런 눈으로 보나요?) 브레난이 〈Like what?(무슨 눈으로요?)〉라고 묻자 트레

이시가 대답한 말이 예문이다.

potential은 〈가능성을 지닌〉 또는 〈잠재적인〉이라는 뜻이기는 하지만, 이 장면에서는 의미가 달라진다. 브레넌의 직업이 장의사이기 때문이다. potential 또는 prospect의 뒤에 customer가 붙으면 〈가망 고객〉, 즉 〈손님이 될 만한 사람〉이 된다. 그러니까 트레이시는 〈곧 죽어서 관을 필요로 할 사람을 쳐다보듯 그런 눈으로 보지 말라〉는 완곡한 부탁이다.

○ 〈손님이 생겼구나 하는 그런 눈요.〉

pouch

"I want that to be in the diplomatic pouch to Lisbon this afternoon."

✘ 그걸 오늘 오후 외교 서류함에 넣어서 리스본으로 보내게.

☛ 「바늘구멍」에서 독일 첩자 도널드 서덜랜드가 연락책에게 차 안에서 사진을 넘겨주며 지시한다. 〈서류함〉이라면 필시 〈궤짝[函]〉일 테니까, 운반하기가 매우 힘들겠다. pouch는 〈함〉이 아니라 〈자루〉다. 우편물을 담아 발송하는 그런 자루 말이다. diplomatic pouch의 공식 명칭은 〈외교 행낭〉이다. 외교상의 문서들을 담아 주고받는 서류 보따리를 가리키는 말이다. 이런 표현도 무작정 짐작으로 꿰어 맞추려고 하지 말고, 조금이라도 낯선 단어의 조합이 나타나면, 사전을 찾아보기만 해도 대부분의 경우에 정확한 용어가 나온다.

pound

"He's very rich. He has five thousand pounds a year."

✘ 엄청난 부자래. 연봉이 5천 파운드래.

✘ 「오만과 편견」에서 마을에 나타난 청년 브루스 레스터에 대해서 (그리어 가슨의 어머니) 메어리 볼란드에게 이모가 알려준다. very rich는 〈아주 부자〉이기는 하지만 〈엄청난 부자〉인지는 의문이다. 1년의 수입이 5,000파운드라면 말이다. 〈연봉〉이라는 말은 원문에 나오지 않는다. 〈연봉〉은 열심히 일하는 월급쟁이가 받는 돈이다. 레스터는 앉아서 놀고먹는 사람이다. 그러니까 레스터는 〈연봉〉이 아니라 〈수입〉이 1년에 5,000파운드다.

○ 「그 사람 돈이 아주 많대. 1년에 5,000파운드가 들어온다는구먼.」

「젊은 사자들」을 보면, 내무반에서 가장 덩치가 큰 네 명의 훈련병과 차례로 싸움을 하려는 먼고메리 클리프트에게, 〈그런 왜소한 몸집으로 어떻게 당하겠느냐〉고 딘 마틴이 걱정하자,

클리프트가 반박한다.

「Never mind what I weigh. (그리고는 훨씬 풀이 죽은 목소리로) A hundred and thirty-five.」

✗ 「체중은 신경 쓰지마. 135 파운드야.」

체중이 135〈파운드〉라고 하면 그의 몸집이 어느 정도일지, 마틴 이등병이 정말로 걱정해야 할 정도인지 어쩐지, 미터법에만 익숙한 우리나라 사람들로서는 알 길이 없다. 135파운드라면 62킬로그램 정도가 된다. 킬로그램으로 환산해 보니까 이제는 걱정스러운〈감〉이 잡히리라고 생각한다.(☞ round, gun, week)

pour

"Rejoicing, the Trojans poured out of their walls to claim the horse as a token of their victory."

✗ 트로이 사람들은 벽에 박혀 있는 것을 환희에 찬 기분으로 빼내려고 했습니다. 목마를 전쟁 승리의 전리품으로 삼으려고 했습니다.

☛ 「율리시즈」에서 이타카의 음유 시인이 트로이의 목마 얘기를 전한다. poured out을 pulled out이라고 착각한 모양인데, 참으로 이해가 안 가는 오역이다. 영화에서 보면 목마는 성벽에〈박혀〉있기는커녕, 성벽보다 훨씬 높다. walls는 그냥〈벽〉이 아니라〈(트로이의) 성벽〉이다.〈만리장성〉은 the Great Wall of China(중국의 거대한 성벽)라고 한다.

○ 「트로이 사람들은 목마를 승리의 상징물로 삼으려고, 환희하며 성 밖으로 쏟아져 나왔도다.」

power

"I shall do everything in my power to prevent it."

✗ 내 모든 권력을 이용해서 그 상황을 막겠소.

☛ 「백장미의 수기」에서 조운 폰틴이 막무가내로 첫사랑 루이 주르당을 만나러 가려고 하자, 군인 남편이 경고한다. 위 DVD 번역은 과장이 좀 심하다. 대통령도 아니고 일개 장교가 무슨〈권력〉을 휘두른다는 말인가? 그리고 부부간의 갈등을 해소하느라고〈권력〉을 동원한다는 상황도 가당치가 않다. in my power는〈무슨 수를 써서라도〉정도로 번역해도 무난하겠다.

○ 「난 어떻게 해서든지 그걸 막겠소.」

「토마스 크라운 사건」에서 스티브 매퀸이 회사 간부에게 지시한다.

「I will give you the power of attorney. You could do it for me.」

✗ 「변호사로 위임할 테니 당신이 나 대신 그 일을 하면 됩니다.」

지시를 받는 인물은 보아하니 회사의 고문 변호사 같다. 그렇다면 다시 〈변호사로 위임〉할 필요가 없다. power of attorney는 세 단어를 따로 보면 〈변호사attorney의of 권한power〉처럼 보이지만, 세 단어가 함께 모이면 전혀 새로운 의미가 된다. power of attorney는 사람이 아니라 〈위임권〉이나 〈위임장〉이어서, 이것을 부여받는 사람은 꼭 변호사가 아니더라도 법적으로 대신 업무를 맡아 처리하는 권한을 얻는다.

○ 「당신한테 위임권을 부여하겠어요. 나 대신 당신이 처리하면 됩니다.」

practise

"Practising law."

✗ 법을 연습 중이네.

☛ 「니클로디언」을 보면, 법정에서 입장이 불리해지자 꽁무니를 빼는 변호사 라이언 오닐에게 다른 변호사들이 〈What are you doing?(뭐하는 거요?)〉이라고 묻는다. 예문은 천연덕스러운 오닐의 대답이다. 〈법을 연습한다〉는 말이 무슨 뜻일까? 의미가 전달되지 않는 표현은 십중팔구 제대로 된 번역이 아니다. practise law는 〈변호사로 개업하다〉 그리고 practise medicine은 〈의사로 개업한다〉는 뜻이다. 오닐의 궁여지책 대답은 〈업무를 보는 중〉 또는 〈영업 중〉, 나아가서 〈변호사 노릇 잘 하고 있지〉라는 소리다.

「밤은 돌아오지 않는다」에서는, 부유한 환자 제니퍼 존스와 결혼하여 정신과 의사를 그만두고 불행해진 제이슨 로바즈에게, 여배우 질 세인트 존이 묻는다.

「Well, are you still practising?」

✗ 「아직도 의학을 공부하세요?」

practise는 〈공부〉를 끝내고 〈개업하여 활동하는〉 상태를 뜻한다.

prairie

"In Texas there's nothing but — prairie dogs and stuff."

✗ 텍사스엔 평원과 동물뿐이지.

☛ 「밤을 즐겁게」에서 텍사스 남자를 사랑하게 되었다는 도리스 데이에게 토니 랜돌이 정신 차리라고 충고하는 말이다. prairie는 〈평원〉이고 dogs는 〈동물〉이니까 그렇게 번역한 모양이다. prairie dog이라는 두 개의 단어가 한 가지 〈동물〉에 대한 명칭(☞ moray)이리라고는 미처

생각하지 못해서 발생한 오역이다.

○ 「텍사스에 가 봤자 마멋이나 뭐 그런 거밖에 없다고요.」

precaution

"This is a precautionary evacuation."

✘ 이것은 예비 철수훈련입니다.

☞ 「대지진」에서 대피하라는 헬리콥터 방송이 반복해서 나온다. precaution은 재난에 대비해서 〈미리 실시하는 실제 상황〉이니까, 〈훈련〉이 아니다. 〈피임약을 먹는다〉는 말을 take precaution이라고 하는데, 이것도 약을 먹는 〈훈련〉이 아니라, 약을 먹은 다음 〈실제 행위〉로 들어간다. 〈예방 주사〉도 〈훈련〉이 아니라 〈실제 조처〉다. 이 상황이 훈련이라면 요령을 피우는 사람들은 빠져도 되지만, 지진이 실제로 일어났는데 혼자 뒤에 빠져 남는다면 그것은 〈요령〉이 아니다. precautionary evacuation은 〈사전 철수〉 또는 〈만일의 경우를 위한 대피〉다.

president

"And I'm gonna marry Donald Trump."

✘ 대통령 목소리도 듣겠군요.

☞ 「다이하드 3」에서 〈경찰 무선이 폐쇄됐으니 일반 전화로 연락하도록 협조해 달라〉는 수사관에게 교환수가 비꼬는 말이다. 도널드 트럼프는 대통령이 아니다. 어쩌다가 이런 엉뚱한 번역이 나왔는지 모르겠지만, 느닷없이 갑부의 이름을 들이대며 교환수가 한 얘기부터가 워낙 엉뚱하다.

할리우드 영화를 보면 가끔 이런 식으로 앞뒤가 맞지 않는 대사가 등장한다. 여기서는 〈철통 같은 경찰 무선 통신 체계가 폐쇄되었다〉고 수사관이 말도 안 되는 소리를 하니까, 〈당신이 그렇게 말도 안 되는 한심한 소리를 하겠다면 나라고 해서 말도 안 되는 소리를 못하겠느냐〉는 뜻으로 〈그렇다면 난 도널드 트럼프와 결혼하겠네〉라고 빈정거리는 말이다. 비슷한 우리말 표현을 찾아본다면, 〈그럼 내 손에 장을 지지겠다〉 정도겠지만, 그냥 간단히 〈웃기는 소리 말아요〉라고 해도 무난하겠다.

같은 영화에서 제러미 아이언스 일당을 추격하던 브루스 윌리스 경위가 근처에서 덤프 트럭을 차출하려고 운전수에게 권총을 겨누며 〈Are you a truck driver?(당신 트럭 운전수요?)〉라고 묻자, 운전사가 성질을 부리며 반박한다. 〈No, I am a beautician.〉(아뇨, 난 미용사인데요.)

그러고는 곧 이어서 《Of course I am a truck driver(물론 나는 트럭 운전수지)》라고 고쳐 말한다. 《(트럭 운전석에 앉은 나는 한눈에 봐도 운전수가 분명한데) 그럼 넌 내가 뭔 줄 알았느냐》라는 소리를 Donald Trump 화법으로 뒤집은 말이다.

「에어 포스 원」에서는 해리슨 포드가 화물칸에서 휴대 전화를 찾아 겨우 백악관에 전화 걸어 《This is the President. Get me the Vice President》(나 대통령이다. 부통령 바꿔라)라며 자신이 대통령이라고 신분을 밝히자, 장난 전화인 줄 알고 교환수가 Donald Trump식으로 응수한다. 《Yeah. And I am the First Lady.》(아무렴요. 그럼 난 영부인이시죠.)

presume

"You presume too much."

✘ 자넨 너무 짐작하는 것이 많아.

☛ 「율리시즈」에서 이타카를 이미 손에 넣은 듯 건방지게 커크 더글라스의 아들을 깔보는 구혼자에게 앤서니 퀸이 조심시킨다. precaution(예방책)에서처럼 접두사 pre-는 《미리》 어떤 행동을 취한다는 뜻이고, sumere는 라틴어로 take를 뜻한다. 그러니까 《미리 받아 두다》라는 뜻의 presume(미리 추정하다)은, 《미리 기대하다》를 거쳐, 《건방지게 굴다》라는 의미로 변했다. presumptuous(뻔뻔한, 주제넘은)라는 단어가 그렇게 해서 생겨났다.

○ 「넌 너무 잘난 체를 많이 해.」

price

"Any young buck would pay a big price to marry something like that."

✘ 당신이 마셔 댈 엄청난 술까지 감당하며 결혼하겠다고 나설 사내는 없으니까.

☛ 「아파치」에서 제로니모가 항복한 다음에도 끝까지 싸우다가 잡혀가는 버트 랭카스터에게 마실 물을 갖다 주는 진 피터스를 보고, 존 매킨타이어가 호송대장에게 (예문에서처럼) 설명한다. 도대체 어떤 근거로 이런 번역이 나왔는지 모르겠지만, 본디 의미를 완전히 반대로 옮겼다. 사랑하는 랭카스터가 인디언 보호지로 끌려가고 나면 혼자 남을 진 피터스를 《마을의 모든 남자가 넘보리라》는 뜻으로 매킨타이어가 한 말은 이런 내용이다.

○ 「어떤 젊은 녀석이건 저런 [기막힌] 계집하고 결혼하기 위해서라면 얼마든지 큰 값을 치르겠

다고 너도나도 나서겠지.」

prick

"What he actually said was that you're a high-handed arrogant prick."

✘ 사실은 뻣뻣하고 거만한 샌님이라고 했어요.

☞ 「상태 개조」를 보면, 파티에서 처음 만난 블레어 브라운이 그녀의 친구가 한 말을 윌리엄 허트에게 예문에서처럼 전해 준다. 그런데 〈샌님〉이 어떻게 〈뻣뻣하고 거만한〉 사람일까? prick은 〈샌님〉보다 훨씬 〈나쁘고 비열한 놈〉이다. 또한 남성의 성기를 뜻하는 속어로도 쓰이는 지저분한 말이니까, 어떤 남자를 뜻하는지 쉽게 짐작이 간다. 〈샌님〉은 내성적이고 얌전한 사람을 뜻하지만, 그렇다고 해서 꼭 〈나쁜〉 사람이라는 뜻은 아니다.

○ 「실제로 그가 한 말은 당신이 잘난 체하고 거만한 인간이라는 거였어요.」

priest

"If he tried to come to save you, he will be sacked by soldiers and priests."

✘ 널 구하려다 병사들과 신부들에게 포위될 뿐이지.

☞ 「하사모테 여왕의 비밀」에서 제물로 바칠 처녀에게 랜돌프 스콧을 부르지 말라고 여왕의 사제장이 경고한다. 이 영화의 배경은 북극의 얼음 산 속에다 건축한 지하 왕국이다. 거대한 우상을 세운 이곳에서는 〈해가 질 무렵〉에 영원한 생명을 얻기 위한 제물을 바치는 예식이 열리는데, 하사모테를 섬기는 priests는 이런 예식 따위를 주재하는 성직자들이다. 그들은 하는 행동이나 의상은 잉카나 마야의 〈사제들〉을 빼다 박은 듯 그대로다. 그러니까 사제장이 언급한 priest(s)는 가톨릭 성직자를 부르는 명칭인 〈신부〉가 아니라, 〈사제〉라고 해야 옳겠다.

○ 「그 사람이 당신을 구하겠다고 달려왔다가는 병사들과 사제들에게 꼼짝도 못 하고 당할 겁니다.」

「벨 아미 이야기」에서는 전우의 임종을 보러 찾아간 조지 샌더스에게 안젤라 랜스베리가 알려준다.

「The priest is with him now.」

✘ 「목사님이 와 계셔요.」

그런데 종부 성사를 해주려고 온 사람은 개신교 〈목사minister〉가 아니라 가톨릭 〈신부〉다. 동네 교회에 가서 목사더러 〈신부님〉이라고 부르거나, 성당에 가서 신부에게 〈목사님〉이라고 한번 직접 호칭해 보면, 이런 오역이 얼마나 심각한 잘못인지 실감하게 되리라. 〈옹기 장수〉를 발음이 비슷한 〈오이 장수〉라고 하는 것쯤은 오역이 아니라고 생각하는 버릇은 하루빨리 고쳐야 하는 이유다. 「착한 마음과 화관」에서는 살해당한 parson을 〈신부〉라고 번역했는데, 영국 국교에서는 parson이 〈신부〉가 아니라 〈교구 사제〉이고, 같은 parson도 신교에서는 〈목사〉라고 한다.

「알라모」를 보면, 지하 창고로 무기와 화약을 털러 가려는 존 웨인이 그의 일행 가운데 술에 취하지 않은 사람을 찾아내어 그에게 지시한다.

「Parson, round up a couple of other men.」

× 「파슨, (술 깬 친구) 두 명만 데리고 나와.」

〈파슨〉은 이름이 아니라, 〈목사님〉이라는 호칭이다. 하지만 영화 내내 〈목사님〉에게는 〈파슨〉이라는 〈이름〉이 붙어 다닌다. 〈Let's go, Parson.〉(가자구, 파슨.) 그리고 존 웨인이 칠 윌스를 리처드 위드마크에게 소개하는 말이다.

「Jim, this is Beekeeper.」

× 「이 친구 베키퍼야.」

〈비키퍼〉라고 표기조차 제대로 하지 못한 Beekeeper(벌을 치는 사람)는 Parson이나 마찬가지로 이름 대신 직업을 별명으로 사용하는 경우다. 이것도 당연히 〈벌쟁이〉 정도로 번역을 해주었더라면 좋았겠다.

「OK 목장의 결투」에서는 〈술 좀 끊어라〉고 자꾸 잔소리를 하는 버트 랭카스터에게 도박사 커크 더글라스가 빈정거린다. 〈여봐요, 목사님.〉 여기서는 〈목사님〉이 Preacher다. 〈설교 lecture(잔소리)〉를 좋아하는 〈잔소리꾼〉이라는 뜻이다. 개신교의 〈목사〉는 minister(대행하는 사람)라고도 하며, 가톨릭에서는 일반적으로 〈신부〉를 Father(아버지)라고 부른다. 문서에서는 Father를 Fr.라고 줄여서 쓰기도 한다. 가톨릭과 개신교에서 다 같이 성직자를 지칭하는 공통된 존칭어로는 Reverend(공경하는)가 있다. Rev.라고 줄여서 쓰기도 하는 존칭어 Reverend의 모체는 동사 revere(존경하다)인데, 라틴어로 〈다시금〉을 뜻하는 접두사 re-와 〈무서워하다〉라는 동사 reveri가 결합한 말이어서, 〈곱빼기로 두려워하다〉라는 의미가 된다. 어려워하고 존경하는 마음이 어느 정도인지 쉽게 짐작이 간다.

「안토니아」를 보면, 신동 테레즈가 이웃집 염세주의자 〈이리와Crooked Finger〉 아저씨에게 종교적인 화두를 던진다. 〈Reverend Mother says God created everything. But she won't ask herself who created God.〉(수녀원장님은 하나님이 만물을 창조했다고 그러셨어요. 하지만 하나님은 누가 창조했는지는 조금도 궁금하지 않은 눈치였어요.) Reverend Mother(공경하는 어머니)가 왜 〈수녀원장〉이 되는지는 쉽게 이해가 가리라고 생각한다.

prince

"Last week, I played a party at the Waldorf-Astoria, and the Prince of Wales was sitting right beside the piano."

✘ 지난 주일 아스토리아 호텔에서 연주했는데 웨일즈의 왕자가 피아노 바로 옆에 앉았어요.

☞ 「애심」에서 킴 노박의 집으로 연주를 하러 간 타이론 파워가 자랑을 늘어놓는 대목이다. 영어 한 단어에 대해서 우리말 단어를 하나만 알아 놓고는, 그 영어 단어가 나올 때마다 똑같은 우리말 단어로 번역하는 행위가 얼마나 위험한지를 가장 잘 보여 주는 대표적인 어휘들 가운데 하나가 prince다. 우선, prince가 무슨 뜻인지를 조그만 사전에서 찾아보면 다음과 같다.
1. 왕자, 황자, 친왕: the Crown Prince=the Prince Imperial 황태자 / the Prince Regent 섭정 왕자 / the Prince Royal 황태자, 제1왕자
2. (제왕에 예속된 소국의) 군주, 제후
3. (영국 이외의) 공작, ~공(公): the great [grand] prince (제정 러시아 등의) 대공(大公)
4. ((比)) 제1인자, 대가
5. ((美口)) 인품이 좋은 사람, 귀공자
6. (The Prince) 군주론(Machiavelli의 정치론, 이탈리아 원제는 Il Principe)

이와 같이 prince는 장소와 상황에 따라 아주 여러 가지 의미로 쓰인다는 사실을 쉽게 확인이 가능하다. 그런데 대부분의 사람들은 이 단어가 나타나기만 하면 아무 생각도 없이 무작정 〈왕자〉라고 일괄 번역(☞ cousin)을 한다. 참으로 무책임한 일이 아닐 수 없다.

따져 보면, prince는 〈왕자〉일 때보다는 〈왕자〉가 아닐 때가 더 많다. 예를 들어 쌩떽쥐뻬리의 The Little Prince를 보자. 번역된 책의 제목이 분명히 『어린 왕자(王子)』다. 그리고 〈왕자〉는 작은 별에서 혼자 산다. 그렇다면 그의 아버지인 왕은 어디로 갔는가? 부왕이 죽었기 때문에 없다고 해도 말이 안 된다. 왕이 죽었다면, 〈왕자〉는 자동적으로 왕위를 승계하여 왕(군주)이 되었을 테니 말이다. 그렇다면 작은 별의 주인인 그는 혹시 〈꼬마 군주little prince〉는 아닐까? prince는 〈군주〉라는 뜻도 있으니 말이다.

EBS-TV의 특선 다큐멘터리 〈찰톤 헤스톤 편〉에서는 헤스톤의 부인이 한 말을 이렇게 번역했다. 〈찰톤에게는 유대의 왕자인 벤허 노릇이 자연스러웠어요.〉하지만 영화 「벤허」를 아무리 찾아봐도, 왕인 아버지가 모습을 보이지 않는다. 유다가 왕의 아들이었다면, 그의 아버지는 이스라엘의 왕일까 아니면 헤롯왕인가? 벤허는 〈왕자〉가 아니라 prince(족장)이다. KBS-TV의 「테마로 보는 20세기」〈스타〉편에서는 〈영화배우 그레이스 켈리가 레이니에 왕자와 결혼했을 때〉의 정치·경제적인 배경을 설명했다. 하지만 레이니에Prince Rainier III는 실질적으로 모나코를 통치하는 〈대공〉이었지 〈왕자〉가 아니었다. 로렌스 올리비에와 마릴린 몬로가 주연한 영화 「왕자와 무희」라는 영화 제목에서도, 〈왕자〉는 왕의 아들이 아니라 Prince Regent, 그러니까 〈섭정 대공〉이다.

prince를 모조리 〈왕자〉로 번역해서 발생하는 혼란의 대표적인 예를 보여 주는 경우가 EBS-TV의 〈일요 시네마〉를 통해서 방영된 브리지트 바르도의 프랑스 영화 「B.B.의 자유부인」이었다. 샤를 부아이에는 아내와 함께 이웃 나라에서 국빈으로 프랑스를 찾아온 prince인데, 쉽게 짐작이 가겠지만 영화에서는 나이를 꽤 많이 먹은 이 등장인물을 시종일관 〈왕자〉로 번역해 놓았다. 그래서 〈왕자〉를 맞으러 프랑스의 수상이 영접을 나간다. 국가를 대표하는 수상이 일개 약소국의 왕자(王子)를 영접하러 나간다는 일은 도대체가 의전(儀典, protocol)에 맞지를 않는 일이다. 그러니까 필시 〈샤를 왕자〉는 모나코의 레이니에 대공처럼, 원수급 인물이겠다. 바르도와 부아이에가 춤을 추러 간 카페에서 싸움이 벌어지는 장면을 보면, 싸움판에서 봉변을 당하는 〈왕자〉의 얼굴을 잡지에 실린 사진으로 알아보고는, 놀란 가게 주인이 소리친다. 〈젠장, 왕자잖아!〉 그리고 카페 주인은 다시 소리친다. 〈폐하!〉 〈왕자〉에게는 〈폐하〉라는 호칭 역시 의전상 맞지는 않는다. 그리고 샤를 〈왕자〉에게 프랑스 수상 비서의 아내인 바르도가 하는 질문 또한 대단히 혼란스럽다. 〈당신이 그런 엄청난 거짓말을 할 때 여왕이 믿나요?〉 여기서의 〈여왕〉은 샤를 〈왕자〉의 아내를 뜻한다. 이것 역시 queen이라는 단어가 나타나기만 하면 〈여왕〉인지 〈왕비〉인지를 가리지 않고 무작정 〈여왕〉이라고 번역(☞ queen)하는 지극히 흔한 오역의 경우다. 어쨌든 〈왕자〉더러 〈여왕이 당신을 믿느냐〉고 물으면, 〈엄마가 당신을 믿느냐〉는 뜻이다. 아내인 왕비가 어머니인 여왕이 되었기 때문이다. 프랑스 수상도 전화를 걸어 〈여왕과 통화하고 싶소〉라는 말을 한다. 그리고 〈여왕〉더러 〈왕자〉는 〈아, 그레타, 당신을 찾고 싶었소〉라고 하는데, 아무리 봐도 상대방 여자는 어머니이기는커녕 오히려 딸처럼 보인다. 더구나 〈왕자〉가 〈여왕〉과 잠자리도 같이 하는 사이여서, 오이디푸스적 근친상간까지 이루어진다. 왕의 아내는 〈왕비〉이지 〈여왕〉이 아니다. 아내가 〈여왕〉의 자리에 앉아서 통치하는 나라에서라면, 영국 엘리자베스 여왕의 남편처럼, 에딘버러 〈공〉이라는 호칭을 사용하지, 〈왕〉이라고는 하지 않는다. 그리고 〈왕자〉라는 호칭은 더더구나 사용하지 못한다. 「아라비아의 로렌스」를 보면, 알렉 기네스를 처음부터 끝까지 〈파이잘 왕자〉라고 하는데, 왕은 어디로 갔는지 도대체 나타나지를 않아서, 전체 족장 회의에서조차도 대표자로서 참석한 사람은 기네스 〈왕자〉다. 그리고 영국 장교와 오마 샤리프는 그를 〈전하〉라고 호칭한다. 「애심」에서 피아노 옆에 앉았던 Prince of Wales는 〈웨일즈 공〉이다.

princess

"Is this the princess?"

✘ 이 여자가 공주라고요?

☞ 「로마의 휴일」에서 신문에 난 오드리 헵번의 사진을 보고 그레고리 펙이 통신사 지국장에게 묻는 말이다. 그리고 지국장이 대답한다.
「Yes, Mr. Bradley. It isn't Annie Oakley, Dorothy Lamour or Madame Chiang Kai-shek.」

× 「그래요, 브래들리 선생. 애니 오클리도 아니고, 도로시 라무르도 아니고, 앤 공주요.」

지국장이 열거한 이름들 가운데 번역에서 빠진 세 번째 인물 〈장제스(蔣介石) 부인〉은 당대의 여걸이었던 쑹메이링(宋美齡)이고, 도로티 라무어는 20세기 중반에 최고의 인기를 누렸던 여배우다. 애니 오클리는 서부 개척기의 전설적인 인물 버팔로 빌이 창설한 곡예단[the Wild West Show]에서 사격 솜씨로 세계적인 명성을 떨쳐, 훗날 영화「애니여 총을 잡아라」의 당당한 주인공이 되었다. 지국장은 헵번〈공주〉를 그들과 맞먹는 대단한 인물이라고 생각해서, 그녀의 사진을 찍어 오면 1,000달러를 주겠다고 선뜻 제안한다. 웬만한 특종 기사가 500달러밖에 나가지 않던 시절에 말이다. 보아하니 앤은 분명히 단순한 〈공주〉가 아니겠다. 그렇다면 앤이 정말로 어떤 〈공주〉인지 영화에서 한번 찬찬히 살펴보기로 하자.

「로마의 휴일」이 시작되면, 〈뉴스 특보News Flash〉를 통해 〈영국에서 엄청난 군중이 그녀를 환영하기 위해 길거리로 몰려나왔다〉는 소식을 전한다. 별로 대단치도 않은 자그마한 나라의 공주가 영국을 찾아왔다고 해서, 과연 전 국민이 그렇게까지 환영을 했던 이유가 무엇일까? 대한민국 대통령의 딸(공주)이 만일 영국을 방문했다면, 그들이 〈특보〉로 떠들썩거리기는커녕, 과연 거들떠보기라도 했을까? 그리고 몇 년 전 영국의 공주가 한국을 방문했을 때, 과연 우리나라에서 그토록 야단법석을 부렸던가? 영국 공주가 한국을 방문했었다는 사실을 지금까지 기억조차 하는 사람이 도대체 얼마나 될까?

이어서 앤이 프랑스로 건너가 갖가지 대규모 정치적인 행사에 참가했다는 소식도 전해진다. 정치라면 어느 나라에서건 왕비도 함부로 간섭하지 않고 왕이 도맡아 하게 마련인데, 어린 앤 공주는 도대체 왜 행정 수반 노릇을 했던 것일까? 그리고는 마침내 로마에 도착해서, 그녀는 수행원들을 거느리고 높은 자리에 서서 각국의 문무백관으로부터 영접을 받는다. 교황의 대사로부터 시작하여, 여러 나라의 국가 원수들, 수염을 잔뜩 기른 늙은 〈왕자(☞ prince)〉 그리고 아시아와 이슬람 지도자들도 그녀를 알현하기 위해 끝없이 줄지어 늘어섰다. 그런데도 우리말로 번역된 영화에서는 계속해서 앤을 〈공주〉라고 부른다.

그리고 영화의 마지막 장면에서는 로마를 떠나는 그녀를 취재하기 위해 외신 기자들이 잔뜩 몰려든다. 화면을 정지시켜 놓고 대충 헤아려 보니 50명이나 된다. 그리고 〈안네 공주님이 드시겠습니다〉는 사회자의 안내를 받고 등장한 그녀에게 기자들은 이런 질문을 한다. 〈유럽을 연방제로 만드는 데 대해서, 각국의 관계를 어떻게 전망하십니까?〉, 〈경제적으로 곤란을 받는 유럽에 연방 체제가 도움이 되리라고 믿습니까?〉 일국의 공주에게 물어볼 만한 내용이 결코 아닌 이런 모든 질문을 그녀는 여왕처럼 척척 받아넘긴다. 앤은 princess(공주)가 아니라 princess(황녀)이기 때문이다. 〈유럽에서 제일 유서 깊은 왕조의 공주〉인 그녀는 왕위 계승자다.

「마지막 황제」에서 간택을 하는 장면을 보면, 푸이 황제에게 십여 장의 사진을 내놓을 때마다 12~16살의 신부감을 하나같이 〈공주〉라고 소개한다. 그렇다면 혹시 푸이가 여동생들 가운데 하나를 골라잡아 결혼한다는 말인가? 푸이가 처음 궁으로 불려 들어갈 때는 그를 〈첸 왕자의 아들〉이라고 했는데, 어째서 〈왕자〉가 궁 밖의 허름한 집에서 살아가는지도 설명이 되지를 않는다. 그리고 멀쩡한 〈왕자〉를 놔두고 왜 겨우 세 살 난 어린아이를 중국에서는 황제의 자리에 앉혔을까?

prisoner

"I was an intelligence officer. I interrogated war prisoners."

✘ 난 정보 장교였어. 전범 신문을 했어.

☞ 「뮤직 박스」에서 전범으로 몰려 아버지가 재판을 받게 된 제시카 랭에게 변호사 시아버지가 아낌없는 지원을 약속하는 장면이다. 〈전범〉은 war criminal이고, war prisoner는 〈포로〉(☞ camp)다.

private

The Private Memoirs of Eugene Morris Jerome

✘ 유진 모리스 제롬의 사적인 회고록

☞ 우리나라에서 무대극으로 공연되기도 했던 닐 사이먼의 희곡을 원작으로 삼은 영화 「브라이튼 비치의 추억」에서 야구 선수가 되고 싶기도 하고 작가가 되고 싶기도 한 주인공이 일기장에 붙인 제목이다. 〈사적인 회고록〉이 있다면 〈공적인 회고록〉도 있다는 얘기다. 그리고 일기장 제목에 〈사적인〉이라는 단어를 쓸 우리나라 사람은 몇 명이나 될까? private이라면 이런 경우에는 우리말로 〈은밀한〉이나 〈혼자만의〉 또는 〈몰래 쓰는〉 따위의 표현이 어울리겠다. private memoirs는 그러니까 〈비밀 회고록〉 정도가 될 듯싶다. 번역은 이렇게 의미만 전달하지 말고 적절한 어휘의 선택이 뒷받침을 해야 한다. 주인공 유진 모리스 제롬의 형은 회사 사장이고, 그의 사무실 문 유리에도 〈Private〉라는 글을 써놓았다. 이것도 〈사적인〉이라고 할까? 사장실의 〈Private〉은 〈용무가 없는 사람은 들어오지 마시오〉라는 말이다.

「경가 딘」에서 캐리 그랜트가 구입한 가짜 보물 지도에 관해서 더글라스 페어뱅크스 주니어가 상관에게 보고한다.

「We bought it from a private in a certain Scottish regiment, sir.」

✘ 「스코틀랜드 식민지에서 샀습니다.」

private은 군대로 가면 훨씬 더 골칫거리여서, 이런 오역까지 나온다. private은 병사의 계급 가운데 가장 낮은 private second class(이등병)와 private first class(일등병)를 지칭한다.

○ 「우린 그 지도를 어느 스코틀랜드 부대의 졸병한테서 샀습니다.」

「지옥의 전장」에서는, 네빌 브랜드 분대장이 상륙정에서 신병들을 모아 놓고, 말썽꾸러기 고참병 버트 프리드를 조심하라고 일러 준다.

「That's why he's been a private longer than any man in the Marine Corps, and he'll die a private.」

✗ 「그렇게 말썽만 피우니까 진급을 못해서 만년 사병이지.」 〈텔레비전〉
✗ 「그 누구보다도 오랫동안 일병인 이유 중에 하나고 아마 그는 일병으로 죽게 될 것이다.」 〈DVD〉

〈사병〉은 private이 아니라 private soldier라고 한다. 그리고 요즈음 대한민국 군대에서는 〈사병〉이라는 어휘를 사용하지 않고 〈병사〉라는 말을 쓴다. 병사로 군에 입대한 모든 사람은 (전시의 특별한 상황에서가 아니고서는) 평생 〈병사〉의 신분으로 남는다. 그렇다면 〈말썽을 피우니까 진급을 못해서 만년 사병〉이라는 말은 성립되지 않는다. DVD에서 〈일등병〉이라고 한 번역도 〈이등병〉일 가능성이 매우 크다.

○ 「그런 짓을 하니까 그는 해병대에서 누구보다도 오래 이등병 계급장을 달았고, 아마도 평생 이등병으로 썩을 것이다.」

이럴 때도 무사히 넘어가는 방법은 있다. 구체적으로 계급을 밝히지 않고 〈만년 졸병〉이라고 하면 되겠다.

prize

"Where is that prize-winning husband of yours?"

✗ 부인의 일등 신랑은 어디 있죠?

☞ 「나이아가라」에서 남편 회사의 부사장이 숙소로 찾아와 반가워하며 진 피터스에게 묻는다. prize는 타동사로 쓰면 〈높게 평가한다〉는 뜻이고, 형용사로는 〈상을 탈만큼 훌륭한〉이 된다. 그래서 예문은 멋진 번역처럼 보이지만, prize-winning의 prize는 명사로서, 그냥 〈상(賞)〉이라는 뜻이다. 피터스의 남편은 회사에 판매 촉진을 위한 제안을 내서 최고 점수를 받았고, 그래서 그 상으로 나이아가라 폭포 여행을 온 길이었다. 앞에서 누차 그런 사실이 언급되었는데, 역자는 주변 정보를 참조하는 데 소홀했던 탓으로 오역을 범하고 말았다.

○ 「상을 받은 남편께서는 어디 계신가요?」

problem

"You got a problem?"

✗ 무슨 문제가 있어요?

☞ 「리틀 세네갈」에서 시비를 붙으려고 자동차 정비 공장의 남자가 따진다. problem이라는 영어 단어와 우리말 〈문제〉를 무작정 연결하는 습성(☞ matter)을 벗어나려는 노력이 보이지

않는 번역이다. 시비가 붙을 때 자주 등장하는 이 표현은, 〈나한테는 문제가 없는데, 너한테는 혹시 문제가 있느냐?〉고 따지는 말이어서, 〈뭐 할 말 있어?〉 또는 〈나한테 감정 있어?〉라는 뜻이며, 더욱 실감나게 표현하자면 〈떫어?〉 정도가 되겠다.

prom

"It seems to me I remember they had a graduation prom here back in '47."

✘ 여기서 졸업 파티를 열기도 했었답니다. 아마 47년도였을 거예요.

☛ 「사랑의 은하수」에서 시카고 대학생들이 호텔을 찾는 이유를 늙은 종업원이 극작가 크리스토퍼 리브에게 설명한다. prom(고등학교나 대학에서 열리는 무도회)은 promenade(산책, 산보)의 구어로서, 예사로운 〈파티〉가 아니라, 입학이나 졸업에 때를 맞춰 남녀 학생들이 서로 친해질 기회를 마련하는 〈청소년 무도회〉다. 어른들의 무도회ball와는 달리 술도 punch(레몬 즙과 포도주 등의 혼합 음료)만 나오고, 여자들은 가슴에 corsage(꽃장식)을 달고 나오는 등, 청춘 학생들에게는 debutante(사교계로 진출하는 어린 처녀)의 첫 무도회만큼이나 가슴이 설레는 행사다. 「언제나 마음은 태양」에서 가장 인상적이었던 prom은 불량 학생들이 시드니 푸아티에 선생에게 〈사랑과 함께〉 노래를 선물하는 장면이었다.

○ 「내가 알기로는 (19)47년에 여기서 학생들이 졸업 무도회를 열었던 것 같아.」

prone

"Ackerman, I've been watching the sick book. In my opinion, you're the most accident-prone soldier in the entire United States infantry."

✘ 애크만, 내가 진료기록을 봤네만, 미 육군 중에서 가장 많이 다친 병사더군.

☛ 「젊은 사자들」에서 다른 훈련병들에게 만신창이가 되도록 얻어맞은 먼고메리 클리프트를 의무실로 찾아간 부중대장이 왜 그렇게 자꾸 다치는지를 클리프트에게서 알아내려고 한다. infantry(보병)은 army(육군) 가운데 일부에 지나지 않는다. prone(~하기 쉬운, ~의 경향이 심한, ~에 걸리기 쉬운)은 대부분 곤란하거나 나쁜 어떤 일을 〈당할 가능성이 많다〉(☞ liable)는 뜻이다. 〈애커맨〉을 〈애크만〉이라고 한 고유 명사의 〈오역〉에 대해서는 Macy's 항과 K.P. 항

○ 「애커맨, 난 진료 기록을 살펴보고 오는 길이야. 내 견해로는 애커맨 이병이 미군 보병 중에서 가장 사고를 많이 당하는 병사 같던데.」

proof

"Where is the proof?"

✘ 증거가 어디 있어?

☞ 「월터 미티의 이중생활」에서 〈양심적인 출판〉을 한다면서 싸구려 잡지와 선정적인 대중 소설을 전문적으로 펴내는 출판사의 사장이 교정부 직원인 대니 케이에게 묻는다. 출판 용어로 proof는 〈교정지〉다. 참고로 〈교정쇄〉는 galley proof고, 교정을 보는 행위는 proofreading이라고 한다. proofreading은 탈락했거나 틀린 글자 그리고 문법을 바로잡는 정도의 〈교정〉이고, 문장의 내용이나 표현까지 다듬는 차원의 손질은 copyreading(교열)이라고 한다.

proper

"That's proper disposition."

✘ 적절한 태도군.

☞ 「제인 에어」(1944)에서 〈왜 말이 없느냐〉는 교장의 질문에 어린 제인 에어가 깍듯하게 대답한다. 〈먼저 말씀하시기를 기다렸습니다.〉 예문은 교장이 보이는 반응이다. 이런 경우의 proper는 〈적절한〉의 수준을 넘어 〈예의바른 (처신)〉이나 〈방정한 (품행)〉 또는 〈올바른 (행동)〉이라는 모범적인 자질을 나타내는 형용사다.
○ 「그건 바람직한 태도라고 하겠군.」

property

"I made a mistake of fighting the last battle on my own property."

✘ 전투를 치루는 우를 범했네.

☛ 「베라 크루즈」에서 혁명을 틈타 총잡이(용병)로 돈을 벌려고 멕시코로 내려온 개리 쿠퍼에게, 〈남북 전쟁에서 어쩌다 알거지가 되었느냐〉고 버트 랭카스터가 묻는다. 쿠퍼가 거북해하면서 마지못해 설명(예문)한다. 번역문에서는 뒷부분 절반을 통째로 잘라 버렸고, 그래서 property에 대한 언급이 전혀 없다. 아마도 property가 무슨 뜻인지를 몰라 번역에서 탈락시킨 듯싶은데, 이렇게 중요한 단어 하나를 함부로 생략했다가는 나중에 어떤 심각한 문제가 발생하는지를 잠깐 살펴보자.

영화의 도입부에서 개리 쿠퍼의 정체가 〈루이지애나의 신사〉라고 일찌감치 밝혀진다. 하지만 〈남부의 신사〉라고만 해서는 우리나라 사람들이 얼른 알아듣는지를 못한다. 군대 경력이 있건 없건 이른바 〈대령〉(☞ colonel)이라고 일컬어지던 남부의 gentleman은 「바람과 함께 사라지다」에서처럼 거대한 농장을 소유한 부호를 의미한다. property(재산)는 이런 경우에 〈농장〉을 의미한다. 그리고 앞에서 쿠퍼는 그의 농장이 완전히 불타서 없어졌다는 얘기를 했었고, 이제 와서 왜 농장이 사라졌는지를 밝힌다.

○ 「어리석게도 마지막 전투를 내 농장에서 벌였다가 그렇게 되었지.」

이 말을 듣고 랭카스터는 그들이 호송하는 〈마차에 실린 황금을 탈취하면 된다〉고 그를 안심시킨다.

「Don't you worry. After this you can build it up again.」

✗ 「걱정 말게나. 이번 건만 해치우면 다시 중건할 수 있어.」

랭카스터가 사용한 〈중건〉이라는 단어도 〈재건〉이나 〈복구〉가 보다 잘 어울리겠다. 그러자 쿠퍼가 못마땅한 표정으로 반박한다.

「I guess you don't know much about a plantation, do you?」

✗ 「자네 뭘 잘 모르는 모양이군.」

여기에서도 plantation이라는 어휘가 사라져 버렸다. 앞에서 property가 사라진 다음 대화의 흐름이 막혔기 때문에 발생한 부작용이다.

○ 「자넨 농장에 대해선 별로 아는 게 없지?」

그들이 탈취하여 둘이 나눠 가지려고 하는 황금의 가치가 600만 달러인데, 〈농장 하나 마련하려면 얼마나 엄청난 돈이 들어가는지 알기나 하느냐(그런 돈으로는 어림도 없다)〉는 뜻이다.

prospector

"Three days from anywhere. A lone prospector."

✗ 멀고도 먼 길을 찾아온 한 외토리 탐광꾼 찰리.

☛ 「황금광시대」에서 황금을 찾아 나선 찰리를 소개하는 자막이다. 첫 번째 문장은 〈어느 방향으로 가더라도 사흘 동안은 마을(인적)을 찾기 어려운 곳〉이라는 말이다. 〈외토리〉는 〈외톨

이)가 맞는 말이다. 그리고 〈탐광꾼〉은 〈광부〉와 차별화하려는 듯싶은 억지 단어다. 어떤 영한사전에는 〈탐광자〉라는 뜻풀이를 달기도 했지만, 우리말 사전에서는 그런 단어가 나타나지 않는다. 번역자 뿐 아니라 사전을 편찬한 사람까지도 우리말을 정말로 모른다는 아쉬운 생각이 든다. 김승호의 영화 「노다지」에서는 한국의 prospector를 〈금쟁이〉라고 했는데, 이왕이면 확인된 기존의 어휘 사용이 바람직하겠다. 아니라면 이왕 제목에서 차용해 쓴 일본식 표현 〈황금광〉을 그냥 써도 〈탐광꾼〉보다는 덜 어색할 듯싶다. prospector는 forty-niner라고도 했는데, the Gold Rush(황금을 찾아 캘리포니아로 사람들이 몰려들었던 광풍)가 1849년에 벌어졌기 때문에 생겨난 표현이다.

protect

"You are the only person I have. This is the only way I know how to do it."

✘ 너만 보고 사는데. 넌 내 유일한 기쁨이야.

☞ 「레 미제라블」(1998)에서 혁명에 앞장선 마리우스와 자주 만나는 코제트가 자베르 형사에게 미행을 당하자, 장 발장은 두 사람이 만나지 못하게 말린다. 〈I just want to protect you, that's all. The world isn't a safe place, believe me.〉(다 너를 보호하기 위해서 그러는 거란다. 세상은 위험한 곳이니까, 내 말을 믿어.) 그리고 장 발장이 계속해서 설명(예문)한다.
두 번째 문장의 how to do it에서 do는 앞에서 나왔던 protect라는 단어의 반복을 피하기 위해서 쓴 말이다. 그러니까 장 발장의 설명에서 요점은 〈너를 보호하기 위해서 내가 취할 만한 방법how to do it 가운데 내가 아는 유일한 길the only way I know이란 둘이 만나지 못하도록 이렇게this 말리는 수밖에 없다〉는 뜻이다.

○ 「나한테는 너밖에 없어. 나로서는 이렇게 해서라도 너를 보호해야 한단다.」

proverbial

"That's it. He's the proverbial sailor."

✘ 바로 그거야. 유명한 선원 얘기 있잖아.

☞ 「살인광시대」에서 (주인공이 여러 여자와 결혼했다면서) 경찰 간부들이 나누는 대화에 나오는 말이다. proverb은 〈속담〉이다. 〈속담(俗談)〉은 〈세상 사람(俗)이라면 누구나 다 아는 얘기(談)〉다. 그러니까 proverbial(속담에 나올 만큼 널리 알려지고 유명한) 〈얘기〉라면 〈따로 설

명하지 않아도 온 세상이 다 아는〉 그런 얘기다. 우리말로는 그런 얘기를 〈개구리 운동장〉이라고 한다. proverbial husband라고 할 때의 proverbial은 〈표본적〉이거나 〈보편적〉이라는 뜻으로, 〈전형적인typical〉보다도 더 심하게 〈전형적인〉 남편이다. 이 표현은 예를 들어 〈아내가 바람을 피운다는 사실을 세상 사람들이 다 아는데도 혼자만 끝까지 모르는〉 그런 남편을 뜻한다. 〈알잖아, 왜, 그런 남편 말이야〉라고 할 때의 〈그런〉이 proverbial이다. 그렇다면 sailor라는 말을 들었을 때 사람들의 머리에 가장 먼저 떠오르는 〈그런〉 뱃사람은 누구일까? 〈알잖아, 왜, 그런 뱃사람〉 말이다. 보다 비하시키는 표현을 쓰자면, 〈뱃놈들 다 그렇잖아〉라는 의미가 되겠다.

○ 「맞아. 항구마다 여자를 만들어 놓는 그런 뱃놈 같아.」

provoke

"I teach the professor. I don't provoke him. I'm not stupid. I don't provoke."

✘ 화낸 게 아니라 교수님을 가르치는 거라고. 난 멍청하지 않아. 화난 게 아니야.

☛ 「누구를 위하여 종은 울리나」에서 술에 취해 계속 개리 쿠퍼에게 약을 올리던 유격대장 아킴 타미로프가 주정을 부린다. 타동사 provoke(유발하다, 자극하다, 성나게 하다)는 자동사로 쓰이지 않는다. 그러니까 화가 난 사람은 유격대장이 아니라 쿠퍼다. 주체와 대상이 뒤바뀐 이런 오역의 사례는 상당히 빈번한 현상이다.

○ 「교수님한테 한 수 가르쳐 드리려고 그래. 약을 올리는 게 아니고. 난 바보가 아냐. (쓸데없이) 사람의 감정을 자극하진 않는다고.」

「여자들의 꿈」에서는, 부부가 지나간 삶을 회상하다가, 가볍게 농담조로 〈나의 어떤 면이 제일 싫어?〉라고 아내가 묻는다. 남편의 대답이다.

「Provoking me.」

✘ 「나를 도발하는 거.」

남북한의 대치 국면이면 몰라도, 부부 사이에서 농담을 주고받다가 나온 〈도발〉이라는 말은, 홍두깨로 벼룩을 잡는 격이다. 〈약 올리는 거〉 정도가 좋겠다. 이 영화에는 〈엘리베이터에 갇혀진(승강기에 갇힌)〉이라는 영어식 수동형 표현의 번역도 등장한다.

psychotic

"I was not the immoral psychotic promiscuous one."

✘ 우리들 가운데 비도덕적이고 난잡한 사이코는 당신이니까.

☛ 「맨해튼」에서 〈동성애에 보다 충실하겠다〉며 이혼한 메릴 스트립에게 우디 앨런이 따진다. psycho는 본디 정신 의학적 용어로, 본디 psychoneurotic(정신 신경증적 우울증)이라는 어려운 말을 쉽게 부르던 구어체 표현이었다. 그리고는 예문에 등장하는 psychotic(정신병의, 정신 이상인)뿐 아니라, psychopath(정신병질자)와 psychopathic(정신병질적)의 대용어로도 쓰이기 시작했다. 앨런이 사용한 단어는 이런 수준이었다. 앨프리드 힛치콕의 영화를 거쳐 우리나라에서 〈똘아이〉라는 의미로 대중화한 〈사이코psycho〉와는 〈같은 말〉이라고 하기가 아무래도 어렵다.

○ 「부도덕하고 정신병질적인 난잡한 생활을 해온 사람은 내가 아니라 당신이라고.」

「밤을 즐겁게」를 보면, 남자이면서도 임신했다고 착각하는 록 허드슨을 보고, 〈미친놈〉이라고 생각한 산부인과 간호사가 한마디 한다.

「He must be a psychopath.」

○ 「제정신이 아니었나 봐요.」

〈사이코〉라는 마구잡이 말이 들어가지 않아도 이렇게 번역은 가능하다.

「지옥의 전장」에서는 야전 병원에 입원한 리처드 위드마크 소대장이 의무병 칼 몰든에게 도움을 청한다.

「You know what psychological migraine is?」

✘ 「자네 정신적 편두통이 뭔지 아나?」

생명과 밀접한 관계가 있는 의학에서라면, 〈심리적psychological〉과 〈정신적mental〉의 구분 정도는 확실하게 해줘야 옳겠다.

「성처녀」에서는 성모를 보았다고 주장하는 제니퍼 존스를 미친 여자라고 검찰국장이 의사 리 J. 콥에게 주장한다.

「Anyone who talks to something that isn't there is feeble-minded.」

✘ 「존재하지 않는 것과 대화하는 사람은 정신박약이죠.」

역시 함부로 동원한 의학 용어다. feebleminded(마음이 약한, 정신력이 나약한, 저능한)는 〈사리 분별을 못하는〉 정도의 결함을 뜻한다.

○ 「헛것을 보고 얘기를 나눈다면 정신이 혼미하다는 증거입니다.」

그리고 제니퍼 존스의 정신 감정을 맡기로 한 정신과 의사는 빈센트 프라이스 검찰관에게 이런 의견을 내놓는다.

「Well, after all, Dr. Douzous is a general practitioner.」

✘ 「결국 동네 의사일 뿐이니까요.」

별로 흠이 될 번역이 아닌 듯싶지만, 한 분야의 권위자라는 자부심이 대단한 전문의의 말투로서는 아무래도 모자란다는 느낌이다.
○ 「글쎄요, 그래봤자 두주 박사는 일반의잖아요.」

---

pull

"I'm pulling out right now."

✘ 금방 차를 빼겠소.

☞ 「무법지대」에서 행방불명이 된 일본인을 찾으러 여기저기를 뒤지고 돌아다니다가 (어니스트 보그나인에게 위험한 절벽 길에서 차량으로 공격을 받고 겨우 살아서) 마을로 돌아온 스펜서 트레이시에게 로버트 라이언이 묻는다. 〈How long you intend to keep it up?〉(언제까지 이럴 셈이오?) 예문은 트레이시의 대답이다. pull over(차를 [길가로] 빼다)와 pull out(철수하다)을 혼동한 모양이다. 동사에 전치사나 부사가 따라 붙으면 의미가 크게 달라지는 경우가 많으니까, 조금이라도 뜻이 통하지 않으면 일일이 사전을 찾아 확인하기 바란다. come on(이리 오라)과 come up(올라오라)의 차이를 생각해 보라.

○ 「지금 당장 (이 마을을) 떠날 겁니다.」

---

push

"You're pushing your luck. I hope you know that."

✘ 아버지는 정말 운이 좋으세요.

☞ 「월 스트리트」에서 노조 위원장으로 정직하게 살아온 마틴 신이 두 번째 심장 마비를 일으켜 입원하자, 아들 찰리 신이 경고하는 말인데, 거꾸로 해 놓은 번역이다. 이런 식으로 〈luck이 push 해준다〉고 이해하는 사람들이 적지 않지만, push one's luck은 〈앞으로도 변함없이 운이 좋으리라고 믿으며 계속해서 밀어 붙인다〉는 말이어서, 〈그렇게 잘난 체하다가는 큰코다친다〉는 뜻이 된다.

「브릿지 부부」에서는 극도로 심한 세대 차를 느끼는 딸이 엄마에게 선언한다. 〈Nobody is going to push me around as daddy has pushed you around.〉(아빠가 엄마한테 하듯이 나한테도 요구할 순 없어요.) 틀린 번역은 아니지만, 말투가 지나치게 얌전해서 맥이 빠져, 〈어떤 남자도 나더러 감히 이래라저래라 못 한다〉는 의미가 잘 안 보인다.

○ 「엄마가 아빠한테 당했듯이 그런 식으로는 난 누구한테도 당하면서 살지는 않겠어요.」

put

"Yes, I put that dress away. When the Germans march out, I'll wear it again."

✘ 그 옷은 잘 넣어 뒀어요. 독일군이 파리를 떠나는 날 입어야죠.

☞ 「카사블랑카」를 보면, 파리에서 그녀가 입었던 〈파란 옷이 기억난다〉고 험프리 보가트가 말하자, 잉그릿 버그만이 예문에서처럼 설명한다. 버그만의 얘기는, 번역한 내용에 의하면, 〈독일군이 파리를 떠나는 날 입기 위해 소중하게 간직해 두었다〉는 말처럼 들린다. 사실은 전혀 그렇지가 않다. 독일군이 진주하는 바람에 두 사람은 헤어졌고, 그 운명의 날과 관련된 옷이니 〈꼴도 보기 싫어서 치워버렸고, 독일군이 물러간 다음에나 다시 입겠다〉는 말이다. 이렇게 정반대의 의미로 오역을 하게 된 이유는 put away라는 두 단어만 보았지, 그 말에 얽힌 상황과 주변의 배경은 계산에 넣지를 않았기 때문이겠다. 여기에서의 put away는 눈에 보이는 대로 〈먼 곳에 두다〉가 아니라 《(싫어서) 안 입는다》는 뜻이다.

「심야의 탈주」에서는 제임스 메이슨이 조직원들과 공장을 털 계획을 세우는 동안 아래층에서 부엌일을 하던 할머니가 그들의 계획을 훤히 꿰뚫어 보자, 캐틀린 라이언이 〈할머니는 남들이 하는 얘기를 하나도 놓치지 않아서 모르는 것이 없는 모양〉이라고 말한다. 할머니의 대답이다.

「Well, what I can't hear, I can put together.」

✘ 「차라리 모르는 게 약이지.」

번역문은 라이언이 한 말과 전혀 연결이 되지 않는다. 앞뒤 문맥의 논리와 인과 법칙을 염두에 두지 않음으로 해서 자신이 범한 오역을 깨닫지 못한 듯싶다. put together(함께 두다)는 〈꿰어 맞춘다〉는 뜻이다.

○ 「듣지 못한 부분도 있긴 하지만, 눈치로 때우지.」

「프로듀서」의 극중극에서 히틀러가 괴벨스에게 〈무슨 일을 하는 중이냐〉고 묻는다. 괴벨스는 〈독일이 영국을 침공했다는 내용으로 아침 선전을 위해 준비하는 중〉이라고 보고한다. 히틀러가 반응한다.

「You're putting me on.」

✘ 「나를 또 선동하는군.」

괴벨스가 히틀러를 〈선동〉한다는 상황이 과연 가능한가? 이렇게 문장에 담긴 내용이 논리성을 갖추지 못할 때는 혹시 오역이 아닌지 의심해 보고, 점검을 시작해서 바로잡아야 한다. put on은 속어로 〈놀린다〉는 뜻이고, 그래서 히틀러가 한 말은 〈나 놀리려고(나를 가지고 놀려고) 그런 소리 하는 거야?〉라는 뜻이다. put on의 반대말처럼 보이는 put off는 〈연기하다〉라는 뜻이다. 이렇게 전치사에 따라 동사는 때때로 엉뚱한 의미를 갖게 되기도 한다.

quack

"We can't win against quacks."

✗ 자연을 거스를 수는 없잖아.

☛ 「개선문」에서 (돌팔이 의사에게 다녀온) 젊은 여자를 수술하다 죽어 버리자 샤를 부아이에가 고통스러운 표정을 짓고, 프랑스인 의사는 〈자넨 할 만큼 했네〉라면서 위로한다. 자연사가 아닌데 〈자연〉을 거스른다니, 논리가 맞지 않는다. 문맥의 앞뒤를 살펴보지 않으면 quack이 〈자연〉으로 돌변하는 이런 엉뚱한 번역이 나온다. 다음 장면에서 부아이에가 손을 씻으며 의사에게 하는 말에만 귀를 기울였어도, 불결한 곳에서 낙태 수술을 받은 여자가 목숨을 잃게 된 원인을 파악하기가 훨씬 쉬웠겠다.

〈Twenty-one years old. Twenty-one. The dignity of man, the beauty of woman, the innocence and subtlety of love, a quack in a dirty cellar — and this.〉(스물한 살이야. 스물하나. 남성의 위엄, 여성의 아름다움, 사랑의 순결과 오묘함, 지저분한 지하실의 돌팔이 의사 — 그리고는 이렇게 되지.)

quarter

"Actually it's three quarters."

✗ 3세대 전이죠.

☛ 「애천」에서 부유한 루이 주르당과 결혼하려고 자신의 몸에도 〈이탈리아인의 피가 흐른다〉

고 거짓말을 한 매기 맥나마라에게 주르당의 어머니가 묻는다. 〈My son tells me you are half Italian.〉(아들한테 들으니까 아가씨는 절반이 이탈리아인이라더군요.) 〈이탈리아인의 피가 절반 섞였다〉는 말은 부모 가운데 한쪽이 이탈리아인이라는 뜻이다. 당황한 맥나마라가 예문에서처럼 얼버무린다.

quarter는 4분의 1이다. two quarters는 4분의 1이 둘이니까 4분의 2, 즉 절반이다. 그리고 three quarters는 4분의 1이 세 개니까 〈4분의 3〉이다. 〈3세대 전〉에 뭐가 어쨌다는 말인지 모르겠지만, 〈사실은 4분의 3만 이탈리아인이죠〉가 정확한 번역이다. 아버지나 어머니가 이탈리아인이면 절반, 그리고 할아버지나 할머니 가운데 한 사람도 이탈리아인이라면 4분의 1로 계산하니까, 부모 가운데 한 쪽 그리고 조부모 가운데 한 쪽이 이탈리아인이면, 합계가 4분의 3 이탈리아인이 된다. 그리고 이 조건은 3세대가 아니라 2세대 전까지만 거슬러 올라가면 충족된다.

일반적으로 피가 섞인 〈혼혈인〉은 흔히 mixed-blood라고 하지만, 아메리카 인디언이나 다른 유색 인종과 백인 사이에서 태어난 경우에는 half-breed다. 흑인과 백인의 혼혈 첫 세대, 그러니까 절반의 혼혈은 mulatto라 하고, 흑인의 피가 4분의 1이 섞인 백인은 quadroon이며, 8분의 1만이 흑인이면 octoroon이다. 인종의 교류가 워낙 흔해진 요즈음에는 이런 계산을 하는 사람들이 별로 없지만, 번역을 위해서는 상식적으로 알아 두는 것이 좋겠다.

queen

"Ah, it's the queen. She's decided not to get a divorce."

✘ 여왕이 보낸 거군. 이혼은 안 하기로 결정했대.

☛ 「뉴욕의 왕」에서 망명중인 찰리 채플린 왕이 호텔 방으로 배달된 아내의 전보를 받아보고 도운 애덤스에게 알려 주는 내용이다.

○ 「아, 집사람한테서 왔구먼. 이혼은 안 하기로 했다네.」

왕의 아내는 〈왕비〉지 〈여왕〉이 아니다. 「여왕 마고」는 제목부터가 번역이 잘못되었다. 이 영화에 대해서 신문에 낸 안내문을 보면 〈종교 분쟁을 끝낸다는 명목으로 딸 마고를 나바르의 어린 왕 앙리와 결혼시키고〉라는 설명이 나온다. 아무리 어린 왕이라도 나바르의 〈왕〉과 결혼하면 그녀는 〈여왕〉이 아니라 당연히 〈왕비〉가 된다. EBS에서 「여왕 마고」를 방영할 때는 이런 번역 자막도 나왔다. 〈까뜨린 여왕은 자넬 너무나 사랑해.〉 그리고 이런 설명문을 곁들였다. 〈프랑스 왕은 샤를 9세였으나 권력을 쥔 것은 어머니 까트린 메디치〉였다. 그렇다면 섭정 까뜨린은 〈여왕〉이 아니라 〈황후〉다.

「나폴레옹 2세」에서는 조세핀 역의 마르띤 카롤이 〈(당신이 왕이 되면) 그럼 난 여왕이 되겠죠?〉라고 묻는다. 「쿠오 바디스」에서는 데보라 커가 궁궐로 불려 갔을 때 후궁에서 떠드는 여자들에게 책임자가 〈제까짓 것들이 모두 여왕이 된 것처럼 구는구먼〉이라고 야단을 치는 장면이 나온다. 네로의 눈에 들기 위해 열심히 몸치장을 하는 젊은 여자들이 어찌 로마 제국의 여왕이란 말인가? 걸작 사극 「겨울 사자들」의 비디오 우리말 제목은 〈헨리 2세와 엘리노어 여왕〉이다. 하기야 헨리 2세 왕과 일리노어 여왕이 동시에 다스리는 나라였다면 부부가 권력 다툼을 하느라고 바람 잘 날이 없었겠다. 그리고 「아웃 오브 아프리카」를 보면, 전쟁이 끝난 다음 길거리에 승전 현수막이 내걸린다.

Victory. Save King & Queen.

✗ 승전. 폐하와 여왕을 지켜주소서.

「애정」에서는 로렌스 올리비에(히드클리프)가 멀 오베런(캐더린)에게 외친다.

「You will always be my queen.」

✗ 「너는 항상 내 여왕이야.」

이런 경우에는 queen이 〈여왕〉인지 〈왕비〉인지 알 길이 없다. 올리비에의 지위가 아직 결정되지 않았기 때문이다.

question

"Well, I shall have to give that question a little thought."

✗ 제가 질문을 하나 하죠.

☛ 「여자가 사랑할 때」에서, 애를 줄줄이 낳는 이유가 혹시 성행위에 대한 죄의식 때문이 아니냐고 묻는 정신과 의사에게 앤 뱅크로프트가 예문에서처럼 대답을 유보한다. 그날의 면담은 거기에서 끝나고, 앤 뱅크로프트는 의사에게 한 마디도 질문을 하지 않는다. 그녀가 한 말은 〈질문을 하겠다〉는 뜻이 아니라, 의사가 한 말에 대해서 give a little thought(생각을 좀 해봐야 되겠다)는 의미기 때문이다.

○ 「글쎄요, 의사 선생님이 언급한 문제question는 지금까지 전혀 생각조차 안 해봤는데요.」

「카사블랑카」에서 그를 만나기 전에 남자가 없었느냐는 험프리 보가트의 우회적인 질문에 잉그릿 버그만이 대답을 회피한다.

「We said no questions.」

✗ 「질문은 안 하기로 했잖아요.」

두 사람이 〈질문을 안 한다〉고 약속한 적은 없을 듯싶다. 〈배가 고프냐〉거나 〈돈이 필요하느냐〉는 따위의 〈질문〉 말이다. 다른 문제에 대해서는 수만 가지 〈질문〉을 다 해도 좋지만, 그들은 〈과거는 묻지 않기〉로 약속했다는 뜻이다.

○ 「우린 과거는 묻지 않기로 했잖아요.」

험프리 보가트는 나중에 비슷한 질문을 다시 했다가는 곧 취소한다. 〈I forgot we said no questions〉라면서. 이것도 번역문은 〈질문 않기로 한 걸 잊었군〉이었다.

「마스크 오브 조로」를 보면, 캘리포니아를 독립시키려는 총독으로부터 관저로 초대를 받은 유지들 가운데 한 사람이, 〈우리들을 모두 부자로 만들어 줘서 고맙기는 하지만〉이라는 단서를 달고는, 이의를 제기한다.

「However, we must question your motives.」

✗ 「당신의 의도를 묻고 싶군요.」

오역이라고까지 하기는 어렵겠지만, 예문의 참뜻은 〈당신의 속셈에 대해서 우린 의혹을 가질 수밖에 없다〉는 쪽이다.

◯ 「하지만 우린 총독의 의도에 대해서 의구심을 갖게 되었습니다.」

「밤의 열기 속에서」를 보면, 흑인 형사 시드니 푸아티에를 데리고 수사를 하러 온실로 찾아간 경찰서장 로드 스타이거에게 목화 농장주가 불편한 심기를 드러낸다.

「Let me understand this. You two came here to question me?」

✗ 「이해가 안 가는군요. 그러니까 날 의심한단 말인가요?」

여기에서 question은 단순히 〈의심〉하는 정도가 아니라, 인종 차별이 매우 심한 농장주가 〈어디서 굴러 온 깜둥이 나부랭이가 감히 나를 심문하겠다고 덤비느냐?〉면서 극심한 불쾌감을 나타내는 말이다. Let me understand this([너무나 기가 막힌 일이라서 내가 혹시 착각한 것이나 아닌지 확인하고 싶으니] 하나 따져 보기로 합시다) 또한 그런 시각을 잘 드러낸 표현이다.

◯ 「확실하게 해둡시다. 당신들은 날 심문하려고 여길 찾아온 건가요?」

「도그빌」에서 (폭력 조직으로부터 도망친) 니콜 키드먼은 마을에 숨어서 지내라는 청년의 권고를 받아들이려고 하지 않는다.

「People will ask questions.」

✗ 「사람들이 궁금해 할 거예요.」

일종의 관용어가 되어버린 ask questions(여러 사람이 묻는다)는 단순히 〈궁금해 하는〉 정도가 아니라, 〈수상하다고 의심하거나 수군거린다〉, 또는 〈이상한 소문이 나돈다〉는 뜻이다.

quicksand

"This is the story of one of those pretty creatures who lived on the quicksands of popularity — Marguerite Gautier, who brightened her wit with champagne — and sometimes her eyes with tears."

✗ 이는 그 위태위태한 애정공세를 받으며 샴페인에 목을 적시듯 눈물로 눈을 적시기도 한 〈마가리트 고티에〉에 관한 이야기입니다.

☛ 「춘희」의 해설이다. 알렉상드르 뒤마 피스 원작에 제임스 힐튼이 각색을 맡은 수준의 고전 작품에서라면 어김없이 만나게 되는 도입부의 자막 해설이다. 이렇게 문학적인 장치를 갖추

고 차원이 높은 수사학을 구사하는 문어체 표현이 나오면, 대화체의 단문을 주로 취급하던 영상 매체 번역자로서는 당황하기가 쉽다. 의미의 전달을 넘어 예술적 기교까지 살려야 하는 부담 때문이다.

quicksands of popularity(인기라는 함정)의 은유법metaphor과 brightened her wit with champagne(샴페인을 곁들여 재치를 빛내다)이라는 문학적 화법에 애를 먹은 듯싶다. quicksand(유사[流砂])는 비유법에 자주 동원되지만, 제대로 된 우리말이 없는 실정이다. 〈모래 함정〉이라고 하면 어떨까 싶다. 개미귀신이 파놓는 모래 함정이 대표적인 quicksand라고 여겨지니까.

○「이것은 마르그리트 고티에라는 여인 ― 아슬아슬한 인기의 벼랑 끝에서, 그녀의 재치에 술 한잔을 곁들이기도 하고, 때로는 눈물로 눈을 적시기도 하면서 살았던 그런 어느 아름다운 여인에 관한 이야기다.」

quit

"I quit even before I came in here."

✘ 이렇게 되기 전에 그만뒀어야 했어.

☞「육체와 영혼」에서 (흥행주 로이드 고프의 농간으로 사이가 멀어진) 조셉 피브니를 술집에서 만난 존 가필드가 따진다. 〈If you don't like this racket, Shorty, you can always quit.〉(이 바닥이 마음에 안 들면 말이야, 쇼티, 언제라도 그만두면 되잖아.) 그러자 피브니가 비꼬아서 반박(예문)한다. 사람들이 번역에 임할 때 숫자에 대해서 대충 얼버무려 넘기는 나쁜 습성을 여러 곳에서 지적했지만, 시간과 시제 역시 마찬가지다. 위 대화에서 가필드는 미래의 가능성을 언급한다. 그리고 피브니의 대답을 번역해 놓은 내용을 보면, 현재의 시점에서는 행동이 이루어지지 않은 미완성으로, 역시 미래형을 취한다. 그러나 예문의 quit은 분명히 과거형이다. 〈난 술집으로 들어오기 전에 벌써 그만뒀다〉라고 말이다. 꽈배기 화법은 본디 번역이 어렵다.

「무법지대」에서는 또다시 살인 사건이 벌어지려고 하자 장의사 월터 브레넌이 딘 재거 보안관에게 수수방관하지 말라고 경고한다.

「But one thing, Tim, don't quit.」

✘「한 가지는 말해 줄 수 있어, 팀, 그만두지 마.」

여기에서는 quit이 단순히 〈그만두다〉가 아니라 《(용기가 없어서) 포기하다》라는 의미(☞ walk)가 된다.

○「한 가지는 분명한데, 팀, (이번에는) 그냥 넘어가면 안 돼.」

quiz

"You want me to get God to take a quiz?"

✘ 나더러 하나님에게 퀴즈를 내라는 말입니까?

☛ 「오, 하나님」에서 하나님(조지 번스)에게 신학에 관한 50가지 질문을 해달라는 신학 교수들에게 존 덴버가 묻는 말이다. 번역문을 보면 〈하나님에게 수수께끼를 내라〉는 소리처럼 들리는데, quiz는 학교에서 보는 간단한 〈쪽지 시험〉을 뜻한다. quiz보다 조금 어려운 시험은 test라 하고, 본격적인 시험은 examination이다. 〈중간고사〉와 〈학기말 고사〉는 각각 mid-term exam(ination)과 final exam이라고 한다. 참고로 개신교의 〈하나님〉을 구교에서는 〈하느님〉이라고 한다.

○ 「여러분은 나더러 하나님에게 시험 문제를 내라는 말입니까?」

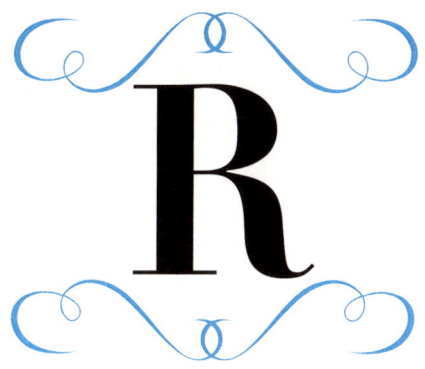

racket

"I can make a bundle of cash before I'm thirty and get out of this racket."

○ 서른 전에 큰돈을 벌어서 이 바닥을 떠날 거야.

☞ 「월 스트리트」에서 내부 정보로 주식 투자를 하고 큰돈을 번 찰리 신이 동거를 시작한 대릴 한나에게 포부를 털어놓는다. 정말로 눈에 자주 띄는 다용도 단어 racket은, 특히 구어나 속어로 쓰이면, 〈시끄러운 놀자판〉, 〈떠들고 놀기〉, 〈난장판〉, 〈야단 법석〉, 〈힘겨운 상황〉, 〈불법 조직과 그들의 활동〉, 〈부정한 돈벌이〉, 〈나쁜 짓〉, 〈공갈〉, 〈사기〉, 〈밀수〉, 〈밀매〉, 〈협박〉, 〈횡령〉, 그리고 심지어는 훨씬 고상하게 〈직업〉이나 〈장사〉, 그리고 〈전문 분야〉라는 등의 의미를 모두 주워 담는다. 그래서 아무 말이라도 갖다 붙이면 될 듯싶지만, 실제로 번역하다가 racket이라는 단어가 나타나면 좋은 표현이 생각나지 않아 애를 먹는 경우가 적지 않다. 그렇기 때문에 사전을 찾아봐서는 나타나지 않는 〈바닥〉이라는 절묘한 표현이 여기에서 돋보인다. 번역문에서 옥의 티라면 can의 감각이 미흡하게 전달되었다는 흠이다. 번역문은 확정적인 진술이지만, 원문은 소망을 나타낸다.

○ 「난 서른이 되기 전에 한몫 잡고 이 바닥을 뜰 수가 있어.」

radio

"Who got the radio?"

✘ 교신기 가지고 있는 사람?

- 「공격」에서 독일군이 포진한 마을을 공격하기에 앞서서, 잭 팰런스 소대장이 점검한다. radio는 〈무전기〉다. 공식적인 명칭이 있음에도 불구하고 저마다 이런 식으로 새 이름을 지어낸다면 혼란만 일어난다.

○ 「무전기는 누가 가지고 있지?」

「로빈슨 가족」에서는 한 가족을 산속 호숫가에 수상 비행기로 태워다 주고 나서 조종사가 묻는다. 〈라디오는 있습니까? 떠날 때는 라디오로 연락해 주세요.〉 〈라디오〉는 방송을 듣는 물건이어서, 남에게 〈연락〉을 취할 때는 아무 도움이 되지 않는다. 조종사의 말은 철수하고 싶을 때는 〈무전〉으로 미리 연락해 달라는 뜻이었다. 이 영화에는 〈통신을 위한 라디오 방송국〉에 대해서 아버지가 가족에게 설명하는 장면도 나오는데 여기서 radio station은 〈통신〉이 아니라 〈교신communication〉을 위한 〈무전 연락소〉를 의미한다.

「잃어버린 지평선」에서는, 바깥 세계와 통하는 wireless(전신, 전보) 시설이 없다는 노인의 말에 토마스 밋첼이 묻는다.

「Not even a radio?」

× 「라디오도 없나요?」

역시 〈무전기 한 대도 없나요?〉라는 말이다.

「영상으로 보는 애니멀 다큐멘터리 시리즈」〈로키 산의 산양들〉에서는 〈라디오 수신기를 부착했습니다〉라는 번역 해설이 나왔다. 사람이 하는 말을 알아듣지 못하는 동물에게 채워 주는 물건은 〈수신기〉가 아니라 신호를 보내는 〈송신기〉다. 로키 산맥의 산양들은 〈라디오 수신기〉가 아니라 〈무전 송신기radio transmitter〉를 차고 돌아다녔다. 무전 교신에 대해서는 work 항을 참조하기 바란다.

rancor

"And I don't really think that personal rancor is going to help the situation, if I may say so."

✘ 댁의 부인과 장모님께는 개인적인 양심이 있는 줄 아니까 오해는 하지 마세요.

- 「매드 매드 대소동」에서 영국인 퇴역 장교 테리-토마스는 〈드센 미국 여성〉에 대한 논쟁을 벌이다가 밀튼 벌의 장모를 우회적으로 언급하지만, 분위기가 나빠지자 예문에서처럼 말머리를 돌린다. personal rancor는 〈개인적인 양심〉이 아니라 〈개인적인 원한〉이다. 그리고 나머지 문장도 도대체 어떻게 그런 번역이 나오는지 알 길이 없는 내용이다.

○ 「그리고 정말이지 내 생각으로는 개인적인 적개심을 드러내어서 상황이 좋아질 가능성은 전혀 없다는 말씀을 감히 해드리고 싶군요.」

range

"What you got here, son, is a range war."

✘ 지금은 어딜 가나 전쟁이야.

☛ 「허드서커 대리인」에서 회사의 주가가 폭락하자 어느 늙은 주주가 파티에서 만난 팀 로빈스 사장더러 분발하라고 촉구한다. range war, 그리고 그 두 단어 중에서도 특히 range가 무슨 뜻인지를 몰라서 〈어딜 가나 전쟁〉이라는 엉뚱한 표현이 등장한 듯싶다. 유명한 미국 민요 가운데 Home on the Range가 있는데, 여기에서의 range는 〈목장(牧場)〉이라는 뜻이다. 그리고 range war는 자주 쓰이는 흔한 표현으로서, 서부 개척기에 목장주들과 농민들 사이에서 울타리나 물을 놓고 벌이던 싸움을 뜻한다. 「셰인」에서 목장주 라이커 일당과 마을 농민들이 벌이던 〈전쟁〉이 range war(☞ fence)의 대표적인 예다. 예문은 카우보이 모자를 쓴 텍사스인이 한 말인데, 개척기의 표현을 좋아하는 사람임이 분명하다.
○ 「자네가 지금 처한 상황은 말일세, 개척 시대의 땅빼앗기 싸움이나 마찬가지라고.」

ransom

"We demand no ransom, no tribute."

✘ 우리는 돈도 찬사도 바라지 않는다.

☛ 「알렉산더 대왕」에서 평화 협정을 맺으려는 정복자 리처드 버튼이 아테네 지도자들에게 선언하는 내용이다. 사극의 어휘는 사극다워야 한다. tribute는 나중에 〈찬사homage〉라는 뜻으로도 발전하기는 했지만, 본디 정복을 당한 집단이 정복자에게 바치는 〈공물〉이었다.
○ 「우리는 인질금도 요구하지 않고, 공물도 요구하지 않겠다.」

rape

"Rape!"

✘ 폭행이야!

☛ 「실버 스트릭」에서, (기차간의 통로가 워낙 좁아 지나가는 어느 뚱뚱보 남자에게 밀려) 진 와일더가 객실로 들어가자, 안에 있던 뚱뚱보 여자가 고함친다. 〈강간범이다!〉라고 누가 소리쳤다면 다른 승객들이 긴장하겠지만, 〈폭행이야!〉라니? 이것은 아마도 〈강간〉이 방송 금지

를 당한 단어여서 순화어 〈성폭행〉에 기준을 맞추느라고 타의에 의해서 이루어진 〈오역〉이 아닐까 싶다.

rat

"Sing the song of rats."

✗ 생쥐의 노래를 불러요.

☛ 「호프만의 노래」에 나오는 노랫말의 한 대목이다. rat은 징그럽고 더러워서 사람들이 싫어한다. 반면에 〈생쥐〉는 해너-바베라의 만화 영화 「톰과 제리」 그리고 월트 디즈니의 「미키 마우스」에서처럼, 수많은 사람들의 사랑을 받는 설치류다. 〈생쥐〉는 영어로 rat이 아니라 mouse다.

「기적은 사랑과 함께」에서는, 애니 설리반 선생의 강압적인 훈련 방식이 못마땅해진 아버지가 헬렌 켈러를 〈차라리 시설로 보내겠다〉고 한다. 설리반이 반박한다.

「I grew up in such an asylum. My brother Jimmy and I used to play with the rats there because we didn't have toys.」

✗ 「저도 그런 시설에서 성장했습니다. 제 동생 지미하고 저는 그곳에서 장난감이 없었기 때문에 생쥐들하고 놀았어요.」

특히 털이 하얀 빛깔이라면 〈생쥐〉를 장난감으로 삼더라도 그리 비참한 일은 아니겠다. 실제로 생쥐를 애완동물로 키우는 아이들도 있으니까 말이다. 「마지막 황제」에서는 푸이가 비단 쌈지에 하얀 생쥐를 한 마리 담아서 키운다.

찰스 슐츠 만화의 주인공 〈꼬마들Peanuts〉은 기분이 나쁘면 이렇게 외친다. 〈Rats!〉 기분이 나빠서 입에 담는 〈Rats!〉는 〈쥐새끼들!〉일까 아니면 〈생쥐들!〉일까? 「오클라호마」에서는 (글로리아 그레이험과 강제로 약혼한) 방물장수 에디 앨버트에게 여자를 빼앗긴 목동 진 넬슨이 화려하게 화를 낸다.

〈I don't know what to call you. Ain't pretty enough for a skunk. Ain't skinny enough for a snake. Too low to be a man, and too big to be a mouse. I reckon you're a rat.〉(너 같은 놈을 뭐라고 불러야 좋을지 모르겠어. 스컹크만큼 예쁘지도 않고. 뱀이라고 할 만큼 가늘지도 않고. 인간이라고 하기에는 너무 비열하고, 생쥐라고 하기엔 너무 크니까. 넌 쥐새끼라고 하면 어울리겠다.) 〈생쥐 같은 놈〉과 〈쥐새끼 같은 놈〉은 확실히 부류가 다르다.

「미드나잇 카우보이」에서 철거 대상인 빈 집에서 얹혀살기로 한 존 보이트에게 더스틴 호프만이 요구한다.

「In my own place, my name ain't Ratso. My name is Enrico Salvatore Rizzo.」

✗ 「분명히 말하지만, 내 이름은 쥐방울이 아냐. 내 이름은 엔리코 살바토레 리조야.」

Ratso(랫소)는 〈리조〉라는 이름과 발음이 비슷한 별명이다. 그런데 여기서 〈쥐방울〉이라고 한 별명이 영화에서는 수시로 〈좀팽이〉, 〈좀씨〉 따위로 달라진다. 별명도 고유 명사다. 고유 명사는 일관성을 유지해야 한다. exhibitionist 항에서 –o의 용법을 설명했지만, Ratso는 〈쥐 선생〉 정도로 하면 괜찮겠다.

○ 「적어도 내 집에서만큼은 나더러 〈쥐선생〉이라고 하지 마.」

–o의 용법을 잠시 복습하자면, 「미녀와 우유배달」에서는 〈Hey, What's Your Name?〉(여봐요, 당신 이름이 뭔가요?)이라는 노래에 이런 대목이 나온다. 〈They call me Fatso, but I'll go on a diet for you.〉(사람들은 나더러 돼지라지만, 당신을 위해서 살을 빼겠어요.) Fatso는 fat(뚱뚱한)에 –(s)o를 붙인 별명이다. 「내가 마지막 본 파리」에서는 엘리자베스 테일러가 아이를 낳고 몸이 불어 옷의 지퍼가 올라가지 않자, 남편 반 존슨이 대신 채워 주며 놀린다. 〈Hi, Fatso.〉(안녕, 뚱보 아가씨.) 「아라베스크」에서는 그레고리 펙이 횡설수설하자 펙을 납치한 아랍인이 묻는다. 〈To the point, daddy–o, where is the cipher?〉(정답만 말하라니까, 영감탱이야, 암호 해독서는 어디 숨겨두었어?)

reach

"I'll get your names and where you can be reached."

✘ 당신들의 이름과 숙소를 적어야 되겠어요.

☞ 「매드 매드 대소동」에서 사고 현장을 조사하러 나온 형사 노먼 펠이 목격자들에게서 협조를 구한다. 펠 형사가 원하는 사항은 숙소quarters가 아니라 (이름과) 〈연락이 닿는reach 곳〉, 그러니까 〈연락처〉다.

read

"I will read your rights."

✘ 당신의 권리를 읽어드리죠.

☞ 「몬트리올 예수」에서 십자가에 매달린 배우를 체포하러 온 경찰관이 통고한다. 지나치게 고지식한 번역은 자칫 오역이 되기 쉽다. 이 장면뿐 아니라 수많은 영화의 비슷한 상황에서 경찰관은 실제로 무엇인가를 꺼내 들고 〈읽어 주기〉를 하지는 않는다. 이미 암기한 내용을 그냥 〈일러 주기〉만 한다. 〈당신에게 어떤 권리가 있는지 알려 드리겠습니다〉 정도면 충분하겠다. 그리고 경찰관은 〈읽어 주기〉에 앞서서 〈세바스찬 중사〉라고 자기소개를 한다. 〈중사〉는 군대 계급이다. 같은 sergeant라고 해도 경찰에서는 〈경사〉라고 한다.

「진주만」에서 정보 장교인 대령이 일본의 수상한 움직임을 신속하게 전하면서 확인한다.

「Do you read that? Acknowledge.」

✗ 「카피됐나?」

read를 copy라고 옮기는 행위도 과연 번역인지 궁금하다. 정보 장교의 말투치고는 지나치게 방정맞다는 느낌이다. 예문은 〈알겠는가? 확인하라〉라고 옮기면 보다 군인다운 말투겠다. 「프렌치 커넥션」에서 경찰들끼리의 교신 가운데 들려오는 말이다.

「Do you read me?」

✗ 「내 말 들리는가?」

경찰 뿐 아니라 군인들이 무전 교신을 할 때는 read를 거의 예외 없이 〈들리는가〉라고 번역하지만, 육군에서 상대방을 무전으로 호출할 때는 〈감 잡았는가?〉라고 하며, 소리가 잘 들리면 상대방이 〈감 잡았다〉고 응답한다. 특수 집단이 사용하는 이런 전문 용어를 살려 내는 일이 왜 중요한지는 sister 항을 참조하기 바란다.

realize

"Mother! Do you realize what you just said?"

✗ 엄마! 방금 무슨 말을 했는지 알고 계세요?

☛ 「신데렐라」에서 〈왕자의 무도회에 가도 된다〉고 신데렐라한테 건성으로 허락한 계모에게 친딸이 따진다. realize(깨닫다, 알게 되다)는 know(안다)의 유의어다. 그러니까 예문은 〈Do you know what you just said?〉와 같은 말이다. 그리고 가장 흔한 know 문장의 예로는 〈I know what I am doing〉(나는 내가 무엇을 하고 있는지 알고 있다), 〈I know what I am saying〉(나는 내가 무슨 말을 하고 있는지 알고 있다), 그리고 〈I know where I'm going〉(나는 내가 어디로 가고 있는지 알고 있다) 따위가 꼽힌다. 이 세 개의 예문을 우리말로 옮긴 괄호 안의 문장은 전형적인 번역체 문장이다. 어딘가 함량이 부족한 번역체 문장이라고 이 예문들이 여겨지는 까닭은 〈있는지〉와 〈있다〉와 〈알고〉가 무절제하게 반복되기 때문이다. 우리말 대화에는 〈있는〉, 〈수〉(☞ can), 〈것〉, 〈너무〉를 비롯하여, 낡아 빠질 정도로 흔하게 사람들이 남발하는 단골 어휘가 꽤 많다. 그런 어휘는 대부분 워낙 문장에서 자주 나타나기 때문에 식상하여 생기를 잃기 쉽다. 아무리 멋지고 고상한 어휘나 표현이라고 해도 같은 말이 지나치게 자주 반복되면, 무성의한 글쓰기라는 인상을 준다.

go(가다)나 do(하다) 못지않게 용법의 행동반경이 넓은 동사 know는 당연히 사용 빈도수가 높다. 그러다 보니 know는, 여러 다양한 문맥에 따라, 단순히 〈안다〉는 개념을 벗어나 돌발적인 의미로 바뀌는 경우가 많지만, 그럼에도 불구하고 그 단어가 등장할 때마다 무의식적으로 〈안다〉라는 기본적인 개념으로만 고지식하게 번역하는 경우에는, 답답한 번역체의 원흉이 되기도 한다. 번역은 단순한 단어의 나열이 아니라 〈생생한 말〉이 되어야 한다. 따라서

know를 싱싱하게 번역하려면, know(안다)라는 기초 개념을 벗어나서, 가끔씩은 know와 거리가 먼 어휘로 옮겨야 하는 필요성(☞ know)이 생겨나고, 「신데렐라」 예문이 바로 그런 경우에 해당된다. 그렇다면 DVD 번역문에서, 〈알고 계세요(알고 있어요)〉의 〈안다〉와 〈계시다(있다)〉를 제거하는 방법은 무엇일까?

「엄마! 방금 그 소리는 왜 했어요?」

「피츠카랄도」에서는, 아마존 밀림의 포주 클라우디아 카르디날레가 〈아직 쓸 만한 땅이 어디엔가는 남아 있다〉면서 클라우스 킨스키를 격려한다.

「I know what I'm saying.」

✗ 「내 말에 책임질 수 있어요.」

○ 「내 말을 믿으라고요.」

나중에 카르디날레와 킨스키가 페루 정부로부터 쓸모없는 땅을 구입하려고 찾아갔더니, 변호사가 말린다.

「Do you really know what you are doing?」

✗ 「당신이 무슨 일을 하고 있는지 알고 있습니까?」

○ 「이런 무모한 짓을 꼭 해야만 되겠습니까?」

reasonable

"She lives in Yonkers and she said, 〈Pick out something reasonable〉."

✗ 용커스에 있는데 괜찮은 걸로 사오랬죠.

☛ 「헬로, 돌리!」에서 가난뱅이 청년이 부자인 체하면서 애인에게 선물할 모자를 사겠다고 허풍을 떤다. reasonable은 〈괜찮은〉이 아니라 〈값이 저렴한〉이라는 말을 듣기 좋게 둘러 댄 euphemism(완곡어법)이다. 그래서 청년은 곧 〈Under a dollar(1달러 미만)〉이라는 설명을 덧붙인다.

○ 「용커스에 사는 여자인데, 〈가격이 적당한 걸로 골라 봐요〉라고 하더군요.」

reassign

"You're relieved. Take two days off and report to me. You'll be reassigned."

✗ 널 풀어주겠다. 이틀 후에 보고해. 해고하진 않겠다.

☛ 「레 미제라블」(1998)에서 혁명 세력을 염탐하는 밀고자가 마리우스와 코제트를 밤새도록 미행하다 감기에 걸리자 〈좀 쉬운 일을 시켜달라〉고 부탁한다. 자베르 형사가 예문에서처럼 약속한다. 두 번째 문장의 report은 〈보고하다〉 또는 〈출두하다〉라는 뜻이다. reassign을 re-assign이라고 풀어서, 〈다시 일감을 준다〉는 뜻으로 착각하여, 〈해고하지 않겠다〉는 번역이 나온 듯싶다. reassign(재배당하다)은 다른 부처로 보내거나 〈새 임무를 부여하겠다〉는 뜻이다.
○ 「네 임무를 해제하겠어. 이틀 동안 휴식을 취한 다음 나를 찾아와. 새로운 일을 맡길 테니까.」

rebel

"I got a request of my own: I Am a Good Old Rebel."

✘ 나도 한 곡 신청하지. 나는야 반란군.

☛ 「롱 라이더스」에서 북군의 노래를 신청곡으로 받아 연주하는 술집 악단에게 랜디 퀘이드가 주문(예문)한다. Rebel은 대문자로 시작하면 〈남군〉이라는 뜻이다. 어느 편에서 싸우거나 간에 자신을 〈반란군〉이라고 부를 군인은 없겠다. 신청곡의 제목은 〈나는야 착하고 훌륭한 남군〉 정도의 뜻이 되겠다.

receipt

"Pay the fine and the damages. This is a receipt for his coat, wallet and the rest."

✘ 계약을 파기한 손해배상금을 지불하시오. 이건 그의 코트와 지갑 영수증이요.

☛ 「갈채」에서 술집에 갔다가 행패를 부리고 경찰서로 잡혀온 배우 빙 크로스비를 꺼내 주려고 온 연출자 윌리엄 홀든이 조감독에게 돈을 주며 지시하는 내용이다. 첫 문장은 《(경찰서에) 벌금을 내고 (술집에서 깨트린 거울 따위에 대한) 손해도 배상하라》는 뜻이다. 두 번째 문장의 receipt는 경찰에 잡혀가 유치장으로 들어가기 전에 모두 맡겨야 하는 소지품에 대한 〈보관증〉이다.
○ 「벌금과 배상금을 내도록 해요. 이건 그의 외투와 지갑과 나머지 소지품의 보관증이고요.」

reckless

"That you have come proves not only your recklessness, but your devotion."

✘ 이왕 이렇게 오셨으니 이 시간을 즐기시길. 우리를 너무 과분하게 대하시는구료.

☛ 「쿠오 바디스」에서, 황제의 미움을 받게 되자 (사랑하는 노예 마리나 베르티와 함께) 자살을 결심한 리오 겐이 친구들을 만찬에 초대하고 작별 인사를 나눈다. 원문은 거들떠보지도 않고 〈창작〉을 해놓은 듯한 번역이다. you have come은 that에 걸리고, that은 다시 proves로 연결되는 고급 문장이다. recklessness는 〈무모함〉인데, 네로 황제의 미움을 받는 신하의 집으로 만찬에 참석하러 찾아온 행동이 그야말로 목숨을 걸어야 하는 위험한 짓이기 때문에 한 말이다.

○ 「여러분이 이렇게 찾아와 주었다는 사실은 여러분의 무모함뿐 아니라, 여러분의 우정을 증명합니다.」

reckon

"Well, I reckon that's all there is to be said."

✘ 하고 싶은 말은 그것뿐이야.

☛ 「버스 정류장」에서 그동안 저지른 무례한 행동에 대해 돈 머리가 마릴린 몬로에게 사과한다. reckon은 〈~한 기분이 든다〉는 말이며, to be said는 〈꼭 얘기해야 하는〉이다. 번역문을 보면 〈더 이상 말도 하기 싫다〉는 소리처럼 들리는데, 사실 머리는 하고 싶은 말이 많으면서도 〈용건은 다 얘기했으니까 이제는 입 다물고 억지로 참겠다〉는 심정이다.

○ 「꼭 해야 할 얘기는 그 정도가 전부라는 생각이야.」

reclaim

"During these next few weeks, we will be learning to reclaim our own power as women! Hallelujah!"

✘ 오늘부터는 여성의 매력을 어떻게 활용할 것인가 공부합니다.

☛ 「프라이드 그린 토마토」에서 캐티 베이츠가 다니는 성교육 교실을 담당한 여강사가 열강하는 내용이다. reclaim은 〈상실한 무엇인가를 되찾는다(☞ claim)〉는 뜻이다. 강연을 듣는 사람들은 부부 생활이 원만하지 못해서 〈활용〉은커녕 제자리를 되찾기도 힘든 중년 여성들이다.

○ 「이제부터 몇 주일 동안, 우린 여성으로서 우리들 자신이 지닌 힘을 되찾는 방법을 배우게 됩니다. 주를 찬미합시다!」

recognize

"Great Britain recognized the island state of Singapore. How do you recognize an island? You look a lot like Hawaii. Didn't we meet last year at the Peninsula Club?"

✘ 영국이 싱가폴 섬을 승인했습니다. 승인하다니, 섬이 사람이라도 되나요? 당신은 하와이를 닮았군요. 섬 클럽에서 만났었나요?

☛ 「굿모닝 베트남」에서 미군 방송의 진행자인 로빈 윌리엄스가 음악을 틀어 주는 틈틈이 내보내는 토막 소식이다. 참으로 번역하기 난감한 대목이다. island state는 그냥 〈섬〉이 아니라 〈섬으로 이루어진 국가〉, 그러니까 〈섬나라〉다. 하지만 뒤에 나오는 설명을 살리기 위해서 불가피하게 〈의도적인 오역〉을 한 듯싶다. 싱가포르는 1819년부터 영국의 통치를 받다가 1965년 8월 9일에 독립했다. recognize는 영국이 싱가포르의 독립을 〈승인(인정)했다〉는 뜻이지만, 그 단어 자체에는 〈(아는 사람의 얼굴 따위를) 알아보다〉라는 다른 의미가 있다. 윌리엄스는 recognize의 이런 두 가지 의미를 활용하여 double talk(겹말)을 구사한다.

위 예문은 DVD의 번역인데, recognize의 겹말을 살리려고 애를 쓴 흔적이 역력하다. 같은 대목을 KBS에서는 이렇게 옮겼다. 〈영국은 싱가폴 섬을 인정했습니다. 인정한다는 것은 알아본다는 건데요. 당신은 하와이같이 생겼구만.〉 나중 번역을 조금만 윤색해 보겠다. 〈알아본다〉가 〈권위를 인정해 준다〉는 뜻도 있음을 감안하기 바란다.

○ 「영국은 싱가포르를 인정하기로 했습니다. 인정한다면, 알아본다는 뜻이겠죠? 당신은 하와이같이 생겼군요. 우리 혹시 지난해에 반도 클럽에서 만나지 않았나요?」

현대판 「로미오와 줄리엣」에서 줄리엣이 로미오에게 하는 말이다.

「I recognize your voice.」

✘ 「그대의 음성을 알아보겠어요.」

목소리는 귀에 익기는 할지언정, 눈에는 보이지 않는다.

reconstruct

"Glass eyes, plastic noses, reconstructed cheekbones."

✘ 유리 눈에, 플라스틱 코에, 광대뼈까지 재건한다는군.

☛ 「젊은 사자들」에서 지뢰 폭발로 얼굴이 뭉개진 막시밀리안 셸 대위가 병원으로 찾아온 말론 브랜도에게 현대 의술의 발전을 얘기하며 태연한 체한다. 건물은 〈재건〉하지만 사람의 망가진 얼굴은 〈복원〉한다.

○ 「유리로 눈을 해 박고, 플라스틱 코에, 광대뼈까지 복원한다더군.」

red

"Red alert!"

✘ 공습경보!

☛ 「아름다운 비행」에서 제프 대니얼스 부녀와 함께 날아오는 기러기 떼를 레이더로 포착한 미 공군 장교가 경계령을 발동한다. red alert은 〈갑호 비상〉을 알리는 〈적색경보〉다. 〈공습경보〉는 전쟁 상황에서 적기가 폭격을 하러 날아올 때 발동한다. 기러기가 폭탄을 투하한다면 그때는 공습경보로 돌입한다.

「닥터 지바고」를 보면, 독일과의 전쟁에서 환멸을 느낀 지원병들이 탈영하여 뿔뿔이 흩어져 고향으로 돌아가려고 하자, 군의관 오마 샤리프가 고참병에게 묻는다. 〈Going home, Kuril?〉(집으로 가나요, 쿠릴?)

「Home, Your Excellency? Petrograd. I'm joining the Red Guard.」
✘ 「집이라니 무슨 소리요? 페츠로그라드로 가서 적위군에 입대할 거요.」

영화 「닥터 지바고」가 텔레비전으로 처음 방영되었을 때는 군인들이 시위대를 학살하는 장면이나 탈영병들이 장교를 사살하는 장면 그리고 다른 여러 〈민감한〉 장면이 삭제되었다. 〈통일〉이라는 말만 입에 올려도 한국인들이 붙잡혀 가던 시절의 일이었다. 이념 전쟁이 한반도에서 치열했던 그때는 공산주의에 대해서 알려고 하기만 해도 국가의 안보를 해치는 반역자로 간주되었다. 그러다 보니 공산주의 집단에 대한 용어를 접할 기회가 한국인들에게는 극도로 제한되었고, Red Guard 같은 명칭을 우리말로 번역하려면 혼선이 빚어지고는 했다. 위 번역에서는 〈적위군(赤衛軍)〉이라고 했는데, 당시 문학 번역에서는 〈홍위군(紅衛軍)〉이라는 표현이 일반적이었다. 그들과 맞서 싸운 White Guard는 〈백위군(白衛軍)〉이라고 했다. 〈위군〉이라는 표현은 중국의 문화 혁명으로 인해서 〈홍위병Red Guard〉이라는 단어가 널리 알려지면서 뒤늦게 당위성을 찾았다. 일본에서는 한때 〈적군파(赤軍派)〉가 기세를 올렸었다.

refugee

"This is a hotel for refugees, people with prices on their heads, people who hang themselves the next morning, or leave for Peru."

✘ 목에 현상금이 걸린 사람들, 이튿날 아침 목을 매고 자살할 사람들, 아니면 페루 같은 곳으로 떠날 사람들 — 이 호텔은 망명객들의 안식처예요.

☛ 「개선문」에서 잉그릿 버그만을 하룻밤 집에서 재워 준 다음, 아침에 간단한 식사를 같이 하며 샤를 부아이에가 설명한다. 그냥 refugee라고 하면 〈망명객exile〉이 아니라 〈난민〉이다. 〈난민〉은 난을 피해 무작정 몰려드는 수많은 사람들이고, 〈망명객(客)〉은 정치적인 목적을 밝히며 신청을 해서 인정까지 받아야 하는 특별한 소수 계층이다. 어느 북한 〈난민〉이 한국에 내려와 살다가 미국으로 건너가서 망명 신청을 했다가 거부를 당했던 사건을 생각해 보기 바란다. refugee가 〈망명객〉이 되려면, 도입부에 나오는 해설(다음 예문)에서처럼, 따로 수식어가 필요하다.
〈On the streets, political refugees roughed shoulders with refugees running for life. No one cared if these men and women, new European citizens, lived or died.〉(길거리에서는 목숨을 부지하기 위해 도망치는 난민들과 정치적인 망명객들이 서로 어깨를 부딪치고는 했다. 유럽의 새로운 시민들이라고 할 이 남녀들이 살거나 죽거나 신경을 쓰는 사람은 아무도 없었다.) rough(ed) shoulders는 brush(ed) shoulders와 비슷한 표현으로서, 사람이 너무 많아 서로 〈어깨를 스치고 지나다닌다〉는 뜻이다.

relation

"I see, so you've come to pay me a courtesy call, really, as one relation to another?"

✘ 그래서 의례적인 방문을 하셨군요. 아주 형식적인.

☛ 「테스」에서 자신과 같은 가문이라는 얘기를 듣고 더버빌 저택으로 찾아간 테스에게 더버빌가의 아들이 묻는 말이다. 〈의례적인 방문〉이라니까 무슨 〈정기적인 방문〉이라는 소리처럼 들린다. courtesy call은 그냥 〈인사차〉라고 번역하면 무난할 때가 많다. relation은 relative(친척)와 같은 말이다. one relation to another는 〈한 친척이 다른 친척을〉, 그러니까 〈친척끼리〉 인사를 나누러 찾아왔다는 말이다.

「죽은 시인의 사회」를 보면 파티에서 만난 학생이 알지도 못하는 사람의 이름을 대며 〈네가 그 친구 동생이냐?〉고 묻자, 신입생이 얼른 해명한다.

「No relation. Never heard of him.」

✗ 「아무 상관 없어. 들어본 적도 없고.」
○ 「같은 집안이 아냐. 통 모르는 사람이라고.」

relieve

"I relieve you, sir."

✗ 함장님을 해지합니다.

☞ 「케인호의 반란」에서 신임 험프리 보가트 함장이 배를 떠나는 전 함장에게 이취임식장에서 정식으로 고한다. 〈해지〉는 (우리말 사전에 의하면) 〈쫓아내거나 해임〉한다는 뜻이다. relieve 는 〈교체〉한다는 뜻이다. 야구에서 relief pitcher를 〈구원 투수〉라고 하는데, relief가 〈구원〉이라는 의미도 있어서 그러는 모양이지만, 〈교체 투수〉가 맞는 말이겠다.

○ 「제가 임무를 인수합니다.」

케인호가 태풍을 만난 다음, 수병이 함교로 뛰어 들어와서 험프리 보가트 함장에게 보고한다.

「Sir, I relieved the watch.」

✗ 「시계를 놓쳤습니다.」

배가 침몰할 위기를 맞아 경황이 없는데, 〈시계를 잃어버렸다〉는 보고가 무엇이 그리 급할까? watch는 〈시계〉가 아니라 〈파수〉나 〈망〉을 보는 〈경계병〉이다.

○ 「함장님, 경계병은 철수시켰습니다.」

군대 용어는 영어로도 특수하지만, 우리말로도 특수한 경우가 많아서, 이중으로 경계해야 한다. 「서부개척사」에서 셔먼 장군이 그랜트 장군을 만류하는 장면이다.

✗ 「자네는 사임할 수 없어.」
○ 「자네는 예편하면 안 돼.」

〈사임〉은 정보처장이나 인사참모 같은 직책을 그만두는 경우고, 군인 생활 자체를 그만두려면 〈전역〉을 해야 한다. 같은 영화에서 조지 페퍼드 병사도 비슷한 의사를 밝힌다.

✗ 「나 사임하겠어.」
○ 「나 제대할래.」

remains

"One of them is a coffin containing the remains of the original Count Dracula. The other is the body of the Frankenstein monster."

✘ 한 상자는 드라큘라의 물품이 든 관이고 다른 상자는 프랑켄슈타인의 몸체랍니다.

☞ 「애봇과 코스텔로 프랑켄슈타인을 만나다」에서 공포 박물관 관장이 보험 회사 직원에게 하는 설명인데, 두 문장에서 두 개의 오역이 나왔다. 첫 문장의 remains는 〈원조 드라큘라 백작〉의 〈유해(遺骸)〉, 즉 〈시체〉라는 뜻이고, 두 번째 문장의 the body of the Frankenstein monster는 〈프랑켄슈타인이 만든 괴물의 시체〉다. 외국인들도 자주 범하는 실수이지만, 괴물의 이름은 프랑켄슈타인이 아니다. 프랑켄슈타인은 괴물을 만들어 낸 과학자의 이름이다.(☞ major)

○ 「그 가운데 하나는 원조 드라큘라 백작의 유해가 담긴 관입니다. 다른 하나는 프랑켄슈타인 괴물의 시체고요.」

remarkable

"Well, my father was a very remarkable man."

✘ 아버지는 아주 괴짜셨어요.

☞ 「사라진 노부인」에서 노부인이 실종되었다는 마거릿 락우드를 믿지 않는 마이클 레드그레이브가, 그녀를 식당차로 데리고 가서, 관심을 돌리려고 집안 얘기를 꺼낸다. remarkable이 어째서 〈괴짜〉가 되었는지 알 길이 없다. 음악가였던 레드그레이브의 아버지는 very remarkable(대단히 훌륭한) 사람이었다. remark은 〈소견을 말하다〉나 〈주목하다〉라는 뜻이고, 거기에 능력을 나타내는 〈~을 할만한-able〉이라는 어미가 붙으면 〈주목할 만한〉이라는 의미가 된다. 영어 단어는 대부분 곤충처럼 머리(〈다시〉를 뜻하는 re-)와 몸(〈각인〉이나 〈흔적〉을 뜻하는 mark)과 꼬리[-able] 세 토막으로 이루어졌는데, 이렇게 잘라서 의미를 파악하는 습관을 들이면 낱단어로서가 아니라 어휘군을 한꺼번에 습득하는 요령이 보인다.

remember

"When you're dead and buried, this is the one they're gonna remember you by."

✘ 자네가 죽으면 아랍인들 조문이 줄을 잇겠어.

☞ 「인사이더」에서 CBS-TV 「60분 Sixty Minutes」의 크리스토퍼 플러머(마이크 월레스 역)가 진행한 프로그램을 본 다음 제작 부장이 칭찬을 아끼지 않는다. 예문에는 아랍인이 단 한 명이라도 조문을 오리라는 내용이 없다. remember you by는 〈~으로 인해서 당신을 기억한다〉는 뜻이다. 따라서 사람들이 기억하게 될 이유는 사람이 아니라 by에 걸리는 the one(프로그램)이다.

○ 「자네가 죽어서 묻힌 다음에도, 세상 사람들은 자네 이름만 들으면 이 프로그램을 기억할 거야.」

「프라이드 그린 토마토」를 보면 양로원에서 만난 제시카 탠디 할머니가 캐티 베이츠에게 설명한다. 〈You'd remember it.〉(기억날 거예요.) 〈기억날 거예요〉는 보통 이미 경험한 무엇인가의 기억을 확인하는 말이다. 그러나 베이츠는 〈관장제를 써 본 적이 없다〉고 했으니 〈기억〉이 날 리가 없다. remember를 처리하기가 까다로운 여러 경우 가운데 하나다. 이럴 때는 거꾸로 하는 번역이 좋은 해결 방법이다. remember는 〈기억하다〉이고, 우리말 〈기억하다〉의 반대말은 〈잊다〉이며, 반대말을 부정하는 〈잊지 않는다〉라는 표현을 써서 번역해 보라는 얘기다.

○ 「(관장제를 넣는 그런 끔찍한 경험을 한번 해본다면) 절대로 잊지 못할 거예요.」

탠디는 말괄량이 여자 얘기를 하다가 베이츠에게 다시 말한다.

「Idgie was a character all right. You'd remember her.」

✘ 「잇지는 진짜로 특이한 사람예요. 기억해 둬요.」

이기에서도 〈기억해 두라〉고 지시하는 말이 아니고, 〈(그런 여자는 한 번만 만나 봐도) 잊지 못할 그런 여자예요〉라는 가정법이다.

removed

"Twice removed. But tomorrow morning, I may be removed completely."

✘ 이미 두 번이나 이별했지만, 내일은 영원히 작별이야.

☞ 「사랑과 죽음」에서 결투를 하루 앞두고 우디 앨런이 마침내 사랑을 고백하려고 다이안 키

튼을 찾아간다. 선물까지 받은 키튼이 고마워한다. 〈Thank you, Cousin Boris.〉(고마워요, 보리스.) 예문은 앨런이 농담조로 응답하는 말이다. cousin 항으로 되돌아가 잠시 복습을 하면 이해에 도움이 되겠다. 키튼이 그를 cousin이라고 부르자, 〈가까운 cousin도 아니면서〉라는 의미로, 앨런이 twice removed라고 토를 달았다. cousin은 〈사촌〉이고, cousin once removed(한 차례 물러난 사촌)는 결혼이나 출산을 통해 촌수가 한 단계 멀어진 〈사촌의 자녀〉나 〈부모의 사촌〉을 뜻한다. cousin twice removed(두 차례 물러난 사촌)는 거기에서 다시 한 번 더 촌수가 멀어지니까, 〈8촌〉가량 되겠다. 영어에서는 이들을 모두 그냥 cousin이라고 하니까, 눈에 보이는 cousin마다 무작정 〈사촌〉이라고 번역해서는 안 된다. 그리고 removed completely는 내일 아침 결투에서 죽으면 〈완전히 인연이 끊어진다〉는 뜻이다. 이런 식으로 돌려서 번역하면 어떨까 싶다.

○ 「고마워요, 보리스 오빠.」
○ 「팔촌 오빠도 오빠인가? 그나마도 내일 아침엔 완전히 남남이 될지도 모르겠지만.」

---

report

"Medicals report to their place of work at once."

✘ 의사도 당장 근무처에 가서 보고를 해야 하오.

☛ 「닥터 지바고」를 보면, 전선에서 천신만고 끝에 돌아온 오마 샤리프에게 집을 차지한 입주민 대표가 지시한다. medicals는 의사뿐 아니라 간호사 따위의 의료 활동에 종사하는 모든 사람을 가리킨다. 그리고 report은 이런 경우에 〈보고〉가 아니라 〈신고〉라고 한다.

○ 「의료진은 당장 각자의 근무처에 가서 신고하시오.」

「젊은 사자들」에서는, 팔리 베어 대위가 그의 애인 집으로 같이 놀러 가자니까, 말론 브랜도가 사양한다.

「Well, that would be very nice, but I think I must report.」
✘ 「글쎄, 그러면 좋겠지만 난 부대에 보고해야 돼.」
○ 「글세, 그랬으면 정말 좋겠지만, 난 (전출된 부대에 가서) 도착했다는 신고를 해야 할 것 같은데요.」

외출이나 휴가를 나왔다가 소속 부대로 돌아가 report back하는 경우라면 〈신고〉가 아니라 〈귀대 보고〉가 옳겠다. 결국 두 사람은 프랑스 여자의 집에 가서 술에 취하고, 베어 대위가 패배 의식을 보이며 독일군을 비판하자, 걱정이 된 그의 애인이 브랜도에게 묻는다. 〈You won't report him?〉(브렌트를 보고하실 건가요?) 여기서는 〈고발〉이 보다 정확한 표현이다. 브랜도가 고발하지 않겠다고 약속하자, 첫 만남에서 그를 swine(☞ allez)이라고 맹렬히 공격했던 프랑스 여자의 태도가 달라진다.

「You are not the same.」

- ✗ 「당신은 틀려요.」
- ○ 「당신은 변했군요(사람이 달라졌군요).」

「마지막 황제」에서는 푸이가 심문을 받으러 취조실로 들어갈 때마다 문간에서 소리쳐 신고한다.

「Prisoner 9-8-1 reporting.」

- ✗ 「죄수 981번 보고합니다.」
- ○ 「981번 죄수 출두했습니다.」

represent

"You can't go to Boston for us. I don't want you to represent us."

✗ 이제 보스톤에 가면 안 돼요. 아저씨는 우리 회사를 대표할 수 없어요.

☞ 「세일즈맨의 죽음」에서 젊은 사장이 리 J. 콥을 해고하며 하는 말이다. represent가 〈대표하다〉라는 뜻이기는 하지만, 여기에서처럼 〈고용되다〉라는 의미로 듣기 좋게 쓰이는 경우가 많다. 변호사나 대리인으로 일하는 사람들이 〈I will represent you〉라고 하면 〈내가 당신을 위한 대표입니다〉가 아니라 〈당신을 위해서 일하겠습니다〉라는 의미다. 외판원은 결코 회사의 〈대표〉가 아니다.

○ 「당신은 우리 일을 하러 보스턴으로 가면 안 됩니다. 난 당신이 우리 회사를 그만두기 바랍니다.」

republic

"Long live the republic!"

✗ 공화당이여, 영원하라!

☞ 「레 미제라블」(1998)을 보면 장례식이 거행되는 거리에서 마리우스가 이런 구호를 외친다. 시위가 벌어지는 동안, 그리고 혁명 분자들이 총살을 당할 때도 똑같이 우리말 구호가 반복된다. 혁명 세력은 소수의 학생들이고, 아직 정치 세력을 이루기 전이다. 그들은 〈공화국 만세!〉를 외쳤을 따름이고, the Republican Party(공화당)는 당시 프랑스에 존재하지도 않았다. 영어로 〈Long live!〉와 이탈리아어 〈Viva!〉와 한자어 〈만세(萬歲)!〉는 똑같은 말이다.

「누구를 위하여 종은 울리나」에서도 republic이 말썽을 부린다. 산속 동굴에서 유격대원들과 생활하는 잉그릿 버그만에게 개리 쿠퍼가 묻는다.

「Haven't you any people in the Republic? No relatives at all? You must have people somewhere.」

✘ 「공화당에 아는 사람 없나? 친구도 없구? 누군가 있을 거야.」

정치와는 아무 관계도 없는 열아홉 살의 아가씨가 〈공화당〉에 어찌 아는 사람이 있을까? the Republic(공화국)은 에스파냐라는 〈나라〉를 뜻한다. relative는 〈친구〉가 아니라 〈친척(핏줄)〉이다. people은 folks나 마찬가지로, 〈부모〉나 〈일가친척〉을 뜻한다.

○ 「이 나라 어딜 가도 아는 사람이 없어요? 친척이 한 명도 없단 말인가요? 어딘가에는 틀림없이 있을 텐데.」

버그만은 아버지가 폭도들에게 학살을 당했다고 고백한다.

「My father was the mayor of our town and Republican.」

✘ 「아버지는 시장이셨고, 공화당원이셨어요.」

에스파냐의 프랑코와 프랑스의 왕당파에 맞서 싸운 사람들은 〈공화당원〉이 아니라 〈공화파〉였다.

reservation

"I sense reservation."

✘ 좋지 않기도 하다는 뜻이군요.

☞ 「애수」에서 〈다시 만나게 되면 좋지 않겠느냐〉고 묻는 말에 비비엔 리가 소심한 반응을 보이자, 로버트 테일러가 눈치를 살피며 하는 말이다. 틀린 번역은 아니지만 reservation(보류)의 용법 한 가지를 제시하고 싶어서 뽑은 예문이다. 〈(어딘가) 내키지 않는 마음〉을 의미하는 reservation은 〈켕기는 구석〉이라고 번역하면 절묘하게 맞아 떨어지는 경우도 있다.

resign

"He wanted me to tell you that he will be forced to ask you to resign from the regiment."

✘ 장군님이 해고하겠다고 그러더구만.

☞ 「안나 카레리나」에서 그레타 가르보와 간통을 저지른 프레드릭 마치에게 동료 장교가 사령관의 말을 전한다. 군인의 경우는 〈해고〉라는 표현이 해당되지 않는다. 특수 사회에는 그들

만 사용하는 특수 용어가 있고, 군대 용어로 〈해고〉나 〈사표〉는 〈전역〉이나 〈퇴역〉 또는 〈예편〉이라 하고, 보다 흔한 말로는 〈옷 벗는다〉는 표현을 쓴다. 〈해고〉의 경우는 〈불명예 제대〉가 되겠다.

○ 「자네더러 군을 떠나라는 말을 할 수밖에 없겠다고 전해 달라더군.」

이 말을 듣고 마치가 벌컥 화를 낸다.

「You can tell the general for me that if it came to a choice between him and this lady, I'd give up the regiment in a minute.」

✕ 「안나와 군 양자택일이라면 사표를 내겠네.」

〈사표〉 또한 군대와는 인연이 먼 단어다.

○ 「장군과 이 여인 가운데 하나를 선택해야 한다면, 난 당장 군복을 벗겠노라고 사령관에게 전해 주게.」

resistance

"The British are about to launch a massive frontal offensive. The resistance at Stalingrad has bled off fuel and ammunition in unexpected quantities. For the present, this information is for you only."

✕ 영국은 전면전을 선포했고 스탈린그라드에서는 반군이 무기와 연료를 공급하고 있다. 이게 우리가 가진 정보의 전부다.

☛ 「젊은 사자들」에서 아프리카 사막의 야전 사령부에 부대장들을 집합시켜 놓고 독일 지휘관이 상황을 설명한다. 영국의 〈전면전(全面戰, all-out war) 선포〉는 미국이 참전하기 훨씬 전에 이미 윈스턴 처칠 수상의 입을 통해서 이루어졌다. frontal offensive는 〈정면 공격〉이다. resistance는 〈반군〉이 아니라 〈저항〉이다. bled off fuel and ammunition은 〈무기와 연료를 공급〉하는 상황과는 거리가 멀어서, 〈연료와 탄약의 소모가 심했다〉는 뜻이다. 마지막 문장은 〈이게 우리가 가진 정보의 전부다〉가 아니라, 〈현재로서는 이곳에 모인 귀관들만 이 정보를 알고 있어야 한다〉, 그러니까 〈부하들에게 얘기를 해서 겁을 먹고 사기가 떨어지게 해서는 안 된다〉고 경고하는 내용이다.

○ 「(막강한 미 상륙군 함대가 후방에서 우리를 공격하려고 튀니지로 접근하는 동안) 영국군은 대규모 정면 공격을 곧 개시하려고 한다. 스탈린그라드에서의 (소련군) 저항은 예상치 못했던 정도로 막대한 연료와 탄약을 축냈다. 다시 통고가 있기 전에는 이 정보를 귀관들만 알고 입 밖에 꺼내지 않기를 바란다.」

responsible

"You, the Minister of Trade, are responsible for the starvation of Manchuquo."

✘ 당신은 상무성 장관이었지. 당신은 만주의 궁핍을 책임지고 있지.

☞ 「마지막 황제」에서 부정부패를 저질러 같은 교도소에 수감된 만주국의 전직 관료들을 푸이 황제가 힐책한다. 〈만주의 궁핍을 책임진다〉는 말은 무엇일까? 〈만주 사람들이 궁핍하게 살도록 책임지고 조처를 취한다〉는 의미인가? 더구나 〈책임지고 있지〉라며 현재 진행형으로 쓰면, 교도소 안에 갇혀 생활하는 지금까지도 〈만주의 궁핍〉을 위해 부단히 노력 중이라는 말이 된다. 또한 Manchuquo(滿洲國)는 일본의 패전과 더불어 멸망한 국가의 이름이어서, 현재의 〈만주〉가 아니다. 이 사항은 영문 자막도 잘못을 범해서, 푸이 황제 역을 맡은 배우 존 론은 분명히 Manchuquo라고 발음하지만, 자막에는 Manchuria라고 표기해 놓았다. DVD의 영문 자막은 실제 대사와 다른 경우(☞ peony)가 많으니 조심해야 한다.

○ 「만주국의 기아 사태를 초래한 책임을 져야 할 사람은 상무장관이었던 당신이야.」

responsible(책임을 지는)은 우리나라 사람들에게는 무엇인가 〈짐을 져야 한다〉 또는 〈~의 탓이다〉라는 무거운 부담의 의미로만 지나치게 부정적으로 널리 각인된 단어지만, 사실은 어떤 좋은 일의 〈원인 노릇(공헌)을 했다〉는 긍정적인 경우에도 자주 적용된다. 예를 들면 「파계」에서 (오드리 헵번 청원자의 아버지인) 의사 딘 재거에게 밀드렛 던녹 수녀가 고마운 마음을 이런 식으로 표현한다. 〈Sister William says Gabriel will be a truly great nurse. I know you are largely responsible for that.〉(윌리엄 수녀님은 [따님인] 게이브리얼이 정말로 훌륭한 간호사 노릇을 하리라고 그러더군요. 그것은 [직업이 의사인] 선생님의 영향이 컸던 덕택이라는 사실을 저는 잘 압니다.)

restless

"Nothing. He's restless."

✘ 도대체 휴식이 없어요.

☞ 「육체와 영혼」에서 걱정스러워하는 조셉 피브니에게 릴리 파머가 〈What's wrong, Shorty?(왜 그래요, 쇼티?)〉라고 묻는다. 예문은 피브니의 대답이다. rest(휴식)가 -less(없다)고 단순하게 생각하며 번역한 모양이다. rest는 〈편안〉한 휴식을 뜻하는데, 접미사 -less가 붙으면 그와 반대되는 상태에 이른다.

○ 「아무것도 아니에요. 그 친구가 불안해해서요.」

「개선문」을 보면, 독일로 추방된 다음 3개월 만에 돌아온 샤를 부아이에가 (그 사이에 다른 남자와 살림을 차린) 잉그릿 버그만을 술집에서 우연히 마주치자 그녀를 냉정하게 쫓아 버린다.

「Go back to your table, Joan. Your friend must be getting restless.」

✗ 「테이블로 돌아가시오, 조안! 당신 친구가 지루해하겠군.」

restless는 〈지루함〉과도 거리가 먼 단어다. restless는 마음이 들떠서 침착하지 못하거나, 불안하거나, (활기가 넘쳐서) 끊임없이 움직이는 상태를 서술하기 때문에 따분하고 무기력하거나 지루한 상태와는 연결이 쉽지 않다.

○ 「당신 자리로 돌아가요, 조운. 친구가 초조해하겠어요.」

resilient

"Life expectancy in a tannery was a mere five years, but Jean-Baptiste proved to be as tough as a resilient bacterium."

✗ 공장에서의 기대 수명은 겨우 5년이었지만 장 바티스트는 가죽 세균에 대한 면역이 생겼고.

☞ 주인공이 무두질 공장에서 고생하던 어린 시절에 대한 「향수」의 해설이다. life expectancy는 본디 〈평균 수명〉이라고 했는데, 요즈음에는 〈기대 수명〉이라고 영어 표현을 직역해서 쓰기도 한다. 〈평균 수명〉이라는 기존의 우리말이 퇴출되어야 하는 이유가 무엇일까? 일본식 표현이라는 핑계는 대지 않았으면 좋겠다. 일본식이나 영어식이나 〈수입산〉이기는 마찬가지다. proved to be는 〈나중에 보니 ~하게 되었다〉는 뜻이다. 번역에서 빼먹은 resilient는 휘었던 대나무가 되튕겨 일어나듯 〈모질다〉는 뜻이다.

○ 「무두질 공장에서는 5년을 살아서 넘기기가 힘들지만, 장 바티스트는 저항력이 강한 세균처럼 끈질기게 버티어 냈다.」

reverend

"I'm Reverend Schoonmaker."

✗ 레버렌드라고 합니다.

☞ 「마지막 선택」에서 사기꾼 조지 C. 스콧이 신부 옷차림을 하고 시골집으로 찾아 들어가 차를 훔치기 위해 순진한 아줌마에게 자기소개를 한다. Reverend는 이름이 아니라 〈신부(神父)〉

라는 호칭(☞ priest)이다.
○ 「저는 스쿤메이커 신부입니다.」

result

"When we passed through the shambles of the village, we saw one of the results of Elsa's playing with the elephants."

✘ 우린 쑥대밭이 된 마을을 지나가다가 엘사가 코끼리 떼와 놀았던 흔적을 발견했다.

☛ 「야성의 엘자」에서 사자 때문에 놀란 코끼리 떼가 짓밟아 버린 마을을 둘러보며 버지니아 맥케나가 해설한다. the shambles of the village는 one of the results와 같다. 그러니까 〈쑥대밭이 된 마을을 지나가면서, 우리는 엘사가 코끼리들과 놀려고 하다가 빚어낸 결과 하나를 보게 되었다〉는 뜻이다.

return

"We must take to the same story, or they will return our words against us."

✘ 우리가 한 말에 대해 똑같이 받아들여야 할 것이다.

☛ 「마지막 황제」에서 교도소의 간수가 사상 교육을 시키려고 나눠 준 책을 읽기에 앞서 푸이가 같은 감방의 정치범들에게 설명한다. 원문을 보지 않고 번역문만 읽고서 그것이 무슨 뜻인지를 이해할 사람이 별로 없으리라는 생각이다. take to는 〈~을 따르다〉 또는 〈~에 순응하다〉라는 뜻으로, 여기에서는 〈행동을 통일시킨다〉는 의미로 쓰였다. return our words against us는 〈우리들이 하는 말our words을 우리들에게 불리한against us 방향으로 되돌려 준다〉는 의미다.
○ 「우리들도 (이 책하고) 똑같은 얘기를 해야지, 그러지 않았다가는 우리가 하는 말에서 그들이 꼬투리를 잡고 늘어질 거야.」

review

"Get us a reservation for dinner tonight at that place that got the good review."

✘ 경치 좋은 그 식당에 저녁 예약해 놔.

☛ 「악마는 프라다를 입는다」에서 성공한 잡지사 편집장 메릴 스트립이 남편과 저녁을 먹으러 갈 곳을 예약하라고 여비서 에밀리 블런트에게 지시한다. 〈경치〉는 landscape고, view는 〈조망〉이나 〈전망〉이고, review는 〈평(評)〉이다. good review는 〈호평〉인데, 앞에 부정 관사가 붙어 a good review라면 음식이나 식당을 다루는 매체로부터 〈호평을 받은 아무 식당〉이나 다 괜찮다는 뜻이고, 여기에서처럼 정관사를 붙여 the good review라고 하면 〈지난번에 호평을 들었던 바로 그 특정한 식당〉을 의미한다.

○ 「호평을 받은 그 식당으로 우리가 저녁에 식사를 하러 갈 테니까 자리 하나 잡아 놔.」

revolution

"One of the minor annoyances of modern life is a revolution."

✘ 변혁은 현대화를 위해 필요한 골칫거리중 하나이다.

☛ 「뉴욕의 왕」 도입부의 자막 해설이다. revolution은 〈변혁〉이 아니라 〈혁명〉이라고 해야 옳은 번역이다. 주인공 찰리 채플린은 그의 나라에서 일어난 〈혁명〉 때문에 뉴욕으로 도망친 왕이다. 그리고 modern life(현대의 삶)는 modernization(현대화)이 아니다. 〈필요한〉이라는 개념이 언문에는 전혀 없다. minor annoyances는 〈약간 짜증 나는 일들〉이다.

○ 「혁명이란 현대의 삶에서 발생하는 약간 짜증스러운 사건들 가운데 하나다.」

「레 미제라블」(1998)에서는 학생들에게 붙잡혀 마리우스에게로 끌려간 자베르 형사가 비웃는다.

「Don't you know your revolution has no chance?」

✘ 「네 시대가 끝난 걸 모르겠니?」

revolution이 어째서 〈시대〉인지는 모르겠지만 어쨌든 어떤 시대가 끝나려면 우선 그 시대가 시작되어야 한다. 혁명의 시대는 일단 혁명이 성공한 다음에 시작된다. 그러나 마리우스의 혁명은 이제 겨우 시작이고, 성공하지 못한 채로 끝난다.

○ 「너희들이 꿈꾸는 혁명은 성공할 가능성이 없다는 사실을 모르겠나?」

revue

"I have acted. I've acted a lot. I was in a musical revue."

✘ 희극 뮤지컬에 출연했어요.

☞ 「브로드웨이를 쏴라」를 보면, (주연을 맡기로 한 제니퍼 틸리가 어떤 연기자인지 전혀 알 길이 없어서) 상견례를 하려고 찾아간 연출자 존 큐색이 〈연기 경험〉을 묻자, 틸리가 당당하게 밝힌다. 제작비를 대는 조폭 두목의 강요에 따라 억지로 주연을 맡긴 여자가 〈희극 뮤지컬 musical comedy에 출연했다〉면 그것은 분명한 〈연기 경력〉이다. 하지만 원문을 보면 전혀 그렇지가 않다. revue는 review와 같은 뜻의 프랑스어로, 노래와 춤과 익살극을 범벅한 구경거리여서, 곡마단 연극이나 〈버라이어티 쇼〉, 더 심하게 얘기하면 장바닥 걸인의 〈품바〉 수준이다. 틸리는 야간 업소에서 야한 옷차림으로 다리를 번쩍번쩍 들고 캉캉을 추는 손님들의 식탁에서 팁을 받아 내는 수준의 〈연예인〉이지, 무대극에서 주연을 맡을 만한 〈연기인〉은 전혀 아니다.

○ 「무대엔 서봤죠. 많이 서봤다고요. 극장 식당 무대에도 섰는 걸요.」

rifle

"Next thing I know, there's this big old rifle butt floating down out of the sky."

✘ 라이플 총이 공중에서 보이더라구요.

☞ 「서머스비」에서 리처드 기어가 동네 사람들에게 무용담을 들려준다. 〈라이플 총〉은 어느 나라 말일까?

○ 「(연기가 걷히고 나서) 보니까, 크고 낡은 소총의 개머리판이 나를 찍으려고 허공에서 내려오더라고요.」

right

"You're all right, but… but women just can't help being a bother. Made that way, I guess."

✘ 당신이 옳아. 하지만 여자는 그런 것 아니겠어. 아무튼.

「킹콩」을 보면 〈여자는 귀찮은 존재〉라고만 생각하는 선원 브루스 캐봇이 페이 레이에게 조금씩 마음이 끌리면서 말투가 달라진다. 〈당신이 옳아〉는 〈You are right〉라고 해야 한다. all이 들어가서 you're all right라고 하면 의미가 달라져서, 〈당신은 괜찮은 여자야〉가 된다. 그러니까 첫 문장은 〈당신은 괜찮지만, 뭐야, 여자라는 건 하나같이 귀찮은 존재야〉라는 뜻이다. can't help being은 〈어쩔 도리가 없이 ~한 존재가 된다〉는 말이다. can't help가 〈~를 피할 길이 없다〉는 의미기 때문이다. bother는 명사로 쓰이면 〈귀찮은 사람〉이나 〈성가신 일〉이 된다. made that way는 〈그런 식으로 태어났다〉, 즉 〈천성이 그렇다〉는 말이다.

○ 「당신이야 괜찮은 여자지만 — 여자들이란 하나같이 골칫거리라고. 아마 태어나길 그렇게 태어나는 모양이야.」

「위대한 유산」에서는 범죄자의 딸이라는 신분이 탄로가 나서 파혼을 당한 에스텔라가 애꿎은 핍에게 화를 낸다.

「Well, why don't you laugh? You have every right to.」

✕ 「그래, 넌 왜 웃지 않니? 넌 언제나 옳잖아.」

〈every(언제나) right(옳다)〉라는 식으로 착각한 오역이다. 두 번째 문장을 재구성하면 〈You have every right to laugh〉다. 천한 아이라고 어려서부터 핍을 구박했던 에스텔라이고 보니, 초라한 신세가 된 지금 그녀는 〈넌 나를 비웃을 권리가 얼마든지 있겠지〉라고 핍에게 앙탈을 부릴 만도 하다.

「도그빌」에서는 피난처를 제공한 마을 사람들에게 보답하는 의미로 봉사 활동을 벌이던 니콜 키드먼이, 끝까지 일을 안 주는 과수원 주인에 대해서, 마을 청년에게 일러 준다. 〈He doesn't like me. And he has every right to feel that way.〉(그는 날 좋아하지 않아요. 날 싫어하는 건 그 사람 권리죠.) has every right to(~할 모든 권리를 보유한다)는 〈~할 만한 이유가 얼마든지 있다〉는 의미로 쓰이는 흔한 표현인데, 〈right는 곧 《권리》〉라고 머리에 각인된 어휘를 탈피하여 다른 말로 번역해야 훨씬 자연스러워지는 경우가 많다.

○ 「그 사람은 날 싫어해요. 하기야 어느 모로 보나 당연한 일이지만요.」

「서부전선 이상 없다」(1979)를 보면, 전선에서 휴가를 받고 고향으로 돌아간 리처드 토마스가 동급생이며 전우였던 전사자의 집을 찾아간다. 전사자의 어머니가 화를 낸다. 〈내 아들 프란츠는 죽었는데 넌 왜 살아 왔니? 너한테 무슨 권리가 있어?〉 〈What right do you have?〉를 눈에 보이는 그대로 번역했는데, 상황을 살펴보면 이런 경우에는 〈네가 뭘 잘났다고 말이야?〉라는 식으로 돌려서 표현하면 훨씬 자연스럽다.

「오클라호마」에서 결혼한 다음 어떻게 살아갈지 고든 매크레이가 셜리 존스에게 포부를 밝힌다.

「Things is changin', Laurey, right and left. Country's a-changin'. I gotta change with it.」

✕ 「달라져야 하는 게 한두 가지가 아니겠지, 로리. 나라가 변화하면 나도 따라서 달라져야 해.」

무식한 시골 사람의 말투여서 문법이 정말로 정돈이 안 되었는데, 제대로 된 문장으로 고치면 이렇다. 〈Things are changing, Laurey, right and left. Country is changing. I have to change with it.〉 첫 문장은 〈달라져야 하는 게〉라는 당위성이 아니라 현실 상황을 서술하는 내용이다. 여기서 right and left는 〈좌우를 분간하지 못할 정도로 정신없이〉, 그러니까 〈정신을 차리지 못할 정도로〉라는 뜻이다. 〈Italians are killing people right and left〉라고 하면 〈이탈리아 사람들은 앞뒤도 가리지 않고 마구 총질을 해서 닥치는 대로 사람을 죽인다〉는 말이다.

○ 「세상은 정신없이 변하고 있어, 로리. 나라가 달라지는 중이야. 그렇다면 나도 달라져야지.」

ritzy

"Ritzy? What an expression."

✘ 고상? 멋진 표현이군.

☛ 「브릿지 부부」에서 딸이 결혼하겠다는 남자를 못마땅하게 생각해서 약혼반지를 돌려주라고 하자, 사무실로 들이닥친 청년이 폴 뉴먼에게 따진다. 〈I guess you think I'm not ritzy enough for you.〉(절 고상하지 못하다고 생각하시죠?) 뉴먼이 예문에서처럼 반문한다. 아무리 봐도 지극히 평범하고 정상적인 〈고상하다〉라는 말이 어째서 〈멋진 표현〉일까? 〈멋진 표현〉이 되려면 〈멋진〉이라는 형용사에 걸맞은 단어가 나왔어야 한다. 그리고 what an expression은 〈멋진 표현〉이 아니라 〈희한한 표현〉이라는 말이다. 그렇다면 청년이 〈희한한〉 무슨 말을 했어야 이 대사가 살아난다.

ritzy는 〈릿츠 같은〉이라는 말이다. 〈릿츠〉는 스위스 사람인 세자르 릿츠César Ritz가 지은 최고급 호텔이다. ritzy는 한때 속어로 널리 쓰이던 말로, 〈대단히 사치스럽고 호화로운〉이라는 뜻이었다. 일본말이 어원인 〈비까번쩍〉이라는 표현이 비슷한 의미겠다. 참으로 번역하기 난처한 대목이지만, 청년의 대사를 〈나하고 선생님은 뽕짝이 안 맞는단 소리군요〉라고 천박한 표현으로 바꿔 놓고, 거기에 맞춰 뉴먼이 한 말을 이런 식으로 옮기면 어떨지 모르겠다. 〈뽕짝이 안 맞는다고? 자네 말투 한번 희한하구먼.〉

rocket

"Between this stinking cold and those stinking rockets, I'm gonna end up a mental case!"

✘ 정말 감기하고 폭격에 계속 시달리다간 완전히 미쳐버리겠군.

☛ 「지옥의 전장」에서 중대본부로 포탄이 떨어지자, 며칠째 감기로 시달리던 리처드 분이 투덜거린다. rocket은 〈폭격〉이아니라 〈로켓포〉다. 그리고 지상에 설치한 로켓포로 공격하면, 그것은 〈포격〉이다. 〈폭격〉은 비행기에서 폭탄을 투하하는 공격(☞ bombardment)이다.

○ 「염병할 감기에다 염병할 로켓탄까지 날아오니, 이러다간 미쳐 버리겠어!」

roll

"All the religions in the world rolled into one, and we are gods and goddesses."

✘ 모든 종교는 다 사람에게 달렸어요.

☛ 「이브의 모든 것」에서 오만한 여배우 베티 데이비스가 연출가 개리 메릴에게 〈연극〉의 의미를 정의한다. 번역문을 보면 도대체 무슨 말인지 개념이 전혀 떠오르지를 않는다. rolled into one은 여러 가지를 〈하나로 범벅해 놓은〉이라는 뜻이다. 그러니까 연극이란 〈세상의 모든 종교를 하나로 뭉쳐 놓은 것이고, 우리 배우들은 그 종교의 제신(諸神)들〉이라는 주장이다.

Roman

"You can hide the wine in the Roman cave in such a way that all the Germans will see is an empty cave."

✘ 독일군 전부가 텅빈 동굴만을 보게할 수 있는 방법으로 로마시 동굴에 숨길 수 있어요.

☛ 「산타 비토리아의 비밀」에서 부상을 당한 대위가 100만 병이 넘는 포도주를 감출 방법을 앤서니 퀸에게 알려 주는 대목이다. 산타 비토리아는 우리나라로 치면 서울에서 삼척이나 안동만큼이나 로마에서 멀리 떨어진 고장이다. 독일군에게 들키지 않고 그 많은 포도주를 두메산골에서 로마까지 운반하여 그곳 동굴에 숨긴다는 상황이 가능할까? Roman cave는 〈로마의 동굴〉이 아니라 〈로마시대의 동굴〉이다. all (that) the Germans will see는 〈모든 독일군이 보다〉가 아니라, 〈독일군이 보게 될 모든 것(은 ~뿐이다)〉라고 옮겨야 한다.

○ 「독일군의 눈에는 텅 빈 동굴밖에 보이지 않게끔 로마시대의 동굴에 포도주를 숨기는 그런 방법이 있죠.」

round

"How about a round on me? My brother is in love."

✘ 그럼 내 말 좀 들어봐. 우리 형님이 사랑에 빠졌어.

☞ 「흐르는 강물처럼」에서 술집 손님들에게 브래드 피트가 제안한다. a round on me는 〈내가 살 테니 한 잔씩 돌리라〉는 뜻이다. 요즈음 표현을 빌면 〈내가 한잔씩 쏜다〉는 말이야.
○ 「내가 한잔씩 돌리고 싶은데 어때? 우리 형님이 사랑에 빠진 기념으로 말이야.」

rouse

"The whole country's roused."

✘ 온 마을이 뒤집혔소.

☞ 「테스」에서 여주인공과 함께 도피중인 남자가 도망치려고 하자 경찰관이 소용없다고 경고한다. 번역에서는 영어의 이해보다 우리말 표현력이 훨씬 중요하다는 사실이 이런 대목에서 드러난다. 〈마을이 뒤집히다〉란 무슨 뜻일까? 제대로 말이 되려면 〈발칵〉을 넣어 〈발칵 뒤집히다〉라고 해야 제대로 의미를 형성한다. rouse는 〈분발하다〉나 〈성나다〉, 그리고 북한식 표현으로는 〈떨쳐 일어나다〉가 되겠다. whole country도 〈온 마을〉이 아니라 〈온 나라〉여야 되겠다. 〈온 나라가 발칵 뒤집혔으니까 도망갈 곳이 없다〉는 뜻이다.

routine

"Say, what kind of a routine is this?"

✘ 매일 이런 식인가요?

☞ 「악몽의 밤」에서 복화술 인형 휴고가 복화술사와 싸움을 벌이자, 이것도 연기라고 생각한 다른 복화술사가 묻는 말이다. routine은 판에 박힌 〈일상〉이라는 뜻 말고도 반복해서 하는 〈공연(公演)〉이라는 의미도 있다. 인형이 인간을 공격하는 행위를 다른 복화술사는 그것도 〈미리 설정된 연기(演技)〉라고 오해해서 한 말이다.
○ 「세상에, 이런 식의 공연도 다 있나요?」

row

"Do you want a row? Did you want to come around here to have rows so that you can walk out and keep your conscience intact?"

✘ 말썽을 원해? 그래서 양심에 가책없이 나가려고?

☛ 「타인의 도시」에서 구차한 변명을 늘어놓는 올리버 리드에게 화가 난 캐롤 화이트가 따진다. row는 〈로우〉라고 발음하면 〈줄〉이나 〈행렬〉 그리고 〈노를 젓다〉라는 뜻이 되고, 〈라우〉라고 발음하면 〈소란〉이나 〈야단법석〉이나 〈난장판〉으로 둔갑하는 참으로 이상한 단어다.

○ 「싸우자는 거야? (싸움까지 한 다음이니까) 헤어졌다고 해도 양심에 거리낄 일이 없다는 핑계를 만들기 위해 일부러 싸움을 벌이러 여기까지 찾아왔어?」

rude

"Oh, it's rude not to here."

✘ 이곳에선 통하는 편이죠.

☛ 「아웃 오브 아프리카」에서 로버트 레드포드의 상아를 실어 주려고 벌판에서 기차가 멈추자, 놀란 메릴 스티립이 〈당신 때문에 기차가 멈추다니, 당신 유명한 분인가 봐요〉라고 묻는다. 예문은 레드포드의 태연한 대답이다. 원문에서 레드포드는 번역문에서처럼 잘난 체를 전혀 하지 않는다. 그가 한 말에서 not to 다음에는 stop the train이 생략되었다. 그러니까 기차가 멈춘 까닭은 레드포드가 유명하기 때문이 아니라, 〈이렇게 외딴 곳에서는 어느 누구를 위해서도 기차가 서지 않으면 그것은 도리가 아니고, rude(예의에 어긋난) 행동〉이기 때문이었다.

○ 「아, 여기선 그러지 않았다가는 욕을 먹죠.」

rule

"He may conquer but he may not rule."

✘ (아버지는) 정복하더라도 집권은 못하네.

☛ 「알렉산더 대왕」에서 스승 아리스토텔레스가 알렉산드로스 왕자(리처드 버튼)에게 폭력과

살상을 일삼는 아버지 필리포스를 닮지 말라고 가르친다. 〈정복〉하면 〈집권〉은 저절로 이루어진다. 그러나 rule(다스리기, 지배)은 다른 문제다.

○ 「당신께서는 정복이야 하겠지만, 통치는 힘들지도 모릅니다.」

run

"In 1935, you ran guns to Ethiopia."

✘ 1935년 이디오피아에서 무기를 수송했잖아.

☛ 「카사블랑카」에서 〈레지스탕스를 내가 왜 돕겠느냐〉는 험프리 보가트에게 경찰국장 클로드 레인스가 설명한다. 〈Because, my dear Ricky, I suspect that under that cynical shell you are at heart a sentimentalist.〉(그건 말이야, 여보게 리키, 그 냉소적인 껍데기 속을 들여다보면 자넨 감상적인 마음의 소유자 같기 때문이야.) 그리고 경찰국장이 그 증거(예문)를 댄다. 〈무기를 수송한다〉는 행위가 무엇이 대단하다고 경찰국장이 감상적인 심성의 증거로 꼽았을까? run guns는 그냥 〈무기를 수송하다〉가 아니라 〈무기를 밀반입하다〉라는 뜻이다. 무기의 밀반입은 목숨을 걸어야 하는 위험한 일이다. 그리고 보가트는 이디오피아에서 승자가 아니라 저항하는 패자를 돕기 위해 목숨을 걸고 무기를 밀반입했다. run guns와 비슷한 계열의 표현으로 human trafficking이라는 표현이 있으니 알아 두기 바란다. 〈인신매매〉라는 뜻이다.
「쇼처럼 즐거운 인생은 없다」에서는, 시골 간이역에서 기차가 연착하여 아내 에텔 머맨이 짜증을 부리자, 댄 데일리가 마주 화를 낸다.

「Don't yell at me. I am not running the railroad.」

✘ 「나한테 불평하지 마. 내가 운전하는 거 아니잖아.」

train은 운전하지만, railroad(철도업)는 〈운영〉한다. 그러니까 데일리의 말은 〈나한테 소리지르지 마. 내가 철도 회사 사장은 아니잖아〉가 맞는 번역이다.
「개선문」에서는 불법 체류자로 샤를 부아이에가 체포된 다음, 잉그릿 버그만이 루이스 캘헌을 찾아가서 걱정하는 마음을 털어놓는다.

「He will be shot one day, running like an animal.」

✘ 「갈 곳도 없으면서 동물처럼 달려가겠죠.」

○ 「짐승처럼 도망을 다니다가 언젠가는 총을 맞고 죽겠죠.」

「누구를 위하여 종은 울리나」에서 (겁이 나서 도망쳤다가 돌아온) 유격대장 아킴 타미로프에게 개리 쿠퍼가 묻는다.

「Didn't you run into the cavalry?」

✘ 「기갑부대에 합류한 게 아니고?」

대원들을 버리고 도망친 대장이 혹시 적에게 투항하지 않았나 싶어서 〈합류〉라는 오역이 나온 모양이지만, run into는 일부러 찾아가서 〈합류〉하지 않고, 〈우연히 마주친다〉는 뜻이다.

〈기갑부대〉에 대해서는 cavalry 항에서 확인하기 바란다.

○ 「기병대는 혹시 못 보았나요?」

「하비의 환상」에서 제임스 스튜어트의 해괴한 상상력 때문에 시집을 가기가 힘들어진 조카 딸이 화를 낸다.

「People get run over by trucks every day. Why can't something like that happen to Uncle Elwood?」

✗ 「매일 사람들이 도망가네요. 엘우드 삼촌 참 대단해요.」

run over는 〈(차에) 치이다〉라는 쉬운 뜻이다. 특히 부사를 무시하는 경향이 심한 사람들이, 여기에서처럼 run(도망가네)은 보고 over는 보지 못해서, 엉뚱한 번역을 내놓는다.

○ 「사람들은 걸핏하면 트럭에 치여 죽기도 하잖아요. 왜 그런 일이 엘우드 삼촌한테는 일어나 질 않을까요?」

rust

"They're making a mistake scraping this ship. The only thing that's keeping the water out is the rust."

✗ 저들은 배의 안쪽에 둑을 만드는 실수를 하지. 배에 녹이 슬어야 안전하다는 걸 모르는 모양이야.

☛ 「케인호의 반란」에서 낡아 빠진 케인호의 철판 여기저기서 녹을 긁어내다가 수병이 농담을 한다. 번역문은 한글로 써놓기는 했지만 도대체 무슨 말인지 알 길이 없다. 농담은 재치가 넘치는 입담의 산물이고, 그래서 그만큼 번역하기가 어렵다. 그리고 여기에서처럼 역자가 그 의미를 제대로 담아내지 못하면, 우습기는커녕 부담스럽기만 하다. 예문은 〈배가 워낙 낡아서 철판이 모두 삭아 버리고 녹만 남았는데, 그것까지 벗기라고 하면 우리더러 빠져 죽으라는 말이냐〉는 뜻이다.

○ 「이 배의 껍질을 벗겨 내라는 건 계산 착오야. 그나마 녹이 막아 주는 덕택에 물이 새지 않는데 말씀이야.」

「하비의 환상」에서는 짝사랑에 넋을 잃은 간호사가 몇 차례 불러도 대답을 하지 않으니까, 의사 찰스 드레이크가 뒤집힌 사과를 한다.

「I'm sorry if I awakened you, Miss Kelly.」

✗ 「정신 좀 차리고 있어요.」

이렇게 지나친 〈의역〉을 하면, 농담의 재미가 식어 버린다.

○ 「주무시는 거 깨워서 미안해요.」

sabotage

"All we have to worry about here is sabotage."

✘ 기습공격만 없다면 괜찮습니다.

☛ 「진주만」에서 함장이 제독에게 보고한다. 〈Pearl Harbor is too shallow for an aerial torpedo attack. We are surrounded by sub nets all around.〉(진주만은 수심이 워낙 얕아서 항공기로 어뢰 공격을 하기가 불가능합니다. 이곳은 잠수함이 침투하지 못하도록 모든 방향에 그물을 설치했습니다.) 그리고 예문에서처럼 결론을 내린다. 함장이 기껏 설명한 내용의 골자는 〈적의 기습 공격은 불가능하다〉는 내용이었는데, 번역문은 〈기습 공격을 경계해야 한다〉고 했다. 〈기습〉은 불시에 타격하는 surprise attack이다. sabotage는 정상적인 전투 행위가 아니라, 적이 후방으로 침투하여 벌이는 파괴적인 〈교란 작전(내부 소행)〉이다.

◯ 「침투 공작만 아니라면 걱정할 일이 없습니다.」

sacrifice

"We are making a sacrifice for Neptune!"

✘ 넵튠에게 공물을 바치려고 해요.

☛ 「율리시즈」를 보면 폭풍 속에서 갑판에다 불을 지피려는 이유를 선원이 커크 더글라스에게 예문에서처럼 밝힌다. 〈공물tribute〉은 백성이 국가에 바치는 특산물이나, 약소국가에서 강대국에 바치는 선물(☛ ransom)이고, 신의 분노를 풀기 위해 바치는 sacrifice는 〈제물〉이라

고 한다. 우리말에 대한 이해 부족에서 비롯한 오역이다.

safe

"So, after a while, he played it safe and became a sound engineer."

✘ 그래서 나중엔 몰래 연주하다가 결국엔 엔지니어가 되셨어요.

☞ 「재즈 가수」에서 젊었을 적의 꿈을 버린 아버지에 대해서 루시 아나즈가 회상한다. ⟨My father wanted to be a pianist. Nobody listened to him. Nobody tried to help.⟩(우리 아버지는 피아니스트가 되고 싶어 했어요. 아무도 아버지 말에 귀를 기울이지 않았죠. 도와주려는 사람도 없었고요.) 그리고 예문에서처럼 결론을 내린다. play it safe는 ⟨몰래 연주하다⟩가 아니라 ⟨모험을 하지 않고 안전한 길을 선택하다⟩라는 뜻이다. sound engineer는 ⟨엔지니어⟩라고 하지 않는다. 외래어 ⟨엔지니어⟩는 본디 ⟨공학도(工學徒)⟩를 뜻했으며, ⟨기술자⟩나 ⟨토목 기사⟩를 가리키는 명칭 노릇도 했다.

○ 「그래서 얼마 후에는 (음악가가 되려는 꿈을 실현하느라고 위험한 도박을 하느니) 차라리 (밥벌이를 위해) 안전한 쪽을 택하여 녹음 기술자가 되고 말았죠.」

「커피와 담배」에서 교만한 영국 배우 스티브 쿠건이 미국 배우 앨프리드 몰리나에게 미국 옷을 평가한다.

「American design is just too — safe.」

✘ 「미국 디자인은 너무 무난한 것 같더군요.」

⟨너무 무난하다⟩라고 하면 무슨 뜻일까? 우리나라 사람들 다수가 잘못 남용하는 ⟨너무⟩의 뜻으로 해석한다면, ⟨아주 굉장히 무난하다⟩, 그러니까 ⟨더할 나위 없이 무난하다⟩라는 말처럼 들린다. 하지만 쿠건은 미국 문화를 깔보는 속물이다. 그가 미국의 의상을 좋게 얘기할 리가 없다.

제대로 번역한다면 too safe는 ⟨지나치게 얌전하다⟩, 그러니까 ⟨개성이 없다⟩는 뜻이다.

「뜨거운 포옹」에서는 각본을 정리하려고 고용한 타자수 오드리 헵번에게 시나리오 작가 윌리엄 홀든이 주인공에 대해서 설명한다.

「There is no safe in the world he can't open with his bare hands in a matter of seconds.」

✘ 「안전한 곳은 없다. 그는 무엇이든 맨손으로 열 수 있어.」

문장을 아무 데서나 함부로 자르면 이런 사고가 나기도 한다. safe는 ⟨안전한 곳⟩이 아니라 ⟨금고⟩다. 하기야 금고에 돈을 넣어 두면 안전하기는 하겠지만.

○ 「이 세상에는 그가 맨손으로 몇 초 안에 열지 못할 금고가 하나도 없지.」

「카사블랑카」에서 ⟨프랑스로 돌아가라⟩는 말을 듣고 레지스탕스 지도자 폴 헨리드가 ⟨Occupied France?⟩(독일군이 점령한 프랑스로요?)라고 묻는다. 독일군 소령이 설득을 계속한다.

「Under safe-conduct from me.」

✗ 「그래요. 내가 호위하겠소.」

safe-conduct는 〈귀순하거나 항복하는 적에게 안전을 보장해 주겠다〉는 약속이 담긴 leaflet(傳單), 또는 그런 〈안전 전단증〉에 해당하는 행위를 뜻한다. 소령의 얘기는 〈안전을 보장하는 통행증을 내가 만들어 준다〉는 뜻이지, 몸소 〈호위〉할 의사는 추호도 없다.

saloon

Saloon

✗ 살롱

☛ 「캣 벌루」에서 제인 폰다 일행이 범죄자들의 마을로 들어서니 간판이 하나 나타난다. saloon은 마룻바닥에 아무나 침을 뱉을 정도로 지저분하고, 걸핏하면 싸움박질이 일어나는 그런 서부의 〈선술집〉이다. salon(살롱)은 상류층 사람들이 모여서 문화적인 사교활동을 벌이는 고급 공간이다.

sarcastic

"You're being sarcastic."

✗ 그건 냉소적인 말이에요.

☛ 「모감보」에서 고상한 신분의 그레이스 켈리가 거친 성격의 사냥 안내인 클락 게이블에게 불평한다. sarcastic이라는 영어 단어를 보면 무작정 〈냉소적〉이라는 우리말 단어를 연상하고, 그래서 〈냉소적〉이라는 단어를 쓰지 않으면 마음이 놓이지 않아 달리 번역을 못하는 경우가 많다. 원문의 어휘가 조금만 수준이 어려워지면, 이렇게 고정된 한 단어로만 묶어 두는 습성이 한층 더 뚜렷하게 결함으로 드러난다. 실생활에서 우리는 누군가의 말에 비위가 상했을 때, 〈그건 냉소적인 말〉이라는 표현을 정말로 쓰는가? 이런 표현은 어떤가?

○ 「자꾸 비꼬지 마세요.」

sarcastic과 비슷한 계열의 몇 가지 단어를 잠깐 살펴보자. ironical을 예로 들겠다. 사람들은 이 말의 번역이 어려워 걸핏하면 〈아이러니하게〉라고 국적 불명의 언어로 얼버무리며 넘어간다. 그렇다면 〈아이러니〉는 진짜 우리말로 무엇이라고 하는가? 사전에서 irony를 찾아보면 〈비꼬기〉, 〈풍자〉, 〈빗댐〉이라고 풀이하는가 하면, 수사학에서는 〈반어법〉이라고 한다. 하지만 우리 주변의 ironical한 요소들에는 그런 반어적 의미가 대부분 제대로 맞아 들지를 않는다. 그보다는 어딘가 체념적인 그런 개념에 가깝지 않을까 싶다. 그래서 필자는 상황에 따라 〈얄궂은〉이나 〈역설적인〉 따위의 우리말을 쓴다. paradoxical(역설적인)이나 ironical보다 sarcastic과 모양이 훨씬 비슷해 보이는 satirical은 〈풍자적인〉이라고 하면 대부분의 경우 무난하다.

「갈채」를 보면, 술 때문에 신세를 망친 빙 크로스비를 주연으로 무대에 세우겠다는 연출자 윌리엄 홀든에게 제작자가 불평한다.

「And I can do without the sarcasm too.」

✗ 「무조건 반대할 생각은 없어요.」

내용을 파악하기가 어려우니까, 앞뒤 문장의 눈치를 살펴 대충 걸쳐 놓은 창작형 번역이다. do without(~이 없이 하다)의 의미를 몰라서 동원한 편법인 듯싶다. do without은 〈~이 없이도 해나간다〉, 그리고 그 말을 뒤집은 〈~은 필요가 없다〉를 거쳐, 여기에서는 〈~을 사양하겠다〉라는 의미로 발전했다.

○ 「그리고 덤으로 비꼬는 소리까지 듣고 싶진 않아요.」

satisfaction

"I would like to take satisfaction with my own hands. Will the thief contact Pvt Noah Ackerman?"

✗ 도둑과 말하고 싶으니 도둑은 나에게 말해 주시오.

☞ 「젊은 사자들」에서 돈을 훔쳐간 훈련병과 〈결투〉를 벌일 각오로 먼고메리 클리프트가 공개 도전장을 작성한다. 도전장의 내용을 다시 번역하면 이렇게 된다. 〈나는 내 손으로 만족감을 취하고 싶다. 도둑놈은 노아 애커맨 이등병에게 연락하기 바란다.〉 여기서 satisfaction은 불쾌한 일을 당했을 때 그에 대한 보복을 해서 얻게 되는 〈만족감〉으로서, 〈결투 신청〉이라는 의미로 발전했다. 「블림프 대령의 삶과 죽음」을 보면 〈독일군 전체를 모욕한〉 로저 리브시에게 결투를 신청하려고 독일군 장교가 영국 대사관으로 찾아온다. 〈An officer of the Imperial German Army cannot demand satisfaction from an opponent who is not his equal in position and honour.〉(독일 제국의 장교는 지위나 명예에 있어서 그와 동등하지 못한 자에게는 결투를 요구하지 않습니다.) 그리고 「황태자의 첫사랑」에서는 존 에릭슨 백작이 에드먼드 퍼돔 황태자에게 결투를 신청하고 싶은 간절한 심정을 이렇게 드러낸다. 〈I do not have the privilege of demanding satisfaction.〉(저에게는 [만족감을 찾으려는] 결투를 요구할 특전이 없습니다.)

saucer

"Then get me a saucer."

✘ 그럼 소스 좀 가져와.

☛ 몇 분에 하나씩 틀린 번역이 나타나는 「육체와 영혼」에서 가장 노골적으로 태만했던 대목은 오랜만에 집으로 돌아온 가필드에게 주려고 어머니와 릴리 파머가 부엌에서 함께 팬케이크를 굽는 장면에 나온다. 파머가 잘 익었는지 궁금해서 뒤집개로 쿡쿡 찔러보니까 어머니 앤 리비어가 야단친다. 〈Don't poke it. Just pat it.〉(후비지 말고 톡톡 두드리기만 해라.) 파머가 변명한다. 〈I'm trying to be useful.〉(도와 드리고 싶은 마음에서 그랬어요.) 예문은 그 다음에 어머니가 하는 말이다. Then은 〈정 돕고 싶으면〉이라는 뜻이고, 이어서 get me a saucer라는 어머니의 말을 듣고 파머가 집어서 건네주는 것은 sauce(소스)가 아니라 saucer(받침 접시)다. 1950년대에는 UFO(unidentified flying object, 미확인 비행 물체)를 flying saucer(비행접시)라고 했다.

○ 「그렇다면 접시나 이리 줘.」

savor

"That savors strongly of bitterness."

✘ 그건 맛이 쓰단다.

☛ 「오만과 편견」(2005)에서 여주인공의 동생이 남자들에 대한 부정적인 인식을 피력한다. 〈The glories of nature. What are men compared to rocks and mountains? Men are either eaten up with arrogance or stupidity. If they are amiable, they have no minds of their own.〉 (자연의 찬란함을 생각해 보라니까. 바위나 산에 비하면 남자들이 뭐겠어? 남자들은 교만하거나 멍청할 따름이라고. 혹시 다정한 경우가 있다면, 그런 남자는 줏대가 없기 쉽지.) 옆에서 이 소리를 듣고 이모가 한 마디(예문) 던진다.
대화의 번역에서는 앞에 나온 말의 내용을 받아서 이어지는 경우가 많다는 사실을 명심해야 한다. 이모가 한 말은 〈네가 한 그 말에는 원한이 단단히 박혔구나〉, 그러니까 〈그 말엔 가시가 돋았구나〉라는 뜻이다.

saw

"No, you don't. I just saw the last one."

✘ 아니, 사양하겠어. 방금 내가 본 것으로 족해.

☛ 「오클라호마」에서 (글로리아 그레이험에게 농염한 작별의 키스를 한 다음) 그녀의 약혼자 진 넬슨에게도 작별 인사를 하겠다고 방물장수 에디 앨버트가 접근하자, 넬슨이 질겁하며 얼른 물러선다. 이런 경우 see the last one은 의미를 한층 발전시켜 〈그런 꼴은 다시는 보고 싶지 않다〉로 이해해야 한다. 그러니까 넬슨의 말은 단순히 〈사양〉하는 정도가 아니라 〈이따위 수작 다시 한 번만 더 했다가는 죽을 줄 알아〉라는 경고의 의미를 담았다.

○ 「아냐, 그건 안 돼. 조금 아까 당신이 한 행동을 보니까 (나한테도 그럴까봐) 밥맛이 떨어져.」

say

"You can say that again."

✘ 다시 말해봐, 뭐라고?

☛ 「오즈의 마법사」에서 〈필요한 것은 용기〉라고 말한 허수아비에게 겁쟁이 사자가 맞장구를 친다. can say again은 〈백번을 다시 말해도 맞는 얘기〉, 그러니까 〈어디 가서 언제 다시 해도 맞는 얘기〉라는 뜻이다. 사자는 허수아비의 말을 못 알아들어서 되물은 것이 아니라, 〈지당하신 말씀〉이라고 전적으로 동의한 다음, 〈용기〉를 주제로 한 노래까지 한바탕 불러 젖힌다. 「이중생활」에서 오델로 역을 꺼리는 배우 로널드 콜맨에게 제작자가 따진다. 〈You are an actor.〉(당신은 배우잖아요.) 콜맨이 빈정거린다.

「You don't say.」
○ 「누가 아니래나.」

번역문은 적극적으로 동의하는 말이다. 하지만 사실은 조금 삐딱하게 〈(그런 줄 몰랐는데) 내가 배우였던가?〉 또는 〈아, 그러신가요?〉라고 반박하는 뒷맛이 담긴 표현이다.

다른 장면에서는 술집 여종업원 셸리 윈터스가 〈I'm a masseuse(난 맛사지도 해줘요)〉라면서 은근히 접근하니까 콜맨이 짐짓 놀란 체하며 〈You don't say〉라고 말한다. 역시 〈그런 줄이야 꿈에도 몰랐지〉라며 이미 짐작했거나 빤히 알면서도 짐짓 놀란 체하는 태도를 나타낸다.

scene

"I thought I'd gone back to pick up my borrowed coat. But I hadn't. I hadn't gone back for that at all. I'd gone back to make a scene on the floor of the ballroom."

✗ 보관실에 가서 숙모의 코트를 찾는 대신 난 파티장에 모습을 드러냈어요.

☞ 「지난여름 갑자기」에서 엘리자베스 테일러가 마디 그라(☞ Mardi) 무도회에 갔던 기억을 더듬는 장면으로서, 참으로 간략하게 요약한 번역이다. 하지만 이런 식으로 추려 내면 대화의 맛이 대부분 사라진다. make a scene(장면을 만들다)을 〈모습을 드러내다〉라고 오해한 듯싶은데, 매우 빈번하게 쓰이는 이 표현은 〈점잖은 장소에서 꼴불견 노릇을 하여 사람들로 하여금 눈살을 찌푸리게 만든다〉 또는 〈난장판을 피우다〉라는 의미다.

○ 「난 (고모 캐더린 헵번에게서) 빌린 외투를 찾으러 갔다고 생각했어요. 하지만 그게 아니었어요. 그래서 갔던 게 전혀 아니었어요. 난 (나를 겁탈한 남자를 두들겨 패고) 무도장에서 난장판을 벌이러 돌아갔던 거라고요.」

Scotland

"Very well, I have to phone the foreign office at Scotland Yard."

✗ 그동안 스코틀랜드에 연락하겠습니다.

☞ 「몰락한 우상」에서 집사의 아내가 죽는 사고가 나자, 런던 주재 프랑스 대사의 비서가 서두른다. 프랑스 대사관에서 스코틀랜드에는 도대체 왜 전화를 하겠는가?

○ 「좋습니다. 런던 경찰국(☞ inspector)의 외사과(外事課)에 전화를 해야 되겠군요.」

scratch

"I mean you scratch my back, I scratch yours."

✗ 제 뜻은, 당신이 내 등을 할퀴면 저도 당신을 할퀼 거예요.

☛ 「산타 비토리아의 비밀」에서 주민 대표 앤서니 퀸이 독일군 장교 하디 크루거의 비위를 맞추려고 하는 말이다. 이 정도로 잘 알려진 속담이라면 〈누이 좋고 매부 좋고〉까지는 아니더라도, 〈서로 가려운 곳을 긁어 준다〉 정도는 나와야 한다. 〈할퀴다〉는 아주 미워하는 사람에게나 하는 짓이다.

하기야 이 영화의 DVD를 보면, 벽의 구멍을 막는 미장이에게 감독이 지시를 내리는 장면에서, 이런 번역도 나왔다.

「Make it solid, like a double wall.」

✗ 「고체로 만들어, 이중 벽처럼.」

○ 「이중벽처럼 단단하게 발라요.」

scribe

"And now, my friends, I wish to write a letter to our emperor. Scribe."

✗ 이제 황제에게 편지를 쓰고 싶소. 스크라비, 써주겠나?

☛ 「쿠오 바디스」에서 절친한 친구들을 만찬에 초대해 놓고 자살을 하기에 앞서, 리오 겐이 네로 황제에게 마지막 편지를 보낸다. 대화에서 한 단어로 된 문장을 보면 이렇게 보통 명사가 고유 명사처럼 보여 착각을 일으키기도 한다. scribe는 사람의 이름이 아니라 〈필경사(筆耕士)〉라는 뜻이다. 요즈음에는 〈언론인〉, 특히 〈신문 기자〉를 의미하는 호칭으로도 쓰인다. 발음도 〈스크라비〉가 아니라 〈스크라이브〉다.

「암흑가의 탄흔」을 보면 교도소 확성기를 통해 공지 사항이 전해진다.

「Warden speaking.」

✗ 「교도소장 워든이다.」

Warden이라는 인명이 없지는 않지만, 여기서의 warden은 scribe처럼 〈교도소장〉이라는 〈신분〉을 나타내는 말이지, 교도소장의 이름이 아니다. 그런데도 〈Yes, Warden〉을 〈워든 소장님〉이라는 식의 번역이 계속된다.

script

"If he spoke one word of the author's script tonight, I never heard of it."

✗ 오늘밤 그가 다시 대사 한 줄이라도 읽는다면 듣지 않을 거요.

☛ 「갈채」에서 빙 크로스비의 연기를 못마땅하게 여기는 제작자 앤서니 로스가 연출자 윌리엄 홀든에게 화를 낸다. 문장이 짧으면서도 구조가 복잡하여 이해하기가 쉽지 않다. 이럴 때는 덩어리 문장 전체를 놓고 통째로 한꺼번에 파악하려는 욕심을 버리고, 구성한 어휘들을 하나씩 분해하여 부분적으로 이해한 다음, 그것을 재조립하는 과정을 거치면 도움이 된다. if he spoke는 〈만일 그가 말했다면〉이다. one word of는 〈한 마디《라도》〉라고 강조하는 표현이다. author's script는 〈작가의 대본〉이다. 여기에는 〈작가가 대본에 쓴 내용을 그대로 충실하게〉라는 암시가 함축되었다. 그래서 가정법을 취한 조건절을 재조립하여 직역하면 이렇게 된다.

〈만일 그가 오늘 밤 작가의 대본에서 한 마디라도 (제대로) 읊었다면……〉

이것을 다시 알아듣기 쉬운 문장으로 손질하면 이렇게 된다.

〈그 친구가 오늘 밤 혹시 대본을 한 구절이라도 제대로 읽어 냈는지 어쩐지는 모르겠지만……〉

그리고 I never heard of it은 〈그것(그가 제대로 읽어낸 구절)을 전혀 듣지 못했다〉는 소리다. 이제는 전체 문장을 재조립하도록 하자. 〈혹시 그 친구가 원작자의 의도를 살려 대본을 한 마디라도 제대로 말했는지는 모르겠지만, 난 그걸 전혀 듣지 못했어.〉 그런 다음에는 이 문장을 자연스러운 대화로 다듬기만 하면 된다.

○ 「오늘 밤 그 친구가 제대로 읽어 낸 대사라곤 내 귀에 한 마디도 안 들리더라고.」

이렇게 천천히 돌아서 가는 방법이 정답을 찾아내는 가장 빠른 길이다.

scrounge

"We had an hour to rest and scrounge whatever food we could before we had to move south and secure the town of Courville."

✗ 우린 휴식을 취하고 음식을 맘껏 먹으며 쿠 데 빌 행을 준비했다.

☛ 「밴드 오브 브라더스」에서 영화가 끝나갈 무렵에 나오는 해설이다. scrounge는 호사스럽게 〈음식을 맘껏 먹으며〉가 아니라, 제대로 된 음식이 없어서 〈배를 채울 수만 있다면 무엇이라도 좋으니까 닥치는 대로 찾아 먹었다〉는 뜻이다. 쓰레기를 뒤져 먹거나 〈구걸〉하는 경우를 scrounge라고 한다.

○ 「쿠르빌을 점령하기 위해 남쪽으로 이동하기 전에 휴식을 취하고 아무 음식이나 대충 배를 채우도록 우리들에게 주어진 여유는 겨우 한 시간 뿐이었다.」

scuffle

"When I now think of all that's happened to the world since then, that little scuffle seemed to be nothing worth writing about."

✘ 지금 생각해 보면 별로 자랑할 일도 아니지만, 그때 난 초라한 보호막을 뚫고 세상에 나온 기분이었다.

☛ 「나는 카메라」에서 히틀러를 선전하는 나치 당원을 두들겨 팬 로렌스 하비의 목소리 해설이다. 번역을 거쳐 《초라한》 보호막》이 되어버린 (little) scuffle은 〈몸싸움〉 중에서 사뭇 험악하게 두 사람이 멱살을 잡고 벌이는 싸움이고, 영화에서 자주 나오는 술집의 패싸움 따위는 brawl이라고 한다. 도시에서 깡패들이 벌이는 집단 패싸움은 rumble이다.

○ 「그 이후에 나치 당원들 때문에 세상이 얼마나 엄청난 일을 겪었는지를 지금 생각해 보면, 그날의 하찮은 몸싸움은 전혀 기록으로 남길 만한 가치조차 없는 일이었다.」

second

"Would you act as my second?"

✘ 날 도와줄래?

☛ 「젊은 사자들」에서 돈을 훔쳐 간 네 명의 훈련병과 〈결투〉를 벌일 각오로 먼고메리 클리프트가 딘 마틴 이등병에게 하는 부탁이다. 핵심[second]이 번역에서 빠져 버렸다.

○ 「내 입회인 노릇을 해주겠어?」

「사랑과 죽음」에서는, 백작 부인이 우디 앨런과 동침한 사실을 알게 된 그녀의 애인이, 길거리에서 앨런에게 결투를 신청한다.

「Our seconds will call on you.」

✕ 「둘째 애인도 네놈을 찾아올 거다!」

난데없이 대화에서 튀어나온 〈둘째 애인second〉은 아마도 첩이나 〈숨겨 놓은 여자〉를 뜻하는 가짜 영어 〈세컨드〉를 연상한 결과인 듯싶은데, 결투의 입회인들은 당사자를 대신하여 서로 만나 시간표나 결투에 사용할 무기 따위의 세부적인 사항을 미리 결정하는 역할을 맡는다.

○ 「우리 측 입회인들이 당신을 방문할 겁니다.」

secretary

Assassination of President Lincoln and Attempt to Take the Life of Secretary Seward

✘ 링컨 대통령 암살 및 비서 슈워드 암살 기도

☞ 「국가의 탄생」에 나오는 신문의 기사 제목이다. 대통령을 도와서 일하는 사람들 중에는 갖가지 보좌관이 있고, 〈비서〉라면 기껏해야 커피를 가져오고 타자나 치는 일을 한다. 그런 비서를 도대체 누가 목숨을 걸고 암살하려고 할까? 미국에서는 〈장관(長官)〉을 minister가 아니라 secretary라고 한다. 노예 제도를 강력하게 반대했던 윌리엄 헨리 시워드는 링컨 대통령 시절의 국무장관이었다. 백과사전이나 인명사전 아니면 인터넷으로 찾아보면 5분도 안 걸려서 확인이 가능한 사실이다.

○ 링컨 대통령 암살, 시워드 장관 살해 기도

security

"You know why she's coming with me? She knows I'm cold hard cash on the line. Security. Something you can count on."

✘ 난 돈에 미친 사람예요. 비밀은 보장하겠소. 적당한 비용만 낸다면.

☞ 「도청작전」에서 다이안 캐논에게 살림을 차려 준 남자가 찾아와서는 (출옥한 다음 그녀와 다시 동거를 시작한) 숀 코너리에게 큰소리를 친다. 네 개의 문장에서 네 가지 다른 오역을 범했다. 번역에서 제외된 첫 문장은 〈그 여자가 왜 결국 나한테로 와야 하는지 그 이유를 모르겠어요?〉라는 뜻이다. 아마도 뒤따라 나오는 세 문장에 대한 역자의 잘못된 인식과 연결이 되지 않아 빼버린 듯싶다. 두 번째 문장에서 cold hard cash는 〈누가 봐도 확실한 현금〉으로서, 〈난 돈에 미친 사람〉이라는 말이 아니라, 〈내가 확실한 돈줄이라는 사실을 그 여자가 잘 안다〉는 의미다. on the line은 〈줄에 서서 기다리는〉, 그러니까 〈부르기만 하면 당장이라도 쫓아 달려갈〉 확실한 돈줄을 의미한다. security(유가 증권, 안전한 수단)는 〈비밀을 보장하겠소〉라고 코너리에게 약속하는 말이 아니라, 여자에게는 〈내가 안정된 생활을〉 제공할 〈보증수표〉라는 뜻이다. 마지막 문장 something you can count on은 〈적당한 비용만 낸다면〉이라고 코너리에게 요구하는 말이 아니라, 〈사람들이 믿고 의지해도 되는 무엇〉으로서, 앞에 나온 security를 풀어서 설명한 내용이다.

○ 「그녀가 왜 내 손아귀에서 벗어나지 못하는지 알아요? 내가 언제라도 쓸 수 있는 현금이나

마찬가지라는 사실을 알기 때문이죠. 보증 수표란 말입니다. 믿음직한 기둥이라고요.」

seduction
"It was more like seduction than rape."

✘ 이건 성행위보다 매력적이죠.

☛ 「도청작전」에서 숀 코너리가 금고 열기를 성행위에 비유한다. 암시가 담긴 은근한 표현을 제대로 전달하지 못한 번역이다. 〈강간보다는 (감언이설을 곁들인) 유혹에 훨씬 가깝다〉는 말은 금고를 〈강제로 요구하기보다는 살살 타일러서 응하게 만들라〉는 비유다. 금고는 억지로 열면 잘 안 열리고, 조심스럽게 정성을 들여 다뤄야 한다는 의미다.

see
"We shall see."

✘ 또 뵙죠.

☛ 「멋대로 살아라」에서 소련 발레 관현악단의 지휘자가 무대에 서지 못하도록 약을 먹인 다음, 재닛 리가 딕 반 다익을 안심시키는 말이다. shall see 〈어떻게 되는지 두고 봅시다〉, 또는 〈곧 알게 되요〉라고 번역해야 한다.
「공포」에서는 〈젊은 여자의 모습이 자꾸 나타난다〉고 잭 니콜슨 중위가 따지자 성주의 하인이 〈There is no girl(이 성엔 아가씨가 없어요)〉이라고 부인한다.
「No girl? We shall see.」
✘ 「없다구요? 보게 될 거요.」
니콜슨의 말은 〈있는지 없는지 어디 두고 봅시다〉, 그러니까 〈당신이 뭐라고 하든 분명히 있다〉는 뜻이다.
「천일의 앤」에서는 결혼을 하지 않겠다는 주느비에브 뷔졸드를 왕궁으로 억지로 데려가면서, 리처드 버튼이 다짐한다.
「You will be in my presence every day of your life. Then we shall see.」
✘ 「매일 평생토록 내 곁에 머물며 날 보게 될 것이다.」
we shall see를 〈날 보게 될 것이다〉라고 번역했는데, 그러면 주어 we가 찾아 들어갈 자리가 묘연해진다. 〈그러면 (두 사람의 운명이 어떻게 될지) 우리는 알게 될 것이다〉라고 해야 제대로 의미가 통한다.

○ 「당신은 평생 동안 단 하루도 빠짐없이 내 곁에서 지낼 거요. 그러면 어떻게 될지 두고 보기로 합니다.」

「프라이드 그린 토마토」에서 동네 청년들과 포커를 하며 메어리 스튜어트 매스터슨이 돈을 건다.

「I'll see you, Grady Kilgore. And I'll raise you twenty.」

✕ 「또 봐요.」

포커에 대한 정보(☞ deuce)가 부족해서 빚어진 오역이다.

○ 「네가 건 돈은 받아 주겠어, 그레이디 킬고어. 그리고 거기다 20센트 더 걸지.」

같은 영화에서, 생일날 밤 숲 속에서 난생 처음 술을 마시고 포커를 쳐서 이긴 얌전이 메어리-루이스 파커가 말괄량이 매스터슨에게 자랑하며 즐거워한다.

「A straight beats three of a kind.」

✕ 「게다가 스트레이트도 잡고.」

파커가 잡은 패(8-9-10-J-Q)처럼 다섯 장의 숫자가 차례로 나오면, three of a kind(다섯 장 가운데 같은 숫자가 석 장인 패. three cards라고도 함)를 이긴다는 설명이다.

「피츠카랄도」에서 그들의 배를 쫓아오는 수많은 원주민들의 쪽배를 발견하고 클라우스 킨스키가 선장에게 묻는다.

「Do you see what I see?」

✕ 「내가 본 게 보여?」

예문은 무엇인가를 보고는 믿어지지가 않을 때, 〈내 눈에는 보이는데 네 눈에도 보이느냐?〉고 묻는 흔한 질문이다.

○ 「내가 지금 헛것을 본 건 아니겠지?」

킨스키가 가리키는 곳을 보고 선장이 한숨을 짓는다.

「Just what we needed.」

✕ 「우리가 필요한 것만 봐.」

선장이 한 말의 정확한 의미는 (반어법으로) 〈정말로 필요 없는 상황이 닥쳤다〉로서, 〈올 것이 왔구먼〉이나 〈이제는 끝장이다〉(☞ need)라는 뜻이다.

「사라진 노부인」에서는 노부인이 실종되었다는 마거릿 락우드의 말을 믿지 않는 마이클 레드그레이브가 그녀를 식당차로 데리고 가서 (관심을 돌리려고 집안 얘기를 꺼내고는) 그의 아버지와 락우드가 비슷한 점을 지적한다.

「You are seeing things.」

✕ 「항상 다른 곳을 바라보죠.」

see things는 〈(당신도 우리 아버지처럼) 헛것을 보다〉, 그러니까 〈상상력이 지나치다〉라는 뜻이다.

「신데렐라」에서 불쌍한 생쥐를 찻잔으로 덮어 가둔 못된 고양이에게 신데렐라가 야단친다.

「We'll just see about this.」

✕ 「어떤 것인지 볼 거야.」

see about은 see to와 마찬가지로 〈~하도록 확실히 해두겠다〉는 뜻이다.

○「너 이러면 혼날 줄 알아.」

러시아 혁명을 배경으로 한 영화「어머니」는 이런 인용구로 시작한다.

「We must see to it — there will be none but us to see to it — that the people learn of those days that were so alive, so eventful, so significant and of such great consequence more thoroughly and in greater detail. Lenin.」

×「우린 이 영화를 봐야 한다. 다른 사람이 아닌 우리가 봐야 한다. 그러면 사람들이 생생하고 극적이며 의미 있던 그 날들과 더욱 철저하고 자세하게 그 위대한 결과에 대해서 알 것이다. 레닌.」

막심 고리끼의 소설『어머니』를 프세볼로트 푸도프킨이 영화로 만든 것은 1926년이다. 레닌(1870~1924)은 이 영화가 제작되기 2년 전에 죽었다. 그러니까 위 번역을 그대로 받아들인다면, 레닌이 죽은 다음 2년 후에 환생하여 문제의 영화를 감상했다는 의미가 된다. see는〈보다〉라는 뜻이 옳다. 하지만 to가 붙어 see to ~ (that)의 꼴을 갖추면〈that 이하의 내용이 꼭 이루어지도록 노력하겠다〉 또는〈~할 의무를 진다〉라고 생판 다른 내용이 된다. 그러니까 레닌이 생전에 남긴 말을 제대로 번역하면 이렇게 된다.

○「그토록 생동감이 넘치고, 그토록 다사다난하고, 그토록 의미심장하며, 그토록 중대한 영향력을 끼친 시대에 대해서 보다 철저하게 그리고 훨씬 더 상세히 인민에게 알리도록 우리는 기필코 노력해야만 하고 — 우리들 말고는 어느 누구도 그 과업을 이룩하지 못할 것이다.」

어떤 복잡한 문장을 번역할 때, 별로 대수롭지 않게 보이는 단어를 한두 개쯤 빼버리고 대충 내용을 꿰어 맞추려는 사람들이 적지 않은데, 때로는 단 하나의 단어를 무시한 결과로 치명적인 오역을 낳기도 한다.「어머니」의 번역자는 무작위로 문장에서 단어를 잘라 버리는 습성이 심하다는 인상을 준다. 예를 들면 주인공과 야산에서 접선한 여성 동지가 여러 자루의 권총을 보자기에 싸서 넘겨주며 이렇게 당부한다.

「Better hide it here somewhere.」

×「어딘가에 숨어 있는 게 좋겠어.」

번역문은 it을 빼먹는 바람에 주인공더러 피신하라는 소리처럼 들리지만, 사실은 it(무기를 숨긴 보퉁이)를〈집으로 가지고 가서 숨겨 두라〉는 뜻이다. 그 말을 듣고 여성 동지는 이런 걱정을 한다.

「It's dangerous to leave arms at your place.」

×「집에 무기를 두는 건 위험해.」

your라는 단어를 빼버린 번역문은〈무기를 집에 두면 사고가 날지도 모른다〉는 식의 보편적인 진술이지만, 원문은〈당신 집에 무기를 감췄다가는 발각이 될지도 모른다〉는 구체적인 경고다. 주인공은 집에 은닉한 무기가 결국 발각되어 재판에 회부되고, 그를 위해 국선 변호인이 변호에 나선다.

「This young man hid those arms out of courtesy. They did not belong to him.」

×「저 청년은 예의상 무기만 숨겨 준 겁니다. 그들과 한패가 아닙니다.」

이번에는 두 번째 문장의 They(those arms)가 누구인지, 앞뒤 문맥을 전혀 살펴보지 않았기 때문에 엉뚱한 내용으로 바뀌었다. 두 번째 문장은 이런 뜻이다.〈그건 이 청년의 총이 아닙

니다.〉

seizure

"This latest seizure was the most severe and prolonged that your brother has suffered to date."

✘ 최근의 발작이 가장 심하고 오래 지속되어서 형님은 지금까지 고생스러워해요.

☛ 「삶의 열망」에서 빈센트 반 고흐의 정신 상태를 동생 테오에게 정신 병원장이 설명한다. prolonged 다음에 seizure가 생략되었음을 역자가 파악하지 못한 듯싶다.
○ 「형님께서 지금까지 겪은 발작 가운데 최근의 경우가 가장 심했고 오래 지속되기도 했어요.」

self

"I'd like to have it for myself."

✘ 혼자 힘으로 얻고 싶소.

☛ 「피츠카랄도」에서 임자가 없는 오지의 땅을 탐내는 클라우스 킨스키에게 부유한 농장주가 뜸을 들인다. 이렇게 전치사 정도는 무시하고 건너뛰기 번역을 서슴지 않는 경우도 적지 않은데, 바람직한 습성은 아니다. for myself는 〈나 자신을 위해서〉이며, 〈혼자서〉는 by oneself 라고 해야 한다.
○ 「그 땅은 나(자신)도 갖고 싶어요.」

self-defense

"And you had to defend yourself, didn't you? The plea is self-defense."

✘ 피고는 자신을 방어하려고 그랬겠지? 동기는 자기방어였어.

☛ 「오클라호마」에서 로드 스타이거를 살해한 혐의로 재판을 받게 된 고든 매크레이에게 제임

스 휘트모어 판사가 판결을 내린다. self-defense는 〈정당방위〉가 공식적인 용어다. 있는 말을 버리고 구태여 새로운 표현을 만들어 낼 필요는 없겠다. 필자는 이 책의 여러 곳에서, 영어 한 단어에 대하여 우리말 한 단어만 준비해 놓고는 번역을 감행하는 행위의 무모함을 지적했지만, 이런 경우에는 사정이 다르다. 예를 들면 「피츠카랄도」에서는 (아마존에 오페라 극장 짓겠다는 클라우스 킨스키에게) 극장주가 설익은 예술가들에 대해서 코웃음을 친다.

「Sarah Bernhardt, an actress who can't even sing. But her wooden leg is the talk of the town.」

✗ 「사라 번하트는 노래도 못 부르는 여배우. 그래도 그녀의 목발은 장내의 얘깃거리죠.」

여자로서 햄릿 역도 맡았던 사라 베르나르는 다리를 절단한 다음 의족을 달고 무대에 섰던 프랑스의 전설적인 배우다. 그래서 〈베르나르의 의족〉은 talk of the town(장안의 화제)이 되기도 했는데, 한문의 사자성어처럼 굳어 버린 숙어나 관용어를 굳이 〈장내의 얘깃거리〉라고 풀었어야 할 이유는 없겠다.

sense

"I sense a certain frustration."

✗ 실망스럽구나.

「쿠오 바디스」에서 인질의 신분인 데보라 커가 호락호락 말을 듣지 않자 로버트 테일러 사령관은 숙부에게 〈I'll have her if I have to abduct her(납치를 해서라도 그 여자를 차지하겠다)〉고 답답한 심정을 털어놓는다. 예문은 숙부 리오 겐이 테일러를 놀리는 말이다. sense는 〈~한 눈치가 보인다〉는 말이고, frustration은 좌절감이다. a certain은 〈어쩐지〉 또는 〈어떤〉이라는 막연한 느낌으로 옮기면 된다.

○ 「보아하니 속이 좀 타는 모양이구나.」

「악마는 프라다를 입는다」에서 면접을 위해 잡지사로 찾아간 앤 해더웨이를 마중 나온 메릴 스트립의 여비서 에밀리 블런트가 해더웨이의 촌스러운 옷차림을 보고 한탄한다.

「Human Resources certainly has an odd sense of humor. Follow me.」

✗ 「인사과도 완전 포기했나 보네. 따라와요.」

참으로 번역하기 어려운 문장이다. 우선, humor를 우리말로 번역하지 않고 그냥 〈유머〉나 〈휴머〉라고 쓰는 사람들이 워낙 많아서, 그 단어를 막상 우리말로 옮기려면 한참 더듬거려야 한다. sense가 〈우리말〉로 〈센스〉였던가? 어쨌든 sense of humor를 속 시원히 번역해 놓은 경우를 필자는 여태껏 본 적이 없다. 기껏해야 〈유머 센스〉나 〈유머 감각〉 정도가 고작인데, 그러려면 왜 차라리 아예 〈센스 어브 휴머〉라고 하지 않는지가 이상할 지경이다.

일단 여기에서는 humor가 우리말로 〈웃기기〉라는 단어가 적합하리라고 가정하자. 그리고 sense of humor는 〈웃기기 감각〉으로부터 발전시켜 〈웃기는 재주〉라고 해 두자. 이쯤 되면 odd sense of humor는 〈웃기는 재주가 참 특이하네〉로 가닥이 잡힌다. Human Resources는 〈인적 자원(人的資源)〉이다. 우리나라 정부의 부처에서도 빌어다 쓴 표현이지만, personnel(인사)을 보다 현대적인 감각으로 채색한 명칭이다. 그러니까 블런트의 말은 〈인사부 사람들 웃기는 재주가 정말 특이하네〉라는 소리다. 편집장의 비서로 쓸 만한 여자를 하나 선발해 보내라고 했더니 영락 없는 〈촌닭〉을 추천했기 때문에 기가 막혀서, 〈장난이 심해도 좀 지나치게 심하구먼〉이라고 한 소리다.

○ 「인사과 사람들 장난기가 확실하게 발동했나 보군요. 이리 따라와요.」

sentence

"He has been a top model, you could say, in a most sinister, malignant and vicious fashion in modern history. The principal criminals have been punished, have already in this same court been sentenced to death."

✘ 그는 나치 숭배의 가장 사악한 본보기가 되어 왔습니다. 근본적인 범죄는 반드시 처벌받아야 마땅합니다. 그들은 이미 사형되었습니다.

☞ 「25시」에서 독일의 선전용 허수아비 노릇을 했다고 뉘른베르크의 전범 재판에 회부된 앤서니 퀸을 검찰관이 규탄한다. principal criminals는 〈근본적인 범죄〉가 아니라 〈첫손 꼽는 범죄자들〉, 즉 〈주범들〉이다. 그리고 sentence는 〈선고(를 내린다)〉라는 뜻이다. 사형 선고를 받는다고 해서 모두 처형이 되지는 않는다. 나중에 사면을 받기도 하고, 우리나라에서처럼 오랫동안 형이 집행되지 않아 자연사를 맞기도 한다. 그런데 번역문에서는 전범 재판이 다 끝나기도 전에 〈처형되었다〉고 해놓았다.

참고로, 영화 「뉘른베르크의 재판」은 이런 자막 해설로 끝난다. 〈There were ninety-nine defendants sentenced to prison terms. Not one is still serving his sentence.〉(99명의 피고인이 징역형을 선고받았다. 지금까지 복역 중인 사람은 단 한 명도 없다.) 너무 길기 때문에 약간 간추려 놓은 예문에서, top model은 〈(가장 사악한) 본보기〉가 아니라, 퀸이 아리안족의 우월성을 증명하는 각종 잡지와 인쇄물에서 〈사진 모델〉 노릇을 해왔다는 뜻이다.

○ 「그는 현대 역사상, 뭐랄까요, 가장 흉악하고, 악의적이고, 사악한 방식으로 최고의 모델 노릇을 해왔습니다. 주범들은 처벌을 받았고, 바로 이 법정에서 이미 사형 선고를 내렸습니다.」

sentimental

"You're sentimental."

○ 당신은 정이 많은 사람이군요.

☞ 「시저와 클레오파트라」에서 사막으로 도망친 비비엔 리가 클로드 레인스에게서 받은 인상이다. sentimental을 〈감상적〉이라고 하지 않고 〈정이 많은〉이라고 한 번역에서는 정성과 개성이 보인다.

separate

"We are returning the manuscript to you under separate cover."

✗ 귀하의 원고는 봉투에 넣어 돌려드립니다.

☞ 「내가 마지막 본 파리」에서 출판사로부터 반 존슨에게 날아온 거절 편지rejection slip의 내용이다. cover를 〈봉투〉라고 생각한 듯싶다. under separate cover는 우편물을 보낼 때, 예를 들어 한 장의 편지와 두툼한 원고 뭉치를 함께 보내지 않고, 〈따로 발송〉한다는 뜻이다.

sergeant

"Come on, Sarge, fill it up."

✗ 하사님, 한 잔 주십시오.

☞ 「공격」에서 커피를 타 먹으려고 새치기를 한 중대장 당번병에게 로버트 스트라우스가 한참 잔소리를 한다. 그리고는 어찌해야 좋을지를 몰라 기다리는 취사병에게 스트라우스가 예문에서처럼 결정을 내려 준다. 번역문에서는 스트라우스의 얘기가 마치 자신에게 커피를 먼저 달라고 요구하는 소리 같지만, 사실은 수통을 들고 선 당번병에게 주라고 양보의 뜻을 나타낸 말이다.

○ 「좋아요, 한 통 채워 주라고요.」

그리고 sergeant의 구어체 호칭인 sarge는 절대로 〈하사〉가 아니다. 군대의 조직과 계급은 나라마다 조금씩 다르고, 군대 경험이 없는 사람들에게는 서열이 익숙하지 않아 늘 번역하는데 어려움(☞ colonel)이 따른다. 같은 계급(☞ captain)이라고 해도 육군이냐 아니면 해군이냐 또는 공군이냐에 따라서 서열이 달라지기도 한다. 그리고 같은 군의 같은 계급(예를 들어 private과 lieutenant)이라도 앞에 first나 second가 붙어 차별화되기도 한다. 뿐만 아니라 장교보다는 병사의 계급이 구별하기가 훨씬 까다롭고, 병사의 계급 중에는 워낙 종류가 많아서 더욱 혼란스럽고 파악하기가 가장 어려운 계급이 sergeant다.

육군을 기준으로 해서 우선 장교의 서열부터 살펴보면, 가장 낮은 소위second lieutenant와 중위first lieutenant 그리고 대위captain를 〈위관급 장교〉라 하고, 소령major과 중령lieutenant colonel과 대령([full] colonel)을 〈영관급 장교〉라 하며, 여기서 더 올라가면 장군이 된다. 장군의 서열은 준장brigadier general, 소장major general, 그리고 중장lieutenant general을 거쳐 대장four-star general으로 올라간다. 병사의 경우는 계급이 private에서 시작되어, 기본 훈련을 끝내면 이등병private second class을 거쳐 일등병private first class, Pfc.이 된다. private에서 진급하면 상(등)병이 되는데, 그 영어 명칭이 corporal이다. 〈상병〉의 보다 정확한 명칭은 lance corporal(LCpl.)이며, corporal 가운데 가장 계급이 높은 corporal first class(CFC)를 〈하사〉라고 한다. 하사는 일반병(draftee 또는 enlisted man)인가 아니면 장기 복무자professional soldier인가에 따라서 계급의 서열이 크게 차이가 난다. 징집을 당해 군복무를 하는 일반병의 경우는 대부분 상병을 거쳐 병장이 되면 전역을 하고, 예외적인 경우에는 하사까지 진급한다. 그러니까 일반병의 경우는 하사가 가장 높은 계급이다. 반면에 장기 복무자(직업 군인)의 계급은 하사에서 시작되기 때문에, 부사관 중에서는 하사가 가장 낮은 계급이다.

병사의 계급에서 corporal을 거쳐 가장 높은 서열로 올라가면 sergeant이 된다. 일반병 sergeant는 〈병장〉이라고 하며, 부사관 급 sergeant는 계급을 따지기가 대단히 복잡해진다. 미군의 계급에는 한국군과 달리 sergeant를 워낙 여러 단계로 분류하기 때문이다. 미군의 staff sergeant는 한국군으로 치면 〈중사〉 급이고, 지금은 sergeant first class라고 명칭이 달라진 technical sergeant(특무 상사)도 있는가 하면, master sergeant(상사)에다가 〈원사〉(warrant officer, 전에는 〈준위〉라고 했음)급인 chief master sergeant까지 줄을 선다. 어쨌든 「공격」 예문의 경우, 취사병(☞ K.P.)이라는 특수성을 고려하면, Sarge는 〈하사〉가 아니라 〈병장〉이 맞을 듯싶다.

service

"You did a service for Colonel Gomez some time."

✘ 예전에 고메즈 대령님의 부하로 계셨죠?

☛ 「개선문」에서 나치 편에 붙은 에스파냐군 대령이 옆방에서 술판을 벌이다가, 샤를 부아이에더러 같이 마시자고 초대하기 위해 부관을 보낸다. 부관이 예문에서처럼 부아이에에게 묻는

다. service라니까 〈군 복무〉라고 역자가 넘겨짚은 모양이지만, 어림도 없는 일이다. 폴란드인 의사 부아이에는 군대를 다녀온 적이 없고, 에스파냐 군대는 더더구나 아니다. 그의 초대를 부아이에가 무시하자, 화가 난 대령은 잠시 후에 방으로 직접 찾아와서, 돈을 던져 주며 소리친다. 〈The fees for your consultation!〉(당신 상담료 받으쇼!)
대령은 부아이에로부터 전에 의학적인 상담이나 치료, 즉 medical service를 받은 처지였다.

set

"Why aren't you with your jet set?"

✘ 제트 여객기나 하나 사시지.

☛ 「타인의 도시」에서 올리버 리드가 세탁실에 쭈그리고 앉아 빨래가 끝나기를 기다리려니까, 같은 잡지사에서 근무하는 캐롤 화이트가 들어와 보고는 놀린다. 〈Why aren't you with your ex lady?〉(옛날 애인이랑 오시지…….) 〈그 많던 애인들은 다 어쩌고, 누구 하나 데려다 대신 시키지 남자가 왜 궁상맞게 세탁실을 드나드느냐〉고 비아냥거리는 소리다. 예문은 리드의 반박이다. 제트 여객기를 사라니, 도대체 리드가 왜 그런 뚱딴지 같은 소리를 했을까? 역자는 jet set을 아마도 〈세트로 된 제트기〉쯤으로 생각한 모양이다. jet set은 〈제트 여객기로 전 세계를 누비며 돌아다니는 부유한 상류층 사람〉을 뜻한다.

○ 「당신은 왜 돈 많은 낭군하고 같이 오시질 않으셨나요?」

sexer

"I read somewhere in The Reader's Digest that Japs are big sexers."

✘ 일본놈들은 성욕이 대단하대.

☛ 「왕쥐」를 보면 포로수용소에서 살진 쥐를 한 마리 잡은 다음, 미군 병사 조지 시걸이 쥐를 사육하여 사슴 고기로 속여 팔 계획을 세우자, 동료 포로가 정보(예문)를 제공한다. 참으로 그럴 듯한 오역이다. 거짓말에도 이자가 붙게 마련이어서, 첫 단추를 잘못 낀 번역은 또 다른 오역을 낳는다. 위 예문에 대해서 시걸이 반박한다.

「That's with eggs, dummy.」
✘ 「사람 말고 말야, 이 멍청아.」

무슨 얘기인지 모르겠으니까 egg(달걀)가 행방을 감춰버린 모양이다. sexer는 〈성감별사(性

鑑別士〉〉다. 한때 우리나라에서 많이 해외로 진출했던 〈병아리 감별사〉는 chicken-sexer라고 한다. 병아리가 암놈인지 수놈인지를 가려내는 기술자가 chicken-sexer다.

그러니까 예문은 〈내가 리더스 다이제스트 어디선가 읽었는데, 일본놈들은 암수를 가리는 재주가 대단하다는구먼〉이라는 뜻이고, 시걸의 반박은 〈그건 (쥐가 아니라) 달걀(의 감별 능력이 뛰어나다는) 얘기야, 이 멍청아〉다.

shake

"I can't shake you, can I."

✗ 화 안 났지?

☛ 「바람과 함께 지다」에서 로렌 바콜만 데리고 마이애미로 가기 위해 로버트 스택이 담배 심부름을 시켜 록 허드슨을 따돌린다. 하지만 허드슨이 먼저 비행기로 와서 기다리자 스택이 포기한다. shake는 《(흔들어서) 떼어 낸다》는 뜻이다.

○ 「자넬 떼어 버릴 재주가 없구먼.」

허드슨이 응수한다.

「Goes both ways.」

✗ 「지금 화낼 수도 있어.」

〈양쪽으로 다 간다〉는 이 말은 〈피차일반〉이라는 뜻이어서, 〈나도 역시 자넬 떼어 버리기가 불가능하지〉라는 소리다.

shave

"Shave his head and wash it."

✗ 머리를 면도하고 물로 씻어 주시오.

☛ 「이집트의 태양」에서 에드먼드 퍼돔이 환자의 뇌 수술을 하기 전에 피터 유스티노프에게 지시한다. 스님들이 shave the head하는 경우에 우리는 〈머리를 면도한다〉고 말하지를 않고, 〈머리를 민다〉 또는 〈삭발한다〉는 표현을 쓴다. 〈면도〉는 원칙적으로 얼굴에서만 한다. 〈면도(面刀)〉의 〈면〉이 〈얼굴(낯)〉이기 때문이다.

○ 「머리를 밀고 깨끗이 씻어요.」

「달려라 청춘」에서도 〈Are you really going to shave your legs?〉를 〈정말 다리를 면도할 거야?〉라고 옮겼는데, 눈에 보이는 shave와 leg 두 영어 단어의 속박에서 해방되어 〈다리털을 깎겠다는 거야?)라는 식의 표현이 훨씬 자연스럽다.

she

"She is an absolute nuisance."

✘ 그녀가 가는 곳에는 늘 말썽이 생기죠.

☞ 「흑수선」에서 골칫거리 원주민 처녀 진 시몬스를 바로 옆에 앉혀 놓은 채로 데이비드 파라가 수녀 데보라 커에게 상황을 설명한다. 우리는 바로 옆에 앉은 여자를 가리키며 〈그녀〉라고는 하지 않는다.

○ 「저 애는 정말로 골칫거리죠.」

she는 정말로 쉬운 단어이면서도 처리가 쉽지 않은 보기 드문 단어다. 번역에서뿐 아니라 창작에서도 〈그녀〉라는 말이 일본식 표현[其女]이어서 많은 사람들이 거부감을 느낀다. 필자도 특히 문학 작품을 번역할 때마다 수없이 나타나는 이 단어에 대해 많은 불편함을 느꼈으며, 그래서 she를 〈그 여자는〉이나 〈여자가〉라고 하거나, 가능한 경우에는 대명사 대신 등장인물의 이름으로 바꿔 넣고는 했다. 요즈음에는 성차별을 없애고 she와 he를 다같이 〈그이〉라고 쓰는 사람들이 늘어나는 추세인데, 좋아 보인다.

sheep

"Take that goddam sheep out of my kitchen."

✘ 저 염소도 집어치워요.

☞ 「꿈이 지나간 자리」에서 외박을 하고 들어온 캐티 베이츠가 주정뱅이 남편 제임스 우즈에게 신경질을 부린다. sheep은 〈양〉이지 〈염소〉가 아니다. 이 비디오 판 영화에서는 maggot(구더기)도 처음부터 끝까지 일사분란하게 〈지렁이〉라고 번역했다. 동물의 이름을 마음대로 바꾸는 것(☞ rat)은 사람의 성을 가는 것과 마찬가지인 폭력이다.

「자이언트」의 마지막 장면을 보면, 식당에서 싸움판을 벌여 잔뜩 얻어맞고 온 록 허드슨을 향해 송아지가 울고, 다시 양이 울자 허드슨이 벌떡 일어나며 화를 낸다.

「I don't have to take it from a sheep!」
✘ 「염소까지는 못 참아.」
○ 「양까지도 날 깔보잖아!」

shirt

"And you wind up with T-shirts!"

✘ 그래서 셔츠까지 입었어?

☞ 「대양」에서 난파선을 뒤져 보면 무엇인지 나오리라는 예감을 얘기하는 닉 놀티를 재클린 비셋이 화를 내며 말린다. 감탄문을 의문문으로 번역한다는 자체가 위험하다. 두 사람이 한참 말다툼을 하다가, 〈셔츠를 입었다〉는 말이 왜 느닷없이 나왔을까? 더구나 shirts가 복수로 되어 있다. 놀티는 지금 티셔츠를 한 장만 걸쳤는데 말이다. wind up with T-shirts(그러다간 결국 티셔츠만 입고 살아가는 신세가 된다)는 stripped to the shirt(몸에 걸친 것을 몽땅 잃다)의 변형이다. lose one's shirt(무일푼이 되다, 알거지가 되다)과도 비슷한 의미다.

○ 「그러다간 쫄딱 망하고 만다니까!」

shoot

"I was frantic. For months I tried to get word. Then it came. He was dead. Shot trying to escape."

✘ 난 미칠 지경이었어요. 난 소식을 알아보려고 몇 달 동안 애를 썼죠. 그러다 그가 탈출중 총살 당했단 소식을 들었죠.

☞ 「카사블랑카」에서 남편 폴 헨리드가 수용소로 잡혀간 다음 소식을 기다리던 무렵의 고뇌를 잉그릿 버그만이 험프리 보가트에게 술회한다. 탈출을 하는 과정에서 〈총살〉을 당하기는 불가능하다. 총살은 눈을 가리고 두 손을 뒤로 묶은 다음에 벽이나 말뚝 앞에 세워 놓고 죽이는 처형 방법이다. 도망을 치다가 죽는 경우라면 〈사살 당했다〉고 한다.
「25시」에서 소장에게 64회나 탄원서를 내도 반응이 없자, 오랜 수용소 생활에 지친 정치범이 무작정 철조망을 넘어 밖으로 나가려고 한다. 망루의 파수병이 소리친다.

「Stop! Or I'll shoot to kill!」

✘ 「정지! 정지하지 않으면 쏘겠다!」

파수병은 이미 몇 차례 공포를 발사한(총을 쏜) 다음에 이런 경고를 했다. 그러니까 shoot to kill(죽이기로 작정하고 쏜다)은 〈쏘겠다(위협 사격)〉가 아니고, 〈사살하겠다〉는 확실한 의사 표시다. 꼭 to kill이라고 단서를 붙이지 않고 그냥 shoot이라고만 해도 《(단순히) 총을 쏜다》가 아니라 많은 경우에 〈총으로 쏴서 죽인다〉는 의미로 쓰인다. I shot him이나 She was shot은 〈난 그를 사살했다〉와 〈그 여자는 총을 맞고 죽었다〉는 뜻이기가 쉽다.
KBS에서는 이 영화를 방영하면서 같은 대목을 이렇게 번역했다. 〈정지! 발사한다!〉 우주선이나 로켓은 〈발사〉하지만, 총은 〈사격〉하거나 〈발포〉한다. 「교도소 풋볼팀」에서, 〈경기를 하다가 도망칠 생각을 하는 죄수들〉에게 경고하는 말이다. 〈We will shoot you.〉(너희들을 사격할 것이다.) 역시 〈사살하겠다〉는 뜻이다. 「러시 아워」에서는 경찰 간부가 〈무장 경찰관이 사격을 당했어〉라고 말하는데, 이 경우에는 〈총격(銃擊)을 당했다〉고 하거나, 보다 쉽게 〈총을 맞았다〉라고 하면 좋겠다. 〈사격(射擊)〉은 흔히 사람이 아닌 물체를 대상으로 하는 행위다. 「마오리족의 복수」에서는 〈So shoot me. But do not talk of justice or mercy〉를 〈그러니까 나를 죽여라. 하지만 정의나 자비 따위는 들먹이지 말라〉고 옮겼다. 제대로 된 번역이다.

「황태자의 첫사랑」에서 성추행을 피해 다른 술집으로 일자리를 옮긴 하녀 앤 블라이트에게 사과하려고 찾으러 간 에드먼드 퍼돔 황태자가 늦도록 돌아오지를 않자, 걱정이 된 시종이 여관 주인에게 겁을 준다. 〈If anything happens to him, the King will shoot you.〉(무슨 일이 생기면 왕이 당신을 고발할 거예요.) 역시 〈전하께 혹시 무슨 일이 생기기라도 하면, (퍼돔의 할아버지인) 폐하는 당신을 총살시킬 거요〉라는 뜻이다. 참고로, 엄포와 콧방귀로 이어지는 여관 주인과 시종의 대화는 이런 식으로 계속된다. 〈That's naturally.〉(어련하시겠어요.) 〈And if I were king, I'd have you hanged.〉(그리고 내가 왕이었다면, 당신을 교수형에 처하겠어요.) 총살은 순식간에 죽어버리지만, 교수형은 훨씬 고통스럽겠기 때문에 하는 말이다. 그랬더니 여관 주인이 한 술 더 뜬다. 〈Believe me, if you were king, I'd hang myself.〉(걱정 마쇼. 당신이 왕이라면 차라리 내 손으로 목을 맬 테니까.)

shop

"This is his shop. Nice, huh?"

✘ 이분 가게라네. 멋지지 않은가?

☛ 「공격」을 보면, 대장간에서 일을 하던 잭 팰런스 소대장이 그를 데리러 온 중대장 부관에게 프랑스인 대장장이를 소개하며 딴전(예문)을 부린다. 대장간은 〈가게(상점)〉가 아니다. 여기에서의 shop은 〈일터〉라는 뜻이다. workshop(작업장, 직장, 연수회)은 〈일가게〉라고 하지 않는다.

short

"He's a good man. Don't sell him short, boy."

✘ 아버지는 착한 분이야. 그 점을 잊지 마라.

☞ 「에덴의 동쪽」에서 고지식한 아버지 레이몬드 매씨를 미워하는 제임스 딘에게 벌 아이브스 보안관이 충고한다. sell him short은 〈아버지를 싼값으로 팔지 말라〉, 그러니까 〈깎아서 우습게 보지 말라〉는 뜻이다. 좀 어려운 말로 하면 〈평가절하(平價切下)〉다.

○ 「아버지는 훌륭한 분이야. 함부로 그분을 우습게 보면 안 된다.」

「왕자와 무희」에서 섭정 대공이 그녀를 만찬에 초대한 속셈을 알아차리고 대사관에서 도망쳐 나가던 마릴린 먼로가 문간에서 로렌스 올리비에를 만난다. 늦게 도착한 올리비에가 반색한다.

「How do you do. So good of you to come at such short notice.」

✗ 「안녕하세요? 마중까지 나오다니, 고마워요.」

short notice(짧은 통지)는 초대나 해고 따위를 할 때 시간적인 여유를 별로 주지 않은 〈급작스러운 통고〉를 뜻한다.

○ 「안녕하세요. 그렇게 갑작스럽게 연락을 받고도 와주시다니 참으로 고맙군요.」

「향수」에서 어린이 보호소를 관리하는 여자가 (그르누이를 팔아먹고 돈을 받자마자) 강도를 만나 죽어 버린다. 해설이 나온다.

「Unfortunately for the Madame, the bargain was short-lived.」

✗ 「불행히도 마담은 거기서 생을 마감했죠.」

short-lived는 〈짧게 살았다〉, 즉 〈곧 죽었다〉라는 의미로, 생명 뿐 아니라 계획이나 행복 따위가 〈얼마 가지 않았다〉는 뜻으로 널리 쓰인다. 〈마담에게는 불행한 일이었지만, 거래에서 받은 돈을 별로 오래 즐기지 못했다〉는 의미가 된다.

○ 「여자에게는 안 된 일이지만, 거래는 곧 휴지 조각이 되었다.」

「하버드 대학의 공부벌레들」에서 학생들이 별명을 부르며 놀려 댄다.

「Shorty!」

✗ 「숏다리!」

키가 작은 Shorty(꼬마)라고 해서 모두 다리가 짧지는 않다. 유행어로 재치를 부려보고 싶었던 모양이지만, 좀 경박해 보인다.

Shoshone

"What about the Shoshones? They might come back."

✗ 쇼숀족 인디언은 어쩌지? 다시 돌아올지 모르잖나.

☞ 「분노의 강」에서 한차례 인디언의 공격을 겪은 다음 마차 행렬이 다시 출발할 즈음에, 제이 C. 플리펜이 아더 케네디에게 묻는 말이다. 같은 영화의 다른 장면에서는, 땅바닥에서 발견한 인디언의 장식품을 아더 케네디에게 보여 주며 제임스 스튜어트가 묻는다.

〈I thought we were out of Cheyenne country. What do you make of that?〉(샤이엔 지역은 벗

어난 줄 알았는데. 당신 생각은 어떻소?) 두 번째 문장은 〈이것(인디언 장식품)의 정체가 무엇이라고 생각하나요?〉라는 뜻이다. 그래서 케네디가 견해를 밝힌다. 〈쇼숀.〉 그리고 영화 내내 똑같은 잘못이 반복된다. 〈쇼쇼니〉(☞ the)는 미국 북서부에서 살았던 인디언 부족의 이름이다. 북아메리카를 처음 탐험하던 시기에 유럽인들은 그곳의 원주민들을 Indio(에스파냐어로 〈인도 사람〉이라는 뜻임, ☞ Indian)라고 불렀으며, red skin(홍인종)을 통틀어서 하나의 같은 종족이라고 생각했었다. 하지만 백인들이 부족tribe이라고 생각했던 원주민들은 사실상 저마다 독립된 민족people이었으며, 그래서 북미에는 80여 개의 나라nation가 존재했다. 인디언 부족의 이름은 대부분 그들 자신의 언어로 〈사람들(민족)〉을 뜻하는 단어였지만, 저마다의 지역에 보다 큰 영향을 미친 유럽 언어권에 따라 표기 방법이 결정되었다. 그래서 간혹 발음하기가 헷갈리는 경우도 생겨났으며, 〈아파치〉와 〈코만치〉와 더불어 할리우드 서부 영화를 통해 가장 널리 알려진 수Sioux족을 어느 영화에서는 〈시욱스 인디언〉이라고 〈번역〉하기도 했었다. Sioux의 본디 명칭은 Dakota(다코타)였다. Sioux처럼 프랑스식으로 표기한 이름 가운데 까다로운 부족명으로는 북서부에 살았던 Chinook(시누크)가 유명하다. 헬리콥터와 연어에 붙은 〈시누크〉라는 말도 이 인디언 부족의 이름에서 연유한다. Delaware(델라웨어)와 Miami(마이아미)와 Ottawa(오타와)도 본디 인디언의 부족명이었고, 미국의 지명 가운데 아마도 절반 이상은 인디언들이 붙인 이름일 듯싶으며, 특히 시골로 들어가면 거의 대부분의 지명이 인디언 이름이다. 그들 가운데 〈샤이엔〉과 더불어 Iroquois(이로코이)와 Illinois(일리노이)도 프랑스식으로 표기한 인디언 종족명에서 유래한다. 남쪽에서 살았던 Mojave(모하비)와 Navajo(나바호)는 남미와 멕시코에서 널리 사용하던 에스파냐어 식으로 표기한 이름이다.

S

should

"You should be."

✘ 아 그래.

☞ 「프라이드 그린 토마토」에서 메어리-루이스 파커에게서 아기를 빼앗아 가려고 찾아온 폭력적인 남편이 KKK 옷을 걸치고 들이닥치자, 흑인 하녀가 〈겁 안 난다I ain't scared of you! No, sir!〉고 저항한다. 예문은 못된 남자가 경고하는 말이다. 이런 경우의 should be는 〈~해야 옳다〉, 그러니까 《(안 그랬다가는) 후회할 걸〉이나 〈그렇게는 안 될 텐데〉라는 뜻이다.

○ 「겁을 내야 신상에 좋을 텐데.」

「자이언트」에서는 갓 태어난 쌍둥이 가운데 딸을 안아 보고 록 허드슨이 아내 엘리자베스 테일러에게 묻는다.

「Shouldn't she be putting on a little weight?」

✘ 「딸이 무거운가?」

should는 말하는 이의 강한 결의나 의지, 또는 소망을 나타낸다. 여기에서는 시각적인 정보 (☞ backward, kettle)를 번역에 반영했어야 한다. 이 말을 할 때의 허드슨은 매우 실망한 표정이다. 강인하고 튼튼한 아들을 원했었기 때문이다.

○ 「체중이 좀 더 나가야 하는 거 아냐?」

show

"No, rehearsing a show."

✘ 지금은 연극을 하죠.

☞ 「젊은 사자들」에서 징집 위원회에 갔다가 우연히 유명한 가수 딘 마틴을 만난 유대인 청년 먼고메리 클리프트가 묻는다. 〈Are you singing at a club?〉(야간 업소에서 노래를 하시나요?) 예문은 마틴이 한 대답이다. 예를 들어 KBS의 「가요무대」가 〈연극〉이 아니듯이, 마틴이 현재 연습 중이라는 show(공연) 또한 〈연극drama, play〉이 아니다.

○ 「아뇨. 공연을 준비하고 있는데요.」

「악몽의 밤」에서는 show business를 〈쇼업계〉라고 번역하기도 했지만, 〈연예계〉라는 말이 훨씬 자연스럽다.

「킬리만자로」에서는 정착된 생활을 원하는 애바 가드너가, 〈작가 그레고리 펙의 생활 방식을 겉으로만 좋아하는 체하면서 아프리카로 쫓아왔다〉는 솔직한 얘기를 사냥 안내인에게 털어놓는다.

「I tried to put up the show, because he loves it so.」

✘ 「그가 원하니까 따르려고는 해도 겁이 나요.」

〈남편이 이런 삶을 그토록 좋아하기 때문에 나도 좋아하는 체 (속된 말로) 쇼를 하려고 노력했다〉는 고백이다. put up the show는 fake(거짓으로 꾸미다)와 같은 말이다.

○ 「그이가 (이런 삶을) 워낙 좋아하기 때문에 난 건성으로 그런 체했을 뿐이죠.」

sick

"I am sick."

✘ 나 병이 났어.

☞ 「천사의 시」에서 어린애가 실수로 술을 마시고 나서 호소한다. 꼭 병이 나지 않더라도, 〈멀미〉가 나거나 속이 뒤집혀 토하고 싶을 때, 그리고 어지러운 상태도 다 같이 영어로 sick이라

고 한다. 술이 취한 상태는 〈병〉이라고 하기는 어렵고, 그래서 상황에 따라 알맞은 우리말을 골라서 써야 한다.
○ 「나 속이 부글부글해.」

sidesaddle

"If you can't forget him, why don't you ride sidesaddle?"

✘ 그렇게 보기 싫으면 말 옆으로 누워가지 그래?

☛ 「황야의 7인」에서 멕시코 마을로 가는 일행을 멀리서 쫓아오는 홀스트 부크홀츠를 자꾸 뒤돌아보느라고 〈목이 아프다〉고 불평하는 브래드 덱스터에게 찰스 브론슨이 제안한다. 아무리 상상력을 동원해도 〈말 옆으로 누워서 간다〉는 자세가 나오지를 않는다. sidesaddle은 여자들이 말을 탈 때, 보기 흉하게 가랑이를 벌리고 앉기가 거북해서, 두 다리를 얌전하게 한 쪽 옆으로 모으는 자세, 또는 그렇게 말을 타도록 만든 〈안장〉을 뜻한다. 그냥 말을 탄 채로 뒤를 돌아다보면 목이 아프지만, 옆으로 앉아서 뒤를 돌아다보면 훨씬 편하겠기에 나온 제안이다.

○ 「그렇게 저 친구한테 신경이 쓰이면, 여자처럼 한쪽으로 말을 타면 되잖아?」

sight

"Ain't that some sight?"

✘ 싹이 났어요.

☛ 「에덴의 동쪽」에서 아버지에게 돈을 벌어 주기 위해 투자한 콩밭에 엎드려 제임스 딘이 멕시코인 농부에게 묻는 말이다. ain't는 is not의 구어체이고, some은 〈대단한〉이며, sight(광경)는 spectacle(구경거리)과 같은 뜻이다.

○ 「정말 멋지지 않아요?」

silver

"Now here's the silver moon from the sky up there."

✘ 자, 여기 하늘에서 온 초승달이 있어요.

☛ 「갈채」에서 주연 배우를 선발하는 무대에 오른 빙 크로스비가 부르는 노래다. 크로스비는 힘겹게 살아가는 도시인들에게 눈에 보이지 않는 꿈과 희망을 나눠주는 길거리 〈약장수〉다. 그는 자신을 sunshine salesman(햇빛을 파는 사람)이라고 부른다. 초승달은 crescent moon 또는 new moon이라고 한다. silver moon은 〈은빛 달〉이다. 필자의 생각으로는 〈하늘에서 온 은빛 달〉이라면 〈큼직하고 환한 보름달〉일 듯싶다.

○ 「저 높은 하늘에서 따온 은빛 달을 드리겠습니다.」

simple

"You pretend to be simple. So I give you a simple question to answer."

✘ 단순한 척하니 간단히 묻겠소.

☛ 「레 미제라블」(1998)에서 장 발장으로 오인 받아 체포된 〈반푼이〉에게 검사가 법정에서 묻는다. simple(단순한)이라는 단어를 사람에게 적용하면, naive(순진한)나 마찬가지로, 〈소박하고 천진난만하다〉고 칭찬하는 말이 아니라, 어딘가 〈모자라는〉 사람을 뜻하는 암시가 짙으니까, 혹시 누가 〈You are a simple person〉이라고 하는데 멋도 모르고 히죽거리며 좋아하면, 진짜 바보 취급을 받는다. 법정에 선 남자는 자베르 형사가 이미 half-wit(반푼이)이라고 장 발장에게 설명한 바가 있으며, 검사는 무슨 질문을 해도 동문서답만 계속하는 피고에게 〈당신 장 발장이오, 아니오?〉라고 묻기 직전에 그런 말을 했다.

○ 「피고가 자꾸 좀 모자라는 체하니까 나도 좀 모자라는 질문을 하겠다.」

since

"Captain, I don't wanna seem out of line, but it's been a long time since this crew did things by the book."

✘ 죄송합니다만, 저희는 원칙대로 해온지 오랩니다.

☛ 「케인호의 반란」에서 새로 부임한 함장 험프리 보가트가 원리원칙대로 부하들을 처리하겠다고 선언하자, 부함장 반 존슨이 비관적인 반응을 보인다. 완전히 거꾸로 한 번역이다. 현재완료형인 it's been a long time since는 〈since 이하의 상황이 이루어졌던 이후로 오랜 시간이 흘러갔다〉는 뜻으로, 다시 풀어서 보면 〈오랜 시간이 흘러가는 동안 since 이하의 상황이 이루어지지를 않았다〉는 말이다. by the book은 〈책에 적힌 대로〉, 그러니까 〈법과 원칙을 그

대로 《따른다》라는 뜻이다.
○ 「함장님, 중뿔난 소리처럼 들릴지 모르겠습니다만, 이 배에서는 원칙을 따져 본 지가 워낙 오래 되어서 말입니다.」

singular

"Something singular must be done with him."

✘ 그래, 베드로 그 놈 하나만 가지고 한 번 해 봐야겠어.

☞ 「쿠오 바디스」에서 베드로의 말을 듣고 기독교도들이 처형장에서 노래를 부르며 죽어 가자, 화가 난 네로 황제가 황후에게 약속한다. singular는 〈하나만〉이 아니라 〈독특한〉, 〈야릇한〉, 〈기이한〉 또는 〈특이한〉이라는 뜻의 형용사다. 〈베드로에게는 특별한 벌을 내리겠다〉고 이렇게 선언한 네로는 그를 십자가에 거꾸로 매달아 처형한다.

sir

"Sergeant Major Dickerson — that's another story altogether."

✘ 특무상사 딕커슨은 완전히 다르죠.

☞ 「굿모닝 베트남」에서 사이공의 떤선넛 공항에 방금 도착한 로빈 윌리엄스에게 포레스트 휘태커가 방송 책임자인 부사관에 대해서 미리 경고한다. 〈특무 상사〉는 영한사전에서 sergeant major를 풀이한 명칭인데, 이것은 계급이라기보다는 훈련소의 호랑이 drill sergeant(훈련 조교)처럼 직책을 나타내는 호칭으로 자주 쓰여서, 우리말로는 〈선임 하사〉라고 하면 잘 맞아 떨어지는 경우가 많다. another story는 딕커슨이 〈완전히 다른 사람〉이라는 뜻이 아니라, 글자 그대로 〈그 사람이라면 얘기가 다르다〉는 말이다.

○ 「딕커슨 선임 하사라면 — 그건 또 얘기가 다릅니다.」
애국적인 군인 정신이 지나치게 투철한 선임 하사는 자유분방한 윌리엄스와 사사건건 충돌을 일으키다가, 술집에서 싸움판을 벌인 윌리엄스에게 단단히 경고하기에 이른다. 잔소리를 듣고 윌리엄스가 〈Yes, sir(알겠습니다)〉라고 복창하자, 선임 하사가 벌컥 화를 낸다.
「〈Sir〉? Do you see anything on this uniform indicating an officer?」
✘ 「뭘 알아? 이 군복을 보면 느끼는 게 없나?」
이런 오역이 나온 까닭은 sir라는 단어를 왜 강조했는지를 이해하지 못했기 때문인 듯싶다. 군대에서는 장교에게 병사들이 꼭 sir라는 경칭을 붙여야 한다. 그리고 원칙에 어긋나기는 하지만, 때에 따라서는 같은 병사들끼리도, 특히 직업 군인의 경우에, 계급이 다르면 sir라는 경칭을 붙인다. 장기 복무자 부사관을 영어로는 petty officer(소령 장교)라 하고, 〈임관을 하지 않은 장교〉라는 뜻으로 non-commissioned officer(noncom 또는 NCO, ☞ petty)라고도 하니까, 어쨌든 officer(사관, 장교)이기는 하고, 그러니 경칭을 붙여야 한다는 논리겠다. 그러나 장기 복무를 한 일부 sergeant들은 나이가 어린 풋내기 위관급 장교에 대해서 자신들이 훨씬 고참이라는 우월감을 느끼기도 한다. 우리나라에서도 부사관의 횡포에 시달리다가 젊은 중위가 자살한 사건도 발생했었다. 「굿모닝 베트남」의 sergeant major는 그래서 sir라는 경칭을 듣고 노골적인 불쾌감을 드러낸다.

○ 「경칭은 왜 붙여? 내가 걸친 군복에서 장교의 신분을 나타내는 것이 하나라도 있다는 말인가?」

sister

"I'm sorry, Sister Ruth. Very sorry but…. Look, let me take you back to the palace. It isn't too late. Sister Clodagh is your friend. She wants to help you."

✘ 미안하오, 루스 자매. 진심이오. 그럼 나랑 궁으로 갑시다. 당신을 도울 사람은 바로 클로다 자매요.

☞ 「흑수선」에서 사복 차림으로 찾아와서 사랑을 고백하는 수녀를 데이비드 파라가 설득한다. 지나치게 〈요약〉을 해놓아서 〈번역〉이라고 하기가 어렵겠다. 수녀들의 얘기인 이 영화에서는 수없이 반복되는 Sister라는 수녀의 호칭을 〈자매〉라고 했다. 그러나 어느 성당에를 가봐도 Sister(수녀)를 〈자매〉라고 하는 곳은 없다. 〈자매〉라는 호칭은 수녀나 신부가 평신도를 부를 때만 사용하며, 어떤 수녀회에서는 나이를 가리지 않고 〈언니〉라는 호칭을 사용하기도 한다. 「아가씨와 건달들」에서도 Sister Sarah(진 시몬스)를 계속 〈사라 자매〉라고 불렀지만, 필자가 성공회 본부에 직접 전화를 걸어서 확인해 봤더니, 그런 명칭은 쓰지 않으며, 〈사관〉이라고 부른다는 설명이었다. 천주교에서는 신부를 영어로 Father, 프랑스어로는 père(아버지)라고 하는데, 우리나라 성당에서 신부를 〈아버지〉라고 부르는 사람은 없다.

○ 「미안해요, 루드 수녀님. 정말 미안하지만 — 수녀원으로 데려다 드릴 테니 내 말대로 해요. 아직은 늦지 않았어요. 클로다 수녀는 당신 편이라니까요. 당신을 돕고 싶어 한다고요.」

「피츠카랄도」에서는 오지의 선교사가 클라우스 킨스키에게 현지 생활의 어려움을 털어놓는다.

「Then a few weeks later, one of our brothers was washed up.」

✘ 「몇 주일 뒤에 우리 형제 중 한 명이 떠내려 왔어요.」

수녀Sister는 〈자매〉가 아니듯, Brother는 〈형제〉가 아니라 〈수사(修士)〉다.

○ 「그러더니 몇 주일 후에 우리 수사 한 분의 시체가 강물에 떠내려 왔어요.」

six

"Two carriages and — one, two, three, four, five — six liveried servants! This Mr. Darcy must also be rich!"

✗ 마차와 7명의 하인들까지. 다르씨라는 사람도 부자 같군요.

☞ 「오만과 편견」에서 마을에 나타난 청년 로렌스 올리비에 일행을 창가에서 내다보며 그리어 가슨이 감탄한다. 요즈음에는 웬만한 초등학생들이나 심지어는 〈영어 유치원〉을 다니는 원아들도 다 알듯이, six는 〈7〉이 아니라 〈6〉이다. 마차도 원문에서는 분명히 두 대이지만 번역문에서는 한 대가 되었다. 하인과 마차의 숫자를 구태여 밝힌 까닭은 등장인물이 얼마나 부자인지를 강조하기 위해서였으므로, 번역에서도 분명히 그리고 정확하게 밝혀야 한다.

○ 「마차가 두 대에다 제복을 입은 하인이 — 하나, 둘, 셋, 넷, 다섯 — 여섯이구나! 다씨라는 이 사람 역시 굉장한 부자인가 봐!」

「멀홀랜드 드라이브」에서 〈카우보이〉라는 사람을 만나러 가라는 여자에게 영화감독 저스틴 더루가 묻는다.

「What should I wear? A ten-gallon hat? My six-shooters?」

✗ 「카우보이 모자에 부츠도 신고?」

ten-gallon hat은 (물론 과장된 표현이지만) 물이 10갤런이나 들어갈 만큼 큰 텍사스 목동들의 모자로서, 초기 할리우드 서부극 배우들과 존 웨인이 영화에서 즐겨 썼다. 영상 번역을 하려면 이런 자질구레한 서부 개척기의 문화적 배경까지도 알아 둬야 막힘이 적어진다. six-shooter는 신발이 아니라 〈6연발 권총〉을 뜻하는 구어다. 사전을 찾아보면 쉽게 확인이 가능한데, 이런 식으로 대충 때려 맞추려고 하면 오역을 피하기가 어렵다. wear라는 단어도 처리하기가 까다롭다. wear는 (옷을) 〈입다〉와, (모자를) 〈쓰다〉와, (신발을) 〈신다〉라는 의미로 쓰이는 공통 단어이다. 그러니까 여기에서처럼 우리말로는 다른 여러 단어를 하나로 아우르는 솜씨가 필요해진다. 이런 식으로 말이다.

○ 「무얼 걸치고 갈까? 존 웨인 모자를 써? 권총도 차고?」

slap

"And I'm not one of those nice, friendly people who slaps you on the back, buys you a drink, and that's as far as it goes."

✘ 난 그렇게 좋고 다정한 사람은 아니오. 술을 다 마시면 당신은 또 술을 사러 가죠.

☛ 「갈채」에서 술 때문에 몰락한 배우 빙 크로스비에게 〈기회를 주겠다〉면서, 연출자 윌리엄 홀든이 〈지나친 착각은 하지 말라〉고 경고하는 내용이다. 원문 가운데 알 만한 단어 몇 개만 추려 내서는, 본디 내용을 무너뜨리고 마음대로 무모하게 문장을 〈창작〉으로 재구성(☞ sober)한 사례다. nice, friendly people은 〈좋고 다정한 사람〉이고, back은 〈다시(또)〉, 그리고 buys a drink는 〈술을 산다〉라는 정도로 의미를 듬성듬성 이해한 다음, back과 buys a drink를 엮어 〈다 마시면 당신은 또 술을 사러 간다〉고 오역을 해놓고, 나머지는 원문에 없는 엉뚱한 말로 대신 채운 형국이다. 원문의 내용과 꼼꼼히 비교해 보기 바란다.

○ 「그리고 난 착하고 친절한 체하면서, 잔등을 두드리며 술을 사주고는, 그 이후에는 (무슨 어려운 일이 벌어지면) 나 몰라라 하는 그런 사람이 아니라고요.」

slaps ~ on the back은 친한 체하면서 요란을 떠는 행동이고, that's as far as it goes(상황은 거기까지만 전개된다)는 〈그 정도만 하고는 더 이상 책임을 지지 않는다〉는 말이다. 이어서 홀든이 〈계약을 맺고 일단 연습이 시작되면, 아무리 사소한 실수라도 용납하지 않겠다〉고 하자, 크로스비의 아내 그레이스 켈리가 옆에서 말을 거든다.

「Now at least he knows what to expect. What kind of a contract do you offer?」

✘ 「어떤 종류의 계약을 하실 거죠? 그 정도는 알고 있어야죠.」

원문의 내용을 꼼꼼하게 파악하지 않고, 아예 두 문장의 위치까지 바꿔가면서 여기서도 무모한 재구성을 시도했지만, 완전히 빗나간 오역이다. 그래서 expect(기대하다)의 주어가 he(크로스비)로부터 번역에서는 켈리로 바뀌었다. 두 문장은 서로 별개의 개념을 담은 독립된 진술이어서 함께 엮으면 안 된다. know what to expect(예상해야 할 일)는 〈헛된 기대를 하지 말라〉는 뜻이다.

○ 「적어도 앞으로 어떻게 처신해야 할지를 남편이 이제는 알게 되었군요. 당신이 제시하려는 계약의 내용은 뭔가요?」

slingshot

"Show him what that slingshot is for."

✘ 고무총 연습하는 걸 말씀드려.

☛ 「삼손과 들릴라」에서 동네 할아버지가 모세에 관한 얘기를 하는 동안 이웃 아이가 어린 러스 탬블린(사울)을 부추기는 말이다. 원문에는 〈연습〉이라는 말이 나오지 않는다. 탬블린의 slingshot이나, 구약 성서에서 다윗이 골리앗을 물리치기 위해 사용한 slingshot은, 〈고무〉총이 아니다. 고무나무 재배가 시작된 시기는 18세기라고 하니, 구약 시절에는 고무줄이 존재하지도 않았다. slingshot은 기다란 가죽 끈 한가운데 달린 골무처럼 생긴 부분에 돌멩이를 넣고 휘둘러 멀리 쏘아 보내는 기구다. 〈팔매질 끈〉이라고 하면 어떨지 모르겠다.
○ 「그 끈을 어디에 쓰는 건지 설명해 드려.」

slip

"Oh, you figured that might have slipped my mind?"

✘ 내 팽개칠까봐요?

☛ 「미스틱 리버」에서 살해당한 딸은 이왕 죽었으니 포기하고, 〈다른 두 딸과 아내에게나 신경을 쓰라〉는 장인에게, 숀 펜이 화를 낸다. 얼핏 들으면 무슨 말인지 모르겠지만, 번역문은 〈아내와 두 딸을 내가 소홀히 할까 봐 걱정이냐?〉는 의미인 모양이다. slip(ped) one's mind(마음에서 미끄러지다)는 〈~에는 생각이 미치지 못했다〉 또는 〈그만 ~은 깜빡했다〉는 뜻이다.
○ 「장인 생각에는 내가 그런 걱정[that]은 안 하는 것 같은가요?」

「갈채」에서는 몰락한 배우 빙 크로스비에게 연출자 윌리엄 홀든이 뼈아픈 소리를 한다.
「You were getting older, beginning to slip.」
✘ 「당신은 점점 더 늙어가면서 점점 더 날 속였죠.」
두 사람은 한 달 전에 처음 만나서, 전혀 〈점점 더 늙어갈〉 시간이 없었다. slip도 〈속였다〉가 아니라, 〈미끄러지다(몰락하다)〉라는 뜻이다.
○ 「당신은 나이를 먹어 가면서 몰락기로 들어섰던 거죠.」

slippers

"That's Jena. Those are his favorite slippers."

✘ 진짜 총리예요. 그가 좋아하는 슬리퍼를 신었거든요.

☛ 「아라베스크」에서 암살 사건이 벌어진 직후에, 아랍 국가의 수상이 비행기로 런던에 도착하는 장면을 녹화한 테이프를 살펴보면서, 소피아 로렌이 신발을 확인한다. 우리나라 사람들의 상식으로는, 〈슬리퍼〉라고 하면 당연히 〈실내화〉다. 그런데 아랍 수상이 영국을 방문하

며 실내화를 신고 비행기에서 내린다면, 국제적인 결례가 아닐까? 한국 대통령이 〈슬리퍼〉를 신고 미국 대통령을 만나러 가는 장면이 과연 상상이나 가능한 얘기인가? 신데렐라는 무도회에서 왕자와 춤을 출 때 glass slippers를 신었다는데, 그렇다면 〈유리 실내화〉를 신고 갔다는 말인가? 레슬리 캐론의 「유리 구두」는 음악극으로 꾸민 신데렐라 이야기다. 그러니까 slippers는 〈구두〉라는 뜻이다.

slip(미끄러지다)은 〈쉽게 걸치다〉라는 뜻으로 널리 쓰이는 말이다. 그래서 여자들이 걸치기 쉬운 속옷을 slip이라 하고, 영화에서 집으로 불러들인 남자를 여자가 유혹할 때도 slip이라는 어휘를 자주 사용한다. 「오스틴 파워스」에는 이름이 얼라타 클리비지인 여자가 등장한다. 그 이름을 영어로 쓰면 Alotta Cleavage이며, a lot of cleavage(두 젖무덤 [사이의 오목한 부분])을 굉장히 많이 [보여 준다]라는 뜻이 된다. 이 여자도 오스틴 파워스에게 〈Let me slip into something more comfortable(좀 더 편한 옷을 걸치겠어요)〉이라면서 잠시 사라졌다가는, 침대로 가면 당장 홀랑 벗기 쉬울 만큼 간단하고 〈편한〉 속옷 차림으로 다시 나타난다.

서양에서는 일반적으로 신기에 편한 낮은 신발을 slippers라고 한다. 그러니까 번역할 때는 slippers를, 우리나라 사람들의 감각이 오해를 일으키지 않도록, 〈슬리퍼〉보다는 〈신발〉이라고 하면 알아듣기 쉽겠다.

○ 「예나 총리가 맞아요. 저건 그분이 즐겨 신는 신발이거든요.」

slow

"No, not really, but it's kind of slow."

✘ 휴식이라기보다는 천천히 일하는 거죠.

☛ 「커피와 담배」에서 손님으로 들어온 흑인 쌍둥이 남매와 합석하여 잡담에 끼어들려는 웨이터에게, 〈Are you on a break?(지금 근무시간 아닌가요?)〉라고 동생이 묻는다. 예문은 웨이터가 천연덕스럽게 자리에 앉으며 하는 말이다. 여기서 slow는 〈천천히〉가 아니라 〈한가한〉이라는 뜻이다. The business is slow는 〈장사가 지지부진하다〉는 뜻이고, 지금 카페의 상황은 〈손님도 뜸하고 한가하니까 농땡이 좀 피워도 상관없다〉는 말이다.

○ 「아뇨, 그렇지는 않지만, 뭐 바쁘지도 않으니까요.」

slugger

"You take it from here, Slugger."

✘ 여기서부터는 네가 맡아, 슬러저.

☛ 「워터프론트」에서 뉴욕 항만 노동조합의 두목 리 J. 콥이 말론 브랜도에게 지시한다. 〈슬러저〉라는 표기를 보니까 danger(위험)을 〈당거〉라고 했다는 사람이 생각난다. 대문자로 시작하지만 〈슬러거Slugger〉는 인명이 아니라 별명이다. 별명은 등장인물의 성격 따위를 설명하는 중요한 정보이기 때문에, 뜻풀이를 해줘야 옳을 듯싶다. 특히 여기서는 비위를 맞추기 위해서 〈권투 선수〉라는 경력을 추켜세우는 의미가 강하니까, 그런 의도를 반영하는 것이 좋겠다. 「지상에서 영원으로」가 처음 극장에서 개봉되었을 때는 어니스트 보그나인의 별명 Fatso를 〈팻쪼〉라고 번역했는데, 그것이 〈뚱보〉라는 별명이라는 사실을 필자가 알게 된 것은 그로부터 수십 년이 지난 다음이었다. 뜻풀이를 해주었더라면 훨씬 좋았으리라고 아쉬운 생각이 들기도 했다.

slug(주먹으로 치다, 강타)에서 파생된 slugger는 구어로 야구의 〈강타자〉나 권투에서 〈공격적인 성향이 강한 선수〉를 뜻한다. 브랜도는 이 영화에서 권투 선수가 되려다 길을 잘못 들어 몰락한 인물이다. 따라서 〈선수〉라는 별명은 작품에서 뜻하는 바가 크다. 허만 우크 원작의 대형 미니 시리즈 「전쟁의 바람」에서 주인공인 로버트 밋첨 해군 대령의 별명 Pugilist는 slugger의 고상한 동의어다. 밋첨 대령 역시 한때 권투 선수였다.

○ 「여기서부터는 권투 선수께서 요령껏 처리하라고.」

smart

"Any one of you trying anything smart, and twelve of you will get it right in the head. So try to remember that."

✘ 나 하나만 잘 하면 12명 모두가 살 수 있다. 그러니까 그걸 잘 기억해야 한다.

☛ 「특공대작전」에서 맹훈련에 돌입하기 직전에 리 마빈 소령이 특공대원들에게 경고한다. 〈Any breach of either of these conditions by any one of you means all will be shipped right back here for immediate execution of sentence. You are therefore dependent on each other.〉(이 두 가지 조건 중 하나라도 귀관들 가운데 누군가 깨트리기만 했다가는 귀관들 전원이 당장 이곳[군 형무소]으로 다시 끌려와 즉시 처형을 받게 된다. 그렇기 때문에 귀관들은 서로 도와야만 한다.) 그리고 예문에서처럼 결론을 짓는다.

try anything smart은 〈잘난 체하며 까분다〉는 뜻이다. get it right in the head는 〈살 수 있다〉는 말이 아니라, 그와는 반대로 〈머리통에 총구멍이 난다〉, 그러니까 앞에 나온 immediate execution of sentence(처형의 즉시 실행)와 연결되어, 〈당장 총살을 당한다〉는 의미다.

○ 「귀관들 가운데 어느 누구라도 서투른 짓을 했다가는 열두 명 모두 머리통에 총알이 박힐 것이다. 그러니까 잘 생각해서 행동하기 바란다.」

smell

"They can smell smoke as far as they can see it."

✗ 그들은 멀리서도 불 피우는 냄새를 맡지요.

☞ 「돌아오지 않는 강」에서 인디언에게 쫓기며 뗏목으로 급류를 내려가다가 기진맥진하여 기절한 마릴린 먼로를 동굴로 피신시킨 로버트 밋첨이 모닥불을 피우지 못하는 이유를 설명한다. 주어와 동사와 목적어 정도만 파악하고는 부사구 따위의 오밀조밀한 장치는 세심하게 살펴보지 않고 무시해 버리는 성향이 보이는 번역이다. as far as는 한 덩어리로 뭉쳐 〈~하는 한〉이라는 의미로 널리 쓰이지만, 여기서는 far가 따로 기능하여 훨씬 중요한 역할을 하며, 문장 전체는 as ~ as(~만큼 ~하다)의 구조를 갖춘 용법이다. 인디언들은 연기가 멀리서도 보이기 때문에 smoke signal(연기 신호)로 서로 연락을 취한다. smell은 〈냄새〉보다 〈낌새〉일 듯싶다. 아무리 인디언이라고 해도 산을 두세 개 넘어 동굴 속에서 피우는 화톳불의 냄새를 맡지는 못한다. 하지만 연기라면 낮에는 잘 보인다.

○ 「그들은 눈으로 보이는 곳이라면 어디서도 연기의 낌새를 알아채거든요.」

「오클라호마」에서 방물장수 에디 앨버트가 셜리 존스에게 약을 팔려고 선전한다. 〈The elixir of Egypt! A secret formula that belonged to pharaoh's daughter!〉(이집트의 영약입니다. 제조법은 비밀이고요. 파라오의 딸이 쓰던 약입니다!) 샬롯 그린우드 고모가 옆에서 듣고 끼어든다.

「Smelling salts.」

✗ 「냄새나는 소금이야.」

〈냄새나는〉이라면 우리말에서의 어감은 〈악취가 나는〉이라고 부정적인 의미를 갖는다. 그러나 여기에서의 smelling은 냄새를 〈풍긴다〉는 뜻이 아니라 〈맡는다〉이다. 그러니까 냄새를 풍기는 소금은 주체가 아니고, 냄새를 맡는 사람의 관점에서 이 〈소금〉을 파악해야 한다. smelling salts가 영화에 얼마나 자주 등장하는지부터 우선 잠시 살펴보자. 「미녀와 우유배달」을 보면, 발길질을 하는 말에 채어 쓰러졌던 권투 선수가 겨우 정신을 차리려고 하다가, 다시 문짝에 맞아 쓰러진다. 선수가 정신을 차리도록 하려고 코치가 소리친다. 〈Give him some smelling salts.〉(냄새 맡는 소금을 저 친구한테 좀 줘.) 그렇다면 smelling salts는 기절한 사람을 냄새로 깨우는 무엇이겠다. 「톰 존스의 화려한 모험」에서는, 사랑하는 톰 존스를 만나려고 소피아가 기껏 먼 길을 찾아왔더니, 그가 창녀와 시골 여관에서 한 방에 들었다는 얘기를 듣게 된다. 소피아는 기가 막혀 기절하고 만다. 소피아 역시 사람들이 smelling salts로 정신을 차리게 한다. 「내 사랑은 끝없이」에서는, 캐롤 롬바드가 가짜로 기절하자, 윌리엄 파월이 들쳐 업고 그녀의 방으로 가서는 화장대에서 다짜고짜 〈냄새 소금〉(자막의 번역)을 찾는다. smelling salts는 그만큼 서양 여자들이 상비약처럼 늘 곁에 두고 살던 품목이었다. 「바람과 함께 사라지다」의 무도회 장면에서도 스칼렛 오하라의 맹랑한 태도에 기가 막히고 숨이 막힌 윌크스 노부인이 〈Oh, dear, where are my smelling salts?(기가 막히는구나. 내 냄새 소금 어디 두었지?)〉라고 도움을 청한다.

smelling salts는 탄산암모늄에 향기를 섞어 머리가 아프거나 기절한 여성을 위한 비상약으로 썼는데, 〈냄새 소금〉보다는 누군가 용기를 내어 〈기절약〉 같은 표현을 쓰기 시작했으면 좋겠다는 생각이다. 「디즈 씨 뉴욕에 가다」에서는, 만만한 개리 쿠퍼를 허수아비 회장으로 뽑아 놓았더니, 이사진에게 쿠퍼가 마구 호통을 치기 시작한다. 뜻밖의 사태를 옆에서 지켜보던 홍보 담당 라이오넬 스탠더가 졸도 직전의 이사들에게 안내한다.

「Gentlemen, you'll find the smelling salts in the medicine chest.」

✗ 「놀랄노짜지?」

○ 「〈기절약〉을 화장실 약상자에 준비해 놓았으니 많이 이용하시기 바랍니다.」

snob

"Why is it that Americans are all such snobs?"

✗ 왜 미국인들은 늘 도도해 보이죠?

☞ 「닷스워드」의 주인공 부부는 미국의 졸부로서, 유람 여행을 하며 유럽 대륙에 대해 미국 촌놈의 선망과 열등감을 절실하게 경험한다. 아내 루트 채터튼이 유람선에서 만난 영국인에게 묻는다. 〈Why do the traveling Americans all look so dreadful?〉(왜 여행을 다니는 미국인들은 하나같이 그렇게 한심해 보이죠?) 영국인 데이비드 니븐이 예문처럼 말을 거든다. 싱클레어 루이스 원작의 소설을 영화로 만든 이 작품의 주제는 〈천박한 미국인의 열등감〉이다. 〈도도함〉과 〈천박함〉은 서로 차이가 큰 개념이다. 도도함은 snob(속물)보다 오히려 유럽인들 같은 〈문화인〉들의 특성이다. 데이비드 니븐은 미국인들의 도도함에 대해 저항감을 느끼는 것이 아니라 〈왜 미국인들은 하나같이 그렇게 천박한가요?〉라고 깔보는 말을 했다.

○ 「왜 미국인들은 하나같이 그렇게 속물들뿐일까요?」

snug

"It is a little snug, but it'll have to do."

✗ 약간 딱 맞네. 하지만 어쩔 수가 없어. 그냥 입어라.

☞ 「신데렐라」에서 쥐덫에 걸렸다가 살아나 새로운 식구가 된 생쥐에게 신데렐라가 가지고 있던 작은 옷을 입혀 본다. 말이 되지 않는 〈부드러운 카리스마〉라는 말(☞ little)에서처럼, 〈약간〉과 〈딱〉은 서로 궁합이 맞지 않는 상극 단어들이다. 〈약간〉이라도 헐렁한 옷은 〈딱 맞지〉 않는다. 〈딱 맞는〉 옷이라면 〈약간〉의 오차가 용납되지 않기 때문이다. 아마도 snug(아늑한,

편안한, 꼭 맞는)의 사전적 의미가 제한하는 테두리를 벗어나지 못한 역자가, a little(약간)과 snug이 어떤 관계인지를 제대로 파악하지 못한 듯싶다. snug은 《(불편할 정도로) 꼭 낀다》는 뜻도 있다. 이 장면을 보면 생쥐에게 입힌 옷이 너무 몸에 꼭 끼니까 저절로 훌랑 벗겨지기까지 한다. 그러니까 a little snug(좀 작구나)은 snug(작구나)에 대한 미안감을 완충시키기 위한 완곡 화법이다.

○ 「좀 작기는 하지만, 그냥 참고 입어야 되겠구나.」

영화의 뒷부분으로 가면, 딸의 발이 유리 구두에 절반밖에 들어가지 않으니까 신데렐라의 계모가 이런 말을 하며 멋쩍어 한다. 〈Well, it may be a trifle snug.〉(저런, 쬐금 작군요.)

so

"And so are we."

✘ 그래서 우리가 있는 거라고.

☛ 「산타 비토리아의 비밀」에서 무솔리니가 몰락한 다음, 주민들의 보복을 피할 길을 모색하려고 파시스트 관리들이 모여 대책 회의를 연다. 〈Italian fascism is finished(이탈리아의 파시즘은 끝장이 났어요)〉라고 한숨을 짓는 마을 대표의 말에 옆에 앉은 관리가 예문에서처럼 맞장구를 친다. so are we를 〈그래서 우리가 있다〉라고 고지식하게 옮겨 놓았는데, (and) so are we는 we are so(우리들은 그러하다)의 도치법으로, 여기서 so(그러하다)는 다른 단어의 대용으로 쓰이는 one(~와 같은)과 같은 용법(☞ honest)으로, 앞에 나왔던 어떤 단어의 중복을 피하기 위해 동원되었다. 예문에서는 so가 finished의 대역이다. 그러니까 원문의 뿌리를 복원하면 〈And we are finished too〉가 된다.

○ 「그리고 우리도 마찬가지라고요.」

줏대가 없는 술집 주인 앤서니 퀸은 무솔리니가 집권하자, 마을에서 가장 높은 곳에 설치한 물탱크로 기어 올라가, 온 동네에서 다 보이도록 시커먼 글씨로 〈Mussolini is always right!(무솔리니가 항상 옳다!)〉라는 구호를 큼직하게 써놓았다. 그리고는 무솔리니가 죽자마자, 그 구호를 흰 페인트로 지워 버리려고 다시 탑으로 올라가지만, 술에 잔뜩 취해서 꼼짝도 못하게 된다. 퀸의 딸에게서 부탁을 받고 동네 청년이 그를 구하러 올라가서 같이 내려가자고 설득한다. 〈She was afraid you might need a little help.〉(아저씨를 좀 도와줘야 되겠다고 안젤라[딸]가 걱정을 하더군요.) 그러나 퀸은 겁이 나서 꼼짝도 하지 않는다.

「I do. I want to paint out Mussolini, but I'm so tired I can't even lift the brush.」

✘ 「내가 할 거야. 난 무솔리니를 페인트칠하고 싶어. 하지만 피곤해. 붓을 들지도 못할거야.」

I do를 〈내가 할 거야〉라고 번역한 것 역시, 대역 동사 do의 뒤에 숨은 단어가 보이지 않아서, 고지식하게 번역해 놓았다. 첫 예문에서 대치와 생략의 역할을 맡은 so나 마찬가지로 do는 need a little help(도움이 좀 필요하다)라는 표현의 반복을 피하기 위해서 동원되었다. paint out은 〈칠하고 싶다〉가 아니라, 〈덧칠해서 지워 버리고 싶다〉는 뜻이다. 〈무솔리니를 페인트 칠〉한다는 말은 또 무슨 뜻일까?

○ 「도와줘야 하고말고. 난 무솔리니라는 글자를 지워 버리고 싶은데, 너무 피곤해서 붓을 집어 들 힘조차 없어.」

그랬더니 처음 낙서를 한 범인이 누구인지 알지를 못하는 청년이 퀸을 위로한답시고 하는 말이다. 〈Who was the idiot who painted it in the first place?〉(처음에 올라와서 저 낙서를 한 멍청이는 도대체 누구였나요?)

「You won't believe it. I was.」

✗ 「넌 그걸 믿지 않을 거야. 알아.」

여기에서도 역자는 was 다음에 생략된 the idiot who painted it in the first place를 찾아내지 못했다. 눈앞에 늘어선 단어들만 보고, 문장의 속에 담긴 내용을 파악하지 못하면, 이런 오역은 불가피하다.

○ 「(솔직히 얘기하면) 자넨 믿지 못할 거야. 그건 내가 한 짓이라고.」

「쿠오 바디스」에서 데보라 커를 처형장의 말뚝에 묶어 놓고, 그녀의 몸종을 사나운 소와 싸우게 해놓고는, 황제가 황후에게 설명한다.

「If the bull kills the giant, so much for the girl.」

✗ 「저 소가 거인을 죽이면 저 여잔 충격 받겠군.」

so much까지만 보고 〈너무나 많은 (충격)〉으로 역자가 이해한 모양이지만, for까지 붙여서 보면 so much for(~에게는 그 정도로)는 〈끝장이 난다〉는 뜻이 된다. 이 말을 하며 네로는 〈죽인다〉는 뜻으로 엄지손가락을 밑으로 내려 보인다.

○ 「소한테 거인이 죽으면, 여자도 거기서 끝이야.」

「개선문」에서 불법 체류자로 샤를 부아이에가 체포된 다음, 루이스 캘헌이 잉그릿 버그만에게 충고한다.

「It's possible to share all of the happiness of someone else, but only so much of the despair.」

✗ 「모든 행복은 다른 사람과 함께 나눌 수 있으나, 절망만 있을뿐이죠.」

so much of는 〈어느 만큼까지만〉이라는 제한성을 나타낸다. 캘헌이 한 말은 〈행복이라면 다른 사람과 몽땅 함께 나누는 일이 가능하지만, 절망을 서로 나누려면 한계가 있게 마련이다〉라는 뜻이다.

sober

"I need an actor who can stay sober and learn lines."

✗ 나는 오랫동안 성실히 일해 줄 배우가 필요해요.

▶ 「갈채」에서 술 때문에 몰락한 배우 빙 크로스비를 집으로 찾아간 연출자 윌리엄 홀든이 다그치는 대목이다. 번역문과는 달리 원문에는 〈오랫동안〉이나 〈성실히 일해 줄〉이라는 말이 없다. 그런가 하면 번역문에는, 전체 문장을 구성하는 11개의 단어 가운데 절반이 넘는 여섯 단어[can stay sober and learn lines]가 전혀 눈에 띄지 않는다. 크로스비를 무대에 세우면서 홀든이 가장 걱정하는 내용의 핵심을 번역에서 모조리 빼버린 결과가 되었다. learn lines는 〈대사를 암기한다〉는 뜻이다.

○ 「난 술을 안 마시고 대사를 잘 외우는 그런 배우가 필요해요.」

우물쭈물하는 남편이 〈부담스러워서 출연 결정을 못한다〉고 옆에서 그레이스 켈리가 말을 거들고, 그래서 홀든이 다시 다그칠 때도, 역자 마음대로 첨삭하고 추리는 무모한 번역이 계속된다.

「But I'm the one that's taking the chance.」

✕ 「하지만 이런 기회를 놓치지 말아요.」

take chance의 주어가 무엇인지를 파악하지 못하고, chance의 뜻이 〈기회〉가 아니라 〈모험〉이라는 사실도 알지 못하고, 대충 파악한 대로 만들어 놓은 문장이다.

○ 「하지만 모험을 하는 사람은 나란 말입니다.」

〈내가 아는 만큼만 한다〉는 생각은 직업 정신이 결여된 태도다. 핵심 단어는 어렵다고 젖혀 둔 채로, 만만한 몇 개의 단어만 어렴풋이 의미를 짐작해 가면서 쉽게 해결을 시도했다가는 이런 식의 오역이 빚어진다. 이런 경우에는 아직 준비가 덜 된 상태에서 번역을 직업으로 삼겠다는 욕심이 고스란히 소비자에게 피해로 돌아간다. 소비자는 좋은 영화를 제대로 감상하려면 충실하고 좋은 번역이 절실히 필요하고, 불성실한 번역은 이른바 〈알 권리〉를 침해하는 결과를 가져온다.

홀든이 크로스비더러 〈훌륭했던 옛날의 재능을 발휘해 보라〉면서 설득하자, 아내 켈리가 다시 제동을 건다.

「Naturally, Mr. Dodd, you exaggerate the sentiment to make your point.」

✕ 「도드, 당신은 억지로 감정을 과장되게 표현하는군요.」

이번에도 번역에서 to make your point라는 가장 중요한 point(요점)가 탈락되었다.

○ 「보아하니, 도드 감독님, 당신은 자신의 뜻을 관철하기 위해 감상적인 면을 과장하는군요.」

〈문장을 간결하게 가꾼다〉는 차원에서 전치사나 부사나 형용사를 함부로 번역에서 탈락시키는 역자들이 적지 않은데, 그런 잘린 단어들 속에 뜻밖의 열쇠가 담기는 경우가 간혹 있으니 조심해야 한다. 특히 수사학적인 묘기를 부린 원문에서는 바로 그런 어휘들이 번역하기가 매우 까다롭고, 그래서 빼버리고 싶은 유혹을 쉽게 느낀다. 하지만 주어와 동사만 추려서 번역하는 습성을 버리고, 일단 모든 단어를 빠짐없이 번역해 놓은 다음, 그런 다음에 문장을 다듬도록 자신을 길들이기 바란다.

social

"You have a social disease, my friend."

✘ 사교성 질병이군요.

☞ 「사랑과 죽음」에서 사흘 동안 휴가를 나가는 병사들을 위한 위생 교육 연극에서, 창녀를 접하고 귀대한 병사에게 군의관이 밝히는 내용이다. 〈사교성 질병〉이 어떤 병인지는 아마도 역자 자신도 이해하지 못하면서 그런 표현을 썼으리라는 짐작이 간다. 자신이 이해하지 못하는 말을 다른 사람들이 이해해 주기를 기대해서는 안 된다. social disease는 미국 영어에서 〈성병venereal disease〉이라는 뜻이다. 군의관은 장교여서 일반 병사에게 존댓말을 쓰지 않는다.

○ 「귀관은 성병에 걸렸구먼.」

「굿모닝 베트남」에서는 로빈 윌리엄스가 사이공 미군 방송국을 이렇게 소개한다.

「This is AFVN, rockin' ya from the delta to the DMZ. AFVN — better than AFVD, which means you have to get a quick shot.」

✘ 「AFVN은 여러분에게 록음악을 선사합니다. AFVN은 좋은 방송입니다. 그럼 다른 곡을 들어 봅시다.」

불꽃이 튀는 듯 재치가 넘치는 윌리엄스의 입담(☞ demilitarized)에는 훨씬 미흡한 번역이다. AFVN은 American Forces Vietnam Network(주월 미군 방송)이고, AFVD는 AFVN을 이용한 말장난으로서, American Forces Venereal Disease(미군이 걸리는 성병)라는 말이다. quick shot은 《(성병에 걸렸으면) 얼른 맞아야 하는 주사》다.

○ 「여기는 AFVN, 메콩 델타에서부터 비무장 지대까지 주둔한 여러분을 흔들어(죽여) 주는 방송입니다. 한번 걸렸다 하면 당장 주사를 맞아야 하는 미군 성병 AFVD보다는 미군 방송 AFVN이 훨씬 더 확실하게 죽여 줍니다.」

「악종자」에서 에일린 해카트는 그녀의 아들을 살해했다고 의심이 가는 악마 같은 패티 매코맥을 만나려고 집으로 찾아간다. 진실을 알지 못하는 집주인이 〈시간 약속 때문〉이라며 매코맥을 데리고 나가자, 해카트이 코웃음을 친다.

「I didn't know Rhoda already had social obligations.」

✘ 「저 애한테 벌써 사회생활이 있는 줄 몰랐어요.」

인간은 〈사회적인 동물〉이어서 태어나는 순간부터 〈사회생활〉은 시작되는 셈이다. 그런데 왜 already(벌써부터)라는 말이 나왔을까? 그것은 social life(사교 생활)가 social life(사회생활)과는 다르기 때문이다. 살인범 매코막은 초등학교 학생이어서, 〈사교 생활〉을 하기에는 좀 어린 나이다. social obligations(사교적인 의무)는 사교 생활에 따르는 〈시간 약속〉 따위의 예절과 책임을 뜻한다.

올더스 헉슬리가 각본을 쓴 「오만과 편견」에서는 에드나 메이 올리버 부인이 그리어 가슨에게 묻는다.

「Are there any of your younger sisters out in the society?」
✗ 「자매들 중 사회생활하는 사람은요?」

이것도 〈사교계에 진출한 여동생이 하나라도 있느냐〉는 질문이다.

「바보들의 배」에서는 미국인 화가 데이비드 스콧이 강조하는 social conscience를 〈사회주의 의식〉이라고 번역했는데, 이것은 〈사회적인 의식〉이어야 한다. 〈사회주의 의식〉은 socialist(ic) attitude다.

society

"Oh, you are society girls."

✗ 연예계에 종사하시는군요.

☞ 「뜨거운 것이 좋아」에서 백만장자 행세를 하는 토니 커티스가 바닷가에서 공놀이를 하던 마릴린 몬로에게 접근하느라고 묻는다. DVD에서 〈연예계〉라고 오역한 society는 〈사교계〉라고 해야 한다. 커티스가 가짜 백만장자 행세를 하듯, 몬로는 〈아, 그럼요, 그런 셈이죠Oh, yes, quite〉라고 얼버무려 가면서, (여자 행세를 하는 친구) 잭 레먼과 그녀가 〈사교계 여성〉이라고 거짓말을 한다.

「Oh, yes, quite. Bryn Mawr, Vassar...」
✗ 「네, 브린 모어처럼요.」

발음하기가 대단히 까다로운 Bryn Mawr(브린 모어, 웨일스어로 〈큰 산〉이라는 뜻)와 Vassar(바싸)는 둘 다 여자들만 다니는 미국 최고의 명문 대학이다. 이렇게 학력을 속이며 몬로는 그들이 debutante(정식으로 사교계에 진출한 젊은 여성)이라면서, 악단 활동은 〈We are just doing this for a lark(심심풀이로 한다)〉라고도 말한다.

「죽은 시인의 사회」에서 로빈 윌리엄스가 학창 시절에 활동했던 기록을 확인하던 어느 학생이 다른 학생들에게 묻는다.

「What's the Dead Poets Society?」
✗ 「죽은 시인의 사회가 뭐지?」

사전을 찾아보면 society에는 〈사회〉 말고도 다른 여러 의미가 있다. 〈동아리〉도 그 가운데 하나다. Dead Poets Society는 〈세상을 떠난 시인들에게서 새로운 가치를 발견하기 위해 모인 학생들의 동아리〉다. 줄이면 〈죽은 시인 동아리〉는 되어도, 〈죽은 시인의 사회〉는 되지 않는다. 영국 대사관이 주도하여 아시아 각국에서 각종 문화 활동을 벌이는 The Royal Asiatic Society는 〈왕립아시아학회〉라고 하지, 〈아시아 사회〉라고 하지는 않으며, 우리나라에서 서강대학교를 설립한 The Society of Jesus는 〈예수의 사회〉가 아니라 〈예수회〉다.

「요람을 흔드는 손」이 텔레비전에서 방영되었을 때는, 도입부에서 울타리를 만들러 온 흑인이 〈함께 나누는 사회〉에서 왔다고 자기소개를 한다. 〈장애가 있는 사람들에게 일자리를 마련해 주는 사회〉라는 설명도 덧붙인다. 여기서도 society는 〈사회〉가 아니라 〈모임〉이다. 〈조국을 사랑하는 사람들의 모임〉을 줄여서 〈조사모〉라고 할 때, 〈모〉에 해당되는 말이 society다.

soft

"You guys are getting soft."

✘ 자네들은 부드러워지는군.

☛ 「성 발렌타인 축제일의 학살사건」에서 날씨가 춥다는 부하들을 벅스 모란이 야단친다. soft라는 단어만 보면 무작정 〈부드럽다〉고만 생각하는 경직된 번역이다. 여기서는 soft가 〈나약해진다〉는 말이다. 「레드 리버」에서, 말썽꾸러기 목동이 브루스 박스라이트너에게 〈총은 빠르지만 마음이 너무 부드러워〉라고 하는 말도 〈마음이 지나치게 착해〉가 훨씬 우리말답고, 잉마르 베리만의 「외침과 속삭임」에서 〈안나가 그네를 부드럽게 밀어 줬다〉라는 대사의 〈부드럽게〉도 〈살그머니〉가 좋겠다. KBS에서 겨울 방학 특집으로 방영한 「공룡대탐험 스페셜」을 보면, 쥐라기의 해저 파충류를 설명하는 대목에서 〈부드러운 피부를 가지고 있죠〉라는 해설이 나온다. 역시 〈피부가 말랑말랑하다〉는 식의 다양한 표현을 구사하는 노력이 필요하겠다. 「신데렐라」에서 왕자가 춤을 추려고 하자 왕이 조명을 바꾸라고 대공에게 지시한다.

「Soft lights!」
✘ 「부드러운 불빛!」
○ 「은은한 조명으로 바꿔!」

soil

"What d'you say when a guy starts soiling his union suit."

✘ 자기 옷이 나뒹굴 생각을 하면 할 말도 없어진다는 거 알아요?

☛ 「밀러스 크로싱」에서 죽이겠다고 위협을 했더니 겁에 질려 토하는 하수인을 보고, 다른 부하가 잔소리를 한다. 원문의 의미를 전혀 파악하지 못한 채로 번역에 임한 눈치가 역력하다. union suit은 겉에 입는 옷(양복)이 아니라, 아래옷과 윗옷이 함께 붙은union 〈속옷〉이고, soil은 〈똥을 싸다〉라는 뜻이다. soil은 명사로 써도 〈흙〉이나 〈똥〉이다.
○ 「남자가 (겁이 나서) 속옷에 똥을 싸기 시작하면, 볼 장 다 본 거야.」

sold

"I sold out. I sold out. I sold out."

✗ 팔았어! 팔았어! 팔았어!

☞ 「브로드웨이를 쏴라」에서 두 차례 실패를 겪은 다음 세 번째 희곡을 직접 연출하기로 한 극작가 존 큐색이, 잠을 자다 말고, 어둠 속에서 소리친다. 번역문만 보면 작품이 팔렸다고 기뻐서 외치는 소리처럼 들린다. 연예계에서는 sold out이라면 〈매진(대박)〉이라는 좋은 뜻으로도 쓰인다. 하지만 다음 순간 그는 창문을 열고 동네 사람들이 다 듣도록 고함을 지른다. 〈I'm a whore!〉(난 갈보야!) 큐색은 성공을 기뻐하는 것이 아니라, 제작비를 대겠다는 조폭 두목의 요구에 따라, 주연 여배우로 누구를 써야 하는지조차 스스로 결정할 권한이 없는 한심한 처지가 되었고, 그래서 분통을 터뜨린다. 그러니까 그는 작품을 〈팔았어sold〉가 아니라 〈싸구려로 팔아 먹었어sold out〉라고 자책하는 대목이다. sell(팔다)과 sell out(떨이로 넘기다)의 차이를 무시한 결과가 이렇다.

원문의 sold out이라는 표현이 머릿속에 잔상으로 남은 상태(☞ cash)에서는 〈팔았어〉라고 해도 무난할 듯싶은 착각이 든다. 하지만 원문을 알지 못하는 관객에게는 〈팔았어〉가 전혀 다른 의미로 전달된다. 그래서 일단 번역을 끝낸 다음에는 원문을 머릿속에서 지워 버리고, 우리말 표현만 검토하는 과정이 꼭 필요하다. 영상 번역이 대부분의 경우 시간과 작업량에 쫓겨 그런 검토를 할 시간이 부족하긴 하겠지만, 그래도 꼭 필요한 과정이다. 이럴 때는 아예 sold라는 단어를 벗어나는 시도를 해도 좋다. 이런 상황에서 등장인물이 뭐라고 소리를 지를지 (sold를 염두에 두지 않고) 창의적으로 상상해 보면, 〈한심하구나〉 또는 〈이게 무슨 짓이야〉 같은 표현도 가능하다.

○ 「난 끝났다! 끝났어! 끝났다고!」

solicit

"You were soliciting on the street. That was an accident too?"

✗ 거리에 나간 것도 사고야?

☞ 「수잔을 찾아서」를 보면, 아내 로잔나 아케트가 창녀짓을 했다고 믿는 에이단 퀸이 따진다. solicit on the street(거리에서 부탁한다)은 창녀가 〈길거리에서 호객 행위를 한다walk the street〉는 뜻이다. accident는 〈사고〉가 아니라 〈우연〉이다.

○ 「당신은 길바닥에서 손님을 끌었어. 그것도 우연이란 말이야?」

solitary

"Are you one of those solitary drinkers?"

○ 당신도 나홀로 음주족인가요?

☞ 「대지진」에서 아내와 또 싸우고 낮술을 마시러 가는 찰톤 헤스톤을 만난 그의 애인 주느비에브 뷔졸드가 묻는다. 재미있는 번역이다.

some

"You're gonna have to see him some time."

✘ 가끔씩이라도 아버지 좀 찾아봐라.

☞ 「에덴의 동쪽」에서 외박을 하고 들어온 제임스 딘이 자꾸 아버지를 피하자 형이 충고한다. 딘은 같이 살면서 아버지를 날마다 만난다. 어젯밤에는 어쩌다 한 번 외박을 했으니까, 〈가끔 찾아봐라〉는 지금보다 덜 자주 만나라는 소리밖에 되지 않는다. some time을 sometimes와 혼동한 모양이다. 형이 한 말은 〈너 언젠가는 아버지를 봐야 하지 않느냐 (그러니까 이왕이면 지금 빨리 만나라)〉고 하는 핀잔이다.

somebody

"Somebody up there must be a raving lunatic."

✘ 상부에서 누군가 제대로 미치긴 했지.

☞ 「특공대작전」에서 어니스트 보그나인 장군이 작전 계획에 불만을 느끼는 부관 로버트 웨버의 의견을 무시한다. 영화에서 누군가 somebody up there(저 위에 계신 높은 분)라고 말할 때 눈여겨보면, 손이나 눈짓으로 하늘을 가리키고는 한다. 그 말이 〈하나님〉을 뜻하기 때문이다. 보그나인의 말은 〈하나님이 미쳐서 헛소리를 하는 모양이야〉라는 농담이다.

「유혹」을 보면, 전쟁터에서 다리를 다쳐 음악 활동이 어려워지자, 자괴감에 빠진 프랭크 시나트라에게 도리스 데이가 〈아무개들이 베풀어 준 건 어떡하고요?〉라는 대사가 나온다. 무슨 말인지 좀처럼 이해가 가지 않지만, 화면을 보면서 번역했더라면 사정이 달라진다. 이때 도리스 데이가 눈짓으로 하늘을 가리키기 때문이다. 그러니까 그녀의 말은 〈저 높은 곳에 계신 어떤 분이 내려 주신 재능은 어떡하고요〉라는 뜻이 된다.

son

"I'm your son."

✗ 난 어머니의 아들이잖아요.

☛ 「삼손과 들릴라」에서 〈왜 그렇게 고집을 부리느냐〉고 꾸짖는 어머니에게 빅터 머튜어가 이죽거린다. 얼핏 보기에는 완전한 번역 같지만, 영어 단어와 같은 뜻의 우리말 단어를 하나씩 바꿔 놓기만 한 듯싶은 인상을 준다. 그것은 〈우리말〉이 아니라 한글로 적어 놓은 영어나 마찬가지다. 이런 상황에서 우리는 진짜로 무슨 말을 할까? 단어를 단어로 바꿔 놓지만 말고, 의미까지 번역하면 이렇게 되겠다.

○ 「어머니를 닮아서 그래요.」

「인생 2장」에서 제임스 칸에게 걸려 온 어머니의 전화를 대신 받은 동생의 대답이다.

「It's Leo, your son's brother.」

✗ 「둘째 아들 레오예요.」

Leonard(레너드)의 애칭인 Leo는 〈리오〉라고 발음한다. 비록 리오가 농담으로 한 말이지만, 여기에서처럼 〈차별에 대한 불만을 나타내느라고〉 비아냥거리는 뒷맛이 담긴 완곡한 표현은 번역이 쉽지가 않다. 예문을 풀어 보면 이런 내용이다. 〈어머니는 형만 아들이라고 생각해서 저는 아들 취급도 안 하시니까 말씀인데, 제가 누구인가 하면 어머님이 소중히 여기는 아드님의 동생 쯤 된답니다.〉 이럴 때는 차라리 이런 식으로 직역을 하는 편이 낫겠다.

○ 「전 아드님의 동생인 리오인데요.」

soon

"I'll not come back with your sweets too soon."

✗ 조만간 오리다.

☛ 「춘희」를 보면, 극장에서 처음 만나 알게 된 그레타 가르보로부터 〈매점에 가서 사탕을 사다 달라〉는 부탁을 받고, 로버트 테일러가 기꺼이 응한다. 〈조만간(早晚間)〉은 적어도 〈며칠〉이나 〈몇 주일〉 때로는 〈몇 달〉의 기간을 뜻한다. 공연이 시작되기 전에 잠깐 매점을 다녀오라니까, 몇 달 후에 돌아오겠다는 대답이다. 원문은 얼핏 이해하기가 어려운 구조를 갖춘 문장이지만, too~ to~ 용법의 변형이라고 이해하면 된다. 직역하면 다음과 같다. 〈당신이 부탁한 사탕을 가지고 지나치게 빨리 돌아오는 일은 없겠습니다.〉 여기서 〈지나치게 빨리〉는 번역체로 표현하면 〈아무리 빨리 오려고 해도 지나치게 빨리 오기가 불가능하다〉가 된다. 이것을 다시 조금 손질하면 이렇게 되겠다. 〈사탕을 가지고 아무리 빨리 돌아오려고 해도 내가 원하

는 만큼 빨리 돌아오지를 못하겠어서 안타깝군요.〉
○ 「부탁하신 사탕은 최대한 빨리 대령하겠습니다.」

sore

"I don't want to embarrass you and make you sore."

✘ 당신을 놀라게 하거나 상처를 주기는 싫은데.

☞ 「육체와 영혼」에서 어머니에게 인사를 시키고 싶은 릴리 파머의 눈치를 존 가필드가 살핀다. and와 or를 구별하는 세심함이 보이지 않는다. 그리고 sore가 〈아픈 상처〉 뿐 아니라 구어로는 〈화나게 한다〉는 뜻도 있음을 배려하지 않았다. 원문은 〈당신을 난처하게 만들어 화가 나게 하고 싶지는 않다〉는 의미다. 이 말을 듣고 파머는 〈I won't be sore〉라고 대답한다. 이것도 〈난 상처 안 받아요〉라고 번역했는데, 여기에서도 역시 sore는 〈상처〉가 아니라 〈화를 낸다〉는 말이다.

다른 장면에서는, 릴리 파머에게서 선물로 받은 그림을 건드리지 못하게 가필드가 낚아채니까, 동네 청년이 못마땅해서 따진다. 〈What do you get so sore about?〉(이게 다 어디서 난 거야?) 제대로 번역하면 〈왜 핏대는 올리고 야단이야?〉 정도가 되겠다.

sorry

"Last night it was crazy, I know. I couldn't sleep a wink. But I'm not sorry."

✘ 어젯밤엔 미친 짓이었다는 거 알아. 난 잠을 한숨도 못잤어. 하지만 미안하지는 않아.

☞ 「진주만」에서 친구가 전사했다고 잘못 알고는, 친구의 여자와 성관계를 가진 다음 날, 주인공이 친구의 애인을 만난다. sorry는 대부분의 경우는 〈미안〉이지만, 여기에서처럼 〈후회〉라는 뜻으로 쓰일 때도 많다.
○ 「어젯밤엔 정신이 나갔던 모양이야. 밤새도록 잠이 안 오더라고. 하지만 후회는 하지 않아.」
「유로파」에서는 미군의 요구에 시달리는 아버지를 보고 바바라 수코마가 〈I'm sorry Father had to go through such a farce(아버지가 그런 유치한 짓까지 하시다니 유감예요)〉라고 말하는데, 여기에서도 sorry는 〈속이 상해요〉라는 식으로 표현하면 훨씬 자연스럽다.
○ 「아버지가 그런 한심한 꼴을 당해야 하는 게 전 화가 나요.」

「프라이드 그린 토마토」를 보면, 나무 구멍 속에 지은 벌집에서 꿀을 따온 말괄량이 메어리 스튜어트 매스터슨에게 메어리-루이스 파커가 놀라서 묻는다. 〈Why did you do that? You could have been killed.〉(왜 그런 짓을 했어? 그러다가 죽으면 어쩌려고 그래?) 매스터슨이 반문한다.

「I'm sorry?」

✗ 「미안해.」

〈미안하다〉고 사과할 때는 의문문을 쓰지 않는다. 이런 경우는 〈지금 뭐라고 그랬어?〉(I beg your pardon?), 그러니까 〈그게 무슨 말도 안 되는 소리냐〉고 되묻는 뜻이다.

○ 「죽긴 내가 왜 죽어?」

sort

"I seem to have sort of lost him."

✗ 꼭 놓질 것만 같아.

☞ 「에덴의 동쪽」에서 지나치게 고지식한 리처드 다발로스에게서 거리감을 느끼는 줄리 해리스가 제임스 딘에게 고백한다. sort of는 어떤 사실을 진술할 때 확실하지는 않아도 막연히 〈감〉이 잡히는 경우에 사용하는 표현이다. 사랑하던 남자가 무슨 이유인지는 몰라도 〈어쩐지〉 거리가 멀어지는 듯한 기분을 해리스는 느낀다. have lost는 〈벌써 떠나가 버렸다〉고 현재완료형인데, 번역은 미래형이다. 〈벌써 헤어진 사람〉과 〈앞으로 헤어질 사람〉은 크게 다르다. kind of도 sort of와 마찬가지로 사용된다. 「매드 매드 대소동」에서는 여자아이들이나 타는 작은 자전거에 거구의 몸을 싣고 자동차를 구하러 떠나는 조나던 윈터스가 밀튼 벌에게 〈I got to admit, I feel kind of silly〉라고 말한다. 〈어딘가 좀 웃기는 기분이 든다〉는 한심한 사실을 〈반쯤이나마 인정하겠다〉는 뜻이다.

○ 「솔직히 얘기해서, 내가 좀 한심하다는 생각이 들어.」

「천국의 나날들」을 보면 들판의 정자(☞ gazebo)에서 고릴라와 토인을 주인공으로 한 연극이 공연되고, 해설이 함께 진행된다.

「The little one said 〈No, I didn't do this〉. The big one said 〈Yes, you did do this〉. We couldn't sort it out.」

✗ 「했느냐 안 했느냐 싱갱이 부리는 난장이와 다른 사람을 아무도 말릴 수 없었다.」

작은 사람이 〈아냐, 이건 내가 한 짓이 아냐〉라고 말하는가 하면, 큰 사람은 〈맞아, 이건 네 짓이야〉라고 다툰다. 그런 와중에서 couldn't sort it out은 누구의 말이 옳은지 〈갈피를 잡을 수가 없었다〉는 뜻이다. sort out은 〈종류별로 정리하다〉라는 개념에서부터 이해하면 된다.

○ 「〈아니, 이건 내가 한 짓이 아냐〉라고 작은 사람이 말했어요. 〈맞아, 분명히 네가 그랬어〉라고 큰 사람이 말했고요. 우린 뭐가 뭔지 알 길이 없었어요.」

speak

"Hello. Speaking."

✘ 여보세요. 말씀하세요.

☛ 「토마스 크라운 사건」에서 차를 몰았던 하수인의 아내가 보험 회사 직원의 전화를 받는다. 〈Speaking〉이라고 말하면 〈Speak(말씀하세요)〉하고는 의미가 다르다. 상대방이 〈누구누구 이신가요?〉라고 물었을 때 〈Speaking〉이라고 대답하면 〈지금 당신이 찾는 사람은 난데요〉 또는 〈제가 바로 그 사람입니다〉라는 뜻이다. 몰라서 범한 오역 같지는 않고, 약간 비약한 듯싶다.

○ 「여보세요. 난데요.」

spell

"Poor fellow's taken with a dizzy spell. Lock him up safely until he comes to."

✘ 이놈이 또 헛소리한다. 감옥에 넣어줘.

☛ 「겅가 딘」에서 보물을 찾으러 간다고 소동을 부리는 캐리 그랜트를 때려눕힌 다음 기절한 그를 빅터 맥라글렌이 더글라스 페어뱅크스 주니어에게 인계한다. 원문의 내용은 아랑곳하지 않고 마음대로 〈작문〉을 한 인상이다. spell은 〈짧은 기간〉에서 나아가 〈잠깐 동안의 일시적인 현상〉을 의미하는 표현이 디었고, 그래서 dizzy spell은 〈잠깐 동안의 어지러움〉이며, fellow's는 소유격이 아니라 fellow has의 줄임꼴이다. comes to는 come 항의 마지막 예문을 참조하기 바란다.

○ 「이 한심한 친구가 어지러워서 잠깐 졸도를 했어. 정신을 차릴 때까지 안전하게 영창에 처넣어 두라고.」

spend

"My Elizabeth shall be queen, and my blood will have been well spent."

✘ 나의 엘리자베스가 여왕이 돼서 내 피가 전해질 거예요.

🐟 「천일의 앤」에서 참수를 당하며 주느비에브 뷔졸드가 딸에 대해서 남긴 말이 영화의 마지막을 장식한다. 〈천일의 앤〉은 딸 엘리자베스가 훌륭한 여왕이 되리라고 믿는다. 그러니까 my blood will have been well spent는 〈피가 전해질 거〉가 아니라, 〈내 피는 결국 훌륭한 결과를 가져오리라〉, 그러니까 〈내 죽음은 헛되지 않으리라〉는 뜻이다. well spent는 〈잘 쓰였음〉, 그러니까 〈낭비가 되지 않았음(보람 있는 죽음)〉을 뜻한다.

○ 「내 딸 엘리자베스는 여왕이 되겠고, 내 죽음은 결국 보람이 있으리라.」

spineless

"There! She doesn't want to. I don't like my children making themselves spineless kids."

✘ 얘가 가고 싶지 않대. 나도 내 자식이 남의 신세를 지는 걸 원치 않아.

🐟 「테스」를 보면, 부잣집이 친척일지 모르니까 딸 나스타샤 킨스키를 보내 도움을 받도록 하자는 아내의 끈질긴 제안에 아버지가 예문에서처럼 반대한다. 흠잡을 데가 없는 번역처럼 보이지만, 술집에서 돌아오는 길에 방금 그들 부부가 주고받은 대화를 연관지어 풀어 보면 문제가 달라진다. 아내는 〈당신이 가라고 하면 테스가 (부잣집으로 도움을 청하러) 가리라〉고 했다. 하지만 남편은 일방적으로 지시를 하는 대신 딸에게 가겠는지를 물어본다. 딸 킨스키는 가고 싶지 않다고 한다. 그러자 남편이 큰소리로 외친 말이 예문이다. spineless(척추가 없는)는 〈결단력이 없(어서 남들이 시키는 대로 따라가)는〉이나 〈뼈대(줏대)가 없는〉이라는 뜻이다. 하지만 예문의 경우에는 〈남의 신세를 지는 걸 원치 않을〉 정도로 줏대가 있다는 뜻이 아니라, 어머니의 욕심에 휘말리지 않고 스스로 판단하여 가지 않겠다고 거부할 만큼 딸의 주관이 뚜렷하다는 말이다.

○ 「들었지! 안 가겠대. 난 우리 아이들이 줏대가 없는 인간이 되는 게 싫어.」

여기서 한 가지 더 지적해 둬야 할 점은, 영어에서는 가까이 붙어 있던 주어와 동사가 번역을 거치는 사이에 서로 멀리 떨어져 연결이 제대로 되지 않아 혼란을 일으키는 경우(☞ minute)다. 번역에서 극복하기가 힘겨운 한 가지 기본적인 장애물은 해당 언어와 그 언어를 낳은 문화의 차이다. 그리고 우리말 문장의 구조와 영어 문장 구조의 기본적인 차이에 따라 번역 과정에서 발생하는 언어 배열의 변화는 가장 빈번하게 발생하는 오해의 주요 원인 가운데 하나로 작용한다. 하지만 이것도 약간의 신경을 써주기만 하면 해소하기가 지극히 간단한 문제다.

영어에서는 대부분의 문장에서 주어가 가장 먼저 나오고 바로 뒤에서 동사가 따라 나오고, 그 뒤로 목적어와 보어 따위가 이어지고, 때로는 접속사와 관계 대명사에 이끌린 갖가지 절과 구가 줄줄이 매달리기도 한다. 어떻게 보면 영어는 성미가 급한 사람이 주어와 동사로 우선 요점부터 밝히고는, 자세한 내용을 머리에 떠오르는 순서대로 엮어 내는 듯한 형식을 취한다. 반면에 우리말은 말을 입 밖에 꺼내기 전에 마음을 가라앉히고 문장을 미리 엮어 말끔히 정리한 형식을 취하여, 주어를 내놓고는 관념적인 내용을 모두 진술한 다음에야 동사로 마무리를 한다. 예를 들어 80 단어로 이루어진 기나긴 영어 문장에서는, I said(내가 말했다)라고 다짜고짜 상황을 간단하게 두 단어로 제시한 다음, 내가 말한 나머지 78 단어의 내용을 뒤에 붙인다. 하지만 우리말에서는 〈내가〉라는 주어 한 단어를 앞에 내놓고, 말하고 싶은 내용 78 단어를 제시한 다음, 마지막 80번 째 단어로 동사 〈말했다〉를 뒤에 붙인다. 결과적으로 우리말 번역 문장에서 78 단어의 내용을 다 읽고 〈말했다〉라는 동사가 나타날 때쯤에는, 그 동사의 주어가 무엇이었는지를 잊어버려 헷갈린다는 얘기다.

앞에 제시한 「테스」 예문의 세 번째 문장[I don't like my children making themselves spineless kids]을 보면, 원문에서는 가장 중요한 골격을 이루는 주어와 동사 I (don't) like가 앞에서 한 덩어리를 이루어 나란히 붙어 있지만, 우리말 번역문(〈나도 내 자식이 남의 신세를 지는 걸 원치 않아.〉)에서는 〈나도〉만 앞에 남고 부정형 동사 〈원치 않아don't like〉가 끝으로 밀려난 형태를 취한다. 그래서 가장 거리가 가깝던 두 단어 I와 like가 번역에서는 가장 멀리 떨어진다. 이럴 때는 자막을 읽는 사람의 혼란을 막아 주려면 주어와 동사를 다시 한 곳으로 모아 주면 된다. 〈〈내 자식들이 줏대가 없어지는 건〉 나도 싫어〉라고 말이다.

spirit

"That's the spirit."

✘ 기운 내요.

☛ 「사느냐 죽느냐」에서 캐롤 롬바드가 적극적인 반응을 보이자 지역 게슈타포 사령관이 즐거워한다. 〈기운 내요〉는 맥이 풀린 사람을 부추기기 위해서 하는 말이다. 롬바드는 이미 적극적인 태도를 보였으므로 그런 부추김은 필요가 없다. 사령관의 말은 〈그런 정신을 살려야 한다〉, 〈그런 식으로 밀고 나가야지〉, 또는 〈잘하는 짓이다〉라는 의미를 담았다.

○ 「진작부터 그런 식으로 나왔어야죠.」

splendor

"No, not at all, I was just admiring the general splendor."

✘ 나요, 집을 감상하고 있었어요.

☛ 「오만과 편견」에서 무도회에 간 키라 나이틀리는 그녀가 호감을 느끼는 군인이 눈에 띄지 않

자, 그를 찾으려고 두리번거린다. 예문은 무도회를 주최한 주인이 〈누굴 찾느냐?〉고 묻자 그녀가 둘러댄 말이다. general splendor(전반적인 찬란함)는 그냥 〈집〉이 아니라 〈집안에 가득한 멋진 분위기〉를 뜻한다. admire는 흐뭇한 기분으로 〈감상한다〉는 뜻이다.

○ 「아뇨, 그런 게 아니라, 전체적인 분위기가 그냥 황홀해서요.」

split

"That was perfect. A split second sooner and you'd have your first triple."

✘ 완벽했어. 몇 초 차이였어.

☞ 「공중 트라피즈」를 보면, 공중그네에서 3회전을 연습하다가 간발의 차이로 손을 놓친 제자 토니 커티스를 버트 랭커스터가 격려한다. 우리나라에서는 오랫동안 전통적으로 에누리와 덤으로 상징되는 흐릿한 계산을 미덕으로 여겨 왔고, 꼬장꼬장 따지는 사람은 좀스럽다고 욕을 먹이고는 했다. 이런 무책임한 계산법이 번역에서는 상당한 폐해로 작용한다.

a split second(쪼개진 1초)는 1초를 몇 개로 자른 지극히 짧은 순간, 즉 〈순식간〉이다. a split second를 〈몇 초〉라고 하면 몇 배를 과장한 표현이요, 예문의 경우에는 삶과 죽음의 차이가 난다. 공중그네를 뛰는 사람이 공중에서 〈몇 초〉 동안 날아가면, 안전한 궤도로부터 수십 미터를 벗어나 땅바닥까지 추락한다.

○ 「완벽했어. 몇 분의 1초만 단축하면 자넨 처음으로 3회전에서 성공하게 돼.」

split second에 대해서는 이런 황당한 번역도 있었다. 「갈채」의 극중극에 나오는 빙 크로스비의 멋진 대사다.

「You know, they say sometimes, when a man falls from a great height, before he hits bottom, his whole life flashes by. In one split second he sees himself for what he was and what he is.」

✘ 「사람들은 말하죠. 남자는 바닥을 치기 전에 정상에 올랐다가 떨어지면 인생을 돌아보게 된다고. 그 짧은 순간에 자신을 돌아보게 되죠.」

번역문은 원문의 내용과는 동떨어져서, 지나치게 왕성한 상상력이 발동한 결과라고 하겠다.

○ 「여러분도 들어 본 얘기겠지만, 어떤 사람은 아주 높은 곳에서 떨어지면, 땅바닥에 닿기 직전 순식간에 그의 인생 전체가 눈앞에서 섬광처럼 지나간다고 합니다. 아주 짧은 순간에 그는 자신의 과거와 현재를 보게 되죠.」

spoil

"They was the spoils of a maharajah, sir."

✘ 돈에 잠시 눈이 어두웠던 것뿐입니다.

☛ 「경가 딘」에서 호수에 가라앉은 보물에 대하여 캐리 그랜트가 부대장에게 설명한다. 어째서 이런 황당한 오역이 나오는지 알 길이 없지만, DVD에는 정말로 이렇게 되어 있다.
  ○ 「그건 어느 토후국 왕의 전리품입니다.」
    they was가 문법에 맞지 않는 까닭은 그랜트가 맡은 역이 무식한 군인이기 때문이다. 「알렉산더 대왕」에서는 페르시아와의 전투가 끝난 다음 리처드 버튼이 군사들에게 소리친다.
    「Yours, the victory. Yours, the spoils.」
    ✕ 「승리는 당신들 것이네, 수고했네.」
    여기서도 spoils는 〈전리품〉이다.
  ○ 「승리는 여러분의 것이다. 전리품 또한 여러분의 것이다.」

sport

"If they stay there, tomorrow morning they can shoot us down for sport."

✘ 계속 거기 있는 경우, 내일 아침이면 우린 놈들의 표적이 될 걸세.

☛ 「콜드 마운틴」에서 (숲에 남은 북군을 제거하라고) 주드 로와 다른 두 명의 병사에게 장교가 내리는 명령이다. for sport은 그냥 〈표적〉으로는 부족하고 〈쉬운 표적〉 정도로 풀어 줬으면 좋겠다. down은 높은 위치에서 유리한 입장으로 전투에 임한다는 뜻이다. 〈놀이 삼아서 우리들에게 총질을 하리라〉는 뜻이니까, 아무 부담이 없는 손쉬운 상황을 뜻한다.
  ○ 「놈들이 저곳에서 계속 버티면, 내일 아침에는 우릴 내려다보고 식은 죽 먹기로 총질을 하겠지.」

spot

"He thinks he's invulnerable. But I think I hit the spot."

✘ 자신은 상처를 입지 않는 남자라고 생각하나봐. 하지만 난 괜찮아.

☛ 「하오의 연정」에서 같은 음악 학교에 다니는 남자 친구에게 오드리 헵번이 개리 쿠퍼를 평한

다. invulnerable은 〈상처를 입지 않는〉보다 〈약점이 없는〉이라고 해야 보다 정확하겠다. 두 번째 문장은 〈하지만 난 그의 약점을 찾아냈다〉는 뜻이다. spot(아픈 곳)을 역자가 그냥 〈점(얼룩)〉이라고 생각한 모양이지만, 여기에서는 아킬레스건과 같은 〈약점〉이다.

○ 「그 사람은 자기가 철판이라고 생각해. 하지만 내가 그 사람 아픈 곳을 찌른 모양이야.」

그러자 남자 친구가 묻는다. 〈What spot?〉 이것을 〈어떤 점에서?〉라고 번역해 놓았는데, 그렇다면 예문의 번역과 연결이 되지 않는다. 이것은 〈그게 어딘데?〉 정도로 받으면 되겠다.

「갈채」에서 무슨 역을 맡기려고 하는지를 빙 크로스비가 연출자 윌리엄 홀든에게 묻는다.

「Say, uh, I'm a little in the dark about this. What's it for? A musical spot, a small part or what?」

✗ 「이 작품에 대해서 잘 몰라서……. 이 짧은 뮤지컬에 뭐가 잘못 됐죠?」

about this는 〈이 작품에 대해서〉가 아니라, 〈지금 그가 무대에서 번거롭게 연기력을 증명해 보여야 하는 이 상황에 대해서〉다. musical spot은 〈짧은 뮤지컬〉이 아니라, 〈연극에 삽입된 짧은 노래〉다. 유명한 뮤지컬 배우였지만 술 중독으로 신세를 망쳐 오랫동안 활동을 못했던 빙 크로스비는 혹시 단역이라도 하나 얻을까 싶어서 극단의 부름에 건성으로 응했던 참이다.

○ 「저기 말이죠, 왜 날 불렀는지 잘 모르겠는데요. 무슨 역을 맡기려고 그러시나요? 삽입곡이나, 단역이나, 뭐 그런 건가요?」

홀든이 설명한다. 〈It's the lead, Frank.〉(주인공 문제요, 프랭크.) 이것은 〈주연을 맡기려고요, 프랭크〉라고 했더라면 훨씬 알아듣기가 쉽겠다.

squad

"She was shot to death ten years ago by a firing squad."

✗ 그 여자는 10년 전에 사격병들에 총을 맞고 죽었어.

☞ 「추상(追想)」에서 은행가 아킴 타미로프에게 율 브리너가 설명한다. 우리 군대에는 〈사격병〉이 따로 없다. 소총병은 rifleman이고, 저격병은 sniper라고 하며, 〈사격병〉에 가장 가까운 단어는 marksman이 아닐까 싶다. marksman은 사격술이 능한 〈(명)사수(射手)〉를 뜻한다. firing squad는 적이나 범죄자를 처형하는 〈총살대〉다. 〈사격병들에게 총을 맞고 죽었다〉고 하면 마주 총질을 하며 전투를 벌이다가 전사했다는 뜻이고, 〈총살대에 의해 처형되었다〉면 포로나 죄수의 신분으로 죽었다는 뜻이다.

「스칼렛 핌퍼넬」에서 레슬리 하워드를 함정으로 유인한 레이몬드 매씨가 의기양양하게 소리친다.

「There is a firing squad outside.」

✗ 「발사부대로 가시오.」

○ 「바깥에서 총살대가 (너를) 기다리고 있어.」

square

"Party, form a square!"

✗ 사각형으로 뭉쳐!

☛ 「겅가 딘」에서 부대에 비상이 걸리고, 더글라스 페어뱅크스 주니어가 명령을 내린다. square는 〈사각형rectangle〉이 아니라 〈정사각형〉이다. 그리고 어떻게 뭉쳐야 사각형으로 뭉치나? 뭉치면 사각형이 아니라 둥근 원형이 되지 않나? 번역을 한 다음에는, 원문을 보지 않으면서 우리말만으로도 제대로 의미가 전달되는지를 따로 확인해야 한다.

○ 「부대, 사주 경계 위치로!」

「우디 앨런의 부부일기」를 보면 잡지사에서 같이 근무하는 리암 니슨이 미아 패로우에게 변명한다.

「I'm such a square, you know. I'm so old-fashioned.」

✗ 「난 너무 평범해요. 모든 면에서 구식이죠.」

〈평범〉은 평균치요, 중뿔나지도 않고 모자라지도 않는 〈정상〉이다. square는 답답할 정도로 〈고지식한 사람〉이다. 〈너무나 구식이죠〉라는 두 번째 문장이 〈정상에 못미친다〉는 사실을 확인해 준다.

○ 「아시다시피 난 꽉 막힌 남자예요. 정말로 구식이라니까요..」

squeal

"If they get out of the line, I'll squeal with pleasure."

✗ 만약 끝까지 남아 있지 않고 중간에 몰래 빠져나가는 사람이 있으면 내가 소리를 지르겠어요.

☛ 「아가씨와 건달들」에서 말론 브랜도한테 주사위 도박에 진 프랭크 시나트라가 (구세군 기도회에 강제로 끌려온 〈죄인〉들을 인수받은 다음) 도박사들에게 다짐한다. get out of the line이라니까 기도회에서 〈도중에 도망친다〉는 구체적인 의미로 이해한 듯싶은데, 이것은 그냥 〈이탈한다〉는 관용적인 표현이다. 그러니까 〈고분고분 말을 듣지 않으면 내가 말론 브랜도에게 기꺼이 squeal하겠다〉고 위협하는 내용이다. squeal은 《(돼지처럼 시끄럽게) 소리를 지른다》는 뜻도 있지만, 알 카폰 시대부터 조폭들 사이에서는 〈밀고하다〉라는 뜻으로 통했다. squealer는 (치사하게 일러바치는) informer(밀고자)를 뜻한다. sing도 〈밀고하다〉라는 뜻이며, 그래서 노래를 잘하는 〈카나리아〉(☞ canary) 또한 〈밀고자〉라는 의미의 속어로 쓰인다.

○ 「약속을 지키지 않는 분이 나타나시기만 한다면, 제가 기꺼이 일러바치겠나이다.」

「브로드웨이를 쏴라」를 보면, 대본의 집필까지 대신하기 시작한 폭력배가 극작가 존 큐색에게 《(대필했다는) 비밀을 지키겠다》고 이렇게 안심시킨다. 〈Where I come from, nobody squeals.〉(내가 활동하는 분야에서는 아무도 밀고 따위는 하지 않아.)

St. Petersburg

"Here we are in St. Petersburg. Where do you want to take me?"

✘ 여기가 피터스버그거든. 날 어디로 데리고 가겠니?

☞ 「안나 카레니나」를 보면, 모스크바에서 선물로 사온 지구의(地球儀)를 돌리면서 그레타 가르보가 〈여행을 떠나자〉며 아들에게 묻는다. 가르보가 사는 도시를 텔레비전에서는 끝까지 〈피터스버그〉 또는 〈세인트 피터스버그〉라고 고집했는데, 그것은 러시아 도시의 이름이 아니다. 마크 트웨인의 고전 소설 「허클베리 핀의 모험」의 무대는 (영어로 표기하면) 가르보의 고향과 똑같은 St. Petersburg여서 분명히 〈세인트 피터스버그〉다. 하지만 그것은 어디까지나 미국의 플로리다 탬파에 있는 도시의 이름이고, 러시아의 지명은 아니다. 서양인들은 망명이나 이민을 가면 그들이 살던 곳의 이름을 그대로 정착지에 붙이는 관습이 있어서, 미국의 New York은 영국의 York가 원조이고, New Orleans는 프랑스의 오를레앙에서 따온 이름이며, 심지어는 Korea라는 지명도 미국에 있다. St. Petersburg은 러시아 이민자들이 세운 도시여서 그런 이름이 붙었다.

고유 명사에도 저마다 의미가 담겼다는 사실을 염두에 두고, 그렇다면 St. Petersburg라는 지명에 담긴 의미를 알아보기로 하자. 이 도시를 건설한 사람은 러시아를 현대화한 Peter the Great인데, 그 명칭을 영어식으로 〈피터 대제〉라고 부르는 사람들이 우리나라에는 아직도 많다. 하지만 그의 이름은 러시아식으로 발음하면 〈피터〉가 아니라 〈표트르Pyotr〉가 된다. 영어로 Henry(헨리)라고 표기한 이름은 프랑스에서는 Henri(앙리)라고 해야 옳으며, 성경에서는 Peter를 〈피터〉가 아니라 〈베드로〉라 하고, Michael은 영어권에서 〈마이클〉이라 해도 독일인의 경우에는 똑같이 써놓고도 〈미하엘〉이라 하는 것과 같은 이치에서다. 표트르 대제는 1703년 〈러시아에서 가장 아름다운〉 이 도시를 건설할 때, 전 세계의 유명한 건축물을 모두 재생시켜 놓아서, 이곳에 가면 대운하와 스핑크스까지도 만나게 되는데, 지명에 St. Peter(〈성 베드로〉의 영어식 표기)가 들어간 까닭은 베드로가 그의 patron saint(수호성인)이기 때문이었다.

지명에서 Peter 다음에 붙은 s는 소유격 〈의〉를 뜻하고 -burg은 고대 영어Old English로 〈성시(成市)〉, 즉 장이 서는 곳을 뜻하는 burgh(=borough)와 어원이 같다. -burg나 -burgh는 영어권에서 지금까지도 읍이나 시 같은 〈자치 도시〉라는 의미로 지명에 자주 쓰이는데, 미국의 Pittsburgh나 남아프리카공화국의 Johannesburg가 대표적인 예이다. 그러니까 St.

Petersburg는 〈성 베드로의 도시〉라는 뜻이다. 그러다가 러시아가 독일과 전쟁을 벌이게 된 1914년, 독일식 표기인 -burg를 제거하기 위해 Petrograd(표트르의 도시)라고 개명했으며, 1924년 공산당 정권이 다시 레닌그라드라고 개명했다. 현재 이 도시의 러시아식 명칭은 〈상트 페테스부르크〉다.

「카라마조프의 형제들」에서는 리처드 베이스하트가 불행했던 어린 시절 얘기를 형의 약혼녀 클레어 블룸에게 털어놓는다.

「Our great aunt raised Alexei and me in St. Petersburg.」
✗ 「우리 숙모는 세인트 피터스버그에서 저희를 키워주셨죠.」
○ 「대고모님은 알렉세이하고 날 상트 페테르부르크에서 키우셨죠.」

stairs

"First room, top of the stairs."

✗ 맨위층 첫 번째 방.

☞ 「아라베스크」에서 소피아 로렌이 몰래 그레고리 펙에게 건네준 쪽지의 내용이다. top of the stairs는 〈층계 꼭대기〉다. stairs는 복수형이지만, 한 층의 층계도 (a flight of) stairs라고 한다. 〈꼭대기 층〉은 top story다. 영화에 나오는 집은 2층 가정집인 듯하며, 로렌이 기거하는 곳은 〈층계를 다 올라가서 첫 번째 방〉이다.

stake

"You've got to stake on me every red cent you can spare."

✗ 나하고 내기하지. 1센트는 벌 수 있을 텐데.

☞ 「피츠카랄도」에서 클라우디아 카르디날레가 운영하는 성매매 업소로 지도를 들고 달려 들어온 클라우스 킨스키가 다급하게 부탁한다. stake on(~에 돈을 걸고 내기를 한다)은 〈~를 믿고 모험을 벌인다〉는 뜻이다. red cent는 〈마지막 한 푼〉이나 〈땡전 한 푼〉이다.
○ 「남아도는 돈 한 푼이라도 있으면 몽땅 나한테 투자를 해야 해.」

stand

"Just as sure as you're standing there."

✗ 그래.

☞ 「광야천리」에서 먼고메리 클리프트가 〈그런 얘기냐?〉고 물었더니 존 웨인이 대답한다. 번역이 지나치게 야박하다. 〈네가 거기 서 있다는 사실만큼이나 확실하지〉라고 주인공이 구태여 말을 늘였으면, 그에 대한 번역은 〈그야 빤한 얘기지〉 정도는 해줘야 계산이 맞지 않을까 싶다. 나중에 다리를 다쳐 나무 그루터기에 걸터앉아서, 존 웨인이 〈내가 잘못이라고 생각하느냐?〉고 묻자, 클리프트는 웨인의 말을 흉내 내어 〈Just as sure as you are sitting there(아저씨가 거기 앉아 계시다는 사실 만큼이나 확실하죠)〉라고 대답한다. 서부극을 보면 이렇게 상대방이 한 말을 그대로 써먹는 경우가 많은데, 그런 경우에는 이미 나왔던 말을 어휘 하나 틀리지 않게 원문 그대로 살려 주는 것도 좋으리라는 생각이다.

「알렉산더 대왕」에서 페르시아를 침공한 알렉산드로스 군대의 동태에 대해서 첩자가 해리 앤드루스(다리우스 황제)에게 보고한다.

「They stand at arms, no baggage trains, no tents pitched.」

✗ 「그냥 서 있었습니다. 짐도 없습니다. 텐트도 없습니다.」

전투에 임하려고 준비하는 군대가 〈그냥 서 있다〉는 상황은 무엇을 의미할까? 몇 시간이나 며칠 가량 서서 기다린다는 말인가? 잠도 서서 잔다는 뜻일까? at arms는 〈무장을 하고〉라는 뜻이다. to arms(전투 준비)와 비슷한 말이다. stand to arms!는 〈전투 대형으로 전개하라〉는 명령이다. 그러니까 stand at arms는, 꼭 서 있지는 않고 앉았거나 누웠더라도, 〈전투 태세에 임한다〉는 뜻이다. baggage train은 〈보급 차량의 행렬(☞ boxcar)〉이다. no baggage trains는 〈보급 체계를 갖추지 못했다〉, 그러니까 〈진지 구축을 완료하지 못했다〉는 뜻이다.

○ 「보급품은 아직 도착하지 않았고, 천막도 치지 않았고, 병사들은 임전 태세로 대기 중입니다.」

「사느냐 죽느냐」에서 게슈타포의 앞잡이 노릇을 하는 교수가 여배우 캐롤 롬바드를 포섭하려고 정치 성향을 떠본다.

〈I wonder if you really know what Nazism stands for.〉(나치주의가 뭔지 알고는 계신가요?) 오역이라고 하기는 어렵지만, 교수가 한 말에서, 나치의 선전 의도를 전달하는 데 약간 미흡한 감이 든다. stand for(~ 대신 그 자리에 서다)는 단순히 〈~이 의미하는 바〉라는 의미로 자주 쓰인다. 예를 들면 ROK stands for the Republic of Korea(ROK는 대한민국을 지칭하는 약자다)에서처럼 말이다. 하지만 어떤 사상이나 주장에 적용할 때는, 정신적인 차원으로 의미가 격상하여, 〈~가 대변하고 지향하는 이상〉을 뜻한다. 그러니까 교수는 〈나치주의의 존재를 아느냐?〉를 묻는 것이 아니고, 〈나치가 지향하는 바〉, 즉 〈대변하고 추구하는 바〉에 공감하는지를 파악하려는 속셈이다.

star

"That star of yours brought you a real pot of gold, uh?"

✘ 자네가 발굴한 스타가 자넬 돈방석에 앉힌 모양이군.

☛ 「분노의 강」을 보면, 식량을 구하러 산에서 내려온 제임스 스튜어트가 (제대로 자리를 잡고 돈벌이도 괜찮은 듯싶은) 친구 아더 케네디를 축하한다. 그런데 서부 개척기에 밑도 끝도 없이 무슨 〈스타 발굴〉일까? 케네디는 도박장에서 총잡이 지배인으로 일하는데 말이다. 번역을 하려면 작품을 관통하는 갖가지 기호(記號)를 항상 염두에 둬야 한다. 이 영화의 초반부에 보면, 포장마차 행렬을 이끌고 가면서 스튜어트는 매일 밤 포장마차의 앞머리를 북극성 쪽으로 향해 놓고 잠을 잔다는 얘기를 한다. 날이 밝은 다음에 여행을 계속할 방향을 정확히 판단하기 위해서다. 그리고 북극성과 별 얘기는 거듭해서 등장인물들의 대화에 등장한다. 스튜어트의 말은 〈자네가 선택한 별이 자네를 진짜 노다지로 안내해 준 모양이군〉이라는 뜻이다.

EBS 일요시네마에서는 〈The Man Without a Star(별이 없는 사나이)〉라는 서부극의 제목도 〈스타가 아닌 사나이〉라고 새로 붙였다. 이 영화의 극장 제목은 「유성과 같은 사나이」였다. 물론 이 서부극은 〈인기 스타〉와는 아무 관계가 없고, 인간의 운명을 결정해 주는 〈별〉이 고독한 떠돌이 주인공 커크 더글라스에게는 하나도 없다는 뜻이다. 「스타가 아닌 사나이」를 예고하면서 EBS에서는 〈웨스턴 마카로니! 방랑의 영화!〉라고 선전했다. 〈웨스턴 마카로니〉가 아닌 〈마카로니 웨스턴〉은 일본에서 지어낸 말이고, 영어로는 〈스파게티 웨스턴〉이라고 한다. 그리고 〈스파게티 웨스턴〉은 1964년에 처음 등장했으며, 「유성과 같은 사나이」는 그보다 10년 전인 1955년 작품이다.

『새국어소식』 26호를 보면, 광복절 이산가족 서울 만남에서 탈북 화학자의 부인에게 한 방송사 아나운서가 〈남쪽에 와서 스타가 되셨네요. 어떠세요?〉라고 말을 건넸더니, 〈스타〉라는 말을 못 알아들어 어리둥절한 표정을 지었다는 글이 실렸다. star라는 영어조차 알지 못하는 북한 지식인을 얕잡아 보는 방송인의 얘기였는데, 대신 남한의 방송에서는 우리말 〈별〉이 무엇인지를 잘 모르는 듯싶다. 「우주 대기행」 2편 〈지구 밖 생물체를 찾아서〉에서는 〈지구는 기적의 별입니다〉라는 해설을 위시하여, 계속 지구를 〈별〉이라고 했다. 그런데 우리말 사전에서 〈별〉을 찾아보니, 이런 설명이 나온다. 〈스스로 빛과 열을 내는 우주상의 천체. 곧, 지구, 달, 행성을 제외한 천체를 가리키는 것.〉

「이오지마의 영웅」에서 영웅이 되어 귀향한 토니 커티스에게 형이 농담을 한다.

"Boy, every time I pick up the Stars and Stripes, there was the old Ira just grinning away."

✘ 「성조기를 볼 때마다 온통 네 얘기뿐이었어.」

우리나라의 『전우신문』이나 마찬가지로, Stars and Stripes는 전 세계 미군들을 위해서 지금도 발간되는 신문이다. 우리말로는 『성조지(星條誌)』라고 한다. 〈성조기〉는 미국 국기의 이름이다.

○ 「세상에, 『성조지』를 집어 들기만 하면, (동생) 아이라가 싱글벙글 웃는 사진이 늘 신문에 실려 있더라.」

stare

"Man looks into the abyss. There's nothing staring back at him."

✘ 나락에 빠지면 아무도 거들떠보지 않아.

☞ 「월 스트리트」에서 내부 정보로 불법적인 주식 투자를 하며 큰돈을 벌어 대는 찰리 신에게 증권 회사 간부 핼 홀브룩이 하는 충고다. 〈아무도〉는 〈사람〉을 뜻하겠는데, 심연에 인간이 존재한다는 아무런 증거도 원문에서는 제공하지 않는다. 제대로 된 의미는 〈인간이 심연을 들여다보지. 하지만 심연 속에는 인간을 마주 쳐다보는 것이 없어〉가 된다. 이 대사는 다음에 나오는 말로 의미가 부여된다.
〈That moment man finds his character. And that is what keeps him out of the abyss.〉(그 순간에 인간은 자신의 참된 모습을 발견하게 돼. 그리고 그것을 보면 인간은 나락으로 떨어지지를 않아.)

state

"I merely stated the well-known fact that she can't act."

✘ 자넷이 출연할 수 없는 모두가 아는 사실을 썼을 뿐이에요.

☞ 「비수(悲愁)」에서 연예 기자 데보라 커가 쓴 비방성 기사의 내용이다. 우리말 문장의 구성이 중첩되고 매끄럽지 못해서 의미 전달에 방해가 된다. 〈출연할 수 없는 모두가 아는 (사실)〉에서 겹치는 〈는〉만 속아 내더라도 문장의 흐름이 훨씬 매끄러워진다.
○ 「누구나 다 아는 얘기지만, 재닛이 연기를 못한다는 사실을 난 그냥 언급만 했을 뿐이다.」
「알렉산더 대왕」에서 아테네를 정복하고 평화 협정을 맺으러 간 리처드 버튼이 사령관의 아내 클레어 블룸과 첫 만남에서 대화를 나눈다.
「My father once said, 〈Athens is neither a city nor a state. It's an idea.〉 I can understand that, now that I am here. And Aristotle taught me that an idea is greater than a man. An idea is divine.」
✘ 「아버지께서 말씀하셨죠. 아테네는 도시도 주도 아니다. 이념일 뿐이다. 이제야 이해가 가는군요. 아리스토텔레스는 이념이 인간보다 위대하다고 했죠. 신성하니까요.」

그리스 인들의 기본적인 국가관을 요약한 대사라고 하겠습니다. 역사 교과서에 나오는 상식 수준의 지식이지만, 아테네(아테나이)는 아테나 여신을 섬기던 고대 〈도시 국가(polis, city-state)〉였다. state는, 여러 state(주)가 여럿이 모여 〈국가(☞ country)〉를 이룬 미국의 경우를 제외하고는, 〈국가〉다. 미국의 〈주〉는 행정상으로 사실상 저마다 독립된 국가나 마찬가지다. 알렉산드로스는 처음 아테네에 직접 가서 보고는, 〈도시 국가라더니 도시도 아니고 국가도 아닌〉 실체를 만난다. 두 번째 문장의 now that은 〈~한 상황을 겪고 보니 지금은 (~라는 판단이 선다)〉는 뜻이다.

idea는 번역하기가 참으로 까다로운 단어다. 이념 투쟁에 찌들어 버린 우리나라에서는, 위 번역문에서처럼, 사람들이 idea를 걸핏하면 이념ideology(공리, 공론)과 쉽게 동일시하고 그냥 지나쳐 버리지만, 문맥에 따라 여러 다른 의미로 쓰인다. 고대 그리스 철학에서는 〈이데아〉라고 했다. 따라서 예문에서는 〈이데아〉를 뜻하며, 알렉산드로스 대왕의 아버지(필리포스)가 말하는 〈이데아〉는 〈개념(또는 관념)〉을 의미하고, 아리스토텔레스의 〈이데아〉는 〈사상〉이겠다.

○「언젠가 아버지가 그러셨죠. 〈아테나이는 도시도 아니고 국가도 아니다. 아테나이는 하나의 개념이다.〉 그런데 이렇게 와서 보니 그게 무슨 말인지 이해가 가는군요. 그리고 아리스토텔레스는 사상이 인간보다 위대하다고 저를 가르쳤어요. 사상은 신성하니까요.」

statement

"Well, because you go in the jungle I can't see you. You know, you go in the jungle, make a statement. If you're going to fight, clash!"

✘ 오빠들이 정글에 들어가면 볼 수가 없잖아요. 정글에 가면 좋은 옷을 입으세요. 싸우는데 무슨 옷이 필요해요?

☞ 「굿모닝 베트남」에서 사이공 미군 방송의 진행자 로빈 윌리엄스가 밀림에서 입는 위장복의 단점을 지적한다. 주월 한국군 병사들이 〈정글복〉이라고 불렀던 전투복은, 밀림으로 들어가면 〈볼 수가 없다〉(☞ can)기보다는, 무늬가 〈눈에 띄지 않는다〉. 요즈음 중동 지역에서 미군이 입는 군복과 비슷한 빛깔이었다. 의상 전문가의 입장에서는 옷이란 남의 눈에 잘 띄어야 한다. make a statement(발언을 하다)는 속된 말로 〈튄다〉는 뜻이다. 이제는 유행어로 굳어 버린 fashion statement는 〈의상으로 개성을 표현〉한다는 말이다. 마지막 단어 clash(충돌하다)는 색깔 따위가 주변의 다른 요소나 다른 사람과 〈맞지 않다〉, 그러니까 〈중뿔나다〉는 뜻이다.

○「옷이란 남의 눈에 잘 띄어야 하는데 정글복을 입고 병사들이 밀림으로 들어가면 잘 보이지도 않잖아요. 밀림에 들어가선 (옷차림이) 튀어야 한다고요. 투쟁하려면, 충돌해야죠!」

station

"Action station!"

✘ 엔진 가동!

☛ 「침입자들」에서 독일 함장이 잠수함을 수면으로 부상시키라고 명령한다. 한창 전투 중이어서 잠수함의 엔진은 벌써부터 가동되었다. 함장의 명령은 〈전투 위치로!〉라는 말이다.

stay

"Keating, you stay away from my son."

✘ 내 아들에게서 물러나시오.

☛ 「죽은 시인의 사회」에서 연극을 못하도록 아들 이단 호크를 말리러 학교로 찾아온 아버지가 로빈 윌리엄스에게 경고한다. stay는 어떤 행동이나 상황이 〈지속하게 하라〉는 연속성을 나타내는 말이다. 그러니까 〈지금〉 아들에게서 멀리 떨어지라는 요구가 아니라, 〈앞으로는 내 아들에게 접근하(여 쓸데없는 충동질을 하)지 말라〉는 뜻이다.
○ 「키팅, 당신은 내 아들 근처에 얼씬거리지 말아요.」

「미주리 브레이크」를 보면, 지역 사회에서 법으로 군림하는 목장주가 이상한 총잡이 말론 브랜도를 고용한다. 브랜도는 목장주에게 다짜고짜 〈당신 마누라가 왜 도망갔느냐〉고 묻는다. 목장주가 화를 벌컥 낸다.

"You stay out of my private life, you lilac-smelling son of a bitch. I detest your impertinence."
✘ 「내 사생활에 관심 끄시지.」

목장주는 법률 공부가 취미이며, 너무나 독선적이고 답답한 인간이어서, 아내가 도망가 버렸다. 그런 등장인물이라면 절대로 〈관심 끄시지〉 같은 천박한 말투를 쓸 리가 없다. 예를 들어 어떤 사극에서 세종대왕이 나와 집현전 학자들에게 〈관심 끄시지〉라고 말하는 장면을 상상해 보라. 말투는 등장인물의 나이와 신분과 성격과 습성 따위를 모두 고려하여 설정해야 한다. 목장주의 말투는 아마 이런 정도가 아니었을까 싶다.
○ 「라일락 향수나 몸에 뿌리고 다니는 놈이 남의 사생활에 웬 참견이야? 네 녀석의 건방진 태도가 역겹구나.」

steady

"I guess I'm the only one with a steady hand."

✗ 이래 뵈도 단단한 손은 나 혼자 뿐이니까.

☛ 「유혹」에서 (남자들이 집으로 찾아온다니까 마음이 들뜨고 흥분한 자매들을 보고는) 손님들에게 커피를 자신이 따라 줘야 되겠다고 고모가 나선다. 손이 〈단단〉하면 어떻게 되나? 아마도 손가락을 움직이지 못하게 되지 않을까 싶다. 그렇게 〈단단한 손〉으로 손님들에게 커피를 따라 준다면, 〈흥분한 손〉보다 오히려 엎지를 위험이 더 크다. steady는 〈꿋꿋한〉이라는 뜻이다. 그렇다면 steady hand는 〈꿋꿋한 손〉이다. 하지만 그것도 역시 지나치게 경직된 표현이다. 이럴 때는 가장 먼저 머리에 떠오르는 〈꿋꿋한〉이나 〈단단한〉이라는 한 단어에만 고집스럽게 매달릴 일이 아니라, 경직된 표현을 포기하고 일단 잠시 뒤로 물러나서, 〈꿋꿋한〉과 개념은 같으면서도 어휘와 구조가 다른 표현을 찾아봐야 한다. 그러면 우리말답게 자연스러운 이런 번역이 가능해진다.

○ 「손이 떨리지 않는 사람은 나 혼자뿐인 모양이니까.」

stench

"Often the evil stench of white man precedes you."

✗ 백인이 지닌 악의 향기 때문에 종종 그런 일이 일어나지.

☛ 「데드 맨」에서 추적자들이 쫓아오는 줄을 어떻게 알았느냐고 묻는 조니 뎁에게 인디언이 설명하는 말이다. stench는 〈악취〉다. 〈악취〉는 절대로 〈향기〉가 아니다. 〈악의 향기〉라는 표현도 이상하다. 〈악〉에서는 〈악취〉가 날지는 모르겠지만, 〈향기〉는 나지 않는다. evil stench는 〈나쁜 냄새〉이지, 〈악의 향기〉(fragrance of evil 또는 evil's fragrance)가 아니다. 그리고 철천지원수인 인디언에게는 백인의 체취가 절대로 〈향기〉처럼 달갑지가 않다. 그리고 precedes you(너보다 먼저 간다)는 〈(냄새가) 사람을 앞질러 간다〉는 말이다.

○ 「백인이 나타나기 전에 (흰둥이 특유의) 고약한 냄새부터 먼저 나는 경우가 많거든요.」

step

"One step. One step."

✗ 아직은 아냐.

☛ 「다이하드 3」에서 폭파범 제러미 아이언스가 징계를 받고 정직 중인 브루스 윌리스에게 복수를 하겠다고 전화로 알려 주자, 전화를 받은 윌리스의 상관이 〈그 사람은 경찰에서도 내놓은 자식〉이라면서 설명을 덧붙인다. 〈He's about two steps shy of becoming a full-blown alcoholic.〉(게다가 지금은 술밖에 모르는 주정뱅이지.) two steps shy of becoming은 〈~이 되려면 두 발자국이 모자란다〉, 그러니까 full-blown(완전한) 술 중독자가 〈되기 2보 직전〉이라는 뜻이다. shy of(~이 부족한)라는 구어체 표현은 자주 등장하니까 유의하기 바란다. 옆에서 이 통화를 듣고 앉아 있던 윌리스가 상관에게 귀엣말(예문)을 한다. 비디오 판 번역은 완전히 거꾸로 한 오역이다. 윌리스는 two steps(두 발자국)가 아니라 one step(한 발자국) 〈직전〉, 그러니까 〈상관이 생각하는 것보다 훨씬 심한 주정뱅이〉라고 비아냥거리는 소리다.

○ 「1보 직전이죠, 2보가 아니고요.」

still

"That still has to be proven."

✘ 증명된 셈이군.

☛ 「개선문」에서 근처의 술집 웨이터가 〈기억력은 조운(잉그릿 버그만)이 훨씬 더 좋다〉고 추켜세우자, 샤를 부아이에가 반론(예문)을 제기한다. 부아이에가 제기한 반론이 번역에서는 동의하는 뜻으로 바뀌었다. still은 〈아직 두고 봐야한다〉는 보류의 의미를 담았다. (yet to be proved와 같은 뜻인) 부아이에의 말은 〈그건 아직 증명이 되지 않았다〉는 의미다.

○ 「그건 더 두고 봐야 알 일이지.」

stomach

"Do you have stomach for this fight, Memnon?"

✘ 결정에 이의 있소, 멤논?

☛ 「알렉산더 대왕」에서 〈알렉산드로스의 군대가 워낙 강하니까 일단 후퇴하자〉는 아테네의 피터 쿠싱 장군에게 다리우스 황제의 장수가 〈목숨을 걸고 끝까지 싸우겠다〉고 사생결단의 의지를 밝힌다. stomach(위장, 밥통)은 guts(창자)나 마찬가지로 무엇인가를 견디어 낼 〈배짱(각오)〉이라는 뜻이다. 우리말로는 〈비위(脾胃)〉에 해당된다.

○ 「당신은 이런 전투에 임할 용기가 있기나 합니까, 멤논 장군?」

stop

"Many killed, many wounded. It was a great fun. This time you're going with us. And when we ever stop the bullet, before we die, we'll come to you, click our heels together and ask stiffly, 〈Please, sergeant, may we go?〉"

✘ 많이 죽어서 아주 재미있었죠. 이번에는 당신도 같이 가는 거야. 혹시 총알이 날아오다 멈추면 당신한테 차렷 자세로 서서 히멜스토스 하사님의 명령을 받들도록 하죠.

☛ 「서부전선 이상 없다」에서 〈아무리 전투지에서라도 하사관에게는 꼭 경례를 붙이라〉고 호통을 치는 (전방의 현실을 전혀 알지 못하고 고지식한) 존 레이에게 루 아이러스 병사가 지난번 전투를 예로 들어 반박하는 대사다. 번역문을 보면 세 문장 가운데 두 문장은 존댓말이고 가운데 한 문장은 반말이다. 아무리 항변하는 내용의 대사이기는 해도, 위계질서가 없다. 〈총알이 날아오다 멈추면〉이라는 상황이 물리학적으로 가능하기나 할까? 이것은 〈우리들이 몸으로 총알을 막으면〉, 그러니까 〈우리들이 총에 맞으면〉이라는 뜻이다. before we die, we'll come to you, click our heels together and ask stiffly도 대충 번역을 해놓았는데, 사실은 이렇게 비꼬는 내용이다. 〈죽어 자빠지기 전에 우리들은 우선 당신을 찾아가서, 차렷 자세를 취한 다음 힘차게 묻겠습니다.〉 그리고 마지막 문장 〈Please, sergeant, may we go?〉(이제는 저희들이 꼴까닥 죽어도 되겠습니까?)라고 결론을 짓는 내용이 번역에서는 사실상 빠졌다. go(간다)는 〈죽는다〉는 뜻이다. 〈하사님〉이라는 명칭도 옳지 않다. 〈하사〉는 corporal first class(CFC)다. sergeant은 〈병장〉이라는 뜻이지만, 히멜스토스가 부사관이기 때문에 〈중사〉(☞ sergeant)라고 해야 되겠다.

○ 「죽기도 많이 죽고, 부상도 많이 당했죠. 굉장히 재미있더군요. 이번에는 중사님도 우리들하고 같이 가게 되었네요. 그러니까 혹시 우리들이 총에 맞기라도 한다면, 죽기 전에 중사님한테 찾아가서, 발뒤꿈치를 힘차게 부딪히고 엄숙하게 묻겠습니다. 〈중사님, 저희들이 숨을 거두도록 허락해 주시겠습니까?〉」

「벅시」에서 남작 부인과의 관계를 추궁하는 아네트 베닝에게 워렌 베이티는 〈권력을 장악하려는 무솔리니 때문에 그녀를 만난다〉고 설명한다. 〈무솔리니를 어쩔 계획이냐〉니까 베이티가 실토한다.

「Stop him.」
✘ 「멈추게 해야지.」

정말로 직선적인 번역이다. stop은 〈막아야지〉나 〈제거해야지〉에서 나아가, 결국은 〈없애버려야지〉라는 말이다. 「젊은 사자들」에서는 먼고메리 클리프트가 다른 훈련병들로부터 심하게 매를 맞자, 중대장에게 딘 마틴 이등병이 항의한다.

「I think you'll have to stop it, sir.」

✗ 「제 생각에는 대위님이 멈춰야 할 것 같습니다.」

〈대위님이 멈추다〉는 중대장이 해오던 어떤 행동을 중단한다는 말이다. 마틴의 말은 〈대위님이 말려야(중단시켜야) 합니다〉라는 뜻이다. 「비상계엄」에서는 덴젤 워싱턴이 동료 FBI 요원에게 견해를 밝힌다.

「We can stop it.」

✗ 「우리가 멈출 수 있어요.」

워싱턴의 제안은 달려가거나 걸어가다가 〈멈춘다〉는 말이 아니라, 불법적인 계엄령을 〈stop 하자〉는 얘기다. 출혈이나 자신이 하는 어떤 행동은 멈추지만, 나쁜 짓은 〈말리거나 막는다〉고 말한다.

○ 「우리가 막으면 되잖아요.」

「사운드 오브 뮤직」을 보면 비오는 밤 정원의 유리집(☞ gazebo) 안에서, 우편집배원 청년이 크리스토퍼 플러머의 맏딸에게, 사랑의 노래를 전보 형식으로 부른다. 〈I'D LIKE TO TELL YOU HOW I FEEL ABOUT YOU STOP〉(내가 당신에게 느끼는 감정을 말하겠어요 마침표) 전보는 본디 모두 대문자로 쓰며, 구두점도 단어로 풀어서 쓴다. 그리고 여기에서 맨 끝에 붙은 stop은 문장이 끝났음을 나타낸다.

청년의 고백을 들은 맏딸이 역시 전보 형식으로 응답한다.

「DEAR ROLFE STOP DON'T STOP YOUR LIESL」

✗ 「사랑하는 랄프, 마침표 마침표 다음에는 〈당신의 리즐이〉.」

마침표를 나타내는 stop이라는 단어를 가지고 말장난을 했는데, 번역자가 그 내용을 제대로 전달하지 못해서 묘미가 사라졌다. Don't stop은 사랑이나 지금의 감정을 〈그만두지(중단하지) 말아요〉라는 뜻이다. 번역이 쉽지 않은 이 문장의 내용은 이렇다.

○ 「사랑하는 롤프 점 찍고 마음 변치 말아요 당신의 리즐」

storm

"You storm. I'll stay here and drizzle."

✗ 자네는 공격해 난 여기서 엄호하겠네.

☞ 「모로코 가는 길」에서 여자들을 납치해 간 원주민들의 천막을 사막에서 발견한 빙 크로스비가 계획을 밝힌다. 〈That joint must be their hideout, uh? To save the girls, we have to storm the place.〉(저곳이 그들의 은신처 맞겠지? 여자들을 구하려면 우린 저길 급습해야 해.) 그러나 밥 호프는 마음이 내키지 않아서 예문에서처럼 꽁무니를 뺀다. 농담을 번역하느라고 애를 먹은 흔적이 보이는데, 이만하면 절반쯤은 성공이라고 여겨진다. storm은 〈폭풍우가 몰아치듯 돌격한다〉는 말이다. drizzle은 storm(폭우가 쏟아지다)과는 반대로 〈빗발이

살랑살랑 내리다〉라는 뜻이다. 그러니까 글자 그대로 번역하면 〈자네는 쏟아져. 난 여기 남아 살랑살랑 내릴게〉라는 소리가 된다.

○ 「돌격은 자네나 해. 난 여기 남아 돌팔매질만 할게.」
필자가 예시한 번역에서는, 조금이나마 웃겨 보려고, 〈돌격〉의 〈돌〉 자를 살려 〈돌팔매〉라는 두운(頭韻) 단어를 동원했다.

straighten

"Listen, with your luck, if you slipped on a banana peel with your neck out of joint, the fall will straighten it."

✘ 이봐요, 당신처럼 재수가 좋았다가는 바나나 껍질을 밟고 미끄러져도 상처 하나 없을 거예요.

☛ 「살인광시대」에서 여자들을 등쳐 먹는 〈푸른 수염〉 찰리 채플린이 선장 행세를 하며 멍청한 마다 레이와 이중 결혼을 한다. 레이가 얼른 죽어야 채플린이 재산을 가로채겠는데, 이 여자는 어쩐 일인지 하는 일마다 대박을 터뜨린다. 친구가 레이에게 혀를 내두른다. 예문의 번역은 storm 항처럼 절반쯤의 성공은 거둔 셈이지만, 〈미끄러져서 상처가 나지 않는다〉는 정도로 레이의 〈대박〉을 설명하기가 힘들다. 문장의 뒷부분에서 with your neck out of joint는 〈목의 뼈가 (이미) 탈골한 상태〉를 의미한다. 그리고 fall will straighten it은 〈자빠지는 바람에 탈골했던 목뼈가 제자리를 저절로 찾아 들어가 낫는다〉는 말이다. 그 정도는 되어야 진짜 〈대박〉이다.

○ 「이봐요, 당신처럼 운이 좋았다가는 깨졌던 코도 엎어지는 바람에 낫겠어요.」

strand

"Are you stranded?"

✘ 기다리는 사람 있어요?

☛ 「사브리나」를 보면, 파리에서 돌아와 역에 도착하여 아버지가 마중을 나오기를 기다리던 오드리 헵번을 못 알아보고, 윌리엄 홀든이 말을 붙인다. stranded는 확실한 목적에 따라 〈기다리는〉 입장이 아니라, 〈오도 가도 못 하게 된 신세〉라는 뜻이다. 우리말로 〈바람맞았다〉에 해당되는 경우가 많다. 여기서는 아버지가 일에 쫓겨 마중을 나오지 못한 상황이다.

○ 「차편이 없는 모양이죠?」

「스파이 키드」를 보면, 하늘에서 쫓기던 누나가 땅굴 속의 동생에게, 〈너 어디 있느냐?〉고 손목 무전기로 묻는다. 동생이 〈I am stranded down here〉라고 답하는데, 〈이 아래서 오도 가도 못하게 됐어〉라는 좋은 번역이 선을 보인다.

stranger

"I've known him for only a few weeks. That's what you're thinking. That I'm only a silly girl, that he's little more than a stranger. But that's not how I feel."

✗ 만난 지는 얼마 안 됐지만 그를 사랑해요. 마음이 너무 아파요.

☞ 「레 미제라블」(1998)에서 코제트가 마리우스에 대한 사랑을 장 발장(리암 니슨)에게 고백한다. 이것은 번역이 아니라 〈요약〉이다. 그나마도 부정확한 요약이다. I've known him for only a few weeks는 〈내가 마리우스를 알게 된 지는 겨우 몇 주일〉이라는 뜻이다. That's what you're thinking은 〈아버지는 그렇게 생각하시잖아요〉다. That I'm only a silly girl, that he's little more than a stranger는 〈제가 바보 같은 애라고, 마리우스는 모르는 사람이나 마찬가지라고요〉다. 그리고 마지막으로 But that's not how I feel은 〈마음이 너무 아파요〉가 아니라, 아무리 아버지 장 발장이 그렇게 생각하더라도 〈그렇지만 난 그렇게 느끼지를 않는다〉는 말이다. 그러니까 〈마리우스를 아주 오래전부터 알았던 가까운 사람처럼 느낀다〉는 뜻이다.

○ 「내가 마리우스를 알게 된 지는 겨우 몇 주일밖에 되지 않죠. 선생님은 그 생각을 하시잖아요. 제가 바보 같은 어린애고, 마리우스는 모르는 사람이나 마찬가지라고요. 하지만 제 감정은 그렇질 않아요.」

어린 코제트를 구출하여 장 발장이 파리로 데려가는 과정에서도 stranger가 문제를 야기한다. 코제트가 자꾸만 Monsieur(선생님)라는 호칭을 사용하자 장 발장이 조심을 시킨다.

「People will think we are strangers.」

✗ 「사람들이 우릴 이상한 사람이라고 볼 거야.」

stranger는 처음 보거나 〈낯선 사람〉을 가리킨다. 〈이상한 사람〉을 가리킬 때는 strange person이라는 표현을 쓴다.

「수잔을 찾아서」에서는 특이한 의상 때문에 마돈나(수잔)로 오인되어 살인범에게 쫓기던 가정주부 로잔나 아케트가 신문에 광고를 낸다.

DESPERATELY SEEKING STRANGER seeking Susan regarding key. Meet me Saturday night Magic Club Broadway 9:30 p.m.

✗ 이방인을 애타게 찾습니다. 열쇠와 관련해 수잔을 찾는 분. 마술 클럽, 토요일 9시 30분

이 광고를 보고 마돈나의 애인도 역시 아케트를 마돈나로 착각하고는, 친구 에이단 퀸을 찾아가서 신문을 던지며 묻는다.

「Who the hell is the Stranger?」
✗ 「이방인이 누구겠어?」

이 영화에서는 문제의 stranger라는 말이 수십 차례 나오고, 그때마다 번역을 〈이방인〉이라고 했다. stranger라는 영어 단어를 보면, 아마도 알베르 카뮈의 소설 제목[*The Stranger* 또는 *L'Étranger*] 때문에 크게 영향을 받아서인지, 앞뒤 가리지 않고 무작정 〈이방인〉이라고 번역하는 사람들이 적지 않은데, 바로 이런 경우다. 〈이방인(異邦人)〉은 〈다른 나라 사람〉이나 〈타향 사람〉이라는 뜻이다. 하지만 아케트는 상대방이 전혀 모르는 생면부지여서 stranger(낯선 사람, 모르는 사람)이라는 표현을 썼다. 〈낯선 사람〉과 〈외국인〉은 비록 영어로는 같을지언정 우리말에서는 전혀 의미가 다르다.

○ 「도대체 〈낯선이〉가 누구야?」

같은 광고를 보고 공원에서 아케트를 만난 마돈나가 설명한다.

「Sit tight. I'm gonna look for the Stranger.」
✗ 「앉아 있어요. 난 이방인을 찾아볼께요.」
○ 「꼼짝 말고 여기 앉아서 기다려. 〈낯선이〉는 내가 찾을 테니까.」

stray

"Matt, watch for the stray!"

✗ 탈선을 조심하라!

☞ 「광야천리」에서 소 떼를 몰고 강을 건너던 존 웨인이 먼고메리 클리프트에게 지시한다. 여자도 없고 철로도 없는 곳에서, 소를 몰고 강을 건너다가, 목동이 무슨 〈탈선〉을 하겠는가? stray는 뒤로 처지거나 대오를 벗어난 〈길 잃은 소〉다.

○ 「맷, 이탈하는 소가 없는지 잘 살펴봐!」

KBS의 「재미있는 동물의 세계」에 나오는 번역 해설이다. 〈황조롱이 맞수로는 배회고양이를 꼽을 수 있지만…….〉 stray cat은 〈배회 고양이〉가 아니라 〈밖에서 헤매는 고양이〉, 속칭 〈도둑고양이〉다. 요즈음 〈순화〉된 말로는 〈길 고양이〉라고 한다.

stretch

"That's a bit of a stretch."

✗ 그건 얘기가 다르지.

☛ 「스윙」에서 아내와 자꾸 사이가 다시 가까워지려는 휴고 스피어를 다시 교도소로 보내기 위해서, 경찰관 대니 매콜이 〈그놈 내 마누라를 스토킹한다〉고 거짓말을 하니까, 가석방 담당관이 일축한다. stretch(잡아 늘이기)는 exaggeration(과장, 뻥튀기, 뻥)이라는 의미다.
○ 「그건 약간 과장한 얘기 같은데요.」

strip

"So we stripped the first whale."

✘ 우리는 그렇게 첫 고래를 손에 넣었다.

☛ 「백경」에서 고래를 처리하는 장면에 곁들인 리처드 베이스하트의 목소리 해설이다. strip(홀랑 벗기다)은, 군대 용어를 차용하자면, 〈완전 분해〉다. 이 장면을 보면 잡은 고래에서 지방층을 토막토막 잘라 내어 가공하고, 나중에 뼈만 남겨 바다에 버린다.
○ 「우리는 처음 잡은 고래를 완전히 발라냈다.」

stripe

"As for you two, I ought to take your stripes, not only for insubordination but for idiocy."

✘ 멍청함 때문이라도 혼나야 돼. 애도 아니고.

☛ 「겅가 딘」에서 가짜 보물 지도를 판 병사들과 싸움판을 벌이고 귀대한 빅터 맥라글렌과 더글러스 페어뱅크스 주니어에게 부대장이 훈계한다. stripes는 복무 기간과 계급을 나타내는 〈수장(袖章, 군복의 소매에 붙이는 표장)〉을 의미해서, take stripes라고 하면 〈강등시킨다〉는 위협이다.
○ 「귀관들 두 사람으로 말할 것 같으면, 명령 불복종뿐 아니라 멍청함 때문에라도 강등을 시켜야 마땅하겠다.」

strong

"Make it strong."

✘ 강하게요.

☛ 「사브리나」를 보면, 험프리 보가트가 사무실에서 여비서에게 커피를 부탁한다. 〈강한〉 커피는 질겨서 마시지 못한다. 커피는 〈진하게〉 탄다. soft 항에서 살펴보았듯이, 우리말 어휘를 보다 정확하게 선택하는 이런 작은 배려가 좋은 번역과 부족한 번역의 차이를 만든다.

struggle

"I'm a struggling writer."

✘ 격투하는 작가죠.

☛ 「브로드웨이를 쏴라」에서 대본 집필의 자문을 시작한 폭력배를 술집에서 만난 극작가 존 큐색이 조폭의 애인에게 자기소개를 한다. 아직 등단하지 못하고 작품을 쓰기만 하는 단계인 〈작가 지망생〉은 aspiring writer(꿈꾸는 작가)라고 한다. 큐색은 희곡을 두 편이나 발표했지만 아직 성공을 거두지 못해서, 〈노력하고 분투하는struggling〉 작가다. 〈격투하는 작가〉는 무엇인지 잘 모르겠다.

○ 「아직 빛을 못 본 작가죠.」

「뜨거운 포옹」에서는 각본을 정리하려고 고용한 타자수 오드리 헵번이 시나리오 작가 윌리엄 홀든에게 그녀의 남자 친구에 대해서 설명한다. 〈Philip is just a friend. A struggling young actor.〉(그냥 친구예요. 분투 중인 젊은 배우죠.) 역시 아직 빛을 보지 못한 젊은 배우를 두고 한 말이다.

strung

"A little over eight hours. They ought be strung out from here about to here."

✘ 여덟 시간을 좀 더 지났으니까 참가자들 여기서부터 여기까지 줄줄이 달리겠구나.

☛ 「허망한 경주」에서 경마 대회 진행자가 기차 안에 차려 놓은 사무실에 걸린 지도로 확인한다. 〈줄줄이〉라고 하면 앞사람과 뒷사람의 간격이 가깝다는 느낌을 준다. 하지만 영화를 보면, 참가자들은 대부분 서로 보이지 않을 정도로 멀리 떨어져 〈띄엄띄엄〉 줄지어 달려간다. string(긴 줄)은 〈늘어선다〉 그리고 out은 〈널리 흩어진〉이라는 뜻이기 때문이다. 시간이나 공간, 수량에 있어서 계산이 흐린 한국적 특성에 해당되겠다.

○ 「여덟 시간이 조금 더 걸리겠어. 참가자들은 보나마나 여기서부터 여기쯤까지 길게 흩어져

서 달릴 거야.」

「북서로 가는 길」에서는 속도의 계산이 문제가 되었다. 인디언들에게 붙잡히면 잔혹하게 팔다리가 찢기는 죽음을 당하지 않고 〈일찍 죽는 게 행복할 지경〉이라고 어느 대원이 걱정한다. 〈일찍early 죽는다〉는 젊은 나이에 당하는 아까운 죽음이다. 탐험 대원이 원하던 바는 quick(〈빨리〉 또는 〈얼른〉) 죽겠다는 얘기다. 〈빨리〉와 〈얼른〉과 〈일찍〉은 서로 다른 개념이다.

stud

"Well, sir, I ain't a real cowboy. But I'm one hell of a stud."

✘ 진짜는 아니고, 종마라고 할 수 있죠.

☛ 「미드나잇 카우보이」를 보면, 여자들에게 몸을 팔아 돈을 벌려고 텍사스에서 뉴욕으로 올라온 존 보이트가 더스틴 호프만에게 속아 대머리 광신자 〈손님〉을 찾아간다. 중년 남자인 손님이 묻는다. 〈Cowboy, huh?〉(카우보이라고?) 여기서 cowboy는 진짜로 소를 모는 〈목동〉이 아니고, 몸은 멋지게 잘 만들었지만 머릿속은 텅 빈 〈근육남〉이나 〈건달〉을 속칭하는 구어다. drugstore cowboy는 〈동네 가게 주변에서 빈둥거리는 놈팡이〉라는 말이고, 여기서 cowboy가 〈사나이(이대근 유형의 사나이)〉 정도의 의미겠다. 그래서 보이트가 자랑스럽게 싱글벙글 웃으며 예문의 정보를 보충한다.

영화 내내 DVD에서는 stud(종마)를 〈종마〉라고 번역했는데, 그 말을 여러 번 접하면 무슨 말인지 어렴풋하게 감이 잡히기는 하지만, 한참 동안은 소비자가 혼란스러움을 느낄 듯싶다. stud는 좋은 말을 생산하기 위해 다른 일은 별로 안 하고 주로 암놈들과 교배를 천직으로 삼는 수컷 종자마(種子馬)다. 사람을 지칭하는 속어로 쓰이면 〈여자들을 즐겁게 해주는 정력적인 남자〉로서, 이 영화의 보이트처럼 여자(때로는 가끔 남자)들을 상대로 몸을 파는 〈남창〉이다. 우리나라의 〈토속적인〉 고유 명사여서 좀 어색하기는 하지만 〈변강쇠〉라면 어떨까 싶다. 그러니까 영화의 원제 midnight cowboy는 〈심야의 변강쇠〉인 셈이다.

○ 「글쎄요, 선생님, 뭐 진짜 사나이까진 아니죠. 하지만 정말로 쓸 만한 사내랍니다.」

stuff

"Are you gonna start stuffing Aunt Lucy down my throat again?"

✘ 이모님께서 내려와 목이라도 조르실까?

☞ 「모로코 가는 길」에서 빙 크로스비는 밥 호프를 항상 돌봐주겠다고 호프의 이모에게 약속했던 처지다. 걸핏하면 그 사실을 호프가 자꾸 들먹이자 크로스비가 예문에서처럼 발끈한다. stuff down the throat은 〈억지로 약을 먹이듯 목구멍으로 쑤셔 넣는다〉는 뜻이다.

○ 「너 이렇게 자꾸만 이모 얘기를 들이대기냐?」

「갈채」에서 박수 소리가 객석으로부터 들려 오자 연출자 윌리엄 홀든이 분장실을 나서며 그레이스 켈리에게 알린다.

「First-act curtain, I've gotta make the dressing-room tour and give out with the rah-rah stuff.」

✕ 「제1막 커튼. 의상실을 둘러보고 응원 팀을 보내야겠어요.」

rah-rah(또는 줄여서 rah)는 hurrah(만세, 환성)의 구어체로서, 〈열광적으로 응원한다〉는 뜻의 형용사다. stuff는 〈집단〉이 아니라, thing과 마찬가지로, 어떤 사물이나 상황 따위를 막연히 일컫는 〈뭐 그런 것〉 같은 의미다.

○ 「1막이 끝났으니, 분장실로 (배우들을 일일이) 찾아가서, (계속 분발하라고 입에 발린) 칭찬을 늘어놓아야 할 시간이로군요.」

stunt

"What exactly is this Wernher von Braun and the rest of those Germans accomplishin' anyway? If you ask me, it's nothing but a stunt."

✕ 베르너 폰 브라운과 그 휘하 독일인들이 무슨 업적을 이뤘다는 거지? 내가 보기엔 스턴트만 하던데.

☞ 「10월의 하늘」에서 로켓의 개발에 몰두한 고등학생 아들에게 광부 아버지가 잔소리를 한다. stunt는 영화에서 부리는 〈묘기〉보다는 〈재주〉나 〈수작〉 또는 〈이목을 끌기 위한 돌출 행동〉이라는 의미로 더 널리 쓰인다. nothing but a stunt는 〈(장난에 지나지 않는) 시시한 짓〉이다.

○ 「베르너 폰 브라운 같은 독일인들이 성취했다는 게 도대체 정확히 뭐냐고? 내가 보기엔 아무짝에도 쓸모없는 장난일 뿐이던데.」

subject

"Unfortunately, as a ruler, you must have subjects to rule. Sheer population is a necessary evil."

✘ 통치자로써 법을 준수해야만 하십니다. 절대 인구는 필요악입니다.

☞ 「쿠오 바디스」에서 〈더럽고 귀찮은 백성을 싹 쓸어 죽여 없애 버리고 싶다〉는 네로 황제에게 신하가 진언한다. subjects는 통치를 위한 〈목적〉이나 〈과제〉가 아니라, 〈백성〉이라는 뜻이다. 불행한 일이기는 하지만, 통치자에게는 다스려야 할 백성이 꼭 있어야만 한다. 그래서 번거롭기는 하더라도 하찮은 인간들이 필요하다는 설명이다.

○ 「답답한 일이기는 하지만 통치자인 폐하께서는 통치할 백성을 거느리셔야 합니다. 하찮은 서민들은 필요악이니까요.」

sucker

"You shut up and go fix my motorcycle."

✘ 닥치고 어서 가서 내 오토바이나 고쳐.

☞ 「석양의 갱들」을 보면 멕시코인 강도 로드 스타이거가 총을 쏴서 그의 모터사이클을 〈펑크〉 내자 아일랜드에서 온 혁명가 제임스 코번이 화를 낸다. 〈오토바이〉와 〈펑크〉에 대해서는 cop 항을 참고하기 바라면서, 여기에서는 이 영화의 제목 Duck, You Sucker에 우리나라에서 비디오 업자가 붙여 놓은 제목 〈젖먹이는 비켜라〉를 잠시 따져 보기로 하겠다. duck을 〈비켜라〉로 옮긴 것은 너무 쉽게 생각한 번역이다. duck은 주먹이나 총탄 따위가 날아올 때, 머리부터 움츠리고 땅바닥에 납작 엎드려 〈피하라!〉는 말이지, 앞에서 알짱거리는 사람에게 〈옆으로 이동하라〉는 뜻이 아니다. sucker도 여기에서는 〈젖먹이〉가 아니라 〈멍청하게 잘 속아 넘어가는 사람〉을 뜻한다. 〈젖먹이〉는 suckling이나 nursling이 훨씬 더 보편적으로 쓰이는 말이다. 영화에서 코번이 스타이거에게 여러 다른 상황에서 외치는 〈Duck, you sucker!〉는 곧 다이너마이트가 터질 테니까 〈엎드려, 이 멍청아!〉라는 소리다. 속어로 사용하면 suck은, 명사의 경우 〈위기〉나 〈실망〉 또는 〈실패〉를 뜻하여, What a suck!이나 Sucks (to you)는 〈꼴 좋다〉 또는 〈쌤통이다〉라는 의미가 된다. 동사로 쓰여 it sucks라고 하면 속된 말로 〈김 샌다〉나 〈젬병이구만〉 정도의 뜻이 되겠다.

suffer

"Have another drink, Lieutenant. Take some caviar. See how the home front suffers."

✘ 중위님, 술도 더 드시고, 캐비어도 있어요.

☛ 「젊은 사자들」에서 남편의 심부름으로 선물을 전해 주려고 찾아온 말론 브랜도에게 (마침 어느 장군과 외출을 하려던) 메이 브릿이 〈집에서 기다려 달라〉고 부탁한다. 전쟁의 고통은 아랑곳하지 않고 베를린에서 사치스러운 생활을 즐기는 브릿의 냉소적인 표현이 담긴 세 번째 문장이 번역에서는 사라졌다. 아깝다는 생각이 든다. home front(고향의 전선)는 전선에서 목숨을 걸고 싸우는 군인들을 위해 〈후방(고향이나 고국)에서 분투하는 전사들〉, 그러니까 공장이나 부역에 나가 고생하는 사람들, 특히 그런 여성들을 뜻하는 말이다.

○ 「술 한잔 더 하세요. 캐비어도 들고요. 후방에서 이 몸이 얼마나 고생이 많은지 직접 확인하시라고요.」

sugar

"All I want is my own name and a modest job to buy sugar for my coffee."

✘ 내가 원하는 것은 내 이름으로 설탕을 살 수 있는 아주 조그만 일이라구요.

☛ 「갈채」에서 우유부단한 남편의 뒷바라지를 하기가 힘들어 두 차례나 가출했던 그레이스 켈리가 윌리엄 홀든에게 그녀의 소망을 밝힌다. my own name(나 자신의 이름)은 〈남편과 헤어져 (남편의 성을 따르지 않고) 독립한다〉는 의미다. sugar for my coffee(커피에 타먹을 설탕)는 〈변변치는 않아도 그런대로 꾸려 나가는 살림〉이다.

○ 「내가 원하는 건 독립해서 내 나름대로의 살림을 꾸려 나갈 만한 작은 직장을 하나 구하는 정도가 전부예요.」

suicide

"Have you read his treatise on suicide?"

✘ 살인에 관한 논문 읽어봤어요?

☛ 「살인광시대」에서 취재하러 찾아온 신문 기자에게 연쇄 살인범 찰리 채플린이 쇼펜하우어의 철학에 관해서 묻는다. 타인을 죽이는 파과적인 살인murder과 스스로 목숨을 끊는 자살 suicide은 〈하늘〉과 〈땅〉만큼이나 큰 차이가 난다. 자살에 관한 글을 쓴 쇼펜하우어는 염세주의자였고, 위 오역은 쇼펜하우어를 스티븐 킹과 같은 인물이라고 우기는 셈이다.

suit

"Suit yourself."

✘ 믿어볼께요.

☛ 「흑수선」에서 사복 차림으로 찾아와 데이비드 파라에게 사랑을 고백했다가 뜻을 이루지 못한 수녀가 〈혼자 돌아가겠다〉며 도움은 필요 없다고 거절한다. 파라는 아랑곳하지 않고 예문에서처럼 잘라 말한다. suit yourself(당신 자신에게 맞추다)는 〈좋을 대로 하라〉는 뜻이다.
○ 「그럼 혼자 가라고요.」
　「브릿지 부부」에서는 친구로부터 인생에 대해 쓸데없는 얘기를 듣고 우울해진 아내에게 새 차를 사주겠다고 해도 싫다니까, 폴 뉴먼이 포기한다. 〈Suit yourself.〉(좋은대로 해.) 뜻은 맞지만, 직역을 피하고 〈싫으면 그만둬〉라는 식으로 옮겨도 좋았겠다. 「분노의 강」에서는, 필사적으로 추적해 오는 제임스 스튜어트를 처치하겠다는 성급한 광부에게, 아더 케네디가 〈Suit yourself〉라고 건성으로 동의한다. 〈그래 봤자 말짱 헛일이지만, 그렇게 원한다면 어디 한번 마음대로 해봐라〉는 뜻이다.

suitor

"Mama's got a new beau. He is a suitor."

✘ 엄마는 애인도 생겼어요. 양복을 만들죠.

☛ 「오 형제여, 어디에 있는가?」에서 아내 홀리 헌터로부터 〈재혼하겠다〉는 편지를 받고 탈옥

을 감행하여 고향으로 돌아간 조지 클루니는, 선거 유세에 동원된 어린 딸에게서 다급한 소식(예문)을 듣는다. 이른바 〈감〉이 잡힌다고 해서 사전을 찾아보지 않고 짐작으로 번역했다가는 이런 낭패를 보는 일이 많다. suitor는 양복장이tailor가 아니다. suit은 〈양복〉이니까 〈~하는 사람〉을 뜻하는 -or이 뒤에 붙으면 당연히 〈양복장이〉가 되리라는 안이한 생각에서 저지른 오역이다. 사전을 찾아보기만 했더라도 suit에는 양복 말고도 여러 가지 의미가 있다는 사실을 쉽게 확인했으리라. 이 영화는 호메로스의 서사시 『오뒷세이아』가 원작이라고 모두에서 자막으로 밝혀 놓았다. 그래서 주인공 조지 클루니의 극중 인물은 이름이 율리시즈(오디세우스)이고, 아내 홀리 헌터는 페넬로페야Penelope의 애칭인 Penny라는 이름으로 통한다. 호메로스의 원작에서는 율리시즈가 고향에 없는 틈을 타서 여러 남자가 이타카로 몰려와 페넬로페야와 결혼하자며 죽치고 눌러앉아 무위도식을 하는데, 이 남자들을 영어로 suitors(구혼자들)라고 한다.

○ 「엄마한테 새로 애인이 생겼어요. 그 사람이 청혼까지 했다고요.」

sure

"You're pretty sure of yourself, aren't you?"

✘ 당신도 확신했잖아요. 그렇지 않나요?

☛ 「갈채」에서 거짓말을 일삼았던 빙 크로스비가 연출자 윌리엄 홀든의 계속된 잔소리에 발끈한다. 무엇에 대해서 sure of(확신하다)인지 주체가 되는 대상을 번역에서 없애 버려 의미가 달라졌다. 영어로는 세 단어인 sure of oneself는 우리말로 〈자신만만하다〉라는 한 단어가 된다.

○ 「당신은 꽤나 자신만만하군요, 안 그래요?」

남의 동정심을 유발하기 위해 온갖 거짓말을 동원했던 크로스비가 연출자에게 고백한다.

「And after I'd milked every tear out of it, I cut my wrist.」

✘ 「그렇게 눈물을 흘린 후에, 내 손목을 그었어요.」

역시 주체와 대상을 헷갈린 경우다. milk(짜내다)라는 동사의 본디 개념은 〈소에게서 사람이 우유를 짠다〉는 뜻이다. 그러니까 〈눈물〉을 milk한다면, 본인이 스스로 흘리기보다는 타인에게서 짜낸다는 타동사의 의미를 갖는다. cut wrist(손목을 자르다)는 〈자살하려고 손목의 동맥을 자르다〉라는 흔한 표현이다.

○ 「그런 얘기로는 더 이상 남들의 눈물을 짜낼 수가 없게 되자, 자살 소동을 벌였어요.」

surprise

"Surprise, Lon, for once I don't want to talk any more."

✘ 놀라운 일이네요, 론. 난 더 이상 얘기를 하기가 싫어졌어요.

☛ 「천의 얼굴을 가진 사나이」에서 말다툼을 하고 난 다음 제임스 캐그니가 〈좀 더 진지하게 얘기를 나누자〉니까 도로티 멀론이 코웃음을 치며 한 말이다. 〈Surprise〉를 〈놀라운 일이네요〉라고 하면 아내 도로티 멀론이 놀랐다는 뜻이지만, 사실은 그와 반대의 뜻이어서, 〈당신이 깜짝 놀랄 얘기를 내가 하나 해드리죠〉라는 의미다. for once는 for a change와 같은 의미여서, 〈모처럼 이번만큼은〉 상황이나 입장이 뒤바뀌었음을 뜻한다. 그러니까 멀론의 말은 〈여태까지는 당신이 나한테 얘기를 하러 들지 않았지만, 이제는 내가 하기 싫어졌네요〉라고 비꼬는 암시가 노골적이다.

EBS의 「시사 다큐 움직이는 세계」 〈빈 라덴을 찾아서〉 편에서는 〈적을 놀라게 할 수가 없었습니다〉라는 번역 해설이 나왔는데, 이럴 때의 surprise는 〈놀라게 하다〉가 아니라 〈기습하다〉라는 뜻이다. iTV의 「스파르타쿠스의 정체」에서는 〈스파르타쿠스가 로마군을 다시 한 번 놀래켰다〉고 했는데, 이것 역시 〈기습했다〉가 맞는 말이다. EBS의 「사막의 여우 롬멜」에서는 〈적을 놀래 줘야지〉라는 번역이 나왔는데, 이것도 〈기습 공격을 감행하다〉라는 뜻이다.

survive

"But I will survive."

✘ 하지만 살 수는 있겠죠.

☛ 「굿바이 걸」에서 남자들에게 세 번이나 버림을 받은 마샤 메이슨은 리처드 드레이퍼스가 영화를 찍으러 시애틀로 떠난다니까 다시 버림을 받는다고 착각한다. 번역이 어색해지면 반대되는 의미의 단어 하나를 내세우고, 그것을 다시 부정형으로 바꿔 문장을 만들어 보라. 뜻밖에 멋진 표현이 되기도 한다. 다루기 까다로운 단어 〈살아남기〉가 번역문에서처럼 억지스러운 경우에는 거꾸로 〈죽기〉를 동원하여 〈그래도 설마 죽기야 하겠어요〉라는 식으로 자연스러운 표현을 만들어 내는 방법이 효과적이다.

swan

"This party tonight was planned as a final farewell gesture. A sort of swan song."

✘ 오늘밤 이 파티는 최후의 송별회로 연 걸세. 마치 스완 송처럼.

☛ 「뜨거운 포옹」에서 돈을 내놓지 않으면 죽인다고 협박하는 윌리엄 홀든에게 이미 자살을 작정한 영화 제작자 노엘 카워드가 반색한다. 〈스완 송〉이라면 우리나라 사람들이 다 알아듣는 〈외래어〉라고 역자가 생각했을까? 영어를 음차하는 쉬운 방법을 남용하는 사람들을 보면 우리말을 잘 몰라서, 차라리 그냥 〈영어〉로 쓰면 멋져 보이지 않을까 착각하는 사례가 적지 않다. 혼자만 알아듣고 남들이 이해하지 못하는 번역은 기초적인 기능조차 갖추지 못한다. swan song(백조의 노래)은 고대 우화에서 죽기 직전에 백조가 불렀다는 〈마지막 아름다운 노래〉로, 예술가의 최후 작품을 일컫는 말이다.

○ 「오늘밤 이 파티는 (죽음을 앞두고) 석별의 정을 표하기 위해 계획한 걸세. 마지막 선심이라고 해두지.」

sweet

"She will be sweet to me from now on."

✘ 실비아는 이제부터 달콤하게 굴 거야.

☛ 「혼자서는 못살아」에서 결혼 10주년을 맞아 아내 로렌 바콜과 트위스트 춤을 추고 나서 헨리 폰다가 자신만만하게 말한다. sweet은 〈달다〉이니까, 별로 생각을 하지 않고 머리에 가장 먼저 떠오르는 단어를 내놓은 번역(☞ soft)처럼 보인다.

○ 「아내는 이제부터 나한테 다정한 태도를 보이겠지.」

swell

"If we're lucky enough we will make a swell shot right away."

✘ 운이 좋으면 곧바로 촬영이야.

☛ 「킹콩」에서 섬에 상륙하며 영화감독 로버트 암스트롱이 선원 브루스 캐봇에게 기대감을 털

어놓는다. 암스트롱 감독이 흥분한 까닭은 운이 좋기만 하다면 right away(당장) 촬영이 가능하기 때문이 아니라, 일찌감치 swell shot(멋진 장면)을 찍게 되기 때문이다. 그러니까 번역에서는 진짜 알맹이가 빠져 버렸다.
○ 「재수만 좋으면 멋진 장면을 당장 찍게 되겠지.」

swill

"Swill that down, me boy."

✘ 원샷으로 마셔.

☛ 「겐가 딘」에서 작전에 따라오지 못하게 막으려고 빅터 맥라글렌이 독주를 로버트 쿠트에게 권한다. swill은 〈들이킨다〉는 뜻이다. 〈원샷〉은 영어도 아니고 우리말도 아닌, 대표적인 된장 영어다.
○ 「그래, 주욱 단숨에 들이켜.」

swine

"As far as I'm concerned, he behaved like a swine."

✘ 난 백조같이 행동했는데.

☛ 「시민 케인」에서 취재 기자에게 조셉 카튼이 오손 웰스에 대한 인물평을 한다. 비디오에는 실제로 이렇게 번역되어 있다. swine은 〈돼지〉 중에서도 〈돼지 같은 놈〉이라는 욕설로 자주 쓰이는 말인데, 아름다운 〈백조〉로 벼락출세를 했다. swan과 swine조차 구태여 구별하지 않을 정도로 무책임한 번역은 소비자에 대한 폭행 수준이다.
○ 「(케인이) 적어도 나한테만큼은 형편없이 못되게 굴었죠.」

「젊은 사자들」에서는 독일 장교 말론 브랜도를 만나기 싫다는 친구를 프랑스 여자가 자꾸 설득한다.

「Françoise, please. Of course the men are Germans, but not all Germans are swine.」

✘ 프랑소와즈, 모든 독일 남자가 탐욕적인 건 아냐.

독일 swine(돼지)의 속성은 〈탐욕〉보다는 〈더러움〉이겠다. 항상 그렇지는 않지만, 탐욕스러움을 비유할 때의 〈돼지〉는 pig라고 할 때가 더 많다.
○ 「프랑수아즈, 부탁이야. 물론 독일 남자들이긴 하지만, 독일인이라고 해서 모두 돼지 같지는 않잖아.」

swoon

"Jesus, I thought I'd swoon."

✘ 너에게 정신을 빼앗겼어.

☛ 「한나와 그의 자매들」를 보면, 추수 감사절 가족 모임에서 (문간에 서 있는) 그의 앞으로 처제가 지나가자 마이클 케인이 그녀의 목덜미에서 나는 향수 냄새를 맡고 느낀 기분이다. 예문은 처제에게 하는 말이 아니라, 혼자서 하는 생각이다. 번역문의 표현도 좀 약하다. swoon(넋이 나가다)은 〈무릎이 흐물흐물 졸도할 지경〉 정도의 농염한 번역이 아쉽다.

○ 「세상에, 나는 넋이 훌랑 빠지는 기분이 들었다.」

sword

"He who lives by the sword shall die by the sword."

✘ 칼로 흥한 자는 칼로 망한다.

☛ 「어둠 속에 벨이 울릴 때」에서 바람둥이 클린트 이스트우드가 병적인 여자 제시카 월터 때문에 골치라니까, 방송국 동료가 속담을 인용한다. 정확한 번역이기는 하지만, 그 말을 듣고 이스트우드가 왜 화를 발끈 내는지 설명이 되지를 않는다. sword는 속어로 남자의 음경을 뜻한다. 그러니까 흑인 동료는 〈남자가 물건(사실은 이보다 훨씬 저속한 표현임)을 함부로 내두르면 결국 물건 때문에 망한다〉는 소리를 한 셈이다. 이렇게 두 가지 의미로 해석되는 말 double talk은 그대로 번역하기가 어렵고, 그러니까 차라리 의미만이라도 건지는 편이 좋을지도 모르겠다. 이렇게 다른 속담을 동원해서라도 말이다.

○ 「집에서 새는 바가지 밖에서도 샌다더니.」

sympathy

"Eighty percent of the Germans in our zone have Nazi sympathies."

✘ 우리 지역의 독일인 80퍼센트가 나치에 공감했어.

☛ 「유로파」에서 독일군 대령이 전후의 상황에 대해 미국 청년에게 설명한다. 〈공감〉도 틀린 말

은 아니겠지만, 〈동조〉가 훨씬 정확한 표현이다. sympathizer는 〈동조자〉라고 하지 〈공감자〉라고는 하지 않는다.

○ 「우리 지역에 사는 독일인들 가운데 80퍼센트가 나치에 동조합니다.」

「성처녀」에서는 성모를 보았다고 주장하는 제니퍼 존스를 미친 여자라고 생각하는 면장이 검찰관 빈센트 프라이스에게 속내를 밝힌다. 〈If the Church stops it, the people cannot blame us.〉(만약 교회가 중재한다면 우리는 빠져도 되는데.) 면장이 한 말은 중립적인 〈중재〉가 아니라, 보다 적극적으로 〈금지〉한다는 뜻이다. 〈교회가 막아 주기만 한다면, 사람들은 우릴 욕하지는 않을 텐데요〉가 보다 정확히 번역이다. 프라이스 검찰관도 같은 생각이다.

「Precisely. We can sit back and sympathize with both sides. A very wise attitude for any government.」

✕ 「그렇죠. 그냥 앉아서 양쪽을 달래기만 하면 되지요.」

sit back(뒤로 물러나 앉다)은 〈그냥 앉아서〉보다는 훨씬 느긋한 방관 상태를 뜻한다. 그리고 sympathize(동정하다, 위로하다)는 뒤에 전치사 with가 붙으면, 〈공감하다〉라고 의미가 전혀 달라진다. government는 중앙 〈정부〉 뿐 아니라, 모든 〈행정 기관〉을 뜻하고, 때로는 〈행정(통치하는 행위, administration)〉이라는 의미로도 쓰인다.

○ 「바로 그겁니다. 우린 느긋하게 뒤로 물러나서, 양쪽 모두 (옳다고) 맞장구만 쳐주면 그만이죠. 어떤 기관에도 권장할 만큼 아주 현명한 처사로군요.」

「프라이드 그린 토마토」에서 동네 사람들이 공연하는 연극에 나오는 대사다.

「One thing a woman expects when she gets married — is sympathy.」

✕ 「여자가 결혼하는 것은 사랑 때문이야.」

〈사랑love〉과 sympathy(동정심, 공감)는 단어와 개념이 애초부터 다르다. 비교해 보기 바란다.

○ 「결혼할 때 여자가 기대하는 것 한 가지는 — 서로 통하는 마음이죠.」

syndicated

"The Chicago Courier is my own particular paper but my work is syndicated throughout America."

✗ 시카고 통신은 제 소유지만, 미국 전역에 기사를 배급합니다.

☞ 「아라비아의 로렌스」에서 알렉 기네스 족장을 만난 언론인 아더 케네디가 자기소개를 한다. 마치 자신이 큰 회사의 사장이라고 케네디가 사칭하는 듯한 번역문이다. 언론 기관의 사장이라면 날마다 결재할 일도 한두 가지가 아닐 텐데, 회사 업무를 다 팽개치고 장기간 현지 취재를 나간다는 상황이 과연 가능한가? syndicated article(여러 신문과 잡지에 정기적으로 연재 또는 게재되는 기사)을 직접 집필한 언론사 사장은 미국 역사상 한 명도 없으리라는 생각

이다. 예를 들면 「애비의 인생상담Dear Abby」은 세계 각국의 수많은 신문에서 동시에 연재하는 syndicated column이다. Abby는 집필자 Abigail (Van Buren)의 애칭이다.

○ 「저는 〈시카고 쿠리어〉 신문사 소속이지만, 제가 쓰는 글은 미국 전역(의 신문과 잡지)에 동시 게재를 합니다.」

tabloid

"Oh, come now. Surely you realize how often your photograph graced our tabloids."

✘ 아니, 정말 왜 이러나요? 당신 사진이 얼마나 자주 신문에 나는지 몰라요?

☛ 「바람과 함께 지다」를 보면, 사무실에서 록 허드슨을 처음 만난 로렌 바콜이 〈당신을 잘 안다〉길래, 〈Recognize me from where?〉(내 얼굴을 어디서 보셨나요?)라고 허드슨이 묻는다. 예문은 바콜의 반응이다. 번역문은 사실 이 정도면 훌륭하지만, 약간 아쉬운 면을 살펴보겠다. 여기에서는 〈워낙 유명한 사람이니까 안다〉는 듯한 내용으로 번역해 놓았지만, 그래서는 전달되는 정보가 조금 부족하다. tabloid는 그냥 〈신문newspaper, daily, journal〉이 아니고, 연예계의 지저분한 뒷소식이나 캐내는 주간지 같은 잡지를 지칭한다. 그렇다면 허드슨은 〈싸구려 주간지에 걸핏하면 사진이 나오는 바람둥이〉 정도라고 여겨지지만, 동사 grace(은총을 내린다)가 의미를 반전시킨다. grace a tabloid는 〈추잡한 신문을 빛내 준다〉라는 뜻이 되기 때문이다. 나중에 밝혀지지만, 석유 재벌의 아들 로버트 스택의 무절제한 생활 때문에 늘 보호자 노릇을 하다 보니, 점잖은 허드슨의 이름이 그런 잡지에 자주 오르내리게 되었다.

○ 「아니, 정말 왜 이러시나요? 당신 사진 때문에 싸구려 신문의 품위가 얼마나 자주 향상되고는 했는지 잘 아실 텐데요.」

take

"So you did take it."

✘ 그러니까 당신이 외투를 가져갔구만.

☞ 「버터필드 8」에서 고급 창녀 엘리자베스 테일러가 로렌스 하비와 싸운 다음, 그의 집 옷장에 걸린 하비 아내의 모피 외투를 몰래 꺼내 입고 사라진다. 예문은 문제가 된 외투를 입고 나타난 테일러에게 하비가 따지는 말이다. take는 우리나라 사람들이 영어를 사용할 때 정말로 조심해야 할 단어다. 예를 들어 연필이 없어졌을 때 옆 친구에게, 〈네가 가져갔니?〉라는 가벼운 뜻으로 우리는 〈Did you take it?〉이라는 말을 아무렇지도 않게 하지만, 영어에서 take는 그런 경우 〈네가 훔쳐 갔지?〉라는 의미가 되어, 상대방에게 자기도 모르는 사이에 실례를 범하게 된다. 여기서 하비는 외투가 없어져 아내에게 한참 곤욕을 치른 다음이다. 그래서 그는 화가 잔뜩 나서, did로 강조까지 해가며 나무란다.

○ 「그러니까 진짜로 당신이 훔쳐 가긴 훔쳐 갔단 얘기잖아.」

「서부개척사」에서는, 치열한 전투 중에 북군과 남군이 마구 뒤섞이는 상황이 벌어진다. 소강상태에서 남군 낙오병 러스 탬블린은 북군 조지 페퍼드에게 자랑한다.

「I have a pistol. I took it from a dead officer.」

✘ 「난 권총이 있어. 죽은 장교한테서 빼앗았지.」

이 경우에는 〈빼앗다〉라는 번역이 오히려 어울리지 않는다. 〈빼앗다〉는 강제성을 띤 행위인데, 죽은 사람은 저항을 하지 않기 때문이다. 그리고 〈훔쳤다〉는 번역도 적절하지 못하다. 속된 표현으로 〈슬쩍했지〉 정도가 좋겠다. take처럼 쉬운 단어가 때로는 번역하기가 어려운 까닭은 활용 범위가 넓은 단어일수록 여러 의미 가운데 어느 것이 정확한지 찾아내어 선택하기가 상대적으로 힘들기 때문이다.

「육체와 영혼」에서 여가수 헤이즐 브룩스가 화를 내며 옷을 집어던지자, 권투 코치 윌리엄 콘래드가 〈Take it easy, will you?(흥분하지 말라고)〉라며 달랜다. 여가수가 교활한 미소를 지으며 take의 다른 용법으로 반박한다.

「You can't take it, can you?」

✘ 「난 흥분이 되는데요.」

종잡기 어려운 오역이다. 여기서의 can't take는 〈자존심이 허락하지 않는다〉는 의미로서, 브룩스가 〈내 신경질 못 받아 주겠지?〉라며 약을 올리는 장면이 되겠다. 〈No, I guess I can't〉라는 콘래드의 대답도 〈그러지 말아야지〉라고 막연하게 옮겼는데, 보다 강력하고 확실하게 〈그래, 못 참겠다〉라고 한 대답이다. 이 영화에서는 흑인 선수가 죽기 직전에 흥분해서 〈I can take it. I'm the champ!〉라고 외치기도 한다. 이 경우의 take는 역경(상대방의 심한 공격)을 〈감당한다〉는 뜻이다.

「분노의 강」에서는 정착민 100명이 겨울을 나기 위해 꼭 필요한 식량을 탈취하고 나서, 아더 케네디가 제임스 스튜어트에게 묻는다.

「Couldn't take it, uh?」

× 「자넨 물건을 차지하지 못해.」

이 경우도 「육체와 영혼」에서처럼 〈참다〉 또는 〈견디다〉라는 의미다. 〈차마 못 봐주겠지?〉라고 약을 올리는 의미가 강하다.

「성 발렌타인 축제일의 학살사건」에서는 두목이 부하들에게 훈시한다.

「Everybody can make mistakes. Take me.」

× 「누구나 실수를 할 수 있어. 내가 가르쳐 주지.」

여기서는 Take me가 〈Take me as an example〉, 즉 〈나를 보라고〉, 또는 〈나를 보면 모르겠느냐〉는 뜻이다.

○ 「실수는 누구나 다 한다고. 나도 마찬가지야.」

「화이트 크리스마스」에서 공연장 책임자가 경찰관에게 항의한다.

「You can't take them until the show is over.」

× 「공연이 끝날 때까지는 그 여자들을 데려갈 수 없어요.」

여기에서도 take는 단순히 데려가는 것이 아니라, take them away(붙잡아 간다, 끌고 간다)라고 강제성을 반영하는 말이다.

「산타 비토리아의 비밀」에서는 〈100만 병의 포도주를 어디에 숨겼는지 아무도 자백하지 않으면 처형〉하기로 한 마을 청년에게 독일군 병사가 농담조로 사과한다.

「I take it back. You begin to look like a martyr.」

× 「그럼 돌려받아야지. 넌 순교자처럼 보이기 시작하는군.」

take it back(그것을 회수한다)은 〈아까 한 말을 취소한다〉는 뜻이다.

○ 「내 말이 틀렸나 봐. 자넨 아무래도 순교하게 생겼구먼.」

「서부전선 이상 없다」를 보면, 포탄이 날아오기 시작하자 고참 어니스트 보그나인이 병사들에게 소리친다.

「Take cover! Take cover!」

× 「은폐! 은폐하라!」

우리나라 훈련소에서도 〈은폐〉와 〈엄폐〉에 대해 가르치기는 하지만, 실제 상황에서 그런 소리를 지르는 군인은 없으리라는 생각이다. 더구나 〈은폐〉라면 정치가들이 잘 하는 어떤 행위를 연상시킬 따름이지, 〈숨어라!〉나 〈피해라!〉라고 알아듣지는 못할 듯싶다.

○ 「몸을 피해! 피하라고!」

「공격」에서 비겁한 중대장 에디 앨버트를 부하들이 도망치지 못하게 막으려고 하자, 앨벗이 기관 단총을 휘두르며 위협한다.

「I'm still in command here and the first wisecracker that gets out of line is going to get it, right in the head. How about it. Any takers?」

× 「내가 아직 지휘권을 갖고 있지. 그리고 대열을 이탈하는 놈은 즉시 사형이다. 어떤가? 갈 놈은?」

〈사형〉은 재판 과정을 거쳐 합법적으로 집행하는 〈처형〉이다. 여기에서처럼 즉석에서 행하는 처형은 〈사살〉이다. taker는 〈〈지금까지 내가 얘기한〉 조건(상황)을 take(받아들일) 놈〉이라는 뜻이다. 이렇게 번역하면 알아듣기가 쉽겠다.
○ 「여기서는 아직 내가 지휘관이고, 잘난 체하며 내 명령을 어기려는 첫 번째 사람은 대갈통에 총알이 박힐 줄 알아라. 어때? 그래도 덤벼들 놈 있어?」

talent

"But I didn't inherit their talent."

✘ 하지만 난 그들의 끼를 물려받지 못했어.

☛ 「연예인」에서 로렌스 올리비에가 〈아버지와 할아버지는 훌륭한 배우였다〉고 조운 플라우라이트에게 자랑한다. talent(재능)는 〈끼〉가 아니다. 존 오스본의 희곡이 원작인 이 영화의 주인공은 〈끼〉는 있어도 〈재능〉이 없는 연예인이다. 특수 사회에서 속어처럼 자기들끼리만 통하는 〈은어〉를 lingo라고 한다. 일반인들에게는 멋지게 들리는 그런 어휘들을 써먹어 보고 싶은 충동을 번역자들은 자주 느끼지만, 의미를 제대로 모르거나 아니면 별로 관계가 없는 상황에서 동원하려는 욕심은 가끔 문장의 흐름을 가로막는다. 20대 청년에게 〈정말 정정하십니다〉라고 말할 때처럼 말이다.

○ 「하지만 난 두 분의 재능을 물려받지 못했어.」

talk

"What's this 〈cut out〉 talk?"

✘ 누구한테 반말하고 있어, 이게.

☛ 「매드 매드 대소동」에서 35만 달러가 묻힌 장소를 삽으로 파내다가, 다른 사람들이 자꾸 걸리적거리니까 젊은 딕 숀이 혼자 하겠다고, 다른 사람들더러 모두 구덩이에서 나가라며 소리친다. 〈Cut out, cut out!〉(빠져, 좀 빠지라고!) 이 말을 듣고 조나던 윈터스가 예문에서처럼 화를 낸다. cut it out이 《(그따위 소리 집어치우고) 입 닥쳐》라는 뜻임을 감안하여 재미있게 한 번역이지만, 약간 과녁이 빗나갔다. 영어에는 〈반말〉이 없기 때문이다. 〈cut out〉 talk는 〈cut out이라는 소리(수작)〉를 뜻한다.

○ 「빠지라니, 누구더러 빠지래?」

「오즈의 마법사」에서 겁쟁이 사자가 마녀의 성으로 주디 갈란드를 구하러 쳐들어가겠다고 큰소리를 친 다음, 슬그머니 꼬리를 내린다.

「I may not come out alive but I'm going in there. There's only one thing I want you fellows to do.」

✗ 「살아 나오지 못할지도 모르지만 난 저곳으로 들어가겠어. 하지만 그럴 이유가 하나 있지.」

두 번째 문장은 〈그럴 이유가 있지〉하고는 거리가 멀어서, 〈자네들이 친구로서 해야 할 일이 한 가지 있어〉라고 부탁하는 말이다. 허수아비가 묻는다. 〈What's that?〉(그게 뭔데?)

「Talk me out of it.」

✗ 「나가서 얘기할게.」

사자가 talk me out of it이라고 말했을 때는 talk me(나하게 말하라), 즉 〈나를 설득해 달라〉는 부탁이고, out of it은 it(그런 행동)을 하지 않도록 out of(빠져나오게) 만들라는 뜻이다. 그러니까 〈내가 들어가겠다고 큰소리는 쳤지만, 그런 무모한 짓은 하지 말라고 날 설득해 주면 안 되겠니?〉라는 완곡한 부탁이다. 우리나라 코미디에서 자주 나오는 표현 〈나 좀 말려 줘〉가 영락없는 〈Talk me out of it〉이다.

「육체와 영혼」에서 릴리 파머의 집으로 찾아가 거실에서 잠들었던 존 가필드가 아침에 깨어 보니, 파머가 탁자 위에 쪽지를 남겼다.

「I talked you to sleep. Meet me at your mother's.」

✗ 「푹 자게 놔뒀어요. 어머니 댁에서 만나요.」

talk to sleep은 〈잠이 들 때까지 얘기를 해준다〉는 말이다. 쪽지 내용은 아이들이 옛날 얘기를 듣다가 슬그머니 잠이 들듯이 〈내(가 너무 말이 많았는지) 얘기를 듣다가 당신이 어느새 잠들었다〉는 뜻이다. 〈자장가를 불러 줘요〉는 〈Sing me to sleep〉이라고 하면 된다.

---

tame

"We think we'll tame them. But we won't. If you put them in prison, they die."

✗ 마사이족은 순화되지 않아요. 감옥에 가두면 죽어버리죠.

☞ 「아웃 오브 아프리카」에서 메릴 스트립과 함께 사냥을 나간 로버트 레드포드가 원주민의 정신세계를 분석한다. 〈순화(純化)〉는 〈불순한 요소를 없애고 순수하게 만든다〉는 뜻인데, 지금 두 사람은 마사이족의 사상을 따지고 있지는 않기 때문에 그런 의미를 적용하기가 어렵겠고, 〈순화(馴化)〉는 〈지역이나 기후가 다른 곳에 옮겨 놓은 생물이 점차로 새로운 환경에 적응하도록 체질이 변한다〉는 뜻인데, 고향을 지켜 온 마사이족에게는 적용하기 어려운 생물학적 용어다. 그리고 〈순화(醇化)〉는 〈정성 어린 가르침으로부터 감화를 받는다〉는 의미로서, 역시 이 상황에서는 어울리지 않는 표현이다. 마사이들이 〈순화되지 않는〉 이유를 레드포드는 이렇게 추리한다.

「Because they live now. They don't think about the future. They can't grasp the idea that they'll be let out one day. They think it's permanent. So they die.」(그들은 현재를 살아가죠.

미래를 생각하지 않아요. [감옥에 가두면] 마사이들은 언젠가 풀려나리라는 개념을 이해하지 못해요. 그것이 영원히 계속되리라고 생각하니까요. 그래서 죽어 버립니다.)

그렇다면 tame은 〈순화〉라는 어려운 말보다 〈길들이다〉라는 알기 쉬운 말로 옮기면 되겠다.

○ 「우린 그들을 길들여야 되겠다고 생각하죠. 하지만 그렇게는 안 됩니다. 만일 그들을 감옥으로 보내면, 마사이들은 그냥 죽어 버리니까요.」

tank

"We need a testing tank, a really big one."

✘ 엄청나게 큰 실험용 함정이 필요합니다.

☞ 「댐을 폭파하라」에서 영국 공군 당국의 고위층이 신무기를 발명하는 과학자 마이클 레드그레이브의 집으로 찾아가서, 견고한 댐을 폭파하기 위한 특수 폭탄의 제작을 주문한다. 레드그레이브는 투하한 폭탄이 수면에서 몇 차례 튕겨 목표물을 파괴하는 실험을 하기 위해 시설을 맞주문한다. 필자가 사용하는 사전에서 tank 항을 찾아보니, 〈물통〉과 〈유조〉와 〈전차〉와 〈감방〉과 〈위(胃)〉, 그리고 심지어 〈소도시〉도 나오지만 〈함정〉은 나타나지 않는다. 그런가 하면 tank는 영국의 방언으로 〈연못〉과 〈저수지〉라는 뜻도 있다고 사전에는 밝혀 놓았다. 「댐을 폭파하라」는 영국 영화이고, 그러니까 tank는 〈저수지〉가 되겠다. 그렇다면 레드그레이브는 〈실험용 저수지, 그것도 진짜로 넓은 저수지〉를 주문한 것일까? 다음 장면에서 실험할 때 보니 실내에 저수조, 즉 〈물탱크〉를 만들어 놓고 골프공을 쏘는 연습을 한다. 이 영화의 tank는 〈수조(水槽)〉라는 뜻이었다.

○ 「시험할 수조가 하나, 정말로 큰 수조가 필요합니다.」

실험 기간이 길어지자, 실내 저수조 시설을 이용하려는 다른 사람들이 불평한다. 〈Couldn't you find some pond in the country?〉(시골로 나가 저수지에서 하면 안 되나요?) 그러니까 레드그레이브가 주문한 tank는 분명히 pond(저수지, ☞ lake)가 아니었다. 그리고 〈함정〉은 더더구나 아니었다.

tar

"Feathers? Oh, I don't know. But the tar would be black."

✘ 뭔지는 몰라도 좋은 일이 아닌 건 분명하지.

☞ 「내 사랑 마녀」에서 프레드릭 마치와 함께 국경을 넘어 탈출하며 마녀 베로니카 레이크가

〈What color would those feathers be?〉(그 깃털들은 무슨 빛깔일까요?)라고 묻는다. 마치 가 농담(예문)으로 받아넘긴다. 서양의 문화(☞ lick)에 대한 지식이 부족하여 생긴 오역이다. 중세 유럽이나 개척기 미국에서는, 마녀나 범죄자들에게 주민들이 벌을 주는 의미로, 끈끈한 타르를 온몸에 바른 다음 새털 따위를 붙여 놓고는 동네 곳곳으로 돌아다니게 했다. 그래서 마녀 레이크가 깃털 얘기를 묻자 마치가 타르 얘기를 갖다 붙였다.

○ 「깃털? 모르겠어. 하지만 타르야 보나마나 검은 색이겠지.」

tea

"I love it. It seems down here everybody drinks gallons of coffee."

✗ 그걸 어떻게 알죠? 요샌 커피를 그릇째로 마시거든요.

☛ 「자이언트」에서 멕시코인들의 마을을 돌아보고 집으로 가던 길에, 제임스 딘의 오두막에 들른 엘리자베스 테일러가 (초라하지만 깔끔하게 정리한 그의 집에 대해서 칭찬을 한 다음 딘이 찻잔을 가져다 식탁에 얌전히 늘어놓는 모습을 보고는) 덤으로 한 마디 덧붙인다. 〈My goodness, and tea!〉(세상에, 거기다 차까지 준비했잖아요!) 그러자 테일러에 대해서 신문에 난 기사를 오려서는 벽에 붙여 놓을 정도로 그녀에게 관심이 깊은 딘이 묻는다. 〈You like tea, don't you?〉(레슬리는 차를 좋아하신다면서요.) 그리고는 예문이 나온다. 번역문을 보면 〈동부(메릴랜드)의 고상한 상류층 출신의 처녀가 텍사스로 시집을 와서는, 고상한 차를 멀리하고 커피나 마시는 무식한 여자가 다 되었다〉고 자조하는 말처럼 들린다. 하지만 〈커피를 그릇째로 마시는〉 사람은 테일러가 아니라, 테일러를 제외한 〈모든 다른 사람〉이다. 상황의 주체가 바뀐 번역이다.

○ 「그야 난 차를 좋아하죠. 헌데 여기 사람들은 너도나도 커피만 벌컥벌컥 들이키잖아요.」
「아프리카의 여왕」에서는 화를 내던 캐더린 헵번의 비위를 맞추느라고 험프리 보가트가 물어본다.

「How about a cup of tea?」
✗ 「커피 한 잔 하실래요?」

tea는 〈커피〉가 아니다. 서양에서는 커피보다 차를 고급스럽게 생각한다. 동양 사람들이 서양의 문물을 선망하듯 서양 사람들은 〈신비한〉 동양의 문물을 주물(呪物)처럼 생각하는 경향을 보여서 동양을 상징하는 〈차〉에 대해서는 이런 표현까지 나올 지경이다. 「하이 눈」을 보면, 마을에 질서가 찾아와 장사가 안 되어 치안관 개리 쿠퍼에 대한 원한이 깊은 술집 주인이 (정오의 대결에서 쿠퍼가 죽는 꼴을 꼭 두 눈으로 직접 확인하고 싶다는 뜻으로) 그레이스 켈리에게 이런 말을 한다. 〈I wouldn't leave this town at noon for all the tea in China.〉(중국에 있는 차를 다 준다고 해도 난 정오에 이 마을을 떠날 생각은 없어요.) 〈차〉라고 하면 또한 서양에서는 고상하고 품위 있는 여성, 특히 여교사나 노처녀를 연상시키는 상징물이기도 하다. 「아프리카의 여왕」에서 헵번은 선교사의 여동생인 노처녀로 나온다. 그런 헵번에게 보가트가 제공하겠다는 〈차〉를 번역에서 〈커피〉로 품격을 떨어뜨려서는 안 되겠다.

---

teach

"I suppose I'll get a job teaching somewhere."

✘ 어디 교사 자리 없겠어?

☞ 「댐을 폭파하라」에서 신무기 개발 계획이 수포로 돌아간 다음, 과학자 마이클 레드그레이브가 사표를 내고 집으로 가서, 아내와 앞날을 상의하는 장면이다. 서술문을 의문문으로 바꿔 놓으면 의미가 달라진다. 원문에서 그레이브는 자신의 계획을 얘기했을 따름인데, 번역문은 마치 아내에게 남편이 취직을 부탁하는 꼴로 바꿔 놓았다. 취직이라면 아내보다 남편이 직접 나서야 할 일인데 말이다. 그리고 〈교사〉는 초등학교나 중고등학교에서 가르치는 〈선생〉이다. 신무기를 개발할 만한 실력에 박사 학위까지 있는 인물이라면 당연히 〈교수〉 자리를 찾게 마련이다. 대충 짚고 넘어가려는 불성실한 번역이다.

○ 「어디 학교에서 자리를 하나 알아볼까 해.」

「재칼의 음모」에서는 드골 대통령 암살범이 침투했다는 연락을 받고 비상이 걸린 역에서, 덴마크인으로 신분을 위장한 영국인 에드워드 폭스에게 프랑스 헌병이 검문을 하며 〈Danish?〉(덴마크 사람이냐?)라고 묻는다. 폭스는 일부러 못 알아듣는 체하며 서툰 영어 발음으로 〈Please?〉(무슨 말씀?)라고 되묻는다. 헌병이 보다 알아듣기 쉽게 나라 이름만 대며 〈Denmark?〉이라고 묻자 폭스는 〈그렇다〉고 대답한다. 헌병이 검문을 계속한다. 〈What is your business here?〉(여긴 무슨 일로 오셨죠?)

「I'm a school teacher. On holiday.」

✘ 「휴일에 애들을 가르쳐요.」

두 문장을 한 문장으로 연결해서 번역하는 바람에 발생한 오역이다. 평일에는 빈둥빈둥 놀다가 휴일에만 학교를 나가는 선생도 있나? 이렇게 논리적으로 성립이 되지 않는 상황일 때는 오해의 가능성을 점검해야 한다. 나중에 터키탕에서 만난 남자에게도 폭스는 이런 말을 한다. 〈I'm on holiday. From Denmark.〉(휴가 중입니다. 덴마크에서 왔죠.) 그러니까 예문은, 영어가 서툰 사람처럼 일부러 단문으로, 〈선생입니다. 휴가 왔죠〉라고 한 말이다.

tear

"All right, I'll go in there for Dorothy. Wicked Witch or no Wicked Witch, guards or no guards, I'll tear 'em apart."

✘ 좋아, 내가 들어가지. 마녀가 있든 없든, 보초가 있든 없든, 내가 혼란시키지.

☞ 「오즈의 마법사」에서 겁쟁이 사자가 마녀의 성으로 주디 갈란드를 구하러 쳐들어가겠다고 큰소리를 친다. 〈내가 혼란시키지〉라는 표현은 사실상 우리말이라고 하기도 어렵다. tear apart은 〈갈기갈기 찢어 놓는다〉는 뜻이다.

○ 「좋아, 내가 도로티를 구하러 저 안으로 들어가겠어. 못된 마녀가 있거나 말거나, 경비병들이 있거나 말거나, 내가 놈들을 박살 내겠어.」

technicality

"Your family in Paris is involved in a dangerous émigré organization. Now all these are technicalities."

✘ 파리로 간 자네 가족들은 위험한 망명 조직에 연루되어 있어. 모두가 전문적인 일이지.

☞ 「닥터 지바고」에서 바리키노까지 찾아온 로드 스타이거가 줄리 크리스티를 데리고 가겠다며 오마 샤리프를 설득한다. 스타이거는 샤리프가 해외로 탈출해야 하는 이유를 설명하느라고, 유격대에 끌려가 군의관으로 복무하다 탈영한 사실과 더불어 이미 프랑스로 탈출한 그의 가족이 얽힌 상황을 technicality로 꼽았다. 법정 영화에 자주 나오는 어휘 technicality는 〈전문적인 일〉이 아니라 〈까다로운 문제〉라고 해야 이해가 훨씬 빠르다. 예를 들어 어떤 사건이 생겼을 때, 그 문제를 절차상으로 또는 법적으로 어떻게 해석하느냐에 따라 유죄가 되기도 하고 무죄가 되기도 하면, 바로 그렇게 〈해석상의 미묘한 차이 때문에 기술적으로 판단하기가 어려운 사항이나 문제〉를 technicality라고 한다. 〈코에 걸면 코걸이 귀에 걸면 귀걸이〉에 해당되는 상황이 대표적인 technicality의 예다.

○ 「파리로 간 자네 가족은 위험한 망명 조직에 연루되었어. 이제는 이런 모든 일이 미묘한 문제를 일으키지.」

teeth

"People lose teeth talking like that."

✘ 힘없는 자가 허풍을 떨지.

☛ 「해밋」에서 큰소리를 치는 조무래기 폭력배에게 프리드릭 포레스트가 경고한다. lose teeth는 누구에겐가 두들겨 맞아 〈이빨이 부러져 나간다〉는 뜻이다. lose teeth(이빨을 잃다)를 loose teeth(힘없이 흔들리는 이빨)로 잘못 봐서 그런 번역이 나왔을까?

○ 「그따위 소리 함부로 하다가는 (얻어맞아서) 이빨 몇 대 나갈 텐데.」

tell

"I know a lot of people who hire actors, that's what I'll tell every one of them. And those I don't talk to, Cook does."

✘ 나는 많은 제작자들을 알고 있고, 그들에게 모두 털어놓을 거요. 그리고 난 쿡에게 말하지도 않았는데, 그는 알고 있었소.

☛ 「갈채」에서 빙 크로스비가 출연을 못하겠다고 하자 연출자 윌리엄 홀든이 다그친다. 여기에서 tell은 〈고자질하다〉나 〈일러바치다〉라는 협박의 의미다. 지금 크로스비가 무대 공포증 때문에 출연 계약을 파기한다면, 〈이 바닥 어디에서도 발을 붙이지 못하게 나쁜 소문을 퍼뜨리겠다〉는 내용이다. 마지막 단어 does는 know가 아니라 tell의 중복을 피하기 위한 대치 동사다.

○ 「난 배우들을 고용하는 사람(=제작자)들을 많이 알고, 그들 모두에게 빠짐없이 이런 사실을 알려 주겠어요. 그리고 내가 알려 주지 못하는 사람들에게는 (역시 제작자인) 쿡이 얘기를 하겠고요.」

「대양」에서 재클린 비셋과 닉 놀티가 발견한 난파선에 대하여 로버트 쇼가 제안한다.

「Whatever's down there — a lot or a little — half yours, half mine. But the right to tell the world about it, that's all yours.」

✘ 「저 밑에 뭐가 얼마나 있는지 자네 반, 나 반일세. 하지만 공식적인 권리는 자네한테 있어.」
아이티 정부 몰래 불법으로 보물을 인양하여 〈절반씩 분배한 다음에는 다시 만날 일조차 없다〉는 제안인데, 무슨 〈공식적인 권리〉가 입에 올라야 하는가? 영화 대사는 본질적으로 함축성을 생명으로 삼는다. 따라서 역자는 행간에 무슨 암시가 숨었는지를 끊임없이 살펴야 한다. 예문에서 은근히 비꼬는 의미로 사용한 right(특전)의 개념도 마찬가지다. tell the world(세상 사람들에게 떠들어 댄다)는 〈보물을 찾은 사람은 나〉라고 〈잘난 체하며 소문을 퍼뜨린다〉는 뜻이다. 그러니까 쇼는 〈난 돈을 절반 차지하는 실속만 챙길 테니까, 나가서 떠벌리고 다니는 즐거움은 너 혼자 실컷 누려라〉며 양보하겠다는 말이다.

난파선에서 가져온 진주가 진짜냐 가짜냐를 따지는 대목에서 쇼의 설명을 번역해 놓은 부분도 행간을 읽어 내는 훈련이 부족한 눈치가 역력하다.

「There's a lot of counterfeit on the market today. I mean, it's all real gold, it's real gems, but it's false.」

✗ 「모조가 얼마나 많은데. 금은 진짜인데, 가짜야.」

진짜라는 말인지 가짜라는 말인지 무슨 말인지 갈피를 잡기가 어렵다.

○ 「요즘엔 가짜가 워낙 많이 나돌거든. 그러니까, 다들 황금이라 하고, 다들 진짜 보석이라고 하는데, 알고 보면 가짜라니까.」

상어 떼의 위험으로부터 벗어나도록 〈쇼를〉 내가 도와준 셈〉이라고 일라이 월락이 생색을 낸 다음, 쇼가 비꼬는 말을 했을 때도 마찬가지다.

「I might just have saved your life for something after all.」

✗ 「그래, 자네의 생명을 뭐로부터 구한 건 사실이야.」

○ 「(그런 식으로 따지고 보니) 결국 자넬 (난파선에서) 구해 준 보람이 있긴 있구먼.」

telltale

"Call it The Telltale Heart."

✗ 제목은 〈칼에 얽힌 얘기〉가 좋겠어.

☛ 「니클로디온」에서 독립 영화 제작자 브라이언 키드가 라이언 오닐에게 일을 맡기며 지시한다. telltale은 〈고자쟁이〉나 〈수다쟁이〉라는 뜻이다. 『고자질하는 심장』은 에드가 앨런 포우의 단편 소설 제목이기도 하다.

temple

"Bhisti cannot carry whole temple."

✗ 혼자서 탑을 어떻게 들어요?

☛ 「겅가 딘」에서 인도인 물 당번 샘 자페가 캐리 그랜트의 말을 반박한다. bhisti 또는 bheesty 또는 bheestie는 〈물을 운반하는 사람〉을 뜻하는 힌두어다. temple은 〈탑〉이 아니라 사원이다. 〈탑pagoda, stupa〉은 사원의 한 부분이다.

○ 「물꾼한테는 사원을 몽땅 들고 다닐 힘이 없어요.」

tenant

"They are the new tenants of Netherfield Park!"

✘ 네더필드 공원의 소유주지.

☛ 「오만과 편견」에서 마을에 나타난 두 청년을 보고 그리어 가슨의 이모가 알려 준다. tenant는 〈주인〉이 아니라 남의 집에 세를 들어 사는 〈세입자〉, 또는 남의 땅을 얻어 농사를 짓는 〈소작인〉이라는 뜻이다.

○ 「네더필드 저택에 새로 세 든 사람들이로구나!」
이모의 말을 듣고 어머니 메어리 볼란드가 확인한다.
「Netherfield Park is let, at last!」

✘ 「네더필드 공원의 주인.」
let은 〈임대하다〉라는 뜻이다. house to let은 〈세놓을 집〉이다. 번역자는 저택에 세를 든 두 청년을 〈주인〉이라고 단정해 버린 다음, 이 사실과 관련된 모든 내용을 이런 식으로 오역했다. park 항도 참조하기 바란다.

○ 「네더필드 저택에도 마침내 누가 세를 들었구나!」

term

"We surrender on our own terms."

✘ 우리 임기에 항복합니다.

☛ 「산타 비토리아의 비밀」에서 무솔리니가 몰락한 다음 관리들이 모여 대책 회의를 하다가, 아첨꾼 무관이 묘안을 내놓는다. on our own terms는 〈우리들의 임기 내에during our tenure〉가 아니라 〈우리들 자신이 설정한 조건〉이다. 시민들이 찾아와 요구하기 전에, 그들이 원하는 바를 미리 제시하면, 항복을 해도 처벌을 덜 받으리라는 계산이다.

○ 「우리에게 유리한 조건을 내놓고 항복하자는 얘깁니다.」

tension

"They never lose that tension, it settles in their shoulders."

✘ 울한 분위기가 풍겨나더군.

☞ 「미스틱 리버」에서 숀 펜을 처음 만나 본 흑인 수사관 로렌스 피시번은 숀이 〈전과자라는 인상을 준다〉고 동료 수사관 케빈 베이컨에게 설명한다. tension은 〈우울한 분위기〉와는 거리가 먼 〈팽팽한 긴장감〉이다. 지나치게 낭만적인 상상력이 빚어낸 듯싶은 〈우울한 전과자〉라는 개념 자체가 비현실적이다. 우울한 사람에게서는 힘이 빠지고 긴장감이 풀려 나간다.

○ 「전과자들은 그 긴장감을 끝까지 떨쳐버리질 못하고, 그래서 어깨에 힘이 들어간다고.」
피시번의 감각적인 판단에 베이컨이 이견을 낸다. 〈He lost his daughter. That's what's in his shoulders.〉(딸이 살해를 당했잖아. 그러니까 어깨에 힘이 들어갔겠지.) 피시번이 자신의 견해를 재천명한다. 그리고 번역에서도 견해는 굽힘이 없다.

「No, that's in his stomach. The tension in his shoulders, that's prison.」
✕ 「그거하곤 달라. 전과자의 침울함!」
○ 「아냐, 그럴 때는 배에 힘이 들어가지. 어깨에 들어가는 긴장감, 그건 감옥에서 생겨.」

terrific

"That's a terrific laugh."

✕ 관객이 열광적으로 웃겠죠.

☞ 「사느냐 죽느냐」에서 (남편이 관객의 시선을 독점하는 바람에 속이 편치 않은 아내) 캐롤 롬바드가 집단 수용소 장면에서 비단 야회복을 걸치고 나오겠다니까 조연 배우가 빈정거린다. 롬바드가 상황에 어울리지 않는 그런 의상으로 무대에 서면 관객이 〈열광적으로〉 웃기는커녕, 모든 사람의 〈굉장한 웃음거리〉가 된다. terrific(굉장히 좋은)은 반어적으로도 자주 쓰이기 때문이다. J. D. 샐린저의 소설 『호밀밭의 파수꾼』에 나오는 〈He laid a terrific fart〉(그는 어마어마한 방귀를 갈겼다)라는 대목에서처럼 말이다. 〈정말 잘나셨군요〉라는 우리말 표현에서처럼, 표면적인 의미는 분명히 칭찬인데 실제는 그렇지 않은 경우를 조심해야 한다.

○ 「거참 대단히 볼만하겠군요.」

thank

"Thank God. You look like a creep."

✕ 다행이로군요. 촌스러워 보여요.

☞ 「사랑의 행로」에서 창녀가 아침에 눈을 뜨고 보니, 먼저 일어나 출근 준비를 하는 제프 브릿지스가 어젯밤 잠자리에 들 때와는 달리 정장 차림이다. 〈그 옷 어디서 났느냐〉고 여자가 물

었더니 〈봉투에 싸서 (어제) 가지고 왔다〉는 대답이다. 그래서 창녀가 던진 한 마디가 예문이다. 번역문에서는 여자가 한두 마디의 말이 서로 어울리지를 않는다. 무엇인가 잘못 되었다는 증거다. Thank God(하나님에게 감사하다)는 〈다행〉이라는 말이 아니라, 〈미리 출근 준비까지 해가지고 와서 창녀와 밤을 보냈다〉는 상황이 〈한심하고 기가 막힌다〉는 반어적인 의미다. 〈하나님 맙소사〉 정도가 어울리는 번역이겠다. You look like a creep도, 〈촌스러워 보여요〉가 틀린 번역이라고 하기는 어렵지만, 〈어울리지를 않아서 이상하고 망측해 보인다〉는 뜻이다. creep은 속어로 〈(소름이 돋을 만큼) 밥맛없는 놈〉이다.

○ 「맙소사. 당신 재수 없어 보여요.」

「랄프의 기적」을 보면 보스톤 마라톤 대회에서 우승하는 기적을 일으켜 식물인간 어머니를 깨어나게 하려는 소년에게 (지금까지 열심히 도와주던) 젊은 신부가 〈출전을 포기하라〉고 충고한다.

「You don't know what you're talking about.」

✗ 「넌 화를 자초하는구나.」

원문은 《(네가 세상 물정을 모르니까 그렇게 생각하겠지만,) 네 생각대로 일이 돌아가지는 않는다》는 뜻이다. 그러자 소년이 발끈해서 돌아서며 쏘아붙인다.

「Thanks.」

✗ 「그동안 고마웠어요.」

이런 경우의 thanks나 thank you는 고마워하는 감정과는 전혀 관계가 없이, 〈내 심정을 알아봐 주지 않아서 섭섭하다〉는 반발과 원한의 의미를 갖게 되어, 〈어쩌면 나한테 그런 심한 말을 하시나요?〉라는 반어적 표현으로 쓰인다. 소년이 thanks라는 말을 할 때의 표정을 보면, 그가 진심으로 하는 말인지 아니면 비꼬는 말인지 시각적으로 판단이 가능하다.

「푸르른 대지」에서 스탬퍼 집안이 파업에 참여하지 않아 지역 경제가 망가지고, 그래서 문을 닫게 된 극장에서 간판을 내건다.

Closed Thanks to Hank Stamper

✗ 문닫았음 행크 스탬퍼에게 감사한다

역시 반어법을 이해하지 못해서 거꾸로 옮긴 오역이다. thanks to는 〈~ 덕택에〉로부터 〈~ 탓으로〉라는 뜻으로도 발전했다. 〈행크 스탬퍼 때문에 문 닫았음〉이라는 원한의 표현이다.

that

"That high."

✗ 눈에 잘 띄더군요.

☞ 「바보들의 배」에서 의사 오스카 베르너가 선장에게 난장이에 관한 얘기를 한다. 이 말을 하며 의사는 손으로 난장이의 키를 나타낸다. 〈키가 요만해요〉라는 뜻이다. 워너가 보여 주는

손의 시늉은 연기자와 관객이 공유하는 정보다. 때로는 등장인물들의 동작이나 표정도 참조하며 번역에 임해야 한다.

「야성녀」에서는, 키스까지 한 사이에 인사조차 않고 타이론 파워가 남아프리카로 그냥 떠나려고 하니까, 수잔 헤이워드가 따진다.

「Not just like that.」

✗ 「그런 것이 아녜요.」

이 말을 하면서 헤이워드는 손가락으로 〈딱〉 소리를 낸다. Just like that이라는 말과 손가락 소리가 이렇게 짝을 지으면 〈그렇게 간단히〉라는 의미가 된다. 그러니까 not이 앞에 붙은 헤이워드의 말은 〈그렇게 쉽게는 안 되죠〉, 즉 〈누구를 호락호락하게 보느냐〉는 뜻이다.

「백만장자 브루스터」를 보면, 시장 선거에 출마한 주인공이 텔레비전 방송에 나와서, 〈Well, to the politician, uh?〉라는 말과 함께 〈이거 먹어라〉하는 시늉을 곁들인다. 역시 시각적 정보도 살려가며 〈그래요, 정치하는 놈들 이거나 먹어야 되겠죠?〉라고 〈번역〉해야 하는 상황이다. 그런데 번역 자막을 보니, 어째서 그런 말이 되는지 알 길이 없지만, 이렇게 나온다.

✗ 「자기들끼리 말입니다.」

the

"I never liked the Hartford much myself."

✗ 난 하트포트를 싫어했어.

☛ 「사랑의 행로」에서 고급 창녀 생활을 하다가 가수로 성공한 미셀 파이퍼가 송년회 공연을 끝낸 다음 제프 브릿지스에게 고백한다. 〈You know, I saw you guys. You and Frank. At the Roosevelt.〉(전에 당신들 봤어요. 당신하고 프랭크. 루즈벨트에서.) 그리고는 다른 곳에서 있었던 우울한 기억에 대해서도 파이퍼가 고백하고, 브릿지스가 예문에서처럼 공감을 나타낸다. 〈루즈벨트〉도 그렇고, 특히 〈하트포트〉는 도시 이름처럼 여겨지겠지만, 그렇지가 않다. 강이나 호텔의 이름은 고유 명사이면서도 앞에 정관사 the를 꼭 붙여야 한다. 이왕이면 소비자가 혼란을 일으키지 않도록 〈하트포드 호텔〉이라고 밝혔더라면 더 좋았겠다.

○ 「나도 사실 하트포드는 영 맘에 들지 않았어.」

「분노의 강」에서는, 포장마차 행렬을 이끄는 제임스 스튜어트가 인디언의 습격을 받은 경험이 있느냐고 묻자, 아더 케네디가 경험담을 들려준다.

「I was with Martinson up on the Snake.」

✗ 「스네이크에서 마틴슨과 함께 지냈을 때였소.」

마치 스네이크가 도시나 마을의 이름 같지만, 케네디는 〈스네이크 강으로 올라갔을 때〉 벌어진 사건을 얘기했다. 정관사가 붙은 the Snake는 옐로스톤 국립공원에서 워싱턴 주의 콜럼비아 강으로 흐르는 the Shoshone(쇼쇼니 강)의 이름이 와전된 것이라고 한다.

then

"Order me a drink, and then we'll fight."

✘ 너무 해, 마시면서 얘기 좀 해요.

☞ 「케인호의 반란」에서 밤늦게 클럽으로 찾아온 해군 소위 로버트 프랜시스에게 화가 난 여가수 메이 윈이 빈정거린다. 〈너무해〉는 order me를 〈나에게 명령하다(이래라 저래라 괴롭히다)〉 정도로 잘못 판단해서 나온 오역이 아닌가 싶다. order me a drink는 〈나에게 술 한잔 시켜 달라〉는 뜻이다. then(그런 다음에)이 들어간 문장에서는, until이나 unless 그리고 before가 들어간 경우나 마찬가지로, 앞 상황과 뒤 상황을 도치시켜 번역하면 훨씬 자연스러울 경우가 적지 않다. 〈나한테 술 한잔 시켜 주고, 그 다음에 싸우죠〉와 〈싸움은 나중에 하고, 우선 술부터 한잔 시켜 줘요〉를 비교해 보기 바란다.

○ 「나한테 술 한잔 시켜 주고, 그런 다음에 우리 싸움 좀 하죠.」

things

"Start things moving tomorrow."

✘ 내일부터 물건을 옮기기 시작해요.

☞ 「케이프의 공포」에서 흉악범 로버트 밋첨에게 시달리던 변호사 그레고리 펙이 텔리 사발라스 탐정에게 부탁하는 말이다. 탐정은 이삿짐 심부름을 하는 사람이 아니고, 그래서 사발라스는 이튿날 아무것도 옮기지를 않는다. start things moving은 〈일들things을 계획대로 진행moving하기 시작하라start〉는 말이다.

○ 「내일 당장 일에 착수해요.」

「탈출」에서 호기 카마이클이 작곡 중인 노래의 가사다.
「I can't live alone. It's one of those things.」
✘ 「그것도 하나의 방법이랍니다.」
앞 문장을 번역에서 빼먹은 까닭이 〈난 혼자 살 수가 없어요〉라는 말이 뒤에 나오는 문장과 어떻게 연결이 되는지 잘 모르겠어서 그러지 않았을까 궁금하다. those things는 〈그런 거〉나 〈그렇고 그런 일〉 또는 〈아주 흔한 무엇〉을 뜻한다. 문장으로 만들면 〈왜 그런 거 있잖아요〉나 〈견디기 힘든 일들 가운데 하나예요〉라고 하면 되겠다.

○ 「난 혼자서는 못 살아. 왜 못 사는지는 너도 알잖아.」

think

"Don't think about it. Take your time. You will find out yourself."

✘ 걱정말고 시간을 갖도록 해요. 스스로 해결책을 찾게 될 거예요.

☞ 「개선문」에서 다른 남자와 살림을 차린 잉그릿 버그만의 집을 둘러보고 샤를 부아이에가 당장 나가려고 돌아선다. 예문은 〈다시 오겠느냐〉고 버그만이 묻자 그가 한 말인데, 번역은 정반대로 뒤집혔다. 다시 올 사람이라면 지금 그렇게 자리에 앉지도 않고 냉정하게 나가 버리지는 않는다.

○ 「그런 기대는 하지 마. 곰곰이 생각해 봐. 저절로 답이 나올 테니까.」

「수잔을 찾아서」를 보면, 따분한 결혼 생활에 지쳐 가출한 가정주부 로잔나 아케트가 자유분방하게 살아가는 마돈나(수잔)를 추적하다가, 대낮에 우연히 〈마술의 집〉에 들른다. 창문에 붙인 구인 광고를 보고 찾아 들어온 여자려니 생각해서 마술사가 아케트에게 묻는다. 〈Are you looking for a job?〉(일자리를 구하려고 그러나요?) 당황한 아케트가 우물쭈물 대답한다. 〈Yeah, yeah, I think I am.〉(네, 그런 것 같아요.) 그러자 옆에 앉아 있던 마술사의 아들이 비아냥거린다.

「She thinks she's looking for a job.」

○ 「별로 안 급한가 봐요.」

참으로 절묘한 번역이다. 아들이 thinks라는 단어를 강조한 까닭은 아케트의 말투 때문이었다. 우리말에서도 〈나 기분이 좋은 것 같아요〉라는 식의 책임 회피적인 표현을 자주 쓰는데, 〈~하는 것 같다〉는 말버릇에 해당하는 영어 표현이 바로 think라고 하겠다. 그러니까 아케트가 〈네, 네, 아마 난 일자리를 구하려고 하는 것 같아요〉라는 해괴한 소리를 듣고 아들이 〈저 여잔 일자리를 구한다고 생각하는 것 같다고 그러는군요〉라고 비꼰다. 따라서 〈별로 안 급한가 봐요〉는 모범적인 〈의역〉이 되겠다.

「고소공포증」에서 악덕 의사 하비 코먼이 〈Suppose he goes to the police?〉(그 친구 경찰에 가서 신고하면 어쩌지?)〉라고 걱정하자, 심복 간호사가 냉큼 대답한다.

「I thought of that.」

✘ 「생각이 있어.」

have 항에서 지적한 전형적인 〈있다(가지다)〉식의 번역이다. 〈무슨 묘안을 생각해 냈다〉는 듯한 우리말 대답이지만, 사실은 〈나도 그런 경우를 생각해 봤어요〉라는 뜻이다. 생각을 해보기는 했지만, 그에 대한 대책까지 세웠다고 판단할 근거는 없다.

○ 「저도 그런 걱정은 했어요.」

thousand

"You know when a man wins everything in this world, when he succeeds too much, he feels somehow a thousand small displeasures for himself."

✘ 아시다시피 남자가 이 세상의 모든 것을 차지하고, 너무 큰 성공을 거두면, 자신에 대한 수천 개의 작은 불만이 마음속에 생기게 되는 거요.

☛ 「검객 시라노」에서 (드 벨주락과 뇌빌레트 남작이나 마찬가지로 역시) 록산을 사랑하는 드 기쉬 백작이 그녀에게 고백한다. a thousand는 〈수천〉이 아니라 〈1천〉이다. 비록 여기에서는 그냥 〈무수한〉이라는 의미로 쓰여서 정확한 수치가 별로 큰 문제가 되지 않지만, Persia 항과 million 항을 참조하면 평소에 어째서 계산이 정확해야 하는지를 실감하리라고 믿는다. 예를 들면 「안네의 일기」에서 어머니가 안네를 이런 말로 위로한다.

「Think of the thousands who die in the war every day.」

✘ 「매일 수천만 명이 전쟁 때문에 죽어가.」

인류 역사상 하루에 〈수천만 명〉씩이나 죽었다고 알려진 전쟁은 없다. 그렇게 많이 죽었다면 열흘에 수억이 목숨을 잃었고, 한 달이면 인류가 멸종한다. 1만 배를 과장한 번역이다. 그리고 「율리시즈」에서는 음유 시인이 트로이가 함락되던 밤에 대한 얘기를 이렇게 전한다.

「That night the Trojans died by the hundreds.」

✘ 「그 날 밤 트로이의 사람들은 수 백 단위로 죽어나갔습니다.」

시체를 생선처럼 쾌로 엮거나 과일처럼 궤짝에 담아서 계산하기 전에는 〈수백 단위〉라는 표현이 나오지 않는다. 그냥 〈수백 명씩 무더기로〉 죽었다고 해도 충분하겠다.

「내 사랑 마녀」에서는 날이 밝을 때까지 얘기를 나눈 다음, 프레드릭 마치가 마녀 베로니카 레이크에게 숫자로 사랑을 고백한다.

「There must be thousands and thousands of couples just like us, going their separate ways, never realizing the other was waiting somewhere.」

✘ 「다른 사람이 어디에선가 기다리는 줄도 전혀 모르고 우리들처럼 저마다 다른 길을 가는 남녀가 수백만이 되겠지.」

thousands and thousands는 〈수천 +(and) 수천〉이다. 수천에 수천을 더하면 수천이고, 기껏해야 1만 몇천이 되겠다. 수백만이 되려면 thousands and thousands가 아니라, thousands of thousands, 〈수천의 수천〉, 즉 〈수천 곱하기 수천〉이 되어야 한다. 이 정도로 숫자에 무감각한 정도라면 고질(痼疾)의 수준이다.

「개선문」에서도 강제 출국을 당한 다음 다시 밀입국한 샤를 부아이에가 잉그릿 버그만에게 이별의 기간을 이상한 번역 방식에 따라 계산해 준다.

「For three and half months I haven't seen you.」

✘ 「3일하고도 보름동안 난 당신을 못 만났지.」

〈3일〉은 three days라고 해야 한다. 하지만 원문에는 day라는 시간 단위가 없다. 따라서 three 는 당연히 month(s)라는 단위에 걸리고, 그래서 three and half months는 셋 하고도 반 달, 즉 3.5개월(약 105일)이다. 〈3일하고도 보름〉은 18일이다. 100일 가량의 세월은 어디로 날아갔을까?

○ 「석 달 반 동안 난 당신을 만나지 못했어.」

through

"I'm through foolin', Grafton."

✗ 내가 바보짓을 했어.

☞ 「셰인」에서 앨런 래드와 반 헤플린에게 그의 부하들이 한바탕 맞고 난 다음, 목장주가 가게 주인에게 다짐한 말이다. fooling(바보짓)을 through(거치다)라는 식으로 이해한 듯싶다. through는 〈끝내다〉나 〈그런 일은 졸업했다〉는 뜻이다. 따라서 목장주는 〈시시한 짓은 그만 두겠다〉며 〈본때를 보여 주겠다〉는 결심을 분명히 밝히는 장면이다.

「백주의 결투」에서는 제니퍼 존스의 총을 맞고 숨을 거두기 직전에 그레고리 펙이 〈No use my lying no more. I'm through〉라고 말한다. 〈이제는 더 이상 거짓말을 해도 소용없겠어. 난 끝장이니까〉라는 뜻이다.

「갈채」에서도 군더더기처럼 쓸데없이 붙어 있는 듯 보이지만 사실은 문장에서 핵심을 이루는 부사 through가 애를 먹인다. 극장으로 찾아온 아내 그레이스 켈리가 빙 크로스비에게 하는 말이다.

「Just coming from a movie. Passing by, thought you might be through.」

✗ 「영화 보고 오는 중에 당신이 여기 있을 거 같아 들렀어요.」

〈여기 있을 거 같아〉는 말도 안 되는 말이다. 연습 중인 배우는 하루 종일 극장에서 지내는데, 〈혹시나 극장에 오지 않았나 싶어서 들렀다〉는 말이 과연 말이 되는가?

○ 「극장에서 곧장 오는 길이죠. 지나가다가, 당신 일이 끝났을 듯싶어서 들렀어요.」

「케인호의 반란」에서, 함장 험프리 보가트에게 〈시달린 사실을 아무도 안 믿더라도 우리는 잘 알지 않느냐〉는 로버트 프랜시스의 말에, 프렛 맥머리가 코웃음을 친다. 〈Yeah, because we've lived through it.〉 여기서 live(d) through는, 〈〈많은 경우 지겹고도 고생스러운〉 ~한 경험을 속속들이 체험했다〉 또는 〈철저히 당했다〉는 뜻이다. 그 심한 정도를 강조하고 싶을 때는 through and through라는 곱빼기 표현을 쓴다.

throw

"And the only reason that you ten idiots will very likely get off lightly is because the judge will have me up there to throw the book at."

✘ 당신들 열 명은 법정에 나가더라도 형이 가벼워질 이유가 있어요. 법정에 나가면 판사가 나한테 법률책을 집어던질 테니까.

☛ 「매드 매드 대소동」에서 돈을 차지하려는 모든 계획이 수포로 돌아간 다음, 병원에 줄지어 누운 사람들에게, 스펜서 트레이시 경찰관이 자신의 처지를 밝힌다. throw the book at은, 대단히 자주 사용되는 표현임에도 불구하고, 이상할 정도로 많은 사람들이 그 뜻을 잘 모르는 듯싶다. throw the book (of rules) at은 〈법전에 담긴 내용을 조금도 가차 없이 모두 적용하여 가장 엄한 벌을 준다〉는 의미인데, 법전을 〈아예 통째로 안긴다〉는 개념으로 이해하면 되겠다. since 항에서 by the book에 관한 설명을 참조하기 바란다.

그러니까 트레이시가 한 말은 〈자네들 열 명의 멍청이가 가벼운 처벌을 받게 될지도 모르는 유일한 이유는 판사가 중형을 내릴 만만한 대상으로 나를 확보해 놓았기 때문이지〉라는 논리다. 열 명은 범죄자 지미 듀란테가 도둑질한 돈을 묻어 놓은 곳을 우연히 알게 되어 그 돈을 찾으러 갔을 따름이지만, 트레이시는 경찰관의 몸으로, 그들이 돈을 땅에서 파내어 분배하기 직전에, 몽땅 빼앗아 혼자 착복하려고 도망치다가 체포된 몸이다.

Thursday

"It's Thursday. Madame Toussaint made your favorite dessert."

✘ 수요일이다. 오늘 저녁에 맛난 디저트를 먹자꾸나.

☛ 「레 미제라블」(1998)에서 위험한 활동을 하는 마리우스와 만나지 못하게 코제트를 집으로 데리고 가며 장 발장이 둘러대는 핑계다. Thursday는 〈수요일〉이 아니라 〈목요일〉이다. 번역 전문가들이 이런 어처구니없는 실수도 다반사로 저지른다. 특히 시간에 쫓기고 피로감에 시달리면서 무리하면 그런 경향이 더욱 심해진다.

○ 「오늘은 목요일이야. 네가 제일 좋아하는 후식을 요리사 아줌마(투생 부인)가 준비하는 날이잖아.」

tie

"Bring a tie so they let us in the front door."

✗ 차림을 보니 고급 식당은 물건너 갔군.

☛ 「인사이더」에서 CBS-TV「60분」의 진행자 마이크 월레스(크리스토퍼 플러머)가 (함께 점심을 먹으러 가면서) 추레한 작업복 차림의 제작자 알 파치노에게 핀잔을 준다. 지나치게 비약하면 오역이 된다. 번역문을 보면 그들은 고급 식당에서의 점심 식사를 포기하는 인상을 받지만, 영화에서 그들은 예정했던 식당으로 그냥 간다. 비약하지 않고 고분고분하게 번역하면, 〈넥타이를 가져오지 않았다가는 우린 앞문으로 들어가지 못해〉다.

time

"You want to finish your schooling first. Then when you're all set, there will be plenty of time for girls for a boy like you."

✗ 학교공부부터 마쳐야 해. 그리고 자리가 잡히면 너같은 남자한테는 많은 여자들이 따를 거다.

☛ 「세일즈맨의 죽음」에서 과거의 환상에 빠진 리 J. 콥이 큰아들 조지 시걸에게 훈계한다. plenty of time은 when you're all set(경제적으로 자리를 잡고 난 다음에) 연애를 즐기고 누릴 〈시간이 얼마든지 많다〉는 뜻이지 〈많은 여자들이 따른다〉가 아니다.

○ 「공부부터 마쳐야 한다고. 그래서 지반을 닦아 놓으면, 너 같은 애는 여자를 사귈 기회가 얼마든지 많아.」

「OK 목장의 총잡이」에서는 스테이시 키치가 성격이 망가져 가는 해리스 율린에게 충고한다.
「Time's changed. It's different now.」

✗ 「시간이 흘러갔어요. 달라졌다고요.」

그러나 때로는 time을 〈시간〉이 아니라 〈세상〉이라고 번역해야 훨씬 알아듣기 쉬운 경우도 있다.

○ 「세상이 달라졌다고. 이제는 옛날하고 달라.」

「벤허」를 보면, 전차 경기에서 승리한 벤허에게 면류관을 씌워 주며 빌라도 총독이 말한다.
「A great victory. You are the people's one true god — for the time being.」

✗ 「위대한 승리야. 동족들에게서 신적인 존재가 되었군.」

for the time being은 생략하면 곤란한 대목이다. for the time being은 〈지금 당장으로서는〉이라고 조건적인 긍정의 사전적인 의미를 갖기도 하지만, 여기에서처럼 많은 경우에 부정의 색채가 강하다. 빌라도는 〈비록 지금은 네가 동족들에게 하나의 진정한 신으로 존경을 받지만, 이런 영광의 날은 얼마 가지 않으리라〉고 다짐하는 셈이다. 그러니까 〈신적인 존재가 되었군〉이라고 인정하기보다는 〈어디 얼마나 잘 되는지 두고 보자〉는 부정적인 의미다.

○ 「위대한 승리로군. 자네는 동족들에게 잠시나마 ― 참된 신적인 존재가 되었군.」

「케인호의 반란」에서는 〈어머니에게 왜 인사를 시켜 주지 않느냐〉고 메이 윈이 따지니까 로버트 프랜시스가 둘러댄다.

「I wanted you to meet her but ― there's a time for everything.」

✕ 「나도 당신이 어머니를 만나기 원하지만 그럴 시간이 없었어.」

a time for everything은 상당히 널리 쓰이는 관용구여서, 오역이 나왔다는 사실이 오히려 의아할 정도다. 번역을 할 때 사람들은 잠재의식적인 정직성의 포로가 되는 성향이 강해서, 하나의 영어 단어는 우리말로도 한 단어로 옮겨야 한다는 고정 관념을 벗어나지 못한다. 그래서 예를 들어 one in a million이라는 네 단어짜리 영어 표현을 보면 우리말로도 〈백만 가운데 하나〉라는 식으로 어떻게 해서든지 비슷한 개수의 단어를 동원하려고 애쓴다. 하지만 때에 따라서는 한 단어를 불가피하게 두세 단어로 풀어서 번역하거나, 반대로 여러 단어로 구성된 관용구를 우리말로는 한 단어로 처리해야 할 때가 많다. 필요할 때는 늘어나거나 줄어드는 단어의 수를 두려워해서는 안 된다. 동사 behave를 예로 들면, 많은 경우에 이 동사는 부사 well을 내장한다. 따라서 〈I want you to behave〉라고 하면, 〈나는 네가 행동하기를 바란다〉는 말이 아니라, 〈나는 네가 예절 바르게 행동하기를 바란다〉는 뜻이 된다. behave라는 하나의 영어 단어가 〈예절 바르게 행동하다〉라고 우리말로는 세 단어가 된다는 뜻이다.

hide도 〈숨다〉라고만 하면 어딘가 부족한 듯 느껴지는 경우가 많아서, 문장의 숨통이 트이게 하려면 〈몸을 숨기다〉라고 해야 할 경우가 있는데, 이럴 때는 동사 hide가 목적어를 내장한 어휘라고 받아들이는 편이 좋다. 뿐만 아니라 동사 eat도 그냥 〈먹는다〉가 아니라 (특히 야생 동물에 관한 기록 영화에서는) 〈잡아먹는다〉라는 보다 공격적인 의미를 내장한다. 〈물수리가 물고기를 먹는다〉라는 식의 번역이 자주 등장하지만, 이것은 〈수리가 고기를 《잡아》먹는다〉라고 풀어 줘야 의미 전달이 보다 깊어진다.

반대로 one in a million은 〈유일한〉 또는 〈유일무이한〉이라고 한 단어로 옮겨도 괜찮고, once upon a time도 〈옛날에〉라고 한 마디만 해도 충분한 경우가 적지 않다. 「케인호의 반란」 예문의 time for(~을 하기 위한 때)도 마찬가지여서, time이라는 명사가 여기에서는 suitable(적절한)이라는 형용사를 내장한다. 그래서 a time for everything은 〈무슨 일에나 적절한 시기가 따로 있다〉는 뜻이 된다.

○ 「나도 당신을 어머니에게 소개하고 싶기는 했지만 ― 시기상조인 것 같아서.」

「개선문」의 모두에 나오는 해설이다.

「History prepared the end of an era and the beginning of our times.」

✕ 「역사는 한 시대의 마지막 장과 우리 시간의 새 출발을 준비하고 있었다.」

〈우리 시간〉이란 무슨 말인가? time은 〈시간〉이 되기도 하지만, times라고 복수형으로 만들면 〈시대〉라는 뜻이다.

○ 「역사는 한 시기가 끝나고 우리들의 시대가 시작되는 준비를 갖추었다.」

tip

"That boy gets no tip."

✗ 팁도 안 받고 갔군.

☞ 「고소공포증」에서 신문을 가져다 달라고 자꾸만 귀찮게 구는 멜 브룩스가 미워진 호텔 종업원이 욕실에서 「사이코」식으로 브룩스를 공격한다. 예문은 기진맥진한 브룩스가 욕조에 축 늘어져서 자신에게 다짐하는 말이다. 속담이나 진리를 얘기할 때처럼 현재형을 쓴 예문은 미래에 대한 화자의 의지를 나타낸다. 그러니까 브룩스는 팁을 안 받고 간 종업원을 걱정하는 것이 아니라, 〈너 이런 식으로 나오면 이제부터는 나한테서 팁 받기는 다 틀렸다〉는 뜻이다. 〈너 팁은 다 받았어〉라거나 〈어디 너 팁 주나 봐라〉고 하면 되겠다.
「개선문」을 보면 수용소에서 고문을 자행했던 전직 게슈타포가 카페에서 심부름을 하는 아이에게 담배를 사오라고 시킨다.

「Bring me a pack of cigarettes. Gold tip.」

✗ 「담배 한 갑 가져와. 팁은 두둑할 거야.」

담배 한 갑의 값이 얼마 안 되는데, 팁이 두둑하면 얼마나 두둑할까? 게슈타포가 나중에 소년에게 주는 팁은 동전 한 닢이었다. 그가 주문한 gold tip은 같은 종류의 담배 중에서 필터 filter tip가 황금빛인 종류로 사오라는 말이었다.

together

"Hey, Chels, fantastic! I'm so happy that you finally got your life together."

✗ 아빠는 정말 기뻐. 네가 인생의 동반자를 만나다니.

☞ 「황금연못」을 보면, 치과 의사와 유럽에서 결혼하고 돌아온 제인 폰다는 (어려서부터 사이가 나빴던) 아버지 헨리 폰다가 무슨 소리를 할지 빤하다면서, 어머니 캐더린 헵번에게 아버지의 말투를 흉내 내며 예문에서처럼 얘기한다. got together를 〈만나다〉로 착각하여 원문에는 나오지 않는 〈인생의 동반자〉까지 등장시켰다. 예문에서는 got together의 목적어가 your life이며, get together는 이리저리 흩어진 무엇인가를 〈온전하게 하나로 모으다〉라는 의미다.

○ 「거참 잘됐구나, 첼스. 네가 드디어 네 인생을 제대로 추스르게 되었다니 정말 기쁘구나.」

get together와 비슷한 용법으로 쓰이는 pull (oneself) together는 기절해서 정신이 나갔거나 맥이 빠졌다가 〈정신을 차리고 추스르다〉라는 뜻이다.

toll

"…any mans death diminishes me, because I am involved in Mankinde; And therefore never send to know for whom the bell tolls; It tolls for thee."

☛ 『누구를 위하여 종은 울리나』의 출연자 및 제작진을 소개하는 자막이 끝나고 인용문이 올라오지만, 번역이 없다. 어니스트 헤밍웨이가 왜 이 작품의 제목을 그 인용문에서 가져왔는지를 설명해 주는 단서(☞ drink, mutual)를 그래서 소비자들은 무슨 소리인지 알지도 못하는 채 그냥 넘어가야 한다. 세상에서 가장 자주 인용되는 문장들 가운데 하나인 예문의 출처는, 형이상학파the Metaphysical Poets의 거두이며 신학자이기도 했던 영국 시인 존 던(1572?~1631)의 명상록 『고난의 시간을 위한 기도』(1624)이며, 예문을 현대 영어로 고쳐 쓰면 이렇게 된다.

〈…any man's death diminishes me, because I am involved in mankind; And therefore never send to know for whom the bell tolls; It tolls for you.〉

○ 〈…… 나는 인류의 한 부분을 이루고, 그래서 어떤 사람이 죽더라도 나 또한 그만큼 작아지고, 그러므로 누구를 위하여 조종이 울리느냐고 묻지를 말아야 하나니, 그 종은 그대로 인하여 울리기도 하기 때문이다.〉

모든 인간은 함께 엮어진 하나의 생명체나 마찬가지여서, 누군가 한 사람이 죽으면 전체를 구성하는 다른 사람들도 조금씩 함께 죽는 셈이라는 것이 던의 기본적인 사상이다. 위 인용문의 바로 앞에 나오는 또 다른 유명한 구절을 보면 그 사상의 핵심적인 내용이 더욱 분명해진다.

〈No man is an Iland, intire of it selfe; every man is a peece of the Continent, a part of the maine.〉 이것을 현대 영어로 고쳐서 적으면 다음과 같다. 〈No man is an island, entire of itself; every man is a piece of the continent, a part of the main.〉(인간은 어느 누구도 혼자 따로 존재하는 하나의 섬이 아니어서, 모든 사람은 대륙의 한 조각이요, 전체의 한 부분이다.)

존 던의 이런 사상은 마지막 장면에서 개리 쿠퍼가 잉그릿 버그만을 떠나보낸 다음 혼자 죽음을 맞으려고 설득하는 대사에서 생생하게 살아난다.

「But always I go with you wherever you go. If you go, then I go too.」

✗ 「당신이 가는 곳엔 언제나 내가 있어. 당신이 가면 나도 따라 가겠어요.」

〈인류 전체가 한 몸〉이라는 사상에 입각해서 번역문을 손질해 보면 이렇게 되겠다.

○ 「하지만 당신이 어딜 가더라도 (우리 두 사람은 한 몸이니까) 나 또한 당신과 항상 함께 가는 셈이야. 만일 당신이 간다면, 그럼 나도 가는 거라고.」

「Whichever one there is, is both.」

✗ 「누가 살아남든 우린 하나야.」

○ 「어느 한 사람이 살아난다면, 우리 두 사람이 다 살아난다고.」

「But if you go, then I go with you. That way, I go too.」
× 「당신이 가면 나도 따라갈게.」
○ 「하지만 만일 당신이 (날 이곳에 남겨두고) 간다면, 나도 당신과 같이 가는 것과 같아. 그렇게 해야 나도 가게 된다고.」

「There's no good-bye, Maria, because we're not apart.」
× 「작별인사는 하지 마. 헤어지는 게 아니니까.」
○ 「우린 (떨어지지 않는) 한 몸이니까, 마리아, 이건 이별이 아니라고.」

쿠퍼는 뒤에 홀로 남아 추격하는 적과 최후의 결전을 벌이고 잠시 후에 죽더라도, 버그만이 살아남는다면 쿠퍼 또한 죽지 않고 살아가는 셈이라고 믿는다. 이렇게 살펴보았듯이, 영화와 소설의 제목에서 울리는 종소리는, 기뻐하며 요란하게 치는 환희의 종소리가 아니라, 죽음을 애도하는 조종(弔鐘)이다. toll은 〈만종이나 조종을〉 천천히 울린다〉는 뜻이어서, 영화가 처음 시작되는 부분에서는 종소리가 무겁게, 그리고 아주 천천히 울린다. 결혼식처럼 즐거운 일이 있을 때 신이 나서 종을 울리는 경우라면 ring (the bell)이라고 한다. 그리고 아주 작은 종이나 풍경이 울리면 chime이라고 한다.

던의 글을 인용한 헤밍웨이의 소설 제목을 재인용하면서, 종소리의 종류를 제대로 식별하지 못한 많은 사람들이 이상한 실수를 범한다. 어느 은행의 증권 광고 영화에서는, 〈묻지를 말라, 누구를 위해서 종이 울리는지를〉이라는 표현을 썼는데, 〈대박을 만날 고객〉들더러 모두 죽으라는 소리 같았다.

tomahawk

"I thought you was down there on your farm — with a tomahawk in your head."

✗ 농장에서 머리에 도끼를 꽂고 살고 있는 줄 알았는데.

☞ 「돌아오지 않는 강」에서 인디언에게 습격을 받아 집이 잿더미가 된 로버트 밋첨이 마을에 나타나자, 가게 주인이 예문에서처럼 반가워한다. 상식적으로 〈머리에 도끼를 꽂고 살아간다〉는 말이 도대체 가능하기나 한가? tomahawk in your head는 bullet in your head(총알이 머리에 박혀 [죽었다])는 표현의 변형이다. 〈머리에 인디언 도끼를 맞고 죽은 줄 알았더니, 여긴 어떻게 나타났느냐〉는 말이다.

○ 「자넨 농장에 있을 줄 알았는데 — 머리에 도끼가 박힌 채로 말이야.」

tone

"Besides, she must also possess a certain something in the tone of her voice, in her address, in her expressions, as well as in her figure and carriage."

✘ 거기다 자신을 표현하기 위한 고운 목소리를 가져야 하죠. 몸매는 빼놓을 수 없고요.

☛ 「오만과 편견」에서 가난한 그리어 가슨의 집안을 깔보면서 프리다 이네스콧이 〈교양 있는 여성〉에 대한 정의를 내리는데, 역자가 〈교양〉의 개념을 제대로 파악하지 못한 듯싶다. tone of voice는 가수에게나 필요한 〈고운 목소리〉가 아니라 〈품위를 나타내는 말씨[語調]〉다. figure and carriage도 연예인들이 추구하는 그런 아름다운 〈몸매〉가 아니라, 〈몸가짐〉을 강조한다.

○ 「그뿐 아니라 (교양 있는 여성이라면) 목소리에 담긴 어조와, 말하는 태도와, 표정은 물론이고, 몸가짐과 옷차림에서도 어떤 품위를 갖춰야 하겠죠.」

too

"It's too big to be a smoke signal."

✘ 연기 신호치고는 꽤 크구만.

☛ 「광야천리」에서, 포장마차 행렬이 지나온 방향에 치솟아 오르는 연기를 보고, 월터 브레난이 존 웨인의 눈치를 살핀다. 영어의 가장 기본적인 상식 가운데 하나가 too ~ to ~ 용법이다. 학교에서는 이것을 〈~하기에는 너무 ~하다〉라고 해석하도록 선생님들이 가르친다. 필자는 이것을 〈너무 ~해서 ~하지를 않다〉라고 바꿔 번역해야 문장의 흐름이 훨씬 자연스럽다는 주장을 해왔다. 위 번역문은 내용을 거꾸로 뒤집어 놓았다. 브레난의 얘기는 〈저렇게 큰 걸 보면 인디언들의 연기 신호는 아니(고 공격을 받은 집이 불타는 모양이)다〉라는 뜻이다.

toque

"But if you do what I ask you to do, I'll send you that fur toque for a present."

✘ 부탁을 들어주면 그 털 토크 보내줄게.

☛ 「춘희」에서 그레타 가르보를 남작과 맺어 주려는 뚜쟁이가 극장에서 좌석을 바꿔 달라며 잘 아는 화류계 여성을 회유한다. 필자는 여러 해에 걸쳐 이 책을 위한 자료를 수집하는 동안 대부분의 대화를 귀로만 들어서 받아 적었다. DVD가 널리 보급되기 전인 30년 전부터 수집한 비디오를 자료 삼았기 때문이다. 그래서 필자는 예문을 소리로만 듣고 (오랜 세월이 지난 다음 DVD로 영어 자막을 확인하기 전에는) 〈토크〉가 잘못된 한글 표기이거나, 〈외투〉 또는 〈목도리〉 정도인 줄 알았다. 그러니 위 번역 자막을 읽은 얼마나 많은 한국인들이 〈토크〉의 정체가 무엇인지를 이해했을지 의문이 간다. toque는 깃털 따위 장식이 달리고 챙이 없는 〈동그란 모자〉다.

○ 「내 청을 들어주면, 네가 갖고 싶어 했던 그 털모자를 선물로 보내 주겠어.」

이런 식의 무책임하고 무성의한 〈표기〉는 All That Jazz(시끄러운 세상)의 제목을 「올 댓 재즈」라 번역하고, Against All Odds(모든 역경에도 불구하고)를 〈어게인스트〉라 번역하고, All Ladies Do It(여자들은 다 그런다)라는 야한 제목을 〈올 레이디 두 잇〉이라 번역하고, About a Boy(소년 때문에)를 〈어바웃 어 보이〉라 번역하고, Enemy at the Gates(코앞의 적)을 〈에너미 앳 더 게잇츠〉라 번역하고, W. 서머셋 모음 원작의 소설 『벗겨진 베일 The Painted Veil』의 우리말 기존 제목을 버리고 The Painted Veil을 〈페인티드 베일〉이라고 번역하는 차원의 직무유기에 해당된다.

torch

"I carry a hell of a torch"

✘ 정말 견디기 힘들군요.

☛ 「니클로디온」에서 라이언 오닐 감독이 여배우 스텔라 스티븐스에게 고백한다. carry a torch(횃불을 들고 돌아다닌다)는 〈연모의 불길을 태우다〉 또는 〈짝사랑을 한다〉는 뜻이고 hell of는 〈굉장히〉라고 강조하는 말이다.

○ 「미칠 듯 사랑한다니까요.」

「바람과 함께 지다」에서는, 느닷없이 로렌 바콜과 로버트 스택이 결혼해 버리자, 취재를 온 신문 기자가 먼저 바콜을 좋아했던 록 허드슨의 성난 표정을 보고 비아냥거린다.

「Your torch is burning.」
× 「화가 나신 것 같군요.」

〈당신의 횃불이 타오른다〉는 표면적인 의미에 중요성을 지나치게 부여했기 때문에 나온 번역이 아닌가 싶다. 〈한 방 맞으셨군요〉라거나 〈속상하시겠습니다〉라는 식으로 둘러댔어도 괜찮았을 듯싶다.

○ 「사랑의 불꽃이 꺼지질 않은 모양이군요.」

torture

"Setting that in front of my eyes. Is there no limit to the torture an Oriental mind can think up?"

✘ 날 고문시키려고 금을 여기 둔 거야.

☛ 「갠가 딘」에서 황금으로 장식한 사원에 피신했다가 적에게 포위된 캐리 그랜트가 인도 반란군의 지도자에게 소리친다. 하다가 만 듯한 번역이다. 제대로 하면 이런 내용이다.

○ 「(저렇게 많은) 황금을 내 눈앞에 놓아두다니. 동양인의 머리로 생각해 내는 고문 방법에는 끝도 없단 말이냐?」

touch

"So strange to think of you touched by a woman."

✘ 당신이 여자와 같이 있는 모습이 상상이 안 돼요.

☛ 「사브리나」에서 요트 놀이를 하던 험프리 보가트는, 대학생 시절에 좋아했다는 촌스러운 노래를 라디오로 들으며, 당시에 사귀었던 여학생이 생각나서 울적해진다. 오드리 헵번이 신기해한다. touch는 〈감동시키다〉 또는 〈마음을 움직이다〉라는 의미로도 자주 쓰인다. 헵번은 〈여자 때문에 당신(처럼 일밖에 모르는 사람)이 상심했다는 사실이 정말로 이상하다〉고 생각한다.

○ 「당신이 어떤 여자 때문에 마음이 흔들렸다는 생각을 하니 참 이상하군요.」

「춘희」에서 (모처럼 돈이 좀 생겼다고 좋아하는) 로버트 테일러에게 그레타 가르보가 짜증을 부린다.

「Don't you touch it.」
× 「그냥 냅둬요.」

아무리 곱게 그리고 눈물겹게 꾸몄더라도 소설 『춘희』는 본질적으로 화류계 여성과 놀아나는 한량에 관한 얘기다. 하지만 시와 사군자를 배웠던 우리나라 기생이나 마찬가지로 서양의 고급 기생courtesan들도 나름대로의 멋과 격식을 갖추며 유행의 첨단에 서고는 했다. 기생의 치마폭에 그림을 그리던 한량 화가의 경우처럼, 비록 성적인 유희를 격상시키는 겉치장에 지나지 않기는 했더라도 말이다.

「춘희」에서 가르보와 테일러의 관계는 성춘향과 이몽룡이 신방을 꾸미던 상황과 비슷하다. 그런데 성춘향이 이도령에게 〈냅둬요〉라는 식의 무식하고 몰상식한 말투를 사용할까? 더구나 가르보는 몇 시간 전에 찾아왔던 테일러의 아버지 라이오넬 배리모어로부터 아들과 헤어져 달라는 간곡한 부탁을 받고 비탄에 빠진 상태다. 〈그냥 냅둬요〉는 〈내 몸에 손을 대지 말라〉고 경고하는 말처럼 들리는데, 목적어인 it(돈)와 강조형 you에는 전혀 신경을 쓰지 않고 Don't touch라는 두 단어에 대사에는 나오지조차 않는 me를 자의적으로 연결해 놓은 번역처럼 보인다.

○ 「그런 돈은 함부로 쓰지 말라고요!」

tough

"Tough."

✗ 불량배.

☛ 「젊은 사자들」에서 먼고메리 클리프트 일병이 〈고문관〉 노릇을 하는 바람에 다른 병사들까지 주말 외출이 취소되자, 화가 난 내무반 고참들이 그가 양말 속에 숨겨 놓은 20달러를 훔쳐 가고 대신 쪽지 한 장을 남겨 놓는다. 쪽지에 적힌 단어(예문)는 한 마디뿐이다. 〈터프한 남자〉니 뭐니 걸핏하면 사람들이 입에 올리는 〈터프〉를 생각하며 〈불량배〉라고 번역한 모양이다. DVD에서는 〈돈〉이라고 번역했다. 속어로 〈돈〉을 뜻하는 dough라고 착각한 모양이다. 쪽지의 글은 tough luck의 줄인 말로서, 〈재수 옴 붙으셨군〉 정도의 의미가 되겠다.

town

"Next to the post office is the town hall, jail's in the basement."

✗ 우체국 옆이 시청이고, 교도소는 지하에 있죠.

☛ 「우리 읍내」의 해설자가 마을을 내려다보면서 안내한다. 작품의 제목이 〈우리 읍내〉인데, 읍

에는 읍사무소는 있을지언정 〈시청〉은 없다.(☞ mayor) 영화의 무대가 된 마을은 도둑조차 없어서, 〈페어차일드 부인은 밤이면 앞문을 잠근데요〉라는 〈해괴한〉 소문이 나돌고, 〈도시 사람들 흉내를 내느라고 그런다〉며 흉을 볼 정도다. 등장인물들의 말투나 고유 명사와 마찬가지로, 별명과 호칭 따위도 한 작품 안에서는 일관성을 유지하는 것이 바람직하다. jails도 읍사무소 지하실에 자리를 잡았다면 〈교도소penitentiary, prison〉가 아니라 〈유치장〉 정도겠다.

○ 「우체국 옆이 읍사무소인데, 지하에는 유치장이 있어요.」

「갈채」에서는, 빙 크로스비를 못마땅하게 여기는 제작자 앤서니 로스에게 연출자 윌리엄 홀든이 화를 낸다.

「That's why you take shows out of town, Cookie.」

× 「래서 쿠키를 데리고 나갔군.」

내용을 모르겠으니까 out과 Cookie 두 단어만 가지고 작문을 해놓은 격이다. Cookie는 제작자의 이름 Cook에 대한 애칭이어서, 지금 홀든이 말을 주고받는 상대방이다. 쿠키더러 〈쿠키를 데리고 나갔다〉니? take shows out of town에서 town은 연극의 본바닥인 뉴욕(브로드웨이)을 뜻한다. 미국 연극계에서는 성공 여부를 예측하기 어려운 show(작품)는 일단 시카고나 보스턴 같은 다른 도시에서 공연하여 선을 보인 다음, 전망이 좋아 보이면 본격적으로 뉴욕에서 공연을 펼친다.

○ 「(크로스비의 연기가 아직 안심할 정도가 아니어서) 그러니까 다른 도시에서 공연을 하는 거잖아요, 쿠키.」

trade

"They'll teach him a useful trade."

✗ 그곳에 가면 무역을 가르쳐 준다고요.

👉 「막다른 골목」에서 실비아 시드니의 동생을 용서하지 않고 소년원에 보내려는 이유를 판사가 설명한다. 이 세상 어느 교도소에서도 경제학이나 〈무역〉을 가르치지는 않는다. trade는 재활을 위한 〈기술〉로서, 목공일 따위를 뜻한다. 이 영화에서는 경찰관이, 불량소년들이나 잡으러 다니느라고 따분하고 돈벌이도 되지 않아서, 〈Oh, why didn't I learn a trade?〉라는 불평도 한다. 〈(이럴 줄 알았더라면) 기술이라도 하나 배워 둘 걸 그랬다〉는 뜻이다.

「기분을 내서 다시 한 번」에서는 독선적인 지휘자 율 브리너가 극장에게 큰소리를 친다.

「Now listen to me. I'm Victor Fabian, conductor by trade.」

× 「그러니까 내 말이나 들어보라구. 나는 빅터 페이비안, 전문 지휘자야.」

비전문 지휘자도 있는지 모르겠지만, by trade는 〈직업으로 따지자면〉이라는 말로서, 조금 둘러대면 〈하는 일이 무엇인고 하니〉가 되겠다. 여기서는 〈이래 뵈도〉라는 반어법도 가능하겠다.

○ 「내 말 잘 들어. 나 빅터 페이비언은 직업이 지휘자야.」

trail

"We've got our traffic report up there on the Ho Chi Minh Trail. How's it going up there?"

✘ 이번에는 호지명 도주로의 교통정보를 알려드리죠. 거긴 어떤가요?

☛ 「굿모닝 베트남」에서 사이공에 도착한 로빈 윌리엄스가 첫 방송을 한다. 예문은 DVD의 번역이며, KBS에서 방영했을 때는 〈Follow the Ho Chi Minh Trail〉을 〈호지명 도로를 쫓아가라〉고 번역했었다. Ho Chi Minh Trail은 정상적인 〈도로〉도 아니고 〈도주로〉도 아니며, 우리나라 비무장 지대에 북한군이 뚫어 놓은 땅굴과 같은 공격용 침투로다. 미국과의 전쟁을 하는 동안 월맹에서는, 병력과 보급품을 남쪽으로 계속 내려 보내기 위해 (외교상의 문제로 미군이 작전을 수행하기가 자유롭지 못했던) 캄보디아와의 국경 지대를 따라) 17도선 비무장 지대에서부터 사이공까지를 연결하는 비밀 산악로를 밀림 속에 구축했으며, (이제는 관광 명소가 되어 버린) 유명한 구찌 터널이 그 끝이었다. 전쟁 중에는 한국군이 이 길을 〈호지명 루트〉나 〈호지명 통로〉라고 불렀는데, 필자는 〈호찌밍 산길〉이 적절한 명칭이라고 생각한다. 윌리엄스는 호찌밍 산길에서 월맹군을 만났다면서 이런 설명을 곁들인다.

「Oh, my God. It's the wicked witch of the north. It's Hanoi Hannah!」

✘ 「사악한 월맹 마법사 하노이 한나가 나타났다!」

윌리엄스는 방송을 하는 동안 미국의 역대 대통령과 연예인들 그리고 각계 유명인들의 성대모사를 계속(☞ demilitarized)하는데, 이 대목에서는 「오즈의 마법사」에 등장하는 여러 주인공들의 목소리를 흉내 낸다. wicked witch of the north(북쪽[월맹]의 흉악한 마녀)는 물론 wicked wizard of Oz(오즈의 사악한 마법사)를 흉내 낸 표현이다. 하노이 한나는 미군들의 사기를 떨어트리기 위해 월맹이 심리전에 동원했던 여성 방송 요원으로서, 제2차 세계 대전 당시 악명이 높았던 일본의 Tokyo Rose(도꾜 로즈)를 모방한 인물이었다. 〈Hanoi Hilton〉(하노이의 힐튼 호텔)이라는 명칭도 알아 두기 바란다. 미군 포로들을 가둬 두는 수용소를 그렇게 불렀다.

trample

"Now I was dreadfully afraid that Elsa might have been trampled by some angry elephant."

✘ 난 엘사가 성난 코끼리들에게 짓밟히지 않았는지 걱정됐다.

☛ 「야성의 엘자」에서 사자 때문에 놀란 코끼리 떼가 짓밟아 버린 마을을 둘러보며 버지니아 맥

케나가 해설한다. 가정법 과거 완료형 문장이니까 〈난 엘사가 성난 코끼리에게 짓밟혀 죽을 뻔했으리라는 끔찍한 생각이 그제야 머리에 떠올랐다〉라는 의미다. some angry elephant는 〈코끼리들〉이 아니라 단수여서, 〈어느 성난 코끼리〉라는 말이다. 번역체 티가 귀에 거슬리는 〈걱정됐다〉라는 수동태(☞ beg, deliver, itemized)는 〈걱정했다〉라고 하면 훨씬 우리말답다.

○ 「그래서 혹시 어떤 성난 코끼리한테 엘자가 밟혀 죽지나 않았을까 하고 나는 굉장히 걱정했다.」

traumatic

"Something horrible happened to that girl last summer. Some dreadful traumatic experience of some kind."

✘ 지난여름 캐서린에게 끔찍한 일이 있었어요. 지독한 외상성 경험을 겪은 것 같아요.

☞ 「지난여름 갑자기」에서 엘리자베스 테일러를 면담한 정신과 의사 먼고메리 클리프트가 설명한다. 영어 단어는 그 단어의 의미가 미치는 영역이 따로 있고, 아무리 같은 의미인 우리말 단어를 찾아내더라도 그 의미 영역의 반경이 두 언어에서 항상 일치하지는 않는다. 거듭 강조하건대, 영어 한 단어를 우리말 한 단어로만 알고, 어떤 다른 의미들이 있는지는 꼼꼼히 살펴보지도 않고 번역에 임하는 태도야말로 오역을 범하는 가장 기본적인 잘못(☞ prince, princess, cousin, mayor, soft) 가운데 하나다. 예를 들어 school of fish에서 school이라는 단어를 〈학교〉라고만 생각하여 〈물고기들이 다니는 학교〉라고 하면 안 된다는 얘기다. school of fish는 〈물고기 떼〉다.

전자사전에서 찾아보면 traumatic을 이렇게 설명한다. 〈외상의, 외상 치료의, 정신적 쇼크의, 상처 깊은, 잊지 못할.〉 이런 경우 무성의한 번역자들은 앞뒤 문맥이나 연관된 상황은 따지지도 않고, 별다른 생각도 해보지 않고 무작정 첫 번째 뜻을 채택한다. 그래서 traumatic은 자동적으로 〈외상성 (경험)〉이 된다. 하지만 〈외상성(外傷性)〉이란 무슨 뜻인가? 〈바깥에 입은 상처〉라면 얼굴에 화상을 당하거나 팔다리가 부러지는 등 한눈에 잘 보이는 상처겠다. 그러나 영화에서 테일러는 온몸이 말짱하다. 그렇다면 사전에서 설명한 내용 가운데 처음 두 가지는 젖혀 두고 나머지 셋 가운데 하나를 골라야 한다.

traumatic neurosis(외상성 신경증)는 재해를 당한 뒤에 나타나는 비정상 심리적 반응으로서, 〈외상〉과는 직접적인 관계가 없이 일어나는 〈노이로제〉다. 가장 널리 알려진 traumatic experience는 베트남전 이후 전쟁의 충격으로부터 미군 병사들이 시달리는 후유증인 postwar traumatic syndrome(전후 외상성 증후군)인데, 아무래도 〈외상성 증후군〉보다는 〈신경성 증후군〉이라고 해야 옳을 듯싶다. traumatic은 대부분의 경우 〈(정신적으로) 충격적인〉이라고 옮기면 간단히 해결된다.

○ 「지난여름에 어떤 끔찍한 일이 그 아가씨한테 일어났어요. 뭔가 굉장히 충격적인 그런 경험이요.」

treadmill

"Yes, you are on a treadmill."

✘ 자네들은 러닝머신 위에 있다.

☞ 「하버드 대학의 공부벌레들」에서 존 하우스만 교수는 강의를 하다가 예문에서와 같은 비유를 쓴다. 〈러닝 머신〉 또는 〈런닝 머신〉은 〈헬스 센터〉(☞ mysterious) 현장에서 널리 쓰이는 된장 영어다. 진짜 영어로 running machine이라고 하면 〈도망치는 기계〉라는 뜻이다. treadmill(연자매, 연자방아, 디딜방아)의 tread는 〈밟다〉 또는 〈밟으며 걸어간다〉는 뜻이고, mill은 〈맷돌〉이다. 영화 「삼손과 들릴라」를 보면 빅터 머튜어가 블레셋 사람들에게 잡혀가 지하 감옥에서 매를 맞으며 맷돌을 돌리는데, 그것이 바로 treadmill이다. 이것은 나중에 감옥에서 죄수들에게 벌을 주는 도구로 발전했으며, 이제는 fitness center에서 필수적으로 구비하는 목록이 되었다.

○ 「체육관에서 달리기 운동을 하는 사람을 예로 들겠다.」

trench

"Here's to the boys in the friendly trenches."

✘ 서로 틀어진 남자들을 위하여.

☞ 「최후의 증인」에서 범죄 조직의 두목 론 그린에 대한 증언을 해달라고 데려온 여죄수 진저 로저스가 에드워드 G. 로빈슨에게 술잔을 들어 보이며 하는 말이다. 영어 원문과 번역된 내용이 정반대다. trench는 전쟁터에서 적탄을 피하려고 몸을 숨기기 위해 산등성이 같은 곳에 구불구불 파놓는 〈교통호(交通壕)〉다. friendly trench는 〈아군의 참호〉이며, boys는 〈병사들〉이라는 뜻이다. 로저스는 〈서로 틀어진 남자들〉이 아니라 《(같은 호 속에서 삶과 죽음을 같이 하는) 우리 편 사람들을 위하여》 축배를 제안했다.

trick

"It's just a trick. You don't have to know."

✘ 그냥 속임수예요. 꼭 광고할 필요는 없죠.

☛ 「우디 앨런의 부부일기」에서 〈한 번도 가본 적이 없는 파리를 무대로 한 글을 썼다〉는 여학생이 우디 앨런 교수에게 밝힌 소신이다. don't have to know를 〈알려야 할 필요가 없다〉는 뜻으로 착각한 듯싶다. 여학생의 주장은 〈꼭 파리를 가보고 파리에 대해서 잘 알아야만 파리에 대한 작품을 쓰는 것은 아니다〉라는 논리다. 작가의 상상력을 옹호하는 말이다.

○ 「그냥 요령인 셈이죠. 알아야만 쓰는 건 아니니까요.」

「갈채」를 보면, 길거리에서 꿈과 희망을 파는 약장수 빙 크로스비가 상상력의 가치를 사람들에게 선전한다.

「There's no trick in believing in just what you see. The trick is in believing in what you can't see. You've got to visualize the indiscernible.」

✘ 「여러분이 보는 것을 믿는다면 속임수는 없어요. 믿지 않는다면, 속임수처럼 보이겠죠. 보이지 않는 것을 실현해 보세요.」

크로스비는 〈속임수〉가 아니라 〈믿음〉을 가르치려고 한다. 여기에서의 trick은 〈속임수〉가 아니라 〈(현실을 초월하는) 능력〉이다.

○ 「눈에 보이는 대상만 믿는다면 그것은 대단한 일이 아닙니다. 보이지 않는 대상을 믿을 줄 알아야 대단하겠죠. 눈에 보이지 않는 대상은 상상의 눈으로 봐야 합니다.」

tricycle

"Don't sit there and pout as if I'd just taken away your tricycle."

✘ 내가 무슨 당신의 자전거를 훔치기라도 한 듯 그렇게 시무룩하게 있을 거요?

☛ 「갈채」에서 주연 배우가 없어 난처해진 연출자 윌리엄 홀든에게 제작자가 하는 잔소리다. 원문을 보거나 듣지 않고, 번역문에서 〈자전거〉라는 단어를 접한 사람은, 바퀴가 두 개인 자전거를 생각했을 확률이 십중팔구다. 원문의 tricycle은 〈세발자전거〉다. 바퀴가 두 개인지 세 개인지를 왜 따지느냐고 묻는 사람은 아직도 자신이 〈오역〉을 했다고는 생각하지 않는다. 세발자전거는 어린애가 탄다. 그리고 예문에서 제작자가 홀든에게 잔소리를 하는 내용은 〈어린애처럼 굴지 말라〉는 뜻이다. pout(입을 삐죽거리다, 토라지다) 또한 〈시무룩하다〉와는 거

리가 있다. 〈시무룩하다(좋지 않은 일로 풀이 죽어 활발치 못하거나 우울하다)〉는 주로 어른이나 남자에게 적용하는 표현이고, pout(암상을 내다, 뽀로통하다, 삐졌다)은 여자나 어린애에게 훨씬 잘 어울린다.

○ 「세발자전거를 빼앗긴 애처럼 그렇게 심통이 나서 앉아 있지만 말고. (어서 무슨 말이라도 해봐요)」

trifle

"Miss Bennet, I'm not to be trifled with!"

✘ 나는 장난치러 온 것이 아니에요.

☞ 「오만과 편견」에서 말대꾸를 하는 그리어 가슨을 에드나 메이 올리버 부인이 야단친다. trifle은 명사면 〈하찮은 것〉이고 동사는 〈우습게 보다〉 또는 〈가지고 논다〉는 뜻이다. 부인은 〈내 앞에서 함부로 까불지 말라〉고 호통을 친 것이다.

○ 「베닛 양, 나한테 함부로 하면 못써요!」

trigger

"Nobody gets trigger-happy tonight."

✘ 오늘 밤은 총질을 금한다.

☞ 「지옥의 전장」에서 밤을 보내려고 개인호를 파는 분대장 네빌 브랜드에게 리처드 위드마크 소대장이 주의를 시킨다. 예문 그대로 명령을 따른다면 적병이 참호로 돌격해 들어와도 총을 쏘지 말라는 말인가? 서부 영화에 자주 등장하는 단어 trigger-happy는 〈함부로 총을 뽑아 대는〉 행동을 뜻한다. 여기서는 《꼭 필요한 경우가 아니면》 쓸데없는 총질은 하지 말라〉는 경고다. 〈아 다르고 어 다르다〉는 속담은 번역에서 정말로 명심해야 할 철칙이다. 개별적인 우리말 단어의 선택이 지니는 중요성은 〈I knew that〉을 〈나는 그것을 알았다〉라고 하는 번역과 〈그럴 줄 알았다〉가 하는 번역의 차이를 빚어낸다.

이 장면에서는 〈Flare gun fires〉라는 자막을 〈신호탄〉이라고 번역했는데, flare는 어떤 신호를 보내기 위한 〈신호탄〉이 아니라, 어둠 속에서 적의 동태를 관찰하기 위해 사방을 밝히는 〈조명탄(照明彈)〉이다.

troop

"There is some talk troops are on the way, but they always talk like that."

✘ 군단에 관한 얘기도 있었어요. 하지만 항상 그런 얘기는 있잖아요.

☛ 「누구를 위하여 종은 울리나」에서 마을을 다녀온 유격대원이 동지들에게 소식을 전한다. 이 영화의 번역에서도 역시 전쟁과 군사에 관한 지식에 있어서 취약점이 몇 군데 드러난다. 〈군단〉(☞ army)과 troop(군대, 병력)은 완전히 별개의 단어다.

○ 「병력이 투입된다는 얘기가 돌기는 하지만, 그건 항상 나오는 소리잖아요.」
개리 쿠퍼가 노인 유격대원에게 다리를 통과하는 병력과 차량을 관측하라고 지시하는 장면에서도 troop이 장애를 일으킨다.

「Each mark will mean a troop of 20 mounted men. Understand?」

✘ 「각 표시는 말 탄 군인 스무 명의 한 부대를 의미해. 1중대에 표시 한 개.」
〈중대〉는 〈스무 명〉이 아니라 200여 명으로 구성된다. 그리고 〈1중대〉는 〈제1중대〉처럼 부대를 식별하는 명칭이고, 병력을 계산할 때는 〈1개 중대〉라고 한다.

○ 「한 개를 표시하면 기병 20명이라는 뜻이에요. 알겠죠?」
폭파할 다리를 정찰하러 나갔을 때는 쿠퍼가 노인에게 묻는다. 〈How many men at the sawmill?〉(제재소에는 몇 명이나 있죠?)

「Eight and the corporal.」

✘ 「사병 8명하고 하사관 1명.」
요즈음 군대에서는 〈사병〉이라 하지 않고 〈병사〉라고 부르며, 〈하사관〉이라는 명칭도 〈부사관〉으로 바뀌었다. eight (men)은 〈병사 8명〉이 맞고, corporal 앞에 정관사가 붙은 까닭은 먼저 언급한 병사들을 지휘하는 corporal임을 밝혀 두기 위해서다. 전체 인원이 9명이니까 1개 분대 병력이고, 그러니까 corporal은 분대장이 되겠다. 따라서 이 corporal은 〈상병〉(☞ sergeant)이 아니라 corporal first class(하사)인 모양이다.

trophy

"I am going to have a baby. We came down to Africa to get a trophy. Now he got his and I got mine."

✘ 우린 전리품을 가지러 아프리카로 왔는데 이제 둘 다 갖게 됐어요.

☛ 「킬리만자로」에서 에바 가드너가 사냥 안내인 토린 태처에게 인생살이 자문을 구하려고 하

는 장면이다. 〈전리품〉은 전쟁터에서 챙긴다. 사냥을 가서 얻는 trophy는 죽인 동물의 목을 잘라 장식품으로 만들어 벽에 붙여 놓는 〈박제품〉을 뜻한다. 하지만 가드너가 얻은 〈아기〉는 전리품도 아니고 〈박제〉도 아니다. 영어로는 한 단어인데 우리말로는 여러 단어인 이런 어휘들이 번역에서 사람을 불편하게 만든다. 그럴 때는 〈전리품〉과 〈박제〉를 다 버리고 두 경우에 모두 어울리는 새로운 단어를 찾아내도록 노력해야 한다. 여기서는 〈소득〉이라는 단어로도 해결이 가능할 듯싶지만, 이런 번역은 어떤지 모르겠다.

○ 「난 아기를 가졌어요. 우린 무언가 얻으려고 아프리카로 왔죠. 이제 그이는 박제를 얻었고 난 아기를 얻었죠.」

EBS 「특선다큐멘터리」 〈윌리엄 홀든〉 편에서 아프리카로 사냥을 갔을 때 코끼리가 처음 앞에 나타난 순간을 홀든이 회상한다.

「I couldn't do it to accomplish the trophy.」

✗ 「나는 상을 타겠다고 그 코끼리를 쏠 수는 없었습니다.」

사냥터에서 무슨 상을 준다는 말인가? 〈박제한 벽걸이 장식을 얻으려고 코끼리를 죽일 수는 없었다〉는 말이다.

trout

"Already in imagination he catches trouts."

✗ 마음 속으로는 이미 숭어를 잡고요.

☞ 「아라비아의 로렌스」에서 외교관 클로드 레인스가 잭 호킨스 사령관에게 평범한 생활로 돌아가고 싶어 하는 피터 오툴의 심정을 전한다. 오툴이 (은퇴 생활을 즐기면서) 낚시로 잡으려던 물고기는 〈송어〉다. 「흐르는 강물처럼」에서 브래드 피트가 예술적으로 잡아 내는 최고급 낚시의 대상어가 송어고, 〈숭어mullet〉는 바닷고기다. 숭어는 몰이를 해서 그물로 잡고, 미끼조차 달지 않은 〈훌치기〉라는 다소 무식한 방법으로 낚기도 한다. 그만큼 흔한 고기여서 숭어는 횟감으로도 싸구려 취급을 받는다.

○ 「그는 벌써부터 송어를 낚는 상상을 즐긴답니다.」

우리나라에서는 슈베르트의 피아노 5중주곡 「송어」도 한때 「숭어」라고 잘못 알려지기도 했었다. 지금도 인터넷을 검색하면 〈슈베르트의 숭어〉가 낚여 올라온다.

trust

"Hasn't your own experience taught you that the human heart can't be trusted?"

✘ 아가씨 삶만 뒤돌아봐도 사람 마음은 가변적이란 걸 몰라요?

☞ 「춘희」에서 라이오넬 배리모어가 화류계 여자 그레타 가르보를 찾아가서, 아들 로버트 테일러와 헤어져 달라고 부탁한다. 〈가변적〉은 과도한 문자 쓰기(☞ Greek, soon)여서 창녀와의 대화에는 별로 어울리지 않는다.

○ 「믿지 못할 것이 사람의 마음이라는 사실을 아가씨도 경험을 통해 깨닫지 않았던가요?」

try

"Try to keep a secret in this town."

✘ 비밀로 해주세요.

☞ 「전송가」에서 의사를 만나고 나오는 그녀를 봤다면서 교회 집사가 〈무슨 일이냐〉고 묻자, 마다 하이어가 임신 사실을 인정한다. 예문은 Even if you try to keep a secret in this town, it won't work라는 문장에서 가정법 even if 그리고 주절까지도 생략해 버린 형태다. 다루기가 어려워 보이지만, 자주 만나게 되는 형식이니까 잘 알아 두기 바란다. 〈(손바닥 만한) 이런 동네에서 뭔가 비밀로 하려고 해봤자, 아무 소용도 없다〉는 뜻이다.

「남편은 괴로워」에서 캐롤 오코너 중장에 대한 개인적인 정보를 세밀하게 조사해 놓은 토니 커티스 중령을 직속상관이 〈자네 놀랍군〉이라고 칭찬한다. 그러자 커티스가 〈노력하고 있습니다〉라고 화답한다. 우리말로 번역한 두 사람의 대화가 어색해 보이는 까닭이 무엇일까? 〈You are marvelous〉라고 상관이 칭찬할 때, 커티스가 겸손하게 〈I'm trying〉이라고 대답한 장면에서, trying이라는 진행형의 시제에 지나치게 얽매이다 보면, 이렇게 앞뒤가 안 맞는 대화로 전체적인 흐름이 망가진다. 잠시 후 비행기에서 내리는 오코너 중장이 〈자네 기억력은 여전한가?〉라고 묻자, 커티스는 이번에도 역시 〈노력하고 있습니다〉라고 대답한다. 눈에 보이는 진행형 trying을 지나치게 의식하여 고지식한 번역을 한 결과다. dying 항에서 언급한 바와 같이, 진행형이 나타나면 시제를 바꿔 가면서, 제시된 상황에 알맞은 자연스러운 우리말 표현을 찾아보는 노력이 바람직하다. 그러면 위 대사들이 이렇게 새 모양을 갖추기도 한다.

○ 「자네 대단하구만.」
○ 「고생을 좀 했던 덕택이겠죠.」
○ 「자네 기억력은 여전한가?」

○ 「머리는 자꾸 써야 좋아지지 않겠습니까?」

「버터필드 8」에서 머리를 싸매고 작곡을 하는 에디 피셔에게 고급 창녀 엘리자베스 테일러가 〈Working?(일해?)〉이라고 묻는다. 피셔의 대답이다. 〈Trying to.〉(노력하고 있어.) 피셔는 작곡을 하기는 해야 하는데 〈생각처럼 잘 안 된다〉는 뜻으로 그렇게 말했다. 그렇다면 〈마음대로 안 되는데〉라고 좀 엉뚱해 보이는 번역을 해도 흐름에는 전혀 문제가 되지 않는다.

「특공 그린 베레」에서 존 웨인 대령이 베트남군 대위에게 〈자네 활약이 대단하더구만〉이라고 칭찬하니까, 대위가 〈노력하고 있습니다, 대령님〉이라고 대답한다.

○ 「나름대로 최선을 다 했습니다.」

「돌아온 건파이터」에서 젊은 총잡이가 시비를 거느라고 〈앞을 좀 똑바로 보고 다니시지, 아저씨〉라고 하자, 로버트 테일러는 〈노력 중이야〉라고 퍽 어색하게 대답한다. 〈조심하겠어〉 정도면 무난할 듯싶다.

「사랑과 영혼」에서는 〈패트릭 스웨이지의 귀신을 만났다〉며 드미 무어가 믿어 달라고 하자, 토니 골드윈이 대답한다. 〈Molly, I'm trying to.〉 〈믿고 싶어요〉라고 한 비디오판의 번역이 퍽 좋아 보인다.

---

tunic

"I want a tunic for me to keep off the foul air of Judah."

✘ 난 더러운 유대인 마을의 바람을 막을 모피 옷을 주게.

☞ 「삼손과 들릴라」에서 수수께끼를 푸는 내기에 진 빅터 머튜어에게 블레셋 하객이 요구하는 내용이다. foul air(못된 바람)는 《(바람이 심하고 추운) 나쁜 기후》를 뜻하고, 그래서 역자는 따뜻한 〈모피〉가 생각났던 모양이다. 그리고 나중에 머튜어가 강탈해 온 옷을 블레셋 사람들에게 던져 주면서 wool(양모, 털)을 언급하기 때문에 그런 착각이 일어났는지도 모르겠다. 하지만 wool(모직물)은 사치한 〈모피fur〉하고는 하늘과 땅의 차이가 난다. tunic은 고대 그리스와 로마 사람들이 남녀 다 함께 즐겨 입던 간편하고 수수한 옷이다. 이사도라 던컨이 튜닉을 입고 춤을 추었을 때는 발레 의상하고는 거리가 먼 운동복 비슷한 옷이어서 대단한 화제가 되기도 했다. 「벤허」에서 찰톤 헤스톤이 늘 입고 돌아다니는 옷이 튜닉이다. Judah는 〈유대인 마을〉을 뜻하는 보통 명사가 아니라 고유 명사다.

○ 「난 유다 왕국의 험한 바람을 막아 줄 겉옷 한 벌이 필요해.」

turn

"It's all turned on you somehow."

✘ 당신을 배반한 거예요.

👉 「꿈이 지나간 자리」에서 주정뱅이 남편 제임스 우즈가 정신을 차리고 새 사람이 되려고 하지만, 과거의 잘못이 자꾸만 발목을 잡게 되자, 아내 캐티 베이츠가 상기시킨다. 이 경우에 turn on은 〈~을 향해서 쏟리다〉라는 뜻이므로, 과거의 모든 잘못이 〈배반〉한다기 보다는 〈반격〉한다는 의미여서, 〈그런 모든 일에 대한 죗값을 당신이 치르게 된 거예요〉라고 해야 보다 정확한 번역이 되겠다.

「베라 크루즈」에서 버트 랭카스터의 말을 빼앗아 타고 마을로 들어온 개리 쿠퍼에게 랭카스터의 부하가 〈죽이지 않고는 그의 말을 빼앗을 사람이 없다〉고 의심한다. 그리고 잭 일람이 말을 거든다. 〈Nobody kills Joe Erin unless you shot him in the back.〉(조 애린을 뒤에서 쏘지 않는 한 아무도 그를 죽일 수 없고.) 그러자 쿠퍼의 바로 옆에 서 있던 찰스 브론슨도 한마디 덧붙인다.

「Turn around, mister.」
✘ 「뒤돌아보게나.」

랭카스터의 부하들에게 둘러싸인 쿠퍼는 벽을 등지고 섰기 때문에 뒤를 돌아다보더라도 술병을 진열한 선반밖에 없다. 그런데 무엇 하러 뒤를 돌아다보라는 말인가. 브론슨은 〈(두목이 뒤에서 당했듯이 우리들도 너를 등 뒤에서 쏘고 싶으니) 돌아서〉라는 말이다.

「마지막 황제」를 보면, 어린 황제 푸이의 행차에 따라 나선 푸제가 신기해하며 소리친다.

「They're turning away!」
✘ 「왜 모두들 뒤돌아서죠?」

turn을 〈뒤돌아선다〉고 옮겼지만, 골목에 도열한 평민들은 머리를 떨구거나 돌리기만 할 따름이지, 실제로 돌아선 사람은 절반도 안 된다. 여기에서처럼 동사 turn은 〈(온몸을 움직여) 돌아서다〉보다는 〈시선을 돌린다〉는 의미로 쓰이는 경우가 매우 많다. 그리고 원문이 감탄문이라면 번역도 가급적 감탄문으로 유지하는 편이 좋다. 여기에서처럼 감탄문을 의문문으로 바꿔 놓으면, 다음 문장과 연결이 안 되거나, 어쨌든 다른 사고가 나기 쉽기 때문이다. 황제의 대답을 들어 보고, 두 사람이 주고받는 말이 과연 얼마나 잘 이어지는지 확인해 보기 바란다.

「Of course! Ordinary people are not allowed to look at the Emperor! I am too important.」
✘ 「물론이지. 평민들은 황제 근처에 올 수 없어. 난 아주 중요하거든.」

푸이가 한 대답의 두 번째 문장에서 allowed to look도 〈근처에 올 수 없다〉가 아니다. 그들은 불과 몇 발자국 떨어진 〈근처〉에 이미 와 있고, 아무도 뒤로 물러설 기미를 보이지 않는다. 마지막 문장에서 important도 〈중요하거든〉이라는 고지식한 직역이 번역체의 답답함을 벗어나지 못한다. 이렇게 번역하면 어떨까 싶다.

- ○「사람들이 얼굴을 돌리잖아요!」
- ○「그야 물론이지! 보통 사람들은 황제와 감히 눈길이 마주치면 안 되거든! 난 그렇게 대단한 사람이야.」

「공포」를 보면, 스산한 성에서 바깥출입을 하지 않고 살아가는 보리스 칼로프가 잭 니콜슨 중위에게 설명한다.

「You're the first visitor since the turn of the century.」
- ✕ 「올해 당신이 첫 방문객이오.」

turn of the century는 〈세기century가 바뀌는turn 시기〉라는 뜻이다. 이 영화의 시간적인 배경이 1806년이니까, 〈올해〉가 아니라 〈적어도 6년 동안〉 찾아온 손님이 없었다는 계산이다. 「해리와 아들」에서는 〈언제 검진을 받아 봤느냐〉는 의사의 질문에 폴 뉴먼이 〈About the turn of the century〉라고 대답한다. 〈100년은 됐을 걸요〉라는 번역 역시 잘못이다. 〈아마 지난 세기말이었을 걸〉이라며 웃기려고 한 말이다.

「고소공포증」에서 목이 졸려 숨을 헐떡이는 멜 브룩스의 전화를 받고는 음란한 장난이라고 착각한 매들린 칸이 발끈한다.

「I know a lot of other girls get turned on by these kinky phone calls, but I couldn't really care less.」
- ✕ 「다른 많은 여자들이 이런 변태 전화에 상대해 준다 해도 난 아녜요.」

turn on은 〈성적으로 흥분하다〉 또는 〈발기하다〉라는 뜻이다. 〈이런 야릇한 전화 받으면 덩달아 흥분하는 여자들이 많다고는 하지만, 난 어림도 없어요〉가 보다 정확한 내용이다.

28th

"We open in Boston on the 28th. We are in trouble."

✘ 보스턴 28번가에서 공연을 시작하는데 이런 난항에 빠지다니……

☛ 「갈채」에서 주연 배우가 없어 난처해진 연출자 윌리엄 홀든이 제작자에게 불평한다. 〈28번가에서 공연〉을 하는데 무슨 〈난항(문제)〉이라는 말인지 궁금해서 일부러 지도를 찾아봤더니, 뉴욕과는 달리 보스턴에서는 거리에 숫자를 붙이지 않고 모두 Fulton이나 Chatham 식으로 이름을 달아놓았다. 상식적으로도 〈보스턴 공연〉이라면 충분한데 거리 이름은 왜 갖다 붙이는지 이상해 보인다. 그리고 상식이 통하지 않는 문장은 오역이기가 쉽다.

- ○「스턴 공연은 28일에 시작입니다. 우린 (시간이 촉박해서) 난처하게 되었다고요.」

21

"21?"

✗ 21?

☞ 「바람과 함께 지다」에서 〈식사하러 같이 가자〉며 거의 강제적으로 로렌 바콜을 차에 태운 록 허드슨이 묻는다. 〈Do you know where they serve the best sandwich in the world?〉(세상에서 최고의 샌드위치가 나오는 곳이 어딘지 알아요?) 지금 그들이 향하는 목적지가 〈21〉이기 때문에 바콜이 예문에서처럼 쉽게 추측한다. 하지만 한국인들에게는 난감한 번역문이다. 〈21〉은 작가, 언론인, 방송인 등 각계의 명사들이 드나드는 뉴욕의 고급 식당이다. 서양인들에게는 워낙 잘 알려진 곳이지만, 우리나라 시청자들에게는 《〈21〉이겠죠?》라는 번역만으로는 부족(☞ the)하다는 느낌이다. 〈21 클럽〉이나 〈21 레스토랑〉이라면 훨씬 이해하는 데 도움이 되겠다.

twist

"There's an unexpected twist for you."

✗ 어제만큼 성과를 못올렸구먼.

☞ 「매드 매드 대소동」에서 지미 듀란테가 뜻밖의 교통사고로 사망한 현장에 뒤늦게 도착한 노먼 펠에게 동료 형사가 놀린다. 펠은 지금까지 비밀리에 듀란테를 추적 중이었지만, 뜻밖의 사고로 헛수고를 하고 말았다. twist는 〈성과〉하고는 거리가 먼 〈뒤틀림〉이다. 위 예문은 〈생각지도 않던 일이 벌어져 자네 계획이 꼬였군〉이라는 뜻이다.

type

"〈Watch for the Revolution! It's coming soon!〉 Well, I'll use the big types."

✗ 〈혁명을 기대하시라! 곧 찾아올 혁명을!〉 내가 타자로 치죠.

☞ 「우리집 식구는 아무도 못말려」를 보면, 집에서 만든 폭죽을 선전할 문구를 의논하다가, 도널드 미크의 제안을 더브 테일러가 받아들인다. type은 〈활자〉다. 테일러가 한 말은 〈(폭죽을 선전하는 글을) 큰 글씨로 써넣겠다〉는 뜻이다.

○ 「〈혁명을 기대하시라! 개봉박두!〉 글쎄요, 큼직한 글씨를 써야 되겠어요.」

uncharted

"That part loves the voyage: the open sea, storms, strange-shaped uncharted islands, demons, giants…"

✘ 그런데 여행을 좋아하는 구석도 있지. 넓은 바다, 태풍, 이상한 모양의 섬들, 괴물들, 거인들…….

☞ 「율리시즈」에서 고향이 그리우면서도 항해의 모험을 좋아하는 자신의 심경을 커크 더글라스가 부하 선원에게 털어놓는다. 번역에서 빼먹은 uncharted에서 chart은 〈해도〉나 〈지도〉여서, uncharted(지도에 나타나지 않는)는 〈아무도 모르는(미지의)〉 외딴 섬이나 오지를 묘사할 때 잘 쓰는 단어다.

○ 「그 부분에서는 항해를 좋아하지 — 망망대해, 폭풍우, 이상하게 생긴 미지의 섬, 악마, 거인들…….」

understudy

"Lydia, rehearsal tomorrow at eleven — with two understudies."

✘ 내일 리허설은 11시야. 신입단원 2명 데려와.

☞ 「애수」에서 로버트 테일러와 결혼식을 올리려고 비비엔 리가 공연을 빼먹었다는 이유로 해고하면서, 발레단장이 단원에게 지시하는 내용이다. stand-in(대역)이라고도 하는 understudy는, 무대에 설 배우나 공연자가 갑자기 병이 나거나 하는 경우에 대역으로 내보

내려고, 미리 연습을 시켜 두는 〈예비역〉이다. 주연 배우 못지않게 실력을 갖추어야 하는 〈대역〉이기 때문에, 〈신참〉으로서는 감당이 되지 않는다. 몇 년씩 대역 생활을 하는 사람들도 많다.

○ 「리디아, 내일은 11시에 연습인데 — 대역은 두 명이야.」

「젊은 사자들」에서는 장기 공연 계획이 많아 입대하기가 곤란하다며 건방을 떠는 가수 딘 마틴에게 징집위원장이 빈정댄다.

「Well, this is March. If it runs very long, your understudy will get a break.」

✗ 「지금이 5월이니까, 쇼를 장기공연하게 된다면 대역을 구하는 게 좋을 겁니다.」

March를 〈5월〉이라고 하는 DVD 번역의 수준이다. 여기에서도 〈지금부터 대역을 구하라〉는 뜻이 아니라, 여태까지 연습만 계속하면서 한없이 기다려온 대역이, will get a break(모처럼 기회를 얻게 되었다)라는 완곡한 화법이다.

○ 「그래, 지금은 3월이지. 혹시 (흥행이 잘 되어) 공연이 아주 길어지면 자네 대역이 모처럼 빛을 보겠군.」

---

union

"He received a call from a writer, who told him he had the perfect comedy for Cantor. Not only was it a good comedy, the writer insisted, but it also had a message. 〈Just write me a comedy〉, said the witty Mr. Goldwyn. 〈Messages are for Western Union.〉"

✗ 작가가 전화를 걸어 에디를 위한 코미디라고 했다는군요. 또한 작가는 그 코미디에 메시지가 있다고 했다는데요. 골드윈은 자신이 코미디를 쓰면 서부 연합을 위한 메시지를 담을 것이라고 했습니다.

☞ 『위대한 개츠비』의 작가 F. 스콧 피츠제럴드의 애인이었던 신문사 연예 기자 쉴라 그레이험(데보라 커)이 「비수」에서 라디오로 진출하여 첫 방송을 한 〈할리우드 통신〉의 내용이다. 첫 방송이니만큼 얼마나 신중하게 소재를 골랐을지는 쉽게 상상이 간다. 그래서 영화사의 사장 새뮤얼 골드윈의 〈뛰어난 재치〉를 주제로 삼았고, 1930년대를 풍미했던 에디 칸토를 주연으로 내세울 작품을 골드윈이 물색하다가 생긴 일화를 전한다. 그런데 방송 내용이 전혀 재미가 없고, 골드윈의 〈재치〉도 보이지를 않는다. 이유는 Western Union이라는 고유 명사 하나의 오역 때문이었다.

웨스턴 유니언은 미국의 서부 개척기부터 전보와 전신환을 취급했던 유명한 회사로, 지금은 우리나라에 지사를 두기까지 했다. 「스팅」을 보면, 로버트 쇼에게 보복하기 위해 폴 뉴먼과 로버트 레드포드가 벌이는 사기극 경마에서, 웨스턴 유니언이 큰 역할을 담당한다. 직원한 사람이 종이 띠ticker tape에 적힌 내용을 읽어 가며 경마장에서 벌어지는 진행 상황을 생생하게 알리는데, 이 종이 띠는 웨스턴 유니언이 현장에서 벌어지는 현황을 전보로 알려 주는 〈실황 중계〉다. 과거에는 이런 종이 띠에 찍혀 나오는 전문을 가위로 일일이 잘라 전보용지에 붙여서 집으로 배달해 주고는 했다. 「이중생활」에서는 연극 「오델로」의 200회 공연을 축하하는 전보가 쏟아져 들어오는데, 전보용지의 꼭대기에는 하나같이 Western Union이라는 회사명logo이 찍혀 있다. 「바람과 함께 지다」에서도 석유 회사 사장의 죽음을 애도하는 Western Union 전보가 책상에 수북이 쌓인다. 최근 영화로는, 「진주만」을 보면, 도버 해협에서 추락한 주인공이 비행기로부터 탈출하여 프랑스의 적지에서 몇 달 동안 헤매다가 살아서 돌아온다는 소식도 Western Union 전보용지로 전해진다. 그리고 「백 투 더 퓨처 2」의 마지막 장면을 보면, 1885년에 크리스토퍼 로이드가 보낸 편지를 70년 후에 배달해 주는 남자에게, 마이클 제이 폭스가 〈당신 누구냐〉고 물었더니, 〈Western Union〉이라고 대답한다.

이 정도로 일단 〈웨스턴 유니언〉의 정체를 파악했다고 해도, 영화에서 재치가 넘치는 겹말로 골드윈 사장이 활용한 단어 message의 번역 과정이 아직도 정말 만만치 않은 숙제로 남는다. 웨스턴 유니언에서 전해 주는 세상의 온갖 〈소식〉이 message인가 하면, 작가가 말한 message는 〈(작품의) 주제〉를 뜻하기 때문이다. 겹말의 번역(☞ canary, count, eat, instant, pair, recognize, wagon)은 항상 부담스러운 도전이지만, 말재주와 말장난이 난무하는 희극을 번역할 때는, EBS의 여러 만화 영화나 KBS에서 방영했던 「말뚝 상사 빌코」 같은 작품에서처럼, 빛나는 창의력이 소비자를 즐겁게 해준다.

겹말을 번역하는 한 가지 편리한 요령은, 예를 들어 message의 경우, 〈소식〉과 〈주제〉라는 두 message 단어 가운데 하나만 살리고, 나머지 단어를 그 단어에 맞춰 우리말로 새로운 겹말을 만드는 방법이다. 그러니까 작가의 message는 〈주제〉로 그냥 두고, 웨스턴 유니언의 message도 〈주제〉라는 단어로 통일시키라는 얘기다. 이런 식으로 말이다. 〈웃기면서 너무 《주제》를 찾다가는 《주제》넘는 소리를 들어요.〉 이것을 원문에 접목하면 이렇게 된다.

○ 「작가가 전화를 걸어 와서는 에디 켄터를 위한 기막힌 희극 작품을 준비했다고 그랬다는군요. 작가는 그냥 훌륭한 희극 정도가 아니라, 주제까지 담아냈다고 자랑했답니다. 그러자 재치가 넘치는 골드윈 사장이 한 마디 했죠. 〈희극은 웃기기만 하면 그만이니까, 자꾸 주제를 찾으면 주제넘다는 소리나 들어요.〉」

물론 필자의 제안도 흡족한 정도는 아니지만, 어쨌든 이렇게 창작의 경지로 들어서면, 다양한 표현의 가능성을 발휘할 자유를 한껏 누리게 된다. 내친 김에 서부 개척사에서 꼭 알아야 할 〈유니언〉 고유 명사를 하나 더 공부해 보자. 「내일을 향해 쏴라」를 보면, 오래간만에 산채로 돌아온 두목 폴 뉴먼에게 부하가 보고한다. 〈유니언 열차Union Pacific를 털 준비를 하는 중이야, 붓치 형. 벌이가 꽤 괜찮을 거야.〉 「미주리 브레이크」에서는 잭 니콜슨이 말도둑 친구들에게 〈유니언〉 소식을 전한다. 〈They hit the Union Pacific down there so many times the place's begun to look like a lawmen's convention.〉(남쪽에서는 유니언 퍼시픽이 어찌나 자주 강도를 당했는지 보안관들이 총집합을 했더군.)

the Union Pacific Company(유니언 퍼시픽 철도 회사)에서 건설한 북미 대륙 횡단 철도는, 서부 개척과 미국의 발전에 크게 기여했으며, 수많은 영화에서 당당한 〈주인공〉 노릇을 한다.

대표적인 작품으로는 랜돌프 스콧의 서부극 「캐나다 대평원」, 세실 B. 드밀의 대작 「대평원」이 있고, 미국의 건국 신화 「서부 개척사」에서도 상당한 부분을 이 철도의 건설 뒷얘기에 할애했다. 「흐르는 강물처럼」에서 브래드 피트의 형이 대학에 가느라고 몬태나를 떠나는 장면에서는 이런 해설이 나온다. ⟨In the autumn of 1919, I boarded the Northern Pacific for a 3,000-mile trip east to the unknown.⟩(1919년 가을에 나는 노던 퍼시픽 열차에 몸을 싣고 동부 미지의 세계를 향해 5,000킬로미터의 장정을 시작했다.) Northern Pacific도 같은 회사에서 미국 북부에 건설한 철도니까, ⟨북대서양⟩이라고 오역하는 실수를 범하지 않기 바란다. 「무법지대」에서는 애리조나의 투손 지역의 외딴 마을 간이역에서 4년 만에 처음 정차하여 스펜서 트레이시를 내려 주는 열차가 Southern Pacific 특급이다.

unnerve

"It was not that the other children hated him; they felt unnerved by him."

✘ 그를 사랑하지 않았을 뿐이죠.

☞ 「향수」에서 (하는 행동이 이상하기 때문에) 다른 거지 아이들이 모두 주인공을 꺼리는 장면의 해설이다. 지나치게 요약해 놓아서 알맹이가 빠져 버린 듯한 번역이다.
○ 「다른 아이들이 그를 미워했던 것은 아니고, 그들은 그를 보면 그냥 주눅이 들었다.」

unpredictable

"Sorry, he's unpredictable, too."

✘ 예측할 수 없는 사람이야.

☞ 「무법지대」에서 어니스트 보그나인이 스펜서 트레이시에게 자꾸 시비를 걸자 로버트 라이언이 옆에서 변죽을 올리는 말이다. 성격을 묘사하기 위해 자주 동원되는 unpredictable을 눈에 보이는 predict에 지나치게 치중하여 곧이곧대로 ⟨예측할 수 없는⟩이라고 하는 예가 많은데, ⟪(무슨 짓을 저지를지) 종잡을 수 없는 사람⟫이 훨씬 우리말답다는 생각이다. too는 ⟨지금까지 보여 준 행동만 해도 못된 인간이라고 하겠지만, 거기다가⟩라고 덧붙이는 말이다.
○ 「뿐만 아니라 미안하게도 저 친구는 도대체 무슨 짓을 저지를지 알 길이 없는 사람이기도 하죠.」

up

"Your three minutes are up."

✘ 3분이나 지났어.

☞ 「사브리나」에서 윌리엄 홀든을 〈all my life(평생) 사랑하다가〉 며칠 사이에 그의 형 험프리 보가트를 사랑하게 된 오드리 헵번이 죄의식을 느낀다. 헵번은 보가트를 만나지 않으려고 저녁 약속을 취소하겠다고 전화를 건다. 하지만 그녀는 이미 보가트의 회사 건물 현관까지 와 있고, 왜 만나면 안 되는지 이런저런 핑계를 헵번이 두서없이 둘러대는 동안, 보가트는 수화기를 탁자에 놓고 승강기로 현관까지 내려온다. 그런 줄도 모르고 공중전화로 핑계를 계속하는 헵번에게 보가트가 등 뒤에서 예문에서처럼 말한다. 이렇게 세대차로 인한 오역도 생겨난다. 특히 젊은 세대는 경험의 폭이 제한되어서 지난 시대를 제대로 파악하지 못하고, 그래서 엉뚱한 번역으로 빗나간다.

첫 단어 your부터 주의해야 한다. your three minutes는 〈고객님의 3분〉이란 뜻이다. 무슨 얘기냐 하면, 옛날 전화 교환수가, 특히 장거리 통화의 경우, 〈기본요금을 다 쓰셨으니 통화를 계속하려면 동전을 더 넣으세요〉라고 안내하는 말이다. 무안해진 헵번은 〈멍청하게 나 혼자 떠들었잖아요〉라며 전화를 끊는다. 보가트가 뒤이어서 하는 말도 위 문장을 이해하지 못하면 무슨 뜻인지 알기가 어렵다.

「You wasted the dime too.」

✘ 「10센트를 낭비했잖아요.」

〈(통화료를 10센트나 내면서) 전화는 할 필요도 없었다〉라는 뜻이다.

「피츠카랄도」에서 고물 증기선을 수선하여 아마존 강을 거슬러 올라가는 동안, 원주민 기관사가 혼자 푸념을 한다.

「I wonder what this character is really up to.」

✘ 「언제 준비가 완료될지 정말 궁금해.」

번역할 때 무시하고 넘어가려는 유혹을 받기 쉬운 세 단어(be 동사, 부사, 전치사)가 똘똘 뭉쳐서, 〈문장에 담긴 모든 단어는 저마다 존재 가치가 있다〉는 진리를 무시하려는 역자를 속여 골탕을 먹이는 듯한 문장이다. 단어 하나라도 깔보다가는 〈당한다〉는 대표적인 사례다. 예문의 is (really) up to에서 be 동사 is는 〈~한 상태에 임하다〉라는 뜻이고, 부사 up은 〈올라가다〉이며, 전치사 to는 〈~에〉다. 그래서 셋이 합치면 〈~한 상태에 바싹 올라간〉이라는 의미가 된다. 매우 흔한 관용어 is up to는 〈~을 도모하려는 상태에 임하다〉라는 의미다. 기관사는 클라우스 킨스키가 고철 덩어리 같은 배를 수선하여 아마존 강을 거슬러 올라가는 〈속셈〉을 알 길이 없고, 그래서 기관사는 이런 생각을 한다.

○ 「도대체 이 작자가 정말로 무슨 꿍꿍이속인지 궁금하구먼.」

「미니버 부인」을 보면, 남편 몰래 모자를 산 그리어 가슨과 아내 몰래 자동차를 계약한 월터 피전이 서로 자꾸 말꼬리를 한참 빙빙 돌리다가 결국 가슨이 피전에게 묻는다.

「What have you been up to?」
× 「여보, 하고 싶은 말이 뭐예요?」
○ 「당신 무슨 일이라도 저지른 거 아닌가요?」

upstairs

"Come on, give me the snapper, the punch line. You want me to kick Erskine upstairs?"

✘ 요점을 말하게. 어스킨을 전출시키란 말인가?

☞ 「공격」에서 부하를 19명이나 희생시킨 비겁한 중대장 에디 앨버트에 대해 불평하는 부관에게 리 마빈 대대장이 반문한다. snapper(딱 부러지게 하는 말)는 punch line(요점, ☞ eligible, if)과 유의어다. upstairs는 단순한 〈전출〉이 아니라, 전투지휘관으로서는 자질이 부족하니까 〈행정직desk job〉으로 돌린다는 뜻이다.

○ 「이봐, 빙빙 돌리지 말고, 요점을 얘기해. 어스킨을 (사령부로) 올려 보내란 말인가?」
여러 영화의 파티 장면에서 go upstairs(위층으로 올라가다)라는 표현이 가끔 나오는데, 이것은 성관계를 갖자는 제안이다. 파티는 아래층 거실에서 열리기가 보통이지만, 침실은 위층에 있기 때문이다.

use

"Good, I can use dynamite."

✘ 그래, 나도 다이너마이트 사용할 줄 알지.

☞ 「누구를 위하여 종은 울리나」에서 개리 쿠퍼의 배낭 속에 다이너마이트가 들었다는 말을 듣고 유격대장 아킴 타미로프가 좋아한다. good은 〈그래〉가 아니라 〈좋다〉는 뜻이다. 그런데 그 단어가 왜 들어갔을까? 어떤 한 문장에 담긴 모든 단어는 그곳에 존재해야 하는 이유가 저마다 따로 있다. 그러니까 번역을 할 때는 단 하나의 어휘도 건성으로 넘겨서는 안 된다. 그렇다면 타미로프가 왜 〈좋다〉고 했는지를 알아봐야 한다. 해답의 열쇠는 need와 같은 의미로 통용되는 use에 있다. 타미로프가 한 말은 〈그렇지 않아도 아쉽던 터에 다이너마이트를 가져왔다니 잘 됐군〉이라는 뜻이다.

「내추럴」을 보면, 로버트 레드포드 선수가 컴컴한 사무실에서 일하는 구단주에게 충고한다. 〈You can use a little more light, though.〉(하지만 빛을 조금 더 사용할 수도 있잖아요.) 괄호 안의 〈직역〉이 무슨 뜻인가 하면, 〈불빛이 더 필요하다〉, 그러니까 〈방 안의 불빛을 좀 더 밝혀야 하지 않겠느냐〉는 말이다.

「스윙」에서 술이 잔뜩 취해 담벼락에다 소변을 보던 남자가 휴고 스피어에게 〈Will you shake my hand?(나하고 악수할래요?)〉라고 청한다. 스피어가 힐끗 내려다본다.

「You're using it.」

× 「원한다면.」

퍽 쉬운 문장인데 오역이 나왔다. 남자는 소변을 보느라고 오른손으로 무엇을 잡고 있어서, 스피어는 〈손을 사용 중이잖아〉라고 말한다. 〈손이 바쁘신데 악수는 무슨 악수냐〉는 뜻이다. 〈지저분해서 싫다〉는 의미로 한 말이다.

「돌아오지 않는 강」에서 인디언이 쏜 화살에 어깨를 다친 소년에게 속옷 한쪽을 찢어 붕대로 만들어 감아 주면서 마릴린 몬로가 투덜거린다.

「If things keep on this way, I'll be using up a good camisole.」

× 「계속 이런 식이라면 좋은 속옷을 입고 다녀야겠군.」

up이라는 부사 하나를 깔보고 번역을 안 했다가 오역을 범한 형국이다. 동사와 결합하여 〈종결〉이나 〈완성〉 또는 〈충만〉을 나타내는 강의어 up이 use를 만나 이루어진 use up은 〈거덜이 나다(몽땅 다 써버리다)〉라는 뜻이 된다.

○ 「이런 식으로 나가다가는 멀쩡한 속옷 한 벌이 다 달아나겠어.」

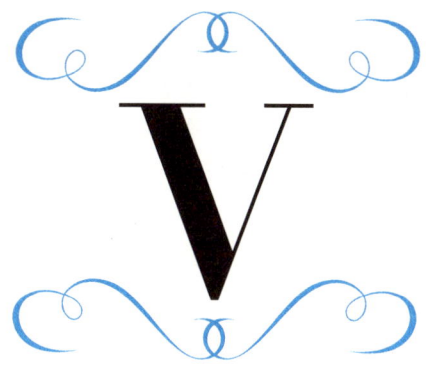

validity

"There's absolutely no validity to penis envy theory?"

✘ 그럼 페니스 선망 이론이 전혀 효력이 없단 말인가요?

☛ 「고소공포증」에서 멜 브룩스의 강연이 끝나고 질의응답 시간에 나온 질문이다. penis envy theory(남근을 선망하는 심리)에 대한 validity는 〈효력〉이 아니라 〈타당성〉이나 〈당위성〉이라는 뜻이다. 〈그런 이론이 전혀 성립되지 않는다는 말인가요?〉라고 풀어도 되겠다. 영어의 penis는 〈페니스〉가 아니라 peanuts(땅콩)처럼 〈피너스〉라고 발음한다. 〈페니스〉는 〈머스탱 mustang〉을 〈무스탕〉(☞ moray)이라고 일본식으로 적는 격이다.

Vanderbilt

"Like a secondhand Vanderbilt."

✘ 중고 밀매업자 같네.

☛ 「애심」에서 킴 노박의 집으로 가려고 자동차까지 구입한 타이론 파워가 한껏 차려입고 제임스 휘트모어에게 묻는다. 〈How do I look?〉(저 어때요?) 예문은 휘트모어가 놀리는 말이다. 밴더빌트 가문은 1810년부터 뉴욕의 운송과 금융계를 장악했던 대부호로서, 카네기와 록펠러만큼이나 세계적으로 유명한 미국의 재벌 집안이다. 〈밀매업자〉하고는 완전히 차원이 다르다. 번역자는 〈내가 모르는 것은 다른 사람들도 모른다〉라고 위험한 오만함을 가지면 안 된다. 소비자들 중에는 역자보다 지적 수준이 높은 사람이 얼마든지 많다.

잠시 전에 휘트모어가 〈어디서 차를 샀느냐〉고 물었을 때 파위는 이렇게 대답했었다. 〈It belonged to one of the Vanderbilts.〉(부자가 타던 차예요.) 이 경우에도 단순히 〈부자〉라는 말은 밴더빌트 가문을 과소평가한 표현이겠다. 차라리 원문 그대로 〈밴더빌트 집안 사람이 타던 차예요〉라고 했다면, 비록 밴더빌트가 누구인지 모르는 관객까지도 〈아마 대단한 집안의 사람인 모양〉이라고 막연하게나마 감을 잡으리라는 생각이다. 그러니까 secondhand Vanderbilt는 〈한물간 밴더빌트 집안 사람〉이라는 식으로 둘러대면 될 듯싶다.

하지만 어떤 이름은 처리하기가 그렇게 쉽지가 않다. 「사랑의 행로」에서는 (미셸 파이퍼를 의상점으로 끌고 가서 보 브릿지스가 방금 사준 무대 의상에 그대로 붙어 있는 가격표를 보고) 업소의 사장이 묻는다. 〈Who's this? Minnie Pearl?〉(누구야? 미니 펄?) 미니 펄은 미국의 농촌을 무대로 한 코미디 「히 호Hee Haw(당나귀가 우는 소리임)」에서 멋쟁이 시골 할머니로 나오는 여자였는데, 항상 가격표를 떼지 않은 새 모자를 쓰고 등장하고는 했다. 우리나라에서는 미군방송 AFKN에서만 이 프로그램을 방영했으며, 당시에 활동을 시작한 〈서태지와 아이들〉 가운데 한 사람이 미니 펄처럼 옷에 가격표를 달고 나와 춤을 추고는 했었다. 하지만 대부분의 사람들이 누구인지 모르는 이름을 그대로 번역하느니, 〈가격표〉에 초점을 맞춰 이런 식으로 웃겨 보면 어떨까 싶다. 〈가격표 달고 다니는 저 여자 누구야? 팔려고 내놓았어?〉

vaudeville

"Or still, you can go back to vaudeville."

✘ 그것도 안 되면 가극을 다시 해도 되지.

☞ 「사랑은 비를 타고」에서 유성 영화의 등장으로 앞길이 막힌 배우 진 켈리를 도널드 오코너가 위로하는 말이다. 〈가극〉은 opera다. 무대 예술 가운데 가장 고상한 형태가 가극이다. vaudeville은 노래와 춤과 희극 따위를 잡탕으로 섞은 싸구려 공연이다. 1950~60년대 우리나라에서도 많이 공연했던 variety show와 비슷한 형태로서, 〈딴따라〉라는 말이 아주 잘 어울리는 분야라고 하겠다. 〈보드빌〉을 〈가극〉이라고 한다면, 〈짬뽕〉도 〈상어 지느러미 요리〉다.

○ 「그보다는 아예 딴따라 판으로 돌아가는 게 좋겠어.」

vegetarian

"The dinosaurs were vegetarians. That's why they became extinct. They were just too gentle for their size."

✘ (공룡은) 포식동물이었던 거죠. 그래서 멸종했어요. 몸집에 비해서 지

나치게 온순했거든요.

☞ 「지난여름 갑자기」에서 캐더린 헵번이 먼고메리 클리프트를 열대 우림처럼 꾸며 놓은 정원으로 안내한다. vegetarian은 〈포식〉이 아니라 〈초식 (동물)〉이다. 몰라서가 아니라 순간적인 착각으로 일어난 오역인 듯싶다. 알면서 저지른 잘못은 몰라서 저지른 잘못보다 훨씬 나쁘다. 이 영화를 담당했던 역자는 이런 소홀한 습성이 몸에 밴 모양이다. 엘리자베스 테일러가 정신병원에서 클리프트에 관한 얘기를 다른 의사에게 할 때는 이런 오역이 나오기도 했다.

「Wonder why he isn't blond. They are usually blond with eyes that blue.」

✗ 「왜 갈색이 아닌지 궁금해요. 의사는 대개 푸른색인데 말예요.」

두 번째 문장의 번역문만 보면 지구상에는 온몸이 파란 사람(의사)도 있다는 뜻이다. 원문의 내용은 이렇다.

○ 「왜 머리가 금발이 아닌지 모르겠어요. (북유럽 사람들처럼) 눈이 그렇게 파란빛이면 머리카락은 대부분 금발이던데요.」

veteran

The Bronx Veterans Hospital

✗ 브롱스 전역자 병원

☞ 「7월 4일생」에 나오는 병원 안내판이다. 군대나 다른 특수 집단에서 사용하는 용어는 가능하면 고유한 표현을 제대로 찾아서 써주는 것이 바람직하다. veteran은 경우에 따라서 〈참전병〉, 〈제대병〉, 〈귀환병〉, 〈노병〉, 〈퇴역병〉 또는 〈재향 군인〉이라고 우리말에서는 차별화하여 사용한다. 예문의 경우에는 〈보훈 병원〉이라고 하면 적절하겠다.

Villa

"I promised General Villa a Miranda for Christmas, remember?"

✗ 미란다 가문의 한 사람을 내가 잡아서 빌라 장군한테 성탄절 선물로 바치겠다고 한 약속을 잊지는 않았겠지?

☞ 「늙은 그링고」에서 멕시코 혁명군 지도자가 술집에서 참모들에게 상기시키는 장면이다. 소도둑이었다가 혁명 지도자가 된 멕시코의 판초 비야Pancho Villa는 워낙 유명하여 수많은 영화에 등장함에도 불구하고, 〈판초 비야〉라고 제대로 이름을 표기한 경우를 찾아보기가 힘

들다.

「프로페셔널」의 등장인물들은 〈판초 빌라 밑에서 무기 수출 작전참모 노릇을 하며 도왔다〉(KBS)는 경력을 자랑하고, 「밀라그로 콩밭전쟁」에서는 늙은 보안관이 권총을 다시 차고 술집에 나타나자 마을 사람 하나가 〈영감님, 판초 빌라요?〉(SBS)라고 놀린다. 에스파냐어의 ll을 남미 여러 나라에서는 〈이〉라고 발음하여, llama(아메리카 낙타)도 〈야마〉라고 한다. 「정복의 길」에는 Botello라는 이름의 꼽추가 등장하는데, 영화에서는 모든 등장인물이 그를 원어로 〈보떼요〉라고 불렀지만, EBS의 자막은 계속 〈보텔로〉였다.

violation

"First violation, I'll make sure he pays his price."

✘ 그가 폭력을 쓴다면 난 그 값을 치를 거요.

☞ 「스윙」에서 경찰관 대니 매콜이 휴고 스피어를 다시 교도소로 보내려고 안달을 하다가, 가석방 담당자를 만나 도움을 청한다. 담당자가 흔쾌히 협조를 약속(예문)한다. violation(위반)을 violence로 착각하고 의미를 제대로 파악하지 못한 상태에서 번역한 듯싶다. first violation은 〈첫 위반〉, 그러니까 스피어가 〈가석방 조건을 하나라도 어기면〉 (가석방 담당자가 값을 치르는 것이 아니라) 스피어로 하여금 〈그 값을 치르게 해주겠다〉는 약속이다. 가석방으로 풀려난 사람은 조건을 위반하면 다시 감옥으로 가야 한다.

○ 「나한테 걸리기만 하면, 곧장 보내 버리겠어요.」

violently

"Nobody has ever been so violently indifferent to me before."

✘ 누가 이렇게 무관심한 적은 없었소.

☞ 「황태자의 첫사랑」에서 에드먼드 퍼돔 황태자가 신분을 속이고 평민들의 합창단에 가입했다고 존 에릭슨이 시비를 걸어 결투가 벌어지자, 하숙집 하녀 앤 블라이트는 〈그러다가 죽어도 눈 하나 까딱하지 않겠다〉고 화를 내며 눈물을 흘린다. 예문은 결투를 끝낸 퍼돔이 고마워하면서도 그녀의 이율배반적인 태도를 놀리는 말이다. 불완전한 우리말로 엮어 놓은 번역문에서는 장난스러운 황태자의 화법이 전혀 살아나지를 않는다. 가장 중요한 단어 violently(격렬하게)를 탈락시켰기 때문이다

○ 「지금까지 나한테 이토록 열정적인 무관심을 보인 사람은 아무도 없었는데요.」

virtual

"We're virtually married."

✘ 우린 결혼할 참이었어요.

☞ 「개선문」에서 다른 남자와 살림을 차린 잉그릿 버그만이 샤를 부아이에한테 알리는 말이다. 버그만이 현재형으로 말했지만 번역은 과거형이다. 버그만은 다른 남자와 현재 〈사실혼〉의 관계임을 밝히는데, 번역은 미완의 과거를 밝힌다. 이 영화에서 버그만은 부아이에 이외에도 두 명의 다른 남자와 동거 생활을 하는데, 그들 가운데 어느 누구하고도 결혼할 의사가 그녀에게는 전혀 없었으므로, 〈결혼할 참〉이라는 상황은 전혀 이루어지지 않는다. 〈가상의 현실〉을 뜻하는 컴퓨터 용어 virtual reality는 〈사실상의 현실〉을 뜻하며, virtual은 〈진짜와 똑같은〉 또는 〈실질적인〉이라는 말이다.

○ 「우린 결혼한 사이나 마찬가지죠.」

voilà

"Voilà, as they say."

✘ 선명하게 보이는데 말이죠.

☞ 「셔레이드」에서 (점심을 먹다가 음식물이 튀어) 넥타이에 묻은 얼룩을 닦아 낸 다음 월터 매타우가 오드리 헵번에게 보여 주며 한 말이다. 프랑스어 voilà는 동사 voir(보다)와 부사 là(there, 저곳)가 결합한 형태여서, 〈저곳을 보다〉에서 〈선명하게 보인다〉로 비약한 표현이다. 이제는 영어가 되다시피 한 voilà(저걸 봐)는 〈자, 여러분, 보시라〉 정도의 의미가 담긴 감탄사로 쓰인다. 매타우는 넥타이를 말끔히 닦아 낸 자신의 솜씨를 자랑하려고 voilà라는 표현을 차용한 것이다. 직역하면 〈(이런 경우엔) 그들(프랑스 사람들)이 voilà(이만하면 대단하다)라는 소리를 하죠〉라는 뜻이다.

○ 「내 솜씨가 어떤가요.」

vow

"I left the order. I gave up the vow. I've finished with them up there."

✘ 수녀를 포기했어요. 규율도 어기고 그들과도 영영 작별이에요.

☛ 「흑수선」에서 사복 차림으로 찾아온 수녀가 데이비드 파라에게 사랑을 고백한다. 〈규율〉을 어겼다면, 잘못했다고 용서를 빌고 수녀 생활을 계속하면 그만이다. 하지만 give up the vow([수도 생활을 하겠다는] 서약을 파기하다)는 〈옷을 벗는다〉는 뜻이다.
○ 「난 수녀회를 나왔어요. 서원을 파기했다고요. 저 위에 사는 수녀들하고는 끝났단 말이에요.」

vulgar

"I think they look very vulgar."

✘ 아주 야만적으로 보이는구먼.

☛ 「하오의 연정」에서 다른 남자로부터 선물로 받았다고 오드리 헵번이 거짓말로 자랑하는 발찌anklet를 중년의 백만장자 개리 쿠퍼가 낚아챈다. vulgar는 〈천박하다〉는 뜻이다. 〈천박하다〉와 〈야만스럽다〉는 전혀 의미가 다르다.
○ 「내가 보기엔 아주 촌스럽구먼.」

vulture

"He's always waiting for my money. Like a vulture."

✘ 드미트리는 돈밖에 몰라. 갈가마귀처럼.

☛ 「카라마조프의 형제들」에서 형 율 브리너의 부탁으로 아버지로부터 돈을 받아 내려고 찾아온 성직자 윌리엄 섀트너에게 리 J. 콥이 잔소리를 늘어놓는다. vulture는 동물이 죽을 기미를 보이면 하늘에서 모여들어 떼를 지어 기다렸다가 시체를 뜯어 먹는 〈독수리〉여서, 더럽고 탐욕스러운 사람을 비유하는 말로 널리 쓰인다. 그런데 어떻게 (텔레비전으로 방영했을 때) 생판 다른 종류의 새인 갈가마귀jackdaw라는 번역이 나왔을까?
○ 「그놈은 늘 내 돈만을 기다린다고. (무엇이 죽기를 기다리는) 독수리처럼 말이야.」
DVD 판에서도 이 영화는 엉뚱한 번역을 한 사례가 수없이 나타난다.

「Poverty is godliness.」
✘ 「재산은 한정되어 있으니까.」
○ 「가난은 신성하지.」

「Patrons.」
✘ 「애국자들이에요.」

- ○「단골손님들이에요.」
  「You lunatic! I loathe you.」
- ×「미쳤어! 아버지를 사랑했어요.」
- ○「미치셨군요! 난 아버지를 혐오해요.」
  「I don't trust you.」
- ×「당신을 해치지 않을게요.」
- ○「난 당신을 믿지 않아요.」

이 정도면 세계 명작에 대한 예우가 참으로 부끄러운 수준이라는 생각이 저절로 든다.

wagon

"No. That's because I haven't been on the wagon."

✘ 나도 일행이 맞아.

☞ 「뜨거운 것이 좋아」에서 FBI 요원이 장례식장으로 위장한 비밀 주점에 들어서자 주인이 묻는다. 〈I haven't seen you at our services before.〉(이곳에서 열리는 행사에서 전에 뵌 적이 없는 것 같은데요.) 예문은 이 말에 대한 요원의 대답이다. on the wagon(마차를 탄)이라니까 〈같은 마차를 탄 일행〉 정도로 착각한 모양인데, 이 말은 〈술을 끊었다〉는 뜻이다. off the wagon은 〈끊었던 술(이나 마약)을 다시 시작했다〉는 의미다.

이런 대화의 번역에서는 겹말을 어떻게 처리해야 하는지가 문제다. our services(우리의 봉사)는 장의사에서 제공하는 〈장례식〉을 뜻하지만, 안으로 들어가면 비밀 주점에서 제공하는 〈술자리〉도 동시에 뜻한다. 그렇다면 〈장례식〉과 〈술자리〉를 동시에 의미할 만한 우리말은 무엇일까? 우선 그것을 위 설명문에서처럼 〈행사〉라고 처리해 보자. 밀주업자가 겹말을 하면 FBI 요원도 질세라 겹말로 답해야 옳겠다. on the wagon에서 wagon(마차)은 〈영구차〉를 연상시킨다. 그렇다면 이제 wagon은 겹말에 겹말로 답하는 네 겹의 부담을 요구한다. 그래서 〈술〉과 〈제사〉를 함께 엮어 예문을 약간 무리해 가면서 번역한다면 이렇게 되지 않을까 싶다.

○ 「당연하지. 잔을 올릴 일이 없었으니까.」

「갈채」에서는 술로 신세를 망친 배우 빙 크로스비가, 알코올 성분이 22퍼센트인 감기약을 몰래 마시다 윌리엄 홀든에게 들키자, 아내가 사다 준 약이라고 거짓말을 한다. 당연히 홀든이 화를 낸다.

「She's jealous of the show and jealous of me. This is how far she'd go. Far enough to kick you off the wagon.」

- ✗「그녀는 나의 일을 질투하죠. 어디까지 나를 걷어차야 속이 풀리는지 모르겠군요.」
wagon이 번역을 거치며 엉뚱한 길로 벗어났다.
- ○「당신 부인은 (당신에게 재기할 기회를 마련해 준) 연극 공연과 나에 대해서 샘을 내죠. 그래서 (약이라면서 몰래 술을 먹이는) 이런 짓까지 벌이는 겁니다. 당신이 다시 (아내의 도움이 없으면 살지 못하는) 주정뱅이가 되도록 말이에요.」

wait

"I'll be seeing you on the way out."

✗ 그럼 나갈 때 또 봅시다.

☞ 「써니브룩 농장의 레베카」에서 사기꾼 기질이 심한 셜리 템플의 계부가 (겨우 방송국 경연장으로 들어가라는 허락을 받자) 출입을 까다롭게 통제하는 안내원에게 다짐하는 말이다. 〈또 보자〉고 하면 고마워하는 인사치레처럼 들린다. 하지만 예문은 〈당신 나를 귀찮게 했으니, 일이 끝나고 나갈 때 손 좀 봐주겠다〉고 벼르는 말이다. seeing you는 우리말에서 〈두고 보자〉는 개념으로 받아들이면 되겠다.
그러자 안내원이 냉큼 받아넘긴다.

「I can't wait.」

✗「그때까지 안 기다릴 거야.」

하루 종일 제자리를 지켜야 하는 여직원으로서는 기다리기 싫어도 기다려야만 한다. 따라서 can't wait(기다리지 못하겠다)는 〈어서 그런 상황을 보고 싶어 기다리기가 힘들다〉, 그러니까 〈학수고대하겠다〉고 비꼬거나, 〈어서 그렇게 해봐라〉, 나아가서 〈두고 보자는 놈 안 무섭다〉는 뜻이다.

두 사람의 대화에 담긴 속뜻은, 계부를 뒤따라 들어가던 템플이 안내원에게 되돌아와서 하는 말을 들어 보면 분명해진다. 〈You'll have to excuse him. I told him not to act that way.〉(저분을 용서해 주셨으면 좋겠어요. 그런 식으로 행동하지 말라고 제가 일러두었는데도 소용이 없군요.) 그리고 안내원은 이렇게 받아넘긴다. 〈That's all right. I'm used to it.〉(괜찮아요. 난 저런 사람 많이 겪어 봤거든요.)

「마오리족의 복수」에서는 마오리족 전사가 백인들과 맞서 싸우라고 주민들의 봉기를 선동한다.

「Wait and see!」

○「두고 보세요!」

〈기다려 보세요〉라고 눈에 보이는 대로 번역한 경우보다 〈두고 보세요〉는 훨씬 실감이 난다. 「하버드 대학의 공부벌레들」에서 (준비가 안 된 상태로 발표를 하려고) 손을 들었다가 대답을 못 하는 학생에게 존 하우스만 교수가 재촉한다.

「I am waiting, Mr. Brooks.」
○ 「브룩스 군, 어서 대답하게.」
　wait을 〈대답〉이라고 번역하면서, 진행형(☞ realize)도 보기 좋게 제거한 모범 답안이다. 「돌아오지 않는 강」에서 인디언에게 쫓기며 뗏목을 타고 세 사람이 격류를 내려가는데, 시체를 뜯어 먹는 말똥가리 떼가 하늘에서 맴도는 것이 보인다. 아들이 로버트 밋첨에게 묻는다.
「Are they waiting for us?」
✕ 「우리를 노리는 걸까요?」
　새들이 〈우리를 (공격하여 잡아먹으려고 기회를) 노리느냐〉는 질문인데, 말똥가리는 죽은 동물의 시체를 먹기 때문에 살아 있는 동물을 〈노리다가〉 공격하지는 않고, 그냥 wait([먹잇감이 죽기를] 기다리기)만 할 뿐이다. 밋첨이 설명한다.
「The fish have a better chance.」
✕ 「물고기를 노리는 거겠지.」
　better chance는 〈더 좋은 기회〉다. 그리고 예문의 주체는 물고기다. 하늘에서 선회하는 새들은 물고기를 사냥하는 물수리가 아니어서 물고기에게는 관심도 없다. 그렇다면 〈물고기에게 더 좋은 기회가 주어진〉 상황은 무엇일까? 뗏목을 타고 내려가는 사람들은 격류가 워낙 심한 탓에 무사히 목적지에 이를 가능성이 희박하다는 암시가 영화 도처에서 나온다. 그러니까 그들이 굶어 죽거나 해서 말똥가리의 밥이 되기 전에, 물에 빠져 물고기의 밥이 될 가능성이 훨씬 크다.
　세 사람의 시체를 뜯어 먹을 주체인 물고기가 말똥가리의 먹이 대상으로 뒤바뀌는 이런 현상은 「돌아오지 않는 강」(DVD) 번역의 도처에서 나타난다. 도박사 로리 캘훈과 결혼했다는 마릴린 먼로의 손가락에 반지가 없다는 사실을 눈치 채고 밋첨이 묻는다. 〈You lose your ring?〉(반지는 잃어버렸소?)
「You know everything, don't you? Like the kid says.」
✕ 「마크한테 들어서 아실 텐데요.」
　먼로가 한 말의 번역문은 〈내가 반지를 잃어버렸다는 얘기를 아들한테 들어 잘 알면서 왜 또 묻느냐〉고 따지는 내용이다. 그러나 원문에서 먼로가 한 말은, 〈결혼했다는 얘기가 거짓말이어서, 반지 따위는 아예 없다는 사실을 빤히 알면서 왜 묻느냐〉고 따지고는, (두 번째 문장은) 〈아들이 나한테 얘기했듯이 당신은 정말 눈치가 빠른 사람이다〉라고 부연하는 뜻이다.
○ 「당신은 모르는 게 없는 사람이로군요. 아드님 얘기가 맞아요.」
　영화의 끝 부분에 가면 더욱 황당한 뒤집히기 번역이 나타난다. 목적지에 도착하여, 말과 총을 빼앗아 달아난 도박사를 찾아내서 보복을 하려는 밋첨에게 먼로가 이런 말을 한다.
　〈I knew that if a man hated as much as you did, he could do anything. Or loved as much.〉(당신처럼 심한 증오심을 느끼는 사람이라면 무슨 짓이라도 한다는 걸 난 알아요. 그만큼 깊은 사랑을 느끼는 사람도 마찬가지지만요.) 밋첨이 묻는다. 〈Loved what?〉(뭘 그렇게 사랑해?)
「Him. It was for him. Not the horse or a gun or the man who took them.」
✕ 「그 사람에 대한 애정요. 말과 총을 훔쳐간 사람요.」
　불과 몇 분 후에 만나서 죽이고 싶은 남자(도박사)를 깊이 사랑한다는 상황이 어떻게 가능한가? 여기서 him은 도박사가 아니라 밋첨의 어린 아들이다. 이 말을 하면서 몬로의 시선은 소년을 향한다. 그러니까 이것은 시각적인 정보를 무시했기 때문에 빚어진 오역이다.

○ 「아들요. 아들을 위해서 이러시는 거예요. 말이나 총도 아니고, 그것들을 빼앗아 간 사람 때문이 아니라고요.」

wake

"Wake up!"

○ 졸지 마!

☞ 「욕망」에서 사진작가 데이비드 헤밍스가 스튜디오에 여러 모델을 모아 놓고 사진을 찍다가 소리친다. 거꾸로 번역의 진수를 보여 주는 대목이다. 〈깨어나다wake〉의 반대말인 〈졸다(자다)〉를 뒤집은 번역이다. 〈깨어 있어!〉 또는 〈정신 차려!〉와 비교해 보기 바란다. 「연예인」에서도 〈Billy, wake up〉을 다른 번역자가 역시 〈아버지, 졸지 말아요!〉라고 옮기기도 했다.

「우리 생애 최고의 해」를 보면, 추락하는 폭격기에서 탈출하는 악몽에 시달리며 헛소리를 하는 데이나 앤드루스에게 테레사 라이트가 〈Fred, wake up! Wake up!〉이라고 소리친다. 이 대목을 〈일어나요!〉라고 번역했는데, 앤드루스는 이미 눈을 뜨고 일어나 앉은 상태다. 여기서는 〈정신차려요!〉라는 뜻이겠다.

「백주의 악마」에서는 〈Please, stay〉를 〈있어 주세요〉라는 어색한 표현으로 옮겼는데, 대신 〈가지 마세요〉라고 거꾸로 했더라면 얼마나 자연스러웠을까 하는 아쉬움을 느끼게 했다. 「아나콘다 2」를 보면, 뒤에서 뱀 소리를 내는 남자에게 여자가 화를 내며 소리친다. 〈Stop it!〉 이것도 stop이라는 단어를 보면 〈그만해라〉나 〈그만둬라〉가 일반적이겠지만, 여기서는 〈장난치지 마!〉라는 멋진 번역이 나오기도 했다.

walk

"Do you mind walking me away from here?"

✘ 저랑 같이 이 자리를 뜰까요?

☞ 「데드 맨」에서 진흙탕에 엎어진 아가씨가 조니 뎁에게 부탁한다. 번역해 놓은 문장을 보면 마치 어디 은밀한 곳으로 가자고 남자를 유혹하는 말처럼 들린다. walk the dog(개에게 운동을 시키다)의 경우처럼, walk은 흔히 누군가를 동반하거나 도와서 같이 걷는 행위를 뜻한다. 〈난처한 이곳에서 나 좀 데리고 나가 주시겠어요?〉라는 의미다.

「미드나잇 카우보이」에서 난잡한 파티에 갔다가 어떤 여자가 수작을 걸어 오자, 몸이 아픈 더스틴 호프만이 짜증을 낸다.

「Why don't you take a walk?」

✗ 「산책이나 하지 그래.」

몰라서 범한 〈오역〉은 아닌 듯싶지만, take a walk은 go fly a kite(어디 가서 연이나 날려, ☞ kite)라는 말과 같이 〈남 귀찮게 하지 말고 어디론가 꺼져〉라는 뜻이다.

「갈채」에서 배우 빙 크로스비가 계약 조건을 자신에게 유리한 쪽으로 해석한다. 〈I can walk out any time I want. If I feel it isn't working out, I⋯.〉(내가 원할 때 어느 때나 걸어 나올 수 있겠어. 잘 할 수 없을 것 같거든.) 옆에서 듣고 있던 아내 그레이스 켈리가 반박한다. 〈You mean you can quit, Frank.〉(그만둔다는 말인가요? 프랭크.)

사전을 찾아보기만 했더라도 walk out이 〈〈하던 일을 중단하고〉 퇴장하다〉나 〈파업을 일으키다〉라는 뜻임을 쉽게 확인할 수가 있다. 그런데 왜 크로스비의 해석을 〈걸어 나온다〉고 촌스럽게 〈직역〉했을까? 아마도 그 이유는 곧 이어 아내가 한 말에 나오는 quit(그만두다)과 walk out이 같은 의미라고 판단하고는, 같은 표현의 중복을 피하려는 배려 때문이었는지도 모르겠다. 하지만 우리말로는 둘 다 〈그만둔다〉는 뜻이지만, 영어로는 행위자의 심리 상태가 두 경우에 정반대다. walk out은 〈〈항의하는 뜻에서〉 파업을 벌이다〉 또는 〈〈사표를 던지고는〉 박차고 나온다〉는 식의 공격적인 행동이고, quit은 〈〈용기가 없어서 비겁하게〉 포기한다〉는 의미다. 그러니까 크로스비가 한 말은 〈그럴 마음만 생기면 난 언제라도 당당하게 그만두면 된다고. 만일 일이 내 뜻대로 안 된다는 판단이 서면 나는⋯⋯〉이라는 말이다. 그리고 켈리의 말은 (괄호 안의 번역문처럼) 의문문이 아니라 〈겁이 나면 언제라도 꽁무니를 빼겠다는 말이겠죠〉라고 조롱하는 말투다. quitter는 그냥 〈그만두는 사람〉이 아니라, 〈〈제대로 노력도 안하고 포기하는〉 무기력한 사람〉이다.

wallpaper

"Wouldn't you like to come in and pick some off the wallpaper?"

✗ 이번엔 안에 들어가서 벽지를 좀 뜯어볼래요?

☞ 「하비의 환상」에서 제임스 스튜어트를 정신 병원에 입원시키려고 온 누이가 오히려 정신병자라는 의심을 받고, 그래서 남자 간호사가 그녀를 잡으러 나간다. 꽃밭에서 꽃을 따는 그녀에게 간호사가 예문에서처럼 유인한다. 부사를 무시해서 빚어진 오역이다. off the wallpaper는 〈벽지를〉이 아니라 〈벽지에서〉다. 미친 여자라면 꽃무늬 벽지에서도 꽃을 딸지 모른다.

○ 「안으로 들어가서 벽지에 핀 꽃도 몇 송이 따고 싶지 않나요?」

waltz

"Suddenly, waltzing into your life, comes this charming, relatively handsome stranger. Me."

✘ 당신 인생에 갑자기 왈츠를 추며 나타난 이 매력적이고 비교적 잘 생긴 낯선 사람 — 나.

☞ 「뜨거운 포옹」에서 오드리 헵번이 왜 자신을 사랑하게 되었는지를 윌리엄 홀든이 제 입으로 설명한다. waltz(경쾌하거나 가벼운 발걸음으로 걷다)는 진짜로 〈왈츠를 추면서 나타난다〉는 뜻이 아니고, 비유적으로 〈멋지게 (또는 가벼운 발걸음으로) 미끄러져 들어오듯 등장한다〉는 의미로 자주 쓰인다.

○ 「이 매혹적이고, 상당히 미남인 낯선 사나이가 갑자기 당신 인생에 황홀하게 등장했지. 내가 말이야.」

「가위손」에서는 괴로워하며 집을 나선 조니 뎁이 어디로 갔는지 아느냐고 묻자, 아버지가 대답한다.

「Oh, I don't know. He just waltzed down the street.」

✘ 「글쎄, 시내 쪽으로 가던데.」

○ 「모르겠어. 방금 한가하게 길거리를 내려가던데.」

want

"She experimented with a few intellectuals but found them wanting."

✘ 그녀는 몇몇의 학생들과 사랑을 나누었지만 그들의 목표는 같았다.

☞ 「안토니아」에서 20살에 교수가 된 어머니에 대한 사라의 해설이다. intellectual은 〈학생〉이 아니라 〈지성인〉이다. want는 〈부족하다〉는 뜻이고, 부족하다 보니 〈원하다〉가 되었다. found them wanting은 〈그들이 모두 무엇인가 모자란다고 깨달았다〉는 뜻이다. 지성적인 사람은 정서적 또는 육체적으로 무엇인가 여자를 만족시켜 주지 못하기 때문에 이런 설명이 나왔다. 신동이었던 어머니는 두 번째 남자와 성행위를 하다 말고, 만족감을 얻지 못해 발가벗은 채로 그를 쫓아내기까지 한다.

○ 「어머니는 몇 명의 지식인과 실험을 거쳤지만, 그들이 어딘가 모자라다고 느꼈다.」

「프라이드 그린 토마토」에서 장례식을 집전하는 목사가 성경을 읽는다.

「The Lord is my shepherd, I shall not want.」

✗ 「여호와는 나의 목자시니……」

나머지 절반의 내용을 몰라서 번역을 빼먹지는 않았을 듯싶지만, 어쨌든 shall not want([나는] 부족함이 없으리로다)는 쉬운 표현이 아니다. want가 〈부족하다〉라는 뜻임을 알지 못한다면 말이다.

「아이 로봇」에서 윌 스미드가 로봇에게 묻는다.

「What do you want from me?」

✗ 「나한테서 원하는 게 뭐야?」

What do you want from me?는 무척 자주 접하게 되는 표현이고, 열 사람 가운데 아홉 사람은 이 문장을 보면 별로 생각조차 해보지 않고 기계적으로 〈나한테서 원하는 게 뭐야?〉고 번역한다. 하지만 대부분의 상황에서 이 문장이 정말로 뜻하는 바가 무엇인지를 곰곰이 따져 보면 〈나한테 왜 이래?〉라는 표현이 훨씬 자연스럽다. 「안나 카레니나」의 여주인공은 환상 속에서 위협적으로 접근해 오는 흉악한 인물을 보고 묻는다. 〈What do you want from me?〉(나에게서 뭘 원해요?) 하지만 사람들은 그녀와 똑같은 상황을 당하면 아마도 이렇게 말하리라. 〈왜 이러세요?〉

warfare

"You seem to think warfare an English invention."

✗ 전략은 영국군의 특허인 줄 아나?

☞ 「건가 딘」에서 캐리 그랜트와 두 전우를 포로로 잡고는, 영국군 주력 부대를 함정에 빠트리기 위해 기다리며, 인도의 독립투사가 의기양양하게 따진다. 〈전략〉은 strategy고, 〈전술〉은 tactic(☞ battle)이다. warfare는 〈전쟁 행위〉다. 〈전쟁을 하는 기술〉이라고 해도 되겠다. 인도의 독립투사가 자랑스러워하는 것은 알렉산드로스 대왕의 침략을 물리친 인도인들의 〈전쟁술〉이다. invention은 〈특허〉나 〈전유물〉이라는 뜻보다 전쟁술을 가장 먼저 발달시킨 〈효시〉의 중요성을 강조한다.

○ 「영국이 전쟁술의 효시라고 당신들은 생각하는 모양이로군요.」

warm

"The chauffeur is even now warming up the engine."

✗ 기사가 지금 엔진을 정비하고 있어요.

☛ 「뜨거운 포옹」에서 인터폴 수사관과 춤을 추며 오드리 헵번은 윌리엄 홀든이 해외로 탈출할 비행기까지 공항에 대기시켜 놓았다고 알려 준다. 지금 당장 공항으로 가야 할 사람이 이제야 자동차의 엔진을 정비하다니, 그래 가지고서야 어찌 세계 굴지의 도둑이 되겠는가? 그리고 엔진은 정비사의 소관이지 운전사의 소관이 아니다. 더구나 단순한 driver가 아니라 chauffeur(해당 항목 참조)라면, 상상도 못할 노릇이다. warm up(따끈따끈하게 달구다)은 〈시동을 걸어 놓은 상태〉를 의미한다.

○ 「지금 이 순간에도 운전기사가 시동을 걸어 놓고 대기 상태라고요.」

「황태자의 첫사랑」에서는, 술집 하녀 앤 블라이트를 야단치는 주인에게, 에드먼드 퍼돔이 호통을 친다. 퍼돔이 황태자인 줄 모르는 주인이 마주 소리친다. 〈Who do you think you are? The Kaiser?〉(당신이 뭔데 그래? 황제라도 되나?)

「No, but you're getting warm.」

✕ 「아뇨, 하지만 겁먹은 것 같군요.」

퍼돔과 주인 가운데 누가 겁을 먹었다는 얘기인지 확실치 않지만, 어쨌든 두 사람 다 아니다. warm은 사냥 용어로 〈냄새 따위가 강해진다〉는 뜻이어서, 속으로는 〈정답에 가까워졌다(황제는 아니지만 황태자다)〉는 의미로 쓰인다.

○ 「정답은 아니지만, 비슷하게는 맞았어요.」

wash

"There were bruises on the forehead and hands. It was assumed these were caused by the body washing against the pilings."

✕ 이마와 두 손에는 멍이 들었습니다. 살해 과정에서 멍이 든 것으로 보입니다.

☛ 「악종자」에서 악마 같은 패티 매코막이 물에 빠트려 죽인 소년에 대한 라디오 방송이다. 이때까지는 경찰에서 아직 타살이라는 얘기가 나오지 않았고, 언론에서도 익사 사고라고 보도했으니 〈살해 과정〉이라는 단정을 번역자 마음대로 내려서는 안 된다. wash는 〈물결에 쓸려 다닌다〉는 뜻이어서, 방송 내용은 〈시체가 말뚝에 쓸려 멍든 자국이 생겼다〉는 얘기다.

○ 「이마와 두 손에 멍이 들었습니다. 시체가 말뚝에 쓸려 생긴 멍으로 추정됩니다.」

「무법지대」에서는 (동네 사람들한테 스펜서 트레이시가 살해될까 봐 걱정하는) 수의사 월터 브레난에게 호텔 종업원 존 에릭슨이 핀잔을 준다.

「Go home, doc, he's all washed up.」

✕ 「집에 가세요. 저 사람은 지쳤어요.」

○ 「집으로 가시라고요. 저 사람은 죽은 목숨이라고요.」

washed up은 익사한 시체가 〈파도에 쓸려 (바닷가로) 올라온다〉는 뜻으로도 널리 쓰이는 말이다.

waste

"You didn't waste much time, did you."

✘ 시간 낭비가 많겠군.

☛ 「케이프의 공포」에서 변호사 그레고리 펙이 〈폭력배를 동원했다〉고 변호사 협회에 재빨리 고발한 로버트 밋첨의 변호사에게 펙이 못마땅한 심사를 드러낸다. 거꾸로 한 오역이다. 〈정말이지 시간을 낭비할 줄 모르는군요〉라는 말은 〈동작 한번 빠르군요〉라는 뜻이다. 「토린호의 운명」에서는 기차에서 처음 만난 존 밀스 수병이 내일 같이 춤을 추러 가자니까 케이 월시가 핀잔을 준다. 〈You don't waste much time, do you?〉 이것도 텔레비전에서는 〈그럴 시간이 있어요?〉라고 옮겼는데, 역시 뒤집힌 오역이다. 〈기회만 보이면 놓치지 않는군요. 안 그래요?〉 정도의 표현이 되겠다.

watch

"I'll take the first watch."

✘ 둘러보고 올게.

☛ 「프로페셔널」에서 더위를 먹은 로버트 라이언에게 낮잠을 자라면서 리 마빈이 말한다. watch는 〈불침번〉이나 〈경계〉를 선다는 뜻의 군대 용어다. 그러니까 야간에 이동하려고 다른 사람들이 낮잠을 자는 동안 〈첫 보초는 내가 서지〉라는 뜻이다. 〈둘러보고〉 오려면 이동을 계속해야 하지만, 〈경계〉는 한 곳에 자리를 잡고 수행한다.

「리노의 도박사」의 두 주인공이 호텔 방에서 주고받는 대화다. 〈게임하러 갈 거예요?〉 〈그래요.〉 〈같이 가도 되요? 지켜보기만 할게요.〉 영어로는 같은 watch더라도, 우리말로는 〈지켜보다〉와 〈구경하다〉의 의미가 전혀 다르다.

way

"Let me tell you about this Big Joe Abernathy. This boy was big. Then he came up from the Denver way."

✘ 그 빅 조 앨버나시 말이야. 덩치가 크긴 커. 아마 지금은 덴버에 있을 거야.

☞ 「몬티 월슈」 마지막 장면에서 늑대를 사냥하려다 포기한 리 마빈이 말과 〈대화〉를 나눈다. 두 번째 문장에서 this는 big을 수식하는 형태를 취해서, 〈그 친구 덩치가 커도 보통 커야지〉라는 정도의 의미가 된다. 그리고 세 번째 문장의 then은 〈하기야〉라는 부사적인 용법으로 쓰였다. from the Denver way는 〈덴버 쪽에서 온 (사람)〉이라는 뜻이다. 덴버는 콜로라도 주의 수도이고, 콜로라도라면 로키 산맥 국립공원으로 유명한 험한 산악 지역이며, 그래서 〈그 쪽〉 산사람들은 대부분 덩치가 크다는 뜻이 된다.

○ 「빅 조 애버내티라는 친구 얘길 해줄게. 몸집이 대단한 청년이었지. 하기야 덴버 쪽 출신이니까 그럴 수밖에.」

「분노의 강」에서는 (교수형을 당하기 직전에 아더 케네디를 구해 준 다음) 이름을 밝힌 케네디에게 제임스 스튜어트가 묻는다. 〈Are you Emerson Cole of the Kansas way?〉(캔자스 쪽에서 유명한 에머슨 콜이 바로 당신인가요?)

weak

"Apparently, in a weak moment, I said he could have Sebastian's clothes."

✘ 내가 아플 때 세바스찬의 옷을 가져가란 얘길 했죠.

☞ 「지난여름 갑자기」에서 욕심 많은 시누이 머세데스 매켐브릿지와 조카가 허락도 없이 죽은 아들의 방으로 들어가서 옷장과 편지철을 함부로 뒤지는 꼴을 보고 캐더린 헵번이 못마땅한 내색을 한다. 매켐브릿지는 〈옷을 가져가도 좋다고 허락하지 않았느냐〉고 헵번에게 상기시킨다. 헵번은 여전히 못마땅하다. 헵번은 허락한 적이 없다. 적어도 그런 말을 했던 기억조차 없다. 그래서 그녀는 자신이 한 얘기를 (예문에서) 인정하지 않으려고 한다.

〈아플 때〉란 병에 걸린 〈순간〉이 아니라 병을 앓는 〈기간〉을 얘기한다. 병이란 오래 계속되기가 보통이어서 moment(순간)라는 말과 잘 어울리지 않는다. weak moment(나약해진 순간)는 몸이 아니라 마음의 일시적인 상태를 뜻한다. 영화에서 헵번은 조카딸의 뇌를 수술해서 기억을 지워버려 백치로 만들고 싶어 할 정도로 〈악독한〉 여인이다. 하지만 아들이 죽어 자포자기의 심정에 빠졌거나, 깊은 슬픔과 감상적인 괴로움을 느낄 때처럼, 그녀에게도 마음이 약해지는 〈〈기간〉이 아니라〉 〈순간〉은 있다. apparently(보아하니)라고 앞에 단서를 단 까닭은 〈내가 언제 그런 말을 했는지 생각은 안 나지만〉이라는 불쾌감을 부각시키기 위해서였다.

○ 「보아하니 마음이 약해졌던 순간에 조카더러 세바스찬의 옷을 가져도 좋단 말을 한 모양이군.」

week

"Eight weeks!"

○ 두 달 전이로구나!

☞ 「닥터 지바고」를 보면, 전선에서 오마 샤리프가 보낸 편지를 받은 딸 제랄딘 채플린에게 아버지 랄프 리처드슨이 〈언제 쓴 편지냐?〉고 묻자, 채플린이 7월 20일자라고 대답한다. 예문은 리처드슨이 답답해서 한 소리다. 하루나 이틀을 〈24시간〉이니 〈48시간〉이니 숫자로 표현하는 것은 본디 영어식 화법이다. 그래서 〈8주〉보다는 〈두 달〉이 보다 우리말다운 표현(☞ mile)이다.

「공공의 눈」에서는 의처증 남편 마이클 제이스톤이 사립 탐정 토폴을 찾아가서 면담을 하다가, 〈미아 패로우 말고는 결혼할 만한 여자가 눈에 띄지 않았다〉고 시인한다.

「The truth was, I didn't know one girl I could put up with through a weekend, let alone a lifetime.」

✗ 「사실대로 말하자면, 평생은커녕 일주일 넘게 만나고픈 여자도 없었으니까요.」

one girl의 one은 〈단 한 명도〉라고 강조하는 의미가 있고, put up은 〈참아 내다〉라는 말이다. weekend는 〈일주일〉이 아니라 week(주일)의 end(끝), 즉 〈주말(週末)〉을 가리킨다. through a weekend는 〈주말조차 함께 참고 지내기 힘겨운〉이라는 뜻이어서, 한 주일이라면 서너 곱절 부풀린 번역이다.

○ 「솔직히 얘기하겠는데, 한평생을 같이 지내기는커녕 주말 한 번 탈 없이 넘길 만한 여자도 본 적이 없었다고요.」

what

"Ah, what I go through for friendship?"

✗ 우정을 위해 할 일이라도?

☞ 「황태자의 첫사랑」에서 에드먼드 퍼돔의 결혼식에 귀찮은 예복을 갖춰 입고 참석하라는 지시를 받고 개인교수 에드먼드 궨이 투덜거린다. 예문은 Ah라는 감탄사로 시작하여 의문사

로 끝난다. 하지만 문장의 내용을 보면 전혀 의문문이 아니다. 그리고 영화에서 퀜의 대사를 들어봐도 분명히 무엇인가 한탄하는 내용이지 어느 특정한 인물에게 물어보는 말이 전혀 아니다. go through는 어떤 힘든 일을 〈거치다〉 또는 〈해내다〉라는 뜻이다.

○ 「아, 우정을 위해서 내가 이런 짓까지 해야 하나?」

「워터프론트」에서 부두 노동자가 신부에게 〈Will you help us?(우리들을 도와주실 생각인가요?)〉라고 묻자 칼 몰든 신부가 반문한다.

「What do you think?」

✗ 「어떻게 생각해?」

what이나 who 같은 의문사가 앞에 나오는 문장을 보면 〈어떻게〉나 〈무엇을〉이라고만 번역문을 시작하지 말고, 표현을 다양화하는 기술을 익히기 바란다. 조금만 연구하고 발전하면 위 예문은 〈그걸 몰라서 묻나?〉 또는 〈그야 물론이지〉라고 옮기는 여유가 생긴다. 나중에 권총을 들고 조합 측과 대치하는 말론 브랜도를 신부가 찾아와서 〈What do you want?(원하는 바가 무엇이냐?)〉라고 물었을 때도 텔레비전에서는 〈뭘 원하시죠?〉라고 직역했는데, 〈하고 싶은 얘기가 뭐요?〉라거나 〈무엇 하러 왔어요?〉라는 식의 표현도 바람직하다. 실제로 번역에 착수하기 전에 어떤 특정한 상황에서 우리나라 사람들이 실제로 무슨 말을 하는지 잠깐씩 생각해 보는 습관을 들이도록 권하고 싶다.

wheel

"I am about to invent the wheel."

✗ 진귀한 걸 보여 주지.

☞ 「아라베스크」에서 그레고리 펙이 소피아 로렌에게 묘안을 제시한다. 원문의 내용을 잘 이해하고 한 번역이라고 여겨지지만, 일반 시청자로서는 얼른 이해하기 힘든 내용이다. 서양에서는 바퀴가 인류 역사상 가장 위대한 발명품이라고 알려졌다. about to는 be going to(곧 ~하겠다)와 같은 뜻이고, 그래서 〈대단한 발명을 하겠다〉는 펙의 말은 〈기막힌 해결책을 찾아냈다〉는 뜻이 된다.

○ 「내 얘기 듣고 놀라지 말라고.」

whisk

"If it weren't for the stupid boyfriend I'd have to whisk you away right here and now."

✘ 멍청한 남친한테 가던 길이오?

☛ 「악마는 프라다를 입는다」에서 처음 만난 앤 해더웨이에게 소설가 사이먼 베이커가 접근하면서 붙이는 말이다. 그런데 여기서 번역에 동원된 〈남친〉이 어떤 성격의 단어인지를 잠깐 생각해 보자. 그것은 청소년들이나 쓰는 말투여서, 이 상황의 대화와는 궁합이 맞지 않아 보인다. 속어나 은어는 신분이 낮거나 지성인이라고 하기 어려운 계층이 즐겨 사용하는 언어다. 등장인물이 그런 사람들이라면 몰라도, 반듯한 사람들은 그들이 사용하는 언어 또한 반듯하다. 물론 이 영화의 등장인물들이 조금쯤은 부박한 계층이기는 하지만, 의상계라면 부르주아 고객을 상대하며 풍요한 삶을 누리는 계층인데, 과연 그들이 인터넷 대화방의 10대 초반 아이들 같은 언어를 구사하는지는 확인해 봐야 할 사항이다.

◯ 「당신에게 그 멍청한 남자 친구만 없었다면, 나는 지금 당장 당신을 채어 가기라도 했을 거예요.」

이 말을 듣고 해더웨이가 묻는다. 〈Do you actually say things like that to people?〉(당신은 사람들한테 정말 그런 식으로 말을 하나요?) 해더웨이가 그렇게 물었던 까닭은 whisk you away right here and now라는 말이 말랑말랑한 연애 소설에나 나올 법한 표현이어서, 촛불을 밝힌 단 두 사람만의 달콤한 저녁 식사에서가 아니라면 일상적으로는 별로 쓰지 않는 진부하고 낭만적인 상투어cliché이기 때문이다.

작가 베이커가 예술의 도시 파리를 이런 식으로 찬양하는 대사도 나온다. 〈You know, Gertrude Stein once said: America is my country, and Paris is my hometown.〉(언젠가 거트루드 스타인이 그랬어요. 〈나의 조국은 아메리카요, 파리는 나의 고향이다〉라고요.) 그랬더니 술에 취한 앤 해더웨이가 묻는다.

「What do you do? Do you just write stuff like that down and then file it away to use on us girls?」

✘ 「혹시 작업 걸 때 쓰려고 그런 명언을 모으나요?」

〈The Lost Generation(잃어버린 세대)〉라는 말을 유행시켰고 〈A rose is a rose is a rose(장미는 장미는 장미)〉 같은 명언도 숱하게 남겼으며, 20세기 문학과 미술 등 온갖 예술 분야에서 크나큰 영향을 미친 거트루드 스타인에 대해서는 따로 설명할 필요조차 없겠다. 베이커가 인용한 말도 웬만한 지식인이라면 누구나 다 아는 유명한 명언이다. 한편 여주인공 앤 해더웨이로 말할 것 같으면, 최고의 명문가(名文家)들만 필자로 모시는 지성적인 잡지 『뉴요커』의 기자가 되고 싶은 꿈을 키우며, 법대에서 제공하는 장학금까지 마다하고 언론인이 되기 위해 동분서주하다가, 품격이 좀 떨어지는 의상 잡지에 겨우 취직이 되었는데, 그것도 취재 기자가 아니라 편집장의 몸종과 같은 비서직이다.

필자가 이런 주변적인 정보를 제공하는 까닭은 번역을 하려면 작품 전체를 파악하고 이해하기 전에 다짜고짜 달려들면 일을 하기가 힘들어진다는 이유를 설명하기 위해서다. 작품의 분위기와 주제, 줄거리와 구성, 등장인물들의 성격과 특성을 입체적으로 이해하면, 특히 희곡의 경우, 주인공들의 말투를 설정하기가 쉽고, 기준과 공식이 생겨나 성실한 번역을 하기가 훨씬 수월해진다. 왜 사전에 그런 설정을 해야 하는지, 구체적인 이유를 설명해 보겠다.

원문을 충실하게 번역하는 대신 재치를 살려 가며 간단히 요약한 듯 보이는 위 번역문에서 〈명언〉이라는 단어를 생각해 보자. 해더웨이는 문학을 잘 이해하는 여성이고, 그래서 스타인의 〈명언〉은 벌써부터 알고 있을 만한 인물이다. 그리고 이 〈명언〉은 너무나 널리 알려져 식상하고 진부한 표현이 되었다. 해더웨이가 그렇게 생각하는 까닭은 그녀가 stuff like that(그 따위 소리)이라는 표현을 썼기 때문이다. 그리고 지금 대화를 나누는 두 사람이 구사하는 어휘를 보면 평균 이상으로 고상하고, 문법도 지극히 반듯하다. 다만 조금 지나치게 현학적이라는 점이 흠이고, 그래서 해더웨이가 토를 달았을 따름이다. 이런 배경을 이해한다면 〈혹시 작업 걸 때 쓰려고 그런 명언을 모으나요?〉라는 번역이 때와 장소에 좀 어울리지 않는 듯 보인다. 〈작업을 건다〉는 말은 21세기의 대한민국 청소년들의 대화에나 어울리는 표현인데, 이 영화의 등장인물들은 나름대로 세계를 주름잡는 대단한 여자들이다. 그러니까 〈선생님은 직업이 뭔가요? 혹시 그런 말을 적어서 정리해 뒀다가 나 같은 여자들한테 써먹는 분이신가요?〉 정도로 참아 줬더라면 훨씬 좋았으리라는 아쉬움이 든다. 수많은 영화의 다양한 모든 등장인물에게 역자 자신의 언어를 통일시켜 적용하는 습성이 아무래도 옳지 않다는 생각이 들기 때문이다.

참고로 「악마는 프라다를 입는다」의 다른 등장인물들의 말버릇은 어떤지 한번 들어 보기 바란다. 〈집에 그딴 거 많지?〉(옷에 음식을 엎지른 해더웨이에게 투치), 〈저 선생님 글 넘 좋아해요.〉(유명한 작가 베이커에게 해더웨이), 〈그래 주심 영광이죠.〉(작품을 읽어주겠다는 베이커에게 해더웨이), 〈넘 신나지 않아?〉, 〈암튼 무지 살벌해.〉, 〈넘 절망적이라서요.〉, 〈갖고 싶음 바로 달려와요.〉(해리 포터 책을 구한 베이커가 해더웨이에게), 〈그치만 자기의 퇴사 기념식을 위해.〉(남자 친구 에이드리안 그르니에가 해더웨이에게), 〈뭐가 젤 화나는 줄 알아?〉, 〈암튼 그건 네 선택였어.〉 심지어는 명품 귀족으로서의 긍지가 하늘을 찌르는 도도한 스트립까지도, 이런 식으로 우리말을 한다. 〈암튼 중요한 건⋯⋯.〉

「조찬클럽」이나 「볼륨을 높여라」 또는 발랄한 청춘 영화에서, 그리고 「시계태엽 오렌지」에서라면 눈부셔 보일지도 모르는 화법이 이렇게 상황을 잘못 만나면 수난을 당하기도 한다. 「말뚝 상사 빌코」의 〈쯘쯘한 게 완전히 사이코였지〉라는 대사 정도는 희극 영화여서 그런대로 괜찮겠지만, 「선샤인」에서 〈실은 우리끼리 모종의 썸씽이 있어〉라는 번역도 역시 거부감을 느끼게 만드는 표현이었다. 좋은 글을 쓰려는 진지한 번역가라면, 번역을 말장난의 묘기 정도로 생각하는 자세를 지양하도록 권하고 싶다. 번역은 기능과 기술의 차원을 뛰어넘는 예술이다. 언어의 구사력 자체가 예술이기 때문이다.

whiskey

"Got a half inch of whiskey. It's all I got left in the world. You want it?"

✘ 위스키를 별로 못 먹었지. 이게 남은 전부라네. 마실 텐가?

☛ 「지옥의 전장」을 보면, 첫 상륙 작전에 출동하는 신병 마틴 밀너가 〈내 전임자는 어떻게 전사했을까?〉 궁금해 하자, 말썽꾸러기 고참병 버트 프리드가 동문서답(예문)을 한다. 그리고 〈마실 텐가?〉라며 물어볼 때, 프리드는 담배에 불을 붙이려고 밀너에게서 빌렸던 꽁초를 돌려준다. 그러니까 마치 〈담배를 마실 텐가?〉라고 묻는 소리처럼 이상하게 들린다. 〈다 타고 얼마 남지 않은 이 꽁초를 더 피우겠나?〉라는 질문인데 말이다. 이것 역시 시각적인 정보(☞ army, backward, be, break, case, good, kettle, like, should, wait)를 소홀히 해서 생긴 오역이다. 〈위스키를 별로 못 먹어 전사했다〉는 논리도 이상하다. 이어지는 대화에서 앞뒤 문맥을 지나치게 살핀 결과로, 독립된 대사를 다른 대사와 엉뚱하게 연결지어 빚어진 오역이다. 프리드는 지금 전사한 전우에 대해서는 전혀 아무런 관심이 없어서 대답조차 하지 않았고, (다음 장면에서 밝혀지지만) 자신이 만든 밀주를 눈치가 없는 신병의 배낭에 숨기려고 잔머리를 굴리는 중이다.

○ 「나한테 (밀주를 만드는 대롱 속에 숨긴) 위스키가 약간 있어. 그것밖에 안 남았다고. (이 꽁초) 더 피울래?」

whistle

"About this whistle-blower…did Mike and Don go along with the corporate decision?"

✘ 그 협박건에 대해서 마이크와 단도 협조를 했나?

☛ 「인사이더」에서 CBS-TV의 경영진은 주가를 걱정해서 「60분」이 취재한 담배 회사 내부 고발자 럿셀 크로우에 관한 기사를 방영하지 않기로 결정하고, 진행자 마이크 월레스(크리스토퍼 플러머)도 그 결정에 굴복한다. 분개한 제작자 알 파치노가 이 사실을 「뉴욕 타임스」에 제보하자 「뉴욕 타임스」 기자가 파치노에게 예문에서처럼 묻는다. whistle-blower(시끄럽게 호루라기를 불어서 알려 주는 사람, 즉 내부 고발자)는 blackmailer(협박범)와는 거리가 멀어도 한참 멀다. corporate는 〈corporation(회사)의〉라는 뜻의 형용사다.

○ 「내부 고발자 말인데…… 마이크와 단 역시 경영진의 결정을 따랐다는 말인가요?」

who

"Who is?"

✘ 누구시더라?

☞ 「웨스트 사이드 스토리」에서 경찰관이 들어와 나탈리 우드를 찾으니까, 만나지 못하게 하려고 리타 모레노가 거짓말을 한다. 〈She is not feeling well.〉(몸이 불편해서요.) 경찰관이 예문에서처럼 반문한다. 〈우드가 not feeling well〉이라고 모레노가 말했을 때는 병이 나서 〈몸이 불편하다〉는 뜻이었다. 하지만 이 말을 경찰관은 〈기분이 좋지 않다not feeling good〉라는 뜻으로 받아들이고 농담 삼아 불평한다. 만일 〈아픈 사람이 누군가요?〉라는 뜻으로 물었다면, 모레노가 대답을 했겠지만, 경찰관의 억양은 상대방의 응답을 요구하는 말투가 전혀 아니다. 그의 담당 구역에서 불량배들이 칼부림을 벌여 골치가 아픈 경찰관이 〈Who is?〉라고 반문한 말을 완전한 문장으로 복원하면 〈Who is feeling well?〉이 된다. 그러니까 〈누구는 속 편한 줄 아느냐?〉는 뜻이다. 겨우 두 단어로 이루어진 지극히 간단한 문장도 때로는 이렇게 사람을 헷갈리게 한다.

「멋쟁이」에서 성미가 무척 급한 백만장자 일라이 월락이 결혼하자고 반지를 내밀자, 오드리 헵번이 〈I'm not getting engaged to a man I barely know(잘 알지도 못하는 남자하고는 약혼할 생각이 없어요)〉라고 거절한다. 월락은 요지부동이다.

「You will get to know me. Look me up in Who's Who.」

✘ 「곧 알게 될 거요. 누군지 알게 될 거라구요.」

두 번째 문장의 look me up은 〈나를 찾아보라〉는 말이고 Who's Who(누가 누구인가)는 미국의 유명한 인명사전의 제목이다. 그러니까 상대방을 파악한답시고 시간을 질질 끌며 사귀고 어쩌고 할 일이 아니라, 〈내가 어떤 사람인지 알고 싶으면 인명사전으로 확인하라〉는 소리다.

why

"It is the house detective. Why, don't you have a girl in there?"

✘ 경비입니다. 여자가 필요하진 않으신지?

☞ 「셔레이드」에서 캐리 그랜트의 호텔 방문을 열려고 하다가 잠겼음을 알고는, 오드리 헵번이 둘러대는 말이다. house detective(사설 감시원)는 호텔이나 백화점 같은 대형 시설에서 잡범 따위를 적발하라고 따로 고용하는 사람이다. 호텔의 경우에는 객실에 혹시 창녀들이 드나들지 않는지도 감시한다. 번역문에서는 창녀의 출입을 막아야 할 감시원이 오히려 〈한 명 데려다 줄까요?〉라고 묻는 상황으로 바뀌었다. why는 그 다음에 쉼표가 붙으면 의문 부사 〈왜〉

가 아니라 〈아니, 저런, 뭐야〉라는 뜻의 감탄사가 된다. 예문의 두 번째 문장은 쉼표를 넣지 않고 〈Why don't you have a girl in there?〉라고 하면 〈왜 당신은 여자를 하나 방으로 부르지 않느냐〉는 말이 되지만, 쉼표가 들어가면 〈있잖아요, 당신 혹시 방안에 여자를 불러들이지 않았나요?〉라고 의미가 반대로 달라진다.

○ 「경비원인데요. 혹시 방안에 여자를 불러들이지 않았나 확인해야 하니까(문 좀 열어 달라고)요.」

wicked

"Perhaps I had a wicked childhood. Perhaps I had a miserable youth. But somewhere in my wicked miserable past, there must have been a moment of truth."

✘ 내 어린시절은 불쌍했을지도 몰라요. 사춘기 시절은 초라했을지도 몰라요. 하지만 내 불쌍하고 초라한 과거의 어딘가에 진실된 순간도 있었나 봐요.

☞ 「사운드 오브 뮤직」에서 크리스토퍼 플러머 대령으로부터 사랑의 고백을 들은 다음, 줄리 앤드루스가 부르는 노래다. wicked(사악한)는 〈불쌍한〉과는 거리가 멀다. wicked witch라고 하면 〈사악한 마녀〉이고, 바람둥이로 유명했던 검술 배우 에롤 플린의 자서전 제목 〈My Wicked Wicked Ways〉는 〈부끄럽고도 부끄러운 나의 생활〉이라는 뜻이다. 앤드루스의 노래에서는 wicked를 〈사악한〉이라고까지 하기는 어렵고, 〈못된〉이라는 정도로 충분하겠다. moment of truth는 〈진실한 어떤 행동을 한 순간〉이겠는데, 그 의미는 노래의 다음 대목을 보면 이해가 간다.

〈For here you are standing there loving me. Somewhere in my youth or childhood, I must have done something good.〉(당신이 나를 이렇게 사랑해 주니까 말예요. 어린 시절 언젠가 난 무엇인지 좋은 일도 했었던 모양예요.) 그 〈좋은 일〉에 대한 보상으로 앤드루스는 사랑을 얻었다는 얘기다.

○ 「어렸을 때 난 어쩌면 나쁜 아이였는지도 몰라요. 어쩌면 난 비참하게 자랐는지도 몰라요. 하지만 비참하고 못된 과거였어도 어느 한 순간에나마 난 진실했었나 봐요.」

widow

"He bought it from a bootlegger's widow."

✘ 주류 밀매업자 부인한테 샀다더군요.

☛ 「애심」을 보면, 보스턴에서 뉴욕으로 올라와 악단에 들어가려고 센트럴 파크의 카지노로 찾아간 타이론 파워가 (문간에서 만난 킴 노박의 운전사에게) 그의 아저씨가 산 자동차를 예문에서처럼 자랑한다. widow는 〈부인〉이 아니고 〈미망인(과부)〉이다. 〈미망인〉을 〈부인〉이라고 번역함으로써 행간에 숨어 있는 재미난 알맹이가 사라져 버렸다. 자랑을 하면서 파워는 아저씨가 산 자동차에 탄흔이 뚫려 있더라는 설명을 방금 했다. 그러니까 문제의 차는 조폭 두목쯤 되는 수상한 사람이 타던 것이었고, 차 주인은 경기관총 집중 사격을 받아 죽어 버렸다. 그러니 미망인으로서는 총탄 구멍이 여기저기 난 차가 보기도 싫었겠고, 그래서 아저씨는 〈덕택에 헐값으로 자동차를 구입했다〉는 얘기다. 미망인 신세가 아니고 돈 많은 조폭의 〈부인〉이라면 차를 팔아 먹을 만큼 한심한 처지는 아니겠다.

wife

"I have secured a piece of lace. Very beautiful. Black. For my wife."

✘ 부인에게 주려고 검정색 옷 한 벌을 구해 왔거든.

☛ 「젊은 사자들」에서 막시밀리안 셸이 아내에게 선물을 전해 달라고 말론 브랜도에게 부탁한다. 나중에 보면 셸이 보낸 〈옷〉을 베를린에서 받은 아내 메이 브릿은 그것을 입지 않고 머리에 쓴다. 머리에 두르는 검정 레이스 〈보(褓)〉이기 때문이다. 아랫사람 앞에서 자신의 〈아내〉를 〈부인〉이라고 부르는 호칭도 퍽 어색하다.
○ 「레이스 한 장을 구했어. 아주 예쁘지. 검은색이야. 아내한테 주려고.」

wilderness

"I don't plan to spend the end of my days wandering in the wilderness of National Public Radio."

✘ 「동물의 왕국」이나 만들면서 말년을 보내진 않을 거네.

☛ 「인사이더」에서 CBS-TV 「60분」의 진행자 크리스토퍼 플러머는, 그가 〈경영진에 굴복하여 언론인의 본분을 다 하지 못했다〉는 고발 기사가 「뉴욕 타임스」에 실린 다음, 제보자 알 파치노를 찾아가서 예문에서처럼 따진다. wandering in the wilderness는 〈(기록 영화나 만드느라고) 황야에서〉 살아간다는 뜻이 아니라, of까지 붙여서 이해하면 〈NPR(국영 라디오 방송)이라고 하는 황야에서 방황하며〉, 그러니까 〈별 볼일 없는 곳에서 허송세월이나 하며〉라는 뜻이다. 소리로만 들어야 하는 라디오 방송에서는 「동물의 왕국」을 만들지 않는다. wilderness of NPR에서 속성을 나타내는 전치사 of는 중국어의 〈적(的)〉과 같은 역할을 해서, 양쪽에 배치된 두 대상이나 개념을 동격으로 설정한다. 예를 들어 paradise of life(인생의 낙원)라고 하면 〈낙원과 같은 인생〉, 즉 〈인생=낙원〉이라는 등식이 성립되는 표현이다.

○ 「난 국영 라디오처럼 한심한 곳에서 떠돌며 말년을 보내고 싶지는 않아.」

「작은 거인」에서는 주정뱅이 생활을 청산하고 도시를 떠난 더스틴 호프만이 이런 설명을 한다. 〈I went deep into the wilderness as far away as I could get.〉(내가 갈 수 있는 한 최대한 멀리 야생으로 들어갔어.) 〈야생〉으로 들어가다니, 어디가 〈야생〉일까? wilderness는 황야, 황무지, 사막, 미개척지처럼 〈황량한 곳〉을 지칭하는 말이다.

will

"The church ought to have been my profession, and would have been, if Mr. Darcy hadn't chosen to disregard his father's will."

✘ 부모님의 유산을 무시하지만 않았어도 목사가 됐겠죠.

☛ 「오만과 편견」에서 에드워드 애슐리가 (친구 로렌스 올리비에를 모함하는) 거짓말을 그리어 가슨에게 한다. father's will은 〈부모님의 유산〉이 아니라 〈아버지의 유언〉이다. 올리비에는 유산을 거부한 적이 없고, 애슐리의 몫이 집행되지 못하도록 저지했을 뿐이다.

○ 「나한테는 성직자라는 직업이 맞고, 다씨가 아버지의 유언을 무시하기로 작정하지만 않았더라면 난 목사가 되었을 겁니다.」

win

"Have you been winning?"

✘ 그동안 이겨왔나요?

☞ 「개선문」에서 리비에라로 샤를 부아이에와 놀러간 잉그릿 버그만이 바닷가에서 수영을 하다가 〈오늘밤에는 무엇을 할 계획이냐〉고 묻는다. 부아이에는 〈카지노에 달렸다〉고 말한다. 그러니까 버그만이 예문에서처럼 묻는다. 카지노에서 돈을 많이 따면 신나게 놀겠지만, 그렇지 못하면 계획을 수정해야 한다는 부아이에의 설명이다. 그런데 카지노에서 〈이긴다〉는 말은 무슨 뜻일까? 도박장에 가서 사람들은 돈을 따기는 할지언정, 누구에게도 이기지는 못한다. 그러니까 여기에서 win은 〈딴다〉는 뜻이지, 전혀 〈이긴다〉는 말이 아니다.

그런데도 저녁에 카지노에서 돌아온 부아이에한테 버그만은 다시 〈이겼나요?〉라고 묻는다. 원문은 물론 〈Did you win?(땄나요?)〉이었다.

「맨해튼」에서 다이안 키튼과 불륜 관계를 시작한 마이클 머피가 우디 앨런에게 조언을 부탁하자, 앨런이 사양한다.

〈When it comes to relations with women, I am the winner of the August Strindberg Award.〉(여자 관계에 있어서 난 공인된 낙제생이란 말야.) 이렇게 알아듣기 쉽도록 풀어 주는 번역도 때로는 바람직하고 좋지만, 내가 모르니까 남들도 다 모르겠지 하는 걱정 때문에 지나친 친절을 베풀어도 때로는 해가 되기도 한다. 우디 앨런의 영화를 좋아하는 사람이라면 상당한 지적 수준(☞ glorify, psychotic)에 이른 관객이겠고, 인유(allusion, ☞ Karamazov)에도 웬만큼은 익숙하여, 아우구스트 스트린드베리 같은 이름을 대사 속에서 만나는 정도의 기쁨은 당연히 기대하는 경우가 많다. 그러니까 〈공인된 낙제생〉이라는, 나름대로 창의적이고 적절한 의역도 좋기는 하지만, 그냥 〈아우구스트 스트린드베리상을 탈 만한 사람〉이라고 했더라도 흠이 되지는 않겠다. 스웨덴의 극작가이자 시인이고 소설가인 스트린드베리는 첫 아내와의 결혼 생활이 매우 불행하여 원한이 맺힌 이혼으로 끝났고, 두 번째 결혼도 몇 년 만에 파탄을 맞았으며, 그의 작품에서는 남녀 관계를 서로 괴롭히는 적들의 대결로 늘 묘사했다.

「맨해튼」에서는 나중에, 우여곡절을 거친 다음, 머피가 아내를 버리고 키튼과 살림을 차리겠다며 다시 조언을 구하려고 하자, 이제는 키튼의 애인이 되어버린 앨런이 펄펄 뛰면서 적극적으로 말린다.

「You are going to leave Emily and run away with the winner of the Zelda Fitzgerald Emotional Maturity Award?」

✕ 「그 잘난 수상작가와 함께 달아나겠다는 거야?」

창의력이 여기에서는 오역으로 이어졌다. 젤다는 『위대한 개츠비』의 작가 F. 스콧 피츠제럴드의 아내였다. 젤다는 작가가 아니었고 상을 탄 적이 없으며, 파티만 좋아하는 부박한 생활을 즐기던 전형적인 신여성(☞ flapper)으로서, 나중에는 영화 「비수(悲愁)」에서처럼, 정신병자로 종말을 맞았다. 1974년 판 영화 「위대한 개츠비」를 보면, 수영장 옆에서의 시끄러운 파티에서 데이지(Daisy, 미아 패로우)가 보여 주는 행태가 젤다의 인생을 잘 보여 준다. 역시 스콧 피츠제럴드가 원작자인 「내가 마지막 본 파리」에서 분수대에 뛰어든 여자(엘리자베스 테일러)도 젤다의 얘기가 아니었을까 싶다. 젤다는 〈남편의 집필을 늘 방해하며 놀기만 좋아했던 나쁜 여자〉라고 헤밍웨이가 말했을 정도였으니, 작가에게는 최악의 아내였으며, 정신적으로 그만큼 미숙했기 때문에 예문에서 반어적으로 Maturity Award(성숙의 상)라는 표현을 지어냈다고 믿어진다.

○ 「정서적인 성숙도 분야에서라면 젤다 핏제랄드상을 줘야할 만큼 모자라는 여자하고 뺑소니를 치고 싶어서 에밀리 같은 아내를 버린단 말이야?」

wind

"Winds of war is blowing hither."

✘ 전쟁의 바람이 불고 있어.

☛ 「네 개의 깃털」에서 젊은 장교들이 파티에서 아프리카 수단의 근황에 관한 얘기를 나눈다. 원문을 보고 번역문을 보면 아무렇지도 않고 자연스러워 보인다. 하지만 우리말에서는 winds of war라면 〈바람〉이 〈구름〉으로 바뀌어 〈전운(戰雲)이 감돈다〉로 변한다. 이런 것도 문화의 차이여서, 그 차이를 살려 내려면 섬세한 감각이 필요하다. 하지만 번역에서 빼먹은 부사 hither(이쪽으로)까지 살리려면 결국 wind는 〈바람〉이 되어야 제격이겠다.

○ 「전쟁의 바람이 이쪽으로 불어오려고 해.」

「광야천리」에서 남의 소에도 모두 그의 낙인을 찍으라는 존 웨인의 명령에 먼고메리 클리프트가 소극적으로 반발한다.

"You're gonna wind up branding every one in the State of Texas except mine."

✘ 「일을 저지르는군요.」

이런 식으로 간추려서 원문과는 별로 관계도 없는 내용으로 번역하면 대사의 묘미가 모두 사라진다. 갈비에서 살을 모두 뜯어 버리고 뼈다귀만 씹는 격이다. wind up은 〈~하게 끝장을 내다〉 또는 〈~한 식으로 끝나다〉라는 구어체 표현이다. 〈이런 식으로 나가다가는 텍사스의 모든 소에 당신 낙인을 찍게 되겠지만, 내 소만큼은 어림도 없다〉는 본디 대사와 위 번역문을 비교해 보기 바란다.

window

"Why don't you open the window, for God's sake."

✘ 왜 문은 안 열어놓은 거야?

☛ 「세일즈맨의 죽음」에서 집으로 돌아온 리 J. 콥이 아내 밀드렛 던녹에게 짜증을 부린다. 답답하면 창문window을 열지 문door을 열어 놓지는 않는다. 이런 사소한 부분까지 지적한다고 불평하는 학생들에게 필자는 늘 반박한다. 왜 그런 사소한 잘못조차 피하지를 못하느냐고. 만사에 기초가 튼튼해야 한다.

○ 「도대체 왜 창문은 꼭꼭 닫아 두는 거야?」

wing

"As I click my heel, the sparrows would take wing."

✘ 내가 발뒷꿈치를 부딪혀 소리를 내면 참새들도 예의를 갖추겠지.

☛ 「오즈의 마법사」에서 용기를 얻어 왕이 된 다음을 상상하며 사자가 부르는 노래다. take wing은 (발뒤꿈치를 부딪는 소리에 놀라 겁 많은 참새들이) 〈날아서 도망친다〉는 소리다. 「진주만」을 보면, 육군 항공대에서 비행 훈련을 받은 벤 애플렉에게 케이트 베킨세일이 격려한다.

「Actually my father was a pilot. I know what happens when a pilot loses his wing.」
✘ 「사실 우리 아버지도 조종사였어요. 날개가 꺾이는 게 어떤지 난 알아요.」

loses his wing은 〈날개가 꺾인다〉는 비유적인 표현이 아니라, 〈비행 기장aviation badge을 잃는다〉는 뜻이다. 가슴에 붙이는 날개 모양의 기장을 wing이라고 하는데, 비행기를 조종하는 자격증이나 마찬가지다.

wire

"It was sweet of you to send all these wires."

✘ 선들을 보내주셔서 감사해요.

☛ 「갈채」를 보면, 연극이 뉴욕에서 흥행에 성공한 다음, 윌리엄 홀든이 빙 크로스비의 분장실로 들어가며 알린다.

「Western Union.」
✘ 「서부 극단인가요?」

웨스턴 유니언(☛ union)은 미국의 서부 개척기부터 전보와 전신환을 취급했던 유명한 회사다. 홀든의 말은 〈전보(축전) 왔습니다〉라고 알리는 뜻이다. 이렇게 첫 단추를 잘못 끼우면 오역이 새끼를 치기 마련이다. 예문은 크로스비의 아내 그레이스 켈리가 혼자서 분장실을 지키다가 홀든에게서 두 장의 전보를 건네받고는 웃으며 고마워하는 말이다. wire(전선, 전깃줄)는 동사로 쓰면 〈전보를 치다〉라는 뜻이고, 명사 또한 〈전보〉라는 의미로도 쓰인다. wire(유선)와 반대인 wireless(무선)도 〈전보〉라는 뜻이어서, 의미가 반대인 두 단어가 동의어 노릇을 하는 희귀한 사례다. 켈리는 〈전깃줄wire〉이 아니라, (남편의 사기를 높여 주려고)

홀든이 여러 가명을 써가며 몰래 보내 준 가짜 축전을 고마워하는 상황이다.
○ 「이렇게 자꾸 전보를 보내 주시는 감독님이 고맙군요.」

wit

"We will scare the wits out of him."

✘ 우리가 꾀를 써서 놀려 줄 테니까.

☞ 「황금광시대」에서 찰리가 송년회를 준비해 놓은 오두막으로 여자들이 놀러 가겠다고 몰려 나가자, 권총을 들고 따라나선 못된 광부가 심통을 부린다. 광부는 보나마나 훼방을 놓기 위해 여자들을 쫓아가서 총질을 하고 소동을 부릴 눈치인데, 〈꾀를 써서 놀려 준다〉는 상황은 상상이 가지 않는다. wit에는 〈꾀〉 말고도 여러 가지 뜻이 있다. scare the wits out of는 〈~를 혼비백산하도록 (또는 정신이 번쩍 나도록) 혼내 준다〉는 뜻이다.
○ 「그 친구 기절초풍하도록 겁을 주자고요.」

witch

Un Amour de sorcière

○ 마녀의 사랑법

☞ 프랑스 영화의 원제를 번역한 우리말 제목이다. 이 항목을 정리하는 동안 일부러 잠시 짬을 내어, 유선 방송에서 보여 주는 외화들을 살펴보니, 이런 식으로 대부분 국적 불명의 제목을 붙여 놓았다. 「레드 플래닛」, 「아토믹 트레인」, 「겟 썸」, 「보이 밋 걸」, 「누들」, 「하드 타겟」, 「로스트 라이언스」, 「론리 하츠」, 「로스트 정션」, 「포비든 킹덤」, 「캣츠 앤 독스」, 「씨티 호머사이드」, 「이터널 선샤인」, 「디파이언스」, 「애니 기븐 선데이」, 「보드워크 엠파이어」, 「셔터 아일랜드」, 「네이키드 인 뉴욕」, 「크리티컬 어셈블리」, 「어 데인저러스 맨」, 「레이버 페인스」, 「핫 칙」, 「디어 프로덴스」, 「젠틀맨 리그」, 「페이지스 오브 라이프」, 「아트 오브 워」, 「에버 애프터」, 「서머지드」, 「프린지 시즌」, 「퍼시픽」, 「멘탈리스트」, 「레드」, 「돈 세이 워드」, 「메탈 베이블레이드」, 「위핏」, 「팬 보이 & 첨첨」, 「쥬얼팻」, 「시리얼 킬러」, 「왓 위민 원트」, 「이클립스」, 「어톤먼트」, 「비거 댄 더 스카이」, 「스파이 하드」, 「레전드 오브 시커」, 「본 투 레이즈 헬」, 「더 로스트타워」…….
참으로 지저분하다.
소설이나 마찬가지로 영화의 제목은 흥행을 좌우하는 강력한 요소여서, 한때는 사람들이 무척 정성을 들여서 멋진 표현을 골라내어 여봐라는 듯 간판에 버젓하게 내걸고는 했었다. 하지만 요즈음에는 제목의 번역은 쓸데없는 시간의 낭비라고 생각해서인지, 문법이나 띄어쓰기조차 거들떠보지도 않고 원제를 소리 나는 대로 그냥 한글로 적어서 내놓고는 한다. 그리고 많은 경우에 〈소리〉조차도 제대로 옮기지 못하는 실정(☞ lone)이다.

위에 열거한 한글 영어 제목을 보고 소비자들이 과연 그것이 무슨 뜻인지를 제대로 알기나 하는지, 몇 년이 지난 다음 그런 제목들 가운데 몇이나 기억하고 있을지, 혹시 번역자들이 혼자만 알면서 영어 실력을 과시하느라고 그렇게 하지는 않는지, 그리고 과연 번역자 자신도 무슨 뜻인지 다 알기나 하면서 그렇게 음차를 하는지, 온갖 의구심이 일기도 한다.

그런 속에서 「마녀의 사랑법」처럼 촌스럽고 구식이면서도 예쁜 제목이 나타나면 반갑기까지 할 정도다. 프랑스의 원제나 우리말 제목보다도 영어로 〈번역〉한 제목[Witch Way Love]은 훨씬 더 재미있다. witch way love(마녀 방식의 사랑)는 which way, love(어떤 식으로 해드릴까요, 내 사랑이여)와 동음어homonym를 이루기 때문이다.

그런데 르네 만조르 감독의 1997년 작품인 이 영화에는 〈마녀(魔女)〉뿐 아니라 〈마남(魔男)〉도 등장한다. 그래도 우리말 제목은 프랑스 원제를 그대로 번역한 것이어서 문제가 되지 않는다. 프랑스어에서는 〈마남sorcier〉과 〈마녀sorcière〉를 따로 구분하기 때문이다. 하지만 영어에서는 사정이 좀 달라진다. 우리나라에는 영어 witch를 〈마녀〉라고만 생각하는 사람이 많지만, 서양에는 남자 witch도 많기 때문이다. 그래서 동서양 문화의 차이 때문에 일어나는 개념의 혼란을 피하기 위해서인지, 「마녀의 사랑법」에서는 남성 witch를 〈마법사〉라고 차별하여 번역해 놓았다. 꼼꼼한 배려다.

우리나라 텔레비전에서도 한때 방영했던 연속물 「사브리나」의 원제는 〈Sabrina the Teenage Witch(십대의 마녀 사브리나)〉였다. 어느 날 귀여운 마녀 사브리나가 신이 나서 소리친다. 〈다시 마술이 좋아지네요!〉 계속해서 사브리나는 〈공부를 하려면 마술을 못하고〉라거나 〈마술을 배워야지〉라며 번역문에서 계속 〈마술〉얘기를 한다. 하지만 마녀가 솜씨를 부리면 그것은 〈마술magic〉이 아니라 〈마법witchcraft〉이다. 연예인과 비슷한 마술사는 모자에서 토끼를 꺼내는 따위의 눈속임 손재주를 부리고, 마법사는 왕자님을 두꺼비로 만드는 따위의 못된 요술 또는 사막을 꽃밭으로 만드는 좋은 요술을 부린다.

〈오즈의 마법사〉는 witch가 아니라 wizard다. wizard는 〈솜씨가 귀신같다〉고 할 때의 〈귀신〉과 비슷해서, 〈귀재(鬼才)〉를 wizard 또는 wiz라 한다.

with

"A team of silver horses pulling a golden carriage. A pair of jade hummingbirds, one with wings of emeralds, the other with wings of pearl. A golden dragon with emerald eyes."

✘ 금마차를 이끄는 은마들. 에메랄드와 진주 날개를 가진 한 쌍의 옥찌

꼬리. 에메랄드 눈을 가진 금룡.

「대양」에서 로버트 쇼가 열거하는 (난파선과 함께 사라진) 보석의 목록이다. 어떤 사물이나 사람의 속성을 나타내는 전치사 with를 천편일률적으로 〈가진〉이라고 번역하는 사람이 많은데, have 항에서 지적했다시피, 이 또한 변화를 모색하여 다양한 표현을 구사하도록 권하고 싶다. 위 예문에서 두 차례 나타난 〈가진〉을 없애 보기로 하자.

○ 「은으로 만든 말들이 끄는 황금 마차. 비취로 만든 벌새가 한 쌍인데, 하나는 에메랄드 날개에, 다른 한 마리는 진주 날개가 달렸고. 에메랄드 눈을 박은 황금의 용이 한 마리.」

「서부 개척사」에서는, 일라이 월락이 보안관 출신 조지 페퍼드에게 가족을 해치겠다고 협박하면서, 〈초롱초롱한 눈을 가진 부인이 부럽구만〉이라고 빈정거린다. 여기에서도 〈눈을 가진〉이라는 표현이 너무나 〈번역체〉 냄새를 풍긴다. 하지만 〈눈이 초롱초롱한 부인〉이라고 바꾸면 간단히 우리말다운 생기가 살아난다. 「지난여름 갑자기」에서는, 엘리자베스 테일러가 사촌 오빠를 〈아주 부드러운 성격을 가진 세바스찬〉이라고 묘사한다. 어머니 캐더린 헵번도 같은 인물에 대해서 〈내 아들이 얼마나 깔끔한 성격을 가졌는지〉라고 한다. 〈성격이 깔끔한 세바스찬〉이라는 표현과 비교해 보기 바란다. 「제인 에어」에서 〈나도 한때는 따뜻한 마음을 갖고 있었소〉라고 오손 웰스가 한 말도 〈나도 한때는 마음이 따뜻한 남자였다오〉가 훨씬 우리말답다.

「굿모닝 베트남」에서는 민간인들 속에 숨어서 준동하는 베트콩을 찾아내기가 힘들어 고생하던 미군들의 어려움을 로빈 윌리엄스가 방송에서 이런 식으로 표현한다.

「It's very difficult to find a Vietnamese man named Charlie.」

× 「베트콩(☞ Charlie)이란 이름을 가진 베트남인을 찾기가 힘들어요.」

○ 「베트콩이란 이름표를 달고 다니는 베트남 남자를 찾아내기가 여간 힘들어야 말이죠.」

「남편은 괴로워」에서는 만화 영화의 주인공이 〈난 파란 눈을 가진 괴물이라고요〉라고 말하는데, 이것도 〈눈이 파란 괴물〉이라고 하면 〈번역 티〉가 벗어진다. E. M. 포스터의 고전 소설을 영화로 만든 「전망 좋은 방」의 제목을 〈전망을 가진 방〉이라고 했다면 얼마나 어색했을지도 생각해 보기 바란다.

「누구를 위하여 종은 울리나」에서 사랑에 빠진 두 젊은이 개리 쿠퍼와 잉그릿 버그만에게 집시 여인 카티나 팍시누가 심술을 부린다.

「What do you know of it, you with your face and your Ingles.」

× 「니가 뭘 알아, 니 얼굴 너의 미국양반?」

번역을 하다가 귀찮다고 그만둔 듯한 문장이어서, 무슨 말인지조차 알 길이 없다. 이와 비슷한 구조의 문장에서는 전치사 with를 동사 have로 기능하도록 처리하면 번역이 쉽게 잘 풀리는 경우가 많다. 우선 원문을 이렇게 고쳐 보자. 〈What do you know of it, when(또는 if) you have your face and your Ingles.〉 그러면 자연스럽게 이런 번역이 나온다. 〈너처럼 얼굴도 예쁘고 미국 남자를 애인으로 두었다면, (나처럼 못생기고 늙은 여자의) 그런 고민을 (네가) 어떻게 알겠어?〉

woman

"In Mexico, I am a woman."

✘ 멕시코에서라면 난 여자예요.

☛ 「마지막 일몰」에서 아버지뻘인 커크 더글러스를 사랑하게 된 어린 캐롤 린리가 부모에게 항변한다. 〈멕시코에서는 여자〉라면, 그럼 〈미국에서는 남자〉라는 말인가? 여기서 woman은 단순한 〈여자〉가 아니라 다 성숙한 〈여인〉이라는 뜻이다. 남자의 경우(☞ man)도 boy와 대비시킨 man이 같은 용법으로 쓰인다.

○ 「멕시코에선 내 나이면 어른 대접을 받아요.」

「언제나 마음은 태양」에서는 여선생이 시드니 푸아티에한테 충고한다.

✕ 「파멜라는 조심해야 되요. 여러 면에서 여자가 다 된 애예요.」
파멜라는 태어날 때부터 이미 여자였다.

wonder

"No wonder the water was warm."

✘ 물이 따뜻하다는 것이 이상한 일도 아니군.

☛ 「요절 쌍권총의 아들」에서 밥 호프가 우물에 두레박을 던져 놓고는 제인 럿셀과 한참 대화를 나눈 다음에야 밑에서 〈첨벙〉 소리가 난다. no wonder로 시작되는 문장이 자주 나오는데, 우리말로는 〈어쩐지〉로 시작하면 이외로 잘 풀리는 경우가 많다. 〈어쩐지 물이 미지근하더라〉는 식으로 말이다.

○ 「(우물이 저렇게 깊으니) 물이 따뜻한 것도 당연하지.」

「월 스트리트」를 보면, 마이클 더글러스의 집에서 처음 만난 대릴 한나가 실내 장식가라고 자기소개를 하자, 찰리 신이 수작을 건다.

「You sure can do wonders at my place.」

✕ 「우리집을 보면 깜짝 놀라겠네요.」

신이 한 말에는 두 가지 의미가 동시에 담겼다. 얼핏 들으면 원문의 내용은 〈우리 집에 오면 당신이 분명히 기적을 행하겠네요〉라는 말로 들린다. 그러니까 〈우리 집 실내 장식이 워낙 수준 이하이니까, 당신이 와서 그 훌륭한 솜씨로 꾸며 주면 기적처럼 멋진 곳이 되겠군요〉라는 찬사라고 하겠다. 하지만 신의 대사에 담긴 진짜 암시는 〈당신이 우리 집에 놀러 오면 틀림없이 기차게 하룻밤 보내게 되리라고 믿습니다〉라며 은근히 유혹하는 말이다.

○ 「우리 집으로 왕림하시기만 하면 당신은 틀림없이 기적을 행하게 될 텐데요.」

won't

"He won't go to the police, if he can't go to the police."

✗ 경찰서엔 못갈 거야. 갈 수가 없으니까.

☞ 「고소공포증」에서 정신 병원의 신임 원장 멜 브룩스를 몰아내려는 악덕 의사 하비 코먼이 심복 간호사에게 계획을 알려 준다. 이런 경우에는 if 다음의 조건절부터 번역해야 한다는 사실은 기초적인 지식이다. 그런데도 접속사 if를 아랑곳하지 않고 편한 대로 번역한 결과, 의미가 완전히 뒤집혀 버렸다. won't는 will not go하도록 손을 써놓겠다는 화자의 의지를 나타내고, 그래서 코먼의 설명은 〈경찰을 찾아가지 못하게 만들어 놓으면 브룩스는 경찰에 신고하러 가고 싶어도 못 간다〉는 뜻이다.

○ 「경찰서에 갈 방법이 없어지면, 가고 싶어도 못 가.」

wood

"Ford station wagon, wood on the side."

✗ 포드 스테이션 웨건으로 구하는데, 몸체가 나무로 된 걸로.

☞ 「토마스 크라운 사건」에서 스티브 매퀸이 하수인에게 돈을 주며, 범죄에 사용할 차를 구입하라고 부탁한다. 자동차 산업 역사상 몸체를 나무로 만든 차종은 아직 나온 적이 없을 듯싶다. 상식적으로 안 맞는 내용이다. 번역할 때는 지나치게 원문의 피상적인 내용에 매달리는 바람에 자칫 우리말의 논리를 소홀히 하는 경우가 많다. 말이 안 되는 말은 말이 아니다. 논리가 맞지 않으면 틀림없이 어디엔가 오역이 숨어 있기가 쉽다. 바로 이런 문제를 해결하기 위해서 필자는, 일단 번역을 끝내면, 원문은 잊어버리고, 우리말로 된 원고만 가지고 자신이 써놓은 문장의 논리성을 하나씩 점검해야 한다고 늘 학생들에게 주문하고는 한다.

매퀸은 가정주부들이 선호하는 station wagon으로, 그중에서도 〈옆구리를 나무 무늬로 장식한 차〉를 주문했다. 영화를 보면 알겠지만, 그것은 갈색 장식을 양쪽 옆에 붙였으며, 튼튼하고 듬직해서 미국의 평범한 중년여성들이 매우 좋아하는 차종이다. 눈여겨보면 다른 여러 영화에서도 〈갈색 무늬까지도〉 똑같은 차가 자주 눈에 띈다. 여기서는 사람들의 주목을 받지 않는 흔한 차종을 일부러 골라 범죄에 사용하려는 목적으로 그 차를 구입한다. 그러니까 이렇게까지 비약해도 될 듯싶다.

○ 「아줌마들이 좋아하는 그런 차종으로 마련하라고.」

words

"Goddamn it to hell, son-of-a-bitch, she did it! Here's to Ruth!"

✘ 염병할 기도! 루스가 해냈어!

☛ 「프라이드 그린 토마토」에서 메어리-루이스 파커가 아들을 낳았다니까, 신이 난 메어리 스튜어트 매스터슨이 〈감사 기도를 드리자〉는 목사 앞에서 소리친다. 그렇지 않아도 남자처럼 말투가 험악한 매스터슨이 한 말은, 당시로서는 금기시되었던 어휘들을 앞뒤조차 맞지 않게 마구 구사하며 (우리말로 예를 든다면) 이런 식으로 신나게 퍼부은 욕설이다. 〈염병할 존나게 미쳐 자빠지겠구나.〉

○ 「하나님의 저주를 받아 지옥에 떨어질 일이지만, 개자식아, 루드가 일을 저질렀다고! 루드를 위해 축배라도 들어야지!」

그리고 양로원에서 친해진 캐티 베이츠에게 노부인 제시카 탠디가 이 상황을 설명한다.

「Idgie always did have a way with words around the reverend.」

✘ 「잇지는 그 목사에게 늘 말버릇이 나빴어.」

탠디가 변명 삼아서 한 말에서는, a way with words가 〈~하는 말솜씨가 뛰어나다〉는 뜻이어서, around(비켜난다)가 함께 거들면 이런 의미가 된다. 〈목사님 앞에서 그런 소리를 하면서도 잇지는 용케도 혼이 나질 않았다고요.〉

work

"Sure. They're just like anybody else. They got the work to do, they do it."

✘ 그럼요. 그들도 다른 사람들과 똑같아요. 그들은 이제 사업에만 전념하고 있어요.

☛ 「시민 케인」을 보면, 경쟁을 벌여 온 신문사로부터 끌어온 사람들을 위해 개최한 파티에서 조셉 카튼이 에버렛 슬로운에게 〈그들이 소신을 버리고 우리 신문사의 원칙을 따를까〉라고 묻는다. 슬로운은 예문에서처럼 자신만만하다. 세 번째 문장은 주절의 간략한 구조 때문에 이해하기가 약간 어렵다. 《(그들에게) 해야 할 일이 주어진다면, (그들이) 합니다〉라는 말을 군대식으로 표현해 보겠다.

○ 「그럼요. 사람이란 어딜 가나 다 똑같아요. 까라고 하면 까는 거죠.」

「지옥의 전장」에서 무전기를 회수하여 동굴로 들어온 말썽꾸러기 고참병 버트 프리드에게 리처드 위드마크 소대장이 명령한다.

「Now find a spot where that radio will work.」

✕ 「무전기가 작동하는 지점을 찾아내게.」

고장이 나지 않았다면 무전기는 항상 〈작동〉하는 상태다. 여기서는 〈교신〉이 가능한 지점, 그러니까 휴대 전화로 말하면 〈터지는 곳〉을 의미한다. 그래서 작전 지휘소를 호출하려고 프리드가 무전기를 들고 동굴 밖으로 나간다. 잠시 후에 위드마크가 동굴 밖 〈작동하는 지점〉으로 나가서 무전으로 타격 지점의 좌표를 중대 본부에 알려 준다.

「Find target area 2-7-4, Love and Mike.」

✕ 「목표물은 2-7-4, 사랑과 마이크 사이다.」

〈사랑과 마이크〉는 〈L과 M 지점〉이라는 뜻이다. 무전으로는 l이나 m처럼 철자를 불러줄 때는, 상대방이 잘못 듣지 않도록 〈L for Love, M for Mike(Love의 첫 글자인 L과 Mike의 첫 글자인 M)〉이라는 식으로 말한다. 같은 사연으로 〈베트콩〉은 〈찰리〉(☞ Charlie)가 되었다. 「유황도의 모래」에서는 이런 무전 교신 내용이 나온다. 〈함포 사격 중지 바란다. 좌표는 이사육공 슈거.〉 전투에서는 숫자가 매우 중요한 정보여서, 혹시 잘못 전해 들으면 안 되기 때문에 헷갈리지 않도록, 한국 육군에서도 1에서부터 0까지를 부르는 방법이 따로 있다. 〈하나, 둘, 삼, 넷, 오, 여섯, 일곱, 여덟, 아홉, 공〉이 그것이다. 전투병들이 실제로 사용하는 용어를 그대로 써서 〈둘넷여섯공S〉라고 했더라면 더 좋은 번역이 되었겠다. Sugar는 S라는 뜻이다. 「공격」에서 에디 앨버트의 중대 호출 부호는 Fragile Fox(나약한 여우)다. fragile은 fox와 두운(☞ machine, storm)을 맞추기 위한 것이고, fox는 foxtrot을 줄인 호칭이다. 미군의 부대 명칭은 알파벳 순서를 따른다. 그래서 1중대는 알파alpha, 2중대는 브라보bravo, 3중대는 찰리, 4중대는 델타delta, 5중대는 에코echo, 6중대는 폭스트로트 — 그러니까 앨벗은 6중대의 지휘관이다.

「기나긴 이별」에서 아침 일찍 스털링 헤이든을 찾아간 탐정 엘리엇 굴드가 대화를 시도한다.

「You look like you're wearing your working clothes.」

✕ 「출근할 것처럼 보이시는데요.」

헤이든의 집은 부유층이 모여 살기로 유명한 말리부 해변에 위치했다. 그리고 그는 직업이 작가다. 작가는 집에서 일을 하지 〈출근〉을 하지 않는다. working clothes는 회사원이 걸치면 〈출근복〉이나 〈근무복〉이라고 해도 되겠다. 하지만 노동자가 걸친 working clothes는 〈작업복〉이다. 작가가 집에서 일을 할 때 걸치는 편한 working clothes는 그냥 〈일할 때 입는 옷〉이다.

○ 「옷차림을 보니 글을 쓰려던 참인가 보군요.」

world

"Back to the World!"

✘ 사람답게 사는 거지.

☞ 「플래툰」에서 귀국일자가 39일 남은 흑인 병사가 화장실 청소를 하면서 소리친다. 베트남 참전 미군들의 은어로 the World는 전쟁터가 아닌 바깥세상, 즉 〈고향〉이라는 뜻이었다.
○ 「이 몸은 고향으로 간단 말씀이야!」

worry

"Don't you worry."

✘ 안정해요.

☞ 「하비의 환상」에서 제임스 스튜어트의 토끼 때문에 걱정하는 누이를 정신과 의사 찰스 드레이크가 안심시킨다. 누군가 매우 흥분하거나 불안해할 때, 우리는 그에게 〈안정해요〉라는 표현을 실제로 사용하는가? 의사가 환자에게 〈절대적인 안정이 필요합니다〉라는 식의 말을 하기는 하지만, 예를 들어 〈너희들 다 죽여 버리겠다〉라고 날뛰는 사람에게 누가 〈안정해요!〉라고 설득을 하겠는가? 번역문은 〈진정하셔요〉라고 해야 그나마 자연스러운 우리말이 된다. 〈안정〉은 〈진정〉이 아니다. 또는 〈마음을 가라앉히다〉나 〈냉정을 되찾는다〉는 식의 표현도 가능하겠다. 그리고 원문은 사람들이 흔히 쓰는 자연스러운 우리말로는 〈걱정 마셔요〉다. you는 강조하는 의미로 들어간 말이다. 그러니까 예문은 (좀 천박한 표현을 쓰자면) 〈염려 통째로 놓으시라니까요〉 정도가 되겠다.
○ 「전혀 걱정할 일이 아닙니다.」

원작이 퓰리처상을 받았고 브로드웨이에서 5년 동안이나 성공리에 공연되었던 이 유명한 작품의 텔레비전 번역에서는 어색한 우리말이 여러 곳에서 나타난다. 존재하지도 않는 토끼 하비를 데리고 집으로 들어가던 스튜어트는 현관에서 마주친 먼 친척 아주머니에게 (손으로 비키라는 시늉을 하면서) 양해를 구한다.

「Oh, Aunt Ethel, will you pardon me? You're standing in his way.」
✘ 「숙모님은 하베이에게 방해가 되고 있어요.」

Harvey는 〈하비〉가 맞는 발음이지만, 지금 그런 문제는 그냥 넘어가기로 하고, 우리말 표현만 생각해 보기로 하자. 이런 경우에 사람들이 정말로 〈숙모님은 하비에게 방해가 되고 있어요〉라는 표현을 쓰는가? 아니면 〈숙모님이 하비의 길을 가로막았잖아요〉라고 하는가?
○ 「저, 실례하겠어요, 에텔 아주머니. 잠깐 비켜 주셨으면 좋겠는데요.」

스튜어트를 정신 병원에 입원시키는 수속을 대신 밟아 달라고 누이가 판사 친구에게 몰래 전화를 거는데, 스튜어트가 누이의 방으로 들어온다. 전화를 받던 판사가 당황해서 부탁한다.

「Don't let him know that I'm here.」

✕ 「나 여기 있는 거 모르게 하세요.」

이런 입장에 처한 사람이 과연 그렇게 말하는가? 아니면 〈나한테 전화를 걸었단 말은 하지 말아요〉라고 하는가? 스튜어트가 옆에서 지켜보는 가운데, 누이가 허둥지둥 말한다.

「Yes, I'll be casual.」

✕ 「무심하게 받죠.」

casual의 번역이 왜 어려운지를 해당 항목에서 살펴보았지만, 여기에서도 마찬가지다. 우리말로 번역하지 않고 그냥 한글 영어로만 익숙하던 〈캐주얼〉을 갑자기 우리말로 하려니까 이렇게 어색해진다.

○ 「그래요, 태연하게 받을게요.」

「하비의 환상」에는 스튜어트의 누이로부터 전화를 받은 판사가 〈제겐 기쁨입니다〉라고 반색하는 번역문도 나타난다. 원문은 〈Veta, my girl, this is a pleasure〉(비타, 우리 아가씨, 반가워요)다. 마치 흔한 영어 표현 〈It's a pleasure for me〉를 〈우리말〉이 아니라 〈한글〉로 그냥 옮겨 놓은 듯한 표현이다. 이런 식의 번역은 한글과 우리말의 차이를 잘 알지 못해서, 한글로 적어 놓기만 하면 당연히 모두가 우리말이라고 착각하는 인식에서 발생한다. 그래서 필자는 영어를 잘 안다고 아무나 번역을 하겠다고 나서면 곤란하고, 번역을 잘 하려면 우리말부터 제대로 구사할 줄 알아야 한다고 늘 주장한다. 우리말을 전혀 모르는 영어 원어민이 우리말로 번역을 하기는 불가능하다. 그리고 외국인만큼이나 우리말을 잘 모르는 한국인도 적지 않으며, 번역을 직업으로 삼는 사람들도 마찬가지다.

뿐만 아니라 「하비」에는 〈난 당신이 분노하지 않았으면 합니다〉라는 어색한 표현도 나온다. 정신과 의사 드레이크가 스튜어트를 강제로 입원시켰던 사건에 대해서 사과하는 말이다. 원문은 이렇다. 〈But I urge you to have no resentment.〉 번역문에서 사용한 〈분노〉라는 표현은 angry(화를 내다)보다 이 경우에는 훨씬 강한 느낌을 준다. 하지만 resentment는 angry보다도 훨씬 약하고 소극적인 감정이다.

○ 「하지만 섭섭하게 생각하지는 말아 주셨으면 합니다.」

스튜어트를 붙잡아 다시 정신 병원에 수감하려고 (몸집이 왜소하고 나이도 많은) 병원장이 술집으로 가겠다고 설치니까, 스튜어트의 누이가 말린다.

「No, no, you underestimate my brother.」

✕ 「제 동생을 과소평가하시는 거예요.」

〈과소평가〉는 지능이나 경제 또는 솜씨 따위의 〈능력〉에 자주 적용하는 단어. 여기에서는 차라리 〈함부로 깔보다〉나 〈우습게 보다〉라는 수준의 여러 다른 표현으로 번역이 가능하겠다.

○ 「아니에요, 아니라고요, 만만하게 봤다가는 큰코다쳐요.」

원장과 헤어져 따로 그들끼리 술집으로 찾아온 의사 드레이크와 간호사에게 스튜어트가 제안한다.

「Miss Kelly, I don't like to see you standing.」
✗ 「난 당신이 서 있는 게 싫군요.」

원문을 눈에 보이는 그대로 옮겨 놓은 번역이다. 여자가 서 있는 상황이 싫다는 말은 무슨 의미일까? 그들은 지금 바로 옆에 빈자리를 두고 한참 동안 마주 서서 얘기를 계속하던 참이다. 따라서 〈싫군요〉의 참된 뜻은, 〈우리 편하게 자리에 앉아 대화를 계속하자〉며 〈자리에 좀 앉으면 어떨까〉라고 완곡하게 권하는 의미다.

○ 「켈리 간호사, 그렇게 서 있으면 불편할 텐데요.」

구석 자리를 찾아 둘러앉은 다음, 스튜어트는 두 사람보다 먼저 그를 잡으러 왔던 병원장이 어디로 갔는지를 설명한다. 〈At first Dr. Chumley seemed a little frightened of Harvey, but that gave way to admiration as the evening wore on.〉(첨리 병원장은 [눈에 보이지도 않는 거대한 토끼] 하비[와 대화를 나누기]가 처음에는 좀 겁이 나는 눈치였지만, 저녁이 깊어 가는 사이에 그런 감정은 감탄으로 바뀌었답니다.) 그러더니 스튜어트는 무심결에 자신이 구사한 말솜씨에 스스로 감탄한다.

「〈The evening wore on.〉 That's a very nice expression, isn't it?」
✗ 「〈저녁이 경과하다.〉 그것은 매우 멋진 표현이군요.」(텔레비전)
✗ 「〈저녁이 흘러갈수록.〉 시적인 표현 아니에요?」(DVD)

하지만 〈저녁이 경과하다〉나 〈저녁이 흘러갈수록〉이 정말로 〈매우 멋진, 시적인 표현〉일까? 영어로 wear on(계속해서 닳아 사라지다)은 한없이 느리게 지속되는 어떤 은은한 분위기를 자아내는 표현이다. 어쨌든 이쯤 되면 스튜어트의 대사에서 자연스럽게 나온 말[the evening wore on]을 우리말로도 〈멋지고 시적인 표현〉으로 번역해야 하는 부담이 생겨난다. 이런 경우에는 〈저녁이 경과하다〉보다는 차라리 〈저녁이 흘러가는 사이에〉나 〈저녁이 깊어질수록〉은 어떨까?

○ 「〈저녁이 깊어진다〉— 제법 그럴 듯한 표현 아닌가요?」

그밖에도 보다 자연스러운 우리말 표현이 아쉬웠던 비슷한 예를 몇 가지 더 살펴보자.
〈아까부터 여기 있었음에 틀림없어.〉 → 〈여기 있는 줄도 모르고 그랬네.〉
〈그것에 대해서 아무 생각도 나지 않는데, 그것은.〉 → 〈그 생각은 전혀 나지 않아요.〉
〈그가 뭘 가졌던가?〉 → 〈그 사람 가진 게 뭐예요?〉
〈그가 그걸 가졌다고요?〉 → 〈그 사람이 가지고 있단 말예요?〉
〈지금 그는 어디 있어?〉 → 〈그 친구 어디로 갔는데?〉(☞ she)
〈그녀가 말하기를 그녀 동생을 데리러 보냈다고 하던데요.〉 → 〈동생을 데려오라고 그 여자가 그랬다던데요.〉
〈그는 토끼에게 말을 걸어요!〉 → 〈그 사람 토끼하고 얘기를 한다더군요!〉

worse

"It could have been worse."

✗ 더 나쁠 수도 있었어.

☛ 「북서로 가는 길」에서 산을 넘고 난 다음 스펜서 트레이시가 대원들을 위로한다. 우리들이 매우 자주 접하는 표현인데, 예문은 can 항에서 지적한 전형적인 번역체 문장이다. 이럴 때는 〈그만했던 것이 다행〉이라는 식으로 뒤집어서 번역하는 요령이 효과적이다.
「경가 딘」에서도, 두 전우와 함께 적진에 고립된 더글라스 페어뱅크스 주니어가, can 번역체로 체념해 버린다.

「Here we are, and this is it. It might have been worse, though.」
✗ 「이렇게 끝장이 나는구만. 그러나 이보다 더 나쁜 상황일 수도 있어.」
우리말에서 가장 자주 동원되어 지겹도록 낡아 빠진 단어 〈수〉와 〈있다〉로 이루어진 판박이 화법을 벗어나지 못했다.
○ 「이렇게 끝장이 나게 생겼어. 하지만 그나마도 다행인 줄 알아야겠지.」

worth

"I wouldn't worry about money. I'll make it worth your while."

✗ 나 같으면 돈 걱정은 안 해요. 당신 가치를 인정해 주겠어요.

☛ 「선셋대로」에서 〈주당 수입이 500달러〉라고 거짓말을 하는 윌리엄 홀든에게 자신이 쓴 각본을 읽고 손질해 달라며 글로리아 스완슨이 부탁하는 장면이다. 두 번째 문장은 〈당신의 your 시간while에 대한 보상worth은 제대로 하겠다〉, 그러니까 〈수고비는 충분히 내겠다〉는 말이다.
○ 「돈 걱정은 하지 않아도 돼. 수고한 대가는 톡톡히 치러 줄 테니까.」

would

"Would it be all right if he looked like me?"

✗ 혹시 나처럼 생긴 것 같지 않니?

"Yes, sir, it would."

✘ 네, 그런 것 같아요.

☛ 「돌아오지 않는 강」을 보면, 어려서 헤어진 〈아버지가 어떻게 생겼는지 모르겠다〉는 소년에게 (광부들의 천막촌으로 아들을 찾으러 간) 로버트 밋첨이 묻는다. 아버지를 〈전혀 기억하지 못한다〉고 방금 말한 소년과의 대화치고는 앞뒤 논리가 전혀 맞지를 않는다. 가정법의 주절 속에서의 would는 〈~했으면 좋겠다〉는 소망을 나타낸다. 그러니까 아버지 밋첨의 질문은 〈네 아버지가 나처럼 생겼다면 좋겠니?〉라고 묻는 말이고, 아들의 대답은 〈예, 그럼요, 좋고 말고요〉라는 뜻이다.

마릴린 몬로의 애인 로리 캘훈이 말과 총을 탈취해서 도망친 다음, 인디언의 습격을 받아 오두막집이 불타는 장면에서, 뗏목을 타고 함께 도망치며 몬로가 밋첨에게 묻는다.

「Wouldn't have done it anyway?」

✘ 「왜 저런 짓을 하는 거죠?」

여기에서의 would는 부정문에서 〈기어코 ~하려고 한다〉는 고집스러운 의지를 나타낸다.

○ 「(인디언들이 나중에라도) 어차피 쳐들어와서 집을 불태우지 않았겠어요?」

「Against a rifle?」

✘ 「총에 맞서는 거요.」

첫 문장을 제대로 이해하지 못했으니 오역은 이렇게 자동적으로 꼬리에 꼬리를 물고 이어진다.

○ 「(당신 애인이 탈취해가지 않아서 만일) 내가 장총을 가지고 있더라도 쳐들어왔을까요?」

「Wouldn't they?」

✘ 「그래요?」

○ 「그랬다면 못 쳐들어왔을까요?」

「Not so easy.」

✘ 「그게 쉽지 않죠.」

○ 「지금처럼 쉽게 덤비진 못했겠죠.」

wrong

"What isn't?"

✘ 몰라서 물어?

☛ 「바람과 함께 지다」에서 (아이를 갖지 못하게 되자 좌절감에 빠져) 다시 술을 마시기 시작한 로버트 스택에게 로렌 바콜이 〈What is wrong?(뭐가 잘못되었나요?)〉라고 묻는다. 스택이

예문에서처럼 반문한다. 바콜은 고민의 이유를 알 리가 없으므로 〈몰라서 물어?〉는 가당치가 않은 번역이다. 〈What isn't?〉는 〈What isn't wrong?〉의 줄임꼴이다. 〈잘못되지 않은 일이 어디 있느냐?〉는 스택의 반문은 〈세상에 되는 일이 하나도 없다〉는 의미가 된다.

○ 「잘못 안 된 게 뭔데?」

「박쥐성의 무도회」레서 딸 샤론 테이트가 십자가를 내밀자, 흡혈귀가 된 여관 주인이 코웃음을 친다.

「You got the wrong vampire.」

× 「흡혈귀를 잘못보셨어.」

의미는 파악했으면서도 제대로 표현하는 방법을 모르면 여기에서처럼 오해를 일으키기도 한다. 테이트는 흡혈귀 드라큘라가 십자가 앞에서 꼼짝도 못한다는 사실을 알기 때문에 상식적인 행동을 취했지만, 이 영화의 흡혈귀는 모든 면이 드라큘라와 같으면서도 이름이 폰 크롤록이다. 그러니 마늘이나 십자가는 소용이 없다. 아버지가 한 말은 〈난 네가 생각하는 그 흡혈귀가 아니어서, 이런 거 나한테는 안 통해〉라는 뜻이다. wrong man의 경우도 〈잘못된 사람〉이 아니라 〈엉뚱한 사람〉이 훨씬 이해가 쉬운 표현이듯이, 여기서도 〈그건 드라큘라한테나 가서 써먹어〉라는 식으로 둘러대는 번역도 가능하겠다.

○ 「번지수가 틀렸어.」

「판타지아」의 해설이다.

「You know, it's funny how wrong an artist can be about his own work. Now, the one composition of Tchaikovsky's that he really detested was his Nutcracker Suite which is probably the most popular thing he ever wrote.」

× 「아시다시피, 음악가가 그의 음악에 대해서 나쁘게 생각한다는 것은 우스운 일입니다. 차이코프스키 작곡의 하나인 호두까기 인형은 그가 정말 싫어했던 곡이었지만 그가 쓴 작품 중에서 아마도 가장 유명한 곡일 것입니다.」

여기에서의 wrong은 〈잘못된〉 판단, 그러니까 〈착오〉를 뜻한다. popular는 〈유명한famous〉이 아니라 〈대중적으로 잘 알려진〉, 즉 〈인기 있는〉이라는 의미다. 예술적으로 〈유명한〉과 대중적으로 〈인기 있는〉은 비슷하게 여겨지지만, 엄연히 영역이 서로 다른 의미를 지닌 말이다.

○ 「예술인이 자신의 작품에 대하여 얼마나 잘못 판단하기도 하는지를 생각하면 재미있습니다. 아시다시피, 차이콥스키가 정말로 싫어했던 〈호두까기 인형〉은 아마도 그가 만든 모든 작품들 가운데 가장 인기가 있는지도 모릅니다.」

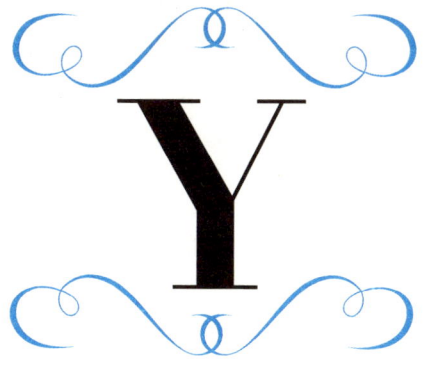

yard

"I don't sell my work by the yards."

○ 여기는 벽지가게가 아닙니다.

☞ 「한나와 그의 자매들」에서 벼락부자가 되어 대저택을 사들인 가수가, 〈벽이 많다〉면서 그림을 사다가 장식하기로 작정한다. 그가 작품을 고르는 기준은 〈Are they big?(그 그림 커요?)〉이다. 역겨움을 느낀 막스 폰 시도우가 쏘아붙인다. 참으로 돋보이는 번역이다. 〈내 작품은 평수로 쳐서 팔지는 않아요〉도 괜찮을 듯싶다. 요즈음에는 나라에서 〈평〉 단위를 퇴출시키는 중이어서 좀 거북하지만.

  ○ 「난 내 작품을 치수로 재어 팔지는 않습니다.」

yarn

"He spins a great yarn, doesn't he?"

✗ 고급 실을 만드는 사람이죠?

☞ 「캣 벌루」를 보면 기차에서 제인 폰다더러 〈무슨 책을 읽느냐〉고 술 취한 목사 드웨인 힉먼이 묻는다. 〈테니슨〉이라고 폰다가 밝히자, 힉먼이 아는 체(예문)를 한다. spin a yarn은 〈얘기를 늘어놓는다〉는 말이다. 힉먼의 질문은 〈그 사람 대단한 이야기꾼(소설가) 아닙니까?〉라는 소리다. 하지만 테니슨은 시인이다. 모르면서 아는 체하면 이렇게 어디선가 들통이 난다.

yell

"The three times in a man's life he has a right to yell at the moon…"

✘ 남자에겐 인생에 세 번 빛을 즐길 기회가 있는데…….

☞ 「광야천리」에서 소몰이가 끝난 다음, 애빌린에서 만난 해리 캐리가 목동들에게 감회를 털어놓는다. at the moon이라고 하니까 〈빛을 즐길 기회〉라는 생각이 떠오른 모양인데, 이 문장에서 가장 중요한 말은 yell(고함치다)이다. 무척 상징적인 표현 같지만, 글자 그대로 〈달을 보고 소리를 지른다〉는 뜻이다. 신이 나서 아무 데나 대고 소리를 지르고 싶은 심정을 생각해 보기 바란다. 그리고 달을 보고 짖는 미친 개와 늑대, 보름달이 뜨면 늑대가 되는 인간 따위의 서양 문화적 기호도 참조하기 바란다.

○ 「남자가 살아가다가 달을 보고 미친놈처럼 소리를 질러 대도 괜찮은 게 딱 세 번인데…….」
참고로 「광야천리」에서 〈달을 쳐다보고 소리를 질러도 좋은 세 번〉은 〈when he marries, when his children come, and when he finishes a job he had to be crazy to start(결혼할 때와, 자식들이 태어날 때와, 미친 짓인 줄 알면서도 시작한 어떤 일을 끝낼 때)〉다.

yellow

"The great yellow journalism itself proved to be a history."

✘ 위대한 언론인은 역사에 묻혔다.

☞ 「시민 케인」에서 오손 웰스의 죽음을 알리는 뉴스 영화의 해설이다. yellow journalism은 〈선정적인 싸구려 언론〉을 의미한다. 그것을 형용하는 great(대단한)는 다분히 반어적인 어법으로 쓰였다.

○ 「요란한 싸구려 언론인께서는 결국 역사적인 인물이 되었다.」

yet

"Are we there yet?"

○ 아직 멀었어?

☛ 「호랑이를 살려라」에서 잭 레먼과 차를 타고 식사를 하러 가다가 동업자 잭 길포드가 묻는다. 〈아직 그곳에 우리들이 도착하지 못했느냐〉는 말인데, 쉬운 듯싶으면서도 어려운 문장의 멋진 번역이다.

Yonkers

"Yonkers, here I come!"

✘ 양키가 나가신다!

☛ 「공격」에서 독일군에게 고립되어 지하실에 숨어 있다가 미군 전차들이 오자, 로버트 스트라우스 병사가 환호한다. Yonkers는 〈양키〉가 아니라 허드슨 강변에 위치한 도시의 이름이다. 스트라우스는 부상을 당해 귀향할 예정이고, 보아하니 그의 고향이 용커스인 모양이다. 아군이 구하러 왔으니, 그는 무사히 고향으로 돌아가게 되었고, 그래서 이렇게 외친다.

○ 「용커스야, 내가 간다!」
한 단어씩 손으로 짚어 가면서 하는 더디고 미련하지만 성실한 번역은 이런 어처구니없는 오역을 막아 준다.

you

"Tommy, you're so marvelous."

✘ 넌 정말 멋져.

☛ 「경가 딘」을 보면 약혼을 축하하는 무도회에서, 더글라스 페어뱅크스 주니어의 무용담을 듣고 조운 폰틴이 감탄한다. 이 영화는 아직 남녀 차별이 확실했던 빅토리아 왕조가 시대적인 배경이며, 조운 폰틴은 양가집 규수다. 아직 결혼도 하지 않은 남자에게 절대로 반말을 했을 리가 없다. 등장인물들의 말투를 역자 자신의 수준으로 바꿔 놓으면 안 된다.

○ 「토미, 당신은 정말로 멋진 남자로군요.」
「벌지전투」에서는 하사관이 제임스 맥아더 소대장에게 아쉬운 마음을 표한다. 〈포로수용소에 들어가면 우린 헤어질 겁니다. 당신은 장교니까요.〉 이런 식으로 아쉬움을 표했다가는 무사히 넘어가기 힘들겠다. 장교에게 〈당신〉이라고 하면 괘씸죄에 해당된다. 〈소대장님〉 같은 호칭을 대신 사용하도록 권한다. 「에덴의 동쪽」을 텔레비전에서 방영했을 때도 줄리 해리스는 시아버지가 될 레이몬드 매씨와 대화할 때 계속 〈당신은〉, 〈당신의 아들은〉이라고 말한다. 참으로 버르장머리가 없는 말투다.

young

"Sometimes men have eaten worms and grubs and roots. I ate a worm once, but I was very young then."

✘ 사람은 급하면 벌레같은 것도 먹어요. 직접 먹어봤어요. 아주 어렸을 때요.

☞ 「돌아오지 않는 강」에서 인디언에게 쫓기며 뗏목으로 급류를 타고 내려가다가, 로버트 밋첨이 지쳐서 잠든 사이에, 밋첨의 어린 아들이 마릴린 몬로에게 경험담을 털어놓는다. 그리고 마릴린 몬로가 화답한다.

「Last week in tent city, I ate a sirloin steak. I was a lot younger then, myself.」
✘ 「지난주만 해도 등심 스테이크를 먹었는데, 그땐 정말 좋았단다.」

재미있는 농담이 번역의 과정에서 흔적도 없이 사라진 사례다. 재치가 담긴 말이나 표현은 행간을 읽어 내는 능력을 제대로 갖춰야 하기 때문에, 영어가 아직 서툰 사람들은 눈에 보이지 않는 의미를 찾아내는 데 애를 먹는다. 그리고 제대로 이해를 했다고 해도, 시청자가 듣고 웃음을 터뜨릴 정도로 해학적인 화법을 구사하기는 더욱 힘든 노릇이다. 예문에서 두 사람이 주고받은 대화는 (DVD의 번역에서 보면) 마치 서로 음식을 먹은 경험에 대해서 자랑을 늘어놓는 듯한 인상을 준다.

하지만 원문의 내용은 좀 다르다. 소년은 한껏 남자다움을 과시하려고 worms and grubs and roots를 먹어 봤다는 얘기를 했다. 그리고 두 번째 문장에는 a lot younger then(그땐 너무 나이가 워낙 어려서) 〈세상 물정을 몰라 그런 바보짓을 했지만, 이제는 다 커서 그런 행동은 하지 않는다〉는 의미가 담겼다.

○ 「남자들은 지렁이와 굼벵이와 나무뿌리 따위도 먹는다고요. 나도 언젠가 지렁이를 먹어 봤지만, 그땐 나이가 아주 어렸었죠.」

하지만 지금 겨우 아홉 살인 소년이 어려 봤자 얼마나 더 어렸겠는가? 그래서 아이의 말을 듣고 몬로가 빙그레 웃으면서 한 마디 한다.

○ 「난 지난 주일에 천막촌에서 등심 스테이크를 먹었단다. 하기야 나도 그땐 지금보다 훨씬 젊었더랬지.」

yourself

"Give yourself up, Shorty."

✘ 쇼티, 포기하라고.

☛ 「몬티 월슈」에서 (문명의 발달로 카우보이들이 설 자리가 없어져) 은행 강도가 되어 수배를 받은 밋첼 라이언이 도피 자금을 달라고 잭 팰런스를 찾아온다. 결혼해서 철물점 주인으로 정착한 팰런스가 충고(예문)한다. give up은 〈포기하다〉라는 뜻이지만, give oneself up은 〈자수하다〉 또는 〈항복하다〉라는 말이다.

yuppies

"Yeah, yuppies are coming."

✘ 투기꾼들 때문이야.

☛ 「미스틱 리버」에서 〈동네 집세가 많이 오르지 않았느냐〉는 케빈 베이컨에게 팀 로빈스가 불평한다. 〈투기꾼〉은 지나친 비약이다. yuppie(또는 yuppy)는 young urban professional(전문직에 종사하는 젊은 도시인)의 머리글자 y, u, p에다 〈~한 사람〉을 애칭하는 접미사 –ie(나중에 –y로 변했음)를 결합한 조어로, 〈능력 있는 젊은 층〉을 뜻한다. 〈투기꾼〉들하고는 거리가 멀어도 한참 멀다.

○ 「그래. 여피족 때문에 못살겠어.」
험난한 종군 기자의 삶을 그린 「살바도르」에서는 짐 벨루시와 제임스 우즈, 그리고 「피셔 킹」의 제프 브릿지스는 끔찍이도 여피들을 혐오한다.

찾아보기

*이탤릭체는 소설 및 저서의 제명임

가위손 Edward Scissorhands　271, 493, 499, 768
가을의 전설 Legends of the Fall　245
가족찾기 음모 Family Plot　74
간주곡 Intermezzo　318
갈증 Thirst(Törst)　451
갈채 The Country Girl　21, 28, 35, 62, 63, 97, 102, 125, 128, 129, 151, 166, 181, 211, 231, 239, 272, 280, 285, 298, 307, 313, 317, 326, 338, 344, 351, 352, 368, 372, 385, 386, 421, 433, 444, 447, 478, 486, 488, 497, 507, 536, 545, 554, 596, 624, 629, 649, 653, 654, 661, 673, 675, 694, 696, 698, 714, 723, 734, 738, 745, 763, 767, 784
강 The River　117
개리 메릴 Gary Merrill　615
개리 쿠퍼 Gary Cooper　55, 83, 112, 117, 118, 120, 143, 164, 196, 216, 260, 285, 316, 361, 363, 381, 395, 400, 401, 421, 430, 487, 499, 532, 538, 576, 578, 606, 618, 658, 674, 711, 728, 740, 744, 752, 760, 787
개선문 Arch of Triumph, Arc de Triomphe　25, 30, 49, 67, 72, 76, 80, 94, 101, 102, 121, 125, 229, 295, 347, 402, 436, 505, 509, 520, 549, 583, 600, 609, 618, 639, 660, 685, 721, 722, 726, 727, 759, 782
거울 속의 목소리 Voice in the Mirror　412
걸리버 여행기 Gulliver's Travels　36
검객 시라노 Cyrano de Bergerac　37, 38, 240, 359, 722
검찰측 증인 Witness for the Prosecution　193
경가 딘 Gunga Din　230, 285, 447, 493, 572, 670, 674, 676, 691, 701, 715, 732, 769, 795, 801
겨울 사자들 The Lion in Winter　585
격노 The Big Heat　179, 385
고난의 시간을 위한 기도 Devotions upon Emergent Occasions　728
고도에서 그대와 함께 On an Island with You　354
고든 매크레이 Gordon MacRae　41, 100, 136, 279, 340, 360, 613, 635
고소공포증 High Anxiety　23, 90, 325, 420, 441, 482, 721, 727, 745, 755, 789
고스트버스터즈 Ghostbusters　202
고스트 타운의 결투 The Law and Jake Wade　104, 240, 479
고원의 방랑자 Ride the High Country　370
공격 Attack!　122, 215, 236, 274, 296, 368, 380, 393, 394, 399, 440, 466, 468, 475, 497, 523, 550, 551, 553, 556, 590, 638, 639, 644, 707, 752, 791, 801
공공의 눈 The Public Eye　773

공중 트라피즈 Trapeze 427, 542, 673
공포 The Terror 435, 632, 745
공포의 거리 The Naked City 348
광야천리 111, 113, 141, 226, 243, 473, 474, 475, 557, 679, 690, 730, 783, 800
교도소 풋볼팀 The Longest Yard 451, 644
구름 속의 산책 A Walk in the Clouds 467
국가의 탄생 The Birth of a Nation 13, 112, 295, 537, 555, 631
군중 Meet John Doe 25, 83, 97, 98, 109, 178, 260, 361, 401
굿모닝 베트남 Good Morning, Vietnam 153, 209, 210, 237, 251, 300, 304, 392, 469, 471, 501, 502, 598, 650, 651, 662, 682, 735, 787
귀향 The Long Voyage Home, 1940 169, 212
귀향 The Men, 1950 270
그들만의 리그 A League of Their Own 94, 379
그레고리 펙 Gregory Peck 33, 54, 91, 98, 105, 126, 166, 203, 227, 279, 289, 291, 294, 307, 308, 347, 370, 378, 387, 393, 396, 405, 411, 490, 498, 516, 527, 533, 549, 559, 570, 593, 647, 678, 720, 723, 771, 774
그레이스 켈리 Grace Kelly 21, 35, 125, 152, 181, 211, 219, 231, 280, 285, 298, 307, 338, 352, 372, 385, 386, 447, 478, 486, 488, 507, 545, 554, 569, 623, 653, 661, 694, 696, 711, 723, 767, 784
그레타 가르보 Greta Garbo 57, 94, 176, 234, 382, 425, 442, 482, 496, 606, 667, 677, 731, 732, 742
그리어 가슨 Greer Garson 192, 480, 500, 510, 562, 652, 662, 716, 730, 739, 751, 781
그린 파파야의 향기 The Scent of Green Papaya 503
글렌다 잭슨 Glenda Jackson 47
글렌 포드 Glenn Ford 179, 377, 385
글로리아 그레이험 Gloria Grahame 42, 116, 382, 385, 545, 592, 626
글로리아 스완슨 Gloria Swanson 79, 194, 359, 376, 795
금단의 혹성 Forbidden Planet 558, 559
기나긴 이별 The Long GoodBye 96, 214, 235, 327, 791
기 드 모파상 Guy de Maupassant 496
기분을 내서 다시 한 번 Once More, With Feeling 292, 734
기적은 사랑과 함께 The Miracle Worker 592
기찻길 아이들 The Railway Children 507
길버트 그레이프 What's Eating Gilbert Grape 465
길 위에서 On the Road 60
깃발 Primary Colors 206, 285, 458, 521
까미유 피사로 Camille Pissaro 164
꺾어진 꽃들 Broken Flowers 394
꿀맛 A Taste of Honey 447
꿈의 구장 Field of Dreams 119, 227
꿈의 궁정 A Connecticut Yankee in King Arthur's Court 218
꿈이 지나간 자리 Curse of the Starving Class 295, 435, 642, 744

나그네 Voyager 221
나는 고백한다 I Confess 187
나는 살고 싶다 I Want to Live! 98
나는 카메라 I Am a Camera 630
나바론 The Guns of Navarone 166, 289, 527
나스타샤 킨스키 Nastassja Kinski 508, 671
나오미 웟츠 Naomi Watts 80
나의 길을 가련다 Going My Way 50
나의 사촌 비니 My Cousin Vinny 412
나이아가라 Niagara 32, 314, 375, 573
나일강의 살인사건 Death on the Nile 360
나탈리 우드 Natalie Wood 181, 219, 778
날아라 피닉스 The Flight of the Phoenix 42
남아 있는 나날 The Remains of the Day 95, 168, 267
남태평양 South Pacific 39, 200, 259, 449,

남편은 괴로워 Not With My Wife, You Don't 525, 742, 787
낯선 동행 The Company of Strangers 286, 412
내가 마지막 본 파리 The Last Time I Saw Paris 22, 25, 161, 246, 287, 404, 467, 521, 593, 638, 782
내 사랑 마녀 I Married a Witch 710, 722
내 사랑은 끝없이 My Man Godfrey 33, 340, 374, 657
내일을 향해 쏴라 Butch Cassidy and the Sundance Kid 309, 372, 749
내추럴 The Natural 752
낸시 올슨 Nancy Olson 306, 397
네 개의 깃털 The Four Feathers 62, 187, 783
네바다 스미드 Nevada Smith 235, 444
네바다의 불가사리 Tremors 555
네바 스몰 Neva Small 355
네버엔딩 스토리 2 The Neverending Story II 379
네빌 브랜드 Neville Brand 572, 739
뇌빌레트 남작 Baron Christian de Neuvillette 240, 722
누구를 위하여 종은 울리나 For Whom the Bell Tolls 55, 117, 120, 196, 216, 285, 363, 381, 395, 400, 424, 430, 487, 526, 532, 538, 578, 605, 618, 728, 740, 752, 787
뉘른베르크의 재판 Judgment at Nuremberg 637
뉴욕의 왕 A King in New York 584, 611
니콜라스 케이지 Nicolas Cage 417
니콜 키드먼 Nicole Kidman 145, 320, 512, 528, 546, 586, 613
니클로디온 Nickelodeon 305, 348, 409, 464, 555, 564, 715, 731
닉 놀티 Nick Nolte 292, 397, 482, 500, 523, 534, 535, 643, 714
닐 사이먼 Neil Simon 572

다니엘 다리외 Danielle Darrieux 539
다리 긴 아저씨 Daddy Long Legs 297, 312
다운 바이 로 Down by Law 147
다윗과 밧세바 David and Bathsheba 207
다이안 베이커 Diane Baker 160
다이안 캐논 Dyan Cannon 631
다이안 키튼 Diane Keaton 38, 93, 241, 272, 603, 782
다이앤 위스트 Dianne Wiest 232, 293, 499
다이하드 3 Die Hard With a Vengeance 565, 685
닥터 지바고 Doctor Zhivago 149, 202, 223, 291, 313, 359, 383, 387, 469, 476, 525, 551, 599, 604, 713, 773
단짝 친구들 Circle of Friends 319
달라이 라마 Dalai Lama 91, 217, 324, 345
달려라 청춘 Breaking Away 641
달링 Darling 341
달콤한 바람 How Sweet It Is 288
닷스워드 Dodsworth 658
대니 매콜 Danny McCall 691, 758
대니 케이 Danny Kaye 311, 575
대릴 한나 Daryl Hannah 589, 788
대브니 콜먼 Dabney Coleman 283, 363
대양 The Deep 59, 230, 292, 397, 428, 482, 500, 523, 535, 643, 714, 787
대지진 Earthquake 82, 380, 426, 565, 666
대평원 Union Pacific 750
댄 데일리 Dan Dailey 287, 618
댄 조지 추장 Chief Dan George 533
댄 프레이저 Dan Frazer 173
댐을 폭파하라 The Dam Busters 72, 158, 281, 315, 350, 378, 418, 473, 710, 712
더글라스 페어뱅크스 주니어 Douglas Fairbanks Junior 285, 447, 572, 670, 676, 691, 795, 801
더브 테일러 Dub Taylor 746
W. 서머셋 모음 William Somerset Maugham 331, 504, 731
더스틴 호프만 Dustin Hoffman 68, 84, 96,

184, 191, 227, 261, 324, 368, 433, 560, 592, 693, 767, 781

더크 보가드 Dirk Bogarde   199, 409

데드 맨 Dead Man   684, 766

데미트리어스 Demetrius and the Gladiators   334

데보라 커 Deborah Kerr   54, 86, 99, 106, 176, 180, 206, 241, 301, 302, 330, 533, 584, 636, 642, 660, 681, 748

데이나 앤드루스 Dana Andrews   88, 190, 766

데이비드 니븐 David Niven   47, 329, 658

데이비드 스콧 David Scott   663

데이비드 에섹스 David Essex   497

데이비드 잰슨 David Janssen   57

데이비드 카퍼필드 David Copperfield   13, 365, 432

데이비드 톰린슨 David Tomlinson   73

데이비드 파라 David Farrar   176, 185, 642, 651, 697, 760

데이비드 헤밍스 David Hemmings   766

데이아나 더빈 Deanna Durbin   220, 346, 429

덴젤 워싱턴 Denzel Washington   687

델마 리터 Thelma Ritter   59, 60, 95, 448

도그빌 Dogville   145, 146, 320, 528, 546, 586, 613

도나 리드 Donna Reed   33, 521

도널드 서덜랜드 Donald Sutherland   404, 440, 457, 540, 562

도널드 크리습 Donald Crisp   143

도널드 플래전스 Donald Pleasence   27

도로티 라무어 Dorothy Lamour   90, 319, 571

도로티 매과이어 Dorothy McGuire   346

도로티 멀론 Dorothy Malone   353, 405, 547, 699

도리스 데이 Doris Day   59, 382, 564, 666

도청작전 The Anderson Tapes   165, 348, 631, 632

돈 디포어 Don DeFore돈 디포어 Don DeFore   156, 318

돈 머리 Don Murray   231, 337, 466, 597

돌아오지 않는 강 River of No Return돌아오지 않는 강 River of No Return   32, 110, 150, 423, 483, 531, 548, 657, 729, 753, 765, 796, 802

돌아온 건파이터   743

둘리 윌슨 Dooley Wilson   412

드라이버 The Driver   135, 228

드미 무어 Demi Moore   743

드와이트 D. 아이젠하워 Dwight D. Eisenhower   195

드웨인 힉먼 Dwayne Hickman   799

들판의 백합 Lilies of the Field   173, 324

D. W. 그리피드 D. W. Griffith   555

디즈 씨 뉴욕에 가다 Mr. Deeds Goes to Town   658

딕 반 다익 Dick Van Dyke   632

딘 마틴 Dean Martin   50, 56, 127, 180, 229, 303, 378, 505, 509, 562, 630, 647, 686, 748

딘 재거 Dean Jagge   587, 608

뜨거운 것이 좋아 Some Like It Hot   28, 225, 306, 663, 763

뜨거운 포옹 Paris — When It Sizzles   16, 269, 296, 622, 692, 700, 768, 770

라나 터너 Lana Turner   373

라디오 전성시대 Radio Days   33, 79

라이언 오닐 Ryan O'Neal   33, 228, 409, 464, 555, 564, 715, 731

라이오넬 배리모어 Lionel Barrymore   425, 448, 733, 742

라이오넬 스탠더 Lionel Stander   491, 658

랄프 리처드슨 Ralph Richardson   446, 469, 490, 773

랄프 월도 에머슨 Ralph Waldo Emerson   60

랄프의 기적 Saint Ralph   46, 317, 343, 455, 718

랜돌프 스콧 Randolph Scott   567, 750

랜디 퀘이드 Randy Quaid   596

러브 스토리 Love Story 33, 369
러스 탬블린 Russ Tamblyn 200, 654, 706
러시 아워 Rush Hour 644
럿셀 크로우 Russell Crowe 288, 302, 370, 777
레니 Lenny 96, 261, 368
레드 리버 Red River, 1988 474, 664
레 미제라블 Les Misérables 39, 172, 173, 454, 577, 596, 605, 611, 649, 689, 724
레슬리 닐슨 Leslie Nielsen 558
레슬리 캐론 Leslie Caron 143, 144, 655
레슬리 하워드 Leslie Howard 32, 34, 318, 476, 675
레이몬드 매씨 Raymond Massey 328, 541, 645, 675, 801
레이첼, 레이첼 Rachel, Rachel 369
렛 버틀러 Rhett Butler 112
로널드 콜맨 Ronald Colman 66, 73, 298, 626
로드 설링 Rod Serling 209, 210
로드 스타이거 Rod Steiger 36, 42, 53, 136, 142, 178, 194, 214, 223, 296, 328, 340, 344, 355, 360, 542, 550, 586, 635, 695, 713
로드 짐 Lord Jim 518, 560
로라 엘레나 해링 Laura Elena Harring 80
로렌 바콜 Lauren Bacall 112, 353, 483, 519, 527, 641, 700, 705, 731, 746, 796
로렌스 올리비에 Laurence Olivier 15, 129, 157, 158, 161, 169, 192, 205, 230, 289, 316, 320, 422, 424, 426, 429, 432, 494, 506, 510, 569, 585, 645, 652, 708, 781
로렌스 피시번 Laurence Fishburne 717
로렌스 하비 Laurence Harvey 114, 163, 225, 341, 630, 706
로렌조 세인트 뒤보아 Lorenzo St. DuBois 369
로리 캘훈 Rory Calhoun 32, 150, 765, 796
로메로 Romero 187, 316
로미오와 줄리엣 Romeo and Juliet 598
로버트 더들리 Robert Dudley 282
로버트 두발 Robert Duvall 27, 78, 127, 440
로버트 드 니로 Robert De Niro 231, 302, 377
로버트 라이언 Robert Ryan 48, 68, 580, 750, 771
로버트 레드포드 Robert Redford 157, 186, 255, 343, 494, 499, 617, 709, 748, 752
로버트 밋첨 Robert Mitchum 32, 54, 67, 110, 150, 203, 307, 309, 370, 423, 483, 490, 531, 548, 559, 656, 657, 720, 729, 765, 771, 796, 802
로버트 본 Robert Vaughn 149
로버트 쇼 Robert Shaw 230, 292, 397, 428, 429, 482, 483, 500, 523, 714, 748, 787
로버트 스택 Robert Stack 14, 165, 353, 405, 481, 483, 519, 527, 641, 705, 731, 796
로버트 스트라우스 Robert Strauss 381, 394, 475, 491, 523, 553, 638, 801
로버트 암스트롱 Robert Armstrong 51, 138, 337, 430, 700
로버트 올드리치 Robert Aldrich 296
로버트 와그너 Robert Wagner 101, 269, 373, 436, 491, 540
로버트 웨버 Robert Webber 666
로버트 카파 Robert Capa 23
로버트 쿠트 Robert Coote 701
로버트 키트 Robert Keith 495
로버트 테일러 Robert Taylor 54, 86, 104, 165, 206, 240, 286, 301, 318, 345, 382, 425, 442, 477, 482, 527, 533, 606, 636, 667, 732, 742, 743, 747
로버트 프랜시스 Robert Francis 108, 155, 262, 429, 462, 519, 720, 723, 726
로버트 프레스톤 Robert Preston 540
로버트 프로스트 Robert Frost 134
로빈슨 가족 The Adventures of the Wilderness Family 590
로빈 윌리엄스 Robin Williams 153, 209, 251, 300, 304, 392, 396, 469, 471, 501, 502, 598, 650, 662, 663, 682, 683, 735, 787

로이드 고프 Lloyd Goff　332, 587
로이 샤이더 Roy Scheider　150, 399
로이스 차일스 Lois Chiles　360
로잔나 아케트 Rosanna Arquette　183, 401, 532, 665, 689, 721
로잘린드 럿셀 Rosalind Russell　323, 518
로저 무어 Roger Moore　25, 161, 467
록키 Rocky　158
록 허드슨 Rock Hudson　90, 156, 165, 284, 318, 350, 353, 375, 382, 405, 483, 504, 507, 514, 522, 534, 547, 579, 641, 642, 646, 705, 731, 746
론 그린 Lorne Greene　737
론다 플레밍 Rhonda Fleming　327
론 체이니 Lon Chaney　268, 455
롯사나 포데스타 Rossana Podesta　205, 334
롯사노 브랏지 Rossano Brazzi　40, 259, 525
롱 라이더스 The Long Riders　596
루디 밸리 Rudy Vallée　375
루머 고든 Rumer Godden(Mrs. Margaret Rumer Haynes Dixon의 필명)　117
루시 아나즈 Lucie Arnaz　622
루이 고셋 Louis Gossett　59, 230, 500, 535
루이스 캘헌 Louis Calhern　25, 72, 76, 80, 101, 102, 103, 125, 229, 250, 436, 549, 618, 660
루이제 라이너 Luise Rainer　171
루이 주르당 Louis Jourdan　100, 563, 583
루트 채터튼 Ruth Chatterton　658
르네 만조르 René Manzor　786
르네 젤위거 Renée Zellweger　237
리 J. 콥 Lee J. Cobb　30, 53, 86, 144, 177, 182, 194, 214, 256, 296, 328, 337, 357, 363, 376, 439, 442, 510, 542, 579, 605, 656, 725, 760, 783
리노의 도박사 Hard Eight　771
리 레믹 Lee Remick　225
리 마빈 Lee Marvin　122, 144, 215, 249, 385, 393, 440, 475, 487, 497, 558, 656, 752, 771, 772
리 밴 클리프 Lee Van Cleef　366

리사 스탠스필드 Lisa Stansfield　89
리암 니슨 Liam Neeson　128, 382, 454, 676, 689
리오 G. 캐롤 Leo G. Carroll　411
리오 겐 Leo Genn　65, 597, 628, 636
리처드 기어 Richard Gere　237, 431, 612
리처드 드레이퍼스 Richard Dreyfuss　429, 699
리처드 라운드트리 Richard Roundtree　426
리처드 버튼 Richard Burton　63, 103, 203, 506, 539, 591, 617, 632, 674, 681
리처드 베이머 Richard Beymer　160, 200
리처드 베이스하트 Richard Basehart　439, 449, 459, 510, 678, 691
리처드 분 Richard Boone　163, 614
리처드 위드마크 Richard Widmark　104, 163, 174, 364, 436, 479, 531, 568, 579, 739, 791
리처드 재켈 Richard Jaeckel　122, 466
리처드 토드 Richard Todd　281, 418, 462
리처드 프라이어 Richard Pryor　400, 413
리처드 헤이든 Richard Haydn　420
리타 모레노 Rita Moreno　778
리타 투싱햄 Rita Tushingham　447
리타 헤이워드 Rita Hayworth　101, 109
리 테일러-영 Leigh Taylor-Young　368
리틀 빅 혼 Little Big Horn　471
리틀 세네갈 Little Senegal　31, 335, 573
리프 에릭슨 Leif Erickson　69
리하르트 바그너 Richard Wagner　101
린다 크리스탈 Linda Cristal　133
린 레드그레이브 Lynn Redgrave　88
린지 와그너 Lindsay Wagner　390
릴라 로천 Lela Rochon　518
릴랜드 파머 Leland Palmer　53
릴리언 기시 Lillian Gish　185, 347, 448
릴리 테일러 Lili Taylor　277
릴리 파머 Lilli Palmer　33, 608, 625, 668, 709
립 톤 Rip Torn　191

마고 폰틴 Dame Margot Fonteyn 200
마녀의 사랑법 Witch Way Love 785, 786
마다 레이 Martha Raye 688
마돈나 Madonna 43, 403, 532, 689, 690, 721
마를레네 디트리히 Marlene Dietrich 105, 417
마리나 베르티 Marina Berti 65, 597
마리아 셸 Maria Schell 86, 123, 256
마릴루 헤너 Marilu Henner 339
마릴린 먼로 Marilyn Monroe 15, 32, 95, 110, 150, 158, 161, 192, 205, 222, 230, 238, 289, 320, 367, 375, 417, 422, 451, 548, 561, 569, 597, 645, 657, 663, 753, 765, 796, 802
마빈 촘스키 Marvin Chomsky 107
마샤 메이슨 Marsha Mason 53, 173, 492, 493, 699
마샤 헌트 Marsha Hunt 453
마술의 사랑 Houdini 261
마스크 오브 조로 The Mask of Zorro 102, 585
마오리족의 복수 Utu 353, 644, 764
마음의 등불 Magnificent Obsession 514, 515
마이크 레인 Mike Lane 33
마이크 마이어스 Mike Myers 336
마이크 월레스 Mike Wallace 419, 603, 725, 777
마이클 글레이저 Michael Glaser 75, 355
마이클 더글라스 Michael Douglas 392, 788
마이클 레드그레이브 Michael Redgrave 55, 72, 158, 378, 473, 602, 633, 710, 712
마이클 머피 Michael Murphy 782
마이클 색스 Michael Sacks 130
마이클 제이스톤 Michael Jayston 773
마이클 캘런 Michael Callan 233
마이클 케인 Michael Caine 77, 199, 404, 523, 555, 702
마지막 선택 The Flim-Flam Man 609
마지막 유혹 The Last Seduction 114, 456
마지막 일몰 The Last Sunset 788
마지막 황제 The Last Emperor 139, 193, 331, 538, 543, 571, 592, 605, 608, 610, 744
마크 트웨인 Mark Twain 218, 677
마틴 밀너 Martin Milner 182, 777
마틴 발삼 Martin Balsam 433, 434
마틴 숏 Martin Short 534
마틴 신 Martin Sheen 442, 580
막다른 골목 Dead End 734
막스 폰 시도우 Max von Sydow 799
막시밀리안 셸 Maximilian Schell 58, 142, 258, 305, 388, 537, 599, 780
막심 고리끼 Maxim Gorky 634
말뚝 상사 빌코 Sgt. Bilko 537, 749, 776
말론 브랜도 Marlon Brando 23, 36, 53, 58, 61, 69, 111, 119, 142, 172, 182, 194, 213, 270, 296, 305, 328, 344, 413, 452, 459, 495, 529, 550, 599, 604, 656, 676, 683, 696, 701, 774, 780
망각의 여로 Spellbound 396
매기 맥나마라 Maggie McNamara 584
매기 스미드 Maggie Smith 77
매드 매드 대소동 It's a Mad, Mad, Mad, Mad World 190, 333, 374, 419, 459, 472, 590, 593, 669, 708, 724, 746
매들린 칸 Madeline Kahn 90, 441, 482, 745
매튜 맥페든 Matthew Macfadyen 538, 540, 560
맨해튼 Manhattan 241, 272, 471, 579, 782
맬컴 맥도웰 Malcolm McDowell 179, 479
머나먼 다리 A Bridge Too Far 199, 343, 555
머세데스 매켐브릿지 Mercedes McCambridge 453, 558, 772
머시니스트 The Machinist 408
머피의 전쟁 Murphy's War 294
먼고메리 클리프트 Montgomery Clift 26, 44, 127, 180, 187, 209, 212, 229, 236, 243, 284, 311, 357, 363, 364, 390, 415, 452, 460, 489, 505, 509, 511, 518, 521, 541, 557, 562, 574, 624, 630, 647, 679, 686,

690, 733, 736, 757, 783
멀 오베런 Merle Oberon   585
멀홀랜드 드라이브 Mulholland Dr.   80, 652
멋대로 살아라 Bye Bye Birdie   632
멋쟁이 How to Steal a Million   292, 778
메리에트 하틀리 Mariette Hartley   370
메릴 스트립 Meryl Streep   159, 183, 255, 494, 503, 579, 611, 636, 709
메어리-루이스 파커 Mary-Louise Parker   78, 132, 306, 633, 646, 669, 790
메어리 볼란드 Mary Boland   204, 535, 562, 716
메어리 스튜어트 매스터슨 Mary Stuart Masterson   75, 78, 132, 197, 306, 414, 633, 669, 790
메어리 스틴버겐 Mary Steenburgen   191, 231, 439, 476
메어리 포핀스 Mary Poppins   73, 112
메이 브릿 May Britt(마이 브릿 Mai Britt)   58, 305, 696, 780
메이 웨스트 Mae West   154
메이 윈 May Wynn   155, 262, 429, 720, 726
멜리나 메르꾸리 Melina Mercouri   258
멜 브룩스 Mel Brooks   23, 90, 325, 420, 441, 482, 727, 745, 755, 789
멜 페러 Mel Ferrer   300
모감보 Mogambo   219, 623
모건 프리먼 Morgan Freeman   66
모두가 왕의 신하 All the King's Men   558
모로코 Morocco   105, 417
모로코로 가는 길 Road to Morocco   82, 89, 144, 319, 371, 687, 694
모리스 슈발리에 Maurice Chevalier   100, 120, 144, 241, 318, 461
모린 스테이플톤 Maureen Stapleton   74, 245, 296, 480, 549
모린 오설리반 Maureen O'Sullivan   192, 453, 496
모린 오하라 Maureen O'Hara   202, 512
모정(慕情) Love Is a Many Splendored Thing   498

몬트리올 예수 Jesus of Montreal   593
몬티 월슈 Monte Walsh   249, 772, 803
몰락한 우상 The Fallen Idol   445, 459, 490, 627
못말리는 로빈 후드 Robin Hood: Men in Tights   74
무모한 순간 The Reckless Moment   126, 375, 472, 488
무법자 조시 웨일스 The Outlaw Josey Wales   533
무법지대 Bad Day at Black Rock   48, 68, 396, 561, 580, 587, 750, 770
뮤직 박스 Music Box   160, 203, 261, 572
미녀와 우유배달 The Kid from Brooklyn   413, 593, 657
미니버 부인 Mrs. Miniver   480, 500, 751
미드나잇 카우보이 Midnight Cowboy   184, 222, 422, 493, 592, 693, 767
미드웨이 Midway   381
미션 The Mission   391
미스터 로버츠 Mister Roberts   491
미스테리 트레인 Mystery Train   13
미스틱 리버 Mystic River   654, 717, 803
미아 패로우 Mia Farrow   128, 186, 293, 309, 322, 360, 382, 396, 676, 773, 782
미주리 브레이크 The Missouri Breaks   313, 683, 749
미키 루니 Mickey Rooney   419, 459, 472
밀드렛 던녹 Mildred Dunnock   442, 608, 783
밀라그로 콩밭전쟁 The Milagro Beanfield War   465, 758
밀러스 크로싱 Miller's Crossing   280, 286, 664
밀리 퍼킨스 Millie Perkins   160
밀튼 벌 Milton Berle   374, 590, 669
밋지 게이너 Mitzi Gaynor   512
밋첼 라이언 Mitchell Ryan   803

(ㅂ)

바그다드의 도적 The Thief of Baghdad   426
바늘구멍 Eye of the Needle   265, 562

바람과 함께 사라지다 Gone With the Wind 43, 95, 112, 164, 186, 283, 476, 576, 657
바람과 함께 지다 Written on the Wind 165, 353, 481, 483, 519, 527, 547, 641, 705, 731, 746, 749, 796
바람둥이 미용사 Shampoo 88, 115, 166, 177, 388
바바라 러시 Barbara Rush 56, 128, 258, 303
바바라 벨 게데스 Barbara Bel Geddes 131
바바라 스탠윅 Barbara Stanwyck 83, 97, 109, 303, 362
바바라 해리스 Barbara Harris 74, 535
바바라 허시 Barbara Hershey 26
바보들의 배 Ship of Fools 12, 132, 212, 228, 276, 417, 418, 458, 663, 718
바브라 스트라이샌드 Barbra Streisand 413
바브에게 무슨 일이 있었나 What About Bob? 221
바운티풀 가는 길 The Trip to Bountiful 472
바하마의 별 Islands in the Stream 113, 374
박쥐성의 무도회 The Fearless Vampire Killers 797
반 존슨 Van Johnson 22, 25, 108, 246, 287, 404, 467, 468, 593, 638, 649
반 헤플린 Van Heflin 279, 371, 723
밤은 돌아오지 않는다 Tender Is the Night 87, 508, 564
밤을 즐겁게 Pillow Talk 37, 59, 382, 448, 564, 579
밤의 열기 속에서 In the Heat of the Night 355, 540, 542, 586
밥 호프 Bob Hope 82, 89, 144, 210, 319, 371, 687, 694, 788
배닝 Banning 373
백만장자 브루스터 Brewster's Millions 143, 400, 413, 719
백열(白熱) White Heat 135, 136, 188, 307, 332, 467, 488
백장미의 수기 Letter From an Unknown Woman 12, 524, 563

백주의 결투 Duel in the Sun 185, 227, 328, 347, 438, 448, 723
백주의 악마 Evil Under the Sun 396, 434, 435, 766
백치 The Idiot 408
백 투 더 퓨처 3 Back to the Future III 100
밴드 오브 브라더스 Band of Brothers 195, 248, 419, 629
버디 엡슨 Buddy Ebsen 236, 368, 380, 553
버디 해킷 Buddy Hackett 459, 472
버스 정류장 Bus Stop 222, 231, 337, 367, 466, 548, 597
버지스 메레디트 Burgess Meredith 552
버터필드 8 Butterfield 8 706, 743
버트 랭카스터 Burt Lancaster 110, 118, 126, 144, 161, 164, 312, 327, 341, 421, 558, 566, 568, 576, 744
버트 레이놀즈 Burt Reynolds 305, 348
버트 프리드 Bert Freed 182, 572, 777, 790
버팔로 빌 Buffalo Bill 331, 571
벅시 Bugsy 449, 686
벌 아이브스 Burl Ives 325, 645
벌지전투 The Battle of the Bulge 801
베라 크루즈 Vera Cruz 110, 118, 161, 164, 312, 316, 421, 576, 744
베로니카 레이크 Veronica Lake 710, 722
베를린 천사의 시 Der Himmel über Berlin 134
베벌리 힐즈의 사생활 California Suite 47, 77, 126
베트 미들러 Bette Midler 221
베티 데이비스 Bette Davis 95, 221, 462, 615
베티 필드 Betty Field 331, 548
벤 가자라 Ben Gazzara 528
벤 버린 Ben Vereen 399
벤 애플렉 Ben Affleck 784
벤지 Benji 550
벤 킹슬리 Ben Kingsley 532
벤허 Ben-Hur 29, 92, 122, 171, 257, 299, 506, 569, 725, 743
벤 헥트 Ben Hecht 463

벨 아미 이야기 The Private Affairs of Bel Ami   119, 216, 228, 351, 504, 514, 524, 567
보디 히트 Body Heat   314
보리스 칼로프 Boris Karloff   435, 745
보 브릿지스 Beau Bridges   43, 187, 756
보석강탈작전 Topkapi   258, 365, 388
보위와 키치 Thieves Like Us   278
보이지 않는 곳에서 Blind Spot   392
볼륨을 높여라 Pump up the Volume   776
부덴브로크가의 사람들 Buddenbrooks   277
부시맨 II The Gods Must Be Crazy II   270
북서로 가는 길 Northwest Passage   693, 795
분노의 강 Bend of the River   227, 234, 441, 540, 645, 680, 697, 706, 719, 772
분노의 포도 The Grapes of Wrath   118, 119
불리트 Bullitt   336
불의 전차 Chariots of Fire   210
브라이언 키드 Brian Keith   715
브라이튼 비치의 추억 Brighton Beach Memoirs   572
브래드 덱스터 Brad Dexter   147, 515, 648
브래드 피트 Brad Pitt   137, 217, 247, 289, 391, 616, 741, 750
브랜든 드 와일드 Brandon de Wilde   288, 306, 371
브로데릭 크로포드 Broderick Crawford   540
브로드웨이를 쏴라 Bullets Over Broadway   82, 183, 232, 293, 414, 536, 612, 665, 677, 692
브루노 커비 Bruno Kirby   210, 300, 469
브루스 던 Bruce Dern   228
브루스 레스터 Bruce Lester   204, 562
브루스 박스라이트너 Bruce Boxleitner   664
브루스 윌리스 Bruce Willis   565, 685
브룩 애덤스 Brooke Adams   431
브리지트 바르도 Brigitte Bardot   219, 570
브릿지 부부 Mr. & Mrs. Bridge   14, 402, 410, 446, 456, 557, 580, 614, 697
블라디미르 나보코프 Vladimir Nabokov   394
블랙 코미디 Black Comedy   435

블레어 브라운 Blair Brown   567
블림프 대령의 삶과 죽음 The Life and Death of Colonel Blimp   624
비 Rain   331
비고 모텐슨 Viggo Mortensen   27, 356
비련의 공주 Young Bess   240
비르나 리시 Virna Lisi   22, 63, 257, 409, 457, 484, 489
비비안 블레인 Vivian Blaine   65, 73, 519
비비엔 리 Vivien Leigh   104, 111, 131, 164, 212, 283, 318, 477, 527, 606, 638, 747
비상계엄 The Siege   687
비수(悲愁) Beloved Infidel   40, 106, 226, 275, 330, 681, 748, 782
비스마르크호를 격침하라 Sink the Bismarck!   11, 56
B.B.의 자유부인 Une Parisienne   570
비트 걸 Beat Girl   61
비트 세대 The Beat Generation 혹은 This Rebel Age   61
비포 선라이즈 Before Sunrise   103, 142, 183, 184, 253, 502
비포 선셋 Before Sunset   128, 129, 244, 277, 482
빅 제이크 Big Jake   168, 202, 287
빅터 맥라글렌 Victor McLaglen   230, 285, 447, 670, 691, 701
빅터 머튜어 Victor Mature   185, 207, 208, 264, 334, 359, 507, 667, 737, 743
빅터*빅토리아 Victor Victoria, 독일 제목 Viktor und Viktoria   540
빅토리아 프린시펄 Victoria Principal   380
빈센트 반 고흐 Vincent Van Gogh   635
빈센트 프라이스 Vincent Price   223, 465, 579, 703
빌 머리 Bill Murray   221, 366, 394
빌헬름 마이어-피르스터 Wilhelm Meyer-Förster   233
빙 크로스비 Bing Crosby   21, 28, 50, 62, 63, 82, 89, 97, 102, 125, 128, 144, 151, 166, 181, 231, 239, 272, 280, 285, 298, 307,

317, 319, 326, 338, 344, 351, 352, 368, 372, 386, 421, 433, 444, 478, 486, 488, 497, 536, 545, 554, 596, 624, 629, 649, 653, 654, 661, 673, 675, 687, 694, 698, 714, 723, 734, 738, 763, 767, 784
빠삐용 Papillon 313
뻐꾸기 둥지 위로 날아간 새 One Flew Over the Cuckoo's Nest 290
뿌리 Roots 249

사느냐 죽느냐 To Be or Not to Be 14, 118, 144, 194, 255, 284, 347, 394, 672, 679, 717
사라 베르나르 Sarah Bernhardt 636
사라진 노부인 The Lady Vanishes 20, 55, 129, 158, 273, 602, 633
사랑과 영혼 Ghost 743
사랑과 죽음 Love and Death 26, 38, 81, 93, 175, 389, 407, 603, 630, 662
사랑은 바람처럼 Caught 131
사랑은 비를 타고 Singin' in the Rain 238, 756
사랑을 기다리며 Waiting to Exhale 241, 515, 518
사랑을 기억하십니까 Do You Remember Love 291
사랑의 별장 The Talk of the Town 66, 73, 329
사랑의 상처 Accident 409
사랑의 성좌 The Tarnished Angels 405
사랑의 신기루 Mirage of Love 350
사랑의 은하수 Somewhere in Time 353, 574
사랑의 행로 The Fabulous Baker Boys 43, 125, 511, 717, 719, 756
사리타 몬티엘 Sarita Montiel 142
사브리나 Sabrina 20, 321, 486, 545, 688, 692, 732, 751, 786
사운드 오브 뮤직 The Sound of Music 108, 112, 234, 314, 420, 687, 779
사이먼 베이커 Simon Baker 775

사이코 Psycho 727
4중주 Quartet 504
산딸기 Wild Strawberries(Smultronstället) 143
산타 비토리아의 비밀 The Secret of Santa Vittoria 68, 200, 409, 464, 484, 489, 615, 628, 659, 707, 716
살 미네오 Sal Mineo 219
살바도르 Salvador 23, 87, 454, 803
살인광시대 Monsieur Verdoux 203, 395, 577, 688, 697
삶의 열망 Lust for Life 164, 635
삼손과 들릴라 Samson and Delilah 185, 207, 208, 264, 359, 507, 544, 654, 667, 737, 743
34번가의 기적 Miracle on 34th Street 452
상과 하 The Enemy Below 67, 240
상태 개조 Altered States 567
상하이에서 온 여인 The Lady from Shanghai 101, 109, 154, 166
새만타 에거 Samantha Eggar 162, 251, 256, 539
새매와 눈사람 The Falcon and the Snowman 51
새뮤얼 골드윈 Samuel Goldwyn 748
새뮤얼 테일러 코울릿지 Samuel Taylor Coleridge 31
새벽의 비밀 The Dawning 57
새벽의 탈출 The Cross of Lorraine 194
샌드라 디 Sandra Dee 218
샌드라 불락 Sandra Bullock 218
샌프란시스코 익제미너 The San Francisco Examiner 98
샐리 필드 Sally Field 246
샘 닐 Sam Neill 159
샘 셰퍼드 Sam Shepard 221, 431
샘 워터스턴 Sam Waterston 186
샘의 아들 Sam's Son 207
샘 자페 Sam Jaffe 715
샘 휴스턴 Sam Houston 163
샤론 스톤 Sharon Stone 34

샤론 테이트 Sharon Tate 797
샤를 부아이에 Charles Boyer 25, 30, 49, 67, 76, 80, 94, 101, 102, 121, 125, 144, 229, 325, 347, 402, 436, 509, 520, 549, 570, 583, 600, 609, 618, 639, 660, 685, 721, 722, 759, 782
샤를 페로 Charles Perrault 162
서머스비 Sommersby 612
서부개척사 How the West Was Won 531, 601, 706
서부전선 이상 없다 All Quiet on the Western Front, Im Westen nichts Neues 45, 77, 78, 313, 613, 686, 707
석양에 돌아오다 Il buono, il brutto, il cattivo(The Good, the Bad, and the Ugly) 244, 366
석양의 갱들 Duck, You Sucker 695
석양의 맨해튼 Coogan's Bluff 247, 262, 331, 333, 357, 516
선샤인 Sunshine 369, 776
선샤인 보이스 The Sunshine Boys 450
선셋대로 Sunset Boulevard 79, 124, 194, 359, 376, 397, 795
선인장꽃 Cactus Flower 157
성난 얼굴로 돌아보라 Look Back in Anger 506
성난 황소 Raging Bull 231
성 발렌타인 축제일의 학살사건 The St. Valentine's Day Massacre 28, 264, 348, 520, 524, 528, 664, 707
성조지(星條紙) Stars and Stripes 246, 680, 681
성처녀 The Song of Bernadette 38, 177, 218, 219, 223, 353, 439, 465, 509, 579, 703
성탄절 휴가 Christmas Holiday 346, 403, 429
세레나데 Serenade 142
세로토레 Scream of Stone 154, 155, 391
세 명의 탈주자 Three Fugitives 534
세실 B. 드밀 Cecil B. DeMille 359, 750
세일즈맨의 죽음 Death of a Salesman 30, 337, 363, 442, 605, 725, 783
셜리 나이트 Shirley Knight 16
셜리 매클레인 Shirley MacLaine 314, 369
셜리 존스 Shirley Jones 41, 42, 70, 100, 116, 136, 340, 545, 613, 657
셜리 템플 Shirley Temple 764
셰어 Cher 270, 369
셰인 Shane 113, 279, 371, 591, 723
셸리 두발 Shelley Duvall 278
셸리 윈터스 Shelley Winters 193, 626
소니 보노 Sonny Bono 369
소피아 로렌 Sophia Loren 378, 498, 516, 654, 678, 774
쇼처럼 즐거운 인생은 없다 There's No Business Like Show Business 287, 618
숀 코너리 Sean Connery 165, 188, 199, 208, 218, 348, 631, 632
숀 코너리의 신문 The Offence 318
숀 펜 Sean Penn 51, 308, 350, 654, 717
수잔을 찾아서 Desperately Seeking Susan 43, 144, 183, 401, 403, 532, 665, 689, 721
수잔 코너 Susan Kohner 140
수잔 클락 Susan Clark 247, 262, 358, 516
수잔 헤이워드 Susan Hayward 36, 45, 98, 195, 719
쉐드와 트루디 Gas Food Lodging 535
쉴라 그레이험 Sheilah Graham 40, 226, 748
쉴라 심 Sheila Sim 113
스미드 씨 워싱턴에 가다 Mr. Smith Goes to Washington 119
스윙 Swing 89, 508, 691, 753, 758
스칼렛 오하라 Scarlett O'Hara 112, 657
스칼렛 핌퍼넬 The Scarlet Pimpernel 32, 34, 675
스타더스트 Stardust 497
스탠리 릿지스 Stanley Ridges 118, 255
스탠리와 아이리스 Stanley & Iris 302, 332, 377
스탠리 투치 Stanley Tucci 247, 503
스털링 헤이든 Sterling Hayden 214, 791
스테이시 키치 Stacy Keach 725

스테파니 파워스 Stefanie Powers 491
스텔라 스티븐스 Stella Stevens 731
스튜어트 리틀 Stuart Little 410
스티브 마틴 Steve Martin 476
스티브 매퀸 Steve McQueen 39, 159, 235, 313, 336, 369, 427, 515, 529, 563, 789
스티브 코크란 Steve Cochran 488
스티브 쿠건 Steve Coogan 424, 622
스티븐 보이드 Stephen Boyd 92, 122
스파르타쿠스 Spartacus 520, 699
스파이 키드 The Spy Kids 689
스펜서 트레이시 Spencer Tracy 46, 48, 68, 190, 327, 561, 580, 724, 750, 770, 795
슬픔은 그대 가슴에 Imitation of Life 140, 207, 373
시계태엽 오렌지 A Clockwork Orange 179, 479, 776
시고니 위버 Sigourney Weaver 202
시드니 푸아티에 Sidney Poitier 46, 173, 192, 324, 327, 542, 574, 586, 788
시드 시저 Sid Caesar 459
시몬 시뇨레 Simone Signoret 12, 132, 228
시민 케인 Citizen Kane 44, 460, 701, 790, 800
시벨의 일요일 Sundays and Cybele 556
시저 로메로 Cesar Romero 107, 316
10월의 하늘 October Sky 694
시저와 클레오파트라 Caesar and Cleopatra 638
시카고 Chicago 237
신데렐라 맨 Cinderella Man 302
실바나 망가노 Silvana Mangano 205, 463
실버 스트릭 Silver Streak 591
실베스터 스탤론 Sylvester Stallone 158
실비아 시드니 Sylvia Sidney 734
심야의 탈주 Odd Man Out 138, 267, 401, 436, 473, 581
십계 The Ten Commandments 207
싱클레어 루이스 Sinclair Lewis 658
써니브룩 농장의 레베카 Rebecca of Sunnybrook Farm 764

아가씨와 건달들 Guys and Dolls 65, 73, 124, 221, 377, 413, 495, 519, 651, 676
아기 키우기 Bringing Up Baby 158
아나콘다 2 Anaconda 2 766
아네트 베닝 Annette Bening 127, 686
아놀드 슈워츠네거 Arnold Schwarzenegger 34
아더 오코넬 Arthur O'Connell 231, 323, 337, 466, 518
아더 케네디 Arthur Kennedy 234, 235, 645, 680, 697, 703, 706, 719, 772
아돌프 멘주 Adolphe Menjou 105
아라베스크 Arabesque 126, 294, 308, 378, 393, 498, 516, 593, 654, 678, 774
아라비아의 로렌스 Lawrence of Arabia 183, 570, 703, 741
아름다운 미치광이 A Fine Madness 208
아름다운 비행 Fly Away Home 29, 330, 599
아름다운 질투 Designing Woman 98
아마데우스 Amadeus 220
아바나의 첩보원 Our Man in Havana 512
아웃 오브 아프리카 Out of Africa 183, 255, 494, 585, 617, 709
아이거 빙벽 The Eiger Sanction 443
아이 로봇 I, Robot 769
아이린 던 Irene Dunne 176
아이린 파파스 Irene Papas 289
아킴 타미로프 Akim Tamiroff 120, 196, 424, 487, 578, 618, 675, 752
아파치 Apache 566
악령의 북소리 Skokie 311
악마는 프라다를 입는다 The Devil Wears Prada 247, 503, 611, 636, 775, 776
악마의 씨 Rosemary's Baby 396
악몽의 밤 Dead of Night, 1945 317, 323, 552, 616, 647
악종자(惡種子) The Bad Seed 662, 770
안나 마냐니 Anna Magnani 201, 465
안나 카레니나 Anna Karenina 46, 57, 176, 496, 606, 677, 769

안나 카슈피 Anna Kashfi 284, 375
안나 패퀸 Anna Paquin 29
안네의 일기 The Diary of Anne Frank 160, 722
안젤라 랜스베리 Angela Lansbury 216, 359, 507, 524, 567
안젤라 바셋 Angela Bassett 241, 515
안토니아 Antonia 124, 155, 213, 568, 768
알도 레이 Aldo Ray 57, 306
알라모 The Alamo 114, 133, 163, 164, 423, 568
알라바마에서 생긴 일 To Kill a Mockingbird 78
알렉 기네스 Alec Guinness 218, 383, 387, 512, 525, 551, 570, 703
알렉 볼드윈 Alec Baldwin 218
알렉산더 다르씨 Alexander D'Arcy 176
알렉산더 대왕 Alexander the Great 57, 63, 103, 104, 203, 539, 591, 617, 674, 679, 681, 685
알렉상드르 뒤마 피스 Alexandre Dumas fils 586
알렉스 헤일리 Alex Haley 249
알렌 긴스버그 Allen Ginsberg 60
알베르 카뮈 Albert Camus 690
알 카폰 Al Capone 264, 348, 449, 520, 676
알 파치노 Al Pacino 288, 297, 436, 725, 777, 781
암흑가의 탄흔 You Only Live Once 437, 628
애거타 크리스티 Agatha Christie 200, 435, 533
애니 설리반 Annie Sullivan 592
애리조나 드림 Arizona Dream 277
애바 가드너 Ava Gardner 105, 186, 279, 412, 647, 740
애봇과 코스텔로 프랑켄슈타인을 만나다 Abbott and Costello Meet Frankenstein 602
애수(哀愁) Waterloo Bridge 104, 131, 165, 318, 477, 527, 606, 747
애수의 여로 Separate Tables 200

애심(哀心) The Eddy Duchin Story 52, 316, 439, 491, 569, 570, 755, 780
애욕과 전장 Battle Cry 306
애정(愛情) The Yearling 239, 585
애정의 조건 Terms of Endearment 314
애천(愛泉) Three Coins in the Fountain 346, 437, 525, 583
애틀랜틱 시티 Atlantic City 43
앤 리비어 Anne Revere 89, 130, 541, 625
앤-마그렛 Ann-Margret 317
앤 뱅크로프트 Anne Bancroft 93, 324, 585
앤서니 로스 Anthony Ross 151, 326, 444, 507, 629, 734
앤서니 퀘일 Anthony Quayle 166
앤서니 퀸 Anthony Quinn 22, 36, 63, 68, 103, 108, 201, 226, 257, 457, 464, 465, 484, 487, 566, 615, 628, 637, 659
앤서니 홉킨스 Anthony Hopkins 95, 102, 168, 267, 317, 552
앤 프란시스 Anne Francis 396, 558
앤 해더웨이 Anne Hathaway 247, 503, 636, 775
앨런 래드 Alan Ladd 371, 723
앨런 모우브레이 Alan Mowbray 374
앨런 베이츠 Alan Bates 88
앨런 아킨 Alan Arkin 405
앨런 올다 Alan Alda 47
앨런 킹 Alan King 348
앨리 맥그로우 Ali MacGraw 33
앨리샤 실버스톤 Alicia Silverstone 106
앨프리드 드레이퓌스 Alfred Dreyfus 98, 211
앨프리드 몰리나 Alfred Molina 424, 622
앨프리드 힛치콕 Alfred Hitchcock 579
앨프리드 힛치콕 극장 Alfred Hitchcock Presents 392
야망의 종말 Bright Leaf 112, 143
야생마 히달고 Hidalgo 27, 356
야성녀 Untamed 36, 45, 719
야성의 엘자 Born Free 323, 610, 735
야손과 아르고 원정대 Jason and the Argonauts 45

어느 늙은 뱃사람의 이야기 The Rime of the Ancient Mariner 31
어느 박람회장에서 생긴 일 State Fair 88, 271
어니스트 보그나인 Ernest Borgnine 48, 580, 656, 666, 707, 750
어니스트 헤밍웨이 Ernest Hemingway 105, 113, 728
어둠 속에 벨이 울릴 때 Play Misty for Me 175, 702
어린 왕자 The Little Prince 426, 520, 569
어머니 Mother(MOTb) 634
어윈 쇼 Irwin Shaw 463
언제나 마음은 태양 To Sir, With Love 192, 574, 788
얼 홀리만 Earl Holliman 559
에덴의 동쪽 East of Eden 325, 328, 367, 438, 499, 541, 645, 648, 666, 669, 801
에드가 앨런 포우 Edgar Allan Poe 715
에드나 메이 올리버 Edna May Oliver 510, 662, 739
에드먼드 퍼돔 Edmund Purdom 17, 28, 233, 250, 366, 423, 552, 624, 641, 644, 758, 770, 773
에드몬드 오브라이엔 Edmond O'Brien 136, 307, 467
에드워드 G. 로빈슨 Edward G. Robinson 260, 737
에드워드 아놀드 Edward Arnold 109
에드워드 애슐리 Edward Ashley 192, 781
에드워드 앤드루스 Edward Andrews 337, 363
에드워드 폭스 Edward Fox 199, 318, 388, 476, 555, 712
에드 윈 Ed Wynn 73
에디 앨버트 Eddie Albert 70, 215, 236, 296, 368, 380, 393, 440, 466, 497, 523, 545, 592, 626, 657, 707, 752, 791
에디 캔토 Eddie Cantor 748
에디 피셔 Eddie Fisher 743
에롤 플린 Errol Flynn 779

에르퀼 뿌아로 Hercule Poirot 434
에리히 마리아 레마르크 Erich Maria Remarque 402
에린 브로코비치 Erin Brockovich 33
에마 톰슨 Emma Thompson 168
에밀리 블런트 Emily Blunt 503, 611, 636
에밀 졸라 Émile Zola 98, 263, 428, 496
에밀 졸라의 생애 The Life of Émile Zola 211, 263, 428
에바 가보르 Eva Gabor 467
에버렛 슬로운 Everett Sloane 790
에비타 페론 Evita Perón 107
에스터 윌리엄스 Esther Williams 354
에스파냐의 포로 The Spanish Prisoner 32
에어 포스 원 Air Force One 566
에어포트 Airport 20, 126, 497
에이단 퀸 Aidan Quinn 43, 245, 403, 665, 689
에이드리안 그르니에 Adrian Grenier 776
에이드리안 레스터 Adrian Lester 285
에이미 매디건 Amy Madigan 227
에일린 해카트 Eileen Heckart 662
H. G. 웰스 H. G. Wells, Herbert George Wells 456, 496
에쿠스 Equus 435
에텔 머맨 Ethel Merman 287, 618
F. 스콧 피츠제럴드 F. Scott Fitzgerald 40, 226, 293, 508, 748, 782
엘리엇 굴드 Elliott Gould 96, 187, 214, 235, 260, 327, 386, 791
엘리자베스 매거번 Elizabeth McGovern 308, 350
엘리자베스 테일러 Elizabeth Taylor 22, 25, 90, 161, 236, 287, 309, 311, 335, 350, 364, 374, 460, 467, 511, 522, 593, 627, 646, 706, 711, 736, 743, 757, 782, 787
엘머 갠트리 Elmer Gantry 341
여왕 마고 Queen Margot 584
여인의 향기 Scent of a Woman 436
여자가 사랑할 때 The Pumpkin Eater 585
여자들의 꿈 Waiting Women 578

여자의 이별 Shirley Valentine 471
역사는 밤에 이루어진다 History Is Made at Night 502
연애 후보생 Mardi Gras 461
연예인 The Entertainer 169, 494, 506, 708, 766
영광의 르망 Le Mans 135
오딧세이아 The Odyssey 463, 698
오드리 헵번 Audrey Hepburn 16, 18, 20, 71, 214, 221, 241, 258, 269, 292, 321, 420, 461, 481, 499, 545, 570, 608, 622, 674, 688, 692, 732, 751, 759, 760, 768, 770, 778
오마 샤리프 Omar Sharif 223, 313, 359, 387, 476, 551, 570, 599, 604, 713, 773
오만과 편견 Pride and Prejudice 192, 204, 316, 389, 424, 432, 453, 510, 535, 538, 540, 560, 562, 625, 652, 662, 672, 716, 730, 739, 781
오손 웰스 Orson Welles 101, 109, 154, 166, 170, 475, 701, 787, 800
오스카 베르너 Oskar Werner 228, 458, 718
오스틴 파워스 Austin Powers: International Man of Mystery 336, 655
오즈의 마법사 The Wizard of Oz 138, 224, 275, 626, 708, 713, 735, 784, 786
오케스트라의 소녀 One Hundred Men and a Girl 220
OK 목장의 결투 Gunfight at the O.K. Corral 327, 568
OK 목장의 총잡이 Doc 725
오클라호마 Oklahoma! 41, 66, 70, 100, 116, 136, 233, 271, 278, 340, 360, 382, 545, 592, 613, 626, 635, 657
오토 크루거 Otto Kruger 514
오프라 윈프리 Oprah Winfrey 351
오픈 레인지 Open Range 127
오, 하나님 Oh, God! 588
오 형제여, 어디에 있는가? O Brother, Where Art Thou? 697
O 후작부인 Die Marquise von O... 50

올 댓 재즈 All That Jazz 53, 150, 399, 731
올리버 리드 Oliver Reed 61, 170, 248, 284, 476, 544, 617, 640
올리비아 드 하빌랜드 Olivia de Havilland 476
옴브레 Hombre 434
와일러의 콜렉터 The Collector 162, 251, 256, 539
왕과 나 The King and I 180, 192, 241
왕이 되려던 사나이 The Man Who Would Be King 188, 218
왕자와 무희 The Prince and the Showgirl 15, 129, 157, 158, 161, 192, 205, 230, 289, 320, 422, 426, 569, 645
왕쥐 King Rat 441, 640
외침과 속삭임 Veskningar och rop 664
요람을 흔드는 손 The Hand That Rocks the Cradle 663
요절(腰折) 쌍권총의 아들 Son of Paleface 788
욕망 Blowup 766
욕망이라는 이름의 전차 A Streetcar Named Desire 111
용감한 사나이 Only the Valiant 533
용사의 검 Sword of the Valiant 312
우디 앨런 Woody Allen 26, 27, 38, 81, 93, 128, 175, 241, 272, 322, 382, 389, 407, 408, 471, 475, 536, 579, 603, 630, 738, 782
우디 앨런의 부부일기 Husbands and Wives 128, 322, 382, 676, 738
우리들 모두의 이야기 Me and You and Everyone We Know 323
우리 생애 최고의 해 The Best Years of Our Lives 190, 457, 766
우리 아빠 야호! Parenthood 144, 476
우리에게 내일은 없다 Bonnie and Clyde 413
우리 읍내 Our Town 485, 733
우리집 식구는 아무도 못말려 You Can't Take It With You 120, 746
우정 있는 설복 Friendly Persuasion 349

워렌 베이티 Warren Beatty   115, 166, 177, 388, 413, 686
워렌 오츠 Warren Oates   355, 540, 542
워터프론트 On the Waterfront   30, 36, 53, 61, 69, 79, 105, 142, 144, 162, 172, 182, 194, 213, 296, 328, 344, 355, 376, 542, 543, 550, 656, 774
원더 보이스 Wonder Boys   392
원초적 본능 Basic Instinct   288
원한의 도곡리 철교 The Bridges at Toko-Ri   141
월든 *Walden, or, Life in the Woods*   206, 396
월 스트리트 Wall Street   442, 580, 589, 681, 788
월터 리프먼 Walter Lippmann   210
월터 매타우 Walter Matthau   18, 74, 245, 254, 269, 296, 327, 420, 450, 480, 535, 549, 759
월터 미티의 이중생활 The Secret Life of Walter Mitty   575
월터 브레난 Walter Brennan   25, 83, 141, 178, 226, 361, 401, 474, 561, 587, 730, 770
월터 피전 Walter Pidgeon   22, 331, 468, 480, 521, 751
월트 디즈니 Walt Disney   40, 592
월트 휘트먼 Walt Whitman   60
웨스트 사이드 스토리 West Side Story   200, 318, 778
웬디 힐러 Wendy Hiller   200
위기돌파 The Running Man   225
위노나 라이더 Winona Ryder   271, 466
위대한 개츠비 The Great Gatsby, 1974   186, 748, 782
위대한 독재자 The Great Dictator   167, 274
위대한 서부 The Big Country   279, 405
위대한 여인의 그림자 The Great Man's Lady   303
위대한 욕망 The Carpetbaggers   112, 444
위대한 유산 Great Expectations   100, 243, 282, 613

윌 기어 Will Geer   157
윌리엄 벤딕스 William Bendix   413
윌리엄 섀트너 William Shatner   519, 760
윌리엄 콘래드 William Conrad   531, 706
윌리엄 파월 William Powell   33, 340, 374
윌리엄 포크너 William Faulkner   405
윌리엄 허트 William Hurt   314, 567
윌리엄 홀든 William Holden   16, 20, 21, 35, 62, 63, 79, 97, 124, 125, 128, 151, 181, 194, 211, 231, 239, 269, 272, 280, 285, 298, 313, 317, 321, 323, 326, 338, 345, 352, 359, 368, 372, 376, 385, 386, 397, 409, 411, 421, 444, 447, 478, 486, 488, 491, 497, 507, 536, 545, 554, 596, 622, 624, 629, 653, 654, 661, 675, 688, 692, 694, 696, 698, 700, 714, 734, 738, 741, 745, 751, 763, 768, 770, 784, 795
윌 스미드 Will Smith   769
월터 윈첼 Walter Winchell   209
유령과 미망인 The Ghost and Mrs. Muir   100
유로파 Europa   668, 702
유리 구두 The Glass Slipper   655
유리 동물원 *The Glass Menagerie*   445
유성(流星)과 같은 사나이 Man Without a Star   279, 680
유혹 Young at Heart   666, 684
육체와 영혼 Body and Soul   33, 89, 130, 189, 244, 246, 332, 385, 444, 531, 546, 587, 608, 625, 668, 706, 707, 709
율리시즈 Ulysses   73, 205, 334, 335, 381, 462, 463, 563, 566, 621, 698, 722, 747
율리우스 카이사르 Gaius Julius Caesar   90, 365
율리의 황금 Ulee's Gold   509
율 브리너 Yul Brynner   86, 123, 144, 147, 148, 179, 180, 192, 224, 255, 292, 298, 427, 448, 477, 516, 519, 675, 734, 760
은밀한 예식 Secret Ceremony   309
이단 호크 Ethan Hawke   103, 128, 142, 183, 184, 244, 253, 277, 482, 502, 505, 683
이바 마리 세인트 Eva Marie Saint   61, 162,

328, 329, 344
이방인 The Stranger 또는 L'Étranger 690
2번가의 포로 The Prisoner of Second Avenue 93
이보다 더 좋을 순 없다 As Good as It Gets 16
이브의 모든 것 All About Eve 95, 615
이사도라 던칸 Isadora Duncan 743
이사벨 아자니 Isabelle Adjani 228
25시 The 25th Hour 22, 36, 63, 103, 108, 226, 257, 457, 487, 637, 643
이안 배넌 Ian Bannen 318
이안 헌터 Ian Hunter 169, 212
이오지마의 영웅 The Outsider 169, 680
이유없는 반항 Rebel Without a Cause 138, 219, 396
이중생활 A Double Life 193, 298, 626, 749
이집트의 태양 The Egyptian 240, 641
이혼소동 The Awful Truth 176
인도의 열정 North West Frontier 또는 Flame Over India 170, 357
인디아 송 India Song 434
인사이더 The Insider 288, 297, 370, 419, 603, 725, 777, 781
인생 2장 Chapter Two 173, 492, 493, 667
인생의 낙원 It's a Wonderful Life 33, 73, 781
인생의 종착역 O. Henry's Full House 417
일라이 월락 Eli Wallach 59, 148, 207, 230, 244, 298, 428, 523, 715, 778, 787
일리너 파커 Eleanor Parker 288
잃어버린 지평선 Lost Horizon 26, 189, 513, 590
입영전야 Racing With the Moon 308, 350
잉거 스티븐스 Inger Stevens 364
잉그릿 버그만 Ingrid Bergman 30, 49, 67, 80, 103, 121, 157, 196, 229, 254, 272, 318, 325, 347, 358, 371, 400, 402, 477, 532, 538, 581, 585, 600, 606, 609, 618, 643, 660, 685, 721, 722, 728, 759, 782, 787
잉그릿 툴린 Ingrid Thulin 143
잉마르 베리만 Ingmar Bergman 143, 664

잊지못할 사랑 An Affair to Remember 85

ㅈ

자유를 찾아서 Turtle Diary 47, 532
자이언트 Giant 90, 205, 350, 507, 534, 642, 646, 711
작은 거인 Little Big Man 68, 84, 191, 227, 247, 433, 560, 781
잠망경을 내려라 Down Periscope 292
장 가뱅 Jean Gabin 394
장거리 주자의 고독 The Loneliness of the Long Distance Runner 114, 146, 331, 556
장 발장 Jean Valjean 39, 173, 454, 577, 649, 689, 724
재닛 리 Janet Leigh 261, 269, 632
재즈 가수 The Jazz Singer 622
재칼의 음모 The Day of the Jackal 318, 388, 712
재클린 비셋 Jacqueline Bisset 292, 397, 500, 523, 535, 643, 714
잭 길포드 Jack Gilford 15, 801
잭 니콜슨 Jack Nicholson 16, 290, 313, 435, 632, 745, 749
잭 레먼 Jack Lemmon 15, 93, 225, 306, 663, 801
잭 베니 Jack Benny 194
잭 워든 Jack Warden 115
잭 웨스톤 Jack Weston 157
잭 일람 Jack Elam 744
잭 케루악 Jack Kerouac 60
잭 팰런스 Jack Palance 122, 144, 274, 279, 393, 399, 440, 468, 550, 551, 556, 590, 644, 803
잭 호킨스 Jack Hawkins 171, 411, 506, 741
저스틴 더루 Justin Theroux 652
저스틴 워커 Justin Walker 106
저지 코진스키 Jerzy Kosinski 64
전송가 Battle Hymn 156, 190, 284, 318, 375, 504, 522, 742
전쟁과 평화 War and Peace 300

전쟁의 바람 The Winds of War 656, 783
전쟁의 희생자 Victim of Innocence 252
전함 뽀쫌낀 Potemkin 또는 Battleship Potemkin 526, 548
젊은 사자들 The Young Lions 23, 39, 56, 58, 127, 142, 180, 212, 229, 258, 303, 305, 363, 378, 390, 415, 452, 460, 505, 509, 518, 529, 562, 574, 599, 604, 607, 624, 630, 647, 686, 696, 701, 733, 748, 780
젊은이의 양지 A Place in the Sun 541
정복의 길 Captain From Castile 107, 391, 758
정신병동의 뉴먼 대위 Captain Newman, M. D. 33
정염의 검사 Prince Valiant 269
제5 도살장 Slaughterhouse-Five 130
제17 포로수용소 Stalag 17 491
제니 아구터 Jenny Agutter 457
제니퍼 제이슨 리 Jennifer Jason Leigh 255
제니퍼 존스 Jennifer Jones 38, 87, 177, 185, 218, 223, 227, 347, 353, 429, 438, 439, 498, 564, 579, 703, 723
제니퍼 틸리 Jennifer Tilly 414, 612
제랄딘 채플린 Geraldine Chaplin 291, 773
제러마이어 존슨 Jeremiah Johnson 157
제러미 아이언스 Jeremy Irons 565, 685
제로 모스텔 Zero Mostel 35, 369, 410, 452
제시카 랭 Jessica Lange 160, 203, 261, 572
제시카 월터 Jessica Walter 175, 702
제시카 탠디 Jessica Tandy 78, 81, 92, 132, 333, 603, 790
제이 C. 플리펜 Jay C. Flippen 234, 278, 540, 645
제이슨 로바즈 Jason Robards 87, 144, 564
J. D. 샐린저 J. D. Salinger 717
제인 럿셀 Jane Russell 788
제인 시모어 Jane Seymour 187, 353
제인 에어 Jane Eyre 492, 575, 787
제인 폰다 Jane Fonda 47, 85, 126, 197, 302, 317, 332, 377, 623, 727, 799
제임스 가너 James Garner 288

제임스 노먼 홀 James Norman Hall 492
제임스 딘 James Dean 61, 138, 205, 219, 325, 367, 396, 438, 499, 534, 541, 645, 648, 666, 669, 711
제임스 맥아더 James MacArthur 801
제임스 메이슨 James Mason 126, 138, 375, 377, 401, 436, 473, 488, 537, 581
제임스 미치너 James Michener 141
제임스 버크 James Burke 332
제임스 브롤린 James Brolin 386
제임스 스튜어트 James Stewart 18, 33, 34, 42, 51, 52, 73, 119, 120, 227, 234, 324, 341, 388, 517, 619, 645, 680, 697, 706, 719, 767, 772, 792
제임스 얼 존스 James Earl Jones 119
제임스 우즈 James Woods 23, 454, 642, 744, 803
제임스 칸 James Caan 145, 173, 492, 493, 546, 667
제임스 캐그니 James Cagney 136, 188, 307, 332, 467, 488, 491, 558, 699
제임스 코번 James Coburn 147, 695
제임스 파렌티노 James Farentino 107
제임스 폭스 James Fox 267, 268, 441
제임스 휘트모어 James Whitmore 66, 233, 278, 316, 382, 635, 755
제임스 힐튼 James Hilton 586
제프 대니얼스 Jeff Daniels 29, 599
제프 브릿지스 Jeff Bridges 43, 125, 717, 719, 803
조나던 Jonathan Livingston Seagull 64, 249, 295, 301, 421, 437
조나던 윈터스 Jonathan Winters 669, 708
조니 뎁 Johnny Depp 271, 277, 493, 499, 684, 766, 768
조 반 플릿 Jo Van Fleet 499
조셉 카튼 Joseph Cotten 701, 790
조셉 피브니 Joseph Pevney 385, 587, 608
조시 하트넷 Josh Hartnett 167
조앤 드루 Joanne Dru 558
조앤 우드워드 Joanne Woodward 208, 291,

369, 392, 402, 446
조운 베넷 Joan Bennett 126, 375, 472, 488
조운 폰틴 Joan Fontaine 524, 563, 801
조운 플라우라이트 Joan Plowright 708
조을 매크레이 Joel McCrea 303
조지 C. 스콧 George C. Scott 609
조지나 아가씨 Georgy Girl 88
조지 번스 George Burns 588
조지 샌더스 George Sanders 95, 100, 119, 216, 228, 265, 351, 504, 514, 524, 567
조지 시걸 George Segal 30, 441, 640, 725
조지 암스트롱 커스터 George Armstrong Custer 471
조지 케네디 George Kennedy 71, 258, 426, 443
조지 클루니 George Clooney 698
조지 페퍼드 George Peppard 531, 601, 706, 787
조찬클럽 The Breakfast Club 776
조 페씨 Joe Pesci 412
존 가필드 John Garfield 33, 89, 130, 244, 246, 385, 546, 587, 668, 709
존 니콜라이 John George Nicolay 14
존 던 John Donne 728
존 덴버 John Denver 369, 588
존 딜린저 John Dillinger 449
존 레이 John Wray 45, 686
존 론 John Lone 608
존 루리 John Lurie 147
존 리터 John Ritter 555
존 매킨타이어 John McIntire 566
존 밀스 John Mills 771
존 보이트 Jon Voight 184, 222, 405, 422, 493, 592, 693
존 새비지 John Savage 23
존 스타인벡 John Steinbeck 253, 541
존 아이얼랜드 John Ireland 113, 558
존 에릭슨 John Ericson 624, 758, 770
존 오스본 John Osborne 708
존 웨인 John Wayne 111, 113, 133, 141, 226, 236, 243, 287, 423, 447, 473, 474,

557, 568, 652, 679, 690, 730, 743, 783
존 캐러딘 John Carradine 118, 119
존 커 John Kerr 39
존 큐색 John Cusack 82, 183, 232, 293, 612, 665, 677, 692
존 터투로 John Turturro 286
존 트라볼타 John Travolta 206, 285, 458, 521
존 하우스만 John Houseman 390, 737, 764
존 해이 John Hay 14
졸업 The Graduate 324
죠스 Jaws 429
주느비에브 뷔졸드 Geneviève Bujold 632, 666, 671
주드 로 Jude Law 450, 674
죽은 시인의 사회 Dead Poets Society 201, 206, 396, 505, 601, 663, 683
줄리 델피 Julie Delpy 103, 128, 142, 183, 244, 253, 277, 482, 502
줄리아 로버츠 Julia Roberts 33
줄리아 애덤스 Julia Adams 441
줄리아 오몬드 Julia Ormond 245
줄리 앤드루스 Julie Andrews 73, 112, 540, 779
줄리 크리스티 Julie Christie 202, 341, 388, 713
줄리 해리스 Julie Harris 328, 438, 669, 801
쥬라기 공원 Jurassic Park 96
지나 데이비스 Geena Davis 379
지나 로울랜스 Gena Rowlands 466
지난여름 갑자기 Suddenly Last Summer 44, 209, 236, 284, 311, 335, 357, 364, 374, 453, 460, 489, 511, 521, 522, 627, 736, 757, 772, 787
지미 듀란테 Jimmy Durante 190, 333, 354, 472, 724, 746
지붕 위의 바이올린 Fiddler on the Roof 75, 355
지상에서 영원으로 From Here to Eternity 26, 656
지상의 밤 Night on Earth 304, 466

지옥의 전장 Halls of Montezuma 174, 182, 252, 436, 507, 553, 572, 579, 614, 739, 777, 790
지옥의 특전대 The Wild Geese 330
지저분한 유인원 The Hairy Ape 195, 413
지지 Gigi 100, 143, 318
진 넬슨 Gene Nelson 278, 592, 626
진 세버그 Jean Seberg 20, 126
진 시몬스 Jean Simmons 221, 413, 495, 642, 651
진실의 두 얼굴 Absence of Malice 246, 283
진 아더 Jean Arthur 73, 120, 329
진저 로저스 Ginger Rogers 260, 737
진정한 용기 True Grit 483
진주 The Pearl 253
진주만 Pearl Harbor 167, 400, 512, 594, 621, 668, 749, 784
진 켈리 Gene Kelly 194, 346, 381, 429, 756
진 크레인 Jeanne Crain 88
진 티어니 Gene Tierney 100
진 피터스 Jean Peters 32, 314, 525, 566, 573
진 해크먼 Gene Hackman 448
진 헤이근 Jean Hagen 238
질 세인트 존 Jill St. John 508, 564
짐 벨루시 Jim Belushi 803
짐 보우이 Jim Bowie 163
짠앙훙 Tran Anh Hung 503

착한 마음과 화관 Kind Hearts and Coronets 144, 568
착한 채리티 Sweet Charity 369
찰리 루치아노 Charlie Luciano 449
찰리 신 Charlie Sheen 153, 338, 442, 557, 580, 589, 681, 788
찰리 채플린 Charlie Chaplin 167, 203, 274, 395, 584, 611, 688, 697
찰스 노르도프 Charles Nordhoff 492
찰스 드레이크 Charles Drake 619, 792
찰스 디킨스 Charles Dickens 13, 100, 243
찰스 로톤 Charles Laughton 193, 417
찰스 브론슨 Charles Bronson 147, 466, 648
찰스 빅포드 Charles Bickford 38, 353
찰스 슐츠 Charles M. Schultz 592
찰톤 헤스톤 Charlton Heston 29, 92, 122, 172, 299, 322, 381, 405, 569, 666, 743
챈스 박사 Being There 64
처녀 여왕 The Virgin Queen 99, 107, 221, 426, 462
처칠납치작전 The Eagle Has Landed 27, 404, 440, 457
천국과 지옥 Between Heaven and Hell 540
천국으로 가는 계단 A Matter of Life and Death 또는 Stairway to Heaven 47
천국의 나날들 Days of Heaven 431, 669
천사의 시 Misunderstood 134, 647
천의 얼굴을 가진 사나이 Man of a Thousand Faces 268, 455, 558, 699
천일야화(千一夜話) A Thousand and One Nights 36
천일의 앤 Anne of the Thousand Days 632, 671
철부지 아가씨의 첩보작전 I See a Dark Stranger 99
철십자훈장 Cross of Iron 377, 537
청룡의 폴리스 스토리 4 Police Story IV 240
청춘 여정 Return to Peyton Place 288
초대받지 않은 손님 Guess Who's Coming to Dinner 46, 327
최고의 적수 The Best of Enemies 329, 330
최후의 증인 Tight Spot 260, 737
추상 Anastasia 255, 477, 675
춘희 Camille 94, 234, 382, 425, 442, 482, 586, 667, 731, 732, 733, 742
7년만의 외출 The Seven Year Itch 446, 561
719호의 손님들 Plaza Suite 74, 245, 269, 296, 327, 480, 535, 549
7월 4일생 Born on the Fourth of July 141, 239, 252, 757
칠 윌스 Chill Wills 90, 133, 423, 568
7인의 도둑 Seven Thieves 178

침입자들 49th Parallel 683

ㅋ

카라마조프의 형제들 The Brothers Karamazov 86, 123, 179, 224, 256, 439, 448, 510, 519, 678, 760
카버 걸 Cover Girl 381
카사블랑카 Casablanca 184, 194, 254, 272, 358, 371, 412, 501, 581, 585, 618, 622, 643
카이로의 자줏빛 장미 The Purple Rose of Cairo 207
카티나 팍시누 Katina Paxinou 120, 400, 787
칼러 퍼플 The Color Purple 351
칼 몰든 Karl Malden 62, 162, 172, 252, 329, 550, 553, 579, 774
캐나다 대평원 Canadian Pacific 750
캐더린 지타-존스 Catherine Zeta-Jones 102
캐더린 헵번 Katharine Hepburn 44, 46, 69, 123, 197, 209, 270, 284, 315, 317, 324, 357, 379, 449, 453, 461, 489, 521, 522, 627, 711, 727, 757, 772, 787
캐런 블랙 Karen Black 260
캐롤 롬바드 Carole Lombard 14, 118, 255, 340, 374, 394, 657, 672, 679, 717
캐롤 린리 Carol Lynley 788
캐롤 오코너 Carroll O'Connor 742
캐롤 화이트 Carol White 248, 284, 544, 617, 640
캐리 그랜트 Cary Grant 69, 71, 85, 123, 158, 176, 258, 285, 315, 329, 481, 572, 670, 674, 715, 732, 769, 778
캐리 피셔 Carrie Fisher 523
캐틀린 라이언 Kathleen Ryan 138, 401, 436, 581
캐틀린 터너 Kathleen Turner 314
캐티 베이츠 Kathy Bates 78, 81, 92, 132, 333, 598, 603, 642, 744, 790
캐프리콘 1 Capricorn One 125, 187, 260, 326, 386, 446
캔터베리 이야기 A Canterbury Tale 113

캣 벌루 Cat Ballou 233, 471, 623, 799
캣치-22 Catch-22 405
커크 더글라스 Kirk Douglas 73, 205, 219, 327, 334, 381, 463, 566, 568, 621, 680, 747, 788
커피와 담배 Coffee and Cigarettes 190, 366, 424, 490, 491, 622, 655
케네드 모어 Kenneth More 170, 357
케빈 베이컨 Kevin Bacon 555, 717, 803
케빈 코스트너 Kevin Costner 119, 127, 227
케이 월시 Kay Walsh 771
케이트 베킨세일 Kate Beckinsale 167, 784
케이프의 공포 Cape Fear 54, 203, 291, 307, 370, 490, 548, 559, 720, 771
케인호의 반란 The Caine Mutiny 108, 155, 174, 230, 262, 429, 432, 449, 462, 519, 601, 619, 649, 720, 723, 726
코끼리 소년 투메이 Elephant Boy 330
코러스 라인 A Chorus Line 140
코만체로스 The Comancheros 447
콘스탄티누스와 십자가 Constantine and the Cross 34
콜드 마운틴 Cold Mountain 450, 674
콩스탕스 가르노 Constance Garneau 412
콰이강의 다리 The Bridge on the River Kwai 411
쾌걸 조로 The Mark of Zorro 465
쿠르트 위르겐스 Curd Jürgens 240
쿠오 바디스 Quo Vadis 54, 55, 65, 86, 206, 226, 285, 301, 302, 319, 345, 443, 469, 533, 584, 597, 628, 636, 650, 660, 695
쿤둔 Kundun 91, 324, 345
크레이머 크레이머 Kramer vs. Kramer 418
크로스 크리크 Cross Creek 191, 231, 439
크리스 오도넬 Chris O'Donnell 436
크리스토퍼 리브 Christopher Reeve 353, 574
크리스토퍼 월큰 Christopher Walken 165
크리스토퍼 플러머 Christopher Plummer 108, 419, 420, 483, 603, 687, 725, 777, 779, 781

크리스티네 카우프만 Christine Kaufmann 34
클라우디아 카르디날레 Claudia Cardinale 312, 427, 437, 536, 595, 678
클라우스 킨스키 Klaus Kinski 17, 41, 55, 109, 137, 149, 232, 274, 312, 344, 348, 349, 356, 427, 487, 489, 511, 536, 595, 633, 635, 636, 651, 678, 751
클락 게이블 Clark Gable 95, 219, 283, 623
클레어 블룸 Claire Bloom 63, 104, 179, 224, 448, 678, 681
클로뎃 콜베어 Claudette Colbert 207, 282, 375
클로드 레인스 Claude Rains 119, 358, 618, 638, 741
클루리스 Clueless 106
클리프 고먼 Cliff Gorman 150
클리프 로버트슨 Cliff Robertson 139
클리프톤 웹 Clifton Webb 346, 437
클린트 이스트우드 Clint Eastwood 175, 244, 247, 331, 333, 357, 443, 516, 702
키드 캐러딘 Keith Carradine 278
키라 나이틀리 Keira Knightley 389, 560, 672
키아누 리브스 Keanu Reeves 467
킬리만자로 The Snows of Kilimanjaro 91, 105, 186, 279, 289, 387, 411, 647, 740
킴 노박 Kim Novak 569, 755, 780
킹콩 King Kong 51, 138, 337, 430, 613, 700

타이론 파워 Tyrone Power 45, 52, 107, 193, 316, 412, 439, 491, 569, 719, 755, 780
타이타닉 Titanic 277, 502
타인들 The Others 512
타인의 도시 I'll Never Forget What's'isname 61, 116, 170, 248, 284, 475, 476, 544, 617, 640
탈옥 Lonely Are the Brave 219
탈출 To Have and Have Not 720
탑 건 Top Gun 458
태양제국의 멸망 The Royal Hunt of the Sun 483
테네시 윌리엄스 Tennessee Williams 445
테레사 라이트 Teresa Wright 270, 766
테렌스 스탬프 Terence Stamp 162, 251, 256, 539
테스 Tess 97, 276, 419, 508, 600, 616, 671, 672
테이텀 오닐 Tatum O'Neal 305, 409, 464
텔리 사발라스 Telly Savalas 720
토니 골드윈 Tony Goldwyn 743
토니 랜돌 Tony Randall 382, 564
토니 커티스 Tony Curtis 181, 225, 296, 427, 663, 673, 680, 742
토린 태처 Torin Thatcher 91, 387, 740
토린호의 운명 In Which We Serve 771
토마스 만 Thomas Mann 277
토마스 밋첼 Thomas Mitchell 164, 169, 189, 590
토마스 크라운 사건 The Thomas Crown Affair 31, 115, 159, 529, 563, 670, 789
토탈 리콜 Total Recall 34
톰 나디니 Tom Nardini 471
톰 소여의 모험 The Adventures of Tom Sawyer 220, 221
톰 스케릿 Tom Skerritt 458
톰 이웰 Tom(my) Ewell 446, 508, 561
톰 존스의 화려한 모험 Tom Jones 11, 657
톰 코트니 Tom Courtenay 149, 202
톰 크루즈 Tom Cruise 239, 252, 458
톰 행크스 Tom Hanks 131
특공 그린 베레 The Green Berets 57, 236, 240, 743
특공대작전 The Dirty Dozen 656, 666
특전 U보트 The Boat 33
티나 첸 Tina Chen 322
티모디 버톰스 Timothy Bottoms 390, 411, 455
티모디 허튼 Timothy Hutton 51
티벳에서의 7년 Seven Years in Tibet 217, 247
티파니에서 아침을 Breakfast at Tiffany's

221
팀 로빈스 Tim Robbins   591, 803

ㅍ

파계 The Nun's Story   608
파리대왕 Lord of the Flies   108, 290, 546
파리의 고갱 The Wolf at the Door   144
판타지아 Fantasia   40, 69, 325, 547, 797
팔리 베어 Parley Baer   23, 604
팜 비치 이야기 The Palm Beach Story   282, 375
패트리샤 오웬스 Patricia Owens   104, 240
패트릭 스웨이지 Patrick Swayze   743
패트릭 웨인 Patrick Wayne   287
패튼 대전차군단 Patton   57, 217, 238
패티 매코막 Patty McCormack   662, 770
패티 페이지 Patti Page   220
팻 분 Pat Boone   461
퍼니 걸 Funny Girl   413
펄 벅의 대지 The Good Earth   171
페기 수의 결혼 Peggy Sue Got Married   446
페이 더나웨이 Faye Dunaway   107, 115, 413
페이 레이 Fay Wray   51, 138, 430, 613
포레스트 검프 Forrest Gump   131
포레스트 휘태커 Forest Whitaker   153, 251, 471, 650
폭력 교실 The Blackboard Jungle   377
폴 뉴먼 Paul Newman   61, 228, 246, 288, 309, 346, 402, 434, 446, 456, 557, 614, 697, 745, 748, 749
폴렛 고다르 Paulette Goddard   274
폴리 버겐 Polly Bergen   291, 491
폴린 콜린스 Pauline Collins   471
폴 무니 Paul Muni   171, 263
폴 버크 Paul Burke   31, 115
폴 헨리드 Paul Henreid   194, 272, 371, 501, 622, 643
푸르른 대지 Sometimes a Great Notion   718
프라이드 그린 토마토 Fried Green Tomatoes at the Whistle Stop Cafe   75, 78, 81, 92, 132, 197, 306, 333, 414, 517, 598, 603, 633, 646, 669, 703, 768, 790
프랭크 시나트라 Frank Sinatra   65, 73, 124, 377, 495, 666, 676
프레드릭 마치 Fredric March   220, 434, 457, 539, 606, 710, 722
프레디 바톨로뮤 Freddie Bartholomew   57
프렌치 커넥션 The French Connection   149, 448, 594
프렛 맥머리 Fred MacMurray   108, 462, 723
프렛 아스테어 Fred Astaire   297, 312
프렛 워드 Fred Ward   555
프렛 클락 Fred Clark   307
프로듀서 The Producers   35, 42, 369, 410, 440, 452, 581
프로페셔널 The Professionals   144, 437, 487, 558, 758, 771
프리다 이네스콧 Frieda Inescort   432, 730
프리드릭 포레스트 Frederic Forrest   72, 286, 339, 714
프세볼로트 푸도프킨 Vsevolod Pudovkin   634
플래툰 Platoon   140, 153, 253, 338, 436, 557, 792
플렌티 Plenty   159
피셔 킹 The Fisher King   803
피츠카랄도 Fitzcarraldo   17, 41, 55, 84, 109, 137, 149, 232, 274, 312, 344, 348, 349, 356, 427, 456, 487, 489, 511, 536, 540, 595, 633, 635, 636, 651, 678, 751
피크닉 Picnic   139, 323, 409, 518
피터 반 아익 Peter van Eyck   466
피터 벅 Peter Berg   114, 456
피터 셀러스 Peter Sellers   368
피터 셰이퍼 Peter Shaffer   435, 483
피터 오툴 Peter O'Toole   139, 183, 292, 294, 518, 543, 560, 741
피터 유스티노프 Peter Ustinov   365, 641
피터 카요트 Peter Coyote   231
피터 쿠싱 Peter Cushing   63, 203, 685
필라델피아 스토리 The Philadelphia Story   324

필릭스 아일머 Felix Aylmer   301
필립 안 Philip Ahn   522
필립 케리 Philip Carey   491
필사의 도망자 The Desperate Hours   110, 220
핌리코행 여권 Passport to Pimlico   308, 438, 490, 525

ㅎ

하디 크루거 Hardy Krüger   42, 200, 409, 465, 484, 556, 628
하버드 대학의 공부벌레들 The Paper Chase   390, 411, 455, 645, 737, 764
하비의 환상 Harvey   18, 34, 51, 52, 108, 341, 388, 517, 619, 767, 792, 793
하비 카이텔 Harvey Keitel   449
하비 코먼 Harvey Korman   721, 789
하사모테 여왕의 비밀 She   567
햐야 하라릿 Haya Harareet   92, 299
하오의 연정 Love in the Afternoon   241, 461, 499, 674, 760
하와이 2 The Hawaiians   322
하워드 더프 Howard Duff   418
하이 눈 High Noon   711
하일랜더 Highlander   361
한나와 그의 자매들 Hannah and Her Sisters   26, 475, 523, 702, 799
해너-바베라 William Hanna와 Joe Barbera   592
해는 또다시 뜬다 The Sun Also Rises   412
해롤드 로빈스 Harold Robbins   112, 444
해리 벨라폰테 Harry Belafonte   491
해리스 율린 Harris Yulin   725
해리슨 포드 Harrison Ford   566
해리 앤드루스 Harry Andrews   57, 103, 679
해리와 아들 Harry & Son   220, 228, 267, 346, 745
해리 캐리 Harry Carey, Sr.   800
해밋 Hammett   72, 339, 714
핼 홀브룩 Hal Holbrook   125, 681
향수 Perfume   513, 609, 645, 750

허드 Hud   288, 306
허드서커 대리인 The Hudsucker Proxy   255, 591
허먼 우크 Herman Wouk   108, 656
허망한 경주 Bite the Bullet   71, 692
허벗 롬 Herbert Lom   300, 357
허벗 마샬 Herbert Marshall   185
허영의 불꽃 The Bonfire of the Vanities   66
허클베리 핀의 모험 The Adventures of Huckleberry Finn   677
험프리 보가트 Humphrey Bogart   20, 33, 108, 110, 194, 220, 230, 254, 321, 358, 432, 486, 501, 545, 581, 585, 601, 618, 643, 649, 692, 711, 723, 732, 751
헤디 라마르 Hedy Lamarr   185, 207, 208, 265
헤이즐 브룩스 Hazel Brooks   33, 531, 706
헨리 데이비드 도로우 Henry David Thoreau   60, 206, 396
헨리 토마스 Henry Thomas   245, 295, 435
헨리 폰다 Henry Fonda   21, 51, 52, 85, 118, 197, 238, 270, 283, 379, 381, 437, 449, 491, 700, 727
헬렌 스탠리 Helene Stanley   411
헬렌 켈러 Helen Keller   592
헬렌 헌트 Helen Hunt   16
헬렌 헤이스 Helen Hayes   20, 126, 255
헬로 돌리! Hello, Dolly!   73, 254
혁명아 자파타 Viva Zapata!   119
형사 가제트 Inspector Gadget   283
형사 매디건 Madigan   364
호기 카마이클 Hoagy Carmichael   720
호랑이를 살려라 Save the Tiger   801
호메로스 Homer   134, 463, 698
호밀밭의 파수꾼 The Catcher in the Rye   539, 717
호세 페러 José Ferrer   276
호프 랭 Hope Lange   390, 509
호프만의 노래 The Tales of Hoffmann   592
혼자서는 못살아 Sex and the Single Girl   181, 700

홀로 서는 여인 Chastity　270, 369
홀리데이 Holiday　69, 123, 315
홀리 헌터 Holly Hunter　697, 698
홀스트 부크홀츠 Horst Buchholz　147, 148, 648
화니 Fanny　144
화이트 크리스마스 White Christmas　74, 707
환상지대 The Twilight Zone　209, 210
황금광시대 The Gold Rush　306, 576, 785
황금연못 On Golden Pond　21, 51, 85, 197, 270, 283, 317, 363, 379, 418, 449, 727
황금의 갈채 The Harder They Fall　33
황야의 7인 The Magnificent Seven　39, 144, 147, 197, 298, 427, 466, 515, 648
황야의 결투 My Darling Clementine　238, 417

황태자의 첫사랑 The Student Prince　17, 28, 233, 250, 366, 423, 444, 445, 552, 624, 644, 758, 770, 773
황혼 Carrie　429
후보자 The Candidate　499
휴고 스피어 Hugo Speer　89, 508, 691, 753, 758
휴 그랜트 Hugh Grant　267
흄 크로닌 Hume Cronyn　143
흐르는 강물처럼 A River Runs Through It　137, 289, 391, 616, 741, 750
흐르는 섬들 Islands in the Stream　113
흑수선 Black Narcissus　176, 185, 642, 651, 697, 760
히피가 된 변호사 I Love You, Alice B. Toklas　368

지은이 **안정효** 1941년 12월 서울 마포에서 태어났다. 1960년대 초 영어 공부를 위해 영어로 소설을 쓰기 시작한 것을 계기로 소설과 인연을 맺었다. 서강대학교 영문학과를 졸업하고 「코리아 헤럴드」 기자, 한국 브리태니커 편집부장 등을 역임했다. 1967년 월남전에 자원하여 백마부대에서 복무했고, 나중에 이때의 경험을 바탕으로 장편소설 『하얀 전쟁』을 출간했다. 저자가 직접 영어로 번역하여 미국에서도 출간된 이 책은 지금까지도 월남전의 참상을 사실적으로 그려 낸 작품으로 높이 평가받고 있다. 이후 계속해서 『은마는 오지 않는다』, 『착각』 등의 작품을 발표했고, 이 작품들은 영어, 독일어, 일어, 덴마크어 등으로 번역되며 국내에서뿐만 아니라 국외에서도 큰 반향을 일으켰다. 1992년 출간된 『헐리우드 키드의 생애』는 영화에 대한 안정효의 특별한 안목과 지식을 엿볼 수 있는 작품으로, 『하얀 전쟁』과 더불어 영화로 제작되어 작품의 가치와 작가의 위상을 다시 한 번 인정받기도 했다. 1992년에는 중편 「악부전」으로 제3회 김유정문학상을 수상했다.

번역은 안정효를 설명하는 또 다른 중요한 키워드다. 1975년 가브리엘 마르케스의 『백년 동안의 고독』을 시작으로 전문 번역가의 길을 걷기 시작했고, 수많은 번역 경험을 바탕으로 터득한 영어 관련 지식을 담은 「안정효의 영어 길들이기」 시리즈는 큰 화제를 불러 모았다. 활발한 번역 활동과 함께 이화여자대학교 통번역대학원에서 문학 작품의 번역을 강의하기도 했다. 우리말로 옮긴 작품으로는 니코스 카잔차키스의 『최후의 유혹』, 『오디세이아』, 『영혼의 자서전』, 『전쟁과 신부』, 마거릿 미첼의 『바람과 함께 사라지다』, 버트런드 러셀의 『권력』, 알렉스 헤일리의 『뿌리』, 펄 벅의 『대지』, 밀란 쿤데라의 『생은 다른 곳에』, 조지프 헬러의 『캐치-22』 등이 있으며, 현재까지 40여 년 동안 150여 권의 책을 번역해 오고 있다. 1982년 제1회 한국번역문학상을 수상하였다.

안정효는 주말에 낚시를 즐기는 것 외에는 현재도 끊임없이 자신을 담금질하며 집필 활동에 매진하고 있다. 이 책 『안정효의 오역 사전』은 저자가 소설가로서 고집하는 문장관과 번역가로서 쌓아 온 노하우가 집약된 결과다.

안정효의 오역 사전

발행일 2013년 6월 15일 초판 1쇄
       2022년 7월 20일 초판 10쇄

지은이 안정효
발행인 홍예빈 · 홍유진
발행처 주식회사 열린책들

경기도 파주시 문발로 253 파주출판도시
전화 031-955-4000 팩스 031-955-4004
www.openbooks.co.kr

Copyright (C) 안정효, 2013, *Printed in Korea.*
ISBN 978-89-329-1621-7 13740

이 도서의 국립중앙도서관 출판예정도서목록(CIP)은 서지정보유통지원시스템 홈페이지(http://seoji.nl.go.kr)와 국가자료공동목록시스템(http://www.nl.go.kr/kolisnet)에서 이용하실 수 있습니다.(CIP제어번호:CIP2013007791)